山东统计年鉴

SHANDONG STATISTICAL YEARBOOK

2011

(总第 23 期 No. 23)

山　东　省　统　计　局
国家统计局山东调查总队　编

Compiled by

Shandong Provincial Bureau of Statistics

Survey Office of the National Bureau of Statistics in Shandong

中国统计出版社
China Statistics Press

（京）新登字 041 号

图书在版编目（CIP）数据

山东统计年鉴. 2011 / 山东省统计局　国家统计局山东调查总队　编
-- 北京 ：中国统计出版社, 2011.8
ISBN 978-7-5037-6259-8

Ⅰ. ①山… Ⅱ. ①山… ②国… Ⅲ. ①统计资料－山东省－2011－年鉴
Ⅳ. ①C832.52-54

中国版本图书馆 CIP 数据核字(2011)第 136394 号

山东统计年鉴—2011

作　　者 / 山东省统计局　国家统计局山东调查总队　编
责任编辑 / 佘竞雄　王立群　曹　亮
E－mail / yearbook@gj.stats.cn
责任校对 / 赵　岩　曹　亮　赵善胜
封面设计 / 丁　娟　孙嘉怡
出版发行 / 中国统计出版社
通信地址 / 北京市西城区三里河月坛南街 57 号　中国统计出版社
邮　　编 / 100826
电　　话 / (010)63376907
印　　刷 / 山东省统计局印务中心　山东新华印刷厂
经　　销 / 新华书店
开　　本 / 890×1240 毫米　1/16
字　　数 / 1900 千字
印　　张 / 52
印　　数 / 1-3000 册
版　　别 / 2011 年 7 月第 1 版
版　　次 / 2011 年 7 月第 1 次印刷
书　　号 / ISBN 978-7-5037-6259-8/C · 2490
定　　价 / 390.00 元

《山东统计年鉴－2011》
编辑委员会

Shandong Statistical Yearbook – 2011

EDITORIAL BOARD AND STAFF

编辑说明

一、《山东统计年鉴》是一部全面反映山东省国民经济和社会发展情况的资料性年刊，是认识和研究山东省情、制定政策、指导国民经济发展的重要资料和历史性工具书。

二、《山东统计年鉴—2011》共包括特载、统计表和附录三大部分。特载部分包括政府工作报告、统计公报和统计工作综述，综合反映全省经济社会发展概况和山东省统计工作情况。

统计表部分收录了 2010 年度山东省国民经济和社会发展方面的统计数据，共有二十篇：第一篇，综合；第二篇，国民经济核算；第三篇，人口；第四篇，就业人员、劳动报酬和社会保障；第五篇，固定资产投资；第六篇，对外经济、旅游和开发区；第七篇，能源；第八篇，财政金融；第九篇，价格指数；第十篇，居民生活；第十一篇，城市建设；第十二篇，资源与环境；第十三篇，农业；第十四篇，工业；第十五篇，建筑业；第十六篇，交通运输邮电通讯业；第十七篇，批发和零售、住宿和餐饮业；第十八篇，教育、科技、文化；第十九篇，卫生、体育、民政、司法、测绘、标准计量；第二十篇，各县（市、区）主要经济指标。

各篇章插页后附有简要说明，概括介绍各篇主要内容和资料来源；各篇章最后附有主要统计指标解释，简要介绍指标的概念、统计方法、统计口径和统计范围。

附录部分包括各省（市、自治区）主要经济指标、部分国际统计资料和山东省统计局工作大事记等。

三、本《年鉴》所列各项指标，《政府工作报告》和《统计公报》使用的数字为快报数或初步统计数；其他各部分为正式年报数据。凡与本《年鉴》数字不符的一律以本《年鉴》为准。

四、本《年鉴》的编辑，已根据现行国家统计制度，对统计指标概念、口径、范围、计算方法、计算价格等，作了统一调整，并分别在各部分的主要指标解释或表末加以注释；各表中价值量指标，凡未加说明的，均按当年价格计算。部分数据合计数或相对数由于单位取舍不同而产生的计算误差均未作机械调整。

五、《山东统计年鉴》公开出版以来，受到了广大读者的关心与支持，对此深表谢意。本《年鉴》编辑中难免存在不足之处，恳请广大读者提出宝贵意见，以便改进、提高。

PREFACE

I. *Shandong Statistical Yearbook* is an annual publication, which covers very comprehensive data and reflects various aspects of Shandong's social and economic development. It can also work as an important and historical reference book which will play a great role in comprehending and studying the basic conditions of Shandong, making policies, and guiding the development of society and economy.

II. The yearbook contains the following three parts: part one feature, part two statistics and part three appendixes. Feature mainly includes Government Work Report, Shandong Statistics Communiqué and Summary of Shandong Statistical Undertaking, comprehensively reflecting the development of society and economy and showing the achievements in statistics of Shandong Province.

Part 2 contains the following twenty chapters, 1. General Survey; 2. National Accounts; 3. Population; 4. Employment, Wages and Social Securities ; 5. Investment in Fixed Assets; 6. Foreign Trade, Tourism and Development Zone; 7. Energy; 8. Government Finance and Banking; 9. Price Indices; 10. People's Livelihood; 11. City Construction; 12. Natural Resources and Environment; 13. Agriculture; 14. Industry; 15. Construction; 16. Transport, Post and Telecommunication Services; 17. Wholesale, Retail, Hotels and Catering Services; 18. Education, Science and Technology, Culture; 19. Health, Sports, Legal and Judicial Affairs, Surveying and Mapping, Standard Measuring and Civil Affairs; 20. Main Indicators of Counties (Cities and Districts at County Level).

In brief introduction at the beginning of each chapter, main coverage of this chapter, data sources and statistical coverage are concerned. In addition, explanatory notes on main statistical indicators are provided at the end of each chapter, giving a brief explanation of statistical indicators, such as definition, statistical methods, statistical coverage and statistical scope.

Appendix contains the main economic indicators of some other provinces (municipality), international statistics and Events of Shandong Provincial Bureau of Statistics.

III. Data used in Government Work Report and Shandong Statistics Communiqué are preliminary statistics. data in other chapters is official annual data. Data in Shandong Statistical Yearbook are all verified and should be based on this standard.

IV. In *Shandong Statistical Yearbook*, statistical definitions, statistical coverage, statistical methods and prices are adjusted according to the current state statistical standards, and all changes have been noted at the end of the table or in the explanatory notes. Data in value terms are calculated at current prices if there are no notes. Statistical discrepancies on totals and relative figures due to rounding are not adjusted.

V. After this yearbook was published, it has received lots of concerns and support from readers whom we should thank. Because of our ability, it is inevitable that there are shortcomings in this book, so we welcome all candid comments and criticism from our readers to perfect this book and to offer readers better service.

目录

Contents

特 载

ESPECIALLY PRINTED HERE ARE

政府工作报告 1
GOVERNMENT WORK REPORT
统计公报 12
STATISTICAL COMMUNIQUE
统计工作综述 21
SUMMARY OF SHANDONG STATISTICAL UNDERTAKING

统 计 表

STATISTICAL TABLE

第一篇 综 合

CHARPTER 1 General Survey

简要说明
Brief Introduction
1－1 行政区划(2010年底) 3
Divisions of Administrative Areas (Year-end of 2010)
1-2 按行业分法人单位数 4
Number of Corporate Units by Sector
1-3 按地区分法人单位数 5
Number of Corporate Units by Region
1-4 按机构类型分法人单位数 5
Number of Corporate Units by Status of Organization

1-5 国民经济主要比例关系 6
Proportions on National Economic Indicators
1-6 国民经济和社会发展主要指标占全国的比重(2010年) 7
Proportion of Main Economic and Social Indicators to the Whole Country (2010)
1-7 国民经济和社会发展主要指标 8
Main Indicators on National Economic and Social Development
1-8 国民经济和社会发展主要指标增长速度 20
Growth Rates of Main Indicators on National Economic and Social Development
1-9 平均每天社会经济活动 32
Selected Indicators on Average Daily Social and Economic Activities
主要统计指标解释 33
Explanatory Notes on Main Statistical Indicators

第二篇 国民经济核算

CHARPTER 2 National Accounts

简要说明
Brief Introduction
2-1 1952-2010年地区生产总值 39
Gross Domestic Product from 1952 to 2010
2-2 1952-2010年地区生产总值指数 40
Indices of Gross Domestic Product from 1952 to 2010
2-3 1952-2010年地区生产总值构成 42
Composition of Gross Domestic Product from 1952 to 2010
2-4 地区生产总值 43
Gross Domestic Product
2-5 1978-2010年支出法计算的地区生产总值 44
Gross Domestic Product by Expenditure Approach from 1978 to 2010
2-6 各市生产总值 45
Gross Domestic Product by Region
2-7 各市生产总值构成 46
Composition of Gross Domestic Product by Region
2-8 1978-2010年居民消费水平及指数 47
Household Consumption Expenditure and Indices from 1978 to 2010
2-9 各市居民消费水平及指数 48
Household Consumption Expenditure and Indices by Region
2-10 三次产业对经济增长的贡献率及拉动百分点 49
Share and Contribution of the Three Industries to the Increase of GDP
2-11 三大需求对经济增长的贡献率和拉动百分点 50
Share and Contribution of the Three Components of GDP by Expenditure Approach to the Growth of GDP
主要统计指标解释 51
Explanatory Notes on Main Statistical Indicators

第三篇 人 口

CHARPTER 3 Population

简要说明
Brief Introduction
3-1 历年总人口 57
Population over the Years

3-2 历年人口出生率、死亡率、自然增长率 58
Birth Rate, Death Rate and Natural Growth Rate of Population
3-3 第一、二、三、四、五、六次人口普查主要数据 59
Major Data of All Previous Provincial Population Census
3-4 人口年龄结构、抚养比和性别比 60
Age Composition and Dependency Ratio of Population
3-5 各市人口自然变动情况(2010年) 61
Natural Change of Population by Region (2010)
3-6 各市人口数和总户数(2010年) 61
Population and Households by Region (2010)
主要统计指标解释 62
Explanatory Notes on Main Statistical Indicators

第四篇 就业人员、劳动报酬和社会保障

CHARPTER 4 Employment , Wages and Social Securities

简要说明
Brief Introduction
4-1 就业基本情况 67
Employment
4-2 按三次产业分的年底就业人员数 68
Number of Employed Persons at the Year-end by Three Industries
4-3 按城乡分的年底就业人员数 69
Number of Employed Persons at the Year-end in Urban and Rural Areas
4-4 2005-2010 年年底分行业就业人员数 71
Number of Employed Persons at the Year-end from 2005 to 2010 by Sector
4-5 按登记注册类型和行业分城镇单位就业人员数(2010 年底) 72
Number of Employed Persons in Urban at the Year-end by Status of Registration and Sector(2010)
4-6 分行业城镇单位年底就业人员数 73
Number of Employed Persons at the Year end by Sector
4-7 各市按行业分私营企业和个体就业人数(2010 年底) 76
Number of Engaged Persons in Private Enterprises and Self-employed Individuals at Year-end by Sector and Region(2010)
4-8 各市按行业分城镇私营企业和个体就业人数(2010 年底) 77
Number of Engaged Persons in Urban Private Enterprises and Self-employed Individuals at Year-end by Sector and Region(2010)
4-9 各市私营企业年底就业人数(2010 年底) 78
Number of Employed Persons in Private Enterprises at the Year-end by Region(2010)
4-10 各市个体年底就业人数(2010 年) 79
Number of Self-employed Individuals at the Year-end by Region(2010)
4-11 城镇单位就业人员工资总额和指数 80
Total Wage Bill of Employed Persons in Urban Units and Related Indices
4-12 城镇单位就业人员平均工资和指数 81
Average Wage of Employed Persons in Urban Units and Related Indices
4-13 按登记注册类型分城镇单位和城镇私营单位就业人员平均工资 83
Average Earning of Employed Persons in Urban Units and Private Ownership Units by Status of Registration
4-14 分行业城镇单位就业人员工资总额 85
Total Wages Bill of Employed Persons by Sector
4-15 分登记注册类型和行业城镇单位就业人员平均工资(2010 年) 88
Average Earning of Employed Persons in Urban Units at the Year end by Status of Registration and Sector(2010)
4-16 分行业城镇单位就业人员平均工资 89
Average Earning of Employed Persons in Urban Units by Sector
4-17 分行业城镇私营单位就业人员平均工资 92
Average Wage of Staff and Workers by Sector

4-18 城镇劳动力供给和配置情况 94
Situations of Urban Labor Supply and Disposition
4-19 各市城镇登记失业人员及失业率 94
Registered Urban Unemployed Persons and Unemployment Rate by Region
4-20 1988-2010 年年底离休、退休、退职人员人数 95
Numbers of Retired and Resigned Persons at Year-end from 1988 to 2010
4-21 离休、退休人员人数(2010 年底) 95
Numbers of Retired and Resigned Persons at Year-end(2010)
4-22 各市离休、退休人员人数(2010 年底) 96
Numbers of Retired and Resigned Persons at Year-end by Region(2010)
4-23 1995-2010 年年末离休、退休、退职人员保险福利费用情况 96
Social Insurance and Welfare Funds for Retired and Resigned Persons at Year-end from 1995 to 2010
4-24 离休、退休人员保险福利费用(2010 年) 97
Social Insurance and Welfare Funds for Retired Persons(2010)
4-25 各市离休、退休保险福利费用(2010 年) 97
Social Insurance and Welfare Funds for Retired Persons by Region(2010)
4-26 1994-2010 年年末社会保险参保人数 98
Number of Persons Participated in Social Insurance from 1994 to 2010
4-27 各市社会保险参保人数(2010 年底) 99
Number of Persons Participating in Social Insurance at Year-end by Region(2010)
4-28 城镇养老保险基本情况 99
Basic Statistics on Pension Insurance in Urban Areas
主要统计指标解释 100
Explanatory Notes on Main Statistical Indicators

第五篇 固定资产投资

CHARPTER 5 Investment in Fixed Assets

简要说明
Brief Introduction
5-1 1978-2010年全社会固定资产投资总额 107
Total Investments in Fixed Assets from 1978 to 2010
5-2 1978-2010年全社会固定资产投资构成 108
Composition of Total Investments in Fixed Assets from 1978 to 2010
5-3 按产业分全社会固定资产投资总额 109
Total Investment in Fixed Assets by Three Strata of Industry
5-4 按城乡分全社会固定资产投资情况(2010 年) 110
Total Investments in Fixed Assets of Rural and Urban Areas(2010)
5-5 全社会固定资产投资情况(2010 年) 113
Total Investments in Fixed Assets (2010)
5-6 按行业分的全社会固定资产投资(2010 年) 114
Total Investments in Fixed Assets by Sector(2010)
5-7 按经济类型分的房地产开发投资情况(2010 年) 117
Investment in Real Estate Development by Registration Status(2010)
5-8 按经济类型分的房地产开发财务情况(2010 年) 119
Financial Indicators of Real Estate Development(2010)
5-9 房地产开发企业(单位)施工、销售和空置情况(2010 年) 121
Construction,Sale and Occupation of Buildings Made by Real Estate Enterprises(2010)
5-10 新增生产能力(2010 年) 123
Newly Increased Production Capacity through Capital Construction(2010)
主要统计指标解释 125
Explanatory Notes on Main Statistical Indicators

第六篇 对外经济、旅游和开发区

CHARPTER 6 Foreign Trade, Tourism and Development Zone

简要说明
Brief Introduction

6-1 1978-2010 年人民币对主要外币年平均汇价(中间价) 135
Average Exchange Rate of RMB Yuan Against Main Convertible Currencies from 1978 to 2010(Middle Rate)

6-2 1984-2010 年海关进出口情况 136
Basic Statistics on Imports and Exports from 1984 to 2010

6-3 2000-2010 年进出口主要分类情况 137
Imports and Exports by Category from 2000 to 2010

6-4 按主要国家(地区)分海关进出口商品总值(2010 年) 138
Total Value of Import and Export Commodities by Countries or Regions(2010)

6-5 海关进出口商品分类金额(2010 年) 139
Imports and Exports Value by Category of Commodities(2010)

6-6 各市海关进口总值 140
Import Value by Region

6-7 各市海关出口总值 140
Export Value by Region

6-8 各市外商投资企业进口总值 141
Import Value of Foreign- funded Enterprises by Region

6-9 各市外商投资企业出口总值 141
Export Value of Foreign-funded Enterprises by Region

6-10 1979-2010 年利用外资情况 142
Statistics on Utilization of Foreign Capitals from 1979 to 2010

6-11 按主要国家（地区）分外商直接投资(2010 年)........143
Foreign Direct Investment by Countries or Regions(2010)

6-12 分行业外商直接投资(2010 年) 144
Foreign Direct Investment by Sector(2010)

6-13 按方式分外商直接投资 146
Basic Statistics on Foreign Direct Investments by Form

6-14 各市外商直接投资 146
Foreign Direct Investment by Region

6-15 境外投资情况(2010 年) 147
Overseas Investment(2010)

6-16 各市境外投资情况 147
Overseas Investment by Region

6-17 按主要国别(地区)分境外投资情况(2010 年) 148
Overseas Investment by Countries or Regions(2010)

6-18 1982-2010 年对外承包工程和劳务合作情况 151
Statistics on Contracted Projects and Labor Services Cooperation with Foreign Countries 1982 to 2010

6-19 对外承包工程、劳务合作和设计咨询情况 152
Statistics on Contracted Projects, Labour Cooperation and Design Consultation with Foreign Countries or Regions

6-20 旅游业情况 153
Tourism

6-21 1995-2010 年国内旅游情况 154
Domestic Tourism 1995 to 2010

6-22 按主要国家分接待外国旅游人数........155
Number of Foreigner Tourists by Country

6-23 各市按主要国家分接待外国旅游人数(2010 年) 156
Number of Foreigner Tourists by Country and Region(2010)

6-24 接待入境游客构成(按性别、年龄和来鲁目的分) 157
Structure of Foreigner Tourists(by Sex/Age/Purpose)
6-25 各市接待入境游客人数 157
Number of Foreigner Tourists by Region
6-26 各市入境旅游外汇收入 158
Foreign Exchange Earnings by Region
6-27 入境旅游外汇收入及构成 158
Foreign Exchange Earnings and Its Composition
6-28 各经济开发区主要经济指标(2010年) 159
Main Indicators of the Economic Development Areas (2010)
6-29 各高新技术产业开发区主要经济指标(2010年) 169
Main Indicators of the High and New-tech Development Areas (2010)
主要统计指标解释 171
Explanatory Notes on Main Statistical Indicators

第七篇 能 源

CHARPTER 7 Energy

简要说明
Brief Introduction
7-1 历年一次能源生产总量 177
Primary Energy Output over the Years
7-2 1979-2010年能源生产、能源消费弹性系数 178
Elasticity Ratio of Energy Production and Energy Consumption 1979 to 2010
7-3 一次能源生产量及构成 179
Primary Energy Output and Composition
7-4 能源消费量及构成 179
Total Consumption and Composition of Energy
7-5 平均每天各种能源消费量 180
Average Daily Energy Consumption by Type of Energy
7-6 平均每人年生活用能源 181
Annual Per capita Energy Consumption for Non-Production Purpose
7-7 分品种生活能源年消费总量 181
Annual Energy Consumption for Non-production Purpose by Category
7-8 综合能源平衡表 182
Overall Energy Balance Sheet
7-9 石油平衡表 183
Petroleum Balance Sheet
7-10 煤炭平衡表 184
Coal Balance Sheet
7-11 电力平衡表 185
Electricity Balance Sheet
7-12 各市万元 GDP 能耗......186
Energy Consumption per 10 000-yuan GDP by Region
7-13 各市万元 GDP 取水量......187
Water Withdrawal per 10 000-yuan GDP by Region
7-14 各市万元 GDP 电耗......188
Electricity Consumption per 10 000-yuan GDP by Region
7-15 各市电力消费量 189
Electricity Consumption by Region
7-16 各市规模以上工业万元增加值能耗 190
Energy Consumption of Industrial Enterprises above the Designated Size by Region

7-17 各市规模以上工业万元增加值取水量 191
Water Withdrawal of Industrial Enterprises above the Designated Size by Region
7-18 各市规模以上工业用水重复利用率 192
Water Reuse Rate of Industrial Enterprises above the Designated Size by Region
7-19 规模以上工业分行业综合能耗 193
Comprehensive Energy Consumption of Industrial Enterprises above the Designated Size
主要统计指标解释 194
Explanatory Notes on Main Statistical Indicators

第八篇 财政金融

CHARPTER 8 Government Finance and Banking

简要说明
Brief Introduction
8-1 1950-2010年地方财政一般预算收入 199
Total Local Government Budgetary Revenue from 1950 to 2010
8-2 1950-2006年地方财政支出 200
Total Local Government Budgetary Expenditure from 1950 to 2006
8-3 1979-2006年财政支出中用于文、教、科、卫的支出 201
Expenditure on Culture, Education, Science and Health from 1979 to 2006
8-4 地方财政一般预算收入(2010年) 202
Total Local Government Budgetary Revenue (2010)
8-5 2007-2010年地方财政一般预算支出 203
Total Local Government Budgetary Expenditure from 2007 to 2010
8-6 各市地方财政一般预算收入(2010年) 203
Total Local Government Budgetary Revenue by Region (2010)
8-7 各市地方财政支出(2010年) 205
Total Local Government Budgetary Expenditure by Region (2010)
8-8 历年金融机构人民币存款余额 206
RMB Deposits of Financial Institutions over the Years
8-9 历年金融机构人民币贷款余额 207
RMB Loans of Financial Institutions over the Years
8-10 金融机构人民币信贷收支情况(2010年) 208
RMB Credit Funds Balance Sheet of Financial Institution (2010)
8-11 各市金融机构人民币存贷款余额(2010年) 209
RMB Loans and Deposits of Financial Institutions by Region(2010)
8-12 金融机构现金收支情况(2010年) 210
Cash Statistics of Financial Institutions(2010)
8-13 1997-2010年保险费收入和赔款给付 211
Premium and Payment of Insurance Companies 1997 to 2010
8-14 各市保险业务情况(2010年) 211
Basic Statistics on Insurance by Region (2010)
8-15 人身保险公司主要业务指标(2010年) 212
Major Business Indicators of Life Insurance Companies(2010)
8-16 财产保险公司主要业务指标(2010年) 213
Major Business Indicators of Insurance Companies(2010)
8-17 保险公司分支机构(2010年) 213
Number of Institutions and Employed Persons in Insurance(2010)
8-18 山东省辖区证券市场基本情况 214
Basic Situation of Securities Markets Under Shandong Province

主要统计指标解释 215
Explanatory Notes on Main Statistical Indicators

第九篇 价格指数

CHARPTER 9 Price Indices

简要说明
Brief Introduction
9-1 重点年份居民消费价格指数 221
Major Year's Consumer Price Indices
9-2 居民消费和商品零售价格总指数(2010年) 221
General Consumer and Retail Price Indices(2010)
9-3 历年居民消费价格总指数 222
General Consumer Price Indices over the Years
9-4 历年城市居民消费价格总指数 223
General Urban Consumer Price Indices over the Years
9-5 历年农村居民消费价格总指数 224
General Rural Consumer Price Indices over the Years
9-6 历年商品零售价格总指数 225
General Retail Price Indices over the Years
9-7 历年农业生产资料价格总指数 226
General Price Indices of Means of Agricultural Production over the Years
9-8 居民消费价格分类指数(2010年) 227
Consumer Price Indices by Category (2010)
9-9 商品零售价格分类指数(2010年) 230
Retail Indices by Category (2010)
9-10 工业、投资、房地产价格指数......232
Price Indices for Industrial, Investment, Real Estate
9-11 2000-2010年工业品出厂价格指数 234
Ex-factory Price Indices of Industrial Products from 2000 to 2010
9-12 工业品出厂价格指数(2010年） 236
Ex-factory Price Indices of Industrial Products (2010)
9-13 原材料、燃料、动力购进价格指数(2010年) 238
Indices of Purchasing Prices of Raw Materials, Fuels and Power (2010)
9-14 固定资产投资价格指数(2010年) 238
Price Indices of Investment in Fixed Assets (2010)
9-15 1991-2010年固定资产投资价格指数 239
Price Indices of Investment in Fixed Assets from 1991 to 2010
9-16 2005-2010房地产价格指数(2010年) 241
Price Indices of Real Estate from 2005 to 2010
9-17 各市工业品出厂价格指数(2010年) 243
Ex-factory Price Indices of Industrial Products by Region (2010)
主要统计指标解释 245
Explanatory Notes on Main Statistical Indicators

第十篇 居民生活

CHARPTER 10 People's Livelihood

简要说明
Brief Introduction
10-1 主要年份城镇居民家庭基本情况 249
Basic Conditions of Urban Households of Major Years

10-2 城镇居民家庭年人均现金收支 250
Annual Per Capita Cash Income and Expenditure of Urban Households
10-3 城镇居民家庭年人均消费支出 251
Annual Per Capita Consumption Expenditure of Urban Households
10-4 2002-2010年城镇居民家庭年末耐用品百户拥有量 253
by Per 100 Urban Households at the Year end from 2002 to 2010
10-5 城镇居民家庭居住情况(2010年) 255
Housing Conditions Of Urban Households (2010)
10-6 各调查市县城镇居民年人均主要指标(2010年) 256
Major Annual Per Capita Indicators of Urban Households by Region (2010)
10-7 主要年份农民家庭主要指标 257
Major Indicators of Rural Households of Major Years
10-8 农村住户家庭基本情况 259
Basic Condition of Rural Households
10-9 农村住户居住情况 260
Living Condition of Rural Households
10-10 农村住户人均总收入与总支出 261
Per Capita Total Income and Expenditure of Rural Households
10-11 农村住户人均纯收入 263
Per Capita Net Income of Rural Households
10-12 农村住户人均现金收支情况 264
Per Capita Cash Income and Expenditure of Rural Households
10-13 农村住户人均消费支出 267
Per Capita Consumption Expenditure of Rural Households
10-14 农村住户年末主要耐用消费品拥有情况 270
Ownership of Major Durable Consumer Goods at the Year-end
10-15 农村住户人均食品消费数量 271
Per Capita Food Consumption of Rural Households
10-16 农村住户人均粮食收支情况 272
Balance of Per Capita Grain of Rural Households
10-17 农村住户人口与就业情况 273
Population and Employment of Rural Households
10-18 农村住户农业生产结构及生产技术应用情况 275
Agricultural Production Structure and Technology Application of Rural Households
10-19 农村住户生产经营情况 276
Production Operations of Rural Households
10-20 农村居民出售产品情况 277
Product Sales of Rural Households
10-21 各市农村居民主要指标(2010年) 278
Major Indicators of Rural Households by Region (2010)
主要统计指标解释 281
Explanatory Notes on Main Statistical Indicators

第十一篇 城市建设
CHARPTER 11 City Construction

简要说明
Brief Introduction
11-1 城市基础设施 287
Basic Statistics on Urban Infrastructure
11-2 城市设施水平(2010年) 288
Basic Statistics on Urban Infrastructure (2010)

11-3 城市供水(2010年) 290
Urban Water Supply by City (2010)
11-4 城市公共交通(2010年) 291
Public Transportation by City (2010)
11-5 城市市政设施(2010年) 292
Infrastructure by City (2010)
11-6 城市园林绿化(2010年) 294
Parks, Gardens and Green Areas by City (2010)
11-7 城市燃气供热情况(2010年) 295
Natural Gas Supply and Heating by City (2010)
11-8 城市建设用地(2010年) 296
Land for Construction by City (2010)
主要统计指标解释 297
Explanatory Notes on Main Statistical Indicators

第十二篇 资源与环境

CHARPTER 12 Natural Resources and Environment

简要说明
Brief Introduction
12-1 人口和自然资源(2010年) 301
Population and Natural Resources (2010)
12-2 主要湖泊、河流基本情况 302
Basic Statistics on Major Lakes and Rivers
12-3 主要山脉高度 302
Height of Major Mountains
12-4 各市城市平均气温(2010年) 303
Monthly Average Temperature of Major Cities (2010)
12-5 各市城市降水量(2010年) 304
Monthly Precipitation of Major Cities (2010)
12-6 各市城市日照时数(2010年) 305
Monthly Sunshine Hours of Major Cities (2010)
12-7 各市土地利用情况(2008年) 306
Land Use by Region (2008)
12-8 各市湿地面积(2008年) 307
Area of Wetlands by Region (2008)
12-9 造林面积情况 308
Area of Afforestation
12-10 供水用水情况 309
Water Supply and Water Use
12-11 水资源情况 310
Water Resources
12-12 1981-2010年主要污染物排放及处理情况 311
Discharge and Treatment of Major Pollutants from 1981 to 2010
12-13 各市主要污染物排放情况(2010年) 312
Discharges of Major Pollutants by Region (2010)
12-14 各市工业污染治理项目建设情况(2010年) 314
Construction of Projects Dealing With Industrial Pollution by Region (2010)
12-15 各市工业废水污染物排放及处理情况(2010年) 315
Discharge and Treatment of Industrial Waste Water by Region (2010)
12-16 各市工业废气污染物排放及处理情况(2010年) 316
Emission and Treatment of Industrial Waste Gas by Region (2010)
12-17 各市工业固体废物排放及处理利用情况(2010年) 317
Discharge, Treatment and Utilization of Industrial Solid Wastes by Region (2010)

12-18 重点调查企业工业废水污染物排放及处理情况(2010年) 318
Discharge,Treatment and Utilization of Industrial Waste Water and Pollutants in Major Investigated Enterprises (2010)
12-19 重点调查企业工业废气污染物排放及处理情况(2010年) 320
Emission,Treatment and Utilization of Industrial Waste Gas and Pollutants in Major Investigated Enterprises (2010)
12-20 重点调查企业工业固体废物排放及处理利用情况(2010年) 322
Discharge, Treatment and Utilization of Industrial Solid Wastes in Major Investigated Enterprises (2010)
主要统计指标解释 324
Explanatory Notes on Main Statistical Indicators

第十三篇 农 业

CHARPTER 13 Agriculture

简要说明
Brief Introduction
13-1 历年农林牧渔业总产值 333
Gross Output Value of Farming, Forestry, Animal Husbandry and Fishery over the Years
13-2 历年农林牧渔业总产值指数(以1952年为100) 335
Indices of Farming, Forestry, Animal Husbandry and Fishery over the Years(1952=100)
13-3 农林牧渔业总产值 337
Gross Output Value of Farming, Forestry, Animal Husbandry and Fishery
13-4 历年粮、棉、油产量 338
Output of Grain, Cotton and Oil-bearing Crops over the Years
13-5 1978-2010年畜牧业生产情况 340
Production of Animal Husbandry1978 to 2010
13-6 1978-2010年渔业生产情况 342
Output of Fishery 1978 to 2010
13-7 农作物播种面积和产量 344
Sown Area and Output of Farm Crops
13-8 主要农业机械年末拥有量(2010年) 345
Major Agricultural Machinery at the Year-end (2010)
13-9 各市农林牧渔业总产值(2010年) 346
Gross Output Value of Farming, Forestry, Animal Husbandry and Fishery by Region (2010)
13-10 各市农业产值(2010年) 346
Output Value of Farming by Region (2010)
13-11 各市林业产值(2010年) 347
Output Value of Forestry by Region (2010)
13-12 各市牧业产值(2010年) 348
Output Value of Animal Husbandry by Region (2010)
13-13 各市渔业产值(2010年) 349
Output Value of Fishery by Region (2010)
13-14 各市农村基层情况和农业生产条件(2010年) 350
Basic Conditions of Rural Grass-root Units and Agricultural Production by Region (2010)
13-15 各市农林牧渔业增加值(2010年) 353
Added Value of Farming, Forestry, Animal Husbandry and Fishery by Region (2010)
13-16 各市地类面积(2008年) 353
Land Category Area by Region (2008)
13-17 各市粮食播种面积和产量 354
Sown Area and Output of Grain by Region
13-18 各市棉花播种面积和产量 354
Sown Area and Output of Cotton by Region
13-19 各市油料播种面积和产量 355
Sown Area and Output of Oil-bearing Crops by Region
13-20 各市农业主要产品生产情况(2010年) 355
Production of Major Agricultural Products by Region (2010)

13-21 各市茶叶、水果生产情况(2010年) 361
Production of Tea and Fruits by Region (2010)
13-22 各市林业生产情况(2010年) 362
Production of Forestry by Region (2010)
13-23 各市畜牧业生产情况(2010年) 363
Production of Animal Husbandry by Region (2010)
13-24 各市水产品产量和养殖面积(2010年) 365
Output and Breeding Area of Aquatic Products by Region (2010)
13-25 各市主要农业机械年末拥有量(2010年) 366
Number of Major Agricultural Machinery at the Year-end by Region(2010)
13-26 各市农村电气化和农业化学化情况(2010年) 367
Rural Electrification and Agriculture Chemicals by Region (2010)
13-27 各市灌溉面积(2010年) 368
Irrigated Area by Region (2010)
主要统计指标解释 369
Explanatory Notes on Main Statistical Indicators

第十四篇 工 业

CHARPTER 14 Industry

简要说明
Brief Introduction
14-1 历年工业总产值 375
Gross Industrial Output Value over the Years
14-2 历年工业总产值指数(以1952年为100) 376
Indices of Gross Industrial Output Value over the Years(1952=100)
14-3 2005-2010年规模以上工业增加值 377
Value Added of Industry Enterprises above Designated Size from 2005 to 2010
14-4 按行业分的规模以上工业增加值(2005-2010年) 378
Added Value of Industry Enterprises above Designated Size by Sector from 2005 to 2010
14-5 规模以上工业企业主要经济指标 380
Main Economic Indicators of Industrial Enterprises above Designated Size
14-6 规模以上国有控股工业企业主要经济指标 388
Main Economic Indicators of State-holding Industrial Enterprises above Designated Size
14-7 规模以上集体工业企业主要经济指标 396
Main Economic Indicators of Collective-owned Industrial Enterprises above Designated Size
14-8 规模以上外商投资和港澳台商投资工业企业主要经济指标 407
Main Economic Indicators of Industrial Enterprises with Funds from Foreign Countries (Territories),Hong Kong, Macao and Taiwan
14-9 规模以上国有工业企业主要经济指标 412
Main Economic Indicators of State-owned Industrial Enterprises above Designated Size
14-10 规模以上非公有工业主要经济指标 420
Main Economic Indicators of Non-public Industrial Enterprises above Designated Size
14-11 规模以上工业企业主要财务分析指标 428
Main Financial Indicators of Industrial Enterprises above Designated Size
14-12 规模以上国有控股工业企业主要财务分析指标 432
Main Financial Indicators of State-holding Industrial Enterprises above Designated Size
14-13 规模以上国有工业企业主要财务分析指标 436
Main Financial Indicators of State-owned Industrial Enterprises above Designated Size
14-14 规模以上十大高耗能行业和装备制造业主要指标(2010年) 440
Main Economic Indicators of Ten High Energy Consumption and Manufacture of Equipment Industrial above Designated Size(2010)
14-15 各市规模以上工业企业主要经济指标(2010年) 441
Main Economic Indicators of Industrial Enterprises above Designated Size by Region (2010)
14-16 各市规模以上国有控股工业企业主要经济指标(2010年) 444
Main Economic Indicators of State-holding Industrial Enterprises above Designated Size by Region(2010)

14-17 各市规模以上外商和港澳台投资工业主要经济指标(2010年) 446
Main Economic Indicators of Industry with Funds from Foreign Countries (Territories),Hong Kong, Macao and Taiwan by Region (2010)
14-18 各市规模以上高新技术产业产值(2005-2010年) 448
Gross Industrial Output Value of High and New-tech Industrial Enterprises above Designated Size by Region (2005 - 2010)
14-19 各市规模以上非公有工业主要经济指标(2010年) 449
Main Economic Indicators of Non-public Industrial Enterprises above Designated Size by Region (2010)
14-20 各市规模以上工业主要财务分析指标(2010年) 451
Main Financial Indicators of Industrial Enterprises above Designated Size by Region (2010)
14-21 各市规模以上国有控股工业主要财务分析指标(2010年) 451
Main Financial Indicators of State holding Industry Enterprises above Designated Size by Region(2010)
14-22 规模以上工业主要产品产量(2010年) 452
Output of Major Industrial Products above Designated Size (2010)
主要统计指标解释 458
Explanatory Notes on Main Statistical Indicators

第十五篇 建筑业

CHARPTER 15 Construction

简要说明
Brief Introduction
15-1 主要年份建筑业总产值 467
Gross Output Value of Construction Enterprises
15-2 主要年份计算建筑业劳动生产率的平均人数 468
Average Number of Employed Persons in Construction Enterprises for calculating the Labor Productivity
15-3 建筑业企业生产指标(2010年) 469
Main Production Indicators of Construction Enterprises (2010)
15-4 建筑业主要财务指标(2010年) 473
Major Financial Indicators of Construction Enterprises (2010)
15-5 各市建筑业主要生产指标(2010年) 479
Main Production Indicators of Construction Enterprises by Region (2010)
15-6 各市建筑业主要财务指标(2010年) 480
Financial Indicators of Construction Enterprises by Region (2010)
主要统计指标解释 482
Explanatory Notes on Main Statistical Indicators

第十六篇 交通运输邮电通讯业

CHARPTER 16 Transport, Post and Telecommunication Services

简要说明
Brief Introduction
16-1 历年运输线路长度 487
Length of Transport Routes over the Years
16-2 历年旅客运量及周转量 488
Passenger Traffic and Turnover Volume over the Years
16-3 历年货物运量及周转量 489
Freight Traffic and Turnover Volume over the Years
16-4 沿海主要港口货物吞吐量 490
Volume of Freight Handled in Major Coastal Ports
16-5 交通运输企业主要技术经济指标 491
Major Technical and Economic Indicators of Transportation Enterprises
16-6 邮电业务基本情况 491
Basic Conditions of Post and Telecommunication Services

16-7 1978-2010年邮政基本情况 492
Basic Conditions of Post Services 1978 to 2010
16-8 1978-2010年电信业务总量 493
Business Volume of Telecommunication Services 1978 to 2010
16-9 各市公路情况(2010年) 494
Basic Conditions of Highways by Region (2010)
16-10 各市地方交通旅客运输量(2010年) 494
Passenger Transport Volume of Local Traffic by Region (2010)
16-11 各市地方交通公路货物运输量(2010年) 495
Freight Transport Volume of Local Traffic by Region (2010)
16-12 各市营业性运输车辆(2010年) 495
Transport Vehicles in Operation by Region (2010)
16-13 各市邮电业务基本情况(2010年) 496
Basic Conditions of Post and Telecommunication Services by Region (2010)
16-14 各市民用车辆拥有量(2010年) 497
Possession of Civil Vehicles by Region (2010)
主要统计指标解释 499
Explanatory Notes on Main Statistical Indicators

第十七篇 批发和零售、住宿和餐饮业

CHARPTER 17 Wholesale, Retail, Hotels and Catering Services

简要说明
Brief Introduction
17-1 主要年份社会消费品零售总额 507
Retail Sale of Consumer Goods of Major Years
17-2 限额以上批发和零售业商品购进、销售、库存总额(2010年) 508
Total Purchases, Sales and Inventory of Enterprises above Designated Size of Wholesale and Retail Trades (2010)
17-3 限额以上住宿和餐饮业经营情况(2010年) 512
Business of Hotels and Catering Services above Designated Size(2010)
17-4 亿元以上商品交易市场分市场类型情况(2010年) 516
Classification of Commodity Exchange Markets of Turnover above 100 Million Yuan (2010)
17-5 亿元以上商品交易市场成交情况(2010年) 518
Basic Statistics on Commodity Exchange Markets of Turnover above 100 Million Yuan (2010)
17-6 各市亿元以上商品交易市场情况(2010年) 519
Basic Statistics on Commodity Exchange Markets of Turnover above 100 Million Yuan by Region (2010)
17-7 批发和零售业连锁经营情况(2010年) 520
Business of chain operation of Wholesale and Retail Trade(2010)
17-8 住宿和餐饮业连锁经营情况(2010年) 526
Business of chain operation of Hotels and Catering Services(2010)
17-9 限额以上批发和零售业企业财务状况(2010年) 528
Financial Indicators of Enterprises above Designated Size of Wholesale and Retail Trades (2010)
17-10 限额以上住宿和餐饮业财务状况(2010年) 540
Financial Indicators of Enterprises above Designated Size of Hotels and Catering Services(2010)
17-11 批发和零售业、住宿和餐饮业连锁门店及配送中心分布情况(2010年) 552
Distribution of Stores and Distribution Centers of chain stores of Wholesale and Retail Trades and Hotel and Catering Services(2010)
17-12 各市社会消费品零售总额(2010年) 553
Retail Sale of Consumer Goods by Region(2010)
17-13 各市限额以上批发和零售业商品购进、销售、库存总额(2010年) 554
Total Purchases,Sales and Inventory of Enterprises above Designated Size of Wholesale and Retail Trades by Region(2010)
17-14 各市限额以上住宿和餐饮业经营情况(2010年) 555
Business of Hotels and Catering Services above Designated Size by Region (2010)
17-15 各市限额以上批发和零售业财务状况(2010年) 556
Financial Indicators of Enterprises above Designated Size of Wholesale and Retail Trades by Region(2010)

17-16 各市限额以上住宿和餐饮业财务状况(2010年) 559
Financial Indicators of Enterprises above Designated Size of Hotels and Catering Services by Region(2010)
主要统计指标解释 562
Explanatory Notes on Main Statistical Indicators

第十八篇 教育、科技、文化
CHARPTER 18 Education, Science and Technology, Culture

简要说明
Brief Introduction
18-1 各级各类学校基本情况(2010年) 569
Basic Statistics on Education Institutions (2010)
18-2 历年普通高等教育基本情况 570
Basic Statistics on Higher Education
18-3 历年中等专业教育基本情况 571
Basic Statistics on Vocational Secondary Education
18-4 历年普通中学基本情况 572
Basic Statistics on Senior and Junior Secondary Education
18-5 历年技工学校基本情况 573
Basic Statistics on Technical Schools
18-6 历年小学基本情况 574
Basic Statistics on Primary Schools
18-7 1985-2010年成人高等教育基本情况 575
Basic Statistics on Adult Education from 1985 to 2010
18-8 研究生教育基本情况 576
Basic Statistics on Postgraduate Education
18-9 1978-2010年重要科技成果数量 577
Major Achievements in Science and Technology 1978 to 2010
18-10 科技成果情况 577
Basic Statistics on Science and Technology
18-11 R&D 经费支出情况(2009 年)......578
Basic Statistics On Expenditure on R&D（2009）
18-12 R&D 经费支出情况(2010 年)......580
Basic Statistics On Expenditure on R&D（2010）
18-13 R&D 人员情况（2009 年）......582
Basic Statistics On R&D Personnel（2009）
18-14 R&D 人员情况（2010 年）......584
Basic Statistics On R&D Personnel（2010）
18-15 R&D 人员折合全时当量情况（2009 年）......586
Basic Statistics On Full-time Equivalent of R&D Personnel（2009）
18-16 R&D 人员折合全时当量情况（2010 年）......587
Basic Statistics On Full-time Equivalent of R&D Personnel（2010）
18-17 规模以上工业企业 R&D 经费支出情况（2009 年）......588
Expenditures of Industrial Enterprises above Designated Size on R&D（2009）
18-18 规模以上工业企业 R&D 经费支出情况（2010 年）......592
Expenditures of Industrial Enterprises above Designated Size on R&D（2010）
18-19 规模以上工业企业 R&D 人员情况（2009 年）......596
Basic Statistics On R&D Personnel of Industrial Enterprises above Designated Size（2009）
18-20 规模以上工业企业 R&D 人员情况（2010 年）......600
Basic Statistics On R&D Personnel of Industrial Enterprises above Designated Size（2010）
18-21 规模以上工业企业 R&D 人员折合全时当量情况（2009 年）......604
Full-time Equivalent of R&D Personnel of Industrial Enterprises above Designated Size（2009）

18-22 规模以上工业企业 R&D 人员折合全时当量情况（2010 年）……606
Full-time Equivalent of R&D Personnel of Industrial Enterprises above Designated Size（2010）
18-23 高技术产业 R&D 活动及新产品开发情况(2009 年)……608
Statistics on R&D Activities and New Products Development in High-tech Industry(2009)
18-24 高技术产业基本情况……609
Statistics on Production and Management in High-tech Industry
18-25 主要年份文化、文物事业基本情况……611
Number of Institutions for Culture and Cultural Relics of Major Years
18-26 广播电视基本情况……613
Basic Statistics on Radio and Television Stations
18-27 文化、文物机构人员情况(2010年)……613
Number of Institution and Personnel in Culture and Culture Relics (2010)
18-28 档案馆基本情况(2010年)……614
Statistics on Archive Institutions (2010)
18-29 报纸、杂志出版情况(2010年)……615
Number of Newspaper and Magazine Publication (2010)
18-30 各市中等职业学校基本情况(2010年)……616
Basic Statistics on Secondary Professional Schools by Region (2010)
18-31 各市普通中学情况(2010年)……616
Basic Statistics on Secondary Schools by Region (2010)
18-32 各市小学基本情况(2010年)……617
Basic Statistics on Primary Schools by Region (2010)
18-33 各市中小学教职工情况（2010年）……617
Basic Statistics on Teachers and Staff of Primary Schools by Region (2010)
18-34 各市普通中学专任教师学历情况(2010年)……618
Basic Statistics on Teachers and Staff of Regular Secondary Schools by Region (2010)
18-35 各市小学升学、辍学和幼儿园情况(2010年)……618
Basic Statistics on Enrollment and Dropout Rate and on Kindergartens by Region (2010)
18-36 各市文化、文物事业基本情况(2010年)……619
Basic Statistics on Culture and Cultural Relics by Region (2010)
主要统计指标解释……620
Explanatory Notes on Main Statistical Indicators

第十九篇　卫生、体育、民政、司法、测绘、标准计量

CHARPTER　19　Health, Sports, Legal and Judicial Affairs, Surveying and Mapping, Standard Measuring and Civil Affairs

简要说明
Brief Introduction
19-1 卫生事业基本情况……627
Basic Statistics on Health Institutions
19-2 医院工作状况……628
Basic Statistics of Hospitals above County Level
19-3 卫生总费用……629
Total Health Expenditure
19-4 各市卫生事业基本情况(2010年)……629
Statistics on Health Service by Region (2010)
19-5 等级运动员、教练员、裁判员发展人数……630
Basic Statistics on Athletes, Coaches and Referees
19-6 各市举办运动会情况(2010年)……630
Basic Statistics on Mass Sports by Region (2010)
19-7 民政事业基本情况……631
Basic Statistics on Civil Affairs

19-8 婚姻登记情况 632
Basic Statistics on Marriages and Divorces
19-9 律师、公证工作基本情况 632
Basic Statistics on Lawyers and Notarization
19-10 分系统测绘持证单位个数和人员情况 (2010年) 633
Basic Statistics on Qualified Surveying and Mapping Departments and Staff by Sector (2010)
19-11 各市测绘持证单位个数和人员情况(2010年) 633
Basic Statistics on Qualified Surveying and Mapping Departments and Staff by Region(2010)
19-12 测绘系统生产产值(2010年) 634
Output Value of Surveying and Mapping Departments by Sector (2010)
19-13 各市测绘生产产值(2010年) 635
Output Value of Surveying and Mapping Departments by Region (2010)
19-14 测绘系统持证单位生产情况(2010年) 636
Major Indicators of Surveying and Mapping Departments (2010)
19-15 各市测绘持证单位生产情况(2010年) 637
Major Indicators of Surveying and Mapping Departments by Region (2010)
19-16 产品质量监督抽查情况(2010年)......638
Results of Sampling Checks on Product Quality (2010)
19-17 各市标准化工作情况(2010年)......639
Statistics on Standardization by Region(2010)
主要统计指标解释......640
Explanatory Notes on Main Statistical Indicators

第二十篇 各县（市、区）主要经济指标
CHARPTER 20 Main Indicators of Counties (Cities and Districts at County Level)

简要说明
Brief Introduction
20-1 各县(市、区)主要经济指标(2010年) 645
Major Economic Indicators of Counties(Cities and Districts at County Level,2010)

附 录
APPENDICES

附录1 全国各省（市、自治区）主要经济指标 663
Main Economic Indicators of the Whole Country by Region
附录2 国际统计资料 699
International Statistical Data
附录3 山东省统计局工作大事记 743
Chronicle of Events of Shandong Statistical Undertaking

政府工作报告

——2011年2月12日在山东省第十一届人民代表大会第四次会议上

山东省省长　姜大明

各位代表：

现在，我代表省人民政府向大会报告政府工作，请予审议，并请省政协委员提出意见。

一、“十一五”时期经济社会发展回顾

“十一五”时期，山东的发展进程极不平凡。在中共山东省委的正确领导下，全省人民以邓小平理论和“三个代表”重要思想为指导，深入贯彻落实科学发展观，按照胡锦涛总书记对山东工作的总要求，坚持积极作为、科学务实的工作基调，攻坚克难，奋力前行，“十一五”规划的主要目标任务顺利完成，全省经济建设、政治建设、文化建设、社会建设和生态文明建设取得新的重大成就。

——这是经济综合实力显著增强的五年。全省生产总值接连突破2万亿和3万亿，去年达到39416.2亿元，年均增长13.1%，人均生产总值由“十五”末的2400美元提高到6000美元；地方财政收入达到2749.3亿元，年均增长20.7%；全社会固定资产投资达到23279.1亿元，年均增长22.5%；社会消费品零售总额14211.6亿元，年均增长18.9%；进出口总额1889.5亿美元，年均增长19.6%；实际利用外资累计463.9亿美元。经济综合实力大幅提升。

——这是人民生活水平较快提高的五年。财政对民生投入累计达到7004.5亿元，2010年民生投入占财政支出总额的51%。教育、科技、文化、卫生、体育事业全面发展，覆盖城乡的社会保障和救助体系趋于完善，保障水平不断提高。城镇居民人均可支配收入、农民人均纯收入分别达到19946元、6990元，年均分别增长13.2%、12.2%。累计新增城镇就业550万人，转移农村劳动力710万人。解决了52万户城镇低收入家庭的住房困难，近400万户农民居住条件得到改善。广大人民群众更多地享受到改革发展的成果。

——这是发展方式加快转变的五年。消费拉动作用明显增强，投资结构逐年改善，经济增长动力结构趋于协调。产业结构调整步伐加快，农业现代化水平进一步提高；传统产业调整振兴成效显著，战略性新兴产业蓬勃发展，高新技术产业产值占规模以上工业产值比重达到35.2%；服务业发展提质增量，增加值所占比重比“十五”末提高4.3个百分点。“十一五”规划确定的节能减排目标任务全面完成。

——这是基础设施建设取得重大突破的五年。“十一五”时期新开工铁路项目18个，新增运营里程438公里、在建里程3151公里，相当于100多年来山东铁路通车里程的总和；新增高速公路1122公里，通车里程达到4285公里；港口吞吐量由“十五”末的4.1亿吨提高到9.2亿吨，机场客运量由986万人次提高到2231万人次。覆盖全省的“五横两纵”500千伏主网架已经形成，新增可用电力装机容量2707万千瓦，海阳核电一期开工建设。158座大中型水库和3882座小型水库除险加固任务全面完成，南水北调和胶东调水工程进展顺利，沿淮东调南下续建主体工程全面完工。一批事关长远发展的重大基础设施项目相继建成，对全省经济发展的支撑保障作用进一步增强。

——这是城乡面貌发生明显变化的五年。新型城镇化进程加快，城市规划建设管理水平进一步提高，全省人均城市道路面积达到20.5平方米，人均绿地面积达到15平方米；污水集中处理率由49%提高到85%，垃圾无害化处理率由58%提高到80%；森林覆盖率达到22.8%。社会主义新农村建设扎实推进，行政村通油路比例达到99.2%，农村自来水普及率达到90%，农村电网改造全面完成，新建农村户用沼气186.8万户。统筹城乡发展取得丰硕成果。

五年来，我们主要做了以下工作：

（一）坚定不移地贯彻落实中央宏观调控政策，应对国际金融危机取得重要成果。注重把握宏观调控的方向、重点和力度，牢牢把握经济工作的主动权。

“十一五”前半期，针对经济运行中的不稳定、不健康因素，我们认真贯彻中央宏观调控政策，坚持在发展中相机调控、在调控中谋求发展，保持了经济平稳健康运行。近两年，面对国际金融危机的严重冲击，我们坚决贯彻国家应对国际金融危机的一揽子计划和各项决策部署，迅速制定实施了扩大内需、促进经济增长的21条政策措施，启动了8546个重大项目建设，采取鼓励消费的一系列政策措施，在较短的时间内有效遏制了增速下滑，实现了经济企稳回升。去年以来，我们正确处理保持经济平稳较快发展、调整经济结构与管理通胀预期的关系，成为全国少数把居民消费价格涨幅控制在3%以内的省份之一，发展的协调性和内生动力增强，应对国际金融危机成果进一步巩固。

（二）坚定不移地推进转方式调结构，经济发展的速度、质量和效益同步提高。认真落实强农惠农政策，五年对“三农”财政投入累计4718亿元，年均增长36.1%。深入实施千亿斤粮食生产能力规划，着力培植高效特色产业，全面提高农业综合生产能力。去年粮食产量再创历史新高，达到867亿斤，实现连续八年增产；农产品出口达到127.1亿美元，年均增长13%。加快传统产业改造升级，培育发展战略性新兴产业，推进企业技术改造和兼并重组，大力提高自主创新能力。五年累计完成技改项目3.7万项，技改投资2.6万亿元，规模以上工业利税、利润年均分别增长24.2%和24%。推进服务业跨越发展，突出支持十大重点领域，着力培育“四大载体”，去年服务业增加值达到14429亿元，年均增长13.4%。旅游业总收入突破3000亿元。下气力推进节能减排、生态建设和环境保护。万元生产总值能耗、二氧化硫和化学需氧量排放量累计分别下降22.1%、20%和18%，省控59条主要污染河流全部恢复鱼类生长。坚持最严格的耕地保护制度和节约集约用地制度，在工业化、城镇化加快发展的进程中，全省耕地面积保持在1.15亿亩。

（三）坚定不移地实施重点区域带动战略，推动区域经济协调发展。坚持把促进区域发展与培植产业优势结合起来，区域发展新格局正在形成。今年1月4日，国务院正式批复《山东半岛蓝色经济区发展规划》，这是我国第一个以海洋经济为主题的区域发展战略，也是我省在一年多时间内获国务院批准的第二个国家层面发展规划。黄河三角洲高效生态经济区建设起步顺利、开局良好，全区投资、进出口、地方财政收入增幅均高于全省平均水平。胶东半岛高端产业聚集区和日照钢铁精品基地建设扎实推进，省会建设发展步伐加快。重视扶持欠发达地区发展，大力发展县域经济。去年地方财政收入过10亿元的县（市、区）达到70个，其中过30亿元的11个。

（四）坚定不移地深化改革扩大开放，增强经济社会发展活力。推进国有企业改革发展，先后组建了山东钢铁集团、山东重工集团、山东海洋投资公司、山东海运公司、泰山财产保险公司，国有企业的规模、质量、效益显著提升。推动民营经济加快发展，非公有制经济占生产总值比重达到54%。农村综合改革试点、综合配套改革试点、财税体制改革、集体林权制度改革、资源环境价格改革取得新的进展。银行、证券、保险业支撑保障作用进一步增强，去年金融机构本外币各项存款余额突破4万亿元，贷款余额、直接融资、保费收入均创历史最高水平。实施“深化日韩、提升东盟、突破欧美、拓展非洲”的全面开放战略，加强与台港澳地区的经贸合作，形成了多层次、宽领域的对外开放格局。有效应对国际金融危机冲击，引导企业大力开拓国际市场，着力优化出口产品结构，外贸进出口实现快速恢复性增长；围绕转方式调结构，加大招商引资力度，着力提高利用外资水平；加快实施“走出去”战略，拓展我省对外合作空间。去年外贸出口突破1000亿美元。

（五）坚定不移地保障和改善民生，加强社会管理和创新。实施积极的就业政策，突出抓好大学生、城镇困难家庭和返乡农民工等重点人群就业，就业形势保持稳定。加快完善社会保障体系，企业退休人员月人均养老金由2005年的808元提高到1510元；新型农村社会养老保险试点范围覆盖到36%的县、1065万人；城市低保月人均标准增加到290元，农村低保标准提高到每人每年不低于1200元。建立了价格上涨与困难群众生活补贴和保障标准联动机制。收入分配制度改革进一步深化，事业单位绩效工资制度稳步实施，最低工资标准年均上调18.4%。医药卫生体制改革全面展开，新型农村合作医疗参合率、城市社区卫生覆盖率分别达到99.6%和98.7%，115个县（市、区）实施了基本药物制度，开展了公立医院改革试点。全面实现城乡免费义务教育，建立健全了覆盖各教育阶段的家庭经济困难学生资助体系，素质教育取得阶段性成果，制定实施了全省教育中长期改革发展规划纲要。加快推进保障性住房建设和农村住房建设与危房改造。深化平安山东建设，加强社会治安综合治理，强化食品药品安全和安全生产专项整治，安全生产连续九年实现事故起数和死亡人数双下降。

（六）坚定不移地坚持社会主义先进文化前进方向，推进文化事业和文化产业发展。实施文化产业重大项目带动战略和创意山东计划，大力培育骨干文化企业，文化产业快速发展，去年全省文化产业增加值达到 1230 亿元，是 2005 年的 2.4 倍。深入实施文化惠民工程，省博物馆新馆和省档案馆新馆等重点文化项目建成并投入使用，五级公共文化服务网络基本形成。文化体制改革向纵深推进，基本完成经营性文化单位转企改制、文化行政管理体制改革和文化市场综合执法改革，全省广播电视有线网络整合任务基本完成。成功举办一系列大型展会，创作生产了一批文化艺术精品。精神文明建设进一步加强。全民健身活动深入开展，我省体育健儿在北京奥运会、第十一届全运会、第十六届亚运会上均取得历史最好成绩。

（七）坚定不移地推进依法行政，努力建设法治政府、服务政府。认真执行人大及其常委会的决议、决定，自觉接受人大、政协、群众和舆论监督。五年提请省人大常委会审议通过地方性法规 34 件，制定政府规章 41 件，办理省人大代表建议和政协提案 4970 件。“五五”普法和依法治理工作取得明显成效。省市县三级政府机构改革任务基本完成，行政审批制度改革进一步深化，政府应急管理能力不断提高。坚持依法科学民主决策，深入推进政务公开，政府公信力、执行力进一步增强。坚持不懈反腐倡廉，严厉查处了一批腐败分子。认真做好国防动员、人民防空、民兵预备役建设、双拥共建和优抚安置工作，军政军民团结更加巩固。人口计生、妇女儿童、慈善、残疾人、老龄等事业持续发展，气象、防震减灾、民族宗教、外事侨务、对台等工作取得新的成绩。

五年来，我们在党中央、国务院的坚强领导下，在全省人民的支持参与下，集中力量办成办好了一系列大事。对口支援北川灾后恢复重建实现了三年任务两年基本完成，一个美丽、和谐、羌族文化特色鲜明的新北川展现在世人面前。战胜严重浒苔灾害，成功举办了奥帆赛、残奥帆赛。举全省之力筹办第十一届全运会，取得了办赛服务和竞赛成绩双丰收。圆满完成了北京国庆60周年庆典和上海世博会参展的各项任务。这些都充分彰显了齐鲁儿女顾全大局、勇于担当、无私奉献的高尚情怀和海纳百川、推陈出新、追求卓越的创新精神，必将形成加快经济文化强省建设的强大力量。

五年来的实践使我们深刻体会到：只要我们牢固树立科学发展观，坚持走科学发展之路，持之以恒地把加快转变经济发展方式的要求落到实处，就一定能够保持工作的正确方向。只要我们坚决贯彻落实中央的宏观经济政策，结合山东实际不断增强工作指导的针对性、灵活性和有效性，就一定能够保持经济长期平稳较快发展。只要我们不断深化体制机制创新，处理好政府和市场的关系，就一定能够保持发展的生机与活力。只要我们把富民和强省有机结合起来，坚持以人为本、民生优先，就一定能够促进人民生活水平持续提高，保持社会和谐稳定。只要我们求真务实、真抓实干，看准的事情咬住不放、一抓到底，就一定能够每年办成几件大事，推动各项工作不断迈上新台阶。

各位代表，五年来我省改革开放和现代化建设取得的成就，是党中央、国务院高度重视、亲切关怀的结果，是中共山东省委科学决策、正确领导的结果，是人大、政协和社会各界对政府工作有效监督、大力支持的结果，更是全省人民同心同德、艰苦创业、开拓奋进的结果。在此，我代表省政府，向全省各族人民，向各民主党派、工商联、各人民团体和各界人士，向驻鲁人民解放军、武警官兵和中央驻鲁单位，致以崇高的敬意！向关心支持和参与山东发展的香港特别行政区同胞、澳门特别行政区同胞、台湾同胞、海外侨胞和国际友人，表示诚挚的感谢！

在总结五年发展成就的同时，我们必须清醒地看到，全省经济社会发展还面临很多困难和挑战，政府工作还存在不少问题和差距。主要表现在：农业稳定增产和农民持续增收基础不牢，农田水利设施依然薄弱，农业现代化水平总体不高；物价上涨预期加强，资源、土地、劳动力等要素价格已成为推动价格上涨的长期性因素；经济结构调整任务艰巨，产业转型升级面临诸多制约，科技创新、成果转化以及人才支撑能力不强；城乡居民收入增长还不够快，消费能力不足；资源环境约束强化，能源资源消耗总量偏大；城乡区域发展不协调，就业总量压力和结构性矛盾并存，在收入分配、社会保障、教育、医疗、住房等方面有许多问题亟待解决。政府职能转变还不到位，社会管理和公共服务比较薄弱，腐败现象还时有发生。上述短期问题和长期问题交织，结构性问题和体制性问题并存，国内问题和国际问题互联，不仅影响当前经济运行，还会制约今后一段时期经济社会发展，我们一定要高度重视，积极稳妥地加以解决。

二、“十二五”时期经济社会发展总体要求

从今年开始，我们已进入第十二个五年规划时期。

根据党的十七届五中全会和省委九届十一次全委会精神，省政府编制了《山东省国民经济和社会发展第十二个五年规划纲要（草案）》。《纲要（草案）》及《说明》已印发各位代表，请予审议，并请省政协委员提出意见。

“十二五”时期是全面建设小康社会、实现富民强省新跨越的关键时期，是深化改革开放、加快转变经济发展方式的攻坚时期，做好今后五年的工作，对于打好转方式调结构这场硬仗、打牢全面协调可持续发展基础至关重要。纵观国际国内环境，我们仍处于可以大有作为的重要战略机遇期。工业化、信息化、城镇化、市场化、国际化深入发展，社会主义市场经济体制更加完善，经济结构转型加快，社会保障体系逐步健全，社会大局保持稳定，这些都为我们紧紧抓住并充分用好战略机遇期提供了有利条件。经过改革开放特别是“十一五”以来的发展，我省经济已具相当规模，产业体系更加完备，跨越提升的物质技术基础更为坚实；经济发展方式加快转变，改革开放向纵深推进，科学发展的动力更为强劲；山东半岛蓝色经济区和黄河三角洲高效生态经济区建设全面提速，我省发展空间更为广阔。我们完全有能力推动全省经济综合实力和人民生活水平再上新台阶。“十二五”时期全省经济社会发展的总体要求是：高举中国特色社会主义伟大旗帜，以邓小平理论和“三个代表”重要思想为指导，深入贯彻落实科学发展观，紧紧围绕科学发展主题，牢牢把握加快转变经济发展方式主线，坚定不移地以富民强省为目标，深化改革开放，保障和改善民生，努力建设经济文化强省，促进经济长期平稳较快发展和社会和谐稳定，为率先全面建成小康社会打下具有决定性意义的基础。

——“十二五”期间要始终保持经济平稳较快发展。把发展作为解决一切问题的前提和基础，始终坚持以经济建设为中心，进一步加强和改善宏观调控，巩固和扩大应对国际金融危机成果。实施扩大内需方针，加快形成消费、投资、出口协调拉动经济增长新格局。今后五年，在优化结构、提高效益、降低消耗、保护环境的基础上，全省生产总值年均增长9%左右，地方财政收入年均增长14%左右，价格总水平保持基本稳定。

——“十二五”期间经济结构战略性调整要取得重大进展。实施高端高质高效产业发展战略，突出农业做优、工业做强、服务业做大，促进三次产业融合发展，构建结构优化、技术先进、清洁安全、附加值高、吸纳就业强的现代产业体系。加快基础设施建设，打造适度超前、功能完善、配套协调、高效安全的基础设施支撑保障体系。到2015年，三次产业结构调整为7：48：45，战略性新兴产业增加值占生产总值比重达到10%，新口径高新技术产业产值占规模以上工业产值比重每年提高1个百分点，经济增长的质量和效益明显提高。

——“十二五”期间人民生活水平提高要与经济发展同步。把保障和改善民生作为根本出发点和落脚点，加快推进基本公共服务均等化。坚持实施更加积极的就业政策，力争五年城镇新增就业500万人以上，转移农村劳动力600万人以上。加大收入分配调节力度，努力做到居民收入增长与经济发展同步、劳动报酬增长与劳动生产率提高同步，城镇居民人均可支配收入和农民人均纯收入年均增长10%，争取农民收入增幅更高一些。坚持广覆盖、保基本、多层次、可持续的方针，不断扩大社会保障范围、提高社会保障水平，全面构筑起覆盖城乡的“社会保障网”。建立健全城乡住房保障体系，努力满足人民群众基本住房需求。深入推进医药卫生体制改革，全面改善群众就医环境和服务，城乡医疗卫生服务体系更加健全。

——“十二五”期间教育、科技、人才和文化的支撑作用要显著增强。强化教育优先发展的战略地位，优化配置教育资源，加大教育改革力度，全面发展包括民办教育在内的各级各类教育，提高教育质量，稳步提升全民受教育程度。大力增强自主创新能力，建立健全以企业为主体、市场为导向、产学研用结合的科技创新体系，加强重要领域和关键技术研发，大力推进科技成果转化，到2015年，全社会研究与试验发展经费支出占生产总值比重达到2.2%。完善“以用为本”的人才工作体制机制，大力培养、积极引进、合理使用各类人才，人才竞争优势基本形成，进入人才强省前列。扎实推进社会主义核心价值体系建设，筑牢全省人民团结奋斗的共同思想基础。发挥文化资源富集优势，深化文化体制机制改革创新，加快构建公共文化服务体系，大力发展文化产业，加强对文化产品创作生产的引导，推动经济文化融合发展。到2015年，覆盖城乡、惠及全民的公共文化服务体系更加完善，文化产业增加值翻两番，成为国民经济支柱性产业。

——“十二五”期间城乡、区域发展要更加协调。统筹经济与社会、当前与长远、海洋与陆地、城市与农村、东部与中西部发展，深入实施重点区域带动战略，积极稳妥推进城镇化，加快社会主义新农村建设，努力实现城乡基本公共服务、基础设施一体化，构建产业布局合理、区域协调发展、人口聚集加快、城镇体系完善的发展格局。力争到2015年，全省城镇化水平达到55%以上，新农村建设达到全国先进水平。山东半岛蓝色经济区和黄河三角洲高效生态经济区成为全省经济发展的重要引擎，海洋经济占生产总值比重达到23%，省会城市群经济圈和鲁南经济带加快发展，县域经济实力大幅提升。

——“十二五”期间绿色发展模式要基本形成。建设资源节约型和环境友好型社会，加强资源节约和管理，加大节能减排和环境保护力度，强化生态保护和防灾减灾体系建设，发展循环经济，推广低碳技术，加快生态省建设，促进经济社会发展与人口资源环境相协调，增强可持续发展能力。更加重视耕地保护和节约用地，搞好土地综合整治和矿产资源保护。确保完成国家下达的节能减排约束性指标，单位生产总值能耗和二氧化碳排放大幅下降，主要污染物排放总量显著减少，森林覆盖率达到25%，让山东的山更绿、水更清、空气更加清新，人居环境显著改善。

——“十二五”期间改革开放要向更深层次、更广领域拓展。充分发挥市场在资源配置中的基础性作用，努力营造各种所有制经济依法平等使用生产要素、公平参与市场竞争、同等受到法律保护的制度环境，突破改革重点和难点，在重要领域和关键环节改革上迈出重大步伐。拓展对外开放的广度和深度，积极参与国际经济合作与竞争，对外贸易和利用外资结构不断优化。“十二五”期间，全省进出口总额年均增长10%，实际利用外资年均增长9%，互利共赢的对外开放格局进一步形成。

各位代表，经过五年不懈奋斗，到“十二五”末，全省生产总值将突破6万亿元，地方财政收入突破5000亿元，城镇居民人均可支配收入达到3万元，农民人均纯收入达到1万元以上，山东将成为综合实力大幅提升、现代产业体系更加完备的省份，成为人民群众幸福感普遍增加、社会更加和谐稳定的省份，成为能源资源高效利用、生态环境明显改善的省份，成为城乡文明程度显著提高、文化软实力不断增强的省份，一个文明、富足、开放、和谐的山东将在我国东部沿海蓬勃崛起。

三、2011年的主要工作

今年是“十二五”开局之年，做好经济社会发展的各项工作，意义重大。我们要把工作着力点放到推动经济结构战略性调整、提高自主创新能力、强化节能减排和环境保护、深化改革开放、保障和改善民生上，全力抓好抗旱保丰收和保持物价总水平基本稳定这两项关系全局的紧迫任务，确保“十二五”开好局、起好步。

主要预期目标是：生产总值增长10%左右，地方财政收入增长12%左右，固定资产投资增长17%左右，社会消费品零售总额增长16%左右，外贸进出口增长10%左右，实际利用外资稳定增长，城镇新增就业100万人，农村劳动力转移就业120万人，城镇登记失业率控制在4%以内，城镇居民人均可支配收入和农民人均纯收入均增长10%左右，人口自然增长率控制在6‰以内，居民消费价格涨幅控制在4%左右，全面完成国家下达的节能减排目标任务。

需要说明的是，提出10%左右的生产总值增长目标，综合兼顾了需要和可能。一方面，保持适当的发展速度是扩大就业、改善民生、保持社会稳定的需要；另一方面，是为调整结构创造宽松环境，引导各方面切实把工作重点放到加快转变经济发展方式上来。提出城乡居民收入均增长10%左右，这是近年来的最高预期。提出这一目标，一方面是落实中央、省委关于居民收入、劳动报酬增长与经济发展、劳动生产率提高“两个同步”的要求，另一方面也顺应了广大群众过上美好生活的新期待。但实现这一目标是不容易的，各级政府必须采取更加有力的措施，付出更加艰苦的努力。

今年，要重点做好以下八方面工作：

（一）保持经济平稳较快发展。进一步优化需求结构，完善消费持续增长机制，保持投资合理适度增长，增强经济发展的内在动力。

扩大消费需求。一是增强居民消费能力。继续增加政府用于改善和扩大消费的支出，加大对城镇低收入群体和农民的补贴力度。建立健全企业工资正常增长机制，完善企业工资监控和工资保证金等制度，逐步增加职工工资收入。整顿和规范收入分配秩序，完善对高收入行业工资总额和工资水平双重调控政策。二是加强城乡市场流通体系建设。继续推进“万村千乡市场工程”，提高农村市场商品统一配送率。做好城乡商业网络规划，优化商业网点布局，完善商贸流通基础设施功能，培育城市商业中心，建设特色商业街区和大型城市综合体。加快发展连锁经营、物流配送、电子商务及网络购物，提升流通现代化水平。三是营造诚信经营环境。深入持久开展“满意消费惠万家”活动，促进放心消费、便捷消费。积极引导信用消费，加快建立商品流通质量追溯体系。整顿和规范市场秩序，依法严厉打击侵犯知识产权和制假售假、走私贩私、传销等违法活动，保护消费者权益。四是培育消费热点。继续实施家电下乡和以旧换新政策，做好建材下乡试点工作，研究制定进一步鼓励消费的政策措施。促进电子、通信产品和服务消费，大力鼓励新能源汽车等节能环保型产品消费，推动养老、家政、培训、体育健身、社区服务、旅游休闲等服务型消费，倡导文明、节约、绿色、低碳消费模式。

优化投资结构。一是把握好投资方向。继续抓好中央投资项目和省重点项目建设，确保在建和续建项目如期完成，有序启动一批“十二五”规划重大项目。落实国家产业政策，坚决控制“两高”和产能过剩行业盲目重复建设，引导投资进一步向重点行业、关键领域和薄弱环节倾斜。严格执行投资项目用地、节能、节水、环保、安全等准入标准，切实提高投资效益。二是加强现代能源和综合交通运输体系建设。开工建设一批风电、太阳能等清洁能源项目，新能源装机达到 480 万千瓦。积极推进坚强智能电网建设。加快实施“外电入鲁”战略，今年接纳外省来电能力达到 750 万千瓦。加强重点港口、省际重要通道、城际交通枢纽建设，加快建设济南至石家庄客运专线等 6 条铁路、济南至东营等 8 条高速公路，建设好烟台新机场和济南机场指廊工程。三是拓宽融资渠道。继续深化银企合作，引导金融机构加大对重点领域的信贷投放。支持发展多层次资本市场，鼓励企业通过上市、发行债券、金融租赁等方式多渠道筹集资金，鼓励各类投资主体设立不同形式的投资基金。四是促进民间投资稳定增长。认真落实鼓励引导民间投资的各项政策，大力发展民营经济，切实放宽市场准入，破除各种有形和无形的壁垒，鼓励和引导民间资本进入基础产业和基础设施、市政公用事业、社会事业、金融服务等领域，推动民营企业加强自主创新和转型升级，鼓励和引导民间资本重组联合和参与国有企业改革，加强对民间投资的服务、指导和规范管理，促进社会投资稳定增长和结构优化。

管理好通胀预期。坚持“立足当前、着眼长远，综合施策、重点治理，保障民生、稳定预期”的原则，全面加强价格调控监管工作。落实“菜篮子”市长负责制，抓好“菜篮子”产品生产，适当增加重要农副产品储备，稳定主要农产品、基本生活必需品和重要生产资料的生产和供应。强化农产品产运销衔接，鼓励发展订单农业，搞好农超对接，落实和完善鲜活农产品运输绿色通道政策。建立完善信息监测、预警和发布制度，严肃查处恶意炒作、哄抬价格、串通涨价等不法行为。

（二）大力发展现代农业。把“三农”作为全部工作的重中之重，按照“大兴水利强基础、狠抓生产保供给、力促增收惠民生、着眼统筹添活力”的总体要求，坚持在工业化、城镇化深入发展中同步推进农业现代化，加快构建高产、优质、高效、生态、安全的新型农业产业体系，提高农业现代化水平，促进农民持续增收。

加快实施千亿斤粮食生产能力建设规划。按照到 2020 年实现全省粮食生产能力达到 1000 亿斤的要求，深入开展高产创建活动，加大农业综合开发力度，加快推进农业机械化，在稳定播种面积的基础上，坚持依靠科技进步提高单产。加大政策扶持力度，进一步调动各地政府抓粮、农民种粮的积极性，确保今年粮食总产 850 亿斤以上。

全面实施十大特色产业振兴规划。以提质增效为中心，以发展高效特色农业和生态循环农业为重点，围绕蔬菜、畜牧、渔业、果业、油料、棉花、种业、苗木花卉、水系生态、乡村旅游等产业发展，建设一批高标准生产基地和产业园区，叫响高效特色农产品和农业优势产业“山东品牌”。深入实施农产品质量安全提升工程，大力支持农业产业化龙头企业发展和农业标准化生产，积极发展农民专业合作组织，全面提升农业生产经营的专业化、标准化、规模化、集约化水平。选择若干县开展现代农业示范区试点。

加快推进以水利为重点的农村基础设施建设。把水利摆在基础设施建设的优先领域，把农田水利作为农村基础设施建设的重点任务，大幅度增加水利投入，加快现代水利示范省建设。推进南水北调、胶东调水等调水干线工程和区域水网建设，启动相关配套工程。突出抓好水毁工程修复及重点中小河道治理、山洪地质灾害防治、易灾地区生态环境综合治理等防洪薄弱环节建设。加快推进小型农田水利重点县建设，实施进一步治淮工程，推进大中型灌区续建配套及节水改造。建立最严格水资源管理制度，严格取水许可审批，控制用水总量，促进用水方式和经济发展方式转变。

去年 9 月下旬以来，我省遭遇历史罕见的特大干旱，目前旱情还在发展。我们要紧急行动起来，加强组织领导，强化社会动员，加大资金投入，依靠科技支撑，抓好抗旱服务队伍建设和抗旱物资储备供应，搞好应急水源工程建设和春季麦田管理，确保越冬作物能够浇上水，确保旱区人畜饮水安全，坚决打赢抗旱夺丰收保民生这场硬仗。

多渠道增加农民收入。不折不扣地落实好各项强农惠农政策，进一步提高补贴标准，增加农民转移性收入。鼓励农民在搞好粮食生产的同时，优化种养结构，增加生产性收入。扶持农民自主创业，加快农村二三产业发展，增加经营性和财产性收入。加强农民职业培训、就业服务和权益保护，促进农民就地就业和转移就业，增加工资性收入。加大扶贫开发力度，逐步减少农村贫困人口。继续抓好农民负担监管，切实防止农民负担反弹。

（三）调整优化产业结构。坚持把结构调整作为加快转变经济发展方式的主攻方向，深度调整产业内部结构，不断提高经济的整体素质与核心竞争力。

加快工业结构优化升级。一是加快改造提升传统产业。突出存量调整，继续实施十大重点产业调整振兴规划和40个特色产业发展指导意见，做强做大装备制造业，调整优化原材料工业，改造提升消费品工业。加快企业技术改造，再实施1000个重点技改项目，降低能源、原材料消耗，增强新产品开发能力和品牌创建能力，提高基础工艺、基础材料、基础元器件研发和系统集成水平。力争全年技改投资8700亿元，增长15%以上。二是大力发展战略性新兴产业。围绕新能源、新材料、新医药、新信息和海洋开发等重点领域，出台实施我省战略性新兴产业规划和配套政策，强化核心关键技术研发、创新团队建设两个关键环节，实施好一批战略性新兴产业项目，打造一批在全国有影响的特色产业链，推动战略性新兴产业发展成为先导性、支柱性产业。三是深入实施质量兴省战略。突出企业质量主体作用，全面加强质量管理，加快构建质量诚信体系。大力实施名牌战略和标准化战略，继续开展省长质量奖和优质产品生产基地创建活动。通过“练内功、挖潜力、增效益”，深化企业管理，提高劳动生产率。四是发展壮大产业集群。以规模经济显著的行业为重点，以资产、资源、品牌为纽带，合理引导企业兼并重组，不断提高产业集中度和市场竞争力。全面落实支持中小企业发展的一系列政策措施，完善服务体系，破解融资瓶颈，减轻企业负担，扶持“专精特新”中小企业发展，着重抓好140个重点镇的产业集群建设。五是加快推进信息化。推动“三网”融合，加强物联网建设，扩大增值服务。大力发展软件产业，运用信息技术发展工业设计，加快云计算、远程教育、远程医疗、一卡通、无线城市等信息化工程建设。六是大力开展“市场营销年”活动。鼓励企业占足省内市场，多占省外市场，拓展国际市场。大力推动名优特新产品“南下”、“北上”、“西进”。加强能源、原材料、资金、电力等生产要素的组织保障，为经济平稳运行创造良好环境。

推进服务业提质增量。把发展服务业作为产业结构调整的重点和主要经济增长点，扩大总量与优化结构并重，力争服务业增加值占生产总值的比重提高2个百分点左右。一是突出发展重点。编制实施服务业十大产业发展规划，强化“四大载体”建设，增强引领和带动作用。大力发展生产性服务业和生活性服务业，推动农村服务业发展。特别是加快发展与现代制造业密切相关的高技术服务业，积极发展投资和管理咨询、现代物流、信息服务业。大力推进金融产业化发展，促进产融结合，加强金融创新，积极稳妥地发展小额贷款公司和村镇银行，加快济南区域性金融中心建设，优化金融生态环境，防范和化解金融风险。抓好旅游大项目建设，规划建设长岛休闲度假岛和荣成好运角旅游区，进一步提升“好客山东”文化旅游品牌，巩固和强化旅游业的国民经济支柱产业地位。二是加快非核心业务剥离。推进主体企业与剥离企业理顺资产、财务、劳动者报酬等关系，促进主体企业做专做强、剥离企业加快发展。三是完善政策体系。全面落实省支持服务业跨越发展的30条政策，完善服务业绩效考核机制。组织好济南、青岛两个国家级服务业综合改革试点工作，在部分市、城区和园区开展省级服务业综合改革试点。

加强节能减排和环境保护。一是狠抓节能降耗。强化源头控制，重点抓好高耗能行业的节能监管，大力推广节能技术、产品和装备。发展绿色建筑，促进墙材革新和建筑节材，抓好太阳能与建筑一体化应用。加快绿色低碳交通运输体系建设，推动公共机构节能。加快推行合同能源管理。建立常态化节能预警调控机制。加大淘汰落后产能力度，确保完成国家下达的淘汰落后各项任务。二是加强环境保护。以保障南水北调沿线和重点区域水环境安全为重点，巩固提高省控59条主要污染河流治污成果，实现水环境质量持续改善；以治理工业废气、城市扬尘和机动车尾气为重点，突出抓好城市建成区大气污染防治；以重金属污染治理为重点，加快构建环境安全防控体系；以农村污水和垃圾处置为重点，开展农村环境综合整治；以海岸带、海域、海岛整治修复为重点，打造生态海岸、生态海洋。全面实施水系生态建设工程，新增水系生态造林 150 万亩、湿地恢复保护 100 万亩。落实好我省应对气候变化实施方案。三是强化资源节约和综合利用。加快发展循环经济，积极推行绿色生产和清洁生产，大力发展节能环保和再制造产业，搞好工业、建筑、城市生活垃圾等废弃资源综合利用，力争主要工业固体废物综合利用率达到 95%以上。继续深化资源山东建设，打造一批矿产资源基地。四是强化责任考核。细化目标任务，明确各市各部门和重点企业的责任，加强指导，强化督查，确保不折不扣地完成国家下达的节能减排任务。

（四）促进区域协调发展。按照区域优势互补、城乡一体化发展的要求，科学确定区域主体功能，深入实施重点区域带动战略，加快新型城镇化进程，努力拓展全省发展空间。

认真落实《山东半岛蓝色经济区发展规划》。加快开展海洋经济发展试点工作，抓紧出台贯彻《规划》的实施意见，修改完善相关专项规划，明确目标任务，落实工作责任，创新体制机制。实施海陆统筹发展，推进海洋综合管理，促进海洋经济布局优化和海洋产业结构调整。重点围绕培育海洋优势产业和海洋战略性新兴产业，筛选启动一批项目，打造海洋战略性新兴产业、现代海洋渔业、现代海洋制造业和现代海洋服务业 4 个基地。落实好省市两级蓝色经济区发展专项资金，争取国家核准设立蓝色经济区产业投资基金，带动社会资金积极参与蓝色经济区建设。

扎实推进黄河三角洲高效生态经济区建设。紧紧围绕高效利用资源、改善生态环境这条主线，突出港口和重大基础设施建设，培育一批高效生态农业品牌和产业集群，打造若干环境友好型产业基地，加快发展现代物流、生态旅游等服务业。探索建立与周边功能区和内陆腹地之间的联动机制，搞好与天津滨海新区、辽宁沿海经济带、河北沿海地区等周边功能区的联系对接。尽快完成黄河三角洲产业投资基金募集工作。

统筹推进区域发展。加快胶东半岛高端产业聚集区建设，突出青岛龙头地位，充分发挥胶东半岛产业优势，大力发展高技术含量、高附加值、高成长性的高端产业集群。抓住我省作为全国钢铁产业结构调整试点省的机遇，加快日照钢铁精品基地建设，推动全省钢铁工业向沿海转移、向高端发展，建设鲁南临港产业集聚区。加快省会济南建设，京沪高铁济南西客站今年 6 月要建成使用，编制实施济南与周边各市城际轨道交通规划，提高省会城市辐射带动能力。推进枣庄、济宁等资源型城市转型，继续扶持菏泽等欠发达地区发展，打造鲁苏豫皖四省交界地区科学发展高地。高度重视县域经济发展，充分发挥县域经济在推动科学发展、搞好城乡统筹、保障和改善民生中的重要作用，出台新一轮促进县域经济加快发展的若干政策。扎实做好新一轮对口支援西藏、新疆、青海和对重庆等地的对口扶贫工作。

积极稳妥推进城镇化。把培育壮大城市群作为城镇化的战略重点，搞好《山东省城镇体系规划》修编，积极构筑以山东半岛城市群、济南都市圈、鲁南城镇带为主体，大中小城市和小城镇协调发展的城镇体系，力争全省城镇化水平达到 50%以上。制定支持小城镇发展的资金、人才等鼓励政策，培育一批有一定产业基础、辐射带动能力强、特色鲜明的经济强镇、区域重镇和文化名镇。加强城乡规划建设管理，加快城市供水、供暖、供气、污水处理等设施建设，实现垃圾无害化处理“一县一场”目标。编制实施城市综合交通规划，加快轨道交通、快速路网、停车场建设，优先发展公共交通，及早研究解决城市交通拥堵问题。继续抓好城乡环境综合整治，结合农村住房建设与危房改造和新型社区建设，制定长期规划，采取有效措施，有计划、分步骤地改善农民居住和卫生条件，逐步缩小城乡差距。有序推进农村转移人口落户城镇，逐步解决农民工在劳动报酬、子女就业、社会保障等方面的实际问题。

（五）强化科技人才支撑

增强自主创新能力。认真开展国家技术创新工程试点，组建一批以企业为主体的产业技术创新战略联盟，引导创新要素向企业集聚。落实好高技术产业自主创新行动计划，实施一批重大科技专项。继续加强与中国科学院、中国工程院和国家各部委的战略合作，实质性推进青岛海洋科学与技术国家实验室、黄河三角洲可持续发展研究院、山东省国家新药研发平台和山东省超级计算中心等重大创新平台建设。搞好济南、青岛、烟台 3 个国家创新型城市试点，开展国家农村农业信息化示范省建设。

加强各类人才引进培养。全面实施我省中长期人才发展规划纲要，把抓好创新型科技人才队伍建设作为重中之重，完善高层次高技能人才引进培养和创业人才扶持机制，继续实施泰山学者、创新团队、首席技师、乡村之星等工程，推动引进海外创新创业人才

"万人计划"。加大人才政策创新力度，着力打造我省的"人才特区"。实施人才工作目标责任制，坚持以用育人、以用聚才，重视培养本省人才，促进优秀人才脱颖而出，形成人才高地。

（六）深入推进改革扩大开放。加强改革的整体设计和总体规划，明确优先顺序和重点任务，加快推进重点领域和关键环节改革。一是加快国有经济战略性调整。深化国有企业改革，加快建立现代企业制度，完善国有资产管理体制，健全以职工代表大会为主要形式的厂务公开民主管理制度。抓好山东能源集团和融资租赁公司的组建工作。二是深化农村改革。开展农村土地承包经营权、集体林权、水域和海域使用权确权登记工作，稳妥推进农村土地承包经营权流转市场建设。加强土地综合整治，促进节约集约用地，维护农民合法权益。三是推动价格改革。稳步实施资源性产品价格和环保收费改革，稳妥推进居民用电、用水、用气、供热计量价格改革。四是推进财税体制改革。深化税收制度改革，完善财政转移支付制度，健全县级基本财力保障机制，扎实推进省直管县财政体制改革试点。扩大国有资本经营预算试行范围，从今年起，设区的市和国有资产规模较大的县（市、区）全部建立国有资本经营预算制度。规范地方政府投融资平台运行，加强地方政府债务管理，切实防范债务风险。五是搞好综合配套改革。力争在城乡统筹发展、资源环境管理、事业单位改革、基本公共服务均等化等方面取得新突破。

进一步提高对外开放水平。一是增创外贸竞争优势。鼓励企业培育自主品牌，积极开展国际认证。组织实施"境外百展市场开拓计划"，提升发达经济体市场，开拓新兴经济体市场。打造优势产业出口基地，提高机电、高新技术产品出口比重。扩大出口农产品质量安全示范区覆盖范围，增强我省农产品国际竞争力。大力发展服务贸易和服务外包，促进加工贸易转型升级。适时增加省内紧缺能源、原材料、先进技术设备、关键零部件进口。指导企业积极应对国际贸易摩擦，有效防范外贸风险。二是提高利用外资水平。组织好境外高层次经贸活动，引导外资投向现代服务业、现代农业、战略性新兴产业和高端制造研发环节。支持跨国公司在我省设立地区总部、研发中心等功能性机构。鼓励外资以参股、并购等方式参与企业改组改造和兼并重组，推动省内符合条件的企业境外上市融资。三是安全高效"走出去"。鼓励大企业积极参与境外资源合作开发，建设境外资源生产供应基地。鼓励有条件的企业到境外投资合作，积极推动跨国并购，支持我省优势产能向境外转移，加快境外经贸合作区建设。扩大对外工程承包份额，提升外派劳务层次。培育我省的跨国公司。四是强化口岸建设。整合口岸监管资源，优化口岸功能结构，完善配合协作机制，创新监管模式，提高通关效率，努力打造安全畅通、便捷高效的山东口岸。五是提升园区发展水平。强化开放引领，吸引国际资本和优质资源向园区集聚，进一步提升产业层次，增强承载带动能力。支持符合条件的省级开发区扩区升级，支持有关市设立保税港区、综合保税区、出口加工区、保税物流中心等海关特殊监管区域。建立各类园区动态管理机制。

（七）办好民生实事加强社会建设。民生事关重大，群众利益无小事。各级政府必须把民生投入安排足，把民生大事保障好。今年，要继续扎扎实实为人民群众办好几件实事。

千方百计扩大就业。把促进充分就业作为经济社会发展优先目标，坚持就业数量增长与质量提升并重，多渠道开发就业岗位，最大限度增加就业容量。继续把高校毕业生就业工作放在首位，鼓励毕业生到基层一线就业。做好退伍军人就业安置工作。大力开发公益性就业岗位，有针对性开展城乡困难人员就业援助。建立健全统一规范的人力资源市场，完善城乡平等就业长效机制。加强职业技能培训，积极推进以创业带动就业，支持自谋职业和自主创业。全面推行就业失业登记证制度，做好失业动态监测、预警。加强劳动执法，完善劳动争议处理机制，保障劳动者权益，建立和谐劳动关系。

提高社会保障水平。（1）着力抓好第二批新型农村社会养老保险试点工作，鼓励有条件的市县参照国家和省的试点政策开展自主试点。今年济南、青岛、淄博、枣庄、东营、烟台、潍坊、威海、日照、莱芜、滨州等 11 个市实现新农保全覆盖，全省覆盖面达到60%以上。同时，研究提出城镇非从业居民基本养老保险办法。（2）提高企业退休人员养老金水平，月人均普遍增加 160 元。巩固企业基本养老保险省级统筹制度，完善养老保险基金归集、调剂办法，逐步统一企业缴费比例。（3）进一步提高医疗、失业、工伤和生育保险统筹层次，全省 17 市城镇基本医疗保险全部实现市级统筹。（4）提高失业保险金标准，扩大工伤保险适用和认定范围，调整工伤人员伤残津贴、护理费和供养亲属抚恤金标准。（5）健全社会救助和保障标准与物价上涨挂钩联动机制，落实好对优抚对象、低保对象、农村五保对象、家庭困难学生的临时价格补贴政策，保证困难群体基本生活需要。（6）提高城乡居民低保标准，农村低保标准提高到 1400 元。（7）保证集中和分散抚养孤儿每月基本生活费分别不低于 1000 元和 600 元。（8）继续提高企业最低工资标准，今年三个档次分别提高到 1100 元、950 元和 800 元，比去年平均增长 26%。（9）加快发展老龄事业，积极推进社会养老服务体系建设，逐步扩大高龄津贴发放范围，为 65 岁以上老年人每年进行一次免费查体。大力发展慈善事业。继续推进残疾人保障体系和服务体系建设。上述措施全面落实后，我省社会保障体系的框架将基本形成，主要保障标准可以达到或超过全国平均水平。

加大教育经费投入。全面实施我省中长期教育改革发展规划纲要，大幅度提高教育投入。（1）加快普及学前三年教育，抓好农村和城市新建小区幼儿园以及幼儿教师队伍建设，到 2012 年底，全省新增 1100 所幼儿园和 2 万名合格教师，学前教育入园率达到 63%。（2）将农村初中和小学的生均公用经费补助标准分别提高 100 元，达到 800 元和 600 元。（3）将农村初中和小学寄宿生生活费补助标准分别提高 250 元，达到 1000 元和 750 元。（4）提高各类高校和职业学校的生均拨款水平，其中省属普通本科高校生均定额平均提高 1200 元，争取年生均拨款水平达到 9500 元。（5）将高校助学金标准由每人每年 2000 元提高到 3000 元。（6）采取有效措施努力化解高校债务。教育投入的大幅增加，将为我省在 2012 年实现财政教育投入占财政支出 20%的要求，奠定具有决定性意义的基础。

增强医疗卫生服务能力。大力推进医药卫生体制改革，全面完成三年五项重点改革任务。（1）建立完善基本药物制度，健全基层医疗卫生机构补偿机制，实现基本药物制度在政府办基层医疗卫生机构全覆盖。（2）进一步完善城乡医疗保险制度，新农合与城镇居民基本医疗保险政府补助标准由 120 元提高到 200 元，并相应提高报销比例。（3）人均基本公共卫生服务经费标准由 15 元提高到 25 元。（4）积极稳妥推进公立医院改革，搞好潍坊、东营公立医院改革试点。（5）加强基层医疗卫生服务体系建设，新增医疗卫生资源重点向农村和基层社区倾斜，探索建立城市医院与基层医疗机构合理分工协作机制。（6）扎实做好重点传染病防控工作，提高传染病预防和救治能力。（7）积极扶持中医药事业发展，健全中医药服务体系，提高中医药服务能力。（8）大力改善农村饮水条件，今年再解决 260 万农村人口和 60 万农村学校师生饮水安全问题。随着医药卫生体制改革的全面推进，我省医疗卫生服务能力将进一步提高，群众“看病难”、“看病贵”问题也会得到有效缓解。

大幅度增加保障性住房供给。（1）实施保障性住房建设三年规划。今年省级财政对公共租赁房、廉租房建设和棚户区改造的奖补资金从去年的 1.3 亿元增加到 5 亿元，市、县政府也要大幅度增加财政投入，确保完成 32 万套保障性住房的建设任务。（2）全面完成农房建设与危房改造三年任务，结合国家土地综合整治试点，进一步加大对农村基础设施建设和农民建房的财政补助，今年新建农村住房 80 万户，改造农村危房 20 万户。（3）坚定不移地搞好房地产市场调控，强化城市政府责任，建立工作问责机制，落实供地、税收、信贷、限购等政策措施，抑制投机投资性需求，切实稳定房地产市场价格。要通过不懈努力，逐步实现广大群众“住有所居”的目标。

做好人口和计划生育工作。坚持计划生育基本国策不动摇，完善计生利益导向政策体系，加强薄弱地区、城市社区和流动人口管理，强化新型婚育文化建设，建立部门资源共享人口信息平台，稳定低生育水平，促进人口规模、结构、素质协调发展。发展妇女儿童事业，切实维护妇女儿童合法权益。

推动文化繁荣发展。深化思想道德建设和群众性精神文明创建活动。以筹办第十届中国艺术节为契机，重点抓好省、市演出场馆和各类公共文化设施建设。推动市级图书馆和艺术馆、县级图书馆和文化馆达标改造，加强乡镇综合文化站使用管理，建设 11000 个村文化大院，基本完成农家书屋建设任务。加快文化体制机制改革创新，推进经营性文化事业单位转企改制和整合重组。加快振兴文化产业，规划建设一批文化重点项目、产业园区和示范基地，培育新的文化业态，打造齐鲁文化品牌。促进哲学社会科学、广播影视、新闻出版、档案史志事业发展，繁荣文学艺术创作，加强文物和非物质文化遗产保护。大力发展公共体育事业，广泛开展全民健身运动，做好第三届亚洲沙滩运动会筹备工作。

加强和创新社会管理。协调推进城乡社区建设，健全基层管理和服务网络体系，整合基层社会管理资源，提高社会管理服务能力和水平。抓好社会管理创新综合试点工作，健全重大工程项目和政策制定的社会稳定风险评估机制，从源头上预防和减少矛盾。坚持用群众工作统揽信访工作，进一步畅通群众利益诉求表达渠道。深入推进平安山东建设，加强社会治安综合治理，大力推进“打控防”一体化建设，依法防范和打击各类违法犯罪活动。支持司法机关严格公正廉洁执法，维护司法公正。加强和改进法律援助工作。深入实施“安全生产基层基础深化年”活动，抓好矿山、交通运输、海上渔业、危险化学品和烟花爆竹等重点领域的安全生产专项整治，坚决遏制重特大安全事故。完善食品安全监管体制机制，强化政府食品安全监管责任，深化食品安全综合治理，全面提高食品安全保障水平。加强突发事件应急管理，提高预防预警和应急处置能力。大力加强国防教育、国防动员、国防后备力量和人民防空建设，保质保量地完成征兵任务，深入开展双拥共建和和谐创建活动，增强军政军民团结。全面贯彻落实党的民族政策和宗教工作基本方针，依法管理宗教事务，深入开展民族团结进步创建活动，巩固平等、团结、互助、和谐的社会主义民族关系。

（八）加强政府自身建设。按照为民、务实、清廉的要求，加快转变政府职能，推进政府管理创新，努力打造法治政府、服务政府。

全面推进依法行政。严格执行人大及其常委会的决议、决定，主动接受人民政协的民主监督，认真做好人大代表建议和政协提案办理工作，主动听取各民主党派、工商联、各人民团体和人民群众的意见建议。加强政府立法，深化行政审批制度改革，依法设定行政许可项目，规范行政许可程序。出台《山东省行政程序规定》，细化执法标准，严密执法程序，做到严格执法、公正执法、理性执法、文明执法。积极推进依法科学民主决策，规范行政决策程序，实行重大决策听证制度，完善行政决策风险评估机制，加强重大决策跟踪反馈和责任追究。完善行政复议机制，依法及时处理行政复议申请和投诉事项。搞好“六五”普法教育。全面推进政务公开，所有面向社会服务的政府部门都要全面推行办事公开制度。进一步加强电子政务建设，切实做好政府机关办公软件正版化工作，抓好政府门户网站、便民服务网络平台建设，推行网上电子审批，更好地方便群众办事。

切实加强作风建设。牢固树立群众观点和群众立场，强化公仆意识，坚持深入基层、深入实际，问政于民、问需于民、问计于民，努力做到在感情上与群众“心连心”，工作中与群众“面对面”，为群众办事“实打实”。坚持勤俭办一切事业，改革和完善公务消费制度，从严控制一般性开支。认真解决乱占耕地、土地征收、环境保护、劳动争议等领域群众反映的突出问题，保障群众合法权益，维护社会公平正义。

认真抓好反腐倡廉。严格执行党风廉政建设责任制，加强惩治和预防腐败体系建设。加大查办违纪违法案件工作力度，严肃查处腐败分子。深入推进专项治理工作，继续深化工程建设领域突出问题和“小金库”专项治理，深入开展庆典、研讨会、论坛过多过滥问题和公务用车问题专项治理。自觉接受群众监督，高度重视舆论监督，强化监察、审计等专门监督。建立健全领导干部问责制度，有错必纠，有责必问。认真落实廉洁自律各项规定，加强对各级公务员的教育和监督，不断增强为民服务意识，提高拒腐防变能力。

各位代表，新世纪的第二个十年已经到来，山东正站在全面建设小康社会新的起点。让我们更加紧密地团结在以胡锦涛同志为总书记的党中央周围，以邓小平理论和“三个代表”重要思想为指导，深入贯彻落实科学发展观，在中共山东省委的坚强领导下，继往开来，乘势而上，抓住机遇，开拓奋进，用加快建设经济文化强省、实现富民强省新跨越的优异成绩，迎接中国共产党成立 90 周年！

2010年山东省
国民经济和社会发展统计公报

山 东 省 统 计 局
国家统计局山东调查总队

2011年2月28日

2010年，在省委、省政府的正确领导下，全省人民以邓小平理论和“三个代表”重要思想为指导，深入贯彻落实科学发展观，按照胡锦涛总书记对山东工作的总要求，认真贯彻落实国家宏观调控政策，坚持积极作为、科学务实的工作基调，攻坚克难，奋力前行，全省经济实现平稳较快增长，转方式调结构取得积极成效，经济发展质量进一步提升，社会事业全面进步，民生状况不断改善，顺利完成了“十一五”规划的主要目标任务。

一、综　合

经济实现平稳较快发展。初步核算，全省实现生产总值（GDP）39416.2亿元，按可比价格计算，比上年增长12.5%。其中，第一产业增加值3588.3亿元，增长3.6%；第二产业增加值21398.9亿元，增长13.4%；第三产业增加值14429.0亿元，增长13.0%。产业结构调整取得明显成效，三次产业比例为9.1∶54.3∶36.6。

图1　2005–2010年全省生产总值及增长速度

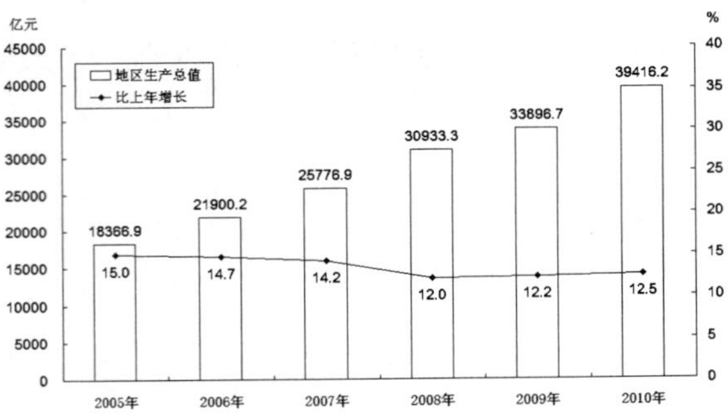

就业形势保持稳定。继续实施积极的就业政策，全年城镇新增就业115.3万人，农村劳动力转移就业129.4万人，连续7年实现城镇新增就业和农村劳动力转移就业双过百万。失业人员再就业52.7万人，其中困难群体再就业12.0万人。城镇登记失业率为3.36%，比上年末降低0.04个百分点。

价格水平结构性上涨。居民消费价格上涨2.9%，比上年涨幅扩大2.9个百分点。其中，城市上涨2.6%，农村上涨3.5%；消费品价格上涨3.5%，服务项目价格上涨0.8%。居民消费价格结构性上涨特征明显，食品价格上涨8.3%，拉动价格总水平上涨2.8个百分点，是居民消费价格上涨的主要因素。农业生产资料价格上涨3.0%，工业品出厂价格上涨7.2%，原材料、燃料、动力购进价格上涨9.3%，房屋销售价格上涨6.7%，其中新建房上涨7.1%。

表1　2010年居民消费价格指数（以上年为100）

指　　标	全省	城市	农村
居民消费价格指数（CPI）	102.9	102.6	103.5
食品	108.3	108.2	108.6
#粮食	113.0	113.0	113.0
油脂	106.2	106.8	105.6
肉禽及其制品	103.6	103.7	103.4
蛋	107.1	107.3	106.9
鲜菜	125.5	124.3	127.5
烟酒及用品	102.5	102.8	102.3
衣着	97.6	97.8	97.0
家庭设备用品及维修服务	99.6	99.6	99.5
医疗保健和个人用品	101.9	101.8	102.1
交通和通信	99.3	98.8	100.2
娱乐教育文化用品及服务	99.7	99.8	99.7
居住	103.6	102.4	104.7

区域经济建设迈出新步伐。山东半岛蓝色经济区实现生产总值18724.9亿元，比上年增长13.3%。黄河三角洲高效生态经济区实现生产总值5678.5亿元，增长13.6%。胶东半岛高端产业聚集区实现生产总值15060.3亿元，增长13.3%。省会城市群经济圈实现生产总值14191.4亿元，增长13.2%。鲁南经济带实现生产总值8480.5亿元，增长13.0%。县域经济实力进一步壮大。地方财政收入过10亿元的县（市、区）达到

70个，其中过30亿元的11个。

海洋经济蓬勃发展。主要海洋产业总产出6808.1亿元，比上年增长25.3%。传统海洋产业全面复苏，海洋渔业产出2156.8亿元，增长16.4%；海洋化工业产出568.9亿元，增长36.0%。海洋服务业较快增长，滨海旅游业产出1609.7亿元，增长22.7%；海洋交通运输业产出526.7亿元，增长8.0%。新兴海洋产业高速发展，海洋生物医药业产出81.5亿元，增长68.9%；海洋电力业产出26.7亿元，增长35.6%。海洋资源开发利用稳步增加，海洋石油产量284.5万吨，增长1.7%。海洋保护实现新拓展，新建海洋特别保护区11处，新增海洋类保护区面积1.2万公顷。

经济社会发展中存在的主要困难和问题:经济结构调整任务艰巨，控制物价上涨面临较大压力，节能减排形势依然严峻，城乡居民增收难度较大，就业总量压力和结构性矛盾依然存在等。

二、农林牧渔业

农林牧渔业平稳发展。农业增加值2146.6亿元，比上年增长2.5%；林业增加值60.7亿元，增长9.9%；牧业增加值727.0亿元，增长4.2%；渔业增加值521.4亿元，增长4.9%；农林牧渔服务业增加值132.5亿元，增长9.9%。

主要农牧产品产量稳定增加。粮食连续8年增产，总产量达到4335.7万吨，比上年增长0.4%。畜牧业发展良好，肉、蛋、奶类产量稳定增长。农产品质量安全水平进一步提高。新建瓜、菜、果、茶标准化基地606万亩，无公害农产品、绿色食品基地面积分别达到1555万亩和817万亩。农产品出口突破百亿美元，达到127.1亿美元，增长30.1%。

表2　2010年主要农牧产品产量及增长速度

产品名称	单位	产量	比上年增长(%)
粮食	万吨	4335.7	0.4
夏粮	万吨	2060.0	0.6
秋粮	万吨	2275.7	0.3
棉花	万吨	72.4	-21.4
油料	万吨	342.2	2.3
蔬菜	万吨	9030.7	1.0
园林水果	万吨	1438.9	1.4
肉类	万吨	704.7	3.0
猪牛羊肉	万吨	454.5	2.4
禽肉	万吨	238.9	4.1
禽蛋	万吨	384.8	1.9
奶类	万吨	271.6	5.2

图2　2005—2010年粮食总产量

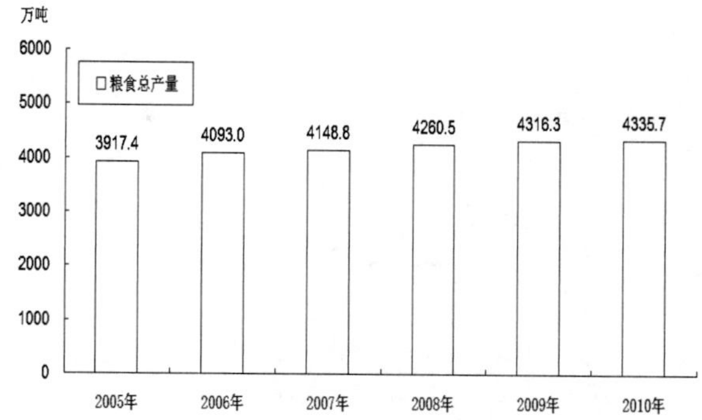

林业生态建设实现新突破。新增造林面积307.7万亩，新育苗35.0万亩，是“十一五”以来新增造林最多的一年。其中，水系生态建设造林面积219.1万亩，新建高标准林网136.3万亩，新增湿地10处，建设示范性综合治理区4处。集体林权制度改革进展顺利，明晰产权面积2615万亩，占集体林地面积的67.5%。

现代渔业取得新进展。水产品总产量783.4万吨，比上年增长4.0%。其中，海水产品产量645.9万吨，增长3.1%；淡水产品产量137.5万吨，增长8.1%。优质水产品养殖发展加快，海参产量6.7万吨，增长6.3%；对虾产量13.7万吨，增长7.0%。渔业资源修复养护力度不断加大，投放苗种43.2亿单位，增长54.3%。远洋渔业快速发展，全年在外作业远洋渔船达522艘，增长2.0倍；远洋捕捞产量14.6万吨，增长84.8%。

农村生产生活条件不断改善。农业机械化水平进一步提高。农机总值664.8亿元，比上年增长3.7%；农机总动力1.2亿千瓦，增长4.7%；粮食生产机械化水平达到87.0%，比上年提高2.0个百分点。农田水利建设取得积极成效。农田有效灌溉面积7463.6万亩，增长2.1%，其中，节水灌溉面积3372.0万亩，增长4.9%。全面完成158座大中型水库和3882座小型水库的除险加固任务。农村生活设施不断改善，自来水受益村达到91.0%，新增沼气用户36.8万户。

三、工业和建筑业

工业生产趋稳向好。规模以上工业企业（年主营业务收入500万元及以上的工业法人企业）47010家，比上年增加3453家，增长7.9%。规模以上工业增加值增长15.0%。其中，非公有工业增长16.7%，私营企业增长19.0%。

图3　2005—2010年规模以上工业增加值增长速度

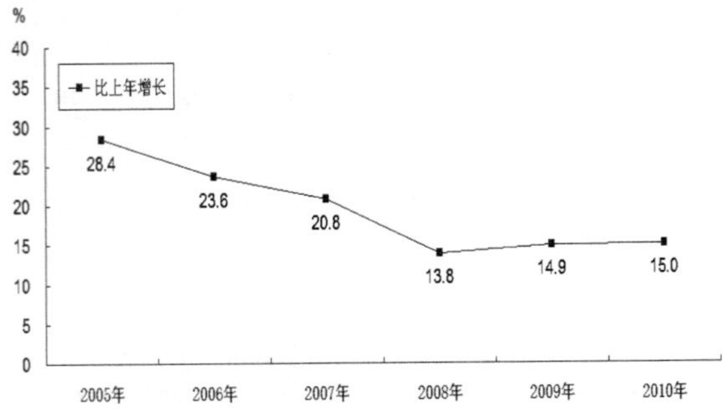

表3　2010年规模以上工业增加值增长速度

	比上年增长(%)
规模以上工业	15.0
# 轻工业	12.9
重工业	16.1
# 国有企业	13.2
集体企业	9.9
股份合作企业	5.6
股份制企业	15.6
外商及港澳台商投资企业	14.1
其他经济类型企业	16.3

工业结构渐趋优化。制造业发展较快，实现增加值比上年增长16.1%，高于规模以上工业1.1个百分点。装备制造业保持高速增长，实现增加值增长23.1%，高于规模以上工业8.1个百分点。高新技术产业比重不断上升，实现产值31602.1亿元，增长28.9%，占规模以上工业总产值的35.2%，比重比上年提高2.3个百分点。十大高耗能行业生产趋缓，实现增加值增长11.0%，低于规模以上工业4.0个百分点。

工业经济效益明显回升。规模以上工业实现主营业务收入89168.0亿元，增长26.8%，比上年提高12.5个百分点；实现利润6040.3亿元，增长37.6%，提高23.2个百分点；实现利税9689.6亿元，增长34.1%，提高21.2个百分点。工业经济效益综合指数达到293.8，提高41.4点。产销率98.6%，提高0.1个百分点。

工业产品产量增长面扩大。在国家重点调度的120种工业产品中，产量增长的有109种，占90.8%，比上年提高7.5个百分点。其中，汽车产量比上年增长40.9%，家用电冰箱增长18.6%，家用洗衣机增长17.4%，微型电子计算机增长84.6%。

表4　2010年主要工业产品产量及增长速度

产品名称	单 位	产 量	比上年增长(%)
原煤	万吨	15653.6	8.7
天然原油	万吨	2786.0	-1.8
发电量	亿千瓦	3042.7	6.3
水泥	万吨	14749.2	5.8
平板玻璃	万重量	6084.9	1.0
粗钢	万吨	5256.1	5.1
钢材	万吨	6672.2	12.3
纱	万吨	731.0	8.7
布	亿米	139.1	12.9
机制纸及纸板	万吨	1668.7	10.2
塑料制品	万吨	507.1	21.6
合成氨	万吨	663.5	-2.5
啤酒	万千升	536.1	8.3
金属成形机床	万吨	3.0	20.7
汽车	万辆	140.9	40.9
摩托车整车	万辆	140.3	-3.3
手机	万台	5374.6	-1.8
彩色电视机	万台	1137.7	4.4
家用电冰箱	万台	801.6	18.6
家用洗衣机	万台	624.2	17.4
微型电子计算机	万台	717.9	84.6
#笔记本计算机	万台	613.9	158.0
集成电路	亿块	2.0	21.8
太阳能热水器	万台	317.5	9.6

建筑业生产效益协同增长。全省资质三级及以上建筑企业完成建筑业总产值5495.1亿元，比上年增长20.0%；实现利税427.3亿元，增长17.8%。其中，国有及国有控股企业完成建筑业总产值1488.8亿元，增长31.0%，实现利税77.9亿元，增长13.3%；非国有企业完成建筑业总产值4006.3亿元，增长16.4%，实现利税349.4亿元，增长18.9%。

四、固定资产投资

固定资产投资保持平稳较快增长。全社会固定资产投资23279.1亿元，比上年增长22.3%。其中，城镇投资18846.8亿元，增长22.1%；农村投资4432.3亿元，增长23.2%。建设资金充足，到位资金25374.1

亿元，增长 23.8%，其中，自筹资金增长 25.2%，占到位资金的 72.6%。

图 4　2005-2010 年全社会固定资产投资额及增长速度

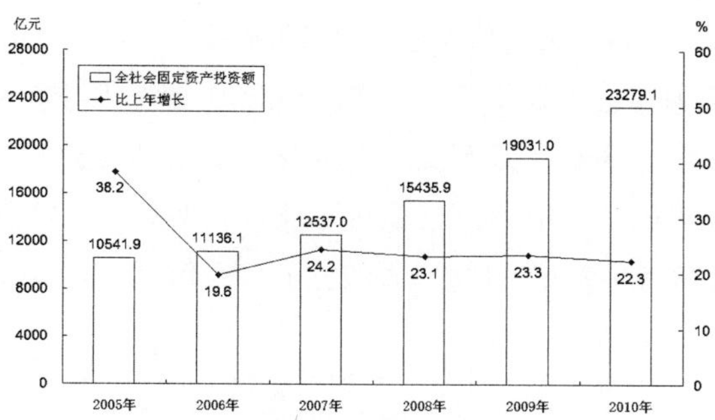

投资结构继续优化。三次产业投资结构由上年的 3.2:51.1:45.7 调整为 2.4:48.7:48.9。服务业投资 11376.8 亿元，比上年增长 26.9%。重点领域和薄弱环节投资力度加大，高新技术产业投资增长 36.7%，改建和技术改造投资增长 31.8%，民生事业投资增长 36.0%。民间投资活力增强，完成投资 18478.9 亿元，增长 25.7%，占全社会投资的 79.4%，比重比上年提高 2.0 个百分点。

房地产市场建销两旺。房地产开发投资 3251.8 亿元，比上年增长 33.9%。从商品房建设用途看，住宅投资 2513.4 亿元，增长 35.1%，占全部房地产开发投资的 77.3%；商业营业用房投资 374.4 亿元，增长 14.3%，占全部房地产开发投资的 11.5%。房屋施工面积 28229.0 万平方米，增长 27.6%；房屋竣工面积 4999.7 万平方米，下降 0.3%；商品房销售面积 9291.2 万平方米，增长 32.4%。

五、国内贸易

消费品市场保持繁荣。社会消费品零售总额 14211.6 亿元，比上年增长 18.6%。市场规模化程度大幅提高，限额以上批发和零售业、住宿和餐饮业企业单位数达到 19177 家，比上年增加 4243 家，增长 28.4%；实现零售额 6605.0 亿元，增长 32.7%，占零售总额的 46.5%，比重提高 4.9 个百分点。

图 5　2005-2010 年社会消费品零售总额及增长速度

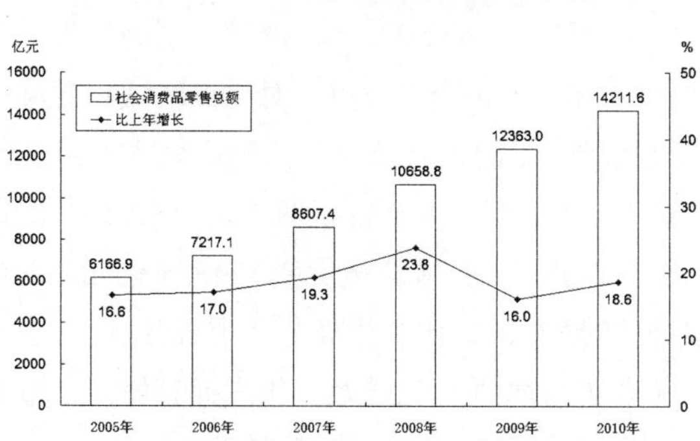

城镇市场更趋旺盛。城镇市场零售额 11388.4 亿元，比上年增长 19.5%；乡村市场零售额 2823.2 亿元，增长 15.2%；城镇市场增幅高于乡村市场 4.3 个百分点。餐饮收入 1493.7 亿元，增长 19.7%；商品零售 12717.9 亿元，增长 18.5%。

消费热点增势强劲。在限额以上批发和零售企业中，金银珠宝类零售额 110.2 亿元，增长 35.7%；家用电器和音像器材类零售额 425.8 亿元，增长 36.3%；家具类零售额 206.3 亿元，增长 36.9%；建筑及装潢材料类零售额 151.1 亿元，增长 39.7%；机电产品及设备类零售额 102.6 亿元，增长 49.2%；汽车类零售额 1441.5 亿元，增长 31.5%。

六、对外经济

对外贸易快速恢复。全年进出口总额 1889.5 亿美元，比上年增长 35.9%。其中，出口 1042.5 亿美元，增长 31.1%；进口 847 亿美元，增长 42.2%。发达经济体市场仍占主导地位，其中，对欧盟出口额占全省出口总额的 17.7%，为第一大出口市场，对美国出口额占 17.6%。新兴市场增势强劲，其中，对巴西出口增长 1.2 倍，对俄罗斯出口增长 91.8%。

图 6　2005-2010 年进出口总额及增长速度

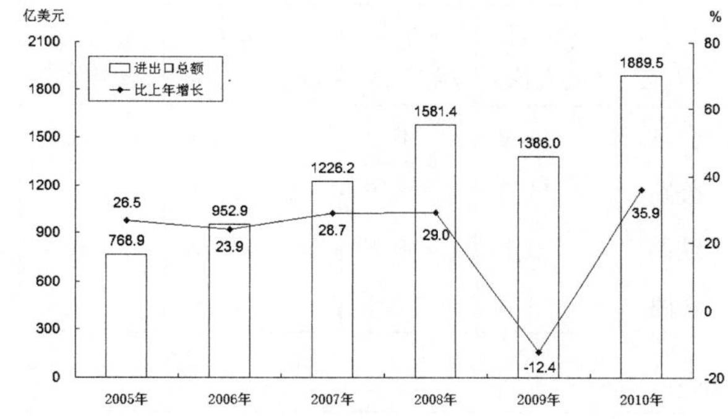

进出口商品结构渐趋合理。出口商品结构不断优化，机电产品出口额占全省出口总额的 43.2%，高新技术产品出口额占 16.9%。资源类商品进口大幅增长，其中，天然橡胶进口额增长 1.2 倍，铜材进口额增长 1.2 倍，棉花进口额增长 93.3%，铁矿砂进口额增长 81.7%，粮食进口额增长 56.3%，煤进口额增长 50.0%。

利用外资质量不断提升。新批外商直接投资项目 1632 个，比上年增长 11.2%；合同外资 136.3 亿美元，增长 56.5%；实际到帐外资 91.7 亿美元，增长 14.5%。新批世界 500 强企业投资项目 36 个，增长 9.1%；新批总投资 3000 万美元以上大项目 242 个，增长 65.8%。

服务业利用外资增长较快，合同外资和实际到帐外资分别增长 67.7%和 25.9%。

对外经济合作开展顺利。境外投资取得新进展。新核准设立境外企业(机构)360 家，比上年增长 20.4%；协议投资总额 22.2 亿美元，增长 62.7%，其中，中方投资 18.5 亿美元，增长 64.5%；核准设立境外资源开发项目 43 个，增长 30.3%。对外承包工程和劳务合作稳定增长。对外承包劳务工程新签合同额 109.3 亿美元，增长 17.2%；完成营业额 60.2 亿美元，增长 18.3%；外派各类劳务人员 47300 人，增长 2.2%。

七、交通、邮电和旅游

交通运输业稳定发展。全年铁路、公路、水运共完成旅客运量 24.9 亿人次，比上年增长 6.3%；完成货运量 29.8 亿吨，增长 6.0%。年末高速公路通车里程 4285 公里。沿海港口货物吞吐量 8.6 亿吨，增长 18.2%。航空客运量 2231.5 万人次，增长 18.2%；货邮量 30.1 万吨，增长 24.3%。年末民用汽车拥有量达到 842.7 万辆，增长 18.7%，其中，私人轿车 325.2 万辆，增长 35.6%，占轿车拥有量的 87.7%。

表 5　2010 年客货运输量及增长速度

	旅客			
	运输量(亿人次)	比上年增长(%)	周转量(亿人公里)	比上年增长(%)
合计	24.9	6.3	1644.7	3.6
公路	24.0	6.2	1211.5	1.3
铁路	0.6	8.6	421.3	10.4
水路	0.3	14.9	11.9	18.9

续表

	货物			
	运输量(亿吨)	比上年增长(%)	周转量(亿吨公里)	比上年增长(%)
合计	29.8	6.0	11747.0	7.2
公路	26.4	5.1	6216.8	2.8
铁路	1.8	9.9	1447.8	8.1
水路	1.6	17.7	4082.5	14.4

邮电通信业快速增长。完成邮电业务总量 1973.4 亿元，其中，电信业务总量 1921.0 亿元，邮政业务总量 52.4 亿元。光缆线路总长度 42.8 万公里，比上年增长 8.9%；长途自动交换机容量 45.9 万路端，下降 9.1%。年末固定电话用户 2023.1 万户，减少 10.3%；移动电话用户 6190.4 万户，增长 15.9%。电话普及率达到每百人 86.2 部。

旅游业发展迅速。实现旅游总收入 3058.8 亿元，比上年增长 24.7%。其中，入境旅游收入 21.6 亿美元，增长 22.1%；国内旅游收入 2915.8 亿元，增长 25.1%。接待游客总人数 3.5 亿人次，增长 21.2%，其中，接待入境游客 366.8 万人次，增长 18.3%。A 级旅游景区已达 458 家，其中，5A 级景区 6 家，新增 3 家；4A 级景区 109 家，新增 34 家。省级旅游度假区 23 家，新增 8 家。

八、财政和金融

财政收支稳定增长。地方财政一般预算收入 2749.3 亿元，比上年增长 25.1%，其中，税收收入 2149.9 亿元，增长 25.0%，占地方财政收入的 78.2%。地方财政支出 4144.5 亿元，增长 26.8%。其中，环境保护支出增长 46.8%，科学技术支出增长 33.1%，医疗卫生支出增长 32.9%，农林水事务支出增长 26.8%，教育支出增长 25.5%，社会保障和就业支出增长 25.2%。

图 7　2005—2010 年地方财政一般预算收入及增长速度

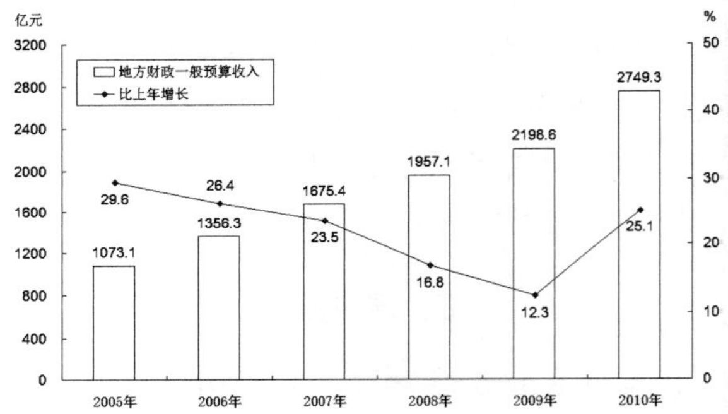

金融市场运行平稳。年末本外币各项存款余额 41653.7 亿元，比年初增加 6483.1 亿元。其中，企事业单位存款余额 11920.0 亿元，新增 1825.1 亿元；居民储蓄存款余额 19773.3 亿元，新增 2549.6 亿元。年末本外币贷款余额 32536.3 亿元，比年初增加 5150.4 亿元。对小企业贷款支持力度加大，小型企业新增贷款 1321.7 亿元，增长 37.7%，增速分别高于大、中型企业 23.6 和 13.9 个百分点。对重点区域和县域经济信贷投放进一步增加。黄河三角洲高效生态经济区新增贷款 561.6 亿元，占全省新增贷款的 12.0%，比重提高 2.9 个百分点；县域新增贷款 1748.4 亿元，占全省新增贷款的 37.0%，比重提高 2.0 个百分点。

资本市场取得积极进展。年末拥有境内上市公司 124 家，比上年增加 26 家，新上市公司募集资金 253.6

亿元，新上市公司数及融资额均创历史新高。境内上市公司年末总市值10887.0亿元，增长29.5%。年末拥有境外上市公司82家，增加14家。证券公司总交易额3.7万亿元，下降9.8%，其中股票基金交易额3.6万亿元。期货市场交易活跃。期货公司全年代理交易量7337.1万手，增长29.6%；代理交易金额7.3万亿元，增长1.4倍。

保险业持续较快发展。实现保费收入1030.1亿元，比上年增长29.9%。其中，财产险保费收入297.4亿元，增长38.2%；人身险保费收入732.6亿元，增长26.8%。保险市场体系建设取得突破性进展，保险公司总数达到63家，首家总部设在山东的泰山财产保险公司获批开业。支付各项赔款与给付228.6亿元，与上年基本持平。农业保险继续加强，为846万农户提供了109亿元的风险保障，赔付2.4亿元。

九、科学技术

科技事业成果丰硕。获得国家级科技成果奖励36项，其中，国家发明奖4项，国家科学进步奖31项，国际合作奖1项。评选省科学技术奖励499项，其中省科学技术最高奖2人。取得重要科技成果2367项，其中，农业领域391项，工业领域751项，医疗、卫生领域750项，其他领域475项。专利申请和授权数量持续快速增长。专利申请量8.1万件，比上年增长20.9%，其中，发明专利申请量1.7万件，增长23.4%。专利授权量5.1万件，增长49.2%，其中，发明专利授权量4106件，增长43.3%。

人才队伍建设富有成效。共有住鲁两院院士37人；新增新世纪百千万人才工程国家级人选25人；山东省有突出贡献的中青年专家700人，新增100人；享受国务院政府特殊津贴专家2776人。获得高级专业技术职务资格16305人。新增设博士后科研工作站49个，招收博士后524人。实施鲁南地区和黄河三角洲地区人才引进项目206项，引进院士等高层次专家60人，高级专业技术人才180人。

信息产业实现较快发展。规模以上电子信息企业（电子信息产品制造业和软件业）3165家，比上年增加926家；实现主营业务收入7821.8亿元，增长23.0%；实现利润404.2亿元，增长43.3%；实现利税544.0亿元，增长37.6%。软件业快速增长，实现业务收入905.1亿元，增长49.0%，利润、利税分别增长32.4%和27.4%。软件业务出口4.5亿美元，增长45.3%，其中软件外包服务出口增长1.1倍。累计认证软件企业968家，登记软件产品3989个，软件著作权2927个，入围全国重点软件（百强）企业9家，拥有国家级和省级电子制造产业基地（园区）35个，软件产业园13个，服务外包示范基地19个，动漫产业基地3个。

创新平台建设再上新台阶。国家级工程技术研究中心达到26家，新增8家；省级工程技术研究中心744家，新增119家。企业国家重点实验室达到10个，新批准筹建5个；省部共建国家重点实验室培育基地6个，新增3个；新建国家级科技合作基地5家。着力提高企业技术创新能力，共有国家创新型试点企业35家，新增9家；省级创新型试点企业392家，新增196家；认定省级创新型企业58家。

质量兴省战略深入实施。全省140个县（市、区）全部开展了质量兴县（市、区）活动。拥有国家地理标志保护产品42个，比上年增加8个；山东名牌产品1632个，增加75个；山东服务名牌323个，增加60个。全国驰名商标205个，增加70个。拥有国家级质检中心29家，省级质检中心69家。依法取得资质认定实验室1314家，获得强制性产品认证企业2720家，获得质量管理体系认证企业11761家，环境管理体系认证企业3578家，职业健康安全管理体系认证企业2080家。新制定省地方标准374项，其中节能标准20项；新增采用国际标准300项。

气象地震服务保障有力。海洋气象服务能力得到提升。新建船舶站、海上石油平台站、风暴潮观测站9个，建成海洋气象预报服务平台。人工影响天气成效显著。地面人工增雨防雹作业面积2.1万平方公里，飞机增雨作业影响面积26.3万平方公里，成功实施省运会开幕式等重大活动的飞机消（减）雨作业。地震监测台网密度逐步加大。建成测震台110个，强震台105个，省、市两级地震台网中心不断完善。

十、教育、文化、卫生和体育

教育事业全面推进。全省拥有研究生培养机构31所，招生2.3万人，在学研究生6.5万人；普通高等教育学校133所，招生49.6万人，在校生163.1万人；普通中学招生164.1万人，在校生501.1万人；小学招生111.3万人，在校生629.2万人。义务教育水平稳步提高，小学学龄儿童净入学率达99.99%，初中三年巩固率达98.90%。

表6　2010年各类教育基本情况

	学校数	
	数量（所）	比上年增减（所）
研究生教育	31	持平
普通高等教育	133	5
中等职业学校	640	-69
普通中学	3645	-105
小学	12405	-453
特殊教育学校	145	1
幼儿园	17751	2383

续表1

	招生数	
	人数（万人）	比上年增长（%）
研究生教育	2.3	8.2
普通高等教育	49.6	-1.1
中等职业学校	42.7	5.4
普通中学	164.1	2.4
小学	111.3	9.4
特殊教育学校	0.4	28.8
幼儿园	108.5	20.7

续表2

	在校学生数	
	人数（万人）	比上年增长（%）
研究生教育	6.5	13.7
普通高等教育	163.1	2.4
中等职业学校	113.2	-2.9
普通中学	501.1	0.3
小学	629.2	0.4
特殊教育学校	2.2	6.8
幼儿园	219.4	21.2

*文化事业繁荣发展。*初步核算，全省文化产业实现增加值1230亿元。拥有博物馆111个，公共图书馆150个，群众艺术馆、文化馆158个，文化站1867个，农村文化大院5.3万个。拥有各种艺术表演团体119个，艺术表演场馆82个。国家级文化产业示范基地9家，省级文化产业示范基地71家，国家级文化产业示范园区1个。在联合国教科文组织总部成功举办了“孔子文化周”，举办了首届中国非物质文化遗产博览会、上海世博会山东演艺活动周等重大文化活动。出版各类图书11837种，报纸87种，杂志260种。广播人口综合覆盖率98.2%，电视人口综合覆盖率97.9%。加入城市电影院线的影院达91家，共发行340部影片，票房收入3亿元，增长86.7%。

*卫生服务能力不断提高。*全省拥有卫生机构16497个，其中，医院、卫生院3099个，社区卫生服务中心（站）2248个，妇幼保健院（所、站）148个，专科疾病防治院（所、站）121个，疾病预防控制中心（防疫站）204个，卫生监督所（中心）165个。各类卫生机构拥有床位38.2万张，卫生技术人员44.1万人，其中，执业医师及执业助理医师17.8万人，注册护士15.6万人。继续加强农村卫生服务体系建设，完成村卫生室建设项目2.6万个，建筑面积272.1万平方米。

*体育事业再创佳绩。*在广州亚运会上，共有85名运动员入选中国代表团，获得金牌39枚、银牌8枚、铜牌14枚，并打破1项亚洲纪录，创造了亚运会历史最好成绩。全民健身运动蓬勃开展。泰山国际登山节、潍坊国际风筝节、青岛帆船周、枣庄海峡两岸龙舟邀请赛、临沂中国红色运动会等特色群体赛事竞相举办，极大丰富了广大群众的体育文化生活。

十一、城乡建设

*城乡规划管理逐步完善。*全省17个设区市和91个县（市）全部编制完成了新一轮城市总体规划，其中75个已批准实施。17个市、县编制了城乡统筹规划，35个市、县实现规划建成区控制性详细规划全覆盖。

*城市承载能力进一步提升。*城市基础设施建设完成投资900亿元，比上年增长9.2%。济南小清河一期工程收尾，青岛环湾大道拓宽改造工程主线通车，泰安环山带工程、聊城古城保护与改造工程、潍坊白浪河综合整治工程进展顺利。新增生活垃圾无害化处理场19座，新增日垃圾处理能力3900万吨，生活垃圾无害化处理率达到80%。新建成污水处理厂37座，新增日污水处理能力120万吨，城市和县城污水集中处理率达到85%。新增道路面积2500万平方米，新增绿地面积5500公顷。

*住房保障建设得到加强。*70个中央预算内廉租住房投资项目全部开工建设。新建经济适用住房5.7万套，廉租住房2.1万套。廉租住房保障户数达到10.7万户，新增1.0万户。全面启动公共租赁住房试点并

新建2.6万套，改造棚户区8.7万户。

*村镇建设稳步推进。*农村住房建设和危房改造工程进展顺利，在建和完工整村改造126万户，危房改造25万户。村镇建设完成投资1653亿元，比上年增长26.4%。加强历史文化名镇（村）保护与特色景观旅游名镇（村）发展，共有全国历史文化名镇1个，名村4个，全省特色景观旅游名镇（村）41个。

十二、资源、环境和安全生产

*矿产资源勘查取得新进展。*省内深部找矿成效显著，新增资源储量金517.7吨、煤594.0万吨、铁矿石4.9亿吨。省外、境外地质勘查取得积极进展。

*节能降耗成效明显。*万元GDP能耗降低率完成“十一五”目标任务。全省关停小火电装机容量205.2万千瓦，淘汰水泥落后产能2065.7万吨，平板玻璃570.0万重量箱，生铁330.0万吨，粗钢76.3万吨，焦炭247.7万吨。千户重点用能工业企业填报的49项单位产品能耗指标中，下降的占89.8%，主要产品生产实现节能481.9万吨标准煤。风力发电建设力度继续加大，风电装机容量累计达138.0万千瓦，增长59.6%；风力发电26.7亿千瓦时，增长1.2倍。

*建设领域节能扎实推进。*累计完成既有居住建筑供热计量及节能改造项目2120.8万平方米。县城以上城市规划区节能建筑竣工面积4500万平方米，占新建民用建筑的94%。新型墙材生产量340亿标砖，占墙材生产总量的84.0%；县城以上规划区工程新型墙材应用量220亿标砖，占墙材应用总量的97.5%。

*环境保护成效显著。*全省净削减化学需氧量2.65万吨，二氧化硫5.25万吨，化学需氧量和二氧化硫排放总量分别比上年下降4.09%和3.30%。环境质量明显改善。59条省控重点污染河流全部恢复鱼类生长，化学需氧量和氨氮年均浓度分别下降25.9%和45.1%。新增国家环保模范城市1个，省级自然保护区2个，命名全国环境优美乡镇37个。

*安全生产形势稳定。*各类生产安全事故19427起，比上年下降14.3%；死亡人数4702人，下降6.6%。亿元GDP生产安全事故死亡0.12人，下降20.0%。

十三、居民生活和社会保障

*城镇居民生活进一步改善。*城镇单位在岗职工年平均工资33691元，比上年增长13.5%。城镇居民人均可支配收入19946元，增长12.0%。城镇居民人均总收入中，人均工资性收入15731元，增长12.5%；人均经营净收入1704元，增长23.5%；人均财产性收入490元，增长18.8%；人均转移性收入3812元，增长7.1%。城镇居民人均消费支出13118元，增长9.2%，其中，食品支出4206元，增长6.4%。城镇居民恩格尔系数为32.1%，比上年回落0.8个百分点。城镇居民人均现住房总建筑面积32.1平方米，增加0.3平方米。

图8　2005—2010年城镇居民人均可支配收入及增长速度

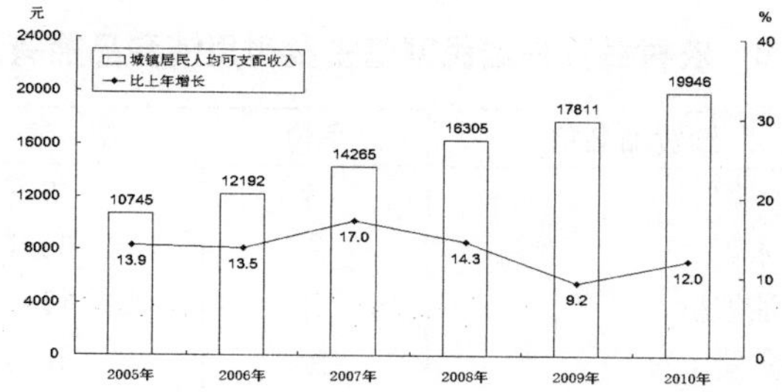

表7　城镇每百户居民家庭主要耐用消费品拥有量

消费品名称	单位	数　量
钢琴	架	3.9
微波炉	台	52.8
电冰箱	台	102.3
消毒碗柜	台	7.7
淋浴热水器	台	88.7
洗衣机	台	95.6
彩色电视机	台	122.3
组合音响	套	23.3
家用计算机	台	77.2
摄像机	架	10.4
照相机	架	55.1
空调器	台	100.3
固定电话	部	74.0
移动电话	部	199.1
健身器材	套	6.9
助力车	辆	55.6
摩托车	辆	35.3
家用汽车	辆	19.9

*农村居民生活水平稳步提高。*农村居民人均纯收入6990元，比上年增长14.2%。其中，人均工资性收入2958元，增长18.5%；人均家庭经营纯收入3457元，增长10.5%；人均财产性纯收入238元，增长21.5%；人均转移性纯收入337元，增长13.6%。农村居民人均生活消费支出4807元，增长8.8%，其中，食品支出1804元，增长11.5%。农村居民恩格尔系数为37.5%，比上年提高0.9个百分点。农村居民人均居住住房面

积 34.7 平方米，增加 0.5 平方米。

图 9　2005-2010 年农村居民人均纯收入及增长速度

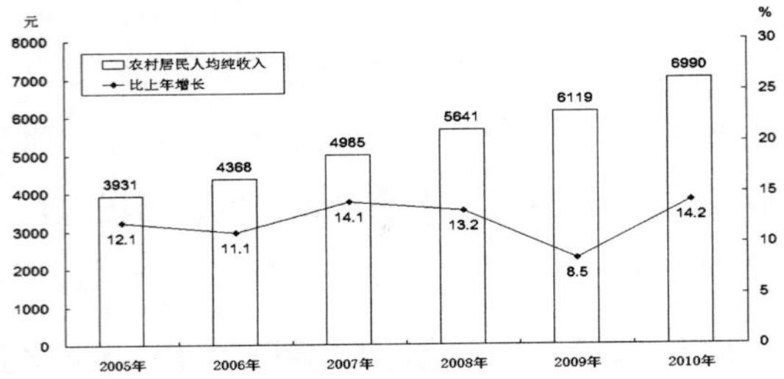

表 8　农村每百户居民家庭主要耐用消费品拥有量

消费品名称	单位	数　量
微波炉	台	10.7
电冰箱	台	65.7
排油烟机	台	17.3
热水器	台	46.4
洗衣机	台	77.9
黑白电视机	台	5.7
彩色电视机	台	112.6
影碟机	台	58.9
家用计算机	台	16.7
照相机	架	8.3
空调器	台	17.7
固定电话	部	67.6
移动电话	部	160.9
电动自行车	辆	70.7
摩托车	辆	72.6
汽车(生活用)	辆	5.4

社会保险体系继续完善。社会保险覆盖面持续扩大，全省城镇基本养老、医疗、失业、工伤和生育保险参保人数分别比上年末增加 112.0 万人、283.4 万人、31.7 万人、146.6 万人和 71.1 万人。新型农村社会养老保险试点实现新突破。已有 38 个县（市、区）纳入国家新农保试点，13 个县（市、区）纳入省级新农保试点，参保农民 1065 万人，领取养老金的农村老年人达 400 万人。城镇居民基本医疗保险扎实推进，参保居民 1229.3 万人。新型农村合作医疗农民参合率达 99.6%，累计受益 1.5 亿人次，其中，住院补偿 508.8 万人次，门诊补偿 1.4 亿人次。企业离退休人员月人均养老金达到 1575.3 元，增加 234.3 元。

困难群众生活得到有效保障。城镇保障人数 67.6 万人，月人均保障标准 290 元，比上年提高 28 元。农村保障人数 242.6 万人，年人均保障标准 1431 元，提高 220 元。现有农村五保供养服务机构 1689 个，总床位数 23.6 万张，集中供养率达 75.8%。

社会救助事业稳步发展。应急救助规模不断扩大，安排城乡医疗救助资金 4.1 亿元，比上年增长 31.6%；救助和资助居民 228 万人，增长 44.0%。各级安排善款 6.7 亿元，继续实施朝阳助学、夕阳扶老、情暖万家、康复助医、爱心助残五大工程。已建救助管理站 37 处，流浪儿童救助保护中心 26 处。收养性社会福利单位 2305 个，收养 24.7 万人。社会福利企业 1424 个，安置残疾人员 3.9 万人。

注：1. 本公报中数据均为初步统计数据。

2. 全省生产总值、各产业增加值绝对数按当年价格计算，增长速度按可比价格计算。

3. 人口数据待第六次人口普查公报正式公布

2010年山东统计工作综述

2010年是“十一五”收官之年，也是经济社会发展极为不平凡的一年，全省统计工作任务艰巨而繁重。一年来，全省统计系统在省委、省政府的正确领导下，深入贯彻落实科学发展观，紧紧围绕转方式调结构的工作大局，进一步解放思想，转变观念，强化“五个意识”，树立“四种作风”，践行“三个提高”，着力在加快统计改革步伐、提高统计服务水平、夯实统计工作基础、净化统计工作环境、狠抓统计工作重点等方面下功夫，统计能力进一步增强，统计数据质量不断提高，统计公信力明显提升，统计整体功能得到充分发挥，为全省经济社会科学发展作出了应有的贡献。

一、创新工作理念，服务经济社会发展大局。重点从统一思想认识、创新工作理念上下功夫，提出了强化“五个意识”，树立“四种作风”，要求全局一盘棋、各方一股劲、上下一条心，以科学务实的工作理念来指导统计实践、推动统计工作。积极引导全省统计系统把思想认识和工作行动统一到中央和省委、省政府的工作部署上来，统一到加快经济发展方式转变的大局上来。一年来，全省统计系统干部职工服从大局、维护大局、服务大局的自觉性进一步增强，干事创业的热情进一步提高，统计工作环境进一步优化，广大干部职工工作作风更加深入扎实。

二、“三个提高”贯彻落实年活动成效明显。2010年全国统计工作会议提出把“三个提高”作为今后一个时期统计工作的主线。省局党组对此高度重视，决定在全省统计系统开展“三个提高”贯彻落实年活动，出台了一系列文件，要求全省统计系统争做践行“三个提高”排头兵，组织开展了思想大讨论、主题演讲、大型调研等活动。各市积极响应省局的号召，围绕“三个提高”开展了丰富多彩的主题实践活动，取得了良好效果。日照市围绕“三个提高”目标要求，开展“目标管理考核、数据质量保障、统计监测服务”三个体系建设活动；青岛市举办了“践行‘三个提高’，服务科学发展”文化成果演讲和摄影书画比赛。

三、第六次人口普查工作取得重大阶段性成果。把人口普查作为统计工作的重中之重，摆在重要议事日程，举全局之力、全系统之力，早谋划、早部署、早动手，积极主动、全力以赴抓好人口普查工作。登记期间派出9个督查组对17市进行督查，针对发现的问题连续发出紧急通知，及时督办解决。各市统计局、人普办工作深入扎实，保证了普查圆满成功。在全省58万普查工作者的共同努力下，我省人口普查工作取得重大阶段性成果。国务院人口普查检查组对我省的普查工作和普查数据给予高度评价，国务院人普办、国家统计局专门给省委、省政府写来感谢信。我省在全国统计工作会议上就人口普查工作作典型发言。

四、重点统计调查工作取得成效。全力以赴做好服务业统计工作。认真开展附属服务业分离统计调查工作，摸清了我省附属服务业的分离情况。召开全省服务业统计工作会议，要求各级统计部门全力以赴做好服务业统计工作。认真开展服务业三大载体、服务业重点行业的统计监测工作，全面客观地反映我省服务业发展现状。烟台、聊城等市建立服务业基础数据分析制度和部门服务业定期统计分析例会制度，对服务业增加值完成情况进行预测分析。

加强能源统计工作。制定出台了节能降耗预警调控方案，编印了能源统计和节能监测快报，较好地发挥了能源统计预警作用。与煤炭、电力、交通运输、石油、节能和质检等部门建立定期联系制度，共享统计数据，加强数据审核，进一步提高能源统计数据质量，提升节能监测服务水平。临沂市建立完善能源统计预警监测体系。由于监测预警及时，调控措施得力，全省“十一五”节能减排工作取得好成绩。

社情民意调查工作取得新进展。圆满完成山东省2010年度科学发展综合考核群众满意度电话访问调查、全省群众安全感电话调查、第六次人口普查知晓率入户率调查等十几项电话调查，全年累计访问样本量达到20万个，在社会上产生较大反响，得到了省领导的高度评价。各市的电话调查工作也蓬勃开展，淄博市圆满完成群众满意度电话随机调查；威海市局圆满完成对市区和市直部门的年终考核及行风测评调查工作。

第二次 R&D 资源清查工作成效显著。清查数据与山东经济社会发展相吻合，得到了国家统计局李强副局长的充分肯定。圆满完成第二次经济普查的后续工作，开发利用富有成效。

五、统计服务开创新局面。围绕省委、省政府中心工作，建立经济形势分析制度，密切关注国际国内经济形势的发展变化，科学分析经济社会发展的变化趋势，为省领导把握形势、科学决策提供了参考依据。各市的统计服务形式多样，服务水平进一步提升。枣庄市建立农村信息员联系点制度，加大对“三农”情况的监测分析力度。东营市、滨州市建立黄三角地区和蓝色经济区统计报表制度和数据交流信息平台，成立专门统计机构。

精心打造统计分析精品。整合优势资源，狠抓专题分析，为党委、政府宏观决策提供了一批有深度、有观点、有建议的统计分析精品。2010 年，省局撰写统计分析报告 120 余篇，被省领导、国家局领导批示 50 篇次。如此高的批示率说明统计工作越来越得到领导高度重视，统计分析报告越来越贴近领导工作思路和经济社会发展大局。各市共编印统计分析资料近 1900 余篇，获市领导肯定性批示 200 余篇次。

围绕科学发展，改进统计服务手段。不断丰富完善统计产品体系、指标设计，改版《山东统计快报》，增强统计产品的针对性和实用性，得到省委、省政府领导的充分肯定。济南市坚持每季度举办一次统计新闻发布会，通过新闻媒体向社会公布全市经济运行情况；泰安市扩大“数说发展”品牌效应，创办“数说发展”呈阅件，建立“数说发展”快报，为领导决策提供及时可靠的参考依据。

优化统计数据质量，提升统计公信力。各专业定期召开统计数据联审会议，对专业数据进行量化评估。扎实推进联网直报工作，从技术手段上减少中间环节干扰，保证数据质量。通过认真开展世界统计日、中国统计开放日、人口普查宣传月等纪念宣传活动，社会公众对统计知识、统计流程、统计数据有了了解，统计社会知晓度进一步提高，统计公信力得到提升。

六、统计制度方法改革迈出新步伐。按照国家 GDP 核算改革思路，结合我省实际，对 2008、2009 年各市 GDP 初步核算数据进行重新修订。进一步完善高新技术考核评价体系，确保真实全面反映我省高新技术产业发展成果。建立重点工业企业调度制度，形成工业统计快速反映机制。在全国率先建立投资新开工项目档案化管理制度，提高投资项目管理水平。编印文化统计监测制度，建立文化产业定期报表直报平台。实行基本单位名录库季报统计制度，把名录库在线维护延伸到乡镇一级。按照《山东省循环经济统计试点实施方案》，在青岛、莱芜开展试点工作。潍坊市研究制定六大投入统计分类标准，并自行设计汇总程序。威海市积极开展“企业一套表”改革试点工作，为在全省推广奠定基础。

七、统计能力建设取得新突破。加强统计干部队伍建设。开展统计业务知识轮讲，加强业务交流，教育培训力度进一步加大。在省委党校、省干部学院开设统计知识专题讲座，举办全省统计系统业务骨干培训班，统计干部队伍素质得到提高。创新学习模式，开辟网络培训课堂，学习效果进一步增强。完善干部考核机制，组织实施干部分层考核测评，调动了职工的工作积极性。东营市加强横向学习交流，干部队伍业务技能得到较大提高。济宁市开展“统计业务轮讲”视频讲座活动，直接培训到乡镇统计人员。

统计基层基础建设稳步推进。建立统计基层基础建设工作检查制度，做好乡镇统计机构建设经验的推广工作，督促各乡镇统计站建立综合统计业务。总结推广地方统计工作垂直管理的经验和做法，鼓励地方积极探索。菏泽市进一步完善统计站建设标准，强化动态管理，基层基础建设卓有成效；德州市发展完善“新湖经验”，推广应用“社区信息管理和服务”系统。日照市对乡镇统计站实行统一标准化管理，统计基础工作更加规范。

统计信息化建设取得新进展。开发人口普查清查摸底数据处理、快速汇总等应用程序，为人口普查等重点统计工作提供了技术保障。我省编写的人口普查快速汇总程序得到国家人普办充分肯定，在全国推广应用。加强信息安全管理，投资 300 余万元建设容灾备份系统，认真做好网站防护及网页防篡改工作。淄博、莱芜等市加强统计网络建设，技术支撑能力进一步提升。

八、统计法制建设扎实推进。大力学习宣传新《统计法》，召开全省统计系统法律法规培训视频会议，推进统计法律法规进党校，强化对党政领导干部的统计法制教育。加大执法检查力度，联合省监察厅、省司法厅和山东调查总队，认真组织实施《统计法》和《统计违法违纪行为处分规定》贯彻执行情况大检查工作。2010年，全省共检查巡查单位20384个，立案479件，结案388件。完善统计法律制度，启动《山东省统计管理条例》修订工作，探索建立典型统计违法案件通报曝光制度。济宁市开展统计行政许可网上办公制度，进一步规范行政执法裁量权；济南市统计局与济南电视台联合举办统计法规知识竞赛活动，取得良好的宣传效果。

九、部门统计工作取得新成绩。加强对部门统计工作的管理和指导，推动部门进一步健全统计机构、充实统计人员，加强部门统计人员的业务培训。制定部门统计标准管理办法，规范部门统计调查项目审批和备案程序，推进部门统计规范化建设。建立完善统计数据管理共享机制，制定部门统计数据交流办法，健全部门资料交换制度，实现统计信息资源共享。各部门领导重视，措施得力，部门统计工作取得新成效。省工商局在全省率先实现省级部门统计工作规范化单位和规范化系统的建设目标，工作经验在全国得到推广。

十、系统文明建设持续推进。扎实开展“创先争优”、创建“学习型组织”、反腐倡廉“制度创新年”活动，认真组织开展党员和党组织承诺、践诺、评诺活动，积极推动基层党组织发挥战斗堡垒和广大党员发挥先锋模范作用。建立全省统计系统文明创建工作协作联系区，推进系统文明创建深入开展。2010年，省局和临沂市局继续保持“全国精神文明建设工作先进单位”的荣誉称号，省局还被中华全国总工会评为“全国模范职工之家”；其它16个市局继续保持“省级文明机关（单位）”称号；有28个县（市、区）局获“省级文明机关（单位）”称号。

回顾2010年的工作，各级统计部门付出了大量艰辛劳动，也收获了许多可喜成绩，为加快转变经济发展方式、建设经济文化强省作出了积极贡献。

第1篇

综　合

General Survey

简 要 说 明

一、本篇资料的主要内容

本篇资料是对我省乡镇以上行政区划、分行业法人单位数和国民经济、社会发展的综合反映，主要包括行政区划、法人单位数和平均每天社会经济活动、国民经济主要比例关系、国民经济和社会发展主要指标占全国的比重、国民经济和社会发展主要指标及其增长速度等资料。

二、本篇资料的来源

1、“行政区划一览表”主要包括2010年底各（地级）市、各县（市、区）和乡镇级的行政区划资料，数据来源于省民政厅。

2、法人单位情况由省统计局普查中心整理提供。

3、国民经济和社会发展综合部分来源于本年鉴各篇章中的资料，由省统计局综合处加工整理。

Brief Introduction

I. Main Content

Data in this chapter cover the main indicators on divisions of administrative areas, corporate units and national economy and social development, including divisions of administrative areas, number of corporate units and average daily social and economic activities, ratio, and percentage of main indicators of Shandong to the whole nation and growth rate.

II. Source of Data

(1) Data on divisions of administrative areas are provided by Shandong Provincial Department of Civil Affairs.

(2) Data on corporate units situation are provided and compiled by the Census Center of Shandong Provincial Bureau of Statistics.

(3) Data on general survey of economy and society are based on those of different chapters and compiled by the Division of Comprehensive Statistics of Shandong Provincial Bureau of Statistics.

1-1 行政区划(2010年底)

Divisions of Administrative Areas (Year-end of 2010)

单位:个 (unit)

地 区	Region	县级单位数 Numbers of Counties	市辖区 Districts under the Jurisdiction of Cities	县级市 Cities at County Level	县 Coumty	乡镇级单位数 Numbers of Towns	街道办事处 Street Communities	乡 Townships	镇 Towns
全 省	**Total**	**143**	**49**	**34**	**60**	**1874**	**600**	**156**	**1118**
济南市	Jinan	10	6	1	3	141	86	6	49
青岛市	Qingdao	12	7	5		178	101		77
淄博市	Zibo	8	5		3	88	29		59
枣庄市	Zaozhuang	6	5	1		64	17	3	44
东营市	Dongying	8	2	3	3	40	14	3	23
烟台市	Yantai	12	4	7	1	153	65	6	82
潍坊市	Weifang	12	4	6	2	118	54		64
济宁市	Jining	12	2	3	7	155	40	24	91
泰安市	Tai'an	6	2	2	2	87	17	10	60
威海市	Weihai	4	1	3		68	18		50
日照市	Rizhao	4	2		2	54	9	5	40
莱芜市	Laiwu	2	2			20	5		15
临沂市	Linyi	12	3		9	180	30	20	130
德州市	Dezhou	11	1	2	8	134	27	20	87
聊城市	Liaocheng	8	1	1	6	135	32	24	79
滨州市	Binzhou	7	1		6	91	27	9	55
菏泽市	Heze	9	1		8	168	29	26	113

1-2 按行业分法人单位数

Number of Corporate Units by Sector

单位:个 (unit)

行业	Sector	2005	2007	2008	2009	2010
总计	**Total**	**410863**	**492955**	**610064**	**674839**	**773752**
农、林、牧、渔业	Agriculture, Forestry, Animal Husbandry and Fishery	3899	5450	6218	9066	16094
采矿业	Mining	5251	5713	4581	4744	5154
制造业	Manufacturing	134207	159068	175986	190099	212145
电力、燃气及水的生产和供应业	Production and Supply of Electricity, Gas and Water	1038	1261	1569	1843	2151
建筑业	Construction	8224	16731	23740	27430	32413
交通运输、仓储和邮政业	Transport, Storage and Post	5546	7782	13025	14792	17195
信息传输、计算机服务和软件业	Information Transmission, Computer Services and Software	3921	6202	11451	12913	15151
批发和零售业	Wholesale and Retail Trades	68415	93379	129114	154533	194558
住宿和餐饮业	Hotels and Catering Services	7037	8466	13190	14028	16773
金融业	Financial Intermediation	1083	1757	1795	2591	3905
房地产业	Real Estate	6994	9670	14013	16265	20215
租赁和商务服务业	Leasing and Business Services	13273	19319	26729	32478	39911
科学研究、技术服务和地质勘查业	Scientific Research, Technical Services and Geologic Prospecting	5192	6572	11477	13026	14498
水利、环境和公共设施管理业	Management of Water Conservancy, Environment and Public Facilities	1940	2374	3169	3442	3690
居民服务和其他服务业	Services to Households and Other Services	5250	7326	9351	11342	13961
教育	Education	14751	15353	20484	20607	20778
卫生、社会保障和社会福利业	Health, Social Security and Social Welfare	9484	9726	15637	15714	15810
文化、体育和娱乐业	Culture, Sports and Entertainment	2774	3279	4213	4559	4999
公共管理和社会组织	Public Management and Social Organizations	112582	113525	124322	125367	124351
国际组织	International Organization	2	2			

注：2008、2009年单位数不包含17个铁路运输业单位。2008年数据为全国第二次经济普查数据(下同)。

a)2008、2009 Data does not include 17 Railway Transport units.2008 data were the second national economic census data(same as the following tables).

1-3 按地区分法人单位数

Number of Corporate Units by Region

单位:个 (unit)

地 区	Region	2008	2009	2010
全省总计	**Total**	**610064**	**674839**	**773752**
济 南 市	Jinan	73417	78868	85972
青 岛 市	Qingdao	98130	111608	130498
淄 博 市	Zibo	38437	42795	49615
枣 庄 市	Zaozhuang	16848	20307	24618
东 营 市	Dongying	11918	14217	17078
烟 台 市	Yantai	65151	68733	75741
潍 坊 市	Weifang	46693	53576	65071
济 宁 市	Jining	36721	41299	47936
泰 安 市	Tai'an	34299	34599	37759
威 海 市	Weihai	24571	26683	30173
日 照 市	Rizhao	14390	16454	18554
莱 芜 市	Laiwu	7909	10459	13798
临 沂 市	Linyi	36364	41317	48297
德 州 市	Dezhou	35276	37091	39447
聊 城 市	Liaocheng	19852	21417	25359
滨 州 市	Binzhou	19075	20705	23788
菏 泽 市	Heze	31013	34711	40048

1-4 按机构类型分法人单位数

Number of Corporate Units by Status of Organization

单位:个 (unit)

机构类型	Organization Status	2008	2009	2010
合 计	**Total**	**610064**	**674839**	**773752**
企 业	Enterprises	435959	496125	592359
事业单位	Institutions	37603	36692	36631
机 关	Agencies & Organizations	12136	12154	12145
社会团体	Social Groups	12359	13392	13531
民办非企业单位	Private Non-enterprise Units	17072	17537	17805
基金会	Foundation	21	23	24
居委会	Neighborhood Committee	6126	5958	5950
村委会	Village Committee	80343	80131	79002
其他组织机构	Others	8445	12827	16305

1-5 国民经济主要比例关系
Proportions on National Economic Indicators

单位:% (%)

项　目	Item	2005	2007	2008	2009	2010
一、地区生产总值比例	**Structure of Gross Domestic Product**					
第一产业	Primary Industry	10.6	9.7	9.6	9.5	9.2
第二产业	Secondary Industry	57.4	56.9	57.0	55.8	54.2
第三产业	Tertiary Industry	32.0	33.4	33.4	34.7	36.6
二、国内支出总额比例	**Structure of Government Consumption**					
#最终消费	Final Consumption	43.0	43.3	43.4	40.0	39.1
资本形成	Capital Formation	50.1	48.6	48.2	53.4	54.9
三、人口比例	**Structure of Population**					
按性别分	Sexual Structure					
男	Male	50.8	50.7	50.7	50.7	50.7
女	Female	49.2	49.3	49.3	49.3	49.3
按农业非农业分	Agricultural and Non-agricultural Structure					
农业人口	Agricultural Structure	65.8	63.2	62.4	62.5	59.8
非农业人口	Non-agricultural Structure	34.2	36.8	37.6	37.5	40.3
四、社会就业人员比例	**Structure of Employment**					
第一产业	Primary Industry	40.2	37.3	37.4	36.5	35.5
第二产业	Secondary Industry	30.5	32.7	31.6	32.0	32.6
第三产业	Tertiary Industry	29.3	30.0	31.0	31.5	31.9
五、农林牧渔业总产值比例	**Structure of Gross Output Value of Agriculture**					
农　业	Farming	54.4	54.6	51.6	53.7	55.2
林　业	Forestry	1.5	1.7	1.8	1.7	1.3
牧　业	Animal Husbandry	30.1	27.5	30.4	28.0	26.7
渔　业	Fishery	12.4	12.2	12.2	12.5	12.7
农林牧渔服务业	Services of Farming,Forestry,Animal Husbandry and Fishery	1.6	3.9	4.0	4.1	4.1
六、工业总产值中轻重工业比例	**Structure of Output Value of Light and Heavy Industries**					
轻工业	Light Industry	37.1	34.9	33.9	34.0	32.4
重工业	Heavy Industry	62.9	65.1	66.1	66.0	67.6
七、固定资产投资比例	**Structure of Investment in Fixed Assets**					
#国有经济	State-owned Units	17.6	14.7	15.8	16.2	15.7
集体经济	Collective-owned Units	9.9	10.1	11.7	12.1	11.3
个体经济	Self-employed Units	26.0	28.4	28.3	27.5	27.9
八、地方财政收入占地区生产总值的比重	**Proportion of Local Government Revenue to GDP**	**5.8**	**6.5**	**6.3**	**6.5**	**7.0**
九、财政支出比例	**Structure of Local Government Expenses**					
#一般公共服务支出	General Public Service		18.6	17.3	15.0	13.1
科学技术	Science and Technology		2.1	2.1	1.9	2.0
教　育	Education		20.0	20.4	18.8	18.6
十、金融机构存款余额比例	**Structure of Deposits in Financial Institutions**					
#企业存款	Deposits by Enterprises	24.1	26.8	25.4	28.9	28.2
储蓄存款	Household Savings Deposits	52.8	51.8	53.4	49.2	47.8
财政存款	Financial Deposits	1.5	2.2	2.0	2.5	2.5

1-6　国民经济和社会发展主要指标占全国的比重(2010年)

Proportion of Main Economic and Social Indicators to the Whole Country(2010)

指标名称	Item	山东 Shandong	全国 China	山东占全国比重(%) Proportion of Shandong to China(%)
一、人口与就业	**Population and Employment**			
年末总人口　(万人)	Population at the Year-end　(10 000 persons)	9579	133972	7.2
就业人员　(万人)	Employment　(10 000 persons)	6402		
二、土地面积　(万平方公里)	**Area of Land　(10 000 sq.km)**	**15.7**	**960**	**1.6**
三、农林牧渔业总产值　(亿元)	**Gross Output Value of Farming, Forestry,AnimalHusbandry and Fishery　(100 million yuan)**	**6650.9**	**69319.8**	**9.6**
四、地区生产总值　(亿元)	**Gross Domestic Product　(100 million yuan)**	**39169.9**	**397983.3**	**9.8**
第一产业　(亿元)	Primary Industry　(100 million yuan)	3588.3	40497.0	8.9
第二产业　(亿元)	Secondary Industry　(100 million yuan)	21238.5	186480.9	11.4
第三产业　(亿元)	Tertiary Industry　(100 million yuan)	14343.1	171005.4	8.4
五、人均地区生产总值　(元)	**Per Capita Gross Domestic Product　(yuan)**	**41106**	**29762**	
六、主要工农业产品产量	**Output of Major Farm and Industrial Products**			
粮　食　(万吨)	Grain　(10 000 tons)	4335.7	54648.0	7.9
棉　花　(万吨)	Cotton　(10 000 tons)	72.4	596.1	12.1
油　料　(万吨)	Oil-bearing Crops　(10 000 tons)	342.2	3230.1	10.6
肉　类　(万吨)	Meat　(10 000 tons)	704.4	7925.8	8.9
水产品　(万吨)	Aquatic products　(10 000 tons)	783.8	5373.0	14.6
原　油　(万吨)	Crude Oil　(10 000 tons)	2786.0	20301.4	13.7
原　煤　(亿吨)	Coal　(10 000 tons)	1.6	32.4	4.8
发电量　(亿千瓦时)	Electricity　(100 million kwh)	3042.7	42065.4	7.2
家用电冰箱　(万台)	Household Refrigerators　(10 000 units)	801.6	7300.8	11.0
彩色电视机　(万台)	Color Television Sets　(10 000 units)	1137.7	11830.0	9.6
原　盐　(万吨)	Salt　(10 000 tons)	1848.6	6274.8	29.5
化　肥　(万吨)	Chemical Fertilizer　(10 000 tons)	977.0	6740.6	14.5
粗　钢　(万吨)	Steel　(10 000 tons)	5256.1	62695.9	8.4
平板玻璃　(万重量箱)	Plate Glass　(10 000 weight cases)	6084.9	63026.1	9.7
七、固定资产投资	**Investment in Fixed Assets**			
全社会固定资产投资额　(亿元)	Total Investment in Fixed Assets　(100 million yuan)	23276.7	278139.8	8.4
八、运输、邮电	**Transport,Post and Telecommunication Services**			
货物周转量　(亿吨公里)	Total Freight Ton-kilometers　(100 million ton-km)	11747.1	141838.0	8.3
旅客周转量　(亿人公里)	Total Passenger-kilometers　(100 million person-km)	1644.7	27894.0	5.9
沿海主要港口货物吞吐量　(万吨)	Volume of Freight Handled in Major Coastal Ports　(10 000 tons)	86421.0	548358.0	15.8
邮电业务总量　(亿元)	Total Volume of Post and Telecommunication Services　(100 million yuan)	1973.0	32940.2	6.0
九、财政金融	**Finance and Financial Intermediation**			
地方财政一般预算收入　(亿元)	Local Government Revenue　(100 million yuan)	2749.4	40609.8	6.8
地方财政一般预算支出　(亿元)	Local Government Expenditure　(100 million yuan)	4145.0	73602.5	5.6
城乡居民人民币储蓄存款余额(亿元)	RMB Savings and Deposit of Urban and Rural Households at the Year-end　(100 million yuan)	19648.2	303303.0	6.5
十、国内贸易	**Domestic Trade**			
社会消费品零售额　(亿元)	Total Retail Sales of Consumer Goods　(100 million yuan)	14620.3	156998.4	9.3
十一、外贸外经旅游	**Foreign Trade and Tourism**			
进出口总额　(亿美元)	Total Value of Imports and Exports　(100 million USD)	1889.5	29727.6	6.4
出口总额　(亿美元)	Exports　(100 million USD)	1042.5	15779.3	6.6
国际旅游外汇收入　(亿美元)	Foreign Exchange Earnings　(100 million USD)	21.6	458.1	4.7
十二、价格指数	**Price Indices**			
商品零售物价指数　(%)	Retail Price Indices　(%)	102.7	103.1	
居民消费价格指数　(%)	Consumer Price Indices　(%)	102.9	103.3	
十三、人民生活	**People's Livelihood**			
城镇单位就业人员工资总额(亿元)	Total Wages of Employed Persons in Urban Units (100 million yu	3167	47270	6.7
城镇单位就业人员平均工资　(元)	Average Wage of Employed Persons in Urban Units　(yuan)	33321	36539	
城镇居民人均可支配收入　(元)	Per Capita Disposabal Income of Urban Households　(yuan)	19946	19109	
农民人均纯收入　(元)	Per Capita Annual Net Income of Rural Households　(yuan)	6990	5919	
十四、教育、卫生	**Education and Health Care**			
普通高等学校在校生数　(万人)	Total Enrollment of Institutions of Higher Education　(10 000 persons)	163.1	2231.8	7.3
医院、卫生院床位数　(万张)	Number of Hospital Beds　(10 000 beds)	35.1	440.1	8.0
专业卫生技术人员数　(万人)	Number of Medical Technical Personnel　(10 000 persons)	44.1	586.6	7.5

注：人口数据为第六次全国人口普查初步汇总数据。

a)Population data are preliminary summary data of the sixth national population census.

1-7 国民经济和社会发展主要指标

类别	Category	1997	1998
一、人 口	**Population**		
年末总人口 (万人)	Total Population at the Year-end (10 000 persons)	8785	8838
按性别分	**By Sex**		
男 (万人)	Male (10 000 persons)	4483	4513
女 (万人)	Female (10 000 persons)	4327	4359
按农业非农业分	**Agricultural and Non-agricultural Population**		
农业人口 (万人)	Agricultural Population (10 000 persons)	6500	6575
非农业人口 (万人)	Non-agricultural Population (10 000 persons)	2310	2296
人口密度 (人/平方公里)	Population Density (persons/sq.km)	561	564
二、就业人员和劳动工资	**Employment and Wages**		
年末就业人员 (万人)	Year-end Employed Persons (10 000 persons)	5256.0	5287.6
第一产业 (万人)	Primary Industry (10 000 persons)	2812.5	2837.3
第二产业 (万人)	Secondary Industry (10 000 persons)	1311.9	1245.8
第三产业 (万人)	Tertiary Industry (10 000 persons)	1131.6	1204.5
乡村就业人员 (万人)	Rural Employed Persons (10 000 persons)	3620.0	3626.2
城镇就业人员 (万人)	Urban Employed Persons (10 000 persons)	1636.1	1661.4
职工年末人数 (万人)	Number of Staff and Workers at the Year-end (10 000 persons)	937.7	836.8
#国有单位 (万人)	State-owned Units (10 000 persons)	665.6	595.1
城镇集体单位 (万人)	Urban Collective-owned Units (10 000 persons)	190.9	132.7
工资总额 (亿元)	Total Wages Bill (100 million yuan)	580.4	575.4
#国有单位 (亿元)	State-owned Units (100 million yuan)	450.0	444.4
城镇集体单位 (亿元)	Urban Collective-owned Units (100 million yuan)	79.7	61.6
平均工资 (元)	Average Wage (yuan)	6241	6854
#国有单位 (元)	State-owned Units (yuan)	6817	7469
城镇集体单位 (元)	Urban Collective-owned Units (yuan)	4186	4558
三、国民经济核算	**National Accounting**		
地区生产总值 (亿元)	Gross Domestic Product (100 million yuan)	6537.07	7021.35
第一产业 (亿元)	Primary Industry (100 million yuan)	1195.00	1215.81
第二产业 (亿元)	Secondary Industry (100 million yuan)	3147.37	3408.06
工 业 (亿元)	Industry (100 million yuan)	2796.02	3008.45
建筑业 (亿元)	Construction (100 million yuan)	351.35	399.61
第三产业 (亿元)	Tertiary Industry (100 million yuan)	2194.70	2397.49
交通运输仓储邮电通信业 (亿元)	Transportation Post and Telecommunication Services (100 million yuan)	420.49	437.37
批发零售贸易餐饮业 (亿元)	Wholesale Retail and Catering (100 million yuan)	664.92	735.63
人均地区生产总值 (元)	Per Capita GDP (yuan)	7461	7968
支出法计算的国内生产总值	**Gross Domestic Product by Expenditure Approach**		
#最终消费 (亿元)	Government Final Consumption Expenditure (100 million yuan)	3250.52	3477.58
居民消费 (亿元)	Household Consumption Expenditures (100 million yuan)	2375.94	2543.69
政府消费 (亿元)	Government Consumption Expenditure (100 million yuan)	874.58	933.89
资本形成总额 (亿元)	Gross Capital Formation (100 million yuan)	3158.91	3409.36
#固定资产形成总额 (亿元)	Gross Fixed Capital Formation (100 million yuan)	2027.75	2324.03
居民消费水平	**Household Consumption Expenditure**		
全省居民 (元)	Average Expenditure of All Residents (yuan)	2712	2887
农村居民 (元)	Rural Residents (yuan)	1901	1952
城镇居民 (元)	Urban Residents (yuan)	4123	4479
四、固定资产投资	**Investment in Fixed Assets**		
全社会固定资产投资额 (亿元)	Total Investment in Fixed Assets (100 million yuan)	1792.22	2056.97
国有经济 (亿元)	State-Owned Units (100 million yuan)	773.30	938.73
集体经济 (亿元)	Collective-Owned Units (100 million yuan)	569.70	610.20
其他经济 (亿元)	Others (100 million yuan)	207.46	233.84

注：1.2000和2010年年末总人口数据为人口普查数据。
2.2010年工资总额、平均工资数据为城镇单位就业人员口径。

Main Indicators on National Economic and Social Development

1999	2000	2001	2002	2003	2004	2005	2006	2007	2008	2009	2010
8883	8997	9041	9082	9125	9180	9248	9309	9367	9417	9470	9579
4537	4562	4584	4607	4624	4652	4676	4707	4739	4761	4792	4839
4385	4413	4440	4463	4484	4512	4537	4575	4606	4632	4658	4697
6600	6566	6507	6435	6275	6212	6066	6055	5909	5860	5902	5698
2322	2409	2517	2634	2833	2951	3147	3228	3436	3532	3548	3839
567	574	577	580	582	586	589	592	596	599	603	610
5314.7	5441.8	5475.3	5527.0	5620.6	5728.1	5840.7	5960.0	6081.4	6187.6	6294.2	6401.9
2811.7	2887.7	2863.6	2769.6	2638.3	2542.1	2350.3	2328.0	2265.2	2313.5	2297.4	2273.1
1245.7	1286.0	1308.6	1375.1	1474.3	1581.0	1781.4	1870.3	1989.9	1955.5	2014.1	2086.7
1257.3	1268.1	1303.1	1382.3	1508.0	1605.0	1709.0	1761.7	1826.3	1918.6	1982.7	2042.1
3644.5	3617.1	3589.9	3578.3	3590.8	3587.7	3563.9	3535.0	3519.9	3507.5	3490.8	3474.5
1669.7	1825.2	1885.4	1948.6	2029.7	2140.4	2276.8	2425.0	2561.5	2680.1	2803.4	2927.4
809.1	790.1	770.5	764.8	762.3	776.1	871.1	874.3	879.7	872.7	889.6	919.9
566.7	542.1	519.5	493.5	487.5	483.6	415.8	409.3	411.6	413.9	413.3	422.4
119.1	103.9	92.0	82.0	74.1	67.2	63.3	59.6	57.8	54.1	54.4	54.6
620.1	695.1	773.9	868.4	954.8	1107.5	1440.3	1664.5	1992.6	2294.5	2629.3	3166.7
475.9	524.4	577.7	630.5	679.1	772.6	823.7	929.9	1118.8	1285.8	1432.8	1683.5
60.1	58.8	58.0	59.5	63.2	67.4	73.2	78.8	90.9	101.6	118.1	147.1
7656	8772	10007	11374	12567	14332	16614	19228	22844	26404	29688	33321
8389	9655	11067	12777	13975	16030	19823	22804	27290	31169	34794	38490
4988	5585	6234	7129	8442	9864	11474	13132	15636	18656	21496	25626
7493.84	8337.47	9195.04	10275.50	12078.15	15021.84	18366.87	21900.19	25776.91	30933.28	33896.65	39169.92
1221.00	1268.57	1359.49	1390.00	1480.67	1778.45	1963.51	2138.90	2509.14	3002.65	3226.64	3588.28
3644.32	4164.45	4556.01	5184.98	6485.05	8478.69	10478.62	12574.03	14647.53	17571.98	18901.83	21238.49
3197.16	3665.74	4004.09	4518.87	5706.71	7576.12	9418.58	11378.82	13283.72	15894.95	16896.14	18861.45
447.16	498.71	551.92	666.11	778.34	902.57	1060.04	1195.21	1363.81	1677.03	2005.69	2377.04
2628.52	2904.45	3279.53	3700.52	4112.43	4764.70	5924.74	7187.26	8620.24	10358.64	11768.18	14343.14
484.65	545.13	657.57	655.64	710.18	969.13						
787.90	856.94	972.33	1142.54	1283.70	1431.58	/					
8483	9326	10195	11340	13268	16413	19934	23603	27604	32936	35894	41106
3742.49	4021.46	4479.42	4887.40	5608.60	6568.66	7478.35	8888.17	10352.82	12368.40	13574.79	15331.20
2807.76	3082.06	3360.92	3555.72	3960.91	4506.51	5451.19	6553.88	7603.39	9085.22	9910.18	11058.97
934.72	939.40	1118.50	1331.68	1647.69	2062.15	2027.16	2334.29	2749.43	3283.18	3664.61	4272.23
3590.75	4122.26	4422.24	4840.39	5668.51	7455.96	9411.18	11177.54	13105.80	15587.57	18109.95	21499.29
2632.54	3159.03	3518.25	4192.58	5180.81	6896.07	8974.77	10829.36	12505.88	15035.08	17734.43	20800.55
3178	3447	3726	3924	4351	4924	5916	7064	8142	9673	10494	11611
2034	2118	2260	2366	2467	2662	3109	3608	4251	5081	5395	5733
5085	5603	6020	6232	6974	7965	9453	11193	12633	14815	16027	17726
2222.17	2542.65	2807.79	3509.29	5328.44	7629.04	10541.87	11136.06	12537.02	15435.93	19030.97	23276.69
1043.13	1153.65	1157.44	1237.16	1615.57	1762.29	1853.29	1855.41	1838.55	2431.54	3086.82	3648.45
635.55	679.48	688.61	812.65	1177.00	2455.86	1042.41	1063.61	1269.64	1811.23	2308.54	2627.32
232.85	355.59	577.68	972.17	1802.23	2638.61	4909.56	5120.48	5862.34	6832.27	8400.32	10495.92

a)Total population data of 2000 and 2010 year-end are based on the national population census.
b)2010 data of total wages bill and average wage refer to the range of employed persons in urban.

1-7 续表 1

类 别		Category		1997	1998
个体经济	(亿元)	Individuals Economy	(100 million yuan)	241.76	274.20
五、能 源		**Energy**			
能源生产总量	(万吨标煤)	Total Energy Production	(10 000 tons of SCE)	10620.51	10436.05
原 煤	(万吨标煤)	Coal	(10 000 tons of SCE)	6496.14	6412.17
原 油	(万吨标煤)	Crude Oil	(10 000 tons of SCE)	4002.01	3901.51
天燃气	(万吨标煤)	Natural Gas	(10 000 tons of SCE)	121.67	122.09
水 电	(万吨标煤)	Hydro-power	(10 000 tons of SCE)	0.69	0.28
水电和风电	(万吨标煤)	Hydro and Wind Power	(10 000 tons of SCE)		
六、财 政		**Government Finance**			
地方财政一般预算收入	(万元)	Local Government Budgetary Revenue	(10 000 yuan)	3044232	3523912
#增值税	(万元)	Value Added Tax	(10 000 yuan)	617844	701402
营业税	(万元)	Business Tax	(10 000 yuan)	622148	752239
个人所得税	(万元)	Personal Income Tax	(10 000 yuan)	126801	46780
资源税	(万元)	Resource Tax	(10 000 yuan)	56732	166968
城市维护建设税	(万元)	Urban Maintenance and Development Tax	(10 000 yuan)	202164	131149
房产税	(万元)	Tax on Real Estates	(10 000 yuan)	80812	226211
城镇土地使用税	(万元)	Urban Land Using Tax	(10 000 yuan)	33342	47480
土地增值税	(万元)	Land Value-added Tax	(10 000 yuan)		2976
车船税	(万元)	Tax on Vehicle and License	(10 000 yuan)	13706	17501
企业所得税	(万元)	Company Income Tax	(10 000 yuan)	484919	468054
行政性收费收入	(万元)	Incom from Adiministrative Fees	(10 000 yuan)	127062	169040
地方财政支出	(万元)	Local Government Budgetary Expenditure	(10 000 yuan)	4233342	4878175
#基本建设支出	(万元)	Expenditure for Capital Construction	(10 000 yuan)	239629	318452
城市维护税	(万元)	City Maintenance	(10 000 yuan)	281070	367382
支援农业支出	(万元)	Expenditure for Supporting Rural Production	(10 000 yuan)	367611	377198
文教科学卫生事业费	(万元)	Operating Expenses for Culture,Education, Science and Health Care	(10 000 yuan)	1182892	1325393
行政管理费	(万元)	Expenditure for Government Administratio	(10 000 yuan)	456970	501269
#一般公共服务	(万元)	General Public Service	(10 000 yuan)		
教育	(万元)	Education	(10 000 yuan)		
社会保障和就业	(万元)	Social Security and Employment	(10 000 yuan)		
医疗卫生	(万元)	Health	(10 000 yuan)		
农林水事务	(万元)	Farming、Forestry and Irrigation Affairs	(10 000 yuan)		
七、金 融		**Fiancial Intermediation**			
金融机构人民币存款余额	(万元)	RMB Deposits	(10 000 yuan)	49698489	57554782
#企业存款	(万元)	Deposits by Enterprises	(10 000 yuan)	13914367	15010890
财政存款	(万元)	Fiscal Deposits	(10 000 yuan)	246182	441380
农业存款	(万元)	Agricultural Deposits	(10 000 yuan)	852300	883521
储蓄存款	(万元)	Urban and Rural Household Savings Deposits	(10 000 yuan)	32657331	37353756
金融机构人民币贷款余额	(万元)	RMB Loans	(10 000 yuan)	44567197	51067900
#工业贷款	(万元)	Loans to Industrial Sector	(10 000 yuan)	9219803	9795567
农业贷款	(万元)	Loans to Agricultural Sector	(10 000 yuan)	3177039	4189496
商业贷款	(万元)	Loans to Commercial Sector	(10 000 yuan)	11798956	12097868
基建贷款	(万元)	Loans to Capital Construction	(10 000 yuan)	2780310	3879386
技改贷款	(万元)	Loans to Technical Innovation	(10 000 yuan)	2536443	2522862
八、价格指数		**Price Indices**			
居民消费价格总指数	(上年=100)	Consumer Price Index	(preceding year=100)	102.8	99.4
商品零售物价总指数	(上年=100)	Retail Price Index	(preceding year=100)	100.8	97.1
九、居民生活		**People's Livelihood**			
农民生活		Rural's Livelihood			
人均年末生活用房面积	(平方米)	Per Capita Living Floor Space(the End of Year)	(sq.m)	23.16	23.91

continued

1999	2000	2001	2002	2003	2004	2005	2006	2007	2008	2009	2010
310.64	353.93	384.06	487.31	733.64	772.28	2736.61	3096.56	3566.49	4360.90	5235.29	6505.00
10322.39	9648.75	11550.26	13241.75	14384.08	14394.61	13995.62	14083.40	14616.67	14615.32	14600.08	16055.71
6425.10	5741.96	7634.32	9333.02	10476.85	10461.78	10021.63	10042.24	10526.28	10500.62	10424.07	11913.14
3807.55	3822.49	3811.52	3816.52	3808.65	3820.50	3849.36	3935.89	3990.22	3998.91	4040.38	3980.08
89.01	83.54	103.34	91.07	98.36	111.84	123.03	103.46	99.22	113.05	119.97	129.01
0.73	0.76	1.08	1.14	0.22	0.49	1.60	1.82	0.95	2.74		
										15.66	33.48
4044829	4636788	5731793	6102242	7137877	8283306	10731250	13562526	16753980	19570541	21986324	27493842
782176	896895	1002918	1112319	1260824	1160390	1930040	2428345	2907862	3337763	3244846	3782348
789669	876638	926921	1176414	1447077	1764502	2177928	2717252	3397121	3960900	4706109	6315107
187585	247492	369925	310934	260262	319637	388938	458361	568145	611251	646665	810098
59698	62164	64405	97605	104760	135148	182437	261376	289858	288063	328077	332924
238123	276205	290458	307978	444019	549266	659514	784298	924642	1041367	1090776	1307440
134879	155591	165321	209770	244706	267768	327950	387000	443522	472576	578637	646535
71806	88204	89095	117198	198074	211717	294438	359719	659581	1035689	1208817	1376902
3503	7423	10656	17264	54899	90831	143916	220164	325263	365577	438406	661943
19400	31852	36376	43618	48420	49347	56022	64233	75274	126429	176905	232684
631666	818659	1491110	783934	664382	860624	1108282	1482753	1985020	2299728	2203040	2933058
212480	305651	403697	540173	757389	909921	1080665	1332044	1444439	1631981	1715876	2030192
5500034	6130774	7537781	8606484	10106395	11893716	14662271	18334400	22618495	27046613	32676716	41450320
325120	295068	409608	440415	636760	600330	704835	821963				
351390	388802	485770	547982	685165	885953	1179667	1470287				
402651	411914	478933	557939	618116	731073	895847	1083756				
1453237	1677928	1936046	2290732	2553316	3091148	3751654	4542846				
544497	622058	743144	900217	1123337	1312928	1629489	1929519				
								4218172	4682351	4901437	5443095
								4533574	5509929	6134864	7704472
								2517774	2850525	3427930	4167672
								996496	1404184	1892400	2507742
								1630130	2353000	3693489	4659775
65629934	74711987	85017294	102477706	124382360	145142781	171035148	196339878	220722430	269301809	346977763	411049645
17250542	20771967	23079030	27371339	33965555	38730410	41238617	47745652	59101969	68289510	100209426	115855356
584925	764478	1140353	1318673	1486500	2258323	2596570	3431146	4790568	5352549	8683402	10260711
1084540	1351492	1613431	2050450	2438209	2715491	3221967	3954365	4310596	4471688	6605038	2779643
41098425	44667153	50637936	58057165	67683453	77214610	90351351	103580272	114381079	143821895	170827554	196482092
56798630	62090468	70176588	85365991	104671108	117828279	133817463	157096014	175451466	200539104	259613230	307226360
10391030	9938023	11472037	13466479	16329927	19255716	20218176	28372457	33006922	35509421	39415542	
4435895	5281785	7071209	9073641	11565081	13401333	15611128	18446480	21559437	24634301	29629694	
12657508	11249154	12227300	12561986	12566663	11660566	10867721	9981885	10530468	9439945	11177739	
5563931	7315876	8373434	11343636	13992866	16834244	20403236	26278047	30478416	36443285	52526564	
2522178	2678175	2854302	1111118	1537491	1946567	2069666	1433182	1405230	1528325	1328334	
99.3	100.2	101.8	99.3	101.1	103.6	101.7	101.0	104.4	105.3	100.0	102.9
97.1	98.6	100.0	98.8	100.2	102.8	100.6	100.6	103.6	104.9	99.4	102.7
25.07	23.61	24.60	25.59	26.53	26.92	29.64	30.69	31.69	32.98	34.24	34.71

1−7 续表 2

类 别		Category		1997	1998
人均总收入	(元)	Annual Per Capita Gross Income of Rural Households	(yuan)	3469	3562
人均纯收入	(元)	Annual Per Capita Disposable Income of Rural Households	(yuan)	2292	2453
人均总支出	(元)	Annual Per Capita Gross Expenditure of Rural Households	(yuan)	2855	2782
#购置生产性固定资产	(元)	Expenditure for Purchasing Productive Fixed Assets	(yuan)	84	93
生活消费支出	(元)	Living Expenditure of Rural Households	(yuan)	1626	1595
城镇居民生活		**Urban's Livelihood**			
人均全年可支配收入	(元)	Annual Per Capita Disposable Income of Urban Households	(yuan)	5191	5380
人均全年消费性支出	(元)	Annual Per Capita Consumption Expenditure of Urban Households	(yuan)	4041	4144
人均全年非消费支出	(元)	Annual Per Capita Non-consumption Expenditure of Urban Households	(yuan)	731	1079
年末人均建筑面积	(平方米)	Per Captia Construction Area of Buildings	(sq.m)	12.70	12.82
十、农林牧渔业		**Farming,Forestry,Animal Husbandry and Fishery**			
农林牧渔业总产值	(亿元)	Gross Output Value of Farming Forestry, Animal Husbandry and Fishery	(100 million yuan)	2058.32	2174.54
农 业	(亿元)	Farming	(100 million yuan)	1137.19	1219.85
林 业	(亿元)	Forestry	(100 million yuan)	49.86	45.91
牧 业	(亿元)	Animal Husbandry	(100 million yuan)	550.58	583.40
渔 业	(亿元)	Fishery	(100 million yuan)	320.69	325.38
农林牧渔服务业	(亿元)	Services for Agriculture	(100 million yuan)		
农业生产情况		**Farming**			
粮食总产量	(万吨)	Total Output of Grain	(10 000 tons)	3852.2	4264.8
粮食单产	(千克/公顷)	Grain	(kilogram/hectare)	4766	5244
棉花总产量	(万吨)	Total Output of Cotton	(10 000 tons)	35.4	41.3
棉花单产	(千克/公顷)	Cotton	(kilogram/hectare)	894	996
油料总产量	(万吨)	Total Output of Oil-bearing Crops	(10 000 tons)	240.9	335.6
油料单产	(千克/公顷)	Oil-bearing Crops	(kilogram/hectare)	2977	3908
肉类总产量	(万吨)	Total Output of Grain	(10 000 tons)	460.6	497.9
猪存栏	(万头)	Number of Pigs	(10 000 heads)	2209.7	2485.9
牛存栏	(万头)	Number of Cattles	(10 000 heads)	811.9	911.8
羊存栏	(万只)	Number of Sheep and Goats	(10 000 heads)	2038.6	2322.0
家禽存栏	(万只)	Number of Poultry	(10 000 heads)	41833.0	48484.0
猪出栏	(万头)	Slaughtered Pigs	(10 000 heads)	2801.1	3123.2
牛出栏	(万头)	Slaughtered Cattle	(10 000 heads)	334.5	354.9
羊出栏	(万只)	Slaughtered Sheep	(10 000 heads)	2269.3	2518.9
家禽出栏	(万只)	Slaughtered Poultry	(10 000 heads)	82549.0	91299.0
禽蛋产量	(万吨)	Poultry Eggs	(10 000 tons)	294.3	322.0
奶类产量	(万吨)	Milk	(10 000 tons)	45.8	54.0
水产品总产量	(吨)	Total Aquatic Products	(tons)	5512326	5875574
海水产品	(吨)	Seawater Aquatic Products	(tons)	4840507	5116993
海洋捕捞	(吨)	Catching in Ocean	(tons)	2686824	3003764
海水养殖	(吨)	Seawater Aquiculture	(tons)	2153683	2113228
淡水产品产量	(吨)	Freshwater Aquatic Products	(tons)	671819	758582
捕捞量	(吨)	Catching	(tons)	73221	80336
养殖量	(吨)	Freshwater Aquiculture	(tons)	598598	678246
水产品养殖面积	(万亩)	Aquiculture Area	(10 000 mu)	618.91	649.80
海 水	(万亩)	Seawater Aquiculture Area	(10 000 mu)	274.04	283.22
淡 水	(万亩)	Freshwater Aquiculture Area	(10 000 mu)	344.87	366.58
十一、工 业		**Industry**			
工业总产值	(亿元)	Gross Industrial Output Value	(100 million yuan)	9984.12	10579.17
#国有经济	(亿元)	State-owned Enterprises	(100 million yuan)	2513.03	2177.73
集体经济	(亿元)	Collective-owned Enterprises	(100 million yuan)	2512.01	2206.64

continued

1999	2000	2001	2002	2003	2004	2005	2006	2007	2008	2009	2010
3646	3872	4139	4306	4482	5038	5677	6189	7150	8137	8684	9877
2550	2659	2805	2954	3150	3507	3931	4368	4985	5641	6119	6990
2846	3036	3327	3439	3521	3999	4561	5090	5863	6697	7258	7981
97	108	102	92	84	108	117	149	111	124	234	192
1680	1771	1905	1998	2133	2389	2736	3144	3622	4077	4417	4807
5809	6490	7101	7615	8400	9438	10745	12192	14265	16305	17811	19946
4515	5022	5252	5596	6069	6674	7457	8468	9667	11007	12013	13118
1082	1037	1133	1905	2221	2352	2432	3249	3522	3640	4060	4298
13.10	13.75	14.17	24.57	25.67	26.39	28.49	29.29	29.80	31.33	31.80	32.09
2202.95	2294.35	2453.96	2526.05	2902.45	3453.91	3741.81	4058.62	4766.23	5612.96	6003.09	6650.94
1254.87	1300.44	1401.34	1420.88	1599.32	1891.73	2033.95	2283.29	2604.07	2895.68	3223.99	3670.07
44.93	47.62	47.22	48.25	53.70	59.49	57.57	65.48	81.98	102.24	101.27	86.5
572.95	599.17	654.71	698.44	831.34	1022.84	1125.04	1025.37	1313.00	1704.90	1683.83	1774.46
330.20	347.12	350.69	358.48	370.04	426.09	465.52	522.94	580.35	686.28	747.42	847.37
				48.05	53.76	59.73	161.54	186.83	223.87	246.58	272.52
4269.0	3837.7	3720.6	3292.7	3435.5	3516.7	3917.4	4093.0	4148.8	4260.5	4316.3	4335.7
5271	4938	5201	4763	5355	5570	5837	5848	5981	6125	6140	6120
39.2	59.0	78.1	72.2	87.7	109.8	84.6	102.3	100.1	104.1	92.1	72.4
1072	1085	1062	1086	994	1036	1000	1149	1112	1172	1151	945
320.5	356.9	377.3	340.4	361.8	369.7	363.9	328.2	328.6	340.6	334.5	342.2
3614	3730	3743	3458	3572	3913	4044	4136	4097	4192	4247	4193
524.5	500.0	531.5	559.7	591.0	621.7	657.8	681.0	618.7	660.31	684.13	704.36
2560.5	2401.8	2500.3	2602.8	2686.1	2761.0	2772.0	2508.5	2656.5	2725.8	2753.1	2747.6
977.3	779.9	778.5	787.9	804.3	771.5	750.4	632.7	570.7	522.5	485.6	483.7
2536.2	2260.1	2357.2	2466.8	2543.3	2667.5	2646.0	2368.3	2342.3	2142.9	2096.9	2138.9
53332.0	47789.9	50263.7	53236.2	55031.3	56875.6	54641.3	52100.3	48779.5	53971.8	52028.8	54110.0
3248.1	3213.2	3370.7	3566.2	3765.9	4060.4	4263.5	4389.9	3654.0	3916.7	4155.7	4301.1
391.1	322.2	359.6	380.1	396.5	413.2	425.7	436.6	449.7	458.2	454.3	449.3
2838.8	2375.7	2530.1	2646.5	2731.2	2869.4	3003.0	3026.2	3080.7	3098.8	3057.1	3005.1
100246.0	91195.0	99493.7	105550.4	113458.2	122660.6	145089.4	151090.9	139652.9	152889.1	156864.2	163295.6
349.1	301.0	311.6	328.3	349.1	355.8	363.2	353.9	359.9	365.6	377.7	384.8
61.3	62.7	80.5	103.9	132.1	167.9	196.7	212.4	242.2	254.9	258.2	271.6
6277843	6306551	6196988	6277536	6378795	6486528	6648983	6837469	7133795	7303048	7535939	7838259
5440155	5375169	5266599	5403654	5456872	5528613	5655207	5783299	5986873	6094766	6263895	6463345
3003387	2780483	2511170	2457272	2421393	2440631	2421396	2359570	2451596	2481256	2449591	2350888
2436767	2594685	2755430	2946382	3035479	3087982	3233811	3423729	3535277	3613510	3814304	3962643
837689	931382	930389	873882	921923	957915	993776	1054170	1146922	1208282	1272044	1374914
80002	81214	79991	71142	91019	93484	110887	117390	114368	129643	128342	130896
757687	850168	850397	802740	830904	864431	882889	936780	1032554	1078639	1143702	1244018
722.78	788.35	829.39	802.51	930.91	1014.34	1033.11	840.03	884.99	993.45	1029.30	1136.51
336.14	420.71	434.99	439.15	537.52	598.02	611.09	564.62	609.26	639.33	662.10	751.42
386.65	367.64	394.40	363.36	393.38	416.32	422.02	275.42	275.73	354.12	367.20	385.09
11195.46	12509.53	13277.37	15588.53	19891.54	26295.24	35387.43	43900.21	54428.27	62958.53	71209.42	83851.40
2058.49	2474.49	1223.49	1377.03	1484.04	2087.28	1982.94	2307.84	2988.11	4577.21	4074.70	5486.12
2218.99	2393.99	2078.33	2348.82	2526.39	2819.30	2264.87	2469.67	2922.80	2464.08	2775.66	2632.65

1-7 续表 3

类　别		Category		1997	1998
按轻重工业分		**Grouped by Light & Heavy Industries**			
轻工业	(亿元)	Light Industry	(100 million yuan)	4926.50	5110.02
重工业	(亿元)	Heavy Industry	(100 million yuan)	5057.61	5469.15
十二、交通运输邮电		**Transport,Posts and Telecommunications**			
铁路通车里程	(公里)	Length of Railways	(km)	2721	2658
公路通车里程	(公里)	Length of Highways	(km)	59260	64145
#晴雨通车	(公里)	Length of Highways Operating under All Weathers	(km)	58028	63142
内河通航里程	(公里)	Length of Navigable Inland Waterways	(km)	1414	1414
客运量	(万人)	Passenger Traffic	(10 000 persons)	43218	50904
铁　路	(万人)	Railways	(10 000 persons)	3071	3223
公　路	(万人)	Highways	(10 000 persons)	39234	46467
水　路	(万人)	Waterways	(10 000 persons)	913	868
客运周转量	(百万人公里)	Passenger Turnover	(million passenger-km)	40060	45229
铁　路	(百万人公里)	Railways	(million passenger-km)	17277	18327
公　路	(百万人公里)	Highways	(million passenger-km)	22347	24599
水　路	(百万人公里)	Waterways	(million passenger-km)	436	483
货运量	(万吨)	Freight Traffic	(10 000 tons)	72780	76813
铁　路	(万吨)	Railways	(10 000 tons)	10368	10224
公　路	(万吨)	Highways	(10 000 tons)	60340	64716
水　路	(万吨)	Waterways	(10 000 tons)	2072	1867
货运周转量	(百万吨公里)	Freight Turnover	(million ton-km)	126093	118753
铁　路	(百万吨公里)	Railways	(million ton-km)	73323	65877
公　路	(百万吨公里)	Highways	(million ton-km)	31915	34322
水　路	(百万吨公里)	Waterways	(million ton-km)	20855	18513
邮政所总计	(处)	Number of Post & Telecommunications Offices	(unit)	5397	5382
邮路总长度	(万公里)	Length of Postal Routes	(10 000 km)	15.06	15.10
函　件	(万件)	Number of Letters	(10 000 pcs)	32859	33114
报刊期发数	(万份)	Issue of Newspapers and Magazines	(10 000 copies)	996	1147
电信业务总量	(亿元)	Business Volume of Telecommunication Services	(10 000 yuan)	95.74	133.89
长话电路	(路)	Long-distance Telephone Lines	(line)	67834	98760
长途电话	(万次)	Number of Long Distance Telephone Calls	(10 000 times)	79719	97077
市内电话	(万户)	Number of Urban Telephone Calls	(10 000 subscribers)	283.5	346.7
农村电话	(万户)	Number of Rural Telephone Calls	(10 000 subscribers)	128.6	179.6
十三、国内贸易		**Domestic Trade**			
社会消费品零售总额	(亿元)	Total Retail Sales of Consumer Goods	(100 million yuan)	2237.83	2564.54
市	(亿元)	City	(100 million yuan)	1378.50	1572.06
县	(亿元)	County	(100 million yuan)	219.31	246.20
县以下	(亿元)	Under County Level	(100 million yuan)	640.02	746.28
按行业分		**By Sector**			
批零贸易业	(亿元)	Wholesale and Retail Trades	(100 million yuan)	1425.50	1600.27
住宿和餐饮业	(亿元)	Hotels and Catering Services	(100 million yuan)	194.69	238.50
其他行业	(亿元)	Others	(100 million yuan)	105.18	125.67
十四、对外贸易和旅游		**Foreign Economy and Trade,Tourism**			
对外贸易		Foreign Economy and Trade			
海关进出口总值	(万美元)	Total Value of Imports and Exports	(10 000 USD)	1753631	1661740
海关出口总值	(万美元)	Total Exports	(10 000 USD)	1085888	1034705
#一般贸易	(万美元)	General Trade	(10 000 USD)	483895	458607
来料加工装配贸易	(万美元)	Processing and Assembling with Customer's Materials	(10 000 USD)	185156	172262
进料加工贸易	(万美元)	Processing and Assembling with Import Materials	(10 000 USD)	410664	396013

continued

1999	2000	2001	2002	2003	2004	2005	2006	2007	2008	2009	2010
5373.71	5964.70	6437.42	7630.45	9049.49	11382.95	13124.13	15638.85	19011.79	21315.28	24195.79	27161.78
5821.75	6544.83	6839.96	7958.08	10842.05	14912.29	22263.30	28261.36	35416.48	41643.25	47013.62	56689.62
2672	2672	2709	2709	3236	3348	3402	3405	3379	3329	3620	3833
67847	70686	71128	74029	76266	77768	80132	204911	212236	220687	226693	229858
67055	70038	70701	73665	75948	77483	79854	203363	211279	219525	225235	228906
1476	1476	1476	1476	1012	1012	1012	1012	1012	1012	1012	1150
59350	66128	70497	74626	75492	89388	98485	109472	123963	213387	234234	248720
3670	3840	3723	3566	3324	3857	3952	4757	5127	5470	5806	6041
54817	61466	65787	69948	71053	84290	93178	103298	117309	205917	226134	240044
863	822	987	1112	1115	1241	1355	1417	1527	2000	2294	2635
51828	54873	59432	64294	61769	74799	82778	93014	106879	141867	158713	164471
20568	22180	23373	24644	22024	26696	28268	32223	34039	36694	37993	42135
28846	32358	35573	39173	39223	47545	53910	60128	72022	104569	119723	121151
414	335	486	477	522	558	600	663	818	604	997	1185
80212	92483	99464	107454	117712	132036	147999	167511	198507	247489	284463	298055
10553	11253	12426	13624	17167	17862	18338	19126	19923	20872	19596	18056
67696	76778	81574	89714	95900	106887	120455	136750	163959	216604	251587	264366
1956	4452	5464	4116	4645	7287	9206	11635	14625	10013	13280	15633
127304	403315	467545	304075	342906	478309	558286	665521	642854	1010234	1095569	1174705
73588	79964	84815	92525	107157	111109	121908	151159	131151	134133	134139	144775
35350	40575	41143	46009	50987	59606	71182	84510	106926	511792	604502	621680
18330	282776	341587	165541	184762	307594	365196	429852	404777	364309	356928	408250
4414	3011	3040	3012	3007	3009	3025	3043	3046	2934	2862	2840
18.53	16.95	15.93	16.47	15.70	16.20	17.34	16.96	17.38	17.68	18.08	6.80
35138	32878	31400	51496	58220	50087	24075	44356	47157	46362	52074	53963
1568	1701	1324	972	1152	716	823	703	763	823	868	1618
141.18	186.50	230.02	275.98	332.56	484.63	675.47	928.69	1179.94	1426.20	1586.79	1920.90
163381	222500	108000	135000	268530	510000	290996	462662	350028	413082		
96553	96010	101682	99470	149245	121275	152883	148631	157152	124858	123510	
413.8	547.0	661.0	790.0	1008.0	1314.0	1410.9	1380.5	1377.6	1398.4	1291.3	1193.5
283.8	559.0	827.0	950.0	1085.0	1198.0	1275.7	1256.7	1211.5	1053.7	965.0	829.6
2872.82	3264.05	3634.60	4078.02	4644.86	5290.50	6166.94	7217.13	8607.45	10658.76	12362.97	14620.30
1763.91	2017.18	2253.45	2577.31	2977.36	3320.64	3890.93	4593.55	5488.52	6766.32	8038.46	
275.79	313.35	352.56	379.26	469.13	588.76	687.50	804.90	971.12	1240.07	1437.80	
833.12	933.52	1028.59	1121.45	1198.37	1381.10	1588.51	1818.68	2147.81	2652.37	2886.71	
1807.00	2075.94	2340.68	2691.49	3836.66	4444.04	5173.89	6044.60	7205.96	9314.97	10348.40	
281.54	339.46	399.81	477.13	585.25	661.06	776.51	925.47	1123.47	1063.78	1673.61	
135.02	156.67	174.46	187.59	222.95	185.40	216.54	247.06	278.02	280.00	340.96	
1827094	2498998	2896313	3394175	4465752	6078136	7688876	9528817	12261798	15814480	13860378	18895058
1157909	1552905	1812899	2111511	2657285	3587286	4625113	5864717	7524374	9317486	7956530	10424695
541405	746563	913253	1089063	1400709	1799792	2310122	3013461	3800924	4739880	3637582	4973019
218625	293008	310013	341530	392861	483369	594991	655916	679014	722044	697915	750340
394880	507050	579125	669958	845249	1252126	1668351	2083042	2863332	3573434	3296132	4230872

1-7 续表 4

类　别		Category		1997	1998
海关进口总值	(万美元)	Total Imports	(10 000 USD)	667743	627035
利用外资		**Utilization of Foreign Capital**			
合同项目个数	(个)	Number of Contracts	(unit)	1681	1434
#外商直接投资	(个)	Direct Foreign Investments	(unit)	1597	1366
合同外资金额	(万美元)	Total Amount of Contracted Foreign Capital	(10 000 USD)	454145	367072
#外商直接投资	(万美元)	Direct Foreign Investments	(10 000 USD)	328037	221866
实际利用外资金额	(万美元)	Total Amount of Foreign Capital Actually Utilized	(10 000 USD)	358447	361036
#外商直接投资	(万美元)	Direct Foreign Investments	(10 000 USD)	250044	222262
对外承包工程和劳务合作		**Foreign Contracted Projects Labor Cooperation**			
合同个数	(个)	Number of Contracts	(unit)	966	1296
合同金额	(万美元)	Contracted Value	(10 000 USD)	57654	73703
营业额	(万美元)	Value of Business	(10 000 USD)	36315	46508
年末在外人数	(人)	Population in Foreign Countries and Regions	(person)	26626	29121
旅　游		**Tourism**			
接待海外旅游人数	(人次)	International Tourists	(person-times)	585017	608054
外国人	(人次)	Foreigners	(person-times)	344374	371671
港澳台胞	(人次)	Compatriots from Hong Kong Macao and Taiwan	(person-times)	227836	222547
旅游外汇收入	(万元)	Foreign Exchange Earnings	(10 000 yuan)	168921	181726
旅游外汇收入	(万美元)	Foreign Exchange Earnings	(10 000 USD)	20377	21950
人民币对主要外币年平均汇价(中间价)		**Average Exchange Rate lf RMB Yuan Against Main** Convertible Currencies (Middle Rate)			
100美元	(人民币元)	100 US Dollars	(RMB yuan)	828.98	827.91
100日元	(人民币元)	100 Japanese Yen	(RMB yuan)	6.86	6.35
100港元	(人民币元)	100 Hong Kong Dollars	(RMB yuan)	107.09	106.88
十五、教　育		**Education**			
普通高等学校		**Regular Institutions of Higher Education**			
学校数	(所)	Number of Schools	(unit)	48	49
招生数	(人)	New Enrollment	(person)	56950	62994
毕业生数	(人)	Graduates	(person)	50141	51477
在校学生数	(人)	Total Enrollment	(person)	175920	187473
教职工数	(人)	Teachers and Staff	(person)	50374	50261
#专任教师	(人)	Full-time Teachers	(person)	20414	20581
中等专业学校基本情况		**Secondary Professional Schools**			
学校数	(所)	Number of Schools	(unit)	252	254
招生数	(人)	New Enrollment	(person)	112348	114956
毕业生数	(人)	Graduates	(person)	90545	99483
在校学生数	(人)	Total Enrollment	(person)	311161	327031
教职工数	(人)	Teachers and Staff	(person)	38458	39160
#专任教师	(人)	Full-time Teachers	(person)	20291	20949
普通中学基本情况		**Regular Senior Secondary Schools**			
学校数	(所)	Number of Schools	(unit)	4693	4635
招生数	(万人)	New Enrollment	(10 000 persons)	178.19	201.28
毕业生数	(万人)	Graduates	(10 000 persons)	141.95	159.91
在校学生数	(万人)	Total Enrollment	(10 000 persons)	541.38	571.54
教职工数	(人)	Teachers and Staff	(person)	392365	404824
#专任教师	(人)	Full-time Teachers	(person)	310926	322785
技工学校基本情况		**Technical Schools**			
学校数	(所)	Number of Schools	(unit)	305	305
招生数	(人)	New Enrollment	(person)	74054	55668
毕业生数	(人)	Graduates	(person)	65310	59292
在校学生数	(人)	Total Enrollment	(person)	192675	188493

注：2010年中等专业学校数据改为中等职业学校口径。

continued

1999	2000	2001	2002	2003	2004	2005	2006	2007	2008	2009	2010
669185	946093	1083414	1282664	1808467	2490850	3063763	3664100	4737424	6496994	5903848	8470390
1745	2733	3058	4072	5305	5890	6415	4030				
1717	2728	3047	4065	5305	5890	6415	4030	2717	1527	1468	1632
421333	561066	715880	1186072	1989296	2144647	2884398	1645089				
311087	507435	672040	1130680	1341413	2028958	2749510	1624175	1173880	1014959	871045	1363381
374464	381243	424886	652124	1125985	982105	1101441	1020966				
246878	297119	362093	558603	709371	870064	897072	1000069	1101159	820246	801007	916833
1116	1250	1580	1380	1322	1879	2171	2513	2642	2880	2397	3075
67729	61601	104622	134098	124243	146590	164091	392134	540344	754137	932312	1092504
63615	45229	55913	83133	99213	151568	174518	232293	301928	358867	509083	602415
30979	35028	36489	43554	52077	62705	71610	83974	93797	90623	96421	102149
622033	723145	828664	976841	776725	1193101	1551056	1931342	2496437	2537575	3100379	3667909
417911	480090	592413	741366	615457	961697	1247842	1560436	2020311	2065007	2411857	2778699
196880	243055	236251	235475	161268	231404	303214	370906	476126	472568	688522	889210
219592	260839	316518	391076	306360	468922	639142	808382	1027946	966397	1205874	1458866
26522	31513	38241	47249	37013	56655	78023	101405	135185	139148	176530	215506
827.96	827.72	827.70	827.70	827.70	827.68	819.17	797.18	760.40	694.51	683.10	676.95
8.07	7.39	6.81	6.62	7.15	7.66	7.45	6.86	6.46	6.74	7.30	7.73
106.53	106.08	106.08	106.07	106.24	106.23	105.30	102.62	97.46	89.19	88.12	87.13
52	58	65	75	85	97	104	109	111	114	128	133
82410	124817	183553	218719	273894	327452	400573	445034	453479	514176	501082	495722
49612	49687	69583	94697	117253	166959	224611	268384	355735	411143	431598	444003
213679	303826	449360	583601	761417	946124	1171284	1338122	1440378	1534009	1592974	1631373
49624	54910	64362	72408	84391	93653	109920	121167	128761	134072	136753	139100
21252	24764	30902	37412	45457	53847	64636	74676	81889	87432	89734	91413
251	243	200	165	154	145	134	130	135	130	124	640
122331	93493	92215	115941	94625	87889	86044	90432	98634	93217	99212	426954
106740	103629	110827	111333	64046	65953	75076	79902	92275	83077	88355	439337
344062	333184	310508	314135	256655	260276	257161	264456	283231	271905	271993	1131621
39274	37241	28002	27005	23630	21621	20406	20563	20985	20308	19981	78769
21311	20409	15607	15369	13761	12771	12193	12634	13223	13224	13093	55465
4586	4575	4684	4648	4606	4569	4404	4175	4039	3893	3750	3645
222.20	234.18	220.94	201.65	192.94	192.32	179.71	164.60	162.49	160.54	160.24	164.12
164.88	167.96	188.59	205.62	222.82	213.80	207.29	196.70	191.02	172.88	158.65	156.89
620.43	678.60	702.18	689.17	654.34	628.34	592.49	554.04	520.31	502.14	499.34	501.07
414538	430754	451014	461898	468627	473687	470584	462298	454920	445545	442447	438787
333884	350353	359665	369664	374811	379100	377133	372370	370255	367658	372550	372082
302	279	278	249	244	249	229	197	200	197	196	209
50896	48008	53283	83186	105896	121444	138505	148625	159954	161000	147000	136995
71460	66546	55769	49634	46247	58834	78091	98239	110278	121000	140300	133615
161531	137718	132122	165386	212811	274432	325924	357648	385325	415000	396200	397719

a)2010 data on secondary professional schools refer to the caliber of secondary vocational school.

1-7 续表 5

类 别		Category		1997	1998
教职工数	(人)	Teachers and Staff	(person)	35160	33806
#专任教师	(人)	Full-time Teachers	(person)	14059	14035
小学基本情况		**Regular Primary Schools**			
学校数	(所)	Number of Schools	(unit)	37377	34480
招生数	(万人)	New Enrollment	(10 000 persons)	183.70	146.34
毕业生数	(万人)	Graduates	(10 000 persons)	155.59	173.92
在校学生数	(万人)	Total Enrollment	(10 000 persons)	990.19	951.34
教职工数	(人)	Teachers and Staff	(person)	468548	467987
#专任教师	(人)	Full-time Teachers	(person)	434671	435156
成人高等学校基本情况		**Adult Institutions of Higher Education**			
学校数	(所)	Number of Schools	(unit)	53	46
招生数	(人)	New Enrollment	(person)	65775	73618
毕业生数	(人)	Graduates	(person)	74017	61603
在校学生数	(人)	Total Enrollment	(person)	185029	198780
教职工数	(人)	Teachers and Staff	(person)	14096	13023
#专任教师	(人)	Full-time Teachers	(person)	6925	6557
十六、科 技		**Science**			
重要科技成果		**Major Scientific Achievements**			
成果数量	(项)	Number of Achievements	(unit)	3507	3558
农 业	(项)	Agricultural	(unit)	737	614
工 业	(项)	Industry	(unit)	1517	1515
国际领先先进水平	(项)	Internationally Advanced	(unit)	456	724
国内领先先进水平	(项)	Nationally Advanced	(unit)	2678	2516
省内领先先进水平	(项)	Provincial Advanced	(unit)	373	318
专利情况		**Patent Applications**			
申请量	(件)	Number of Patent Applications Examined	(unit)	6523	7597
授权量	(件)	Number of Patent Applications Granted	(unit)	2907	4127
十七、卫生、文化事业基本情况		**Public Health and Culture**			
卫生机构床位数	(万张)	Number of Beds in Health Institutions	(10 000 units)	20.6	20.8
卫生技术人员数	(万人)	Medical Technical Personnel	(10 000 persons)	29.4	30.1
#医生数	(万人)	Doctors	(10 000 persons)	13.0	13.3
文化(艺术)馆		**Cultural(Arts) Centers**			
机构数	(个)	Number of Institutions	(unit)	158	158
人 数	(人)	Number of Employed Persons	(person)	3264	3252
文化站		**Cultural Stations**			
机构数	(个)	Number of Institutions	(unit)	2482	2494
人 数	(人)	Number of Employed Persons	(person)	3177	3339
艺术表演团体		**Arts Performance Troupes**			
机构数	(个)	Number of Institutions	(unit)	118	118
人 数	(人)	Number of Employed Persons	(person)	6148	6170
剧场(院)		**Theaters and Music Halls**			
机构数	(个)	Number of Institutions	(unit)	107	107
人 数	(人)	Number of Employed Persons	(person)	2652	2577
图书馆		**Libraries**			
机构数	(个)	Number of Institutions	(unit)	131	131
人 数	(人)	Number of Employed Persons	(person)	2471	2536
博物馆		**Museums**			
机构数	(个)	Number of Institutions	(unit)	54	56
人 数	(人)	Number of Employed Persons	(person)	1562	1422

continued

1999	2000	2001	2002	2003	2004	2005	2006	2007	2008	2009	2010
28871	24484	23152	22190	20684	21370	22049	22309	26744	24700	24963	18183
14531	14066	16060	13072	13371	14607	15058	16211	23586	18847	19378	14962
29453	26017	21342	19590	18303	16943	15871	14611	14064	13503	12858	12405
116.04	104.48	101.36	107.26	107.86	110.17	104.27	107.18	111.46	104.61	101.78	111.30
191.40	195.12	176.17	144.10	128.24	124.69	113.31	101.69	103.87	107.48	109.47	110.26
870.72	774.88	699.19	662.59	642.78	627.80	615.37	623.02	634.01	632.98	626.81	629.25
451063	440161	422905	414600	410968	410264	410394	415117	420353	420552	421057	417504
418828	408200	390374	383816	380066	378793	377729	381673	386641	387957	389962	387453
40	40	34	29	27	24	24	24	23	22	21	18
87117	82423	103165	111023	128242	132313	108707	95858	106857	152713	136048	133191
61611	70810	57373	69723	79518	107645	118379	34999	97584	93079	105081	110347
221161	219977	255775	316605	373086	268112	258521	295189	297085	355307	377343	388741
14335	14090	13911	11797	9877	11056	11481	12775	12627	7390	6240	4225
7131	7084	6841	6182	5300	6247	6683	7516	7537	4840	4142	2946
3688	3728	3112	3018	2896	3028	2408	2313	2346	2330	2364	2367
557	575	494	452	433	454	320	338	330	301	306	391
1270	1289	1138	1117	1071	1120	539	630	704	677	849	751
744	599	506	486	466	485	534	448	543	592	751	676
2737	2861	2439	2371	2276	2392	1741	1742	1662	1618	1412	1316
207	182	167	161	154	151	133	123				
8589	10019	11168	12855	15794	18388	28835	38284	46849	60247	66857	80856
6536	6962	6724	7293	9067	9733	10743	15937	22821	26688	34513	51490
21.3	21.5	21.8	22.1	21.8	23.2	25.1	25.9	28.3	32.0	34.7	38.2
30.8	31.5	31.8	32.2	31.1	32.3	32.5	33.7	34.6	37.6	40.6	44.1
13.9	14.5	14.9	15.4	13.4	13.9	14.1	14.6	15.0	16.0	16.9	17.8
158	159	159	156	157	159	158	158	157	156	158	158
3194	3055	2975	2935	2968	3136	2982	3058	3012	3025	3115	3055
2493	2422	1912	1866	1792	1783	1768	1857	1826	1826	1867	1855
3293	3304	2943	3019	3022	3190	3166	3330	3715	3754	4593	4543
117	118	121	121	120	118	117	118	119	119	118	119
6077	5943	5990	6030	5988	5995	6066	6250	6163	6254	6279	6268
107	105	105	104	104	95	94	95	92	90	82	91
2544	2473	2444	2434	2353	2088	1881	2098	1937	1827	1640	1904
133	133	136	140	140	142	145	143	145	147	150	149
2555	2506	2503	2559	2573	2633	2690	2624	2640	2606	2669	2680
57	59	66	70	73	72	75	76	87	96	111	114
1663	1633	1611	1566	1634	1684	1723	1770	1915	2064	2307	2456

1-8 国民经济和社会发展主要指标增长速度

单位:%

类 别	Category	1997	1998
一、人 口	**Population**		
年末总人口	Population at the Year-end	0.54	0.60
按性别分	**By Sex**		
男	Male	0.70	0.67
女	Female	0.75	0.74
按农业非农业分	**Agricultural and Non-agricultural Population**		
农业人口	Agricultural Population	0.25	1.15
非农业人口	Non-agricultural Population	2.08	-0.61
人口密度	Population Density	0.54	0.53
二、就业人员和劳动工资	**Employment and Wages**		
年末就业人员	Year-end Employed Persons	0.55	0.60
第一产业	Primary Industry	0.88	0.88
第二产业	Secondary Industry	2.01	-5.04
第三产业	Tertiary Industry	-1.88	6.44
乡村就业人员	Rural Employed Persons	0.53	0.17
城镇就业人员	Urban Employed Persons	0.56	1.55
职工年末人数	Number of Staff and Workers at the Year-end	0.75	-10.76
#国有单位	State-owned Units	0.67	-10.59
城镇集体单位	Urban Collective-owned Units	-3.88	-30.49
工资总额	Total Wages Bill	8.95	-0.36
#国有单位	State-owned Units	8.64	-1.24
城镇集体单位	Urban Collective-owned Units	1.92	-22.71
平均工资	Average Wage	7.44	9.32
#国有单位	State-owned Units	7.25	9.56
城镇集体单位	Urban Collective-owned Units	5.18	8.89
三、国民经济核算	**National Accounting**		
地区生产总值	Gross Domestic Product	11.09	10.75
第一产业	Primary Industry	0.47	5.55
第二产业	Secondary Industry	12.71	12.07
工 业	Industry	12.70	12.08
建筑业	Construction	12.86	11.92
第三产业	Tertiary Industry	14.45	11.20
交通运输仓储邮电通信业	Transportation Post and Telecommunication Services	13.06	8.32
批发零售贸易餐饮业	Wholesale Retail and Catering	15.33	13.21
人均地区生产总值	Per Capita GDP	10.59	10.12
居民消费水平	**Household Consumption Expenditure**		
全省居民	Average Expenditure of All Residents	11.40	8.90
农村居民	Rural Residents	10.70	6.20
城镇居民	Urban Residents	11.10	11.80
四、固定资产投资	**Investment in Fixed Assets**		
全社会固定资产投资额	Total Investment in Fixed Assets	15.03	14.77
国有经济	State-Owned Units	11.79	21.39
集体经济	Collective-Owned Units	17.51	7.11
其他经济	Others	16.02	12.72
个体经济	Individuals Economy	19.30	13.42

注：1.2000和2010年年末总人口增速根据人口普查数据计算。
2.2010年工资总额、平均工资增长速度为城镇单位就业人员口径。

Growth Rates of Main Indicators on National Economic and Social Development

(%)

1999	2000	2001	2002	2003	2004	2005	2006	2007	2008	2009	2010
0.51	1.28	0.49	0.45	0.47	0.60	0.74	0.66	0.62	0.53	0.57	1.24
0.53	0.55	0.48	0.50	0.37	0.61	0.52	0.66	0.68	0.46	0.65	0.98
0.60	0.64	0.61	0.52	0.47	0.62	0.55	0.84	0.68	0.56	0.55	0.85
0.38	-0.52	-0.90	-1.11	-2.48	-1.01	-2.35	-0.18	-2.41	-0.83	0.71	-3.46
1.13	3.75	4.48	4.65	7.57	4.15	6.64	2.57	6.44	2.79	0.45	8.19
0.53	1.23	0.52	0.52	0.34	0.69	0.51	0.51	0.68	0.50	0.67	1.16
0.51	2.39	0.62	0.94	1.69	1.91	1.97	2.04	2.04	1.75	1.72	1.71
-0.90	2.70	-0.83	-3.28	-4.74	-3.64	-7.54	-0.95	-2.70	2.13	-0.70	-1.06
-0.01	3.24	1.76	5.08	7.21	7.24	12.68	4.99	6.39	-1.73	3.00	3.60
4.38	0.86	2.76	6.08	9.09	6.43	6.48	3.08	3.67	5.05	3.34	3.00
0.50	-0.75	-0.75	-0.32	0.35	-0.09	-0.66	-0.81	-0.43	-0.35	-0.48	-0.47
0.50	9.31	3.30	3.35	4.16	5.45	6.37	6.51	5.63	4.63	4.60	4.42
-3.31	-2.35	-2.48	-0.74	-0.33	1.81	12.24	0.37	0.62	-0.80	1.94	3.41
-4.77	-4.34	-4.17	-5.00	-1.22	-0.80	-14.02	-1.56	0.56	0.56	-0.14	2.20
-10.25	-12.76	-11.45	-10.87	-9.63	-9.31	-5.80	-5.85	-3.02	-6.40	0.55	0.37
7.77	12.09	11.34	12.21	9.95	15.99	30.05	15.57	19.71	15.15	14.59	17.30
7.09	10.19	10.16	9.14	7.71	13.77	6.61	12.89	20.31	14.93	11.43	15.20
-2.44	-2.16	-1.36	2.59	6.22	6.65	8.61	7.65	15.36	11.77	16.24	20.30
11.70	14.58	14.08	13.66	10.49	14.04	15.92	15.73	18.81	15.58	12.44	13.30
12.32	15.10	14.61	15.45	9.38	14.70	23.66	15.04	19.67	14.21	11.63	11.50
9.43	11.97	11.62	14.36	18.42	16.84	16.32	14.45	19.07	19.31	15.22	15.50
10.02	10.28	10.04	11.73	13.41	15.30	15.00	14.70	14.20	12.00	12.20	12.30
4.70	3.80	4.20	2.45	5.55	6.95	4.80	5.20	4.00	5.10	4.20	3.60
12.06	11.97	10.99	14.96	16.80	19.25	17.40	16.60	15.80	12.00	13.90	12.80
12.22	12.19	11.23	14.56	17.52	21.11	18.10	17.20	16.60	12.60	12.80	12.80
10.46	9.72	9.25	17.98	11.60	5.04	12.00	11.10	8.20	6.40	25.40	12.60
9.30	10.44	11.23	10.90	11.36	12.31	14.40	14.50	14.60	13.90	11.20	13.50
11.22	11.28	20.01	0.92	11.63	33.19	14.40					
12.55	11.60	13.91	13.58	10.76	7.53	11.60					
9.74	8.97	9.08	11.21	12.89	14.74			13.60	11.40	11.60	11.30
10.10	8.20	7.60	8.10	7.50	9.90	15.20	15.40	13.60	13.30	10.80	10.40
6.70	5.60	4.90	3.80	3.90	4.00	13.00	14.80	15.20	12.10	11.10	11.60
13.40	9.10	7.80	8.30	6.80	11.10	13.30	13.40	11.50	12.70	9.50	8.40
8.03	14.42	10.43	24.98	51.84	43.18	38.18	19.60	24.20	23.12	23.29	22.31
11.12	10.60	0.33	6.89	30.59	9.08	5.16	2.90	4.40	32.25	26.95	18.19
4.15	6.91	1.34	18.01	44.83	108.65	-57.55	19.30	37.30	42.66	27.46	13.81
-0.42	52.71	62.46	68.29	85.38	46.41	86.07	18.80	29.30	16.55	22.95	24.95
13.29	13.94	8.51	26.88	50.55	5.27	254.35	34.80	34.00	22.27	20.05	24.25

a)Growth rate on Total population of 2000 and 2010 are based on the national population census.
b)2010 data of total wages bill and average wage refer to the range of employed persons in urban.

1-8 续表 1

单位:%

类 别	Category	1997	1998
五、能 源	**Energy**		
能源生产总量	Total Energy Production	-0.72	-1.74
原 煤	Coal	1.62	-1.29
原 油	Crude Oil	-3.79	-2.51
天燃气	Natural Gas	-15.87	0.35
水 电	Hydro-power	-28.87	-59.42
水电和风电	Hydro and Wind Power		
六、财 政	**Government Finance**		
地方财政一般预算收入	Local Government Budgetary Revenue	25.96	15.76
#增值税	Value Added Tax	19.05	13.52
营业税	Business Tax	20.61	20.91
个人所得税	Personal Income Tax	41.69	-63.11
资源税	Resource Tax	12.66	194.31
城市维护建设税	Urban Maintenance and Development Tax	17.49	-35.13
房产税	Tax on Real Estates	32.34	179.92
城镇土地使用税	Urban Land Using Tax	3.96	42.40
土地增值税	Land Value-added Tax		
车船税	Tax on Vehicle and License	20.73	27.69
企业所得税	Company Income Tax	32.57	-3.48
行政性收费收入	Incom from Adiministrative Fees	65.42	33.04
地方财政支出	Local Government Budgetary Expenditure	17.93	15.23
#基本建设支出	Expenditure for Capital Construction	-3.51	32.89
城市维护税	City Maintenance	24.36	30.71
支援农业支出	Expenditure for Supporting Rural Production	32.92	2.61
文教科学卫生事业费	Operating Expenses for Culture,Education,Science and Health Care	14.60	12.05
行政管理费	Expenditure for Government Administration	13.58	9.69
#一般公共服务	General Public Service		
教育	Education		
社会保障和就业	Social Security and Employment		
医疗卫生	Health		
农林水事务	Farming、Forestry and Irrigation Affairs		
七、金 融	**Fiancial Intermediation**		
金融机构人民币存款余额	RMB Deposits	15.74	15.81
#企业存款	Deposits by Enterprises	22.95	7.88
财政存款	Fiscal Deposits	2.83	79.29
农业存款	Agricultural Deposits	2.76	3.66
储蓄存款	Urban and Rural Household Savings Deposits	15.90	14.38
金融机构人民币贷款余额	RMB Loans	21.10	14.59
#工业贷款	Loans to Industrial Sector	20.39	6.24
农业贷款	Loans to Agricultural Sector	28.39	31.87
商业贷款	Loans to Commercial Sector	14.66	2.53
基建贷款	Loans to Capital Construction	23.57	39.53
技改贷款	Loans to Technical Innovation	0.21	-0.54
八、价格指数	**Price Indices**		
居民消费价格总指数	Consumer Price Index	2.80	-0.60
商品零售物价总指数	Retail Price Index	0.80	-2.90
九、居民生活	**People's Livelihood**		
农民生活	Rural's Livelihood		
人均年末生活用房面积	Per Capita Living Floor Space(the End of Year)	3.76	3.24
人均总收入	Annual Per Capita Gross Income of Rural Households	6.83	2.69
人均纯收入	Annual Per Capita Disposable Income of Rural Households	9.86	7.01
人均总支出	Annual Per Capita Gross Expenditure of Rural Households	-3.38	-2.55
#购置生产性固定资产	Expenditure for Purchasing Productive Fixed Assets	23.43	10.54
生活消费支出	Living Expenditure of Rural Households	-1.59	-1.92

continued

(%)

1999	2000	2001	2002	2003	2004	2005	2006	2007	2008	2009	2010
-1.09	-6.53	19.71	14.64	8.63	0.07	-2.77	0.63	3.79	-0.01	-0.10	9.97
0.20	-10.63	32.96	22.25	12.26	-0.14	-4.21	0.21	4.82	-0.24	-0.73	14.28
-2.41	0.39	-0.29	0.13	-0.21	0.31	0.76	2.25	1.38	0.22	1.04	-1.49
-27.09	-6.15	23.70	-11.87	8.00	13.70	10.01	-15.91	-4.10	13.94	6.12	7.54
160.71	4.11	42.11	5.56	-80.70	122.73	226.53	13.75	-47.80	188.42		
											113.79
14.78	14.63	23.62	25.30	21.30	28.87	29.55	26.38	23.53	16.81	12.34	25.05
11.52	14.67	11.82	10.91	13.35	-7.97	66.33	25.82	19.75	14.78	-2.78	16.56
4.98	11.01	5.74	26.92	23.01	21.94	23.43	24.76	25.02	16.60	18.81	34.19
300.99	31.94	49.47	-15.95	-16.30	22.81	21.68	17.85	23.95	7.59	5.79	25.27
-64.25	4.13	3.60	51.55	7.33	29.01	34.99	43.27	10.90	-0.62	13.89	1.48
81.57	15.99	5.16	6.03	44.17	23.70	20.07	18.92	17.89	12.62	4.74	19.86
-40.37	15.36	6.25	26.89	16.65	9.42	22.48	18.01	14.61	6.55	22.44	11.73
51.23	22.84	1.01	31.54	69.01	6.89	39.07	22.17	83.36	57.02	16.72	13.90
17.71	111.90	43.55	62.01	218.00	65.45	58.44	52.98	47.74	12.39	19.92	50.99
10.85	64.19	14.20	19.91	11.01	1.91	13.53	14.66	17.19	67.96	39.92	31.53
34.96	29.60	82.14	-47.43	-15.25	29.54	28.78	33.79	33.87	15.85	-4.20	33.14
25.70	43.85	32.08	33.81	40.21	20.14	18.76	23.26	8.44	12.98	5.14	18.32
12.75	11.47	22.95	14.18	17.43	17.69	23.28	25.04	23.37	19.58	20.82	26.85
2.09	-9.24	38.82	7.52	44.58	-5.72	17.41	16.62				
-4.35	10.65	24.94	12.81	25.03	29.31	33.15	24.64				
6.75	2.30	16.27	16.50	10.79	18.27	22.54	20.98				
9.65	15.46	15.38	18.32	11.46	21.06	21.37	21.09				
8.62	14.24	19.47	21.14	24.79	16.88	24.11	18.41				
								21.63	11.00	4.68	11.05
								34.32	21.54	11.34	25.59
								28.42	13.22	20.26	21.58
								31.43	40.91	34.77	32.52
								22.68	44.34	56.97	26.16
14.03	13.84	13.79	20.54	21.38	16.69	17.84	14.80	12.42	22.01	28.84	18.47
14.92	20.41	11.11	18.60	24.09	14.03	6.48	15.78	23.79	15.55	46.74	15.61
32.52	30.70	49.17	15.64	12.73	51.92	14.98	32.14	39.62	11.73	62.23	18.16
22.75	24.61	19.38	27.09	18.91	11.37	18.65	22.73	9.01	3.74	47.71	-57.92
10.02	8.68	13.37	14.65	16.58	14.08	17.01	14.64	10.43	25.74	18.78	15.02
11.22	9.32	13.02	21.64	22.61	12.57	13.57	17.40	11.68	14.30	29.46	18.34
6.08	-4.36	15.44	17.39	21.26	17.92	5.00	40.33	16.33	7.58	11.00	
5.88	19.07	33.88	28.32	27.46	15.88	16.49	18.16	16.88	14.26	20.28	
4.63	-11.13	8.70	2.74	0.04	-7.21	-6.80	-8.15	5.50	-10.36	18.41	
43.42	31.49	14.46	35.47	23.35	20.31	21.20	28.79	15.98	19.57	44.13	
-0.03	6.19	6.58	-61.07	38.37	26.61	6.32	-30.75	-1.95	8.76	-13.09	
-0.70	0.20	1.80	-0.70	1.10	3.60	1.70	1.00	4.40	5.30	持平	2.90
-2.90	-1.40	持平	-1.20	0.20	2.80	0.60	0.60	3.60	4.90	-0.60	3.30
4.85	-5.82	4.19	4.02	3.67	1.47	10.10	3.54	3.26	4.07	3.82	1.38
2.36	6.21	6.88	4.04	4.10	12.39	12.69	9.01	15.54	13.79	6.72	13.74
3.94	4.30	5.46	5.33	6.65	11.33	12.06	11.14	14.12	13.16	8.47	14.24
2.28	6.69	9.57	3.37	2.40	13.57	14.05	11.60	15.18	14.22	8.38	9.96
4.43	10.77	-5.70	-9.14	-9.33	28.60	8.72	27.51	-25.58	11.56	88.71	-17.89
5.31	5.42	7.58	4.88	6.78	12.00	14.50	14.91	15.20	12.58	8.34	8.83

1-8 续表 2

单位:%

类 别	Category	1997	1998
城镇居民生活	**Urban's Livelihood**		
人均全年可支配收入	Annual Per Capita Disposable Income of Urban Households	6.15	3.65
人均全年消费性支出	Annual Per Capita Consumption Expenditure of Urban Households	7.15	2.56
人均全年非消费支出	Annual Per Capita Non-consumption Expenditure of Urban Households	0.71	47.73
年末人均建筑面积	Per Captia Construction Area of Buildings	4.70	0.94
十、农林牧渔业	**Farming,Forestry,Animal Husbandry and Fishery**		
农林牧渔业总产值	**Gross Output Value of Farming Forestry,Animal Husbandry and Fishery**	**4.69**	**9.90**
农 业	Farming	2.51	20.24
林 业	Forestry	0.60	-4.00
牧 业	Animal Husbandry	10.60	11.50
渔 业	Fishery	2.50	4.90
农林牧渔服务业	Services for Agriculture		
农业生产情况	**Farming**		
粮食总产量	Total Output of Grain	-11.09	10.71
粮食单产	Grain	-9.39	10.03
棉花总产量	Total Output of Cotton	-4.84	16.67
棉花单产	Cotton	15.65	11.41
油料总产量	Total Output of Oil-bearing Crops	-22.11	39.31
油料单产	Oil-bearing Crops	-20.97	31.27
肉类总产量	Total Output of Grain	13.59	8.09
猪存栏	Number of Pigs	28.20	12.50
牛存栏	Number of Cattles	9.70	12.30
羊存栏	Number of Sheep and Goats	8.60	13.90
家禽存栏	Number of Poultry	11.60	15.90
猪出栏	Slaughtered Pigs	12.00	11.50
牛出栏	Slaughtered Cattle	22.80	6.10
羊出栏	Slaughtered Sheep	10.60	11.00
家禽出栏	Slaughtered Poultry	12.30	10.60
禽蛋产量	Poultry Eggs	10.10	9.41
奶类产量	Milk	11.38	17.81
水产品总产量	Total Aquatic Products	4.02	6.59
海水产品	Seawater Aquatic Products	3.35	5.71
海洋捕捞	Catching in Ocean	14.93	11.80
海水养殖	Seawater Aquiculture	-8.20	-1.88
淡水产品产量	Freshwater Aquatic Products	9.17	12.91
捕捞量	Catching	8.92	9.72
养殖量	Freshwater Aquiculture	9.20	13.31
水产品养殖面积	Aquiculture Area	9.63	4.99
海 水	Seawater Aquiculture Area	13.03	3.35
淡 水	Freshwater Aquiculture Area	7.07	6.29
十一、工 业	**Industry**		
工业总产值	**Gross Industrial Output Value**	**12.10**	**11.54**
#国有经济	State-owned Enterprises	6.10	-10.39
集体经济	Collective-owned Enterprises	8.38	-9.33
按轻重工业分	**Grouped by Light & Heavy Industries**		
轻工业	Light Industry	11.93	8.65
重工业	Heavy Industry	12.29	14.60

continued

(%)

1999	2000	2001	2002	2003	2004	2005	2006	2007	2008	2009	2010
7.97	11.72	9.42	14.50	10.31	12.36	13.85	13.47	17.00	14.30	9.24	11.99
8.95	11.23	4.59	6.55	8.45	9.96	11.74	13.56	14.15	13.87	9.14	9.20
0.24	-4.16	9.24	68.14	16.58	5.91	3.39	33.62	8.40	3.35	11.55	5.86
2.18	4.96	3.05		4.48	2.80	7.96	2.81	1.74	5.13	1.50	0.91
5.50	**3.90**	**4.00**	**1.10**	**5.51**	**5.70**	**5.20**	**5.20**	**3.26**	**5.10**	**4.30**	**3.60**
4.40	4.00	4.10	-2.49	6.50	5.90	3.90	5.40	3.40	3.60	2.70	2.50
0.20	6.20	-6.20	-4.50	7.60	0.80	-3.70	10.70	7.80	13.90	9.90	9.90
6.80	5.40	7.40	6.80	5.70	6.10	7.30	4.40	0.80	5.90	5.20	3.90
7.20	0.50	-1.40	2.30	1.70	4.40	6.70	3.90	4.70	5.90	6.20	4.90
				11.50	8.00	9.20	18.80	10.80	13.30	10.10	9.90
0.10	-10.10	-3.05	-11.50	4.34	2.36	11.39	4.48	1.36	2.69	1.31	0.45
0.51	-6.32	5.33	-8.42	12.43	4.01	4.79	0.19	2.27	2.41	0.24	-0.33
-5.08	50.51	32.37	-7.55	21.47	25.20	-22.95	20.92	-2.15	4.00	-11.53	-21.39
7.63	1.21	-2.12	2.26	-8.47	4.23	-3.47	14.90	-3.22	5.40	-1.79	-17.90
-4.50	11.36	5.72	-9.78	6.29	2.18	-1.57	-9.81	0.12	3.65	-1.79	2.30
-7.52	3.21	0.35	-7.61	3.30	9.55	3.35	2.27	-0.94	2.32	1.31	-1.27
5.34	-4.67	6.30	5.30	5.60	5.20	5.80	3.53	-9.15	6.73	3.61	2.96
3.00	-6.20	4.10	4.10	3.20	2.79	0.40	-9.50	5.90	2.61	1.00	-0.20
7.18	-20.19	-0.17	1.20	2.08	-4.08	-2.73	-15.69	-9.80	-8.45	-7.06	-0.40
9.23	-10.89	4.30	4.65	3.10	4.89	-0.81	-10.49	-1.10	-8.51	-2.14	2.00
10.00	-10.39	5.18	5.91	3.37	3.35	-3.93	-4.65	-6.37	10.64	-3.60	4.00
4.00	-1.07	4.90	5.80	5.60	7.82	5.00	2.96	-16.76	7.19	6.10	3.50
10.20	-17.60	11.60	5.70	4.30	4.22	3.03	2.55	3.00	1.89	-0.84	-1.10
12.70	-16.31	6.50	4.60	3.20	5.06	4.65	0.77	1.80	0.59	-1.35	-1.70
9.80	-9.03	9.10	6.09	7.49	8.11	18.29	4.14	-7.57	9.48	2.60	4.10
8.40	-13.76	3.50	5.37	6.33	1.93	2.07	-2.56	1.70	1.58	3.31	1.89
13.54	2.33	28.32	29.12	27.08	27.16	17.11	8.00	14.02	5.25	1.28	5.19
6.85	0.46	-1.74	1.30	1.61	1.69	2.50	2.83	4.33	2.37	3.19	4.01
6.32	-1.19	-2.02	2.60	0.98	1.31	2.29	2.27	3.52	1.80	2.77	3.18
-0.01	-7.42	-9.69	-2.15	-1.46	0.79	-0.79	-2.55	3.90	1.21	-1.28	-4.03
15.31	6.48	6.20	6.93	3.02	1.73	4.72	5.87	3.26	2.21	5.56	3.89
10.43	11.18	-0.11	-6.07	5.50	3.90	3.74	6.08	8.80	5.35	5.28	8.09
-0.41	1.52	-1.51	-11.06	27.94	2.71	18.62	5.86	-2.57	13.36	-1.00	1.99
11.71	12.21	0.03	-5.60	3.51	4.04	2.14	6.10	10.22	4.46	6.03	8.77
11.23	9.07	5.21	-3.24	16.00	8.96	1.85	-18.69	5.35	12.26	3.61	10.42
18.68	25.16	3.39	0.96	22.40	11.25	2.18	-7.60	7.91	4.94	3.56	13.49
5.47	-4.92	7.28	-7.87	8.26	5.83	1.37	-34.74	0.11	28.43	3.69	4.87
11.88	**17.92**	**10.58**	**13.93**	**21.56**	**30.25**	**36.58**	**21.22**	**22.79**	**14.14**	**20.15**	**12.13**
-0.28	6.16	-45.63	14.39	1.28	14.61	16.58	13.72	28.21	19.20	-5.44	-11.75
-0.11	17.65	-14.21	7.21	5.80	19.70	-25.11	6.55	16.54	8.96	19.66	11.67
8.87	19.96	11.94	15.89	14.35	30.30	11.31	17.92	23.94	15.96	20.58	12.53
10.78	15.91	8.88	22.20	29.78	30.23	57.68	22.44	24.06	11.46	19.92	11.92

1−8 续表 3

单位:%

类 别	Category	1997	1998
十二、交通运输邮电	**Transport,Posts and Telecommunications**		
铁路通车里程	Length of Railways	3.85	-2.32
公路通车里程	Length of Highways	3.47	8.24
#晴雨通车	Length of Highways Operating under All Weathers	3.84	8.81
内河通航里程	Length of Navigable Inland Waterways	-25.22	持平
客运量	Passenger Traffic	10.25	17.78
铁 路	Railways	7.60	4.95
公 路	Highways	10.17	18.44
水 路	Waterways	24.39	-4.93
客运周转量	Passenger Turnover	13.34	12.90
铁 路	Railways	12.80	6.08
公 路	Highways	13.46	10.08
水 路	Waterways	31.72	10.78
货运量	Freight Traffic	2.99	5.54
铁 路	Railways	1.39	-1.39
公 路	Highways	3.55	7.25
水 路	Waterways	-4.43	-9.89
货运周转量	Freight Turnover	2.64	-5.82
铁 路	Railways	2.71	-10.16
公 路	Highways	4.44	7.54
水 路	Waterways	-0.19	-11.23
邮政所总计	Number of Post & Telecommunications Offices	44.81	-0.28
邮路总长度	Length of Postal Routes	12.39	0.27
函 件	Number of Letters	-6.42	0.78
报刊期发数	Issue of Newspapers and Magazines	-2.35	15.16
电信业务总量	Business Volume of Telecommunication Services	37.22	39.85
长话电路	Long-distance Telephone Lines	25.20	45.59
长途电话	Number of Long Distance Telephone Calls	29.82	21.77
市内电话	Number of Urban Telephone Calls	24.89	22.29
农村电话	Number of Rural Telephone Calls	60.75	39.66
十三、国内贸易	**Domestic Trade**		
社会消费品零售总额	**Total Retail Sales of Consumer Goods**	**16.77**	**14.60**
市	City	21.50	14.04
县	County	12.19	12.26
县以下	Under County Level	9.13	16.60
按行业分	**By Sector**		
批零贸易业	Wholesale and Retail Trades	16.22	12.26
餐饮业	Catering Services	15.44	22.50
其他行业	Others	3.55	19.48
十四、对外贸易和旅游	**Foreign Economy and Trade,Tourism**		
对外贸易	Foreign Economy and Trade		
海关进出口总值	Total Value of Imports and Exports	8.49	-5.24
海关出口总值	Total Exports	18.25	-4.71
#一般贸易	General Trade	7.61	-5.23
来料加工装配贸易	Processing and Assembling with Customer's Materials	41.81	-6.96
进料加工贸易	Processing and Assembling with Import Materials	24.05	-3.57
海关进口总值	Total Imports	-4.35	-6.10

continued

(%)

1999	2000	2001	2002	2003	2004	2005	2006	2007	2008	2009	2010
0.53	持平	1.38	持平	19.47	3.45	1.61	0.07	-0.75	-1.50	8.75	5.89
5.77	4.18	0.63	4.08	3.02	1.97	3.04	155.72	3.57	3.98	2.72	1.40
6.20	4.45	0.95	4.19	3.10	2.02	3.06	154.67	3.89	3.90	2.60	1.63
4.38	持平	持平	持平	-31.44	持平	持平	持平	持平	持平	持平	13.64
16.59	11.42	6.61	5.86	1.16	18.41	10.18	11.16	13.24	72.14	9.77	6.18
13.87	4.63	-3.05	-4.22	-6.79	16.03	2.46	20.36	7.77	6.70	6.15	4.04
17.97	12.13	7.03	6.32	1.58	18.63	10.54	10.86	13.56	75.53	9.82	6.15
-0.58	-4.75	20.07	12.66	0.27	11.30	9.19	4.58	7.76	30.98	14.70	14.86
14.59	5.88	8.31	8.18	-3.93	21.09	10.67	12.37	14.91	32.74	11.87	3.63
12.23	7.84	5.38	5.44	-10.63	21.21	5.89	13.99	5.64	7.80	3.54	10.90
17.26	12.17	9.94	10.12	0.13	21.22	13.39	11.53	19.78	45.19	14.49	1.19
-14.29	-19.08	45.07	-1.85	9.43	6.90	7.53	10.50	23.39	-26.12	64.96	18.86
4.43	15.30	7.55	8.03	9.55	12.17	12.09	13.18	18.50	24.68	14.94	4.78
3.22	6.63	10.42	9.64	26.01	4.05	2.66	4.30	4.17	4.76	-6.12	-7.86
4.60	13.42	6.25	9.98	6.90	11.46	12.69	13.53	19.90	32.11	16.15	5.08
4.77	127.61	22.73	-24.67	12.85	56.88	26.33	26.38	25.70	-31.54	32.63	17.72
7.20	216.81	15.93	-34.96	12.77	39.49	16.72	19.21	-3.41	57.15	8.45	7.22
11.71	8.66	6.07	9.09	15.81	3.69	9.72	23.99	-13.24	2.27	0.004	7.93
3.00	14.78	1.40	11.83	10.82	16.90	19.42	18.72	26.52	378.64	18.11	2.84
-0.99	1442.70	20.80	-51.54	11.61	66.48	18.73	17.70	-5.83	-10.00	-2.03	14.38
-17.99	-31.79	0.96	-0.92	-0.17	0.07	0.53	0.60	0.10	-3.68	-2.45	-0.77
22.72	-8.53	-6.02	3.39	-4.68	3.18	6.79	-1.97	2.47	1.71	2.38	-62.39
6.11	-6.43	-4.50	64.00	13.06	-13.97	-51.93	84.24	6.31	-1.69	12.32	3.63
36.70	8.48	-22.16	-26.59	18.52	-37.85	14.94	-14.58	8.55	7.85	5.47	86.41
5.45	32.10	23.34	19.98	20.50	45.72	39.38	37.49	27.05	20.87	11.26	21.06
65.43	36.18	-51.46	25.00	98.91	89.92	-42.94	58.99	-24.34	18.01		
-0.54	-0.56	5.91	-2.18	50.04	-18.74	26.06	-2.78	5.73	-20.55	-1.08	
19.35	32.19	20.84	19.52	27.59	30.36	7.37	-2.15	-0.21	1.51	-7.66	-7.57
58.02	96.97	47.94	14.87	14.21	10.41	6.49	-1.49	-3.60	-13.03	-8.42	-14.03
12.02	**13.62**	**11.35**	**12.20**	**13.90**	**13.90**	**16.57**	**17.03**	**19.26**	**23.83**	**15.99**	**18.26**
12.20	14.36	11,71	14.37	15.52	11.53	17.17	18.06	19.48	23.28	18.80	
12.02	13.62	12.51	7.57	23.70	25.50	16.77	17.08	20.65	27.69	15.95	
11.64	12.05	10.18	9.03	6.86	15.25	15.02	14.49	18.10	23.49	8.84	
12.92	14.88	12.75	14.99	42.55	15.83	16.42	16.83	19.21	29.27	11.09	
18.05	20.57	17.78	19.34	22.66	12.95	17.46	19.18	21.39	-5.31	57.33	
7.44	16.04	11.35	7.52	18.85	-16.84	16.80	14.09	12.53	0.71	21.77	
9.95	36.77	15.90	17.19	31.57	36.11	26.50	23.93	28.68	28.97	-12.36	36.32
11.91	34.11	16.74	16.47	25.85	35.00	28.93	26.80	28.30	23.83	-14.61	31.02
18.05	37.89	22.33	19.25	28.62	28.49	28.35	30.45	26.13	24.70	-23.26	36.71
26.91	34.02	5.80	10.17	15.03	23.04	23.09	10.24	3.52	6.34	-3.34	7.51
-0.29	28.41	14.21	15.68	26.16	48.14	33.24	24.86	37.46	24.80	-7.76	28.36
6.72	41.38	14.51	18.39	40.99	37.73	23.00	19.59	29.29	37.14	-9.13	43.47

1-8 续表 4

单位:%

类 别	Category	1997	1998
利用外资	**Utilization of Foreign Capital**		
合同利用外商直接投资	Direct Foreign Investments	-39.23	-32.37
实际利用外商直接投资	Direct Foreign Investments	-3.47	-11.11
对外承包工程和劳务合作	**Foreign Contracted Projects Labor Cooperation**		
合同个数	Number of Contracts (unit)	9.77	34.16
合同金额	Contracted Value	10.86	27.84
营业额	Value of Business	25.51	28.07
年末在外人数	Population in Foreign Countries and Regions	14.01	9.37
旅 游	**Tourism**		
接待海外旅游人数	International Tourists	10.05	3.94
外国人	Foreigners	-5.30	7.93
港澳台胞	Compatriots from Hong Kong Macao and Taiwan	44.42	-2.32
旅游外汇收入	Foreign Exchange Earnings	3.20	7.58
旅游外汇收入	Foreign Exchange Earnings	3.71	7.72
人民币对主要外币年平均汇价（中间价）	**Average Exchange Rate If RMB Yuan Against Main Convertible Currencies (Middle Rate)**		
100美元	100 US Dollars	-0.29	-0.13
100日元	100 Japanese Yen	-10.15	-7.45
100港元	100 Hong Kong Dollars	-0.39	-0.20
十五、教 育	**Education**		
普通高等学校	**Regular Institutions of Higher Education**		
学校数	Number of Schools	-2.04	2.08
招生数	New Enrollment	0.72	10.61
毕业生数	Graduates	4.82	2.66
在校学生数	Total Enrollment	3.98	6.57
教职工数	Teachers and Staff	-2.17	-0.22
#专任教师	Full-time Teachers	1.67	0.82
中等专业学校	**Secondary Professional Schools**		
学校数	Number of Schools	-1.18	0.79
招生数	New Enrollment	6.52	2.32
毕业生数	Graduates	15.35	9.87
在校学生数	Total Enrollment	7.36	5.10
教职工数	Teachers and Staff	1.13	1.83
#专任教师	Full-time Teachers	1.98	3.24
普通中学	**Regular Senior Secondary Schools**		
学校数	Number of Schools	-2.63	-1.24
招生数	New Enrollment	5.01	12.96
毕业生数	Graduates	15.43	12.65
在校学生数	Total Enrollment	5.69	5.57
教职工数	Teachers and Staff	4.50	3.18
#专任教师	Full-time Teachers	5.45	3.81
技工学校	**Technical Schools**		
学校数	Number of Schools	-2.24	持平
招生数	New Enrollment	-4.56	-24.83
毕业生数	Graduates	3.70	-9.21
在校学生数	Total Enrollment	4.01	-2.17

continued

(%)

1999	2000	2001	2002	2003	2004	2005	2006	2007	2008	2009	2010
40.21	63.12	32.44	68.25	86.70	51.26	35.51	-40.90	7.40	-10.00	-14.18	56.52
11.08	20.35	21.87	54.27	48.90	22.65	3.10	11.50	10.10	10.20	-2.35	14.46
-13.89	12.01	26.40	-12.66	-4.20	42.13	15.54	15.75	5.13	9.01	-16.77	28.29
-8.11	-9.05	69.84	28.17	-7.35	17.99	11.94	138.97	37.80	39.57	23.63	17.18
36.78	-28.90	23.62	48.68	19.34	52.77	15.14	33.11	29.98	18.86	41.86	18.33
6.38	13.07	4.17	19.36	19.57	20.41	14.20	17.27	11.70	-3.38	6.40	5.94
2.30	16.26	14.59	17.88	-20.49	53.61	30.00	24.52	29.26	1.65	22.18	18.31
12.44	14.88	23.40	25.14	-16.98	56.26	29.75	25.05	29.47	2.21	16.80	15.21
-11.53	23.45	-2.80	-0.33	-31.51	43.49	31.03	22.32	28.37	-0.75	45.70	29.15
20.84	18.78	21.35	23.56	-21.66	53.06	36.30	26.48	27.16	-5.99	24.78	20.98
20.83	18.82	21.35	23.56	-21.66	53.07	37.72	29.97	33.31	2.93	26.86	22.08
0.01	-0.03	持平	持平	持平	持平	-1.03	-2.68	-4.61	-8.67	-1.64	-0.90
27.14	-8.48	-7.85	-2.70	7.89	7.12	-2.70	-7.94	-5.78	4.32	8.29	5.88
-0.33	-0.42	持平	-0.01	0.16	-0.01	-0.88	-2.55	-5.03	-8.48	-1.20	-1.12
6.12	11.54	12.07	15.38	13.33	14.12	7.22	4.81	1.83	2.70	12.28	3.91
30.82	51.46	47.06	19.16	25.23	19.55	22.33	11.10	1.90	13.38	-2.55	-1.07
-3.62	0.15	40.04	36.09	23.82	42.39	34.53	19.49	32.55	15.58	4.98	2.87
13.98	42.19	47.90	29.87	30.47	24.26	23.80	14.24	7.64	6.50	3.84	2.41
-1.27	10.65	17.21	12.50	16.55	10.98	17.37	10.23	6.27	4.12	2.00	1.72
3.26	16.53	24.79	21.07	21.50	18.46	20.04	15.53	9.66	6.77	2.63	1.87
-1.18	-3.19	-17.70	-17.50	-6.67	-5.84	-7.59	-2.99	3.85	-3.70	-4.62	
6.42	-23.57	-1.37	25.73	-18.39	-7.12	-2.10	5.10	9.07	-5.49	6.43	
7.29	-2.91	6.95	0.46	-42.47	2.98	13.83	6.43	15.49	-9.97	6.35	
5.21	-3.16	-6.81	1.17	-18.30	1.41	-1.20	2.84	7.10	-4.00	0.03	
0.29	-5.18	-24.81	-3.56	-12.50	-8.50	-5.62	0.77	2.05	-3.23	-1.61	
1.73	-4.23	-23.53	-1.52	-10.46	-7.19	-4.53	3.62	4.66	0.01	-0.99	
-1.06	-0.24	2.38	-0.77	-0.90	-0.80	-3.61	-5.20	-3.26	-3.61	-3.67	-2.80
10.39	5.39	-5.65	-8.73	-4.32	-0.32	-6.56	-8.41	-1.28	-1.20	-0.19	2.42
3.11	1.87	12.28	9.03	8.36	-4.05	-3.04	-5.11	-2.89	-9.50	-8.23	-1.11
8.55	9.38	3.47	-1.85	-5.05	-3.97	-5.71	-6.49	-6.09	-3.49	-0.56	0.35
2.40	3.91	4.70	2.41	1.46	1.08	-0.66	-1.76	-1.60	-2.06	-0.70	-0.83
3.44	4.93	2.66	2.78	1.39	1.14	-0.52	-1.26	-0.57	-0.70	1.33	-0.13
-0.98	-7.62	-0.36	-10.43	-2.01	2.05	-8.03	-13.97	1.52	-1.50	-0.51	6.63
-8.57	-5.67	10.99	56.12	27.30	14.68	14.05	7.31	7.62	0.65	-8.70	-6.81
20.52	-6.88	-16.19	-11.00	-6.82	27.22	32.73	25.80	12.25	9.72	15.95	-4.76
-14.30	-14.74	-4.06	25.18	28.68	28.96	18.76	9.73	7.74	7.70	-4.53	0.38

1-8 续表 5

单位:%

类 别	Category	1997	1998
教职工数	Teachers and Staff	-6.85	-3.85
#专任教师	Full-time Teachers	2.04	-0.17
小 学	**Regular Primary Schools**		
学校数	Number of Schools	-7.62	-7.75
招生数	New Enrollment	-5.49	-20.34
毕业生数	Graduates	2.17	11.78
在校学生数	Total Enrollment	1.89	-3.92
教职工数	Teachers and Staff	1.06	-0.12
#专任教师	Full-time Teachers	1.24	0.11
成人高等学校	**Adult Institutions of Higher Education**		
学校数	Number of Schools	持平	-13.21
招生数	New Enrollment	9.90	11.92
毕业生数	Graduates	13.52	-16.77
在校学生数	Total Enrollment	-4.85	7.43
教职工数	Teachers and Staff	5.92	-7.61
#专任教师	Full-time Teachers	6.62	-5.31
十六、科 技	**Science**		
重要科技成果	**Major Scientific Achievements**		
成果数量	Number of Achievements	3.51	1.45
#农 业	Agricultural	3.95	-16.69
工 业	Industry	-5.13	-0.13
国际领先先进水平	Internationally Advanced	-3.18	58.77
国内领先先进水平	Nationally Advanced	13.81	-6.05
省内领先先进水平	Provincial Advanced	-33.87	-14.75
专利情况	**Patent Applications**		
申请量	Number of Patent Applications Examined	6.50	16.46
授权量	Number of Patent Applications Granted	10.53	41.97
十七、卫生、文化事业	**Public Health and Culture**		
卫生机构床位数	Number of Beds in Health Institutions	3.33	0.61
卫生技术人员数	Medical Technical Personnel	2.61	2.32
#医生数	Doctors	1.57	2.12
文化(艺术)馆	**Cultural (Arts) Centers**		
机构数	Number of Institutions	-0.63	持平
人 数	Number of Employed Persons	0.83	-0.37
文化站	**Cultural Stations**		
机构数	Number of Institutions	0.65	0.48
人 数	Number of Employed Persons	-3.32	5.10
艺术表演团体	**Arts Performance Troupes**		
机构数	Number of Institutions	持平	持平
人 数	Number of Employed Persons	0.95	0.36
剧场(院)	**Theaters and Music Halls**		
机构数	Number of Institutions	-3.60	持平
人 数	Number of Employed Persons	-2.75	-2.83
图书馆	**Libraries**		
机构数	Number of Institutions	持平	持平
人 数	Number of Employed Persons	4.75	2.63
博物馆	**Museums**		
机构数	Number of Institutions	持平	3.70
人 数	Number of Employed Persons	2.63	-8.96

continued

(%)

1999	2000	2001	2002	2003	2004	2005	2006	2007	2008	2009	2010
-14.60	-15.20	-5.44	-4.16	-6.79	3.32	3.18	1.18	19.88	-7.64	1.06	-27.16
3.53	-3.20	14.18	-18.61	2.29	9.24	3.09	7.66	45.49	-20.09	2.82	-22.79
-14.58	-11.67	-17.97	-8.21	-6.57	-7.43	-6.33	-7.94	-3.74	-3.99	-4.78	-3.52
-20.71	-9.96	-2.99	5.82	0.56	2.14	-5.36	2.79	3.99	-6.15	-2.71	9.36
10.05	1.94	-9.71	-18.20	-11.01	-2.77	-9.13	-10.26	2.14	3.48	1.85	0.72
-8.47	-11.01	-9.77	-5.23	-2.99	-2.33	-1.98	1.24	1.76	-0.16	-0.97	0.39
-3.62	-2.42	-3.92	-1.96	-0.88	-0.17	0.03	1.15	1.26	0.05	0.12	-0.84
-3.75	-2.54	-4.37	-1.68	-0.98	-0.33	-0.28	1.04	1.30	0.34	0.52	-0.64
-13.04	持平	-15.00	-14.71	-6.90	-11.11	持平	持平	-4.17	-4.35	-4.55	-14.29
18.34	-5.39	25.17	7.62	15.51	3.17	-17.84	-11.82	11.47	42.91	-10.91	-2.10
0.01	14.93	-18.98	21.53	14.05	35.37	9.97	-70.43	178.82	-4.62	12.89	5.01
11.26	-0.54	16.27	23.78	17.84	-28.14	-3.58	14.18	0.64	19.60	6.20	3.02
10.07	-1.71	-1.27	-15.20	-16.28	11.94	3.84	11.27	-1.16	-41.47	-15.56	-32.29
8.75	-0.66	-3.43	-9.63	-14.27	17.87	6.98	12.46	0.28	-35.78	-14.42	-28.87
3.65	1.08	-16.52	-3.02	-4.04	4.56	-20.48	-3.95	1.43	-0.68	1.46	0.13
-9.28	3.23	-14.09	-8.50	-4.20	4.85	-29.52	5.62	-2.37	-8.79	1.66	27.78
-16.17	1.50	-11.71	-1.85	-4.12	4.58	-51.88	16.88	11.75	-3.84	25.41	-11.54
2.76	-19.49	-15.53	-3.95	-4.12	4.08	10.10	-16.10	21.21	9.02	26.86	-9.99
8.78	4.53	-14.75	-2.79	-4.01	5.10	-27.22	0.06	-4.59	-2.65	-12.73	-6.80
-34.91	-12.08	-8.24	-3.59	-4.35	-1.95	-11.92	-7.52				
13.06	16.65	11.47	15.11	22.86	16.42	56.81	32.77	22.37	28.60	10.97	20.94
58.37	6.52	-3.42	8.46	24.32	7.35	10.38	48.35	43.20	16.94	29.32	49.19
2.66	0.72	1.54	1.33	-1.36	6.23	8.35	3.41	9.07	13.07	8.44	10.09
2.32	2.26	1.08	1.23	-3.42	3.89	0.62	3.55	2.77	8.67	7.98	8.62
4.51	4.32	2.63	3.56	-12.99	3.86	1.45	3.68	2.47	6.67	5.62	5.33
持平	0.63	持平	-1.89	0.64	1.27	-0.63	持平	-0.63	-0.64	1.28	持平
-1.78	-4.35	-2.62	-1.34	1.12	5.66	-4.91	2.55	-1.50	0.43	2.98	-1.93
-0.04	-2.85	-21.06	-2.41	-3.97	-0.50	-0.84	5.03	-1.67	持平	2.25	-0.64
-1.38	0.33	-10.93	2.58	0.10	5.56	-0.75	5.18	11.56	1.05	22.35	-1.09
-0.85	0.85	2.54	持平	-0.83	-1.67	-0.85	0.85	0.85	持平	-0.84	0.85
-1.51	-2.21	0.79	0.67	-0.70	0.12	1.18	3.03	-1.39	1.48	0.40	-0.18
持平	-1.87	持平	-0.95	持平	-8.65	-1.05	1.06	-3.16	-2.17	-8.89	10.98
-1.28	-2.79	-1.17	-0.41	-3.33	-11.26	-9.91	11.54	-7.67	-5.68	-10.24	16.10
1.53	持平	2.26	2.94	持平	1.43	2.11	-1.38	1.40	1.38	2.04	-0.67
0.75	-1.92	-0.12	2.24	0.55	2.33	2.16	-2.45	0.61	-1.29	2.42	0.41
1.79	3.51	11.86	6.06	4.29	-1.37	4.17	1.33	14.47	10.34	15.63	2.70
16.95	-1.80	-1.35	-2.79	4.34	3.06	2.32	2.73	8.19	7.78	11.77	6.46

1–9 平均每天社会经济活动

Selected Indicators on Average Daily Social and Economic Activities

指标名称	Item	2006	2007	2008	2009	2010
一、全省每天创造的财富	**Daily Production**					
地区生产总值 (万元)	Gross Domestic Product (10 000 yuan)	604859	711395	851289	928675	1073148
工业总产值 (万元)	Gross Output Value of Industry (10 000 yuan)	1202745	1491185	1724891	1950943	2297299
农林牧渔业总产值 (万元)	Gross Output Value of Farming,Forestry, Animal Husbandry and Fishery (10 000 yuan)	111195	130582	153780	164468	182218
地方财政收入 (万元)	Government Revenue (10 000 yuan)	37158	45901	53618	60237	75326
布 (万米)	Cloth (10 000 m)	2858	3235	3610	3541	3810
原　煤 (万吨)	Coal (10 000 tons)	38.5	39.8	38.8	39.4	42.9
发电量 (万千瓦时)	Electricity (10 000 kwh)	63407	73919	75444	78353	83362
原　油 (万吨)	Crude Oil (10 000 tons)	7.5	7.4	7.7	7.7	7.6
粗　钢 (吨)	Steel (ton)	101777	120737	122156	133077	144002
二、全省每天消费量	**Daily Consumption**					
城乡居民消费总量 (万元)	Resident Consumption (10 000 yuan)	178574	206599	246332	271512	302985
社会消费品零售额 (万元)	Total Retail Sails of Consumer Goods (10 000 yuan)	195138	231200	284416	338712	400556
三、其他经济活动	**Other Daily Economic Activities**					
各种运输工具客运人数(万人)	Passenger Traffic (10 000 persons)	299.9	339.6	584.6	641.7	681.4
住宅竣工面积 (平方米)	Floor Space of Residential Buildings Completed(sp.m)	86324	90882	107079	118617	117008
四、全省人口变动和婚姻	**Daily Population Changes and Marriages**					
出生人口 (人)	Birth (person)	2959	2849	2904	3014	4115
死亡人口 (人)	Death (person)	1562	1562	1589	1562	2232
结婚对数 (对)	Marriages (couples)	2028	2043	2174	2513	2540
离婚对数 (对)	Divorces (couples)	333	419	381	416	459

主要统计指标解释

行政区划　指国家对行政区域的划分。根据宪法规定，我国的行政区域划分如下：(1)全国分为省、自治区、直辖市；(2)省、自治区分为自治州、县、自治县、市；(3)自治州分为县、自治县、市；(4)县、自治县分为乡、民族乡、镇；(5)直辖市和较大的市分为区、县；(6)国家在必要时设立的特别行政区。

国民经济行业分类　自2003年定期报表开始使用新的《国民经济行业分类》（GB/T4754-2002）该分类是由国家统计局组织修订，经国家质量监督检验检疫总局批准，于2002年5月10日发布实施。这次修订是在1994年分类标准的基础上，参照联合国《全部经济活动的国际标准产业分类》（ISIC/Rev.3）进行的。修订后的《国民经济行业分类》（GB/T4754-2002）共有门类20个，大类95个，中类396个，小类913个。新增门类4个，大类增加3个，中类增加28个，小类增加67个。

企业（单位）登记注册类型　是以在工商行政管理机关登记注册的各类企业为划分对象，以工商行政管理部门对企业登记注册的类型为依据，将企业登记注册类型分为内资企业、港澳台商投资企业和外商投资企业三大类。内资企业包括国有企业、集体企业、股份合作企业、联营企业、有限责任公司、股份有限公司、私营公司和其他企业；港澳台商投资企业和外商投资企业分别包括合资经营企业、合作经营企业、独资经营企业和股份有限公司。对不在工商行政管理部门进行登记注册的行政机关、事业单位和社会团体，主要按其经费来源和管理方式进行划分。

国有企业　指企业全部资产归国家所有，并按《中华人民共和国企业法人登记管理条例》规定登记注册的非公司制的经济组织。不包括有限责任公司中的国有独资公司。

集体企业　指企业资产归集体所有，并按《中华人民共和国企业法人登记管理条例》规定登记注册的经济组织。

股份合作企业　指以合作制为基础，由企业职工共同出资入股，吸收一定比例的社会资产投资组建，实行自主经营，自负盈亏，共同劳动，民主管理，按劳分配与按股分红相结合的一种集体经济组织。

联营企业　指两个及两个以上相同或不同所有制性质的企业法人或事业单位法人，按自愿、平等、互利的原则，共同投资组成的经济组织。联营企业包括国有联营企业、集体联营企业、国有与集体联营企业和其他联营企业。

有限责任公司　指根据《中华人民共和国公司登记管理条例》规定登记注册，由两个以上、五十个以下的股东共同出资，每个股东以其所认缴的出资额对公司承担有限责任，公司以其全部资产对其债务承担责任的经济组织。有限责任公司包括国有独资公司以及其他有限责任公司。

股份有限公司　指根据《中华人民共和国公司登记管理条例》规定登记注册，其全部注册资本由等额股份构成并通过发行股票筹集资本，股东以其认购的股份对公司承担有限责任，公司以其全部资产对其债务承担责任的经济组织。

私营企业　指由自然人投资设立或由自然人控股，以雇佣劳动为基础的营利性经济组织。包括按照《公司法》、《合伙企业法》、《私营企业暂行条例》规定登记注册的私营有限责任公司、私营股份有限公司、私营合伙企业和私营独资企业。

其他企业　指上述企业之外的其他内资经济组织。

与港澳台商合资经营企业　指港澳台地区投资者与内地企业依照《中华人民共和国中外合资经营企业法》及有关法律的规定，按合同规定的比例投资设立、分享利润和分担风险的企业。

与港澳台商合作经营企业　指港澳台地区投资者与内地企业依照《中华人民共和国中外合作经营企业法》及有关法律的规定，依照合作合同的约定进行投资或提供条件设立、分配利润和分担风险的企业。

港澳台商独资经营企业　指依照《中华人民共和国外资企业法》及有关法律的规定，在内地由港澳台地区投资者全额投资设立的企业。

港澳台商投资股份有限公司　指根据国家有关规定，经原外经贸部依法批准设立，其中港、澳、台商的股本占公司注册资本的比例达25%以上的股份有限公司。凡其中港、澳、台商的股本占公司注册资本的比例小于25%的，属于内资企业中的股份有限公司。

中外合资经营企业　指外国企业或外国人与中国内地企业依照《中华人民共和国中外合资经营企业法》及有关法律的规定，按合同规定的比例投资设立、分享利润和分担风险的企业。

中外合作经营企业　指外国企业或外国人与中国内地企业依照《中华人民共和国中外合作经营企业法》及有关法律的规定，依照合作合同的约定进行投资或提供条件设立、分配利润和分担风险的企业。

外资企业　指依照《中华人民共和国外资企业法》及有关法律的规定，在中国内地由外国投资者全额投资设立的企业。

外商投资股份有限公司　指根据国家有关规定，经原外经贸部依法批准设立，其中外资的股本占公司注册资本的比例达25%以上的股份有限公司。凡其中外资股本占公司注册资本的比例小于25%的，属于内资企业中的股份有限公司。

行政机关、事业单位和社会团体　参照企业登记注册类型，主要按其经费来源和管理方式划分。具体规定如下：

⑴行政机关：包括国家机关和政党机关，原则上均列为“国有”。但有特殊规定的，如供销社等，则列为“集体”。

⑵事业单位：包括经国家机构编制部门和有关业务主管部门批准成立的各类事业单位，不包括实行企业化管理的事业单位。事业单位的划分办法如下：

①由国家财政预算拨款或列入财政预算外资金管理以及经费主要来源于国有主管部门或国有上级单位的事业单位，列为“国有”。

②经费主要来源于集体单位的事业单位，列为“集体”。

③公民个人(或个人合伙)开办的事业单位，列为“私营”。

④上述以外的其他事业单位，如果其经费来源不明确，按管理方式进行归类。

⑶社会团体：包括经民政部门批准成立以及未纳入社会团体管理条例范围的工会、妇联等各类社会团体。社会团体的划分办法如下：

①未纳入民政部社会团体管理条例范围的工会、妇联、共青团、青联、工商联、科协、侨联等社会团体，国家拨款设立的基金会或基金管理组织以及经费主要来源于国有业务主管部门或国有上级单位的社会团体，列为“国有”。

②经费主要来源于集体单位的社会团体，列为“集体”。

③公民个人(或个人合伙)开办的社会团体，划为“私营”。

④上述以外的其他社会团体，如果其经费来源不明确，改按管理方式进行归类。

Explanatory Notes on Main Statistical Indicators

Divisions of Administrative Areas refers to the division of administrative areas by the state. The Constitution of the People Republic of China stipulates that the administrative areas in China are divided as: 1) The whole country is divided into provinces, autonomous regions and municipalities directly under the central government; 2) Provinces and autonomous regions are divided into autonomous prefectures, counties, autonomous counties and cities; 3) Autonomous prefectures are divided into counties, autonomous counties and cities; 4) Counties and autonomous counties are divided into townships, nationality townships and towns; 5) Municipalities and large cities are divided into districts and counties, 6) The state shall, when necessary, establish special administrative regions.

Industrial Classification of the National Economy The new Industrial Classification of the National Economy (GB/T 4754-2002) is introduced starting from the compilation of 2003 annual statistics. The new revision was basedon the 1994 classification and organized by the National Bureau of Statistics taking into consideration of the International Standards of the Industrial Classification of All Economic Activities (ISIC/Rev.3) of the United Nations, and the new Classification was promulgated by the National Administration of Quality Supervision, Inspection and Quarantine on May 10, 2002. The revised version of the Industrial Classification of the National Economy (GB/T 4754-2002) is composed of 20 major divisions, 95 divisions, 396 major groups and 913 groups, including 4 new major divisions, 3 new divisions, 28 major groups and 67 groups.

Registration Status of Enterprises Enterprises are classified into 3 categories, namely domestic funded enterprises, enterprises with investment from Hong Kong, Macau and Taiwan, and enterprises with foreign investment, in the light of the registration status of an enterprise in industrial and commercial administration agencies. Domestic-funded enterprises include state-owned enterprises, collective-owned enterprises, cooperative enterprises, joint ownership enterprises, limited liability corporations, share-holding corporations Ltd., private enterprises and other enterprises. Included in the enterprises with investment from Hong Kong, Macau and Taiwan and enterprises with foreign investment are joint-venture enterprises, cooperative enterprises, sole investment enterprises and share holding corporations Ltd. For government agencies, institutions and social organizations which are not requested to be registered in industrial and commercial administration agencies, they are classified mainly by their sources of funds and way of management.

State-owned Enterprises refer to non-corporation economic units where the entire assets are owned by the state and which have registered in accordance with the Regulation of the People' s Republic of China on the Management of Registration of Corporate Enterprises. Excluded from this category are sole state funded corporations in the limited liability corporations.

Collective-owned Enterprisesrefer refer to economic units where the assets are owned collectively and which have registered in accordance with the Regulation of the People' s Republic of China on the Management of Registration of Corporate Enterprises.

Cooperative Enterprisesrefer refer to a form of collective economic units (enterprises) where capitals come mainly from employees as their shares, with certain proportion of capital from the outside, where production is organized on the basis of independent operation, independent accounting for profits and losses, joint work, democratic management, and a distribution system that integrates remuneration according to work with dividend according to capital share.

Joint Ownership Enterprises refer to economic units established by two or more corporate enterprises or corporate institutions of the same or different ownership, through joint investment on the basis of equality, voluntary participation and mutual benefits. They include state joint ownership enterprises, collective joint ownership enterprises, joint state-collective enterprises, other joint ownership enterprises.

Limited Liability Corporationsrefer refer to economic units established with investment from 2-50 investors and registered in accordance with the Regulation of the People' s Republic of China on the Management of Registration of Corporations, each investor bearing limited liability to the corporation depending on its share of investment, and the corporation bearing liability to its debt to the maximum of its total assets. Limited liability corporations include exclusive state funded limited liability corporations and other limited liability corporations.

Share-holding Corporations Ltd. refer to economic units registered in accordance with the Regulation of the People' s Republic of China on the Management of Registration of Corporations, with total registered capitals divided into equal shares and raised through issuing stocks. Each investor bears limited liability to the corporation depending on the holding of shares, and the corporation bears liability to its debt to the maximum of its total assets.

Private Enterprises refer to profit-making economic units invested and established by natural persons, or controlled by natural persons using employed labour. Included in this category are private limited liability corporations, private share-holding corporations Ltd., private partnership enterprises and private-funded enterprises registered in accordance with the Corporation Law, Partnership Enterprises Law and Interim Regulations on Private Enterprises.

Other Domestic-funded Enterprises refer to domestic

funded economic units other than those mentioned above.

Cooperative Enterprises with Funds from Hong Kong Macau and Taiwan established by investors from Hong Kong, Macau and Taiwan with enterprises in the mainland of China in accordance with the Law of the People' s Republic of China on Sino-foreign Cooperative Enterprises and other relevant laws, where the investment or provision of facilities, and the share of profits and risks is stipulated in the cooperative contract.

Enterprises with Sole (exclusive) Investment from Hong Kong, Macau and Taiwan refer to enterprises established in the mainland of China with exclusive investment from investors from Hong Kong, Macau and Taiwan in accordance with the Law of the People's Republic of China on Foreign Funded Enterprises and other relevant laws.

Share-holding Corporations Ltd. with Investment from Hong Kong, Macau and Taiwan refer to share holding corporations Ltd. established with the approval from the former Ministry of Foreign Trade and Economic Relations in line with relevant state regulations, where the share of investment from Hong Kong, Macau or Taiwan businessmen exceeds 25% of the total registered capital of the corporation. In case the share of investment from Hong Kong, Macau or Taiwan is less than 25% of the total registered capital, the enterprise is to be classified as domestic-funded share-holding corporation Ltd.

Joint-venture Enterprises with Foreign Investment refer to enterprises jointly established by foreign enterprises or foreigners with enterprises in the mainland of China in accordance with the Law of the People' s Republic of China on Sino-foreign Joint Venture Enterprises and other relevant laws, where the share of investment, profits and risks is stipulated in the contract.

Cooperation Enterprises with Foreign Investment refer to enterprises jointly established by foreign enterprises or foreigners with enterprises in the mainland of China in accordance with the Law of the People' s Republic of China on Sino foreign Cooperative Enterprises and other relevant laws, where the investment or provision of facilities, and the share of profits and risks is stipulated in the cooperative contract.

Enterprises with Sole (exclusive) Foreign Investment refer to enterprises established in the mainland of China with exclusive investment from foreign investors in accordance with the Law of the People' s Republic of China on Foreign Funded Enterprises and other relevant laws.

Share-holding Corporations Ltd. with Foreign Investment refer to share-holding corporations Ltd. established with the approval from the Ministry of Foreign Trade and Economic Relations in line with relevant state regulations, where the share of investment from foreign investors exceeds 25% of the total registered capital of the corporation. In case the share of foreign investment is less than 25% of the total registered capital, the enterprise is to be classified as domestic funded share holding corporation Ltd.

Government Agencies, Institutions and Social Organizations are classified into following categories by source of funds and way of management taking reference of the registration status of enterprises:

(1) Government agencies: include state and party agencies, classified in principle as state owned. There are exceptions, such as supply and marketing cooperatives which are classified as collective-owned.

(2) Institutions: include institutions of various types established with the approval by organization and staffing departments of the government, but exclude institutions where enterprise management system is introduced. Institutions are further classified as follows:

(a) Institutions whose main budget is listed in the government budget appropriations or extra budget funds, or allocated from the budget of their competent government agencies. Such institutions are classified as state owned.

(b) Institutions whose budget mainly comes from collective units. Such institutions are classified as collective owned.

(c) Institutions other than those mentioned above whose source of budget is not clear. Such institutions are classified by way of management.

(3) Social organizations: include social organizations established with the approval from the Ministry of Civil Affairs, and organizations that are not covered by social organization management regulations such as trade unions, womens federations etc.. Social organizations are further classified as follows:

(a) Social organizations that are not covered by social organization management regulations of the Ministry of Civil Affairs such as trade unions, womens federations, communist youth leagues, youth associations, industrial and commerce associations, scientists associations, overseas Chinese associations, etc., foundations and fund management organizations established with funds from the state, and social organizations whose funds mainly come from the budget of their competent government agencies. Such institutions are classified as state owned.

(b) Social organizations whose budget mainly comes from collective units. Such institutions are classified as collective owned.

(c) Social organizations established by individual or a group of citizens, which are classified as private.

(d) Social organizations other than those mentioned above whose source of budget is not clear. Such organizations are classified by way of management.

第
2
篇

国民经济核算

National Accounts

简 要 说 明

一、本篇资料的主要内容

本篇资料从宏观上反映了经济发展的总体状况和发展水平，主要包括地区生产总值及其增长、结构、三次产业对经济增长的贡献、消费水平等方面的资料。

二、本篇资料的来源

本篇资料来源于国民经济核算统计报表，由省统计局核算处整理提供。

Brief Introduction

I. Main Content

Data in the chapter reflect the overall situation and development of economy on the macro level, including growth rate and components of GDP, share of the three industries to the increase of GDP and household consumption expenditure.

II. Source of Data

Data in this chapter are prepared according to the data of national accounts and compiled by the Division of National Accounts of Shandong Provincial Bureau of Statistics.

2-1 1952-2010年地区生产总值

Gross Domestic Product from 1952 to 2010

单位:亿元 (100 million yuan)

年 份 Year	地 区 生产总值 Gross National Product	第一产业 Primary Industry	第二产业 Secondary Industry			第三产业 Teritary Industry			人均地区 生产总值 (元) Per Capita GDP (yuan)
				工 业 Industry	建筑业 Construction		#交通运输仓储 邮电通信业 Transport,Post and Telecommunication Services	#批发零售 贸易餐饮业 Wholesale Retail Trade & Catering Services	
1952	43.81	29.55	7.27	6.82	0.45	6.99	1.01	2.72	91
1953	45.79	28.23	9.30	8.74	0.56	8.26	1.20	3.22	94
1954	52.98	32.48	10.98	10.38	0.60	9.52	1.31	3.92	106
1955	57.78	35.52	11.42	10.81	0.61	10.84	1.40	4.62	113
1956	63.13	35.67	16.34	14.98	1.36	11.12	1.44	4.53	121
1957	61.39	31.95	17.59	16.62	0.97	11.85	1.61	4.38	116
1958	72.97	33.94	23.73	21.29	2.44	15.30	3.28	4.88	135
1959	75.96	28.73	27.86	25.16	2.70	19.37	4.55	5.56	141
1960	71.37	20.61	31.07	28.11	2.96	19.69	5.38	4.68	135
1961	63.40	26.44	20.19	19.04	1.15	16.77	4.02	3.64	121
1962	64.38	30.42	16.91	15.90	1.01	17.05	3.89	3.93	120
1963	67.61	33.47	19.09	17.65	1.44	15.05	2.84	3.16	123
1964	71.66	33.05	23.43	21.74	1.69	15.18	3.25	2.64	128
1965	86.25	42.24	28.96	25.99	2.97	15.05	3.67	2.00	152
1966	97.58	46.99	34.44	31.34	3.10	16.15	3.98	2.67	169
1967	99.44	46.71	35.43	32.78	2.65	17.30	3.92	3.66	168
1968	99.34	44.46	37.43	34.72	2.71	17.45	3.77	3.77	165
1969	108.17	50.16	39.56	36.22	3.34	18.45	3.99	4.15	175
1970	126.31	52.23	53.71	50.16	3.55	20.37	4.84	4.69	199
1971	139.69	56.33	61.50	57.65	3.85	21.86	5.45	4.49	215
1972	146.52	59.11	63.22	58.57	4.65	24.19	6.07	4.51	221
1973	154.33	61.92	65.99	60.67	5.32	26.42	6.15	6.31	229
1974	130.81	59.19	47.44	42.70	4.74	24.18	5.15	4.60	191
1975	166.19	65.54	75.31	69.76	5.55	25.34	5.63	4.77	240
1976	179.58	68.88	84.70	78.23	6.47	26.00	6.27	4.40	242
1977	207.07	79.01	95.34	88.05	7.29	32.72	7.81	3.92	293
1978	225.45	75.06	119.35	108.53	10.82	31.04	8.27	3.29	316
1979	251.60	91.12	127.68	114.67	13.01	32.80	9.50	4.18	350
1980	292.13	106.43	146.11	130.55	15.56	39.59	10.07	6.39	402
1981	346.57	132.21	155.41	138.09	17.32	58.95	13.18	16.56	472
1982	395.38	154.07	166.05	147.10	18.95	75.26	14.10	22.39	531
1983	459.83	185.57	178.75	159.15	19.60	95.51	17.12	32.07	611
1984	581.56	222.13	239.27	214.20	25.07	120.16	22.25	37.97	765
1985	680.46	235.96	293.07	259.42	33.65	151.43	28.22	46.14	887
1986	742.05	252.73	313.21	274.80	38.41	176.11	34.03	49.85	956
1987	892.29	287.31	384.57	341.31	43.26	220.41	47.45	60.58	1131
1988	1117.66	331.94	497.10	435.51	61.59	288.62	55.50	86.71	1395
1989	1293.94	359.14	579.65	513.97	65.68	355.15	66.55	108.51	1595
1990	1511.19	425.29	635.98	568.25	67.73	449.92	81.87	132.83	1815
1991	1810.54	521.85	745.90	663.90	82.00	542.79	98.97	161.00	2122
1992	2196.53	534.62	999.11	889.59	109.52	662.80	120.18	200.93	2556
1993	2770.37	596.63	1355.71	1201.67	154.04	818.03	141.09	239.98	3212
1994	3844.50	775.03	1891.43	1692.10	199.33	1178.04	213.58	346.88	4441
1995	4953.35	1010.13	2355.78	2098.06	257.73	1587.44	296.08	471.95	5701
1996	5883.80	1200.17	2784.09	2475.99	308.10	1899.54	362.05	574.97	6746
1997	6537.07	1195.00	3147.37	2796.02	351.35	2194.70	420.49	664.92	7461
1998	7021.35	1215.81	3408.06	3008.45	399.61	2397.49	437.37	735.63	7968
1999	7493.84	1221.00	3644.32	3197.16	447.16	2628.52	484.65	787.90	8483
2000	8337.47	1268.57	4164.45	3665.74	498.71	2904.45	545.13	856.94	9326
2001	9195.04	1359.49	4556.01	4004.09	551.92	3279.53	657.57	972.33	10195
2002	10275.50	1390.00	5184.98	4518.87	666.11	3700.52	655.64	1142.54	11340
2003	12078.15	1480.67	6485.05	5706.71	778.34	4112.43	710.18	1283.70	13268
2004	15021.84	1778.45	8478.69	7576.12	902.57	4764.70	969.13	1431.58	16413
2005	18366.87	1963.51	10478.62	9418.58	1060.04	5924.74			19934
2006	21900.19	2138.90	12574.03	11378.82	1195.21	7187.26			23603
2007	25776.91	2509.14	14647.53	13283.72	1363.81	8620.24			27604
2008	30933.28	3002.65	17571.98	15894.95	1677.03	10358.64			32936
2009	33896.65	3226.64	18901.83	16896.14	2005.69	11768.18			35894
2010	39169.92	3588.28	21238.49	18861.45	2377.04	14343.14			41106

注:1.本表按当年价格计算。
2.2005年以后执行2002年国民经济行业分类(新行业分类)。新行业分类中,农林牧渔服务业由第三产业调整到第一产业。
3.根据国家统一方法,利用经济普查年(2004年、2008年)相关数据,对我省1993-2003年、2005-2008年GDP历史数据进行了修订(下同)。

a)Data in this table are calculated at current prices.
b)Since 2005,this table uses the new Industrial Classification of National Economy(GB/T 4754-2002) and services of farming,forestry,animal husbandry and fishery are included in the primary industry.
c)According to national regulation,Data from 1993 to 2003 and 2005-2008 are modified on China Economic Census results in 2004 and 2008 (same as the following tables).

2-2 1952-2010年地区生产总值指数

Indices of Gross Domestic Product from 1952 to 2010

(以1952年为100) (1952=100)

年 份 Year	地 区 生产总值 Gross National Income	第一产业 Primary Industry	第二产业 Secondary Industry	工 业 Industry	建筑业 Construction	第三产业 Teritary Industry	#交通运输仓储邮电通信业 Transport,Post and Telecommunication Services	#批发零售贸易餐饮业 Wholesale Retail Trade & Catering Services
1953	102.1	92.7	127.8	128.5	117.7	113.7	114.2	113.8
1954	116.4	104.7	148.5	150.0	124.3	131.0	120.4	139.5
1955	127.5	115.6	155.3	157.1	126.5	147.0	122.1	162.8
1956	142.5	116.1	236.5	234.4	279.7	151.7	131.7	159.5
1957	137.5	101.6	262.0	264.6	226.6	154.6	147.4	146.4
1958	163.2	107.7	349.5	334.7	572.4	199.4	300.3	162.9
1959	169.6	90.4	410.3	396.3	626.2	249.4	412.6	183.3
1960	149.2	63.6	394.7	375.3	682.6	251.4	483.6	153.1
1961	116.5	65.3	269.2	264.2	325.6	170.4	355.0	79.8
1962	113.5	69.7	214.8	213.2	236.4	184.4	349.0	97.3
1963	126.0	82.0	245.3	240.1	322.9	180.9	264.5	92.5
1964	140.4	84.7	311.5	307.1	379.1	193.0	306.6	83.0
1965	171.3	107.2	405.0	386.0	693.0	197.8	370.1	61.7
1966	199.2	122.4	499.8	485.2	725.6	213.4	403.4	83.8
1967	203.8	121.7	538.8	537.1	587.0	207.9	334.8	112.3
1968	201.8	112.3	565.2	563.4	608.1	209.6	321.7	115.7
1969	217.5	124.9	597.4	588.8	746.1	222.2	341.0	128.0
1970	251.6	129.3	753.3	748.4	833.4	260.9	454.9	150.8
1971	290.8	135.6	1004.9	1014.8	913.4	266.6	514.5	144.6
1972	315.2	139.7	1125.5	1132.5	1106.1	295.9	575.2	145.8
1973	332.5	146.1	1180.6	1180.1	1268.7	323.4	583.8	204.0
1974	280.0	139.8	854.8	840.2	1132.9	296.6	490.4	148.9
1975	361.8	154.6	1366.0	1374.6	1325.5	310.5	535.5	154.4
1976	380.6	162.0	1452.1	1450.2	1544.2	318.3	596.0	142.2
1977	423.6	185.7	1553.7	1544.5	1738.8	376.5	742.6	125.8
1978	466.4	174.6	1948.3	1907.5	2580.4	379.5	784.9	106.3
1979	497.2	188.9	2071.0	2004.8	3060.4	395.1	888.5	133.0
1980	557.9	207.4	2319.5	2233.3	3586.8	469.8	928.5	200.4
1981	590.3	220.9	2393.7	2329.3	3382.4	524.8	910.9	389.2
1982	657.0	244.8	2527.7	2443.4	3774.8	667.5	971.0	524.6
1983	748.3	284.0	2719.8	2648.6	3823.9	825.7	1149.7	732.3
1984	878.5	336.0	3201.2	3090.9	4810.5	952.0	1368.1	794.5
1985	978.6	343.4	3793.4	3619.4	6200.7	1093.8	1582.9	880.3
1986	1040.3	341.3	4199.3	4035.6	6504.5	1189.0	1783.9	889.1
1987	1183.9	366.6	4917.4	4794.3	6764.7	1391.1	2326.2	1010.0
1988	1331.9	365.9	6033.6	5858.6	8537.1	1524.6	2277.3	1210.0
1989	1385.2	363.7	6462.0	6356.6	8101.7	1567.3	2279.6	1264.5
1990	1458.6	383.3	6927.3	6865.1	8028.8	1578.3	2227.2	1230.4
1991	1671.6	437.7	7897.1	7894.9	8478.4	1830.8	2588.0	1434.6
1992	1954.1	438.6	10155.7	10216.0	10225.0	2129.2	2994.3	1705.7
1993	2352.0	465.4	13005.4	13142.9	12506.2	2554.0	3433.9	1944.0
1994	2733.9	499.3	15269.6	15454.7	14448.4	3081.4	4192.1	2266.1
1995	3115.8	544.0	17419.6	17579.7	16984.1	3604.3	4984.8	2667.2
1996	3491.3	579.9	19830.5	19993.4	19521.5	4054.1	5602.4	3042.2
1997	3878.5	582.6	22350.9	22532.6	22032.0	4639.9	6334.1	3508.6
1998	4295.4	615.5	25048.7	25254.5	24658.2	5159.6	6861.1	3972.1
1999	4725.8	644.4	28069.5	28340.7	27237.5	5639.4	7630.9	4470.6
2000	5211.6	668.9	31429.5	31795.4	29884.9	6228.2	8491.6	4989.2
2001	5734.9	697.0	34883.6	35366.0	32649.3	6927.6	10190.8	5683.1
2002	6407.6	714.1	40102.1	40515.3	38519.6	7682.7	10284.6	6454.9
2003	7266.8	753.7	46839.3	47613.6	42987.9	8555.5	11480.7	7149.5
2004	8385.9	806.1	55855.9	57664.8	45154.5	9608.6	15291.1	7687.8
2005	9643.7	845.2	65595.0	68077.3	50554.3	10995.6	17493.0	8579.6
2006	11063.2	888.7	76495.4	79812.9	56166.3	12593.5		
2007	12636.4	924.2	88552.1	93032.1	60798.6	14426.5		
2008	14155.5	970.9	99201.0	104738.8	64685.6	16437.5		
2009	15879.3	1011.2	112952.6	118122.1	81147.8	18279.7		
2010	17832.9	1047.9	127369.5	133220.3	91364.1	20752.6		

注：本表按可比价格计算。

a) Data in this table are calculated at current prices.

2-2 续表 continued

(以上年为100) (preceding year=100)

年 份 Year	地 区 生产总值 Gross National Income	第一产业 Primary Industry	第二产业 Secondary Industry	工 业 Industry	建筑业 Construction	第三产业 Tetitary Industry	#交通运输仓储邮电通信业 Transport,Post and Telecommunication Services	#批发零售贸易餐饮业 Wholesale Retail Trade & Catering Services
1953	102.1	92.7	127.8	128.5	117.7	113.7	114.2	113.8
1954	114.0	112.9	116.2	116.7	105.6	115.2	105.4	122.6
1955	109.5	110.4	104.6	104.7	101.8	112.2	101.4	116.7
1956	111.8	100.4	152.3	149.2	221.1	103.2	107.9	98.0
1957	96.5	87.5	110.8	112.9	81.0	101.9	111.9	91.8
1958	118.7	106.0	133.4	126.5	252.6	129.0	203.7	111.3
1959	103.9	83.9	117.4	118.4	109.4	125.1	137.4	112.5
1960	88.0	70.4	96.2	94.7	109.0	100.8	117.2	83.5
1961	78.1	102.6	68.2	70.4	47.7	67.8	73.4	52.1
1962	97.4	106.8	79.8	80.7	72.6	108.2	98.3	121.9
1963	111.0	117.6	114.2	112.6	136.6	98.1	75.8	95.1
1964	111.4	103.3	127.0	127.9	117.4	106.7	115.9	89.7
1965	122.0	126.6	130.0	125.7	182.8	102.5	120.7	74.3
1966	116.3	114.2	123.4	125.7	104.7	107.9	109.0	135.8
1967	102.3	99.4	107.8	110.7	80.9	97.4	83.0	134.0
1968	99.0	92.3	104.9	104.9	103.6	100.8	96.1	103.0
1969	107.8	111.2	105.7	104.5	122.7	106.0	106.0	110.6
1970	115.7	103.5	126.1	127.1	111.7	117.4	133.4	117.8
1971	115.6	104.9	133.4	135.6	109.6	102.2	113.1	95.9
1972	108.4	103.0	112.0	111.6	121.1	111.0	111.8	100.8
1973	105.5	104.6	104.9	104.2	114.7	109.3	101.5	139.9
1974	84.2	95.7	72.4	71.2	89.3	91.7	84.0	73.0
1975	129.2	110.6	159.8	163.6	117.0	104.7	109.2	103.7
1976	105.2	104.8	106.3	105.5	116.5	102.5	111.3	92.1
1977	111.3	114.6	107.0	106.5	112.6	118.3	124.6	89.2
1978	110.1	94.0	125.4	123.5	148.4	100.8	105.7	83.8
1979	106.6	108.2	106.3	105.1	118.6	104.1	113.2	125.1
1980	112.2	109.8	112.0	111.4	117.2	118.9	104.5	150.1
1981	105.8	106.5	103.2	104.3	94.3	111.7	98.1	194.2
1982	111.3	110.8	105.6	104.9	111.6	127.2	106.6	134.8
1983	113.9	116.0	107.6	108.4	101.3	123.7	118.4	139.6
1984	117.4	118.3	117.7	116.7	125.8	115.3	119.0	108.5
1985	111.4	102.2	118.5	117.1	128.9	114.9	115.7	110.8
1986	106.3	99.4	110.7	111.5	104.9	108.7	112.1	101.0
1987	113.8	107.4	117.1	118.8	104.0	117.0	130.4	113.6
1988	112.5	99.8	122.7	122.2	126.2	109.6	97.9	119.8
1989	104.0	99.4	107.1	108.5	94.9	102.8	100.1	104.5
1990	105.3	105.4	107.2	108.0	99.1	100.7	97.7	97.3
1991	114.6	114.2	114.0	115.0	105.6	116.0	116.2	116.6
1992	116.9	100.2	128.6	129.4	120.6	116.3	115.7	118.9
1993	120.4	106.1	128.1	128.7	122.3	120.0	114.7	114.0
1994	116.2	107.3	117.4	117.6	115.5	120.7	122.1	116.6
1995	114.0	108.9	114.1	113.8	117.6	117.0	118.9	117.7
1996	112.1	106.6	113.8	113.7	114.9	112.5	112.4	114.1
1997	111.1	100.5	112.7	112.7	112.9	114.5	113.1	115.3
1998	110.8	105.7	112.1	112.1	111.9	111.2	108.3	113.2
1999	110.0	104.7	112.1	112.2	110.5	109.3	111.2	112.6
2000	110.3	103.8	112.0	112.2	109.7	110.4	111.3	111.6
2001	110.0	104.2	111.0	111.2	109.3	111.2	120.0	113.9
2002	111.7	102.5	115.0	114.6	118.0	110.9	100.9	113.6
2003	113.4	105.6	116.8	117.5	111.6	111.4	111.6	110.8
2004	115.3	106.9	119.3	121.1	105.0	112.3	133.2	107.5
2005	115.0	104.8	117.4	118.1	112.0	114.4	114.4	111.6
2006	114.7	105.2	116.6	117.2	111.1	114.5		
2007	114.2	104.0	115.8	116.6	108.2	114.6		
2008	112.0	105.1	112.0	112.6	106.4	113.9		
2009	112.2	104.2	113.9	112.8	125.4	111.2		
2010	112.3	103.6	112.8	112.8	112.6	113.5		

注：本表按可比价格计算。

a) Data in this table are calculated at current prices.

2-3 1952-2010年地区生产总值构成

Composition of Gross Domestic Product from 1952 to 2010

单位:% (%)

年份 Year	地区生产总值 Gross National Income	第一产业 Primary Industry	第二产业 Secondary Industry	工业 Industry	建筑业 Construction	第三产业 Teritary Industry	#交通运输仓储邮电通信业 Transport, Post and Telecomm-unication	#批发零售贸易餐饮业 Wholesale Retail Trade & Catering Services
1952	100	67.4	16.6	15.6	1.0	16.0	2.3	6.2
1953	100	61.7	20.3	19.1	1.2	18.0	2.6	7.0
1954	100	61.3	20.7	19.6	1.1	18.0	2.5	7.4
1955	100	61.5	19.7	18.7	1.0	18.8	2.4	8.0
1956	100	56.5	25.9	23.7	2.2	17.6	2.3	7.2
1957	100	52.0	28.7	27.1	1.6	19.3	2.6	7.1
1958	100	46.5	32.5	29.2	3.3	21.0	4.5	6.7
1959	100	37.8	36.7	33.1	3.6	25.5	6.0	7.3
1960	100	28.9	43.5	39.4	4.1	27.6	7.5	6.6
1961	100	41.7	31.8	30.0	1.8	26.5	6.3	5.7
1962	100	47.2	26.3	24.7	1.6	26.5	6.0	6.1
1963	100	49.5	28.2	26.1	2.1	22.3	4.2	4.7
1964	100	46.1	32.7	30.3	2.4	21.2	4.5	3.7
1965	100	49.0	33.5	30.1	3.4	17.5	4.3	2.3
1966	100	48.1	35.3	32.1	3.2	16.6	4.1	2.7
1967	100	47.0	35.6	32.9	2.7	17.4	3.9	3.7
1968	100	44.7	37.7	35.0	2.7	17.6	3.8	3.8
1969	100	46.4	36.6	33.5	3.1	17.0	3.7	3.8
1970	100	41.4	42.5	39.7	2.8	16.1	3.8	3.7
1971	100	40.3	44.0	41.3	2.7	15.7	3.9	3.2
1972	100	40.3	43.2	40.0	3.2	16.5	4.1	3.1
1973	100	40.1	42.8	39.3	3.5	17.1	4.0	4.1
1974	100	45.2	36.3	32.7	3.6	18.5	3.9	3.5
1975	100	39.4	45.3	42.0	3.3	15.3	3.4	2.9
1976	100	38.3	47.2	43.6	3.6	14.5	3.5	2.5
1977	100	38.2	46.0	42.5	3.5	15.8	3.8	1.9
1978	100	33.3	52.9	48.1	4.8	13.8	3.7	1.5
1979	100	36.2	50.8	45.6	5.2	13.0	3.8	1.7
1980	100	36.4	50.0	44.7	5.3	13.6	3.5	2.2
1981	100	38.2	44.8	39.8	5.0	17.0	3.8	4.8
1982	100	39.0	42.0	37.2	4.8	19.0	3.6	5.7
1983	100	40.3	38.9	34.6	4.3	20.8	3.7	7.0
1984	100	38.2	41.1	36.8	4.3	20.7	3.8	6.5
1985	100	34.7	43.0	38.1	4.9	22.3	4.2	6.8
1986	100	34.1	42.2	37.0	5.2	23.7	4.6	6.7
1987	100	32.2	43.1	38.3	4.8	24.7	5.3	6.8
1988	100	29.7	44.5	39.0	5.5	25.8	5.0	7.8
1989	100	27.8	44.8	39.7	5.1	27.4	5.1	8.4
1990	100	28.1	42.1	37.6	4.5	29.8	5.4	8.8
1991	100	28.8	41.2	36.7	4.5	30.0	5.5	8.9
1992	100	24.3	45.5	40.5	5.0	30.2	5.5	9.2
1993	100	21.5	49.0	43.4	5.6	29.5	5.1	8.7
1994	100	20.2	49.2	44.0	5.2	30.6	5.6	9.0
1995	100	20.4	47.6	42.4	5.2	32.0	6.0	9.5
1996	100	20.4	47.3	42.1	5.2	32.3	6.2	9.8
1997	100	18.3	48.1	42.7	5.4	33.6	6.4	10.2
1998	100	17.3	48.5	42.8	5.7	34.2	6.2	10.5
1999	100	16.3	48.6	42.6	6.0	35.1	6.5	10.5
2000	100	15.2	50.0	44.0	6.0	34.8	6.5	10.3
2001	100	14.8	49.5	43.5	6.0	35.7	7.2	10.6
2002	100	13.5	50.5	44.0	6.5	36.0	6.4	11.1
2003	100	12.3	53.7	47.3	6.4	34.0	5.9	10.6
2004	100	11.8	56.5	50.5	6.0	31.7	6.5	9.5
2005	100	10.7	57.0	51.3	5.8	32.3	6.5	8.9
2006	100	9.8	57.4	52.0	5.5	32.8		
2007	100	9.7	56.8	51.5	5.3	33.5		
2008	100	9.7	56.8	51.4	5.4	33.5		
2009	100	9.5	55.8	49.8	5.9	34.7		
2010	100	9.2	54.2	48.2	6.1	36.6		

注:1.本表按当年价格计算。
2.2005年以后执行2002年国民经济行业分类(新行业分类)。新行业分类中,农林牧渔服务业由第三产业调整到第一产业。

a)Data in this table are calculated at current prices.

b)Since 2005,this table uses the new Industrial Classification of National Economy and services of farming,forestry,animal husbandry and fishery are included in the primary industry.

2–4 地区生产总值

Gross Domestic Product

单位:亿元 (100 million yuan)

分　组	Sector	2008	2009	2010	2008年为2007年 % 2007=100	2009年为2008年 % 2008=100	2010年为2009年 % 2009=100
地区生产总值	**Gross Domestic Product**	**30933.28**	**33896.65**	**39169.92**	**112.0**	**112.2**	**112.3**
第一产业	Primary Industry	3002.65	3226.64	3588.28	105.1	104.2	103.6
第二产业	Secondary Industry	17571.98	18901.83	21238.49	112.0	113.9	112.8
工　业	Industry	15894.95	16896.14	18861.45	112.6	112.8	112.8
建筑业	Construction	1677.03	2005.69	2377.04	106.4	125.4	112.6
第三产业	Tertiary Industry	10358.64	11768.18	14343.14	113.9	111.2	113.5
交通运输、仓储和邮政业	Transport, Storage and Postal Services	1721.24	1742.33	1971.00	116.8	107.8	110.2
信息传输、计算机服务和软件业	Information Transmission, ComputerServices and Software	422.69	446.98	474.59	119.1	110.4	106.2
批发和零售业	Wholesale and Retail Trade	2523.85	3106.24	4257.40	116.3	118.7	121.5
住宿和餐饮业	Accommodations and Catering Services	540.05	594.50	670.97	107.9	110.6	110.4
金融业	Finance	880.28	1044.90	1361.45	117.1	124.4	127.4
房地产业	Real Estate	1104.95	1329.59	1622.15	105.8	109.3	113.1
租赁和商务服务业	Leasing and Business Services	303.98	348.31	443.41	116.6	106.1	115.2
科学研究、技术服务和地质勘查业	Scientific Research, Technical Servicesand Geological Prospecting	195.53	224.06	262.45	125.7	104.1	106.8
水利、环境和公共设施管理业	Management of Water Conservancy, Environment and Public Facilities	105.76	119.15	143.37	109.5	104.7	108.5
居民服务和其他服务业	Services to Households and Other Services	305.10	342.17	392.02	106.3	110.8	113.8
教　育	Education	654.52	705.99	761.20	118.1	104.8	107.5
卫生、社会保障和社会福利业	Health Care, Social Security and Social Welfare	416.76	463.55	587.84	115.7	108.1	108.0
文化、体育和娱乐业	Culture, Sports and Recreation	91.92	108.56	124.34	93.1	116.5	114.1
公共管理和社会组织	Public Administration and Social Organizations	1092.00	1191.85	1270.94	111.1	99.9	97.0
人均地区生产总值(元)	**Per Capita GDP (yuan)**	**32936**	**35894**	**41106**	**111.4**	**111.6**	**111.3**
支出法计算的地区生产总值中	**Gross Domestic Product by Expenditure Approach**						
一、最终消费支出	Final Consumption Expenditure	12368.40	13574.79	15331.20	114.1	112.9	111.9
居民消费支出	Household Consumption Expenditure	9085.22	9910.18	11058.97	114.0	111.4	111.3
农村居民	Rural Household	2520.67	2651.52	2784.10	111.1	110.0	110.3
城镇居民	Urban Household	6564.55	7258.66	8274.87	115.1	111.9	111.7
二、资本形成总额	Gross Capital Formation	15587.57	18109.95	21499.29	111.5	116.0	114.7
三、货物和服务净流出	Net Exports of Goods and Services	2977.31	2211.91	2339.43	103.6	79.2	90.2

注:1.本表中绝对数按当年价格计算,指数按可比价格计算。
2.本表按照2002年国民经济行业分类,农林牧渔服务业由第三产业调整到第一产业。

a)Data in this table are calculated at current prices.Indices are calculated at constant prices.

b)This table uses the new Industrial Classification of National Economy 2002 and services of farming,forestry,animal husbandry and fishery are included in the primary industry.

2-5 1978-2010年支出法计算的地区生产总值

Gross Domestic Product by Expenditure Approach from 1978 to 2010

单位:亿元 (100 million yuan)

年份 Year	地区生产总值(支出法) Gross Domestic Product by Expenditure Approach	最终消费 Final Consumption Expenditure	居民消费 Household Consumption	政府消费 Government Consumption	资本形成总额 Gross Capital Formation	固定资本形成总额 Gross Capital Formation	存货增加 Change in Inventories	货物和服务净流出 Net Exports of Goods and Services
1978	225.45	143.67	120.59	23.08	77.08	62.32	14.76	4.70
1979	251.60	155.83	133.42	22.41	81.05	65.45	15.60	14.72
1980	292.13	188.26	161.67	26.59	95.27	71.31	23.96	8.60
1981	346.57	212.91	181.79	31.12	100.41	81.95	18.46	33.25
1982	395.38	257.12	221.77	35.35	126.52	102.30	24.22	11.74
1983	459.83	285.15	242.31	42.84	142.59	121.09	21.50	32.09
1984	581.56	318.40	264.67	53.73	192.49	153.86	38.63	70.67
1985	680.46	365.69	297.92	67.77	253.68	195.39	58.29	61.09
1986	742.05	410.40	330.87	79.53	279.80	230.54	49.26	51.85
1987	892.29	481.01	377.18	103.83	371.44	293.40	78.04	39.84
1988	1117.66	592.91	471.31	121.60	458.97	335.12	123.85	65.78
1989	1293.94	700.93	522.40	178.53	537.52	333.27	204.25	55.49
1990	1511.19	807.32	588.46	218.86	638.78	412.59	226.19	65.09
1991	1810.54	914.36	667.63	246.73	815.00	555.76	259.24	81.18
1992	2196.53	1078.95	780.50	298.45	1045.40	758.28	287.12	72.18
1993	2770.37	1259.92	906.93	352.99	1371.58	1023.16	348.42	138.87
1994	3844.50	1878.65	1319.71	558.94	1775.44	1225.52	549.92	190.41
1995	4953.35	2457.11	1684.63	772.48	2229.66	1473.83	755.83	266.58
1996	5883.80	2961.31	1988.53	972.78	2731.98	1765.43	966.55	190.51
1997	6537.07	3250.52	2375.94	874.58	3158.91	2027.75	1131.16	127.64
1998	7021.35	3477.58	2543.69	933.89	3409.36	2324.02	1085.34	134.41
1999	7493.84	3742.49	2807.77	934.72	3590.75	2632.54	958.21	160.60
2000	8337.47	4021.46	3082.06	939.40	4122.26	3159.03	963.23	193.75
2001	9195.04	4479.42	3360.92	1118.50	4422.24	3518.25	903.99	293.38
2002	10275.50	4887.40	3555.72	1331.68	4840.39	4192.58	647.81	547.71
2003	12078.15	5608.60	3960.91	1647.69	5668.51	5180.82	487.69	801.04
2004	15021.84	6568.66	4506.51	2062.15	7455.96	6896.07	559.89	997.22
2005	18366.87	7478.35	5451.19	2027.16	9411.18	8974.77	436.41	1477.34
2006	21900.19	8888.17	6553.88	2334.29	11177.54	10829.36	348.18	1834.48
2007	25776.91	10352.82	7603.39	2749.43	13105.80	12505.88	599.92	2318.29
2008	30933.28	12368.40	9085.22	3283.18	15587.57	15035.08	552.49	2977.31
2009	33896.65	13574.79	9910.18	3664.61	18109.95	17734.43	375.52	2211.91
2010	39169.92	15331.20	11058.97	4272.23	21499.29	20800.55	698.74	2339.43

注:本表按当年价格计算。
a)Data in this table are calculated at current prices.

2-6 各市生产总值

Gross Domestic Product by Region

单位:亿元 (100 million yuan)

地 区	Region	地区生产总值 Gross Domestic Product			第一产业增加值 Value-added of Primary Industry			第二产业增加值 Value-added of Secondary Industry		
		2009	2010	2010年为2009年% 2009=100	2009	2010	2010年为2009年% 2009=100	2009	2010	2010年为2009年% 2009=100
全省总计	**Total**	**33896.65**	**39169.92**	**112.3**	**3226.64**	**3588.28**	**103.6**	**18901.83**	**21238.49**	**112.8**
济南市	Jinan	3340.91	3910.53	112.7	187.07	215.17	104.9	1433.51	1637.45	111.0
青岛市	Qingdao	4853.87	5666.19	112.9	230.25	276.99	101.4	2420.14	2758.62	112.6
淄博市	Zibo	2445.28	2866.75	113.7	87.87	105.30	104.8	1535.82	1766.57	112.5
枣庄市	Zaozhuang	1196.04	1362.04	112.6	103.81	117.56	102.9	744.40	818.37	110.4
东营市	Dongying	2058.97	2359.94	113.4	74.73	87.38	104.6	1521.92	1712.20	113.4
烟台市	Yantai	3701.79	4358.46	114.1	285.89	334.49	103.5	2227.32	2566.49	112.1
潍坊市	Weifang	2707.23	3090.92	113.3	301.96	330.51	104.3	1526.05	1720.28	113.2
济宁市	Jining	2238.12	2542.81	112.9	270.41	320.41	103.5	1227.81	1356.47	113.1
泰安市	Tai'an	1715.66	2051.68	113.7	170.32	195.31	104.4	935.16	1099.45	112.4
威海市	Weihai	1733.19	1944.70	112.7	136.34	153.94	101.3	1000.98	1087.03	111.4
日照市	Rizhao	864.66	1025.08	112.5	87.33	100.26	104.5	471.85	561.55	112.9
莱芜市	Laiwu	471.30	546.33	112.0	30.35	38.61	103.1	292.41	330.18	112.2
临沂市	Linyi	2069.11	2399.99	112.9	250.46	264.01	103.5	1044.96	1206.29	113.0
德州市	Dezhou	1475.08	1657.82	112.9	191.05	210.51	103.2	811.55	899.55	114.3
聊城市	Liaocheng	1378.37	1622.38	113.2	198.63	221.64	104.3	808.45	924.09	113.8
滨州市	Binzhou	1354.99	1551.52	113.5	135.93	155.48	104.9	763.36	847.31	112.4
菏泽市	Heze	957.31	1227.09	114.3	205.20	220.18	103.2	488.20	648.54	116.6

注:本表绝对额按当年价格计算,速度按可比价格计算。
a)Absolute figure in this table are calculated at current prices while growth rate at constant prices.

2-6 续表 continued

单位:亿元 (100 million yuan)

地 区	Region	#工业增加值 Value-added of Industry			第三产业增加值 Value-added of Tertiary Industry			人均地区生产总值(元) Per Capita GDP (yuan)	
		2009	2010	2010年为2009年% 2009=100	2009	2010	2010年为2009年% 2009=100	2009	2010
全省总计	**Total**	**16896.14**	**18861.45**	**112.8**	**11768.18**	**14343.14**	**113.5**	**35894**	**41106**
济南市	Jinan	1191.36	1352.42	110.7	1720.33	2057.90	114.9	50526	57947
青岛市	Qingdao	2174.43	2454.19	112.3	2203.48	2630.58	114.4	57251	65812
淄博市	Zibo	1407.36	1612.07	112.0	821.59	994.89	117.4	54229	63384
枣庄市	Zaozhuang	682.55	749.34	110.3	347.83	426.10	120.0	32698	36817
东营市	Dongying	1436.89	1612.02	113.4	462.32	560.36	114.5	102370	116404
烟台市	Yantai	2017.60	2319.02	112.0	1188.58	1457.48	120.3	52683	62254
潍坊市	Weifang	1380.46	1545.55	113.2	879.22	1040.13	116.0	30338	34260
济宁市	Jining	1130.12	1237.23	112.5	739.90	865.94	115.4	27982	31541
泰安市	Tai'an	815.92	950.02	111.3	610.18	756.92	118.1	31375	37376
威海市	Weihai	910.66	982.13	111.2	595.86	703.73	117.8	68614	69187
日照市	Rizhao	413.71	494.95	113.3	305.48	363.27	114.3	31451	36870
莱芜市	Laiwu	268.08	302.71	112.6	148.54	177.54	113.0	36907	42392
临沂市	Linyi	880.84	1009.32	113.0	773.69	929.69	115.1	20983	24067
德州市	Dezhou	724.60	794.79	114.6	472.48	547.76	113.8	26671	29858
聊城市	Liaocheng	752.21	854.03	113.6	371.29	476.65	115.9	24657	28444
滨州市	Binzhou	695.27	767.26	112.7	455.70	548.73	117.9	36679	41643
菏泽市	Heze	408.18	553.13	117.4	263.91	358.37	117.4	11649	14829

2-7 各市生产总值构成

Composition of Gross Domestic Product by Region

单位:% (%)

地 区	Region	地区生产总值 Gross Domestic Product		第一产业 Primary Industry		第二产业 Secondary Industry		第三产业 Teritary Industry	
		2009	2010	2009	2010	2009	2010	2009	2010
全 省	Total	100.0	100.0	9.5	9.2	55.8	54.2	34.7	36.6
济南市	Jinan	100.0	100.0	5.6	5.5	42.9	41.9	51.5	52.6
青岛市	Qingdao	100.0	100.0	4.7	4.9	49.9	48.7	45.4	46.4
淄博市	Zibo	100.0	100.0	3.6	3.7	62.8	61.6	33.6	34.7
枣庄市	Zaozhuang	100.0	100.0	8.7	8.6	62.2	60.1	29.1	31.3
东营市	Dongying	100.0	100.0	3.6	3.7	73.9	72.6	22.5	23.7
烟台市	Yantai	100.0	100.0	7.7	7.7	60.2	58.9	32.1	33.4
潍坊市	Weifang	100.0	100.0	11.2	10.7	56.3	55.7	32.5	33.6
济宁市	Jining	100.0	100.0	12.1	12.6	54.9	53.3	33.0	34.1
泰安市	Tai'an	100.0	100.0	9.9	9.5	54.5	53.6	35.6	36.9
威海市	Weihai	100.0	100.0	7.9	7.9	57.7	55.9	34.4	36.2
日照市	Rizhao	100.0	100.0	10.1	9.8	54.6	54.8	35.3	35.4
莱芜市	Laiwu	100.0	100.0	6.4	7.1	62.1	60.4	31.5	32.5
临沂市	Linyi	100.0	100.0	12.1	11.0	50.5	50.3	37.4	38.7
德州市	Dezhou	100.0	100.0	13.0	12.7	55.0	54.3	32.0	33.0
聊城市	Liaocheng	100.0	100.0	14.4	13.7	58.7	56.9	26.9	29.4
滨州市	Binzhou	100.0	100.0	10.0	10.0	56.4	54.6	33.6	35.4
菏泽市	Heze	100.0	100.0	21.4	17.9	51.0	52.9	27.6	29.2

注:本表按当年价格计算。

a)Data in this table are calculated at current prices.

2-8 1978-2010年居民消费水平及指数

Household Consumption Expenditure and Indices from 1978 to 2010

年 份 Year	绝对额(元) Value(yuan)			指数(上年=100) Index(Preceding Year=100)			指数(1978年=100) Index(1978=100)		
	全省居民 All Households	农村居民 Rural Household	城镇居民 Urban Household	全省居民 All Households	农村居民 Rural Household	城镇居民 Urban Household	全省居民 All Households	农村居民 Rural Household	城镇居民 Urban Household
1978	169	136	529	110.0	113.9	97.5	100.0	100.0	100.0
1979	185	150	544	106.1	106.7	101.7	106.1	106.7	101.7
1980	223	181	632	107.6	106.3	110.8	114.2	113.4	112.7
1981	247	203	662	109.7	109.7	105.7	125.3	124.4	119.1
1982	298	259	642	111.3	116.2	96.2	139.5	144.6	114.6
1983	322	285	633	108.7	111.8	96.3	151.6	161.7	110.4
1984	348	310	642	106.7	107.2	99.8	161.8	173.3	110.2
1985	388	338	737	104.7	102.8	105.5	169.4	178.2	116.3
1986	426	373	795	106.3	107.2	102.7	180.1	191.0	119.4
1987	478	415	933	102.3	101.3	107.7	184.2	193.5	128.6
1988	588	494	1160	105.0	101.9	105.6	193.4	197.2	135.8
1989	644	514	1277	72.3	92.0	101.9	139.8	181.4	138.4
1990	698	563	1310	137.3	104.0	92.2	191.9	188.7	127.6
1991	780	617	1501	110.5	107.1	112.5	212.0	202.1	143.6
1992	909	667	1893	108.5	102.5	115.3	230.1	207.2	165.5
1993	1051	757	1935	112.0	110.2	107.6	257.7	228.3	178.1
1994	1524	1126	2265	116.3	111.2	119.8	299.7	253.8	213.4
1995	1939	1413	2895	112.5	107.2	114.0	337.1	272.1	243.2
1996	2280	1655	3391	108.5	106.4	106.8	365.8	289.5	259.8
1997	2712	1901	4123	111.4	110.7	111.1	407.5	320.5	288.6
1998	2887	1952	4479	108.9	106.2	111.8	443.8	340.4	322.7
1999	3178	2034	5085	110.1	106.7	113.4	488.6	363.2	365.9
2000	3447	2118	5603	108.2	105.6	109.1	528.7	383.5	399.2
2001	3726	2260	6020	107.6	104.9	107.8	568.8	402.3	430.3
2002	3924	2366	6232	108.1	103.8	108.3	614.9	417.6	466.0
2003	4351	2467	6974	107.5	103.9	106.8	661.0	433.9	497.7
2004	4924	2662	7965	109.9	104.0	111.1	726.5	451.3	553.0
2005	5916	3109	9453	115.2	113.0	113.3	836.8	509.9	626.3
2006	7064	3608	11193	115.4	114.8	113.4	965.7	585.4	710.3
2007	8142	4251	12633	113.6	115.2	111.5	1096.8	674.2	792.2
2008	9673	5081	14815	113.3	112.1	112.7	1243.2	755.6	892.5
2009	10494	5395	16027	110.8	111.1	109.5	1377.4	839.2	977.3
2010	11611	5733	17726	110.4	111.6	108.4	1520.1	936.8	1059.0

注：本表绝对额按当年价格计算，指数按可比价格计算。

a)Data in this table are calculated at current prices.Indices are calculated at constant prices.

2-9 各市居民消费水平及指数

Household Consumption Expenditure and Indices by Region

地区	Region	绝对额(元) Value(yuan)						2010年为2009年% Preceding Year =100		
		全体居民 All Households		农村居民 Rural Households		城镇居民 Urban Households		全省居民 All Households	农村居民 Rural Household	城镇居民 Urban Household
		2009	2010	2009	2010	2009	2010			
全　省	Total	10494	11611	5395	5733	16027	17726	110.4	111.6	108.4
济南市	Jinan	15488	17748	5281	6530	21422	24097	112.6	122.8	110.4
青岛市	Qingdao	14485	16392	6514	7808	18873	20963	109.8	115.8	107.9
淄博市	Zibo	11751	13946	6775	7565	14782	17731	112.7	115.0	111.5
枣庄市	Zaozhuang	8814	10285	6182	7194	11619	13683	113.0	112.2	114.3
东营市	Dongying	13277	15739	6383	8014	19345	22430	113.5	108.9	114.2
烟台市	Yantai	11936	13124	5196	5888	17445	18967	107.8	111.1	106.6
潍坊市	Weifang	10377	11466	6169	7118	14683	16119	107.7	112.6	107.0
济宁市	Jining	9017	10141	5300	5842	13973	15758	111.4	109.6	111.4
泰安市	Tai'an	10278	13359	5688	6801	15298	19686	113.6	121.5	106.4
威海市	Weihai	14636	20453	10207	15507	19389	25417	137.6	149.7	129.0
日照市	Rizhao	8680	10279	4400	5280	13880	15899	111.3	110.4	108.6
莱芜市	Laiwu	9362	10968	4693	5564	13939	16138	111.1	111.3	110.2
临沂市	Linyi	7150	7375	3611	4049	12003	11440	101.7	106.3	95.5
德州市	Dezhou	7616	8518	3407	3649	14307	15525	111.9	107.1	108.4
聊城市	Liaocheng	7049	7930	3573	3891	13545	15256	116.4	113.2	116.2
滨州市	Binzhou	9220	10980	5845	6908	14741	16592	116.6	117.0	109.6
菏泽市	Heze	5844	6757	3517	4049	11067	12330	110.8	111.1	106.3

注：本表绝对数按当年价格计算，指数按可比价格计算。

a)Data in this table are calculated at current prices.Indices are calculated at constant prices.

2-10 三次产业对经济增长的贡献率及拉动百分点

Share and Contribution of the Three Industries to the Inctrease of GDP

单位:%　　　　(%)

年　份 Year	贡献率 Share			地区生产总值增长率(%) Increase Rate of Gross Domestic Product	拉动百分点 Contribution		
	第一产业 Primary Industry	第二产业 Secondary Industry	第三产业 Tertiary Industry		第一产业 Primary Industry	第二产业 Secondary Industry	第三产业 Tertiary Industry
1980	25.6	53.4	21.0	12.2	3.1	6.5	2.6
1981	42.0	25.2	32.8	5.8	2.4	1.5	1.9
1982	36.2	22.4	41.4	11.3	4.1	2.5	4.7
1983	43.3	23.3	33.4	13.9	6.0	3.2	4.7
1984	40.3	41.0	18.7	17.4	7.0	7.1	3.3
1985	7.3	65.4	27.3	11.4	0.8	7.5	3.1
1986	-3.7	73.7	30.0	6.3	-0.2	4.6	1.9
1987	17.6	55.3	27.1	13.8	2.4	7.6	3.8
1988	-0.6	83.2	17.4	12.5	-0.1	10.4	2.2
1989	-4.6	89.3	15.3	4.0	-0.2	3.6	0.6
1990	27.0	70.3	2.7	5.3	1.4	3.7	0.2
1991	27.2	40.2	32.6	14.6	4.0	5.9	4.7
1992	0.3	70.7	29.0	16.9		12.0	4.9
1993	7.2	63.4	29.4	20.4	1.5	12.9	6.0
1994	9.5	52.5	38.0	16.2	1.5	8.5	6.2
1995	12.5	49.8	37.7	14.0	1.7	7.0	5.3
1996	10.2	56.8	33.0	12.1	1.2	6.9	4.0
1997	0.8	57.6	41.6	11.1	0.1	6.4	4.6
1998	8.4	57.3	34.3	10.8	0.9	6.2	3.7
1999	7.2	62.1	30.7	10.0	0.7	6.2	3.1
2000	5.4	61.2	33.4	10.3	0.6	6.3	3.4
2001	6.4	54.7	38.9	10.0	0.6	5.5	3.9
2002	3.0	64.3	32.7	11.7	0.4	7.5	3.8
2003	5.5	64.9	29.6	13.4	0.7	8.7	4.0
2004	3.9	66.9	29.2	15.3	0.5	10.3	4.5
2005	3.7	64.2	32.1	15.0	0.6	9.6	4.8
2006	3.7	64.4	31.9	14.7	0.5	9.5	4.7
2007	2.7	64.3	33.0	14.2	0.4	9.1	4.7
2008	3.7	58.8	37.5	12.0	0.4	7.1	4.5
2009	2.9	66.9	30.2	12.2	0.4	8.1	3.7
2010	2.3	61.9	35.8	12.3	0.3	7.6	4.4

注:1.2005年以后执行2002年国民经济行业分类(新行业分类)。

2.2002年国民经济行业分类中,农林牧渔服务业由第三产业调整到第一产业。

a)Since 2005,this table uses the new Industrial Classification of National Economy.

b)Services of farming,forestry,animal husbandry and fishery are included in the primary industry in the 2002 Industrial Classification of National Economy.

2-11 三大需求对经济增长的贡献率和拉动百分点

Share and Contribution of the Three Components of GDP by Expenditure Approach to the Growth of GDP

单位:% (%)

年份 Year	贡献率 Share			地区生产总值增长率(%) Increase Rate of Gross Domestic Product	拉动百分点 Contribution		
	最终消费 Final Consumption Expenditure	资本形成总额 Gross Capital Formation	货物和服务净流出 Net Exports of Goods and Services		最终消费 Final Consumption Expenditure	资本形成总额 Gross Capital Formation	货物和服务净流出 Net Exports of Goods and Services
1993	34.3	67.7	-2.0	20.4	7.0	13.8	-0.4
1994	54.4	40.5	5.1	16.2	8.8	6.6	0.8
1995	50.7	45.5	3.8	14.0	7.1	6.4	0.5
1996	46.3	52.5	1.2	12.1	5.6	6.4	0.1
1997	42.1	58.8	-0.9	11.1	4.7	6.5	-0.1
1998	43.8	51.0	5.2	10.8	4.8	5.4	0.6
1999	51.1	39.8	9.1	10.0	5.1	4.0	0.9
2000	45.7	49.7	4.6	10.3	4.7	5.1	0.5
2001	53.8	36.0	10.2	10.0	5.4	3.6	1.0
2002	46.9	40.2	12.9	11.7	5.5	4.7	1.5
2003	41.1	48.0	10.9	13.4	5.4	6.5	1.5
2004	41.1	54.7	4.2	15.3	6.3	8.4	0.6
2005	47.4	49.7	2.9	15.0	7.1	7.5	0.4
2006	46.0	49.1	4.9	14.7	6.8	7.2	0.7
2007	45.2	49.4	5.4	14.2	6.4	7.0	0.8
2008	49.2	48.6	2.2	12.0	5.9	5.8	0.3
2009	45.2	66.5	-11.7	12.2	5.5	8.1	-1.4
2010	41.5	62.3	-3.8	12.3	5.2	7.6	-0.5

主要统计指标解释

国内生产总值（GDP） 指一个国家（或地区）所有常住单位在一定时期内生产活动的最终成果。

国内生产总值有三种表现形态，即价值形态、收入形态和产品形态。

从价值形态看，它是所有常住单位在一定时期内生产的全部货物和服务价值超过同期中间投入的全部非固定资产货物和服务价值的差额，即所有常住单位的增加值之和；

从收入形态看，它是所有常住单位在一定时期内创造并分配给常住单位和非常住单位的初次收入分配之和；

从产品形态看，它是所有常住单位在一定时期内最终使用的货物和服务价值与货物和服务净出口价值之和。

在实际核算中，国内生产总值有三种计算方法，即生产法、收入法和支出法。三种方法分别从不同的方面反映国内生产总值及其构成。

①生产法 是从生产过程中生产的货物和服务总产品价值入手，剔除生产过程中投入的中间产品的价值，得到增加价值的一种方法，公式为：

增加值＝总产出－中间投入

总产出 是一定时期内一个国家（或地区）常住单位生产的所有货物和服务的价值。既包括新增价值，也包括转移价值。

中间投入 是常住单位在生产或提供货物与服务过程中，消耗和使用的所有非固定资产货物和服务的价值。中间投入也称为中间消耗。

增加值 是指常住单位生产过程创造的新增价值和固定资产的转移价值。按生产法计算它等于总产出减去中间投入。

②收入法 收入法也称分配法，按收入法计算国内生产总值是从生产过程创造收入的角度，对常住单位的生产活动成果进行核算。按照这种计算方法，增加值由劳动者报酬、生产税净额、固定资产折旧和营业盈余四个部分组成。

用公式表示为：

增加值＝劳动者报酬+生产税净额+固定资产折旧+营业盈余

国民经济各部门的增加值之和等于国内生产总值。

劳动者报酬 指劳动者因从事生产活动所获得的全部报酬。它包括劳动者获得的各种形式工资、奖金和津贴，既包括货币形式的，也包括实物形式的，它还包括劳动者所享受的公费医疗和医疗卫生费、上下班交通补贴和单位直接支付的社会保险费等。

生产税净额 生产税减生产补贴后的差额。

生产税指政府对生产单位生产、销售和从事经营活动以及因从事生产活动使用某些生产要素，如固定资产、土地、劳动力所征收的各种税、附加费和规费。具体包括销售税金及附加、增值税、管理费中开支的各种税、应交纳的养路费、排污费和水电费附加、烟酒专卖上缴政府的专项收入等。

生产补贴与生产税相反，是政府对生产单位的单方面收入转移，因此视为负生产税处理，包括政策亏损补贴、粮食系统价格补贴、外贸企业出口退税收入等。

固定资产折旧 指一定时期内为弥补固定资产损耗按照核定的固定资产折旧率提取的固定资产折旧，或按国民经济核算统一规定的折旧率虚拟计算的固定资产折旧。它反映了固定资产在当期生产中的转移价值。各种类型企业和企业化管理的事业单位的固定资产折旧指实际计提并计入成本费用中的折旧费；不计提折旧的单位，如政府机关、非企业化管理的事业单位和居民住房的固定资产折旧则是按照统一规定的折旧率和固定资产原值计算的虚拟折旧。

营业盈余 是指常住单位创造的增加值扣除劳动者报酬、生产税净额和固定资产折旧后的余额。它相当于企业的营业利润加上生产补贴，但要扣除从利润中开支的工资和福利等。

③支出法 支出法是从最终使用角度来反映国内生产总值最终去向的一种方法。最终使用包括货物和服务的最终消费支出、资本形成总额、货物和服务净出口三部分。

最终消费 指常住单位在一定时期内对于货物和服务的全部最终消费支出，也就是常住单位为满足物质、文化和精神生活的需要，从本国经济领土和国外购买的货物和服务的支出；不包括非常住单位在本国经济领土内的消费支出。最终消费分为居民消费和政府消费。

居民消费 指常住住户对货物和服务的全部最终消费支出。居民消费按市场价格计算，即按居民支付的购买者价格计算。购买者价格是购买者取得货物所支付的价值，包括购买者支付的运输和商业费用。

居民消费除了直接以货币形式购买货物和服务的消费之外，还包括以其他方式获得的货物和服务的消费支出，即所谓的虚拟消费支出。居民虚拟消费支出包括以下几种类型：单位以实物报酬及实物转移的形式提供给劳动者的货物和服务；住户生产并由本住户消费的货物和服务，其中的服务仅指住户的自有住房服务；金融机构提供的金融媒介服务；保险公司提供的保险服务。

政府消费 指政府部门为全社会提供公共服务的消费支出和免费或以较低价格向住户提供的货物和服务的净支出。前者等于政府服务的产出价值减去政府单位所获得的经营收入的价值，政府服务的产出价值等于它的经常性业务支出加上固定资产折旧；后者等于政府部门免费或以较低价格向住户提供的货物和服务的市场价值减去向住户收取的价值。

资本形成总额　指常住单位在一定时期内获得减去处置的固定资产和存货的净额，包括固定资本形成总额和存货增加两部分。

固定资本形成总额　指常住单位购置、转入和自产自用的固定资产价值，扣除销售和转出的价值，包括有形固定资产形成总额和无形固定资产形成总额。有形固定资产形成总额包括一定时期内完成的建筑工程、安装工程和设备工器具购置（减处置）价值，商品房销售增值，土地改良形成的固定资产，新增役、种、奶、毛、娱乐用牲畜和新增经济林木价值。无形固定资产形成总额包括矿藏勘探、计算机软件、娱乐和文学艺术品原件等获得减处置的价值。

存货增加　指常住单位存货实物量变动的市场价值，即期末价值减期初价值的差额。存货增加可以是正值，也可以是负值；正值表示存货上升，负值表示存货下降。它包括生产单位购进的原材料、燃料和储备物资等存货，以及生产单位生产的产成品、在制品等存货等。

货物和服务净出口　指货物和服务出口减货物和服务进口的差额。出口包括常住单位向非常住单位出售或无偿转让的各种货物和服务的价值；进口包括常住单位从非常住单位购买或无偿得到的各种货物和服务的价值。由于服务活动的提供与使用同时发生，因此服务的进出口业务并不发生出入境现象，一般把常住单位从国外得到的服务作为进口，非常住单位从本国得到的服务作为出口。货物的出口和进口都按离岸价格计算。

三次产业　是根据社会生产活动历史发展的顺序对产业结构的划分，产品直接取自自然界的部门称为第一产业，对初级产品进行再加工的部门称为第二产业，为生产和消费提供各种服务的部门称为第三产业。它是世界上较为通用的产业结构分类，但各国的划分不尽一致。

按照国民经济行业分类标准（GB/T 4754-2002）和我国的实际情况，我国的三次产业划分是：

第一产业　农林牧渔业（包括农业、林业、畜牧业、渔业、农林牧渔服务业）。

第二产业　工业（包括采掘业，制造业，电力、煤气及水的生产和供应业）和建筑业。

第三产业　除第一、第二产业以外的其他各业。由于第三产业包括的行业多、范围广，根据我国的实际情况，第三产业分为十五个门类。具体为：

交通运输、仓储和邮政业，信息传输、计算机服务和软件业，批发和零售业，住宿和餐饮业，金融业，房地产业，租赁和商务服务业，科学研究、技术服务和地质勘查业，水利、环境和公共设施管理业，居民服务和其他服务业，教育，卫生、社会保障和社会福利业，文化、体育和娱乐业，公共管理和社会组织，国际组织。

当年价格　指报告期的实际价格，如工业品的出厂价格，农产品的收购价格，商业的零售价格等。按当年价格计算，是指一些以货币表现的物量指标，如工农业总产值、国内生产总值等，按照当年的实际价格来计算总量。使用当年价格计算的数字，是为了使国民经济各项指标互相衔接，便于考察当年社会经济效益，便于对生产流通、生产和分配、生产和消费进行经济核算和综合平衡。

按当年价格计算的价值指标，在不同年份之间进行对比时，因为包含有各年间价格变动的因素，不能确切地反映实物量的增减变动。必须消除价格变动因素后，才能真实反映经济发展动态。因此，在计算增长速度时都使用按可比价格计算的数字。

可比价格　指计算各种总量指标所采用的扣除了价格变动因素的价格，可进行不同时期总量指标的对比。按可比价格计算总量指标有两种方法：一种是直接用产品产量乘某一年的不变价格计算；另一种是用价格指数进行换算。

不变价格　指以同类产品某一时期的平均价格作为固定价格，用于计算各时期的产品价值。按不变价格计算的产品价值消除了价格变动因素，不同时期对比可以反映生产的发展速度。新中国成立后，随着工农业产品价格水平的变化，国家统计局先后七次制定了全国统一的工业产品不变价格和农业产品不变价格。从 1949 年到 1957 年使用 1952 年工（农）业产品不变价格，从 1957 年到 1971 年使用 1957 年不变价格，从 1971 年到 1981 年使用 1970 年不变价格，从 1981 年到 1990 年使用 1980 年不变价格，从 1991 年到 2000 年使用 1990 年不变价格，从 2001 年到 2005 年使用 2000 年不变价格，从 2006 年开始使用 2005 年不变价格。

Explanatory Notes on Main Statistical Indicators

Gross Domestic Product refers to the final products at market prices produced by all residents in a country (or a region) during a certain period of time.

Gross domestic product is expressed in three different forms, i.e. value, income, and products respectively.

GDP in its value form refers to the total value of all goods and services produced by all resident units during a certain period of time, minus the total value of input of goods of non-fixed assets and services; in other term, it is the sum of the value-added of all resident units.

GDP in the form of income includes the income created by all resident units and distributed to resident and non-resident units.

GDP in the form of products refers to the value of all goods and services for final consumption by all resident units minus the net exports of goods and services during a given period of time.

In the practice of national accounting, gross domestic product is calculated with three approaches, i.e. production approach, income approach and expenditure approach, which reflect gross domestic product and its composition from different aspects.

Production Approach focuses on the total value of goods and services produced in production activities. GDP by Production Approach equals the value of total output minus that of input consumed in production process.

GDP by Production Approach = gross output－intermediate input

Gross Output refers to the total value of goods and service produced by all residents in a given period,including newly-produced goods and service, and intermediate input.

Intermediate Input refers to non-fixed assets and paid service consumed during production process when goods and service are produced. Intermediate input is also called intermediate consumption.

Value-added refers to the value of newly-produced goods and service and that of consumed fixed assets. By production approach, it equals gross output minus intermediate input.

Income Approach (also known as distribution approach): refers to the method measuring the final results of production activities o from the perspective of income made by all residents. GDP of income approach includes laborers' remuneration,net taxed on production, depreciation of fixed assets and operating surplus.

GDP by income approach = laborers' remuneration+ net taxed on production+depreciation of fixed assets+operating surplus.

The sum of value added made by different industries is GDP.

Laborers' Remuneration refers to the whole payment of various forms earned by the laborers' from the productive activities they are engaged in. It includes wages, bonuses and allowances the laborers' earned in monetary form and in kind. It also includes the free medical services provided to the laborers' and the medicine expenses, traffic subsidies and social insurance, housing fund paid by the employers.

Net Taxes on Production refers to the difference of the taxes on production minus the subsidies on production.

Taxes on production refers to the various taxes, extra charges and fees levied on the production units on their production, sale and business activities as well as on the use of some factors of production, such as fixed assets, land and labor force in the production activities they are engaged in.

In contrast to the taxes on production, the subsidies on production refer to the unilateral government transfer to the production units and are therefore regarded as negative taxes on production.They include subsidies on the loss due to implementation of government policies, price subsidies, etc.

Depreciation of Fixed Assets refers to the depreciation of fixed assets of a given period, drawn in accordance with the stipulated depreciation rate for the purpose of compensating the wear loss of the fixed assets or the depreciation of fixed assets calculated in a fictitious way in accordance with the stipulated unified depreciation rate in the national economic accounting system. It reflects the value of transfer of the fixed assets in the production of the current period. The depreciation of fixed assets in various enterprises and institutions managed as enterprises refers to the depreciation expenses actually drawn. In government agencies and institutions not managed as enterprises which do not draw the depreciation expenses, as well as for the houses of residents, the depreciation of fixed assets is the imputed depreciation, which is calculated in accordance with the stipulated unified depreciation rate. In principle, the depreciation of fixed assets should be calculated on the basis of the re-purchased value of the fixed assets.

Operating Surplus refers to the balance of the value added created by the resident units deducting the laborers' remuneration, net taxes on production and the depreciation of fixed assets. It is equivalent to the business profit of the enterprises plus subsidies on production, but the wages and welfare expenses paid from the profits should be deducted.

GDP by Expenditure Approach refers to the method of measuring the final results of production activities of a country (region) during a given period from the perspective of final use. It includes final consumption expenditure, total capital formation and net export of goods and services.

Final Consumption Expenditure refers to the total expenditure on goods and services in a given period, which means the total expenditure of resident units for purchases of goods and services from domestic economic territory and abroad to meet the requirements of material, cultural and spiritual life. It excludes the expenditure of non-resident units on consumption in the economic territory of the country. The final consumption expenditure is broken down into household consumption expenditure and government consumption expenditure.

Household consumption refers to the consumption expenditure made by household on goods and services. It is calculated at market price which is the purchasers'price. Purchasers'price means the money the purchasers paid for goods, including transportation fees and operating fees.

In addition to the consumption of goods and services bought by the households directly with money, the households consumption expenditure also includes expenditure on goods and services obtained by the households in other ways, i.e. the so-called imputed consumption expenditure, which includes the following:

(a) the goods and services provided to the households by the employer in the form of payment in kind and transfer in kind; (b) goods and services produced and consumed by the households themselves, in which the services refer only to the owner-occupied housing and domestic and individual services provided by the paid household workers; (c) financial intermediate services provided by financial institutions; (d) insurance services provided by insurance companies.

Government Consumption Expenditure refers to the expenditure on the consumption of the public services provided by the government to the whole society and the net expenditure on the goods and services provided by the government to the households free of charge or at low prices. The former equals to the output value of the government services minus the value of operating income obtained by the government departments. The latter equals to the market value of the goods and services provided by the government free of charge or at low prices to the households minus the value received by the government from the households.

Total Capital Formation refers to the fixed assets acquired minus those disposed of and the net value of inventory, including the total fixed capital formation and the increase in inventory.

Total Fixed Capital Formation refers to the value of fixed assets acquired minus those disposed of during a given period. Fixed assets are the assets produced through production activities with specified unit value which could be used for over one year, excluding natural assets. Total fixed capital formation can be categorized into total tangible capital formation and total intangible capital formation. The total tangible capital formation include the value of the construction projects, installation projects completed and the equipment,apparatus and instruments purchased as well as the value of land improved, the value of draught animals, breeding stock, animals for milk, wool and for recreational purpose, and the newly increased forest with economic value during a given period. The total intangible capital formation includes the prospecting of minerals, the acquisition of computer software, artisticworks artistic minus the disposal of them.

Increase in Inventory refers to the market value of the change in inventory of resident units during a given period, i.e. the difference of value between the beginning and the end of the period minus the current gains due to the change in prices. The increase in inventory can be positive or negative. A positive value indicates the increase in inventory while a negative value indicates the decrease in stock. The inventory includes the raw materials, fuels and reserve materials purchased by the production units as well as the inventory of finished products, semi-finished products, work-in-progress, etc.

Net Export of Goods and Services refers to the difference of the exports of goods and services minus the imports of goods and services. The imports include the value of various goods and services sold or gratuitously transferred by the resident units to the non-resident units. The imports include the value of various goods and services purchased or gratuitously acquired by the resident units from the non-resident units. Because the provision of services and the use of them happen simultaneously, the acquisition of services by the resident units from abroad is usually treated as import while the acquisition of services by non-resident units in this country is usually treated as export. The export and import of goods are calculated at FOB.

Three Industries: Classification of economic activities into three branches of industries is based on the development of production. Primary industry refers to the production activities that obtain products from nature. Secondary industry refers to the production activities that process primary goods. Tertiary industry refers to the production activities that provide primary and secondary industries with services. Classification of economic activities into three branches of industries is a common practice in the world, although the grouping varies to some extent from country to country. According to the new Industrial Classification of National Economy (GB/T 4754-2002), economic activities are categorized into following industries:

Primary industry refers to agriculture, forestry, animal husbandry and fishery.

Secondary Industry refers to mining and quarrying, manufacturing, production and supply of electricity, water and gas, and construction.

Tertiary industry refers to all other economic activities not included in primary or secondary industry.According to the economic condition in China, tertiary industry includes Transport, Storage and Post, Information Transmission, Computer Services and Software, Wholesale and Retail Trades, Hotels and Catering Services, Financial Intermediation, Real Estate, Leasing and Business Services, Scientific Research, Technical Services and Geologic Prospecting,Management of Water Conservancy, Environment and Public Facilities, Services to Households and Other Services,Education, Health, Social Security and Social Welfare, Culture, Sports and Entertainment, Public Management and Social Organizations, and International Organizations.

Current Price refers to the actual price during the reporting period, such as Ex-factory Price of Industrial Products, purchasing price of agricultural produces and retail price. Some indicators calculatedat current price are volume indicators in the value form, such as total value of output of industrial and agricultural industries and GDP, etc. Data calculated at current price are useful when it comes to evaluating the economic development and analyzing different aspects of economy, such as production, circulation,distribution and consumption.

When the different indicators calculated at current price are compared, it is in evitable that price changes will affect the comparison. Therefore, the change in volume cannot be showed. In order to eliminate the effect of price and reflect economic development, growth rate is calculated at current price.

Constant Price refers to the price without the effect of price change. By using constant price, total amount indices of different periods can be compared. There are two methods in which total amount indices are obtained, one using current price of some year to multiply the physical volume of certain products and the other using price index.

Fixed Price refers to the average price of similar products in a given period, with which the product value of different period can be calculated. The product value calculated at fixed price can show the growth rate of production in different period. Since 1949, NBS has framed the united industrial and agricultural fixed price 7 times, including the fixed price of 1952 used from 1949 to 1957, the fixed price of 1957 used from 1957 to 1971, the fixed price of 1970 used from 1971 to 1981, the fixed price of 1980 used from 1981 to 1990, the fixed price of 1990 used from 1991 to 2000, the fixed price of 2000 used from 2001 to 2005 and the fixed price of 2005 used from 2006.

第3篇 人 口

Population

简 要 说 明

一、本篇资料的主要内容

本篇资料主要反映了我省人口方面的基本情况，包括全省17个市的主要人口统计数据、历年人口数、农业和非农业人口数、人口出生率、死亡率、自然增长率。另外，还对建国以来开展的6次人口普查主要数据进行了比较。

二、本篇资料的来源

本篇资料分别来源于国家开展的人口普查、人口抽样调查和省公安厅的户籍登记资料，由省统计局人口处整理提供。

Brief Introduction

I. Main Content

Data in this chapter show the basic condition of population, such as the basic condition of 17 cities, population, agricultural and non-agricultural population, birth rate, death rate and natural growth rate. Furthermore, relevant figures obtained from six national population censuses have been compared.

II. Source of Data

Data in this chapter are from national population censuses, national sample survey. Some are derived from household registration provided by Shandong Provincial Department of Public Security. The data above are compiled by the Division of Population and Employment Statistics of Shandong Provincial Bureau of Statistics.

3-1　历年总人口

Population over the Years

单位:万人 (10 000 persons)

年 份 Year	总人口 Total	按性别分 Grouped by Sex		按农业非农业分 Grouped By Agricultural and Non-agricultural		人口密度 Density of Population (人/平方公里) (Person/sq.km)
		男 Male	女 Female	农业人口 Agricultural	非农业人口 Non-agricultural	
1949	(4549)	(2199)	(2350)	(4289)	(260)	290
1952	(4827)	(2392)	(2435)	(4538)	(289)	308
1953	(4924)	(2450)	(2474)	(4620)	(304)	314
1954	(5052)	(2520)	(2532)	(4732)	(320)	322
1955	(5174)	(2587)	(2587)	(4796)	(378)	330
1956	(5256)	(2627)	(2629)	(4871)	(385)	335
1957	(5373)	(2694)	(2679)	(4936)	(437)	343
1958	(5422)	(2719)	(2703)	(4810)	(612)	346
1959	(5373)	(2713)	(2660)	(4794)	(579)	343
1960	(5188)	(2597)	(2591)	(4642)	(546)	331
1961	(5265)	(2631)	(2634)	(4804)	(461)	336
1962	(5426)	(2718)	(2708)	(5015)	(411)	346
1963	(5585)	(2804)	(2781)	(5151)	(434)	356
1964	(5606)	(2816)	(2790)	(5161)	(445)	358
1965	(5711)	(2866)	(2845)	(5258)	(453)	364
1966	(5851)	(2940)	(2911)	(5398)	(453)	373
1967	(5968)	(2999)	(2969)	(5514)	(454)	381
1968	(6086)	(3060)	(3026)	(5631)	(455)	388
1969	(6265)	(3147)	(3118)	(5808)	(457)	400
1970	(6441)	(3241)	(3200)	(5966)	(475)	411
1971	(6568)	(3311)	(3257)	(6038)	(530)	419
1972	(6683)	(3368)	(3315)	(6157)	(526)	426
1973	(6793)	(3428)	(3365)	(6251)	(542)	434
1974	(6876)	(3471)	(3405)	(6327)	(549)	439
1975	(6971)	(3524)	(3447)	(6408)	(563)	445
1976	(7038)	(3561)	(3477)	(6455)	(583)	449
1977	(7099)	(3592)	(3507)	(6507)	(592)	453
1978	(7160)	(3624)	(3536)	(6533)	(627)	457
1979	(7232)	(3660)	(3572)	(6570)	(661)	462
1980	(7296)	(3694)	(3602)	(6605)	(691)	466
1981	(7395)	(3750)	(3645)	(6659)	(736)	472
1982	(7494)	(3806)	(3688)	(6720)	(774)	478
1983	(7564)	(3847)	(3717)	(6753)	(811)	483
1984	(7637)	(3887)	(3750)	(6701)	(936)	487
1985	7711(7695)	(3922)	(3773)	(6676)	(1017)	492
1986	7818(7776)	(3967)	(3810)	(6797)	(979)	499
1987	7958(7889)	(4029)	(3860)	(6844)	(1045)	508
1988	8061(8009)	(4092)	(3917)	(6702)	(1307)	514
1989	8160(8181)	(4181)	(4000)	(6698)	(1483)	521
1990	8493(8424)	(4299)	(4125)	(6846)	(1578)	542
1991	8570(8534)	(4352)	(4182)	(6884)	(1650)	547
1992	8610(8580)	(4373)	(4207)	(6819)	(1761)	549
1993	8642(8620)	(4392)	(4228)	(6724)	(1896)	551
1994	8671(8653)	(4407)	(4246)	(6574)	(2079)	553
1995	8705(8701)	(4429)	(4272)	(6531)	(2170)	556
1996	8738(8747)	(4452)	(4295)	(6484)	(2263)	558
1997	8785(8810)	(4483)	(4327)	(6500)	(2310)	561
1998	8838(8872)	(4513)	(4359)	(6575)	(2296)	564
1999	8883(8922)	(4537)	(4385)	(6600)	(2322)	567
2000	8997(8975)	(4562)	(4413)	(6566)	(2409)	574
2001	9041(9024)	(4584)	(4440)	(6507)	(2517)	577
2002	9082(9069)	(4607)	(4463)	(6435)	(2634)	580
2003	9125(9108)	(4624)	(4484)	(6275)	(2833)	582
2004	9180(9163)	(4652)	(4512)	(6212)	(2951)	586
2005	9248(9212)	(4676)	(4537)	(6066)	(3147)	589
2006	9309(9282)	(4707)	(4575)	(6055)	(3228)	592
2007	9367(9346)	(4739)	(4606)	(5909)	(3436)	596
2008	9417(9392)	(4761)	(4632)	(5860)	(3532)	599
2009	9470(9449)	(4792)	(4658)	(5902)	(3548)	603
2010	9579(9536)	(4839)	(4697)	(5698)	(3839)	610

注:1990、2000和2010年为人口普查数,其余年份均为人口抽样调查数,括号内为公安户籍人口数。2006年之后的农业、非农业人口数据为公安机关统计的农村人口和城镇人口。

a)Data of 1990、2000 and 2010 are based on the national population census,and others are based on the sample surveys.Data in the brackets are taken from the annual reports of the Public Security Departments.Since 2006,the Agriculture, non-agricultural population are changed to the rural populatic and urban population from the the Public Security Departments.

3-2 历年人口出生率、死亡率、自然增长率

Birth Rate,Death Rate and Natural Growth Rate of Population

年 份 Year	出生率 (‰) Birth Rate (‰)	死亡率 (‰) Death Rate (‰)	自然增长率 (‰) Natural Growth Rate (‰)	出生人口数 (万人) Population of Birth (10 000 persons)	死亡人口数 (万人) Population of Death (10 000 persons)	自然增长人数 (万人) Population of Natural Growth (10 000 persons)
1949	(28.10)	(12.20)	(15.90)			
1952	(31.50)	(12.20)	(19.30)			
1953	(32.60)	(12.10)	(20.50)	(160)	(59)	(101)
1954	(37.70)	(11.70)	(26.00)	(188)	(58)	(130)
1955	(37.30)	(13.70)	(23.60)	(191)	(70)	(121)
1956	(32.70)	(12.10)	(20.60)	(171)	(63)	(108)
1957	(35.80)	(12.10)	(23.70)	(190)	(64)	(126)
1958	(25.00)	(12.80)	(12.20)	(135)	(69)	(66)
1959	(20.90)	(18.20)	(2.70)	(113)	(98)	(15)
1960	(19.50)	(23.60)	(-4.10)	(103)	(125)	(-22)
1961	(21.40)	(18.40)	(3.00)	(113)	(97)	(16)
1962	(38.10)	(12.40)	(25.70)	(204)	(66)	(138)
1963	(44.20)	(11.80)	(32.40)	(244)	(65)	(179)
1964	(36.90)	(12.00)	(34.90)	(206)	(67)	(139)
1965	(35.50)	(10.20)	(25.30)	(201)	(58)	(143)
1966	(34.50)	(9.90)	(24.60)	(200)	(57)	(143)
1967	(30.00)	(9.00)	(21.00)	(177)	(53)	(124)
1968	(38.00)	(8.00)	(30.00)	(229)	(48)	(181)
1969	(30.40)	(6.60)	(23.80)	(191)	(41)	(150)
1970	(33.89)	(7.34)	(26.55)	(215)	(47)	(168)
1971	(29.01)	(7.81)	(21.20)	(189)	(51)	(138)
1972	(27.60)	(7.66)	(19.94)	(183)	(51)	(132)
1973	(23.89)	(6.94)	(16.95)	(161)	(47)	(114)
1974	(20.95)	(7.23)	(13.72)	(143)	(49)	(94)
1975	(21.56)	(7.53)	(14.03)	(149)	(52)	(97)
1976	(18.46)	(7.63)	(10.83)	(129)	(53)	(76)
1977	(16.96)	(7.24)	(9.72)	(120)	(51)	(69)
1978	(16.80)	(6.50)	(10.30)	(119)	(46)	(73)
1979	(16.94)	(6.15)	(10.79)	(122)	(44)	(78)
1980	(13.91)	(6.40)	(7.51)	(101)	(47)	(54)
1981	(16.48)	(6.41)	(10.07)	(121)	(47)	(74)
1982	(17.05)	(6.10)	(10.95)	(127)	(45)	(82)
1983	15.10(12.76)	6.73(5.87)	8.37(6.89)	114(96)	51(44)	63(52)
1984	13.80(12.99)	5.80(6.03)	8.00(6.96)	104(99)	44(46)	60(53)
1985	15.12(11.75)	6.64(5.90)	8.48(5.85)	116(90)	51(45)	65(45)
1986	19.90(14.71)	7.28(5.86)	12.62(8.85)	156(114)	57(46)	99(68)
1987	23.35(17.43)	7.07(5.64)	16.28(11.79)	184(137)	56(44)	128(93)
1988	17.54(17.95)	6.04(5.95)	11.50(12.00)	140(143)	48(47)	92(96)
1989	16.88(18.87)	5.70(5.51)	11.18(13.36)	137(153)	46(45)	91(108)
1990	18.21(26.10)	6.96(6.02)	11.25(20.08)	152(217)	58(50)	94(167)
1991	15.40(16.39)	6.54(5.73)	8.86(10.66)	131(139)	56(49)	75(90)
1992	11.43(10.95)	6.88(6.02)	4.55(4.93)	98(94)	59(52)	39(42)
1993	10.49(9.47)	6.76(5.84)	3.73(3.63)	90(81)	58(50)	32(31)
1994	9.69(9.31)	6.67(5.99)	3.02(3.32)	84(80)	58(52)	26(28)
1995	9.82(9.66)	6.47(5.83)	3.35(3.83)	85(84)	56(51)	29(33)
1996	10.60(10.33)	6.76(6.04)	3.84(4.29)	92(90)	59(53)	33(37)
1997	11.28(10.84)	6.65(5.90)	4.63(4.94)	99(95)	58(52)	41(43)
1998	11.58(11.52)	6.12(5.95)	5.46(5.57)	102(102)	54(53)	48(49)
1999	11.08(10.23)	6.27(5.72)	4.81(4.51)	98(91)	55(51)	43(40)
2000	10.75(11.38)	6.29(6.70)	4.46(4.68)	97(102)	56(60)	40(42)
2001	11.12(9.93)	6.24(5.46)	4.88(4.47)	100(89)	56(49)	44(40)
2002	11.17(10.20)	6.62(5.86)	4.55(4.34)	101(92)	60(53)	41(39)
2003	11.42(9.31)	6.64(6.07)	4.78(3.24)	104(85)	61(55)	43(30)
2004	12.50(10.59)	6.49(5.60)	6.01(4.99)	114(97)	59(51)	55(46)
2005	12.14(10.17)	6.31(5.85)	5.83(4.32)	112(94)	58(54)	54(40)
2006	11.60(9.59)	6.10(5.62)	5.50(3.97)	108(89)	57(52)	51(37)
2007	11.11(10.05)	6.11(6.47)	5.00(3.58)	104(94)	57(60)	47(33)
2008	11.25(10.13)	6.16(6.81)	5.09(3.32)	106((95)	58(64)	48(31)
2009	11.70(10.96)	6.08(6.11)	5.62(4.86)	110(103)	57(58)	53(46)
2010	11.61(15.82)	6.24(8.58)	5.34(7.24)	111(150)	60(81)	51(69)

注:1990、2000年为人口普查数，2010年为人口普查修正数据，其余年份均为人口抽样调查数，括号内为当年前往公安机关申报登记数。

a)Data of 1990 and 2000 are based on the national population census,2010 data are revised according to the national population census,others are based on the sample surveys. Data in the brackets are registration data of the public security department.

3-3 第一、二、三、四、五、六次人口普查主要数据
Major Data of All Previous Provincial Population Census

项 目	Item	第一次人口普查 The First (1953.7.1)	第二次人口普查 The Second (1964.7.1)	第三次人口普查 The Third (1982.7.1)	第四次人口普查 The Fourth (1990.7.1)	第五次人口普查 The Fifth (2000.11.1)	第六次人口普查 The Sixth (2010.11.1)
一、总人口 （人）	**Total (person)**	**48876548**	**55496219**	**74419054**	**84392104**	**89971789**	**95793065**
按性别分	By Sex						
男 （人）	Male (person)	24311397	27904495	37737424	42913185	45542060	48447124
女 （人）	Female (person)	24565151	27591724	36681630	41478919	44429729	47345941
二、总户数 （户）	**Total Households (unit)**	**11097668**	**12770814**	**17390448**	**21975648**	**27320402**	**30794243**
家庭户 （户）	Households (unit)			17335456	21874449	26709328	30105042
平均家庭户规模(人)	Average Household Size (person)			4.20	3.75	3.22	2.98
三、民 族	**Nationalities**						
民族个数 （个）	The number of Nationalities (unit)	17	32	39	54	56	56
汉族人口 （人）	Total Population of Han Nationality (person)	48624003	55200442	74011440	83886204	89339046	95071377
少数民族人口 （人）	Total Population of Minority Nationalities (person)	252386	295464	407408	505900	632743	721688
四、市镇人口 （人）	**Population of City and Town (person)**	**3579208**	**7175677**	**14190511**	**23076729**	**34325909**	**47620714**
五、平均预期寿命(岁)	**Life Expectancy (year old)**			**69.2**	**70.2**	**73.4**	
六、各种文化程度人口	**Population by Education**						
大 学 （人）	University and Above (person)			263176	822863	3000752	8328685
高 中 （人）	Senior Middle Schools (person)			4387201	6033615	9946434	13322604
初 中 （人）	Junior Middle Schools (person)			13169660	21254691	32973455	38468155
小 学 （人）	Primary Schools (person)			25108087	30611980	29469710	23912363
文盲半文盲 （人） (15周岁及以上)	Illiterate or Semiliterate Persons (person) (Aged 15 and Over)			20457244	14256068	7654312	4757293
七、6岁及以上人口平均受教育年限 （年）	**Years of education of Population Aged 6 and Over (year)**			**4.9**	**6.2**	**7.5**	**8.8**
八、在业人口 （人）	**Economically Active Population (person)**			**40097853**	**50772124**	**54774086**	
九、不在业人口 （人）	**Economically Unactive Population (person)**			**11224180**	**11171614**	**16171024**	

3-4 人口年龄结构、抚养比和性别比
Age Composition and Dependency Ratio of Population

单位：% (%)

年 份 Year	总人口性别比 (以女性为100) Sex Ratio of Total Population (female=100)	各年龄段所占比重 The Proportion of Total Population By Age			总抚养比 Gross Dependency Ratio	少儿抚养比 Children Dependency Ratio	老年抚养比 Old Dependency Ratio
		0-14岁 Aged 0-14	15-64岁 Aged 15-64	65岁及以上 Aged 65 and Over			
1982	102.9	31.0	63.4	5.6	57.7	48.9	8.8
1990	103.5	26.6	67.2	6.2	48.8	39.6	9.2
1995	103.7	24.6	68.0	7.4	47.1	36.2	10.9
2000	102.5	20.8	71.1	8.1	40.6	29.3	11.4
2001	102.7	20.4	71.4	8.2	40.1	28.6	11.5
2002	102.4	18.8	72.7	8.5	37.6	25.9	11.7
2003	100.4	18.4	72.6	9.1	37.8	25.3	12.5
2004	100.7	17.1	73.7	9.2	35.8	23.2	12.5
2005	102.0	15.9	74.1	9.9	34.9	21.5	13.4
2006	100.8	15.3	74.7	10.0	33.9	20.5	13.4
2007	101.4	15.0	74.8	10.2	33.7	20.1	13.6
2008	100.2	15.6	74.1	10.3	34.9	21.0	13.8
2009	102.3	15.7	73.9	10.4	35.4	21.2	14.1
2010	102.3	15.7	74.4	9.9	34.4	21.1	13.3

注:1982、2000和2010年数据为人口普查数据；2001-2004年为抽样调查样本数据；其他年份为抽样调查估算数据。

a)Data of 1982、2000 and 2010 are taken from the national population census.Data of 2001-2004 are taken from Population Sample Survey. Others are estimated on population sample survey.

3−5　各市人口自然变动情况(2010年)

Natural Change of Population by Region (2010)

地　区	Region	出生率 Birth Rate (‰)	死亡率 Death Rate (‰)	自然增长率 Natural Growth Rate (‰)	出生人口数(万人) Population of Birth (10 000 persons)	死亡人口数(万人) Population of Death (10 000 persons)	自然增长人数(万人) Population of Natural Growth (10 000 persons)
全省总计	**Total**	**15.82**	**8.58**	**7.24**	**150.18**	**81.45**	**68.73**
济南市	Jinan	11.13	8.35	2.78	6.72	5.04	1.68
青岛市	Qingdao	8.98	8.29	0.69	6.85	6.33	0.53
淄博市	Zibo	8.97	7.92	1.05	3.78	3.34	0.44
枣庄市	Zaozhuang	15.05	7.65	7.40	5.85	2.98	2.88
东营市	Dongying	8.90	7.08	1.82	1.64	1.31	0.34
烟台市	Yantai	7.66	10.09	-2.43	4.99	6.58	-1.58
潍坊市	Weifang	11.69	8.85	2.84	10.18	7.71	2.47
济宁市	Jining	15.57	7.03	8.54	13.04	5.88	7.15
泰安市	Tai'an	10.46	8.11	2.36	5.82	4.51	1.31
威海市	Weihai	7.27	8.57	-1.30	1.84	2.17	-0.33
日照市	Rizhao	12.11	8.64	3.47	3.47	2.48	1.00
莱芜市	Laiwu	7.93	7.30	0.62	1.00	0.92	0.08
临沂市	Linyi	36.37	8.35	28.03	38.45	8.82	29.63
德州市	Dezhou	13.13	11.01	2.12	7.48	6.27	1.21
聊城市	Liaocheng	12.94	6.26	6.68	7.69	3.72	3.97
滨州市	Binzhou	12.48	12.69	-0.21	4.71	4.79	-0.08
菏泽市	Heze	28.07	9.06	19.02	26.65	8.60	18.05

注：本表为公安机关当年登记数字。

a) Data in the table are registration data of the public security department.

3−6　各市人口数和总户数(2010年)

Population and Households by Region (2010)

地　区	Region	年末总人口(万人) Total year-end Population (10 000 persons)	按性别分(万人) Grouped by Sex (10 000 persons)		按农村、城镇分(万人) Grouped by Agricultural and Non-agricultural(10 000persons)		年末总户数(万户) Total year-end Households (10 000 households)
			男 Male	女 Femal	农村人口 Agricultural	城镇人口 Non-agricultural	
全省总计	**Total**	**9587.87(9536.19)**	**(4838.91)**	**(4697.28)**	**(5697.55)**	**(3838.64)**	**(3002.22)**
济南市	Jinan	681.83(604.08)	(301.28)	(302.80)	(173.09)	(431.00)	(190.65)
青岛市	Qingdao	871.90(763.64)	(381.92)	(381.72)	(283.74)	(479.89)	(246.11)
淄博市	Zibo	453.25(422.36)	(211.20)	(211.16)	(240.12)	(182.24)	(143.49)
枣庄市	Zaozhuang	373.38(391.04)	(203.23)	(187.80)	(255.07)	(135.97)	(120.90)
东营市	Dongying	203.69(184.87)	(93.14)	(91.73)	(104.00)	(80.88)	(62.50)
烟台市	Yantai	696.82(651.14)	(326.12)	(325.02)	(327.78)	(323.36)	(231.47)
潍坊市	Weifang	909.23(873.78)	(441.41)	(432.37)	(422.40)	(451.39)	(271.63)
济宁市	Jining	809.18(843.03)	(432.46)	(410.57)	(576.90)	(266.14)	(245.46)
泰安市	Tai'an	549.84(557.01)	(281.86)	(275.14)	(367.14)	(189.87)	(181.60)
威海市	Weihai	280.46(253.61)	(127.10)	(126.51)	(123.65)	(129.96)	(91.78)
日照市	Rizhao	280.30(287.92)	(146.21)	(141.71)	(186.35)	(101.57)	(99.45)
莱芜市	Laiwu	129.89(126.69)	(64.32)	(62.38)	(68.47)	(58.22)	(46.94)
临沂市	Linyi	1005.56(1072.59)	(551.31)	(521.28)	(742.41)	(330.18)	(327.91)
德州市	Dezhou	557.42(570.18)	(288.44)	(281.73)	(401.87)	(168.31)	(172.64)
聊城市	Liaocheng	579.77(597.53)	(302.84)	(294.69)	(412.12)	(185.40)	(187.80)
滨州市	Binzhou	375.17(377.92)	(190.52)	(187.40)	(257.45)	(120.47)	(116.78)
菏泽市	Heze	830.18(958.80)	(495.53)	(463.27)	(755.01)	(203.79)	(265.12)

注：年末总人口根据人口普查数据推算，括号内为公安户籍统计数字。

a)Data on total year-end population are projected according to the population census data.Data in the brackets are taken from the annual reports of public security departments.

主要统计指标解释

人口数 指一定时点、一定地区范围内有生命的个人总和。

年度统计的年末人口数 指每年12月31日24时的人口数。年度统计的全国人口总数内未包括香港、澳门特别行政区和台湾省以及海外华侨人数。

城镇人口和乡村人口 普查的城镇人口是指居住在城镇范围内的全部常住人口；乡村人口是除上述人口以外的全部人口。公安机关登记的城镇人口是指户口登记在城镇的人口，其统计口径是以居民常住户口所在地的城乡性质划分的。

出生率(又称粗出生率) 指在一定时期内(通常为一年)一定地区的出生人数与同期内平均人数(或期中人数)之比，用千分率表示。本资料中的出生率指年出生率，其计算公式为：

$$出生率=\frac{年出生人数}{年平均人数}\times 1000‰$$

式中：出生人数指活产婴儿，即胎儿脱离母体时(不管怀孕月数)，有过呼吸或其他生命现象。年平均人数指年初、年底人口数的平均数，也可用年中人口数代替。

死亡率(又称粗死亡率) 指在一定时期内(通常为一年)一定地区的死亡人数与同期内平均人数(或期中人数)之比，用千分率表示。本资料中的死亡率指年死亡率，其计算公式为：

$$死亡率=\frac{年死亡人数}{年平均人数}\times 1000‰$$

人口自然增长率 指在一定时期内(通常为一年)人口自然增加数(出生人数减死亡人数)与该时期内平均人数(或期中人数)之比，用千分率表示。计算公式为：

$$人口自然增长率=\frac{本年出生人数-本年死亡人数}{年平均人数}\times 1000‰$$

$$=人口出生率-人口死亡率$$

总抚养比 也称总负担系数。是指人口总体中非劳动年龄人口数与劳动年龄人口数之比。通常用百分比表示。说明每100名劳动年龄人口要负担多少名非劳动年龄人口。用于从人口角度反映人口与经济发展的基本关系。

计算公式为：

$$GDR=\frac{P_{0\sim14}+P_{65+}}{P_{15\sim64}}\times 100\%$$

其中：GDR 为总抚养比；

$P_{0\sim14}$ 为0~14岁少年儿童人口数；

P_{65+} 为65 岁及岁以上的老年人口数；

$P_{15\sim64}$ 为15~64 岁劳动年龄人口数。

老年人口抚养比 也称老年人口抚养系数。是指某人口总体中老年人口数与劳动年龄人口数之比。通常用百分比表示。用以表明每100名劳动年龄人口要负担多少名老年人。老年人口抚养比是从经济角度反映人口老化社会后果的指标之一。

计算公式为：

$$ODR=\frac{P_{65+}}{P_{15\sim64}}\times 100\%$$

其中：ODR 为老年人口抚养比；

P_{65+} 为65岁及岁以上的老年人口数；

$P_{15\sim64}$ 为15~64岁的劳动年龄人口数。

少年儿童抚养比 也称少年儿童抚养系数。是指某人口总体中少年儿童人口与劳动年龄人口数之比。通常用百分比表示。用以反映每100 名劳动年龄人口要负担多少名少年儿童。

计算公式为：

$$CDR=\frac{P_{0\sim14}}{P_{15\sim64}}\times 100\%$$

其中：CDR 为少年儿童抚养比；

$P_{0\sim14}$ 为0~14岁少年儿童人口数；

$P_{15\sim64}$ 为15~64岁劳动年龄人口数。

Explanatory Notes on Main Statistical Indicators

Total Population refers to the total number of people alive at a certain point of time within a given area.

The annual statistics on total population is taken at midnight, the 3lst of December, not including residents in Taiwan province, Hong Kong and Macao and overseas Chinese.

Urban Population and Rural Population Urban population refer to all people residing in cities and towns, while rural population refer to population other than urban population. Urban population data of public security department only include persons whose household registration in urban.

Birth Rate (or Crude Birth Rate) refers to the ratio of the number of births to the average population (or mid period population) during a certain period of time (usually a year), expressed in ‰. Birth rate in the chapter refers to annual birth rate. The following formula is used:

$$\text{Birth Rate} = \frac{\text{Number of Births}}{\text{Annual Average Population}} \times 1000‰$$

Number of births in the formula refers to live births, i.e. when a baby has breathed or showed any vital phenomena regardless of the length of pregnancy.

Annual average number of population is the average of the number of population at the beginning of the year and that at the end of the year.. Sometimes it is substituted by the mid year population.

Death Rate (or Crude Death Rate) refers to the ratio of the number of deaths to the average population (or mid period population) during a certain period of time (usually a year), expressed in ‰. Death rate in the chapter refers to annual death rate. The following formula is used:

$$\text{Death Rate} = \frac{\text{Number of Deaths}}{\text{Annual Average Population}} \times 1000‰$$

Natural Growth Rate of Population refers to the ratio of natural increase in population (number of births minus number of deaths) in a certain period of time (usually a year) to the average population (or mid period population) of the same period, expressed in ‰. The following formula is applied:

$$\text{Natural Growth Rate of Population} = \frac{\text{Number of Births} - \text{Number of Deaths}}{\text{Annual Average Population}} \times 1000‰$$

Natural Growth Rate of Population = Birth Rate－Death

Gross dependency Ratio also called gross dependency coefficient, refers to the ratio of non-working-age population to the working-age population ,express in %. Describing in general the number of non-working-age population that every 100 people at working ages will take care of, this indicator reflects the basic relation between population and economic development from the demographic perspective. The gross dependency ratio is calculated with the following formula:

$$GDR = \frac{P_{0\sim14} + P_{65+}}{P_{15\sim64}} \times 100\%$$

Where: GDR is the gross dependency ratio,

$P_{0\sim14}$ is the population of children aged 0-14;

P_{65+} is the elderly population aged 65 and over ;

$P_{15\sim64}$ is the working –age population aged 15-64.

Old Dependency Ratio also called old dependency coefficient,refers to the ratio of the elderly population to the working-age population, express in %.It describes the number of the elderly population that every 100 people at working ages will take care of. Old dependency ratio is one of the indicators reflecting the social implication of population aging from the economic perspective. The old dependency ratio is calculated with the following formula:

$$ODR = \frac{P_{65+}}{P_{15\sim64}} \times 100\%$$

Where: ODR is the old dependency ratio,

P_{65+} is the elderly population aged 65 and over;

$P_{15\sim64}$ is the working –age population aged 15-64.

Children Dependency Ratio also called children dependency coefficient, refers to the ratio of the children population to the working-age population ,express in %.It describes the number of children population that every 100 people at working ages will take care of. The children dependency ratio is calculated with the following formula:

$$CDR = \frac{P_{0\sim14}}{P_{15\sim64}} \times 100\%$$

Where:CDR is the children dependency ratio;

$P_{0\sim14}$ is the children population aged 0-14;

$P_{15\sim64}$ is the working-age population aged 15-64.

第4篇

就业人员、劳动报酬和社会保障

Employment , Wages and Social Securities

简 要 说 明

一、本篇资料的主要内容

本篇资料反映我省劳动经济方面的基本情况，包括经济活动人口数，就业人员及职工人数，城镇登记失业人数，劳动报酬总额，人均劳动报酬及指数变化情况等。

二、本篇资料的来源

1.就业基本情况及分组资料、劳动报酬总额、职工工资总额等资料取自《劳动统计报表制度》、《劳动力调查制度》及《乡村社会经济调查方案》。

2.私营企业及个体工商业人员资料取自省工商行政管理局年报。

3.城镇劳动力供给和配置情况、城镇登记失业人员及失业率等资料由人力资源和社会保障厅根据其相关统计制度整理提供。

4.乡镇企业就业人员资料来源于省中小企业办公室。

5.本篇资料由省统计局人口就业处整理提供。

Brief Introduction

I. Main Content

Data in this chapter show the basic conditions of Shandong's labor economy, including the economically active population,number of employed persons in urban areas, earning of employed persons,average earning of employed persons and the changes in index, etc.

II. Source of Data

(1) Data on basic conditions of employment,data by groups, earning of employed persons,total wage bills of staff and workers are collected and compiled through The Reporting Form System on Labour Statistics,The Sample Survey System on Labour Force,The System of Rural Social and Economic Surveys.

(2) Data on employed persons in urban private enterprises and self-employed individuals are derived from the Annual report of Shandong Administration of Industry and Commerce.

(3) Data on urban labor supply and configuration, registered unemployed persons in urban areas and unemployment rate are provided by Shandong Provincial Department of Human Resource and Social Security.

(4) Data on persons employed in township enterprises are provided by Shandong Provincial Office for Development of Medium and Small Businesses.

(5) Data in this chapter are prepared and compiled by the Division of Population and Employment Statistics of Shandong Provincial Bureau of Statistics.

4-1 就业基本情况

Employment

类　　别		Category		2006	2008	2009	2010
经济活动人口	**(万人)**	**Economically Active Population**	**(10 000 persons)**	**6063.4**	**6292.5**	**6392.4**	**6482.3**
就业人员合计	**(万人)**	**Total Number of Employed Persons**	**(10 000 persons)**	**5960.0**	**6187.6**	**6294.2**	**6401.9**
第一产业	(万人)	Primary Industry	(10 000 persons)	2328.0	2313.5	2297.4	2273.1
第二产业	(万人)	Secondary Industry	(10 000 persons)	1870.3	1955.5	2014.1	2086.7
第三产业	(万人)	Tertiary Industry	(10 000 persons)	1761.7	1918.6	1982.7	2042.1
就业人员构成	**(合计=100)**	**Composition of Employed Persons**	**(total=100)**				
第一产业	(%)	Primary Industry	(%)	39.1	37.4	36.5	35.5
第二产业	(%)	Secondary Industry	(%)	31.4	31.6	32.0	32.6
第三产业	(%)	Tertiary Industry	(%)	29.5	31.0	31.5	31.9
按城乡分就业人员	**(万人)**	**Number of Employed Persons by Urban and Rural Areas**	**(10 000 persons)**				
城镇就业人员	(万人)	Urban Employed Persons	(10 000 persons)	2425.0	2680.1	2803.4	2927.4
#国有单位	(万人)	State-owned Units	(10 000 persons)	419.2	427.9	428.1	439.4
城镇集体单位	(万人)	Urban Collective-owned Units	(10 000 persons)	61.5	56.0	56.8	57.0
股份合作单位	(万人)	Cooperative Units	(10 000 persons)	15.8	15.2	15.5	16.1
联营单位	(万人)	Joint Ownership Units	(10 000 persons)	3.5	3.5	3.4	3.3
有限责任公司	(万人)	Limited Liability Corporations	(10 000 persons)	190.5	183.1	190.1	205.7
股份有限公司	(万人)	Share-holding Corporations Ltd.	(10 000 persons)	64.1	71.1	78.0	80.3
私营企业	(万人)	Private Enterprises	(10 000 persons)	289.5	304.7	323.1	371.1
港澳台投资单位	(万人)	Units with Funds from Hong Kong,Macao & Taiwan	(10 000 persons)	27.5	26.5	28.0	28.9
外商投资单位	(万人)	Foreign Funded Units	(10 000 persons)	106.8	108.8	109.5	112.1
个　体	(万人)	Self-employed Individuals	(10 000 persons)	188.5	197.0	225.8	256.0
乡村就业人员	(万人)	Rural Employed Persons	(10 000 persons)	3535.0	3507.5	3490.8	3474.5
#乡镇企业	(万人)	Township and Village Enterprises	(10 000 persons)	1772.1	1165.7	1215.6	1303.0
私营企业	(万人)	Private Enterprises	(10 000 persons)	218.1	195.9	249.9	276.6
个　体	(万人)	Self-employed Individuals	(10 000 persons)	198.4	213.0	240.9	281.4
职工人数(万人)		**Number of Staff and Workers**	**(10 000 persons)**	**874.3**	**872.7**	**889.6**	**919.9**
国有单位	(万人)	State-owned Units	(10 000 persons)	409.3	413.9	413.3	422.4
城镇集体单位	(万人)	Urban Collective-owned Units	(10 000 persons)	59.6	54.1	54.4	54.6
其他单位	(万人)	Units of Other Types of Ownership	(10 000 persons)	405.5	404.6	421.9	442.9
城镇单位女性就业人员	**(万人)**	**Urban Employed Female Persons**	**(10 000 persons)**	**357.7**	**345.2**	**350.1**	**359.1**
城镇累计新增就业人数	**(万人)**	**Number of Newly Employed Persons in Urban Areas**	**(10 000 persons)**	**107.3**	**114.7**	**105.7**	**115.3**
就业转失业人员再就业	**(人)**	**Number of reemployed Persons**	**(10 000 persons)**	**51.4**	**52.1**	**50.2**	**52.7**
#困难群体再就业	(人)	Reemployed Persons in Difficult Groups	(10 000 persons)	10.4	11.5	11.6	12.0
农村劳动力转移就业人数	**(人)**	**Reemployed Persons in Difficult Groups**	**(10 000 persons)**	**159.2**	**149.9**	**122.4**	**129.4**
城镇登记失业人数	**(万人)**	**Number of Registered Unemployed Persons in Urban Areas**	**(10 000 persons)**	**43.7**	**44.7**	**45.1**	**44.5**
城镇登记失业率	**(%)**	**Registered Unemployment Rate in Urban Areas**	**(%)**	**3.3**	**3.5**	**3.4**	**3.4**

4-2 按三次产业分的年底就业人员数

Number of Employed Persons at the Year-end by Three Industries

年 份 Year	就业人员 (万人) Total Employed Persons (10 000 Persons)				构成(合计=100) Composition in Percentage(Total=100)		
		第一产业 Primary Industry	第二产业 Secondary Industry	第三产业 Tertiary Industry	第一产业 Primary Industry	第二产业 Secondary Industry	第三产业 Tertiary Industry
1949	1859.3						
1950	1840.8						
1951	1884.2						
1952	1897.2						
1953	1885.7						
1954	1874.7						
1955	1959.7						
1956	1824.0						
1957	2150.4						
1958	2155.3						
1959	2033.2						
1960	1958.2						
1961	1936.1						
1962	1981.2						
1963	2027.8						
1964	2099.8						
1965	2146.0						
1966	2199.0						
1967	2219.0						
1968	2254.0						
1969	2274.0						
1970	2606.0						
1971	2752.0						
1972	2744.0	2362.1	217.9	164.0	86.1	7.9	6.0
1973	2869.1	2485.6	220.2	163.3	86.6	7.7	5.7
1974	2894.0						
1975	2925.0						
1976							
1977							
1978	2969.8	2350.9	366.6	252.3	79.2	12.3	8.5
1979							
1980	3117.5	2458.1	382.5	276.9	78.9	12.3	8.9
1981	3192.4	2508.2	389.0	295.2	78.6	12.2	9.3
1982	3270.0	2520.8	442.2	307.0	77.1	13.5	9.4
1983	3795.1	2950.8	465.8	378.5	77.8	12.3	10.0
1984	3563.7	2509.1	528.8	525.8	70.4	14.8	14.8
1985	3561.1	2438.6	705.3	417.2	68.5	19.8	11.7
1986	3651.2	2431.1	776.0	444.1	66.6	21.3	12.2
1987	3765.7	2422.6	848.2	494.9	64.3	22.5	13.1
1988	3887.1	2474.5	905.1	507.5	63.7	23.3	13.1
1989	3940.3	2527.6	902.6	510.1	64.2	22.9	13.0
1990	4043.2	2585.7	922.5	535.0	64.0	22.8	13.2
1991	4219.3	2708.0	958.7	552.6	64.2	22.7	13.1
1992	4302.6	2705.1	1000.8	596.7	62.9	23.3	13.9
1993	4379.3	2689.9	1070.4	619.0	61.4	24.4	14.1
1994	4382.1	2541.6	1098.0	742.5	58.0	25.1	16.9
1995	5207.4	2832.3	1305.5	1069.6	54.4	25.1	20.5
1996	5227.4	2788.0	1286.1	1153.3	53.3	24.6	22.1
1997	5256.0	2812.5	1311.9	1131.6	53.5	25.0	21.5
1998	5287.6	2837.3	1245.8	1204.5	53.7	23.6	22.8
1999	5314.7	2811.7	1245.7	1257.3	52.9	23.4	23.7
2000	5441.8	2887.7	1286.0	1268.1	53.1	23.6	23.3
2001	5475.3	2863.6	1308.6	1303.1	52.3	23.9	23.8
2002	5527.0	2769.6	1375.1	1382.3	50.1	24.9	25.0
2003	5620.6	2638.3	1474.3	1508.0	46.9	26.2	26.8
2004	5728.1	2542.1	1581.0	1605.0	44.4	27.6	28.0
2005	5840.7	2350.3	1781.4	1709.0	40.2	30.5	29.3
2006	5960.0	2328.0	1870.3	1761.7	39.1	31.4	29.5
2007	6081.4	2265.2	1989.9	1826.3	37.3	32.7	30.0
2008	6187.6	2313.5	1955.5	1918.6	37.4	31.6	31.0
2009	6294.2	2297.4	2014.1	1982.7	36.5	32.0	31.5
2010	6401.9	2273.1	2086.7	2042.1	35.5	32.6	31.9

4-3 按城乡分的年底就业人员数

Number of Employed Persons at the Year-end in Urban and Rural Areas

单位:万人 (10 000 persons)

年份 Year 地区 Region	总计 Total	城镇小计 Subtotal of Urban Area	国有单位 State-owned Units	集体单位 Collective-owned Units	股份合作单位 Cooperative Units	联营单位 Joint Ownership Units	有限责任公司 Limited Liability Corporations	股份有限公司 Share-holding Corporations Ltd.
1990	4043.2	788.9						
1991	4219.3	831.0						
1992	4302.6	871.4						
1993	4379.3	939.9	619.5	213.4		1.4		
1994	4382.1	822.8	648.7	203.6		1.2		
1995	5207.4	1620.9	678.4	201.9		1.0		
1996	5227.9	1627.0	685.4	200.4		1.4		
1997	5256.0	1636.1	690.4	193.6		1.4		
1998	5287.6	1661.4	612.1	134.8	12.5	3.1	20.3	34.5
1999	5314.7	1669.7	579.9	120.7	12.1	2.9	28.8	35.8
2000	5441.8	1825.2	555.1	105.3	12.1	2.7	43.3	37.4
2001	5475.3	1885.4	533.5	93.6	11.9	2.6	54.9	37.4
2002	5527.0	1948.6	504.5	83.9	12.2	2.0	71.0	40.8
2003	5620.6	2029.7	496.7	75.6	12.1	1.6	80.0	40.2
2004	5728.1	2140.4	492.5	68.8	11.5	1.4	89.8	41.6
2005	5840.7	2276.8	423.9	65.3	14.9	3.3	189.2	62.0
2006	5960.0	2425.0	419.2	61.5	15.8	3.5	190.5	64.1
2007	6081.4	2561.5	422.2	59.4	15.2	3.7	189.1	68.9
2008	6187.6	2680.1	427.9	56.0	15.2	3.5	183.1	71.1
2009	6294.2	2803.4	428.1	56.8	15.5	3.4	190.1	78.0
2010	6401.9	2927.4	439.4	57.0	16.1	3.3	205.7	80.3
济南市 Jinan	379.1	182.3	50.1	5.0	1.7	2.4	36.7	11.6
青岛市 Qingdao	523.9	247.9	39.8	4.8	4.0	0.2	14.2	10.4
淄博市 Zibo	249.6	89.7	26.8	4.2	1.6	0.1	12.9	8.4
枣庄市 Zaozhuang	232.0	67.1	25.1	4.2	0.2		3.5	1.3
东营市 Dongying	115.6	54.6	25.0	2.1	0.6	0.1	8.3	2.1
烟台市 Yantai	416.8	152.6	31.7	4.6	1.3	0.2	13.1	5.1
潍坊市 Weifang	513.8	142.2	30.7	2.9	0.9	0.1	19.5	9.6
济宁市 Jining	482.7	93.4	40.8	4.3	0.9		9.2	4.4
泰安市 Tai'an	314.5	76.9	19.7	8.2	0.6		18.8	6.0
威海市 Weihai	154.3	63.9	13.3	2.9	1.1		8.7	4.2
日照市 Rizhao	180.2	40.4	10.1	0.7	0.1		5.7	2.0
莱芜市 Laiwu	76.1	24.6	5.0	1.5			6.1	0.8
临沂市 Linyi	635.6	100.2	30.0	4.3	1.0	0.1	9.3	3.8
德州市 Dezhou	301.0	58.3	20.1	2.2	0.9	0.1	8.3	2.4
聊城市 Liaocheng	347.4	51.9	20.0	1.4	0.3		7.5	4.4
滨州市 Binzhou	239.3	52.3	12.5	1.4	0.3		19.2	2.0
菏泽市 Heze	462.0	63.4	26.4	2.3	0.5		4.0	1.8

4—3 续表 continued

单位:万人 (10 000 persons)

年份 Year / 地区 Region	私营企业 Private Enterprises	港澳台商投资单位 Units with Funds from Hong Kong,Macao &Taiwan	外商投资单位 Foreign Funded Units	个体 Self-employed Individuals	乡村小计 Subtotal of Rural Area	乡镇企业 Township and Village Enterprises	私营企业 Private Enterprises	个体 Self-employed Individuals
1990					3254.3			
1991					3388.3			
1992					3431.2			
1993	9.4	5.2	6.7	37.0	3439.4	1350.8	18.9	276.8
1994	18.3	6.9	12.5	61.5	3559.3	1481.6	31.9	352.2
1995	28.6	13.6	24.7	75.9	3587.3	1439.8	45.1	401.9
1996	39.0	12.7	25.9	87.8	3600.9	1369.6	52.2	428.7
1997	50.1	13.0	28.9	101.6	3620.0	1112.8	56.6	444.6
1998	78.5	11.0	28.0	125.9	3626.2	1198.5	63.8	514.7
1999	87.6	11.1	33.9	165.8	3644.5	1280.6	86.7	506.0
2000	105.3	11.9	38.7	110.0	3617.1	1311.6	108.8	165.5
2001	117.8	12.8	42.3	110.8	3589.9	1345.4	94.4	167.3
2002	152.2	14.0	50.1	122.5	3578.3	1447.3	101.1	175.4
2003	203.0	14.6	54.4	150.8	3590.8	1599.8	163.5	196.2
2004	228.9	16.3	65.7	164.5	3587.7	1627.8	161.2	180.1
2005	262.9	25.9	98.2	174.7	3563.9	1653.5	181.3	190.2
2006	289.5	27.5	106.8	188.5	3535.0	1772.1	218.1	198.4
2007	314.5	27.4	108.3	185.2	3519.9	1159.9	208.3	214.6
2008	304.7	26.5	108.8	197.0	3507.5	1165.7	195.9	213.0
2009	323.1	28.0	109.5	225.8	3490.8	1215.6	249.9	240.9
2010	371.1	28.9	112.1	256.0	3474.5	1303.0	276.6	281.4
济南市 Jinan	34.8	2.0	5.7	30.6	196.9		19.1	9.8
青岛市 Qingdao	96.2	6.5	43.0	27.6	276.0		8.1	50.8
淄博市 Zibo	19.7	1.4	4.8	7.1	159.9		28.4	16.0
枣庄市 Zaozhuang	10.6	0.5	0.6	20.8	164.8		7.5	14.8
东营市 Dongying	8.6	0.7	0.6	5.9	61.0		5.5	3.8
烟台市 Yantai	42.8	6.8	26.8	19.4	264.1		24.5	16.6
潍坊市 Weifang	39.3	3.2	6.3	28.8	371.6		52.3	22.3
济宁市 Jining	13.3	0.4	2.4	16.9	389.2		20.9	19.5
泰安市 Tai'an	11.5	0.5	1.3	9.2	237.6		11.8	15.4
威海市 Weihai	14.7	1.8	7.9	9.3	90.4		6.8	5.7
日照市 Rizhao	13.6	0.4	1.4	6.1	139.8		12.9	10.9
莱芜市 Laiwu	6.6		0.2	4.2	51.5		3.9	3.3
临沂市 Linyi	13.9	1.7	5.2	30.2	535.4		24.2	31.6
德州市 Dezhou	10.1	0.6	2.9	9.6	242.7		15.8	14.2
聊城市 Liaocheng	6.7	0.6	0.8	9.8	295.4		9.3	10.2
滨州市 Binzhou	9.8	1.3	0.8	4.9	187.0		11.5	8.0
菏泽市 Heze	10.5	0.5	1.2	15.6	398.6		14.0	28.7

注:乡镇企业就业人员不包括私营单位和个体工商户就业人员。

a)Data on employed persons in township and village enterprises exclude employed persons in private enterprises and self-employed individuals.

4-4 2005-2010年年底分行业就业人员数

Number of Employed Persons at the Year-end from 2005 to 2010 by Sector

单位：万人 (10 000 persons)

行 业	Sector	2005	2006	2007	2008	2009	2010
总 计	**Total**	**5840.7**	**5960.0**	**6081.4**	**6187.6**	**6294.2**	**6401.9**
农、林、牧、渔业	Agriculture,Forestry,Animal Husbandry and Fishing	2350.3	2328.0	2265.2	2313.4	2298.5	2273.1
采矿业	Mining	71.8	73.4	71.2	73.3	74.1	77.2
制造业	Manufacturing	1147.8	1223.3	1303.4	1253.8	1290.6	1326.6
电力、燃气及水的生产和供应业	Production and Supply of Electric Power and Heat Power	23.9	23.5	23.7	23.9	24.8	24.3
建筑业	Construction	537.9	550.0	591.6	604.4	624.8	658.6
交通运输、仓储和邮政业	Traffic,Transport,Storage and Post	213.2	218.3	226.7	231.9	245.1	254.4
信息传输、计算机服务和软件业	Information Transfer,Computer Services and Software	37.4	39.8	40.6	46.8	51.7	58.2
批发和零售业	Wholesale and Retail Trade	460.2	478.7	508.6	537.1	573.0	613.8
住宿和餐饮业	Hotels and Catering Services	146.6	148.6	163.0	166.6	178.5	186.2
金融业	Financial Intermediation	28.0	28.6	30.5	34.7	38.9	39.4
房地产业	Real Estate	18.1	18.1	21.1	23.2	26.5	31.9
租赁和商务服务业	Leasing and Business Services	29.8	32.9	37.6	43.7	49.7	58.4
科学研究、技术服务和地质勘查业	Scientific Research,technical Service and Geologic Prospecting	9.3	9.3	10.1	16.3	18.7	21.3
水利、环境和公共设施管理业	Management of Water Conservancy, Environment and Public Facilities	12.8	12.5	12.9	14.6	14.4	15.1
居民服务和其他服务业	Services to Households and Other Services	31.0	33.9	34.7	35.5	39.7	42.9
教 育	Education	119.2	121.4	123.7	122.7	122.5	124.1
卫生、社会保障和社会福利业	Health,Social Security and Social Welfare	41.5	42.3	44.6	46.1	47.8	50.8
文化、体育和娱乐业	Culture,Sports and Entertainment	8.2	8.5	8.6	8.9	9.7	10.2
公共管理和社会组织	Public management and Social Organization	112.7	115.3	114.2	116.2	118.8	119.1
国际组织	International Organization						
其 他	Others	441.0	453.5	449.4	474.4	446.4	416.3

4-5 按登记注册类型和行业分城镇单位就业人员数(2010年底)

Number of Employed Persons in Urban at the Year-end by Status of Registration and Sector(2010)

单位:万人 (10 000 persons)

类　别	Category	总　计 Total	国有单位 State-owned Units	城镇集体单位 Urban Collective-owned Units	其他单位 Units of Other Types of Ownership
总　计	**Total**	**956.2**	**439.4**	**57.0**	**459.8**
按企、事业和机关分	**Grouped by Enterprises,institutions and Agencies**				
企　业	Enterprises	672.4	166.2	49.0	457.2
事　业	Institutions	201.7	191.8	7.9	1.9
机　关	Agebcies & Organizations	81.2	81.2	0.1	
民间非营利组织	Civil Nonprofit Organization	0.6			0.6
其　他	Others	0.3	0.2	0.1	0.1
按国民经济行业分	**Grouped by Sector**				
农、林、牧、渔业	Agriculture,Forestry,Animal Husbandry and Fishing	5.1	3.8	0.3	0.9
采矿业	Mining	66.8	45.6	1.9	19.3
制造业	Manufacturing	346.4	27.2	18.6	300.5
电力、燃气及水的生产和供应业	Production and Supply of Electric Power and Heat Power	20.4	14.6	0.2	5.6
建筑业	Construction	80.3	19.1	13.0	48.1
交通运输、仓储和邮政业	Traffic,Transport,Storage and Post	34.7	23.8	1.1	9.8
信息传输、计算机服务和软件业	Information Transfer,Computer Services and Software	6.6	2.4	0.2	3.9
批发和零售业	Wholesale and Retail Trade	38.2	9.1	4.8	24.4
住宿和餐饮业	Hotels and Catering Services	11.0	4.9	0.6	5.5
金融业	Financial Intermediation	33.2	7.8	3.8	21.6
房地产业	Real Estate	11.4	2.6	0.8	8.0
租赁和商务服务业	Leasing and Business Services	11.9	4.7	2.7	4.5
科学研究、技术服务和地质勘查业	Scientific Research,technical Service and Geologic Prospecting	11.0	8.6	0.4	1.9
水利、环境和公共设施管理业	Management of Water Conservancy, Environment and Public Facilities	11.6	10.5	0.4	0.6
居民服务和其他服务业	Services to Households and Other Services	3.5	2.3	0.2	1.0
教　育	Education	109.1	104.3	2.3	2.6
卫生、社会保障和社会福利业	Health,Social Security and Social Welfare	43.5	37.1	5.3	1.0
文化、体育和娱乐业	Culture,Sports and Entertainment	6.7	6.2	0.1	0.4
公共管理和社会组织	Public management and Social Organization	105.0	104.8	0.2	0.1
国际组织	International Organization				

4-6 分行业城镇单位年底就业人员数

Number of Employed Persons at the Year end by Sector

单位:万人 (10 000 persons)

年份 Year 地区 Region		总计 Total	农、林、牧、渔业 Agriculture, Forestry, Animal Husbandry and Fishing	采矿业 Mining	制造业 Manufacturing	电力、燃气及水的生产和供应业 Production and Supply of Electric Power and Heat Power	建筑业 Construction	交通运输、仓储和邮政业 Traffic, Transport, Storage and Post
2003		778.5	9.4	60.8	272.0	20.5	38.7	30.8
2004		792.1	8.8	60.7	281.8	21.0	43.7	30.7
2005		891.0	6.5	61.6	336.7	20.2	68.2	29.5
2006		897.6	5.7	62.2	345.1	19.8	69.2	29.5
2007		904.6	5.6	60.4	346.3	19.9	71.0	30.9
2008		901.4	5.2	62.1	340.1	19.9	65.7	30.7
2009		922.3	5.2	63.1	337.2	20.5	70.5	33.2
2010		956.2	5.1	66.8	346.4	20.4	80.3	34.7
济南市	Jinan	116.9	0.1	1.7	29.3	1.9	26.5	4.7
青岛市	Qingdao	124.1	0.5	0.2	66.6	2.1	6.7	6.3
淄博市	Zibo	62.9	0.3	4.5	26.9	1.6	7.6	0.9
枣庄市	Zaozhuang	35.8	0.4	9.6	6.1	0.8	2.3	0.8
东营市	Dongying	40.1	0.6	12.3	9.0	0.3	1.4	1.4
烟台市	Yantai	90.5	0.3	4.7	43.9	1.6	4.3	2.9
潍坊市	Weifang	74.0	0.3	1.2	31.0	1.6	4.7	1.2
济宁市	Jining	63.2	0.2	16.6	11.1	1.9	3.2	1.3
泰安市	Tai'an	56.3	0.3	11.2	14.3	1.0	7.8	1.3
威海市	Weihai	39.9	0.2	0.1	21.5	1.1	2.5	1.0
日照市	Rizhao	20.7	0.1	0.1	8.0	0.5	0.9	1.4
莱芜市	Laiwu	13.8		1.1	6.8	0.4	0.9	0.1
临沂市	Linyi	56.2	0.7	2.4	16.6	1.3	4.3	0.9
德州市	Dezhou	38.6	0.5	0.2	14.3	1.3	1.6	0.6
聊城市	Liaocheng	35.4	0.1		12.3	1.0	1.4	1.3
滨州市	Binzhou	37.6	0.1	0.3	22.0	0.7	1.4	0.3
菏泽市	Heze	37.2	0.4	0.7	6.2	1.2	1.8	1.1

4-6 续表 1 continued

单位:万人 (10 000 persons)

年 份 地 区	Year Region	信息传输、计算机服务和软件业 Information Transfer, Computer Services and Software	批发和零售业 Wholesale and Retail Trade	住宿和餐饮业 Hotels and Catering Services	金融业 Financial Intermediation	房地产业 Real Estate	租赁和商务服务业 Leasing and Business Services	科学研究、技术服务和地质勘查业 Scientific Research, technical Service and Geologic Prospecting
2003		5.8	43.1	9.2	25.4	5.2	7.9	7.5
2004		5.6	39.0	8.8	25.1	5.3	8.2	7.4
2005		5.8	39.8	11.8	24.6	8.5	10.8	8.1
2006		5.4	36.2	11.3	24.8	8.2	10.6	8.1
2007		5.4	35.7	11.2	26.4	8.6	10.8	8.8
2008		5.8	36.6	11.5	29.3	8.4	11.3	8.9
2009		6.2	40.4	11.7	32.8	9.4	11.7	10.0
2010		6.6	38.2	11.0	33.2	11.4	11.9	11.0
济南市	Jinan	1.4	6.8	2.5	5.9	2.7	2.4	2.0
青岛市	Qingdao	0.6	3.9	2.1	3.9	1.9	1.6	1.8
淄博市	Zibo	0.4	2.9	0.7	1.3	0.7	0.6	0.2
枣庄市	Zaozhuang	0.1	1.1	0.2	0.9	0.5	1.2	0.3
东营市	Dongying	0.5	0.7	0.7	0.7	0.2	1.3	1.7
烟台市	Yantai	0.4	2.8	0.9	3.7	1.7	1.2	1.1
潍坊市	Weifang	0.5	4.3	0.7	1.8	0.7	0.4	0.7
济宁市	Jining	0.3	2.2	0.4	2.8	0.5	0.4	0.3
泰安市	Tai'an	0.4	2.5	0.6	1.4	0.6	0.3	0.6
威海市	Weihai	0.2	2	0.7	1.2	0.7	0.3	0.2
日照市	Rizhao	0.1	1.1	0.2	1	0.2	0.1	0.1
莱芜市	Laiwu	0.1	0.3	0.1	0.3			
临沂市	Linyi	0.4	2.1	0.3	2.6	0.2	0.4	0.4
德州市	Dezhou	0.3	1.9	0.3	1.6	0.3	0.2	0.1
聊城市	Liaocheng	0.2	1.2	0.2	1.6	0.3	0.3	0.1
滨州市	Binzhou	0.2	1	0.1	1	0.2	0.1	0.2
菏泽市	Heze	0.2	1.3	0.2	1.3	0.1	0.3	0.2

4-6 续表 2 continued

单位:万人 (10 000 persons)

年份 Year 地区 Region	水利、环境和公共设施管理业 Management of Water Conservancy, Environment and Public Facilities	居民服务和其他服务业 Services to Households and Other Services	教育 Education	卫生、社会保障和社会福利业 Health, Social Security and Social Welfare	文化、体育和娱乐业 Culture, Sports and Entertainment	公共管理和社会组织 Public management and Social Organization	国际组织 International Organization
2003	10.5	1.2	104.6	34.9	5.5	85.4	
2004	10.8	1.2	105.7	34.7	5.9	87.7	
2005	11.4	3.1	104.5	35.4	5.7	98.7	
2006	10.8	3.2	105.4	35.9	5.9	100.1	
2007	11.2	3.0	107.1	37.7	5.8	98.8	
2008	11.3	3.5	105.8	38.8	6.0	100.5	
2009	11.1	3.3	106.0	40.4	6.4	103.1	
2010	11.6	3.5	109.1	43.5	6.7	105.0	
济南市 Jinan	1.3	1.1	10.3	4.6	1.6	9.9	
青岛市 Qingdao	1.5	0.2	11.0	4.4	1.1	7.7	
淄博市 Zibo	0.6		5.7	2.5	0.5	5.1	
枣庄市 Zaozhuang	0.6		4.3	1.6	0.2	4.8	
东营市 Dongying	0.3	1.5	3.1	1.1	0.1	3.4	
烟台市 Yantai	1.1	0.1	8.8	3.6	0.6	6.8	
潍坊市 Weifang	0.8	0.1	10.4	4.5	0.3	8.9	
济宁市 Jining	1.0	0.1	8.4	2.9	0.5	9.1	
泰安市 Tai'an	0.6	0.1	5.9	2.4	0.3	4.7	
威海市 Weihai	0.5	0.1	3.0	1.7	0.2	2.8	
日照市 Rizhao	0.2		3.0	1.0	0.1	2.4	
莱芜市 Laiwu			1.6	0.6		1.4	
临沂市 Linyi	0.7		10.1	3.6	0.3	8.8	
德州市 Dezhou	0.5	0.1	5.6	1.8	0.2	7.0	
聊城市 Liaocheng	0.5		5.6	2.5	0.2	6.5	
滨州市 Binzhou	0.2		3.5	1.4	0.1	4.6	
菏泽市 Heze	0.9		8.6	3.3	0.3	8.9	

4-7 各市按行业分私营企业和个体就业人数(2010年底)

Number of Engaged Persons in Private Enterprises and Self-employed Individuals at Year-end by Sector and Region(2010)

单位：万人 (10 000 persons)

地区	Region	合计 total	#制造业 Manufacturing	#建筑业 Construction	#交通运输、仓储和邮政业 Transport, Storage and Post	#批发和零售业 Wholesale and Retail Trades	#住宿和餐饮业 Hotels and Catering Services	#租赁和商务服务业 Leasing and Business Service	#居民服务和其他服务业 Services to Households and Other Services
全省总计	**Total**	**1185.0**	**340.1**	**47.9**	**38.0**	**493.3**	**61.3**	**50.1**	**63.7**
济南市	Jinan	94.2	15.8	3.7	2.0	47.3	5.0	6.9	5.3
青岛市	Qingdao	182.7	42.9	9.1	4.4	77.6	9.4	13.3	9.7
淄博市	Zibo	71.1	21.1	3.6	0.9	31.1	3.4	2.9	3.7
枣庄市	Zaozhuang	53.7	11.8	0.9	3.0	26.9	2.9	1.5	3.1
东营市	Dongying	23.7	5.6	1.1	0.2	10.0	1.6	1.1	1.6
烟台市	Yantai	103.2	33.2	6.7	3.1	38.8	4.7	3.9	4.4
潍坊市	Weifang	142.7	61.6	6.3	4.9	42.1	5.5	5.0	6.7
济宁市	Jining	70.6	17.8	1.8	3.7	34.6	3.7	1.8	3.3
泰安市	Tai'an	47.9	13.7	1.5	1.5	20.4	3.3	1.3	3.0
威海市	Weihai	36.4	9.1	2.0	0.7	13.8	2.0	1.5	2.5
日照市	Rizhao	43.4	12.5	2.3	2.5	18.0	1.5	1.6	1.9
莱芜市	Laiwu	18.0	2.9	1	0.5	10.0	0.9	0.6	0.7
临沂市	Linyi	99.8	33.4	2.2	4.5	41.3	5.6	1.8	4.8
德州市	Dezhou	49.7	16.4	1.9	2.0	19.8	2.1	1.1	2.7
聊城市	Liaocheng	36.0	11.3	0.7	1	14.7	2.4	1.1	2.7
滨州市	Binzhou	34.2	11.6	1.4	0.7	14.1	1.5	1.0	1.8
菏泽市	Heze	68.9	18.5	1.3	2.6	30.1	5.6	1.7	5.6

4-8 各市按行业分城镇私营企业和个体就业人数(2010年底)

Number of Engaged Persons in Urban Private Enterprises and Self-employed Individuals at Year-end by Sector and Region(2010)

单位：万人　　(10 000 persons)

地 区	Region	合 计 total	#制造业 Manufacturing	#建筑业 Construction	#交通运输、仓储和邮政业 Transport, Storage and Post	#批发和零售业 Wholesale and Retail Trades	#住宿和餐饮业 Hotels and Catering Services	#租赁和商务服务业 Leasing and Business Service	#居民服务和其他服务业 Services to Households and Other Services
全省总计	**Total**	**627.1**	**143.1**	**31.6**	**19.9**	**270.9**	**35.5**	**39.6**	**34.2**
济南市	Jinan	65.4	9.7	2.3	1.4	34.0	4.0	4.8	4.0
青岛市	Qingdao	123.8	29.3	8.7	4.1	48.5	4.0	12.9	4.8
淄博市	Zibo	26.8	6.5	3.4	0.5	8.4	1.6	2.6	0.8
枣庄市	Zaozhuang	31.4	5.3	0.5	1.2	17.9	1.9	1.0	1.6
东营市	Dongying	14.4	2.8	0.7	0.1	6.2	1.1	0.8	1.0
烟台市	Yantai	62.2	16.5	4.2	1.8	25.2	3.2	3.1	2.9
潍坊市	Weifang	68.1	20.5	2.8	2.9	25.1	3.5	3.6	4.1
济宁市	Jining	30.2	4.8	0.8	0.9	16.6	2.1	1.1	2.1
泰安市	Tai'an	20.6	6.3	0.7	0.7	7.9	1.5	0.9	1.3
威海市	Weihai	24.0	5.1	1.6	0.5	9.4	1.7	1.3	1.9
日照市	Rizhao	19.7	3.6	1.5	1.3	8.4	0.9	1.2	1.1
莱芜市	Laiwu	10.8	2.0	1	0.3	6.1	0.5	0.4	0.5
临沂市	Linyi	44.0	11.0	0.7	1.6	21.1	3.3	0.9	2.5
德州市	Dezhou	19.7	5.2	0.6	0.5	8.8	1.2	0.7	1.3
聊城市	Liaocheng	16.5	4.0	0.4	0	7.6	1.3	0.6	1.4
滨州市	Binzhou	14.7	3.7	0.7	0.4	6.1	0.8	0.8	0.9
菏泽市	Heze	26.2	5.9	0.8	1.3	11.0	2.5	1.0	2.0

4-9 各市私营企业年底就业人数(2010年底)

Number of Employed Persons in Private Enterprises at the Year-end by Region(2010)

地 区	Region	户 数 (户) Number of Enterprises (household)	就业人数 (万人) Number of Employed Persons (10 000 persons)	#投资者 Investor	城 镇 就业人数 (万人) Number of Employed Persons in Urban Areas (10 000 persons)	#投资者 Investor	乡 村 就业人数 (万人) Number of Employed Persons in Rural Areas (10 000 persons)	#投资者 Investor
全省总计	**Total**	**530402**	**647.7**	**117.1**	**371.1**	**81.6**	**276.6**	**35.5**
济 南 市	Jinan	60533	53.9	12.3	34.8	8.0	19.1	4.3
青 岛 市	Qingdao	115095	104.3	23.3	96.2	22.5	8.1	0.8
淄 博 市	Zibo	32036	48.1	8.3	19.7	4.7	28.4	3.6
枣 庄 市	Zaozhuang	15475	18.1	3.6	10.6	2.5	7.5	1.1
东 营 市	Dongying	14257	14.1	3.7	8.6	2.9	5.5	0.8
烟 台 市	Yantai	49224	67.3	12.9	42.8	8.9	24.5	4.0
潍 坊 市	Weifang	46408	91.6	10.2	39.3	6.4	52.3	3.8
济 宁 市	Jining	31496	34.2	7.0	13.3	3.8	20.9	3.2
泰 安 市	Tai'an	21219	23.3	5.0	11.5	2.7	11.8	2.3
威 海 市	Weihai	23956	21.4	5.0	14.7	3.7	6.7	1.3
日 照 市	Rizhao	14669	26.4	3.1	13.6	2.2	12.8	0.9
莱 芜 市	Laiwu	10168	10.5	1.9	6.6	1.2	3.9	0.7
临 沂 市	Linyi	28598	38.0	5.6	13.9	2.7	24.1	2.9
德 州 市	Dezhou	15460	25.9	3.2	10.1	1.7	15.8	1.5
聊 城 市	Liaocheng	14797	16.1	3.4	6.7	2.0	9.4	1.4
滨 州 市	Binzhou	14728	21.3	3.5	9.8	2.2	11.5	1.3
菏 泽 市	heze	18575	24.6	4.0	10.5	2.2	14.1	1.8

4-10 各市个体年底就业人数(2010年)

Number of Self-employed Individuals at the Year-end by Region(2010)

地 区	Region	个体户数 (户) Number of Households (household)	个体就业人数 (万人) Number of Engaged Persons (10 000 persons)	城镇就业人数 (万人) Urban Employed Persons (10 000 persons)	乡村就业人数 (万人) Rural Employed Persons (10 000 persons)
全省总计	**Total**	**2397742**	**537.3**	**256.0**	**281.4**
济南市	Jinan	172037	40.3	30.6	9.8
青岛市	Qingdao	305191	78.4	27.6	50.8
淄博市	Zibo	116785	23.0	7.1	16.0
枣庄市	Zaozhuang	141613	35.6	20.8	14.8
东营市	Dongying	43912	9.6	5.9	3.8
烟台市	Yantai	191163	35.9	19.4	16.6
潍坊市	Weifang	247291	51.1	28.8	22.3
济宁市	Jining	184829	36.4	16.9	19.5
泰安市	Tai'an	118692	24.6	9.2	15.4
威海市	Weihai	75389	15.0	9.3	5.7
日照市	Rizhao	84214	16.9	6.1	10.9
莱芜市	Laiwu	24655	7.5	4.2	3.3
临沂市	Linyi	223306	61.7	30.2	31.6
德州市	Dezhou	110922	23.8	9.6	14.2
聊城市	Liaocheng	94298	20.0	9.8	10.2
滨州市	Binzhou	61777	13.0	4.9	8.0
菏泽市	Heze	201668	44.3	15.6	28.7

4－11 城镇单位就业人员工资总额和指数

Total Wage Bill of Employed Persons in Urban Units and Related Indices

年份 Year / 地区 Region	工资总额（亿元） Earning(100 million yuan)				指数（上年=100） Indices(preceding year=100)			
	合计 Total	国有单位 State-owned Units	城镇集体单位 Urban Collective-owned Units	其他单位 Units of Other Types of Ownership	合计 Total	国有单位 State-owned Units	城镇集体单位 Urban Collective-owned Units	其他单位 Units of Other Types of Ownership
1995	473.7	364.7	73.0	36.0	124.9	123.3	121.5	154.5
1996	543.1	421.8	78.9	42.4	114.7	115.7	108.1	117.8
1997	593.3	458.9	80.8	53.6	109.2	108.8	102.4	126.4
1998	585.5	450.9	62.6	72.0	98.7	98.3	77.5	134.3
1999	631.1	482.1	60.9	88.1	107.8	106.9	97.3	122.4
2000	707.5	530.8	59.8	116.9	112.1	110.1	98.2	132.7
2001	789.7	585.4	59.0	145.3	111.6	110.3	98.7	124.3
2002	886.1	637.8	60.7	187.6	112.2	109.0	102.9	129.1
2003	974.4	686.3	64.2	223.8	110.0	107.6	105.8	119.3
2004	1129.9	780.5	68.6	280.8	116.0	113.7	106.9	125.5
2005	1470.4	832.6	74.9	562.9	130.1	106.7	109.2	200.5
2006	1702.1	940.9	80.9	680.3	115.8	113.0	108.0	120.9
2007	2040.6	1134.8	92.8	813.0	119.9	120.6	114.7	119.5
2008	2353.8	1311.3	104.3	938.2	115.3	115.6	112.4	115.4
2009	2699.0	1461.9	122.3	1114.8	114.7	111.5	117.3	118.8
2010	3166.7	1683.5	147.1	1336.1	117.3	115.2	120.3	119.9
济南市 Jinan	430.4	214.4	12.4	203.6	111.6	110.6	107.8	112.9
青岛市 Qingdao	470.6	205.5	16.0	249.1	113.4	113.9	111.1	113.2
淄博市 Zibo	209.6	115.0	9.7	84.9	116.2	113.3	109.0	121.3
枣庄市 Zaozhuang	110.1	89.1	9.0	12.0	117.9	114.7	134.3	133.3
东营市 Dongying	166.8	123.2	6.0	37.6	121.5	121.4	105.3	124.9
烟台市 Yantai	298.3	126.0	11.8	160.5	114.4	113.9	128.3	113.9
潍坊市 Weifang	246.2	116.2	8.7	121.3	119.7	117.3	119.2	122.2
济宁市 Jining	221.5	163.1	8.1	50.3	121.6	114.7	128.6	149.7
泰安市 Tai'an	173.4	64.7	21.8	86.9	129.7	131.2	128.2	128.9
威海市 Weihai	125.5	53.4	7.3	64.8	118.6	109.7	115.9	127.6
日照市 Rizhao	68.0	38.6	1.6	27.8	127.3	127.8	133.3	126.4
莱芜市 Laiwu	52.7	17.4	6.3	29.0	122.0	110.1	126.0	129.5
临沂市 Linyi	171.7	94.5	13.0	64.2	116.7	108.0	127.5	130.0
德州市 Dezhou	92.0	51.3	4.4	36.3	116.0	114.5	115.8	118.2
聊城市 Liaocheng	90.1	55.4	3.0	31.7	123.1	119.7	115.4	130.5
滨州市 Binzhou	99.8	41.7	3.3	54.8	118.5	121.6	143.5	115.1
菏泽市 Heze	79.9	57.0	4.2	18.7	120.9	118.5	120.0	129.0

注：城镇单位就业人员工资总额即为原来的城镇单位就业人员劳动报酬总额(以下同)。

a)Total wage bill of employed persons in urban units from 1995 to 2010 refered to total earning of employed persons in urban units.The same applies to the table following.

4-12 城镇单位就业人员平均工资和指数

Average Wage of Employed Persons in Urban Units and Related Indices

年份 Year 地区 Region	平均工资（元）Average Wage (yuan)					指数（上年=100）Indices(preceding year=100) 平均工资 Average Wage		
	合计 Total	其中：在岗职工 Of which Staff and Workers	国有单位 State-owned Units	城镇集体单位 Urban Collective-owned Units	其他单位 Units of Other Types of Ownership	合计 Total	其中：在岗职工 Of which Staff and Workers	国有单位 State-owned Units
1995	5079	5145	5455	3666	5530	119.3	118.6	118.0
1996	5751	5809	6236	3982	6068	113.2	112.9	114.3
1997	6186	6241	6700	4185	6613	107.6	107.4	107.4
1998	6800	6854	7357	4546	6521	109.9	109.8	109.8
1999	7624	7656	8293	4979	7101	112.1	111.7	112.7
2000	8737	8772	9540	5581	7995	114.6	114.6	115.0
2001	9963	10007	10918	6203	9005	114.0	114.1	114.4
2002	11342	11374	12631	7112	9825	113.8	113.7	115.7
2003	12554	12567	13856	8197	10961	110.7	110.5	109.7
2004	14321	14332	15892	9793	12325	114.1	114.0	114.7
2005	16564	16614	19628	11362	14157	115.7	115.9	123.5
2006	19135	19228	22552	13024	16586	115.5	115.7	114.9
2007	22734	22844	26985	15502	19485	118.8	118.8	119.7
2008	26234	26404	30756	18482	22639	115.4	115.6	114.0
2009	29398	29688	34292	21344	25657	112.1	112.4	111.5
2010	33321	33729	38490	25626	29328	113.3	113.6	111.5
济南市 Jinan	36928	37478	42511	24798	33314	106.2	105.7	104.2
青岛市 Qingdao	38136	37805	51803	30685	31725	113.6	113.7	114.7
淄博市 Zibo	33690	33896	43345	23369	26925	112.9	113.2	112.7
枣庄市 Zaozhuang	30696	30439	35313	21476	18621	112.6	112.7	112.9
东营市 Dongying	41805	42134	49492	28875	29085	114.0	114.1	114.9
烟台市 Yantai	32815	34194	40231	25880	29169	106.5	109.6	111.9
潍坊市 Weifang	33682	34187	38130	30817	30479	118.5	118.6	113.4
济宁市 Jining	35113	35821	39919	19108	27972	116.0	115.6	113.0
泰安市 Tai'an	30734	30906	32725	27023	30404	120.8	120.6	118.9
威海市 Weihai	31839	31911	40280	25476	27809	117.1	116.6	110.7
日照市 Rizhao	33172	33737	39151	22043	28024	118.9	118.9	121.4
莱芜市 Laiwu	38265	38318	34656	42055	39982	121.3	121.2	110.1
临沂市 Linyi	30795	31698	31834	30153	29507	114.2	114.6	109.8
德州市 Dezhou	23939	24265	25571	18993	22613	112.2	112.1	112.4
聊城市 Liaocheng	25406	25784	27671	20628	22666	122.1	120.6	116.1
滨州市 Binzhou	27678	28007	33682	22588	24663	116.9	117.4	114.2
菏泽市 Heze	21664	21955	21818	18978	21898	114.6	114.0	115.0

注：城镇单位就业人员平均工资即为原来的城镇单位就业人员平均劳动报酬(下表同)。

a)Average wage of employed persons in urban units referred to average earning of employed persons in urban units.The same applies to the table following.

4−12 续表 continued

年份 地区	Year Region	指数（上年=100） Indices(preceding year=100)						
		平均工资 Average Wage		平均实际工资 Average Real Wage				
		城镇集体单位 Urban Collective-owned Units	其他单位 Units of Other Types of Ownership	合计 Total	其中：在岗职工 Of which Staff and Workers	国有单位 State-owned Units	城镇集体单位 Urban Collective-owned Units	其他单位 Units of Other Types of Ownership
1995		122.2	119.4	102.1	101.5	101.0	104.6	102.2
1996		108.6	109.7	102.4	102.2	103.4	98.3	99.3
1997		105.1	109.0	104.3	104.1	104.1	101.8	105.6
1998		108.6	98.6	110.2	110.1	110.1	108.9	98.9
1999		109.5	108.9	112.1	111.7	112.7	109.5	108.9
2000		112.1	112.6	113.2	113.2	113.6	110.8	111.3
2001		111.1	112.6	112.8	112.9	113.2	109.9	111.4
2002		114.7	109.1	115.3	115.2	117.2	116.2	110.5
2003		115.3	111.6	109.9	109.7	108.9	114.5	110.8
2004		119.5	112.4	111.5	110.9	112.1	116.8	109.9
2005		116.0	114.9	114.4	114.7	122.2	114.7	113.6
2006		114.6	117.2	114.4	114.6	113.8	113.5	116.0
2007		119.0	117.5	114.5	114.5	115.3	114.6	113.2
2008		119.2	116.2	110.2	110.4	108.9	113.8	111.0
2009		115.5	113.2	112.2	112.6	111.6	115.6	113.3
2010		115.5	113.2	110.4	110.7	108.7	112.6	110.3
济南市	Jinan	108.2	108.0	104.0	103.5	102.1	106.0	105.8
青岛市	Qingdao	104.6	113.5	111.2	111.3	112.2	102.3	111.1
淄博市	Zibo	118.9	113.6	109.9	110.2	109.7	115.8	110.6
枣庄市	Zaozhuang	122.0	115.9	109.5	109.6	109.8	118.7	112.7
东营市	Dongying	102.5	114.6	111.4	111.5	112.3	100.2	112.0
烟台市	Yantai	118.1	102.8	104.1	107.1	109.4	115.4	100.5
潍坊市	Weifang	123.9	122.8	115.5	115.6	110.5	120.8	119.7
济宁市	Jining	126.3	130.8	112.7	112.3	109.8	122.7	127.1
泰安市	Tai'an	134.7	118.1	117.6	117.4	115.8	131.2	115.0
威海市	Weihai	123.6	123.1	113.8	113.3	107.6	120.1	119.6
日照市	Rizhao	120.4	116.1	113.9	113.9	116.3	115.3	111.2
莱芜市	Laiwu	144.9	124.1	118.5	118.4	107.5	141.5	121.2
临沂市	Linyi	131.7	119.0	111.1	111.5	106.8	128.1	115.8
德州市	Dezhou	108.8	112.6	108.8	108.7	109.0	105.5	109.2
聊城市	Liaocheng	109.7	134.1	118.4	117.0	112.6	106.4	130.1
滨州市	Binzhou	126.5	117.3	114.0	114.5	111.4	123.4	114.4
菏泽市	Heze	122.7	110.7	111.8	111.2	112.2	119.7	108.0

4-13 按登记注册类型分城镇单位和城镇私营单位就业人员平均工资

Average Earning of Employed Persons in Urban Units and Private Ownership Units by Status of Registration

单位：元 (yuan)

年份 Year / 地区 Region	城镇单位 Total	国有单位 State-owned Units	城镇集体单位 Urban Collective-owned Units	股份合作单位 Cooperative Units	联营单位 Joint Ownership Units
1995	5079	5455	3666		5268
1996	5751	6236	3982		5912
1997	6186	6700	4185		6427
1998	6800	7357	4546	4707	5689
1999	7624	8293	4979	5079	7081
2000	8737	9540	5581	5509	7195
2001	9963	10918	6203	6501	8507
2002	11342	12631	7112	7055	10888
2003	12554	13856	8197	8150	11048
2004	14321	15892	9793	9045	12202
2005	16564	19628	11362	11442	27659
2006	17499	22552	13024	13588	27823
2007	20578	26985	15502	16872	33758
2008	23706	30756	18482	18889	40444
2009	26509	34292	21344	22619	40749
2010	33321	38490	25626	25465	46466
济南市 Jinan	36928	42511	24798	25972	54973
青岛市 Qingdao	38136	51803	30685	25340	29408
淄博市 Zibo	33690	43345	23369	23091	26802
枣庄市 Zaozhuang	30696	35313	21476	17834	21545
东营市 Dongying	41805	49492	28875	27754	20558
烟台市 Yantai	32815	40231	25880	24400	18458
潍坊市 Weifang	33682	38130	30817	36912	28356
济宁市 Jining	35113	39919	19108	25447	19843
泰安市 Tai'an	30734	32725	27023	25449	20194
威海市 Weihai	31839	40280	25476	19100	18149
日照市 Rizhao	33172	39151	22043	20722	24459
莱芜市 Laiwu	38265	34656	42055	24257	
临沂市 Linyi	30795	31834	30153	24144	26281
德州市 Dezhou	23939	25571	18993	26525	18756
聊城市 Liaocheng	25406	27671	20628	39813	
滨州市 Binzhou	27678	33682	22588	28009	21293
菏泽市 Heze	21664	21818	18978	21770	13363

注：全省数据为城镇私营单位口径，各市数据为全部私营单位口径。

a)The statistics range of provincial data include urban private unit,region data include all Private units.

4-13 续表 continued

单位：元 (yuan)

年份 Year / 地区 Region		有限责任公司 Limited Liability Corporations	股份有限公司 Share-holding Corporations Ltd.	其他内资 Others	港、澳、台商投资单位 Units with Funds from Hong Kong, Macao&Taiwan	外商投资单位 Foreign Funded Units	城镇私营单位 Urban Private Ownership Units
1995			5482	4832	5085	5857	
1996			6066	3818	5389	6423	
1997			6321	2351	5918	7347	
1998		5935	6437	4386	6436	8056	
1999		6504	6870	5412	6944	8698	
2000		7757	7835	6437	7273	9537	
2001		8872	8943	7560	8049	10314	
2002		9668	9588	7384	9874	11056	
2003		10757	10743	8019	11001	12237	
2004		12156	11929	9362	12558	13535	
2005		13712	14530	11866	13654	15099	
2006		15732	17440	12798	15602	18248	12095
2007		18306	20910	14981	18470	21196	13694
2008		21160	25364	18696	21117	23970	15951
2009		24340	29099	20408	23343	26665	18152
2010		28208	33665	26026	27063	29305	20747
济南市	Jinan	28433	46352	25806	26007	36256	19684
青岛市	Qingdao	33776	44620	25611	30204	28977	20583
淄博市	Zibo	23531	35910	25316	23164	23237	18040
枣庄市	Zaozhuang	17302	23453	17118	18833	16700	15217
东营市	Dongying	29086	25462	35275	35012	30144	20266
烟台市	Yantai	28622	31697	30545	25166	30234	18103
潍坊市	Weifang	29727	33014	26060	29912	28964	21372
济宁市	Jining	27955	23428	26200	33367	36925	16662
泰安市	Tai'an	32787	26783	23105	27943	21844	17254
威海市	Weihai	27085	27905	21678	30020	29340	17952
日照市	Rizhao	28844	29017	24734	20914	26808	17215
莱芜市	Laiwu	41115	29670	42617	57808	40335	15948
临沂市	Linyi	29986	27943	23068	28625	32109	17969
德州市	Dezhou	19615	27216	31794	19946	23883	16703
聊城市	Liaocheng	21795	23918	16983	15929	25589	15281
滨州市	Binzhou	24582	27915	28770	21098	22614	22024
菏泽市	Heze	21438	25056	16718	23647	20446	15077

4-14 分行业城镇单位就业人员工资总额
Total Wages Bill of Employed Persons by Sector

单位：万元 (10 000 yuan)

年份 地区	Year Region	总计 Total	农、林、牧、渔业 Agriculture, Forestry, Animal Husbandry and Fishing	采矿业 Mining	制造业 Manufacturing	电力、燃气及水的生产和供应业 Production and Supply of Electric Power and Heat Power	建筑业 Construction	交通运输、仓储和邮政业 Traffic, Transport, Storage and Post
2003		9743996	81406	1083915	2746873	357989	390568	495658
2004		11299250	87177	1286987	3236853	398513	512311	574155
2005		14704312	83477	1487301	4398642	443226	921330	627195
2006		17020695	82906	1656650	5292179	501959	1086839	728897
2007		20406408	94527	1871085	6288197	584856	1308212	859486
2008		23537669	100892	2226430	7182025	660853	1391519	955338
2009		26989786	112616	2548552	8024370	771504	1664071	1138576
2010		31666908	122232	3104244	9536539	847454	2106988	1362640
济南市	Jinan	4303731	2280	58231	898983	82799	687980	199142
青岛市	Qingdao	4705793	14686	5275	1971458	103936	248028	284236
淄博市	Zibo	2095441	7036	209871	757148	67540	191399	32264
枣庄市	Zaozhuang	1101053	10376	408538	109176	28677	40695	12813
东营市	Dongying	1668660	12696	682158	255806	16075	33416	53457
烟台市	Yantai	2983884	10869	178159	1276697	71183	127897	109887
潍坊市	Weifang	2462624	8109	34835	959774	70677	117737	34003
济宁市	Jining	2215203	4864	888941	243651	85558	60326	23857
泰安市	Tai'an	1733569	6107	425018	366881	41810	208147	32983
威海市	Weihai	1254699	5986	2801	574743	47069	65293	28502
日照市	Rizhao	680279	3015	3128	208272	18318	27319	84063
莱芜市	Laiwu	526849	7	42797	282389	15839	28070	2736
临沂市	Linyi	1717001	15802	118972	454367	45027	93138	23183
德州市	Dezhou	919271	11425	8848	286489	52068	29977	12065
聊城市	Liaocheng	902024	1473		269889	37110	27866	36082
滨州市	Binzhou	996711	2615	6970	496046	27179	38895	7338
菏泽市	Heze	799353	4887	29703	108820	36590	33451	25544

4-14 续表 1 continued

单位:万元 (10 000 yuan)

年 份 地 区	Year Region	信息传输、计算机服务和软件业 Information Transfer, Computer Services and Software	批发和零售业 Wholesale and Retail Trade	住宿和餐饮业 Hotels and Catering Services	金融业 Financial Intermediation	房地产业 Real Estate	租赁和商务服务业 Leasing and Business Services	科学研究、技术服务和地质勘查业 Scientific Research, technical Service and Geologic Prospecting
2003		131012	350458	85842	441213	72320	99948	127837
2004		149711	361575	96552	495643	86150	107657	144752
2005		183248	461866	140847	589316	139846	163416	185110
2006		196593	494530	156082	699225	157117	180218	213582
2007		211003	566300	168283	913018	187435	210266	276891
2008		232765	665636	202844	1148181	207484	269131	324322
2009		273416	854925	226203	1494078	255605	304125	408302
2010		330199	905041	239290	1725973	337548	343020	493676
济 南 市	Jinan	65321	165102	49862	402148	81643	75500	114955
青 岛 市	Qingdao	41783	118843	54066	304122	72279	56298	94311
淄 博 市	Zibo	22525	53933	13162	84943	19652	13017	8594
枣 庄 市	Zaozhuang	7557	17218	2075	40590	8478	36381	8434
东 营 市	Dongying	31672	21309	15413	30665	5653	37177	73606
烟 台 市	Yantai	19003	65088	20398	142689	51395	29962	40535
潍 坊 市	Weifang	22277	121860	16207	91453	22342	10676	23365
济 宁 市	Jining	16430	42958	6409	103829	9097	14647	9663
泰 安 市	Tai'an	14879	52102	11502	56345	15221	7626	22135
威 海 市	Weihai	10542	47369	15054	58595	18560	9316	6930
日 照 市	Rizhao	3665	24096	6564	39654	6460	2566	4433
莱 芜 市	Laiwu	3458	8129	1368	23646	590	467	893
临 沂 市	Linyi	20358	51093	6818	101736	7553	6319	11227
德 州 市	Dezhou	11854	36470	4822	69499	6926	4172	4086
聊 城 市	Liaocheng	8305	24372	3280	72244	6311	3117	5588
滨 州 市	Binzhou	8521	23162	2166	48024	3626	2913	2957
菏 泽 市	Heze	11469	26503	3616	55790	1436	3459	5277

4-14 续表 2 continued

单位:万元 (10 000 yuan)

年份 地区	Year Region	水利、环境和公共设施管理业 Management of Water Conservancy, Environment and Public Facilities	居民服务和其他服务业 Services to Households and Other Services	教育 Education	卫生、社会保障和社会福利业 Health, Social Security and Social Welfare	文化、体育和娱乐业 Culture, Sports and Entertainment	公共管理和社会组织 Public management and Social Organization	国际组织 International Organization
2003		119353	14373	1373476	520398	88393	1162964	
2004		136046	15122	1586711	579916	105088	1338321	
2005		165930	73590	1915134	716688	123238	1884912	
2006		165078	80340	2278095	807437	143528	2099440	
2007		203244	82817	2914470	978653	175070	2512598	
2008		236985	108619	3283035	1168013	216973	2956626	
2009		253861	100724	3640085	1351416	242487	3324872	
2010		293613	114733	4186586	1625680	273579	3717873	
济南市	Jinan	47253	26170	523873	238018	99180	485281	
青岛市	Qingdao	46048	6522	564221	192274	52308	475099	
淄博市	Zibo	18207	1296	266812	104538	20517	202987	
枣庄市	Zaozhuang	10450	875	143738	48503	6564	159915	
东营市	Dongying	7982	58865	147528	41576	4373	139233	
烟台市	Yantai	31700	3684	364627	137288	21192	281631	
潍坊市	Weifang	16362	2047	404450	181062	10493	314895	
济宁市	Jining	20454	1624	300091	90059	12372	280373	
泰安市	Tai'an	16530	2856	212582	81190	8239	151416	
威海市	Weihai	11782	1719	148007	67825	6707	127899	
日照市	Rizhao	5029	187	108605	40167	4511	90227	
莱芜市	Laiwu	1089	227	49974	19253	1065	44852	
临沂市	Linyi	18177	536	337743	131350	7645	265957	
德州市	Dezhou	12686	5685	142717	47159	4297	168026	
聊城市	Liaocheng	11210	759	154937	80357	4953	154171	
滨州市	Binzhou	6329	636	121375	51162	2563	144234	
菏泽市	Heze	12327	606	192701	72149	5392	169633	

4-15 分登记注册类型和行业城镇单位就业人员平均工资(2010年)

Average Earning of Employed Persons in Urban Units at the Year end by Status of Registration and Sector(2010)

单位:元 (yuan)

类别	Category	总计 Total	国有单位 State-owned Units	城镇集体单位 Urban Collective-owned Units	其他单位 Units of Other Types of Ownership
总计	**Total**	**33321**	**38490**	**25626**	**29328**
按企、事业和机关分	**Grouped by Enterprises,institutions and Agencies**				
企业	Enterprises	31781	40338	25417	29329
事业	Institutions	37292	37787	26996	30296
机关	Agebcies & Organizations	36363	36370	27349	7200
民间非营利组织	Civil Nonprofit Organization	25959		19676	26308
其他	Others	21186	21216	19810	22174
按国民经济行业分	**Grouped by Sector**				
农、林、牧、渔业	Agriculture,Forestry,Animal Husbandry and Fishing	24143	25135	17688	22425
采矿业	Mining	46560	50519	24219	39481
制造业	Manufacturing	27773	32068	27210	27417
电力、燃气及水的生产和供应业	Production and Supply of Electric Power and Heat Power	42025	44064	28222	37094
建筑业	Construction	25807	28831	21846	25679
交通运输、仓储和邮政业	Traffic,Transport,Storage and Post	39435	40015	18938	40287
信息传输、计算机服务和软件业	Information Transfer,Computer Services and Software	50315	53884	38819	48734
批发和零售业	Wholesale and Retail Trade	23845	30567	16690	22732
住宿和餐饮业	Hotels and Catering Services	21810	22394	19611	21530
金融业	Financial Intermediation	53148	59396	44675	52366
房地产业	Real Estate	29793	27648	27747	30703
租赁和商务服务业	Leasing and Business Services	28987	31014	23955	29886
科学研究、技术服务和地质勘查业	Scientific Research,technical Service and Geologic Prospecting	45803	47734	28221	40853
水利、环境和公共设施管理业	Management of Water Conservancy, Environment and Public Facilities	25367	25410	14134	32917
居民服务和其他服务业	Services to Households and Other Services	32461	36238	23681	25816
教育	Education	38621	38926	31639	32349
卫生、社会保障和社会福利业	Health,Social Security and Social Welfare	38044	39878	25724	36160
文化、体育和娱乐业	Culture,Sports and Entertainment	41015	42236	25259	25565
公共管理和社会组织	Public management and Social Organization	35727	35746	26090	31649
国际组织	International Organization				

4-16 分行业城镇单位就业人员平均工资
Average Earning of Employed Persons in Urban Units by Sector

单位:元 (yuan)

年份 地区	Year Region	总计 Total	农、林、牧、渔业 Agriculture, Forestry, Animal Husbandry and Fishing	采矿业 Mining	制造业 Manufacturing	电力、燃气及水的生产和供应业 Production and Supply of Electric Power and Heat Power	建筑业 Construction	交通运输、仓储和邮政业 Traffic, Transport, Storage and Post
2003		12553	8616	17704	10178	17588	9977	16025
2004		14320	9812	21032	11618	19171	11681	18682
2005		16563	12748	24050	13251	21910	12912	21343
2006		19135	14519	27105	15633	25251	15400	24826
2007		22733	16960	30805	18477	29552	18183	27997
2008		26234	19387	36133	21340	33497	20395	31235
2009		29398	21884	40564	23930	37911	23222	34477
2010		33321	24143	46560	27773	42025	25807	39435
济南市	Jinan	36928	21473	34312	30853	44638	25461	42765
青岛市	Qingdao	38136	28064	26230	29886	50085	35138	45045
淄博市	Zibo	33690	26855	46867	28443	45077	25409	34536
枣庄市	Zaozhuang	30696	26065	42188	17998	34323	17245	16661
东营市	Dongying	41805	21485	55675	28740	57950	23326	38614
烟台市	Yantai	32815	32138	38558	28326	46157	30738	38101
潍坊市	Weifang	33682	23884	31562	31369	44005	26179	28726
济宁市	Jining	35113	27699	53967	21829	44891	18610	18006
泰安市	Tai'an	30734	23708	37073	25958	39596	26485	26829
威海市	Weihai	31839	38080	25190	27245	40622	26454	28776
日照市	Rizhao	33172	26374	26445	26172	37669	32685	60564
莱芜市	Laiwu	38265	10833	39770	42238	36303	31768	19184
临沂市	Linyi	30795	24180	52101	27618	35106	20979	26994
德州市	Dezhou	23939	22047	46444	20175	41226	17606	21231
聊城市	Liaocheng	25406	12629		22114	37417	15939	27788
滨州市	Binzhou	27678	27702	20842	24173	42001	25063	27828
菏泽市	Heze	21664	11731	50722	17497	29315	18803	23343

4-16 续表 1 continued

单位:元 (yuan)

年 份 地 区	Year Region	信息传输、计算机服务和软件业 Information Transfer, Computer Services and Software	批发和零售业 Wholesale and Retail Trade	住宿和餐饮业 Hotels and Catering Services	金融业 Financial Intermediation	房地产业 Real Estate	租赁和商务服务业 Leasing and Business Services	科学研究、技术服务和地质勘查业 Scientific Research, technical Service and Geologic Prospecting
2003		23044	7964	9274	17430	14208	12786	17096
2004		26739	9023	10960	19692	15753	13150	19587
2005		31980	11551	11964	23911	16185	15238	22938
2006		35191	13489	13807	28207	19225	17085	26764
2007		38577	15813	15068	35302	22181	19661	31695
2008		37981	18254	17646	40297	24426	24085	36770
2009		44403	21272	19568	46480	27254	26130	40964
2010		50315	23845	21810	53148	29793	28987	45803
济南市	Jinan	46415	24425	20327	70863	30405	30944	58405
青岛市	Qingdao	64730	30322	25955	80190	37675	36116	56081
淄博市	Zibo	60148	18919	18897	68216	28904	24092	35869
枣庄市	Zaozhuang	63876	16289	13877	44482	18124	28546	31564
东营市	Dongying	63016	30639	26173	43020	35893	28107	42814
烟台市	Yantai	49850	23363	22733	39844	29485	25052	38054
潍坊市	Weifang	45435	28583	23336	50024	33632	29081	33975
济宁市	Jining	52712	19203	16204	39761	17548	33867	32512
泰安市	Tai'an	35351	20735	20065	39736	27700	22319	37651
威海市	Weihai	43887	23983	22519	48813	28095	31042	39221
日照市	Rizhao	40858	21747	26802	39958	35950	32607	33377
莱芜市	Laiwu	55771	23966	15657	70989	16253	24333	22943
临沂市	Linyi	55791	25138	19591	38557	34726	15630	30252
德州市	Dezhou	34782	19739	15101	43639	23998	22525	28455
聊城市	Liaocheng	37679	19781	14149	45635	21091	11268	40228
滨州市	Binzhou	38347	25767	18309	46503	22922	26698	16914
菏泽市	Heze	74234	20550	15166	42100	14261	10171	24466

4-16 续表 2 continued

单位:元 (yuan)

年份 / 地区	Year / Region	水利、环境和公共设施管理业 Management of Water Conservancy, Environment and Public Facilities	居民服务和其他服务业 Services to Households and Other Services	教育 Education	卫生、社会保障和社会福利业 Health, Social Security and Social Welfare	文化、体育和娱乐业 Culture, Sports and Entertainment	公共管理和社会组织 Public management and Social Organization	国际组织 International Organization
2003		11537	11592	13220	14989	16220	13693	
2004		12627	13188	15094	16889	18040	15368	
2005		14743	23912	18451	20379	21743	19250	
2006		15278	25080	21772	22690	24853	21150	
2007		18346	27313	27288	26235	30657	25522	
2008		21114	31777	31032	30504	36088	29722	
2009		22995	29853	34391	33982	37964	32496	
2010		25367	32461	38621	38044	41015	35727	
济 南 市	Jinan	35598	23598	51092	52308	61671	49351	
青 岛 市	Qingdao	30990	39195	51503	44646	48232	62004	
淄 博 市	Zibo	32853	30720	46971	42450	41498	40501	
枣 庄 市	Zaozhuang	17316	21873	33540	31286	31926	33142	
东 营 市	Dongying	28035	40198	47406	39581	39606	41494	
烟 台 市	Yantai	29074	28489	42616	39063	34054	41724	
潍 坊 市	Weifang	20471	27892	39047	40782	32395	35789	
济 宁 市	Jining	17140	27114	35879	32015	27007	30764	
泰 安 市	Tai'an	28529	20575	35782	34317	29249	32250	
威 海 市	Weihai	24946	29845	49405	40606	32811	45613	
日 照 市	Rizhao	28299	36706	36179	39119	30174	37284	
莱 芜 市	Laiwu	35129	26976	31208	32844	31880	32811	
临 沂 市	Linyi	24600	28532	33699	37051	25611	30275	
德 州 市	Dezhou	23410	65956	25309	26580	20990	24026	
聊 城 市	Liaocheng	20675	12979	27950	33342	24184	24076	
滨 州 市	Binzhou	25822	24933	34675	36180	30046	31260	
菏 泽 市	Heze	13580	19608	22545	22402	19591	19043	

4-17 分行业城镇私营单位就业人员平均工资
Average Wage of Staff and Workers by Sector

单位:元 (yuan)

年 份 地 区	Year Region	总 计 Total	农、林、牧、渔业 Agriculture, Forestry, Animal Husbandry and Fishing	采矿业 Mining	制造业 Manufacturing	电力、燃气及水的生产和供应业 Production and Supply of Electric Power and Heat Power	建筑业 Construction	交通运输、仓储和邮政业 Traffic, Transport, Storage and Post
2006		12095	11626	11676	11696	12861	12789	13205
2007		13964	13370	13030	13454	13545	14993	16706
2008		15951	14421	15499	15479	15469	16837	18656
2009		18152	18334	17333	17704	17348	19072	20321
2010		20747	20152	20568	20469	18696	21439	22740
济 南 市	Jinan	19684	12010	30581	18444	17307	20267	28671
青 岛 市	Qingdao	20583	27118	19680	20060	24119	20841	19744
淄 博 市	Zibo	18040	13454	15919	17845	16207	17905	17564
枣 庄 市	Zaozhuang	15217	11750	15383	15330	14166	14565	15858
东 营 市	Dongying	20266	16934	20279	20684	18384	20918	19368
烟 台 市	Yantai	18103	20802	17697	18170	13864	19163	17897
潍 坊 市	Weifang	21372	20611	18411	21542	21731	20725	23453
济 宁 市	Jining	16662	15525	17118	16696	17458	18450	16135
泰 安 市	Tai'an	17254	17315	16799	16759	17418	18027	16965
威 海 市	Weihai	17952	16981	14322	17820	18980	18115	18557
日 照 市	Rizhao	17215	18725	17192	16609	17684	17331	19225
莱 芜 市	Laiwu	15948		20847	14284	14854	17916	18500
临 沂 市	Linyi	17969	17260	21459	17842	19508	17474	19806
德 州 市	Dezhou	16703		14201	16992	16292	17490	17186
聊 城 市	Liaocheng	15281	14587	15714	15250	15051	18275	17883
滨 州 市	Binzhou	22024	20592	21948	21410	24933	24675	28581
菏 泽 市	Heze	15077	13715	17067	15040	14894	16113	17218

注：全省数据为城镇私营单位口径，各市数据为全部私营单位口径。
a)The statistics range of provincial data include urban private unit,region data include all Private units.

4-17 续表 1 continued

单位:元 (yuan)

年份 Year 地区 Region		信息传输、计算机服务和软件业 Information Transfer, Computer Services and Software	批发和零售业 Wholesale and Retail Trade	住宿和餐饮业 Hotels and Catering Services	金融业 Financial Intermediation	房地产业 Real Estate	租赁和商务服务业 Leasing and Business Services	科学研究、技术服务和地质勘查业 Scientific Research, technical Service and Geologic Prospecting
2006		17374	12227	11715	14080	14043	15247	15508
2007		18523	14770	14195	14081	16162	17301	17616
2008		20569	16345	15813	15088	19678	18862	18503
2009		20773	18261	18228	16647	20330	21825	20347
2010		23016	20510	19964	22675	22942	23827	23758
济南市	Jinan	26110	18466	18435		21269	24476	22207
青岛市	Qingdao	23037	22023	20065	16545	24533	22402	22402
淄博市	Zibo	19420	18716	17865	18986	20622	19402	23728
枣庄市	Zaozhuang	15019	14801	13785	20838	16000	16694	15906
东营市	Dongying	15419	19028	18806	17757	20062	20607	18886
烟台市	Yantai	18999	16911	16756	20419	18571	18351	20983
潍坊市	Weifang	21738	21565	20209	26462	21582	20758	22238
济宁市	Jining	16323	16518	15355	25093	15958	15233	20332
泰安市	Tai'an	18137	17371	16993	20862	18657	19254	17850
威海市	Weihai	16286	18356	17469	17913	20105	19742	19633
日照市	Rizhao	17568	18159	18202	16145	17751	18756	19199
莱芜市	Laiwu	19188	15608	11794	16100	16316	15804	9503
临沂市	Linyi	16631	18409	16619	20778	19229	19359	13223
德州市	Dezhou	16471	15391	14857	14427	16527	15376	15788
聊城市	Liaocheng	12089	15104	12755	16429	14349	13577	11574
滨州市	Binzhou	26962	21943	19005	22047	20054	23188	35151
菏泽市	Heze	14195	14054	14473	13294	13993	14487	14210

4-17 续表 2 continued

单位:元 (yuan)

年份 Year 地区 Region		水利、环境和公共设施管理业 Management of Water Conservancy, Environment and Public Facilities	居民服务和其他服务业 Services to Households and Other Services	教育 Education	卫生、社会保障和社会福利业 Health, Social Security and Social Welfare	文化、体育和娱乐业 Culture, Sports and Entertainment	公共管理和社会组织 Public management and Social Organization	国际组织 International Organization
2006		15270	15047	13517	13807	15375	11965	
2007		17140	16576	13919	12157	16533	12026	
2008		18329	18243	16934	16458	17012	17041	
2009		17451	18820	19044	20770	18892	14342	
2010		21723	21320	21383	22013	20732	16213	
济南市	Jinan	20030	24464	24144	20351	25581		
青岛市	Qingdao	23970	17516	18344	23069	17392		
淄博市	Zibo	19090	18095	19396	21424	20062	15244	
枣庄市	Zaozhuang	14521	17019	16943	16292	17638	12759	
东营市	Dongying	17067	17754	19993	17239	21168	19333	
烟台市	Yantai	18340	18644	17058	18048	18598	12740	
潍坊市	Weifang	21761	22237	21843	20363	23462	16721	
济宁市	Jining	14854	16429	16078	16069	14984	9133	
泰安市	Tai'an	17498	19209	18508	17306	16431	14753	
威海市	Weihai	16125	17738	17282	17614	21295	10781	
日照市	Rizhao	16294	19032	17635	19212	16233	14358	
莱芜市	Laiwu	13807	22995	16176	14952	13357	7200	
临沂市	Linyi	18257	16366	18281	15933	14998		
德州市	Dezhou	16527	16629	17595	16550	17150	14281	
聊城市	Liaocheng	13702	14293	14827	15518	12000	11109	
滨州市	Binzhou	19897	20692	18716	20163	20521	18054	
菏泽市	Heze	12508	13910	14983	15635	14169	15325	

4-18 城镇劳动力供给和配置情况

Situations of Urban Labor Supply and Disposition

单位:万人 (10 000 person)

类　　别	Category	2008	2009	2010
一、本年城镇劳动力供给总数	**Labor Supply in Urban Areas**	**194.3**	**192.6**	**193.8**
1.高等校毕业生	Graduates of Universities and Colleges	42.0	46.2	47.2
2.复员、转业军人	Demobilized Soldiers	2.8	3.1	2.5
3.中等职业学校毕业生	Graduates of Vocational Secondary Schools	39.1	41.1	41.4
4.未能升学的初高中毕业生	Graduate of High Schools	21.0	21.0	18.3
5.直接从农村招收的人员	Laborers from Countryside			
6.农转非人员中的劳动力	Laborers with Peasant Background			
7.下岗人员	Laid-off Workers			
8.上年末城镇登记失业人员	Registered Laid-off Urban Workers at Last Year-end	43.5	44.7	45.1
# 就业转失业人员	Newly Laid-off Workers	35.8	35.3	35.5
9.其　他	Others	10.2	1.1	3.8
二、年末城镇登记失业人员	**Number of Registered Laid-off Workers at Year-end**	**44.7**	**45.1**	**44.5**

4-19 各市城镇登记失业人员及失业率

Registered Urban Unemployed Persons and Unemployment Rate by Region

地　区	Region	失业人员(万人) Unemployment(10 000 persons)		登记失业率(%) Unemployment Rate(%)	
		2009	2010	2009	2010
全省总计	**Total**	**45.1**	**44.5**	**3.4**	**3.4**
济南市	Jinan	6.0	6.0	3.9	3.8
青岛市	Qingdao	5.9	6.3	2.8	2.9
淄博市	Zibo	2.7	2.7	2.8	2.7
枣庄市	Zaozhuang	2.1	2.1	3.3	3.1
东营市	Dongying	1.0	1.0	1.9	1.9
烟台市	Yantai	4.8	4.9	3.3	3.3
潍坊市	Weifang	3.9	4.0	3.2	3.2
济宁市	Jining	3.7	3.7	3.8	3.6
泰安市	Tai'an	2.7	2.7	3.3	2.8
威海市	Weihai	0.8	0.8	1.6	1.5
日照市	Rizhao	1.4	1.4	2.9	2.5
莱芜市	Laiwu	0.7	0.7	2.7	1.9
临沂市	Linyi	2.1	1.9	1.9	1.7
德州市	Dezhou	2.1	2.2	3.0	3.0
聊城市	Liaocheng	2.5	2.6	3.1	3.3
滨州市	Binzhou	1.5	1.5	3.1	3.2
菏泽市	Heze	1.9	1.9	3.6	3.5

4-20 1988-2010年年底离休、退休、退职人员人数

Numbers of Retired and Resigned Persons at Year-end from 1988 to 2010

单位:人 (person)

年 份 Year	总 计 Total	离休人员 Retired Veterans	退休人员 Retired Persons	领取定期生活费的退职人员 Resigned Persons
1988	1104248	155487	842019	106742
1989	1123554	161620	874501	87433
1990	1175300	170717	923046	81537
1991	1264803	190162	994391	80250
1992	1338000	193000	1058000	88000
1993	1417000	189000	1148000	79000
1994	1424000	180000	1167000	76000
1995	1503000	179000	1250000	74000
1996	1564415	171479	1318084	74852
1997	1632000	164000	1385000	83000
1998	1698000	158000	1463000	77000
1999	1756000	150000	1529000	77000
2000	1803820	144063	1592549	67208
2001	1880547	141761	1684005	54781
2002	2005227	130318	1830820	44089
2003	2121128	124002	1948428	48698
2004	2244567	118302	2077937	48328
2005	2487619	114650	2372969	
2006	2617076	104437	2512563	
2007	2821703	99016	2722687	
2008	3050455	93560	2956895	
2009	3260326	88574	3171752	
2010	3450734	79974	3370760	

注:本表不包括民政部门支付离休、退休、退职费的人数。
a)Data in this table exclude the number of retired or resigned people whose pensions are paid by civil affair departments.

4-21 离休、退休人员人数(2010年底)

Numbers of Retired and Resigned Persons at Year-end(2010)

单位:人 (person)

类 别	Category	离休、退休退职人员 Retired and Resigned Persons	离休人员 Retired Veterans	退休人员 Retired Persons
总 计	**Total**	**3450734**	**79974**	**3370760**
一、城镇单位	**Urban Units**	**3180318**	**79962**	**3100356**
(一)企 业	Enterprises	2422142	39571	2382571
1.内资企业	Domestic Funded Enterprises	2391149	39385	2351764
国有企业	State-owned Enterprises	1384804	29201	1355603
集体企业	Collective Owned Enterprises	627485	6411	621074
其他企业	Others	378860	3773	375087
2.港、澳、台及外资企业	Enterprises with Investment from Hong Kong, Macao and Taiwan	30993	186	30807
(二)事 业	Institutions	577619	23894	553725
(三)机 关	Government Agencies	180557	16497	164060
二、其 他	**Others**	**270416**	**12**	**270404**

4-22 各市离休、退休人员人数(2010年底)

Numbers of Retired and Resigned Persons at Year-end by Region(2010)

单位:人 (person)

地 区	Region	离休、退休退职人员 Retired and Resigned Persons	离休人员 Retired Veterans	退休人员 Retired Persons
全省总计	**Total**	**3450734**	**79974**	**3370760**
济南市	Jinan	364360	6806	357554
青岛市	Qingdao	552044	7197	544847
淄博市	Zibo	213832	4500	209332
枣庄市	Zaozhuang	87240	1833	85407
东营市	Dongying	27152	897	26255
烟台市	Yantai	326567	8924	317643
潍坊市	Weifang	286288	6602	279686
济宁市	Jining	187768	5223	182545
泰安市	Tai'an	124328	3141	121187
威海市	Weihai	142743	2996	139747
日照市	Rizhao	48256	1147	47109
莱芜市	Laiwu	43528	809	42719
临沂市	Linyi	158711	5587	153124
德州市	Dezhou	119194	3860	115334
聊城市	Liaocheng	109556	3151	106405
滨州市	Binzhou	75193	2623	72570
菏泽市	Heze	125130	4286	120844

注：各市数据不包括省直管企业参保离退休人数。
a)Municipal data exclude the number of retired and resigned persons in provincial enterprises.

4-23 1995-2010年年末离休、退休、退职人员保险福利费用情况

Social Insurance and Welfare Funds for Retired and Resigned Persons at Year-end from 1995 to 2010

单位:万元 (10 000 yuan)

年份 Year	合计 Total	离休金 Pensions for Retired Veterans	退休金 Pensions for Retired Persons	退职生活费 Pensions for Resigned Persons	医疗卫生费 Expenses for Medical Care	其他 Others
1995	811556	103216	490177	8476	111451	62887
1996	975988	122500	615063	10458	121878	65581
1997	1113425	157266	711389	31435	122752	90583
1998	1247796	167415	829434	31490	142547	76910
1999	1453072	187619	1007833	32958	154197	70466
2000	1639110	197923	1118609	55792	164824	101179
2001	1865440	229384	1367579	21541	165535	81401
2002	2123827	250465	1664029	14429	124373	70531
2003	2310600	242670	1843262	23872	114056	86740
2004	2662644	258018	2063972	28716	241333	70605
2005	3133928	284543	2570617		206903	71865
2006	3414229	285247	3112454	16528		
2007	4140515	336767	3803748			
2008	5032696	357222	4675474			
2009	5899974	359422	5540552			
2010	7140990	347304	6793686			

4-24 离休、退休人员保险福利费用(2010年)

Social Insurance and Welfare Funds for Retired Persons(2010)

单位:万元 (10 000 yuan)

类　　别	Category	总　计 Total	离休金 Pensions for Retired Veterans	退休金 Pensions for Retired Persons
总　　计	**Total**	**7140990**	**347304**	**6793686**
一、城镇单位	**Urban Units**	**6707675**	**347268**	**6360407**
(一)企　业	Enterprises	4519365	165407	4353958
1.内资企业	Domestic Funded Enterprises	4444250	164323	4279927
国有企业	State-owned Enterprises	2710173	120186	2589987
集体企业	Collective Owned Enterprises	1074243	26542	1047701
其他企业	Others	659834	17595	642239
2.港、澳、台及外资企业	Enterprises with Investment from HongKong,Macao and Taiwan	75115	1084	74031
(二)事　业	Institutions	1669725	110166	1559559
(三)机　关	Government Agencies	518585	71695	446890
二、其　他	**Others**	**433315**	**36**	**433279**

4-25 各市离休、退休保险福利费用(2010年)

Social Insurance and Welfare Funds for Retired Persons by Region(2010)

单位:万元 (10 000 yuan)

地　　区	Region	总　计 Total	离休金 Pensions for Retired Veterans	退休金 Pensions for Retired Persons
全省总计	**Total**	**7140990**	**347304**	**6793686**
济 南 市	Jinan	746363	31488	714875
青 岛 市	Qingdao	1134159	45155	1089004
淄 博 市	Zibo	419363	14969	404394
枣 庄 市	Zaozhuang	176200	9656	166544
东 营 市	Dongying	77954	4082	73872
烟 台 市	Yantai	656437	36779	619658
潍 坊 市	Weifang	574498	29723	544775
济 宁 市	Jining	390433	23777	366656
泰 安 市	Tai'an	262582	13953	248629
威 海 市	Weihai	278112	14614	263498
日 照 市	Rizhao	105473	5299	100174
莱 芜 市	Laiwu	99933	3430	96503
临 沂 市	Linyi	301664	24633	277031
德 州 市	Dezhou	228769	14943	213826
聊 城 市	Liaocheng	209011	12697	196314
滨 州 市	Binzhou	158030	13045	144985
菏 泽 市	Heze	251129	16748	234381

注：各市数据不包括省直管企业离退休费用。

a)Municipal data exclude the costs of retired and resigned persons in provincial enterprises.

4–26 1994–2010年年末社会保险参保人数

Number of Persons Participated in Social Insurance from 1994 to 2010

单位:万人 (10 000 persons)

年 份 Year	城镇社会基本养老保险 Number of Persons Participated in Urban Basic Pension Insurance	企业基本养老保险 Number of Persons Participated in Enterprise's Pension Insurance	机关事业养老保险 Number of Persons Participated in Institution and Government Agency's Pension Insurance	医疗保险 Number of Persons Participated in Medcial Care Insurance	失业保险 Number of Persons Participated in Unemployment Insurance	工伤保险 Number of Persons Participated in Work Injury Insurance	生育保险 Number of Persons Participated in Maternity Insurance
1994	546.5	546.5				15.0	67.1
1995	569.2	569.2				80.6	120.6
1996	586.3	586.3		111.1	525.6	139.3	198.9
1997	617.1	617.1		112.8	529.6	163.3	243.7
1998	713.2	713.2		224.1	525.0	226.5	241.0
1999	942.7	730.5	212.2	216.1	624.3	249.7	265.4
2000	972.2	757.6	214.6	255.5	715.0	279.4	325.5
2001	1022.2	793.9	228.3	490.2	700.2	285.5	331.8
2002	1043.0	805.0	238.0	625.6	701.2	278.2	323.2
2003	1135.9	883.5	252.4	691.1	719.1	281.8	336.5
2004	1218.7	958.1	260.6	771.9	747.5	476.7	390.8
2005	1302.5	1027.4	275.1	861.5	771.1	578.7	461.2
2006	1368.0	1086.2	281.8	996.1	789.7	647.3	488.8
2007	1455.7	1165.4	291.6	1115.9	814.9	745.0	563.3
2008	1565.8	1266.1	299.7	1266.2	864.1	865.0	638.0
2009	1661.0	1352.1	308.9	2540.2	899.5	1064.6	703.0
2010	1773.0	1459.5	313.5	2770.6	931.2	1211.2	774.1

注：1.城镇社会基本养老保险参保人数包含离退休人数。

2.医疗保险自2009年起包含城镇居民医疗保险参保人数。

a) Data on persons Participated in Urban Basic Pension Insurance include retirees.

b) Since 2009,data on persons participated in medical care insurance include the number of urban residents participated in medicalcare insurance.

4-27 各市社会保险参保人数(2010年底)

Number of Persons Participating in Social Insurance at Year-end by Region(2010)

单位:万人 (10 000 persons)

地区	Region	城镇社会基本养老保险 Number of Persons Participated in Urban Basic Pension Insurance	企业基本养老保险 Number of Persons Participated in Enterprise's Pension Insurance	机关事业养老保险 Number of Persons Participated in Institution and Government Agency's Pension Insurance	医疗保险 Number of Persons Participated in Medcial Care Insurance	失业保险 Number of Persons Participated in Unemployment Insurance	工伤保险 Number of Persons Participated in Work Injury Insurance	生育保险 Number of Persons Participated in Maternity Insurance
全省总计	**Total**	**1773.0**	**1459.5**	**313.5**	**2770.6**	**931.2**	**1211.2**	**774.1**
济南市	Jinan	186.5	160.8	25.7	254.5	91.6	129.2	72.3
青岛市	Qingdao	271.2	244.4	26.7	324.3	148.1	207.1	146.1
淄博市	Zibo	111.2	94.7	16.6	192.3	65.4	77.0	53.8
枣庄市	Zaozhuang	55.6	43.2	12.3	115.1	33.0	38.1	21.8
东营市	Dongying	23.8	16.5	7.4	90.0	12.2	43.5	32.4
烟台市	Yantai	162.3	136.9	25.4	247.1	86.3	117.5	80.0
潍坊市	Weifang	139.5	109.3	30.2	234.5	67.2	108.1	61.3
济宁市	Jining	102.8	76.5	26.3	199.8	60.1	76.4	54.0
泰安市	Tai'an	85.0	68.4	16.6	159.4	48.9	70.2	59.2
威海市	Weihai	77.7	67.4	10.3	122.6	41.6	59.3	48.2
日照市	Rizhao	33.2	25.4	7.8	65.7	14.9	22.5	16.2
莱芜市	Laiwu	27.5	22.8	4.6	38.2	15.4	21.0	14.2
临沂市	Linyi	101.4	73.0	28.4	191.8	47.1	83.6	42.0
德州市	Dezhou	59.2	40.8	18.4	114.1	26.4	49.2	27.6
聊城市	Liaocheng	58.0	41.7	16.3	145.4	28.3	36.8	14.0
滨州市	Binzhou	48.7	37.7	11.1	90.5	20.3	33.1	17.6
菏泽市	Heze	76.3	46.9	29.4	185.3	28.6	38.4	13.3

注:各市养老、失业保险人数不包括省直管企业人数。
a)Municipal data on pension insurance exclude the staff and workers of provincial enterprise.

4-28 城镇养老保险基本情况

Basic Statistics on Pension Insurance in Urban Areas

类别		Category		2008	2009	2010
一、年末参保人数	**(万人)**	**Number of People Insured**	**(10 000 persons)**	**1565.8**	**1661.0**	**1773.0**
职工	(万人)	Employed People	(10 000 persons)	1260.8	1335.0	1427.9
#企业	(万人)	Enterprises	(10 000 persons)	1028.6	1098.7	1190.2
离休、退休、退职人数	(万人)	Retired and Resigned Persons	(10 000 persons)	305.0	326.0	345.1
二、基金收支情况		**Revenue and Expenses**				
基金收入	(万元)	Revenue	(10 000 yuan)	6875000	8256782	8635116
基金支出	(万元)	Expenses	(10 000 yuan)	5305000	6226875	7140990
三、企业养老金社会化发放人情况		**Payment of Pension Insurance**				
养老金实发人数	(人)	People Receiving Pension Insurance	(person)	2375000	2534245	2692558
#社会化发放人数	(人)	People Receiving Socialized Pension Insurance	(person)	2375000	2534245	2692558
社会化发放率	(%)	Rate of Socialized Pension Insurance	(%)	100	100	100

主要统计指标解释

经济活动人口 指在16周岁及以上，有劳动能力，参加或要求参加社会经济活动的人口。包括就业人员和失业人员。

就业人员 指在16周岁及以上，从事一定社会劳动并取得劳动报酬或经营收入的人员。这一指标反映了一定时期内全部劳动力资源的实际利用情况，是研究我国基本国情国力的重要指标。

单位就业人员 指在各级国家机关、政党机关、社会团体及企业、事业单位中工作，取得工资或其他形式的劳动报酬的全部人员。包括在岗职工、再就业的离退休人员、民办教师以及在各单位中工作的外方人员和港澳台方人员、兼职人员、借用的外单位人员和第二职业者。不包括离开本单位仍保留劳动关系的职工。单位就业人员反映了各单位实际参加生产或工作的全部劳动力。

城镇私营和个体就业人员 城镇私营就业人员指在工商管理部门注册登记，其经营地址设在县城关镇(含县城关镇)以上的私营企业就业人员，包括私营企业投资者和雇工。城镇个体就业人员指在工商管理部门注册登记，并持有城镇户口或在城镇长期居住，经批准从事个体工商经营的就业人员，包括个体经营者和在个体工商户劳动的家庭帮工和雇工。

城镇登记失业人员 指有非农业户口，在一定的劳动年龄内(16周岁至退休年龄)，有劳动能力，无业而要求就业，并在当地就业服务机构进行求职登记的人员。

城镇登记失业率 城镇登记失业人员与城镇单位就业人员(扣除使用的农村劳动力、聘用的离退休人员、港澳台及外方人员)、城镇单位中的不在岗职工、城镇私营业主、个体户主、城镇私营企业和个体就业人员、城镇登记失业人员之和的比。计算公式为：

$$\text{城镇登记失业率} = \frac{\text{城镇登记失业人数}}{\text{(城镇单位就业人员}-\text{使用的农村劳动力}-\text{聘用的离退休人员}-\text{聘用的港澳台及外方人员)}+\text{不在岗职工}+\text{城镇私营业主}+\text{城镇个体户主}+\text{城镇私营企业及个体就业人员}+\text{城镇登记失业人数}} \times 100\%$$

职工 指在国有、城镇集体、联营、股份制、外商和港、澳、台投资、其他单位及其附属机构工作，并由其支付工资的各类人员。不包括下列人员：(1)乡镇企业就业人员；(2)私营企业就业人员；(3)城镇个体劳动者；(4)离休、退休、退职人员；(5)再就业的离、退休人员；(6)民办教师；(7)在城镇单位中工作的外方及港、澳、台人员；(8)其他按有关规定不列入职工统计范围的人员。(1998年及以后的数据均为在岗职工数据，其他相关指标如职工工资总额，职工平均工资等指标也从1998年按此口径进行了相应调整)。

国有单位 指资产归国家所有的经济组织。包括按《中华人民共和国企业法人登记管理条例》规定登记注册的非公司制的经济组织，以及中央、地方各级国家机关、事业单位和社会团体。

集体单位 指生产资料归集体所有，并按《中华人民共和国企业法人登记管理条例》规定登记注册的经济组织。

其他单位 包括股份合作单位、联营单位、有限责任公司、股份有限公司、港澳台商投资单位以及外商投资单位等其他登记注册类型单位。

在岗职工 指在本单位工作并由单位支付工资的人员，以及有工作岗位，但由于学习、病伤产假等原因暂未工作，仍由单位支付工资的人员。

工资总额 指各单位在一定时期内直接支付给本单位全部职工的劳动报酬总额。工资总额的计算原则应以直接支付给职工的全部劳动报酬为根据。各单位支付给职工的劳动报酬以及其他根据有关规定支付的工资，不论是计入成本的还是不计入成本的，不论是按国家规定列入计征奖金税项目的，还是未列入计征奖金税项目的，不论是以货币形式支付的还是以实物形式支付的，均包括在工资总额内。

平均工资 指企业、事业、机关单位的职工在一定时期内平均每人所得的货币工资额。它表明一定时期职工工资收入的高低程度，是反映职工工资水平的主要指标。计算公式为：

$$\text{平均工资} = \frac{\text{报告期实际支付的全部职工工资总额}}{\text{报告期全部职工平均人数}}$$

平均工资指数 指报告期职工平均工资与基期职工平均工资的比率，是反映不同时期职工货币工资水平变动情况的相对数。计算公式为：

$$\text{平均工资指数} = \frac{\text{报告期职工平均工资}}{\text{基期职工平均工资}} \times 100\%$$

平均实际工资指数 职工平均实际工资指扣除物价变动因素后的职工平均工资。职工平均实际工资指数是反映实际工资变动情况的相对数，表明职工实际工资水平提高或降低的程度。计算公式为：

$$\text{平均实际工资指数} = \frac{\text{报告期职工平均工资指数}}{\text{报告期城镇居民消费价格指数}} \times 100\%$$

基本养老保险

1.（参保）职工人数：指报告期末按照国家法律、法规和有关政策规定参加基本养老保险并在社保经办机构已建立缴费记录档案的职工人数，包括中断缴费但未终止养老保险关系的职工人数，不包括只登记未建立缴费记录档案的人数。

2.（参保）离退休人员人数：指报告期末参加基本养老保险的离休、退休和退职人员的人数。

3.基本养老保险基金收入：指根据国家有关规定，由纳入基本养老保险范围的缴费单位和个人按国家规定的缴费基数和缴费比例缴纳的养老保险基金，以及通过其他方式取得的形成基金来源的收入。包括单位和职工个人缴纳的基本养老保险费、基本养老保险基金利息收入、上级补助收入、下级上解收入、转移收入、财政补贴和其他收入。

4.基本养老保险基金支出：指按照国家政策规定的开支范围和开支标准从养老保险基金中支付给参加基本养老保险的离休、退休、退职人员个人的养老金、丧葬抚恤补助，以及由于保险关系转移、上下级之间调剂资金等原因而发生的支出。包括离休金、退休金、退职金、各种补贴、医疗费、死亡丧葬补助费、抚恤救济费、社会保险经办机构管理费、补助下级支出、上解上级支出、转移支出、其他支出等。

5.基本养老保险基金累计结余：指截止报告期末基本养老保险基金收支相抵后的累计余额。

离休、退休、退职人员 指正式办理了离休、退休、退职手续，并享受相应的离休、退休、退职待遇的人员。

基本医疗保险

1.参保人数：指报告期末按国家有关规定参加基本医疗保险的人数。包括参加保险的职工人数和退休人员人数。

2.基金收入：指根据国家有关规定，由纳入基本医疗保险范围的缴费单位和个人，按国家规定的缴费基数和缴费比例缴纳的基金，以及通过其他方式取得的形成基金来源的款项，包括：单位缴纳的社会统筹基金收入、个人缴纳的个人账户基金收入、财政补贴收入、利息收入、其他收入。

3.基金支出：指按照国家政策规定的开支范围和开支标准从社会统筹基金中支付给参加基本医疗保险的职工和退休人员的医疗保险待遇支出，和从个人帐户基金中支付给参加基本医疗保险的职工和退休人员的医疗费用支出，以及其他支出。包括：住院医疗费用支出、门急诊医疗费用支出、个人账户基金支出、其他支出。

4.基金累计结余：指截止报告期末基本医疗保险的社会统筹和个人帐户基金累计结余金额。包括银行存款、财政专户、债券投资和其他。

失业保险

1.参保人数：指报告期末按照国家法律、法规和有关政策规定参加了失业保险的城镇企业事业单位的职工及地方政府规定参加失业保险的其他人员的人数。

2.失业保险基金收入：指按照规定从企业、事业及其他单位筹集的失业保险费及其他并入失业保险基金收入的总额。包括单位和个人缴纳的失业保险费、失业保险基金利息收入、上级补助收入、下级上解收入、转移收入、财政补贴和其他收入。

3.失业保险基金支出：指报告期内为保障失业人员和下岗职工基本生活、促进其再就业等支出的基金总额。包括失业救济金、医疗费、死亡丧葬补助费、抚恤救济费、转业训练费支出、失业保险经办机构管理费、补助下级支出、上解上级支出、转移支出和其他支出。

4.基金累计结余：指截止报告期末失业保险基金收支相抵后的累计余额。

工伤保险

1.参加保险人数：指报告期末依据国家有关规定参加工伤保险的职工人数。

2.享受保险待遇人数：指劳动者因工负伤致残、死亡或因患职业病致残，根据有关规定享受工伤保险待遇职工或供养直系亲属人数。包括伤残人数、职业病人数、因工死亡人数、供养直系亲属人数。

3.基金收入：指根据国家有关规定，由参加工伤保险的单位按国家规定的缴费基数和缴费比例缴纳的工伤保险基金，以及通过其他形式取得的形成基金来源的款项。包括：单位缴纳的社会统筹基金收入、财政补贴收入、利息收入、其他收入。

4.基金支出：指按照国家政策规定的开支范围和开支标准从工伤保险基金中支付给参加工伤保险的人员及供养直系亲属工伤保险待遇支出及其他支出。包括工伤医疗费、伤残补助金、工亡补助金、护理费、丧葬补助费、工伤预防费用、职业康复费用和其他支出。

5.基金累计结余：指截止报告期末工伤保险基金累计结余金额。包括银行存款、财政专户、债券投资和其他。

生育保险

1.参保人数：指报告期末依据有关规定参加生育保险的职工人数。

2.基金收入：指根据国家有关规定，由参加生育保险的单位按照国家规定的缴费基数和缴费比例缴纳的生育保险基金，以及通过其他方式取得的形成基金来源的款项，包括：单位缴纳的基金收入、利息收入和其他收入。

3.基金支出：指按照国家政策规定的开支范围和开支标准，从生育保险基金中支付给参加生育保险的职工，因妊娠、分娩和计划生育手术而享受的待遇及其他支出。包括：生育津贴、医疗费用支出及其他支出。

4.基金累计结余：指截止报告期末生育保险基金累计结余金额。包括银行存款、财政专户、债券投资和其他。

离休、退休、退职人员保险福利费用 指离休、退休、退职人员实际得到的生活费用总额，包括从社会保险经办机构和单位得到的费用。

1.离休金：指按规定支付给离休人员的生活费用。

2.退休金：指按规定支付给退休人员的生活费用。

3.退职生活费：指按规定支付给退职人员的生活费用。

4.医疗卫生费：指单位直接支付给离休、退休、退职人员的医疗费、住院费以及住院伙食补助等费用。

5.其他：指离休金、退休金、退职生活费和医疗卫生费以外的其他保险福利费用，如丧葬抚恤救济费、生活补贴、物价补贴、冬季取暖补贴等。

Explanatory Notes on Main Statistical Indicators

Economically Active Population refers to the population aged 16 and over who are capable to work, are participating in or willing to participate in economic activities, including employed persons and unemployed persons.

Employed Persons refer to the persons aged 16 and over who are engaged in social working and receive remuneration payment or earn business income. This indicator reflects the actual utilization of total labour force during a certain period of time and is often used for the research on China' s economic situation and national power.

Persons Employed in Units refer to all the persons working in government agencies of various levels, political and party organizations, social organizations, enterprises and institutions, and receiving wages or other forms of payment. They include fully employed staff and workers, re employed retirees, teachers in schools run by the local people, foreigners and Chinese compatriots from Hong Kong, Macao, and Taiwan working in various units, part time employees, employees of other units working temporarily at current posts, and employees holding the second job, but exclude staff and workers who have left their working units while keeping their labour contract (employment relation) unchanged. This indicator reflects the total number of laborers actually engaged in production or other operations in various units.

Persons Employed in Private Enterprises and Self Employed Individuals in Urban Areas Persons employed in private enterprises refer to the persons employed in the private enterprises which have been registered at the departments of industrial and commercial administration and are situated at a county town (i.e. a town where the county government is located) for business operation or at urban areas with the level higher than a county town. The self employed individuals in urban areas refer to persons who hold the certificates of residence in urban areas or have resided in the urban areas for a long time and have been registered at the departments of industrial and commercial administration and approved to be engaged in individual industrial or commercial business, including self employed persons as well as helpers and hired labourers who work in the individual households engaged in industrial or commercial business.

Registered Urban Unemployed Persons refer to the persons with non agricultural household registration at certain working ages (16-50 years for male and 16-45 years for females), who are capable of work, unemployed and willing to work, and have been registered at the local employment service agencies to apply for a job.

Registered Urban Unemployment Rate refers to the ratio of the number of the registered unemployed persons to the sum of the number of persons employed in various units (minus the rural labour force, retirees, and Hong Kong, Macao, Taiwan or foreign employees they employ) laid off workers in urban units, owners and employees in urban private enterprises, urban self-employed individuals and the registered urban unemployed persons. The formula is as follows:

Registered urban unemployment rate=number of registered urban unemployed persons÷(number of persons employed in urban units - rural labour force employed retirees employed- Hong Kong, Macao, Taiwan or foreign employees employ+laid off workers+owners and employees in urban private enterprises+self employed individuals in urban areas+registered urban unemployed persons) ×100%.

Staff and Workers refer to persons working in, and receive payment from units of state ownership, collective ownership, joint ownership, share holding ownership, foreign ownership, and ownership by entrepreneurs from Hong Kong, Macao, and Taiwan, and other types of ownership and their affiliated units. They do not include 1) persons employed in township enterprises, 2) persons employed in private enterprises, 3) urban self employed persons, 4) retirees, 5) re employed retirees, 6) teachers in the schools run by the local people, 7) foreigners and persons from Hong Kong, Macao and Taiwan who work in urban units, and 8) other persons not to be included by relevant regulations. (Data of 1998 and afterward refer to fully employed staff and workers. Other related statistics such as total wage bill and average wage are adjusted since 1998 accordingly).

State owned Units refer to economic units whose assets are owned by the state. Included are non corporation units registered according to Regulation of the People Republic of China on the Registration of Enterprises and Corporations,state organs, institutions and social organizations at the central and local levels.

Collective Owned Units refer to economic units registered according to Regulation of the People Republic of China on the Registration of Enterprises and Corporations where the means of production are collectively owned.

Units of Other Types of Ownership refer to units registered with other types of ownership, including cooperative units, joint ownership units, limited companies, share holding corporations, units invested by entrepreneurs from Hong Kong, Macao, and Taiwan, and foreign invested units.

Fully Employed Staff and Workers refer to persons who work in, and receive wages from their working units, as well as persons who have their work posts, but are temporarily absent from work for reasons of study or on sick, injury or maternal leave and still receive wages from their working units.

Total Wages Bill refer to the total remuneration

payment to staff and workers in various units during a certain period of time. The calculation of total wages is based on the total remuneration payment to the staff and workers. Therefore, all the wages and salaries and other payments to staff and workers are included in the total wages regardless of their sources, category, and forms (in kind or cash). (Total wages of staff and workers in this yearbook include only total wages of fully employed staff and workers, excluding the living allowances distributed to those who have left their working units while keeping their labour contract/employment relation unchanged).

Average Wage refers to the average wage in money terms per person during a certain period of time for staff and workers in enterprises, institutions, and government agencies, which reflects the general level of wage income during a certain period of time and is calculated as follows:

Average Wage=Total Wages of Staff and Workers at Reference Time/Average Number of Staff and Workers at Reference Time.

Average Wage Indices refers to the ratio of average wage of staff and workers in the report period to that in the base period, which reflects the change of wage of staff and workers at the different period. It is calculated as follows:

Average Wage Indices=Average Wage of Staff and Workers at Reference Time/Average Wage of Staff and Workers at Base Period × 100%

Average Real Wage Indices average real wage of staff and workers refers to the average wage of staff and workers after removing the effects of the price changes and average real wage indices of staff and workers refers to the change of real wage, which reflects the relative increasing or decreasing level of real wage of staff and workers, which is calculated as follows:

Average Real Wage Indices=Average Wage Indices of Staff and Workers at the Reference Time/Urban Consumer Price Indices at Reference Time × 100%

Basic Pension Insurance

1.Number of staff and workers covered refer to staff and workers participating in basic pension insurance programme in line with national laws, regulations and related policies by the end of reference period, who have already had payment records in social security management agencies, including those who interrupt payment without terminating the insurance programme. Those who have registered in the programme with no payment records are not included.

2. Number of retirees participating in basic pension insurance programme refer to number of retirees participating in basic pension insurance programme by the end of reference period.

3. Revenue of basic pension insurance refer to payments made by employers and individuals participating in pension insurance programs in accordance with the basis and proportion stipulated in state regulations, and income from other sources that become source of pension insurance fund, including the premium paid by employers and staff and works, interest income, subsidies from higher level agencies, income as transfer from subordinate agencies, transferred income, government financial subsidies and other income.

4. Expenses of basic pension insurance refer to payment made to those retired and resigned people covered in pension insurance program in terms of pension or compensation within the scope and standards of expenditure according to related national policies, and expenditure occurred due to shift of the insurance relationship or adjustment of funds among agencies, including pension for resigned people, pension for retired people, pension for people quitting jobs, various subsidies, medical fees, funeral subsidies, compensation pension, management fees for social security agencies, expenses on subsidies to lower subordinates, expenses as transfer to agencies at higher level, transferred expenditure and other expenditure.

5. Balance of basic pension insurance refers to the balance of basic pension insurance at the end of the reference period after deducting expenses from revenue.

Retired or Resigned Personnel refers to people who have formally completed formalities for their retirement or quitting work and enjoy the corresponding retirement treatments.

Basic Medical Care Insurance

1. Number of people participating in the insurance programme refers to people participating in the basic medical care insurance programme according to related regulations by the end of reference period, including number of staff and workers and retirees participating in this insurance programme.

2. Revenue of insurance programme refer to payments made by employers and individuals participating in medical care insurance programs in accordance with the basis and proportion stipulated in state regulations, and income from other sources that become source of medical insurance fund, including income of social comprehensive funds paid by employers, income from individual accounts, government financial subsidies, interest income and other income.

3. Expenses of insurance programme refer to payment made from social comprehensive funds to those retired and resigned people covered in basic medical care insurance within the scope and standards of expenditure according to related national policies, and medical care payment made from individual accounts to staff and workers and retirees, and other expenses, including medical expenses of hospital inpatients, medical expenses for outpatients and emergency patients, payment from individual accounts and other expenditure.

4. Balance of basic medical care insurance refer to the balance of medical care insurance of social comprehensive funds and individual accounts at the end of the reference period, including bank savings, special fiscal accounts, investment in bonds and others.

Unemployment Insurance

1. Number of people covered refers to staff and workers in urban enterprises or institutions who have participated in

unemployment insurance programme in line relevant policies and regulations, and other people who have participated according to local government regulations, by the end of reference period.

2. Revenue of unemployment insurance refer to payments made by employers and individuals participating in unemployment insurance programme in accordance with relevant regulations and other income contributed to this programme, including unemployment insurance premium made by employers and individuals, interest income, subsidies from higher level agencies, income as transfer from subordinate agencies, transferred income, government financial subsidies and other income.

3. Expenses of unemployment insurance refer to total expenses during the reference period to guarantee the basic livelihood of unemployed people and laid off staff and workers and to encourage their re employment. Included are unemployment relief, medical fees, funeral subsidies, compensation pension, training expenses, management fees for unemployment insurance agencies, subsidies to lower level agencies, expenses as transfer to higher level agencies, transferred expenditure and other expenditure.

4. Balance of unemployment insurance refer to the balance of unemployment revenue deducting unemployment expenses at the end of the reference period.

Work Injury Insurance

1. Number of people covered refers to staff and workers who have participated in work injury insurance programme in line with relevant national regulations.

2. Number of beneficiaries refers to staff and workers and their direct dependents who can, in line with relevant regulations, benefit from work injury insurance, as a result of work injury leading to disability or death of the staff/worker, or occupational disease leading to disability. Included in this category are number of injured and disabled people, number of people with occupational diseases, number of deaths at work places, and number of direct dependents.

3. Revenue of work injury insurance refer to payments made by employers participating in work injury insurance programs in accordance with the basis and proportion stipulated in state regulations, and income from other sources that become source of work injury insurance fund, including income of social comprehensive funds paid by employers, government financial subsidies, interest income and other income.

4. Expenses of work injury insurance refer to payments made from work injury insurance funds to those who participated in the work injury insurance programme and their direct dependents within the scope and standards of expenditure according to related national policies, and other expenditure, including medical fees for work injury, injury and disability subsidies, death subsidies, nursing fees, funeral subsidies, injury prevention fees, rehabilitation fees for occupational diseases and other expenditure.

5. Balance of work injury insurance refer to the balance of the work injury funds at the end of the reference period, including bank savings, special fiscal account, investment in bonds and others.

Maternity Insurance

1. Number of people covered refers to staff and workers who have participated in maternity insurance programme according to relevant regulation at the end of the reporting period.

2. Revenue of maternity insurance refers to payments made by employers participating in maternity insurance programs in accordance with the basis and proportion stipulated in state regulations, and income from other sources that become source of maternity insurance fund, including income of funds paid by employers, interest income and other income.

3. Expenses of maternity insurance refer to payments made from maternity insurance funds to staff and workers who participated in maternity insurance programme within the scope and standards of expenditure according to related national policies, expenses paid for pregnancy, child delivery or surgeries related to family planning, and other expenditure, including allowance for child bearing, medical fees and other expenditure.

4. Balance of the maternity insurance refers to the balance of the maternity insurance funds at the end of reference period, including bank savings, special fiscal account, investment in funds and others.

Insurance and Welfare Funds for Retirees refer to the total payment for living expenses actually received by retirees, including payment received from social insurance management agencies and units.

1. Pensions for retired veteran cadres refer to living expenses paid to retired veteran cadres according to related regulations.

2. Pensions for retirement refer to living expenses paid to retired staff and workers according to related regulations.

3. Living allowances for resigned staff and workers refer to living expenses paid to resigned staff and workers according to related regulation.

4. Medical care expenses refer to medical fees, hospitalization cost and per diem subsidies during hospitalizations paid by employers directly to retirees.

5. Others refer to insurance and welfare payments other than the above mentioned payments, including funeral subsidies, living allowances, price subsidies and heating subsidies during winter.

第5篇

固定资产投资

Investment in Fixed Assets

简 要 说 明

一、本篇资料的主要内容

本篇资料主要反映了全省固定资产投资方面的情况，主要包括固定资产投资的规模、结构、资金来源和投资的效果等方面的资料。

二、本篇资料的来源

本篇资料来源于固定资产投资统计年报，由省统计局投资处整理提供。

Brief Introduction

I. Main Content

Data in this chapter show the basic conditions of investment in fixed assets of Shandong Province, mainly including the total investment in fixed assets, the structure of investment, the resources of investment and the results of investment, etc.

II. Source of Data

Data in this chapter are based on the yearly report on investment in fixed assets and provided by the Division of Investment and Construction Statistics of Shandong Provincial Bureau of Statistics.

5-1 1978-2010年全社会固定资产投资总额

Total Investments in Fixed Assets from 1978 to 2010

单位:亿元 (100 million yuan)

年份 Year	固定资产投资额 Investment in Fixed Assets	国有经济 State-owned Units	集体经济 Collective-owned Units	#城镇 Urban	其他经济 Others	个体经济 Self-employed Units	#农村 Rural
1978	41.87	29.27	8.42	1.78		4.18	3.98
1979	61.35	31.62	18.97	1.55		10.76	10.41
1980	69.97	35.83	22.24	3.12		11.90	11.47
1981	79.60	29.63	32.08	3.27		17.89	17.28
1982	85.00	43.29	23.38	4.38		18.33	17.46
1983	96.46	49.11	19.19	3.76		28.16	26.48
1984	140.15	67.09	25.29	5.01		47.77	44.43
1985	194.33	100.42	30.21	8.64		63.70	58.51
1986	223.08	121.95	43.09	11.95		58.04	52.32
1987	297.77	155.65	78.75	17.84		63.37	56.05
1988	369.82	192.20	100.97	35.46		76.65	64.83
1989	305.54	162.30	69.68	19.68		73.56	62.00
1990	335.66	185.44	71.51	18.63		78.71	67.47
1991	439.82	234.04	104.73	25.06		101.05	85.73
1992	601.50	343.17	186.43	42.27		71.90	54.19
1993	892.48	476.26	245.90	49.90	64.88	105.44	83.05
1994	1108.00	537.59	318.42	56.42	133.54	118.45	92.30
1995	1320.97	611.92	383.97	51.62	184.55	140.54	113.13
1996	1558.01	691.76	484.79	79.79	178.81	202.65	166.14
1997	1792.22	773.30	569.70	60.15	207.46	241.76	198.68
1998	2056.97	938.73	610.20	66.70	233.84	274.20	227.00
1999	2222.17	1043.13	635.55	82.72	232.85	310.64	228.43
2000	2542.65	1153.65	679.48	108.63	355.59	353.93	254.11
2001	2807.79	1157.44	688.61	134.92	577.68	384.06	263.35
2002	3509.29	1237.16	812.65	196.78	972.17	487.31	285.64
2003	5328.44	1615.57	1177.00	321.79	1802.23	733.64	296.03
2004	7629.04	1762.29	2455.86	383.83	2638.61	772.28	116.36
2005	10541.87	1853.29	1042.41	620.23	4909.56	2736.61	1491.55
2006	11136.06	1855.41	1063.61	713.49	5120.48	3096.56	1186.20
2007	12537.02	1838.55	1269.64	857.34	5862.34	3566.49	1141.34
2008	15435.93	2431.54	1811.23	1333.23	6832.27	4360.90	1304.02
2009	19030.97	3086.82	2308.54	1717.74	8400.32	5235.29	1586.71
2010	23276.69	3648.45	2627.32	1841.40	10495.92	6505.00	1822.99

注:2006年国家对全社会固定资产投资口径和计算方法作了调整,2006年增长19.6%,2007年增长24.2%。

a)In 2006,the National Bureau of Statistics adjusted the coverage and calculation method for total investment in fixed assets , so the growth rate of 2006 and 2007 is 19.6%,24.2%.

5-2 1978-2010年全社会固定资产投资构成

Composition of Total Investments in Fixed Assets from 1978 to 2010

单位:% (%)

年份 Year	固定资产投资额 Investment in Fixed Assets	国有经济 State-owned Units	集体经济 Collective-owned Units	#城镇 Urban	其他经济 Others	个体经济 Self-employed Units	#农村 Rural
1978	100.0	69.9	20.1	4.2		10.0	9.5
1979	100.0	51.5	30.9	2.5		17.6	17.0
1980	100.0	51.2	31.8	4.5		17.0	16.4
1981	100.0	37.2	40.3	4.1		22.5	21.7
1982	100.0	50.9	27.5	5.1		21.6	20.5
1983	100.0	50.9	19.9	3.9		29.2	27.5
1984	100.0	47.9	18.0	3.6		34.1	31.7
1985	100.0	51.7	15.5	4.5		32.8	30.1
1986	100.0	54.7	19.3	5.4		26.0	23.5
1987	100.0	52.3	26.4	6.0		21.3	18.8
1988	100.0	52.0	27.3	9.6		20.7	17.5
1989	100.0	53.1	22.8	6.4		24.1	20.3
1990	100.0	55.2	21.3	5.6		23.5	20.1
1991	100.0	53.2	23.8	5.7		23.0	19.5
1992	100.0	57.1	31.0	7.0		11.9	9.0
1993	100.0	53.4	27.6	5.6	7.2	11.8	9.3
1994	100.0	48.5	28.7	5.1	12.1	10.7	8.3
1995	100.0	46.3	29.1	3.9	14.0	10.6	8.6
1996	100.0	44.4	31.1	5.1	11.5	13.0	10.7
1997	100.0	43.1	31.8	3.4	11.6	13.5	11.1
1998	100.0	45.6	29.7	3.3	11.4	13.3	11.0
1999	100.0	46.9	28.6	3.7	10.5	14.0	10.3
2000	100.0	45.4	26.7	4.3	14.0	13.9	10.0
2001	100.0	41.2	24.5	4.8	20.6	13.7	9.4
2002	100.0	35.3	23.1	5.6	27.7	13.9	8.1
2003	100.0	30.3	22.1	6.0	33.8	13.8	5.6
2004	100.0	23.1	32.2	5.0	34.6	10.1	1.5
2005	100.0	17.6	9.9	5.9	46.6	25.9	14.1
2006	100.0	16.7	9.5	6.4	46.0	27.8	10.7
2007	100.0	14.7	10.1	6.8	46.8	28.4	9.1
2008	100.0	15.8	11.7	8.6	44.3	28.3	8.4
2009	100.0	16.2	12.1	9.0	44.1	27.5	8.3
2010	100.0	15.7	11.3	7.9	45.1	27.9	7.8

5-3 按产业分全社会固定资产投资总额
Total Investment in Fixed Assets by Three Strata of Industry

单位：亿元 (100 million yuan)

年 份 Year	全社会固定资产投资额 Investment in Fixed Assets	按产业分 Grouped by Three Strata of Industry			构成(%) Grouped by Structure		
		第一产业 Primary Industry	第二产业 Secondary Industry	第三产业 Tertiary Industry	第一产业 Primary Industry	第二产业 Secondary Industry	第三产业 Tertiary Industry
1999	2222.17	68.09	996.34	1157.74	3.1	44.8	52.1
2000	2542.65	77.14	1176.67	1288.84	3.0	46.3	50.7
2001	2807.79	94.98	1289.76	1423.06	3.4	45.9	50.7
2002	3509.29	131.70	1650.59	1727.00	3.8	47.0	49.2
2003	5328.44	167.46	2799.47	2361.51	3.1	52.5	44.3
2004	7629.04	249.70	4577.06	2802.28	3.3	60.0	36.7
2005	10541.87	308.37	6653.51	3579.63	2.9	63.1	34.0
2006	11136.06	291.73	6908.72	3935.61	2.6	62.0	35.3
2007	12537.02	360.35	7508.24	4668.44	2.9	59.9	37.2
2008	15435.93	563.20	8182.10	6690.60	3.6	53.0	43.3
2009	19030.97	614.75	9615.39	8800.83	3.2	50.5	46.2
2010	23276.69	551.82	11332.35	11392.52	2.4	48.7	48.9

5-4 按城乡分全社会固定资产投资情况(2010年)

Total Investments in Fixed Assets of Rural and Urban Areas(2010)

类 别		Category		全社会固定资产投资 Investment in Fixed Assets	#地方投资项目 Local Investment
计划总投资	**(万元)**	**Total Planned Investment**	**(10 000 yuan)**	**531429687**	**377586161**
自开始建设累计完成投资	(万元)	Completed Investment from Beginning	(10 000 yuan)	351071614	261350551
本年完成投资	(万元)	Investment Completed This Year	(10 000 yuan)	232766893	194879107
#住宅投资	(万元)	Residential Buildings	(10 000 yuan)	33584402	8451025
#经济适用房	(万元)	Economically Affordable Houses	(10 000 yuan)	645237	153157
按构成分		**Investment by Structure**			
建筑工程	(万元)	Construction	(10 000 yuan)	121412188	98236258
安装工程	(万元)	Installation	(10 000 yuan)	16965021	14076597
设备工器具购置	(万元)	Purchase of Equipment and Instruments	(10 000 yuan)	63362512	61078584
#购置旧设备	(万元)	Purchase of Second-hand Equipment	(10 000 yuan)	388422	387422
#用于更新的设备	(万元)	Purchase of Equipment to renwe old ones	(10 000 yuan)	7720924	7339075
其他费用	(万元)	Others	(10 000 yuan)	31027172	21487668
#旧建筑物购置费	(万元)	Purchase of Used Buildings	(10 000 yuan)	1030196	898610
#土地购置费	(万元)	Purchase of Field	(10 000 yuan)	12185768	6026427
本年新增固定资产	**(万元)**	**Newly Increased Real Estate**	**(10 000 yuan)**	**132745591**	**116019129**
本年施工房屋面积	(平方米)	Project under Construction	(sq.m)	645927698	362080916
#住 宅	(平方米)	Residential Building	(sq.m)	303019770	75413209
#经济适用房	(平方米)	Economically Affordable Houses	(sq.m)	7177233	843950
本年竣工房屋面积	(平方米)	Project Completed and Put into Use	(sq.m)	150387315	99300970
#住 宅	(平方米)	Residential Building	(sq.m)	64100995	21364595
#经济适用房	(平方米)	Economically Affordable Houses	(sq.m)	1788471	126135
本年竣工房屋价值	(万元)	Project Completed and Put into Use	(10 000 yuan)	24793168	13943499
#住 宅	(万元)	Residential Building	(10 000 yuan)	11705701	2944743
施工项目个数	(个)	Number of Projects Under Construction	(unit)	49072	48856
#本年新开工	(个)	Started This Year	(unit)	37230	37104
本年投产项目个数	(个)	Number of Projects Put into Use	(unit)	33068	32955
规划用地面积	(平方米)	Land Space Planned	(sq.m)	1661154913	1347517362
本年实际征用和购置土地面积	(平方米)	Land Space Purchased and Used This Year	(sq.m)	230730278	180041887
本年实际征用和购置土地成交价款	(万元)	Value of Land Purchased and Used This Year	(10 000 yuan)	13344576	6054184
本年资金来源合计	**(万元)**	**Total Fund of Different Sources**	**(10 000 yuan)**	**302518430**	**209026223**
上年末结余资金	(万元)	Fund Left Last Year	(10 000 yuan)	18202726	4781490
本年资金来源小计	(万元)	Total Fund of This Year	(10 000 yuan)	284315704	204244733
国家预算内资金	(万元)	State Budgetary Appropriations	(10 000 yuan)	5356128	4949756
国内贷款	(万元)	Domestic Loans	(10 000 yuan)	35570412	20461973
债 券	(万元)	Stock	(10 000 yuan)	16675	16675
利用外资	(万元)	Overseas Funds	(10 000 yuan)	5612749	5408074
#外商直接投资	(万元)	Direct Foreign Investment	(10 000 yuan)	2901598	2725146
自筹资金	(万元)	Self-raised Fund	(10 000 yuan)	192941523	162969841
#企事业单位自有资金	(万元)	Fund of Enterprises	(10 000 yuan)	63349891	49210943
其他资金来源	(万元)	Ohers	(10 000 yuan)	44818217	10438414
本年各项应付款合计	(万元)	Total of Account Payable	(10 000 yuan)	18208382	10249304
#工程款	(万元)	for Projects	(10 000 yuan)	8289144	4227749

注：城镇投资包括城镇项目投资和房地产开发投资(下表同)。

a)Urban area investment includes urban item investment and real estate development investment.The same applies to the tables following.

5-4 续表 1 continued

类 别		Category		城镇投资 Urban Area Investment	#地方投资项目 Local Investment
计划总投资	**（万元）**	**Total Planned Investment**	**(10 000 yuan)**	**461455515**	**308097148**
自开始建设累计完成投资	（万元）	Completed Investment from Beginning	(10 000 yuan)	299983817	210679524
本年完成投资	（万元）	Investment Completed This Year	(10 000 yuan)	188444068	150927161
#住宅投资	（万元）	Residential Buildings	(10 000 yuan)	31400037	6266660
#经济适用房	（万元）	Economically Affordable Houses	(10 000 yuan)	630109	138029
按构成分		**Investment by Structure**			
建筑工程	（万元）	Construction	(10 000 yuan)	99365178	76213431
安装工程	（万元）	Installation	(10 000 yuan)	13994351	11136384
设备工器具购置	（万元）	Purchase of Equipment and Instruments	(10 000 yuan)	49006155	47033461
#购置旧设备	（万元）	Purchase of Second-hand Equipment	(10 000 yuan)	256621	255621
#用于更新的设备	（万元）	Purchase of Equipment to renwe old ones	(10 000 yuan)	5329872	5198701
其他费用	（万元）	Others	(10 000 yuan)	26078384	16543885
#旧建筑物购置费	（万元）	Purchase of Used Buildings	(10 000 yuan)	907466	775885
#土地购置费	（万元）	Purchase of Field	(10 000 yuan)	11283141	5124655
本年新增固定资产	**（万元）**	**Newly Increased Real Estate**	**(10 000 yuan)**	**102067836**	**85673601**
本年施工房屋面积	（平方米）	Project under Construction	(sq.m)	550098784	266274862
#住 宅	（平方米）	Residential Building	(sq.m)	280348018	52741457
#经济适用房	（平方米）	Economically Affordable Houses	(sq.m)	6962473	629190
本年竣工房屋面积	（平方米）	Project Completed and Put into Use	(sq.m)	116653287	65572062
#住 宅	（平方米）	Residential Building	(sq.m)	55774513	13038113
#经济适用房	（平方米）	Economically Affordable Houses	(sq.m)	1731471	69135
本年竣工房屋价值	（万元）	Project Completed and Put into Use	(10 000 yuan)	20707505	9858245
#住 宅	（万元）	Residential Building	(10 000 yuan)	10675914	1914956
施工项目个数	（个）	Number of Projects Under Construction	(unit)	30174	29976
#本年新开工	（个）	Started This Year	(unit)	21671	21559
本年投产项目个数	（个）	Number of Projects Put into Use	(unit)	19301	19198
规划用地面积	（平方米）	Land Space Planned	(sq.m)	1109404901	796389138
本年实际征用和购置土地面积	（平方米）	Land Space Purchased and Used This Year	(sq.m)	176201359	125538548
本年实际征用和购置土地成交价款	（万元）	Value of Land Purchased and Used This Year	(10 000 yuan)	12691488	5401446
本年资金来源合计	**（万元）**	**Total Fund of Different Sources**	**(10 000 yuan)**	**254630476**	**161511979**
上年末结余资金	（万元）	Fund Left Last Year	(10 000 yuan)	17681969	4262733
本年资金来源小计	（万元）	Total Fund of This Year	(10 000 yuan)	236948507	157249246
国家预算内资金	（万元）	State Budgetary Appropriations	(10 000 yuan)	4550819	4429147
国内贷款	（万元）	Domestic Loans	(10 000 yuan)	31667853	16559414
债 券	（万元）	Stock	(10 000 yuan)	14885	14885
利用外资	（万元）	Overseas Funds	(10 000 yuan)	4506552	4301877
#外商直接投资	（万元）	Direct Foreign Investment	(10 000 yuan)	2476455	2300003
自筹资金	（万元）	Self-raised Fund	(10 000 yuan)	154177806	124279964
#企事业单位自有资金	（万元）	Fund of Enterprises	(10 000 yuan)	51828770	37707622
其他资金来源	（万元）	Ohers	(10 000 yuan)	42030592	7663959
本年各项应付款合计	（万元）	Total of Account Payable	(10 000 yuan)	16127340	8192124
#工程款	（万元）	for Projects	(10 000 yuan)	7513341	3453117

5-4 续表 2 continued

类 别		Category		农村投资 Rural Investment	#地方投资项目 Local Investment
计划总投资	**(万元)**	**Total Planned Investment**	**(10 000 yuan)**	**69974172**	**69489013**
自开始建设累计完成投资	(万元)	Completed Investment from Beginning	(10 000 yuan)	51087797	50671027
本年完成投资	(万元)	Investment Completed This Year	(10 000 yuan)	44322825	43951946
#住宅投资	(万元)	Residential Buildings	(10 000 yuan)	2184365	2184365
#经济适用房	(万元)	Economically Affordable Houses	(10 000 yuan)	15128	15128
按构成分		**Investment by Structure**			
建筑工程	(万元)	Construction	(10 000 yuan)	22047010	22022827
安装工程	(万元)	Installation	(10 000 yuan)	2970670	2940213
设备工器具购置	(万元)	Purchase of Equipment and Instruments	(10 000 yuan)	14356357	14045123
#购置旧设备	(万元)	Purchase of Second-hand Equipment	(10 000 yuan)	131801	131801
#用于更新的设备	(万元)	Purchase of Equipment to renwe old ones	(10 000 yuan)	2391052	2140374
其他费用	(万元)	Others	(10 000 yuan)	4948788	4943783
#旧建筑物购置费	(万元)	Purchase of Used Buildings	(10 000 yuan)	122730	122725
#土地购置费	(万元)	Purchase of Field	(10 000 yuan)	902627	901772
本年新增固定资产	**(万元)**	**Newly Increased Real Estate**	**(10 000 yuan)**	**30677755**	**30345528**
本年施工房屋面积	(平方米)	Project under Construction	(sq.m)	95828914	95806054
#住　宅	(平方米)	Residential Building	(sq.m)	22671752	22671752
#经济适用房	(平方米)	Economically Affordable Houses	(sq.m)	214760	214760
本年竣工房屋面积	(平方米)	Project Completed and Put into Use	(sq.m)	33734028	33728908
#住　宅	(平方米)	Residential Building	(sq.m)	8326482	8326482
#经济适用房	(平方米)	Economically Affordable Houses	(sq.m)	57000	57000
本年竣工房屋价值	(万元)	Project Completed and Put into Use	(10 000 yuan)	4085663	4085254
#住　宅	(万元)	Residential Building	(10 000 yuan)	1029787	1029787
施工项目个数	(个)	Number of Projects Under Construction	(unit)	18898	18880
#本年新开工	(个)	Started This Year	(unit)	15559	15545
本年投产项目个数	(个)	Number of Projects Put into Use	(unit)	13767	13757
规划用地面积	(平方米)	Land Space Planned	(sq.m)	551750012	551128224
本年实际征用和购置土地面积	(平方米)	Land Space Purchased and Used This Year	(sq.m)	54528919	54503339
本年实际征用和购置土地成交价款	(万元)	Value of Land Purchased and Used This Year	(10 000 yuan)	653088	652738
本年资金来源合计	**(万元)**	**Total Fund of Different Sources**	**(10 000 yuan)**	**47887954**	**47514244**
上年末结余资金	(万元)	Fund Left Last Year	(10 000 yuan)	520757	518757
本年资金来源小计	(万元)	Total Fund of This Year	(10 000 yuan)	47367197	46995487
国家预算内资金	(万元)	State Budgetary Appropriations	(10 000 yuan)	805309	520609
国内贷款	(万元)	Domestic Loans	(10 000 yuan)	3902559	3902559
债　券	(万元)	Stock	(10 000 yuan)	1790	1790
利用外资	(万元)	Overseas Funds	(10 000 yuan)	1106197	1106197
#外商直接投资	(万元)	Direct Foreign Investment	(10 000 yuan)	425143	425143
自筹资金	(万元)	Self-raised Fund	(10 000 yuan)	38763717	38689877
#企事业单位自有资金	(万元)	Fund of Enterprises	(10 000 yuan)	11521121	11503321
其他资金来源	(万元)	Ohers	(10 000 yuan)	2787625	2774455
本年各项应付款合计	(万元)	Total of Account Payable	(10 000 yuan)	2081042	2057180
#工程款	(万元)	for Projects	(10 000 yuan)	775803	774632

5-5 全社会固定资产投资情况(2010年)
Total Investments in Fixed Assets (2010)

单位:万元 (10 000 yuan)

类 别	Category	全社会固定资产投资 Investment in Fixed Assets	城镇投资 Urban Area Investment	#房地产开发投资 Investment in Real Estate Development	农村投资 Rural Investment
总 计	**Total**	**232766893**	**188444068**	**32493686**	**44322825**
按登记注册类型分	**Registration Status**				
内 资	Domestic Fund	219647233	176177626	30223025	43469607
国 有	State-owned and State-owned	36484470	33165546	2611197	3318924
集 体	Collective-owned	26273225	18414004	1012988	7859221
联 营	Joint Ownership Units	243365	185882	6160	51323
股份制	Share Holding Units	75752483	66091910	15921524	9660573
其 他	Others	80893690	58314124	10671156	22579566
港澳台商投资	Fund from Hong Kong,Macao and Taiwan	4906382	4684299	1528655	222083
#合资经营	Joint Venture	2385946	2258272	864991	127674
合作经营	Collaborative Operation	247017	241116	50599	5901
独 资	Solely Foreign-owned	1675125	1599862	598793	75263
外商投资	Fund from Overseas	8213278	7582143	742006	631135
#合资经营	Joint Venture	3838653	3487811	445976	350842
合作经营	Collaborative Operation	226057	211612	6714	14445
独 资	Solely Foreign-owned	3407388	3160602	287761	246786
按隶属关系分	**Investment by Jurisdiction of Management**				
中 央	Central Investment	5620410	5249531	226310	370879
地 方	Local Investment	227146483	183194537	32267376	43951946
省(自治区、直辖市)	Provincial	6041093	5835012	1168372	206081
地区(州、盟、省辖市)	Prefecture	15132123	14892391	4477073	239732
县(旗、县级市)	County	27063484	24912692	5071413	2150792
其 他	Others	178909783	137554442	21550518	41355341
按建设性质分	**Investment by Type of Construction**	**200273207**	**155950382**		**44322825**
#新 建	New Construction	73020411	56127773		16892638
扩 建	Expansion	56645185	43679377		12965808
改建和技术改造	Reconstruction and Technical Transformation	58191166	45651974		12539192
单纯建造生活设施	Housing	3214325	2563815		650510
迁 建	Removal and Reconstruction	2302676	2100134		202542
恢 复	Resumption	263186	180241		82945
单纯购置	Purchase only	6636258	5647068		989190

5-6 按行业分的全社会固定资产投资(2010年)

Total Investments in Fixed Assets by Sector(2010)

单位:万元 (10 000 yuan)

类　　别	Category	全社会固定资产投资 Investment in Fixed Assets	城镇投资 Urban Area Investment	#房地产开发投资 Investment in Real Estate Development	农村投资 Rural Investment
总　　计	**Provincial Total**	**232766893**	**188444068**	**32493686**	**44322825**
(一)农、林、牧、渔业	**Farming, Forestry, Animal Husbandry and Fishery**	**5518191**	**2069893**		**3448298**
农　业	Farming	1394058	476040		918018
林　业	Forestry	431986	165525		266461
畜牧业	Animal Husbandry	1605385	539167		1066218
渔　业	Fishery	679975	330023		349952
农、林、牧、渔服务业	Services for Farming, Forestry, Animal Husbandry and Fishery	1406787	559138		847649
(二)采矿业	**Mining**	**5397963**	**4189001**		**1208962**
煤炭开采和洗选业	Mining and Washing of Coal	1155838	972481		183357
石油和天然气开采业	Extraction of Petroleum and Natural Gas	2204411	2191459		12952
黑色金属矿采选业	Mining and Dressing of Ferrous Metal Ores	543184	242093		301091
有色金属矿采选业	Mining and Dressing of Nonferrous Metals Ores	565239	338303		226936
非金属矿采选业	Mining and Dressing of Nonmetal Ores	915538	439723		475815
其他采矿业	Mining and Dressing of Other Ores	13753	4942		8811
(三)制造业	**Manufacture**	**97718996**	**76064551**		**21654445**
农副食品加工业	Processing of Farm and Sideline Food	5971342	3755189		2216153
食品制造业	Manufacture of Food	2633821	1910653		723168
饮料制造业	Manufacture of Beverage	1175945	868611		307334
烟草制品业	Tobacco Products	25653	24173		1480
纺织业	Textile Industry	3530428	2628086		902342
纺织服装、鞋、帽制造业	Manufacture of Textile Garments, Footwear and Headgear	2025181	1493995		531186
皮革、毛皮、羽毛(绒)及其制品业	Feather, Furs, Down and Related Products	665282	466116		199166
木材加工及木、竹、藤、棕、草制品业	Timber Processing, Bamboo, Cane, Palm Fiber & Straw Products	1962326	901197		1061129
家具制造业	Manufacture of Furniture	1149245	862240		287005
造纸及纸制品业	Papermaking and Paper Products	2161498	1715819		445679
印刷业和记录媒介的复制	Printing and Record Medium Reproduction	981306	677814		303492
文教体育用品制造业	Manufacture of Cultural, Educational and Sports Goods	521603	421619		99984
石油加工、炼焦及核燃料加工业	Petroleum Refining, Coking and Nuclear Fuel Processing	2225562	1789745		435817
化学原料及化学制品制造业	Manufacture of Raw Chemical Materials and Chemica Products	10143965	7979591		2164374
医药制造业	Manufacture of Medicines	2339962	2006114		333848
化学纤维制造业	Manufacture of Chemical Fibers	338696	305277		33419
橡胶制品业	Rubber Products	2391114	2159263		231851
塑料制品业	Plastic Products	2399217	1820326		578891
非金属矿物制品业	Nonmetal Mineral Products	7891294	5401385		2489909
黑色金属冶炼及压延加工业	Smelting and Pressing of Ferrous Metals	1649033	1091541		557492
有色金属冶炼及压延加工业	Smelting and Pressing of Nonferrous Metals	1552549	1287188		265361

5-6 续表 1 continued

单位:万元 (10 000 yuan)

类　别	Category	全社会固定资产投资 Investment in Fixed Assets	城镇投资 Urban Area Investment	#房地产开发投资 Investment in Real Estate Development	农村投资 Rural Investment
金属制品业	Metal Products	6533379	5558641		974738
通用设备制造业	Manufacture of General Purpose Equipment	11997952	9275121		2722831
专用设备制造业	Manufacture of Special Purpose Equipment	6146820	4982803		1164017
交通运输设备制造业	Manufacture of Transport Equipment	8036493	7042354		994139
电气机械及器材制造业	Manufacture of Electrical Machinery and Equipment	6861873	5719391		1142482
通信设备、计算机电子设备制造业及其他	Manufacture of Communication Equipment, Computers and Other Electronic Equipment	2296969	2211670		85299
仪器仪表及文化、办公用机械制造业	Manufacture of Instruments, Meters and Machinery for Cultural and Office Use	777621	619757		157864
工艺品及其他制造业	Handicraft and Other Manufactures	973049	758374		214675
废弃资源和废旧材料回收加工业	Recycling and Disposal of Waste	359818	330498		29320
(四)电力、燃气及水的生产和供应业	**Production and Supply of Electric Power, Gas and Water**	**6523607**	**5298870**		**1224737**
电力、热力的生产和供应业	Production and Supply of Electric Power and Heating Power	5269931	4305730		964201
燃气生产和供应业	Production and Supply of Gas	576199	464884		111315
水的生产和供应业	Production and Supply of Tap Water	677477	528256		149221
(五)建筑业	**Construction**	**3682948**	**2662075**		**1020873**
房屋和土木工程建筑业	Building and Civil Engineering Construction	2872557	1972497		900060
建筑安装业	Construction Installment	114235	80665		33570
建筑装饰业	Construction Decoration	79404	55452		23952
其他建筑业	Other Construction	616752	553461		63291
(六)交通运输、仓储和邮政业	**Transport, Storage and Postal Services**	**13388048**	**11361719**		**2026329**
铁路运输业	Railway Transport	1037933	984836		53097
道路运输业	Road Transport	4571813	3806731		765082
城市公共交通业	Urban Public Traffic	536421	534136		2285
水上运输业	Waterway Transport	3463016	2987225		475791
航空运输业	Air Transport	290841	287341		3500
管道运输业	Pipeline Transport	222675	158208		64467
装卸搬运和其他运输服务业	Loading and Unloading and Other Transport Services	390111	302413		87698
仓储业	Storage	2871128	2296921		574207
邮政业	Postal Services	4110	3908		202
(七)信息传输、计算机服务和软件业	**Information Transmission, Computer Services and Software**	**605922**	**540503**		**65419**
电信和其他信息传输服务业	Telecommunications and Other Information Transmission Services	508316	442897		65419
计算机服务业	Computer Services	53512	53512		
软件业	Software	44094	44094		
(八)批发和零售业	**Wholesale and Retail Trade**	**9019677**	**7275329**		**1744348**
批发业	Wholesale	4349120	3323140		1025980
零售业	Retail Trade	4670557	3952189		718368
(九)住宿和餐饮业	**Accommodations and Catering Services**	**3462839**	**2985254**		**477585**
住宿业	Accommodations	2113371	1859572		253799
餐饮业	Catering Services	1349468	1125682		223786
(十)金融业	**Finance**	**231675**	**226755**		**4920**
银行业	Banking	151400	147580		3820
证券业	Securities	20390	20390		

5-6 续表 2 continued

单位:万元 (10 000 yuan)

类 别	Category	全社会固定资产投资 Investment in Fixed Assets	城镇投资 Urban Area Investment	#房地产开发投资 Investment in Real Estate Development	农村投资 Rural Investment
保险业	Insurance	8764	8764		
其他金融活动	Other Financial Activities	51121	50021		1100
(十一)房地产业	**Real Estate**	**48961449**	**45203814**	**32493686**	**3757635**
房地产业	Real Estate	48961449	45203814	32493686	3757635
(十二)租赁和商务服务业	**Leasing and Business Services**	**2266851**	**2016782**		**250069**
租赁业	Leasing Services	243537	176672		66865
商务服务业	Business Services	2023314	1840110		183204
(十三)科学研究、技术服务和地质勘查业	**Scientific Research, Technical Services** and Geological Prospecting	**1588185**	**1408179**		**180006**
研究与试验发展	Research and Experimental Development	645435	596668		48767
专业技术服务业	Special Technical Services	331897	301904		29993
科技交流和推广服务业	Scientific & Technological Exchange and Promotion Services	459287	379341		79946
地质勘查业	Geological Prospecting	151566	130266		21300
(十四)水利、环境和公共设施管理业	**Management of Water Conservancy,** Environment and Public Facilities	**13081083**	**10671711**		**2409372**
水利管理业	Management of Water Conservancy	1720852	1147776		573076
环境管理业	Management of Environment	1897768	1591350		306418
公共设施管理业	Management of Public Facilities	9462463	7932585		1529878
(十五)居民服务和其他服务业	**Services to Households and Other Services**	**2287669**	**1575662**		**712007**
居民服务业	Services to Households	1353177	835613		517564
其他服务业	Other Services	934492	740049		194443
(十六)教 育	**Education**	**2515658**	**2291644**		**224014**
教 育	Education	2515658	2291644		224014
(十七)卫生、社会保障和社会福利业	**Health Care, Social Security and Social Welfare**	**1585948**	**1413893**		**172055**
卫 生	Health Care	1281464	1166866		114598
社会保障业	Social Security	107741	92203		15538
社会福利业	Social Welfare	196743	154824		41919
(十八)文化、体育和娱乐业	**Culture, Sports and Recreation**	**5216692**	**3924537**		**1292155**
新闻出版业	Publication	91014	88014		3000
广播、电视、电影和音像业	Radio, Television, Film and Video	511308	507168		4140
文化艺术业	Culture and Arts	3013441	1998569		1014872
体 育	Sports	220683	219190		1493
娱乐业	Recreation	1380246	1111596		268650
(十九)公共管理和社会组织	**Public Administration and Social Organizations**	**9713492**	**7263896**		**2449596**
中国共产党机关	CPC Agencies	18704	17954		750
国家机构	Government Agencies	5067542	4070432		997110
人民政协和民主党派	CPPCC and Democratic Parties	10433	2421		8012
群众团体、社会团体和宗教组织	Mass Organizations, Social Organizations and Religious Organizations	362398	336612		25786
基层群众自治组织	Self-governing Mass Organizations at the Grass-roots Level	4254415	2836477		1417938
(二十)国际组织	**International Organizations**				
国际组织	International Organizations				

5-7 按经济类型分的房地产开发投资情况(2010年)

Investment in Real Estate Development by Registration Status(2010)

类别	Category	总计 Total	国有 State-owned	集体 Collective-owned	私营个体 Private and Individuals
计划总投资 （万元）	**Intended Investment (10 000 yuan)**	**137561950**	**10583201**	**3500174**	**39045262**
自开始建设累计完成投资 （万元）	**Cumulative Investment (10 000 yuan)**	**79475953**	**5794516**	**2551240**	**23869747**
本年完成投资 （万元）	**Investment Completed in Current Year (10 000 yuan)**	**32493686**	**2611197**	**1012988**	**9849317**
配套工程投资 (万元)	in Related Projects (10 000 yuan)	385502	18078	12996	125906
按构成分	**Grouped by Use of Funds**				
建筑工程 (万元)	Construction (10 000 yuan)	21065651	1515252	805783	6880588
安装工程 (万元)	Installation (10 000 yuan)	2384920	157870	64687	829388
设备工器具购置 (万元)	Purchase of Equipment and Instruments (10 000 yuan)	327597	31826	9199	137099
其他费用 (万元)	Others (10 000 yuan)	8715518	906249	133319	2002242
#旧建筑物购置费 (万元)	Purchase of Used Building (10 000 yuan)	131081	10170	500	37886
土地购置费 (万元)	Purchase of Land (10 000 yuan)	6004114	670163	91733	1360326
按工程用途分	**Grouped by Use of Buildings**				
住宅 (万元)	Residential Buildings (10 000 yuan)	25111721	2120490	845379	7687947
#90平方米以下住房 (万元)	Residential Buildings below 90sq.m (10 000 yuan)	6091498	392025	218122	2311527
经济适用房 (万元)	Economically Affordable Housing (10 000 yuan)	492080	99046	14405	199873
别墅、高档公寓 (万元)	Villas and Upper-scale Apartments (10 000 yuan)	756982	23508	1	239271
办公楼 (万元)	Office Buildings (10 000 yuan)	733963	122085	17879	226682
商业营业用房 (万元)	Buildings for Business (10 000 yuan)	3788058	143884	79162	1178777
其他 (万元)	Others (10 000 yuan)	2859944	224738	70568	755911
本年新增固定资产 （万元）	**Newly Increased Fixed Assets (10 000 yuan)**	**13454879**	**638127**	**692046**	**4407704**
本年资金来源合计 （万元）	**Total Funds of All Sources (10 000 yuan)**	**87891121**	**10650374**	**3476298**	**24941247**
上年末结余资金 (万元)	Fund Left from Last Year (10 000 yuan)	13165996	1487697	339037	3372332
本年资金来源小计 (万元)	Fund of All Sources in Currrent Year (10 000 yuan)	74725125	9162677	3137261	21568915
国内贷款 (万元)	Domestic Loans (10 000 yuan)	14214982	3006904	207240	3888901
#银行贷款 (万元)	from Banks (10 000 yuan)	13615758	2935174	207240	3796961
非银行金融机构贷款 (万元)	from Other Financial Deparments (10 000 yuan)	599224	71730		91940
利用外资 (万元)	Foreign Investment (10 000 yuan)	196579			400
#外商直接投资 (万元)	Foreign Direct Investment (10 000 yuan)	168356			400
自筹资金 (万元)	Self-Raising Funds (10 000 yuan)	26251546	2308517	1792774	8570341
#自有资金 (万元)	Self-owned Funds (10 000 yuan)	11664686	689290	480555	4176162
其他资金来源 (万元)	Others (10 000 yuan)	34062018	3847256	1137247	9109273
#定金及预付款 (万元)	Earnest Money and Advance Charge (10 000 yuan)	19544816	2153473	662530	5381086
个人按揭贷款 (万元)	Mortgage Loans (10 000 yuan)	8292178	1101826	207175	2591048
本年各项应付款合计 (万元)	Account Payable (10 000 yuan)	7829886	565866	297963	2905239
#工程款 (万元)	Payment for Construction (10 000 yuan)	4019871	286163	121963	1406578
待开发土地面积 (平方米)	Space of Land to be Developed (sq.m)	31834127	2746214	244099	11664787
本年购置土地面积 (平方米)	Space of Land Purchased in Current Year (sq.m)	48834117	3129013	4002392	13333729
本年土地成交价款 (万元)	Value of Commercial Land (10 000 yuan)	7171957	554112	320688	1496289

5-7 续表 continued

类　　别		Category		股份制 Share holding Economy	外 商 Foreign Funded Economy	港澳台 Economy with Funds from Hong Kong, Macao and Taiwan	其 他 Others
计划总投资	**（万元）**	**Intended Investment**	**(10 000 yuan)**	**68034449**	**4484776**	**8428166**	**3485922**
自开始建设累计完成投资	**（万元）**	**Cumulative Investment**	**(10 000 yuan)**	**38332606**	**2482206**	**4522805**	**1922833**
本年完成投资	**（万元）**	**Investment Completed in Current Year**	**(10 000 yuan)**	**15921524**	**742006**	**1528655**	**827999**
配套工程投资	（万元）	in Related Projects	(10 000 yuan)	202910	3608	11186	10818
按构成分		**Grouped by Use of Funds**					
建筑工程	（万元）	Construction	(10 000 yuan)	9851429	522370	934119	556110
安装工程	（万元）	Installation	(10 000 yuan)	1135030	51615	83596	62734
设备工器具购置	（万元）	Purchase of Equipment and Instruments	(10 000 yuan)	122508	11102	5773	10090
其他费用	（万元）	Others	(10 000 yuan)	4812557	156919	505167	199065
#旧建筑物购置费	（万元）	Purchase of Used Building	(10 000 yuan)	58388		5716	18421
土地购置费	（万元）	Purchase of Land	(10 000 yuan)	3293482	109980	330129	148301
按工程用途分		**Grouped by Use of Buildings**					
住　宅	（万元）	Residential Buildings	(10 000 yuan)	12205308	510223	1161794	580580
#90平方米以下住房	（万元）	Residential Buildings below 90 sq.m	(10 000 yuan)	2780810	136226	137945	114843
经济适用房	（万元）	Economically Affordable Housing	(10 000 yuan)	156655		19448	2653
别墅、高档公寓	（万元）	Villas and Upper-scale Apartments	(10 000 yuan)	335609	29318	119716	9559
办公楼	（万元）	Office Buildings	(10 000 yuan)	328371	24080	8673	6193
商业营业用房	（万元）	Buildings for Business	(10 000 yuan)	1823423	144974	268413	149425
其　他	（万元）	Others	(10 000 yuan)	1564422	62729	89775	91801
本年新增固定资产	**（万元）**	**Newly Increased Fixed Assets**	**(10 000 yuan)**	**6523350**	**398760**	**467636**	**327256**
本年资金来源合计	**（万元）**	**Total Funds of All Sources**	**(10 000 yuan)**	**41873980**	**1626675**	**3595785**	**1726762**
上年末结余资金	（万元）	Fund Left from Last Year	(10 000 yuan)	6747154	326122	766225	127429
本年资金来源小计	（万元）	Fund of All Sources in Currrent Year	(10 000 yuan)	35126826	1300553	2829560	1599333
国内贷款	（万元）	Domestic Loans	(10 000 yuan)	5994441	329845	603625	184026
#银行贷款	（万元）	from Banks	(10 000 yuan)	5732252	168820	601825	173486
非银行金融机构贷款	（万元）	from Other Financial Deparments	(10 000 yuan)	262189	161025	1800	10540
利用外资	（万元）	Foreign Investment	(10 000 yuan)	15743	55496	121940	3000
#外商直接投资	（万元）	Foreign Direct Investment	(10 000 yuan)	6443	53496	108017	
自筹资金	（万元）	Self-Raising Funds	(10 000 yuan)	11406578	433305	854117	885914
#自有资金	（万元）	Self-owned Funds	(10 000 yuan)	5536702	160586	483032	138359
其他资金来源	（万元）	Others	(10 000 yuan)	17710064	481907	1249878	526393
#定金及预付款	（万元）	Earnest Money and Advance Charge	(10 000 yuan)	9890061	313463	756123	388080
个人按揭贷款	（万元）	Mortgage Loans	(10 000 yuan)	3890482	122025	295656	83966
本年各项应付款合计	（万元）	Account Payable	(10 000 yuan)	3631715	168048	127636	133419
#工程款	（万元）	Payment for Construction	(10 000 yuan)	2024794	58925	74985	46463
待开发土地面积	（平方米）	Space of Land to be Developed	(sq.m)	12977077	1020933	2483399	697618
本年购置土地面积	（平方米）	Space of Land Purchased in Current Year	(sq.m)	24506593	1375924	2348091	138375
本年土地成交价款	（万元）	Value of Commercial Land	(10 000 yuan)	4269779	168341	355968	6780

5-8 按经济类型分的房地产开发财务情况(2010年)

Financial Indicators of Real Estate Development(2010)

单位:万元 (10 000 yuan)

类 别	Category	总 计 Total	国 有 State-owned	集 体 Collective-owned	私营个体 Private and Individuals
一、年初存货	**Inventory at Beginning of Current Year**	**41679291**	**5357479**	**1063604**	**10322432**
二、年末资产负债	**Property debt at Year End**				
流动资产合计	Total Liquid Liabilities	93274668	8297787	2749411	28116784
#存 货	Inventory	47805184	4127354	1294236	13285182
固定资产原价	Fixed Asset Value	4444010	507614	160833	1263957
累计折旧	Accumulated Depreciation	984906	145281	40402	309667
#本年折旧	in Current Year	224354	23914	5313	74189
资产总计	Assets	111112788	11146716	3240619	32622353
负债总计	Liabilities	85668959	8386235	2607124	24724372
所有者权益合计	Owners' Equity	25443830	2760480	633495	7897981
#实收资本	Paid-up Capital	17029437	1909408	336104	4770695
#国家资本	State-owned Capital	1583371	1433532	6360	38763
集体资本	Collective-owned Capital	629498	13424	205706	93967
法人资本	Corporate Capital	7234399	375961	70209	1647475
个人资本	Private Capital	5706538	86491	53829	2984700
港澳台资本	Capital from Hong Kong,Macao &Taiwan	1429244			45
外商资本	Foreign Capital	446387			5745
三、损益及分配	**Net Income or Loss and Distribution**				
主营业务收入	Operating Income	27515233	1802528	834743	8438775
土地转让收入	Revenues from Land Transfer	123619	51596		17968
商品房屋销售收入	Revenues from Commercial Housing Sales	26753838	1711642	824553	8136093
房屋出租收入	Housing Rental Income	59403	1916	729	20831
其他收入	Others	578373	37375	9461	263882
主营业务成本	Main Business Cost	20470227	1438751	621024	6275145
主营业务税金及附加	Main Business Tax & Additional	1932247	134617	51381	553413
主营业务利润	Main Business Profit	4499522	199135	138325	1426974
其他业务收入	Other Operating Revenue	103394	8405	1265	22062
其他业务利润	Other Operating Profits	82349	5581	2158	21072
销售费用	Sales Expenses	599660	28108	16525	194055
管理费用	Management Expenses	1179675	78275	32507	395740
#税 金	Taxes	112898	7729	2311	39770
差旅费	Fees	40459	1800	938	16372
工会经费	Labour union expenditure	7678	834	239	2870
财务费用	Financial Expenses	421500	27437	13476	152484
#利息支出	Interests	263364	19053	9217	104242
营业利润	Business Profits	3107508	108023	101907	867017
投资收益	Investment Profits	154036	5173	821	4243
营业外收入	Non-operating Income	76240	9566	1638	28918
营业外支出	Non-operating Expenses	87194	5651	2171	31943
利润总额	Total Profits	3066369	162357	101374	846570
应缴所得税	Income Tax Payable	598839	28966	14179	175301
劳动失业、保险费	labor and Insurance	49163	6124	1091	10969
住房公积金及住房补贴	Housing Provident Funds	17004	3368	423	4521
四、工资、福利费	**Wages and Welfare**				
本年应付工资总额	Wages Payable in Current Year	540351	38809	15911	162605
本年应付福利费总额	Welfare Payable in Current Year	60846	4501	1875	17741
全部从业人员年平均人数（人）	Average Number of Employees Engaged (person)	17298	1232	579	5920.8

5−8 续表 continued

单位：万元 (10 000 yuan)

类 别	Category	股份制 Share holding Economy	外 商 Foreign Funded Economy	港澳台 Economy with Funds from Hong Kong, Macao and Taiwan	其 他 Others
一、年初存货	**Inventory at Beginning of Current Year**	**20533603**	**1085795**	**2860642**	**455736**
二、年末资产负债	**Property debt at Year End**				
流动资产合计	Total Liquid Liabilities	43490943	2948986	6438792	1231965
#存 货	Inventory	23286962	1482496	3668675	660279
固定资产原价	Fixed Asset Value	2049598	101780	300754	59474
累计折旧	Accumulated Depreciation	422850	23170	36448	7089
#本年折旧	in Current Year	101604	5039	12599	1696
资产总计	Assets	51664773	3669259	7175587	1593481
负债总计	Liabilities	41127994	2794692	4912708	1115832
所有者权益合计	Owners' Equity	10536778	874567	2262879	477649
#实收资本	Paid-up Capital	7018822	795458	1847496	351453
#国家资本	State-owned Capital	91263	3280	3877	6295
集体资本	Collective-owned Capital	290300	8796	2825	14479
法人资本	Corporate Capital	4459454	326555	278538	76208
个人资本	Private Capital	2169133	30828	128085	253471
港澳台资本	Capital from Hong Kong,Macao &Taiwan	5412	14088	1409699	
外商资本	Foreign Capital	3260	411911	24471	1000
三、损益及分配	**Net Income or Loss and Distribution**				
主营业务收入	Operating Income	14127022	489418	1428634	394114
土地转让收入	Revenues from Land Transfer	52052		2004	
商品房屋销售收入	Revenues from Commercial Housing Sales	13819205	482454	1386251	393640
房屋出租收入	Housing Rental Income	32021	813	3073	21
其他收入	Others	223743	6152	37307	453
主营业务成本	Main Business Cost	10553014	334432	955715	292146
主营业务税金及附加	Main Business Tax & Additional	992341	29203	136129	35163
主营业务利润	Main Business Profit	2285917	83201	306615	59357
其他业务收入	Other Operating Revenue	65642	970	4924	125
其他业务利润	Other Operating Profits	63149			232
销售费用	Sales Expenses	272878	41371	32397	14326
管理费用	Management Expenses	554822	31673	67802	18857
#税 金	Taxes	52159	2372	5719	2839
差旅费	Fees	17002	1885	1696	766
工会经费	Labour union expenditure	3299	49	363	25
财务费用	Financial Expenses	196690	12224	12994	6195
#利息支出	Interests	112570	4406	9272	4605
营业利润	Business Profits	1647026	52731	223046	107759
投资收益	Investment Profits	71267	0	6507	66024
营业外收入	Non-operating Income	30195	2581	3102	241
营业外支出	Non-operating Expenses	39274	2958	4294	903
利润总额	Total Profits	1596969	37542	213998	107559
应缴所得税	Income Tax Payable	301642	10374	47849	20528
劳动失业、保险费	labor and Insurance	27150	1095	2299	435
住房公积金及住房补贴	Housing Provident Funds	5499	310	805	2079
四、工资、福利费	**Wages and Welfare**				
本年应付工资总额	Wages Payable in Current Year	261317	13234	22319	26156
本年应付福利费总额	Welfare Payable in Current Year	33202	906	1660	961
全部从业人员年平均人数 （人）	Average Number of Employees Engaged (person)	8310	357	483	417

5-9 房地产开发企业(单位)施工、销售和空置情况(2010年)

Construction,Sale and Occupation of Buildings Made by Real Estate Enterprises(2010)

类 别		Category		合 计 Total	住 宅 Residential Buildings	#90平方米以下住房 below 90 sq.m	#经 济适用房 Economically Affordable Housing
房屋施工面积	**(平方米)**	**Floor Space Under Construction**	**(sq.m)**	**280811680**	**227280889**	**56382774**	**6333283**
#新开工面积	(平方米)	Recently-started Projects	(sq.m)	123302145	102415467	21611928	2407544
房屋竣工面积	**(平方米)**	**Floor Space Completed**	**(sq.m)**	**50743435**	**42707978**	**9859008**	**1662336**
#不可销售面积	(平方米)	Space of Floor not Ready for Sale	(sq.m)	1570276	954151	389835	
商品住宅竣工套数	**(套)**	**Number of Commercial Buildings Completed**	**(unit)**		**391686**	**126158**	**20855**
竣工房屋价值	**(万元)**	**Value of Buildings Completed**	**(10 000 yuan)**	**10775827**	**8758684**	**2198377**	**286532**
出租房屋面积	**(平方米)**	**Floor Space of Buildings to Lease**	**(sq.m)**	**1203471**	**105162**	**92826**	**15313**
商品房销售面积	**(平方米)**	**Floor Space of Commercial Buildings Sold**	**(sq.m)**	**92938813**	**84482551**	**21044090**	**2450886**
#现房销售面积	(平方米)	Floor Space of Complete Dapartments	(sq.m)	25378097	22253250	4405646	815539
期房销售面积	(平方米)	Floor Space of Forward Delivery Housin	(sq.m)	67560716	62229301	16638444	1635347
商品房销售额	**(万元)**	**Total Sale of Commercial Building**	**(10 000 yuan)**	**36651206**	**32180220**	**8135232**	**662307**
#现房销售额	(万元)	Sale of Complete Dapartments	(10 000 yuan)	8910736	7388550	1581791	185034
期房销售额	(万元)	Sale of Forward Delivery Housing	(10 000 yuan)	27740470	24791670	6553441	477273
商品住宅销售套数	**(套)**	**Number of Commercial Buildings Sold**	**(unit)**		**778765**	**263890**	**30597**
#现房销售套数	(套)	Complete Dapartments	(unit)		201009	56218	10687
期房销售套数	(套)	Forward Delivery Housing	(unit)		577756	207672	19910
空置面积	**(平方米)**	**Unoccupied Area**	**(sq.m)**	**9686416**	**6728758**	**1366494**	**53874**
#空置1-3年(含1年)	(平方米)	Unoccupied from 1 to 3 Years	(sq.m)	5257444	3614201	650101	39907
空置3年以上(含3年)	(平方米)	Unoccupied for more than 3 Years	(sq.m)	485827	187964	15179	

5-9 续表 continued

类 别		Category		#别 墅、高档公寓 Villas and Upper-scale Apartments	办公楼 Office Buildings	商业营业用 房 Buildings for Business	其 他 Others
房屋施工面积	**(平方米)**	**Floor Space Under Construction**	**(sq.m)**	**5730117**	**4781379**	**32802474**	**15946938**
#新开工面积	(平方米)	Recently-started Projects	(sq.m)	2353012	1616223	12654731	6615724
房屋竣工面积	**(平方米)**	**Floor Space Completed**	**(sq.m)**	**1034792**	**875489**	**5099931**	**2060037**
#不可销售面积	(平方米)	Space of Floor not Ready for Sale	(sq.m)		62697	295483	257945
商品住宅竣工套数	**(套)**	**Number of Commercial Buildings Completed**	**(unit)**	**5323**			
竣工房屋价值	**(万元)**	**Value of Buildings Completed**	**(10 000 yuan)**	**319640**	**257660**	**1294369**	**465114**
出租房屋面积	**(平方米)**	**Floor Space of Buildings to Lease**	**(sq.m)**		**124850**	**573966**	**399493**
商品房销售面积	**(平方米)**	**Floor Space of Commercial Buildings Sold**	**(sq.m)**	**1390984**	**824689**	**6075904**	**1555669**
#现房销售面积	(平方米)	Floor Space of Complete Dapartments	(sq.m)	152766	278624	2378719	467504
期房销售面积	(平方米)	Floor Space of Forward Delivery Housin	(sq.m)	1238218	546065	3697185	1088165
商品房销售额	**(万元)**	**Total Sale of Commercial Building**	**(10 000 yuan)**	**1290838**	**544782**	**3465120**	**461084**
#现房销售额	(万元)	Sale of Complete Dapartments	(10 000 yuan)	174622	190015	1203256	128915
期房销售额	(万元)	Sale of Forward Delivery Housing	(10 000 yuan)	1116216	354767	2261864	332169
商品住宅销售套数	**(套)**	**Number of Commercial Buildings Sold**	**(unit)**	**6347**			
#现房销售套数	(套)	Complete Dapartments	(unit)	674			
期房销售套数	(套)	Forward Delivery Housing	(unit)	5673			
空置面积	**(平方米)**	**Unoccupied Area**	**(sq.m)**	**277787**	**519930**	**1856188**	**581540**
#空置1-3年(含1年)	(平方米)	Unoccupied from 1 to 3 Years	(sq.m)	169982	273584	1040483	329176
空置3年以上(含3年)	(平方米)	Unoccupied for more than 3 Years	(sq.m)	22541	31348	214816	51699

5-10 新增生产能力(2010年)

Newly Increased Production Capacity through Capital Construction(2010)

生产能力(或)效益名称	Item	建设规模 Total Construc -tion Size	本年施工规模 Under Construc -tion This Year	#本年新开工能力 Started This Year	累计新增生产能力 Production Capacity Accumulated	#本年新增能力 Newly Increased This Year
原煤开采 (万吨/年)	Coal Mining (10 000 tons/year)	1298	1298	168.0	243.0	183.0
洗 煤 (万吨/年)	Coal Washing (10 000 tons/year)	3434	2952	1803.7	2332.7	2043.7
焦 炭 (万吨/年)	Coke (10 000 tons/year)	1646.0	1351.0	851.0	846.0	571.0
天然原油开采 (万吨/年)	Petroleum Extraction (10 000 tons/year)	347.1	307.6	286.8	308.0	286.7
石油加工:	Petroleum Processing (10 000 tons/year)	188.5	129.0	120.0	185.5	129.0
蒸馏设备能力 (处理万吨/年)	Distillation Equipment Capacity(10 000 tons/year)	188.5	129.0	120.0	185.5	129.0
裂化设备能力 (处理万吨/年)	FCC Equipment Capacity (10 000 tons/year)	220.5	181.5	27.5	198.5	173.5
焦化设备能力 (万吨/年)	Coke Equipment Capacity (10 000 tons/year)	1440.0	1425.0	1090.0	1430.0	1425.0
催化重整设备能力 (万吨/年)	Catalytic Reforming Equipment Capacity (10 000 tons/year)	94.5	68.4	68.4	80.2	68.0
加氢精制设备能力 (处理万吨/年)	Capacity of Hydrotreating Equipment (10 000 tons/year)	1675.0	1627.0	771.0	1666.0	922.0
铁矿开采(原矿) (万吨/年)	Iron Ore Mining (10 000 tons/year)	2530.9	1868.1	1625.1	2368.9	1828.1
铁矿选矿处理量 (万吨/年)	Iron Ore Processing capacity (10 000 tons/year)	665	616	616	641	616
铁矿石成品矿 (万吨/年)	Refined Iron Ore Mine (10 000 tons/year)	3.0	3.0	3.0	3.0	3.0
生 铁 (万吨/年)	Pig Iron (10 000 tons/year)	140	140		50.0	50.0
粗 钢 (万吨/年)	Crude Steel (10 000 tons/year)					
连铸坯 (万吨/年)	Billet (10 000 tons/year)	8.00	8.00	8.00	8.00	8.00
铜冶炼 (吨/年)	Copper Smelting (ton/year)	400800	400800	400800	400800	400800
铅冶炼 (吨/年)	Lead Smelting (ton/year)	36000	21000	21000	21000	21000
氧化铝 (吨/年)	Aluminum Oxide (ton/year)					
铝加工 (吨/年)	Aluminum Machining (ton/year)	1126930	859330	747330	614300	605300
水力发电 (万千瓦)	Hydro Power Generation (10 000 kw)					
火力发电 (万千瓦)	Thermal Power Generation (10 000 kw)	699.5	503.5	347.5	378.5	323.5
其他发电 (万千瓦)	Others (10 000 kw)	540.2	277.6	188.4	183.2	151.4
输电线路长度(11万伏及以上)(公里)	Length of Transmission Line (over 110kv) (km)	1435	823	687	1368	785
水 泥 (万吨/年)	Cement (10 000 tons/year)	5151	4169	3384	4291	3514
平板玻璃 (万重量箱/年)	Plain Glass (10 000 weight-box/year)	1100.5	919.5	919.5	844.5	799.5
石墨及炭素制品 (吨/年)	Graphite and Carbon Products (ton/year)	142273	122602	112844	109764	95314
木 材 (万立方米/年)	Wood (10 000 cu.m/year)	50	50	50	50	50
氮 肥 (吨/年)	Nitrogen Fertilizers (ton/year)	1220167	912451	841451	888167	813851
磷 肥 (吨/年)	Phosphate Fertilizers (ton/year)	135307	112277	112277	114830	91830
钾 肥 (吨/年)	Potassium Fertilizer (ton/year)	106300	104730	104730	105430	104730
化学农药原药 (吨/年)	Chemical Pesticides (ton/year)	109982	83099	73082	82698	68740
精甲醇 (吨/年)	Extracted Methanol (ton/year)	808160	788080	788080	617160	617080
塑料树脂及共聚物 (吨/年)	Plastics,Colophony and Copolymer (ton/year)	525149	484699	441865	410296	373506
合成橡胶 (吨/年)	Synthetic Rubber (ton/year)	525230	451350	251350	124230	117350
轮胎外胎 (万条/年)	Tires (10 000 units/year)	9927	6853	5854	4008	2058
轮胎内胎 (万条/年)	Tire Tubes (10 000 units/year)	3588	3338	3338	1768	1518

5-10 续表 continued

生产能力(或)效益名称	Item	建设规模 Total Construc-tion Size	本年施工规模 Under Construc-tion This Year	#本年新开工能力 Started This Year	累计新增生产能力 Production Capacity Accumulated	#本年新增能力 Newly Increased This Year
载货汽车制造 (辆/年)	Trucks (unit/year)	41800	41800			
客车制造 (辆/年)	Buses (unit/year)	13000	12200	200	12000	
轿车制造 (辆/年)	Cars (unit/year)					
其它汽车制造 (辆/年)	Others (unit/year)	266477	266277	191095	78575	71075
摩托车制造 (辆/年)	Motorcycles (unit/year)	87200	87200	48474	48474	48474
电视机 (万部/年)	Television Sets (10 000 units/year)					
#彩色电视机 (万部/年)	Color Television Sets (10 000 units/year)					
化学纤维 (吨/年)	Chemical Fiber (ton/year)	64845	56875	38875	42345	28675
#合成纤维 (吨/年)	Synthetic Fibers (ton/year)	13700	13700	4700	5000	2000.0
粘胶纤维 (吨/年)	Viscose Fiber (ton/year)					
棉纺锭 (锭)	Cotton Spindles (unit)	5296917	4504417	3488867	3551867	3364867
毛纺锭 (锭)	Wool Spindles (unit)	15200	15200	15200	15200	15200
啤 酒 (万吨/年)	Beer (10 000 tons/year)	6.4	5.9	3.9	5.9	5.9
白 酒 (万吨/年)	Wine (10 000 tons/year)	14.3	12.2	12.2	11.9	11.9
其他酒 (万吨/年)	Others (10 000 tons/year)	3.0	2.5	1.8	2.6	2.2
卷 烟 (箱/年)	Cigarettes					
机制纸浆 (万吨/年)	Machine-made Pulp (10 000 tons/year)	85.2	70.2	58.1	60.3	60.3
房间空气调节器 (万台/年)	Air Conditioners (10 000 units/year)					
程控交换机	PBX					
-安装能力 (万线/年)	Installation Capacity (10 000 units/year)	1.00			1.00	
新建铁路主线正线	Length of Newly-Built Railway					
-交付运营里程 (公里)	Put into Operation (km)	171.8	163.8	113	128	120
新建公路 (公里)	Length of Newly-built Highway (km)	2576	2240	1991	1861	1736
#高速公路 (公里)	Expressway (km)	186.8	165.0	42.3	43.8	33.8
一级公路 (公里)	Class-A Highway (km)	153.4	148.3	146.2	126.3	126.3
二级公路 (公里)	Class-B Highway (km)	505.3	400.6	400.6	365.1	338.9
改建公路 (公里)	Length of Reconstructed Highway (km)	7243	6654	5368	6282	5468
一级公路 (公里)	Class-A Highway (km)	572.8	553.8	507.8	411.5	411.5
二级公路 (公里)	Class-B Highway (km)	1368.6	1292.6	1083.1	1202.7	1127.8
新建独立公路桥梁 (延长米)	Length of Newly-built Bridges (m)	7498	7183	3859	2794	2579
-座数 (座)	Number (unit)	18	16	14	11	10
新(扩)建港口码头	Newly-built or Expanded Ports	11140	8159	1841	2631	1739
-年吞吐量 (万吨)	Annal Throughput (10 000 tons/year)					
-泊位 (个)	Berths (unit)	7806	6624	272	1080	170
#新(扩)建沿海港口码头	Newly-built or Expanded Coastal Harbors					
-年吞吐量 (万吨)	Annal Throughput (10 000 tons/year)	7730	6568	250	1050	158
-泊位 (个)	Berths (unit)	30	20	3	9	
新(扩)建客、货运站 (个)	Cargo or Passenger Terminals (unit)	36	36	32	28	27
-面积 (平方米)	Area (sq.m)	417249	414908	282271	372767	372426
候机楼 (座)	Terminals (unit)					
候机楼 (平方米)	(sq.m)					
城市自来水供水能力 (万吨/日)	Volume of Water Supply (10 000 tons/day)	35.1	35.1	22.9	21.1	21.1
城市公共交通车辆购置 (辆)	Purchase of Public Transportation Vehicles (unit)	279	279	279	279	279
城市污水处理能力 (万吨/日)	Capacity of Sewage Treatment (10 000 tons/day)	120.8	109.8	107.3	88.3	84.3

主要统计指标解释

全社会固定资产投资 是以货币形式表现的在一定时期内全社会建造和购置固定资产的工作量以及与此有关的费用的总称。该指标是反映固定资产投资规模、结构和发展速度的综合性指标,又是观察工程进度和考核投资效果的重要依据。全社会固定资产投资按登记注册类型可分为国有、集体、个体、联营、股份制、外商、港澳台商、其他等。

城镇固定资产投资 指城镇各种登记注册类型的企业、事业、行政单位及个体户进行的计划总投资(或实际需要总投资)50万元及50万元以上的建设项目投资、房地产开发投资。县城及以上区域内发生的投资，县及县以上各级政府及主管部门直接领导、管理的建设项目和企业事业单位的投资均为城镇固定资产投资。

房地产开发投资 指各种登记注册类型的房地产开发公司、商品房建设公司及其他房地产开发法人单位和附属于其他法人单位实际从事房地产开发或经营活动的单位统一开发的包括统代建、拆迁还建的住宅、厂房、仓库、饭店、宾馆、度假村、写字楼、办公楼等房屋建筑物和配套的服务设施，土地开发工程（如道路、给水、排水、供电、供热、通讯、平整场地等基础设施工程）的投资；不包括单纯的土地交易活动。

农村投资 包括在农村区域范围内进行固定资产投资活动的企业、事业、行政单位及农村个人投资。

建设总规模 是指在报告期内所有施工项目的计划总投资。这个指标和施工项目相对应。

在建总规模 是指在报告期末所有在建项目的计划总投资。

在建净规模 是指报告期末所有在建项目建成投产尚需的投资总量。

在建净规模＝在建总规模－累计完成投资

固定资产投资的资金来源 根据固定资产投资的资金来源不同，分为国家预算内资金、国内贷款、利用外资、自筹资金和其他资金。

(1)国家预算内资金：分为财政拨款和财政安排的贷款两部分。包括中央财政的基本建设基金(分经营性基金和非经营性基金两部分)、专项支出(如煤代油专项等)、收回再贷、贴息资金，财政安排的挖潜改造和新产品试制支出、城建支出、商业部门简易建筑支出、不发达地区发展基金等资金中用于固定资产投资的资金；地方财政中由国家统筹安排的资金等。

(2)国内贷款：指报告期固定资产投资单位向银行及非银行金融机构借入的用于固定资产投资的各种国内借款，包括银行利用自有资金及吸收的存款发放的贷款、上级主管部门拨入的国内贷款、国家专项贷款(包括煤代油贷款、劳改煤矿专项贷款等)、地方财政专项资金安排的贷款、国内储备贷款、周转贷款等。

(3)利用外资：指报告期收到的用于固定资产建造和购置的国外资金(包括设备、材料、技术在内)。包括对外借款(外国政府、国际金融组织贷款、出口信贷、外国银行商业贷款、对外发行债券和股票)、外商直接投资及外商其他投资。不包括我国自有外汇资金(国家外汇、地方外汇、留成外汇、调剂外汇和中国银行自有资金发行的外汇贷款等)。计算利用外资时，需要折算成人民币，折算中所使用的外汇汇率按现汇计算，即按使用外汇时的汇率计算。

(4)自筹资金：指固定资产投资单位报告期收到的，由各地区、各部门及企、事业单位筹集用于固定资产投资的预算外资金，包括中央各部门、各级地方和企、事业单位的自筹资金。

(5)其他资金：指在报告期收到的除以上各种资金之外其他用于固定资产投资的资金，包括企业或金融机构通过发行各种债券筹集到的资金、群众集资、个人资金、无偿捐赠的资金及其他单位拨入的资金等。

固定资产投资按国民经济行业分 根据建设项目建成投产后的主要产品或主要用途及社会经济活动性质来确定国民经济行业。一般情况下，一个建设项目或一个企业、事业单位只能属于一种国民经济行业。

固定资产投资按隶属关系分 是按建设单位或企业、事业、行政单位的主管上级机关确定的。

（1）中央：是指中共中央、人大常委会和国务院各部、委、局、总公司以及直属机构直接领导的建设项目和企业、事业、行政单位。这些单位的固定资产投资计划由国务院各部门直接编制和下达，建设中所需物资、主要设备以及建设中的问题都由中央有关部门安排和解决。

（2）地方：是由省（自治区、直辖市）、地区（州、盟、省辖市）、县（旗、县级市）三级政府及业务主管部门直接领导和管理的建设项目、企业、事业、行政单位。地方项目还包括不隶属以上各级政府及主管部门的建设项目和企业、事业单位，如外商投资企业和无主管部门的企业等。

固定资产投资按建设性质分 根据整个建设项目情况来确定。建设项目的性质一般分为新建、扩建、改建和技术改造、迁建、恢复。房地产开发单位投资不划分建设性质。

(1)新建：一般指从无到有“平地起家”开始建设的企业、事业和行政单位或建设项目。现有企业、事业、行政单位一般不属于新建。但如有的单位原有基础很小，经过建设后新增的固定资产价值超过该企、事业、行政单位原有固定资产价值(原值)三倍以上的也应作为新建。

(2)扩建：指在厂内或其他地点，为扩大原有产品的生产能力(或效益)或增加新的产品生产能力，而增建主要的生产车间(或主要工程)、分厂、独立的生产线。行政、事业单位在原单位增建业务用房(如学校增建教学用房、医院增建门诊部、病房等)也作为扩建。

现有企、事业单位为扩大原有主要产品生产能力或增加新的产品生产能力，增建一个或几个主要生产车间(或主要工程)、分厂，同时进行一些更新改造工程的，也应作为扩建。

(3)改建和技术改造：指现有企业、事业单位，对原有设施进行技术改造或更新(包括相应配套的辅助性生产、生活福利设施)的建设项目。现有企业、事业单位为适应市场变化的需要，而改变企业的主要产品种类(如军工企业转产民用品等)的建设项目，应作为改建。原有产品生产作业线由于各工序(车间)之间能力不平衡，为填平补齐充分发挥原有生产能力而增建不增加本企业主要产品设计能力的车间，也应作为改建。技术改造是指企业、事业单位在现有基础上，用先进的技术代替落后的技术，用先进的工艺和装备代替落后的工艺和装备，以改变企业落后的技术经济面貌，实现以内涵为主的扩大再生产，达到提高产品质量、促进产品更新换代、节约能源、降低消耗、扩大生产规模、全面提高社会经济效益的目的。技术改造具体包括以下内容：机器设备和工具的更新改造；生产工艺改革、节约能源和原材料的改造；厂房建筑和公共设施的改造；劳动条件和生产环境的改造等。

固定资产投资按构成分　固定资产投资活动按其工作内容和实现方式分为建筑安装工程，设备、工具、器具购置，其他费用三个部分。

(1)建筑安装工程(建筑安装工作量)：指各种房屋、建筑物的建造工程和各种设备、装置的安装工程。包括各种房屋建造工程；各种用途设备基础和各种工业窑炉的砌筑工程及金属结构工程；为施工而进行的各种准备工作和临时工程以及完工后的清理工作等；铁路、道路的铺设，矿井的开凿及石油管道的架设等；水利工程；防空地下建筑等特殊工程；列入房屋工程预算内的暖气、卫生、通风、照明、煤气等设备的价值及装设油饰工程；列入建筑工程预算内的各种管道(蒸汽、压缩空气、石油、给排水等管道)、电力、电讯电缆导线等的敷设工程；以及各种机械设备的安装工程；为测定安装工程质量，对设备进行的试运工作；房地产开发单位进行的商品房屋开发建设工程、土地开发工程。

在安装工程中，不包括被安装设备本身的价值。

(2)设备、工具、器具购置：指建设单位或企、事业单位购置或自制的，达到固定资产标准的设备、工具、器具的价值。新建单位及扩建单位的新建车间，按照设计或计划要求购置或自制的全部设备、工具、器具，不论是否达到固定资产标准均计入“设备、工具、器具购置”中。

(3)其他费用：指在固定资产建造和购置过程中发生的，除上述几项内容以外的各种应分摊计入固定资产的费用。

施工项目　指报告期内进行过建筑或安装施工活动的项目。凡是报告期内施过工的建设项目，不论施工时间长短，均作为施工项目统计。施工项目个数可以反映一定时期固定资产投资的实际规模，与同期全部建成投产项目个数相比，可以从建设速度的角度反映固定资产投资的效果。根据建设项目施工活动的不同性质，施工项目又分为：本年正式施工项目、本年收尾项目和以前年度全部停缓建项目。

全部建成投产项目　工业项目指设计文件规定形成生产能力的主体工程及其相应配套的辅助设施全部建成，经负荷试运转，证明具备生产设计规定合格产品的条件，并经过验收鉴定合格或达到竣工验收标准，与生产性工程配套的生活福利设施可以满足近期正常生产的需要，正式移交生产的建设项目。非工业项目指设计文件规定的主体工程和相应的配套工程全部建成，能够发挥设计规定的全部效益，经验收鉴定合格或达到竣工验收标准，正式移交使用的建设项目。

新增生产能力(或工程效益)　指通过固定资产投资活动而增加的设计能力(或工程效益)，该指标是以实物形态表现的反映固定资产投资成果的指标，也是考核投资经济效果的重要依据之一。

新增生产能力(或工程效益)一般有以下几种表现形式：

(1)用产品数量表示，以工程在单位时间内(一般是一年)所能生产的产品数量(即年产量)表示。如原煤开采用万吨／年表示，化学农药用吨／年表示，拖拉机制造用台／年表示等。某些化工产品由于含量差别较大，按其设计含量计算折合量表示，如硫酸、纯碱、烧碱等。

(2)用单位时间内所能处理的原料数量表示，以工程每天(或小时)所能处理原料的数量表示。如机制糖工程日处理原料吨，食用植物油日处理原料吨，城市污水处理能力用万吨／日表示等。

(3)用新增加的主要设备的数量或容量表示，如新增棉布织机、丝织机等台数，毛纺锭等锭数，发电厂新增发电机组容量用千瓦表示等。

(4)用建筑物容积、容量、面积、长度表示，是非工业项目或工程新增效益的一种表现形式。如铁路投产里程、新建公路、水库容量、粮食仓库、学校学生席位、医院病床、有效灌溉面积等。

根据工程的特点，有时需要用两种或两种以上的复合计量单位表示新增生产能力(或工程效益)，如新增内燃机生产能力同时用年产台数、千瓦数表示等。

为了规范新增生产能力(或工程效益)的名称和计算单位，国家统计局制订了《新增生产能力(或工程效益)目录及代码》。各固定资产投资单位在统计新增生产能力(或工程效益)时，必须按目录中规定的名称、计量单位和代码填报。

房屋建筑面积　指房屋建筑物勒脚以上外墙外围的水平截面面积，包括房屋建筑物的有效面积和结构面积。该指标是从实物形态上反映建设规模和建设成果的重要指标之一，也是检查工程形象进度、计算工程造价、分析投资效果、研究施工任务和建筑材料之间平衡情况的重要依据。

住宅建筑面积　指施工和竣工房屋建筑面积中供居住

用的房屋建筑面积。

施工面积 指报告期内施工的全部房屋建筑面积。包括本期新开工的面积和上期开工跨入本期继续施工的房屋面积，以及上期已停建在本期恢复施工的房屋面积。本期竣工和本期施工后又停缓建的房屋，其建筑面积仍计入本期房屋施工面积中。

竣工面积 指在报告期内房屋建筑按照设计要求已经全部完工，达到住人和使用条件，经验收鉴定合格(或达到竣工验收标准)，正式移交使用单位的各栋房屋建筑面积的总和。

房屋建筑面积竣工率 指一定时期内房屋竣工面积占同期房屋施工面积的比率。是从房屋建筑施工速度的角度反映投资效果的指标。

新增固定资产 指报告期内已经完成建造和购置过程，并已交付生产或使用单位的固定资产价值。该指标是表示固定资产投资成果的价值指标，也是反映建设进度，计算固定资产投资效果的重要指标。

项目建设投产率 指一定时期内全部建成投产项目个数与同期施工项目个数的比率。该指标是从建设单位建设速度的角度反映投资效果的指标。

固定资产交付使用率 指一定时期新增固定资产与同期完成投资额的比率。该指标是反映固定资产动用速度，衡量建设过程中宏观投资效果的综合指标。由于新增固定资产是较长时期内形成的结果，而投资额则是当年完成的，因此，该指标一般适宜于反映较长时期内固定资产的动用情况。

商品房销售面积 指报告期内出售商品房屋的合同总面积(即双方签署的正式买卖合同中所确定的建筑面积)。由现房销售建筑面积和期房销售建筑面积两部分组成。

商品房销售额 指报告期内出售商品房屋的合同总价款(即双方签署的正式买卖合同中所确定的合同总价)。该指标与商品房销售面积同口径，由现房销售额和期房销售额两部分组成。

经济适用房 指根据地方经济适用房计划安排建设的政策性住宅。经济是指房屋建筑造价和销售价格低于一般商品住宅；适用是指适合中低收入家庭购买使用。经济适用房主要是由国家统一下达投资计划，房地产公司开发，对外销售；用地一般采用行政划拨或招标投标方式，免收土地出让金；对各种经批准的收费减半征收，开发利润不超过 3%；销售价格实行政府指导价。该指标可以分析房地产投资结构，反映中低收入家庭商品住宅的供求平衡情况。

Explanatory Notes on Main Statistical Indicators

Total Investment in Fixed Assets in the Whole Country refers to the volume of activities in construction and purchases of fixed assets and related fees, expressed in monetary terms. It is a comprehensive indicator which shows the size, structure and growth of the investment in fixed assets, providing basis for observing the progress of construction projects and evaluating results of investment. Total investment in fixed assets in the whole country includes, by type of ownership, the investment by the state owned units, collective units, individuals, joint ownership units, share holding units, as well as investment by businessmen from foreign countries and from Hong Kong, Macao and Taiwan, and by other units.

Urban Investment in Fixed Assets refers to construction projects involving a total planned (or required) investment of 500,000 yuan and over by urban enterprises and institutions of various types of ownership, by administrative units and by individuals,investment in real estate development, and housing investment by individuals in urban areas and in industrial and mining areas. In other words, all investments that take place in county towns and urban areas, investment in construction projects under the direct leadership and management of government agencies at and above county levels and investments by enterprises and institutions at and above county levels are covered in urban investment in fixed assets.

Investment in Real Estate Development refers to the investment by the real estate development companies, commercial buildings construction companies and other real estate development units of various types of ownership in the construction of house buildings, such as residential buildings, factory buildings, warehouses, hotels, guesthouses, holiday villages, office buildings, and the complementary service facilities and land development projects, such as roads, water supply, water drainage, power supply, heating, telecommunications, land leveling and other projects of infrastructure. It excludes the activities in pure land transactions.

Investment in Rural Areas refers to investment in fixed assets by enterprises, institutions and individuals in rural areas.

Total Size of Construction refers to the planned total investment for all construction projects during the reference period.

Total Size of Investment in Projects under Construction refers to the planned total investment of all projects under construction at the end of the reference period.

Net Size of Investment in Projects under Construction refers to the required investment of all projects under construction at the end of the reference period.

Net Size of Investment=Total Size of Investment-accumulated completed investment

Sources of Funds for Investment in Fixed Assets include fund from state budget, domestic loans, foreign investment, self raised funds, and others depending on the source of investment.

(1) Fund from state budget consists of budgetary appropriation and loans from state budget. More specifically, it includes, from the budget of the central government, capital construction fund (operation fund and non-operational fund), special expenses (e.g. expenses on substituting petroleum with coal), loans from repayment, discount fund, expenses on innovation and trial production of new products, expenses on urban construction, expenses on temporary construction by trade departments, development fund for less developed areas, as well as local budgetary fund transferred from the central budget.

(2) Domestic loans refer to loans of various forms borrowed by investing units from banks and non-bank financial institutions during the reference period for the purpose of investment in fixed assets, including loans issued by banks from their self owned funds and deposit, loans appropriated by higher responsible authorities, special loans by government (including loan for substituting petroleum with coal, special loan for reform through labour coal mines), loans arranged by local government from special funds, domestic reserve loan, and working loan, etc.

(3) Foreign Investment refers to foreign funds received during the reference period for the construction and purchase of investment in fixed assets (covering equipment, materials and technology), including foreign borrowings (loans from foreign governments and international financial institutions, export credit, commercial loans from foreign banks, issue of bonds and stocks overseas), foreign direct investment and other foreign investment. Excluded in this category are capitals in foreign exchanges owned by China (foreign exchanges owned by the central and local governments, foreign exchanges retained by enterprises, foreign exchanges by enterprises through regulating mechanism, loans in foreign exchanges issued by the Bank of China with its own fund, etc.). In calculating the utilization of foreign capitals, foreign currencies are converted into Chinese Renminbi applying the current exchange rate when the foreign capitals are actually used.

(4) Self-raised funds refer to extra budgetary funds for investment in fixed assets received by investing units from central government ministries, local governments, enterprises and institutions, including their self raised funds.

(5) Others refer to funds for investment in fixed assets received from the sources other than those listed above, including capitals raised through issuing bonds by enterprises or financial institutions, funds raised from individuals and through donations, and funds transferred from other units.

Investment in Fixed Assets by Sector The

classification of construction projects by sector is determined by the major products or the purpose of the projects when they are put into production or use, and by the nature of their social economic activities. In general, one project or one enterprise or institution can only be classified into one sector.

Investment in Fixed Assets by Jurisdiction of Management refers to the classification of investment by the competent authorities under which investment is made by construction units, enterprises, institutions or administrative units.

(1) Central investment refers to the investment in projects or by enterprises, institutions or administrative units which are under the direct leadership and management of the CPC Central Committee, the NPC Standing Committee, the State Council and of the national commissions, ministries, agencies and state owned large corporations. Various ministries and departments of the State Council prepare and implement plans for investment in fixed assets by those departments, and arrange and ensure the supply of materials and key equipment required for the projects.

(2) Local investment refers to the investment in projects or by enterprises, institutions or administrative units which are under the direct leadership and management of departments under the provincial, prefecture and county governments. Also included are projects by foreign invested enterprises and enterprises without competent managing authorities.

Investment in Fixed Assets by Type of Construction The construction projects in general can be classified, by the type of construction, into new construction, expansion, reconstruction and technical transformation, moving and restoration. However, investment by type of construction is not applied to investment by real estate development units.

(1) New construction in general refers to newly constructed enterprises, institutions, administrative agencies or independent projects from scratch. Construction in the existing enterprises, institutions or agencies is not considered as new construction. In case the assets of the existing unit is quite small, and the value of newly added fixed assets exceeds the original value of assets by three times, the expansion will be considered as new construction.

(2) Expansion refers to construction of new major production workshop, branch factory or independent production line within a factory or in other locations, for the purpose of increasing the production capacity (or improving efficiency) of the original products. Newly constructed houses for the operation of institutions and administrative organizations (such as the newly constructed buildings for teaching in schools, buildings for clinics or wards in hospitals, etc.) are also classified as expansion.

Also included in the expansion are investments by existing enterprises or institutions in building major production line(s) or branch factory(ies) along with some work on innovation, for the purpose of expending the production capacity of original products or producing new products.

(3) Reconstruction refers to construction projects by existing enterprises or institutions in innovation or technical transformation of the old facilities (including auxiliary production equipment and welfare facilities).Also considered as reconstruction is the construction of new workshops by the existing enterprises or institutions to change the variety of products to meet the market demand (such as the production of civil products by defence industries), or to bring the designed production capacity into full play through a more balanced production process on production lines. Technical transformation refers to replacement of old technology or equipment by new technology or equipment, in order to expand the reproduction through improvement of technology contents in production, to improve product quality, to promote new products, to save energy and reduce consumption and to improve overall social economic efficiency. Contents of technical transformation include: updating of machinery, equipment and tools; reforming production process by using energy or materials saving technology; construction of factory workshops and transformation of public facilities; improvement of working conditions and environment, etc.

Investment in Fixed Assets by Structure By their contents, investment activities are classified into 3 categories, i.e. construction and installation, purchase of equipment and instrument, and other expenses.

(1) Construction and installation (work volume of construction and installation) refers to the construction of various houses and buildings and installation of various kinds of equipment and instruments. They include construction of various houses; equipment foundations, industrial kilns and stoves, and metal structure work; preparation works for project construction, and clearing up works post project construction; pavement of railways and roads, drilling of mines and putting up of oil pipes; construction of projects of water conservancy; construction of underground air raid shelters and construction of other special projects; value of equipment for heating, sanitation, ventilation, lighting, gas, painting, etc. that are covered by the budget of housing projects; laying out of various pipelines (for steam, compressed air, petroleum, tap water and sewage) and lines for electric power and for communications; installation of various machinery equipment, testing operation for pre testing the quality of installation projects, and land and other development work conducted by real estate developers for commercial housing. The value of equipment installed is not included in the value of installation projects.

(2) Purchase of equipment and instruments refers to the total value of equipment, tools, and instruments purchased or self produced which come up to standards for fixed assets by the construction units or investing enterprises or institutions. Equipment, tools and instruments purchased or self produced for new workshops by newly established or expanded units are categorized as "purchase of equipment and instruments" no matter whether they come up to the standards for fixed assets.

(3)Other expenses refer to expenses occurring during the construction or purchase of fixed assets other than those mentioned above.

Projects under Construction refer to projects with construction and installation activities undertaken in the reference period. All projects that have construction activities undertaken during the reference period are reported as projects under construction irrespective of the length of construction work. The number of projects under construction can reflect the actual size of investment in fixed assets during a given period, and when compared with the number of projects completed and put into use during the same period, it demonstrates the results of investment in fixed assets. Depending on the nature of construction activities, projects under construction can also be classified into projects under construction in current year, winding up projects in current year and stopped or suspended projects in previous years (with preservation work in current year).

Projects Completed and Put into Use Industrial projects refer to the major projects and accessory facilities completed which result in forming production capacity and have been checked and accepted while the living and welfare facilities have been completed and can ensure normal production and formally put into production. Non industrial projects refer to the major projects and accessory facilities completed which possess the designed capacity and have been checked, accepted and formally put into production.

Newly Increased Production Capacity(or Project Efficiency) refers to the increase of designed capacity (or project efficiency) through investment in fixed assets, which reflects the accomplishment of investment in fixed assets in kind and serves as important basis for evaluating the economic efficiency of investment.

The newly increased production capacity (project efficiency) are usually expressed in one of the following forms:

(1) output of products, i.e. the output that the project can produce during a given period (usually a year). For instance, the capacity in coal mining is expressed in 10,000 tons/year, the capacity in producing chemical pesticides expressed in ton/year, the capacity in producing tractors in tractor/year, etc. For some chemical products where the effective contents differ significantly, the production capacity is expressed as the designed effective content equivalent, such as in the case of sulphuric acid, soda ash, caustic soda, etc;

(2) raw materials processing capacity, i.e. the volume of raw materials that could be processed by the project per day (or per hour), such as tons of materials processed per day by a sugar refining project or edible vegetable oil project, or tons of urban sewage processed per day;

(3) number or capacity of major equipment increased, such as number of cotton or silk looms increased, wool spindles increased, or capacity (in kilowatts) of power generators increased;

(4) physical measures (volume, capacity, area, and length) of construction, which is typical for non industrial projects, for instance, the length of railways put into operation, the length of highways, the capacity of reservoirs, the capacity of warehouses, the floor space of housing projects, capacity for new students in schools or beds in hospitals, areas under new irrigation project, etc.

Features of projects sometimes call for combined use of two or more measurement to reflect the increased production capacity (or project efficiency), for instance, the new capacity for the production of internal combustion engines are expressed in sets per year and kilowatts per year simultaneously.

To standardize the nomenclature and unit of measurement for new production capacity (or project efficiency), the National Bureau of Statistics has developed Nomenclature and Codes for New Production Capacity (Project Efficiency). All reporting units with investment activities are required to follow these two nomenclatures in reporting statistics on new production capacity (project efficiency).

Floor Space of Buildings under Construction refers to total floor space of the horizontal section of outer walls above the plinth of the building, including the effective area and the area occupied by the structure. This indicator is one of the important indicators in physical terms to reflect the scale and accomplishment of the construction industry, and important basis for monitoring the progress, calculating the cost, analyzing the efficiency and studying the supply of building materials in relation with the construction projects.

Floor Space of Residential Buildings refers to the floor space of the residential buildings among the total space of buildings under construction or completed.

Floor Space under Construction refers to total floor space of all buildings under construction during the reference period, including floor space of newly started buildings during the reference period, floor space of construction extended from the previous period to the current period, and floor space of construction suspended during the previous period and resumed in the current period. Floor space of construction completed in the current period, and floor space of construction started and then suspended in the current period are also included in the floor space under construction of the current year.

Floor Space of Buildings Completed refers to the floor space of all buildings completed in the reference period, which have been appraised and accepted (or come up to the designed standards) and have been transferred to the owners for use.

Completion Rate of Floor Space of Buildings refers to the ratio of the floor space of buildings completed in certain period of time to the floor space of buildings under construction in the same period. This indicator reflects the investment result from the perspective of the speed of construction.

Newly Increased Fixed Assets refer to the newly increased value of fixed assets, constructed or purchased, that have been transferred to the investors. This is an indicator that demonstrates the results of investment in fixed assets in monetary terms, and an important indicator to reflect the speed of construction and to calculate the efficiency of investment.

Rate of Construction Projects Completed and Put into Use refers to the ratio of the number of construction projects completed and put into use in certain period of time to the number of projects under construction in the same period. This reflects the investment efficiency from the perspective of the speed of projects construction.

Rate of Projects of Fixed Assets Completed and Put into Operation refers to the ratio of the newly increased fixed assets to the total investment made in the same period. This is a comprehensive indicator reflecting the speed of the employment of fixed assets and the investment efficiency at the macro level. As the newly increase fixed assets is the result of a long period while the investment is completed in the current year, this indicator is expected to be used to reflect the employment of fixed assets over a long period of time.

Area of Commercial Housing Sold refers to total contracted area of commercial housing (i.e. area of floor space as designated in the formal contracts signed by both sides) during the reference time. It constitutes floor space of completed housing and floor space of future housing.Value of Commercial Housing Sold refer to total value of contracts (i.e. value of sales/purchase for selling/purchase of commercial housing as designated in the contracts signed by both sides) during the reference time. It has the same coverage as the area of commercial housing sold, constituting completed housing and floor space of future housing.

Economically Affordable Housing refers to housing constructed according to the state plan for economically affordable housing. Houses of this category featured in low cost in construction and low prices, and therefore are affordable to mid income or low income households. Economically affordable housing projects are developed by real estate companies under the state investment plan, with the land provided through government allocation or tendering procedures. Developers are exempted from land utilization fees and enjoy another 50% exemption of all other legitimate fees, while their profits are limited to less than 3%, and the completed houses are sold under the government guided prices. This indicator helps to analyze the investment structure of the real estate industry and the demand and supply of housing for mid or low income households.

第6篇

对外经济、旅游和开发区

Foreign Trade, Tourism and Development Zone

简 要 说 明

一、本篇资料的主要内容

本篇资料反映了全省外经外贸、旅游和开发区的基本情况，主要包括进出口、利用外资、境外投资、对外承包工程和劳务合作、人民币外汇牌价、旅游业基本情况、经济开发区和高新技术开发区等方面的内容。

二、本篇资料的来源

1.进、出口数据来源于海关统计，进出口商品价值，出口按离岸价（FOB）、进口按到岸价（CIF）统计。

2.利用外资、对外承包工程和劳务合作、境外投资等资料来源于省商务厅。

3.历年人民币对主要外币的年平均汇价资料来源于国家外汇管理局，是根据当年国家外汇管理局提供的每日汇价进行加权平均计算而得出的当年年平均汇价。

4.旅游资料来源于省旅游局。

5.开发区资料来源于省统计局开发区统计年报。

本篇资料由省统计局贸易外经处整理提供。

Brief Introduction

I. Content

Data in this chapter show the basic conditions of foreign trade, tourism and development zones, mainly including imports and exports, utilization of foreign capitals, overseas direct investments, contracted projects, labor services cooperation, exchange rate of RMB to other currencies, tourism and economic development zone, etc.

II. Source of Data

(1)Data on foreign trade are based on the statements made by the Administration of Customs. Exports are calculated at FOB, imports at CIF.

(2)Data on utilization of foreign capitals, contracted projects and labor services cooperation are provided by the Bureau of Commerce of Shandong Province.

(3)Average exchange rates of RMB yuan to other currencies over the years come from the State Administration of Exchange Control. The annual average exchange rate is calculated as the weighted mean of the daily exchange rates provided by the State Administration of Exchange Control.

(4)Data on tourism are provided by Shandong Tourism Administration.

(5)Data on economic development zones are based on the annual reports of economic development zones, which are provide by Shandong Provincial Bureau of Statistics.

Data in this chapter are prepared and compiled by the Division of Trade and External Economic Relations Statistics of Shandong Provincial Bureau of Statistics.

6-1 1978-2010年人民币对主要外币年平均汇价(中间价)

Average Exchange Rate of RMB Yuan Against Main Convertible Currencies from 1978 to 2010(Middle Rate)

单位:人民币元 (RMB yuan)

年 份 Year	100美元 100 US Dollars	100日元 100 Japanese Yen	100港元 100 Hong Kong Dollars	100英镑 100 Pounds	100马克(德国) 100 DM	100法郎(法国) 100 Francs	100欧元 100Euros
1978	168.36	0.8058	36.16	322.53	83.80	37.33	
1979	155.49	0.7131	31.35	329.26	84.84	36.56	
1980	149.84	0.6635	30.15	347.73	82.67	35.56	
1981	170.51	0.7735	30.41	344.73	75.63	31.51	
1982	189.26	0.7607	31.15	331.11	77.94	28.86	
1983	197.57	0.8318	27.36	299.60	77.61	26.08	
1984	232.70	0.9780	29.71	308.56	81.56	26.56	
1985	293.67	1.2457	37.57	381.89	100.99	33.06	
1986	345.28	2.0694	44.22	506.40	161.84	50.02	
1987	372.21	2.5799	47.74	609.85	207.24	61.95	
1988	372.21	2.9082	47.70	663.02	212.15	62.64	
1989	376.59	2.7360	48.28	617.85	200.93	59.23	
1990	478.38	3.3233	61.39	854.46	297.16	88.22	
1991	532.27	3.9602	68.45	940.48	321.68	94.63	
1992	551.49	4.3608	71.24	974.14	354.16	104.43	
1993	576.19	5.2020	74.41	866.04	348.77	101.90	
1994	861.87	8.4370	111.53	1319.96	531.90	155.54	
1995	835.07	8.9225	107.96	1320.43	583.29	134.01	
1996	831.42	7.6352	107.51				
1997	828.98	6.8600	107.09	1358.83		142.38	
1998	827.91	6.3488	106.88				
1999	827.96	8.0720	106.53				
2000	827.72	7.3877	106.08				
2001	827.70	6.8075	106.08				
2002	827.70	6.6237	106.07				800.58
2003	827.70	7.1466	106.24				936.13
2004	827.68	7.6552	106.23				1029.00
2005	819.17	7.4484	105.30				1019.53
2006	797.18	6.8570	102.62				1001.90
2007	760.40	6.4632	97.46				1041.75
2008	694.51	6.7427	89.19				1022.27
2009	683.10	7.2986	88.12				952.70
2010	676.95	7.7279	87.13				897.25

6–2 1984–2010年海关进出口情况

Basic Statistics on Imports and Exports from 1984 to 2010

单位:万美元 (10 000 USD)

年 份 Year	出口总值 Total Value of Exports	一般贸易 General Trade	来料加工装配贸易 Processing and Assembling Trade with Sent Materials	进料加工贸易 Processing Trade with Imported Materials	其他贸易 Other Trades	进口总值 Total Value of Imports
1984	207786					144226
1985	234652					179796
1986	191926					190914
1987	289938	264633	2566	19232	3507	65356
1988	309773	261451	3796	40458	4068	263588
1989	327015	266337	6274	49047	5357	289496
1990	341719	274898	8660	53152	5009	86803
1991	375230	293951	13681	63430	4168	107970
1992	433752	330729	18598	79452	4973	344388
1993	420360	292058	23834	96748	7720	308226
1994	587011	371013	40640	168470	6888	375916
1995	816101	460278	77503	270177	8143	578906
1996	918298	449683	130565	331035	6339	698096
1997	1085888	483895	185156	410664	6173	667743
1998	1034705	458607	172262	396013	7823	627035
1999	1157909	541405	218625	394880	2999	669185
2000	1552905	746563	293008	507050	6284	946093
2001	1812899	913253	310013	579125	10508	1083414
2002	2111511	1089063	341530	669958	10960	1282664
2003	2657285	1400709	392861	845249	18466	1808467
2004	3587286	1799792	483369	1252126	51999	2490850
2005	4625113	2310122	594991	1668351	51649	3063763
2006	5864717	3013461	655916	2083042	112298	3664100
2007	7524374	3800924	679014	2863332	181104	4737424
2008	9317486	4739880	722044	3573434	282128	6496994
2009	7956530	3637582	697915	3296132	324901	5903848
2010	10424695	4973019	750340	4230872	470464	8470390

6-3 2000-2010年进出口主要分类情况

Imports and Exports by Category from 2000 to 2010

单位:亿美元 (100 million USD)

类别	Category	2000	2005	2007	2008	2009	2010
一、进出口总值	**Total Value of Imports and Exports**	**249.9**	**768.9**	**1226.2**	**1581.4**	**1386.0**	**1889.5**
出口额	Exports	155.3	462.3	752.4	931.7	795.7	1042.5
进口额	Imports	94.6	306.4	473.7	649.7	590.4	847.0
二、出口商品构成 (%)	**Structure of Exported Goods (%)**						
初级产品	Primary Goods	21.7	16.8				
工业制成品	Manufactured Goods	78.3	83.2				
三、进口商品构成 (%)	**Structure of Imported Goods (%)**						
初级产品	Primary Goods	26.9	38.3				
工业制成品	Manufactured Goods	73.1	61.7				
四、纺织服装进出口总值	**Total Value of Imports and Exports of Textile Apparel**	**58.4**	**121.3**	**152.9**	**169.8**	**155.7**	**188.5**
出口额	Exports	47.1	106.2	138.2	155.5	142.1	173.3
进口额	Imports	11.3	15.1	14.8	14.3	13.6	15.2
五、农(副)产品进出口总值	**Total Value of Imports and Exports of Agricultural Products(By-products)**	**57.3**	**119.2**	**158.9**	**188.1**	**181.6**	**250.6**
出口额	Exports	35.3	69.1	92.5	99.8	97.7	127.0
进口额	Imports	22.0	50.1	66.4	88.3	83.9	123.6
六、机电产品进出口总值	**Total Value of Imports and Exports of Mechanical and Electrical Products**	**61.3**	**240.3**	**440.2**	**608.3**	**553.7**	**725.0**
出口额	Exports	31.3	135.7	277.5	384.3	341.7	450.7
进口额	Imports	30.0	104.6	162.7	224.0	212.0	274.3
七、高新技术产品进出口总值	**Total Value of Imports and Exports of High and New-tech Products**	**17.2**	**85.0**	**158.4**	**255.3**	**256.7**	**329.1**
出口额	Exports	6.5	42.5	84.7	136.7	136.7	175.8
进口额	Imports	10.7	42.6	73.8	118.6	120.0	153.3
八、外商投资企业进出口总值	**Total Value of Imports and Exports of**	**139.3**	**413.9**	**666.7**	**845.7**	**755.0**	**962.8**
出口额	Exports	79.3	238.1	403.4	506.7	448.3	565.7
进口额	Imports	60.0	175.8	263.2	339.0	306.8	397.1
九、一般贸易进出口总值	**Total Value of Imports and Exports under General Trades**	**105.1**	**358.6**	**601.4**	**804.1**	**668.2**	**974.4**
出口额	Exports	74.7	231.0	380.1	474.0	363.8	497.3
进口额	Imports	30.4	127.5	221.3	330.1	304.4	477.0
十、加工贸易进出口总值	**Total Value of Imports and Exports under Processing Trades**	**131.3**	**360.9**	**553.8**	**670.3**	**613.1**	**756.4**
出口额	Exports	80.0	226.3	354.2	429.5	399.4	498.1
进口额	Imports	51.3	134.6	199.6	240.8	213.7	258.3
来料加工贸易进出口总值	Total Value of Imports and Exports under Processing Trades with Sent Materials	49.4	99.0	112.6	117.5	108.4	118.3
出口额	Exports	29.3	59.5	67.9	72.2	69.8	75.0
进口额	Imports	20.1	39.5	44.7	45.3	38.6	43.3
进料加工贸易进出口总值	Total Value of Imports and Exports under ProcessingTrades with Imported Materials	81.9	261.9	441.3	552.9	504.7	638.1
出口额	Exports	50.7	166.8	286.3	357.3	329.6	423.1
进口额	Imports	31.2	95.1	154.9	195.5	175.1	215.0

注:农副产品2004年以后为农产品数据。

a)Since 2004,data of agricultural by-products is agricultural products data.

6-4 按主要国家(地区)分海关进出口商品总值(2010年)

Total Value of Import and Export Commodities by Countries or Regions(2010)

单位:万美元 (10 000 USD)

国别(地区)	Country(Region)	进出口总值 Total Value of Imports and Exports	出口总值 Total Value of Exports	进口总值 Total Value of Imports
合 计	**Total**	**18895058**	**10424695**	**8470390**
亚 洲	**Asia**	**9617455**	**4944067**	**4673388**
东 盟	ASEAN	328242	116919	211323
香 港	Hong kong	341140	311005	30135
日 本	Japan	2096940	1317571	779369
韩 国	Repulic of Korea	2808171	1377158	1431014
台 湾	Taiwan	482248	128877	353371
马来西亚	Malaysia	507149	142628	364521
印度尼西亚	Indonesia	434156	152581	281575
新加坡	Singapore	226430	120006	106424
印 度	India	727923	369655	358268
泰 国	Thailand	1978942	722535	1256407
非 洲	**Africa**	**482248**	**128877**	**353371**
南 非	South Africa	769372	503823	265549
欧 洲	**Europe**	**193637**	**75409**	**118228**
欧 盟	EU	3030659	2098600	932058
英 国	United Kingdom	2446688	1842533	604155
德 国	Germany	309273	264900	44373
法 国	France	600236	399710	200526
意大利	Italy	165846	131586	34260
荷 兰	Netherlands	239870	174748	65122
西班牙	Spain	331427	291423	40005
瑞 典	Sweden	134181	115698	18483
瑞 士	Switzerland	60961	38900	22061
俄罗斯	Russia	42974	13849	29125
比利时	Belgium	435802	205543	230259
南美州	**South America**	**149011**	**107879**	**41132**
阿根廷	Argentina	145647	27171	118477
巴 西	Brazil	580844	189263	391581
智 利	Chile	314565	52889	261676
墨西哥	Mexico	160360	106126	54233
巴拿马	Panama	67070	66929	141
北美州	**North America**	**2967651**	**2019382**	**948270**
美 国	United States	2653983	1837842	816141
加拿大	Canada	292657	163642	129015
大洋州	**Oceanic**	**915183**	**213901**	**701282**
澳大利亚	Australia	843111	185659	657453
新西兰	New Zealand	61858	20922	40935

注:进口国别指原产国,出口国别指最终消费国。

a)The importing country refers to country of origin and the exporting country refers to country of final consumption.

6-5 海关进出口商品分类金额(2010年)

Imports and Exports Value by Category of Commodities(2010)

单位:万美元 (10 000 USD)

商品类别	Category	出口 Export	进口 Import
总计	**Total**	**10424695**	**8470390**
一、活动物;动物产品	Live Animals & Animal Products	316562	235706
二、植物产品	Plant Products	474074	637946
三、动植物油脂、蜡及分解产品;食用油	Animal and Vegetable Oils; Fats and Wax; Edible Oils and Fats	4742	68451
四、食品饮料酒醋;烟草及代用品	Food; Beverages; Liquor and Vinegar; Tobacco and Tobacco Substitutes	439469	56037
五、矿产品	Minerals	109608	2116386
六、化学工业及其相关工业产品	Chemicals and Related Products	702544	286109
七、塑料及其制品;橡胶及其制品	Plastics and Related Products; Rubber and Related Products	745000	960651
八、皮及皮制品;旅行用品;动物肠线	Leather and Leather Products; Travel Articles; Animal Casing	122117	71180
九、木及软木制品、编结材料制品	Wood and Wooden Products; Plaited Products	155939	96825
十、木浆及纤维状纤维素浆;废纸纸板及制品	Paper Pulp and Cellulose Pulp; Paper and Waste Paper; Paperboard and Related Products	85618	237155
十一、纺织原料及纺织制品	Textile Materials and Products	1674254	362179
十二、鞋帽伞杖鞭及零件;羽毛人发制品	Footwear; Headgear; Umbrellas; Canes; Whips;Feather and Wigs and Related Products	189399	13705
十三、石料膏泥棉云母及制品;陶瓷玻璃	Gypsum; Cement; Asbestos; Mica; Ceramic Glass	216616	13587
十四、珍珠宝石贵金属及制品;仿首饰	Pearls and Precious Stones;Precious Metal and Related Products;Artificial Jewelry	67005	34465
十五、贱金属及制品	Base Metals and Related Products	759618	600188
十六、机械、电气设备、电视机及音响设备	Machinery; Electric Equipment;TV Sets and Audio	2898283	2303380
十七、车辆,航空器,船舶及运输设备	Locomotives; Vehicles; Aircraft; Ship and Related Transportation Equipment	714791	100830
十八、照相计量医疗精密仪器及设备,零附件	Photographic,Measuring and Mwdical Instruments and Equipment;Related Parts and Accessories	109228	241407
十九、武器弹药及其零件、附件	Weapons and Ammunition; Related Parts and Accessories	282	
二十、杂项制品	Miscellaneous Products	636406	27497
二十一、艺术品,收藏品及古物	Works of Art, Collectibles and Antiques	53	7
二十二、特殊交易品及未分类商品	Special Transactions Goods and Products Not Otherwise Classified	3088	6699

6−6 各市海关进口总值

Import Value by Region

单位:万美元 (10 000 USD)

地 区	Region	2000	2002	2003	2004	2005	2006	2007	2008	2009	2010
全省总计	**Total**	**946093**	**1282664**	**1808467**	**2490850**	**3063763**	**3664100**	**4737424**	**6496994**	**5903848**	**8470390**
济南市	Jinan	86827	79755	118009	167373	198370	194981	278277	342979	260998	338077
青岛市	Qingdao	526331	635426	826713	1120615	1360157	1564991	1741529	2102054	1755250	2316976
淄博市	Zibo	26301	57243	92098	121363	111835	125152	169469	205905	177199	267156
枣庄市	Zaozhuang	4233	4367	6232	9836	5843	5835	10134	15052	10567	16510
东营市	Dongying	6843	22316	39192	45052	62810	75915	125093	214698	220500	524370
烟台市	Yantai	117324	190784	256152	349886	499666	627777	985199	1438396	1446015	1830134
潍坊市	Weifang	37827	56140	61663	91657	98977	132758	132381	183779	187374	305563
济宁市	Jining	15959	27733	47313	61967	70406	84526	91929	140346	128281	216172
泰安市	Tai'an	6897	7415	11320	15077	19984	29779	49284	58676	37051	66296
威海市	Weihai	67860	100346	150278	214514	281329	350417	392701	435009	379524	498919
日照市	Rizhao	9990	25081	51036	76094	122377	207675	379484	674233	694373	1116594
莱芜市	Laiwu	4615	8701	10468	28392	39251	24947	43330	139664	98256	168635
临沂市	Linyi	13933	19860	35693	45354	52039	60074	89636	135924	123114	194120
德州市	Dezhou	7244	9683	16832	13671	18292	19524	16279	32854	48143	61408
聊城市	Liaocheng	5028	5439	15337	16007	17787	38464	72105	139075	138370	234233
滨州市	Binzhou	8630	31112	68146	100135	100308	112008	147743	222730	160084	253989
菏泽市	Heze	249	1264	1984	13857	4334	9277	12852	15620	38749	61237

6−7 各市海关出口总值

Export Value by Region

单位:万美元 (10 000 USD)

地 区	Region	2000	2002	2003	2004	2005	2006	2007	2008	2009	2010
全省总计	**Total**	**1552905**	**2111511**	**2657285**	**3587286**	**4625113**	**5864717**	**7524374**	**9317486**	**7956530**	**10424695**
济南市	Jinan	57108	69510	83545	137305	177843	243949	343527	459720	304706	405065
青岛市	Qingdao	826891	1057141	1239199	1578166	1942323	2343252	2831005	3263130	2729865	3388997
淄博市	Zibo	49930	74985	100922	145057	201683	250877	299734	363348	306267	403077
枣庄市	Zaozhuang	9492	14062	18222	25535	31357	41570	54127	51829	48925	74567
东营市	Dongying	7487	29596	44376	60561	85448	112083	140140	197233	175539	275753
烟台市	Yantai	196621	256907	332856	449505	648308	879873	1409234	2064703	1983380	2547962
潍坊市	Weifang	99413	128244	163858	212712	295085	385846	518137	654075	615288	869581
济宁市	Jining	21467	35657	53291	82475	116360	149937	172324	186457	156771	229866
泰安市	Tai'an	13652	22749	31017	45014	54476	68753	85241	92087	70540	92614
威海市	Weihai	129519	192182	252865	344939	473400	601076	680216	745478	681808	891721
日照市	Rizhao	45724	67252	78050	108198	132341	183819	196423	252525	162672	221080
莱芜市	Laiwu	16868	16672	19533	43478	66029	97379	121507	136619	59144	103202
临沂市	Linyi	22541	46811	78368	112872	127688	167805	224499	262958	218801	282591
德州市	Dezhou	12600	24301	38628	45473	55209	63221	87909	121922	95504	133596
聊城市	Liaocheng	9145	14039	23252	36391	46001	61079	99893	151546	83701	128938
滨州市	Binzhou	27958	45815	70076	90392	124096	158264	188125	230108	176567	254980
菏泽市	Heze	6489	15587	29226	69213	47465	55936	72332	83749	87050	121105

6-8 各市外商投资企业进口总值

Import Value of Foreign- funded Enterprises by Region

单位:万美元 (10 000 USD)

地区	Region	2000	2002	2003	2004	2005	2006	2007	2008	2009	2010
济南市	Jinan	20911	25541	27124	28447	64166	40199	74655	64408	74057	98172
青岛市	Qingdao	358883	435812	512184	637739	765464	830236	872496	989834	800873	946037
淄博市	Zibo	18857	38317	48087	67157	55656	51241	62437	64871	51379	73952
枣庄市	Zaozhuang	3326	3433	4997	8116	4407	4098	8011	8927	7449	9145
东营市	Dongying	3408	3725	6877	6798	5119	8333	40275	66073	107460	225175
烟台市	Yantai	86491	148974	211005	287946	426616	546095	889106	1288380	1249108	1523651
潍坊市	Weifang	23830	41101	34611	52474	56398	83177	89321	110498	91750	119937
济宁市	Jining	11641	22726	40551	53051	63631	75733	81111	127769	115459	182080
泰安市	Tai'an	1860	2515	2347	2746	2921	4144	4215	6216	1842	3546
威海市	Weihai	50478	75547	102959	155028	213080	269072	291042	303899	288077	356285
日照市	Rizhao	5375	14033	26623	33534	43823	64940	81453	159197	122795	200410
莱芜市	Laiwu	377	1573	1062	667	1224	919	959	1659	944	4746
临沂市	Linyi	5939	8696	15417	16529	15493	22697	41159	59334	49853	81620
德州市	Dezhou	3193	4049	3981	5224	7078	7159	6965	9274	4952	8884
聊城市	Liaocheng	1371	1112	2244	3835	7034	20724	41646	43436	28062	41743
滨州市	Binzhou	3753	14423	17789	21726	24800	26102	40054	77641	70753	83601
菏泽市	Heze	113	705	1194	2061	1497	5581	7498	8378	16712	17199

6-9 各市外商投资企业出口总值

Export Value of Foreign-funded Enterprises by Region

单位:万美元 (10 000 USD)

地区	Region	2000	2002	2003	2004	2005	2006	2007	2008	2009	2010
济南市	Jinan	17404	21531	25309	35248	41785	57178	75142	114935	97779	131488
青岛市	Qingdao	443829	582236	695504	891797	1072594	1303468	1561191	1715079	1424379	1676534
淄博市	Zibo	18493	40873	55387	82400	105493	133306	159646	187591	167562	212442
枣庄市	Zaozhuang	2850	3543	3706	3851	6885	12715	20530	22154	15726	22546
东营市	Dongying	1037	2031	3372	4810	7118	9269	15078	47085	33449	62815
烟台市	Yantai	136296	182362	232463	302858	461920	648726	1117529	1715035	1709612	2170903
潍坊市	Weifang	44170	61030	73436	92484	132678	173010	225212	273463	207628	301865
济宁市	Jining	7654	9961	14339	36221	51804	65988	72877	78457	58687	81702
泰安市	Tai'an	6056	7350	8562	11484	14106	18375	20406	24932	17665	22570
威海市	Weihai	77825	118106	161454	229884	313405	410699	455821	472998	429674	566264
日照市	Rizhao	10969	19258	26895	43798	57602	100713	119126	148180	80322	108232
莱芜市	Laiwu	763	2378	3139	5235	7370	10127	11237	8153	12198	15125
临沂市	Linyi	10773	23389	39761	52847	51720	61720	85477	113847	97240	123593
德州市	Dezhou	5249	6867	8129	11136	14710	16122	19454	33054	29539	38784
聊城市	Liaocheng	2980	5312	7941	12020	17416	20205	26100	38064	21737	27318
滨州市	Binzhou	4316	6774	7727	9497	12927	21777	30056	48031	48373	61757
菏泽市	Heze	2131	6168	10195	15291	11242	14706	19459	26549	26736	32385

6-10 1979-2010年利用外资情况

Statistics on Utilization of Foreign Capitals from 1979 to 2010

单位:万美元 (10 000 USD)

年 份 Year	合同项目个数(个) Number of Contracted Projects	#外商直接投资 Foreign Direct Investments	合同外资金额 Total Amount of Contracted Foreign Capital	#外商直接投资 Foreign Direct Investments	实际利用外资金额 Total Amount of Foreign Capital Actually Utilized	#外商直接投资 Foreign Direct Investments
1979	49		1278		1276	
1980	46		1254		1245	
1981	40	1	1296	10	1296	10
1982	60		1348		1327	
1983	51		2010		1831	
1984	100	16	15283	10470	1642	40
1985	232	32	10994	4925	6375	559
1986	109	37	13377	5927	11743	1939
1987	151	53	30520	3890	10219	2381
1988	458	203	59553	26020	14231	3908
1989	485	240	55272	17855	31498	13132
1990	674	366	55164	23283	31123	15084
1991	1187	801	102358	65481	46789	17950
1992	4651	4109	471994	391961	137684	97335
1993	8012	7229	754863	705116	226068	184319
1994	4747	3650	624570	526217	340137	253566
1995	5035	2709	532980	462521	326698	260719
1996	2223	2175	633894	539797	339426	259041
1997	1681	1597	454145	328037	358447	250044
1998	1434	1366	367072	221866	361036	222262
1999	1745	1717	421333	311087	374464	246878
2000	2733	2728	561066	507435	381243	297119
2001	3058	3047	715880	672040	424886	362093
2002	4072	4065	1186072	1130680	652124	558603
2002增幅% Growth Rate in 2002(%)	33.2	33.4	64.2	68.2	47.8	54.3
2003	5305	5305	1989296	1341413	1125985	709371
2003增幅% Growth Rate in 2003(%)	30.5	30.5	72.1	86.7	73.2	48.9
2004	5890	5890	2144647	2028958	982105	870064
2004增幅% Growth Rate in 2004(%)	11.1	11.1	53.7	51.3	32.4	22.7
2005	6415	6415	2884398	2749510	1101441	897072
2005增幅% Growth Rate in 2005(%)	8.9	8.9	34.5	35.5	12.2	3.1
2006	4030	4030	1645089	1624175	1020966	1000069
2006增幅% Growth Rate in 2006(%)	-37.2	-37.2		-40.9		11.5
2007		2717		1173880		1101159
2007增幅% Growth Rate in 2007(%)		-25.6		7.4		10.1
2008		1527		1014959		820246
2008增幅% Growth Rate in 2008(%)		-43.3		-10.0		10.2
2009		1468		871045		801007
2009增幅% Growth Rate in 2009(%)		-3.9		-14.2		-2.3
2010		1632		1363381		916833
2010增幅% Growth Rate in 2010(%)		11.2		56.5		14.5

注:2003年实际利用外资金额是全口径数据包括对外借款,合同外资个数和合同外资金额不包括对外借款部分。2004年起实行新的外商投资统计制度取消对外借款部分,外商直接投资数据为商务部反馈数。2008年实际利用外资改为实际到帐外资。

a)In 2003,data of total amount of foreign capital actually utilized are including foreign loads.And Data of projects for contracted foreign capital and total amount of contracted foreign capital are excluding foreign loads.Since 2004,foreign loads is canceled according to the new statistical lations on foreign investments.Data of foreign direct investments come from the Ministry of Commerce.In 2008 the foreign capital actually utilized is changed to the actual received foreign capital.

6-11 按主要国家（地区）分外商直接投资(2010年)

Foreign Direct Investment by Countries or Regions(2010)

单位:万美元 (10 000 USD)

国家(地区)	Country(Region)	合同项目个数(个) Number of Contracted Projects (unit)		合同外商投资金额 Total Amount of Contracted Foreign Capital		实际使用外商投资金额 Total Amount of Foreign Capital Actually Utilized	
		2010	累计 Accumulated	2010	累计 Accumulated	2010	累计 Accumulated
总计	**Total**	**1632**	**62098**	**1363381**	**17769941**	**916833**	**10164713**
韩国	Republic of Korea	492	20618	155909	4563211	95056	2697446
香港	Hong Kong	498	15509	735320	5811312	433201	3101203
美国	United States	91	5843	94775	1417325	53767	709759
日本	Japan	128	4686	41599	971795	31937	679509
台湾省	Taiwan	129	6016	54468	1116692	25912	574977
英属维尔京群岛	Virgin Islands	30	784	66653	780821	64940	465885
新加坡	Singapore	33	1268	45236	573586	54996	432597
英国	United Kingkom	10	493	16166	217543	8154	143348
加拿大	Canada	35	1214	11031	320043	16142	140372
澳大利亚	Australia	21	1013	12950	247745	4587	107497
法国	France	7	302	2814	119172	4783	104316
德国	Germany	21	636	2623	168873	3658	106032
毛里求斯	Mauritius	6	73	3658	105937	5632	61956
马来西亚	Malaysia	7	315	3596	85341	4899	48853
萨摩亚	Samoa	18	148	14262	78679	5501	42747
意大利	Italy	8	354	3577	75493	4054	48003
荷兰	Netherlands	4	138	7178	63848	6137	50808
开曼群岛	Cayman Islands	5	43	4951	104871	18542	82212
泰国	Thailand	1	239	1947	69282	331	34534
澳门	Macao	7	336	10153	88308	2742	27792
瑞士	Switzerlan	2	70	-179	39814	808	21757
巴拿马	Panama		46	-695	45324	193	20126
百慕大	Bermuda	1	14	14601	41902	2081	27105
俄罗斯	Russia	8	342	5966	40372	778	20072
菲律宾	Philippines		193	-204	40019		17054
丹麦	Denmark	2	50	268	10742	636	15487
印度尼西亚	Indonesia	1	136	-42	39056	482	17605
奥地利	Austria	1	100	640	38409	3427	25455
西班牙	Spain	4	123	-1488	28874	2750	27573
新西兰	New Zealand	8	143	5841	24177	1326	14243
卢森堡	Luxembourg	2	20	761	12012	1719	14982
瑞典	Sweden	2	76	4505	21109	52	15844
比利时	Belgium	1	61	1960	9691	31	8050
欧洲联盟	The European Union	66	2615	41395	825971	36732	593430
东南亚联盟	Southeast Asian Union	43	2213	53490	819360	61103	556557

6-12 分行业外商直接投资(2010年)

单位:万美元

类 别	Category	项目个数 Number of Projects 个数 Unit	比上年增长(%) Growth Rate	累计数 Accumulative number
总 计	**Total**	**1632**	**11.2**	**62098**
第一产业	**Primary Industry**	**59**	**-19.2**	**2033**
农、林、牧、渔业	Agriculture, Forestry, Animal Husbandry and Fishing	59	-19.2	2033
第二产业	**Secondary Industry**	**977**	**11.4**	**50072**
采矿业	Mining	7	-30	209
制造业	Manufacturing	936	13	48349
电力、燃气及水的生产和供应业	Production and Supply of Electricity, Gas and Water	23	-17.9	342
建筑业	Construction	11		1172
第三产业	**Tertiary Industry**	**596**	**15.1**	**9993**
交通运输、仓储和邮政业	Transport, Storage and Post	35	105.9	638
信息传输、计算机服务和软件业	Information Transmission, Computer Services and Software	36	5.9	223
批发和零售业	Wholesale and Retail Trade	263	19.5	2450
住宿和餐饮业	Hotels and Catering Services	24	-31.4	1284
金融业	Financial Intermediation	8		22
房地产业	Real Estate	51	27.5	2128
租赁和商务服务业	Leasing and Business Services	120	15.4	1886
居民服务和其他服务业	Services to Households and Other Services	6	-14.3	157
科学研究、技术服务和地质勘查业	Scientific Research, Technical Service and Geologic Prospecting	27	22.7	333
水利、环境和公共设施管理业	Management of Water Conservancy, Environment and Public Facilities	13	-38.1	93
教 育	Education		-100	84
文化、体育和娱乐业	Culture, Sports and Entertainment	13	-13.3	619
卫生、社会保障和社会福利业	Health, Social Security and Social Welfare		-100	75

Foreign Direct Investment by Sector(2010)

(10000 USD)

合同外资金额 Total Amount of Contracted Foreign Capital			实际使用外资金额 Total Amount of Foreign Capital Actually Utilized		
金 额 Value	比上年增长 (%) Growth Rate	累计数 Accumulative number	金 额 Value	比上年增长 (%) Growth Rate	累计数 Accumulative number
1363381	**56.5**	**17769941**	**916833**	**14.5**	**10164713**
44784	**26.3**	**520382**	**19805**	**-55.3**	**313513**
44784	26.3	520382	19805	-55.3	313513
854984	**52.9**	**13646887**	**615418**	**15.4**	**8081074**
4061	-62.9	113188	4279	-68.3	95471
793565	50.2	12688147	566930	16.6	7467370
37866	146	593684	36857	24.9	390439
19492	345.4	251868	7352	92.5	127794
463613	**67.7**	**3602716**	**281610**	**25.9**	**1769999**
103512	275.9	482387	39904	58.5	220954
28007	5.3	84860	5848	-42.3	15987
58244	60.8	278508	34608	70.8	263584
6809	-44.1	259670	4342	-39.2	11479
7544	164.2	23499	19779	226.9	37968
156427	87.7	1568512	132241	36.9	728742
46698	9	457161	19369	53	221308
3909	2839.1	52178	8159	-16.6	17946
19074	35.3	106877	7205	-29.5	51921
21130	4.4	81882	6689	-61.8	35071
	-100	16550			6200
12259	25.5	166705	3466	-57.5	74424
	-100	21047		-100	6233

6-13 按方式分外商直接投资

Basic Statistics on Foreign Direct Investments by Form

单位:万美元 (10 000 USD)

类 别	Category	合同项目个数(个) Number of Contracted Projects(unit) 1979-2010	2010	2010年比上年增长(%) Growth Rate(%)	实际外资金额 Total Amount of Foreign Capital Actually Utilized 1979-2010	2010	2010年比上年增长(%) Growth Rate(%)
外商直接投资	**Foreign Direct Investments**	**62098**	**1632**	**11.2**	**10164713**	**916833**	**14.5**
中外合资企业	Sino-foreign Joint-ventures enterprises	26027	392	13.6	3063348	262145	26.6
中外合作企业	Sino-foreign Cooperative Operation enterprises	2258	28	64.7	487212	17480	-26.1
外资企业	Foreign Investment Enterprises	33753	1208	9.4	6490252	623483	11.3
外商投资股份制	Foreign Investment Share Enterprises	56	4	100	109140	13725	38.5
合作开发	Cooperative Development	4			14761		
其 它	Others						

6-14 各市外商直接投资

Foreign Direct Investment by Region

单位:万美元 (10 000 USD)

地 区	Region	项目数(个) Number of Projects(unit) 累计 Accumulative Total	本年 This Year	增长%	合同外资 Amount of Contracted Foreign Capital 累计 Accumulative Total	本年 This Year	增长%	实际使用外资 Amount of Foreign Capital Actually Utilized 累计 Accumulative Total	本年 This Year	增长%
全省总计	**Total**	**62098**	**1632**	**11.2**	**17769941**	**1363381**	**56.5**	**10164713**	**916833**	**14.5**
济南市	Jinan	3463	87	17.6	1099821	120903	5.0	626721	104011	6.1
青岛市	Qingdao	22192	733	12.8	6002229	478874	143.9	3568291	280056	27.9
淄博市	Zibo	2562	29	-19.4	628589	33202	-19.2	417244	44838	15.7
枣庄市	Zaozhuang	832	36	50.0	242443	38308	88.6	148878	23900	10.5
东营市	Dongying	797	17	13.3	228599	31976	187.2	161142	20975	27.1
烟台市	Yantai	10941	243	-6.2	3715524	167825	0.1	1811123	115334	6.3
潍坊市	Weifang	4389	80	1.3	1162998	105732	38.4	698117	72145	6.4
济宁市	Jining	1659	75	23.0	681671	92117	106.5	327858	45780	10.0
泰安市	Tai'an	1081	24	-7.7	220045	15026	14.6	118474	11925	36.1
威海市	Weihai	6786	136	37.4	1724826	80314	42.9	1011754	55502	0.8
日照市	Rizhao	1059	25		340444	41999	106.5	251080	34936	-7.2
莱芜市	Laiwu	445	21	-8.7	133509	12380	45.8	88271	10006	12.8
临沂市	Linyi	1658	37	5.7	399167	32256	5.5	258889	32660	7.0
德州市	Dezhou	1096	28	21.7	297119	24107	31.1	184733	11841	-14.7
滨州市	Binzhou	736	18	63.6	272553	44831	244.2	169327	31002	83.2
聊城市	Liaocheng	597	9		155595	3455	-79.3	102504	10064	10.9
菏泽市	Heze	966	34	78.9	262608	40076	89.6	111580	11858	39.2
省 直	Provincial Subordinate	839			202344			108500		

6-15 境外投资情况(2010年) Overseas Investment(2010)

类别	Category	境外投资项目(个) Overseas Investment Projects (unit)			协议投资总额(万美元) Total of Agreement Investments(10 000 USD)					
		本年新增 Newly Added in the Year	同比增长(%) the growth rate (%)	累计 Accumu-lative Total	合计 Total		中方 Chinese Investor		外方 Foreign Investor	
					2010	累计 Accumu-lative Total	2010	累计 Accumu-lative Total	2010	累计 Accumu-lative Total
总计	**Total**	**360**	**20.4**	**2386**	**221502**	**704348**	**185072**	**554284**	**36430**	**150374**
贸易性企业	Trade Enterprises	127	14.0	874	36203	106258	33323	95748	2880	10510
非贸易性企业	Non-trade Enterprises	175	30.0	941	185299	592688	151749	451922	33550	140766
#加工贸易企业	Processing Trade Enterprises	58	164.0	256	51880	166803	32749	124192	19131	42611
资源开发企业	Resource Development Enter prises	43	30.3	160	57508	184903	45574	143023	11934	41880
常设机构	Permanent Establishment	56	6.0	569		5314		5107		207

注：商务部新修订统计制度，不再统计常设机构投资金额。

a)Commerce department revised the statistical system, no statistic on the amount of permanent establishment investments.

6-16 各市境外投资情况 Overseas Investment by Region

单位:万美元 (10 000 USD)

地区	Region	本年 This Year			累计 Accumulative Total		
		企业数(个) Number of Enterprises (unit)	协议投资额 Agreement Investmemts	中方投资额 Contracted Chinese Investments	企业数(个) Number of Enterprises (unit)	协议投资额 Agreement Investmemts	中方投资额 Contracted Chinese Investments
全省总计	**Total**	**360**	**221502**	**185072**	**2386**	**704348**	**554284**
济南市	Jinan	30	16700	15697	307	73484	55079
青岛市	Qingdao	91	53105	46959	726	175219	131598
淄博市	Zibo	15	7178	6956	82	48601	31511
枣庄市	Zaozhuang	3	1700	1700	14	4637	4248
东营市	Dongying	13	3373	1980	70	13063	9765
烟台市	Yantai	45	20782	20349	193	58339	50933
潍坊市	Weifang	32	13688	12916	196	43792	33767
济宁市	Jining	12	18937	10533	90	43263	33584
泰安市	Tai'an	10	5029	3879	65	20226	15229
威海市	Weihai	23	9640	9620	153	33586	25430
日照市	Rizhao	10	3068	2478	87	20522	15782
莱芜市	Laiwu	7	10675	5190	39	17446	11406
临沂市	Linyi	38	36246	25997	211	92669	81982
德州市	Dezhou	3	1030	1000	21	5615	5385
聊城市	Liaocheng	6	10561	10413	40	32239	27911
滨州市	Binzhou	5	6534	6150	37	14228	13676
菏泽市	Heze	17	3256	3256	55	7421	6997

6-17 按主要国别(地区)分境外投资情况(2010年)

Overseas Investment by Countries or Regions(2010)

单位:万美元 (10 000 USD)

国别(地区)	Country(Region)	项目数(个) Number of Projects(unit) 本年 This Year	累计 Accumulated Investment	协议投资总额 Agreement Investmemts 本年 This Year	累计 Accumulated Investment	中方协议投资额 Contracted Chinese Investments 本年 This Year	累计 Accumulated Investment
总计	**Total**	**360**	**2386**	**221502**	**704348**	**185072**	**554284**
亚洲小计	**Subtotal of Asia**	**209**	**1203**	**148726**	**400441**	**125206**	**314887**
阿富汗	Afghanistan		1		5		5
阿联酋	UAE	7	63	1354	6428	1149	4894
澳门	Macao	2	7	100	640	100	605
巴基斯坦	Pakistan	1	18	250	8743	150	5635
朝鲜	Korea DPR	1	8	200	1042	50	502
东帝汶	East Timor		2		810		490
菲律宾	Philippine	5	20	1890	6973	1350	3905
哈萨克斯坦	Kazakhstan	1	12	300	1133	300	968
韩国	Republic of Korea	23	204	3880	11480	1745	7368
吉尔吉斯斯坦	Kyrgyzstan		7		5482		5090
柬埔寨	Cambodia	4	30	7353	25813	6424	23634
卡塔尔	Qatar		3		500		402
科威特	Kuwait		1		39		39
老挝	Laos	2	8	211	9575	211	3222
马来西亚	Malaysia	3	24	200	13416	200	8329
蒙古	Mongolia	5	36	1303	13529	1286	12747
孟加拉	Bangladesh	2	12	400	3893	395	3664
缅甸	Myanmar		8		302		262
日本	Japan	26	154	15584	20215	7149	11058
沙特阿拉伯	Saudi Arabia	3	19	125	392	125	319
斯里兰卡	Sri Lanka	1	9	980	2777	490	2281
泰国	Thailand	4	26	6000	15670	4980	13630
土库曼斯坦	Turkmenistan	3	5	200	300	190	290
乌兹别克斯坦	Uzbekistan	3	9	4450	4635	3800	3911
香港	Hong Kong	84	330	83229	184732	82808	160765
新加坡	Singapore	6	49	6198	9560	6198	9083
叙利亚	Syria		2		165		165
也门	Yemen		1		20		20
伊朗	Iran	3	13	2100	4442	1075	2489
以色列	Israel		1		15		15
印度	India	2	16	15	7732	15	3575
印度尼西亚	Indonesia	4	9	3201	15897	2006	12173
约旦	Jordan		4		1286		418
越南	Vietnam	6	57	418	14016	374	10300
非洲小计	**Subtotal of Africa**	**44**	**252**	**13417**	**79332**	**12709**	**66668**
阿尔及利亚	Algeria	1	6	3	168	3	168
埃及	Egypt	2	9		962		739
埃塞俄比亚	Ethiopia		4		1825		1785
安哥拉	Angola	1	5		556		282
贝宁	Benin		3		350		350
博茨瓦纳	Botswana		5		1201		1201

6-17 续表 1 continued

单位:万美元 (10 000 USD)

国别(地区)	Country(Region)	项目数(个) Number of Projects(unit) 本年 This Year	累计 Accumulated Investment	协议投资总额 Agreement Investmemts 本年 This Year	累计 Accumulated Investment	中方协议投资额 Contracted Chinese Investments 本年 This Year	累计 Accumulated Investment
赤道几内亚	Eq.Guinea	1	3	601.00	714.00	599.95	712.95
多哥	Togo		1		5.00		5.00
佛得角	Cape Verde		1		30.00		30.00
冈比亚	Gambia		1		282.00		140.00
刚果(布)	Congo Rep		4		126.00		126.00
刚果(金)	Congo DR	1	3	7.00	42.00	7.00	42.00
几内亚	Guinea		13		6135.15		6129.15
加纳	Ghana	7	22	2406.00	4348.00	2306.00	4167.00
加蓬	Gabon		3	300.00	3654.00	300.00	3418.00
津巴布韦	Zimbabwe		3		642.01		466.57
喀麦隆	Cameroon	1	2	8.00	28.00	8.00	28.00
肯尼亚	Kenya	1	8		2016.00		1427.04
莱索托	Lesotho		1		10.00		10.00
利比里亚	Liberia	2	3	905.00	910.00	905.00	910.00
利比亚	Libya		1		20.00		20.00
马里	Mali	1	2	200.00	201.00	200.00	201.00
马达加斯加	Madagascar	1	4	197.00	510.54	197.00	506.34
毛里求斯	Mauritius	2	3	910.00	911.00	910.00	911.00
毛里塔尼亚	Mauritania		3		57.50		24.80
摩洛哥	Morocco		6		465.00		177.00
马维拉	Mavila		1		1250.00		1250.00
莫桑比克	Mozambique	2	7	1000.00	3819.11	1000.00	3494.81
纳米比亚	Namibia	2	6	320.00	556.00	318.00	554.00
南非	South Africa	3	37	410.00	13134.02	410.00	12556.57
尼日利亚	Nigeria	6	33	1568.60	1276.69	21429.39	12728.96
苏丹	Sudan	3	11	1374.00	3914.26	1374.00	3914.26
塞拉利昂	Sierra Leone		1		6.70		2.00
塞舌尔	Seychelles		2		80.00		80.00
坦桑尼亚	Tanzania	2	12	577.50	3205.69	537.98	3110.20
突尼斯	Tunisia		2		128.00		68.00
乌干达	Uganda	3	9	2480.00	2280.00	2601.00	2401.00
赞比亚	Zambia		8		2874.51		2445.46
中非	Central Africa		2		15.00		10.50
欧洲小计	**Subtotal of Europe**	**31**	**377**	**15826.45**	**64268.35**	**12822.75**	**43160.80**
阿塞拜疆	Azerbaijan		1		3.00		3.00
白俄罗斯	Belorussia		1		10.00		10.00
保加利亚	Bulgaria		2		302.00		152.00
比利时	Belgium	1	9	200.00	322.50	200.00	289.35
波兰	Poland		9		63.00		59.50
德国	Germany	7	57	2114.50	13472.98	1914.50	4907.62
丹麦	Denmark		3		157.00		157.00
俄罗斯	Russia	11	153	6344.35	32649.02	6344.35	25699.47
法国	France	4	11	3326.00	4096.00	2196.00	2796.00
芬兰	Finland		1		90.00		90.00
荷兰	Netherlands	3	17	1373.60	1928.58	1373.60	1927.41
捷克	Czech		5		408.79		408.79

6-17 续表 2 continued

单位:万美元 (10 000 USD)

国别(地区)	Country(Region)	项目数(个) Number of Projects(unit)		协议投资总额 Agreement Investmemts		中方协议投资额 Contracted Chinese Investments	
		本年 This Year	累计 Accumulated Investment	本年 This Year	累计 Accumulated Investment	本年 This Year	累计 Accumulated Investment
拉托维亚	Latvia		3		965.00		567.50
立陶宛	Lithuania		1		150.00		40.78
罗马尼亚	Romania		21		1437.00		956.25
葡萄牙	Portugal		2		125.00		85.00
瑞典	Sweden		2		17.00		17.00
瑞士	Switzerland		2		120.65		120.65
斯洛伐克	Slovakia		1		300.00		300.00
土耳其	Turkey		4		49.00		32.00
乌克兰	Ukraine		9		571.60		241.00
西班牙	Spain		7		619.00		427.60
希腊	Greece		9		1.00		1.00
匈牙利	Hungary		9		178.45		150.55
亚美尼亚	Armenia		1		100.00		50.00
意大利	Italy		17		2503.35		1776.60
英国	United Kingdom	3	26	525.00	1685.43	225.00	1325.43
拉丁美洲小计	**Subtotal of Latin America**	**18**	**107**	**6801.30**	**31889.94**	**5375.65**	**25817.63**
安提瓜和巴布达	Antigua and Barbuda		1		65.00		32.50
巴巴多斯	Barbados		1		20.00		20.00
巴拿马	Panama		16		236.00		216.00
巴西	Brazil	6	20	2251.30	11927.50	875.65	10000.65
玻利维亚	Bolivia		1		298.00		298.00
厄瓜多尔	Ecuador	2	5	400.00	420.50	400.00	420.50
圭亚那	Guyana		4		1088.00		1052.00
哥伦比亚	Colombia		1	400.00	500.00	400.00	500.00
古巴	Cuba	1	3		106.00		106.00
秘鲁	Peru	1	7	500.00	1238.00	500.00	1238.00
苏里南	Surinam		4		185.23		144.02
阿根廷	Argentina	1	9	100.00	349.00	50.00	224.00
危地马拉	Guatemala		1		2196.00		2196.00
委内瑞拉	Venezuela		5		7355.56		4805.81
乌拉圭	Uruguay		1		4.00		4.00
英属维尔京群岛	British Virgin Islands	6	25	3100.00	5764.15	3100.00	4423.15
智利	Chile	1	3	50.00	137.00	50.00	137.00
北美小计	**Subtotal of North America**	**50**	**327**	**23860.00**	**68724.87**	**16092.55**	**47838.32**
加拿大	Canada	10	58	7665.00	12456.78	3220.00	7684.94
美国	United States	39	263	14695.00	52540.09	12137.55	38137.58
墨西哥	Mexico	1	6	1500.00	3728.00	735.00	2015.80
大洋州小计	**Subtotal of Oceanic**	**8**	**91**	**12870.96**	**68746.91**	**12865.96**	**54777.82**
澳大利亚	Australia	7	71	12710.96	62911.81	12705.96	49009.16
巴布亚新几内亚	Papua New Guinea		8		1965.70		1777.80
斐济	Fiji		2		3135.00		3135.00
新西兰	New Zealand	1	6	160.00	420.00	160.00	380.00
南太	South Pacific		2		210.00		371.45
所罗门	Solomon		2		104.41		104.41

6-18　1982-2010年对外承包工程和劳务合作情况

Statistics on Contracted Projects and Labor Services Cooperation with Foreign Countries 1982 to 2010

年　份 Year	合同个数 (个) Number of Contracts (unit)	合同金额 (万美元) Contracted Value (10 000 USD)	营业额 (万美元) Turnover (10 000 USD)	年末在外人数 (人) Number of Persons outside the Country at Year-end (person)	派出人数 (人) Number of Persons Sent out(person)
1982	1	421	421		
1983	1	1286	40	408	
1984	1	451	664	783	
1985	4	645	852	1147	
1986	26	1099	876	1597	
1987	33	802	999	1239	
1988	34	502	987	865	
1989	69	1389	1000	1179	
1990	91	3377	1712	1462	
1991	123	5952	3017	2326	
1992	192	8747	3882	3571	
1993	299	20250	6959	7254	
1994	411	31882	12222	10288	
1995	672	38604	18274	16217	
1996	880	52005	28933	23355	
1997	966	57654	36315	26626	
1998	1296	73703	46508	29121	
1999	1116	67729	63615	30979	
2000	1250	61601	45229	35028	
2001	1580	104622	55913	36489	
2002	1380	134098	83133	43554	
2003	1322	124243	99213	52077	
2004	1879	146590	151568	62705	
2005	2171	164091	174518	71610	37797
2006	2513	392134	232293	83974	41369
2007	2642	540344	301928	93797	45212
2008	2880	754137	358867	90623	45269
2009	2397	932312	509083	96421	46296
2010	3075	1092504	602415	102149	47300

6-19 对外承包工程、劳务合作和设计咨询情况

Statistics on Contracted Projects, Labour Cooperation and Design Consultation with Foreign Countries or Regions

项目		Item		2005	2007	2008	2009	2010
一、合同个数	**（个）**	**Number of Contracts**	**(unit)**	**2171**	**2642**	**2880**	**2397**	**3075**
承包工程	（个）	Contracted Projects	(unit)	188	194	191	259	257
劳务合作	（个）	Labor Cooperation	(unit)	1876	2340	2589	2138	2818
设计咨询	（个）	Design Consultation	(unit)	107	108	100		
二、合同金额	**（万美元）**	**Contracted Value**	**(10 000 USD)**	**164091**	**540344**	**754137**	**932312**	**1092504**
承包工程	（万美元）	Contracted Projects	(10 000 USD)	81750	428248	651183	850734	1008411
劳务合作	（万美元）	Labor Cooperation	(10 000 USD)	74847	90768	91354	81578	84093
设计咨询	（万美元）	Design Consultation	(10 000 USD)	7494	21328	12550		
三、营业额	**（万美元）**	**Turnover**	**(10 000 USD)**	**174518**	**301928**	**358867**	**509083**	**602415**
承包工程	（万美元）	Contracted Projects	(10 000 USD)	111612	203049	262351	425362	523767
劳务合作	（万美元）	Labor Cooperation	(10 000 USD)	58463	80617	86096	83721	78648
设计咨询	（万美元）	Design Consultation	(10 000 USD)	4443	18262	10420		
四、年末在国外人数	**（人）**	**Number of Persons outside the Country at year end**	**(person)**	**71610**	**93797**	**90623**	**96421**	**102149**
承包工程	（人）	Contracted Projects	(person)	11532	16165	17967	23621	26176
劳务合作	（人）	Labor Cooperation	(person)	60053	77582	72575	72800	75973
设计咨询	（人）	Design Consultation	(person)	25	50	81		
五、派出人数	**（人）**	**Number of Persons Sent out**	**(person)**	**37797**	**45212**	**45269**	**46296**	**47300**
承包工程	（人）	Contracted Projects	(person)	7823	9735	13077	16150	16410
劳务合作	（人）	Labor Cooperation	(person)	29909	35445	32133	30146	30890
设计咨询	（人）	Design Consultation	(person)	65	32	59		

注：从2009年5月起，对外设计咨询情况不再单列，相关数据含在承包工程项下。
a)Since May 2009,data on contracted projects include the data of design consultation.

6–20 旅游业情况
Tourism

类 别	Category	2005	2007	2008	2009	2010
旅行社总数 (个)	Total Number of Travel Agencies (unit)	1487	1799	1797	1802	1830
国际旅行社 (个)	International Travel Agencies (unit)	76	102	104		
国内旅行社 (个)	Domestic Travel Agencies (unit)	1411	1697	1693		
旅行社职工人数 (人)	Number of Staff and Workers of Travel Agencies (person)	15705	20492	22242	23016	23327
国际旅行社 (人)	International Travel Agencies (person)	2546	3817	3890		
国内旅行社 (人)	Domestic Travel Agencies (person)	13159	16675	18352		
旅游饭店总数 (个)	Total Number of Tourist Hotels (unit)	685	795	865	912	915
接待入境游客 (人次)	Number of International Tourists Arrival to China (person-time)	1551056	2496437	2537575	3100379	3667909
外国人 (人次)	Foreigners (person-time)	1247842	2020311	2065007	2411857	2778699
港澳台胞 (人次)	Hong Kong, Macao and Taiwan Compatriots (person-time)	303214	476126	472568	688522	889210
港澳同胞 (人次)	Compatriots from Hong Kong and Macao (person-time)	160654	270519	261216	400170	489295
台湾同胞 (人次)	Compatriots from Taiwan (person-time)	142560	205607	211352	288352	399915
旅行社外联入境游客 (人)	Number of International Tourists Outreached by Travel Agencies (person)	261515	457338	597767	952108	1079715
旅行社接待入境游客 (人)	Number of International Tourists Recepted by Travel Agencies (person)	398521	629914	958437	1281974	1395554
国内旅游人数 (万人次)	Number of Domestic Tourists (10000 person-time)	14097	20343	24046	28882	34990
旅游总收入 (亿元)	Total Tourism Earnings (100 million yuan)	1038.70	1653.60	2005.24	2452.20	3058.80
入境旅游收入 (万美元)	International Tourism Earnings (10000 USD)	78023.10	135184.93	139147.98	176529.70	215505.75
国内旅游收入 (亿元)	Domestic Tourism Earnings (100 million yuan)	974.59	1550.76	1908.53	2331.70	2915.80

6–21　1995–2010年国内旅游情况
Domestic Tourism 1995 to 2010

年　份 Year	总人次 (万人次) Domestic Tourists (10 000 person-time)	总花费 (亿元) Total Expenditure (100 million yuan)	人均花费 (元) Per Capita Expenditure (yuan)
1995	4655	157.68	338.7
1996	5151	187.43	363.9
1997	5488	213.02	388.2
1998	5844	245.83	420.7
1999	6429	285.17	443.6
2000	7007	386.49	551.6
2001	8086	462.64	572.2
2002	9573	571.53	595.8
2003	8918	542.78	608.6
2004	11479	767.65	653.4
2005	14097	974.59	691.3
2006	16775	1214.82	724.2
2007	20343	1550.76	762.3
2008	24046	1908.53	793.7
2009	28882	2331.70	807.3
2010	34990	2915.80	833.3

6-22 按主要国家分接待外国旅游人数
Number of Foreigner Tourists by Country

单位：人 (person)

国别	Country	1995	2000	2001	2005	2006	2007	2008	2009	2010
总计	**Total**	**304280**	**480090**	**592413**	**1247842**	**1560436**	**2020311**	**2065007**	**2411857**	**2778699**
亚洲	**Asia**	**220757**	**377862**	**480304**	**1030169**	**1281818**	**1652988**	**1672854**	**1937940**	**2159102**
印度	India		2762	3592	6759	8679	13387	16369	18537	23932
印度尼西亚	Indonesia	3378	6319	7393	6881	7768	10741	11004	17258	24835
日本	Japan	81071	132619	166995	278170	343681	401345	435123	541095	566511
马来西亚	Malaysia	5581	10700	14332	22534	28200	30207	37109	31949	40230
蒙古	Mongolia		851	460	1155	1869	2697	3671	6603	7064
菲律宾	Philippines	14015	14906	15354	16327	14561	20844	21953	28344	42487
新加坡	Singapore	9275	16182	15440	25509	35372	42799	46777	66516	70126
韩国	Republic of Korea	98568	183567	243889	640056	809953	1087905	1050839	1151567	1292880
泰国	Thailand	1781	2545	3486	7281	6979	10473	10837	13449	13387
非洲	**Africa**		**1501**	**1333**	**3819**	**4232**	**5910**	**7666**	**10384**	**15843**
欧洲	**Europe**	**36510**	**47999**	**55447**	**109671**	**143061**	**184869**	**194240**	**240604**	**331858**
英国	United Kingdom	4515	6812	7868	17295	26096	34928	38314	40337	62730
德国	Germany	8207	9065	10004	22459	29337	33609	36519	44299	63694
法国	France	3669	6137	6310	13794	18331	23369	24471	29038	40839
意大利	Italy	2333	3805	3453	9004	10351	17487	17489	20394	24532
荷兰	Netherlands	1436	1750	2152	3008	4017	5365	6036	6289	6376
瑞典	Sweden	877	1573	1754	3162	3526	5972	5888	8066	8498
瑞士	Switzerland	843	1053	1431	2435	3039	4624	7320	7860	8358
俄罗斯	Russia	10566	8926	11542	19484	27661	33614	28583	44262	63036
美洲	**America**	**29012**	**40786**	**44635**	**73303**	**95883**	**132046**	**133109**	**151538**	**191175**
加拿大	Canada	4900	7008	8438	13513	16186	23059	25125	33044	39869
美国	United States	23273	31994	33636	54510	74738	102051	98870	104385	133305
大洋洲	**Oceanic**	**3853**	**8009**	**7821**	**15393**	**21088**	**29228**	**37107**	**48476**	**58310**
澳大利亚	Australia	3046	5956	5598	10643	15633	21493	26887	33625	40738
新西兰	New Zealand	519	1183	1406	2369	3589	5193	7568	11566	12588
其他	**Others**	**14148**	**3933**	**2873**	**15487**	**14354**	**15610**	**20031**	**22799**	**22311**

6-23 各市按主要国家分接待外国旅游人数(2010年)

Number of Foreigner Tourists by Country and Region(2010)

单位:人次 (person-time)

地区 Region	合计 Total	#韩国 Republic of Korea	日本 Japan	马来西亚 Malaysia	新加坡 Singapore	菲律宾 Philippines	印尼 Indonesia	泰国 Thailand	印度 India	美国 United States
全省总计 Total	**2778699**	**1292880**	**566511**	**40230**	**70126**	**42487**	**24835**	**13387**	**23932**	**133305**
济南市 Jinan	153327	26501	27226	7883	9511	1262	1814	2179	6232	13815
青岛市 Qingdao	826628	369649	237085	7823	13430	14135	7861	2570	6649	35492
淄博市 Zibo	114919	37827	42218	4344	2012	1390	3244	676	1040	3840
枣庄市 Zaozhuang	16722	4966	3961	133	245	167	61	87	172	1815
东营市 Dongying	22152	5448	4160	158	1070	64	426	153	390	1817
烟台市 Yantai	390028	228267	67068	3342	7040	5410	2101	1501	3286	10915
潍坊市 Weifang	181276	86950	38092	2839	3716	2870	924	418	691	9258
济宁市 Jining	160881	39847	45178	2919	16322	3024	3291	2114	1429	7455
泰安市 Tai'an	180486	40334	38009	6072	6156	1318	1712	1278	1367	30560
威海市 Weihai	355989	292959	34166	349	857	686	247	68	209	3240
日照市 Rizhao	211243	127038	4232	900	3320	10320	1175	925	256	3158
莱芜市 Laiwu	3411	432	720	52	63	62	43	32	251	178
临沂市 Linyi	67441	8458	7810	1144	1129	999	1341	823	1176	2872
德州市 Dezhou	27127	6308	4669	1604	1146	506	359	389	491	1831
聊城市 Liaocheng	30503	8884	6109	210	952	193	186	97	87	4000
滨州市 Binzhou	28899	8052	4859	91	1344	55	28	31	96	2463
菏泽市 Heze	7667	960	949	367	1813	26	22	46	110	596

6-23 续表 continued

单位:人次 (person-time)

地区 Region	加拿大 Canada	德国 Germany	俄罗斯 Russia	英国 United Kingdom	法国 France	意大利 Italy	瑞典 Sweden	荷兰 Netherlands	澳大利亚 Australia	新西兰 New Zealand
全省总计 Total	**39869**	**63694**	**63036**	**62730**	**40839**	**24532**	**8498**	**6376**	**40738**	**12588**
济南市 Jinan	4097	10662	3831	7015	4539	2072	626	1290	5198	1151
青岛市 Qingdao	9258	21602	15771	17621	11757	3850	2204	1413	8215	1596
淄博市 Zibo	1180	2576	495	1690	1308	1157	718	191	1286	334
枣庄市 Zaozhuang	320	579	340	494	300	186	103	76	513	107
东营市 Dongying	626	1643	1117	914	769	533	168	63	436	172
烟台市 Yantai	4910	7787	4249	7113	5293	6269	601	752	4243	1243
潍坊市 Weifang	1754	1687	2910	2410	1782	1416	246	266	2055	691
济宁市 Jining	4388	2087	764	6562	4139	1699	1091	465	2832	1809
泰安市 Tai'an	6078	4843	3115	5317	3715	2075	1267	708	6889	2154
威海市 Weihai	338	621	17724	1458	408	274	145	272	416	93
日照市 Rizhao	783	5302	8640	5824	2714	2621	46	19	1438	26
莱芜市 Laiwu	76	231	86	147	126	96	127	51	52	11
临沂市 Linyi	2094	1283	1189	1888	1477	1198	745	446	2223	1242
德州市 Dezhou	1250	811	1019	1237	888	350	127	146	928	297
聊城市 Liaocheng	980	499	1139	980	820	372	240	149	1125	563
滨州市 Binzhou	1348	1197	344	1583	452	191	16	11	2706	1038
菏泽市 Heze	389	284	303	477	352	173	28	58	183	61

6–24 接待入境游客构成(按性别、年龄和来鲁目的分)

Structure of Foreigner Tourists(by Sex/Age/Purpose)

单位:% (%)

指 标	Indicator	2005	2007	2008	2009	2010
总 计	**Total**	**100.0**	**100.0**	**100.0**	**100.0**	**100.0**
按性别分	**by Sex**	**100.0**	**100.0**	**100.0**	**100.0**	**100.0**
男	Male	77.9	71.3	70.3	69.8	67.8
女	Female	22.1	28.7	29.7	30.2	32.2
按年龄分	**by Age**	**100.0**	**100.0**	**100.0**	**100.0**	**100.0**
14岁以下	14 and under	1.4	1.6	1.2	1.6	1.6
15~24岁	15-24	6.1	9.3	9.6	9.7	9.1
25~44岁	25-44	54.4	50.9	49.5	49.6	51.5
45~64岁	45-64	32.7	31.7	33.3	32.9	31.8
65岁以上	65 and over	5.4	6.5	6.4	6.3	6.0
按来鲁目的分	**by Purpose of Coming to Shandong**	**100.0**	**100.0**	**100.0**	**100.0**	**100.0**
从事经济商务活动	Business	56.9	43.4	48.3	48.2	46.3
从事文化学术交流	Cultural and Academic Exchanges	5.7	6.2	5.7	5.7	7.7
探亲访友	Visiting relatives and Friends	3.0	4.2	4.3	4.2	4.4
旅游观光	Sightseeing	32.0	44.4	39.8	40.4	39.6
其 它	Others	2.3	1.9	2.0	1.6	2.1

6–25 各市接待入境游客人数

Number of Foreigner Tourists by Region

单位:万人次 (10 000 person-time)

地 区	Region	2005年	#外国人 Foreigner	2006年	#外国人 Foreigner	2007年	#外国人 Foreigner	2008	#外国人 Foreigner	2009	#外国人 Foreigner	2010	#外国人 Foreigner
全省总计	**Total**	**155.11**	**124.78**	**193.13**	**156.04**	**249.64**	**202.03**	**253.76**	**206.50**	**310.04**	**241.19**	**366.79**	**277.87**
济 南 市	Jinan	12.02	6.98	13.59	8.21	16.06	9.70	17.03	10.75	18.70	11.61	23.10	15.33
青 岛 市	Qingdao	68.44	59.62	85.45	75.14	108.03	92.42	80.13	69.81	100.07	80.14	108.05	82.66
淄 博 市	Zibo	4.51	3.52	5.24	3.65	6.89	4.98	9.39	7.20	12.53	8.22	17.14	11.49
枣 庄 市	Zaozhuang	0.37	0.18	0.58	0.31	0.83	0.48	1.02	0.57	1.32	0.77	2.61	1.67
东 营 市	Dongying	0.13	0.12	0.47	0.26	1.14	0.82	1.88	1.45	2.54	1.82	3.33	2.22
烟 台 市	Yantai	18.51	15.48	23.97	19.68	30.74	25.50	35.21	29.51	40.09	33.35	47.20	39.00
潍 坊 市	Weifang	3.58	2.46	4.31	3.32	7.42	5.88	13.18	10.59	17.25	13.92	22.19	18.13
济 宁 市	Jining	10.40	6.37	12.73	7.58	15.56	9.31	19.08	10.92	24.48	14.59	28.90	16.09
泰 安 市	Tai'an	9.79	4.87	12.60	6.58	14.27	7.93	19.02	12.58	24.06	15.21	29.83	18.05
威 海 市	Weihai	16.84	15.92	20.49	19.42	26.73	25.50	28.83	27.55	32.27	30.86	37.26	35.60
日 照 市	Rizhao	5.95	5.94	7.57	7.55	11.22	11.16	15.16	15.09	18.01	17.92	21.52	21.12
莱 芜 市	Laiwu	0.09	0.09	0.11	0.10	0.14	0.13	0.18	0.17	0.22	0.21	0.40	0.34
临 沂 市	Linyi	1.51	1.00	2.05	1.41	5.21	4.27	6.54	5.08	8.50	5.30	12.09	6.74
德 州 市	Dezhou	1.60	1.20	1.81	0.99	2.26	1.15	2.88	1.39	4.22	2.04	5.77	2.71
聊 城 市	Liaocheng	0.79	0.54	1.29	1.03	1.87	1.64	1.94	1.68	2.58	2.23	3.52	3.05
滨 州 市	Binzhou	0.38	0.35	0.59	0.57	0.86	0.82	1.73	1.66	2.45	2.39	2.95	2.89
菏 泽 市	Heze	0.19	0.16	0.30	0.26	0.40	0.32	0.58	0.47	0.75	0.60	0.93	0.77

6–26 各市入境旅游外汇收入

Foreign Exchange Earnings by Region

单位:万美元 (10 000 USD)

地区	Region	2000	2002	2003	2004	2005	2006	2007	2008	2009	2010
全省总计	**Total**	**31512.8**	**47248.5**	**37013.4**	**56655.0**	**78023.1**	**101405.2**	**135184.9**	**139148.0**	**176529.7**	**215505.8**
济南市	Jinan	3151.9	3606.3	2395.9	3697.6	4175.3	5317.9	7075.3	8339.6	9317.6	11354.4
青岛市	Qingdao	14213.0	23974.9	18060.6	29181.8	41493.1	54262.0	67507.0	50045.4	55178.1	60103.5
淄博市	Zibo	407.3	500.9	469.8	678.2	981.7	1169.7	1680.9	4471.6	5832.3	9205.8
枣庄市	Zaozhuang	39.3	66.5	58.4	85.4	113.2	166.4	246.8	321.2	418.9	823.8
东营市	Dongying	39.2	164.9	226.4	124.5	76.9	240.2	668.3	1508.4	2214.2	3128.2
烟台市	Yantai	6096.5	8978.7	7559.5	10478.5	13206.5	16590.0	22949.7	26707.7	31080.5	37706.8
潍坊市	Weifang	657.4	916.1	638.8	903.1	1055.4	1292.6	3606.9	7081.2	12253.9	16238.3
济宁市	Jining	947.4	1244.3	729.4	1492.0	2602.9	3403.4	4938.0	6105.4	12102.9	17117.9
泰安市	Tai'an	1118.0	2199.3	1455.3	2909.8	3739.9	5200.1	6348.9	9518.1	15050.2	18380.2
威海市	Weihai	4202.5	4537.5	4204.1	5096.9	7086.2	8929.2	12447.3	13733.7	16082.7	19151.0
日照市	Rizhao	202.2	344.2	500.8	1008.0	1907.9	2653.6	3041.8	4432.3	8168.2	9795.3
莱芜市	Laiwu	14.7	29.9	46.0	61.0	25.0	90.0	130.4	170.8	208.9	313.6
临沂市	Linyi	213.3	300.8	414.4	527.6	648.0	1046.3	2892.0	4270.6	5164.7	7716.7
德州市	Dezhou	15.1	28.5	8.2	43.3	445.5	474.9	596.7	897.8	763.2	1752.5
聊城市	Liaocheng	152.8	296.0	189.4	281.2	342.1	329.1	695.3	859.8	1127.6	1580.0
滨州市	Binzhou	13.6	10.2	19.3	45.3	85.2	166.6	258.0	527.4	763.2	898.5
菏泽市	Heze	28.8	49.6	37.2	40.8	38.2	73.1	101.6	157.0	199.1	239.2

6–27 入境旅游外汇收入及构成

Foreign Exchange Earnings and Its Composition

单位:万美元 (10 000 USD)

类别	Category	2007		2008		2009		2010	
		数额 Value	比重(%) Proportion	数额 Value	比重(%) Proportion	数额 Value	比重(%) Proportion	数额 Value	比重(%) Proportion
总计	**Total**	**135184.9**	**100.0**	**139148.0**	**100.0**	**176529.7**	**100.0**	**215505.8**	**100.0**
长途交通	Long Distance Transportation	42096.6	31.1	41438.3	29.8	50717.0	28.7	60772.6	28.2
#民航	Civil Aviation	34323.5	25.4	33979.9	24.4	40937.2	23.2	48273.3	22.4
铁路	Railway	1162.6	0.9	1099.3	0.8	1694.7	1.0	2586.1	1.2
汽车	Highway	2892.9	2.1	3325.6	2.4	4766.3	2.7	6249.7	2.9
轮船	Waterway	3717.6	2.8	3033.4	2.2	3301.1	1.9	3663.6	1.7
游览	Visiting	13727.3	10.2	15487.2	11.1	20212.7	11.5	25429.7	11.8
住宿	Accommodation	15830.2	11.7	16878.7	12.1	21748.5	12.3	26722.7	12.4
餐饮	Food and Beverage	10779.3	8.0	10867.5	7.8	14175.3	8.0	17456.0	8.1
购物	Shopping	24144.5	17.9	11368.4	8.2	32693.3	18.5	40084.1	18.6
娱乐	Entertainment	10560.7	7.8	25046.6	18.0	14263.6	8.1	17671.5	8.2
邮电通讯	Post and Communication Services	5488.3	4.1	5468.5	3.9	6814.0	3.9	7973.7	3.7
市内交通	Local Transportation	3406.9	2.5	3798.7	2.7	5278.2	3.0	6680.7	3.1
其他服务	Other Services	9151.1	6.8	8794.2	6.3	10627.1	6.0	12714.8	5.9

6-28 各经济开发区主要经济指标(2010年)

开发区名称	Development Area	合同利用外资额(万美元) Amount of Contracted Foreign Capital (10 000 USD)	实际利用外资额(万美元) Amount of Foreign Capital Actually Utilized (10 000 USD)	注册企业数(个) Number of Registered Enterprises (unit)	#外商投资企业 Foreign -funded Enterprises	#高新技术企业 High and New-tech Enterprises
国家级	**National**					
济南出口加工区	Jinan Export Processing zone	1630	1896	77	20	1
青岛经济技术开发区	Qingdao Economic and Technological Development zone	150000	56306	12480	670	36
青岛保税区	Qingdao Bonded zone	3919	2772	397	20	
青岛出口加工区	Qingdao Export Processing zone	4633	2607	66	47	4
烟台经济技术开发区	Yantai Economic and Technological Development zone	27311	33792	6356	1255	34
威海经济技术开发区	Weihai Economic and Technological Development zone	11531	10793	2265	348	11
威海出口加工区	Weihai Export Processing zone					
省　级	**Provincial**					
济南市	Jinan					
济南槐荫工业园区	Jinan Huaiyin Industry Park	3825	838	487	10	17
济南化工产业园区	Jinan Chemical Industry Park			21	2	3
济南临港经济开发区	Jinan Lingang Seaport Economic Development Zone	17500	5500	318	9	17
济南经济开发区	Jinan Economic Development Zone	1978	906	159	13	26
平阴工业园区	Pingyin Industry Park	731	731	83	8	7
济北经济开发区	Jibei Economic Development Zone	7100	5221	517	45	36
商河经济开发区	Shanghe Economic Development Zone	800	727	115	4	12
明水经济开发区	Mingshui Economic Development Zone	14126	18503	498	49	96
青岛市	Qingdao					
青岛环海经济开发区	Qingdao Seaside Economic Development Zone	1100	900	54	40	1
胶州经济开发区	Jiaozhou Economic Development Zone	15468	14331	790	470	75
即墨经济开发区	Jimo Economic Development Zone	43104	24111	2112	641	97
平度经济开发区	Pingdu Economic Development Zone	8300	7695	876	249	11
胶南经济开发区	Jiaonan Economic Development Zone	22128	13332	746	185	25
青岛临港经济开发区	Qingdao Lingang Economic Development Zone	10070	2500	227	63	12
淄博市	Zibo					
淄川经济开发区	Zichuan Economic Development Zone	3088	305	513	87	67
张店经济开发区	Zhangdian Economic Development Zone	3000	4710	144	13	19
博山经济开发区	Boshan Economic Development Zone	2552	2321	785	30	28
临淄经济开发区	Linzi Economic Development Zone			385	10	5
周村经济开发区	Zhoucun Economic Development Zone	106	88	430	56	12

6–28 续表 1

开发区名称	Development Area	合同利用外资额(万美元) Amount of Contracted Foreign Capital (10 000 USD)	实际利用外资额(万美元) Amount of Foreign Capital Actually Utilized (10 000 USD)	注册企业数(个) Number of Registered Enterprises (unit)	#外商投资企业 Foreign-funded Enterprises	#高新技术企业 High and New-tech Enterprises
桓台东岳氟硅材料产业园	Huantai Dongyue International Fluorine-siliconMaterial Industry Zone		1600	23	6	6
桓台经济开发区	Huantai Economic Development Zone	8239	5045	560	28	46
高青经济开发区	Gaoqing Economic Development Zone	9400	1184	55	13	6
沂源经济开发区	Yiyuan Economic Development Zone	2100	2100	158	6	46
枣庄市	Zaozhuang					
枣庄经济开发区	Zaozhuang Economic Development Zone	4676	3060	182	27	23
薛城经济开发区	Xuecheng Economic Development Zone	12800	3036	186	20	26
峄城经济开发区	Yicheng Economic Development Zone	9599	2377	156	27	53
台儿庄经济开发区	Taierzhuong Economic Development Zone	1913	1505	168	23	29
山亭经济开发区	Shantieng Economic Development Zone	7969	3006	162	20	16
滕州经济开发区	Tengzhou Economic Development Zone	17713	6887	268	25	20
东营市	Dongying					
东营胜利工业园区	Dongying Shengli Industry Park		3142	190	22	44
河口经济开发区	Hekou Economic Development Zone	5100	1592	128	3	4
垦利经济开发区	Kenli Economic Development Zone	6850	1503	224	10	15
利津经济开发区	Lijin Economic Development Zone	560	2143	94	6	12
广饶经济开发区	Guangrao Economic Development Zone	2598	2476	314	77	119
烟台市	Yantai					
牟平经济开发区	Muping Economic Development Zone	7901	4659	508	212	13
龙口经济开发区	Longkou Economic Development Zone	14600	6200	1942	337	53
龙口高新产业园区	Longkou Hi-Tech Industrial Park	7300	1305	181	65	20
莱阳经济开发区	Laiyang Economic Development Zone	7834	7699	489	128	31
莱州工业园区	Laizhou Hi-Tech Industrial Park	4850	3665	384	20	16
莱州经济开发区	Laizhou Economic Development Zone	5194	5500	908	113	51
蓬莱经济开发区	Penglai Economic Development Zone	4995	5409	511	176	82
招远经济开发区	Zhaoyuan Economic Development Zone	7800	9438	492	123	48
栖霞经济开发区	Qixia Economic Development Zone	710	1482	568	76	2
海阳经济开发区	Haiyang Economic Development Zone	10785	5428	525	127	35
潍坊市	Weifang					
潍城经济开发区	Weicheng Economic Development Zone	1403	1575	403	18	33
寒亭经济开发区	Hantieng Economic Development Zone	3000	1916	211	46	9
潍坊经济开发区	Weifang Economic Development Zone	7022	4062	1306	138	63
潍坊城南工业园区	Weifang Chengnan Industry Park	1200	261	323	24	11
临朐经济开发区	Linqu Economic Development Zone	4699	3360	598	82	35

6–28 续表 2

开发区名称	Development Area	合同利用外资额(万美元) Amount of Contracted Foreign Capital (10 000 USD)	实际利用外资额(万美元) Amount of Foreign Capital Actually Utilized (10 000 USD)	注册企业数(个) Number of Registered Enterprises (unit)	#外商投资企业 Foreign -funded Enterprises	#高新技术企业 High and New-tech Enterprises
昌乐经济开发区	continuedChangle Economic Development Zone	17212	3547.98	296	42	12
青州经济开发区	Qingzhou Economic Development Zone	4285.89	1188	306	38	22
诸城经济开发区	Zhucheng Economic Development Zone	4880	3100	518	18	68
寿光经济开发区	Shouguang Economic Development Zone	3931	3616	173	78	43
安丘经济开发区	Anqiu Economic Development Zone	1520	762	345	134	35
高密经济开发区	Gaomi Economic Development Zone	9682	5661	654	98	12
昌邑经济开发区	Changyi Economic Development Zone	5865	1440	20	9	16
济宁市	Jining					
济宁经济开发区	Jining Economic Development Zone		2092	305	10	20
任城经济开发区	Rencheng Economic Development Zone	2800	1242	510	15	121
鱼台经济开发区	Yutai Economic Development Zone	3045	1826	149	5	28
金乡经济开发区	Jinxiang Economic Development Zone	1200	1130	298	22	28
嘉祥经济开发区	Jiaxang Economic Development Zone	300	812	155	42	49
汶上经济开发区	Wenshang Economic Development Zone	2445	1295	187	5	28
泗水经济开发区	Shishui Economic Development Zone	33600	1390	122	11	19
梁山经济开发区	Liangshan Economic Development Zone	7641	1166	241	23	10
曲阜经济开发区	Qufu Economic Development Zone	8040	2550	315	24	21
兖州经济开发区	Yanzhou Economic Development Zone		2507.4	302	6	17
兖州工业园区	Yanahou Industry Park	21600	7600	206	6	9
邹城经济开发区	Zoucheng Economic Development Zone	1840	5785	259	31	31
邹城工业园区	Zoucheng Industry Park	8640	2080	211	7	11
泰安市	Taian					
泰山工业园区	Taishan Industry Park	1504	1504	97	10	42
岱岳工业园区	Daiyue Industry Park	535	535	548	7	22
宁阳工业园区	Ningyang Industry Park	1200	300	109	12	10
东平工业园区	Dongping Industry Park	5307	1790	127	27	74
威海市	Weihai					
文登经济开发区	Wendeng Economic Development Zone	8100	5120	651	258	36
文登工业园区	Wendeng Industry Park	6512	3030	523	262	40
荣成经济技术开发区	Rongcheng	8408	7490	1138	299	89
荣成工业园区	Rongcheng Industry Park	300	300	93	20	4
乳山经济开发区	Rushan Economic Development Zone	7020	3067	937	209	18

6–28 续表 3

开发区名称	Development Area	合同利用外资额(万美元) Amount of Contracted Foreign Capital (10 000 USD)	实际利用外资额(万美元) Amount of Foreign Capital Actually Utilized (10 000 USD)	注册企业数(个) Number of Registered Enterprises (unit)	#外商投资企业 Foreign -funded Enterprises	#高新技术企业 High and New-tech Enterprises
日照市	Rizhao					
日照高新技术产业园区	Rizhao Hi-Tech Industrial Park		139	137	27	9
岚山经济开发区	Lanshan	9300	6100	1510	40	14
五莲工业园区	Wulian Industry Park	1800	2000	67	4	1
莒县工业园区	Juxian Industry Park	6200	4820	173	18	19
莱芜市	Laiwu					
莱芜工业园区	Laiwu Industry Park	3190	3053	230	9	5
莱芜钢城经济开发区	Laiwu Gangcheng Economic Development Zone	2600	2025	371	18	42
临沂市	Linyi					
临沂工业园区	Linyi Industry Park	1569	1996	210	13	6
临沂河东工业园区	Linyi Hedong Industry Park	840	768	156	10	6
沂南经济开发区	Yinan Economic Development Zone	4980	411	87	16	6
郯城经济开发区	Tancheng Economic Development Zone	1304	432	87	20	8
沂水经济开发区	Yishui Economic Development Zone	11200	142	183	4	6
苍山经济开发区	Changshan Economic Development Zone	5200	1500	102	21	5
费县经济开发区	Feixian Economic Development Zone	1800	560	1724	4	4
平邑经济开发区	Pinyi Economic Development Zone	820	1012	197	23	15
莒南经济开发区	Junan Economic Development Zone	338	4018	168	23	8
蒙阴经济开发区	Mengyen Economic Development Zone	150	22	124	12	24
临沭经济开发区	Lienshu Economic Development Zone	524	759	119	15	5
德州市	Dezhou					
德州运河经济开发区	Deznou Yunhe Economic Development Zone		2	450	15	16
德州经济开发区	Dezhou Economic Development Zone	12351	3684	1905	179	221
陵县经济开发区	Lingxian Economic Development Zone	1499	1305	327	14	18
宁津经济开发区	Ningjin Economic Development Zone	2760	1292	357	38	16
庆云经济开发区	Qinyuen Economic Development Zone	430	340	232	34	48
临邑经济开发区	Linyi Economic Development Zone	1500	2120	415	66	52
齐河经济开发区	Qihe Economic Development Zone	3800	766	491	45	14
平原经济开发区	Pingyuan Economic Development Zone	65	152	151	15	12
夏津经济开发区	Xiajin Economic Development Zone	768	768	474	36	16
武城经济开发区	Wucheng Economic Development Zone	9620	15	143	15	55
乐陵经济开发区	Laoling Economic Development Zone	3780	1600	290	28	62

6-28 续表 4

开发区名称	Development Area	合同利用外资额(万美元) Amount of Contracted Foreign Capital (10 000 USD)	实际利用外资额(万美元) Amount of Foreign Capital Actually Utilized (10 000 USD)	注册企业数(个) Number of Registered Enterprises (unit)	#外商投资企业 Foreign -funded Enterprises	#高新技术企业 High and New- tech Enterprises
聊城市	Liaocheng					
聊城嘉明经济开发区	Liaocheng Jiaming	50	30	130	5	9
聊城经济开发区	Liaocheng Economic Development Zone		520	1743	46	13
阳谷工业园区	Yangu Industry Park	2966	2966	116	5	3
莘县工业园区	Shenxian Industry Park		310	116		6
东阿工业园区	Donge Industry Park		400	114	3	6
滨州市	Binzhou					
滨州经济开发区	Binzhou Economic Development Zone	9841	1516	788	50	17
滨城区北城经济开发区	Bincheng Beicheng Economic Development Zone	100	100	267	8	10
惠民经济开发区	Huimin Economic Development Zone			52	3	1
阳信经济开发区	Yiangxin Economic Development Zone	300	46	73	16	7
无棣工业园区	Wudi Industry Park	300	300	178	9	3
沾化经济开发区	Zhanhua Economic Development Zone		824	126	4	2
博兴经济开发区	Boxing Economic Development Zone		663	305	29	15
菏泽市	Heze					
菏泽经济开发区	Heze Economic Development Zone	5080	1064	222		
菏泽牡丹工业园区	Heze Mudan Industry Park	1993	1903	143	12	4
曹县工业园区	Caoxian Industry Park	140	1069	134	10	6
单县工业园区	Shanxian Industry Park		75	145	3	5
成武工业园区	Chengwu Industry Park	924	651	71	4	2
巨野工业园区	Juye Industry Park	3000	951	84	3	2
郓城工业园区	Yuncheng Industry Park		188	197	5	16
鄄城工业园区	Juancheng Industry Park	5939	495	125	5	16
定陶工业园区	Dingtao Industry Park		3	129	4	8
东明工业园区	Dongming Industry Park	4500	3000	89	6	5

6–28 续表 5 continued

开发区名称	Development Area	全社会固定资产投资(万元) Total Investment in Fixed Assets (10 000 yuan)	工业增加值(万元) Added Value of Industrial Enterprises (10 000 yuan)	规模以上工业主营业务收入(万元) Business Revenue of Industrial Enterprises above Designated Size (10 000 yuan)	规模以上工业利税总额(万元) Total Profits and Taxes of Industrial Enterprises above Designated Size (10 000 yuan)	地方财政一般预算内收入(万元) Budgetary Revenue of Local Government (10 000 yuan)
国家级	**National**					
济南出口加工区	Jinan Export Processing zone	124074	51028	161827	11483	4923
青岛经济技术开发区	Qingdao Economic and Techno-logical Development zone	3661148	6130800	30513298	2715428	530682
青岛保税区	Qingdao Bonded zone	31793	241220	616023	97306	40727
青岛出口加工区	Qingdao Export Processing zone	188930	163663	567038	4576	8833
烟台经济技术开发区	Yantai Economic and Technological Development zone	2400487	5658980	23108308	2091874	300009
威海经济技术开发区	Weihai Economic and Technological Development zone	1101029	832511	3800120	315000	109219
威海出口加工区	Weihai Export Processing zone	14541	65693	282492	12888	4504
省 级	**Provincial**					
济南市	Jinan					
济南槐荫工业园区	Jinan Huaiyin Industry Park	122226	150862	496321	90630	10500
济南化工产业园区	Jinan Chemical Industry Park	44280		81409	2228	833
济南临港经济开发区	Jinan Lingang Seaport Economic Development Zone	305294	245036	898868	156223	10599
济南经济开发区	Jinan Economic Development Zone	180134		1365973	97078	12046
平阴工业园区	Pingyin Industry Park	154757	218762	696026	96129	5624
济北经济开发区	Jibei Economic Development Zone	364592	306852	1158266	126840	14863
商河经济开发区	Shanghe Economic Development Zone	123260		501632	48216	5874
明水经济开发区	Mingshui Economic Development Zone	1235688		6722278	578527	156959
青岛市	Qingdao					
青岛环海经济开发区	Qingdao Seaside Economic Development Zone	52975		609138		
胶州经济开发区	Jiaozhou Economic Development Zone	315279	951336	3394605	356496	209352
即墨经济开发区	Jimo Economic Development Zone	1301132	1378409	5187620	46753	79376
平度经济开发区	Pingdu Economic Development Zone	840022	458870	1600022	73601	40807
胶南经济开发区	Jiaonan Economic Development Zone	432263		2668693	255869	68781
青岛临港经济开发区	Qingdao Lingang Economic Development Zone	131126	577010	1711434	232837	88371
淄博市	Zibo					
淄川经济开发区	Zichuan Economic Development Zone	521320	1061496	3158196	390375	68520
张店经济开发区	Zhangdian Economic Development Zone	127512		1013954	152093	18589
博山经济开发区	Boshan Economic Development Zone	406205		2419439	63312	20100
临淄经济开发区	Linzi Economic Development Zone	290049	860805	3820575	220091	27425
周村经济开发区	Zhoucun Economic Development Zone	552420		2261583	247170	52962

6-28 续表 6 continued

开发区名称	Development Area	全社会固定资产投资（万元）Total Investment in Fixed Assets (10 000 yuan)	工业增加值（万元）Added Value of Industrial Enterprises (10 000 yuan)	规模以上工业主营业务收入（万元）Business Revenue of Industrial Enterprises above Designated Size (10 000 yuan)	规模以上工业利税总额（万元）Total Profits and Taxes of Industrial Enterprises above Designated Size (10 000 yuan)	地方财政一般预算内收入（万元）Budgetary Revenue of Local Government (10 000 yuan)
桓台东岳氟硅材料产业园区	Huantai Dongyue International Fluorine -silicon Material Industry Zone	257368	419119	1406067	141162	8280
桓台经济开发区	Huantai Economic Development Zone	979500		7223300	515238	183659
高青经济开发区	Gaoqing Economic Development Zone	279620	263503	919276	128720	29249
沂源经济开发区	Yiyuan Economic Development Zone	257580	433720	1603160	254924	58676
枣庄市	Zaozhuang					
枣庄经济开发区	Zaozhuang Economic Development Zone	681601	675416	2770241	221792	79633
薛城经济开发区	Xuecheng Economic Development Zone	598723		974924	55194	38775
峄城经济开发区	Yicheng Economic Development Zone	586286		924694	236650	37282
台儿庄经济开发区	Taierzhuong Economic Development Zone	402539		785720	195578	30016
山亭经济开发区	Shantieng Economic Development Zone	348990		820651	79754	23812
滕州经济开发区	Tengzhou Economic Development Zone	702790	1505279	4523616	447066	107483
东营市	Dongying					
东营胜利工业园区	Dongying Shengli Industry Park	567872		3267284	307338	70754
河口经济开发区	Hekou Economic Development Zone	220477	112455	487565	58261	3409
垦利经济开发区	Kenli Economic Development Zone	941143	1306523	5631456	500547	59447
利津经济开发区	Lijin Economic Development Zone	469156		2089057	186724	24114
广饶经济开发区	Guangrao Economic Development Zone	1070287	1892374	6261657	1178251	65446
烟台市	Yantai					
牟平经济开发区	Muping Economic Development Zone	647079	435641	2480528	126350	33675
龙口经济开发区	Longkou Economic Development Zone	1262500		9767500	1122650	192000
龙口高新产业园区	Longkou Hi-Tech Industrial Park	703802		4537530	527540	71000
莱阳经济开发区	Laiyang Economic Development Zone	1001700		5350272	553210	65793
莱州工业园区	Laizhou Hi-Tech Industrial Park	641797		1437132	159993	37896
莱州经济开发区	Laizhou Economic Development Zone	1881817		9665908	1126025	184193
蓬莱经济开发区	Penglai Economic Development Zone	1020000		4987712	645392	73595
招远经济开发区	Zhaoyuan Economic Development Zone	1170000		10262011	1038922	195500
栖霞经济开发区	Qixia Economic Development Zone	819137		2331200	175750	32405
海阳经济开发区	Haiyang Economic Development Zone	743812		2533677	253366	80448
潍坊市	Weifang					
潍城经济开发区	Weicheng Economic Development Zone	1189230	596621	1265961	115148	82200
寒亭经济开发区	Hantieng Economic Development Zone	584591		2083000	174520	44458
潍坊经济开发区	Weifang Economic Development Zone	650252	461580	1930167	109675	55668
潍坊城南工业园区	Weifang Chengnan Industry Park	308876	171222	503306	40998	35558
临朐经济开发区	Linqu Economic Development Zone	1036672	370748	2294612	38054	41288

6-28 续表 7 continued

开发区名称	Development Area	全社会固定资产投资(万元) Total Investment in Fixed Assets (10 000 yuan)	工业增加值(万元) Added Value of Industrial Enterprises (10 000 yuan)	规模以上工业主营业务收入(万元) Business Revenue of Industrial Enterprises above Designated Size (10 000 yuan)	规模以上工业利税总额(万元) Total Profits and Taxes of Industrial Enterprises above Designated Size (10 000 yuan)	地方财政一般预算内收入(万元) Budgetary Revenue of Local Government (10 000 yuan)
昌乐经济开发区	Changle Economic Development Zone	788875		2487571	276912	77520
青州经济开发区	Qingzhou Economic Development Zone	697553		6080285	354754	71181
诸城经济开发区	Zhucheng Economic Development Zone	2149560		5862150	506000	179380
寿光经济开发区	Shouguang Economic Development Zone	2089386	1308172	4005279	452531	71460
安丘经济开发区	Anqiu Economic Development Zone	863349		1933340	175043	58521
高密经济开发区	Gaomi Economic Development Zone	1222850	123980	3897522	384821	100104
昌邑经济开发区	Changyi Economic Development Zone	578590		2893362	420848	50035
济宁市	Jining					
济宁经济开发区	Jining Economic Development Zone	282499	164329	561120	54100	15151
任城经济开发区	Rencheng Economic Development Zone	738672	443070	1476902	132920	41700
鱼台经济开发区	Yutai Economic Development Zone	356561		870423	22535	23627
金乡经济开发区	Jinxiang Economic Development Zone	403265	179846	646137	98216	10940
嘉祥经济开发区	Jiaxang Economic Development Zone	687680	522219	1452678	163022	50869
汶上经济开发区	Wenshang Economic Development Zone	412185		969220	34900	29850
泗水经济开发区	Shishui Economic Development Zone	495818	252928	1012976	85840	18161
梁山经济开发区	Liangshan Economic Development Zone	388405	450377	1044242	98501	28854
曲阜经济开发区	Qufu Economic Development Zone	681247	648772	1786332	117394	37452
兖州经济开发区	Yanzhou Economic Development Zone	410305	590736	2064381	173809	20872
兖州工业园区	Yanahou Industry Park	832640	1198699	3881044	318876	49869
邹城经济开发区	Zoucheng Economic Development Zone	900136	776516	2430206	268491	86360
邹城工业园区	Zoucheng Industry Park	1208950		1898916	235214	109861
泰安市	Taian					
泰山工业园区	Taishan Industry Park	350512	344763	1008799	84783	20640
岱岳工业园区	Daiyue Industry Park	453580		418058	22285	12241
宁阳工业园区	Ningyang Industry Park	976654		1293765	265432	15432
东平工业园区	Dongping Industry Park	872640		2288360	275980	54940
威海市	Weihai					
文登经济开发区	Wendeng Economic Development Zone	333172		9296731	697255	68673
文登工业园区	Wendeng Industry Park	994056		3203521	142775	58834
荣成经济技术开发区	Rongcheng	1982748		9710728	711787	230990
荣成工业园区	Rongcheng Industry Park	450000	2049201	1783962	20584	4835
乳山经济开发区	Rushan Economic Development Zone	1149818	345613	2018936	369627	57658

6-28 续表 8 continued

开发区名称	Development Area	全社会固定资产投资（万元）Total Investment in Fixed Assets (10 000 yuan)	工业增加值（万元）Added Value of Industrial Enterprises (10 000 yuan)	规模以上工业主营业务收入（万元）Business Revenue of Industrial Enterprises above Designated Size (10 000 yuan)	规模以上工业利税总额（万元）Total Profits and Taxes of Industrial Enterprises above Designated Size (10 000 yuan)	地方财政一般预算内收入（万元）Budgetary Revenue of Local Government (10 000 yuan)
日照市	Rizhao					
日照高新技术产业园区	Rizhao Hi-Tech Industrial Park	51143		803968	53054	4991
岚山经济开发区	Lanshan	2090165		6776895	1017320	157228
五莲工业园区	Wuulian Industry Park	86600		431670	22580	4111
莒县工业园区	Juxian Industry Park	270050		767409	69834	18120
莱芜市	Laiwu					
莱芜工业园区	Laiwu Industry Park	420000		505000	32500	7881
莱芜钢城经济开发区	Laiwu Gangcheng Economic Development Zone	610339		1118491	96190	17649
临沂市	Linyi					
临沂工业园区	Linyi Industry Park	238140		658575	64686	3592
临沂河东工业园区	Linyi Hedong Industry Park	177030	130992	502726	46892	6894
沂南经济开发区	Yinan Economic Development Zone	513859		1651019	104454	30428
郯城经济开发区	Tancheng Economic Development Zone	391950		1365852	114418	29215
沂水经济开发区	Yishui Economic Development Zone	557726	351259	1110389	45452	24025
苍山经济开发区	Changshan Economic Development Zone	31700	412100	1180300	121850	26040
费县经济开发区	Feixian Economic Development Zone	124506		966402	104998	12763
平邑经济开发区	Pinyi Economic Development Zone	743679	561765	1980112	252021	36798
莒南经济开发区	Junan Economic Development Zone	380777		1837301	106682	36935
蒙阴经济开发区	Mengyen Economic Development Zone	308463	337197	985082	134632	23674
临沭经济开发区	Lienshu Economic Development Zone	290839	517609	2073897	134976	11327
德州市	Dezhou					
德州运河经济开发区	Deznou Yunhe Economic Development Zone	224647	347223	1513473	143431	17155
德州经济开发区	Dezhou Economic Development Zone	1082470	803700	4609932	507250	99983
陵县经济开发区	Lingxian Economic Development Zone	721006	593007	2695000	295006	19699
宁津经济开发区	Ningjin Economic Development Zone	592404	395000	1262753	326447	24280
庆云经济开发区	Qinyuen Economic Development Zone	401874		1679446	169716	19301
临邑经济开发区	Linyi Economic Development Zone	531677	524652	1756436	276314	59487
齐河经济开发区	Qihe Economic Development Zone	1234000		3592140	453600	82800
平原经济开发区	Pingyuan Economic Development Zone	384946	497121	1615401	242913	20683
夏津经济开发区	Xiajin Economic Development Zone	626660	89315	875832	69461	15047
武城经济开发区	Wucheng Economic Development Zone	557512	751230	2171440	256800	20952
乐陵经济开发区	Laoling Economic Development Zone	473000		2700348	303626	25023

6-28 续表 9 continued

开发区名称	Development Area	全社会固定资产投资（万元）Total Investment in Fixed Assets (10 000 yuan)	工业增加值（万元）Added Value of Industrial Enterprises (10 000 yuan)	规模以上工业主营业务收入（万元）Business Revenue of Industrial Enterprises above Designated Size (10 000 yuan)	规模以上工业利税总额（万元）Total Profits and Taxes of Industrial Enterprises above Designated Size (10 000 yuan)	地方财政一般预算内收入（万元）Budgetary Revenue of Local Government (10 000 yuan)
聊城市	Liaocheng					
聊城嘉明经济开发区	Liaocheng Jiaming	54544	146052	604030	36633	7914
聊城经济开发区	Liaocheng Economic Development Zone	640080	431380	1446783	97900	64733
阳谷工业园区	Yangu Industry Park	423800	887100	3149400	279110	
莘县工业园区	Shenxian Industry Park	11275	290000	859243	15000	5864
东阿工业园区	Donge Industry Park	315643	547230	1819942	253400	22000
滨州市	Binzhou					
滨州经济开发区	Binzhou Economic Development Zone	560845	346397	1000663	92189	45258
滨城区北城经济开发区	Bincheng Beicheng Economic Development Zone	260919	293665	989261	51843	16290
惠民经济开发区	Huimin Economic Development Zone	119855		125035	6625	1509
阳信经济开发区	Yiangxin Economic Development Zone	186312		1200526	76723	19579
无棣工业园区	Wudi Industry Park	185977	197571	595696	25382	7910
沾化经济开发区	Zhanhua Economic Development Zone	338557		990777	63978	5926
博兴经济开发区	Boxing Economic Development Zone	1081641	932771	4633609	248842	107859
菏泽市	Heze					
菏泽经济开发区	Heze Economic Development Zone	557924	493012	2508773	285504	52126
菏泽牡丹工业园区	Heze Mudan Industry Park	248705	189911	717727	120854	64793
曹县工业园区	Caoxian Industry Park	321923	155382	697434	90666	33032
单县工业园区	Shanxian Industry Park	378038	482564	1649313	167382	31993
成武工业园区	Chengwu Industry Park	198850	115000	385880	50150	9260
巨野工业园区	Juye Industry Park	377560	368593	41201	10501	29778
郓城工业园区	Yuncheng Industry Park	320804		645910	66318	19022
鄄城工业园区	Juancheng Industry Park	359356	263230	1050626	45166	23514
定陶工业园区	Dingtao Industry Park	287250	157012	794570	84640	26115
东明工业园区	Dongming Industry Park	144032	535946	1830001	174695	18105

6-29 各高新技术产业开发区主要经济指标(2010年)
Main Indicators of the High and New-tech Development Areas(2010)

开发区名称	Development Area	合同利用外资额(万美元) Amount of Contracted Foreign Capital (10 000 USD)	实际利用外资额(万美元) Amount of Foreign Capital Actually Utilized (10 000 USD)	注册企业数(个) Number of Registered Enterprises (unit)	#外商投资企业 Foreign -funded Enterprises	#高新技术企业 High and New-tech Enterprises
国家级	**National**					
济 南	Jinan	30181	21001	5078	111	160
青 岛	Qingdao	22621	6474	1213	93	55
淄 博	Zibo	25169	10215	3232	278	76
潍 坊	Weifang	175250	34050	4074	160	69
威 海	Weihai	8210	7409	3725	340	49
省 级	**Provincial**					
青岛市	Qingdao					
即 墨	Jimo	2260	2174	83	28	22
枣庄市	Zaozhuang					
枣 庄	Zaozhuang	25000	5700	1401	32	30
东营市	Dongying					
东 营	Dongying	15274	10376	1173	45	18
泰安市	Tai'an					
泰 安	Tai'an	2987	3412	997	45	162
新 泰	Xintai	416	260	381	29	164
肥 城	Feicheng	230	52	183	11	42
莱芜市	Laiwu					
莱 芜	Laiwu	6440	4700	1182	46	53
临沂市	Linyi					
临 沂	Linyi	37410	28229	1287	37	44
德州市	Dezhou					
禹 城	Yucheng	1769	814	256	14	6

6-29 续表 continued

开发区名称	Development Area	注册企业资本合计(万元) Total Capital of Registered Enterprises (10 000 yuan)	全社会固定资产投资(万元) Total Investment in Fixed Assets (10 000 yuan)	工业增加值(万元) Added Value of Industrial Enterprises (10 000 yuan)	规模以上工业主营业务收入(万元) Business Revenue of Industrial Enterprises above Designated Size (10 000 yuan)	规模以上工业利税总额(万元) Total Profits and Taxes of Industrial Enterprises above Designated Size (10 000 yuan)	地方财政一般预算内收入(万元) Budgetary Revenue of Local Government (10 000 yuan)
国家级	**National**						
济　南	Jinan	37414844	2117478	1865106	5950305	994716	131120
青　岛	Qingdao	1094309	1265241	2821274	11257567	1172455	154740
淄　博	Zibo	1934320	1694265	3898244	14021018	2012201	675934
潍　坊	Weifang	243287	1591100	3785607	11802753	1534200	854045
威　海	Weihai	1117173	1047503	2561310	8710510	789044	238499
省　级	**Provincial**						
青岛市	Qingdao						
即　墨	Jimo	51259	123229	90692	302306	36276	7340
枣庄市	Zaozhuang						
枣　庄	Zaozhuang	825785	1162378	742146	2921546	353097	71246
东营市	Dongying						
东　营	Dongying	1074750	1332086	1654476	7084672	770361	72672
泰安市	Tai'an						
泰　安	Tai'an	743284	449860		3475483	226433	123716
新　泰	Xintai	683446	339808		1754675	301461	59470
肥　城	Feicheng	120926	305723		563730	57988	25957
莱芜市	Laiwu						
莱　芜	Laiwu	993825	1687108	947800	2932397	343936	94530
临沂市	Linyi						
临　沂	Linyi	2518452	1417350	1394020	4731540	409364	52925
德州市	Dezhou						
禹　城	Yucheng	1400000	805000	920000	3487770	400512	49500

主要统计指标解释

进出口总额　指实际进出我国国境的货物总金额。包括对外贸易实际进出口货物，来料加工装配进出口货物，国家间、联合国及国际组织无偿援助物资和赠送品，华侨、港澳台同胞和外籍华人捐赠品，租赁期满归承租人所有的租赁货物，进料加工进出口货物，边境地方贸易及边境地区小额贸易进出口货物(边民互市贸易除外)，中外合资企业、中外合作经营企业、外商独资经营企业进出口货物和公用物品，到、离岸价格在规定限额以上的进出口货样和广告品(无商业价值、无使用价值和免费提供出口的除外)，从保税仓库提取在中国境内销售的进口货物，以及其他进出口货物。该指标可以观察一个国家在对外贸易方面的总规模。我国规定出口货物按离岸价格统计，进口货物按到岸价格统计。

商品经营单位所在地进、出口额　指所在地海关注册登记的有进出口经营权的企业实际进、出口额。

商品目的地进口额和商品货源地出口额　目的地进口额指进口货物的消费、使用或最终抵运地的实际进口额；货源地出口额指出口货物的产地或原始发货地的实际出口额。

利用外资　指我国各级政府、部门、企业和其他经济组织通过对外借款、吸收外商直接投资以及用其他方式筹措的境外现汇、设备、技术等。

对外借款　指通过对外正式签订借款协议，从境外筹措的资金，包括外国政府贷款、国际金融组织贷款、外国银行商业贷款、出口信贷以及对外发行债券等。1996年及以前还包括对外发行股票。该指标是我国利用外资的重要部分。

外商直接投资　指外国企业和经济组织或个人(包括华侨、港澳台胞以及我国在境外注册的企业)按我国有关政策、法规，用现汇、实物、技术等在我国境内开办外商独资企业、与我国境内的企业或经济组织共同举办中外合资经营企业、合作经营企业或合作开发资源的投资(包括外商投资收益的再投资)，以及经政府有关部门批准的项目投资总额内企业从境外借入的资金。

外商其他投资　指除对外借款和外商直接投资以外的各种利用外资的形式。包括企业在境内外股票市场公开发行的以外币计价的股票（目前主要是在香港证券市场发行的H股和在境内证券市场发行的B股）发行价总额，国际租赁进口设备的应付款，补偿贸易中外商提供的进口设备、技术、物料的价款，加工装配贸易中外商提供的进口设备、物料的价款。

对外直接投资　指我国国内投资者以现金、实物、无形资产等方式在国外及港澳台地区设立、购买国（境）外企业，并以控制该企业的经营管理权为核心的经济活动。

对外承包工程　指各对外承包公司以招标议标承包方式承揽的下列业务：(1)承包国外工程建设项目；(2)承包我国对外经援项目；(3)承包我国驻外机构的工程建设项目；(4)承包我国境内利用外资进行建设的工程项目；(5)与外国承包公司合营或联合承包工程项目时我国公司分包部分；(6)对外承包兼营的房屋开发业务。对外承包工程的营业额是以货币表现的本期内完成的对外承包工程的工作量，包括以前年度签订的合同和本年度新签订的合同在报告期内完成的工作量。

对外劳务合作　指以收取工资的形式向业主或承包商提供技术和劳动服务的活动。我国对外承包公司在境外开办的合营企业，中国公司同时又提供劳务的，其劳务部分也纳入劳务合作统计。劳务合作营业额按报告期内向雇主提交的结算数(包括工资、加班费和奖金等)统计。

对外设计咨询　指以服务成果向业主收费的技术服务项目。包括承担地形地貌测绘，地质资源勘探与普查，建设区域规划，提供设计文件、图纸、生产工艺技术资料和工程技术经济咨询，工程项目的可行性考察、研究和评估，进行技术指导和培训人员等；也包括承担国(境)内利用外资建设工程项目中的设计咨询项目内收取外币部分。

旅游者人数

(1)入境国际旅游者人数：指来中国参观、访问、旅行、探亲、访友、休养、考察、参加会议和从事经济、科技、文化、教育、宗教等活动的外国人、华侨、港澳同胞和台湾同胞的人数。不包括外国在我国的常驻机构，如使领馆、通讯社、企业办事处的工作人员；来我国常住的外国专家、留学生以及在岸逗留不过夜人员。

(2)出境居民人数：指大陆居民因公务活动或私人事务短期出境的人数。公务活动出境居民人数包括在国际交通工具上的中国服务员工，因私出境居民人数不包括在国际交通工具上的中国服务员工。

(3)国内旅游者人数：指我国大陆居民和在我国常住1年以上的外国人、华侨、港澳台同胞离开常住地在境内其他地方的旅游设施内至少停留一夜，最长不超过6个月的人数。

国际旅游(外汇)收入　指入境旅游的外国人、华侨、港澳同胞和台湾同胞在中国大陆旅游过程中发生的一切旅游支出，其对于国家来说就是国际旅游(外汇)收入。

国际旅行社　指经营对外招徕并接待外国人、华侨、港澳同胞和台湾同胞来中国、归国或回内地旅游业务的旅行社。

国内旅行社　指负责经营招徕、组团、接待国内旅客的旅游业务，以及不对外招徕，负责经营接待国际旅行社或其它涉外部门组织的外国人、华侨、港澳同胞和台湾同胞来中国、归国或回内地的旅游业务的旅行社。

星级饭店　指已评定星级的饭店。

Explanatory Notes on Main Statistical Indicators

Total Imports and Exports at Customs refer to the real value of commodities imported into and exported from the boundary of China. They include the actual imports and exports through foreign trade, imported and exported goods under the processing and assembling trades and materials, supplies and gifts as aid given gratis between governments and by the United Nations and other international organizations, and contributions donated by overseas Chinese, compatriots in Hong Kong and Macao and Chinese with foreign citizenship, leasing commodities owned by tenant at the expiration of leasing period, the imported and exported commodities processed with imported materials, commodities trading in border areas (excluding mutual exchange goods), the imported and exported commodities and articles for public use of the Sino foreign joint ventures, cooperative enterprises and ventures exclusively with foreign own investment. Also included are import or export of samples and advertising goods for whose CIF or FOB value are beyond the permitted ceiling (excluding goods of no trading or use value and free commodities for export), imported goods sold in China from bonded warehouses and other imported or exported goods. The indicator of the total imports and exports at customs can be used to observe the total size of external trade in a country. In accordance with the stipulation of the Chinese government, imports are calculated at CIF, while exports are calculated at FOB.

Import Export Value by Location of China' sForeign Trade Managing Units refers to actual value of imports and exports carried out by corporations which have been registered by the local customhouse and are vested with right to run import export business.

Import Value of Commodities by the Places of their Destination and Export Value of Commodities by the Places of their Origin in China: The former indicator refers to the value of import commodities of the places of their consumption, utilization or the places of their final destination. The latter indicator refers to the value of export commodities of the places of their origin or the places of the commodities dispatched.

Utilization of Foreign Capitals refers to remittance, equipment and technology financed from abroad, by loans, foreign direct investment and other forms undertaken by the Chinese governments at all levels, by various departments, enterprises and other economic units.

Foreign Borrowings refer to funds borrowed from abroad through formal signing of borrowing agreements with foreign institutions, including loans of foreign governments, loans of international financial institutions, commercial loans of foreign banks, export credit, and funds raised by Chinese bonds (and shares before 1996) issued abroad. It is an important part of China' s utilization of foreign capitals.

Foreign Direct Investment refers to the investments inside China by foreign enterprises and economic organizations or individuals (including overseas Chinese, compatriots from Hong Kong, Macao and Taiwan, and Chinese enterprises registered abroad), following the relevant policies and laws of China, for the establishment of ventures exclusively with foreign own investment, Sino oreign joint ventures and cooperative enterprises or for co perative exploration of resources with enterprises or economic organizations in China. It includes the re investment of the foreign entrepreneurs with the profits gained from the investment and the funds that enterprises borrow from abroad in the total investment of projects which are approved by the relevant department of the government.

Overseas Direct Investment refers to enterprises set up or bought by domestic investors in foreign countries and in Hong Kong, Macao and Taiwan, and the economic activities centering on operation and management of those enterprises are under the control of domestic investors. The statistical scope covers various corporation type enterprises and non-corporation type enterprises receiving direct investment from domestic investment entities.

Other Investment by Foreign Entrepreneurs refers to all forms of utilization of foreign capitals other than foreign borrowings and foreign direct investment. It includes the total value of stock shares in foreign currencies issued by enterprises at domestic or foreign stock exchanges (now mainly consisting of H shares issued at Hong Kong Security Market and B shares issued at domestic security markets), rent payable for the imported equipment through international leasing arrangement, cost of imported equipment, technology and materials provided by foreign counterparts in compensation trade and processing and assembly trade.

Contracted Projects with Foreign Countries refer to projects undertaken by Chinese contractors (project contracting companies) through bidding process. They include:(1) overseas civil engineering construction projects financed by foreign investors; (2) overseas projects financed by the Chinese government through its foreign aid programs; (3) construction projects of Chinese diplomatic missions, trade offices and other institutions stationed abroad; (4) construction projects in China financed by foreign investment; (5) sub-contracted projects to be taken by Chinese contractors through a joint umbrella project with foreign contractor(s); (6) housing development projects. The business income from international contracted projects is the work volume of contracted projects completed during the reference period, expressed in monetary terms, including completed work on projects signed in previous years.

Service Cooperation with Foreign Countries refers to the activities of providing technology and labour services to employers or contractors in the forms of receiving salaries and wages. Labour services providing by contractual joint ventures of Chinese international contracting corporations should be included in the statistics of service co-operation with foreign countries. The business income of labour service cooperation is the income in the form of wages and salaries, overtime pay, bonuses and other remuneration received from the employers during the reference period.

Overseas Design and Consultation Service refers to projects with charges for technical services from overseas operators. It includes geographic and topographic mapping, geological resource prospecting and survey, planning of construction areas, provision of design documents, blueprints, materials on production process and techniques, as well as engineering, technical and economic consultation, and feasibility study, research and evaluation of projects. Also included under this category are the above mentioned services of foreign financed projects in China that are paid in foreign currencies.

Number of Tourists

(1) International tourists refer to foreigners, overseas Chinese, Chinese compatriots from Hong Kong, Macao and Taiwan coming to China for sight seeing, visits, tours, family reunions, vacations, study tours, conferences and other activities of a business, scientific and technological, cultural, educational and religious nature. It does not include representatives and employees of resident institutions of foreign countries in China such as embassies, consulates, news agencies and offices of foreign companies and organizations, nor does it include long-term foreign experts or students residing in China, or persons in transition without spending a night in China.

(2) Chinese residents going abroad refer to Chinese residents going abroad for short terms for either public business or private purposes. Chinese employees working on international transport carriers are included in those going abroad for public business purpose, not in those for private purpose.

(3) Domestic tourists refer to residents of the mainland of China who stay for one night at least but no more than 6 months at tourist facilities in other places than their permanent residence within the territory of the mainland China, including foreigners, overseas Chinese and Chinese compatriots from Hong Kong, Macao and Taiwan who have resided in China for over one year.

Foreign Exchange Earnings from International Tourism refer to the total expenditures of foreigners, overseas Chinese, Chinese compatriots from Hong Kong, Macao and Taiwan during their stay in the mainland of China, which are earnings of foreign exchange from international tourism from the point of view from China.

International Travel Agencies refer to travel agencies engaged in the promotion, solicitation, organization and reception of tours to the mainland of China by foreigners, overseas Chinese, Chinese compatriots from Hong Kong, Macao and Taiwan.

Domestic Travel Agencies refer to travel agencies engaged in the promotion, solicitation, organization and reception of domestic tourists, and in the reception of foreigners, overseas Chinese, Chinese compatriots from Hong Kong, Macao and Taiwan organized by international travel agencies or other departments concerned, without their own promotion and solicitation programmes.

Star Hotels refer to hotels rated with stars.

第7篇

能　源

Energy

简 要 说 明

一、本篇资料的主要内容

本篇资料反映了全省能源生产和消费状况，主要包括能源生产、消费及品种构成，能源生产和消费弹性系数，生活用能源消费量及地区能源平衡表，全省各市主要发展约束性指标，以及规模以上工业分行业能耗情况。

二、本篇资料的来源

本篇资料主要来源于全省能源平衡表，全省主要能源统计指标公报，以及规模以上工业能源统计年报，由省统计局能源处编制提供。能源平衡表的编制范围为辖区内除解放军总后勤部、工程兵以外的全部生产和消费能源的单位。

三、关于数据口径与计算的说明

1.一次能源生产量，采用规模以上工业产品产量统计数据。

2.行业分类采用现行统一的国民经济行业分类国家标准。

3.能源平衡表中的库存量、进口量、出口量和消费量，根据有关部门和企业提供的数据综合评估得出。进口量中包括我省轮船飞机在国外加油量，出口量中包括外国轮船飞机在我国加油量。电力、热力折算成标准煤时，分别按照当量、等价两种折标系数计算。电力和热力折算标准煤的当量系数分别为1.229（吨标准煤/万千瓦时）、0.0341（吨标准煤/百万千焦）；电力和热力折算标准煤的等价系数，按平均发电、供热标准煤耗计算。

4.本篇出现的“煤碳”，包括原煤、洗精煤、其它洗煤和煤制品（即型煤），不包括焦炭。

Brief Introduction

I. Main Content

Data in this chapter show the energy production and consumption of Shandong Province, including mainly energy production and consumption and their composition, the elasticity ratio of energy production and consumption, the consumption of energy for residential use, main binding indicators on development of Shandong, and the energy consumption of industrial enterprises grouped by sector over designated size.

II. Source of Data

Data in this chapter are mainliy based on the energy balance sheet of the whole province, the statistics communiqué of main energy indicators of Shandong and the annual report on energy consumed by industrial enterprises over designated size. The data are provided by the Division of Energy Statistics of Shandong Statistical Bureau. Excluding General Logistics Department of People’s Liberation Army and PLA Engineering Corps, the statistical coverage of the energy balance sheet is all the units that produce or consume energy in Shandong.

III. Notes on Coverage and Calculation of Data

(1)Data on the production of primary energy are based on output of industrial products made by enterprises above designate size.

(2) Data by industries in this chapter are based on the new National Industrial Classification of All Economic Activities.

(3) In the energy balance, data on stock, imports, exports and consumption are based on data provide by relevant departments and enterprises. The refueling by Shandong’s ships and airplanes is included in the imports and the refueling of foreign ships and airplanes in China is included in the exports.The coefficient for conversion of electric power into the standard coal equivalent is calculated on the basis of heat value equivalent. One kilowatt is equal to 0.1229 kg SCE. The coefficient for conversion of heating into the standard coal equivalent is calculated on the basis of equal caloric value. One million KJ is equal to 0.0341 ton SCE. The coefficient is calculated according to the average consumption of coal for generating electricity or heating.

(4) In this chapter,Coal includes crude coal, washing coal,other washing coal and coal products and excludes coke.

7-1 历年一次能源生产总量

Primary Energy Output over the Years

单位:万吨标煤 (10 000 tons of SCE)

年份 Year	能源生产总量 Total Energy Production	原煤 Coal	原油 Crude Oil	天燃气 Natural Gas	水电和风电 Hydro and Wind Power
1949	120.79	120.79			
1950	158.65	158.65			
1951	188.86	188.86			
1952	258.58	258.58			
1953	259.01	259.01			
1954	293.72	293.72			
1955	342.73	342.73			
1956	386.58	386.58			
1957	440.37	440.37			
1958	981.18	981.02	0.16		
1959	1646.72	1645.97	0.75		
1960	1929.23	1928.04	1.05		0.14
1961	1280.47	1279.96	0.39		0.12
1962	1041.29	1041.17	0.01		0.11
1963	1103.55	1103.31	0.08		0.16
1964	1140.40	1140.10	0.10		0.20
1965	1362.94	1242.89	119.81		0.24
1966	1610.35	1418.18	192.12		0.05
1967	1505.04	1318.82	186.18		0.04
1968	1757.83	1450.32	307.48		0.03
1969	1512.19	1093.60	418.58		0.01
1970	2383.80	1716.18	667.59		0.03
1971	2776.74	1888.33	888.12		0.29
1972	3147.97	1993.40	1154.20		0.37
1973	3384.38	1836.04	1547.89		0.45
1974	2890.71	1021.88	1796.11	71.96	0.76
1975	4555.04	2036.54	2388.62	128.62	1.26
1976	5013.70	2382.91	2500.65	128.88	1.26
1977	5387.37	2727.99	2502.71	155.88	0.79
1978	5901.83	2928.71	2781.49	190.46	1.17
1979	6075.07	3170.21	2697.14	205.49	2.23
1980	5873.37	3064.71	2616.94	189.00	2.72
1981	5392.54	2950.42	2301.75	138.72	1.65
1982	5505.80	3040.71	2335.21	129.41	0.47
1983	5898.00	3132.28	2625.00	139.79	0.93
1984	6696.54	3258.96	3288.36	148.17	1.05
1985	7531.89	3516.00	3861.74	151.89	2.26
1986	8046.80	3642.79	4215.52	185.94	2.55
1987	8511.34	3798.47	4514.38	197.24	1.25
1988	8918.29	3970.94	4757.61	188.73	1.01
1989	9038.69	4067.83	4765.07	205.35	0.44
1990	9262.21	4282.54	4786.70	191.39	1.58
1991	9269.98	4282.53	4793.22	191.25	2.98
1992	9508.88	4535.86	4780.24	191.92	0.86
1993	9875.38	4519.97	5171.83	182.08	1.50
1994	10624.66	5560.85	4887.14	173.78	2.89
1995	10757.67	6305.32	4294.76	156.04	1.55
1996	10697.72	6392.56	4159.57	144.62	0.97
1997	10620.51	6496.14	4002.01	121.67	0.69
1998	10436.05	6412.17	3901.51	122.09	0.28
1999	10322.39	6425.10	3807.55	89.01	0.73
2000	9648.75	5741.96	3822.49	83.54	0.76
2001	11550.26	7634.32	3811.52	103.34	1.08
2002	13241.75	9333.02	3816.52	91.07	1.14
2003	14384.08	10476.85	3808.65	98.36	0.22
2004	14394.61	10461.78	3820.50	111.84	0.49
2005	13995.62	10021.63	3849.36	123.03	1.60
2006	14083.40	10042.24	3935.89	103.46	1.82
2007	14616.67	10526.28	3990.22	99.22	0.95
2008	14615.32	10500.62	3998.91	113.05	2.74
2009	14600.08	10424.07	4040.38	119.97	15.66
2010	16055.71	11913.14	3980.08	129.01	33.48

注：2009年开始，一次能源包含水电和风电,1949-2008年数据不包括风电。

a)Since 2009, Primary Energy included hydro and wind power. 1949-2008 data do not include wind power.

7–2 1979–2010年能源生产、能源消费弹性系数

Elasticity Ratio of Energy Production and Energy Consumption from 1979 to 2010

年 份 Year	能源生产弹性系数 Elasticity Ratio of Energy Production				能源消费弹性系数 Elasticity Ratio of Energy Consumption			
	能源生产比上年增长(%) Growth Rate of Energy Production over Preceding Year (%)	电力生产比上年增长(%) Growth Rate of Electricity Production over Preceding Year (%)	能源生产弹性系数 Elasticity Ratio of Energy Production	电力生产弹性系数 Elasticity Ratio of Electricity Production	能源消费比上年增长(%) Growth Rate of Energy Consumption over Preceding Year (%)	电力消费比上年增长(%) Growth Rate of Electricity Consumption over Preceding Year (%)	能源消费弹性系数 Elasticity Ratio of Energy Consumption	电力消费弹性系数 Elasticity Ratio of Electricity Consumption
1979	1.69	9.68	0.15	0.84		11.03		0.95
1980	-3.33	8.78		0.55	0.62	5.96	0.03	0.40
1981	-8.17	4.58		0.25	-12.23	6.13		0.33
1982	2.12	4.62	0.15	0.33	21.98	6.06	1.56	0.43
1983	7.11	7.26	0.44	0.44	-13.50	7.43		0.46
1984	13.53	8.33	0.51	0.31	7.34	12.43	0.27	0.47
1985	12.46	10.83	0.73	0.63	-12.67	8.70		0.51
1986	6.83	14.46	0.75	1.59	7.34	11.02	0.81	1.22
1987	5.79	10.62	0.29	0.52	13.68	9.68	0.68	0.48
1988	4.78	14.41	0.19	0.57	5.73	8.04	0.23	0.32
1989	1.36	10.58	0.09	0.67	4.84	7.17	0.31	0.45
1990	2.46	6.33	0.15	0.38	3.46	9.76	0.21	0.58
1991	0.52	11.20	0.03	0.57	3.05	9.75	0.15	0.49
1992	2.14	14.06	0.16	0.66	1.92	13.92	0.09	0.65
1993	-0.14	7.85		0.30	-1.07	7.77		0.29
1994	8.27	10.95	0.21	0.28	13.09	10.50	0.33	0.29
1995	6.13	9.09	0.21	0.31	10.58	9.48	0.36	0.32
1996	-2.77	7.28		0.38	3.12	7.51	0.16	0.39
1997	1.52	7.68	0.13	0.66	-0.02	7.38		0.64
1998	-1.81	-7.09			12.70	-1.19	1.10	
1999	-1.01	14.84		0.58	0.22	14.57	0.87	0.53
2000	-6.52	9.91		0.55	-9.17	10.12		0.56
2001	1.71	9.86	0.17	0.98	10.41	10.94	1.03	1.09
2002	4.68	13.19	0.40	1.14	18.06	12.42	1.56	1.07
2003	8.49	11.75	0.62	0.86	18.74	13.47	1.36	0.98
2004	0.07	17.50	0.01	1.15	21.30	17.50	1.39	1.14
2005	-2.78	16.58		1.11	20.08	16.58	1.32	1.09
2006	0.64	15.24	0.04	1.04	10.96	15.24	0.74	1.04
2007	3.79	14.23	0.27	1.00	8.66	14.26	0.61	1.00
2008	-0.01	3.89		0.32	4.48	5.04	0.37	0.42
2009	-0.10	3.95		0.33	5.73	7.85	0.48	0.66
2010	9.97	6.29	0.80	0.50	7.54	12.15	0.60	0.97

7−3　一次能源生产量及构成

Primary Energy Output and Composition

类　　别	Category	2000	2005	2006	2007	2008	2009	2010
能源生产总量(折标准煤)	**Total Energy Production**	**9648.75**	**13995.62**	**14083.40**	**14616.67**	**14615.32**	**14600.08**	**16055.71**
(万吨标准煤)	**(10 000 tons of SCE)**							
构　成	Composition							
原　煤　(%)	Coal　(%)	59.51	71.61	71.31	72.02	71.85	71.40	74.20
原　油　(%)	rude Oil　(%)	39.62	27.51	27.95	27.30	27.36	27.67	24.79
电　力　(%)	Electricity　(%)	0.01	0.01	0.01	0.01	0.02	0.11	0.21

7−4　能源消费量及构成

Total Consumption and Composition of Energy

类　　别	Category	2000	2005	2006	2007	2008	2009	2010
一、一次能源消费量(万吨标准煤)	**Primary Energy Consumption**	**12513.21**	**25687.50**	**28786.1**	**31194.99**	**32116.22**	**34535.66**	**36357.25**
(折标准煤)	**(10 000 tons of SCE)**							
构　成	Composition							
原　煤　(%)	Coal　(%)	78.76	80.76	79.80	80.47	77.98	77.13	76.21
原　油　(%)	Crude Oil　(%)	20.68	18.35	19.25	18.66	20.58	21.27	21.98
电　力　(%)	Electricity　(%)	0.01	…	…	…	0.01	0.05	0.09
二、终端能源消费量(万吨标准煤)	**Final Energy Consumption**	**8178.05**	**17729.40**	**19515.97**	**21083.68**	**22225.69**	**23441.00**	**24977.41**
(折标准煤)	**(10 000 tons of SCE)**							
构　成	Composition							
煤　品	Coal　(%)	49.50	53.03	53.24	51.24	51.29	50.54	49.36
油　品　(%)	Crude Oil　(%)	30.53	24.09	22.39	22.74	22.37	22.54	22.30
电　力　(%)	Electricity　(%)	15.03	13.70	14.31	15.13	15.08	15.42	16.23
其　他　(%)	Others　(%)	4.95	9.18	10.06	10.89	11.26	11.50	12.10

7-5 平均每天各种能源消费量

Average Daily Energy Consumption by Type of Energy

类 别	Category	2000	2005	2006	2007	2008	2009	2010
合 计（吨标准煤）	**Total (tons of SCE)**	**311668**	**662885**	**735527**	**799256**	**835076**	**882903**	**940367**
煤 炭 (吨)	Coal (ton)	337560	713870	815445	896402	942181	953292	1024889
焦 炭 (吨)	Coke (ton)	12254	54591	66127	71053	71559	80070	84043
原 油 (吨)	Crude Oil (ton)	49616	90421	106254	111662	126766	140901	153244
燃 料 油 (吨)	Fuel Oil (ton)	8603	9025	8940	9760	8642	10382	35254
汽 油 (吨)	Gasoline (ton)	7373	15942	16979	18586	20312	21669	21984
煤 油 (吨)	Kerosene (ton)	235	602	654	877	842	970	1058
柴 油 (吨)	Diesel Oil (ton)	17653	29817	31701	33247	34977	36877	39675
液化石油气 (吨)	Liquefied Petroleum (ton)	2762	4730	5269	4916	5164	5313	6485
电 力 (万千瓦时)	Electricity (10 000 kwh)	27407	54161	62248	71125	74712	80577	90369

注：由于2010年能源平衡表表式发生改变，2010年燃料油每天消费量包括炼油再投入，2000—2009年不包括。

7-6 平均每人年生活用能源

Annual Per Captita Energy Consumption for Non-Production Purpose

类 别	Category	2000	2005	2006	2007	2008	2009	2010
合 计 （千克标准煤）	**Total (Kg of SCE)**	**71.87**	**133.66**	**145.00**	**158.14**	**175.77**	**190.61**	**208.86**
煤 炭 （千克）	Coal (kg)	22.43	36.36	37.84	39.19	41.93	42.97	49.41
汽 油 （千克）	Gasoline (kg)	12.32	20.84	21.91	23.59	27.50	30.31	33.79
液化石油汽 （千克）	Liquefied Petroleum (kg)	6.84	10.02	11.28	11.59	12.26	13.38	13.96
电 力 （千瓦小时）	Electricity (kwh)	136.06	227.92	257.04	280.45	312.63	340.95	386.16

7-7 分品种生活能源年消费总量

Annual Energy Consumption for Non-Production Purpose by Category

类 别	Category	2000	2005	2006	2007	2008	2009	2010
合 计 （万吨标准煤）	**Total (10 000 tons of SCE)**	**646.60**	**1231.48**	**1349.78**	**1481.27**	**1655.25**	**1805.10**	**1990.25**
煤 炭 （万吨）	Coal (10 000 tons)	262.00	335.00	352.20	367.10	394.90	406.91	470.86
汽 油 （万吨）	Gasoline (10 000 tons)	131.00	192.00	204.00	221.00	259.00	287.00	322.00
液化石油汽 （万吨）	Liquefied Petroleum (10 000 tons)	57.20	92.30	105.00	108.60	115.50	126.70	133.04
电 力 （亿千瓦小时）	Electricity (100 million kwh)	122.41	210.00	239.27	262.70	294.41	322.88	367.97

7-8 综合能源平衡表

Overall Energy Balance Sheet

单位：万吨标准煤(当量值) (10000 tons of SCE)

项 目	Item	2005	2006	2007	2008	2009	2010
可供消费的能源总量	**Total Energy Balance Sheet**	**24195**	**26847**	**29173**	**30480**	**32226**	**34323**
一次能源生产量	Primary Energy Output	13994	14082	14616	14615	14600	16181.15
回收能	Recover of Enerqe	313	426	521	504	894	561
外省(区、市)调入量	Allocation from Other Provinces (autonomous regions、municipalities)	14283	16600	18620	16868	21877	24247
进口量	Imports	1971	2510	2573	3429		4079
本省(区、市)调出量(-)	Allocation to Other Provinces (autonomous regions、municipalities)	5314	5584	6900	5428	4850	10340
出口量(-)	Exports(-)	721	608	172	60	19	154
年初年末库存差额	Stock Changes in the Year	-331	-579	-86	552	-276	-249
能源消费总量	**Total Energy Consumption**	**24195**	**26847**	**29173**	**30480**	**32226**	**34323**
在总量中：	Consumption by srctor						
1.农、林、牧、渔、水利业	1.Agriculture,Forestry,Animal Husbandry, Fishery and Water Conservancy	295	308	337	360	375	389
2.工 业	2.Industry	19189	21546	23460	24358	25516	27010
3.建筑业	3.Construction	471	465	476	511	606	663
4.交通运输、仓储和邮政业	4.Transport,Storage and Post	1775	1877	1996	2079	2281	2458
5.批发、零售业和住宿、餐饮业	5.Wholesale and Retail Trades, Hotels and Catering Services	649	682	735	784	860	937
6.其他行业	6.Other Sectors	586	619	687	733	783	876
7.生活消费	7.Household Consumption	1231	1350	1481	1655	1805	1990
在总量中：	Consumption by Usage						
(一) 终端消费	(Ⅰ)End-use Consumption	17729	19516	21084	22226	23441	24977
#工业	Industry	12723	14215	15371	16104	16731	17664
(二) 加工转换损失量	(Ⅱ)Losses During the Process of Energy Conversion	6466	7331	8089	8255	8785	9346
#炼焦	Coking	73	303	511	537	542	585
炼油	Petroleum Refining	565	586	588	543	655	914
(三) 损失量	(Ⅲ)Energy Losses						
平衡差额	**Balance**	**0**	**0**	**0**	**0**	**0**	**0**

7-9 石油平衡表

Petroleum Balance Sheet

单位：万吨 (10000 tons)

项 目	Item	2005	2006	2007	2008	2009	2010
一、可供量	**Total Energy Available for Consumption**	**3308.0**	**3437.7**	**3672.2**	**3771.9**	**4265.4**	**4691.5**
原油产量	Crude Output	2694.5	2755.1	**2793.1**	2799.2	2828.2	2786.0
外省(区、市)调入量	Allocation from Other Provinces (autonomous regions、municipalities)	1500.1	1576.1	1639.6	1554.0	3517.3	2628.0
进口量	Imports	1380.6	1757.0	1801.4	2400.0		2855.0
本省(区、市)调出量(－)	Allocation to Other Provinces (autonomous regions、municipalities)	2241.6	2416.9	2762.5	3021.8	1992.7	3460.5
出口量(－)	Exports(-)						76.0
年初年末库存差额	Stock Changes in the Year	-25.6	-233.6	200.6	40.5	-87.4	-41.0
年初库存量	Stock of early Year	210.6	236.2	469.7	266.1	225.7	320.7
年末库存量(－)	Stock of Year end	236.2	469.7	269.1	225.7	313.0	361.7
二、消费量	**Total Energy Consumption**	**3308.0**	**3437.7**	**3672.2**	**3771.9**	**4265.4**	**4691.5**
在总量中：	Consumption by srctor						
1.农、林、牧、渔、水利业	1.Agriculture,Forestry,Animal Husbandry, Fishery and Water Conservancy	131.4	131.0	142.8	149.8	150.5	153.1
2.工 业	2.Industry	1167.9	1197.5	1292.5	1270.9	1494.3	1761.5
3.建筑业	3.Construction	323.8	314.0	318.5	327.5	395.4	400.3
4.交通运输、仓储和邮政业	4.Transport,Storage and Post	1189.9	1256.5	1333.2	1371.8	1508.1	1584.4
5.批发、零售业和住宿、餐饮业	5.Wholesale and Retail Trades, Hotels and Catering Services	64.7	70.3	72.8	77.9	82.6	91.1
6.其他行业	6.Other Sectors	74.6	78.5	93.9	99.4	108.7	122.9
7.生活消费	7.Household Consumption	355.8	390.0	418.6	474.5	525.7	578.1
在总量中：	Consumption by Usage						
1.终端消费	1.End-use Consumption	3009.4	3076.7	3394.3	3507.1	3734.7	3894.1
#工业	Industry	869.3	836.5	1014.5	1006.2	963.6	964.1
2.加工转换损失	2.Losses During the Process of Energy Conversion	298.6	361.1	277.9	264.7	530.7	797.4
火力发电	Thermal Power		13.0	9.1		32.3	39.3
供 热	Heating		62.2	27.4		85.3	73.5
炼油损耗	Petroleum Refining	298.6	285.8	241.4	264.7	413.1	684.6
制 气	Gas Production						
3.损 失 量	3.Other Losses						
三、平衡差额	**Balance**	**0.0**	**0.0**	**0.0**	**0.0**	**0.0**	**0.0**

7-10 煤炭平衡表

Coal Balance Sheet

单位：万吨 (10000 tons)

项　　目	Item	2005	2006	2007	2008	2009	2010
一、可供量	**Total Energy Available for Consumption**	**26056.2**	**29763.7**	**32718.7**	**34389.6**	**34795.2**	**37408.4**
原煤生产量	Raw coal output	14030.0	14058.9	14736.5	14700.6	14377.7	15653.9
外省(区、市)调入量	Allocation from Other Provinces (autonomous regions、municipalities)	16080.3	19549.1	22527.4	19974.7	22543.3	27755.5
进口量	Imports						
本省(区、市)调出量(－)	Allocation to Other Provinces (autonomous regions、municipalities)	2905.2	2795.7	3953.1	851.0	1923.0	5797.6
出口量(－)	Exports(-)	801.0	675.2	190.8	66.4	26.5	47.5
年初年末库存差额	Stock Changes in the Year	-347.9	-373.4	-401.3	631.8	-176.3	-155.8
年初库存量	Stock of early Year	1196.0	1543.7	1917.1	2317.7	1685.9	1862.2
年末库存量(－)	Stock of Year end	1543.9	1917.1	2318.4	1685.9	1862.2	2018.0
二、消费量	**Total Energy Consumption**	**26056.2**	**29763.7**	**32718.7**	**34389.6**	**34795.2**	**37408.5**
在总量中：	Consumption by srctor						
1.农、林、牧、渔、水利业	1.Agriculture,Forestry,Animal Husbandry, Fishery and Water Conservancy	63.0	68.3	74.0	84.5	86.5	86.9
2.工　业	2.Industry	24571.3	28211.0	31064.1	32604.4	32922.3	35318.4
3.建筑业	3.Construction	55.0	58.0	61.0	84.2	90.4	91.6
4.交通运输、仓储和邮政业	4.Transport,Storage and Post	18.0	20.2	21.9	25.5	26.4	29.4
5.批发、零售业和住宿、餐饮业	5.Wholesale and Retail Trades, Hotels and Catering Services	584.0	604.1	651.6	701.6	752.6	825.7
6.其他行业	6.Other Sectors	430.0	450.0	479.0	494.5	510.1	585.6
7.生活消费	7.Household Consumption	335.0	352.2	367.1	394.9	406.9	470.9
在总量中：	Consumption by Usage						
1.终端消费	1.End-use Consumption	10060.8	11020.8	11243.7	12437.1	11799.8	12530.5
#工业	Industry	8575.8	9468.0	9589.1	10651.9	9926.9	10440.4
2.用于加工转换	2.Energy Conversion	15995.5	18743.0	21475.0	21952.5	22995.4	24878.0
火力发电	Thermal Power	10556.3	11567.0	12703.0	13121.2	13559.6	14295.2
供　热	Heating	2247.4	2806.5	3545.7	3506.7	3471.7	3875.2
洗煤损耗	Losses in Coal Washing and Dressing	1011.1	887.8	1048.8	1029.0	1103.9	1669.0
炼　焦	Coking	2091.2	3141.9	4199.0	4234.3	4672.5	4985.4
制　气	Gas Production	71.4	329.9		94.1		58.1
型煤加工损耗	Losses in briquette Processing	18.2	10.0	-21.5	-32.7	187.7	-5.0
3.损失量	3.Other Losses						
三、平衡差额	**Balance**	**0.0**	**0.0**	**0.0**	**0.0**	**0.0**	**0.0**

7-11　电力平衡表
Electricity Balance Sheet

单位：亿千瓦小时　　(100 million kwh)

项　目	Item	2005	2006	2007	2008	2009	2010
一、可供量	**Total Energy Available for Consumption**	**1989.7**	**2293.9**	**2596.1**	**2727.0**	**2941.1**	**3298.4**
生产量	Output	1989.7	2293.9	2596.1	2699.2	2883.4	3090.8
火力发电	Hydropower	1989.7	2293.9	2596.1	2697.0	2870.7	3063.6
水力发电、核发电、其它发电	Hydro,Nuclear and other Power				2.2	12.7	27.2
外省(区、市)调入量	Allocation from Other Provinces (autonomous regions、municipalities)	0.3	2.5		30.0	57.6	207.6
进口量	Imports						
本省(区、市)调出量(-)	Allocation to Other Provinces (autonomous regions、municipalities)	13.1	24.4		2.3		
出 口 量(-)	Exports(-)						
二、消费量	**Total Energy Consumption**	**1976.9**	**2272.0**	**2596.1**	**2727.0**	**2941.1**	**3298.5**
在总量中：	Consumption by srctor						
1.农、林、牧、渔、水利业	1.Agriculture,Forestry,Animal Husbandry, Fishery and Water Conservancy	47.2	55.2	61.9	66.0	75.8	84.6
2.工　业	2.Industry	1560.0	1806.5	2074.4	2151.6	2300.8	2555.7
3.建筑业	3.Construction	13.2	14.7	16.1	19.2	22.7	27.2
4.交通运输、仓储和邮政业	4.Transport,Storage and Post	19.6	22.1	26.6	31.2	35.5	44.7
5.批发、零售业和住宿、餐饮业	5.Wholesale and Retail Trades, Hotels and Catering Services	38.5	43.5	50.9	52.6	57.0	69.1
6.其他行业	6.Other Sectors	88.4	90.9	103.4	111.9	126.4	149.2
7.生活消费	7.Household Consumption	210.0	239.3	262.7	294.4	322.9	368.0
在总量中：	Consumption by Usage						
1. 终端消费	1.End-use Consumption	1976.9	2272.0	2596.1	2727.0	2941.1	3298.5
#工业	Industry	1560.0	1806.5	2074.4	2151.6	2300.8	2555.7
2. 输配电损失量	2.Losses in Transmission						
三、平衡差额	**Balance**			**0.0**	**0.0**	**0.0**	

7-12 各市万元GDP能耗

Energy Consumption per 10 000-yuan GDP by Region

单位：吨标准煤/万元 (ton SCE/10 000 yuan)

地区 Region	2005	2006		2007		2008		2009		2010	
	指标值 Indicator	指标值 Indicator	比2005年上升或下降(±%) Increased or Decreased Compared with 2005	指标值 Indicator	比2006年上升或下降(±%) Increased or Decreased Compared with 2006	指标值 Indicator	比2007年上升或下降(±%) Increased or Decreased Compared with 2007	指标值 Indicator	比2008年上升或下降(±%) Increased or Decreased Compared with 2008	指标值 Indicator	比2009年上升或下降(±%) Increased or Decreased Compared with 2009
全省总计 Total	**1.32**	**1.27**	**-3.46**	**1.21**	**-4.54**	**1.13**	**-6.47**	**1.07**	**-5.46**	**1.02**	**-4.39**
济南市 Jinan	1.28	1.23	-3.53	1.18	-4.64	1.10	-6.48	1.04	-5.40	1.00	-4.21
青岛市 Qingdao	0.99	0.95	-4.31	0.90	-4.94	0.85	-5.97	0.80	-5.19	0.77	-3.84
淄博市 Zibo	2.10	2.02	-3.66	1.93	-4.71	1.79	-7.08	1.68	-5.93	1.62	-4.15
枣庄市 Zaozhuang	2.10	2.06	-1.86	1.93	-6.16	1.79	-7.49	1.68	-5.84	1.61	-4.03
东营市 Dongying	0.95	0.93	-2.47	0.89	-4.63	0.82	-7.38	0.78	-5.47	0.74	-4.26
烟台市 Yantai	0.95	0.91	-4.62	0.87	-4.50	0.81	-5.88	0.77	-5.23	0.74	-4.06
潍坊市 Weifang	1.40	1.37	-2.56	1.30	-4.70	1.21	-7.41	1.13	-6.11	1.08	-4.68
济宁市 Jining	1.71	1.64	-3.85	1.56	-5.02	1.46	-6.71	1.37	-5.58	1.31	-4.38
泰安市 Tai'an	1.50	1.45	-3.04	1.39	-4.70	1.28	-7.56	1.20	-6.03	1.15	-4.10
威海市 Weihai	1.04	1.02	-2.65	0.97	-4.52	0.90	-7.02	0.85	-5.82	0.81	-4.20
日照市 Rizhao	1.84	1.80	-2.28	1.90	5.69	1.81	-4.92	2.40	32.72	2.32	-3.47
莱芜市 Laiwu	4.68	4.57	-2.41	4.33	-5.27	3.95	-8.72	3.70	-6.41	3.51	-5.06
临沂市 Linyi	1.38	1.33	-3.41	1.27	-4.70	1.17	-7.50	1.11	-5.48	1.06	-4.41
德州市 Dezhou	1.56	1.50	-3.49	1.43	-4.70	1.33	-7.12	1.25	-5.63	1.20	-4.57
聊城市 Liaocheng	1.79	1.73	-3.39	1.67	-3.52	1.54	-7.64	1.45	-6.05	1.38	-4.82
滨州市 Binzhou	1.54	1.50	-2.78	1.44	-4.06	1.33	-7.70	1.26	-5.56	1.20	-4.16
菏泽市 Heze	1.62	1.57	-3.41	1.49	-4.55	1.39	-6.96	1.32	-5.37	1.26	-3.93

7-13　各市万元GDP取水量

Water Withdrawal per 10 000-yuan GDP by Region

单位:立方米/万元　(cu meter/10 000 yuan)

地　区 Region	2005	2006		2007		2008		2009		2010	
	指标值 Indicat-or	指标值 Indicator	比2005年上升或下降(±%) Increased or Decreased Compared with 2005	指标值 Indicator	比2006年上升或下降(±%) Increased or Decreased Compared with 2006	指标值 Indicator	比2007年上升或下降(±%) Increased or Decreased Compared with 2007	指标值 Indicator	比2008年上升或下降(±%) Increased or Decreased Compared with 2008	指标值 Indicator	比2009年上升或下降(±%) Increased or Decreased Compared with 2009
全省总计 Total	**112.95**	**106.25**	**-5.93**	**90.41**	**-14.91**	**80.76**	**-10.67**	**72.46**	**-10.27**	**65.50**	**-9.95**
济南市 Jinan	79.91	71.46	-10.57	64.56	-9.66	58.09	-10.02	52.07	-10.37	48.84	-7.69
青岛市 Qingdao	38.36	34.82	-9.22	26.45	-24.05	23.77	-10.15	21.46	-9.68	18.36	-15.36
淄博市 Zibo	74.26	65.88	-11.29	54.01	-18.01	43.75	-19.01	38.98	-10.90	38.27	-2.85
枣庄市 Zaozhuang	91.28	68.38	-25.09	61.27	-10.40	58.95	-3.79	52.80	-10.43	50.66	-5.11
东营市 Dongying	74.69	66.85	-10.50	59.75	-10.62	50.27	-15.86	44.87	-10.74	39.69	-12.63
烟台市 Yantai	43.41	39.29	-9.50	33.33	-15.17	27.34	-17.97	24.11	-11.82	21.20	-12.06
潍坊市 Weifang	104.38	108.71	4.15	84.41	-22.35	75.19	-10.92	65.29	-13.17	56.52	-14.09
济宁市 Jining	179.09	163.19	-8.88	149.98	-8.09	135.29	-9.80	119.24	-11.86	107.35	-11.68
泰安市 Tai'an	121.18	116.41	-3.94	94.77	-18.59	88.01	-7.14	81.47	-7.43	74.54	-6.86
威海市 Weihai	23.58	20.80	-11.81	18.27	-12.13	15.00	-17.90	14.06	-6.28	14.91	-7.81
日照市 Rizhao	122.63	114.29	-6.80	82.57	-27.75	74.88	-9.32	68.89	-8.00	59.73	-11.82
莱芜市 Laiwu	111.12	109.23	-1.70	101.62	-6.97	81.95	-19.35	73.50	-10.32	65.60	-8.59
临沂市 Linyi	134.98	120.23	-10.93	101.25	-15.78	90.24	-10.87	82.26	-8.85	75.65	-10.67
德州市 Dezhou	240.45	216.94	-9.78	193.44	-10.83	172.03	-11.07	151.46	-11.96	136.51	-15.92
聊城市 Liaocheng	293.76	315.82	7.51	228.06	-27.79	195.18	-14.42	165.13	-15.39	145.87	-11.67
滨州市 Binzhou	227.79	203.36	-10.73	162.13	-20.28	141.49	-12.73	130.06	-8.08	119.00	-8.49
菏泽市 Heze	416.96	377.75	-9.40	333.21	-11.79	287.83	-13.62	240.93	-16.29	201.92	-8.50

7-14 各市万元GDP电耗

Electricity Consumption per 10 000-yuan GDP by Region

单位：千瓦时/万元 (kwh per/10 000 yuan)

地　　区 Region	2005	2006		2007		2008		2009		2010	
	指标值 Indicator	指标值 Indicator	比2005年上升或下降(±%) Increased or Decreased Compared with 2005	指标值 Indicator	比2006年上升或下降(±%) Increased or Decreased Compared with 2006	指标值 Indicator	比2007年上升或下降(±%) Increased or Decreased Compared with 2007	指标值 Indicator	比2008年上升或下降(±%) Increased or Decreased Compared with 2008	指标值 Indicator	比2009年上升或下降(±%) Increased or Decreased Compared with 2009
全省总计 Total	**1073.45**	**1078.33**	**0.45**	**1078.70**	**0.03**	**1011.50**	**-6.23**	**972.49**	**-3.86**	**969.58**	**-0.30**
济南市 Jinan	828.09	803.81	-2.93	771.71	-3.99	724.91	-6.07	694.57	-4.18	693.69	-0.13
青岛市 Qingdao	721.20	694.78	-3.66	660.36	-4.95	617.07	-6.56	570.56	-7.54	570.53	-0.01
淄博市 Zibo	1646.69	1590.49	-3.41	1475.03	-7.26	1298.03	-12.00	1165.42	-10.22	1126.67	-3.33
枣庄市 Zaozhuang	1113.46	1121.61	0.73	1040.57	-7.23	931.02	-10.53	854.00	-8.27	837.62	-1.92
东营市 Dongying	786.37	861.96	9.61	836.54	-2.95	759.77	-9.18	726.07	-4.44	695.18	-4.25
烟台市 Yantai	800.50	840.36	4.98	840.52	0.02	779.54	-7.26	740.01	-5.07	730.40	-1.30
潍坊市 Weifang	1139.41	1163.33	2.10	1115.20	-4.14	1081.60	-3.01	1045.74	-3.32	1034.21	-1.10
济宁市 Jining	1099.43	1057.10	-3.85	1030.47	-2.52	1015.97	-1.41	972.90	-4.24	920.85	-5.35
泰安市 Tai'an	944.19	974.15	3.17	972.54	-0.17	894.82	-7.99	803.17	-10.24	797.55	-0.70
威海市 Weihai	540.86	523.92	-3.13	501.67	-4.25	462.13	-7.88	438.05	-5.21	445.05	1.60
日照市 Rizhao	1047.87	1110.33	5.96	1325.90	19.42	1320.81	-0.38	1427.13	8.05	1423.57	-0.25
莱芜市 Laiwu	2401.48	2257.23	-6.01	2030.95	-10.03	1926.22	-5.16	1846.63	-4.13	1911.39	3.51
临沂市 Linyi	1168.51	1174.03	0.47	1146.44	-2.35	1008.13	-12.06	1052.67	4.42	1044.53	-0.77
德州市 Dezhou	1209.13	1209.85	0.06	1200.36	-0.78	1034.11	-13.85	1007.70	-2.55	1000.50	-0.71
聊城市 Liaocheng	1490.68	1736.35	16.48	1924.64	10.84	1830.62	-4.89	1708.91	-6.65	1676.84	-1.88
滨州市 Binzhou	1148.72	1328.48	15.65	1282.23	-3.48	1262.99	-1.50	1230.62	-2.56	1220.52	-0.82
菏泽市 Heze	997.69	1025.37	2.77	1038.05	1.24	1002.45	-3.43	1010.98	0.85	1007.65	-0.33

7-15 各市电力消费量
Electricity Consumption by Region

单位:亿千瓦时 (100 million kwh)

地 区	Region	全社会用电量 Electricity Consumption			工业用电 Industrial Electricity Consumption			城乡居民生活用电 Household Electricity Consumption		
		2009	2010	2010年为2009年% 2009=100	2009	2010	2010年为2009年% 2009=100	2009	2010	2010年为2009年% 2009=100
全省总计	**Total**	**2941.12**	**3298.46**	**12.15**	**2300.79**	**2555.72**	**11.08**	**322.87**	**367.97**	**13.97**
济南市	Jinan	217.79	245.03	12.51	140.36	157.32	12.08	36.30	40.70	12.12
青岛市	Qingdao	259.42	292.97	12.93	168.11	187.70	11.65	43.29	49.50	14.35
淄博市	Zibo	283.75	311.90	9.92	245.83	269.82	9.76	20.11	21.83	8.56
枣庄市	Zaozhuang	92.46	101.75	10.04	74.76	80.88	8.19	8.70	10.42	19.77
东营市	Dongying	149.76	162.56	8.55	136.40	146.06	7.08	6.28	7.60	20.89
烟台市	Yantai	262.08	295.15	12.62	206.56	234.42	13.49	27.14	29.35	8.15
潍坊市	Weifang	263.20	294.86	12.03	198.59	222.30	11.94	32.07	35.05	9.31
济宁市	Jining	208.73	223.01	6.84	169.71	176.63	4.08	19.35	23.12	19.48
泰安市	Tai'an	121.94	137.68	12.91	93.55	105.61	12.89	15.02	16.90	12.50
威海市	Weihai	75.30	86.24	14.53	50.35	58.26	15.71	12.09	12.69	4.96
日照市	Rizhao	111.04	124.62	12.23	94.99	105.78	11.36	7.26	8.29	14.24
莱芜市	Laiwu	84.40	97.87	15.96	78.47	90.45	15.27	2.80	3.52	25.69
临沂市	Linyi	211.82	234.42	10.67	169.03	181.34	7.28	24.21	29.73	22.81
德州市	Dezhou	133.45	149.58	12.09	100.39	107.91	7.49	16.59	19.91	20.00
聊城市	Liaocheng	206.66	229.43	11.02	171.65	188.20	9.64	18.63	21.15	13.54
滨州市	Binzhou	144.80	162.97	12.55	122.75	137.24	11.80	10.30	11.91	15.63
菏泽市	Heze	89.98	100.74	11.96	54.87	58.15	5.97	22.74	26.30	15.64

7-16 各市规模以上工业万元增加值能耗

Energy Consumption per 10 000-yuan Value Added of Industrial Enterprises above the Designated Size by Region

单位：吨标准煤/万元 (ton SCE/10 000 yuan)

地 区 Region	2005	2006		2007		2008		2009		2010	
	指标值 Indicator	指标值 Indicator	比2005年上升或下降(±%) Increased or Decreased Compared with 2005	指标值 Indicator	比2006年上升或下降(±%) Increased or Decreased Compared with 2006	指标值 Indicator	比2007年上升或下降(±%) Increased or Decreased Compared with 2007	指标值 Indicator	比2008年上升或下降(±%) Increased or Decreased Compared with 2008	指标值 Indicator	比2009年上升或下降(±%) Increased or Decreased Compared with 2009
全省总计 Total	**2.15**	**2.02**	**-5.70**	**1.89**	**-6.48**	**1.70**	**-10.24**	**1.54**	**-9.20**	**1.40**	**-9.11**
济南市 Jinan	2.06	1.94	-5.59	1.81	-7.05	1.62	-10.35	1.50	-7.45	1.40	-6.83
青岛市 Qingdao	1.38	1.28	-7.45	1.17	-8.33	1.08	-8.16	1.00	-7.41	0.95	-5.11
淄博市 Zibo	3.33	3.11	-6.72	2.91	-6.22	2.58	-11.27	2.34	-9.43	2.12	-9.24
枣庄市 Zaozhuang	3.59	3.39	-5.57	3.13	-7.44	2.77	-11.61	2.51	-9.33	2.35	-6.25
东营市 Dongying	1.36	1.29	-5.45	1.21	-6.18	1.11	-8.26	1.03	-7.27	0.97	-5.91
烟台市 Yantai	1.47	1.37	-6.51	1.29	-6.03	1.20	-7.22	1.11	-7.62	1.04	-5.82
潍坊市 Weifang	2.45	2.31	-5.88	2.14	-7.06	1.92	-10.47	1.73	-9.64	1.57	-9.34
济宁市 Jining	2.94	2.72	-7.41	2.52	-7.36	2.29	-9.25	2.08	-9.28	1.87	-9.88
泰安市 Tai'an	2.84	2.65	-6.66	2.46	-7.04	2.18	-11.40	1.97	-9.56	1.79	-9.32
威海市 Weihai	1.51	1.44	-4.60	1.34	-6.87	1.22	-9.07	1.13	-7.26	1.06	-6.06
日照市 Rizhao	3.24	3.12	-3.71	3.28	5.26	3.04	-7.30	4.33	42.57	4.02	-7.15
莱芜市 Laiwu	6.79	6.54	-3.69	6.11	-6.66	5.29	-13.35	4.77	-9.75	4.30	-9.85
临沂市 Linyi	2.79	2.58	-7.36	2.42	-6.25	2.13	-11.93	1.97	-7.59	1.83	-7.46
德州市 Dezhou	2.91	2.73	-6.20	2.56	-6.24	2.26	-11.72	2.06	-8.68	1.89	-8.36
聊城市 Liaocheng	3.25	3.08	-5.21	2.92	-5.13	2.59	-11.25	2.35	-9.24	2.14	-9.14
滨州市 Binzhou	2.77	2.64	-4.69	2.52	-4.68	2.25	-10.56	2.07	-7.87	1.95	-6.14
菏泽市 Heze	2.70	2.54	-5.91	2.34	-7.95	2.12	-9.19	1.96	-7.69	1.86	-5.40

7-17 各市规模以上工业万元增加值取水量

Water Withdrawal per 10 000-yuan Value Added of Industrial Enterprises above the Designated Size by Region

单位：立方米/万元 (cu meter/10 000 yuan)

地 区 Region	2005	2006		2007		2008		2009		2010	
	指标值 Indicator	指标值 Indicator	比2005年上升或下降(±%) Increased or Decreased Compared with 2005	指标值 Indicator	比2006年上升或下降(±%) Increased or Decreased Compared with 2006	指标值 Indicator	比2007年上升或下降(±%) Increased or Decreased Compared with 2007	指标值 Indicator	比2008年上升或下降(±%) Increased or Decreased Compared with 2008	指标值 Indicator	比2009年上升或下降(±%) Increased or Decreased Compared with 2009
全省总计 Total	**33.47**	**31.42**	**-6.11**	**29.87**	**-4.93**	**27.42**	**-8.21**	**25.03**	**-8.70**	**22.72**	**-9.24**
济 南 市 Jinan	26.41	24.83	-5.98	23.77	-4.27	21.78	-8.35	20.03	-8.04	18.21	-9.07
青 岛 市 Qingdao	25.62	23.79	-7.14	22.47	-5.54	20.84	-7.29	19.15	-8.11	17.72	-7.43
淄 博 市 Zibo	40.89	37.99	-7.10	35.63	-6.22	31.78	-10.80	27.91	-12.18	24.21	-13.24
枣 庄 市 Zaozhuang	25.91	24.94	-3.75	23.66	-5.11	21.90	-7.45	20.13	-8.08	17.93	-10.93
东 营 市 Dongying	25.55	24.72	-3.24	23.62	-4.45	21.76	-7.90	19.57	-10.06	17.57	-10.21
烟 台 市 Yantai	21.20	20.13	-5.06	19.29	-4.13	18.22	-5.55	17.11	-6.11	16.79	-1.90
潍 坊 市 Weifang	40.62	38.61	-4.95	36.24	-6.13	32.43	-10.54	29.57	-8.80	24.07	-18.61
济 宁 市 Jining	40.00	37.55	-6.13	35.51	-5.44	31.86	-10.27	29.07	-8.77	23.48	-19.21
泰 安 市 Tai'an	37.82	35.41	-6.37	33.27	-6.03	29.59	-11.06	26.50	-10.44	22.27	-15.97
威 海 市 Weihai	20.80	20.07	-3.49	19.46	-3.05	18.41	-5.39	17.29	-6.07	16.33	-5.59
日 照 市 Rizhao	43.44	41.78	-3.81	39.19	-6.21	35.13	-10.36	31.37	-10.69	25.71	-18.05
莱 芜 市 Laiwu	54.76	50.80	-7.22	47.63	-6.25	42.79	-10.16	38.57	-9.85	32.64	-15.38
临 沂 市 Linyi	33.81	31.44	-6.99	29.86	-5.04	27.46	-8.03	25.24	-8.09	23.43	-7.15
德 州 市 Dezhou	41.59	39.30	-5.51	36.86	-6.19	32.71	-11.27	29.72	-9.14	24.83	-16.44
聊 城 市 Liaocheng	31.31	29.74	-5.03	28.52	-4.09	26.25	-7.97	24.31	-7.41	21.81	-10.29
滨 州 市 Binzhou	33.77	32.27	-4.47	30.75	-4.71	28.23	-8.19	25.61	-9.28	23.41	-8.59
菏 泽 市 Heze	42.24	39.27	-7.03	37.34	-4.91	33.35	-10.69	30.66	-8.06	25.16	-17.93

7-18 各市规模以上工业用水重复利用率

Water Reuse Rate of Industrial Enterprises above the Designated Size by Region

单位：% (%)

地 区 Region	2005	2006		2007		2008		2009		2010	
	指标值 Indicator	指标值 Indicator	比2005年上升或下降(±%) Increased or Decreased Compared with 2005	指标值 Indicator	比2006年上升或下降(±%) Increased or Decreased Compared with 2006	指标值 Indicator	比2007年上升或下降(±%) Increased or Decreased Compared with 2007	指标值 Indicator	比2008年上升或下降(±%) Increased or Decreased Compared with 2008	指标值 Indicator	比2009年上升或下降(±%) Increased or Decreased Compared with 2009
全省总计 Total	**88.54**	**87.64**	**3.13**	**88.54**	**0.90**	**88.78**	**0.24**	**89.24**	**0.46**	**89.54**	**0.30**
济 南 市 Jinan	91.62	91.12	-0.67	91.62	0.50	91.66	0.04	92.02	0.36	92.18	0.16
青 岛 市 Qingdao	73.67	72.22	2.86	73.67	1.45	75.61	1.94	76.02	0.41	76.15	0.13
淄 博 市 Zibo	94.50	93.90	0.33	94.50	0.60	93.84	-0.66	93.95	0.11	94.16	0.21
枣 庄 市 Zaozhuang	89.37	87.77	-0.23	89.37	1.60	90.29	0.92	90.26	-0.04	90.51	0.25
东 营 市 Dongying	75.76	74.46	3.68	75.76	1.30	75.77	0.01	77.64	1.87	78.83	1.19
烟 台 市 Yantai	71.35	68.15	5.11	71.35	3.20	72.44	1.08	74.40	1.96	75.04	0.64
潍 坊 市 Weifang	83.98	83.28	-0.70	83.98	0.70	85.02	1.04	85.70	0.68	86.14	0.44
济 宁 市 Jining	93.24	94.04	1.09	93.24	-0.80	93.66	0.42	93.93	0.27	94.07	0.15
泰 安 市 Tai'an	89.92	88.82	0.08	89.92	1.10	90.37	0.45	90.69	0.32	90.96	0.27
威 海 市 Weihai	73.80	68.43	4.21	73.80	5.37	75.09	1.29	76.11	1.02	78.35	2.24
日 照 市 Rizhao	77.22	72.62	3.74	77.22	4.60	80.73	3.51	81.55	0.82	83.31	1.76
莱 芜 市 Laiwu	93.37	93.77	1.32	93.37	-0.40	93.31	-0.06	93.52	0.21	93.69	0.17
临 沂 市 Linyi	70.40	67.00	5.00	70.40	3.40	72.12	1.72	73.73	1.61	75.63	1.90
德 州 市 Dezhou	92.72	94.29	1.06	92.72	-1.57	92.48	-0.24	92.77	0.29	93.01	0.24
聊 城 市 Liaocheng	90.43	90.03	0.73	90.43	0.40	90.33	-0.10	87.37	-2.96	87.69	0.32
滨 州 市 Binzhou	87.42	85.42	0.09	87.42	2.00	88.05	0.63	88.16	0.11	88.56	0.40
菏 泽 市 Heze	65.24	63.14	3.69	65.24	2.10	69.06	3.82	69.68	0.62	71.01	1.33

7-19 规模以上工业分行业综合能耗

Comprehensive Energy Consumption of Industrial Enterprises above the Designated Size

单位：万吨标准煤 (10 000 tons of SCE)

指 标		2009	2010 指标值 Indicator	2010 比上年增长(%) Growth
全部工业企业	**Gross Industrial Enterprises**	**23288.39**	**23719.14**	**6.94**
一、按工业行业门类分	**by sector**			
轻工业	Light Industry	3515.78	3594.85	4.77
重工业	Heavy Industry	19772.61	20124.29	7.34
采矿业	**Mining**	**1686.08**	**1828.35**	**8.74**
煤炭开采和洗选业	Mining and Washing of Coal	1143.81	1254.95	11.17
石油和天然气开采业	Extraction of Petroleum and Natural Gas	388.82	379.75	-2.32
黑色金属矿采选业	Mining of Ferrous Metal Ores	75.40	130.31	27.74
有色金属矿采选业	Mining of Non-ferrous Metal Ores	30.59	25.97	2.54
非金属矿采选业	Mining and Processing of Nonmetal Ores	46.94	37.20	2.86
其他采矿业	Mining of Other Ores	0.54	0.16	-9.01
制造业	**Manufacturing**	**16638.83**	**16643.90**	**6.03**
农副食品加工业	Processing of Food from Agricultural Products	635.62	598.16	2.64
食品制造业	Manufacture of Foods	386.32	353.97	2.71
饮料制造业	Manufacture of Beverage	84.61	86.28	0.53
烟草制品业	Manufacture of Tobacco	5.49	5.30	-3.06
纺织业	Manufacture of Textile	829.17	972.04	2.65
纺织服装、鞋、帽制造业	Manufacture of Textile Wearing Apparel, Footware, and Caps	92.20	81.72	14.23
皮革、毛皮、羽毛(绒)及其制品业	Manufacture of Leather, Fur,Feather & Its Products	42.33	40.73	17.89
木材加工及木、竹、藤、棕、草制品业	Processing of Timbers, Manufacture of Wood, Bamboo, Rattan, Palm, and Straw Products	146.38	111.24	8.92
家具制造业	Manufacture of Furniture	33.43	31.79	15.19
造纸及纸制品业	Manufacture of Paper and Paper Products	786.55	823.01	8.42
印刷业和记录媒介的复制	Printing, Reproduction of Recording Media	23.65	26.03	6.11
文教体育用品制造业	Manufacture of Articles for Culture, Education and Sport Activity	26.01	23.25	15.36
石油加工、炼焦及核燃料加工业	Processing of Petroleum, Coking, Processing of Nucleus Fuel	1641.53	1771.64	6.94
化学原料及化学制品制造业	Manufacture of Chemical Raw Material and Chemical Products	3225.14	3180.54	8.80
医药制造业	Manufacture of Medicines	172.43	181.48	8.41
化学纤维制造业	Manufacture of Chemical Fiber	70.20	68.89	3.63
橡胶制品业	Manufacture of Rubber	230.02	227.62	4.57
塑料制品业	Manufacture of Plastic	83.37	81.15	12.25
非金属矿物制品业	Manufacture of Non-metallic Mineral Products	2237.73	1963.65	-0.86
黑色金属冶炼及压延加工业	Manufacture and Processing of Ferrous Metals	3557.13	3627.79	3.24
有色金属冶炼及压延加工业	Manufacture & Processing of Non-ferrous Metals	879.57	996.28	15.88
金属制品业	Manufacture of Metal Products	136.24	135.36	12.76
通用设备制造业	Manufacture of General Purpose Machinery	498.02	455.65	7.99
专用设备制造业	Manufacture of Special Purpose Machinery	162.98	227.24	21.30
交通运输设备制造业	Manufacture of Transport Equipment	195.80	232.03	19.38
电气机械及器材制造业	Manufacture of Electrical Machinery & Equipment	285.69	182.81	13.98
通信设备、计算机及其他电子设备制造业	Manufacture of Communication Equipment, Computer and Other Electronic Equipment	85.75	82.48	1.88
仪器仪表及文化、办公用机械制造业	Manufacture of Measuring Instrument and Machinery for Cultural Activity & Office Work	15.34	17.45	12.75
工艺品及其他制造业	Manufacture of Artwork, Other Manufacture	63.68	54.93	9.43
废弃资源和废旧材料回收加工业	Recycling and Disposal of Waste	6.46	3.41	2.89
电力、燃气及水的生产和供应业	**Production and Distribution of Electric,Gas and Water**	**4963.48**	**5246.89**	**9.29**
电力、热力的生产和供应业	Production and Supply of Electric Power and Heat Power	4894.60	5208.97	9.28
燃气生产和供应业	Production and Supply of Gas	53.69	22.22	12.18
水的生产和供应业	Production and Supply of Water	15.18	15.69	9.86

注：本表数据均来自能源统计年报。2010年能耗增速为同比增速。

a)Data in this sheet are derived from preliminary energy statistics. Energy consumption growth rate is compared with the same period last year.

主要统计指标解释

能源生产总量 指一定时期内，一个地区一次能源生产量的总和。该指标是观察一个地区能源生产水平、规模、构成和发展速度的总量指标。一次能源生产量包括原煤、原油、天然气、水电、核能及其他动力能(如风能、地热能等)发电量，不包括低热值燃料生产量、生物质能、太阳能等的利用和由一次能源加工转换而成的二次能源产量。

能源消费总量 指一定时期内，一个地区物质生产部门、非物质生产部门和生活消费的各种能源的总和。该指标是观察能源消费水平、构成和增长速度的总量指标。能源消费总量包括原煤和原油及其制品、天然气、电力，不包括低热值燃料、生物质能和太阳能等的利用。能源消费总量分为终端能源消费量、能源加工转换损失量和能源损失量三部分。

(1)终端能源消费量：指一定时期内，一个地区生产和生活消费的各种能源在扣除了用于加工转换二次能源消费量和损失量以后的数量。

(2)能源加工转换损失量：指一定时期内，一个地区投入加工转换的各种能源数量之和与产出各种能源产品之和的差额。该指标是观察能源在加工转换过程中损失量变化的指标。

(3)能源损失量：指一定时期内，能源在输送、分配、储存过程中发生的损失和由客观原因造成的各种损失量，不包括各种气体能源放空、放散量。

能源生产弹性系数 是研究能源生产增长速度与国民经济增长速度之间关系的指标。计算公式：

$$\text{能源生产弹性系数}=\frac{\text{能源生产总量年平均增长速度}}{\text{国民经济年平均增长速度}}$$

国民经济年平均增长速度，可根据不同的目的或需要，用国民生产总值、国内生产总值等指标来计算，本年鉴是采用国内生产总值指标计算的。

电力生产弹性系数 是研究电力生产增长速度与国民经济增长速度之间关系的指标。一般来说，电力的发展应当快于国民经济的发展，也就是说电力应超前发展。计算公式为：

$$\text{电力生产弹性系数}=\frac{\text{电力生产量年平均增长速度}}{\text{国民经济年平均增长速度}}$$

能源消费弹性系数 反映能源消费增长速度与国民经济增长速度之间比例关系的指标。计算公式为：

$$\text{能源消费弹性系数}=\frac{\text{能源消费量年平均增长速度}}{\text{国民经济年平均增长速度}}$$

电力消费弹性系数 反映电力消费增长速度与国民经济增长速度之间比例关系的指标。计算公式为：

$$\text{电力消费弹性系数}=\frac{\text{电力消费量年平均增长速度}}{\text{国民经济年平均增长速度}}$$

能源加工转换效率 指一定时期内，能源经过加工、转换后，产出的各种能源产品的数量与同期内投入加工转换的各种能源数量的比率。该指标是观察能源加工转换装置和生产工艺先进与落后、管理水平高低等的重要指标。计算公式为：

$$\text{能源加工转换效率}=\frac{\text{能源加工转换产出量}}{\text{能源加工转换投入量}}\times100\%$$

单位国内生产总值能耗 指一定时期内，一个国家或地区每生产一个单位的国内生产总值所消耗的能源。计算公式为：

$$\text{单位国内生产总值能耗}=\frac{\text{能源消费总量}}{\text{国内生产总值}}$$

单位国内生产总值电耗 指一定时期内，一个国家或地区每生产一个单位的国内生产总值所消耗的电力。计算公式为：

$$\text{单位国内生产总值电耗}=\frac{\text{全社会用电量}}{\text{国内生产总值}}$$

单位工业增加值能耗 指一定时期内，一个国家或地区每生产一个单位的工业增加值所消耗的能源。计算公式为：

$$\text{单位工业增加值能耗}=\frac{\text{工业能源消费量}}{\text{工业增加值}}$$

Explanatory Notes on Main Statistical Indicators

Total Energy Production efers to the total production of primary energy by all energy producing enterprises in the region in a given period of time. It is a comprehensive indicator to show the capacity, scale, composition and development of energy production of the country. The production of primary energy includes that of coal, crude oil, natural gas, hydro power and electricity generated by nuclear energy and other means such as wind power and geothermal power. However, it excludes the production of fuels of low calorific value, bio energy, solar energy and the secondary energy converted from the primary energy.

Total Domestic Energy Consumption efers to the total consumption of energy of various kinds by material production sectors, non material production sectors and households in the country in a given period of time. It is a comprehensive indicator to show the scale, composition and development of energy consumption. The total energy consumption includes that of coal, crude oil and their products, natural gas and electricity, However, it excludes the consumption of fuel of low calorific value, bio energy and solar energy. Total domestic energy consumption can be divided into three parts: final energy consumption, loss during the process of energy conversion, and energy loss.

(1)Final Energy Consumption: It refers to the total energy consumption by material production sectors, non material production sectors and households in the region in a given period of time, but excludes the consumption in conversion of the primary energy into the secondary energy and the loss in the process of energy conversion.

(2)Loss During the Process of Energy Conversion: It refers to the total input of various kinds of energy for conversion, minus the total output of various kinds of energy in the region in a given period of time. It is an indicator to show the loss that occurs during the process of energy conversion.

(3)Energy Loss: It refers to the total of the loss of energy during the course of energy transport, distribution and storage and the loss caused by any objective reason in a given period of time. The loss of various kinds of gas due to gas discharges and stocktaking is excluded.

Elasticity Ratio of Energy Production is an indicator to show the relationship between the growth rate of energy production and the growth rate of the national economy. The formula is:

$$\text{Elasticity Ratio of Energy Production} = \frac{\text{Average Annual Growth Rate of Energy Production}}{\text{Average Annual Growth Rate of National Economy}}$$

The average annual growth rate of the national economy can be shown by the gross national product, gross domestic product and other indicators, depending upon the purposes or needs. The gross domestic product is used in calculation of the ratio in this chapter.

Elasticity Ratio of Electricity Production is an indicator to show the relationship between the growth rate of electricity production and the growth rate of the national economy. Generally speaking, the growth rate of electricity production should be higher than that of the national economy.

Its formula is:

$$\text{Elasticity Ratio of Electricity Production} = \frac{\text{Average Annual Growth Rate of Electricity Production}}{\text{Average Annual Growth Rate of National Economy}}$$

Elasticity Ratio of Energy Consumption is an indicator to show the relationship between the growth rate of energy consumption and the growth rate of the national economy. The formula is:

$$\text{Elasticity Ratio of Energy Consumption} = \frac{\text{Average Annual Growth Rate of Energy Consumption}}{\text{Average Annual Growth Rate of National Economy}}$$

Elasticity Ratio of Electricity Consumption is an indicator to show the relationship between the growth rate of electricity consumption and the growth rate of the national economy. The formula is:

$$\text{Elasticity Ratio of Electricity Consumption} = \frac{\text{Average Annual Growth Rate of Electricity Consumption}}{\text{Average Annual Growth Rate of National Economy}}$$

Efficiency of Energy Processing and Conversion refers to the ratio of the total output of energy products of various kinds after processing and conversion and the total input of energy of various kinds for processing and conversion in the same reference period. It is an important indicator to show the current conditions of energy processing and conversion equipment, production technique and management. The formula is:

$$\text{Efficiency of Energy Processing \& Conversion} = \frac{\text{Output of Energy After Processing \& Conversion}}{\text{Input of Energy for Processing \& Conversion}} \times 100\%$$

Energy Consumption per Unit of GDP refers to the energy consumption per unit of gross domestic production in a country or the gross region production in a region in the same reference period. The formula is:

$$\text{Energy Consumption per Unit of GDP} = \frac{\text{Total Energy Consumption}}{\text{Gross Domestic Product}}$$

Electricity Consumption per Unit of GDP refers to the electricity consumption per unit of gross domestic production in a country or the gross region production in a region in the same reference period. The formula is:

$$\text{Electricity Consumption per Unit of GDP} = \frac{\text{Total Electricity Consumption}}{\text{Gross Domestic Product}}$$

Energy Consumption per Unit of Industrial added Value refers to the energy consumption per unit of industrial value added in a country or region in the same reference peroid. The formula is:

$$\text{Energy Consumption per Unit of Industrial added Value} = \frac{\text{Total Energy Consumption}}{\text{Industrial added Value}}$$

第8篇

财政金融

Government Finance and Banking

简 要 说 明

一、本篇资料的主要内容

本篇资料反映了全省财政收支、金融和保险、证券方面的情况，主要包括财政收入、财政支出、金融机构存贷款、现金收支、保险机构、保险业务开展和山东省辖区证券市场等方面的资料。

二、本篇资料的来源

1.财政部分的资料来源于省财政厅。根据财政部2007年《财政收支分类科目》，财政支出科目变动较大，与往年不可比。

2.金融方面的资料来源于中国人民银行济南分行。

3.保险方面的资料来源于中国保监会山东监管局。

4.证券方面的资料来源于中国证监会山东监管局。

5.本篇资料由省统计局综合处整理。

Brief Introduction

I. Main Content

Data in this chapter show the conditions of local government budgetary finance, banking and insurance,and securities, including government revenue and expenditure, credit funds, cash income and expenses, statistics on insurance companies and basic stituation of securities markets under Shandong province.

II. Source of Data

（1）Data on local government finance are provided by Shandong Provincial Department of Finance. Because of reform of Government Revenue and Expenditure Classification Items issued by the Ministry of Finance of China in 2007,data on items cannot be compared with those of preceding years.

（2）Data on banking are provided by Jinan Branch of the People's Bank of China.

（3）Data on insurance are provide by China Insurance Regulatory Commission of Shandong Bureau.

（4）Data on securities are provided by China Securities Regulatory Commission of Shandong Bureau.

（5）Data in this chapter are prepared and compiled by the Division of Comprehensive Statistics of Shandong Provincial Bureau of Statistics.

8-1　1950-2010年地方财政一般预算收入

Total Local Government Budgetary Revenue from 1950 to 2010

单位:万元　(10 000 yuan)

年份 Year	地方财政一般预算收入 Total Revenue	#税收收入 Tax Revenue	#增值税 Value Added Tax	#营业税 Business Tax	#个人所得税 Individual Income Tax	#资源税 Resource Tax	#城市维护建设税 Tax on City Maintenance and Construction	#房产税 Tax on Real Estates	#印花税 Stamp Tax
1950	44253	35209							
1951	70001	55119							
1952	76284	62545							
1953	79758	69895							
1954	88446	78100							
1955	89333	79914							
1956	103099	88883							
1957	107262	92112							
1958	211004	105306							
1959	247460	122645							
1960	263795	113956							
1961	165664	87347							
1962	125506	96577							
1963	151111	93026							
1964	155357	100322							
1965	164766	100184							
1966	187716	105124							
1967	190489	109172							
1968	200665	117893							
1969	198303	120536							
1970	309438	167361							
1971	411058	174508							
1972	430416	191095							
1973	449172	206727							
1974	269542	163550							
1975	459668	233132							
1976	496749	270119							
1977	559590	313898							
1978	641286	327465							
1979	569948	322814							
1980	481097	335362							
1981	511850	368177	471		3				
1982	492888	416477	3001		5				
1983	504050	428911	12980		8				
1984	536022	484039	21457	13611	15				
1985	675316	638230	45950	101566	216	26075	30811		
1986	621535	567351	86294	131137	498	1751	37058	440	
1987	727901	652813	108184	159799	515	3002	41417	10663	
1988	826814	825681	192216	216442	371	2795	51037	11012	362
1989	1009416	973118	223717	274118	452	3230	59324	14781	7451
1990	1091082	1058745	241241	291283	687	3478	63936	19110	5754
1991	1285184	1145170	264599	315116	744	3994	71381	26116	5994
1992	1393225	1287334	312552	367710	980	5143	77163	27263	6175
1993	1943978	1908554	545599	458562	1566	5488	90282	32420	6515
1994	1346611	1264642	363371	311355	22983	46941	117238	38577	7115
1995	1790025	1635139	416401	405456	55930	51835	140782	49773	9273
1996	2416742	2156333	518976	515829	89493	50359	172075	61064	10053
1997	3044232	2648693	617844	622148	126801	56732	202164	80812	13373
1998	3523912	3019024	701402	752239	46780	166968	131149	226211	107540
1999	4044829	3429430	782176	789669	187585	59698	238123	134879	19983
2000	4636788	3929022	896895	876638	247492	62164	276205	155591	22440
2001	5731793	4883422	1002918	926921	369925	64405	290458	165321	26963
2002	6102242	4950266	1112319	1176414	310934	97605	307978	209770	37256
2003	7137877	5582820	1260824	1447077	260262	104760	444019	244706	46613
2004	8283306	6274331	1160390	1764502	319637	135148	549266	267768	62914
2005	10731250	8264612	1930040	2177928	388938	182437	659514	327950	92515
2006	13562526	10357905	2428345	2717252	458361	261376	784298	387000	123031
2007	16753980	13083516	2907862	3397121	568145	289858	924642	443522	159005
2008	19570541	15335324	3337763	3960900	611251	288063	1041367	472576	203026
2009	21986324	17203455	3244846	4706109	646665	328077	1090776	578637	238728
2010	27493842	21498997	3782348	6315107	810098	332924	1307440	646535	337443

注:本表中1994年以来的财政收入及分组均系新口径数,与历史资料不可比。

a)Data from 1994 are based on new grouping method,so they cannot compare with other data.

8-2 1950-2006年地方财政支出

Total Local Government Budgetary Expenditure from 1950 to 2006

单位:万元 (10 000 yuan)

年 份 Year	地方财政支出 Expenditure of Local Government	#基本建设 Expenditure for Capital Construction	#城市维护费 Expenditure on City Maintenance	#支援农业支出 Expenditure for Agriculture	#文教科学卫生事业费 Expenditure for Culture, Education, Science and Health	#行政管理费 Expenditure for Government Administration
1950	10281	556	79	266		4704
1951	15965	3221	490	364		7357
1952	31886	8860	245	735		8332
1953	32272	5719	263	433		9548
1954	33657	6505	245	1447		9381
1955	31143	4023	209	1954		9868
1956	47155	13244	107	3484		12695
1957	49164	10522	201	4770		11790
1958	120740	75087	67	4468		12461
1959	158857	78459	22	16116		14162
1960	239314	98855	82	23717		14571
1961	135988	19073	69	27392		13612
1962	63594	6560	334	9526		11753
1963	79714	10271	1018	12029		13054
1964	89615	17557	1535	12620		13212
1965	95407	18711	1807	10048		13144
1966	104100	24115	1690	10425		13691
1967	102007	33442	1669	9728		12064
1968	88752	31016	1719	7476		12264
1969	113952	49590	1756	7683		12669
1970	142528	70447	1805	8389		14245
1971	159105	67943	1743	11247		17779
1972	188907	82551	1621	15603		19336
1973	194872	66635	2419	21980		18541
1974	191061	56996	2005	24284		18435
1975	212560	52389	2194	26906		21241
1976	214205	48383	2579	29119		22899
1977	226136	48648	2610	32399		24449
1978	319044	83503	3750	40221		26553
1979	316239	69982	9535	41812	77298	31908
1980	300736	46680	9484	38422	90951	39017
1981	255341	32150	13144	28754	94093	39200
1982	294482	32395	17044	37525	110039	45512
1983	324119	39875	18184	38058	122536	52391
1984	389763	51801	22063	39512	144038	69508
1985	512953	55562	39340	42453	174126	70091
1986	679384	63375	47595	49892	208135	79655
1987	752168	48880	48156	57550	219751	83423
1988	940725	59630	63024	78301	278458	114421
1989	1136714	55472	75062	102293	324427	98493
1990	1238530	78060	76532	111848	354574	107220
1991	1320610	73926	80209	116383	390775	121071
1992	1456988	85542	89276	141474	457972	158948
1993	1883646	115922	104912	163489	536522	208572
1994	2187683	100904	121656	176277	721820	269520
1995	2758656	179597	163339	224793	832336	315337
1996	3589836	248334	226014	276556	1032168	402325
1997	4233342	239629	281070	367611	1182892	456970
1998	4878175	318452	367382	377198	1325393	501269
1999	5500034	325120	351390	402651	1453237	544497
2000	6130774	295068	388802	411914	1677928	622058
2001	7537781	409608	485770	478933	1936046	743144
2002	8606484	440415	547982	557939	2290732	900217
2003	10106395	636760	685165	618116	2553316	1123337
2004	11893716	600330	885953	731073	3091148	1312928
2005	14662271	704835	1179667	895847	3751654	1629489
2006	18334400	821963	1470287	1083756	4542846	1929519

8-3 1979-2006年财政支出中用于文、教、科、卫的支出

Expense on Culture,Education,Science and Health from 1979 to 2006

单位:万元 (10 000 yuan)

年份 Year	合计 Total	文体广播事业费 Operating Expenses for Culture,Sports and Broadcast	教育事业费 Operating Expenses for Education	科学事业费 Operating Expenses for Science	卫生经费 Operating Expenses for Health	科技三项经费 Science and Technology Promotion Funds
1979	80348	9219	43077	4141	20098	3813
1980	93350	9974	53296	4060	23290	2730
1981	95577	9791	54453	4094	24965	2274
1982	111630	11702	62804	4335	29737	3052
1983	125430	14353	67656	5040	33667	4714
1984	145710	18779	77533	6738	37382	5278
1985	175562	22631	97565	6513	44117	4736
1986	209611	29869	114757	8056	50910	6019
1987	225197	30555	125465	7053	56678	5446
1988	284003	39108	161889	10205	67256	5545
1989	333489	43029	187894	10535	82969	9062
1990	363035	48165	202060	11646	92703	8461
1991	401036	54145	225118	12757	98755	10261
1992	470129	61127	271681	14629	110310	12382
1993	568801	70133	337052	16678	129131	15807
1994	738553	84780	464330	22340	150028	17075
1995	856648	112065	523754	22551	173966	24312
1996	1066333	124463	670721	27256	209728	34165
1997	1229252	154418	753374	34974	240126	46360
1998	1388027	150517	886208	35703	252965	62634
1999	1532952	159272	999902	35491	258572	79715
2000	1770387	175745	1181042	38543	282598	92459
2001	2051303	206502	1377529	45428	306587	115257
2002	2427593	274203	1627761	53056	335712	136861
2003	2693986	307350	1791484	58375	396107	140670
2004	3091148	366895	2048284	65970	452199	157800
2005	3751654	449415	2487484	76471	544085	194199
2006	4542846	519674	2922839	90544	733206	276583

8-4 地方财政一般预算收入(2010年)

Total Local Government Budgetary Revenue (2010)

单位:万元 (10 000 yuan)

类别	Category	2010	比上年增长(%) Growth Rate (%)
地方一般预算收入	**Local Government Budgetary Revenue**	**27493842**	**25.05**
一、税收收入	**Tax Revenue**	**21498997**	**24.97**
增值税	Value-added Tax	3782348	16.56
营业税	Business Tax	6315107	34.19
企业所得税	Enterprise Income Tax	2933058	33.14
个人所得税	Personal Income Tax	810098	25.27
资源税	Resource Tax	332924	1.48
固定资产投资方向调节税	Tax Raised from Adjustment of Real-estate Investment		
城市维护建设税	Tax on City Maintenance and Construction	1307440	19.86
房产税	Tax on Real Estates	646535	11.73
印花税	Stamp Tax	337443	41.35
城镇土地使用税	Holding tax on urban and county land	1376902	13.90
土地增值税	Land Value Added Tax	661943	50.99
车船税	Tax on vehicles and Their Registration	232684	31.53
耕地占用税	Farmland Occupation Tax	813079	-19.57
契 税	Contract tax	1935120	47.54
烟叶税	Tobacco Leaf Tax	15120	-36.41
其他税收收入	Others	31	
二、非税收入	**Non-tax Revenue**	**5994845**	**25.34**
专项收入	Specific Revenue	1039024	18.87
行政事业性收费收入	Income from Administrative Fees	2030192	18.32
罚没收入	Penalty and Confiscatory Income	776210	14.12
国有资本经营收入	Profits of State-owned Enterprises	798181	17.00
国有资源(资产)有偿使用收入	Revenue of Compensable Use of State-owned Resources (Assets)	930552	52.67
其他收入	Others	420686	90.36

8-5 2007-2010年地方财政一般预算支出

Total Local Government Budgetary Expenditure from 2007 to 2010

单位:万元 (10 000 yuan)

类别	Category	2007	2008	2009	2010	2010年比上年增长(%) 2010 Growth Rate(%)
地方一般预算支出	**Local Government Budgetary Expenditure**	**22618495**	**27046613**	**32676716**	**41450320**	**26.85**
一般公共服务	General Public Service	4218172	4682351	4901437	5443095	11.05
公共安全	Public Security	1562148	1732612	1973698	2440277	23.64
教育	Education	4533574	5509929	6134864	7704472	25.59
科学技术	Science and Technology	464073	571333	628783	843643	34.17
文化体育与传媒	Culture、Sports and Media	441092	552178	703991	740270	5.15
社会保障和就业	Social Security and Employment	2517774	2850525	3427930	4167672	21.58
医疗卫生	Health	996496	1404184	1892400	2507742	32.52
环境保护	Environment Protection	291676	586002	761698	1129334	48.27
城乡社区事务	Urban and Rural Community Affairs	2669508	2894598	3119311	3884029	24.52
农林水事务	Farming、Forestry and Irrigation Affairs	1630130	2353000	3693489	4659775	26.16
交通运输	Transport	270004	300454	1742456	2304993	32.28

8-6 各市地方财政一般预算收入(2010年)

Total Local Government Budgetary Revenue by Region (2010)

单位:万元 (10 000 yuan)

地区	Region	地方财政一般预算收入 Local Government Budgetary Revenue	税收收入 Tax Revenue	增值税 Value-added Tax	营业税 Business Tax	企业所得税 Enterprise Income Tax	个人所得税 Personal Income Tax	资源税 Resource Tax
全省总计	**Total**	**27493842**	**21498997**	**3782348**	**6315107**	**2933058**	**810098**	**332924**
济南市	Jinan	2661314	2091319	276756	787297	306362	87703	7725
青岛市	Qingdao	4526138	3770552	547221	1200221	534562	186870	3895
淄博市	Zibo	1623955	1165174	229030	246577	134685	32203	13509
枣庄市	Zaozhuang	767069	604943	99321	115731	62783	12887	15725
东营市	Dongying	1048821	817264	134717	219865	68443	20909	3453
烟台市	Yantai	2377958	1802214	318398	454285	249301	43321	46726
潍坊市	Weifang	2024316	1750744	345144	453833	164444	33879	43656
济宁市	Jining	1692540	1324037	324055	262299	226216	43685	37227
泰安市	Tai'an	1169489	835761	136614	168344	64425	18551	18151
威海市	Weihai	1182707	915968	131466	259344	92501	18085	9009
日照市	Rizhao	556128	462099	96303	137231	70241	10044	3244
莱芜市	Laiwu	353207	267338	66046	69802	15548	7691	5548
临沂市	Linyi	1154816	879968	165099	235401	72347	19514	23453
德州市	Dezhou	729085	542563	88866	149910	49475	11439	1542
聊城市	Liaocheng	705022	486907	122686	139563	51137	11812	819
滨州市	Binzhou	1039879	736068	203820	175580	78878	9584	6805
菏泽市	Heze	846873	685612	97190	198911	65152	8212	36615

8-6 续表 1 continued

单位:万元 (10 000 yuan)

地 区	Region	城市维护建设税 Tax on City Maintenance and Construction	耕地占用税 Farmland Occupation Tax	契税 Contract Tax	烟叶税 Tobacco Leaf Tax	专项收入 Specific Revenue
全省总计	**Total**	**1307440**	**813079**	**1935120**	**15120**	**1039024**
济南市	Jinan	148037	54163	143044		91544
青岛市	Qingdao	191818	210669	389290	181	107035
淄博市	Zibo	86705	50931	183946	452	66049
枣庄市	Zaozhuang	70591	16023	36092		31314
东营市	Dongying	114024	5830	74158		60452
烟台市	Yantai	93579	62057	153069		59816
潍坊市	Weifang	128086	52356	236136	4326	75656
济宁市	Jining	98239	95045	89100		80462
泰安市	Tai'an	48533	26586	221293		36527
威海市	Weihai	60010	22938	99852		26648
日照市	Rizhao	23838	14264	32777	2506	14836
莱芜市	Laiwu	26426	9493	17978	577	23267
临沂市	Linyi	57569	34464	97376	7078	43059
德州市	Dezhou	32794	44951	55252		28322
聊城市	Liaocheng	32356	17898	23292		25530
滨州市	Binzhou	59849	40583	47387		37527
菏泽市	Heze	30971	54828	35078		21494

8-6 续表 2 continued

单位:万元 (10 000 yuan)

地 区	Region	行政事业性收费收入 Income from Administrative Fees	罚没收入 Penalty and Confiscatory Income	国有资本经营收入 Profits of State-owned Enterprises	国有资源(资产)有偿使用收入 Revenue of Compensable Use of State-owned Resources (Assets)	其他收入 Others
全省总计	**Total**	**2030192**	**776210**	**798181**	**930552**	**420686**
济南市	Jinan	257841	65442	-9401	143552	21017
青岛市	Qingdao	280539	59896	104439	166483	37194
淄博市	Zibo	126473	29942	119924	94087	22306
枣庄市	Zaozhuang	36208	30862	48657	9267	5818
东营市	Dongying	71097	25527	58439	14233	1809
烟台市	Yantai	106644	44860	252824	107027	4573
潍坊市	Weifang	65065	77269	25304	16880	13398
济宁市	Jining	155784	43391	33875	44706	10285
泰安市	Tai'an	110162	25372	69710	42438	49519
威海市	Weihai	131675	39209	52939	15840	428
日照市	Rizhao	37528	16547	1074	1822	22222
莱芜市	Laiwu	32099	11684	-130	5987	12962
临沂市	Linyi	95945	45323	6916	41639	41966
德州市	Dezhou	118540	30172	881	5655	2952
聊城市	Liaocheng	56394	34593	5015	21007	75576
滨州市	Binzhou	76838	75100	10646	15687	88013
菏泽市	Heze	68824	52746	1310	13960	2927

8-7 各市地方财政支出(2010年)

Total Local Government Budgetary Expenditure by Region (2010)

单位:万元 (10 000 yuan)

地区	Region	地方财政支出 Local Government Budgetary Expenditure	一般公共服务 General Public Service	公共安全 Public Security	教育 Education	科学技术 Science and Technology	文化体育与传媒 Culture、Sports and Media	社会保障和就业 Social Security and Employment
全省总计	**Total**	**41450320**	**5443095**	**2440277**	**7704472**	**843643**	**740270**	**4167672**
济南市	Jinan	3368037	515135	254466	503295	62138	90523	421660
青岛市	Qingdao	5323888	806747	340169	860663	98748	100576	360658
淄博市	Zibo	2018701	281611	121540	403737	48373	33421	240993
枣庄市	Zaozhuang	1289527	198027	89852	255187	15469	21596	126396
东营市	Dongying	1419464	165533	60950	250971	20198	15942	92564
烟台市	Yantai	3238648	358615	171376	566433	106313	46301	441014
潍坊市	Weifang	2910354	378074	144159	730950	72157	35672	204722
济宁市	Jining	2521964	348787	154449	558909	52726	46403	179882
泰安市	Tai'an	1756137	194409	93540	306115	28131	22308	194442
威海市	Weihai	1679255	173968	80364	317136	56150	17415	289484
日照市	Rizhao	948309	103018	47813	204759	9364	11513	110055
莱芜市	Laiwu	519371	50365	26330	122768	12986	5999	61672
临沂市	Linyi	2364649	284580	150911	519127	32862	36077	267515
德州市	Dezhou	1549133	170685	90588	286075	20095	14644	182896
聊城市	Liaocheng	1445957	188862	94213	300718	20733	25733	146704
滨州市	Binzhou	1618432	195004	75389	308079	23966	40314	224140
菏泽市	Heze	1869663	302655	100602	374454	18478	22510	262247

8-7 续表 continued

单位:万元 (10 000 yuan)

地区	Region	医疗卫生 Health	环境保护 Environment Protection	城乡社区事务 Urban and Rural Community Affairs	农林水事务 Farming、Forestry and Irrigation Affairs	交通运输 Transport
全省总计	**Total**	**2507742**	**1129334**	**3884029**	**4659775**	**2304993**
济南市	Jinan	210791	114270	527312	230275	69719
青岛市	Qingdao	197834	128837	886456	320911	234324
淄博市	Zibo	125934	71018	168453	179401	57583
枣庄市	Zaozhuang	90931	39509	89644	113086	40964
东营市	Dongying	68098	35867	174499	180492	45532
烟台市	Yantai	223873	77241	417194	379406	86808
潍坊市	Weifang	159444	102959	321562	287664	91141
济宁市	Jining	179147	86742	225410	293008	87249
泰安市	Tai'an	132338	55263	145092	210886	63436
威海市	Weihai	77831	66821	160358	187758	60189
日照市	Rizhao	68601	27100	68655	137152	48909
莱芜市	Laiwu	33177	20212	63762	52694	12964
临沂市	Linyi	211382	72272	154700	285644	112425
德州市	Dezhou	123651	66814	124506	232221	50730
聊城市	Liaocheng	140984	51629	91072	187658	58256
滨州市	Binzhou	100917	40392	179323	213425	62953
菏泽市	Heze	175894	31103	80405	275347	72430

8-8 历年金融机构人民币存款余额

RMB Deposits of Financial Institutions over the Years

单位:万元 (10 000 yuan)

年 份 Year	存款余额 Deposits	#企业存款 Deposits of Enterprises	#财政存款 Financial Deposits	#农业存款 Agricultural Deposits	#储蓄存款 Savings Deposits
1952	27761	13282	10177	101	4201
1953	37503	14033	16399	428	6643
1954	37953	14230	12829	996	9898
1955	66543	12862	38541	2255	12885
1956	59508	17058	17275	6299	18876
1957	66853	13671	21811	10970	20401
1958	119815	30097	42900	12408	34410
1959	174223	22237	94119	22061	35806
1960	152412	26747	60237	29408	36020
1961	154397	35419	65453	28048	25477
1962	147935	41050	53695	15974	20691
1963	155443	45826	56502	14924	25872
1964	157531	46288	62306	18604	30271
1965	173968	52426	65917	18600	37025
1966	203942	51901	83799	25528	42714
1967	249023	78115	92748	33202	44958
1968	266821	85320	93774	40114	47613
1969	271167	82682	105564	38148	44773
1970	539978	97982	355104	41358	45534
1971	564186	81566	374227	54081	54312
1972	523844	81483	324625	54677	63059
1973	617913	90537	397042	52709	77625
1974	528596	111890	271985	60467	84254
1975	722193	142258	417459	67018	95458
1976	765045	160536	419241	76113	109155
1977	782107	123030	460033	66737	132307
1978	900037	130437	556357	68941	144302
1979	655921	219751	27280	106696	195573
1980	879427	312830	22597	151545	297520
1981	1135778	403119	33461	150207	395513
1982	1231364	356001	38951	141051	510980
1983	1554862	397019	52104	164557	730519
1984	2333485	725014	47686	219520	1001699
1985	2788151	799892	66522	190082	1301761
1986	3515824	972556	73213	215275	1755638
1987	4702246	1201345	90726	247034	2427793
1988	5913422	1416925	77620	263310	3282031
1989	7246567	1544788	118179	276931	4291525
1990	9340575	1976484	153542	335938	5754706
1991	11636250	2845002	159394	404736	7216749
1992	14482703	3893897	114525	443904	8841510
1993	18166260	4648492	159034	492086	11182415
1994	25225337	6194052	257887	521413	16003992
1995	34243843	8776853	263884	656439	21971982
1996	42938411	11317043	239414	829448	28177108
1997	49698489	13914367	246182	852300	32657331
1998	57554782	15010890	441380	883521	37353766
1999	65629934	17250542	584925	1084540	41098425
2000	74711987	20771967	764478	1351492	44667153
2001	85017294	23079030	1140353	1613431	50637936
2002	102477706	27371339	1318673	2050450	58057165
2003	124382360	33965555	1486500	2438209	67683453
2004	145142781	38730410	2258323	2715491	77214610
2005	171035148	41238617	2596570	3221967	90351351
2006	196339878	47745652	3431146	3954365	103580272
2007	220722430	59101969	4790568	4310596	114381079
2008	269301809	68289510	5352549	4471688	143821895
2009	346977763	100209426	8683402	6605038	170827554
2010	411049645	115855356	10260711	2779643	196482092

8-9 历年金融机构人民币贷款余额
RMB Loans of Financial Institutions over the Years

单位:万元 (10 000 yuan)

年 份 Year	贷款余额 Loans	#工业贷款 Industrial Loans	#农业贷款 Agricultural Loans	#商业贷款 Commercial Loans	#基建贷款 Infrastructure Loans	#技改贷款 Technology Loans
1952	15674	2786	3796	9092		
1953	44486	2584	6082	35820		
1954	92049	5722	8051	78276		
1955	140448	6580	11898	121970		
1956	162892	12195	34271	116426		
1957	168720	10248	33183	125289		
1958	349843	59095	56826	233922		
1959	465430	117950	55414	292066		
1960	539109	178222	78879	282008		
1961	505425	119466	77270	308689		
1962	414574	72815	75921	265838		
1963	335573	39091	79662	216820		
1964	336843	33558	82586	220699		
1965	389927	41769	86353	261805		
1966	467671	56561	91222	319888		
1967	524989	82522	92431	350036		
1968	573970	104699	92497	376774		
1969	622424	143203	96513	382708		
1970	669092	136735	97501	434856		
1971	673315	172035	56895	444385		
1972	709712	178014	58874	472824		
1973	801467	181583	58446	555619		5819
1974	833605	225297	63227	538531		6550
1975	917553	235441	69972	607077		5063
1976	1029329	282332	101031	639958		6008
1977	1208633	323841	122037	754734		8021
1978	1337139	352225	135620	839518		9776
1979	1248830	376931	119144	735148		3355
1980	1801830	456971	101552	1161848		29478
1981	2064250	515804	123506	1305492		51834
1982	2354235	533949	125550	1505177	1135	86526
1983	2650117	530720	144154	1742243	3916	110909
1984	3666770	713687	291226	2088860	51276	164851
1985	4464893	849353	290436	2496747	103677	212522
1986	5549438	1189134	386722	2731161	135384	285757
1987	6678425	1464076	533772	2938915	203120	383431
1988	8031351	1821004	635129	3261651	285119	467099
1989	9413406	2279606	782795	3637710	352348	513105
1990	11667880	3023434	939869	4179923	499006	595666
1991	14280093	3570738	1130450	4737915	736741	868499
1992	17205544	4033468	1389718	5360085	916789	1124986
1993	20791075	4795134	1568072	6225867	1243646	1342356
1994	25204369	5434972	1118700	7388355	1477151	1718007
1995	31289040	6487091	1516858	8850079	1985458	2013439
1996	36802427	7658151	2474472	10289962	2250044	2531164
1997	44567197	9219803	3177039	11798956	2780310	2536443
1998	51067900	9795567	4189496	12097868	3879386	2522862
1999	56798630	10391030	4435895	12657508	5563931	2522178
2000	62090468	9938023	5281785	11249154	7315876	2678175
2001	70176588	11472037	7071209	12227300	8373434	2854302
2002	85365991	13466479	9073641	12561986	11343636	1111118
2003	104671108	16329927	11565081	12566663	13992866	1537491
2004	117828279	19255716	13401333	11660566	16834244	1946567
2005	133817463	20218176	15611128	10867721	20403236	2069666
2006	157096014	28372457	18446480	9981885	26278047	1433182
2007	175451466	33006922	21559437	10530468	30478416	1405230
2008	200539104	35509421	24634301	9439945	36443285	1528325
2009	259613230	39415542	29629694	11177739	52526564	1328334
2010	307226360					

8-10 金融机构人民币信贷收支情况(2010年)
RMB Credit Funds Balance Sheet of Financial Institution (2010)

单位:万元 (10 000 yuan)

类 别	Category	2010年末余额 2010 Year-end	比年初增减额 Increase/ Decrease from Year Beginning
一、各项存款	**Deposits in Various Forms**	**411049645**	**64072919**
1.企业存款	Deposits of Enterprises	115855356	17828368
(1)活期存款	Current Deposits	77394641	10723947
(2)定期存款	Time Deposits	38460715	7104421
2.财政存款	Treasury Deposits	10260711	1542807
3.机关团体存款	Deposits of Government Agencies and Organizations	40134890	9912595
4.储蓄存款	Savings Deposits	196482092	25654535
(1)活期储蓄	Demand Deposits	66078666	12043871
(2)定期储蓄	Time Deposits	130403427	13610665
5.农业存款	Agricultural Deposits	2779643	1264122
6.信托存款	Trust Deposits		
7.委托存款	Commissioned Deposits	2228719	-296727
8.其他存款	Other Deposits	43308234	8167219
二、各项贷款	**Loans in Various Forms**	**307226360**	**47613127**
(一)境内贷款	**Domestic Loans**	**306225318**	**46613589**
1.短期贷款	Short-term Loans	143691520	22621157
(1)个人贷款及透支	Personal Loans and Overdrafts	31105932	5891491
其中:个人消费贷款	Personal Consumption Loans	3121339	455161
(2)单位普通贷款及透支	Unit General Loans and Overdrafts	103534612	13071653
其中:经营性贷款	Business Loans	101623228	13467035
固定资产贷款	Fixed Asset Loans	1098214	-775412
(3)普通并购贷款	General Mergers and Acquisitions Loans		
(4)银团贷款	Syndicated Loans	260665	76784
(5)贸易融资	Trade Finance	8790311	3581229
2.中长期贷款	Medium & Long-term Loans	150075999	31359445
(1)个人贷款	Personal Loans	42165212	11647280
其中:个人消费贷款	Personal Consumption Loans	37171110	9947507
(2)单位普通贷款	Unit General Loans	101291013	17062929
其中:经营贷款	Business Loans	30261566	6820864
固定资产贷款	Fixed Asset Loans	70582171	10117104
(3)普通并购贷款	General Mergers and Acquisitions Loans	203800	203800
(4)银团贷款	Syndicated Loans	5367264	2309881
(5)贸易融资	Trade Finance	1048710	135554
3.信托贷款	Trust Loans		
4.融资租赁	Circulating Funds Tenancy		
5.委托贷款	Commissioned Loans	184000	-545500
6.票据融资	Circulating Funds of Bills	12175089	-6809430
#贴 现	Rebate	12175089	-6809430
7.各项垫款	Paying in Advance	98710	-12083
(二)境外贷款	**Overseas Loans**	**1001042**	**999538**

8-11 各市金融机构人民币存贷款余额(2010年)

RMB Loans and Deposits of Financial Institutions by Region(2010)

单位:亿元 (100 million yuan)

地 区	Region	各项存款 Total Deposits 余额 Year-end	各项存款 Total Deposits 比年初增减 Increase/Decrease from Year Beginning	#居民储蓄存款 Savings Deposits of Residents 余额 Year-end	#居民储蓄存款 Savings Deposits of Residents 比年初增减 Increase/Decrease from Year Beginning	各项贷款 Total Loans 余额 Year-end	各项贷款 Total Loans 比年初增减 Increase/Decrease from Year Beginning
全省总计	**Total**	**41104.96**	**6407.29**	**19648.21**	**2565.45**	**30722.64**	**4761.31**
济南市	Jinan	7510.44	1147.14	2187.68	276.14	6319.09	618.24
青岛市	Qingdao	7659.21	1357.33	2912.33	384.46	5886.23	1012.69
淄博市	Zibo	2470.56	325.35	1311.19	126.22	1686.13	290.84
枣庄市	Zaozhuang	892.18	84.48	511.39	68.80	727.71	141.88
东营市	Dongying	1567.10	266.12	703.06	62.84	1148.11	248.75
烟台市	Yantai	4021.24	678.98	2110.29	259.11	2511.91	406.77
潍坊市	Weifang	3281.25	542.30	1843.79	238.68	2514.81	472.19
济宁市	Jining	2256.31	360.71	1275.10	202.10	1366.43	237.72
泰安市	Tai'an	1399.53	186.36	824.31	101.81	917.60	148.02
威海市	Weihai	1603.30	222.50	949.17	122.79	1121.73	168.69
日照市	Rizhao	993.14	181.15	455.84	66.39	832.71	105.97
莱芜市	Laiwu	585.78	23.34	299.44	37.49	464.70	37.81
临沂市	Linyi	2115.09	352.76	1390.16	212.04	1538.21	250.79
德州市	Dezhou	1286.91	198.49	807.18	99.35	909.84	136.64
聊城市	Liaocheng	1232.43	158.14	752.49	83.65	919.65	148.61
滨州市	Binzhou	1061.01	142.74	508.31	63.77	1020.38	173.39
菏泽市	Heze	1089.77	191.46	804.70	159.29	797.66	140.16

8-12 金融机构现金收支情况(2010年)

Cash Statistics of Financial Institutions(2010)

单位:亿元 (100 million yuan)

类　别	Category	2010	比上年增长 (%) Growth Rate
收入合计	**Cash Income**	**77144.41**	**18.1**
一、商品销售收入	Income from Commodity Sales	7193.25	17.1
二、服务业收入	Income from Service Trade	2313.03	6.4
三、行政税费收入	Income from Taxes	531.93	15.3
四、城乡个体经营收入	Income from Urban and Rural Individual Business	4061.64	26.1
五、储蓄存款收入	Income from Savings Deposits	53942.42	17.5
六、其他金融机构收入	Income from Other Financial Institutions	69.89	8.2
七、居民归还贷款收入	Income from Repayment of Loans by Residents	3143.88	36.3
八、汇兑收入	Income from Remittances	288.24	-7.4
九、有价证券收入	Income from Securities	27.90	-27.0
十、其他收入	Other Income	5572.22	19.2
#兑换外币收入	Income from Exchange of Foreign Currencies	33.95	-9.1
支出合计	**Cash Expenditures**	**77300.30**	**18.4**
一、工资性支出	Wages	3663.57	19.5
二、农副产品采购支出	Purchases of Agricultural and Sideline Products	2867.00	19.4
三、工矿及其他产品采购支出	Expenditure for Purchases of Industrial and Mineral Products	1421.70	11.2
四、行政企事业管理费支出	Government and Enterprise Overhead	1796.20	0.9
五、城乡个体经营支出	Expenditure for Individual Business	4599.11	28.1
六、储蓄存款支出	Expenditure for Savings Deposits	55184.61	16.8
七、其他金融机构支出	Expenditure for Other Financial Institutions	87.33	-30.3
八、居民提取贷款支出	Expenditure for Loans from Residents	2121.67	44.0
九、汇兑支出	Expenditure for Remittances	254.32	10.6
十、有价证券支出	Expenditure for Securities	22.26	-4.6
十一、其他支出	Other Expenditure	5282.53	28.8
#兑换外币支出	Exchange of Foreign Currencies	57.20	-2.9
现金投放(+)回笼(-)	**Monetary Issues (+)Cash Withdrawn**	**155.88**	

8-13 1997-2010年保险费收入和赔款给付

Premium and Payment of Insurance Companies 1997 to 2010

年 份 Year	保险费收入 (万元) Premium (10 000 yuan)	赔款及给付支出 (万元) Settled Claim and Payment (10 000 yuan)	简单赔付率 (%) Simple Payment Rate
1997	785298	317889	40.5
1998	837500	294648	35.2
1999	956496	365490	38.2
2000	1110622	402204	36.2
2001	1533204	409588	26.7
2002	2238236	456801	20.4
2003	2835306	561804	19.8
2004	3171584	656966	20.7
2005	3408050	766254	22.5
2006	3962203	1209078	30.5
2007	5017177	1717385	34.2
2008	6739812	1983902	29.4
2009	7928870	2283924	28.8
2010	10300687	2286398	22.2

8-14 各市保险业务情况(2010年)

Basic Statistics on Insurance by Region (2010)

单位:万元 (10 000 yuan)

地 区	Region	保费收入 Premium (10 000 yuan)	财产险 Property Insurance	人寿险 Life Insurance	赔款与给付 Claim and Payment	财产险 Property Insurance	人寿险 Life Insurance
全省总计	**Total**	**10300687**	**2974427**	**7326260**	**2286398**	**1366605**	**919794**
济南市	Jinan	1223055	288573	934482	233687	109346	124341
青岛市	Qingdao	1538526	505004	1033521	388336	259197	129139
淄博市	Zibo	646430	200481	445949	135447	78596	56850
枣庄市	Zaozhuang	294724	76172	218553	58505	35531	22974
东营市	Dongying	432256	136424	295832	98982	60830	38151
烟台市	Yantai	966933	271802	695131	213530	124880	88650
潍坊市	Weifang	865528	274048	591480	209932	131193	78739
济宁市	Jining	731103	197418	533686	147396	82972	64424
泰安市	Tai'an	465656	102574	363082	100242	49569	50674
威海市	Weihai	440892	127211	313681	123280	70276	53005
日照市	Rizhao	234128	93667	140461	62984	47190	15795
莱芜市	Laiwu	133395	37043	96352	30121	14406	15715
临沂市	Linyi	760253	236698	523555	156073	104634	51439
德州市	Dezhou	464038	108623	355415	84740	46278	38462
聊城市	Liaocheng	380256	120779	259477	74695	47691	27004
滨州市	Binzhou	338411	115578	222833	84924	61393	23531
菏泽市	Heze	383060	80291	302769	79109	38209	40900

8-15 人身保险公司主要业务指标(2010年)

Major Business Indicators of Life Insurance Companies (2010)

单位:万元 (10 000 yuan)

类 别	Category	保费收入 Premium Income	赔款支出 Indemnity Expenditure	退保金 Withdrawal Amount Insured	年金给付 Total Annuity Payment	满期给付 Total Mature Payment	死伤医疗给付 Payment for Death,Injury and Medical Treatment
总 计	**Total**	**8029020**	**261188**	**736362**	**190080**	**510843**	**145553**
一、人寿保险	**Life Insurance**	**7326260**	**130594**	**675693**	**190080**	**488212**	**110908**
(一)非分红产品	Non-dividend Insurance	671694		47467	115843	44926	41222
定期寿险	Time Insurance	15977		247		111	2839
两全寿险	Endowment Insurance	264256		16553	21006	42531	8890
终身寿险	WLL	294293		15508		1690	22604
年 金	Total Annuity Payment	97168		15159	94837	595	6890
(二)分红产品	Dividend Insurance	5157193		364528	72940	411205	26911
定期寿险	Time Insurance						
两全寿险	Endowment Insurance	4304604		251312	28125	410267	21164
终身寿险	WLL	218575		4567		3	3750
年 金	Total Annuity Payment	634015		108649	44815	935	1997
(三)投资连接产品	Investment Link Insurance	69211		36926		6680	479
(四)万能产品	Universal Life Insurance	725401		166103	1296	2770	7651
二、意外伤害保险	**Accident Injury Insurance**	**163595**	**33492**				
一年期以内	Within-One-year Period Business	7260	1128				
一年期	One-year Period Business	155424	32364				
三、健康保险	**Health Insurance**	**539165**	**97102**	**60670**		**22631**	**34645**
一年期(及一年期以内)	Within-One-year Period Business	143780	97102				
一年期以上	One-year Period Business	395385		60670		22631	34645

8-16 财产保险公司主要业务指标(2010年)

Major Business Indicators of Insurance Companies(2010)

单位:万元 (10 000 yuan)

类 别	Category	保费收入 Premium	赔款支出 Payment
总 计	**Total**	**2974427**	**1366605**
机动车辆及第三者责任险	Motor Vehicle and Third Party Liability	2479739	1111883
企财险	Enterprise Property insurance	175424	75409
家财险	Family Property Insurance	9987	3714
工程险	Project Insurance	12128	4074
责任险	Liability Insurance	56111	23119
信用险	Credit Insurance	59736	49834
保证保险	Guarantee Insurance	11523	1379
船舶险	Ship Insurance	35436	23284
货运险	Freight Transport Insurance	35972	13579
特殊风险保险	Peculiar Risk Insurance	7495	2389
农业保险	Agriculture Insurance	25005	22921
健康险	Health Insurance	18576	17385
意外伤害险	Accident Injury Insurance	44685	17447
其 他	Other Property Insurance	2611	190

8-17 保险公司分支机构(2010年)

Number of Institutions and Employed Persons in Insurance(2010)

单位:个 (unit)

地 区	Region	人寿保险 Life Insurance					财产保险 Property Insurance				
		分公司 Bran-ches	中心支公司 Branches and Sub-branches in Center Ciyies	支公司 Sub-branches	营业部 Business Depart-ments	营销服务部 Marke-ting Depart-ments	分公司 Branches	中心支公司 Branches and Sub-branches in Center Ciyies	支公司 Sub-branches	营业部 Business Depart-ments	营销服务部 Marke-ting Depart-ments
全省总计	**Total**	**48**	**210**	**571**	**39**	**2560**	**41**	**243**	**672**	**108**	**1369**
济南市	Jinan	34	4	37	34	196	23	9	44	12	111
青岛市	Qingdao	14	4	65	1	89	18	4	81	13	121
淄博市	Zibo		17	33		158		17	54	3	109
枣庄市	Zaozhuang		11	27		100		11	24	6	35
东营市	Dongying		12	18		63		15	30	9	47
烟台市	Yantai		22	50		251		23	60	7	120
潍坊市	Weifang		16	55	2	236		23	72	9	119
济宁市	Jining		17	45		277		18	44	6	138
泰安市	Tai'an		15	30	2	164		13	23	9	60
威海市	Weihai		15	14		125		17	39	5	43
日照市	Rizhao		8	17		75		14	20	2	61
莱芜市	Laiwu		9	5		41		9	9		28
临沂市	Linyi		18	38		282		19	58	5	128
德州市	Dezhou		10	39		131		11	39	4	50
聊城市	Liaocheng		13	35		140		14	23	7	71
滨州市	Binzhou		10	24		80		15	26	3	60
菏泽市	Heze		9	39		152		11	26	8	68

8-18 山东省辖区证券市场基本情况

Basic Stituation of Securities Markets Under Shandong Province

项　　目		Item		2005	2008	2009	2010
上市公司数	(家)	Number of Listed Companies	(unit)	69	85	87	110
#发行A股公司数	(家)	A Shares	(unit)	67	83	85	108
发行B股公司数	(家)	B Shares	(unit)	6	6	6	6
A、B股均发行公司数	(家)	Number of Listed Companies (A Shares and B Shares)	(unit)	4	4	4	4
境外发行公司数	(家)	Number of Overseas-listed companies	(unit)	23	66	72	82
境内、外均发行公司数	(家)	Companies Listed Overseas and Domestic	(unit)	3	5	5	6
ST公司数	(家)	Number of ST Listed Companies	(unit)	8	6	9	8
#*ST公司数	(家)	*ST Listed Companies	(unit)	2	2	5	4
证券公司数	(家)	Number of Securities Companies	(unit)	2	1	1	1
证券营业部数	(家)	No.of Securities Business Department	(unit)	102	124	147	166
证券交易服务部数	(家)	No.of Securities Trading Service	(unit)	31	15		
期货经纪公司数	(家)	No.of Futures Broker Companies	(unit)	7	5	5	3
期货经纪公司营业部数	(个)	No.of Trading Offices of Futures Broker Companies	(unit)	6	19	22	31
证券投资咨询机构数	(家)	No.of Securities Investment Consultative Institutions	(unit)	3	3	3	3
证券投资者资金开户数	(万户)	No.of Opening Account of Securities Investors	(10 000 households)	208.8	375.0	421.9	457.1
上市公司当年境内募集资金总额	(亿元)	Total Domestic Capital Volume Collected by Listes Co	(100 million yuan)	23.0	183.3	140.9	317.3
首次公开发行	(亿元)	IPO	(100 million yuan)	23.0	45.4	20.8	219.2
配股	(亿元)	Share Right Issued	(100 million yuan)		5.1		
增发	(亿元)	Adding the Share Issue	(100 million yuan)		84.8	110.4	98.1
可转债	(亿元)	Transferable Loans	(100 million yuan)		28.0	9.8	
公司债	(亿元)	Corporate Bond	(100 million yuan)		20.0		
市价总值	(亿元)	Total Market Value	(100 million yuan)	1843.2	3223.2	7280.0	9456.7
证券经营机构证券交易量	(亿元)	Trading Volume of Securities Managerial Institutions	(100 million yuan)	2768.5	17515.3	35928.0	20710.1
期货经纪公司代理交易量	(亿元)	Trading Volume of Agency by Futures Managerial Institutions	(100 million yuan)	6832.6	27942.2	48369.5	73005.9

注：证券营业部、期货经纪公司营业部数、证券投资者资金开户数均为山东省证监局辖区数据。

a)Data on securities business department、trading offices of futures broker companies、 opening account of securities investors are jurisdictional-area data of China Securities Regulatory Commission of Shandong Bureau.

主要统计指标解释

财政收入 指国家财政参与社会产品分配所取得的收入，是实现国家职能的财力保证。财政收入所包括的内容几经变化，目前主要包括：

（1）税收收入：包括增值税、营业税、企业所得税、个人所得税、资源税、固定资产投资方向调节税、城市维护建设税、房产税、印花税、城镇土地使用税、土地增值税、车船税、耕地占用税、契税、烟叶税、其他税收收入。

（2）非税收入：包括专项收入、行政事业性收费收入、罚没收入、国有资本经营收入、国有资源有偿使用收入、其他收入。

财政支出：国家财政将筹集起来的资金进行分配使用，以满足经济建设和各项事业的需要，主要包括：

（1）一般公共服务支出：反映政府提供一般公共服务的支出。

（2）公共安全：反映政府维护社会公共安全方面的支出，有关事务包括武装警察、公安、国家安全、检察、法院、司法行政、监狱、劳教、国家保密、缉私警察等。

（3）教育支出：反映政府教育事务支出。有关具体教育事务包括教育行政管理、学前教育、小学教育、初中教育、普通高中教育、普通高等教育、初等职业教育、中专教育、技校教育、职业高中教育、高等职业教育、广播电视教育、留学生教育、特殊教育、干部继续教育、教育机关服务等。

（4）科学技术：反映政府用于科学技术方面的支出。

（5）文化体育与传媒：反映政府在文化、文物、体育、广播电视、新闻出版等方面的支出。

（6）社会保障和就业：反映政府在社会保障与就业方面的支出。有关事项包括社会保障与就业管理事务、民政管理事务、财政对社会保险基金的补助、补充全国社会保障基金、行政事业单位离退休、企业改革补助、就业补助、抚恤、退役安置、社会福利、残疾人事业、城市居民最低生活保障、其他城镇社会救济、农村社会救济、自然灾害生活补助、红十字事务等。

（7）医疗卫生支出：反映政府医疗卫生方面的支出。具体包括医疗卫生管理事务支出、医疗服务支出、医疗保障支出、疾病预防控制支出、卫生监督支出、妇幼保健支出、农村卫生支出等。

（8）环境保护：反映政府环境保护支出。具体包括：环境保护管理事务支出、环境监测与监察支出、污染治理支出、自然生态保护支出、天然林保护工程支出、退耕还林支出、风沙荒漠治理支出、退牧还草支出、已垦草原退耕还草支出。

（9）城乡社区事务：反映政府城乡社区事务支出。具体包括：城乡社区管理事务支出、城乡社区规划与管理支出、城乡社区公共设施支出、城乡社区住宅支出、城乡社区环境卫生支出、建设市场管理与监督支出等

（10）农林水事务：反映政府农林水事务方面的支出。具体包括农业、林业、水利、扶贫支出、农业综合开发支出等。

存　款 指企业、机关、团体或居民根据资金必须收回的原则，把货币资金存入银行或其他信贷机构保管并取得一定利息的一种信用活动形式。根据存款对象或性质的不同可划分为企业存款、财政存款、机关团体存款、基本建设存款、储蓄存款、农村存款、委托存款、其他存款等科目。它是银行信贷资金的主要来源。

贷　款 指银行或其他信贷机构根据资金必须归还的原则，按一定利率，为企业、个人等提供资金的一种信用活动形式。我国银行贷款分为短期贷款、中期流动资金贷款、中长期贷款、信托贷款、融资租赁、委托贷款、票据融资、各项垫款等。

保险公司 在中国境内的、经过保险监督管理部门批准设立，并依法登记注册的各类商业保险公司。

保险金额 指保险人承担赔偿或者给付保险金责任的最高限额。

保　费 指投保人为取得保险人在约定范围内所承担赔偿责任而支付给保险人的费用。

赔　款 指保险人根据保险合同的规定，向被保险人支付的赔偿保险责任损失的金额。

给　付 包括死伤医疗给付和满期给付。死伤医疗给付是指保险人根据人寿保险及长期健康保险合同的规定，因被保险人在保险期内发生保险责任范围内的保险事故支付给被保险人(或受益人)的金额。满期给付是指被保险人生存期满，保险人按人寿保险合同规定支付给被保险人的满期保险金额。

Explanatory Notes on Main Statistical Indicators

Government Revenue refers to the revenue of the government finance by means of participating in the distribution of the social products, which is the financial resources for ensuring the government to function. The contents of government revenue have been changed several times. Now it includes the following main items:

(1) Various tax revenues including value added tax, business tax, enterprise income tax, personal income tax, resources tax, fixed assets investment direction regulating tax, tax on city maintenance and construction, real estate tax, stamp tax, tax on use of urban land, land value added tax, vehicle and vessel tax, tax on occupancy of cultivated land, property tax, tobacco leaf tax, and other tax revenues.

(2) **Non-tax Revenues** including special revenues, revenues from Administrative and institutional fees, penalty and confiscatory revenues , revenues from state-owned capital operationg,revenues from paid use of state-owned resources, and other revenues .

Government Expenditure refers to the distribution and use of the funds the government finance has raised, so as to meet the needs of economic construction and various causes. It includes the following main items:

(1) Expenditure for general public services: It reflects the expenditure from the government for general public services.

(2) Expenditure on public security: It reflects the expenditure from the government towards safeguarding the public security, including the related affairs of armed police, public security, state security, procuratorial administration,law court, judicial administration, jail , reeducation through labor, state confidentiality, anti-smuggling Patrol,etc.

(3) Expenditure on education: It reflects the expenditure from the government on education, including the related affairs of educational administration management, preschool education, primary education, junior secondary educate, regular senior secondary educate, regular higher education, primary vocational education, specialized secondary educate, technical educate, vocational senior secondary educate, vocational higher education, radio and television education, foreign student educate, special education, cadre continuing education, education institution services,etc.

(4) Expenditure on science and technology: It reflects the expenditure from the government on science and technology.

(5) Expenditure on culture, sport and media: It reflects the expenditure from the government on culture, cultural relics, sport, radio and television, publication, etc.

(6)Expenditure on social security and employment: It reflects the expenditure from the government on social security and employment, including the related affairs of management of social security and employment, civil administration, subsidies to social insurance funds, supplement to national social security funds, retirees of government agencies and institutions, subsidies to enterprises reform, subsidies to employment, pension, settling down demobilized servicemen,social security, disabled person administration, minimum living allowance in urban area, other social relief in urban area, social relief in rural area, subsidies to natural disaster, Red Cross business,etc.

(7)Expenditure on health care: It reflects the expenditure from the government on health care, including expenditure on management of health care, medical services, medical security, disease control and prevention, public health supervision, rural health care,etc.

(8) Expenditure on environment protection: It reflects the expenditure from the government on environment protection, including expenditure on management of environment protection, environment monitoring and supervisory, pollution government, natural ecological protection, project of natural forest protection, returning farmland to forest, sandstorm and wilderness government, returning grazing land to grassland, returning cultivated grassland to grassland, etc.

(9) Expenditure on urban and rural community affairs: It reflects the expenditure from the government on urban and rural community affairs, including expenditure on management of urban and rural community affairs, plan and management of urban and rural community, public utility of urban and rural community, residential buildings of urban and rural community, environmental sanitation of urban and rural community, management and supervision of markets construction, etc.

(10) Expenditure on agriculture, forest and irrigation: It reflects the expenditure from the government on agriculture, forest and irrigation, including expenditure on agriculture, forest, irrigation, poverty alleviation, comprehensive development of agriculture, etc.

Deposit is a form of credit by which enterprises, institutions, organizations or households can put money into banks and other credit institutions for safekeeping and interest earning under the principle of free withdrawal. According to different depositors, deposits are divided into enterprise deposits, treasury deposits, deposits of government agencies and organizations, capital construction deposits, savings deposits, rural saving deposits, entrusted deposits and other deposits. Deposits are major sources of the credit funds of banks.

Loan is a form of credit by which banks and other credit institutions provide funds at certain interest rate to enterprises and individuals in the light of the principle of unconditional repayment. Loans from Chinese banks include circulating capital loans, fixed assets loans, loans to urban and rural individuals engaged in industrial and commercial business and agricultural loans.

Insurance Companies refer to commercial insurance companies of various forms registered by law and established in China with the approval of insurance regulatory agencies.

Amount Insured refers to the maximum that the insurant will get for the claim of the case insured.

Premium is the fee paid by the insurant to the insurer to obtain the obligation of compensation from the insurance within the agreed terms.

Settled Claim is the compensation paid by the insurer to the insurant in accordance with the insurance contract.

Payment includes payment for death, injury or medical treatment and mature payment. Payment for death, injury or medical treatment refers to the money paid to the insurant (or the beneficiary) in accordance with the life or health insurance contract when the insurant encounters accidents within the insured period covered in the contract. Mature payment refers to the mature payment to the insurant in accordance with the life insurance contract at the end of the insured period.

第
9
篇

价格指数

Price Indices

简 要 说 明

一、本篇资料的主要内容

本篇资料反映了全省生产、投资、流通、消费等环节价格变动状况，主要包括居民消费、商品零售、生产资料、工业品出厂、原材料燃料动力购进、固定资产投资、房地产等价格指数。

二、本篇资料的来源

1.居民消费、商品零售和农业生产资料价格指数来源于消费价格统计调查年报，由国家统计局山东调查总队消费价格调查处整理提供。

2.工业品出厂、原材料燃料动力购进、固定资产投资、房地产等价格指数来源于生产价格统计调查年报，由国家统计局山东调查总队生产价格调查处整理提供。

Brief Introduction

I. Main Content

Data on the price indices in this chapter show the changing trend in production, investment, circulation and consumption, including mainly consumer price indices of residents, retail price indices, price indices of means of production, production price indices of industrial products, purchasing price indices of raw materials, fuels and power, price indices of investment in fixed assets and real estate price indices.

II. Source of Data

(1) Data on consumer price indices of residents, retail price indices and price indices of agricultural means of production are based on yearly report on consumer price and are provided by the Division of Consumer Price Survey of the National Bureau of Statistics in Shandong.

(2) Data on production price indices of industrial products, purchasing price indices of raw materials, fuels and power, price indices of investment in fixed assets and real estate price indices are based on yearly report on production price and are provided by the Division of Production Price Survey of the National Bureau of Statistics in Shandong.

9-1 重点年份居民消费价格指数

Major Year's Consumer Price Indices

(上年=100) (preceding year=100)

类 别	Category	2005	2007	2008	2009	2010
居民消费价格指数	**Consumer Price Index**	**101.7**	**104.4**	**105.3**	**100.0**	**102.9**
城 市	Urban Areas	101.1	103.8	104.7	99.9	102.6
农 村	Rural Areas	102.4	105.3	106.2	100.1	103.5
服务项目价格指数	**Services Price Index**	**103.3**	**101.9**	**102.1**	**101.2**	**100.8**
消费品价格指数	**Consumer Goods Price Index**	**101.2**	**105.1**	**106.1**	**99.7**	**103.5**
食 品	Food	102.7	113.6	113.0	101.3	108.3
粮 食	Grain	100.2	108.1	106.3	104.4	113.0
油 脂	Oil or Fat	94.6	121.9	124.2	86.2	106.2
肉禽及其制品	Meal, Poultry and Their Products	100.9	137.7	122.2	91.2	103.6
水产品	Aquatic Products	103.4	104.9	112.8	102.3	106.8
蛋	Eggs	104.5	120.8	105.2	100.8	107.1
鲜 菜	Fresh Vegetables	109.7	113.4	105.7	119.2	125.5
烟酒及用品	Tobacco, Liquor and Articles	100.3	102.7	104.3	102.4	102.5
衣 着	Clothing	98.2	97.3	97.9	97.2	97.6
家庭设备用品及维修服务	Household Facilities, Articles and Services	100.1	102.3	102.0	100.1	99.6
医疗保健和个人用品	Health Care and Personal Articles	99.7	101.6	102.2	101.3	101.9
交通和通讯	Transportation and Communication	99.5	98.6	99.9	98.1	99.3
娱乐教育文化用品及服务	Recreation, Education and Culture Articles	102.7	99.6	100.3	100.8	99.7
居 住	Residence	105.2	103.8	107.3	98.8	103.6
商品零售价格指数	**Retail Price Index**	**100.6**	**103.6**	**104.9**	**99.4**	**102.7**
城 市	Urban Areas	100.4	103.1	104.5	99.3	102.4
农 村	Rural Areas	101.2	104.6	105.8	99.4	103.2
农业生产资料价格指数	**Price Indices of Means of Agricultural production**	**106.2**	**107.1**	**119.3**	**96.3**	**103.0**

9-2 居民消费和商品零售价格总指数(2010年)

General Consumer and Retail Price Indices(2010)

类 别	Categoty	居民消费价格总指数 General Consumer Price Indices			商品零售价格总指数 General Retail Price Indices			农业生产资料价格总指数 General Price Indices of Means of Agricultural Production
		全 省 Provincial Indices	城 市 Urban Indices	农 村 Rural Indices	全 省 Provincial Indices	城 市 Urban Indices	农 村 Rural Indices	
以1950年价格为100	1950=100	611.5	613.3		487.6	464.8	449.4	392.6
以1952年价格为100	1952=100	539.3	542.0		405.5	407.4	407.4	405.5
以1957年价格为100	1957=100	496.9	504.5		369.4	334.6	373.4	378.6
以1965年价格为100	1965=100	489.6	491.1		352.5	362.8	356.5	421.3
以1970年价格为100	1970=100	502.1	504.2		358.0	372.8	362.3	465.7
以1978年价格为100	1978=100	501.6	503.8	490.7	358.4	371.1	363.1	504.4
以1980年价格为100	1980=100	474.6	482.8	461.4	342.6	360.7	347.2	499.5
以1985年价格为100	1985=100	409.0	409.2	393.2	309.3	322.1	315.3	424.1
以1990年价格为100	1990=100	251.3	261.6	243.1	193.3	194.6	199.7	280.7
以1995年价格为100	1995=100	137.0	135.3	140.8	114.7	110.8	122.4	147.0
以2000年价格为100	2000=100	123.0	117.7	130.1	114.2	110.4	121.9	159.8
以上年价格为100	Preceding Year=100	102.9	102.6	103.5	102.7	102.4	103.2	103.0

9–3 历年居民消费价格总指数

General Consumer Price Indices over the Years

年 份 Year	以1950年为100 1950=100	以1952年为100 1952=100	以1978年为100 1978=100	以1990年为100 1990=100	以1995年为100 1995=100	以上年为100 Preceding Year=100
1951	110.8					110.8
1952	113.2					102.2
1953	116.9	103.3				103.3
1954	120.9	106.8				103.4
1955	120.8	106.7				99.9
1956	121.7	107.5				100.7
1957	122.9	108.6				101.0
1958	122.4	108.2				99.6
1959	123.1	108.9				100.6
1960	123.7	109.4				100.5
1961	131.5	116.3				106.3
1962	132.2	116.9				100.5
1963	130.5	115.4				98.7
1964	127.6	112.9				97.8
1965	124.8	110.4				97.8
1966	123.2	109.0				98.7
1967	123.3	109.1				100.1
1968	123.1	108.9				99.8
1969	123.0	108.8				99.9
1970	121.7	107.6				98.9
1971	121.6	107.5				99.9
1972	121.6	107.5				100.0
1973	121.4	107.3				99.8
1974	121.3	107.2				99.9
1975	121.5	107.4				100.2
1976	121.7	107.6				100.2
1977	121.5	107.4				99.8
1978	121.9	107.7				100.3
1979	122.8	108.5	100.7			100.7
1980	128.9	113.9	105.7			105.0
1981	131.2	116.0	107.6			101.8
1982	132.4	117.0	108.6			100.9
1983	135.6	119.8	111.2			102.4
1984	137.6	121.6	112.9			101.5
1985	149.6	132.2	122.7			108.7
1986	156.3	138.1	128.2			104.5
1987	169.1	149.5	138.7			108.2
1988	200.7	177.4	164.7			118.7
1989	235.5	208.1	199.1			117.3
1990	243.5	215.2	199.7			103.4
1991	255.4	225.7	209.5	104.9		104.9
1992	272.8	241.1	223.7	112.0		106.8
1993	307.4	271.7	252.2	126.3		112.7
1994	379.4	335.3	311.2	155.8		123.4
1995	446.1	394.3	365.9	183.2		117.6
1996	489.0	432.1	401.1	200.8	109.6	109.6
1997	502.6	443.2	412.3	206.4	112.7	102.8
1998	499.6	440.5	409.8	205.2	112.0	99.4
1999	496.1	437.4	406.9	203.8	111.2	99.3
2000	497.1	438.3	407.7	204.2	111.4	100.2
2001	506.0	446.2	415.0	207.9	113.4	101.8
2002	502.5	443.1	412.1	206.4	112.6	99.3
2003	508.0	448.0	416.6	208.7	113.8	101.1
2004	526.3	464.1	431.6	216.2	117.9	103.6
2005	535.2	472.0	439.0	219.9	119.9	101.7
2006	540.6	476.7	443.4	222.1	121.1	101.0
2007	564.4	497.7	462.9	231.9	126.4	104.4
2008	594.3	524.1	487.4	244.2	133.1	105.3
2009	594.3	524.1	487.4	244.2	133.1	100.0
2010	611.5	539.3	501.6	251.3	137.0	102.9

9-4 历年城市居民消费价格总指数

General Urban Consumer Price Indices over the Years

年 份 Year	以1930-1936年平均价格为100 Average Price (1930-1936)=100	以1952年为100 1952=100	以1978年为100 1978=100	以1980年为100 1980=100	以1990年为100 1990=100	以1995年为100 1995=100	以上年为100 Preceding Year=100
1949	260.9						
1950	266.9						102.3
1951	295.7						110.8
1952	302.2						102.2
1953	312.2	103.3					103.3
1954	322.8	106.8					103.4
1955	322.5	106.7					99.9
1956	324.8	107.4					100.7
1957	328.0	108.5					101.0
1958	326.7	108.1					99.6
1959	328.7	108.7					100.6
1960	330.3	109.2					100.5
1961	351.2	116.2					106.3
1962	352.9	116.8					100.5
1963	348.3	115.2					98.7
1964	341.0	112.8					97.8
1965	333.5	110.3					97.8
1966	329.2	108.9					98.7
1967	329.5	109.0					100.1
1968	328.8	108.8					99.8
1969	328.5	108.7					99.9
1970	324.9	107.4					98.9
1971	324.6	107.4					99.9
1972	324.6	107.4					100.0
1973	323.9	107.2					99.8
1974	323.6	107.1					99.9
1975	324.2	107.3					100.2
1976	324.9	107.5					100.2
1977	324.3	107.3					99.8
1978	325.2	107.6					100.3
1979	329.7	109.1	101.4				101.4
1980	339.3	112.3	104.3				102.9
1981	346.4	114.6	106.5	102.1			102.1
1982	347.4	115.0	106.9	102.4			100.3
1983	345.3	114.3	106.2	101.8			99.4
1984	350.5	116.0	107.8	103.3			101.5
1985	381.4	126.2	117.3	112.4			108.8
1986	400.5	132.5	123.2	118.0			105.0
1987	436.9	144.6	134.4	128.8			109.1
1988	526.9	174.4	162.1	155.3			120.6
1989	609.6	201.7	187.5	179.7			115.7
1990	625.5	207.0	192.4	184.4			102.6
1991	664.3	219.8	204.3	195.8	106.2		106.2
1992	721.4	238.7	221.9	212.6	115.3		108.6
1993	826.7	273.6	254.3	243.7	132.1		114.6
1994	1036.7	343.1	318.9	305.6	165.7		125.4
1995	1210.9	400.7	372.5	356.9	193.6		116.8
1996	1338.0	442.8	411.6	394.4	213.9	110.5	110.5
1997	1380.8	457.0	424.8	407.0	220.7	114.0	103.2
1998	1376.7	455.6	423.5	405.8	220.0	113.7	99.7
1999	1376.7	455.6	423.5	405.8	220.0	113.7	100.0
2000	1393.2	461.1	428.6	410.7	222.6	115.1	101.2
2001	1408.5	466.2	433.3	415.2	225.0	116.4	101.1
2002	1390.2	460.1	427.7	409.8	222.1	114.9	98.7
2003	1399.9	463.3	430.7	412.7	223.7	115.7	100.7
2004	1439.1	476.3	442.7	424.2	230.0	118.9	102.8
2005	1454.9	481.5	447.6	428.9	232.5	120.2	101.1
2006	1469.5	486.3	452.1	433.2	234.8	121.4	101.0
2007	1525.3	504.8	469.3	449.7	243.7	126.0	103.8
2008	1597.0	528.5	491.4	470.8	255.2	131.9	104.7
2009	1596.1	528.2	491.1	470.6	255.0	131.8	99.9
2010	1637.6	542.0	503.8	482.8	261.6	135.3	102.6

9–5 历年农村居民消费价格总指数

General Rural Consumer Price Indices over the Years

年 份 Year	以1978年为100 1978=100	以1980年为100 1980=100	以1985年为100 1985=100	以1990年为100 1990=100	以1995年为100 1995=100	以上年为100 Preceding Year=100
1978						100.3
1979	100.4					100.4
1980	106.2					105.8
1981	107.9	101.6				101.6
1982	109.1	102.7				101.1
1983	113.0	106.4				103.6
1984	114.7	108.0				101.5
1985	124.7	117.4				108.7
1986	129.8	122.2	104.1			104.1
1987	139.4	131.2	111.8			107.4
1988	163.1	153.5	130.8			117.0
1989	194.0	182.5	155.5			118.9
1990	201.7	189.8	161.7			104.0
1991	209.8	197.4	168.2	104.0		104.0
1992	219.5	206.5	175.9	108.8		104.6
1993	242.9	228.6	194.7	120.4		110.7
1994	295.7	278.2	236.9	146.5		121.7
1995	348.6	328.0	279.3	172.7		117.9
1996	379.9	357.5	304.4	188.2	109.0	109.0
1997	389.1	366.1	311.7	192.7	111.6	102.4
1998	385.2	362.4	308.6	190.8	110.5	99.0
1999	379.8	357.3	304.3	188.1	109.0	98.6
2000	377.1	354.8	302.2	186.8	108.2	99.3
2001	386.2	363.3	309.5	191.3	110.8	102.4
2002	385.8	362.9	309.2	191.1	110.7	99.9
2003	391.6	368.3	313.8	194.0	112.4	101.5
2004	409.6	385.2	328.2	202.9	117.5	104.6
2005	419.4	394.5	336.1	207.8	120.3	102.4
2006	423.6	398.4	339.5	209.9	121.6	101.0
2007	446.1	419.5	357.5	221.0	128.0	105.3
2008	473.8	445.5	379.7	234.7	135.9	106.2
2009	474.1	445.8	380.0	234.9	136.0	100.1
2010	490.7	461.4	393.2	243.1	140.8	103.5

9-6 历年商品零售价格总指数

General Retail Price Indices over the Years

年 份 Year	以1930−1936年平均价格为100 Average Price (1930-1936)=100	以1952年为100 1952=100	以1978年为100 1978=100	以1980年为100 1980=100	以1990年为100 1990=100	以1995年为100 1995=100	以上年为100 Preceding Year=100
1949	257.0						
1950	261.7						101.8
1951	302.4						115.6
1952	303.6						100.4
1953	315.2	103.8					103.8
1954	325.0	107.0					103.1
1955	325.6	107.2					100.2
1956	327.9	108.0					100.7
1957	333.5	109.8					101.7
1958	333.8	109.9					100.1
1959	337.1	111.0					101.0
1960	338.8	111.6					100.5
1961	358.4	118.1					105.8
1962	359.9	118.5					100.4
1963	362.7	119.5					100.8
1964	358.0	117.9					98.7
1965	349.4	115.1					97.6
1966	347.7	114.5					99.5
1967	348.0	114.7					100.1
1968	348.0	114.7					100.0
1969	346.6	114.2					99.6
1970	343.8	113.3					99.2
1971	343.5	113.2					99.9
1972	342.5	112.8					99.7
1973	342.2	112.7					99.9
1974	341.8	112.6					99.9
1975	342.2	112.7					100.1
1976	342.5	112.8					100.1
1977	342.2	112.7					99.9
1978	343.5	113.2					100.4
1979	349.0	115.0	101.6				101.6
1980	359.5	118.5	104.6				103.0
1981	365.6	120.5	106.4	101.7			101.7
1982	367.8	121.2	107.1	102.3			100.6
1983	363.0	119.7	105.6	101.0			98.7
1984	367.0	121.0	106.8	102.1			101.1
1985	398.2	131.3	115.9	110.8			108.5
1986	416.1	137.2	121.1	115.8			104.5
1987	450.6	148.6	131.2	125.4			108.3
1988	536.3	176.8	156.1	149.2			119.0
1989	626.9	206.7	182.5	174.4			116.9
1990	636.9	210.0	185.4	177.2			101.6
1991	668.1	220.3	194.5	185.9	104.9		104.9
1992	709.5	233.9	206.6	197.4	111.4		106.2
1993	782.6	258.0	227.8	217.7	122.9		110.3
1994	941.5	310.4	274.1	261.9	147.8		120.3
1995	1075.2	354.5	313.0	299.1	168.8		114.2
1996	1150.6	378.9	334.9	320.1	180.6	107.0	107.0
1997	1159.8	381.9	337.6	322.7	182.0	107.9	100.8
1998	1126.2	370.8	327.8	313.3	176.7	104.8	97.1
1999	1093.5	360.0	318.3	304.2	171.6	101.8	97.1
2000	1078.2	355.0	313.8	299.9	169.2	100.4	98.6
2001	1078.2	355.0	313.8	299.9	169.2	100.4	100.0
2002	1065.3	350.7	310.0	296.3	167.2	99.2	98.8
2003	1067.4	351.4	310.7	296.9	167.5	99.4	100.2
2004	1097.3	361.3	319.4	305.2	172.2	102.2	102.8
2005	1103.9	363.4	321.3	307.0	173.2	102.8	100.6
2006	1110.5	365.6	323.2	308.9	174.3	103.4	100.6
2007	1150.5	378.8	334.8	320.0	180.6	107.1	103.6
2008	1206.9	397.4	351.2	335.7	189.4	112.3	104.9
2009	1199.3	394.9	349.0	333.6	188.3	111.6	99.4
2010	1231.6	405.5	358.4	342.6	193.3	114.7	102.7

注：本表已根据现行价格调查统计制度予以调整，均不包括农业生产资料部分。
a)The data in this form have been adjusted according to current statistical system of price survey.Means of agricultural production are excluded.

9-7 历年农业生产资料价格总指数

General Price Indices of Means of Agricultural Production over the Years

年 份 Year	以1950年为100 1950=100	以1952年为100 1952=100	以1978年为100 1978=100	以1990年为100 1990=100	以1995年为100 1995=100	以上年为100 Preceding Year=100
1951	94.9					94.9
1952	97.0					102.2
1953	99.5	102.6				102.6
1954	110.3	113.7				110.8
1955	103.8	107.0				94.1
1956	103.7	107.0				100.0
1957	103.4	106.7				99.7
1958	100.2	103.4				96.9
1959	100.0	103.2				99.8
1960	100.9	104.1				100.9
1961	107.5	110.9				106.5
1962	106.8	110.1				99.3
1963	100.4	103.5				94.0
1964	95.8	98.7				95.4
1965	92.7	95.5				96.8
1966	90.8	93.5				97.9
1967	85.6	88.2				94.3
1968	85.1	87.7				99.4
1969	84.3	86.9				99.1
1970	84.2	86.8				99.9
1971	80.9	83.4				96.1
1972	80.3	82.7				99.2
1973	79.9	82.2				99.5
1974	79.2	81.6				99.1
1975	79.2	81.6				100.0
1976	79.2	81.6				100.0
1977	79.2	81.6				100.0
1978	78.5	80.9				99.1
1979	78.6	81.0	100.1			100.1
1980	78.6	81.0	100.1			100.0
1981	79.9	82.4	101.8			101.7
1982	80.8	83.3	102.9			101.1
1983	82.9	85.5	105.6			102.6
1984	88.9	91.7	113.2			107.2
1985	92.5	95.5	117.8			104.1
1986	94.4	97.5	120.3			102.1
1987	99.9	103.2	127.3			105.8
1988	114.6	118.4	146.0			114.7
1989	135.5	139.9	172.6			118.2
1990	139.8	144.4	178.1			103.2
1991	142.6	147.3	181.7	102.0		102.0
1992	144.6	149.4	184.2	103.4		101.4
1993	161.4	166.7	205.6	115.4		111.6
1994	200.3	206.9	255.1	143.2		124.1
1995	267.0	275.8	340.1	190.9		133.3
1996	281.7	291.0	358.8	201.4	105.5	105.5
1997	272.1	281.1	346.6	194.6	101.9	96.6
1998	261.8	270.4	336.5	187.2	98.0	96.2
1999	249.0	257.2	320.0	178.0	93.2	95.1
2000	245.8	253.9	315.8	175.7	92.0	98.7
2001	250.2	258.5	321.5	178.9	93.7	101.8
2002	251.0	259.3	322.5	179.4	94.0	100.3
2003	257.0	265.5	330.2	183.7	96.2	102.4
2004	283.2	292.6	363.9	202.5	106.0	110.2
2005	300.7	310.7	386.4	215.0	112.6	106.2
2006	309.8	320.0	398.0	221.5	116.0	103.0
2007	331.8	342.7	426.3	237.2	124.2	107.1
2008	395.8	408.8	508.6	283.0	148.2	119.3
2009	381.2	393.7	489.8	272.5	142.7	96.3
2010	392.6	405.5	504.4	280.7	147.0	103.0

9-8 居民消费价格分类指数(2010年)

Consumer Price Indices by Category(2010)

(上年=100) (preceding year=100)

商品类别	Category	全 省 Provincial Indices	城 市 Urban Indices	农 村 Rural Indices
居民消费价格指数	**Consumer Price Index**	**102.9**	**102.6**	**103.5**
非食品价格指数	Non-food Price Index	100.5	100.0	101.4
服务项目价格指数	Services Price Index	100.8	100.7	100.9
扣除鲜菜鲜果总指数	General Index Discounting Fresh Vegetables and Fresh Fruit	101.8	101.4	102.4
消费品价格指数	Consumer Goods Price Index	103.5	103.1	104.2
一、食 品	**Food**	**108.3**	**108.2**	**108.6**
1.粮 食	Grain	113.0	113.0	113.0
2.淀 粉	Starches	108.1	108.9	106.7
3.干豆类及豆制品	Beans and Bean Products	112.7	111.4	114.9
4.油 脂	Oil or Fat	106.2	106.8	105.6
5.肉禽及其制品	Meal, Poultry and Their Products	103.6	103.7	103.4
(1)食用畜肉及副产品	Animal Meat and Products	103.5	103.9	103.0
(2)禽	Poultry	107.4	108.6	106.4
(3)肉禽加工制品	Processing Products of Meal and Poultry	102.2	101.7	103.0
6.蛋	Eggs	107.1	107.3	106.9
7.水产品	Aquatic Products	106.8	107.5	105.0
(1)鱼	Fishes	108.7	110.4	105.6
(2)其它水产品	Other Aquatic Products	104.5	104.6	103.7
8.菜	Vegetables	124.7	123.5	126.6
9.调味品	Flavoring	102.5	103.1	101.7
10.糖	Carbohydrate	106.1	104.3	108.2
11.茶及饮料	Tea and Beverages	99.8	99.9	99.6
(1)茶 叶	Tea	99.8	100.3	98.6
(2)饮 料	Beverages	99.8	99.6	100.2
12.干鲜瓜果	Dried and Fresh Melons and Fruits	116.6	115.4	119.4
13.糕点饼干	Cake and Biscuit	102.2	102.4	101.7
14.液体乳及乳制品	Milk and Its Products	102.9	103.3	101.7
15.在外用膳食品	Outward Dinner	102.3	102.3	102.5
16.其它食品	Other Foods	102.0	102.4	101.5

9-8 续表 1 continued

(上年=100) (preceding year=100)

商品类别	Category	全省 Provincial Indices	城市 Urban Indices	农村 Rural Indices
二、烟酒及用品	**Tobacco, Liquor and Articles**	**102.5**	**102.8**	**102.3**
1.烟　草	Tobacco	101.4	101.7	101.1
2.酒	Liquor	103.7	104.0	103.4
3.吸烟饮酒用品	Articles for Smoking and Drinking	100.4	100.1	101.5
三、衣　着	**Clothing**	**97.6**	**97.8**	**97.0**
1.服　装	Garments	97.4	97.7	96.2
(1)男式服装	Men's Clothing	97.1	97.4	96.0
(2)女式服装	Women's Clothing	97.9	98.1	96.9
(3)儿童服装	Children's Clothing	96.6	97.5	95.3
2.衣着材料	Clothing Material	101.0	101.1	100.8
3.鞋袜帽	Footwear and Hats	97.1	97.1	97.3
(1)鞋	Shoes	96.7	96.7	97.0
(2)袜子	Socks	99.0	99.2	98.5
(3)帽子	Hats	99.4	99.3	99.7
4.衣着加工服务	Clothing Proceeding Services	102.8	103.6	100.9
四、家庭设备用品及维修服务	**Household Facilities, Articles and Services**	**99.6**	**99.6**	**99.5**
1.耐用消费品	Durable Consumer Goods	99.1	98.9	99.5
(1)家　具	Furniture	99.9	100.2	99.3
(2)家庭设备	Household Facilities	98.6	98.2	99.6
2.室内装饰品	Interior Decorations	100.0	100.2	99.3
3.床上用品	Bed Articles	99.5	100.2	98.0
4.家庭日用杂品	Grocery for Daily Use	99.7	100.0	99.1
5.家庭服务及加工维修服务	Household Service and Proceeding Upkeep	103.2	102.9	103.9
五、医疗保健和个人用品	**Health Care and Personal Articles**	**101.9**	**101.8**	**102.1**
1.医疗保健	Health Care	102.0	101.9	102.1
(1)医疗器具及用品	Medical Instrument and Articles	103.7	102.5	104.8
(2)中药材及中成药	Traditional Chinese Medicinal Materials and Medicines	108.2	107.3	109.7
(3)西　药	Western Medicine	99.3	99.6	98.6
(4)保健器具及用品	Health Care Appliances and Articles	103.2	103.1	103.6
(5)医疗保健服务	Health Care Services	101.2	101.2	101.2

9-8 续表 2 continued

(上年=100) (preceding year=100)

商品类别	Category	全省 Provincial Indices	城市 Urban Indices	农村 Rural Indices
2.个人用品及服务	Personal Articles and Services	101.8	101.6	102.1
(1)化妆美容用品	Makeup Beauty Products	100.4	100.2	100.8
(2)卫生用品	Sanitation Articles	99.9	100.2	99.2
(3)个人饰品	Personal Decorations	104.7	104.1	105.9
(4)个人服务	Personal Services	102.1	102.0	102.4
六、交通和通讯	**Transportation and Communication**	**99.3**	**98.8**	**100.2**
1.交通	Transportation	101.0	100.5	101.9
(1)交通工具	Transportation Facility	98.4	97.8	99.3
(2)车用燃料及零配件	Fuels and Parts	111.5	112.1	110.9
(3)车辆使用及维修	Using and Upkeep	102.0	101.0	103.6
(4)市区公共交通	Incity Public Traffic	100.5	100.3	102.3
(5)城市间交通	Intercity Traffic	100.3	100.2	100.3
2.通信	Communication	97.1	96.6	98.0
(1)通信工具	Communication Facility	89.1	86.1	93.6
(2)通信服务	Communication Service	99.8	99.8	99.9
七、娱乐教育文化用品及服务	**Recreation, Education and Culture Articles and Services**	**99.7**	**99.8**	**99.7**
1.文娱用耐用消费品及服务	Durable Consumer Goods for Cultural and Recreational Use and Services	96.9	96.6	97.6
2.教育	Education	100.3	100.5	100.0
(1)教材及参考书	Teaching Materials and Reference Books	101.0	101.6	100.4
(2)学杂托幼费	Tuition and Child Care	100.1	100.3	100.0
3.文化娱乐用品	Cultural and Recreational Articles	100.4	100.5	100.2
(1)文化娱乐	Culture and Recreation	100.1	100.1	100.3
(2)书报杂志	Books, Newspapers and Magazines	100.3	100.3	100.1
(3)文娱费	Expenditure of Culture and Recreation	101.0	101.2	100.3
4.旅游及外出	Touring and Outgoing	101.4	101.3	101.3
八、居　住	**Residence**	**103.6**	**102.4**	**104.7**
1.建房及装修材料	Building and Building Decoration Materials	103.3	101.6	104.0
2.租　房	Renting	103.4	102.0	108.5
3.自有住房	Private Housing	101.3	101.2	101.6
4.水、电、燃料	Water, Electricity and Fuels	104.3	103.0	106.1

9-9 商品零售价格分类指数(2010年)

Retail Indices by Category(2010)

(上年=100) (preceding year=100)

商品类别	Category	全省 Provincial Indices	城市 Urban Indices	农村 Rural Indices
商品零售价格总指数	**Retail Index**	**102.7**	**102.4**	**103.2**
一、食　品	**Food**	**108.9**	**108.8**	**109.0**
1.粮　食	Grain	113.0	113.4	112.4
2.淀　粉	Starches	108.3	110.0	105.7
3.干豆类及豆制品	Beans and Bean Products	112.2	109.4	117.3
4.油　脂	Oil or Fat	105.6	106.1	104.9
5.肉禽及其制品	Meal, Poultry and Their Products	103.5	103.7	103.2
(1)食用畜肉及副产品	Animal Meat and Products	103.4	103.7	103.0
(2)禽	Poultry	106.6	108.0	105.1
(3)肉禽加工制品	Processing Products of Meal and Poultry	102.2	101.9	102.6
6.蛋	Eggs	107.3	107.5	107.1
7.水产品	Aquatic Products	107.2	108.0	105.2
(1)鱼	Fishes	109.1	111.0	105.8
(2)其它水产品	Other Aquatic Products	104.2	104.4	103.5
8.菜	Vegetables	125.0	124.7	125.5
9.调味品	Flavoring	102.9	103.4	102.0
10.糖	Carbohydrate	104.5	103.0	106.5
11.干鲜瓜果	Dried and Fresh Melons and Fruits	117.7	117.4	118.6
12.糕点饼干	Cake and Biscuit	102.5	102.9	101.6
13.液体乳及乳制品	Milk and Its Products	102.9	103.2	101.8
14.在外用膳食品	Outward Dinner	102.3	102.5	101.9
15.其它食品	Other Foods	102.4	102.9	101.5
二、饮料、烟酒	**Beverages,Tobacco and Liquor**	**101.8**	**102.5**	**101.0**
1.茶及饮料	Tea and Beverages	99.8	100.2	99.0
(1)茶　叶	Tea	99.7	100.3	98.6
(2)饮　料	Beverages	99.8	100.1	99.2
2.烟　草	Tobacco	101.5	101.9	101.0
3.酒	Liquor	103.3	104.3	101.9
三、服装、鞋帽类	**Garments,Footwear and Hats**	**96.9**	**97.2**	**96.3**
1.服装	Garments	96.5	97.0	95.2
(1)男式服装	Men's Clothing	95.9	96.1	95.3
(2)女式服装	Women's Clothing	97.1	97.5	95.8
(3)儿童服装	Children's Clothing	95.8	97.8	93.7
2.鞋袜帽	Footwear and Hats	97.6	97.3	98.0
(1)鞋	Shoes	97.2	96.8	98.1
(2)袜　子	Socks	98.6	99.7	96.9
(3)帽　子	Hats	100.2	100.4	99.9
3.其　它	Others	98.3	99.4	96.5
四、纺织品	**Textiles**	**100.3**	**100.8**	**99.7**
1.衣着材料	Clothing Material	101.1	101.5	100.8
2.床上用品	Bed Articles	99.7	100.4	98.3

9-9 续表 continued

(上年=100) (preceding year=100)

商品类别	Category	全省 Provincial Indices	城市 Urban Indices	农村 Rural Indices
五、家用电器及音像器材	**Household Appliances, Music and Video Equipment**	**98.4**	**97.6**	**99.9**
1.家庭设备	Household Facilities	99.1	98.1	101.1
2.文娱用耐用消费品	Durable Consumer Goods for Cultural and Recreational Use	97.1	96.2	98.6
3.音像器材	Music and Video Equipment	99.9	100.1	99.1
六、文化办公用品	**Cultural and Office Appliances**	**98.5**	**98.0**	**99.3**
七、日用品	**Articles for Daily Use**	**99.9**	**100.0**	**99.9**
1.日用百货	General Merchandise for Daily Use	100.1	100.4	99.6
2.日用杂品	Grocery for Daily Use	99.3	99.7	98.2
3.洗涤用品	Washing Products	100.5	100.5	100.5
4.其它日用品	Other Articles for Daily Use	99.7	99.4	100.4
八、体育娱乐用品	**Sports and Recreation Articles**	**99.1**	**98.4**	**100.3**
1.体育用品	Sports Articles	99.0	98.5	99.7
2.娱乐用品	Recreation Articles	99.1	98.3	100.9
九、交通、通信用品	**Transportation and Communication Articles**	**96.2**	**95.4**	**98.2**
1.交通运输机械	Transport machinery	98.5	98.0	100.1
2.通讯器材	Communication Equipment	92.0	89.6	96.1
十、家　具	**Furniture**	**100.0**	**99.9**	**100.0**
十一、化妆品	**Cosmetics**	**99.9**	**99.7**	**100.3**
十二、金银珠宝	**Gold, Silver and Jewelry**	**110.5**	**108.1**	**117.2**
十三、中西药品及医疗保健用品	**Traditional Chinese and Western Medicines and Health Care Articles**	**102.8**	**102.8**	**102.8**
1.医疗器具及用品	Medical Apparatus and Articles	102.5	101.2	105.1
2.中药材及中成药	Traditional Chinese Medicinal Materials and Medicines	108.6	107.9	109.9
3.西　药	Western Medicines	99.4	99.9	98.2
4.保健品及器具	Health Care Appliances and Articles	104.0	104.2	103.5
十四、书报杂志及电子出版物	**Books, Newspapers, Magazines and Electronic Publications**	**100.5**	**100.6**	**100.3**
1.教材及参考书	Teaching Materials and Reference Books	101.2	101.5	100.6
2.书报杂志	Books, Newspapers and Magazines	100.1	100.2	100.1
3.电子音像制品	Electronic Audio-visual Products	99.9	99.8	100.1
十五、燃　料	**Fuels**	**110.0**	**109.1**	**111.8**
1.煤炭及制品	Coal and Products	106.2	104.6	108.2
2.石油及制品	Petroleum and Products	112.4	111.3	115.3
十六、建筑材料及五金电料	**Building Materials and Hardware**	**103.2**	**102.4**	**104.2**
1.建筑装潢材料	Building Decoration Materials	103.8	103.3	104.3
2.五金电料	Hardware	101.9	100.4	104.0

9-10 工业、投资、房地产价格指数

年 份 Year	以1988年为100 (1988=100)		以1990年为100 (1990=100)	以1997年为100 (1997=100)		
	工业品出厂价格指数 Producer Price Index for Manufactured Goods	原材料燃料动力购进价格指数 Purchasing Price Index for Raw Materials, Fuels and Power	固定资产投资价格指数 Price Index for Investment in Fixed Assets	房屋销售价格指数 Sales Price Index of Houses	房屋租赁价格指数 Renting Price Index of Houses	土地交易价格指数 Transactions Price Index of Land
1988	100.0	100.0				
1989	123.8	136.7				
1990	129.6	144.1	100.0			
1991	133.5	154.2	112.4			
1992	146.5	171.0	134.2			
1993	180.1	230.3	163.9			
1994	223.7	279.4	189.8			
1995	261.8	316.2	202.3			
1996	272.5	334.3	208.6			
1997	275.8	336.3	209.4	100.0	100.0	100.0
1998	264.7	318.1	207.7	100.8	97.4	101.7
1999	257.3	297.1	206.9	103.4	99.9	102.6
2000	272.5	311.1	211.8	106.1	98.6	104.1
2001	270.1	311.1	214.8	110.1	99.9	109.3
2002	266.8	307.0	217.2	116.2	99.7	113.4
2003	276.2	324.5	223.5	124.0	98.3	119.1
2004	293.8	369.3	240.0	138.2	99.1	126.5
2005	304.7	391.1	247.0	150.0	100.8	134.6
2006	311.7	407.9	251.5	157.5	102.5	141.1
2007	322.0	427.5	261.7	166.6	105.0	148.3
2008	349.7	483.5	281.8	176.6	107.2	154.1
2009	329.1	461.7	273.1	179.6	109.0	158.9
2010	352.6	504.6	282.9	191.7	110.8	165.5

Price Indices for Industrial, Investment, Real Estate

以上年为100 (preceding year=100)						
工业品出厂价格指数 Producer Price Index for Manufactured Goods	原材料燃料动力 Purchasing Price Index for Raw Materials, Fuels and Power	固定资产投资价格指数 Price Index for Investment in Fixed Assets	房屋销售价格指数 Sales Price Index of Houses	房屋租赁价格指数 Renting Price Index of Houses	土地交易价格指数 Transactions Price Index of Land	物业管理价格指数 Property Management Price Index
123.8	136.7					
104.7	105.4					
103.0	107.0	112.4				
109.7	110.9	119.4				
123.0	134.7	122.1				
124.2	121.3	115.8				
117.0	113.2	106.6				
104.1	105.7	103.1				
101.2	100.6	100.4				
96.0	94.6	99.2	100.8	97.4	101.7	
97.2	93.4	99.6	102.6	102.6	100.9	
105.9	104.7	102.4	102.6	98.7	101.4	
99.1	100.0	101.4	103.8	101.3	105.1	
98.8	98.7	101.1	105.5	99.8	103.7	
103.5	105.7	102.9	106.7	98.6	105.1	
106.4	113.8	107.4	111.5	100.8	106.2	
103.7	105.9	102.9	108.5	101.8	106.4	100.9
102.3	104.3	101.8	105.0	101.6	104.8	100.9
103.3	104.8	104.0	105.8	102.5	105.1	101.0
108.6	113.1	107.7	106	102.1	103.9	100.8
94.1	95.5	96.9	101.7	101.7	103.1	100.4
107.2	109.3	103.6	106.7	101.6	104.2	100.5

9-11 2000-2010年工业品出厂价格指数

Producer Price Indices for Manufactured Goods from 2000 to 2010

(上年=100) (preceding year=100)

类 别	Category	2000	2001	2002	2003	2004	2005
全部工业品	**Total Industrial Productds**	**105.9**	**99.1**	**98.8**	**103.5**	**106.4**	**103.7**
轻工业	Light Industry	99.7	99.3	97.5	101.2	103.3	100.8
以农产品为原料	Agricultural Products as Raw Materials	100.2	100.1	97.7	103.2	105.1	100.3
以非农产品为原料	Non-agricultural Products as Raw Materials	97.8	97.4	97.1	99.2	101.5	101.3
重工业	Heavy Industry	110.9	99.0	99.7	106.5	110.5	107.3
采 掘	Mining	139.3	96.8	111.7	111.2	121.3	120.8
原 料	Raw Materials	111.3	100.7	97.7	109.1	110.0	107.5
加 工	Processing	98.0	98.2	97.8	102.6	107.1	102.3
生产资料	Means of Production	109.5	99.1	98.8	104.6	108.0	105.1
采 掘	Mining	139.2	96.9	111.9	110.6	121.5	120.4
原 料	Raw Materials	109.4	100.5	96.8	108.7	108.8	107.0
加 工	Processing	99.1	98.6	97.1	101.9	105.4	101.8
生活资料	Consumer Goods	98.8	99.3	98.5	100.9	102.7	100.1
食 品	Food	97.5	100.6	99.4	103.4	105.6	100.0
衣 着	Clothing	102.4	101.4	98.4	99.4	102.1	101.2
一般日用品	Articles for Daily Use	98.6	98.4	98.5	99.9	101.0	102.3
耐用消费品	Durable Consumer Goods	94.3	96.1	96.7	96.1	97.0	97.7
按工业部门分	**by Industrial Department**						
冶金工业	Metallurgical Industry	111.1	99.7	97.5	113.0	117.6	102.6
电力工业	Power Industry	100.4	100.7	100.2	100.2	100.6	103.3
煤炭及炼焦工业	Coal Industry	97.3	115.0	115.2	102.1	124.8	111.0
石油工业	Petroleum Industry	161.4	92.5	102.2	120.1	116.3	127.2
化学工业	Chemical Industry	102.1	98.6	97.8	102.8	107.7	106.8
机械工业	Machine Building Industry	97.2	97.0	97.2	98.6	101.2	100.4
建筑材料工业	Building Materials Industry	98.1	99.4	99.1	99.4	103.9	100.6
森林工业	Timber Industry	98.1	99.2	95.2	99.5	100.9	101.2
食品工业	Food Industry	97.4	100.6	99.4	103.8	106.4	99.9
纺织工业	Textile Industry	105.8	97.7	92.8	105.7	105.7	99.7
缝纫工业	Tailoring Industry	97.9	100.6	98.5	99.2	102.8	101.4
皮革工业	Leather Industry	100.0	103.2	101.0	99.8	101.2	101.1
造纸工业	Paper Industry	101.6	100.4	97.8	98.7	101.2	101.3
文教艺术用品工业	Industry of Cultural, Educational& Handicrafts Articles	104.0	100.7	100.8	99.1	100.7	102.4
其它工业	Others	103.3	104.1	99.4	100.2	101.2	102.0

9-11 续表 continued

(上年=100) (preceding year=100)

类 别	Category	2006	2007	2008	2009	2010
全部工业品	**Total Industrial Productds**	**102.3**	**103.3**	**108.6**	**94.1**	**107.2**
轻工业	Light Industry	101.1	103.2	104.8	97.5	104.7
以农产品为原料	Agricultural Products as Raw Materials	101.4	105.6	105.9	97.1	107.1
以非农产品为原料	Non-agricultural Products as Raw Materials	100.7	100.4	103.5	97.9	102.2
重工业	Heavy Industry	103.7	103.4	112.4	90.9	109.5
采 掘	Mining	109.0	102.0	128.6	79.4	129.5
原 料	Raw Materials	104.9	104.7	111.2	89.7	111.8
加 工	Processing	100.9	102.9	107.8	94.8	103.0
生产资料	Means of Production	103.1	102.9	110.0	93.0	108.4
采 掘	Mining	107.8	102.5	129.3	80.0	127.7
原 料	Raw Materials	105.1	104.5	109.7	90.1	111.5
加 工	Processing	101.4	102.3	106.3	96.1	104.5
生活资料	Consumer Goods	100.4	104.7	105.0	97.4	103.4
食 品	Food	101.0	109.9	108.5	96.6	105.7
衣 着	Clothing	101.6	101.3	102.1	99.9	102.3
一般日用品	Articles for Daily Use	100.3	99.8	104.2	98.5	103.6
耐用消费品	Durable Consumer Goods	98.2	97.9	98.7	96.6	97.6
按工业部门分	**by Industrial Department**					
冶金工业	Metallurgical Industry	101.1	108.3	114.6	86.2	109.8
电力工业	Power Industry	102.4	101.1	102.2	104.5	102.7
煤炭及炼焦工业	Coal Industry	97.6	106.4	128.2	89.2	115.5
石油工业	Petroleum Industry	118.6	100.2	123.3	78.4	129.1
化学工业	Chemical Industry	101.7	103.5	108.4	91.2	107.6
机械工业	Machine Building Industry	100.4	100.0	103.5	97.9	100.3
建筑材料工业	Building Materials Industry	102.2	101.0	106.5	99.9	104.7
森林工业	Timber Industry	100.6	102.0	101.8	98.0	101.1
食品工业	Food Industry	100.9	110.2	108.9	96.6	106.0
纺织工业	Textile Industry	102.4	101.1	101.2	97.7	113.8
缝纫工业	Tailoring Industry	101.3	100.6	101.7	99.3	101.9
皮革工业	Leather Industry	102.4	103.7	103.7	99.0	102.4
造纸工业	Paper Industry	101.1	101.5	107.5	94.9	103.7
文教艺术用品工业	Industry of Cultural, Educational& Handicrafts Articles	100.9	100.5	102.2	99.9	100.6
其它工业	Others	101.4	100.2	105.0	100.2	103.4

9-12 工业品出厂价格指数(2010年)
Producer Price Indices for Manufactured Goods(2010)

(上年=100) (preceding year=100)

类别	Category	全年平均 Annual Average	一季度 1st Quarter	二季度 2nd Quarter	三季度 3rd Quarter	四季度 4th Quarter
全部工业品	**Total Industrial Productds**	**107.2**	**106.7**	**108.2**	**105.8**	**107.8**
轻工业	Light Industry	104.7	102.6	104.4	104.9	107.1
以农产品为原料	Agricultural Products as Raw Materials	107.1	104.9	106.4	107.3	109.8
以非农产品为原料	Non-agricultural Products as Raw Materials	102.2	100.2	102.1	102.2	104.1
重工业	Heavy Industry	109.5	110.6	111.9	106.8	108.6
采 掘	Mining	129.5	143.5	140.6	118.8	115.1
原 料	Raw Materials	111.8	112.3	113.8	109.2	111.7
加 工	Processing	103.0	101.8	103.8	102.0	104.5
生产资料	Means of Production	108.4	108.2	110.0	106.7	108.8
采 掘	Mining	127.7	139.6	137.8	117.8	115.5
原 料	Raw Materials	111.5	112.2	113.4	109.1	111.3
加 工	Processing	104.5	102.3	104.7	104.1	106.8
生活资料	Consumer Goods	103.4	102.1	103.1	103.4	105.1
食 品	Food	105.7	104.9	104.8	105.6	107.6
衣 着	Clothing	102.3	101.1	101.8	102.1	104.1
一般日用品	Articles for Daily Use	103.6	100.9	104.2	103.5	105.6
耐用消费品	Durable Consumer Goods	97.6	96.7	97.6	97.9	98.0
按工业部门分	**by Industrial Department**					
冶金工业	Metallurgical Industry	109.8	107.6	113.0	107.7	111.1
电力工业	Power Industry	102.7	102.5	102.8	102.9	102.7
煤炭及炼焦工业	Coal Industry	115.5	116.0	117.4	112.3	116.3
石油工业	Petroleum Industry	129.1	145.9	141.3	115.1	114.0
化学工业	Chemical Industry	107.6	105.6	107.7	107.2	110.1
机械工业	Machine Building Industry	100.3	99.2	100.5	100.4	101.0
建筑材料工业	Building Materials Industry	104.7	103.3	103.3	103.6	108.5
森林工业	Timber Industry	101.1	99.9	101.3	101.0	102.1
食品工业	Food Industry	106.0	105.3	105.1	105.8	107.8
纺织工业	Textile Industry	113.8	108.2	112.4	114.8	119.9
缝纫工业	Tailoring Industry	101.9	101.6	101.2	101.4	103.3
皮革工业	Leather Industry	102.4	98.4	102.4	103.6	105.1
造纸工业	Paper Industry	103.7	101.0	104.9	104.5	104.5
文教艺术用品工业	Industry of Cultural, Educational & Handicrafts Articles	100.6	99.2	100.4	101.3	101.3
其它工业	Others	103.4	101.5	103.6	104.2	104.3
按工业行业分	**by Industrial Sector**					
煤炭开采和洗选业	Mining and Washing of Coal	116.6	116.8	117.5	114.1	118.1
石油和天然气开采业	Extraction of Petroleum and Natural Gas	150.3	191.3	178.2	121.7	109.8

9-12 续表 continued

(上年=100) (preceding year=100)

类　　别	Category	全年平均 Annual Average	一季度 1st Quarter	二季度 2nd Quarter	三季度 3rd Quarter	四季度 4th Quarter
黑色金属矿采选业	Mining and Processing of Ferrous Metal Ores	123.6	109.4	130.4	124.7	129.9
有色金属矿采选业	Mining and Processing of Non-Ferrous Metal Ores	114.9	112.2	115.5	118.3	113.7
非金属矿采选业	Mining and Processing of Nonmetal Ores	114.8	112.4	117.9	115.3	113.7
农副食品加工业	Processing of Food from Agricultural Products	106.9	106.0	105.7	106.6	109.2
食品制造业	Manufacture of Foodstuff	105.8	102.4	108.3	105.2	107.2
饮料制造业	Manufacture of Beverages	101.5	100.9	101.4	102.1	101.7
烟草制品业	Manufacture of Tobacco	101.1	102.4	101.7	100.1	100.0
纺织业	Manufacture of Textile	112.8	107.5	111.3	113.6	118.6
纺织服装、鞋、帽制造业	Manufacture of Textile Wearing Apparel,	101.5	101.7	101.2	100.8	102.3
皮革、毛皮、羽毛(绒)及其制品业	Manufacture of Leather, Fur, Feather	102.5	98.7	102.5	103.7	105.1
木材加工及木、竹、藤、棕、草制品业	Processing of Timber,Manufacture of Wood,Bamboo,Rattan, Palm and Straw Products	100.4	98.8	100.6	100.6	101.6
家具制造业	Manufacture of Furniture	102.3	102.0	102.5	101.8	102.9
造纸及纸制品业	Manufacture of Paper and Paper Products	103.7	101.0	104.9	104.5	104.5
印刷业和记录媒介的复制	Printing, Reproduction of Recording Media	99.4	99.0	98.8	100.1	99.9
文教体育用品制造业	Manufacture of Articles For Culture,	101.5	99.5	101.8	102.2	102.6
石油加工、炼焦及核燃料加工业	Processing of Petroleum, Coking, Processing of Nuclear Fuel	117.8	122.2	122.5	111.0	115.5
化学原料及化学制品制造业	Manufacture of Raw Chemical Materials	110.6	109.4	109.9	109.8	113.1
医药制造业	Manufacture of Medicines	101.8	99.9	101.8	101.2	104.3
化学纤维制造业	Manufacture of Chemical Fibers	109.8	112.2	108.1	107.1	111.8
橡胶制品业	Manufacture of Rubber	103.3	99.3	103.3	104.8	105.6
塑料制品业	Manufacture of Plastics	101.6	101.0	102.2	101.2	102.2
非金属矿物制品业	Manufacture of Non-metallic Mineral Products	104.1	102.4	102.4	103.1	108.3
黑色金属冶炼及压延加工业	Smelting and Pressing of Ferrous Metals	109.1	102.6	114.7	106.2	112.8
有色金属冶炼及压延加工业	Smelting and Pressing of Non-ferrous Metals	114.6	122.4	116.6	109.8	109.5
金属制品业	Manufacture of Metal Products	100.8	97.6	99.3	101.8	104.5
通用设备制造业	Manufacture of General Purpose Machinery	100.0	98.6	100.4	100.0	101.2
专用设备制造业	Manufacture of Special Purpose Machinery	101.4	101.1	101.2	101.6	101.9
交通运输设备制造业	Manufacture of Transport Equipment	100.6	99.6	100.7	100.6	101.6
电气机械及器材制造业	Manufacture of Electrical Machinery and Equipment	100.7	100.7	101.5	100.2	100.5
通信设备、计算机及其他电子设备制造业	Manufacture of Communication Equipment, Computers and Other Electronic Equipment	98.8	96.3	98.8	100.2	99.8
仪器仪表及文化、办公用机械制造业	Manufacture of Measuring Instruments and Machinery for Cultural Activity and Office Work	100.7	99.2	101.5	101.6	100.7
工艺品及其他制造业	Manufacture of Artwork and Other Manufacturing	104.4	102.6	104.8	105.3	104.9
废弃资源和废旧材料回收加工业	Recycling and Disposal of Waste	104.1	104.7	104.7	102.0	105.0
电力、热力的生产和供应业	Production and Supply of Electric Power and Heat Power	102.7	102.4	102.7	102.9	102.6
燃气生产和供应业	Production and Supply of Gas	101.1	99.4	100.5	101.4	103.2
水的生产和供应业	Production and Supply of Water	108.3	106.1	108.8	110.4	107.7

9-13 原材料、燃料、动力购进价格指数(2010年)

Purchasing Prices Indices for Raw Materials, Fuels and Power(2010)

(上年=100) (preceding year=100)

类 别	Category	全年平均 Annual Average	一季度 1st Quarter	二季度 2nd Quarter	三季度 3rd Quarter	四季度 4th Quarter
全部原材料	**Total Raw Materials**	**109.3**	**108.9**	**109.8**	**108.3**	**110.3**
燃料、动力类	Fuel and Power	116.4	125.1	119.1	110.3	110.9
黑色金属材料类	Ferrous Metals	108.1	99.8	111.7	108.2	112.9
#钢 材	Steel	103.7	97.4	106.5	104.1	106.6
其 它	Others	112.8	102.3	117.1	112.4	119.4
有色金属材料和电线类	Nonferrous Metals	114.0	116.9	116.0	112.1	111.1
化工原料类	Raw Chemical Materials	104.8	103.3	104.7	104.1	107.1
木材及纸浆类	Timber and Paper Pulp	108.3	105.8	109.1	107.9	110.3
建筑材料及非金属矿类	Building Materials and Nonmetal Ores	105.0	101.0	103.6	104.6	110.7
其它工业原材料及半成品类	Other Industrial Raw Materials and Semi-finished Products	104.9	104.1	104.5	105.3	105.7
农副产品类	Agricultural Products	116.6	113.1	116.6	117.0	119.6
纺织原料类	Textile Materials	107.6	103.9	107.3	107.4	111.9

9-14 固定资产投资价格指数(2010年)

Price Indices for Investment in Fixed Assets(2010)

(上年=100) (preceding year=100)

类 别	Category	全年平均 Annual Average	一季度 1st Quarter	二季度 2nd Quarter	三季度 3rd Quarter	四季度 4th Quarter
固定资产投资	**Investment in Fixed Assets**	**103.6**	**101.5**	**103.4**	**103.6**	**106.1**
建筑安装、装修装饰工程	Construction and Installation	105.3	102.3	104.9	105.0	109.1
人工费	Labor Costs	110.3	108.5	110.1	110.6	111.9
材料费	Material Costs	104.4	100.6	103.8	104.0	109.3
钢 材	Steel	105.1	101.1	104.7	104.9	109.8
木 材	Wood	102.7	99.4	101.8	103.9	105.7
水 泥	Cement	104.3	99.4	100.6	101.6	115.5
地方建筑材料	Local Building Materials	103.9	100.9	103.0	103.3	108.3
化工材料	Chemical Materials	105.3	101.5	107.6	105.8	106.4
电 料	Electric Materials	103.2	103.6	102.9	102.4	103.9
其他材料	Other Materials	100.9	94.3	104.4	101.7	103.3
机械费	Machinery Costs	103.3	102.4	103.2	103.2	104.5
设备、工器具购置	Purchase for Equipment,Tools and Instrum	100.2	99.3	100.4	100.5	100.7
其他费用	Other Costs	103.6	103.3	103.3	103.6	103.9

9-15 1991-2010年固定资产投资价格指数

Price Indices for Investment in Fixed Assets from 1991 to 2010

(上年=100) (preceding year=100)

年份 Year	全省固定资产投资 Provincial Investment in Fixed Assets	建筑安装工程 Construction and Installation	人工费 Labor Costs	材料费 Material Costs	钢材 Steel	木材 Wood	水泥 Cement	地方材料 Local Building Materials	化工材料 Chemical Materials
1991	112.4	116.6	122.7	120.9	119.6	121.2	118.5	101.9	115.3
1992	119.4	123.8	118.7	122.4	117.0	109.4	107.8	99.9	113.6
1993	122.1	124.6	142.9	126.5	127.7	121.6	110.4	99.7	121.8
1994	115.7	120.1	159.1	119.4	118.9	132.0	107.0	100.5	122.6
1995	106.6	105.7	111.4	104.2	99.3	100.1	101.9	100.0	107.1
1996	103.1	103.2	112.8	101.0	99.6	99.9	102.1	100.1	102.0
1997	100.4	100.7	106.3	100.6	99.3	100.8	101.7	101.9	101.7
1998	99.2	100.2	104.7	99.0	97.6	100.9	98.3	99.9	100.0
1999	99.6	101.3	105.8	100.1	98.4	102.1	99.8	99.7	101.0
2000	102.4	105.1	105.1	106.2	107.4	109.9	98.2	100.0	101.6
2001	101.4	103.2	106.6	102.7	101.8	111.4	103.8	98.4	98.7
2002	101.1	102.3	103.3	100.5	100.9	106.1	99.3	100.6	101.0
2003	102.9	104.7	103.9	106.7	110.9	110.3	101.8	100.0	101.1
2004	107.4	110.4	108.0	113.2	120.3	106.4	108.6	108.5	104.7
2005	102.9	103.7	109.5	102.4	101.0	103.3	100.0	104.8	103.2
2006	101.8	102.1	109.0	100.1	97.2	102.7	101.4	103.7	103.5
2007	104.0	105.5	110.3	104.7	105.6	106.2	103.2	105.7	103.3
2008	107.7	110.7	110.5	112.4	116.3	110.4	110.2	110.0	114.5
2009	96.9	95.4	106.8	91.3	82.2	101.5	101.2	103.0	97.1
2010	103.6	105.3	110.3	104.4	105.1	102.7	104.3	103.9	105.3

9-15 续表 continued

(上年=100) (preceding year=100)

年份 Year	全省固定资产投资 Provincial Investment in Fixed Assets	建筑安装工程 Construction and Installation	材料费 Material Costs	电料 Electric Materials	其它材料 Other Materials	机械使用费 Machinery Costs	设备工器具购置 Purchase of Equipment,Tools and Instruments	其它费用 Other Costs
1991	112.4	116.6	120.9	105.7	105.3	107.1	105.3	107.1
1992	119.4	123.8	122.4	96.5	115.0	106.2	115.0	106.2
1993	122.1	124.6	126.5	92.5	118.8	113.5	118.8	113.5
1994	115.7	120.1	119.4	100.4	107.6	106.0	107.6	106.0
1995	106.6	105.7	104.2	108.2	106.2	113.8	106.2	113.8
1996	103.1	103.2	101.0	104.8	101.6	107.2	101.6	107.2
1997	100.4	100.7	100.6	96.5	98.7	103.5	98.7	103.5
1998	99.2	100.2	99.0	92.5	96.0	102.0	96.0	102.0
1999	99.6	101.3	100.1	100.4	96.2	98.3	96.2	98.3
2000	102.4	105.1	106.2	102.2	97.2	100.4	97.2	100.4
2001	101.4	103.2	102.7	102.2	97.1	102.1	97.1	102.1
2002	101.1	102.3	100.5	107.6	97.3	104.1	97.3	104.1
2003	102.9	104.7	106.7	101.7	98.5	104.2	98.5	104.2
2004	107.4	110.4	113.2	103.4	101.1	106.7	101.1	106.7
2005	102.9	103.7	102.4	102.6	100.8	103.5	100.8	103.5
2006	101.8	102.1	100.1	103.9	100.6	103.4	100.6	103.4
2007	104.0	105.5	104.7	104.2	100.8	104.6	100.8	104.6
2008	107.7	110.7	112.4	102.7	105.8	104.8	102.5	104.4
2009	96.9	95.4	91.3	97.3	101.2	101.3	98.0	102.0
2010	103.6	105.3	104.4	103.2	100.9	103.3	100.2	103.6

9-16　2005-2010年房地产价格指数
Price Indices for Real Estate from 2005 to 2010

(上年=100)　　(preceding year=100)

类　别	Category	2005	2006	2007	2008	2009	2010
房屋销售价格总指数	**Selling Price Indices of Houses**	**108.5**	**105.0**	**105.8**	**106.0**	**101.7**	**106.7**
新建房	New buildings	108.5	105.1	106.0	106.1	101.8	107.1
住　宅	Residential Buildings	109.0	105.1	106.2	106.3	101.9	107.3
经济适用房	Economically Affordable Housing	107.5	104.0	103.6	102.9	100.5	102.0
商品住宅	Commercial Residential Buildings				106.7	102.0	107.5
普通住宅	General Residential Buildings	109.2	105.2	106.2	107.1	102.0	107.7
多层住宅	Multilayer Buildings	108.7	105.1	106.3	107.7	102.2	106.1
高层住宅	High-layer Buildings	110.2	105.2	106.1	106.5	101.6	108.5
其他住宅	Other Buildings	101.5	101.6	101.9	107.5	105.2	112.0
高档住宅	Luxury Residential Buildings	109.2	106.0	107.8	103.8	101.9	103.5
别　墅	Villas	110.5	103.6	106.2	103.2	103.4	104.7
高档公寓	High-grade Apartment	108.9	106.7	108.2	104.0	101.6	103.4
非住宅	Non-Residential Buildings	106.2	104.3	104.8	104.3	100.5	104.3
办公楼	Office Buildings	105.3	105.0	104.7	105.7	97.8	105.9
商业营业用房	Commercial Business Buildings	106.7	103.9	105.0	104.4	102.0	104.6
其它用房	Others	105.8	103.0	101.9	100.3	100.1	102.2
二手房	Second-hand House	108.4	104.9	105.2	105.8	101.4	106.1
住　宅	Residential Buildings	108.8	105.2	105.3	105.9	102.1	106.6
普通住宅	General Residential Buildings				106.5	102.1	106.8
高档住宅	Luxury Residential Buildings				104.7	100.4	102.5
非住宅	Non-residential Buildings	107.5	103.5	105.0	105.3	98.4	103.0
房屋租赁价格总指数	**Renting Price Indices of Houses**	**101.8**	**101.6**	**102.5**	**102.1**	**101.7**	**101.6**
住　宅	Residential Buildings	102.6	102.4	104.3	101.9	101.3	102.1
经济适用房	Economically Affordable Housing	113.5	102.5	100.7	100.0	100.5	100.1
廉租房	Low-rent Housing	100.0	100.0	100.0	100.0	118.8	118.8
商品住宅	Commercial Residential Buildings				102.6	100.3	100.6

9-16 续表 continued

(上年=100) (preceding year=100)

类别	Category	2005	2006	2007	2008	2009	2010
普通住宅	General Residential Buildings	100.8	103.1	105.0	102.2	100.3	100.6
高档住宅	Luxury Residential Buildings	104.1	101.4	110.1	104.6	101.4	100
别墅	Villas	104.8	100.6	106.0	101.5	100.0	100
高档公寓	High-grade Apartment	104.0	111.1	112.0	105.8	102.0	100
非住宅	Non-Residential Buildings				102.2	102.0	101.2
办公楼	Office Buildings	101.4	100.5	101.8	104.9	106.8	102.6
商业营业用房	Commercial Business Buildings	101.7	102.0	101.8	101.8	99.7	100.4
其它	Other Buildings	105.0	100.5	100.0	100.2	100.1	100.3
物业管理价格总指数	**Property Management Price Indices**	**100.9**	**100.9**	**101.0**	**100.8**	**100.4**	**100.5**
住宅	Residential Buildings	101.1	101.4	100.8	101.0	100.1	100.5
经济适用房	Economically Affordable Housing	100.0	101.8	102.4	100.1	100.2	100
商品住宅	Commercial Residential Buildings				101.1	100.1	100.5
普通住宅	General Residential Buildings	101.9	101.6	100.8	101.2	100.1	100.5
高档住宅	Luxury Residential Buildings	98.3	100.1	100.2	100.7	100.1	100.2
非住宅	Non-Residential Buildings				100.3	100.8	100.5
办公楼	Office Buildings	100.3	99.7	100.3	100.6	100.9	100.7
商业营业用房	Commercial Residential Buildings	100.7	100.2	102.1	100.2	100.1	100.3
其它	Industrial Storage Buildings				100.2	100.0	100
土地交易价格总指数	**Transactions Price Indices of Land**	**106.4**	**104.8**	**105.1**	**103.9**	**103.1**	**104.2**
居住用地	Land for Residential Building Use	105.7	105.4	104.9	104.4	102.7	104.2
经济适用房用地	Land for Economically Affordable Housing	107.6	103.5	102.5	101.5	100.9	100
商品住宅用地	Land for Commercial Residential Buildings				102.5	102.7	104.2
普通住宅用地	Land for General Residential Buildings	105.7	105.5	104.8	104.4	102.8	104.3
高档住宅用地	Land for Luxury Residential Buildings	104.0	102.9	105.5	114.3	100.6	101.5
工业用地	Land for Industry Use	104.5	103.8	106.1	103.6	103.2	103.8
商业营业用地	Land for Business Buildings	109.2	104.8	104.4	103.2	104.0	106.9
其它用地	Land for Other	108.7	105.5	104.1	101.9	105.0	101.4

9-17 各市工业品出厂价格指数(2010年)

Ex-factory Price Indices of Industrial Products by Region(2010)

(上年=100) (preceding year=100)

类 别	Category	济南 Jinan	青岛 Qingdao	淄博 Zibo	枣庄 Zaozhuang	东营 Dongying	烟台 Yantai	潍坊 Weifang	济宁 Jining	泰安 Tai'an
全部工业品	**Total Industrial Productds**	**104.67**	**103.75**	**110.69**	**108.60**	**133.81**	**103.93**	**108.40**	**109.60**	**104.64**
轻工业	Light Industry	102.09	100.80	104.32	107.48	112.01	103.37	109.28	105.03	103.68
以农产品为原料	Agricultural Products as Raw Materials	105.43	104.00	110.81	109.13	115.79	105.32	110.69	106.43	104.29
以非农产品为原料	Non-agricultural Products as Raw Materials	100.56	98.16	101.47	106.03	105.44	101.95	105.93	100.73	103.12
重工业	Heavy Industry	106.28	107.57	114.47	110.01	137.50	104.48	107.33	111.88	105.18
采 掘	Mining	116.04	130.94	120.55	116.14	151.16	107.55	124.55	114.29	115.46
原 料	Raw Materials	113.20	115.09	116.06	109.93	112.40	108.75	113.56	116.37	105.54
加 工	Processing	102.43	103.55	102.59	104.59	98.84	102.16	102.35	101.53	102.09
生产资料	Means of Production	105.00	106.43	111.51	109.49	134.98	104.23	109.10	110.27	104.92
采 掘	Mining	116.04	130.94	120.43	114.71	151.16	107.55	124.55	117.96	111.80
原 料	Raw Materials	113.11	115.24	115.99	108.17	112.43	109.18	115.18	103.09	102.52
加 工	Processing	102.05	103.50	104.46	107.25	109.01	102.99	106.55	103.17	103.03
生活资料	Consumer Goods	103.21	99.61	103.21	106.35	109.86	102.91	106.41	105.53	103.03
食 品	Food	104.61	105.06	108.27	105.31	108.12	104.10	107.82	106.70	102.74
衣 着	Clothing	104.10	101.56	102.41	107.86	99.67	103.11	102.53	100.60	104.71
一般日用品	Articles for Daily Use	101.58	99.96	98.93	107.62	116.65	100.15	106.77	102.19	102.52
耐用消费品	Durable Consumer Goods	101.38	93.23	99.53	102.95	100.12	101.83	100.84	97.84	103.50
按工业部门分	**by Industrial Department**									
冶金工业	Metallurgical Industry	110.00	110.47	115.39	106.90	99.01	108.67	108.62	99.01	104.52
电力工业	Power Industry	101.76	101.17	99.88	102.43	104.75	103.27	102.68	102.03	103.54
煤炭及炼焦工业	Coal Industry	115.40	109.50	114.23	116.23		102.14	111.45	117.98	111.87
石油工业	Petroleum Industry	121.36	124.31	111.30	110.01	145.13	102.31	122.59	104.81	104.02
化学工业	Chemical Industry	105.94	107.14	116.55	107.85	107.75	102.76	113.71	101.43	101.53
机械工业	Machine Building Industry	99.79	98.35	99.67	103.60	98.98	101.00	101.90	101.61	101.78
建筑材料工业	Building Materials Industry	101.71	112.08	101.49	105.50	101.34	104.35	105.34	103.06	104.84
森林工业	Timber Industry	103.61	100.43	100.68	104.73	101.24	102.73	100.05	100.89	96.33
食品工业	Food Industry	105.74	104.99	109.40	105.31	109.07	104.19	108.28	106.64	103.17
纺织工业	Textile Industry	108.93	108.92	119.10	120.82	129.11	112.43	116.61	105.41	106.17
缝纫工业	Tailoring Industry	104.69	101.87	102.18	107.93		102.74	102.38	100.60	104.63
皮革工业	Leather Industry	99.67	100.71	90.53	104.20	99.67	101.90	102.47	100.00	105.83
造纸工业	Paper Industry	99.97	104.01	105.73	112.15	111.87	104.57	108.93	107.37	101.90
文教艺术用品工业	Industry of Cultural, Educational & Handicrafts Articles	101.62	99.10	101.89	108.72	102.38	96.64	101.56	103.61	101.30
其它工业	Others	102.42	98.22	108.68	103.54	100.67	101.92	107.00	97.27	105.03

9-17 续表 continued

(上年=100) (preceding year=100)

类　别	Category	威海 Weihai	日照 Rizhao	莱芜 Laiwu	临沂 Linyi	德州 Dezhou	聊城 Liaocheng	滨州 Binzhou	菏泽 Heze
全部工业品	**Total Industrial Productds**	**104.28**	**108.58**	**115.52**	**106.02**	**104.38**	**108.96**	**109.45**	**108.28**
轻工业	Light Industry	103.42	110.14	116.45	104.36	104.39	111.19	109.91	108.66
以农产品为原料	Agricultural Products as Raw Materials	105.25	113.98	120.07	104.26	104.33	113.34	110.87	110.90
以非农产品为原料	Non-agricultural Products as Raw Materials	102.53	102.17	106.26	104.58	104.50	103.63	103.94	103.59
重工业	Heavy Industry	105.90	106.51	115.43	107.55	104.38	107.51	108.73	107.86
采　掘	Mining	116.52	117.00	129.04	115.26	119.75	107.91	121.90	102.77
原　料	Raw Materials	107.81	104.42	111.60	105.89	106.09	117.30	113.12	108.21
加　工	Processing	104.90	106.95	115.35	107.24	102.23	101.29	100.24	107.01
生产资料	Means of Production	104.83	107.98	115.21	107.08	105.10	109.52	110.66	109.99
采　掘	Mining	116.52	117.00	128.75	115.25	119.75	107.91	121.90	106.80
原　料	Raw Materials	106.63	112.93	111.81	106.46	105.72	117.35	112.58	108.43
加　工	Processing	104.36	106.54	114.77	106.32	104.80	106.47	109.63	111.51
生活资料	Consumer Goods	102.75	109.91	125.49	103.82	102.81	105.99	104.81	105.14
食　品	Food	105.14	112.23	129.58	101.53	102.44	106.58	106.09	105.03
衣　着	Clothing	105.23	100.93	104.39	102.93	103.92	94.12	100.11	99.16
一般日用品	Articles for Daily Use	98.42	105.87	105.80	113.65	102.71	104.53	101.57	107.18
耐用消费品	Durable Consumer Goods	99.37	99.70	120.39	99.33	105.30	103.23	99.03	100.84
按工业部门分	**by Industrial Department**								
冶金工业	Metallurgical Industry	106.70	113.43	117.17	113.95	102.51	116.05	109.54	113.63
电力工业	Power Industry	102.99	100.03	103.73	102.89	100.37	103.24	103.21	103.31
煤炭及炼焦工业	Coal Industry		111.83	125.74	106.96	119.75	121.11	116.88	107.87
石油工业	Petroleum Industry	112.50	139.11	99.33	111.04	130.81	100.82	120.00	115.83
化学工业	Chemical Industry	107.34	107.41	114.32	104.67	100.34	108.99	104.65	107.48
机械工业	Machine Building Industry	102.28	98.97	99.27	109.79	103.83	98.28	98.25	105.02
建筑材料工业	Building Materials Industry	107.07	103.25	104.65	103.09	107.99	102.04	104.99	104.95
森林工业	Timber Industry	97.04	99.13	104.29	101.51	104.85	112.65	98.74	100.80
食品工业	Food Industry	106.49	111.66	128.47	101.56	102.45	106.33	106.22	106.06
纺织工业	Textile Industry	101.76	124.39	116.20	108.87	108.42	126.13	114.27	119.27
缝纫工业	Tailoring Industry	103.60	100.93	104.66	98.94	103.73	94.12	100.11	92.86
皮革工业	Leather Industry	104.93		102.68	120.34	100.85	96.63	100.92	112.11
造纸工业	Paper Industry	110.31	122.04	106.68	111.61	102.50	107.59	101.30	101.66
文教艺术用品工业	Industry of Cultural, Educational & Handicrafts Articles	103.12	100.00	105.59	95.31	104.99	99.70	98.55	98.71
其它工业	Others	98.13	102.56	101.56	113.67	108.03	105.30	99.83	103.23

主要统计指标解释

居民消费价格指数 是反映一定时期内城乡居民所购买的生活消费品价格和服务项目价格变动趋势和程度的相对数，是对城市居民消费价格指数和农村居民消费价格指数进行综合汇总计算的结果。该指数可以观察和分析消费品的零售价格和服务价格变动对城乡居民实际生活费支出的影响程度。

城市居民消费价格指数 是反映一定时期内城市居民家庭所购买的生活消费品价格和服务项目价格变动趋势和程度的相对数。该指数可以观察和分析消费品的零售价格和服务项目价格变动对城镇职工货币工资的影响，作为研究职工生活和确定工资政策的依据。

农村居民消费价格指数 是反映一定时期内农村居民家庭所购买的生活消费品价格和服务项目价格变动趋势和程度的相对数。该指数可以观察农村消费品的零售价格和服务项目价格变动对农村居民生活消费支出的影响，直接反映农民生活水平的实际变化情况，为分析和研究农村居民生活问题提供依据。

商品零售价格指数 是反映一定时期内城乡商品零售价格变动趋势和程度的相对数。商品零售价格的变动直接影响到城乡居民的生活支出和国家的财政收入，影响居民购买力和市场供需的平衡，影响到消费与积累的比例关系。因此，该指数可以从一个侧面对上述经济活动进行观察和分析。

农业生产资料价格指数 指反映一定时期内农业生产资料价格变动趋势和程度的相对数。农业生产资料价格指数分为小农具、饲料、产品畜、役畜、半机械化农具、机械化农具、化学肥料、农药及农药械、农机用油、其他农业生产资料十大类。其编制目的是了解农业生产中物质资料投入价格的变动状况，服务于国民经济核算。1994 年以前，农业生产资料价格指数仅仅是商品零售价格指数的一个类别，此后，从商品零售价格指数中分离出来，单独编制。

农产品生产价格指数 是反映一定时期内，农产品生产者出售农产品价格水平变动趋势及幅度的相对数。该指数可以客观反映全国农产品生产价格水平和结构变动情况，满足农业与国民经济核算需要。其中某代表品生产价格指数是通过对全部有出售该产品行为的调查单位的个体指数进行几何平均求得的，类价格指数是通过对其所属的类（或代表品）的价格指数进行加权平均求得的。季度累计价格指数的计算方法与分季指数的计算方法相同。

工业品出厂价格指数 是反映一定时期内全部工业产品出厂价格总水平的变动趋势和程度的相对数，包括工业企业售给本企业以外所有单位的各种产品和直接售给居民用于生活消费的产品。该指数可以观察出厂价格变动对工业总产值及增加值的影响。

原材料、燃料和动力购进价格指数 是反映工业企业作为生产投入，而从物资交易市场和能源、原材料生产企业购买原材料、燃料和动力产品时，所支付的价格水平变动趋势和程度的统计指标，是扣除工业企业物质消耗成本中的价格变动影响的重要依据。

目前，我国编制的原材料、燃料和动力购进价格指数所调查的产品包括燃料动力、黑色金属、有色金属、化工、建材等九大类的近 1800 种产品。

固定资产投资价格指数 是反映一定时期内固定资产投资品及项目的价格变动趋势和程度的相对数。固定资产投资额是由建筑安装工程投资完成额、设备工器具购置投资完成额和其他费用投资完成额三部分组成的。编制固定资产投资价格指数应首先分别编制上述三部分投资的价格指数，然后采用加权算术平均法求出固定资产投资价格总指数。

该指数可以准确地反映固定资产投资中涉及的各类投资品和取费项目价格变动趋势和变动幅度，消除按现价计算的固定资产投资指标中的价格变动因素，真实地反映固定资产投资的规模、速度、结构和效益，为国家科学地制定、检查固定资产投资计划并提高宏观调控水平，为完善国民经济核算体系提供科学的、可靠的依据。

房地产价格指数 是反映一定时期内房地产价格变动趋势和程度的相对数，包括房屋销售价格指数、房屋租赁价格指数、土地交易价格指数和物业管理价格指数。这四套指数的计算方法相似，均采用由下到上逐级汇总的方法。

Explanatory Notes on Main Statistical Indicators

Urban Consumer Price Indices reflect the trend and degree of changes in prices of consumer goods and services purchased by urban households during a given period. It can be used to observe and analyze the impact of price changes in consumer goods and services on wages (in monetary terms) of urban staff and workers, and provide basis for policy making concerning the living cost and wages of staff and workers.

Rural Consumer Price Indices reflect the trend and degree of changes in prices of consumer goods and services purchased by rural households during a given period. It can be used to observe the impact of change in retail prices of consumer goods and service prices in rural areas on living expenditure of rural households, and to show the changes in the living standard of peasants. It provides basis for analysis and research on condition of life in rural areas.

Retail Price Indices reflect the trend and degree of change in retail prices of commodities during a given period. The change in retail prices of commodities directly affect the living expenditure of urban and rural residents, government revenue, purchasing power of residents and the equilibrium of market supply and demand, and the ratio of consumption to accumulation. Therefore, the retail price indices are useful to analyze the changes of the above economic activities.

Price Indices of Means of Agricultural Production reflect the trend and degree of changes in prices of means of agricultural production during a given period. Price indices of means of agricultural production are composed of 10 categories including small farm tools, feeds, domestic animals for meat, draught domestic animals, semi-mechanized farm machinery, mechanized farm machinery, chemical fertilizers, pesticides and spraying machinery, fuels for farm machinery and other means of agricultural production. Compilation of these indices helps to understand the changes in prices of input into agricultural production and facilitate the compilation of national account statistics. Before 1994, price indices of means of agricultural production was a sub-category in the in the retail price indices of commodities, and it has been compiled separately since 1994.

Indices of Producers' Prices for Farm Products reflect the trend and degree of changes in producers' prices received by farmers when they sell farm products during a given period. These indices depict the change in the level and structure of producers' prices of farm products of the country and meet the needs of agriculture statistics and national account statistics. The producers' price index of a given product is calculated through geometrical mean of individual indices of all surveyed units who sell such product, and the indices of a product category is obtained through weighted mean of price indices of all products in the category. Method for calculating accumulative quarterly indices is the same as for calculating the distinctive quarterly indices.

Ex-factory Price Indices of Industrial Products reflect the trend and degree of changes in general ex-factory prices of all industrial products during a given period, including sales of industrial products by an industrial enterprise to all units outside the enterprise, as well as sales of consumer goods to residents. It can be used to analyze the impact of ex factory prices on gross output value and value added of the industrial sector.

Indices of Purchasing Prices of Raw Materials, Fuels and Power reflect changes in the level and degree of prices paid by industrial enterprises when they purchase production input such as raw materials, fuels and power from the market or from other energy or raw materials producing enterprises. These indices provide important basis for measuring the material consumption of industrial enterprises after removing influence of price changes.

At present, close to 1,800 products in 9 categories, including fuels and power, ferrous metals, non ferrous metals, chemicals, building materials, are covered in China for the survey to produce indices of purchasing prices of raw materials, fuels and power.

Price Indices of Investment in Fixed Assets reflect the trend and degree of changes in prices of investment goods and projects in fixed assets during a given period. The investment in fixed assets consists of three components, namely the investment in construction and installation, the investment in purchases of equipment and instrument, and the investment in other items. Price indices of investment in fixed assets are calculated as the weighted arithmetic mean of the price indices of the three components of investment in fixed assets.

Removing the factor of price change in the aggregates of investment at current prices, this indicator shows the changes in the prices of commodities and fees involved in the investment of fixed assets, and can be used to observe the actual size, growth, structure, and efficiency of investment in fixed assets and provides reliable and scientific data for government planning, management, decision making, and further improving the current national accounting system.

Price Indices for Real Estate reflect the trend and degree of changes in prices of real estate during a given period, including price indices for selling houses and buildings, price indices for leasing houses and buildings and price indices for land transaction. The methods for the compilation of the three sets of indices are similar in that they all use bottom—up approach under which data are reported from lower level to higher level.

第10篇

居民生活

People's Livelihood

简 要 说 明

一、本篇资料的主要内容

本篇资料反映了全省城镇、农村居民的家庭收支、就业、居住、耐用消费品拥有、生产和生活等方面的情况。

二、本篇资料的来源

1.本篇资料中城镇居民家庭相关资料来源于城镇住户调查年报，由国家统计局山东调查总队城镇住户调查处整理提供。

2.本篇资料中农民家庭相关资料来源于农村住户调查年报，由国家统计局山东调查总队农村住户调查处整理提供。

3.各市农村居民主要指标来源于农村住户调查年报，由省统计局农村处整理提供。

Brief Introduction

I. Content

Data in this chapter show the basic conditions of the people's livelihood in Shandong Province, including income and expenditure of the households, employment, housing condition, consumption and possession of the major consumer goods, etc.

II. Source of Data

(1) Data in this chapter are based on the data collected by the sample survey on urban households and are prepared and provided by the Division of Urban Household Survey of the National Bureau of Statistics in Shandong.

(2) Data in this chapter are based on the data collected by the sample survey on rural households and are prepared and provided by the Division of Rural Household Survey of the National Bureau of Statistics in Shandong.

(3) Data on the main indicators of rural residents' livelihood are based on the sample survey of rural households and are prepared and provided by the Division of Countryside Statistics of Shandong Provincial Bureau of Statistics.

10-1 主要年份城镇居民家庭基本情况

Basic Conditions of Urban Households of Major Years

年 份 Year	调查户数（户） Number of Households Surveyed (household)	平均每户家庭人口（人） Average Household Size (person)	平均每户就业人口（人） Average Number of Employed Persons per Household (person)	平均每一就业者负担人数（人） Number of Dependents per Employee (person)	平均每户离退休人数（人） Average Number of Retirees (person)	人均全年可支配收入（元） Per Capita Annual Disposable Income (yuan)	人均全年消费性支出（元） Per Capita Annual Consumption Expenditure (yuan)	人均全年非消费支出（元） Per Capita Annual Non-consumption Expenditure (yuan)	人均住宅建筑面积（平方米） Per Capita Construction Area of Building (sq.m)
1964	230	5.26	1.61	3.26		211.10	207.20		3.80
1978	380	4.37	2.20	1.99		391.45	340.00		5.40
1980	380	4.35	2.50	1.74		448.21	396.00		5.70
1981	380	4.19	2.45	1.71		495.48	450.36		6.10
1982	430	4.07	2.42	1.68		524.90	455.28		6.11
1983	430	3.97	2.37	1.68		537.03	472.92		6.65
1984	430	3.93	2.35	1.67	0.12	638.64	520.91		6.90
1985	900	3.57	2.10	1.70	0.25	747.56	667.13		7.77
1986	1630	3.54	2.05	1.72	0.15	853.50	751.34		9.15
1987	1730	3.53	2.05	1.72	0.17	987.11	812.54		9.61
1988	1830	3.51	2.06	1.71	0.17	1163.46	1025.78		9.96
1989	2080	3.43	2.01	1.71	0.20	1349.16	1160.52		10.25
1990	2180	3.38	2.00	1.69	0.21	1466.22	1229.28		10.05
1991	2180	3.31	1.98	1.67	0.20	1687.56	1407.12		10.49
1992	2180	3.26	1.98	1.65	0.22	1974.48	1598.88	151.44	10.80
1993	2080	3.24	1.96	1.65	0.24	2515.08	1946.88	270.12	11.20
1994	2080	3.21	1.96	1.64	0.24	3444.36	2635.20	438.72	11.88
1995	2050	3.19	1.96	1.63	0.23	4264.08	3285.48	566.40	12.35
1996	2050	3.16	1.99	1.59	0.17	4890.24	3770.99	725.52	12.13
1997	2100	3.17	2.01	1.58	0.16	5190.79	4040.64	730.68	12.70
1998	2300	3.14	1.98	1.59	0.17	5380.08	4143.96	1079.40	12.82
1999	2400	3.12	1.93	1.62	0.20	5808.96	4515.05	1082.04	13.10
2000	2500	3.10	1.87	1.66	0.23	6489.97	5022.00	1037.04	13.75
2001	2450	3.06	1.82	1.68	0.25	7101.08	5252.42	1132.91	14.17
2002	2650	3.02	1.78	1.70	0.28	7614.50	5596.39	1904.83	24.57
2003	2650	2.98	1.77	1.68	0.26	8399.91	6069.35	2220.60	25.67
2004	2650	2.95	1.77	1.67	0.26	9437.80	6673.75	2351.86	26.39
2005	2800	2.91	1.69	1.72	0.32	10744.79	7457.31	2431.63	28.49
2006	3000	2.91	1.71	1.70	0.30	12192.24	8468.40	3249.06	29.29
2007	3050	2.87	1.68	1.71	0.34	14264.70	9666.61	3521.90	29.80
2008	3300	2.87	1.64	1.75	0.35	16305.41	11006.61	3639.81	31.33
2009	3300	2.86	1.64	1.74	0.36	17811.04	12012.74	4060.06	31.80
2010	3300	2.86	1.67	1.71	0.35	19945.83	13118.24	4297.74	32.09

注：住宅建筑面积指标2001年以前为人均居住面积，2002年以后为人均建筑面积。

a)Data before 2001 on construction area of builidng means per capita living space, data after 2002 per capita floor space.

10-2 城镇居民家庭年人均现金收支

Annual Per Capita Cash Income and Expenditure of Urban Households

单位:元 (yuan)

类 别	Category	2005	2007	2008	2009	2010
一、家庭总收入	**Total Income**	**11607.82**	**15366.26**	**17548.97**	**19336.91**	**21736.94**
#可支配收入	Disposable Income	10744.79	14264.70	16305.41	17811.04	19945.83
(一)工资性收入	Income of Wages and Salaries	9026.55	11814.19	12940.62	13985.83	15731.23
1.工资及补贴收入	Wages and Subsidies	8852.80	11616.10	12687.46	13796.39	15509.25
2.其他劳动收入	Other Income	173.75	198.09	253.16	189.44	221.98
(二)经营净收入	Net Business Income	492.12	730.15	1194.40	1379.02	1703.72
(三)财产性收入	income from Properties	151.86	304.71	346.90	412.76	490.22
1.利息收入	Interest Income	19.92	58.32	79.39	107.40	121.70
2.股息与红利收入	Divident and Bonus	77.05	124.17	106.50	101.47	139.08
3.保险收益	Insurance Profit	3.81	13.91	14.80	6.86	4.69
4.其它投资收入	Other Investment Income	5.69	36.18	20.92	72.28	61.05
5.出租房屋收入	Income from Housing Renting	43.19	63.11	101.10	112.21	151.22
6.知识产权收入	Intellectual Property Income		0.83	0.00		0.09
7.其他财产性收入	Other Property Income	2.20	8.18	24.19	12.53	12.39
(四)转移性收入	Income from Transfer	1937.29	2517.21	3067.05	3559.30	3811.78
1.养老金或离退休金	Retirement Pension	1524.48	2069.38	2513.09	2915.86	3196.15
2.社会救济收入	Social Relief	10.14	13.68	18.40	15.58	17.46
3.辞退金	Dismissal Fund	10.83	7.21	0.85	4.20	0.14
4.赔偿收入	Compensation	1.25	1.14	81.31	27.92	3.07
5.保险收入	Insurance Income	11.38	5.44	3.54	21.39	9.42
#失业保险金	Unemployment Insurance Benefits	7.73	3.32	1.71	1.07	1.17
6.赡养收入	Alimony Income	69.61	60.25	105.73	122.33	106.20
7.捐赠收入	Contribution Income	215.20	239.92	242.54	324.92	290.94
8.提取住房公积金	Withdrawal of Housing Accumulation Fund	36.22	38.63	35.56	38.50	57.10
9.记帐补贴	Account Subsidies	32.34	33.35	45.14	62.01	88.87
10.其他转移性收入	Other Transfer Income	20.98	48.22	20.90	26.59	42.43
二、出售财物收入	**Income from Properties Sale**	**27.21**	**145.13**	**86.98**	**48.93**	**40.39**
三、借贷收入	**Income from Lending**	**5316.67**	**6934.52**	**7618.02**	**8185.88**	**9281.03**
四、家庭总支出	**Total Expenditure**	**9888.94**	**13188.51**	**14646.42**	**16072.80**	**17415.98**
(一)消费支出	Consumption Expenditure	7457.31	9666.61	11006.61	12012.73	13113.24
#服务性消费支出	Consumption Expenditure for Services	1816.32	2195.61	2417.90	2580.37	2792.29
1.食 品	Food	2512.73	3180.64	3699.42	3954.34	4205.88
2.衣 着	Clothing	925.94	1238.34	1394.11	1548.75	1745.20
3.居 住	Residence	751.69	1191.18	1247.04	1280.04	1408.64
4.家庭设备用品及服务	Household Appliances and Services	503.36	1027.58	806.35	885.04	915.00
5.医疗保健	Health care and Medical Services	579.01	661.03	799.79	885.16	885.79
6.交通和通信	Transport and Communications	902.32	708.58	1410.45	1719.68	2140.42
7.教育文化娱乐服务	Recreation,Education and Cultural Services	1039.99	1333.63	1277.43	1332.97	1401.77
8.其他商品和服务	Miscellaneous Goods and Services	242.29	325.64	372.01	406.75	415.55
(二)购房与建房支出	Expenditure for Housing Purchase and Building	475.37	1044.01	749.36	955.81	829.35
(三)转移性支出	Expenditure for Transfer	1161.82	1456.07	1725.36	1653.99	1837.98
(四)财产性支出	Expenditure for Properties	10.34	8.35	12.26	35.90	35.53
(五)社会保障支出	Expenditure for Social Security	784.09	1013.47	1152.82	1414.37	1594.67
1.个人交纳的养老基金	Pension Fund	349.30	441.75	513.47	650.01	716.36
2.个人交纳的住房公积金	Housing Accumulation Fund	296.76	397.46	442.62	527.15	600.47
3.个人交纳的医疗基金	Medical Fund	90.77	128.18	141.48	178.66	211.43
4.个人交纳的失业基金	Unemployment Fund	32.28	36.85	40.30	46.76	51.26
5.其他社会保障支出	Other Social Security Expenditure	14.98	9.24	14.96	11.78	15.15
五、借贷支出	**Expenditure for Lending**	**6909.63**	**9048.17**	**10219.08**	**11120.59**	**13383.72**

10-3 城镇居民家庭年人均消费支出
Annual Per Capita Consumption Expenditure of Urban Households

单位:元 (yuan)

类 别	Category	2005	2007	2008	2009	2010
消费支出	**Consumption Expenditure**	**7457.31**	**9666.61**	**11006.61**	**12012.73**	**13118.24**
#服务性消费支出	Consumption Expenditure for Services	1816.32	2195.61	2417.90	2580.37	2792.29
一、食 品	**Food**	**2512.73**	**3180.64**	**3699.43**	**3954.34**	**4205.88**
(一)粮油类	Grain and Oil	341.59	422.92	517.46	500.19	541.92
1.粮 食	Grain	219.23	259.57	311.59	312.55	343.91
2.淀粉及薯类	Starches and Tubers	23.94	28.23	26.29	29.14	36.97
3.干豆类及豆制品	Dried Beans and Bean Products	32.32	37.16	43.68	49.15	53.77
4.油脂类	Oil or Fat	66.11	97.96	135.90	109.35	107.28
(二)肉禽蛋水产品类	Meat,Poultry,Eggs and Aquatic Products	676.41	903.44	1044.46	1082.96	1136.51
1.肉 类	Meat	353.55	434.52	531.64	527.85	559.42
2.禽 类	Poultries	80.37	106.69	126.31	119.76	123.30
3.蛋 类	Eggs	95.54	119.48	123.40	123.06	132.17
4.水产品类	Aquatic Products	146.95	242.75	263.11	312.28	321.62
(三)蔬菜类	Vegetables	211.92	289.96	318.65	345.03	401.49
1.鲜 菜	Fresh Vegetables	192.47	262.86	288.31	310.93	366.64
2.干 菜	Dry Vegetables	10.75	14.68	17.73	21.46	20.59
3.菜制品	Vegetable Products	8.69	12.42	12.61	12.65	14.26
(四)调味品	Flavoring	30.04	42.14	47.85	53.01	55.60
(五)糖烟酒饮料类	Carbohydrate,Tobacco,Liquor and Beverages	248.28	304.07	384.02	431.23	455.18
(六)干鲜瓜果类	Dried and Fresh Melons and Fruits	206.89	297.43	319.58	370.01	403.26
(七)糕点、奶及奶制品	Cake,Milk and Products	228.07	282.69	313.21	320.22	333.20
(八)其他食品	Other Foods	83.28	84.89	77.47	86.24	89.00
(九)饮食服务	Catering Services	486.25	553.11	676.73	765.45	789.71
二、衣 着	**Clothing**	**925.94**	**1238.34**	**1394.11**	**1548.75**	**1745.20**
(一)服 装	Garments	665.02	884.37	996.87	1102.98	1271.50
(二)衣着材料	Clothing Material	12.43	9.98	12.06	12.59	11.88
(三)鞋 类	Footwear	198.25	283.56	321.70	360.08	391.33
(四)其他衣着用品	Other Clothing	42.05	52.79	55.25	64.54	61.74
(五)衣着加工服务费	Clothing Proceeding Services	8.19	7.65	8.24	8.57	8.74
三、居 住	**Residence**	**751.69**	**1027.58**	**1247.04**	**1280.04**	**1408.64**
(一)住 房	Housing	209.02	322.71	411.37	373.81	399.65
1.租赁房房租	House Rent	14.91	22.45	28.10	14.84	21.49
2.住房装潢支出	Decoration Expenses	140.10	213.37	271.40	275.41	277.95
3.维修用建筑材料	Construction Material for Mending	42.09	66.70	93.15	59.46	69.79
4.其 他	Others	11.93	20.19	18.72	24.10	30.43
(二)水电燃料及其他	Water, Electricity,Fuel and Others	505.87	652.44	779.73	839.40	919.71
1.水	Water	39.34	52.45	56.50	59.37	67.14
2.电	Electricity	176.00	218.83	229.58	248.16	290.57
3.燃 料	Fuel	137.95	136.41	158.53	137.01	162.61
(三)居住服务费	Charges of Residence Service	36.80	52.43	55.94	66.84	89.28
1.物业管理费	Property Management Fees	11.04	21.20	28.08	38.17	56.28
2.维修服务费	Charges of Mending Services	7.66	16.25	16.22	16.34	17.45
3.其 它	Others	18.10	14.98	11.63	12.33	15.55

10-3 续表 continued

单位:元 (yuan)

类 别	Category	2005	2007	2008	2009	2010
四、家庭设备用品及服务	**Household Facilities,Articles and Services**	**503.36**	**526.29**	**806.35**	**885.04**	**915.00**
(一)耐用消费品	Durable Consumer Goods	275.55	275.97	426.80	469.05	455.94
1.家 具	Furniture	80.17	97.47	149.92	156.54	160.63
2.家庭设备	Household Facilities	195.38	178.50	276.62	312.51	295.31
(二)室内装饰品	Interior Decorations	20.40	21.46	37.28	38.23	39.13
(三)床上用品	Bed Articles	37.78	44.15	60.57	67.29	68.68
(四)家庭日用杂品	Grocery for Daily Use	151.13	160.76	236.81	260.56	309.67
(五)家具材料	Furniture Materials	2.42	4.17	11.39	16.03	12.07
(六)家庭服务	Household Service	16.07	19.79	33.50	33.88	29.51
五、医疗保健	**Health Care and Personal Articles**	**579.01**	**624.06**	**799.79**	**885.16**	**885.79**
(一)医疗器具	Medical Appliances	4.93	6.93	10.64	10.01	6.61
(二)保健器具	Health Care Appliances	17.17	14.14	26.54	22.88	22.99
(三)药品费	Drugs Charges	308.23	312.84	364.78	382.11	390.18
(四)滋补保健品	Nutritious and Health Articles	64.36	82.29	113.25	134.58	158.29
(五)医疗费	Medical Charges	171.08	197.18	265.41	314.27	290.75
(六)其 他	Others	13.23	10.68	19.18	21.30	16.97
六、交通和通讯	**Transportation and Communication**	**902.32**	**1175.57**	**1410.45**	**1719.68**	**2140.42**
(一)交 通	Transportation	476.71	703.84	898.17	1192.13	1524.57
1.家庭交通工具	Transportation Facility	239.05	399.14	418.23	706.97	954.95
2.车辆用燃料及零配件	Fuels and Parts	53.56	74.88	195.90	217.07	295.66
3.交通工具服务支出	Expenditure for Transportation Facility Services	40.65	69.07	111.01	87.52	100.76
4.交通费	Transportation Costs	143.45	160.75	173.03	180.58	173.20
(二)通 信	Communication	425.61	471.74	512.28	527.55	615.85
1.通信工具	Communication Facility	92.01	107.56	115.75	97.65	101.45
2.通信服务	Communication Service	333.60	364.17	396.53	429.90	514.41
七、教育文化娱乐服务	**Education, Culture and Recreation Articles**	**1039.99**	**1201.97**	**1277.43**	**1332.97**	**1401.77**
(一)文化娱乐用品	Culture and Recreation Articles	328.13	354.57	434.99	453.05	422.60
(二)文化娱乐服务	Culture and Recreation Services	165.22	214.86	262.34	307.28	372.59
1.参观游览	Visit	36.32	36.40	61.32	57.77	80.46
2.健身活动	Body Building Activities	2.91	9.46	17.09	17.08	13.47
3.团体旅游	Team Tour	68.52	101.15	102.96	152.84	178.85
4.其它文娱活动	Other Culture and Recreation Activities	50.12	58.62	71.11	70.07	93.40
5.文娱用品修理服务费	Service Charges for Recreation and Culture Articles Mending	7.34	9.23	9.86	9.53	6.41
(三)教 育	Education	546.64	632.53	580.10	572.65	606.57
1.教 材	Teaching Materials	33.46	37.26	51.04	36.71	37.60
2.教育费用	Education Costs	513.18	595.28	528.81	535.95	568.97
八、其他商品和服务	**Miscellanecus Commodities and Services**	**242.29**	**299.48**	**372.01**	**406.75**	**415.55**
(一)其他商品	Miscellanecus Commodities	169.01	204.98	264.73	299.69	299.76
(二)服 务	Services	73.28	94.50	107.28	107.06	115.78

10-4 2002-2010年城镇居民家庭年末耐用品百户拥有量

Number of Durable Consumer Goods Owned by Per 100 Urban Households at the Year end from 2002 to 2010

类别		Category		2002	2003	2004	2005
摩托车	(辆)	Motorcycles	(unit)	44.28	46.12	47.20	47.55
助力车	(辆)	Motorbikes	(unit)	5.20	7.82	12.54	17.58
家用汽车	(辆)	Automobiles	(unit)	1.08	1.28	2.51	4.47
洗衣机	(台)	Washing Machines	(unit)	89.35	92.13	92.89	93.28
电冰箱	(台)	Refrigerators	(unit)	104.29	105.07	105.22	105.63
彩色电视机	(台)	Color TV Sets	(unit)	117.11	119.60	119.59	118.30
家用电脑	(台)	Computers	(unit)	23.35	31.43	37.71	45.64
组合音响	(套)	Hi-Fi Stereo Component System	(set)	20.59	21.39	22.84	22.28
摄像机	(架)	Pickup Cameras	(unit)	2.21	2.72	3.47	5.09
照相机	(架)	Cameras	(unit)	53.41	54.17	56.80	57.59
钢　琴	(架)	Pianos	(unit)	2.64	3.06	3.14	3.02
微波炉	(台)	Microwave Ovens	(unit)	27.72	31.89	35.62	42.88
空调器	(台)	Air Conditioner	(unit)	42.72	52.31	61.67	74.40
淋浴热水器	(台)	Water Heaters	(unit)	61.39	65.83	69.04	72.42
消毒碗柜	(台)	Sterilized Cabinet	(unit)	4.55	5.21	5.82	5.72
洗碗机	(台)	Dishwasher	(unit)	0.78	0.89	0.85	1.11
健身器材	(套)	Body Building Equipment	(set)	4.60	4.89	5.21	6.24
固定电话	(部)	Fixed-line Phones	(unit)	96.36	97.32	97.09	92.30
移动电话	(部)	Mobile Phones	(unit)	74.40	97.48	121.36	144.34

10–4 续表 continued

类别	Category	2006	2007	2008	2009	2010
摩托车	（辆）Motorcycles (unit)	46.63	41.19	34.75	35.82	35.30
助力车	（辆）Motorbikes (unit)	25.07	31.53	46.62	51.72	55.58
家用汽车	（辆）Automobiles (unit)	6.15	9.37	12.94	16.14	19.87
洗衣机	（台）Washing Machines (unit)	95.09	95.01	92.98	94.52	95.59
电冰箱	（台）Refrigerators (unit)	106.99	98.82	98.95	100.90	102.28
彩色电视机	（台）Color TV Sets (unit)	120.40	122.24	119.44	120.93	122.34
家用电脑	（台）Computers (unit)	52.71	58.81	64.04	71.12	77.24
组合音响	（套）Hi-Fi Stereo Component System (set)	24.22	25.65	22.89	23.33	23.28
摄像机	（架）Pickup Cameras (unit)	6.44	7.85	8.92	9.74	10.41
照相机	（架）Cameras (unit)	58.30	54.24	50.08	52.82	55.06
钢　琴	（架）Pianos (unit)	3.45	3.38	3.39	3.43	3.87
微波炉	（台）Microwave Ovens (unit)	46.32	48.23	47.87	50.58	52.80
空调器	（台）Air Conditioner (unit)	82.03	85.63	89.68	95.24	100.29
淋浴热水器	（台）Water Heaters (unit)	73.97	80.31	85.00	87.03	88.66
消毒碗柜	（台）Sterilized Cabinet (unit)	6.88	5.68	6.77	7.50	7.74
洗碗机	（台）Dishwasher (unit)	1.38	0.90	0.81	0.93	1.06
健身器材	（套）Body Building Equipment (set)	6.59	6.51	6.33	6.69	6.88
固定电话	（部）Fixed-line Phones (unit)	90.77	85.89	76.07	75.53	73.95
移动电话	（部）Mobile Phones (unit)	164.30	173.46	181.59	189.97	199.09

10-5 城镇居民家庭居住情况(2010年)
Housing Conditions Of Urban Households (2010)

类　别		Category		总 计 Total
现住房总建筑面积	**(平方米/人)**	**Total Construction Area**	**(sq.m/person)**	**32.09**
房屋产权(合计)		Ownership of Housing(Total)		
租赁公房	(%)	Public Apartments for Lease	(%)	1.46
租赁私房	(%)	Private Apartments for Lease	(%)	1.71
原有私房	(%)	Original Private Apartments	(%)	7.26
房改私房	(%)	Private Apartments through Housing Reform	(%)	50.71
商品房	(%)	Commercial Buildings	(%)	36.51
其　它	(%)	Others	(%)	2.36
住宅建筑式样(合计)		Grouped by Design of Residential Buildings(Total)		
单栋住宅	(%)	Separate Residential Buildings	(%)	1.64
四居室	(%)	Four-room Apartments	(%)	3.45
三居室	(%)	Three-room Apartments	(%)	47.68
二居室	(%)	Two-room Apartments	(%)	36.55
一居室	(%)	One-room Apartments	(%)	1.4
普通楼房	(%)	Ordinary Buildings	(%)	3.01
平房及其它	(%)	Terraces and Others	(%)	6.27
卫生设备(合计)		Grouped by Sanitary Facility(Total)		
无卫生设备	(%)	Without Sanitary Facility	(%)	0.58
有厕所浴室	(%)	With Sanitary Facility	(%)	86.22
有厕所无浴室	(%)	With Washroom and Without Lavatory	(%)	11.56
公　用	(%)	Public Washroom and Lavatory	(%)	1.63
取暖设备(合计)		Grouped by Heating Facility(Total)		
无取暖设备	(%)	Without Heating Facility	(%)	4.98
空调设备	(%)	Air Conditioner	(%)	10.6
暖　气	(%)	Central Heating	(%)	69.76
其　它	(%)	Others	(%)	14.66
炊用燃料使用情况(合计)	(%)	Grouped by Using of Fuel for Cooking(Total)	(%)	
煤炭	(%)	Coal	(%)	3.42
罐装液化石油气	(%)	Bottled Liquefied Petroleum Gas	(%)	44.87
管道液化石油气	(%)	Pipe Liquefied Petroleum Gas	(%)	2.31
管道煤气	(%)	Pipe Gas	(%)	11.23
管道天然气	(%)	Pipe Natural Gas	(%)	36.38
柴油	(%)	Diesel	(%)	
其它燃料	(%)	Other fuel	(%)	1.8

10-6 各调查市县城镇居民年人均主要指标(2010年)

Major Annual Per Capita Indicators of Urban Households by Region(2010)

单位:元 (yuan)

地 区	Region	家庭总收入 Total Income	可支配收入 Disposable Income	家庭总支出 Total Expenditure	消费性支出 Consumption Expenditure
城镇居民	**Residents in Rural Areas**	**21736.94**	**19945.83**	**17415.98**	**13118.24**
一、地级及以上城市居民	**Residents in Cities of and above Prefectural Level**				
济南市	Jinan	27723.78	25321.06	21103.21	15973.32
青岛市	Qingdao	27283.48	24998.13	22929.03	17531.05
淄博市	Zibo	23232.57	21783.78	17202.51	13723.55
枣庄市	Zaozhuang	19998.57	17629.52	16284.48	11409.15
东营市	Dongying	27081.66	23795.63	19600.93	14743.50
烟台市	Yantai	25527.85	23288.30	19638.68	15792.03
潍坊市	Weifang	21094.27	19675.06	18070.60	13818.67
济宁市	Jining	22070.05	19826.46	18086.05	12500.20
泰安市	Tai'an	21403.21	19953.45	16200.63	13420.54
威海市	Weihai	24051.67	22235.23	19726.54	15338.70
日照市	Rizhao	19073.74	17558.25	18574.83	12289.17
莱芜市	Laiwu	24109.70	20987.63	19052.46	13644.92
临沂市	Linyi	22160.08	21037.99	18671.18	12325.42
德州市	Dezhou	19521.72	17410.48	16222.31	11628.18
聊城市	Liaocheng	19150.52	17889.31	16516.27	12767.48
滨州市	Binzhou	22029.42	19686.17	19633.96	13147.08
菏泽市	Heze	16281.60	14419.03	14006.37	9764.78
二、县级市城市居民	**Residents in Cities of County Level**				
龙口市	Longkou	24122.29	22179.73	19075.90	15758.05
诸城市	Zhucheng	18281.63	16918.12	14586.01	10471.02
青州市	Qingzhou	16982.80	15556.27	14305.24	10683.64
文登市	Wendeng	17944.31	16916.25	13366.75	11174.04
临清市	Linqing	15949.03	14879.45	11241.29	8971.80
三、县城居民	**Residents in Towns of County Level**				
利津县	Lijin	20350.22	19110.85	17247.34	12329.49
微山县	Weishan	20678.00	18655.91	15157.16	9682.61
费 县	Feixian	14830.27	13566.85	13125.59	9508.39
武城县	Wucheng	14226.08	13676.65	9581.20	7417.33
东阿县	Donge	13407.09	12163.65	9193.72	6517.95
巨野县	Juye	13933.05	12794.29	10375.79	7545.53

注:全省城镇居民收支资料由28个调查市县城镇居民家庭抽样调查资料加权汇总计算；地级及以上城市居民收支是由17个城市市区居民家庭抽样调查资料汇总；县级城市居民收支是由5个城市市区居民家庭的抽样调查资料汇总；县城居民收支是由6个城关镇居民家庭抽样调查资料汇总;市、县数据仅供参考。

a)The Urban residents income and expenditure of Shandong province are weighted aggregate calculated from sample survey of urban households in 28 cities and counties.The income and expenditure of residents in cities of and above Prefecture level are Summarized from sample survey of the urban area households of 17 cities of Shandong.The income and expenditure of residents in Cities of Country Level are Summarized from sample survey of the urban area households of 5 cities.The income and expenditure of residents in towns of Country Level are Summarized from sample survey of the households of 6 Peri-urban town.The data of cities and counties are only for reference.

10-7 主要年份农民家庭主要指标

Major Indicators of Rural Households of Major Years

年 份 Year	调查户数 (户) Number of Households Surveyed (household)	调查户常住人口 (人) Number of Permanent Residents in the Households Surveyed (person)	平均每户常住人口 (人) Average Number of Permanent Residents Per Household (person)	平均每户整半劳力 (人) Average Number of Full/Semi Labour Force Per Household (person)	人均年末生活用房面积 (平方米) Per Capita Space of Living House at Year-end (sq.m)
1978	715	4126	5.77	2.54	9.81
1979	732	4138	5.65	2.67	9.91
1980	825	4649	5.64	2.70	10.98
1981	827	4538	5.49	2.63	10.03
1982	1529	7849	5.13	2.54	10.64
1983	1438	7266	5.05	2.85	12.50
1984	1558	7730	4.96	2.86	14.54
1985	4000	18896	4.72	2.84	15.13
1986	4200	19667	4.68	2.85	15.74
1987	4200	19339	4.60	2.86	16.48
1988	4200	19074	4.54	2.86	17.34
1989	4200	18749	4.46	2.85	17.96
1990	4200	18486	4.40	2.82	18.48
1991	4200	18241	4.34	2.77	19.87
1992	4200	17886	4.26	2.75	19.31
1993	4200	17494	4.17	2.77	20.64
1994	4200	17239	4.10	2.76	21.15
1995	4200	17089	4.07	2.78	21.56
1996	4200	16847	4.01	2.68	22.32
1997	4200	16574	3.95	2.65	23.16
1998	4200	16379	3.90	2.64	23.91
1999	4200	16116	3.84	2.60	25.07
2000	4200	15918	3.79	2.60	23.61
2001	4200	15671	3.73	2.54	24.60
2002	4200	15569	3.71	2.58	25.59
2003	4200	15405	3.67	2.62	26.53
2004	4200	15386	3.66	2.67	26.92
2005	4200	15382	3.66	2.69	29.64
2006	4200	15298	3.64	2.69	30.69
2007	4200	15204	3.62	2.69	31.69
2008	4200	15121	3.60	2.68	32.98
2009	4200	15012	3.57	2.68	34.24
2010	4200	14878	3.54	2.67	34.71

注：1978年至1980年的生活用房面积中包括生产用房。
a)The space of production house is included in the space of living house since 1978 to 1980.

10–7 续表 continued

年 份 Year	平均每人全年总收入(元) Per Capita Annual Total Income (yuan)	平均每人全年纯收入(元) Per Capita Annual Net Income (yuan)	平均每人全年总支出(元) Per Capita Annual Total Expenditure (yuan)	#购置生产性固定资产 Purchase of Productive Fixed Assets	#生活消费支出 Expense on Household Consumption
1978	134.58	114.56	116.57		93.69
1979	184.66	159.81	157.41		128.01
1980	240.98	210.23	204.75		165.34
1981	282.07	251.62	247.90	8.99	202.12
1982	343.99	299.95	296.21	17.87	230.02
1983	500.68	360.64	428.14	22.23	264.38
1984	554.61	394.99	461.31	18.11	287.24
1985	592.50	408.12	521.50	18.71	321.98
1986	644.65	449.27	570.40	14.81	364.56
1987	740.61	517.69	639.75	16.36	406.34
1988	857.76	583.74	780.24	23.72	482.11
1989	939.57	630.56	841.95	21.05	513.10
1990	994.36	680.18	878.27	18.14	547.05
1991	1152.02	764.04	1037.81	29.79	612.99
1992	1241.82	802.90	1121.22	27.81	655.69
1993	1413.69	952.74	1210.98	29.48	724.49
1994	1975.12	1319.73	1671.34	30.01	995.72
1995	2626.96	1715.09	2301.34	56.70	1338.46
1996	3246.92	2086.31	2955.16	68.33	1652.51
1997	3468.72	2292.12	2855.26	84.34	1626.27
1998	3561.87	2452.83	2782.48	93.23	1595.09
1999	3645.89	2549.56	2845.88	97.36	1679.75
2000	3872.22	2659.20	3036.20	107.85	1770.75
2001	4138.61	2804.51	3326.79	101.70	1904.95
2002	4305.77	2953.97	3438.78	92.40	1997.83
2003	4482.15	3150.49	3521.42	83.78	2133.20
2004	5037.52	3507.43	3999.23	107.74	2389.27
2005	5676.98	3930.55	4561.27	117.14	2735.77
2006	6188.54	4368.33	5090.48	149.36	3143.80
2007	7150.28	4985.34	5863.21	111.15	3621.57
2008	8136.66	5641.43	6697.38	123.75	4077.05
2009	8683.82	6118.77	7258.17	233.83	4417.18
2010	9877.33	6990.28	7981.02	192.14	4807.18

10-8 农村住户家庭基本情况

Basic Condition of Rural Households

类 别	Category	2005	2007	2008	2009	2010
调查户数	**Number of Households Surveyed (household)**	**4200**	**4200**	**4200**	**4200**	**4200**
一、调查户从业类型	Business Types of Households Serveyed					
(按总收入比重计算)	(calculated according to the proportion of total income)					
1.农业户 (户/百户)	Households Engaged in Agriculture (household/100 households)	19.79	17.40	19.14	17.79	18.10
2.农业兼业户 (户/百户)	Households Engeged in Agricuture and Other Sectors (household/100 households)	39.40	37.26	34.64	32.60	31.02
3.非农业兼业户 (户/百户)	Households Engaged in Non-agriculture (household/100 households)	33.62	37.24	37.19	39.38	40.33
4.非农业户 (户/百户)	Households Engeged in Non--agricutureand Other Sectors (household/100 households)	7.19	8.10	9.02	10.24	10.55
二、调查户从业类型	Business Types of Households Serveyed					
(按从业劳动力比重计算)	(calculated according to the proportion of business labour force)					
1.农业户 (户/百户)	Households Engaged in Agriculture (household/100 households)	36.33	29.07	29.14	29.64	27.74
2.农业兼业户 (户/百户)	Households Engeged in Agricuture and Other Sectors (household/100 households)	17.62	16.19	15.93	15.67	15.79
3.非农业兼业户 (户/百户)	Households Engaged in Non-agriculture (household/100 households)	31.17	35.90	35.88	34.43	36.95
4.非农业户 (户/百户)	Households Engeged in Non-agricuture and Other Sectors (household/100 households)	14.88	18.83	19.05	20.26	19.52
三、家庭结构	Household Structure					
1.单身或夫妇 (户/百户)	Single and Couples (household/100 households)	10.17	11.93	13.02	13.93	14.71
2.夫妇与一个孩子 (户/百户)	Couples with One Child (household/100 households)	32.76	32.12	31.74	31.36	31.33
3.夫妇与两个孩子 (户/百户)	Couples with Two Children (household/100 households)	31.26	30.21	29.40	28.76	28.10
4.夫妇与三个以上孩子 (户/百户)	Couples with Three Children and More (household/100 households)	7.76	6.90	6.21	5.62	5.21
5.单亲与孩子 (户/百户)	Single-parent with Children (household/100 households)	1.33	1.40	1.62	1.40	1.52
6.三代同堂 (户/百户)	Three Generations Living under One Roof (household/100 households)	14.48	15.55	16.05	17.05	17.48
7.其 他	Others (household/100 households)	2.24	1.88	1.95	1.88	1.64
四、参加专业性合作经济组织的户数 (户/百户)	Number of Participating in Professional Cooperative Economic Organizations (household/100 households)	3.64	3.55	3.76	4.38	4.10
五、参加新型农村合作医疗的户数 (户/百户)	Number of Households Participating in the New Type of Rural Cooperative Medical Care (household/100 households)	49.57	98.45	98.62	98.90	99.19
六、领取最低生活保障的户数 (户/百户)	Number of Households Receiving the Minimum Livelihood Guarantee (household/100 households)	0.07	0.48	0.67	0.81	0.98

10–9 农村住户居住情况

Living Condition of Rural Households

类 别		Category		2005	2007	2008	2009	2010
一、期末居住住房情况		**Housing Condition at Term-end**						
(一)住房面积	(平米/人)	Housing Area	(sq.m/person)	29.64	31.69	32.98	34.24	34.71
(二)住房价值	(元/平米)	Housing Value	(yuan/sq.m)	283.98	322.85	354.45	369.65	387.82
(三)住房类型		Houging Type						
1.楼房面积	(平米/人)	Apartment Area	(sq.m/person)	3.27	4.36	4.90	5.27	6.09
2.砖瓦平房面积	(平米/人)	Brick Bungalow Area	(sq.m/person)	24.53	25.60	26.70	27.48	27.22
3.其 他	(平米/人)	Other Types	(sq.m/person)	1.83	1.73	1.38	1.49	1.39
(四)住房结构		Housing Structure						
1.钢筋混泥土结构面积	(平米/人)	Reinforced Concrete Structure	(sq.m/person)	7.45	8.09	9.04	9.78	9.64
2.砖木结构面积	(平米/人)	Brick and Wood Structure	(sq.m/person)	20.72	22.18	22.80	23.34	23.96
3.其 他	(平米/人)	Other Structures	(sq.m/person)	1.48	1.42	1.15	1.12	1.11
二、期内新建(购)住房情况		**Condition of Newly Building (Buying) Housing in the Term**						
(一)新建(购)住房面积	(平米/人)	Area of Newly Building(Buying) Housing	(sq.m/person)	1.03	1.28	1.31	1.36	0.59
(二)新建(购)住房价值	(元/平米)	Value of Newly Building(Buying) Housing	(yuan/sq.m)	369.36	485.44	552.06	579.26	387.89
(三)新建(购)住房类型		Type of Newly Building(Buying) Housing						
1.楼房面积	(平米/人)	Apartment Area	(sq.m/person)	0.15	0.41	0.40	0.43	0.27
2.砖瓦平房面积	(平米/人)	Brick Bungalow Area	(sq.m/person)	0.87	0.86	0.91	0.92	0.31
3.其 他	(平米/人)	Other Types	(sq.m/person)	0.01	0.01		0.02	0.01
(四)新建(购)住房结构		Structure of Newly Building Housing						
1.钢筋混泥土结构面积	(平米/人)	Reinforced Concrete Structure	(sq.m/person)	0.41	0.50	0.68	0.76	0.32
2.砖木结构面积	(平米/人)	Brick and Wood Structure	(sq.m/person)	0.62	0.77	0.63	0.59	0.27
3.其 他	(平米/人)	Other Structures	(sq.m/person)		0.01		0.01	
三、居住条件		**Living Condition**						
(一)住房卫生设备使用情况		Condition of Health Equipment						
1.使用水冲式厕所的户数	(户/百户)	Having Flushing Toilet	(household/100 households)	5.74	7.76	8.38	9.24	9.45
2.使用旱厕的户数	(户/百户)	Having Old Toilet	(household/100 households)	93.74	92.21	91.40	90.55	90.33
3.无厕所的户数	(户/百户)	No Toilet	(household/100 households)	0.52	0.02	0.21	0.21	0.21
(二)取暖设备使用情况		Condition of Heating Equipment						
1.使用空调的户数	(户/百户)	Having Air Conditioner	(household/100 households)	1.55	3.21	3.38	3.79	4.95
2.使用暖气的户数	(户/百户)	Having Heater	(household/100 households)	18.26	19.55	18.31	17.40	17.83
3.使用火炕的户数	(户/百户)	Having Kang	(household/100 households)	37.33	19.31	19.07	19.48	19.64
4.无取暖设备的户数	(户/百户)	No Heating Equipment	(household/100 households)	42.86	24.81	35.60	36.69	37.90
(三)炊事使用的主要能源		Major Source of Cooking						
1.使用液化气的户数	(户/百户)	Liquid Natural Gas	(household/100 households)	17.64	27.52	26.64	27.26	31.19
2.使用煤炭的户数	(户/百户)	Coal	(household/100 households)	29.38	22.90	22.12	20.67	18.29
3.使用柴草的户数	(户/百户)	Fuelwood	(household/100 households)	52.10	45.33	46.45	43.90	41.79
4.使用电的户数	(户/百户)	Electricity	(household/100 households)	0.48	2.43	3.14	6.33	8.17
5.使用其他燃料的户数	(户/百户)	Other Fuels	(household/100 households)	0.40	1.81	1.64	1.83	0.57
(四)饮用水来源情况		Source of Drinking Water						
1.饮用自来水的户数	(户/百户)	Tap Water	(household/100 households)	53.67	67.31	69.67	73.02	77.31
2.饮用深井水的户数	(户/百户)	Deep Well Water	(household/100 households)	29.69	27.76	25.19	22.98	19.79
3.饮用浅井水的户数	(户/百户)	Shallow Well Water	(household/100 households)	16.05	4.93	5.12	3.98	2.90
(五)住宅外道路路面状况		Condition of Road Near Residential						
1.水泥或柏油路面的户数	(户/百户)	Cement or Asphalt	(household/100 households)	40.29	51.00	54.52	57.55	59.71
2.沙石或石板等硬质路面的户数	(户/百户)	Stone, Sand and Gravel or Other Hard Materials	(household/100 households)	19.02	18.98	17.57	16.26	15.10
3.其他路面的户数	(户/百户)	Other Materials	(household/100 households)	40.69	30.02	27.90	26.19	25.19

10-10 农村住户人均总收入与总支出

Per Capita Total Income and Expenditure of Rural Households

单位:元 (yuan)

类 别	Category	2005	2007	2008	2009	2010
一、总收入	**Total Income**	**5676.98**	**7150.28**	**8136.66**	**8683.82**	**9877.33**
(一)工资性收入	Income from Wages and Salaries	1437.57	1950.78	2263.46	2496.57	2958.06
1.在非企业组织中劳动得到收入	Incomes from Working in the Non-business Organizations	240.73	254.52	255.22	283.52	306.59
2.在本乡地域内劳动得到收入	Incomes from Working inside the Village	806.57	1109.09	1315.25	1418.47	1688.23
#在企业中劳动得到收入	Incomes from Working in Enterprises	522.63	697.12	798.47	862.84	1055.64
3.外出从业得到收入	Income from Working Somewhere away from Home	390.27	587.17	693.00	794.59	963.24
(二)家庭经营收入	Income from Household Operations	3956.95	4779.28	5339.43	5534.44	6181.28
1.第一产业收入	Income from Primary Industry	3177.37	3867.36	4338.07	4435.18	4908.18
(1)农业收入	Income from Farming	2215.02	2689.77	2967.56	3169.75	3550.48
A.农产品收入	Farming Products	2159.05	2620.58	2879.80	3086.16	3453.29
B.农业服务性收入	Income from Agricultural Services	55.97	69.19	87.76	83.59	97.19
(2)林业收入	Income from Forestry	60.31	81.71	96.58	93.58	109.32
A.林业产品收入	Forestry Products	57.99	78.54	93.00	92.72	108.52
B.林业服务性收入	Income from Forestry Services	2.33	3.17	3.58	0.86	0.80
(3)牧业收入	Income from Animal Husbandry	865.38	1060.19	1228.86	1126.08	1197.83
A.牧业产品收入	Animal Husbandry Products	857.79	1056.83	1223.96	1117.74	1186.84
B.牧业服务性收入	Animal Husbandry Services	7.60	3.36	4.90	8.34	10.99
(4)渔业收入	Income from Fishery	36.65	35.68	45.07	45.78	50.55
A.渔业产品收入	Fishery Products	36.14	26.03	28.61	34.98	35.01
B.渔业服务性收入	Fishery Services	0.51	9.65	16.46	10.80	15.54
2.第二产业收入	Income from Secondary Industry	265.24	304.70	355.53	368.77	413.95
(1)工业收入	Industry	209.44	232.38	278.80	284.01	316.65
A.工业产品收入	Industrial Products	67.26	86.32	122.69	122.80	128.73
B.工业服务性收入	Industrial Services	142.18	146.07	156.12	161.20	187.91
(2)建筑业收入	Construction	55.80	72.31	76.72	84.77	97.31
1)建筑业产品收入	Construction Products	1.48	2.73	4.09	2.20	3.84
2)建筑业服务性收入	Construction Services	54.31	69.59	72.64	82.56	93.47
3.第三产业收入	Income from Tertiary Industry	514.35	607.22	645.84	730.49	859.14
(1)其他产品收入	Other Products	2.25	3.61	10.46	2.74	5.87
(2)第三产业服务性收入	Tertiary Industry Services	512.10	603.61	635.38	727.75	853.27
1)交通、运输、邮电业收入	Transport,Storage and Post	166.45	187.36	186.85	198.61	239.20
2)批零贸易业、饮食业收入	Wholesale,Retail and Catering Trades	186.16	230.56	252.23	302.58	385.21
3)社会服务业收入	Social Services	54.87	69.30	78.10	92.53	92.35
4)文教卫生业收入	Culture,Education and Health	28.20	38.73	44.30	48.71	58.53
5)其他行业收入	Other Sectors	76.42	77.65	73.89	85.31	77.99
(三)财产性收入	Income from Properties	102.80	144.32	163.93	196.11	238.29
1.利 息	Interest	9.75	11.58	13.81	15.70	19.15
2.集体分配股息和红利	Divident and Bonus Distributed by Mass	0.63	1.28	1.84	2.45	8.21
3.其他股息和红利	Other Divident and Bonus	2.02	2.92	5.40	6.10	6.42
4.租金(包括农业机械)	Rent(including Agricultural Machinery)	10.36	12.18	16.09	19.54	21.21
5.土地征用补偿收入	Compensation for Land Acquisition	46.21	54.16	60.29	68.73	82.78
6.转让承包土地经营权收入	Land Management Rights Transfer	2.56	10.13	13.61	17.27	24.79
(四)转移性收入	Income from Transfers	179.66	275.90	369.82	456.70	499.70
1.家庭非常住人口寄回和带回收入	Sent back by Non-permanent Resident	34.11	43.35	50.16	59.57	64.77
2.城市亲友赠送收入	Presentation from Relatives and Friends in Rural Area	21.18	26.92	31.34	38.69	45.63
3.农村亲友赠送收入	Presentation from Relatives and Friends in Urban Area	52.32	87.42	120.82	166.24	163.59

10-10 续表 continued

单位:元 (yuan)

类 别	Category	2005	2007	2008	2009	2010
二、总支出	**Total Expenditure**	**4561.27**	**5863.21**	**6697.38**	**7258.17**	**7981.02**
(一)家庭经营费用支出	Expenditure for Household Operations	1496.03	1852.02	2139.35	2165.90	2463.80
1.第一产业生产费用支出	Primary Industry	1314.96	1647.12	1895.81	1912.96	2139.27
(1)农业生产费用支出	Expenditure for Farming Production	731.25	909.14	1024.97	1091.71	1216.99
(2)林业生产费用支出	Expenditure for Forestry Production	11.33	16.86	17.76	16.48	15.28
(3)牧业生产费用支出	Expenditure for Animal Husbandry Production	557.82	709.84	836.59	787.93	889.57
(4)渔业生产费用支出	Expenditure for Fishery Production	14.57	11.28	16.49	16.84	17.44
2.第二产业生产费用支出	Secondary Industry	92.57	103.90	142.28	137.13	159.90
(1)工业生产费用支出	Expenditure for Industry Production	87.82	90.81	129.74	124.46	148.30
(2)建筑业生产费用支出	Expenditure for Construction Production	4.75	13.08	12.54	12.68	11.60
3.第三产业生产费用支出	Tertiary Industry	88.50	101.00	101.25	115.80	164.64
(1)交通运输邮电业生产费用支出	Expenditure for Production of Transport,Storage	27.35	26.76	21.13	24.26	35.49
(2)批零贸易餐饮业生产费用支出	Expenditure for Production of Wholesale,Retail and Catering Services	38.66	45.87	48.02	60.67	97.84
(3)社会服务业生产费用支出	Expenditure for Production of Social Services	8.35	7.44	7.24	10.92	10.76
(4)文教卫生业生产费用支出	Expenditure for Production of Culture,Education	4.37	6.95	7.78	6.43	6.14
(5)其他行业生产费用支出	Expenditure for Production of Other Secotrs	9.76	13.98	17.08	13.53	14.41
(二)购置生产性固定资产支出	Expenditure for Purchase of Productive Fixed Assets	117.14	111.15	123.75	233.83	192.14
(三)建、造生产性固定资产雇工支出	Expenditure for Building of Productive Fixed Assets	1.40	3.43	3.24	12.15	3.46
(四)税费支出	Expenditure for Taxes and Fees	34.27	16.83	24.88	13.75	13.03
(五)生活消费支出	Expense on Household Consumption	2735.77	3621.57	4077.05	4417.18	4807.18
#服务性支出	Expenditure for Services	880.02	1097.93	1218.19	1245.29	1338.38
1.食品消费支出	Food	1087.65	1369.20	1551.77	1618.66	1804.45
2.衣着消费支出	Clothing	159.73	224.18	250.29	265.59	305.56
3.居住消费支出	Residence	445.71	682.13	804.75	945.81	832.95
4.家庭设备、用品消费支出	Household Appliances	136.54	195.99	240.91	273.77	324.70
5.交通和通讯消费支出	Transport and Communications	294.37	422.36	452.55	533.55	649.21
6.文化教育、娱乐消费支出	Recreation,Education and Cultural	377.16	424.89	417.27	399.95	421.91
7.医疗保健消费支出	Health care	188.48	230.84	280.49	301.55	383.89
8.其他商品和服务消费支出	Other Goods and Services	46.13	71.98	79.00	78.30	84.51
(六)财产性支出	Expenditure for Properties	17.55	20.66	30.60	27.79	44.17
1.宅基地有偿使用费	Paid Use of Land	1.58	0.84	4.27	2.30	2.66
2.承包其他农户转让费	Contract on Other Farmers Transfer	14.18	14.98	17.44	22.08	34.59
(七)转移性支出	Expenditure for Transfers	159.11	237.55	298.51	387.59	457.23
1.寄给带给家庭非常人口	Sent to Non-permanent Resident	43.42	57.38	72.43	57.78	58.77
2.赠送农村亲友	Presentation to Relatives and Friends in Rural Area	52.86	88.39	115.40	150.82	174.96
3.赠送城市亲友	Presentation to Relatives and Friends in Urban Area	8.69	13.78	15.06	20.27	24.69

10-11 农村住户人均纯收入

Per Capita Net Income of Rural Households

单位:元 (yuan)

类 别	Category	2005	2008	2009	2010
全年纯收入	**Net Income**	**3930.55**	**5641.43**	**6118.77**	**6990.28**
一、工资性收入	**Income from Wages and Salaries**	**1437.57**	**2263.46**	**2496.57**	**2958.06**
1.在非企业组织中劳动得到收入	Incomes from Working in the Non-business Organizations	240.73	255.22	283.52	306.59
2.在本乡地域内劳动得到收入	Incomes from Working inside the Village	806.57	1315.25	1418.47	1688.23
#在企业中劳动得到收入	Incomes from Working in Enterprises	522.63	798.47	862.84	1055.64
3.外出从业得到收入	Income from Working Somewhere away from Home	390.27	693.00	794.59	963.24
二、家庭经营纯收入	**Net Income from Household Operations**	**2258.05**	**2962.96**	**3129.28**	**3456.89**
1.第一产业纯收入	Net Income from Primary Industry	1727.87	2283.12	2369.95	2605.18
(1)农业收入	Net Income from Farming	1376.86	1812.72	1954.25	2201.15
(2)林业收入	Net Income from Forestry	48.51	78.29	76.97	93.93
(3)牧业收入	Net Income from Animal Husbandry	281.99	365.53	311.83	279.10
(4)渔业收入	Net Income from Fishery	20.51	26.58	26.91	31.01
2.非农产业纯收入	Net Income from Non-agricultural Industries	530.17	679.84	759.32	851.70
(1)第二产业纯收入	Net Income from Secondary Industry	152.11	188.22	204.51	227.45
1)工业收入	Industry	102.62	126.15	135.30	144.87
2)建筑业收入	Construction	49.49	62.07	69.21	82.59
(2)第三产业纯收入	Net Income from Tertiary Industry	378.06	491.62	554.82	624.25
1)交通、运输、邮电业收入	Transport,Storage and Post	112.08	137.32	146.29	166.39
2)批零贸易业、饮食业收入	Wholesale , Retail and Catering Trades	134.37	188.89	221.95	264.62
3)社会服务业收入	Social Services	43.89	67.59	77.82	78.60
4)文教卫生业收入	Culture , Education and Health	22.61	34.60	40.49	50.83
5)其他行业收入	Other Sectors	65.11	63.22	68.26	63.82
三、财产性纯收入	**Net Income from Properties**	**102.80**	**163.93**	**196.11**	**238.29**
1.利 息	Interest	9.75	13.81	15.70	19.15
2.集体分配股息和红利	Divident and Bonus Distributed by Mass	0.63	1.84	2.45	8.21
3.其他股息和红利	Other Divident and Bonus	2.02	5.40	6.10	6.42
4.租金(包括农业机械)	Rent(including Agricultural Machinery)	10.36	16.09	19.54	21.21
5.土地征用补偿收入	Compensation for Land Acquisition	46.21	60.29	68.73	82.78
6.转让承包土地经营权收入	Land Management Rights Transfer	2.56	13.61	17.27	24.79
四、转移性纯收入	**Net Income from Transfers**	**132.13**	**251.07**	**296.81**	**337.04**
1.家庭非常住人口寄回和带回	Sent back by Non-permanent Resident	34.11	50.16	59.57	64.77
2.城市亲友赠送	Presentation from Relatives and Friends in Rural Area	21.18	31.34	38.69	45.63
3.离退休金、养老金	Old-age Pensions	17.69	25.93	28.35	35.47
4.城市亲友支付赡养费	Alimony Relatives and Friends in Urban Area	3.72	5.14	5.50	6.52
5.农村亲友支付赡养费	Alimony Relatives and Friends in Rural Area	5.00	8.71	14.40	15.86
6.救济金	Relief	0.61	1.07	0.75	1.63
7.抚恤金	Pensions	1.10	2.39	3.04	4.38
8.报销医疗费	Reimbursement for Medical Expenses	2.52	10.77	20.32	28.17
9.无偿扶贫或扶持款	Free of Help Sustain	0.94	2.94	0.90	0.60

10-12 农村住户人均现金收支情况
Per Capita Cash Income and Expenditure of Rural Households

单位:元 (yuan)

类 别	Category	2005	2008	2009	2010
一、期内现金收入	**Cash Income in the Term**	**5114.45**	**7326.83**	**8057.88**	**9093.67**
(一)工资性收入	Income from Wages and Salaries	1434.64	2262.43	2492.73	2955.33
1.在非企业组织中劳动得到收入	Incomes from Working in the Non-business Organizations	240.23	255.14	283.29	306.15
2.在本乡地域内劳动得到收入	Incomes from Working inside the Village	805.69	1314.45	1415.62	1686.60
#在企业中劳动得到收入	Incomes from Working in Enterprises	521.93	797.94	860.34	1054.04
3.外出从业得到收入	Income from Working Somewhere away from Home	388.73	692.84	793.82	962.58
(二)家庭经营现金收入	Cash Income from Household Operations	3415.49	4574.42	4977.75	5486.79
1.第一产业现金收入	Cash Income from Primary Industry	2635.95	3573.58	3880.46	4214.25
(1)农业现金收入	Cash Income from Farming	1676.31	2251.92	2616.64	2869.59
(2)林业现金收入	Cash Income from Forestry	60.23	94.35	90.50	102.47
(3)牧业现金收入	Cash Income from Animal Husbandry	862.78	1181.68	1126.96	1191.71
(4)渔业现金收入	Cash Income from Fishery	36.63	45.63	46.36	50.47
2.第二产业现金收入	Cash Income from Secondary Industry	265.21	355.24	368.57	413.93
(1)工业收入	Industry	209.41	278.68	284.01	316.65
(2)建筑业收入	Construction	55.80	76.56	84.56	97.28
3.第三产业现金收入	Cash Income from Tertiary Industry	514.34	645.60	728.73	858.61
(1)出售其他产品收入	Other Products	2.25	10.46	2.74	5.87
(2)第三产业服务性现金收入	Tertiary Industry Services	512.09	635.14	725.99	852.74
1)交通、运输、邮电业收入	Transport,Storage and Post	166.45	186.85	198.61	239.20
2)批零贸易业、饮食业收入	Wholesale , Retail and Catering Trades	186.16	252.23	302.58	385.21
3)社会服务业收入	Social Services	54.87	78.10	92.53	92.35
4)文教卫生业收入	Culture , Education and Health	28.20	44.30	48.71	58.53
5)其他行业收入	Other Sectors	76.40	73.65	83.55	77.46
(三)财产性收入	Income from Properties	89.45	132.14	154.28	177.01
1.利 息	Interest	9.75	13.81	15.70	19.15
2.集体分配股息和红利	Divident and Bonus Distributed by Mass	0.63	1.84	2.45	8.21
3.其他股息和红利	Other Divident and Bonus	2.02	5.40	6.10	6.42
4.租金(包括农业机械)	Rent(including Agricultural Machinery)	10.36	16.09	19.54	21.21
5.土地征用补偿收入	Compensation for Land Acquisition	46.21	60.29	68.73	82.78
6.转让承包土地经营权收入	Land Management Rights Transfer	2.56	13.61	17.27	24.79
(四)转移性收入	Income from Transfers	174.87	357.85	433.12	474.55
1.家庭非常住人口寄回和带回	Sent back by Non-permanent Resident	34.04	50.16	59.51	64.74
2.城市亲友赠送	Presentation from Relatives and Friends in Rural Area	20.39	29.98	37.89	44.42
3.离退休金、养老金	Old-age Pensions	17.69	25.93	28.35	35.47
4.城市亲友支付赡养费	Alimony Relatives and Friends in Urban Area	3.72	5.14	5.50	6.52
5.农村亲友支付赡养费	Alimony Relatives and Friends in Rural Area	5.00	8.71	14.40	15.86
6.救济金	Relief	0.61	1.07	0.75	1.63
7.抚恤金	Pensions	1.10	2.39	3.04	4.38
8.报销医疗费	Reimbursement for Medical Expenses	2.52	10.77	20.32	28.17
9.无偿扶贫或扶持款	Free of Help Sustain	0.94	2.94	0.90	0.60

10-12 续表 1 continued

单位:元 (yuan)

类　别	Category	2005	2008	2009	2010
二、借贷性现金收入	**Lending Cash Proceeds**	**664.32**	**814.64**	**1048.65**	**1110.40**
1.银行、信用社贷款	Loans from Banks and Credit Union	56.93	72.44	169.72	64.56
2.借入款	Borrowing	210.35	245.03	272.35	246.51
3.收回借出款	Repayment	102.59	119.51	84.26	116.26
4.取回存款	Recovered Deposits	288.83	370.78	511.94	678.62
5.兑换债券(本金)	Converted bonds	0.13			
6.出售股票	Shares Sales			0.73	
7.兑换其他有价证券(本金)	Converted Other securities			0.13	
8.收回其他投资款	Recovered Other Investments	2.25	3.20	3.21	1.29
9.其　他	Others	3.24	3.68	6.31	3.17
三、期内现金支出	**Cash Expenditure in the Term**	**4197.12**	**6317.36**	**6886.82**	**7589.48**
(一)生产费用支出	Expenditure of Production Costs	1518.15	2206.32	2359.63	2607.45
1.家庭经营费用支出	Expenditure for Household Operations	1399.61	2079.33	2113.66	2411.85
(1)第一产业生产费用支出	Primary Industry	1218.83	1835.80	1860.80	2087.31
1)农业生产费用支出	Expenditure for Farming Production	696.58	1015.47	1079.70	1209.24
2)林业生产费用支出	Expenditure for Forestry Production	10.92	17.76	16.48	15.28
3)牧业生产费用支出	Expenditure for Animal Husbandry Production	496.77	786.09	747.81	845.35
4)渔业生产费用支出	Expenditure for Fishery Production	14.57	16.49	16.81	17.44
(2)第二产业生产费用支出	Secondary Industry	92.57	142.28	137.13	159.90
1)工业生产费用支出	Expenditure for Industry Production	87.82	129.74	124.46	148.30
2)建筑业生产费用支出	Expenditure for Construction Production	4.75	12.54	12.68	11.60
(3)第三产业生产费用支出	Tertiary Industry	88.20	101.25	115.72	164.64
1)交通运输邮电业生产费用支出	Expenditure for Production of ansport,Storage	27.35	21.13	24.26	35.49
2)批零贸易餐饮业生产费用支出	Expenditure for Production of Wholesale, Retail and Catering Trades	38.66	48.01	60.59	97.84
3)社会服务业生产费用支出	Expenditure for Production of Social Services	8.35	7.24	10.92	10.76
4)文教卫生业生产费用支出	Expenditure for Production of Culture, Education and Health	4.37	7.78	6.43	6.14
5)其他行业生产费用支出	Expenditure for Production of Other Secotrs	9.47	17.08	13.53	14.41
2.购置生产性固定资产支出	Expenditure for Purchase of Productive Fixed Assets	117.14	123.75	233.83	192.14
3.建、造生产性固定资产雇工支出	Expenditure for Building of Productive Fixed Assets	1.40	3.24	12.15	3.46
(二)税费支出	Expenditure for Taxes and Fees	33.65	24.56	13.57	12.75
(三)生活消费支出	Expense on Household Consumption	2470.39	3760.73	4100.44	4469.47
#服务性支出	Expenditure for Services	880.02	1218.19	1245.29	1338.38
1.食品消费支出	Food	826.92	1240.21	1303.70	1468.05
2.衣　着	Clothing	158.67	248.38	264.49	304.77
3.居　住	Residence	442.75	802.06	945.41	832.50
4.家庭设备、用品及服务	Household Appliances	136.54	240.76	273.49	324.63
5.交通和通讯	Transport and Communications	294.37	452.55	533.55	649.21
6.文化教育、娱乐用品及服务	Recreation,Education,Cultural and Services	377.16	417.27	399.95	421.91
7.医疗保健	Health care	188.48	280.49	301.55	383.89
8.其他商品和服务	Other Goods and Services	45.51	79.00	78.30	84.51

10-12 续表 2 continued

单位:元 (yuan)

类 别	Category	2005	2008	2009	2010
(四)财产性支出	Expenditure for Properties	17.55	30.60	27.79	44.17
1.宅基地有偿使用费	Paid Use of Land	1.58	4.27	2.30	2.66
2.承包其他农户转让	Contract on Other Farmers Transfer	14.18	17.44	22.08	34.59
3.其 他	Others	1.80	8.89	3.42	6.91
(五)转移性支出	Expenditure for Transfers	157.38	295.15	385.39	455.65
1.寄给带给家庭非常人口现金	Sent to Non-permanent Resident	43.42	72.43	57.78	58.77
2.赠送农村亲友	Presentation to Relatives and Friends in Rural Area	51.58	112.69	149.24	173.53
3.赠送城市亲友	Presentation to Relatives and Friends in Urban Area	8.31	14.68	19.65	24.53
4.交纳医疗保险	Medical Insurance	7.11	12.36	15.08	21.57
5.赡养费	Alimony	7.48	9.94	9.71	10.72
6.捐 赠	Donation	1.53	2.46	2.66	2.30
7.罚款、赔款	Fine and Compensation	4.77	4.54	12.72	18.47
四、储蓄、借贷性支出	**Savings and Loan Expenditure**	**688.06**	**1152.46**	**1787.24**	**1944.24**
1.归还银行、信用社	Repayment to Bank and Credit Union	56.82	43.40	54.38	59.22
2.借出款	Lending Money	60.15	42.13	59.77	82.20
3.归还借款	Repayment	154.20	139.38	179.35	193.00
4.存 款	Deposits	399.50	913.80	1462.19	1587.32
5.购债券	Purchase of Notes	0.65	0.07		
6.购买储蓄性保险	Purchase of Savings Insurance	5.30	7.91	10.64	9.67
7.购买股票	Purchase of Stock	9.16	2.63	4.64	2.15
8.其 他	Others	2.27	3.14	16.26	10.67
五、期末金融资产余额	**Balance of Financial Assets at Term-end**	**3956.28**	**6900.99**	**8352.72**	**9958.07**
1.手存现金	Cash in Hand	867.74	1123.49	1043.12	1280.82
2.存款余额	Deposits	3050.63	5738.97	7301.51	8667.67
3.债券价值款	Notes	3.25	5.83		
4.股票价值金	Stock	4.83	11.84	2.40	4.44
5.其他金融资产价值	Other Financial Assets	29.84	20.87	5.69	5.13
六、期末债务余额	**Debt at Term-end**	**258.25**	**337.08**	**391.79**	**340.68**
1.银行、信用社贷款	Bank and Credit Union Loan	83.84	123.87	182.76	152.61
2.个人借(欠)款	Individual Borrowing	144.92	181.99	180.26	174.87
3.其 他	Others	29.49	31.22	28.78	13.20

10-13 农村住户人均消费支出

Per Capita Consumption Expenditure of Rural Households

单位:元 (yuan)

类别	Category	2005	2007	2008	2009	2010
生活消费支出	**Expense on Household Consumption**	**2735.77**	**3621.57**	**4077.05**	**4417.18**	**4807.18**
#服务性支出	Expenditure for Services	880.02	1097.93	1218.19	1245.29	1338.38
一、食品消费支出	**Food**	**1087.65**	**1369.20**	**1551.77**	**1618.66**	**1804.45**
(一)食品消费品支出	Consumer Foods	920.96	1165.27	1328.82	1378.56	1549.53
1.谷　物	Cereal	243.57	277.15	296.64	305.45	337.85
2.薯　类	Tubers	5.58	7.73	9.18	7.16	8.90
3.豆　类	Beans	12.58	10.83	12.55	14.08	12.34
4.食用油	Eatable Oil	59.32	73.77	95.16	97.96	103.40
5.蔬菜及制品	Vegetable and Products	90.69	112.30	128.55	140.49	169.59
6.肉、禽、蛋、奶及制品	Meat,Poultry,Egg,Milk and Their Products	242.69	283.84	355.14	348.30	390.68
7.水产品及制品	Aquatic Products	33.32	39.10	49.39	50.05	54.39
8.烟、酒	Tobacco and Liquor	155.93	175.54	172.08	187.81	205.33
9.茶叶、饮料	Tea and Beverages	13.40	17.86	22.03	24.77	29.29
10.其它类食品	Other Foods	63.88	167.15	188.09	202.49	237.76
(二)食品消费服务性支出	Services for Foods Consumption	166.69	203.93	222.95	240.10	254.91
1.在外饮食	Outward Dinner	156.65	190.40	206.70	224.36	243.40
2.食品加工费	Foods Processing	7.63	6.26	7.26	7.44	8.30
3.其他服务性支出	Other Services	2.41	7.27	9.00	8.31	3.21
二、衣着消费支出	**Clothing**	**159.73**	**224.18**	**250.29**	**265.59**	**305.56**
(一)衣着消费品支出	Consumer Clothing	157.72	222.31	248.66	264.03	304.35
1.服　装	Garments	95.21	144.51	160.24	171.62	203.50
2.服装材料	Clothing Material	11.11	11.46	12.40	11.09	9.91
3.鞋　类	Footwear	42.31	55.43	62.35	67.34	76.10
4.其　他	Others	9.09	10.92	13.67	13.98	14.83
(二)衣着消费服务性支出	Services for Clothing Consumption	2.01	1.86	1.64	1.56	1.22
1.衣着加工费	Clothing Proceeding Services	1.27	1.19	0.94	0.93	0.79
2.其他服务性支出	Other Services	0.74	0.67	0.69	0.62	0.43
三、居住消费支出	**Residence**	**445.71**	**682.13**	**804.75**	**945.81**	**832.95**
(一)居住消费品支出	Consumer Residence	331.84	507.15	572.41	687.89	581.07
1.建筑生活用房材料	Construction Materials	197.47	271.23	287.23	321.30	207.55
2.维修生活用房材料	Repair Materials	14.98	13.82	19.77	23.18	17.02
3.装修生活用房材料	Decoration Materials	24.86	40.19	71.65	72.59	85.55
4.生活用房	Household Housing	9.65	84.33	89.83	156.26	117.10
5.生活用燃料	Household Fuels	84.89	97.58	103.92	114.57	153.86
(二)居住消费服务性支出	Services for Residence	113.87	174.98	232.35	257.92	251.87
1.建筑、维修生活用房雇工工资	Wages for Housing Construction and Repair	43.31	78.88	107.38	116.63	98.83
2.房租	Rent	2.17	2.19	2.76	5.99	7.97
3.生活用水	Household Water	2.91	4.28	5.10	5.74	6.89
4.生活用电	Household Electricity	48.15	66.86	81.53	93.70	110.04
5.清洁费、卫生费	Cleaning and Sanitation Costs	0.32	0.24	0.27	0.33	0.40
6.其他服务性支出	Other Services	17.00	22.53	35.32	35.52	27.74

10-13 续表 1 continued

单位:元 (yuan)

类 别	Category	2005	2007	2008	2009	2010
四、家庭设备、用品消费支出	**Household Appliances**	**136.54**	**195.99**	**240.91**	**273.77**	**324.70**
(一)家庭设备用品消费品支出	Consumer Household Appliances	127.99	188.56	231.15	264.87	315.87
1.日用品	Goods for Daily Use	42.98	51.66	60.60	64.92	72.26
2.床上用品	Bed Articles	9.51	14.78	15.00	16.59	20.55
3.室内装饰品	Interior Decorations	4.26	6.45	10.49	8.27	7.03
4.家俱类	Furniture	31.21	45.66	49.68	52.55	59.64
5.机电设备	Electrical Equipment	40.04	70.02	95.39	122.54	156.39
(二)家庭设备用品服务性消费支出	Services for Household Appliances	8.55	7.43	9.76	8.90	8.84
1.家庭设备修理费	Charges for Household Appliances Repair	3.26	3.10	4.86	4.46	3.97
2.日杂用品加工修理费	Charges for Grocery Processing and Repair	1.55	1.66	1.50	1.38	1.56
3.家政服务费	Charges for Household Services	0.81	0.23	0.32	0.29	0.48
4.其他服务性支出	Other Services	2.93	2.44	3.07	2.78	2.83
五、交通和通讯消费支出	**Transport and Communications**	**294.37**	**422.36**	**452.55**	**533.55**	**649.21**
(一)交通和通讯用品支出	Transport and Communications Goods	150.99	243.88	258.19	341.88	452.91
1.交通工具	Transportation Facility	85.29	152.45	159.60	241.35	331.52
2.交通工具用燃料	Fuels for Transportation Facility	28.58	38.80	43.36	45.75	64.35
3.交通工具用零配件	Parts of Transportation Facility	4.62	7.84	8.62	10.88	15.11
4.通讯工具	Communication Facility	32.24	44.21	46.00	43.29	40.97
5.通讯工具用零配件	Parts of Communication Facility	0.26	0.58	0.62	0.62	0.96
(二)交通和通讯服务消费支出	Transport and Communications Services	143.38	178.49	194.36	191.67	196.30
1.交通消费服务支出	Services for Transport	45.00	57.35	63.55	64.87	66.97
(1)交通客运费	Passenger Traffic Charges	29.37	37.81	42.80	41.13	42.33
(2)生活物品货运费	Freight Charges for Living Goods	0.63	0.58	0.50	0.53	0.61
(3)交通工具修理费	Charges for Transportation Facility Repair	11.39	14.01	15.15	17.56	19.14
(4)其他服务性支出	Other Services	3.62	4.95	5.10	5.66	4.89
2.通讯消费服务支出	Services for Communications	98.38	121.14	130.81	126.80	129.32
(1)邮寄费	Mailing Costs	0.88	0.74	0.82	0.82	0.70
(2)通讯费	Communication Charges	96.16	118.42	128.11	124.37	127.53
(3)通讯工具修理费	Charges for Communication Facility Repair	0.81	0.81	0.76	0.65	0.76
(4)其他	others	0.53	1.16	1.11	0.97	0.34
六、文化教育、娱乐消费支出	**Recreation,Education and Cultural**	**377.16**	**424.89**	**417.27**	**399.95**	**421.91**
(一)文化教育、娱乐用品消费支出	Culture,Education and Recreation Appliances	60.75	82.16	95.44	96.43	111.02
1.文教、娱乐用机电消费品	Electrical Consumer Goods for Culture, Education and Recreation	34.21	41.40	51.14	61.25	73.13
2.书、报、杂志	Books,Newspapers and Magazines	11.92	12.70	14.31	10.37	10.29
3.纸张、文具	Paper and Stationery	4.21	5.61	5.52	4.45	5.23
4.音像制品	Audio-visual Products	0.81	0.89	0.81	0.32	0.43
5.电脑软件	Software	0.03	0.14	0.06	0.08	0.16
6.体育用品	Sport Goods	0.11	0.11	0.14	0.23	0.12
7.计算机零配件及耗材	Computer Parts and Materials	0.07	0.07	0.18	0.15	0.24
8.鲜 花	Flower	0.15	0.23	0.33	0.37	0.37
9.娱乐用品	Recreation Goods	4.92	8.03	10.35	11.92	13.81
10.其他用品	Other Goods	4.32	12.98	12.59	7.28	7.23

10-13 续表 2 continued

单位:元 (yuan)

类 别	Category	2005	2007	2008	2009	2010
(二)教育服务消费支出	Education Services	293.27	310.66	285.12	266.46	273.44
1.托儿费	Child-care Fee	3.52	4.24	4.14	5.57	6.76
2.幼儿园赞助费	Sponsor Fee for Kindergarten	0.77	2.08	2.29	1.02	1.88
3.学杂费	Tuition Fee	262.46	260.03	220.69	207.33	196.48
4.入学赞助费	Sponsor Fee for School Entrance	2.75	2.70	2.88	2.48	6.17
5.私立学校就读费	Student Fee for Private Schools Entrance	2.08	2.06	3.14	1.92	7.17
6.成人培训费	Adult Training Expenses	6.70	16.13	18.55	15.89	17.99
7.教育设备修理费	Repair Charges for Education Equipment	0.05	0.38	0.10	0.01	0.07
8.其他服务性支出	Other Services	14.94	23.04	33.33	32.25	36.93
(三)文化、体育、娱乐服务消费支出	Services for Culture,Sports and Recreation	23.15	32.06	36.71	37.06	37.46
1.旅 游	Tourism	1.91	5.03	5.11	6.89	7.54
2.休闲娱乐费	Recreation Costs	3.23	5.08	5.65	5.57	5.84
3.文化、体育、娱乐用品修理费	Repair Charges for Culture,Sports and Recreation Goods	3.41	4.09	4.74	0.74	0.91
4.其他服务性支出	Other Services	14.60	17.86	21.21	23.86	23.17
七、医疗保健消费支出	**Health care**	**188.48**	**230.84**	**280.49**	**301.55**	**383.89**
(一)医疗保健用品	Health Care Appliances	80.27	78.05	84.88	99.48	109.47
1.医疗卫生用品	Medical Appliances	76.58	76.36	82.54	95.33	106.23
(1)药 品	Medicine	74.69	75.38	81.60	94.37	104.77
(2)医疗卫生器械	Medical Equipment	1.05	0.36	0.23	0.49	0.87
(3)其他医疗卫生用品	Other Medical Appliances	0.84	0.63	0.72	0.46	0.59
2.保健用品	Health Appliances	3.69	1.69	2.33	4.16	3.24
(1)药品类保健品	Drugs Health Products	1.33	1.25	1.68	1.95	2.27
(2)保健器材	Health Equipment	2.37	0.44	0.66	2.20	0.97
(二)医疗保健服务消费支出	Health Care Services	108.21	152.79	195.61	202.07	274.42
1.医疗费	Medical Charges	103.43	141.30	183.39	196.11	268.02
2.医疗设备修理费	Repair Charges for Medical Equipment	0.19	0.22	0.39	0.42	0.14
3.保健费	Health Charges	1.51	1.76	1.97	2.70	2.49
4.保健设备修理费	Repair Charges for Health Equipment	0.83	3.99	4.12	0.10	0.02
5.其他服务性支出	Other Services	2.25	5.52	5.74	2.75	3.76
八、其他商品和服务消费支出	**Other Goods and Services**	**46.13**	**71.98**	**79.00**	**78.30**	**84.51**
(一)其他商品支出	Other Goods	25.23	36.26	39.31	38.74	44.59
1.首 饰	Jewelry	3.06	3.69	4.74	5.85	5.34
2.手 表	Watch	0.43	0.49	0.37	0.29	0.43
3.化妆品	Cosmetics	2.94	4.53	5.07	5.92	7.02
4.迷信、宗教用品	Religious Appliances	3.82	4.99	6.24	5.85	7.21
5.其 他	Others	14.99	22.56	22.91	20.84	24.59
(二)其他消费服务支出	Other Services	20.90	35.73	39.68	39.56	39.92
1.旅馆住宿费	Hotel Accommodations	0.87	0.58	0.86	0.47	0.64
2.美容美发	Beauty Salons	3.04	4.91	5.35	6.17	11.00
3.殡殓费	Funeral Expenses	3.22	5.01	5.22	7.26	7.14
4.生活消费借贷利息	Loan Interest of Household Consumption	0.09	0.21	0.23	0.59	0.49
5.其他服务性支出	Other Services	13.69	25.01	28.02	25.06	20.65

10–14 农村住户年末主要耐用消费品拥有情况
Ownership of Major Durable Consumer Goods at the Year-end

类 别		Category		2005	2007	2008	2009	2010
1.洗衣机	(台/百户)	Washing Machine	(unit/100 households)	40.90	57.36	64.93	71.86	77.93
2.电冰箱	(台/百户)	Refrigerator	(unit/100 households)	28.60	39.43	46.67	54.95	65.74
3.空调机	(台/百户)	Air Conditioner	(unit/100 households)	4.02	6.19	7.64	12.64	17.69
4.抽油烟机	(台/百户)	Lampblack Exhauster	(unit/100 households)	6.00	8.64	10.21	14.88	17.29
5.吸尘器	(台/百户)	Vacuam Cleaner	(unit/100 households)	0.43	0.86	0.98	1.36	1.83
6.微波炉	(台/百户)	Microwave Oven	(unit/100 households)	2.21	3.29	4.19	8.50	10.71
7.热水器	(台/百户)	Water Heater	(unit/100 households)	15.38	22.90	28.50	38.45	46.40
其中：太阳能热水器	(台/百户)	Solar Water Heater	(unit/100 households)		15.67	22.21	32.36	39.79
8.自行车	(辆/百户)	Bicycle	(unit/100 households)	169.26	170.43	172.76	175.21	178.40
其中：电动自行车	(台/百户)	Motorbikes	(unit/100 households)		35.38	44.00	58.43	70.67
9.摩托车	(台/百户)	Motorcycle	(unit/100 households)	65.21	72.07	69.64	70.29	72.62
10.汽车(生活用)	(台/百户)	Automobile	(unit/100 households)	1.07	1.43	1.71	3.86	5.43
11.固定电话机	(部/百户)	Phone	(unit/100 households)	85.86	86.29	76.95	70.74	67.62
12.移动电话	(部/百户)	Cell Phone	(unit/100 households)	46.02	86.21	121.24	141.33	160.90
#接入互联网的	(部/百户)	Access to the Internet	(unit/100 households)	1.43	1.74	2.67	4.62	9.40
13.彩色电视机	(台/百户)	Color TV Set	(unit/100 households)	90.98	103.55	106.62	110.74	112.57
#接入有线电视网的	(台/百户)	Access to Cable TV Network	(unit/100 households)	43.10	61.26	70.33	75.90	80.14
14.黑白电视机	(台/百户)	Black/White TV Set	(unit/100 households)	19.21	8.93	8.02	6.60	5.69
#接入有线电视网的	(台/百户)	Access to Cable TV Network	(unit/100 households)	2.26	0.71	0.52	0.57	0.74
15.摄像机	(台/百户)	Pickup Camera	(unit/100 households)	0.24	0.50	0.55	0.81	1.10
16.影碟机	(台/百户)	Video Disc Player	(unit/100 households)	45.05	61.19	61.79	60.83	58.86
17.照相机	(架/百户)	Camera	(unit/100 households)	7.00	7.00	8.07	7.76	8.33
18.家用计算机	(台/百户)	Computer	(unit/100 households)	2.29	3.55	5.00	10.83	16.69
#接入互联网的	(台/百户)	Access to the Internet	(unit/100 households)	0.88	1.69	2.98	6.71	11.48
19.中高档乐器	(件/百户)	Medium and Top Grade Music Instruments	(piece/100 households)	0.26	0.36	0.60	0.38	0.79

10-15 农村住户人均食品消费数量
Per Capita Food Consumption of Rural Households

单位:千克 (kg)

类别	Category	2005	2007	2008	2009	2010
一、粮食消费量	**Grain Consumption**	**195.82**	**195.74**	**195.33**	**181.82**	**178.27**
(一)谷物消费量	Cereal	190.18	190.86	190.76	176.83	174.44
#小 麦	Wheat	154.03	152.41	152.43	137.63	134.62
稻 谷	Rice	5.67	7.10	7.01	6.75	7.01
玉 米	Corn	23.55	22.61	22.36	23.07	21.78
(二)薯类消费量	Tubers	1.23	1.49	1.33	1.24	1.03
(三)豆类消费量	Beans	4.41	3.39	3.24	3.76	2.80
二、油脂类消费量	**Oil Consumption**	**9.68**	**7.07**	**7.91**	**10.32**	**9.83**
1.植物油	Vegetable Oil	6.94	6.92	7.78	10.18	9.68
2.动物油	Animal Fat	2.73	0.15	0.13	0.14	0.15
三、烟叶消费量	**Tobacco Consumption**	**0.15**	**0.20**	**0.09**	**0.08**	**0.15**
四、豆制品	**Bean Products**	**1.62**	**2.62**	**2.42**	**2.53**	**2.75**
五、蔬菜及菜制品消费量	**Consumption of Vegetable and Products**	**73.92**	**79.34**	**78.98**	**74.32**	**70.93**
六、瓜 类	**Melons**	**3.64**	**10.09**	**10.48**	**12.34**	**14.20**
七、水果类	**Fruits**	**8.66**	**18.10**	**17.92**	**17.65**	**17.58**
八、消费茶叶	**Tea Consumption**	**0.30**	**0.35**	**0.43**	**0.33**	**0.38**
九、坚果消费量	**Nuts Consumption**	**0.34**	**1.07**	**1.28**	**1.46**	**1.30**
十、肉禽及其制品	**Meat,Poultry and Products**	**14.29**	**13.72**	**14.01**	**13.81**	**15.05**
1.猪 肉	Pork	7.86	6.93	6.83	7.28	8.06
2.牛 肉	Beef	0.29	0.28	0.22	0.21	0.24
3.羊 肉	Mutton	0.33	0.38	0.35	0.33	0.32
4.家 禽	Poultry	2.66	2.84	3.15	2.77	2.74
5.其他肉禽及制品	Other Meat,Poultry and Products	3.15	3.27	3.46	3.22	3.69
十一、蛋类及蛋制品	**Eggs and Products**	**10.44**	**10.19**	**11.42**	**11.09**	**10.90**
十二、奶和奶制品	**Milk and Products**	**5.78**	**7.35**	**6.67**	**6.12**	**6.26**
十三、水产品	**Aquatic Products**	**4.55**	**4.68**	**4.90**	**4.95**	**4.66**
1.鱼 类	Fish	3.52	3.62	3.75	3.63	3.40
2.虾、贝、蟹类	Shrimp,Shellfish and Crab	0.67	0.68	0.76	0.91	0.87
3.藻 类	Algae	0.05	0.06	0.05	0.06	0.07
4.其 他	Others	0.31	0.33	0.34	0.35	0.32
十四、食糖	**Sugar**	**0.57**	**0.88**	**1.03**	**0.98**	**0.82**
十五、酒	**Liquor**	**17.25**	**15.83**	**12.39**	**12.58**	**11.46**
1.白 酒	White Spirit	7.45	7.47	5.55	5.55	4.97
2.啤 酒	Beer	9.45	7.23	6.74	6.93	6.38
3.果 酒	Wine	0.23	0.08	0.08	0.07	0.07

10-16 农村住户人均粮食收支情况
Per Capita Grain Income and Expenditure of Rural Households

单位:千克 (kg)

类　别	Category	2005	2007	2008	2009	2010
一、期内粮食收入合计	**Grain Income in the Term**	**908.19**	**964.90**	**976.57**	**1010.63**	**987.35**
(一)家庭经营生产粮食	Grain of Household Operations	792.75	832.84	848.06	882.97	860.69
1.谷　物	Cereal	779.14	821.36	836.04	868.77	848.38
#小　麦	Wheat	376.79	381.52	388.11	407.22	411.29
水　稻	Rice	11.07	10.23	7.87	6.50	7.83
玉　米	Corn	390.20	428.65	439.68	454.27	428.52
2.薯　类	Tubers	7.75	7.66	6.61	7.58	8.27
3.豆　类	Beans	5.86	3.82	5.41	6.62	4.03
(二)购入粮食	Purchase of Grain	114.96	120.85	125.26	120.49	120.48
1.谷　物	Cereal	111.22	117.66	122.39	117.06	117.84
#小　麦	Wheat	17.86	19.02	22.81	25.36	27.72
水　稻	Rice	4.57	6.17	6.40	6.23	6.46
玉　米	Corn	81.93	83.81	83.64	75.71	72.20
2.薯　类	Tubers	0.63	0.84	0.82	0.76	0.66
3.豆　类	Beans	3.11	2.35	2.06	2.66	1.98
(三)借入粮食	Loan of Grain	0.01	0.42	0.11	0.59	0.61
(四)收回借出粮	Grain Repaid	0.29	10.28	2.30	5.60	4.74
(五)其他粮食收入	Other Grain Income	0.19	0.51	0.84	0.99	0.84
二、期内粮食支出合计	**Grain Expenditure in the Term**	**767.68**	**792.52**	**864.91**	**871.81**	**862.31**
(一)主食用粮	Grain as Staple	195.82	195.74	195.33	181.82	178.27
1.谷　物	Cereal	190.18	190.86	190.76	176.83	174.44
#小　麦	Wheat	154.03	152.41	152.43	137.63	134.62
水　稻	Rice	5.67	7.10	7.01	6.75	7.01
玉　米	Corn	23.55	22.61	22.36	23.07	21.78
2.薯　类	Tubers	1.23	1.49	1.33	1.24	1.03
3.豆　类	Beans	4.41	3.39	3.24	3.76	2.80
(二)其他生活用粮	Other Living Grain			0.00	0.00	
(三)出售粮食	Sale of Grain	424.87	461.86	535.71	569.05	563.32
1.谷　物	Cereal	417.92	452.51	529.12	559.47	554.61
#小　麦	Wheat	171.56	183.64	239.31	229.25	233.24
水　稻	Rice	8.77	5.98	6.17	6.24	5.35
玉　米	Corn	237.13	262.17	283.43	323.51	315.53
2.薯　类	Tubers	4.03	6.95	4.64	5.48	5.77
3.豆　类	Beans	2.92	2.40	1.95	4.11	2.94
(四)种籽用粮食	Grain as Seeds	9.88	9.83	13.07	12.58	13.84
(五)饲料用粮食	Grain as Feed	134.15	117.18	112.62	99.50	94.76
(六)借出粮食	Creditor of Grain	1.96	7.43	7.36	7.52	11.90
(七)归还借粮	Grain Returned	0.01			0.96	
(八)其他粮食支出	Other Grain Expenditure	1.00	0.48	0.81	0.38	0.22
三、期末粮食结存实际调查数	**Balance of Grain Surveyed at Term-end**	**708.93**	**704.23**	**713.82**	**719.16**	**701.23**
(一)谷　物	Cereal	694.72	693.51	700.99	703.90	691.96
#小　麦	Wheat	323.53	335.56	311.60	327.89	336.36
水　稻	Rice	18.73	18.39	13.95	16.02	23.75
玉　米	Corn	351.44	335.29	372.40	356.22	329.29
(二)薯　类	Tubers	11.09	8.08	7.88	9.29	5.39
(三)豆　类	Beans	3.12	2.63	4.94	5.97	3.38

10-17 农村住户人口与就业情况

Population and Employment of Rural Households

单位:人 (person)

类 别	Category	2005	2007	2008	2009	2010
一、农村住户人口状况	**Population of Rural Households**					
(一)家庭常住人口	Number of Permanent Residents	15382	15204	15121	15012	14878
(二)常住人口与户主关系	Relationship between the Permanent Residents and the Head of the Household					
1.户 主	the Head of the Household	4200	4193	4204	4200	4200
2.配 偶	Spouses	4143	4118	4105	4088	4061
3.子 女	Children	6075	5918	5789	5665	5527
4.孙子女	Grandchildren	358	459	524	593	635
5.父 母	Parents	549	475	461	435	415
6.祖父母	Grandparents	8	7	8	7	8
7.兄弟姐妹	Brothers and Sisters	28	21	21	14	17
8.其他亲属	Other Relatives	21	13	9	10	12
9.非亲属	Unrelated					3
(三)家庭常住人口年龄状况	Age of Permanent Residents					
1.6岁及以下	6 Year-old and Under	667	659	645	674	665
2.7-15岁	Between 7 and 15 Year-old	1578	1307	1256	1219	1159
3.16-18岁	Between 16 and 18 Year-old	1389	955	752	564	488
4.19-22岁	Between 19 and 22 Year-old	1281	1635	1668	1577	1334
5.23-25岁	Between 23 and 25 Year-old	794	789	791	896	1049
6.26-30岁	Between 26 and 30 Year-old	762	834	912	927	981
7.31-40岁	Between 31 and 40 Year-old	2630	2194	2030	1850	1666
8.41-50岁	Between 41 and 50 Year-old	3098	3137	3090	3148	3259
9.51-60岁	Between 51 and 60 Year-old	2262	2614	2793	2881	2867
10.61岁及以上	61 Year-old and Above	921	1080	1184	1276	1410
(四)在校学生人数	Students Enrollment	2904	2727	2641	2479	2451
#7-15岁以下在校学生人数	Between 7 and 15 Year-old	1569	1289	1229	1196	1141
(五)7-15岁非在校学生人数	Non-school Students Between 7 and 15 Year-old	9	18	27	23	18
二、农村住户劳动力素质状况	**Labor Force Quality of Rural Households**					
(一)整半劳动力数	Number of Full/Semi Labour Force	11283	11315	11295	11264	11195
#男劳动力人数	Number of Male Labour Force	5723	5780	5809	5836	5838
整劳动力人数	Number of Full Labour Force	7703	7442	7167	6905	6652
(二)年龄状况	Age of Labor Force					
3.16-20岁	Between 16 and 20 Year-old	1003	779	551	467	310
4.21-25岁	Between 21 and 25 Year-old	1215	1261	1301	1349	1349
5.26-30岁	Between 26 and 30 Year-old	757	824	902	913	964
6.31-35岁	Between 31 and 35 Year-old	1023	780	689	643	624
7.36-40岁	Between 36 and 40 Year-old	1601	1406	1332	1201	1032
8.41-45岁	Between 41 and 45 Year-old	1607	1875	1762	1640	1573
9.45-50岁	Between 45 and 50 Year-old	1482	1253	1320	1496	1675
10.51岁及以上	51 Year-old and Above	2595	3137	3438	3555	3668

10-17 续表 continued

类别		Category		2005	2007	2008	2009	2010
(三)文化程度		Education of Labor Force						
1.不识字或识字很少	(人)	Can Not Read or Read Very Little	(person)	613	549	521	511	486
2.小学程度	(人)	Primary School	(person)	2053	1888	1847	1792	1848
3.初中程度	(人)	Junior High School	(person)	6334	6484	6349	6401	6266
4.高中程度	(人)	Senior High School	(person)	1701	1724	1856	1740	1718
5.中　专	(人)	Secondary School	(person)	441	478	498	515	541
6.大专及以上	(人)	Junior College and over	(person)	141	192	224	305	336
三、农村住户劳动力就业情况		**Employment of Rural Labor Force**						
就业劳动力人数	(人)	Number of Employed Labor Force	(person)	11247	11291	11261	11194	11147
#男劳动力人数	(人)	Male Labor Force	(person)	5715	5774	5798	5819	5832
整劳动力人数	(人)	Full Labor Force	(person)	7685	7431	7151	6863	6626
(一)就业地点		Place of Employment						
1.乡　内	(人)	in the Village	(person)	9599	9550	9565	9323	9206
2.县内乡外	(人)	in the County but outside the Village	(person)	587	593	580	723	777
3.省内县外	(人)	in the Province but outside the County	(person)	680	738	746	799	820
4.国内省外	(人)	in China but outside the Province	(person)	380	404	364	343	338
5.国　外	(人)	Abroad	(person)	1	6	6	6	6
(二)行业分布		Sector Employment						
1.一产业就业劳动力	(人)	Primary Industry	(person)	6974	6245	6257	6149	6003
(1)农　业	(人)	Farming	(person)	6771	6091	6073	5970	5819
(2)林　业	(人)	Forestry	(person)	12	21	15	21	24
(3)牧　业	(人)	Animal Husbandry	(person)	160	115	150	136	140
(4)渔　业	(人)	Fishery	(person)	31	18	19	22	20
2.非农产业就业劳动力	(人)	Non-agricultural Industries	(person)	4273	5046	5004	5045	5144
A.二产业就业劳动力	(人)	Secondary Industry	(person)	1800	2397	2365	2610	2733
(1)采矿业	(人)	Mining and Quarrying	(person)	82	80	73	90	113
(2)制造业	(人)	Manufacturing	(person)	1224	1729	1675	1782	1824
(3)电力煤气及水的生产供应业	(人)	Electricity, Gas & Water Production and Supply	(person)	46	41	47	58	63
(4)建筑业	(人)	Construction	(person)	448	547	570	680	733
B.三产业就业劳动力	(人)	Tertiary Industry	(person)	2473	2649	2639	2435	2411
(1)交通运输仓储及邮电通讯业	(人)	Transport,Storage and Post	(person)	249	255	251	296	320
(2)批发和零售贸易	(人)	Wholesale and Retail Trades	(person)	290	341	339	411	431
(3)住宿和餐饮业	(人)	Hotels and Catering Services	(person)	156	158	159	203	193
(4)居民服务和其他服务业	(人)	Services to Households and Other Services	(person)	489	513	502	585	563
(5)教　育	(人)	Education	(person)	140	131	126	116	141
(6)卫生、社会保障和社会福利业	(人)	Health,Social Security and Social Welfare	(person)	104	109	106	111	118
(7)文化、体育和娱乐业	(人)	Culture,Sports and Entertainment	(person)	15	19	17	59	68
(8)其　他	(人)	Others	(person)	1030	1123	1139	654	577
(三)年内从事各种行业时间	(月)	Time Engaged in Various Sectors in the Year	(month)	106669	108476	108416	107220	106291
1.从事农业的时间	(月)	Engaged in Agriculture	(month)	59975	52709	52741	52241	50957
2.从事非农产业的时间	(月)	Engaged in Non-agriculture	(month)	46694	55767	55675	54980	55334

10−18 农村住户农业生产结构及生产技术应用情况

Agricultural Production Structure and Technology Application of Rural Households

单位：亩/人 (mu/person)

类 别	Category	2005	2007	2008	2009	2010
一、土地经营情况	**Land Operation**					
(一)期内增加的经营土地面积	Added Land Area Operated in the Term	0.03	0.05	0.05	0.09	0.04
#耕　地	Farmland	0.02	0.05	0.05	0.08	0.04
(二)期内减少的经营土地面积	Added Land Area Operated in the Term	0.01	0.04	0.07	0.06	0.04
#耕　地	Farmland	0.01	0.04	0.06	0.05	0.03
(三)期末实际经营的土地面积	Actually Land Area Operated at Term-end	1.50	1.55	1.67	1.71	1.71
1.耕　地	Farmland	1.38	1.40	1.51	1.55	1.56
#有效灌溉面积	Effective Irrigation Area	1.14	1.21	1.30	1.34	1.36
2.山　地	Mountain Land	0.04	0.04	0.05	0.05	0.04
3.园　地	Garden Land	0.07	0.09	0.10	0.10	0.10
4.牧草地	Grassland	0.00				
5.养殖水面	Culture Surface	0.01	0.01	0.01	0.01	0.01
二、土地种植情况	**Land Cultivation**					
(一)粮食播种面积	Acreage of Grain	1.96	1.93	1.92	1.96	1.99
1.小麦播种面积	Acreage of Wheat	0.97	0.94	0.94	0.96	0.97
2.水稻播种面积	Acreage of Rice	0.02	0.02	0.01	0.01	0.02
3.玉米播种面积	Acreage of Corn	0.91	0.92	0.92	0.93	0.95
4.豆类播种面积	Acreage of Beans	0.03	0.02	0.03	0.04	0.02
5.薯类播种面积	Acreage of Tubers	0.03	0.02	0.02	0.02	0.02
(二)经济作物播种面积	Acreage of Economic Crops	0.67	0.68	0.69	0.70	0.52
1.棉花播种面积	Acreage of Cotton	0.30	0.35	0.36	0.33	0.23
2.油料播种面积	Acreage of Oil	0.14	0.12	0.14	0.13	0.13
3.蔬菜播种面积	Acreage of Vegetables	0.20	0.16	0.16	0.20	0.13
4.瓜类播种面积	Acreage of Melons	0.03	0.03	0.02	0.03	0.03
三、农业生产技术应用情况	**Agricultural Technology Application**					
(一)优质粮食品种播种面积	Acreage of Quality Grain Varieties	0.55	0.64			
1.优质小麦面积	Acreage of Quality Wheat	0.30	0.33			
2.优质水稻面积	Acreage of Quality Rice	0.01	0.01			
3.优质玉米面积	Acreage of Quality Corn	0.24	0.30			
(二)机耕面积	Mechanical Cultivation Area	1.31	1.40	1.40	1.46	1.45
(三)抛秧面积	Throwing Seedling Area	0.01	0.02	0.02	0.01	0.01
(四)机播面积	Mechanical Seeding Area	1.24	1.29	1.34	1.51	1.44
(五)机收面积	Mechanical Harvesting Area	0.89	0.93	0.95	1.06	1.04
(六)机电灌溉面积	Mechanical Irrigation Area	1.06	1.14	1.12	1.18	1.18
(七)薄膜覆盖面积	Films Coverage Area	0.36	0.41	0.41	0.41	0.41
(八)温室面积	Greenhouse Area	0.02	0.02	0.02	0.03	0.02

10–19　农村住户生产经营情况

Production Operations of Rural Households

类　别		Category		2005	2007	2008	2009	2010
一、农　业		Farming						
(一)谷物产量	(公斤/人)	Cereal Output	(kg/person)	779.14	821.36	836.04	868.77	848.38
1.小麦产量	(公斤/人)	Ordinary Wheat	(kg/person)	376.79	381.52	388.11	407.22	411.29
2.玉米产量	(公斤/人)	Ordinary Corn	(kg/person)	390.20	428.65	439.68	454.27	428.52
(二)薯类产量	(公斤/人)	Tubers Output	(kg/person)	7.75	7.66	6.61	7.58	8.27
(三)豆类产量	(公斤/人)	Beans Output	(kg/person)	5.86	3.82	5.41	6.62	4.03
(四)棉花产量	(公斤/人)	Cotton Output	(kg/person)	58.56	58.97	68.55	64.70	39.75
(五)油料产量	(公斤/人)	Oil Output	(kg/person)	42.04	37.23	44.40	42.21	39.70
(六)蔬菜产量	(公斤/人)	Vegetable Output	(kg/person)	394.43	418.76	404.58	410.75	402.05
(七)瓜果类产量	(公斤/人)	Melon Output	(kg/person)	65.13	81.94	63.58	81.94	75.58
(八)园林水果产量	(公斤/人)	Fruit Output	(kg/person)	86.13	98.94	109.52	97.73	90.12
#苹果产量	(公斤/人)	Apple	(kg/person)	44.69	42.73	45.93	41.92	38.43
梨产量	(公斤/人)	Pear	(kg/person)	5.52	6.67	7.29	5.06	4.52
桃产量	(公斤/人)	Peach	(kg/person)	15.20	14.18	17.75	17.18	12.08
枣产量	(公斤/人)	Jujube	(kg/person)	6.11	21.01	20.77	22.07	20.17
二、林　业		Forestry						
板栗产量	(公斤/人)	Chestnut Output	(kg/person)	0.24	0.10	0.13	0.24	0.16
核桃产量	(公斤/人)	Walnut Output	(kg/person)	0.05	0.05	0.12	0.15	0.10
花椒产量	(公斤/人)	Output of Chinese Prickly Ash	(kg/person)	0.09	0.13	0.13	0.10	0.24
木　材	(立方米/人)	Wood	(cu.m/person)	0.08	0.10	0.15	0.13	0.15
树　苗	(株/人)	Sapling	(stem/person)	8.16	4.05	11.59	20.55	2.86
三、牧　业		Animal Husbandry						
(一)畜禽肉产量(出售、自宰)	(公斤/人)	Output of Livestock and Poultry	(kg/person)	68.16	77.30	74.44	76.00	80.95
1.畜肉产量	(公斤/人)	Output of Livestock Meat	(kg/person)	39.92	32.11	30.94	36.50	36.46
(1)肉猪头数	(头/人)	Pig	(head/person)	0.39	0.33	0.32	0.41	0.41
肉猪肉产量	(公斤/人)	Pork	(kg/person)	32.65	27.07	26.78	32.74	33.67
(2)菜羊只数	(只/人)	Sheep	(head/person)	0.11	0.07	0.05	0.06	0.06
菜羊肉产量	(公斤/人)	Mutton	(kg/person)	1.77	1.35	0.91	1.09	1.05
(3)肉牛头数	(头/人)	Cattle	(head/person)	0.03	0.02	0.01	0.01	0.01
肉牛肉产量	(公斤/人)	Beef	(kg/person)	5.42	3.67	3.15	2.62	1.69
2.家禽肉产量	(公斤/人)	Output of Poultry Meat	(kg/person)	28.24	45.19	43.50	39.50	44.48
(1)鸡只数	(只/人)	Chicken	(head/person)	7.28	8.62	7.85	7.28	8.32
鸡的肉产量	(公斤/人)	Chicken Meat	(kg/person)	13.46	17.90	16.42	15.55	17.10
(2)鸭只数	(只/人)	Ducks	(head/person)	4.38	11.75	9.69	9.08	11.03
鸭的肉产量	(公斤/人)	Ducks Meat	(kg/person)	14.56	27.03	23.11	22.70	27.28
(3)鹅只数	(只/人)	Geese	(head/person)	0.02	0.03	0.00	0.00	0.01
鹅的肉产量	(公斤/人)	Geese Meat	(kg/person)	0.08	0.22	0.00	0.00	0.04
(二)蛋类产量	(公斤/人)	Eggs Output	(kg/person)	21.54	23.12	24.49	27.32	25.56
1.鸡蛋产量	(公斤/人)	Chicken Eggs	(kg/person)	21.19	21.75	23.83	26.51	24.86
2.鸭蛋产量	(公斤/人)	Duck Eggs	(kg/person)	0.35	0.06	0.05	0.12	0.07
(三)毛、绒产量	(公斤/人)	Feather and Cashmere Output	(kg/person)	0.01	0.01	0.02	0.01	0.01
(四)奶类产量	(公斤/人)	Milk Outout	(kg/person)	4.20	4.20	5.26	3.72	5.26
四、渔　业		Fishery						
#海水鱼类产量	(公斤/人)	Seawatoer Fish Output	(kg/person)	0.43	1.39	1.38	0.86	0.08
淡水鱼类产量	(公斤/人)	Fresh Water Fish Output	(kg/person)	0.05	0.41	1.16	0.03	0.01

10-20 农村居民出售产品情况
Product Sales of Rural Households

类 别		Category		2005	2007	2008	2009	2010
一、农 业	**(元/人)**	**Farming**	**(yuan/person)**	**1620.41**	**1970.51**	**2164.16**	**2533.21**	**2772.49**
(一)谷物数量	(千克/人)	Cereal Amount	(kg/person)	417.92	452.51	529.12	559.47	554.61
金 额	(元/人)	Sum	(yuan/person)	530.35	677.53	849.05	921.00	1050.54
1.出售小麦数量	(千克/人)	Amount of Wheat	(kg/person)	171.56	183.64	239.31	229.25	233.24
出售小麦金额	(元/人)	Sum of Wheat	(yuan/person)	241.63	277.45	389.42	418.96	466.67
2.出售玉米数量	(千克/人)	Amount of Corn	(kg/person)	237.13	262.17	283.43	323.51	315.53
出售玉米金额	(元/人)	Sum of Corn	(yuan/person)	273.32	387.66	447.89	489.54	570.31
(二)出售薯类数量	(千克/人)	Amount of Tubers	(kg/person)	4.03	6.95	4.64	5.48	5.77
出售薯类金额	(元/人)	Sum of Tubers	(yuan/person)	11.35	18.51	13.57	16.19	18.50
(三)出售豆类数量	(千克/人)	Amount of Beans	(kg/person)	2.92	2.40	1.95	4.11	2.94
出售豆类金额	(元/人)	Sum of Beans	(yuan/person)	7.27	6.94	6.75	13.96	11.52
(四)出售棉花数量	(千克/人)	Amount of Cotton	(kg/person)	58.05	50.94	43.31	64.41	34.78
出售棉花金额	(元/人)	Sum of Cotton	(yuan/person)	284.52	301.48	254.62	365.26	302.84
(五)出售油料数量	(千克/人)	Amount of Oil	(kg/person)	25.07	25.40	17.33	27.79	25.11
出售油料金额	(元/人)	Sum of Oil	(yuan/person)	84.02	119.10	82.88	113.30	137.95
(六)出售蔬菜数量	(千克/人)	Amount of Vegetables	(kg/person)	338.87	357.64	363.68	382.08	366.40
出售蔬菜金额	(元/人)	Sum of Vegetables	(yuan/person)	430.52	511.93	570.24	691.47	786.56
(七)出售瓜类数量	(千克/人)	Amount of Melons	(kg/person)	62.26	79.34	61.45	79.38	74.13
出售瓜类金额	(元/人)	Sum of Melons	(yuan/person)	67.30	83.14	83.98	105.25	118.01
(八)出售园林水果数量	(千克/人)	Amount of Fruits	(kg/person)	79.69	94.35	103.49	98.96	88.08
出售园林水果金额	(元/人)	Sum of Fruits	(yuan/person)	155.68	210.80	253.18	251.01	295.25
1.出售苹果数量	(千克/人)	Amount of Apples	(kg/person)	40.58	39.43	42.73	43.02	37.70
出售苹果金额	(元/人)	Sum of Apples	(yuan/person)	63.76	87.62	85.43	104.54	114.76
2.出售梨数量	(千克/人)	Amount of Pears	(kg/person)	4.45	7.12	6.19	5.70	4.34
出售梨金额	(元/人)	Sum of Pears	(yuan/person)	6.34	11.06	7.55	11.97	9.27
3.出售桃数量	(千克/人)	Amount of Peaches	(kg/person)	14.49	13.15	16.97	17.32	11.83
出售桃金额	(元/人)	Sum of Peaches	(yuan/person)	23.24	21.56	31.98	38.63	30.91
4.出售杏数量	(千克/人)	Amount of Apricots	(kg/person)	1.58	1.66	2.18	1.30	1.49
出售杏金额	(元/人)	Sum of Apricots	(yuan/person)	2.81	3.30	5.37	4.62	5.23
5.出售枣数量	(千克/人)	Amount of Jujubes	(kg/person)	5.91	20.82	20.80	21.84	19.89
出售枣金额	(元/人)	Sum of Jujubes	(yuan/person)	24.85	50.03	70.78	46.15	76.62
二、林 业	**(元/人)**	**Forestry**	**(yuan/person)**	**57.94**	**73.02**	**90.78**	**89.64**	**101.67**
1.出售采集林产品金额	(元/人)	Sum of Forestry Products	(yuan/person)	3.24	5.10	5.47	6.71	7.18
2.出售竹木金额	(元/人)	Sum of Bamboo	(yuan/person)	40.66	50.01	62.80	67.38	74.57
3.出售育种、育苗金额	(元/人)	Sum of Breeding Nursery	(yuan/person)	12.07	14.62	18.51	13.78	17.95
三、牧 业	**(元/人)**	**Animal Husbandry**	**(yuan/person)**	**855.23**	**1043.90**	**1176.78**	**1118.62**	**1180.73**
1.出售肉猪及猪肉总重量	(千克/人)	Amount of Pigs and Meat	(kg/person)	32.56	26.72	26.40	32.76	33.66
出售肉猪及猪肉总金额	(元/人)	Sum of Pigs and Meat	(yuan/person)	339.54	364.49	483.34	473.90	489.35
2.出售菜羊及羊肉总重量	(千克/人)	Amount of Sheep and Mutton	(kg/person)	1.79	1.31	0.92	1.09	1.05
出售菜羊及羊肉总金额	(元/人)	Sum of Sheep and Mutton	(yuan/person)	22.29	20.11	19.10	21.72	22.90
3.出售家禽总重量	(千克/人)	Amount of Livestock	(kg/person)	28.20	45.06	39.42	39.38	44.37
出售家禽总金额	(元/人)	Sum of Livestock	(yuan/person)	182.69	343.24	315.75	299.38	341.69
4.出售蛋类的数量	(千克/人)	Amount of Eggs	(kg/person)	20.70	21.79	23.66	26.26	24.66
出售蛋类的金额	(元/人)	Sum of Eggs	(yuan/person)	107.95	131.16	144.33	161.56	166.62
四、渔 业	**(元/人)**	**Fishery**	**(yuan/person)**	**36.12**	**25.50**	**29.16**	**35.56**	**34.93**
1.出售海水产品金额	(元/人)	Sum of Seawater Products	(yuan/person)	22.35	23.18	21.73	33.95	34.85
2.出售淡水产品金额	(元/人)	Sum of Fresh Water Products	(yuan/person)	0.41	2.19	7.21	1.47	0.04

10−21 各市农村居民主要指标(2010年)

Major Indicators of Rural Households by Region(2010)

地 区 Region	调查户数(户) Number of Households Surveyed (household)	常住人口(人) Number of Permanent Residents (person)	整 半 劳动力数(人) Number of Full/Semi Labour Force (person)	每百劳动力中(人) Among Per 100 Labor Force(person)					
				文盲或半文盲 Illiter-ate and Semili-terate	小学程度 Primary School	初中程度 Junior High School	高中程度 Senior High School	中专 Secondary School	大专及以上 Junior College and over
济南市 Jinan	960	3463	2597	2.85	13.94	55.72	15.83	6.16	5.51
青岛市 Qingdao	900	3061	2319	1.38	9.36	58.52	20.53	5.56	4.66
淄博市 Zibo	800	2654	1899	1.37	13.74	47.71	24.80	6.48	5.90
枣庄市 Zaozhuang	630	2365	1776	3.49	19.48	54.84	13.34	4.95	3.89
东营市 Dongying	500	1705	1311	4.42	18.92	57.67	11.37	4.12	3.51
烟台市 Yantai	1140	3304	2552	0.67	13.52	53.17	21.71	6.58	4.35
潍坊市 Weifang	1220	4097	3057	2.85	18.22	53.48	16.68	5.40	3.37
济宁市 Jining	1350	5006	3828	5.25	13.38	58.36	14.94	4.15	3.92
泰安市 Tai'an	690	2389	1873	2.99	13.40	52.16	21.46	6.62	3.36
威海市 Weihai	540	1420	1191	0.25	11.75	57.43	22.92	3.86	3.78
日照市 Rizhao	400	1275	962	3.22	20.27	56.44	15.90	2.39	1.77
莱芜市 Laiwu	590	1719	1362	2.57	24.45	52.50	16.23	1.84	2.42
临沂市 Linyi	4974	17305	13577	4.82	21.16	54.59	14.01	3.07	2.35
德州市 Dezhou	1050	3764	2956	4.13	20.53	60.79	10.89	2.44	1.08
聊城市 Liaocheng	1600	5781	4473	3.42	21.89	55.35	14.93	2.35	2.06
滨州市 Binzhou	710	2462	1894	6.39	17.85	60.30	12.41	1.69	1.37
菏泽市 Heze	950	3681	2753	8.17	19.80	50.13	16.16	3.12	2.62

10−21 续表 1 continued

单位:元/人 (yuan/person)

地 区 Region	全年总收入 Total Income	1.工资性收入 Income from Wages and Salaries	#在企业中劳动得到收入 Earning Money by Working at Enterprises	#外出从业得到收入 Earning Money by Working outside	2.家庭经营收入 Income from Household Operations	3.财产性收入 Income from Properties	4.转移性收入 Income from Transfers
济南市 Jinan	11494.63	4125.03	1326.54	1205.09	6416.62	560.97	392.01
青岛市 Qingdao	14993.28	4361.10	2168.59	1180.33	9840.42	364.28	427.47
淄博市 Zibo	11021.39	5145.00	3178.82	682.27	5037.65	425.27	413.47
枣庄市 Zaozhuang	9312.78	3124.73	1260.94	813.22	5597.68	138.04	452.33
东营市 Dongying	13047.28	2638.27	1127.31	409.70	9688.39	363.13	357.49
烟台市 Yantai	11843.99	3902.58	1676.14	698.99	6939.47	412.35	589.59
潍坊市 Weifang	12330.37	3712.71	1925.95	776.79	7997.42	360.53	259.71
济宁市 Jining	9783.35	3257.56	766.80	1462.59	5887.05	309.15	329.59
泰安市 Tai'an	8974.37	3948.87	1365.49	1405.51	4563.13	133.26	329.12
威海市 Weihai	13891.90	4802.56	1797.97	690.33	8110.21	584.99	394.13
日照市 Rizhao	11308.59	3169.11	1049.84	918.70	7538.28	337.31	263.88
莱芜市 Laiwu	10177.87	3025.72	1150.49	451.01	6662.16	176.40	313.60
临沂市 Linyi	9116.61	2571.62	999.37	647.93	6114.46	150.75	279.77
德州市 Dezhou	8888.49	2858.01	613.80	1406.59	5760.42	49.03	221.03
聊城市 Liaocheng	8547.67	2443.67	658.99	1071.00	5807.99	111.15	184.86
滨州市 Binzhou	9471.61	2641.69	880.02	821.25	6112.56	329.63	387.73
菏泽市 Heze	7377.68	2256.57	328.26	1299.36	4755.54	101.75	263.82

10-21 续表 2 continued

单位:元/人 (yuan/person)

地 区	Region	全年纯收入 Net Income	1.工资性纯收入 Net Income from Wages and Salaries	2.家庭经营纯收入 Net Income from Household Operations	3.财产性纯收入 Net Income from Properties	4.转移性纯收入 Net Income from Transfers	现金纯收入 Cash Net Income
济南市	Jinan	8903.26	4125.03	3913.86	560.97	303.40	8226.74
青岛市	Qingdao	10549.90	4361.10	5452.80	364.28	371.72	9990.77
淄博市	Zibo	9195.02	5145.00	3305.74	425.27	319.02	8846.50
枣庄市	Zaozhuang	7102.69	3124.73	3500.12	138.04	339.81	6118.19
东营市	Dongying	8427.40	2638.27	5179.10	363.13	246.91	7380.71
烟台市	Yantai	9916.25	3902.58	5096.36	412.35	504.96	8989.23
潍坊市	Weifang	8871.58	3712.71	4598.20	360.53	200.14	8031.48
济宁市	Jining	7450.43	3257.56	3638.59	309.15	245.14	6744.54
泰安市	Tai'an	7591.96	3948.87	3276.66	133.26	233.17	6768.15
威海市	Weihai	10516.99	4802.56	4792.24	584.99	337.19	8408.14
日照市	Rizhao	7504.36	3169.11	3800.24	337.31	197.70	6124.83
莱芜市	Laiwu	8311.42	3025.72	4867.72	176.40	241.59	7438.22
临沂市	Linyi	6760.78	2571.62	3819.10	150.75	219.31	5791.71
德州市	Dezhou	7028.21	2858.01	3906.25	49.03	214.92	5846.82
聊城市	Liaocheng	6377.02	2443.67	3654.46	111.15	167.74	5404.35
滨州市	Binzhou	7193.81	2641.69	3900.34	329.63	322.15	6556.12
菏泽市	Heze	5811.81	2256.57	3247.18	101.75	206.31	4824.55

10-21 续表 3 continued

单位:元/人 (yuan/person)

地 区	Region	全年总支出 Total Expenditure	1.家庭经营费用支出 Expenditure for Household Operations	2.购置生产性固定资产支出 Expenditure for Purchase of Productive Fixed Assets	3.建、造生产性固定资产雇工支出 Expenditure for Building of Productive Fixed Assets	4.税费支出 Expenditure for Taxes and Fees	5.生活消费支出 Expense on Household Consumption	6.财产性支出 Expenditure for Properties	7.转移性支出 Expenditure for Transfers
济南市	Jinan	8085.83	2152.96	161.69	0.18	10.92	5406.56	30.35	323.19
青岛市	Qingdao	11031.18	3931.24	103.70	0.42	6.53	6661.92	8.76	318.60
淄博市	Zibo	7904.94	1468.35	117.64	22.28	13.20	5676.18	8.81	598.48
枣庄市	Zaozhuang	6765.59	1828.43	288.35	6.77	17.65	4208.62	6.71	409.07
东营市	Dongying	9996.46	4157.29	245.24	3.52	5.25	4985.47	191.34	408.36
烟台市	Yantai	7737.34	1674.90	144.34	6.12	3.88	5175.12	20.53	712.45
潍坊市	Weifang	9615.06	3116.88	211.03	0.59	6.77	5981.72	28.53	269.54
济宁市	Jining	6900.13	1985.41	242.93	2.70	1.17	4216.38	8.35	443.19
泰安市	Tai'an	5776.07	1122.54	87.66	0.32	0.48	4273.33	8.92	282.82
威海市	Weihai	9713.38	3120.07	42.72	0.42	1.65	5727.68	22.08	798.76
日照市	Rizhao	7951.18	3384.45	169.28	0.07	0.33	4143.80	1.30	251.95
莱芜市	Laiwu	6711.42	1682.75	61.24	0.87	0.57	4620.08	3.83	342.09
临沂市	Linyi	6447.43	2070.98	93.14	2.72	3.44	3935.32	23.10	318.72
德州市	Dezhou	4837.07	1576.71	101.65	2.66	20.52	3044.60	4.83	86.09
聊城市	Liaocheng	5744.80	1792.07	225.61	8.05	21.37	3542.12	6.31	149.27
滨州市	Binzhou	7140.61	1892.43	365.75	7.44	23.12	4531.12	63.02	257.73
菏泽市	Heze	5228.81	1314.97	78.44	1.78	14.33	3629.24	8.12	181.93

10-21 续表 4 continued

单位:元/人 (yuan/person)

地 区	Region	全年生活消费总支出 Total Expense on Household Consumption	1.食品消费支出 Food	2.衣着消费支出 Clothing	3.居住消费支出 Residence	4.家庭设备、用品消费支出 Household Appliances and Services
济南市	Jinan	5406.56	1818.31	288.46	946.32	335.01
青岛市	Qingdao	6661.92	2364.99	670.56	1076.19	428.48
淄博市	Zibo	5676.18	1864.10	453.28	1205.35	356.24
枣庄市	Zaozhuang	4208.62	1557.67	339.62	763.40	305.10
东营市	Dongying	4985.47	1733.96	300.34	1082.48	355.81
烟台市	Yantai	5175.12	1982.46	408.47	922.59	247.65
潍坊市	Weifang	5981.72	1746.85	391.75	1399.01	342.77
济宁市	Jining	4216.38	1596.12	264.82	748.59	290.56
泰安市	Tai'an	4273.33	1571.64	272.87	746.20	331.77
威海市	Weihai	5727.68	2059.58	552.75	1132.44	258.72
日照市	Rizhao	4143.80	1751.61	384.26	661.71	227.02
莱芜市	Laiwu	4620.08	1753.13	251.29	807.40	351.02
临沂市	Linyi	3935.32	1580.20	256.05	779.73	258.45
德州市	Dezhou	3044.60	1333.09	189.14	512.38	191.00
聊城市	Liaocheng	3542.12	1417.69	235.49	538.51	317.53
滨州市	Binzhou	4531.12	1412.53	225.50	1054.70	249.03
菏泽市	Heze	3629.24	1472.09	225.94	589.32	237.12

10-21 续表 5 continued

单位:元/人 (yuan/person)

地 区	Region	5.交通和通讯消费支出 Transport and Communications	6.文化教育、娱乐消费支出 Recreation, Education and Cultural Services	7.医疗保健消费支出 Health Care and Medical Services	8.其他商品和服务消费支出 Other Goods and Services
济南市	Jinan	982.79	416.79	556.06	62.82
青岛市	Qingdao	968.11	716.61	320.20	116.78
淄博市	Zibo	583.82	613.22	474.24	125.93
枣庄市	Zaozhuang	499.28	304.57	309.52	129.46
东营市	Dongying	693.25	415.24	347.60	56.80
烟台市	Yantai	575.24	519.39	421.27	98.04
潍坊市	Weifang	1051.93	601.81	334.00	113.59
济宁市	Jining	501.49	436.38	296.01	82.40
泰安市	Tai'an	495.97	516.50	250.01	88.37
威海市	Weihai	654.03	649.72	329.70	90.73
日照市	Rizhao	518.00	363.71	176.01	61.46
莱芜市	Laiwu	505.98	551.59	344.90	54.78
临沂市	Linyi	493.50	293.50	187.20	86.70
德州市	Dezhou	392.07	225.19	157.46	44.28
聊城市	Liaocheng	376.58	389.07	203.98	63.26
滨州市	Binzhou	620.75	438.95	465.01	64.63
菏泽市	Heze	405.91	354.60	250.30	93.97

主要统计指标解释

一、城镇住户

城镇家庭人口 指居住在一起，经济上合在一起共同生活的家庭成员。凡计算为家庭人口的成员其全部收支都包括在本家庭中。

城镇就业面 指就业人口占家庭人口的百分比。

城镇就业者负担人数 指家庭人口与就业人口之比。

城镇家庭总收入 指家庭成员得到的工资性收入、经营净收入、财产性收入、转移性收入之和，不包括出售财物收入和借贷收入。

城镇家庭可支配收入 指家庭成员得到可用于最终消费支出和其它非义务性支出以及储蓄的总和，即居民家庭可以用来自由支配的收入。它是家庭总收入扣除交纳的所得税、个人交纳的社会保障支出以及记账补贴后的收入。计算公式为：

可支配收入=家庭总收入−交纳所得税
−个人交纳的社会保障支出−记帐补贴

城镇家庭总支出 指除借贷支出以外的全部家庭支出。包括消费性支出、购房建房支出、转移性支出、财产性支出、社会保障支出。

城镇家庭消费性支出 指家庭用于日常生活的支出，包括食品、衣着、家庭设备用品及服务、医疗保健、交通和通信、娱乐教育文化服务、居住、杂项商品和服务等八大类支出。

城镇家庭服务性消费支出 指家庭用于支付社会提供的各种非商品性服务费用。

恩格尔系数 指食物支出金额在消费性总支出金额中所占的比例。计算公式为：

$$\text{恩格尔系数}=\frac{\text{食品支出金额}}{\text{消费性总支出金额}}\times 100\%$$

二、农村住户

农村住户 指农村常住户。农村常住户指长期(一年以上)居住在乡镇(不包括城关镇)行政管理区域内的住户，以及长期居住在城关镇所辖行政村范围内的农村住户。户口不在本地而在本地居住一年及以上的住户也包括在本地农村常住户范围内；有本地户口，但举家外出谋生一年以上的住户，无论是否保留承包耕地都不包括在本地农村住户范围内。

常住人口 指全年经常在家或在家居住 6 个月以上，而且经济和生活与本户连成一体的人口。外出从业人员在外居住时间虽然在 6 个月以上，但收入主要带回家中，经济与本户连为一体，仍视为家庭常住人口；在家居住，生活和本户连成一体的国家职工、退休人员也为家庭常住人口。但是现役军人、中专及以上(走读生除外)的在校学生、以及常年在外(不包括探亲、看病等)且已有稳定的职业与居住场所的外出从业人员，不算家庭常住人口。家庭常住人口主要作为计算农村住户平均每人收入、消费和积累水平及分析家庭人口状况的依据。

整、半劳动力 整劳动力指男子 18 周岁到 50 周岁，女子 18 周岁到 45 周岁；半劳动力指男子 16 周岁到 17 周岁，51 周岁到 60 周岁；女子 16 周岁到 17 周岁，46 周岁到 55 周岁，同时具有劳动能力的人。虽然在劳动年龄之内，但已丧失劳动能力的人，不应算为劳动力；超过劳动年龄，但能经常参加劳动，计入半劳动力数内。

总收入 指调查期内农村住户和住户成员从各种来源渠道得到的收入总和。按收入的性质划分为工资性收入、家庭经营收入、财产性收入和转移性收入。

工资性收入 指农村住户成员受雇于单位或个人，靠提供劳动而获得的收入。

家庭经营收入 指农村住户以家庭为生产经营单位进行生产筹划和管理而获得的收入。农村住户家庭经营活动按行业划分为农业、林业、牧业、渔业、工业、建筑业、交通运输业邮电业、批发和零售贸易餐饮业、社会服务业、文教卫生业和其他家庭经营。

财产性收入 指金融资产或有形非生产性资产的所有者向其他机构单位提供资金或将有形非生产性资产供其支配，作为回报而从中获得的收入。

转移性收入 指农村住户和住户成员无须付出任何对应物而获得的货物、服务、资金或资产所有权等，不包括无偿提供的用于固定资本形成的资金。一般情况下，是指农村住户在二次分配中的所有收入。

现金收入 指农村住户和住户成员在调查期内得到以现金形态表现的收入。按来源分成工资性收入、家庭经营现金收入、财产性收入、转移性收入。

纯收入 指农村住户当年从各个来源得到的总收入相应地扣除所发生的费用后的收入总和。计算方法：

纯收入=总收入−家庭经营费用支出−税费支出
−生产性固定资产折旧

纯收入主要用于再生产投入和当年生活消费支出，也可用于储蓄和各种非义务性支出。“农民人均纯收入”按人口平均的纯收入水平，反映的是一个地区或一个农户农村居民的平均收入水平。

总支出 指农村住户用于生产、生活和再分配的全部支出。家庭经营费用支出、购置生产性固定资产支出、生产性固定资产折旧、税费支出、生活消费支出、财产性支出和转移性支出。

Explanatory Notes on Main Statistical Indicators

I. Urban Households

Population of Urban Households refer to members of the household living and sharing economically together. All income and expenditure of the population of the household are included in the income and expenditure of the household.

Proportion of Urban Employment refer to the proportion of employed population to the population of urban households.

Number of Dependents per Urban Employee refers to the ratio between number of persons in urban households and the number of dependents.

Total Income of Urban Households refers to the sum of wage and salary, net business income, income from properties, and income from transfers of members of the households, excluding income from selling of properties and income from borrowings.

Disposable Income of Urban Households refers to the actual income at the disposal of members of the households which can be used for final consumption, other non compulsory expenditure and savings. This equals to total income minus income tax, personal contribution to social security and sample household subsidy for keeping diaries. Following formula is used:

Disposable income=total household income-income tax-personal contribution to social security-sample household subsidy for keeping diaries

Total Expenditure of Urban Households refer to all expenditure of the households except expenditure on leading. It includes expenditure on consumption, on purchasing or building houses, on transfers, on properties and on social security.

Consumption Expenditure of Urban Households refers to total expenditure of the sample households for consumption in daily life,including expenditure on eight categories such as food, clothing, household appliances and services, health care and medical services, transport and communications, recreation, education and cultural services, housing, miscellaneous goods and services.

Expenditure of Urban Households on Consumption of Services refers to expenditure of households on services of various kinds provided by the society.

Engel Coefficient refers to the percentage of expenditure on food in the total consumption expenditure, using the following formula:

Engel Coefficient=(expenditure on food/total consumption expenditure)×100%

II. Rural Households

Rural Households refer to resident households in rural areas. Resident households in rural areas are the households residing for more than one year in the areas under the jurisdiction of administration of township governments (excluding county towns), and in the areas under the jurisdiction of administration of villages in county towns. Migrated households residing in the current addresses for over one year with their household registration in other places are included in the resident households of their current addresses. For households with their household registration in one place but all members of the households moving away for living in another place for over one year, they will not be included in the rural households of the area where they are registered, irrespective of whether they still keep their contracted land.

Resident Population refers to population staying at home permanently or for over 6 months during a year and sharing life economically with the household. Members of the household staying away from the household for over 6 months but keeping a close economic relation with the household by sending the majority of income to the household are regarded as resident population of the household. Government staff and workers or retirees living as close members of the household are also considered as resident population. However, servicemen, students of secondary technical schools or schools of higher education and persons with stable jobs and residence outside the household (excluding those visiting relatives or seeking medical service) are not included as resident population of the household. Resident population is used in calculating income, consumption, accumulation on per capita basis of rural households and in analyzing composition of rural households.

Full/Semi Labour Force Full labour force refers to persons capable of work, aged 18-50 for males and 18-45 for females. Semi labour force refers to persons capable of work, aged 16-17 and 51-60 for males and 16-17 and 46-55 for females. Persons at their working ages but not capable of work are not to be included as labour force. Persons not at working ages but participating regularly in work are included in semi labour force. For staff and workers as resident population of the household, they are included as full or semi labour force of the household if they are in the labour force.

Total Income refers to the sum of income earned from various sources by the rural households and their members during the reference period, and is classified as income from wages and salaries, income from household operations, income from properties and income from transfers.

Income from Wages and Salaries refers to income from labour earned by the members of rural households employed by other units or individuals.

Income from Household Operations refers to income by the rural households as units of production and operations. Operations by rural households are classified by economic activities as agriculture, forestry, animal husbandry, fishery, manufacturing, construction, transportation, post and telecommunications, wholesale, retail and catering, social service, culture, education, health, and other household operations.

Income from Properties refers to the income received as returns by owners of financial assets or tangible non productive assets by providing capitals or tangible non productive assets to other institutional units.

Income from Transfers refers to the receipt by rural households and their members of goods, services, capitals or rights of assets without giving or repaying accordingly, excluding capitals provided to them for the formation of fixed assets. In general, it refers to all income received by rural households through redistribution.

Cash Income refers to income received by rural households and their members in the form of cash during the reference period. It is classified, by source of income, into income from wages and salaries,cash income from household operations, income from properties and income from transfers.

Net Income refers to the total income of rural households from all sources minus all corresponding expenses. The formula for calculation is as follows:

Net income=total income-household operation expenses-taxes and fees depreciation of fixed assets for production

Net income is mainly used as input for reproduction and as consumption expenditure of the year, and also used for savings and non-compulsory expenses of various forms. "Per capita net income of farmers" is the level of net income averaged by population which reflects the average income level of rural households in a given area.

Total Expenditure refers to total expenses of rural households on production, consumption and redistribution, including expenditure on household operations, on purchase of productive fixed assets, depreciation of productive fixed assets, taxes and fees, expenses on household consumption, expenses on properties and expenses on transfers.

第11篇

城市建设

City Construction

简 要 说 明

一、本篇资料的主要内容

本篇资料反映了全省各城市基础设施基本情况，包括市政设施、设施水平、供水、公共交通、园林绿化、燃气供热和建设用地等方面的资料。

二、本篇资料的来源

本篇资料来源于省住房和城乡建设厅和省交通运输厅，由山东省统计局综合处和工业处整理提供。

Brief Introduction

I. Content

Data in this chapter show the basic conditions of public facilities of main cities in Shandong, including urban construction and infrastructure, water supply, public communications, urban greenery, gas and heating and land for construction, etc.

II. Source of Data

Data in this chapter are provided by the Housing and Urban-Rural Development and Transportation Department of Shandong Province. Data in this chapter are prepared and compiled by Comprehensive Statistics, Industry and Transport Statistics of Shandong Provincial Bureau of Statistics.

11-1 城市基础设施

Basic Statistics on Urban Infrastructure

指 标 名 称		Item		2005	2008	2009	2010
一、设施水平		**Urban Facilities**					
城市人口密度	(人/平方公里)	Population Density	(person/sq.km)	921	1413	1415	1389
人均日生活用水量	(升)	Per Capita Daily Water Consumption	(litre)	140.22	127.87	129.91	129.52
用水普及率	(%)	Coverage Rate of Water Supply	(%)	99.19	99.39	99.47	99.57
用气普及率	(%)	Coverage Rate of Natural Gas Supply	(%)	97.09	98.50	99.17	99.30
人均拥有道路面积	(平方米)	Per Capita Area of Roads	(sq.m)	21.59	19.60	20.94	22.23
每万人拥有公共交通车辆	(标台)	Number of Public Transportation Vehicles Per 10 000 Persons	(unit)	11.92	12.19	10.84	12.94
建成区排水管道密度	(公里/平方公里)	Built-up Area Density of Sewage Pipelines	(km/sq.km)	8.70		11.46	9.62
人均公园绿地面积	(平方米)	Per Capita Public Green Areas	(sq.m)	13.93	14.20	15.09	15.84
建成区绿化覆盖率	(%)	Coverage Rate of Urban Green Areas	(%)	36.97	39.80	41.18	41.47
二、供水情况		**Water Supply**					
供水总量	(万立方米)	Volume of Water Supply	(10 000 cu.m)	275364	267172	275592	290866
#生产用水	(万立方米)	Industrial Use	(10 000 cu.m)	121756	113687	117149	127028
生活用水	(万立方米)	Residential Use	(10 000 cu.m)	134573	121593	124603	127338
用水人口	(万人)	Population Using Water	(10 000 persons)	2629	2624	2648	2715
三、公共交通		**Public Transportation**					
客运总量	(万人次)	Volume of Passenger Traffic	(10 000 person-times)	247906	339599	335324	371801
运营车数	(辆)	Number of Operating Vehicles	(unit)	23455	30286	25272	27752
出租汽车数	(辆)	Number of Taxis	(unit)	56226	56325	57278	57687
四、市政设施及污水处理		**Infrastructure and Waste Water Treatment**					
道路面积	(万平方米)	Area of Roads	(10 000 sq.m)	42605	51755	55756	60325
道路长度	(公里)	Length of Roads	(km)	25162	28700	30793	32859
人行道面积	(万平方米)	Area of Sidewalks	(10 000 sq.m)	7958	9950	10980	12149
路灯盏数	(盏)	Number of Streetlights	(unit)	821555	1127984	1280664	1339298
桥梁数	(座)	Numer of Bridges	(unit)	3620	4071	4251	4316
污水年排放量	(万立方米)	Volume of Waste Water Discharged	(10 000 cu.m)	198710	221129	229929	244417
污水年处理量	(万立方米)	Volume of Waste Water Treated	(10 000 cu.m)	117300	187912	193738	222691
防洪堤长度	(公里)	Length of Levees	(km)	1565	1699	2321	2352
五、园林绿化		**Parks,Gardens and Green Areas**					
园林绿地面积	(公顷)	Green Areas	(ha)	105305	135328	146993	157945
#公园绿地面积	(公顷)	Public Park	(ha)	27480	37500	40167	43191
绿化覆盖面积	(公顷)	Coverage of Green Area	(ha)	121477	156957	168408	181055
#建成区绿化覆盖面积	(公顷)	Coverage of Urban Green Area	(ha)	98926	129788	138923	147904
公园个数	(个)	Number of Parks	(unit)	456	546	575	595
公园面积	(公顷)	Area of Parks	(ha)	11381	18534	20426	21350

11-2 城市设施水平(2010年)
Basic Statistics on Urban Infrastructure by City(2010)

城市名称	City	城市人口密度（人/平方公里） Population Density (person/sq.km)	自来水人均日生活用水量（升） Per Capita Daily Water Consumption (litre)	自来水普及率(%) Coverage Rate of Water Supply (%)	用气普及率(%) Coverage Rate of Natural Gas Supply (%)
全 省	**Total**	**1389**	**129.52**	**99.57**	**99.30**
济南市	Jinan	2331	111.71	100.00	100.00
章丘市	Zhangqiu	699	127.34	100.00	100.00
青岛市	Qingdao	1966	178.05	100.00	100.00
胶州市	Jiaozhou	1882	142.71	100.00	99.84
即墨市	Jimo	1358	151.09	100.00	99.58
平度市	Pingdu	1009	150.54	100.00	100.00
胶南市	Jiaonan	980	147.03	100.00	99.71
莱西市	Laixi	864	162.09	100.00	99.96
淄博市	Zibo	1954	129.71	100.00	100.00
枣庄市	Zaozhuang	2002	117.52	99.10	99.28
滕州市	Tengzhou	1629	129.36	99.83	99.70
东营市	Dongying	596	123.99	96.30	95.48
烟台市	Yantai	1606	127.59	99.84	99.79
龙口市	Longkou	2007	79.70	99.96	99.43
莱阳市	Laiyang	1147	103.81	99.34	99.51
莱州市	Laizhou	896	82.86	100.00	99.70
蓬莱市	Penglai	1036	103.20	93.67	99.03
招远市	Zhaoyuan	1286	108.00	100.00	100.00
栖霞市	Qixia	4369	126.00	97.21	95.57
海阳市	Haiyang	343	116.80	97.03	96.79
潍坊市	Weifang	1060	102.81	100.00	99.90
青州市	Qingzhou	1185	98.75	100.00	100.00
诸城市	Zhucheng	958	93.36	100.00	100.00
寿光市	Shouguang	993	110.72	100.00	100.00
安丘市	Anqiu	759	104.46	100.00	100.00
高密市	Gaomi	1511	130.85	98.58	100.00
昌邑市	Changyi	1300	152.09	100.00	99.74
济宁市	Jining	1371	183.81	100.00	99.38
曲阜市	Qufu	3283	82.05	100.00	98.88
兖州市	Yanzhou	1989	124.32	100.00	97.00
邹城市	Zoucheng	2785	150.27	95.99	99.38
泰安市	Tai'an	2222	169.95	100.00	100.00
新泰市	Xintai	987	116.93	99.98	99.59
肥城市	Feicheng	1699	132.87	100.00	100.00
威海市	Weihai	2567	122.34	100.00	99.83
文登市	Wendeng	1003	133.90	100.00	99.48
荣成市	Rongcheng	790	116.08	100.00	98.94
乳山市	Rushan	1201	104.79	100.00	98.99
日照市	Rizhao	1724	99.97	100.00	99.09
莱芜市	Laiwu	1045	129.52	100.00	99.68
临沂市	Linyi	1454	144.17	100.00	99.67
德州市	Dezhou	1129	140.28	99.87	99.95
乐陵市	Leling	2761	83.90	100.00	91.95
禹城市	Yucheng	2613	103.30	98.21	89.92
聊城市	Liaocheng	1491	133.87	100.00	91.70
临清市	Linqing	1141	141.68	99.53	99.53
滨州市	Binzhou	1314	101.68	100.00	100.00
菏泽市	Heze	1987	124.58	94.62	99.93

11-2 续表 continued

城市名称	City	人均拥有道路面积(平方米) Per Capita Area of Roads (sq.m)	每万人拥有公共交通车辆(标台) Number of Public Transportation Vehicles Per 10 000 Persons (unit)	人均公园绿地面积(平方米) Per Capita Public Green Areas (sq.m)	建成区绿化覆盖率(%) Coverage Rate of Urban Green Areas (%)
全　　省	**Total**	**22.23**	**12.9**	**15.84**	**41.47**
济 南 市	Jinan	20.95	17.9	10.25	37.04
章 丘 市	Zhangqiu	21.87	1.2	13.77	41.00
青 岛 市	Qingdao	21.33	14.8	14.58	43.38
胶 州 市	Jiaozhou	26.15	12.2	16.01	43.79
即 墨 市	Jimo	24.21	5.4	14.14	42.08
平 度 市	Pingdu	23.89	5.0	10.14	39.46
胶 南 市	Jiaonan	23.31	6.0	17.21	45.11
莱 西 市	Laixi	27.96	4.0	16.27	45.27
淄 博 市	Zibo	16.28	7.0	15.06	42.20
枣 庄 市	Zaozhuang	18.85	9.2	12.63	37.48
滕 州 市	Tengzhou	18.52	12.0	12.20	40.23
东 营 市	Dongying	28.64	10.8	17.25	38.57
烟 台 市	Yantai	21.03	11.7	19.37	42.05
龙 口 市	Longkou	25.01	8.6	12.08	42.21
莱 阳 市	Laiyang	11.68	1.2	11.53	39.43
莱 州 市	Laizhou	20.42	2.0	9.39	39.30
蓬 莱 市	Penglai	25.69	1.2	13.63	40.78
招 远 市	Zhaoyuan	17.74	0.8	17.31	38.50
栖 霞 市	Qixia	10.24	0.6	11.09	35.40
海 阳 市	Haiyang	15.54	5.9	15.98	40.88
潍 坊 市	Weifang	24.60	11.5	17.28	40.10
青 州 市	Qingzhou	26.19	8.4	25.34	45.98
诸 城 市	Zhucheng	29.43	11.1	15.16	38.79
寿 光 市	Shouguang	30.06	8.3	21.48	44.03
安 丘 市	Anqiu	20.46	4.2	25.67	40.00
高 密 市	Gaomi	25.75	8.0	16.21	35.54
昌 邑 市	Changyi	19.01	8.2	18.78	42.16
济 宁 市	Jining	28.84	14.7	13.55	43.64
曲 阜 市	Qufu	23.32	1.5	23.30	35.37
兖 州 市	Yanzhou	20.04	14.0	12.78	36.17
邹 城 市	Zoucheng	17.45	6.6	18.68	38.24
泰 安 市	Tai'an	24.90	10.5	19.80	43.81
新 泰 市	Xintai	20.80	6.6	17.82	44.58
肥 城 市	Feicheng	24.48	8.9	18.76	45.91
威 海 市	Weihai	30.51	8.7	24.45	47.12
文 登 市	Wendeng	25.38	6.0	21.17	46.30
荣 成 市	Rongcheng	22.08	6.0	22.08	46.28
乳 山 市	Rushan	30.22	5.6	17.11	42.08
日 照 市	Rizhao	25.01	12.3	21.32	41.10
莱 芜 市	Laiwu	28.91	7.3	18.87	44.22
临 沂 市	Linyi	21.84	8.2	19.18	46.58
德 州 市	Dezhou	20.23	12.7	19.22	40.33
乐 陵 市	Leling	18.35	7.5	4.23	25.02
禹 城 市	Yucheng	20.18	1.1	12.44	38.21
聊 城 市	Liaocheng	28.81	8.2	11.46	44.20
临 清 市	Linqing	27.12	2.4	14.98	48.15
滨 州 市	Binzhou	16.50	11.7	16.77	38.96
菏 泽 市	Heze	14.78	7.8	10.37	40.14

11－3 城市供水(2010年)

Urban Water Supply by City(2010)

城市名称	City	自来水综合生产能力(万立方米/日) Production Capacity of Water Supply (10 000 cu.m/day)	#地下水 Groundwater	供水管道长度(公里) Length of Water Supply Pioelines (km)	供水总量(万立方米) Volume of Water Supply (10 000 cu.m)	#生产用水量 Industrial Use	#生活用水量 Residential Use	用水人口(万人) Population with Access to Tap Water (10 000 persons)
全省	**Total**	**1477.6**	**688.4**	**37313**	**290866**	**127028**	**127338**	**2715**
济南市	Jinan	175.7	78.0	3055	27037	11824	11498	282
章丘市	Zhangqiu	16.3	16.3	230	2570	1174	1188	26
青岛市	Qingdao	130.5	10.9	4926	36159	12480	17955	276
胶州市	Jiaozhou	11.0	5.5	444	2470	609	1283	25
即墨市	Jimo	17.5		594	6827	4450	2121	38
平度市	Pingdu	11.9	9.9	424	3366	1422	1588	29
胶南市	Jiaonan	22.0	8.0	403	4333	1804	2021	38
莱西市	Laixi	13.0	2.0	520	3266	1445	1585	27
淄博市	Zibo	139.4	100.2	2127	26741	15934	7293	155
枣庄市	Zaozhuang	65.0	56.0	1241	8064	3158	3692	88
滕州市	Tengzhou	22.0	14.0	769	4521	1825	1707	36
东营市	Dongying	64.5		1042	9711	4415	2584	62
烟台市	Yantai	73.7	28.5	2715	14693	6486	6708	144
龙口市	Longkou	16.4	8.4	324	1590	659	816	28
莱阳市	Laiyang	13.8	8.8	301	2779	1456	1146	30
莱州市	Laizhou	12.5	1.7	555	1810	476	998	33
蓬莱市	Penglai	9.4	3.1	308	1156	475	579	15
招远市	Zhaoyuan	6.0	3.0	334	1656	904	695	18
栖霞市	Qixia	3.5	0.5	87	729	59	618	14
海阳市	Haiyang	6.9	6.9	251	1625	539	1030	24
潍坊市	Weifang	42.7	19.3	1190	9116	3180	4719	126
青州市	Qingzhou	16.5	14.5	510	2566	1307	1172	33
诸城市	Zhucheng	17.9		295	4720	2610	1636	48
寿光市	Shouguang	14.9	9.8	277	4167	2695	1317	33
安丘市	Anqiu	15.0	11.0	225	2988	1615	1047	27
高密市	Gaomi	24.2	9.0	185	6096	3944	1395	29
昌邑市	Changyi	11.2	11.2	97	3089	2004	866	16
济宁市	Jining	63.0	62.0	664	10830	5172	4416	66
曲阜市	Qufu	10.0	9.0	291	1570	857	585	20
兖州市	Yanzhou	7.0	7.0	237	3356	1544	937	21
邹城市	Zoucheng	14.0	14.0	311	4339	2557	1337	25
泰安市	Tai'an	29.6	19.6	1406	6607	1915	3753	61
新泰市	Xintai	17.1	1	772	3349	855	2090	49
肥城市	Feicheng	6.6	6.6	180	1920	593	1130	23
威海市	Weihai	39.2	3.1	1726	6017	2646	2636	59
文登市	Wendeng	13.0	2.9	473	3111	1421	1498	31
荣成市	Rongcheng	37.1	11.7	706	2418	736	1516	36
乳山市	Rushan	11.0	4.6	506	1168	357	646	17
日照市	Rizhao	31.7	13.7	1229	5920	3301	2278	62
莱芜市	Laiwu	25.5	12.8	684	3751	974	2165	47
临沂市	Linyi	54.2	30.0	1380	15484	4659	8416	170
德州市	Dezhou	28.0		649	7057	3432	3111	61
乐陵市	Leling	14.0	10.0	61	1016	145	761	25
禹城市	Yucheng	8.2	8.2	104	2314	1584	581	15
聊城市	Liaocheng	17.9	17.4	916	4788	1387	3007	62
临清市	Linqing	16.0	15.0	424	2115	414	1539	30
滨州市	Binzhou	42.5	2	944	5823	2723	2607	70
菏泽市	Heze	18.7	1.4	222	4071	807	3074	68

11-4 城市公共交通(2010年)
Public Transportation by City(2010)

城市名称	City	运营车数(辆) Number of Operating Vehicles (unit)	标准运营车数(标台) Number of Standard Operating Vehicles (unit)	运营线路总长度(公里) Length of Operation Lines (km)	客运总量(万人次) Volume of Passenger Traffic (10 000 person-times)	出租汽车数(辆) Number of Taxis (unit)
全　省	**Total**	**27752**	**30599**	**39470**	**371801**	**57687**
济南市	Jinan	4060	4967	3681	84871	8237
章丘市	Zhangqiu	133	120	270	1200	267
青岛市	Qingdao	4664	5818	4087	85251	9639
胶州市	Jiaozhou	444	450	531	4384	238
即墨市	Jimo	199	194	236	3558	218
平度市	Pingdu	248	208	644	3174	134
胶南市	Jiaonan	179	206	299	2824	162
莱西市	Laixi	118	83	549	756	129
淄博市	Zibo	2030	2222	4127	20152	6079
枣庄市	Zaozhuang	910	810	1693	4717	804
滕州市	Tengzhou	534	518	685	4774	406
东营市	Dongying	605	682	1354	7007	3104
烟台市	Yantai	1740	2075	1877	35549	2209
龙口市	Longkou	302	292	885	1346	442
莱阳市	Laiyang	74	74	100	1318	399
莱州市	Laizhou	54	54	67	468	450
蓬莱市	Penglai	76	78	129	309	617
招远市	Zhaoyuan	48	48	77	105	353
栖霞市	Qixia	59	42	683	382	320
海阳市	Haiyang	67	63	205	516	373
潍坊市	Weifang	1070	1170	1191	13385	2166
青州市	Qingzhou	258	254	410	350	469
诸城市	Zhucheng	227	237	1216	2458	372
寿光市	Shouguang	96	97	144	1514	306
安丘市	Anqiu	68	49	195	267	292
高密市	Gaomi	175	175	256	642	232
昌邑市	Changyi	56	56	175	610	207
济宁市	Jining	928	960	711	12209	1260
曲阜市	Qufu	87	82	460	1427	209
兖州市	Yanzhou	323	301	245	3314	499
邹城市	Zoucheng	215	199	614	2768	797
泰安市	Tai'an	668	693	480	6960	1292
新泰市	Xintai	265	296	275	2160	258
肥城市	Feicheng	213	196	279	2100	403
威海市	Weihai	920	1022	1489	12255	1526
文登市	Wendeng	80	61	226	158	271
荣成市	Rongcheng	111	112	140	1500	295
乳山市	Rushan	79	60	197	560	270
日照市	Rizhao	457	507	948	5163	1068
莱芜市	Laiwu	910	985	2517	5194	1600
临沂市	Linyi	1552	1697	1635	12087	2750
德州市	Dezhou	765	786	948	4984	2405
乐陵市	Leling	65	46	285	165	198
禹城市	Yucheng	57	40	175	204	187
聊城市	Liaocheng	465	447	850	4953	1416
临清市	Linqing	80	56	126	760	332
滨州市	Binzhou	638	650	672	8246	714
菏泽市	Heze	380	361	432	2747	1313

11－5 城市市政设施(2010年)
Infrastructure by City(2010)

城市名称	City	道路长度(公里) Length of Roads (km)	道路面积(万平方米) Area of Roads (10 000 sq.m)	人行道面积(万平方米) Area of Sidewalks (10 000 sq.m)	路灯盏数(盏) Number of Streetlights (unit)	桥梁数(座) Number of Bridges (unit)	排水管道长度(公里) Length of Sewage Pipelines (km)
全　省	**Total**	**32858.5**	**60324.9**	**12149**	**1339298**	**4316**	**38817**
济南市	Jinan	4497.9	5906.5	950	92976	781	2177
章丘市	Zhangqiu	217.0	559.0	145	25060	33	710
青岛市	Qingdao	3409.2	5892.6	1103	124461	287	4708
胶州市	Jiaozhou	400.0	645.0	72	9530	35	471
即墨市	Jimo	743.9	931.3	311	9534	54	567
平度市	Pingdu	519.3	690.3	186	14748	76	556
胶南市	Jiaonan	445.3	877.5	189	22742	84	836
莱西市	Laixi	475.0	749.0	129	16977	54	686
淄博市	Zibo	1253.7	2522.5	437	63138	257	1950
枣庄市	Zaozhuang	789.6	1668.4	459	37428	99	990
滕州市	Tengzhou	499.9	670.7	190	18880	21	575
东营市	Dongying	715.8	1857.8	236	37738	110	1413
烟台市	Yantai	1521.5	3033.8	606	54625	71	2328
龙口市	Longkou	304.7	701.9	204	16168	30	415
莱阳市	Laiyang	181.2	355.8	105	6235	34	270
莱州市	Laizhou	180.0	674.0	96	15101	12	386
蓬莱市	Penglai	234.4	422.1	101	9277	43	247
招远市	Zhaoyuan	194.4	312.6	60	7528	44	307
栖霞市	Qixia	93.2	143.2	34	3197	25	109
海阳市	Haiyang	153.0	387.0	140	5175	17	279
潍坊市	Weifang	1489.2	3094.0	738	80120	72	1433
青州市	Qingzhou	502.4	853.8	172	21427	22	525
诸城市	Zhucheng	649.7	1413.0	361	12654	19	457
寿光市	Shouguang	686.8	979.7	177	35637	6	531
安丘市	Anqiu	287.0	561.9	86	4335	26	382
高密市	Gaomi	476.9	762.8	217	11556	82	425
昌邑市	Changyi	143.0	296.5	82	7078	28	133
济宁市	Jining	803.3	1898.3	431	26282	95	969
曲阜市	Qufu	274.9	459.5	74	35727	32	161
兖州市	Yanzhou	231.9	413.9	77	24500	21	217
邹城市	Zoucheng	557.0	453.0	91	7600	42	229
泰安市	Tai'an	667.3	1216.4	255	37605	200	797
新泰市	Xintai	386.0	1019.0	140	10064	34	472
肥城市	Feicheng	186.2	570.4	58	18899	32	224
威海市	Weihai	746.0	1801.0	314	47013	220	2361
文登市	Wendeng	315.6	778.0	200	12990	52	473
荣成市	Rongcheng	370.0	790.0	112	19601	95	601
乳山市	Rushan	279.4	510.4	78	16100	60	495
日照市	Rizhao	1252.0	1561.0	323	33878	71	1006
莱芜市	Laiwu	767.9	1367.0	261	33045	101	798
临沂市	Linyi	1913.4	3722.2	567	126463	191	2402
德州市	Dezhou	605.0	1230.6	220	24850	36	792
乐陵市	Leling	270.0	456.0	100	4500	15	75
禹城市	Yucheng	185.1	316.4	44	4240	62	180
聊城市	Liaocheng	487.3	1773.1	496	20550	120	874
临清市	Linqing	392.0	810.8	245	6400	29	351
滨州市	Binzhou	588.1	1159.2	267	26311	224	965
菏泽市	Heze	516.1	1056.0	210	39355	162	509

11-5 续表 continued

城市名称	City	污水年排放量(万吨) Volume of Waste Water Discharged (10 000 tons)	污水年处理量(万吨) Volume of Waste Water Treated Yearly (10 000 tons)	防洪堤长度(公里) Length of Levees (km)	生活垃圾清运量(万吨) Garbage Disposal Cleared (10 000 tons)	垃圾无害化处理量(万吨) Volume of Wastes Diposed (10 000 tons)
全　　省	**Total**	**244417**	**222691**	**2352**	**953.87**	**911.63**
济 南 市	Jinan	22980	22211	88	84.50	84.50
章 丘 市	Zhangqiu	2185	1926		9.00	9.00
青 岛 市	Qingdao	30735	27136	170	138.94	138.94
胶 州 市	Jiaozhou	2100	1856	16	12.22	12.22
即 墨 市	Jimo	5803	5140	29	12.74	12.74
平 度 市	Pingdu	2861	2779	29	10.98	10.98
胶 南 市	Jiaonan	3683	3658	35	12.20	12.20
莱 西 市	Laixi	2776	2740	32	10.30	10.30
淄 博 市	Zibo	22730	21521	88	54.89	54.89
枣 庄 市	Zaozhuang	6854	6258	78	46.81	33.93
滕 州 市	Tengzhou	3843	3588	35	24.40	24.40
东 营 市	Dongying	6512	5753	81	18.81	18.81
烟 台 市	Yantai	12489	11326	464	50.91	50.91
龙 口 市	Longkou	1352	1284	38	9.64	9.64
莱 阳 市	Laiyang	2362	2211	7	7.18	7.18
莱 州 市	Laizhou	1538	1384		8.39	8.39
蓬 莱 市	Penglai	983	924	22	6.67	6.67
招 远 市	Zhaoyuan	1408	1327	39	8.37	8.37
栖 霞 市	Qixia	620	560	23	4.12	
海 阳 市	Haiyang	1381	1297	26	3.40	3.40
潍 坊 市	Weifang	7408	6916	39	29.00	29.00
青 州 市	Qingzhou	2181	2044		11.90	11.90
诸 城 市	Zhucheng	4012	3810		12.34	12.34
寿 光 市	Shouguang	3542	3364	18	11.89	11.89
安 丘 市	Anqiu	2540	2271	15	8.50	
高 密 市	Gaomi	5182	4810		9.23	9.23
昌 邑 市	Changyi	2625	2413		5.10	5.10
济 宁 市	Jining	9206	8047	3	28.29	28.29
曲 阜 市	Qufu	1335	1192		13.14	
兖 州 市	Yanzhou	2853	2664	22	9.00	9.00
邹 城 市	Zoucheng	3688	2502		16.50	16.50
泰 安 市	Tai'an	5624	5067	42	16.79	16.79
新 泰 市	Xintai	2847	2290	16	13.80	13.80
肥 城 市	Feicheng	1632	1450		3.31	3.31
威 海 市	Weihai	5115	4726	87	25.38	25.38
文 登 市	Wendeng	2644	2426	76	10.34	10.34
荣 成 市	Rongcheng	2055	1901	35	12.21	12.21
乳 山 市	Rushan	993	914	19	7.25	7.25
日 照 市	Rizhao	5032	4568	61	19.99	19.99
莱 芜 市	Laiwu	3188	2933	66	15.94	15.94
临 沂 市	Linyi	12414	11573	417	52.31	52.31
德 州 市	Dezhou	5998	5079	25	19.50	19.50
乐 陵 市	Leling	864	682			
禹 城 市	Yucheng	1967	1810		3.60	
聊 城 市	Liaocheng	4070	3856	51	16.12	16.12
临 清 市	Linqing	1798	1744	44	9.80	9.80
滨 州 市	Binzhou	4949	4593	16	14.60	14.60
菏 泽 市	Heze	3460	2167		23.57	23.57

11-6 城市园林绿化(2010年)

Parks, Gardens and Green Areas by City(2010)

城市名称	City	绿化覆盖面积(公顷) Coverage of Green Area (ha)	#建成区 Urban Green Area	园林绿地面积(公顷) Green Areas (ha)	#公园绿地面积(公顷) Public Park (ha)	#公园个数(个) Number of Parks (unit)	公园面积(公顷) Area of Parks (ha)
全　省	**Total**	**181055**	**147904**	**157945**	**43191**	**595**	**21350**
济南市	Jinan	12853	12853	11667	2890	31	2016
章丘市	Zhangqiu	1518	1517	1406	352	6	222
青岛市	Qingdao	19203	12248	16619	4027	72	1917
胶州市	Jiaozhou	1995	1839	1695	395	6	81
即墨市	Jimo	2180	2146	1969	544	4	153
平度市	Pingdu	2273	1823	1668	293	9	52
胶南市	Jiaonan	2481	2481	2126	648	2	133
莱西市	Laixi	1548	1389	1275	436	8	258
淄博市	Zibo	15996	9475	15141	2333	30	809
枣庄市	Zaozhuang	4717	4466	4098	1118	29	551
滕州市	Tengzhou	1880	1832	1779	442	4	270
东营市	Dongying	6062	4169	5665	1119	29	990
烟台市	Yantai	11228	11163	10447	2795	23	456
龙口市	Longkou	2274	1694	1470	339	9	98
莱阳市	Laiyang	1670	1656	1405	351	1	73
莱州市	Laizhou	1583	1572	1422	310	9	74
蓬莱市	Penglai	1411	1041	1087	224	6	52
招远市	Zhaoyuan	1085	1078	969	305	7	282
栖霞市	Qixia	553	542	515	155	3	28
海阳市	Haiyang	1395	1390	1322	398	4	380
潍坊市	Weifang	10027	5614	9695	2173	21	802
青州市	Qingzhou	2211	2184	1982	826	13	146
诸城市	Zhucheng	1765	1641	1663	728	6	226
寿光市	Shouguang	2668	1673	2430	700	10	590
安丘市	Anqiu	1689	1436	1345	705	5	691
高密市	Gaomi	1851	1553	1418	480	4	80
昌邑市	Changyi	1129	1052	963	293	3	280
济宁市	Jining	6162	3880	4691	892	10	256
曲阜市	Qufu	740	734	726	459	17	320
兖州市	Yanzhou	1137	1114	1003	264	7	52
邹城市	Zoucheng	1545	1545	1255	485	12	124
泰安市	Tai'an	5141	4679	4270	1198	21	451
新泰市	Xintai	2853	2853	2702	873	14	738
肥城市	Feicheng	1590	1380	1423	437	5	392
威海市	Weihai	6698	6220	5753	1443	17	455
文登市	Wendeng	2146	1996	1894	649	10	440
荣成市	Rongcheng	2147	2013	1854	790	9	535
乳山市	Rushan	1325	1216	1178	289	7	53
日照市	Rizhao	3740	3691	3485	1331	8	300
莱芜市	Laiwu	3014	2565	2960	892	12	253
临沂市	Linyi	10593	7719	9011	3269	31	2606
德州市	Dezhou	2455	2420	2319	1169	14	132
乐陵市	Leling	812	808	231	105	2	100
禹城市	Yucheng	995	995	775	195	4	56
聊城市	Liaocheng	4272	3050	2225	705	13	1237
临清市	Linqing	1320	1093	1079	448	6	149
滨州市	Binzhou	3446	3331	2857	1178	13	471
菏泽市	Heze	3679	3075	3013	741	9	320

11-7 城市燃气供热情况(2010年)

Natural Gas Supply and Heating by City(2010)

城市名称	City	人工煤气供气量(万立方米) Total Gas Supply (10 000 cu.m)	#家庭用量 Residential Use	天然气供气量(万立方米) Total Natural Gas Supply (10 000 cu.m)	#家庭用量 Residential Use	液化石油气供气量(吨) Total Liquefied Petroleum Gas Supply (ton)	#家庭用量 Residential Use	集中供热面积(万平方米) Heating Area (10 000 sq.m)	#住宅 Houses
全 省	**Total**	**42566.2**	**10684.3**	**326930.7**	**73265.5**	**760331.5**	**343908.3**	**54709.8**	**43778.7**
济南市	Jinan	5293.6	2899.4	20814.0	6589.0	28565.7	5585.0	6283.0	4724.0
章丘市	Zhangqiu			1705.7	341.0	5828.0	5417.0	500.0	398.0
青岛市	Qingdao	9153.3	1129.3	35681.3	10413.3	80072.7	31690.0	7225.0	5946.0
胶州市	Jiaozhou			3477.0	672.0	1998.0	1786.0	469.0	408.0
即墨市	Jimo			2830.3	883.0	8280.0	8280.0	566.1	510.0
平度市	Pingdu	330.0	241.3	2000.0	980.0	7900.0	5800.0	359.0	324.0
胶南市	Jiaonan			1832.0	284.7	7500.0	7350.0	1073.2	865.6
莱西市	Laixi			2778.0	235.5	4120.0	4100.0	176.7	150.1
淄博市	Zibo	7996.0		62869.7	13255.2	59927.7	24056.4	3823.8	3263.8
枣庄市	Zaozhuang	4154.0	2615.0	2966.4	519.4	11909.0	10436.1	1095.2	812.0
滕州市	Tengzhou			7412.0	686.0	4400.0	3920.0	310.0	280.0
东营市	Dongying			25239.8	8051.6	10605.8	10079.8	2721.3	1954.0
烟台市	Yantai			13110.0	2608.0	29587.0	21058.0	5520.4	4110.1
龙口市	Longkou			22630.0	313.0	2730.0	2570.0	528.0	431.0
莱阳市	Laiyang			1600.0	260.0	5400.0	5200.0	235.0	190.0
莱州市	Laizhou			1056.0	352.1	3100.0	2000.0	526.0	420.8
蓬莱市	Penglai			4756.0	296.0	4450.0	3860.0	381.9	302.9
招远市	Zhaoyuan			447.6	165.0	4527.0	4197.0	345.0	315.0
栖霞市	Qixia			380.0	160.0	2760.0	2760.0		
海阳市	Haiyang			260.4	119.0	7900.0	7900.0	148.0	125.0
潍坊市	Weifang	13673.4	2613.4	8821.0	1074.8	15727.0	15727.0	2743.6	2211.6
青州市	Qingzhou			2534.8	672.0	3500.0	3400.0	604.1	531.9
诸城市	Zhucheng			1247.2	405.0	9860.0	8100.0	837.0	764.0
寿光市	Shouguang			2210.0	470.0	2784.0	2784.0	706.0	619.2
安丘市	Anqiu			803.0	95.0	7435.0	6600.0	374.0	313.0
高密市	Gaomi			1600.0	700.0	6205.0	5980.0	322.6	200.0
昌邑市	Changyi			1510.0	730.0	2450.0	2450.0	388.6	388.6
济宁市	Jining			8673.0	1489.0	1987.7	795.4	1615.0	1357.0
曲阜市	Qufu			1545.0	212.0	1785.0	1407.5	296.0	256.0
兖州市	Yanzhou	1530.0	765.0	302.1	8.5	3035.4	3030.0	320.0	300.0
邹城市	Zoucheng			567.0	431.0	1150.0	920.0	520.0	490.0
泰安市	Tai'an			17100.0	3800.0	800.0	500.0	1550.0	875.0
新泰市	Xintai	436.0	421.0			4525.0	4475.0	480.3	395.7
肥城市	Feicheng			2050.0				247.0	199.0
威海市	Weihai			5441.0	898.0	3318.0	1969.0	2453.0	1828.0
文登市	Wendeng			471.0	38.0	8104.0	6108.0	526.0	408.0
荣成市	Rongcheng			449.0	429.0	6490.0	2510.0	461.0	370.0
乳山市	Rushan			8.0	3.0	6764.0	5970.0	314.0	243.0
日照市	Rizhao			2175.0	522.2	9644.0	8935.2	1146.8	955.9
莱芜市	Laiwu			3037.3	1336.2	13141.0	10433.0	1107.0	987.0
临沂市	Linyi			12830.7	5538.0	60919.2	43741.0	1657.0	1427.5
德州市	Dezhou			5685.2	1262.3	2985.0	2965.0	980.0	809.0
乐陵市	Leling			1505.0	1200.0	2600.0	2000.0	95.0	90.0
禹城市	Yucheng			1735.0	240.0	810.0	810.0	200.0	180.0
聊城市	Liaocheng			10190.0	1417.1	4000.0	3800.0	931.2	753.0
临清市	Linqing			1590.0	954.0	680.0	680.0	560.0	410.0
滨州市	Binzhou			8190.4	1729.7	9100.0	8700.0	576.0	523.0
菏泽市	Heze			10814.0	427.0	278971.5	21073.0	412.0	363.0

11-8 城市建设用地(2010年)

Land for Construction by City(2010)

城市名称	City	城市面积(平方公里) City Area (sq.km)	#建成区面积 Area of Urban Districts	城市建设用地面积(平方公里) Space of Land for Construction (sq.km)	#居住用地 Land for Dewelling	#公共设施用地 Land for Public Facilities	#工业用地 Land for Industry	#道路广场用地 Land for Roads and Squares
全　　省	**Total**	**83026.94**	**3566.15**	**3526.37**	**1040.88**	**491.44**	**775.69**	**414.24**
济 南 市	Jinan	3257.00	347.00	346.90	89.52	60.60	65.33	46.74
章 丘 市	Zhangqiu	1855.00	37.00	36.86	7.38	11.80	8.12	3.27
青 岛 市	Qingdao	1405.25	282.33	280.71	81.75	33.91	65.67	31.90
胶 州 市	Jiaozhou	1210.00	42.00	42.00	10.49	5.74	13.88	2.95
即 墨 市	Jimo	1780.00	51.00	49.51	14.96	4.87	12.55	7.99
平 度 市	Pingdu	3166.50	46.20	46.20	16.80	5.20	13.00	4.20
胶 南 市	Jiaonan	1846.00	55.00	55.00	15.93	7.33	13.73	7.47
莱 西 市	Laixi	1570.30	30.68	30.68	11.23	3.41	6.17	2.90
淄 博 市	Zibo	2970.20	224.50	220.76	73.07	24.38	66.39	21.72
枣 庄 市	Zaozhuang	3068.98	119.16	117.99	42.39	17.44	16.40	14.83
滕 州 市	Tengzhou	1494.24	45.54	45.44	23.95	4.74	8.82	3.37
东 营 市	Dongying	3294.41	108.08	119.81	36.66	19.72	24.80	16.37
烟 台 市	Yantai	2722.30	265.47	262.70	73.51	42.48	60.78	30.57
龙 口 市	Longkou	893.84	40.13	40.13	9.84	4.99	5.63	6.59
莱 阳 市	Laiyang	1731.54	42.00	42.00	18.90	6.73	7.47	2.50
莱 州 市	Laizhou	1878.08	40.00	40.00	12.60	7.30	9.95	5.00
蓬 莱 市	Penglai	1128.60	25.53	24.70	7.52	4.00	4.51	3.32
招 远 市	Zhaoyuan	1433.17	28.00	27.67	7.30	3.72	5.85	3.00
栖 霞 市	Qixia	2016.02	15.31	15.31	3.66	2.75	3.72	2.09
海 阳 市	Haiyang	1886.84	34.00	26.60	6.80	2.30	3.90	3.80
潍 坊 市	Weifang	2580.00	140.00	142.46	49.29	18.00	36.16	16.76
青 州 市	Qingzhou	1569.00	47.50	43.01	11.20	7.76	6.00	7.52
诸 城 市	Zhucheng	2169.00	42.31	41.81	10.70	3.74	9.28	4.65
寿 光 市	Shouguang	2072.00	38.00	38.00	8.70	5.25	7.21	4.80
安 丘 市	Anqiu	1713.00	35.90	35.90	9.16	4.28	10.95	3.82
高 密 市	Gaomi	1524.00	43.70	41.50	13.17	5.35	8.80	5.08
昌 邑 市	Changyi	1578.00	24.95	24.95	8.72	2.50	5.07	4.14
济 宁 市	Jining	1043.40	88.90	88.28	31.11	9.06	26.04	5.11
曲 阜 市	Qufu	895.34	20.75	20.00	6.70	4.20	3.90	1.76
兖 州 市	Yanzhou	648.20	30.80	30.80	9.10	3.80	8.78	4.33
邹 城 市	Zoucheng	1616.00	40.40	40.40	10.32	3.70	5.16	7.20
泰 安 市	Tai'an	2087.00	106.80	106.80	39.70	22.60	19.40	12.80
新 泰 市	Xintai	1933.00	64.00	64.00	14.55	4.13	11.38	7.28
肥 城 市	Feicheng	1277.00	30.06	30.06	11.32	2.96	4.22	5.15
威 海 市	Weihai	777.00	132.00	132.00	33.77	13.47	39.78	15.93
文 登 市	Wendeng	1829.00	43.11	43.11	9.11	3.70	10.90	5.51
荣 成 市	Rongcheng	1526.00	43.50	43.50	8.80	4.31	7.49	3.49
乳 山 市	Rushan	1665.00	28.90	28.90	7.45	3.53	5.39	4.20
日 照 市	Rizhao	1915.00	89.80	89.80	25.59	8.67	18.59	10.58
莱 芜 市	Laiwu	2246.03	58.00	58.00	14.69	5.66	7.29	11.97
临 沂 市	Linyi	2200.20	165.70	158.99	44.95	24.30	29.09	16.61
德 州 市	Dezhou	539.00	60.00	59.95	9.32	8.65	15.62	9.80
乐 陵 市	Leling	1168.00	32.30	32.30	5.00	6.50	3.80	2.00
禹 城 市	Yucheng	990.00	26.04	26.04	5.90	3.80	6.90	3.18
聊 城 市	Liaocheng	1441.60	69.00	60.17	16.31	8.84	14.46	5.01
临 清 市	Linqing	960.00	22.70	22.61	7.60	3.04	4.67	3.20
滨 州 市	Binzhou	1041.60	85.50	75.56	27.84	14.69	15.33	2.00
菏 泽 市	Heze	1415.30	76.60	76.50	26.55	11.54	17.36	9.78

主要统计指标解释

供水综合生产能力 指按供水设施取水、净化、送水、出厂输水干管等环节设计能力计算的综合生产能力。包括在原设计能力的基础上，经挖、革、改增加的生产能力。计算时，以四个环节中最薄弱的环节为主确定能力。

年末供水管道长度 指从送水泵至用户水表之间所有管道的长度。不包括新安装尚未使用的管道。

全年供水总量 指报告期供水企业(单位)供出的全部水量。包括有效供水量和漏损水量。

生活用水量 包括公共服务用水和居民家庭用水。公共服务用水指为城市社会公共生活服务的用水。包括行政事业单位、部队营区和公共设施服务、社会服务业、批发零售贸易业、旅馆饮食业以及其他公共服务业等单位的用水。居民家庭用水指城市范围内所有居民家庭的日常生活用水。包括城市居民、农民家庭、公共供水站用水。

用水普及率 指城市用水人口数与城市人口总数的比率。计算公式：

$$\text{用水普及率}=\frac{\text{城市用水人口数}}{\text{城市人口总数}}\times 100\%$$

人工煤气生产能力 指报告期末人工煤气生产厂制气、净化、输送等环节的综合生产能力，不包括备用设备能力。一般按设计能力计算，如果实际生产能力大于设计能力时，应按实际测定的生产能力计算。测定时应以制气、净化、输送三个环节中最薄弱的环节为主。

供气管道长度 指报告期末从气源厂压缩机的出口或门站出口至各类用户引入管之间的全部已经通气投入使用的管道长度。不包括煤气生产厂、输配站、液化气储存站、灌瓶站、储配站、气化站、混气站、供应站等厂(站)内的管道。

全年供气总量 指全年燃气企业(单位)向用户供应的燃气数量。包括销售量和损失量。

燃气普及率 指报告期末使用燃气的城市人口数与城市人口总数的比率。计算公式为：

$$\text{燃气普及率}=\frac{\text{城市用气人口数}}{\text{城市人口总数}}\times 100\%$$

城市供热能力 指供热企业(单位)向城市热用户输送热能的设计能力。

城市供热总量 指在报告期供热企业(单位)向城市热用户输送全部蒸汽和热水的总热量。

城市供热管道长度 指从各类热源到热用户建筑物接入口之间的全部蒸汽和热水的管道长度。不包括各类热源厂内部的管道长度。

年末道路长度 指年末道路长度和与道路相通的广场、桥梁、隧道的长度，按车行道中心线计算。在统计时只统计路面宽度在3.5米(含3.5米)以上的各种铺装道路，包括开放型工业区和住宅区道路在内。

城市桥梁 指为跨越天然或人工障碍物而修建的构筑物。包括跨河桥、立交桥、人行天桥以及人行地下通道等。包括永久性桥和半永久性桥。

城市排水管道长度 指所有排水总管、干管、支管、检查井及连接井进出口等长度之和。城市污水日处理能力 指污水处理厂(或处理装置)每昼夜处理污水量的设计能力。

年末运营车数 指年末公交企业(单位)用于运营业务的全部车辆数。以企业(单位)固定资产台帐中已投入运营的车辆数为准。

城市园林绿地面积 指报告期末用作园林和绿化的各种绿地面积。包括公共绿地、居住区绿地、单位附属绿地、防护绿地、生产绿地、道路绿地和风景林地面积。

不包括：

1.屋顶绿化、垂直绿化、阳台绿化和室内绿化。

2.以物质生产为主的林地、耕地、牧草地、果园和竹园等。

3.城市总体规划中不列入绿地的水域。

公园绿地 指向公众开放的市级、区级、居住区级各类公园、街旁游园，包括其范围内的水域。其中居住区级公园应不小于1万平方米，街旁游园的宽度不小于8米，面积不小于400平方米。

Explanatory Notes on Main Statistical Indicators

Production Capacity of Water Supply refers to the designed comprehensive production capacity of water facilities, covering the 4 links of water collection, purification, conveyance, and outflow through trunk pipelines. Increase capacity through transformation and innovation projects are included as well. The capacity is determined mainly on the weakest of the above mentioned 4 links.

Length of Water Supply Pipelines at the Year-end refers to the total length of all the pipelines between the water pumps and the user water meters, excluding pipelines newly installed but not used yet.

Annual Volume of Water Supply refers to the total volume of water supplied by water works (units) during the reference period, including both the effective water supply and loss during the water supply.

Consumption of Water for Residential Use refers to the water consumption of households for daily life and the water consumption of public service facilities. The latter refers to water consumption for urban public services, including the consumption of government agencies and public institutions, military barracks, public facilities, wholesale and retail outlets, restaurants, hotels, and other units providing public services. Household water consumption refers to consumption of water for daily life of all households in the boundary of cities, including households of urban residents and farmers, and public water supply stations.

Percentage of Urban Population with Access to Tap Water refers to the ratio of the urban population with access to tap water to the total urban population. The formula is:

$$\text{Coverage of urban population with access to tap water} = \frac{\text{Urban population with access to tap water}}{\text{Urban population}} \times 100\%$$

Production Capacity of Gaswork Gas refers to the comprehensive production capacity of the urban gasworks in gas generation, purification and delivery at the end of the reference period, excluding capacity of the reserved facilities. In general, it is determined by the designed capacity, and when actual production capacity is larger than the designed capacity, the capacity is determined by the actual measurement on the weakest link in the production, purification and delivery.

Length of Gas Pipelines refers to the total length of pipelines in use between the outlet of the compressor of gas work or outlet of gas stations and the leading pipe of users, excluding pipelines within gasworks, delivery stations, LPG storage stations, refilling stations, gas mixing stations and supply stations.

Volume of Gas Supply refers to the total volume of gas provided to users by gas producing enterprises (units) in a year, including the volume sold and the volume lost.

Percentage of Urban Population with Access to Gas refers to the ratio of the urban population with access to gas to the total urban population at the end of the reference period. The formula is:

$$\text{Coverage rate of urban population with access to gas} = \frac{\text{Urban population with access to gas}}{\text{Urban population}} \times 100\%$$

Heating Capacity in Urban Area refers to the designed capacity of heating enterprises (units) in supplying heating energy to urban users during the reference period.

Quantity of Heat Supplied in Urban Area refers to the total quantity of heat from steam and hot water supplied to urban users by heating enterprises (units) during the reference period.

Length of Heating Pipelines refers to the total length of steam or hot water pipelines for sources of heat to the leading pipelines of the buildings of the users, excluding internal pipelines in heat generating enterprises.

Length of Paved Roads at the Year-end refers to the length of roads with paved surface including squares bridges and tunnels connected with roads by the end of the year.Length of the roads is measured by the central lines for vehicles for paved roads with a width of 3.5 meters and over, including roads in open ended factory compounds and residential quarters.

Urban Bridges refer to bridges built to cross over natural or man made barriers, including bridges over rivers, overpasses for traffic and for pedestrian, underpasses for pedestrian, etc. Both permanent and semi permanent bridges are included.

Length of Urban Sewage Pipes refers to the total length of general drainage, trunks. branch and inspection wells, connection wells, inlets and outlets, etc.

Daily Disposal Capacity of Urban Sewage refers to the designed 24 hour capacity of sewage disposal by the sewage treatment works or facilities.

Number of Vehicles under Operation at the Year-end refers to the total number of vehicles under operation by public transport enterprises (units) at the end of the year, based on the records of operational vehicles by the enterprises (units).

Area of Urban Gardens and Green Areas refers to the total area occupied for green projects at the end of the reference period, including public green land, green land in residential quarters, green land attached to institutions, protection green land, production green land, roadside green land and forest in scenic spots. It does not include the following:

(1)Greenery and plants on roofs, balconies, indoors and vertical green areas;

(2)Forest, cultivated land, grassland, orchards and bamboo grooves that are for production purpose;

(3)Water areas that are not included in urban master plan as green land.

Park Green Area refers to green areas open to the public such as municipal, community and neighborhood parks and roadside parks, including waters within parks. Neighborhood parks should occupy an area larger than 10,000 square meters, and the width of roadside parks should occupy an area larger than 400 square meters, with a width of more that 8 meters.

第12篇

资源与环境

Natural Resources and Environment

简 要 说 明

一、本篇资料的主要内容

本篇资料主要反映了全省资源和环境保护事业发展状况，资源部分主要包括自然资源、湖泊、河流、山脉和气候以及土地利用和水资源状况，环境保护部分主要包括工业废水、废气、固体废物等工业污染物排放及处理情况和工业污染治理项目建设情况。

二、本篇资料的来源

1、自然资源和湖泊、河流、山脉等表，由省统计局综合处根据年鉴积累资料整理。

2、气象资料主要包括各市平均气温、降水量、日照等方面的资料，数据来源于省气象局，由省统计局综合处整理提供。

3、湿地和造林资料来源于省林业局，由省统计局社科处整理提供。

4、土地利用情况来源于省国土资源厅，由省统计局社科处整理提供。

5、水资源资料来源于省水利厅，由省统计局社科处整理提供。

6、环境保护资料来源于省环境保护厅，由省统计局社科处整理提供。

Brief Introduction

I. Content

Data in this chapter reflect natural resourdes of Shandong and development in environment protection Resources mainly include natural resources, lakes, rivers, mountains and climate. Envirnment protection mainly shows treatment and discharge of industrial waste water, solid waste and waste gas, construction of projects for pollution treatment.

II. Source of Data

(1) Data on natural resources, lakes, rivers, and mountains are prepared by the Division of Comprehensive Statistics of Shandong Provincial Bureau of Statistics.

(2) Data on climate mainly include average temperature, precipitation and sunshine hours,. The data are provided by the Meteorological Bureau of Shandong Province and prepared by the Division of Comprehensive Statistics of Shandong Provincial Bureau of Statistics.

(3) Data on wetland and plantation are provided by the Department of Forestry of Shandong Province and prepared by the Division of Social,Science and Technology Statistics of Shandong Provincial Bureau of Statistics.

(4) Data on land use are provided by the Shandong Department of Land and Resources and prepared by the Division of Social,Science and Technology Statistics of Shandong Provincial Bureau of Statistics.

(5) Data on water resource are provided by the Department of Water Resources of Shandong Province and prepared by the Division of Social,Science and Technology Statistics of Shandong Provincial Bureau of Statistics.

(6) Data on environment protection are provided by the Environmental Protection Department of Shandong Province and prepared by the Division of Social,Science and Technology Statistics of Shandong Provincial Bureau of Statistics.

12-1 人口和自然资源(2010年)

Population and Natural Resources (2010)

项　　目		Item		2010
一、人　口		**Population**		
年末总人口	(万人)	Total Population(year-end)	(10 000 persons)	9579
人口密度	(人/平方公里)	Density of Population	(person/sq.km)	610
二、土　地		**Land**		
全省土地面积	(万公顷)	Land Area	(10 000 hectares)	1571.26
全省土地面积中各类土地所占比重		Composition of Different Landforms		
1.中　山	(%)	Medium-size Mountains	(%)	0.84
2.低　山	(%)	Hills	(%)	14.67
3.丘　陵	(%)	Hill Land	(%)	13.19
4.山间谷地	(%)	Valleys	(%)	5.64
5.山前倾斜地	(%)	Slopes	(%)	12.94
6.山前平原	(%)	Plains near Moutains	(%)	9.16
7.湖沼平原	(%)	Plains near Lakes and Rivers	(%)	4.35
8.滨海低地	(%)	Coastal lowlands	(%)	2.82
9.滩　涂	(%)	Shoal	(%)	2.52
10.河滩高地	(%)	Overflow Heights	(%)	4.56
11.决口扇形地	(%)	Fan-shaped Plains Formed by Breaches	(%)	2.99
12.冲积平原	(%)	Alluvial Plains	(%)	19.01
13.洼　地	(%)	Depression	(%)	4.07
14.现代黄河三角洲	(%)	Modern Yellow River Delta	(%)	3.24
三、矿　产		**Mineral Resources**		
已发现矿产种类	(种)	Mineral Resources Discovered	(kind)	150
已探明储量的矿产种类	(种)	Number of Mineral Resources with Insured Reserves	(kind)	82
能源矿产	(种)	Energy Resources	(kind)	7
金属矿产	(种)	Metal Mineral	(kind)	25
非金属矿产	(种)	Nonmetal Mineral	(kind)	47
水气矿产	(种)	Water and Gas	(kind)	3
四、水文、水利		**Water Resources**		
1.多年平均水资源总量	(亿立方米)	Average Volume of Water Resources	(100 million cu.m)	303
#地表水资源量	(亿立方米)	Surface Water Volume	(100 million cu.m)	198
2.多年平均地下水资源量	(亿立方米)	Average Volume of Ground Water	(100 million cu.m)	165
3.水面养殖面积	(万公顷)	Cultivated Water Area	(10 000 hectares)	59.00
淡水养殖面积	(万公顷)	Cultivated Landlocked Area	(10 000 hectares)	18.38
海水养殖面积	(万公顷)	Cultivate Marine Area	(10 000 hectares)	40.62
4.海岸线长度	(公里)	Length of Coastlines	(km)	3121

注:年末总人口为人口普查初步汇总数据，土地数据为2008年数据。

a)Data of year-end population are based on the population census data ,data on land is 2008 data.

12-2 主要湖泊、河流基本情况
Basic Statistics on Major Lakes and Rivers

湖泊名	Names of Lakes	面积(平方公里) Area of Lakes (sq.km)	蓄水量(亿立方米) Reserve of lakes (100 million cu.m)	河流名	Names of Rivers	面积(平方公里) Drainage Area (sq.km)	河长(公里) Length (km)
小　计	Total	1494.6	23.5	徒骇河	Tuhaihe River	13136.6	446.5
微山湖	Weishan Lake	531.7	7.8	沂　河	Yihe River	10909.9	287.5
昭阳湖	Zhaoyang Lake	337.1	4.3	马颊河	Majiahe River	10638.4	448.0
独山湖	Dushan Lake	144.6	1.8	小清河	Xiaoqinghe River	10498.8	233.0
南阳湖	Nanyang Lake	211.0	3.4	大汶河	Dawenhe River	9069.0	211.0
东平湖	Dongping Lake	167.0	3.1	潍　河	Weihe River	6493.2	233.0
麻大湖	Mada Lake	110.0	1.0	沭　河	Shuhe River	6161.4	263.0
白云湖	Baiyun Lake	16.2	0.3	大沽河	Daguhe River	4161.9	179.9
青沙湖	Qingsha Lake	11.1	0.2	弥　河	Mihe River	3847.5	206.0

12-3 主要山脉高度
Height of Major Mountains

山　名	Mountain Range	标高(米) Height of MountainPeak (m)	山　名	Mountain Range	标高(米) Height of MountainPeak (m)
泰　山	Taishan Mountains	1532	马耳山	Maer Mountains	707
蒙　山	Mengshan Mountains	1156	龙须崮	Longxvgu Mountains	707
崂　山	Laoshan Mountains	1133	凤凰山	Fenghuang Mountains	648
鲁　山	Lushan Mountains	1108	四海山	Sihai Mountains	625
沂　山	Yishan Mountains	1032	鏊子崮	Aozigu Mountains	616
徂徕山	Culai Mountains	1028	黑　山	Heishan Mountains	612
昆嵛山	Kunyu Mountains	923	珂楼埠山	Keloubu Mountains	577
九顶山	Jiuding Mountains	834	大　山	Dashan Mountains	560
艾　山	Aishan Mountains	814	伟德山	Weide Mountains	554
牙　山	Yashan Mountains	806	招虎山	Zhaohu Mountains	550
大泽山	Daze Mountains	737	孟良崮	Mengliangu Mountains	536
摩天岭	Motianling Mountains	735	布　山	Bushan Mountains	447

12-4 各市平均气温(2010年)

Monthly Average Temperature by Region(2010)

单位:摄氏度 (℃)

城市名	City	一 月 Jan.	二 月 Feb.	三 月 Mar.	四 月 Apr.	五 月 May	六 月 June
济 南 市	Jinan	-1.1	2.7	6.1	12.5	22.4	25.8
青 岛 市	Qingdao	-1.4	1.3	3.8	9.1	16.7	20.7
淄 博 市	Zibo	-3	1.1	4.5	10.4	20.4	25
枣 庄 市	Zaozhuang	-0.1	3.7	6.8	12.2	20.5	24.8
东 营 市	Dongying	-2.6	0.6	4.4	11.5	21.1	24.5
烟 台 市	Yantai	-2.6	-0.2	2.5	8.8	17.7	21.2
潍 坊 市	Weifang	-2.8	0.6	4.6	10.8	20.2	23.8
济 宁 市	Jining	-0.4	4	7.3	13	21.6	26
泰 安 市	Tai'an	-2.1	2.4	6	12.1	20.8	25.3
威 海 市	Weihai	-1.8	0.5	2.7	8.7	17.6	21.2
日 照 市	Rizhao	-0.9	2.1	4.6	9.9	18.4	21.4
莱 芜 市	Laiwu	-2.2	2	5.1	11.6	21	24.8
临 沂 市	Linyi	-1.1	2.7	5.9	11.7	20.2	24
德 州 市	Dezhou	-2.6	1	5.7	11.9	22	26.2
聊 城 市	Liaocheng	-2.3	1.6	6	11.8	20.6	25
滨 州 市	Binzhou	-3.2	0.6	4.7	11.7	20.8	24.7
菏 泽 市	Heze	-0.4	2.8	7.6	13	21.3	26.3

12-4 续表 continued

单位:摄氏度 (℃)

城市名	City	七 月 July	八 月 Aug.	九 月 Sept.	十 月 Oct.	十一月 Nov.	十二月 Dec.	全年平均 Annual Average
济 南 市	Jinan	28.2	25.2	21.3	15.3	10.4	3.2	14.3
青 岛 市	Qingdao	25.3	25.7	22.5	16.2	10.7	3.2	12.8
淄 博 市	Zibo	28	25.5	21.2	14.1	8	1.3	13.0
枣 庄 市	Zaozhuang	27.8	26.6	22.4	15.8	8.9	2.6	14.3
东 营 市	Dongying	28.5	26	22	14.8	8.5	1	13.4
烟 台 市	Yantai	25.7	24.7	21.2	14.5	9	1.5	12.0
潍 坊 市	Weifang	27.7	25.9	21.6	14.3	8.1	1.2	13.0
济 宁 市	Jining	28.4	26.4	22	15.9	10.1	3.1	14.8
泰 安 市	Tai'an	27.6	25.9	21.6	14	7.7	1	13.5
威 海 市	Weihai	25.7	25.1	21.6	14.8	9.5	1.9	12.3
日 照 市	Rizhao	26.5	26.1	22.4	16.2	10.2	3	13.3
莱 芜 市	Laiwu	27.5	25.5	21.4	14.5	8.1	1	13.4
临 沂 市	Linyi	27.7	26.7	22.5	15.5	8.8	2.2	13.9
德 州 市	Dezhou	28.7	25.6	21.5	14.8	8.6	1.2	13.7
聊 城 市	Liaocheng	27.4	24.9	20.8	13.7	8	1	13.2
滨 州 市	Binzhou	28.3	25.7	21.4	13.9	7.2	-0.1	13.0
菏 泽 市	Heze	28.5	25.9	21.3	15.4	10	3.4	14.6

12-5 各市降水量(2010年)

Monthly Precipitation by Region(2010)

单位:毫米 (millimeters)

城市名	City	一 月 Jan.	二 月 Feb.	三 月 Mar.	四 月 Apr.	五 月 May	六 月 June
济南市	Jinan	6.7	21.2	15.7	11.0	37.4	84.1
青岛市	Qingdao	1.1	32.0	28.0	29.2	105.8	42.6
淄博市	Zibo	5.8	19.5	16.4	12.1	38.6	51.3
枣庄市	Zaozhuang	1.6	26.3	15.0	56.2	55.4	53.9
东营市	Dongying	5.9	9.6	21.2	12.6	43.2	97.2
烟台市	Yantai	34.8	11.5	57.6	49.6	60.9	49.2
潍坊市	Weifang	3.2	11.9	10.1	26.3	46.3	113.7
济宁市	Jining	1.8	18.1	15.6	38.0	39.5	49.5
泰安市	Tai'an	3.2	18.9	14.8	20.5	42.0	45.7
威海市	Weihai	21.4	9.6	57.7	30.4	60.2	60.7
日照市	Rizhao	1.2	37.2	34.2	45.1	158.0	72.3
莱芜市	Laiwu	3.3	20.9	15.7	21.6	40.0	74.8
临沂市	Linyi	0.5	29.8	16.5	56.2	63.7	39.2
德州市	Dezhou	4.0	5.9	11.7	9.5	9.3	15.1
聊城市	Liaocheng	2.4	9.7	8.7	18.4	11.5	13.1
滨州市	Binzhou	5.6	8.6	16.6	11.0	61.6	47.7
菏泽市	Heze	0.0	19.9	11.0	43.5	44.8	34.8

12-5 续表 continued

单位:毫米 (millimeters)

城市名	City	七 月 July	八 月 Aug.	九 月 Sept.	十 月 Oct.	十一月 Nov.	十二月 Dec.	全 年 Annual Total
济南市	Jinan	155.4	421.8	64.6	1.5	0.0	1.5	820.9
青岛市	Qingdao	148.4	194.8	113.7	17.9	0.0	0.4	713.9
淄博市	Zibo	152.7	307	38.8	13	0.0	4.6	659.8
枣庄市	Zaozhuang	183.9	172.2	111.6	0.6	0.0	0.8	677.5
东营市	Dongying	40.2	220.9	30.1	26	0.0	2.7	509.6
烟台市	Yantai	114.2	248.8	112.5	5.6	7.6	24.8	777.1
潍坊市	Weifang	74.5	200.9	64.6	8	0.0	2.4	561.9
济宁市	Jining	288.3	217.3	111.1	0.0	0.0	0.7	779.9
泰安市	Tai'an	94.4	226.9	121.7	3	0.0	0.2	591.3
威海市	Weihai	149.7	264.6	195.3	15.1	3.1	50.1	917.9
日照市	Rizhao	108.1	148.7	182.2	0.9	0.0	0.4	788.3
莱芜市	Laiwu	152.9	295.4	80.4	2.3	0.0	0.6	707.9
临沂市	Linyi	143.4	322.4	104.7	6.4	0.0	0.1	782.9
德州市	Dezhou	174.1	207.5	40.2	4.2	0.0	1.9	483.4
聊城市	Liaocheng	170	429.1	130.3	3.9	0.0	0.7	797.8
滨州市	Binzhou	85.6	316	28	13.9	0.0	2.7	597.3
菏泽市	Heze	139.9	274.6	194.9	0.2	0.0	0.0	763.6

12-6 各市日照时数(2010年)

Monthly Sunshine Hours by Region(2010)

单位:小时 (hours)

城市名	City	一 月 Jan.	二 月 Feb.	三 月 Mar.	四 月 Apr.	五 月 May	六 月 June
济南市	Jinan	156.4	89.8	135.2	200.1	239.9	179.1
青岛市	Qingdao	153.0	103.4	147.2	192.0	219.3	206.0
淄博市	Zibo	156.0	88.6	158.9	212.6	248.3	186.7
枣庄市	Zaozhuang	140.3	88.5	133.7	194.0	189.6	169.5
东营市	Dongying	192.7	145.1	223.3	251.0	260.6	208.9
烟台市	Yantai	144.6	141.7	187.8	220.6	250.4	245.3
潍坊市	Weifang	168.0	115.1	197.1	219.3	264.3	232.6
济宁市	Jining	194.1	114.0	185.5	244.5	275.7	247.7
泰安市	Tai'an	181.4	111.7	175.6	228.0	263.7	223.6
威海市	Weihai	130.9	131.2	175.7	200.9	251.4	242.7
日照市	Rizhao	175.2	107.4	146.8	207.8	237.5	203.9
莱芜市	Laiwu	185.0	113.1	165.0	219.6	244.2	199.3
临沂市	Linyi	184.6	109.5	154.5	206.7	227.3	218.7
德州市	Dezhou	171.2	137.0	177.9	238.5	265.3	228.4
聊城市	Liaocheng	155.2	90.6	136.9	191.4	241.0	204.4
滨州市	Binzhou	176.2	132.5	181.9	209.5	268.6	224.8
菏泽市	Heze	172.2	113.4	171.3	221.1	255.1	245.8

12-6 续表 continued

单位:小时 (hours)

城市名	City	七 月 July	八 月 Aug.	九 月 Sept.	十 月 Oct.	十一月 Nov.	十二月 Dec.	全 年 Annual Total
济南市	Jinan	167.9	110.9	121.0	210.3	211.4	192.3	2014.3
青岛市	Qingdao	183.5	120.3	146.9	229.6	192.5	202.0	2095.7
淄博市	Zibo	178.4	105.9	139.9	197.9	188.1	185.6	2046.9
枣庄市	Zaozhuang	159.0	127.4	123.0	175.3	172.2	184.5	1857.0
东营市	Dongying	212.1	125.9	157.5	201.0	216.0	202.3	2396.4
烟台市	Yantai	230.2	148.8	173.9	215.1	208.7	162.3	2329.4
潍坊市	Weifang	229.5	114.3	168.8	209.2	222.7	229.7	2370.6
济宁市	Jining	198.2	152.7	155.0	218.3	226.1	208.6	2420.4
泰安市	Tai'an	192.7	118.9	152.7	209.2	216.7	207.9	2282.1
威海市	Weihai	189.5	135.2	162.2	227.4	197.6	131.7	2176.4
日照市	Rizhao	193.7	145.0	157.3	228.8	222.9	212.2	2238.5
莱芜市	Laiwu	161.6	106.6	138.1	209.2	222.0	222.8	2186.5
临沂市	Linyi	198.8	138.2	160.3	224.4	212.6	201.6	2237.2
德州市	Dezhou	173.2	134.3	147.6	191.0	220.0	196.8	2281.2
聊城市	Liaocheng	167.9	105.9	102.4	185.6	197.9	198.8	1978.0
滨州市	Binzhou	173.1	105.5	139.8	188.6	195.0	182.1	2177.6
菏泽市	Heze	229.9	165.1	122.3	208.7	231.6	220.3	2356.8

12-7 各市土地利用情况（2008年）
Land Use by Region (2008)

单位:公顷 (hectares)

地 区 Region	土地调查面 积	农用地	#园 地	#牧草地	建设用地	居民点及工矿用地	交通用地	水利设施用 地
全省总计 Total	**15712630.51**	**11566183.83**	**1007357.24**	**33985.13**	**2510563.49**	**2092513.51**	**162592.49**	**255457.49**
济南市 Jinan	799850.76	550867.63	26945.83		153468.48	134234.49	10757.65	8476.33
青岛市 Qingdao	1117530.06	831084.16	61206.27		208325.25	169229.11	16316.40	22779.74
淄博市 Zibo	596517.09	430878.19	69541.03		112648.64	95451.75	9130.88	8066.01
枣庄市 Zaozhuang	456322.13	335531.93	23573.70	329.84	75356.78	63243.51	5873.36	6239.91
东营市 Dongying	792325.65	376126.33	8213.99	26031.52	115075.77	70846.26	9252.64	34976.87
烟台市 Yantai	1374647.11	1101817.69	251522.56		176599.51	147748.36	14999.05	13852.11
潍坊市 Weifang	1600488.89	1157598.19	90484.94	383.26	293715.83	248792.77	14529.51	30393.55
济宁市 Jining	1119427.47	760445.13	27506.82		171431.05	141339.85	12317.41	17773.78
泰安市 Tai'an	776183.41	597273.91	49659.95		117045.99	100806.45	6937.71	9301.83
威海市 Weihai	569798.14	452362.11	59674.75		79626.39	65870.41	5354.87	8401.12
日照市 Rizhao	534799.19	432004.75	57763.32		72654.47	57352.10	4891.21	10411.16
莱芜市 Laiwu	224621.16	147658.70	15150.24		34484.37	28237.23	2574.27	3672.87
临沂市 Linyi	1720166.54	1311227.09	133982.39	418.33	241458.65	198254.73	13947.99	29255.93
德州市 Dezhou	1035631.65	801021.13	44588.78	243.49	167682.68	145115.13	8059.75	14507.80
聊城市 Liaocheng	871457.15	690430.17	35479.82	210.03	148801.90	132150.02	8512.38	8139.50
滨州市 Binzhou	903260.21	620064.10	31741.13	6221.86	149949.81	127294.14	7751.91	14903.77
菏泽市 Heze	1219384.71	969792.63	20321.71	146.81	192237.91	166547.19	11385.52	14305.20

12-8 各市湿地面积(2008年)

Area of Wetlands by Region (2008)

地区	Region	湿地面积(千公顷) Area of Wetlands (1 000 hectares)	天然湿地 Natural Wetlands				人工湿地 Man-made Wetlands	湿地面积占国土面积比重(%) Proportion of Wetlands in Total Area of Territory (%)
				近岸及海岸 Coasts and Seashores	河流 Rivers	湖泊 Lakes	沼泽 Marshland		
全省总计	**Total**	**2303.58**	**2202.60**	**1350.01**	**679.70**	**164.28**	**3.94**	**100.98**	**14.70**
济南市	Jinan	8.04	6.34		4.60	1.74		1.70	0.98
青岛市	Qingdao	156.31	139.15	130.10	9.05			17.16	14.34
淄博市	Zibo	20.86	18.99		5.73	13.26		1.87	3.51
枣庄市	Zaozhuang	3.79	2.18		2.18			1.61	0.83
东营市	Dongying	487.11	484.16	481.00	0.56		2.60	2.95	61.48
烟台市	Yantai	514.63	504.82	110.68	394.14			9.81	37.54
潍坊市	Weifang	167.11	140.96	117.68	23.28			26.15	10.54
济宁市	Jining	153.73	151.03		24.63	126.40		2.70	13.60
泰安市	Tai'an	50.95	45.95		24.72	21.23		5.00	6.56
威海市	Weihai	231.46	227.06	210.18	16.88			4.40	42.58
日照市	Rizhao	45.14	40.97	36.30				4.17	8.50
莱芜市	Laiwu	12.52	10.98		10.98			1.54	5.60
临沂市	Linyi	52.57	35.64		35.64			16.93	3.06
德州市	Dezhou	4.96	3.90		3.90			1.06	0.48
聊城市	Liaocheng	10.51	10.09		10.09			0.42	1.21
滨州市	Binzhou	269.46	268.51	264.07	1.45	1.65	1.34	0.95	28.50
菏泽市	Heze	114.43	111.87		111.87			2.56	9.20

12-9 造林面积情况

Area of Afforestation

单位:公顷 (hectare)

年份 地区	Year Region	造林总面积 Total Area of Afforestation	按造林方式分 By Approach 人工造林 Manual Planting	飞机播种 Airplane Planting	按林种用途分 By Function of Forest 用材林 Timber Forests	经济林 By-product Forests	防护林 Protection Forests	薪炭林 Fuel Forests	特种用途林 Forests for Special Purpose
2000		153389	153389		18007	100769	34268	63	282
2001		135259	135259		19019	84039	32155		46
2002		152597	152597		43671	80066	27670	1098	92
2003		344079	344079		192653	92130	57709	1039	548
2004		262711	262711		134193	53536	74441	233	308
2005		141141	141141		47470	42674	49559	633	805
2006		134423	134423		40421	34252	59193	7	550
2007		156738	156738		49409	26971	68046	66	254
2008		185575	184928		69516	25947	89726	20	366
2009		182171	180529		42463	26172	113067		469
2010		205131	198998		36101	37856	129877		1297
济南市	Jinan	13589	11989		2295	2681	8613		
青岛市	Qingdao	8282	8282		2474	1607	4201		
淄博市	Zibo	10900	10900		526	1081	9293		
枣庄市	Zaozhuang	7675	6741		311	1879	5367		118
东营市	Dongying	8798	5799			358	8440		
烟台市	Yantai	18556	18556		1192	2821	14543		
潍坊市	Weifang	29247	29247		7886	2982	18349		30
济宁市	Jining	8589	8589		1184	3796	3545		64
泰安市	Tai'an	11278	11278		1986	4072	4892		328
威海市	Weihai	8042	8042		240	1171	6631		
日照市	Rizhao	7296	7296		945	1799	4552		
莱芜市	Laiwu	3007	3007		32	554	2421		
临沂市	Linyi	25479	24879		5197	5858	14412		12
德州市	Dezhou	10066	10066		1734	1485	6847		
聊城市	Liaocheng	11073	11073		3978	3529	3566		
滨州市	Binzhou	11198	11198		956	302	9849		91
菏泽市	Heze	12056	12056		5165	1881	4356		654

12-10 供水用水情况
Water Supply and Water Use

年份 Year 地区 Region	供水总量(亿立方米) Water Supply (100 millioncu.m)	地表水 Surface Water	地下水 Ground-water	其他 Others	用水总量(亿立方米) Water Use (100 millioncu.m)	农业 Agricul-ture	工业 Industry	生活 Consump-tion	生态 Ecological Protection
2000	249.46	114.40	131.81	3.25	244.09	179.84	43.65	20.61	
2001	251.61	115.60	133.71	2.30	252.73	187.40	41.92	23.08	0.34
2002	252.39	117.66	132.96	1.77	244.73	192.87	36.59	14.98	0.29
2003	219.34	104.12	113.95	1.27	215.70	162.54	27.96	23.92	1.38
2004	214.88	106.28	107.40	1.20	211.30	160.14	24.81	24.67	1.68
2005	211.02	106.70	102.67	1.65	207.65	161.73	18.38	25.17	2.37
2006	225.53	119.77	103.90	1.86	222.24	175.07	18.93	25.62	2.62
2007	219.55	115.59	101.98	1.98	219.55	164.81	24.12	27.42	3.20
2008	219.89	115.51	101.23	3.15	219.89	162.76	24.69	28.71	3.73
2009	219.99	119.62	97.05	3.33	219.99	161.60	24.70	29.77	3.94
济南市 Jinan	16.59	9.52	6.56	0.52	16.59	10.31	2.40	3.24	0.65
青岛市 Qingdao	9.86	5.76	3.92	0.18	9.86	4.10	2.05	3.42	0.38
淄博市 Zibo	9.59	2.03	7.19	0.36	9.59	5.69	2.25	1.38	0.26
枣庄市 Zaozhuang	5.76	1.67	3.94	0.15	5.76	3.19	1.08	1.39	0.09
东营市 Dongying	9.37	8.30	1.07		9.37	6.63	1.51	0.87	0.35
烟台市 Yantai	8.54	4.35	4.17	0.02	8.54	5.72	1.07	1.66	0.08
潍坊市 Weifang	16.56	7.34	8.75	0.47	16.56	10.86	2.35	2.77	0.58
济宁市 Jining	26.08	10.10	15.78	0.19	26.08	21.17	2.28	2.37	0.26
泰安市 Tai'an	12.15	4.60	7.11	0.45	12.15	8.79	1.11	1.91	0.34
威海市 Weihai	2.79	1.86	0.89	0.03	2.79	1.33	0.60	0.81	0.04
日照市 Rizhao	5.27	3.54	1.68	0.05	5.27	3.68	0.86	0.72	0.02
莱芜市 Laiwu	3.29	0.97	2.13	0.18	3.29	1.88	0.92	0.48	
临沂市 Linyi	16.84	10.67	6.12	0.05	16.84	12.23	1.78	2.67	0.15
德州市 Dezhou	21.50	13.93	7.53	0.05	21.50	19.33	0.66	1.48	0.04
聊城市 Liaocheng	19.97	12.31	7.51	0.15	19.97	16.67	1.59	1.51	0.19
滨州市 Binzhou	15.30	12.70	2.55	0.05	15.30	13.15	0.82	1.04	0.29
菏泽市 Heze	20.56	9.97	10.17	0.42	20.56	16.95	1.36	2.04	0.22

12-11 水资源情况
Water Resources

年份 地区	Year Region	水资源总量（亿立方米） Total Amount of Water Resources (100 millioncu.m)	地表水资源量 Surface Water Resources	地下水资源与地表水资源不重复量 Unduplicated Measurement Between Surface Water and Groundwater
	2003	489.69	349.29	140.40
	2004	349.46	234.51	114.55
	2005	415.86	295.85	120.01
	2006	199.78	109.56	90.22
	2007	387.11	280.19	106.93
	2008	328.71	228.96	99.75
	2009	284.95	173.80	111.16
济南市	Jinan	20.10	9.88	10.22
青岛市	Qingdao	9.30	5.31	3.99
淄博市	Zibo	13.09	8.73	4.36
枣庄市	Zaozhuang	10.77	6.99	3.79
东营市	Dongying	5.65	4.74	0.91
烟台市	Yantai	27.06	22.45	4.61
潍坊市	Weifang	14.64	8.43	6.21
济宁市	Jining	21.49	9.96	11.54
泰安市	Tai'an	13.26	9.18	4.08
威海市	Weihai	11.76	9.74	2.02
日照市	Rizhao	9.17	7.30	1.87
莱芜市	Laiwu	5.40	3.94	1.46
临沂市	Linyi	49.95	42.7	7.25
德州市	Dezhou	22.72	8.83	13.90
聊城市	Liaocheng	14.47	3.05	11.42
滨州市	Binzhou	12.45	7.07	5.38
菏泽市	Heze	23.65	5.50	18.16

12-12 1981-2010年主要污染物排放及处理情况

Discharge and Treatment of Major Pollutants (1981-2010)

单位:万吨 (10 000 tons)

年 份 Year	废水排放量 Volume of Waste Water Discharged	# 工 业 Industry	二氧化硫排放量 Volume of Sulphur Dioxide Discharged	烟尘排放量 Volume of Soot Discharged	工业固体废物产生量 Volume of Industrial Solid Waste	工业固体废物综合利用量 Volume of Industrial Solid Waste Utilized
1981	104790	87673	119	77	2522	639
1982	105942	82641	120	97	2615	723
1983	110938	88168	122	85	2559	716
1984	129033	106275	142	117	2743	760
1985	131898	105375	160	120	2748	765
1986	127277	98913	171	129	2860	847
1987	132770	93811	173	116	2848	894
1988	144346	97136	191	128	3325	968
1989	137165	91360	189	130	3610	1117
1990	136573	87631	193	121	3880	1337
1991	137051	88728	204	121	3837	2169
1992	137721	86412	226	125	3941	2410
1993	142322	86350	228	135	4201	2353
1994	147979	87316	225	130	4263	2871
1995	158681	96214	232	130	4484	2899
1996	204200	101018			4652	2824
1997	246100	130918	247	108	5131	3448
1998	234048	117069	226	92	5109	3777
1999	224100	107975	183	71	5166	3877
2000	229000	110324	180	67	5407	4173
2001	235271	115233	172	65	6215	5224
2002	230709	106668	169	62	6559	5704
2003	245782	115933	184	62	6786	6054
2004	264014	128706	182	52	7922	7191
2005	280377	139071	200	62	9175	8683
2006	302637	144365	196	58	11011	10397
2007	334255	166574	182	46	11935	11615
2008	358910	176977	169	44	12988	12173
2009	386731	182673	159	42	14138	13826
2010	436371	208257	154	39	16038	15297

12–13 各市主要污染物排放情况(2010年)

Dicharge of Major Pollutants by Region (2010)

地区 Region	废水排放量(万吨) Volume of Waste Water Discharged (10 000 tons)	工业 Industry	生活 Daily Life	化学需氧量排放量(吨) Volume of COD Discharged (ton)	工业 Industry	生活 Daily Life	氨氮排放量(吨) Volume of Ammonia Nitrogen Discharged (ton)	工业 Industry	生活 Daily Life
全省总计 Total	**436371**	**208257**	**228115**	**620533**	**295128**	**325405**	**66484**	**15441**	**51042**
济南市 Jinan	28567	5594	22973	47354	8816	38537	4779	428	4351
青岛市 Qingdao	38156	10800	27355	46634	14758	31875	8076	786	7290
淄博市 Zibo	34735	21212	13523	36404	27839	8565	4607	2207	2400
枣庄市 Zaozhuang	24809	16185	8623	37387	17153	20234	3190	802	2388
东营市 Dongying	17893	10559	7334	29753	21754	8000	1875	936	939
烟台市 Yantai	25502	8386	17116	41974	15254	26719	3928	762	3166
潍坊市 Weifang	45733	21496	24237	41280	22481	18798	6715	1793	4922
济宁市 Jining	33493	16212	17281	38017	12773	25244	3886	327	3559
泰安市 Tai'an	15172	4579	10594	25711	6608	19103	2895	233	2662
威海市 Weihai	11403	2872	8532	14314	3699	10615	2387	181	2206
日照市 Rizhao	14982	9977	5005	23095	12015	11080	2158	604	1554
莱芜市 Laiwu	5790	2659	3131	10388	2698	7690	1062	126	936
临沂市 Linyi	32259	10077	22181	32439	8062	24377	6297	708	5589
德州市 Dezhou	30198	19335	10864	67429	43654	23775	4556	1834	2722
聊城市 Liaocheng	30941	20873	10068	45897	28661	17236	2708	862	1846
滨州市 Binzhou	24220	15013	9208	45921	36240	9682	3415	1958	1457
菏泽市 Heze	22520	12429	10091	36536	12662	23874	3952	896	3056

12-13 续表 continued

地区	Region	二氧化硫排放量(吨) Volume of Sulphur Dioxide Discharged (ton)	工业 Industry	生活 Daily Life	烟尘排放量(吨) Volume of Soot Discharged (ton)	工业 Industry	生活 Daily Life	工业粉尘排放量(吨) Volume of Industrial Dust Discharged (ton)
全省总计	**Total**	**1537818**	**1382874**	**154944**	**391665**	**291201**	**100464**	**189417**
济南市	Jinan	81601	70296	11305	26839	19709	7130	28631
青岛市	Qingdao	112763	86190	26573	23171	12967	10204	5074
淄博市	Zibo	167921	163602	4319	42718	38271	4447	10139
枣庄市	Zaozhuang	82231	75952	6279	16273	13142	3131	26381
东营市	Dongying	75094	70995	4099	6344	5873	471	1422
烟台市	Yantai	96845	88047	8798	15137	13051	2086	21116
潍坊市	Weifang	122120	116122	5998	35900	26081	9819	14333
济宁市	Jining	119821	118716	1105	28479	22090	6389	5548
泰安市	Tai'an	80603	67699	12904	26945	18248	8697	6021
威海市	Weihai	52047	31785	20262	13155	8238	4917	1169
日照市	Rizhao	54101	49592	4509	9257	7427	1830	6832
莱芜市	Laiwu	61615	58497	3118	14980	12858	2122	19791
临沂市	Linyi	96173	87757	8416	35054	31344	3710	14688
德州市	Dezhou	114705	103475	11230	39092	27590	11502	4287
聊城市	Liaocheng	75203	71865	3338	19230	6725	12505	20401
滨州市	Binzhou	73767	70668	3099	18505	14952	3553	1178
菏泽市	Heze	71207	51615	19592	20586	12635	7951	2407

12-14 各市工业污染治理项目建设情况(2010年)
Constructing of Projects Dealing With the Industrial Pollution by Region (2010)

地区	Region	本年施工项目总数(个) Number of Projects under Construction of the Year (unit)	施工项目本年完成投资额(万元) Investment in Projects Completed of the Year (10 000 yuan)	废水治理项目 Projects for Waste Water Treatment	废气治理项目 Projects for Waste Gas Treatment	固体废物治理项目 Projects for Solid Waste Treatment	噪声治理项目 Projects for Noise Pollution Treatment	电磁辐射治理项目 Projects for EMF Treatment	放射性治理项目 Projects for Radiation Treatment	污染搬迁治理项目 Projects for Removal of Pollution Sources	其他治理项目 Others	本年竣工项目数(个) Projects Completed of the Year (unit)
全省总计	**Total**	**456**	**456759**	**162780**	**186423**	**15288**	**785**			**84000**	**7484**	**399**
济南市	Jinan	37	27393	8463	18871	57					2	30
青岛市	Qingdao	25	10219	6458	3668		23				70	19
淄博市	Zibo	74	39179	21831	15679		200				1469	71
枣庄市	Zaozhuang	11	8851	2737	6094		20					8
东营市	Dongying	54	77593	39551	36584	382	346				731	50
烟台市	Yantai	63	27423	9875	6691	10838	3				16	56
潍坊市	Weifang	39	131691	15773	31798		50			84000	71	31
济宁市	Jining	31	8136	3061	4411	170	38				456	28
泰安市	Tai'an	20	2856	1583	1183						90	20
威海市	Weihai	16	18359	3436	14828		95					12
日照市	Rizhao	21	45978	13780	24887	2721	10				4580	17
莱芜市	Laiwu	1	400		400							1
临沂市	Linyi	14	14547	14467	80							13
德州市	Dezhou	2	5280	5280								1
聊城市	Liaocheng	4	1338	478	860							2
滨州市	Binzhou	5	19062	230	18832							5
菏泽市	Heze	39	18454	15777	1557	1120						35

12-15 各市工业废水污染物排放及处理情况(2010年)

Discharge and Treatment of Industrial Waste Water by Region (2010)

地 区	Region	工业废水排放量(万吨) Total Volume of Industrial Waste Water Discharged (10 000 tons)	工业废水排放达标量(万吨) Industrial Waste Water Meeting Discharge Standards (10 000 tons)	废水治理设施数(套) Number of Facilities for Treatment of Waste Water (set)	废水治理设施运行费用(万元) Annual Expenditure for Operation (10 000 yuan)	化学需氧量去除量(吨) COD Removed from Waste water (ton)	氨氮去除量(吨) Ammonia Nitrogen Removed from Waste Water (ton)	化学需氧量排放量(吨) COD Discharge from Waste water (ton)	氨氮排放量(吨) Ammonia Nitrogen Discharge from Waste Water (ton)
全省总计	**Total**	**208257**	**205010**	**5142**	**487353**	**2317429**	**175866**	**295128**	**15441**
济 南 市	Jinan	5594	5576	230	25587	42527	4993	8816	428
青 岛 市	Qingdao	10800	10591	504	33013	82483	5514	14758	786
淄 博 市	Zibo	21212	21212	599	64994	107032	6843	27839	2207
枣 庄 市	Zaozhuang	16185	16067	178	17894	68220	3088	17153	802
东 营 市	Dongying	10559	10559	156	45691	194090	2909	21754	936
烟 台 市	Yantai	8386	8386	464	20584	88985	2382	15254	762
潍 坊 市	Weifang	21496	21210	583	54723	183962	4614	22481	1793
济 宁 市	Jining	16212	16015	331	35608	207479	40255	12773	327
泰 安 市	Tai'an	4579	4492	246	7888	56951	850	6608	233
威 海 市	Weihai	2872	2872	164	6357	4195	279	3699	181
日 照 市	Rizhao	9977	9977	199	12480	163562	2003	12015	604
莱 芜 市	Laiwu	2659	2646	110	31653	27908	576	2698	126
临 沂 市	Linyi	10077	9910	366	19368	264252	3895	8062	708
德 州 市	Dezhou	19335	18015	224	32220	343627	80736	43654	1834
聊 城 市	Liaocheng	20873	20644	281	41881	230122	3135	28661	862
滨 州 市	Binzhou	15013	14455	244	14902	163511	11976	36240	1958
菏 泽 市	Heze	12429	12384	263	22510	88521	1817	12662	896

12－16 各市工业废气污染物排放及处理情况(2010年)

Emission and Treatment of Industrial Waste Gas by Region(2010)

地 区	Region	废 气 排放量 (亿标立方米) Total Volume of Waste Gas Emission (100 million cu.m)	废气治理设施数 (套) Number of Facilities for Treatment of Waste Gas (set)	废气治理设施运行费用 (万元) Annual Expenditure for Operation (10 000 yuan)	二氧化硫去除量 (吨) Volume of Sulphur Dioxide Removed (ton)	二氧化硫排放量 (吨) Volume of Sulphur Dioxide Discharged (ton)	烟 尘 去除量 (吨) Volume of Soot Removed (ton)	烟尘排放 量 (吨) Volume of Soot Discharged (ton)	粉 尘 去除量 (吨) Volume of Dust Removed (ton)	粉 尘 排放量 (吨) Volume of Dust Discharged (ton)
全省总计	**Total**	**43837.35**	**11886**	**1039839**	**3152480**	**1382874**	**35960425**	**291201**	**7672001**	**189417**
济 南 市	Jinan	3257.62	1021	129327	149428	70296	2186420	19709	693352	28631
青 岛 市	Qingdao	2558.09	912	54472	156983	86190	2178880	12967	183104	5074
淄 博 市	Zibo	3500.91	1439	154916	425366	163602	3240587	38271	314955	10139
枣 庄 市	Zaozhuang	2490.63	1100	35324	128533	75952	1522005	13142	1152575	26381
东 营 市	Dongying	996.27	240	43690	263783	70995	1173164	5873	14011	1422
烟 台 市	Yantai	2187.44	853	80818	189421	88047	1883089	13051	191823	21116
潍 坊 市	Weifang	4275.25	1136	63446	257745	116122	3068977	26081	235087	14333
济 宁 市	Jining	3593.41	946	81209	312561	118716	4482982	22090	569537	5548
泰 安 市	Tai'an	1876.96	658	40767	196946	67699	1808673	18248	272776	6021
威 海 市	Weihai	546.35	194	7627	24774	31785	493462	8238	7642	1169
日 照 市	Rizhao	3612.09	485	74273	102890	49592	1197323	7427	97749	6832
莱 芜 市	Laiwu	3459.24	469	72402	221230	58497	2155712	12858	1116300	19791
临 沂 市	Linyi	4234.35	765	37046	120092	87757	2218632	31344	1105584	14688
德 州 市	Dezhou	3184.66	604	52262	206985	103475	3011137	27590	51624	4287
聊 城 市	Liaocheng	1991.47	254	59220	192580	71865	2135341	6725	1508801	20401
滨 州 市	Binzhou	1341.73	382	30697	122864	70668	2172529	14952	94463	1178
菏 泽 市	Heze	730.90	428	22343	80299	51615	1031510	12635	62616	2407

12-17 各市工业固体废物排放及处理利用情况(2010年)

Emission、Treatment and Utilization of Industrial Solid Wastes by Region(2010)

地 区 Region	固体废物产生量(万吨) Total Volume of Industrial Solid Waste Produced (10 000 tons)	固体废物综合利用量(万吨) Total Volume of Industrial Solid Waste Utilized (10 000 tons)	#综合利用往年贮存量 Utilized Wastes Produced in Previous Years	固体废物贮存量(万吨) Volume of Industrial Wastes in Solid Stocks (10 000 tons)	固体废物处置量(万吨) Volume of Industrial Solid Waste Treated (10 000 tons)	#处置往年贮存量 Treated Wastes Produced in Previous Years	固体废物排放量(万吨) Volume of Industrial Solid Waste Discharged (10 000 tons)
全省总计 Total	**16038.48**	**15297.31**	**112.50**	**384.11**	**474.97**	**0.67**	**0.011**
济 南 市 Jinan	1011.69	986.69		23.07	2.81	0.00	
青 岛 市 Qingdao	909.21	907.47	14.20	6.61	11.13	0.00	
淄 博 市 Zibo	1518.00	1373.87		33.59	110.54		
枣 庄 市 Zaozhuang	513.30	524.97	11.75		0.11		
东 营 市 Dongying	240.46	222.53		4.94	12.99		
烟 台 市 Yantai	2155.49	1908.04		0.44	247.01		
潍 坊 市 Weifang	834.77	753.10	3.00	79.13	5.56	0.01	0.001
济 宁 市 Jining	2052.72	1940.05	1.96	107.86	6.78	0.01	
泰 安 市 Tai'an	1042.38	1057.06	42.16	25.42	2.07	0.00	
威 海 市 Weihai	223.40	213.83	0.03	7.04	2.57	0.00	
日 照 市 Rizhao	820.59	820.49		0.00	0.09		
莱 芜 市 Laiwu	1334.11	1320.48	39.39	54.29	0.74		
临 沂 市 Linyi	1232.64	1190.98		37.53	4.13		
德 州 市 Dezhou	718.94	718.83		0.01	0.10		
聊 城 市 Liaocheng	660.51	588.65		4.18	68.34	0.65	
滨 州 市 Binzhou	556.24	556.24			0.00		0.010
菏 泽 市 Heze	214.03	214.03			0.00		

12-18 重点调查企业工业废水污染物排放及处理情况(2010年)

行业名称	Sector	工业废水排放量(万吨) Total Volume of Industrial Waste Water Discharged (10 000 tons)
煤炭开采和洗选业	Mining and Washing of Coal	13526.16
石油和天然气开采业	Extraction of Petroleum and Natural Gas	3413.23
黑色金属矿采选业	Mining of Ferrous Metal Ores	786.93
有色金属矿采选业	Mining of Non-ferrous Metal Ores	699.35
非金属矿采选业	Mining and Processing of Nonmetal Ores	83.08
其他采矿业	Mining of Other Ores	
农副食品加工业	Processing of Food from Agricultural Products	16025.25
食品制造业	Manufacture of Foods	11747.13
饮料制造业	Manufacture of Beverage	8570.78
烟草制品业	Manufacture of Tobacco	97.69
纺织业	Manufacture of Textile	18884.68
纺织服装、鞋、帽制造业	Manufacture of Textile Wearing Apparel,Footware, and Caps	679.75
皮革、毛皮、羽毛(绒)及其制品业	Manufacture of Leather, Fur, Feather & Its Products	2734.84
木材加工及木、竹、藤、棕、草制品业	Processing of Timbers, Manufacture of Wood,Bamboo, Rattan, Palm, and Straw Products	333.54
家具制造业	Manufacture of Furniture	26.10
造纸及纸制品业	Manufacture of Paper and Paper Products	48043.54
印刷业和记录媒介的复制	Printing, Reproduction of Recording Media	20.88
文教体育用品制造业	Manufacture of Articles for Culture,Education and Sport Activity	4.69
石油加工、炼焦及核燃料加工业	Processing of Petroleum, Coking,Processing of Nucleus Fuel	7457.14
化学原料及化学制品制造业	Manufacture of Chemical Raw Material and Chemical Products	25707.50
医药制造业	Manufacture of Medicines	5859.46
化学纤维制造业	Manufacture of Chemical Fiber	4074.24
橡胶制品业	Manufacture of Rubber	1195.75
塑料制品业	Manufacture of Plastic	122.25
非金属矿物制品业	Manufacture of Non-metallic Mineral Products	1219.51
黑色金属冶炼及压延加工业	Manufacture and Processing of Ferrous Metals	2832.51
有色金属冶炼及压延加工业	Manufacture & Processing of Non-ferrous Metals	3980.74
金属制品业	Manufacture of Metal Products	757.09
通用设备制造业	Manufacture of General Purpose Machinery	519.80
专用设备制造业	Manufacture of Special Purpose Machinery	1063.25
交通运输设备制造业	Manufacture of Transport Equipment	1698.06
电气机械及器材制造业	Manufacture of Electrical Machinery & Equipment	419.13
通信设备、计算机及其他电子设备制造业	Manufacture of Communication Equipment, Computer and Other Electronic Equipment	769.71
仪器仪表及文化、办公用机械制造业	Manufacture of Measuring Instrument and Machinery for Cultural Activity & Office Work	67.67
工艺品及其他制造业	Manufacture of Artwork, Other Manufacture	361.05
废弃资源和废旧材料回收加工业	Recycling and Disposal of Waste	73.99
电力、热力的生产和供应业	Production and Supply of Electric Power and Heat Power	6314.34
燃气生产和供应业	Production and Supply of Gas	160.26
水的生产和供应业	Production and Supply of Water	152.35

Discharge, Treatment and Utilization of Industrial Waste Water and Pollutants in Major Investigated Enterprises (2010)

工业废水排放达标量(万吨) Industrial Waste Water Meeting Discharge Standards (10 000 tons)	废水治理设施数(套) Number of Facilities for Treatment of Waste Water(set)	废水治理设施运行费用(万元) Annual Expenditure for Operation (10 000 yuan)	化学需氧量去除量(吨) COD Removed from Waste Water (ton)	氨氮去除量(吨) Ammonia Nitrogen Removed from Waste Water (ton)	化学需氧量排放量(吨) COD Discharge from Waste Water (ton)	氨氮排放量(吨) Ammonia Nitrogen Discharge from Waste Water (ton)
13507.78	204	18800.0	18885.73	796.57	9926.70	258.88
3413.23	55	21525.2	31109.61	1619.12	7145.62	324.64
786.93	21	2818.7	1195.24	2.07	715.18	5.69
681.35	42	2447.9	1350.47	14.85	668.26	8.58
83.08	19	286.4	355.50	5.40	36.38	4.08
15693.96	766	25999.4	354948.68	16156.08	21526.65	1466.03
11553.61	313	20144.4	234144.46	36003.37	14923.52	897.80
8192.69	183	14070.3	147765.61	4275.86	16835.68	608.48
97.69	5	229.3	1131.01	12.57	59.29	3.48
18538.82	528	35203.8	155860.98	2817.01	27796.23	1545.23
664.01	42	1417.1	4500.07	36.09	805.62	41.89
2606.98	159	7108.6	26966.80	2821.37	5685.18	607.19
318.42	22	913.2	1380.88	37.82	378.11	36.47
25.70	2	53.4	61.60	0.01	6.99	0.17
47536.95	343	102801.7	820307.01	4779.74	78144.78	2907.37
20.87	4	25.2	7.35	0.45	35.96	2.30
4.11	3	17.4	12.01	0.11	3.72	0.61
7451.77	181	39592.7	104990.06	3902.79	9649.73	723.11
25430.27	755	70982.7	235136.43	94615.34	30967.55	2763.55
5852.23	145	14896.5	79188.44	2517.36	6326.53	308.86
3770.73	43	13798.1	26052.06	784.58	7181.12	396.48
1181.95	24	1659.5	4610.30	47.66	1102.44	86.78
122.26	9	92.7	165.14	4.63	122.47	15.52
1184.90	302	3178.0	5855.57	95.73	1225.54	110.47
2768.25	212	50376.3	24459.02	3335.50	4288.21	132.72
3977.57	79	13269.0	6856.55	84.08	3716.33	128.97
754.17	132	2817.9	2951.47	91.36	630.70	38.20
516.70	69	1120.9	1373.38	68.53	488.78	32.93
1054.31	40	2013.2	2559.88	144.49	680.15	46.70
1681.25	93	3759.1	5201.63	347.29	1367.09	108.67
416.73	42	877.8	961.91	16.83	379.20	38.80
769.71	44	3772.8	3853.28	269.86	1173.21	87.40
67.67	9	44.7	91.27	5.57	39.64	4.75
320.87	23	452.5	4393.04	17.96	734.98	27.91
73.99	1	123.0	1283.77	29.99	72.48	10.50
6232.18	223	10328.6	7039.90	91.19	6706.21	152.80
160.26	1	105.0	9.12	4.33	88.69	23.48
152.35	4	230.0	414.00	12.00	77.25	10.66

12-19 重点调查企业工业废气污染物排放及处理情况(2010年)

行业名称	Sector	废气排放量(亿标立方米) Total Volume of Waste Gas Emission (100 million cu.m)
煤炭开采和洗选业	Mining and Washing of Coal	153.96
石油和天然气开采业	Extraction of Petroleum and Natural Gas	45.14
黑色金属矿采选业	Mining of Ferrous Metal Ores	44.41
有色金属矿采选业	Mining of Non-ferrous Metal Ores	12.33
非金属矿采选业	Mining and Processing of Nonmetal Ores	17.80
其他采矿业	Mining of Other Ores	
农副食品加工业	Processing of Food from Agricultural Products	238.34
食品制造业	Manufacture of Foods	164.43
饮料制造业	Manufacture of Beverage	99.11
烟草制品业	Manufacture of Tobacco	2.86
纺织业	Manufacture of Textile	252.00
纺织服装、鞋、帽制造业	Manufacture of Textile Wearing Apparel,Footware, and Caps	5.10
皮革、毛皮、羽毛(绒)及其制品业	Manufacture of Leather, Fur, Feather & Its Products	12.87
木材加工及木、竹、藤、棕、草制品业	Processing of Timbers, Manufacture of Wood,Bamboo, Rattan, Palm, and Straw Products	64.31
家具制造业	Manufacture of Furniture	3.27
造纸及纸制品业	Manufacture of Paper and Paper Products	610.35
印刷业和记录媒介的复制	Printing, Reproduction of Recording Media	1.20
文教体育用品制造业	Manufacture of Articles for Culture,Education and Sport Activity	0.60
石油加工、炼焦及核燃料加工业	Processing of Petroleum, Coking,Processing of Nucleus Fuel	1867.01
化学原料及化学制品制造业	Manufacture of Chemical Raw Material and Chemical Products	2154.05
医药制造业	Manufacture of Medicines	73.46
化学纤维制造业	Manufacture of Chemical Fiber	412.70
橡胶制品业	Manufacture of Rubber	167.71
塑料制品业	Manufacture of Plastic	27.72
非金属矿物制品业	Manufacture of Non-metallic Mineral Products	6979.68
黑色金属冶炼及压延加工业	Manufacture and Processing of Ferrous Metals	11151.45
有色金属冶炼及压延加工业	Manufacture & Processing of Non-ferrous Metals	1611.97
金属制品业	Manufacture of Metal Products	114.18
通用设备制造业	Manufacture of General Purpose Machinery	62.78
专用设备制造业	Manufacture of Special Purpose Machinery	88.20
交通运输设备制造业	Manufacture of Transport Equipment	257.04
电气机械及器材制造业	Manufacture of Electrical Machinery & Equipment	38.33
通信设备、计算机及其他电子设备制造业	Manufacture of Communication Equipment, Computer and Other Electronic Equipment	157.45
仪器仪表及文化、办公用机械制造业	Manufacture of Measuring Instrument and Machinery for Cultural Activity & Office Work	1.71
工艺品及其他制造业	Manufacture of Artwork, Other Manufacture	32.76
废弃资源和废旧材料回收加工业	Recycling and Disposal of Waste	2.32
电力、热力的生产和供应业	Production and Supply of Electric Power and Heat Power	16686.60
燃气生产和供应业	Production and Supply of Gas	222.19
水的生产和供应业	Production and Supply of Water	

Emission, Treatment and Utilization of Industrial Waste Gas and Pollutants in Major Investigated Enterprises (2010)

废气治理设施数(套) Number of Facilities for Treatment of Waste Gas (set)	废气治理设施运行费用(万元) Annual Expenditure for Operation (10 000 yuan)	二氧化硫去除量(吨) Volume of Sulphur Dioxide Removed (ton)	二氧化硫排放量(吨) Volume of Sulphur Dioxide Discharged (ton)	烟尘去除量(吨) Volume of Soot Removed (ton)	烟尘排放量(吨) Volume of Soot Discharged (ton)	粉尘去除量(吨) Volume of Dust Removed (ton)	粉尘排放量(吨) Volume of Dust Discharged (ton)
292	4632.9	12964.99	12372.89	223135.50	2812.78	2191.36	754.00
38	372.8		2192.19	45.62	471.29	47.24	1.88
38	1364.2	150.72	453.91	2960.31	366.21	1861.31	176.15
103	831.3	2642.58	632.95	36444.62	568.00	8695.88	179.02
42	346.1	499.46	289.99	4080.90	232.95	499.43	575.34
677	19432	15108.60	19303.26	172726.54	5782.12	11953.88	535.40
275	5986.4	10736.88	13211.96	163197.78	5609.82	31084.00	166.34
184	3036.1	8713.81	9041.66	88127.74	2597.92	143.02	15.69
6	350.3	48.29	106.94	613.52	70.69	85.50	4.50
447	6285	15798.80	18031.57	256403.07	4810.78	82.25	89.26
49	205.9	249.95	424.36	1845.52	180.13		
119	642.5	606.77	1542.56	5551.58	527.16	38.00	7.40
88	643.4	347.67	1643.21	5283.11	896.90	12583.01	4261.86
10	78.3	114.69	259.77	728.09	119.13	0.11	0.02
334	31412.3	40847.08	36991.50	830712.20	8854.30	4519.61	835.87
6	42017.4	32.92	97.79	152.86	85.47		
2	29	42.97	35.61	35.38	10.30		1.39
293	83085.6	260587.32	66200.04	486284.79	8860.23	50697.48	5486.46
1208	52196.3	192463.73	93242.41	1016622.66	21673.07	84563.19	4963.19
172	2638.4	6299.64	5716.64	24000.89	1568.42	9.12	13.93
75	2556.9	4777.32	10212.95	45084.17	1155.08	35.62	52.50
139	3275.6	11774.46	8719.16	127271.62	1958.61	1307.90	14.58
41	486.6	689.52	964.54	4222.46	396.21	78.93	20.37
3250	78008.2	34344.34	79042.36	461275.35	35158.08	5263669.30	107616.34
1083	222838.4	159320.96	109534.70	881861.58	37793.75	2064107.97	44334.41
401	43745.8	253638.15	45987.15	1218257.83	5784.13	102301.82	2073.37
177	1304.4	524.78	1614.56	8210.08	1277.96	1064.30	117.50
310	2520.5	3333.84	3984.26	15233.14	3345.77	8065.71	918.41
140	2135.8	4004.90	4447.26	78392.66	859.15	2448.76	226.56
190	2244.8	1055.92	908.23	5872.18	475.73	19161.20	2574.46
95	647.4	468.40	471.43	3149.34	370.50	303.48	211.24
63	614.2	103.62	161.89	909.66	59.64	401.20	1.61
5	6.3	8.28	75.35	138.37	43.74		
20	143.2	111.30	5085.62	8758.83	384.90		
2	44		258.11	925.15	104.59		
1503	422730.6	2108518.21	759078.15	29776891.13	113620.47		36.00
9	950	1548.67	746.17	5019.13	149.43		398.59

12-20 重点调查企业工业固体废物排放及处理利用情况(2010年)

行业名称	Sector	固体废物产生量(万吨) Volume of Industrial Solid Wastes Produced (10 000 tons)
煤炭开采和洗选业	Mining and Washing of Coal	1657.50
石油和天然气开采业	Extraction of Petroleum and Natural Gas	29.70
黑色金属矿采选业	Mining of Ferrous Metal Ores	508.01
有色金属矿采选业	Mining of Non-ferrous Metal Ores	1517.61
非金属矿采选业	Mining and Processing of Nonmetal Ores	44.89
其他采矿业	Mining of Other Ores	
农副食品加工业	Processing of Food from Agricultural Products	141.44
食品制造业	Manufacture of Foods	94.61
饮料制造业	Manufacture of Beverage	97.08
烟草制品业	Manufacture of Tobacco	1.24
纺织业	Manufacture of Textile	57.11
纺织服装、鞋、帽制造业	Manufacture of Textile Wearing Apparel,Footware, and Caps	1.95
皮革、毛皮、羽毛(绒)及其制品业	Manufacture of Leather, Fur, Feather & Its Products	8.42
木材加工及木、竹、藤、棕、草制品业	Processing of Timbers, Manufacture of Wood,Bamboo, Rattan, Palm, and Straw Products	4.30
家具制造业	Manufacture of Furniture	0.83
造纸及纸制品业	Manufacture of Paper and Paper Products	442.70
印刷业和记录媒介的复制	Printing, Reproduction of Recording Media	0.43
文教体育用品制造业	Manufacture of Articles for Culture,Education and Sport Activity	0.09
石油加工、炼焦及核燃料加工业	Processing of Petroleum, Coking,Processing of Nucleus Fuel	235.95
化学原料及化学制品制造业	Manufacture of Chemical Raw Material and Chemical Products	889.72
医药制造业	Manufacture of Medicines	35.30
化学纤维制造业	Manufacture of Chemical Fiber	37.79
橡胶制品业	Manufacture of Rubber	48.46
塑料制品业	Manufacture of Plastic	4.14
非金属矿物制品业	Manufacture of Non-metallic Mineral Products	193.99
黑色金属冶炼及压延加工业	Manufacture and Processing of Ferrous Metals	3161.23
有色金属冶炼及压延加工业	Manufacture & Processing of Non-ferrous Metals	730.19
金属制品业	Manufacture of Metal Products	13.06
通用设备制造业	Manufacture of General Purpose Machinery	24.92
专用设备制造业	Manufacture of Special Purpose Machinery	22.95
交通运输设备制造业	Manufacture of Transport Equipment	42.44
电气机械及器材制造业	Manufacture of Electrical Machinery & Equipment	3.47
通信设备、计算机及其他电子设备制造业	Manufacture of Communication Equipment, Computer and Other Electronic Equipment	3.65
仪器仪表及文化、办公用机械制造业	Manufacture of Measuring Instrument and Machinery for Cultural Activity & Office Work	0.13
工艺品及其他制造业	Manufacture of Artwork, Other Manufacture	7.66
废弃资源和废旧材料回收加工业	Recycling and Disposal of Waste	1.02
电力、热力的生产和供应业	Production and Supply of Electric Power and Heat Power	5068.27
燃气生产和供应业	Production and Supply of Gas	4.21
水的生产和供应业	Production and Supply of Water	0.02

Discharge, Treatment and Utilization of Industrial Solid Wastes in Major Investigated Enterprises (2010)

固体废物综合利用量(万吨) Volume of Industrial Solid Wastes Utilized (10 000 tons)	#综合利用往年贮存量(万吨) Utilized Wastes Produced in Previous Years	固体废物贮存量(万吨) Volume of Industrial Solid Wastes in Stocks (10 000 tons)	#处置往年贮存量(万吨) Treated Wastes Produced in Previous Years	固体废物排放量(万吨) Volume of Industrial Solid Wastes Discharged (10 000 tons)
1730.79	95.26	21.97		
17.03		0.03		
395.05		26.72		
1264.78		39.93		
44.89				
140.68	0.00	0.01		
91.87		0.00		
95.49	0.00	0.00		
1.24				
56.56		0.00		
1.91		0.00		
6.65		0.00		
4.30				
0.83				
442.65		0.00		
0.34				
0.09				
220.89		0.14		
798.13	3.01	92.23	0.00	0.00
34.51		0.04		
34.95				
47.12		0.00		
4.14				
190.63		0.03		
3122.86	14.20	52.04		
659.16		16.33	0.65	
11.60	0.00	0.02	0.00	
23.63	0.02	0.01		
22.72				
39.88	0.01	0.49	0.00	
3.16		0.00	0.01	
2.00		0.00	0.01	
0.09		0.00		
7.66	0.00	0.00		
1.02				
4921.59		123.13		
4.21				
0.00				

主要统计指标解释

自然资源 指人类可以直接从自然界获得，并用于生产和生活的物质资源。自然资源一般可以分成可再生资源和非再生资源两大类。可再生资源指在较短时间内可以再生、可以循环利用的资源，包括土地资源、水资源、气候资源、生物资源和海洋资源等。非再生资源指在使用后不能再生的资源，包括矿产资源和地热能源。

土地资源 土地指陆地的表层部分，它主要由岩石、岩石的风化物和土壤构成。土地资源按利用类型可以分为农用地、建筑用地和未利用地。农用地包括耕地、园地、林地、牧草地和水面。建筑用地包括居民点及工矿用地、交通用地和水利设施用地。未利用地指农用地和建筑用地以外的土地，包括滩涂、荒漠、戈壁、冰川和石山等。

耕地面积 指经过开垦用以种植农作物并经常进行耕耘的土地面积。包括种有作物的土地面积、休闲地、新开荒地和抛荒未满三年的土地面积。

森林资源 指森林、林木、林地以及依托森林、林木、林地生存的野生动物、植物和微生物。林木指树木和竹子。森林指以乔木为主体的植物群落，是集生的乔木及与共同作用的植物、动物、微生物和土壤、气候等的总体。

活立木总蓄积量 指一定范围内土地上全部树木蓄积的总量，包括森林蓄积、疏林蓄积、散生木蓄积和四旁树蓄积。

森林面积 指由乔木树种构成，郁闭度 0.2 以上(含 0.2)的林地或冠幅宽度 10 米以上的林带的面积，即有林地面积。森林面积包括天然起源和人工起源的针叶林面积、阔叶林面积、针阔混交林面积和竹林面积，不包括灌木林地面积和疏林地面积。

森林覆盖率 指一个国家或地区森林面积占土地总面积的百分比。森林覆盖率是反映森林资源的丰富程度和生态平衡状况的重要指标。在计算森林覆盖率时，森林面积包括郁闭度 0.2 以上的乔木林地面积和竹林地面积，国家特别规定的灌木林地面积、农田林网以及四旁(村旁、路旁、水旁、宅旁)林木的覆盖面积。计算公式为：

$$\text{森林覆盖率}(\%)=\frac{\text{森林面积}}{\text{土地总面积}}\times 100\%$$

水资源 水在自然界中以固体、液体和气态三种聚集状态存在，分布于海洋、陆地(包括土壤)以及大气之中，通过水循环形成水资源。水资源包括经人类控制并直接可供灌溉、发电、给水、航运、养殖等用途的地表水和地下水，以及江河、湖泊、井、泉、潮汐、港湾和养殖水域等。水资源是发展国民经济不可缺少的重要自然资源。

地表水和地下水 陆地上的水因空间分布不同，分为地表水和地下水。地表水指分别存在于河流、湖泊、沼泽、冰川和冰盖等水体中水分的总称，又称陆地水。地下水指储存在地面以下饱和岩土孔隙、裂隙及溶洞中的水。

水资源总量 指评价区内降水形成的地表和地下产水总量，即地表产流量与降水入渗补给地下水量之和，不包括过境水量。

地表水资源量 指评价区内河流、湖泊、冰川等地表水体中可以逐年更新的动态水量，即当地天然河川径流量。

地下水资源量 指评价区内降水和地表水对饱水岩土层的补给量，包括降水入渗补给量和河道、湖库、渠系、渠灌田间等地表水体的入渗补给量。

地表水与地下水资源重复量 指地表水和地下水相互转化的部分，即天然河川径流量中的地下水排泄量，和地下水补给量中来源于地表水的入渗补给量。

内陆水域总面积 指江、河、湖泊、池塘、塘堰、水库等各种流水或蓄水的水面占地面积。

海　洋 是海和洋的统称。洋为地球表面上相连接的广大咸水水体的主体部分。海为地球表面相连接的广大咸水水体被陆地、岛礁、半岛包围或分隔的边缘部分。

海水可养殖面积 指利用滩涂、浅海、港湾进行鱼、虾、蟹、贝、藻等海水经济动植物的人工养殖的水面面积。

径　流 指陆地上接受降水后扣除损耗外，从地表和地下向流域出口断面汇集的水流。径流可分为地表径流、地下径流和壤中流。地表径流指沿地表向河流、湖泊、沼泽、海洋等汇集的水流；地下径流指沿潜水层或隔水层间的含水层，向河流、湖泊、沼泽、海洋等汇集的地下水水流。

径流量 指在一定时段内通过河流某一过水断面的水量，用以反映一个国家或地区水资源的丰歉程度。计算公式为：

径流量=降水量−蒸发量

矿产资源 矿产指由地质作用形成，富集于地壳中或出露于地表达到工农业利用要求的有用矿物。矿产是一种重要的自然资源，是社会发展的重要物质基础。

矿产基础储量 基础储量是查明矿产资源的一部分。它能满足现行采矿和生产所需的指标要求，是控制的、探明的并通过可行性或预可行性研究认为属于经济的、边界经济的部分，用未扣除设计、采矿损失的数量表示。

气　温 指空气的温度，我国一般以摄氏度(℃)为单位表示。气象观测的温度表是放在离地面约 1.5 米处通风良好的百叶箱里测量的，因此，通常说的气温指的是离地面 1.5

米处百叶箱中的温度。其统计计算方法为：

月平均气温是将全月各日的平均气温相加，除以该月的天数而得。

年平均气温是将 12 个月的月平均气温累加后除以 12 而得。

相对湿度 指空气中实际所含水蒸气密度和同温度下饱和水蒸气密度的百分比值。其统计方法与气温相同。

降水量 指从天空降落到地面的液态或固态(经融化后)水，未经蒸发、渗透、流失而在地面上积聚的深度。其统计计算方法为：

月降水量是将全月各日的降水量累加而得。

年降水量是将 12 个月的月降水量累加而得。

日照时数 指太阳实际照射地面的时间。其统计方法与降水量相同。

工业废水排放达标量 指报告期内废水中各项污染物指标都达到国家或地方排放标准的外排工业废水量，包括未经处理外排达标的，经废水处理设施处理后达标排放的，以及经污水处理厂处理后达标排放的。

工业废水排放达标率 指工业废水排放达标量占工业废水排放量的百分率，计算公式为：

$$\text{工业废水排放达标率}=\frac{\text{工业废水排放达标量}}{\text{工业废水排放量}}\times 100\%$$

城镇生活污水排放量 指城镇居民每年排放的生活污水。用人均系数法测算。测算公式为：

$$\begin{matrix}\text{生活污水}\\\text{排放量}\end{matrix}=\begin{matrix}\text{城镇生活污水}\\\text{排放系数}\end{matrix}\times\begin{matrix}\text{市镇非}\\\text{农业人口}\end{matrix}\times 365$$

城镇生活污水中化学需氧量(COD)产生量 指城镇居民每年排放的生活污水中的 COD 的产生量。用人均系数法测算。测算公式为：

$$\begin{matrix}\text{城镇生活污水}\\\text{中}COD\text{排放量}\end{matrix}=\begin{matrix}\text{城镇生活污水中}\\COD\text{产生系数}\end{matrix}\times\begin{matrix}\text{市镇非}\\\text{农业人口}\end{matrix}\times 365$$

化学需氧量（COD） 测量有机和无机物质化学分解所消耗氧的质量浓度的水污染指数。

工业废气排放量 指报告期内企业厂区内燃料燃烧和生产工艺过程中产生的各种排入大气的含有污染物的气体的总量，以标准状态(273K，101325Pa)计算。测算公式为：

$$\begin{matrix}\text{工业废气}\\\text{排放量}\end{matrix}=\begin{matrix}\text{燃料燃烧过程}\\\text{中废气排放量}\end{matrix}+\begin{matrix}\text{生产工艺过程}\\\text{中废气排放量}\end{matrix}$$

生活及其他 SO_2 排放量 以生活及其他煤炭消费量和其含硫量为基础，根据以下公式计算：

$$\begin{matrix}\text{生活及其他}\\SO_2\text{排放量}\end{matrix}=\begin{matrix}\text{生活及其他}\\\text{煤炭消费量}\end{matrix}\times\text{含硫量}\times 0.8\times 2$$

工业 SO_2 排放量 指报告期内企业在燃料燃烧和生产工艺过程中排入大气的 SO_2 总量，计算公式为：

$$\begin{matrix}\text{工业}SO_2\\\text{排放量}\end{matrix}=\begin{matrix}\text{燃料燃烧过程}\\\text{中}SO_2\text{排放量}\end{matrix}+\begin{matrix}\text{生产工艺过程}\\\text{中}SO_2\text{排放量}\end{matrix}$$

工业烟尘排放量 指企业厂区内燃料燃烧过程中产生的烟气中夹带的颗粒物排放量。

生活及其他烟尘排放量 指除工业生产活动以外的所有社会、经济活动及公共设施的经营活动中燃烧所排放的烟尘纯重量。以生活及其他煤炭消费量为基础进行测算。

工业粉尘排放量 指企业在生产工艺过程中排放的能在空气中悬浮一定时间的固体颗粒物排放量。如钢铁企业的耐火材料粉尘、焦化企业的筛焦系统粉尘、烧结机的粉尘、石灰窑的粉尘、建材企业的水泥粉尘等。不包括电厂排入大气的烟尘。

工业固体废物产生量 指报告期内企业在生产过程中产生的固体状、半固体状和高浓度液体状废弃物的总量，包括危险废物、冶炼废渣、粉煤灰、炉渣、煤矸石、尾矿、放射性废物和其他废物等；不包括矿山开采的剥离废石和掘进废石(煤矸石和呈酸性或碱性的废石除外)。酸性或碱性废石指采掘的废石其流经水、雨淋水的 pH 值小于 4 或 pH 值大于 10.5 者。

危险废物 指列入国家危险废物名录或根据国家规定的危险废物鉴别标准和鉴别方法认定的，具有爆炸性、易燃性、易氧化性、毒性、腐蚀性、易传染疾病等危险特性之一的废物。

工业固体废物综合利用量 指报告期内企业通过回收、加工、循环、交换等方式，从固体废物中提取或者使其转化为可以利用的资源、能源和其他原材料的固体废物量(包括当年利用往年的工业固体废物贮存量)，如用作农业肥料、生产建筑材料、筑路等。综合利用量由原产生固体废物的单位统计。

工业固体废物综合利用率 指工业固体废物综合利用量占工业固体废物产生量(包括综合利用往年贮存量)的百分率。计算公式为：

$$\begin{matrix}\text{工业固体废物}\\\text{综合利用率}\end{matrix}=\frac{\begin{matrix}\text{工业固体废物}\\\text{综合利用量}\end{matrix}}{\begin{matrix}\text{工业固体废物产生量}+\\\text{综合利用往年贮存量}\end{matrix}}\times 100\%$$

工业固体废物贮存量 指报告期内企业以综合利用或处置为目的，将固体废物暂时贮存或堆存在专设的贮存设施或专设的集中堆存场所内的数量。专设的固体废物贮存场所或贮存设施必须有防扩散、防流失、防渗漏、防止污染大气、水体的措施。

工业固体废物处置量 指报告期内企业将固体废物焚烧或者最终置于符合环境保护规定要求的场所，并不再回取的工业固体废物量(包括当年处置往年的工业固体废物贮存量)。处置方式有填埋(其中危险废物应安全填埋)、焚烧、专业贮存场(库)封场处理、深层灌注、回填矿井及海洋处置(经海洋管理部门同意投海处置)等。

工业固体废物排放量 指报告期内企业将所产生的固体废物排到固体废物污染防治设施、场所以外的数量，不包括矿山开采的剥离废石和掘进废石(煤矸石和呈酸性或碱性的废石除外)。

“三废”综合利用产品产值 指报告期内利用“三废”作为主要原料生产的产品价值(现行价)；已经销售或准备销售的应计算产品价值，留作生产自用的不应计算产品价值。

生活垃圾清运量 指报告期内收集和运送到垃圾处理厂(场)的生活垃圾数量。生活垃圾指城市日常生活或为城市日常生活提供服务的活动中产生的固体废物以及法律行政规定的视为城市生活垃圾的固体废物。包括：居民生活垃圾、商业垃圾、集市贸易市场垃圾、街道清扫垃圾、公共场所垃圾和机关、学校、厂矿等单位的生活垃圾。

生活垃圾无害化处理率 指报告期生活垃圾无害化处理量与生活垃圾产生量的比率。在统计上，由于生活垃圾产生量不易取得，可用清运量代替。计算公式为：

$$\text{生活垃圾无害化处理率}=\frac{\text{生活垃圾无害化处理量}}{\text{生活垃圾产生量}}\times 100\%$$

Explanatory Notes on Main Statistical Indicators

Natural Resources refer to material resources that could be obtained from the nature by human being and used for production and living. Natural resources in general can be classified as renewable resources and non-renewable resources. Renewable resources refer to resources that could be renewed and recycled during a relatively short period of time, including land resource, water resource, climate resource, biology resource and marine resource. Non-renewable resources include resources that could not be renewed, such as minerals and geothermal resource.

Land Resources refers to the surface of the earth, consisting of mainly rocks and its whethering and earth. Land resource can be classified, by its utilization, as land for agriculture, land for construction and unused land. Land for agriculture includes cultivated land, plantation land, forestland, grassland and waters. Land for construction includes land for residential purpose, for manufacturing and mining, for transportation and for water-conservancy projects. Unused land refers to land other than land for agriculture and construction, including beaches, deserts, Gobi, glaciers and rock mountains.

Area of Cultivated Land refers to area of land reclaimed for the regular cultivation of various farm crops, including crop-cover land, fallow, newly reclaimed land and land laid idle for less than 3 years.

Forest Resource refers to forests, trees, forestland and wild animals, plants and microorganism that live on forest and trees. Trees include trees and bamboo. Forest refers to the population of clusters of trees and other plants, animals and microorganism as well as the earth and climate that have interactions with the trees.

Total Standing Stock Volume refers to the total stock volume of trees growing in land, including trees in forest, tress in sparse forest, scattered trees and trees planted by the side of villages, farm houses and along roads and rivers.

Forest Area refers to the area of forest where trees and bamboo grow with canopy density above 0.2, including land of natural woods and planted woods, but excluding bush land and thin forest land. It reflects the total areas of afforestation.

Forest Coverage Rate refers to the ratio of area of afforested land to total land area. It is a very important indicator that reflects the status of abundance of forest resource and ecosystem balance. Forest area includes the area of trees and bamboo grow with canopy density above 0.2, the area of shrubby tree according to regulations of the government, the area of forest land inside farm land and the area of trees planted by the side of villages, farm houses and along roads and rivers. The formula for calculating forest coverage rate is as follows:

Forestry coverage rate (%) = (Area of Afforested Land/Area of Total Land) ×100%

Water Resource Water exists in the nature in solid, liquid and gaseous states, is distributed in the ocean, land (including earth) and air, and constitutes the water resource through the circulation of water. Water resource includes the surface water and underground water that is controlled by the human being for irrigation, power-generation, water supply, navigation and cultivation. It also includes rivers, lakes, wells, springs, tides, gulf and water area for cultivation. Water resource as an important natural resource is indispensable for the development of the national economy.

Surface Water and Underground Water Water on earth can be divided into surface water and underground water according to its distribution. Surface water refers to moisture exists in rivers, lakes, swamps, glaciers, icecaps and so on. It is also called land water. The underground water refers to water deposited underground in the cranny and the hole of saturated rock soil and in the water-eroded cave.

Total Water Resources refers to total volume of water resources measured as run-off for surface water from rainfall and recharge for groundwater in a given area, excluding transit water.

Surface Water Resources refers to total renewable resources which exist in rivers, lakes, glaciers and other collectors from rainfall and are measured as run-off of rivers.

Groundwater Resources refers to replenishment of aquifers with rainfall and surface water.

Inland Water Area refers to water area of rivers, lakes, ponds, reservoir, etc.

Ocean is the general name for sea and ocean. Ocean refers to the main body of large salt water connected with the earth. Sea refers to the edge areas of the salt water on the earth that are comparted or surrounded by land, island, reef or peninsula.

Marine Cultivatable Areas refer to water areas in beach, shallow sea and lough that are used to breed marine cash propagation, such as fish, shrimp, crab, shellfish, alga and so on.

Runoff refers to the water gathered at the way out of the cross section of drainage area either from the surface or underground after deducting the wastage of the precipitation on the land. Runoff can be divided into surface runoff, underground runoff and within soil runoff. Surface runoff refers to water flow to the rivers, lakes, swamps, and seas on the surface of the earth. Underground runoff refers to water flow to rivers, lakes, swamps, and seas through the water-bearing stratum of confined layer or unconfined layer.

Volume of Runoff refers to the total volume of water running through a certain cross section of a river during a certain period of time, reflecting the water resource condition in a country or a region. The formula for calculating volume or runoff is as follows:

Runoff =Precipitation-Evaporation

Mineral Resources refer to useful minerals that can be used for industrial or agricultural purposes enriched in lithosphere or on earth due to the geological process. Minerals are important natural resources, and important material base for social development.

Ensured Mineral Reserves refer to the actual mineral reserves, which equal to the proven mineral reserves (including industrial reserves and prospective reserves) minus extracted parts and underground losses.

Temperature refers to the air temperature. China uses centigrade as the unit. The thermometry used for weather observation is put in a breezy shutter, which is 1.5 meters high from the ground. Therefore, the commonly used temperature refers to the temperature in the breezy shutter 1.5 meters away from the ground. The calculation method is as follows:

Monthly Average Temperature is the summation of average daily temperature of one month divided by the actual days of that particular month.

Annual Average Temperature is the summation of monthly average of a year divided by 12 months.

Relative Humidity refers to the ratio of actual water vapor pressure to the saturation water vapor density under the current temperature. The statistical method is the same as that of temperature.

Volume of Precipitation refers to the deepness of liquid state or solid state (thawed) water falling from the sky to the ground that has not been evaporated, infiltrated or run off. The calculation method is as follows:

Monthly precipitation is the summation of daily precipitation of a month.

Annual precipitation is the summation of 12 months precipitation of a year.

Sunshine Hours refer to the actual hours of sun irradiating the earth. The calculation method is the same as that of the precipitation.

Waste Water Discharged by Industry refers to the volume of waste water discharged by industrial enterprises through all their outlets, including waste water from production process, directly cooled water, groundwater from mining wells which does not meet discharge standards and sewage from households mixed with waste water produced by industrial activities, but excluding indirectly cooled water discharged (It should be included if the discharge is not separated with waste water).

Industrial Waste Water Meeting Discharge Standards refers to volume of industrial waste water discharge which, with or without treatment, reaches national or local standards with regard to all pollutants.

Ratio of Industrial Waste Water Meeting Discharge Standards refers to percentage of industrial waste water meeting discharge standards over total industrial waste water discharge. It is calculated as:

$$\text{Ratio of industrial waste water meeting discharge standards} = \frac{\text{industrial waste water meeting discharge standards}}{\text{total industrial waste water discharge}} \times 100\%$$

Urban Non industrial Waste Water Discharge refers to annual discharge of non industrial waste water by urban households. It is estimated by per capita coefficient using the formula:

$$\text{Urban non-industrial waste water discharge} = \text{urban non-industrial waste water discharge coefficient} \times \text{urban non-agricultural population} \times 365$$

Volume of Chemical Oxygen Demand (COD) Generated by Urban Non industrial Waster Water refers to chemical oxygen demand generated through the annual discharge of non industrial waste water by urban households. It is estimated as:

$$\text{Volume of chemical oxygen demand (cod) generated by urban non-industrial waster water} = \text{Coefficient of COD generated through urban non-industrial waste water} \times \text{urban non-agricultural population} \times 365$$

Chemical Oxygen Demand (COD) refers to index of water pollution measuring the mass concentration of oxygen consumed by the chemical breakdown of organic and inorganic matter.

Industrial Waste Air Emission refers to discharge into atmosphere of waste air containing pollutants generated from fuel burning and production process in enterprises within a given period of time. It is calculated at standard status (273K, 101325Pa) as:

$$\text{Industrial waste air emission} = \text{emission through fuel burning} + \text{emission through production process}$$

SO_2 Emission through Non-industrial and Other Activities is calculated on the basis of consumption of coal by households and other activities and the sulphur content of coal with the following formula:

$$SO_2\ \text{emission through non-industrial and other activities} = \text{of coal by households and other activities} \times \text{sulphur content} \times 0.8 \times 2$$

SO_2Emission through Industrial Activities refers to volume of sulphur dioxide emission from fuel burning and production process by enterprises during a given period of time. It is calculated as:

$$SO_2\ \text{emission through industrial activities} = SO_2\ \text{emission from fuel burning} + SO_2\ \text{emission from production process}$$

Industrial Soot Emission refers to volume of soot in smoke emitted in process of fuel burning in premises of enterprises.

Soot Emission by Consumption and Others refers to net volume of soot emitted by fuel burning from all social and economic activities and operation of public facilities other than industrial activities. It is calculated on the basis of coal consumption by households and others.

Industrial Dust Emission refers to volume of dust emitted by production process of enterprises and suspended in the air for a given period of time, including dust from refractory material of iron and steel works, dust from coke screening systems and sintering machines of coke plants, dust from lime kilns and dust from cement production in building material enterprises, but excluding soot and dust emitted from power plants.

Industrial Solid Wastes Produced refers to total volume of solid, semi solid and high concentration liquid residues produced by industrial enterprises from production process in a given period of time, including hazardous wastes, slag, coal ash, gangue, tailings, radioactive residues and other wastes, but excluding stones stripped or dug out in mining (gangue and acid or alkaline stones not included). A stone is acid or alkaline depending on the pH value of the water below 4 or above 10.5 when the stone is in, or soaked by, the water.

Hazardous Wastes refers to those included in the national hazardous wastes catalogue or specified as any one of the following properties in the national hazardous wastes identification standards: explosive, ignitable, oxidizable, toxic, corrosive or liable to cause infectious diseases or lead to other dangers.

Industrial Solid Wastes Utilized refers to volume of solid wastes from which useful materials can be extracted or which can be converted into usable resources, energy or other materials by means of reclamation, processing, recycling and exchange (including utilizing in the year the stocks of industrial solid wastes of the previous year). Examples of such utilizations include fertilizers, building materials and road materials. The information shall be collected by the producing units of the wastes.

Ratio of Industrial Solid Wastes Utilized refers to the percentage of industrial solid wastes utilized over industrial solid wastes produced (including stocks of the previous years). It is calculated as:

$$\text{Rate of utilization of industrial solid wastes} = \frac{\text{volume of industrial solid wastes utilized}}{\text{industrial solid wastes produced} + \text{stock of previous years}} \times 100\%$$

Stocks of Industrial Solid Wastes refers to volume of solid wastes placed in special facilities or special sites for purposes of utilization or disposal. The sites or facilities should take measures against dispersion, loss, seepage, and air and water contamination.

Industrial Solid Wastes Disposed refers to quantity of industrial solid wastes which are burnt or placed ultimately in the sites meeting the requirements for environmental protection and not salvaged or recycled (including disposition in the year of those wastes of previous years). The disposition includes landfill (Safe landfills should be conducted for hazardous wastes), incineration, containment spaces, deep underground disposal, backfill in mining pits and disposal at sea.

Industrial Solid Wastes Discharged refers to volume of industrial solid wastes discharged by producing enterprises to disposal facilities or to other sites. The wastes exclude stones stripped or dug from mining (gangue and acid or alkaline waste stones not included).

Output Value of Products Made from Waste Gas, Waste Water and Solid Wastes refers current value of products with waste gas, waste water and solid wastes as main materials of production. Products sold and ready to sell shall be included while those produced for own use shall not be included.

Consumption Wastes Transported refers to volume of consumption wastes collected and transported to disposal factories or sites. Consumption wastes are solid wastes produced from urban households or from service activities for urban households, and solid wastes regarded by laws and regulations as urban consumption wastes, including those from households, commercial activities, markets, cleaning of streets, public sites, offices, schools, factories, mining units and other sources.

Ratio of Consumption Wastes Treated refers to consumption wastes treated over that produced. In practical statistics, as it is difficult to estimate, the volume of consumption wastes produced is replaced with that transported. It is calculated as:

$$\text{Ratio of consumption wastes treated} = \frac{\text{consumption wastes treated}}{\text{consumption wastes produced}} \times 100\%$$

第13篇

农　　业

Agriculture

简 要 说 明

一、本篇资料的主要内容

本篇资料反映了全省农业生产和农村经济的基本情况，主要包括农林牧渔业总产值、增加值、农村劳动力、耕地、主要农产品产量、农业机械年末拥有量、农村电气化和农业化学化情况以及农田水利建设等方面的统计资料。

二、本篇资料的来源

本篇资料来源于农村综合统计年报，由省统计局农村处整理提供。

三、本篇资料的统计范围和统计口径

本篇资料的统计范围包括省内所属的各种经济类型、各个系统的全部农林牧渔业生产单位以及各非农行业附属的农林牧渔业生产活动单位。军委系统的农业生产（除军马外）也包括在内，但不包括农业科学试验机构进行的农业生产。

本篇资料中 2003 年及以后年份的农林牧渔业总产值、增加值新口径计算。即取消农业中种植业和其他农业的分类，将原属于其他农业的农民家庭兼营商品性工业剔除，作为附记指标统计，采集的野生植物一部分划归农业，一部分划归林业；林业中竹木采运统计范围由村及村以下改为全社会；增加农林牧渔服务业统计。

Brief Introduction

I. Content

Data in this chapter show the basic conditions of agricultural production and rural economy, mainly including agricultural output, value added, rural labor force, cultivated land, output of main agricultural produces, agricultural machinery, electrification and chemistry in rural areas and basic construction on irrigation and drainage.

II. Source of Data

Data in this chapter are based on the statistical reporting summary tables and are prepared and compiled by the Division of Countryside Statistics of Shandong Province.

III. Scope and Coverage of Statistics

The coverage of the comprehensive statistical reporting includes all productive units of farming, forestry, animal husbandry and fishery and those related non-agricultural affiliated units with various ownership and the activities of horse raising for military purpose and those undertaken by agricultural research institutions are excluded.

Since 2003, data on the gross output value, value added have been calculated under the new classification of economic activities. Crop plantation and other agricultural activities have been excluded according to the classification. Value of industrial output by rural households is not included in agriculture and used only as supplementary indicators. Part of collection of wild plants belongs to farming and the rest of it belongs to forestry. Transport of bamboo and timber cover all the units related. Services to farming, forestry, animal husbandry are included in farming.

13-1 历年农林牧渔业总产值

Gross Output Value of Farming,Forestry, Animal Husbandry and Fishery over the Years

单位:亿元 (100 million yuan)

年 份 Year	农林牧渔业总产值 Gross Output Value of Farming,Forestry,Animal Husbandry and Fishery	农 业 Farming	#种植业 Planting	林 业 Forestry	牧 业 Animal Husbandry	渔 业 Fishery	农林牧渔服务业 Farming,Forestry, Animal Husbandry and Fishery Service
1949	20.07	18.01	16.01	0.12	1.66	0.28	
1950	26.36	23.85	21.02	0.12	1.98	0.41	
1951	33.06	29.44	26.17	0.14	2.82	0.66	
1952	40.00	35.05	31.16	0.25	3.98	0.72	
1953	37.04	32.24	28.31	0.41	3.63	0.76	
1954	41.92	36.93	33.03	0.49	3.67	0.83	
1955	44.97	40.05	35.40	0.66	3.37	0.89	
1956	44.05	38.49	36.53	0.81	3.88	0.87	
1957	36.44	31.21	30.36	0.87	3.54	0.82	
1958	41.66	36.73	36.64	1.30	2.69	0.94	
1959	39.32	34.39	34.31	1.38	2.52	1.03	
1960	26.32	23.26	23.24	0.28	1.73	1.05	
1961	31.84	28.17	28.11	0.19	2.50	0.98	
1962	38.32	32.77	32.71	0.26	4.09	1.20	
1963	40.21	33.40	33.33	0.29	5.38	1.14	
1964	40.18	33.10	33.02	0.37	5.48	1.23	
1965	50.49	42.88	42.79	0.55	5.76	1.30	
1966	55.93	46.08	46.00	0.54	8.03	1.28	
1967	55.81	46.08	45.98	0.59	7.88	1.26	
1968	51.83	42.43	42.32	0.62	7.42	1.36	
1969	58.70	49.31	49.22	0.61	7.04	1.74	
1970	66.78	55.75	55.62	0.90	8.14	1.99	
1971	75.63	60.97	60.86	1.89	10.86	1.91	
1972	81.42	65.29	65.14	2.33	11.34	2.46	
1973	84.59	68.42	68.26	2.34	11.34	2.49	
1974	78.47	61.65	61.48	2.30	11.83	2.69	
1975	93.43	75.85	75.64	2.65	12.33	2.60	

注:本表按当年价格计算,2003年及以后年份系新口径数据,与以前年份不可比。2006年数据与第二次农业普查进行了衔接。根据新的国民经济行业分类,2010年农业和林业数据与往年不可比。

a)Data in this table are caculated at current prices.Since 2003,the data have been calculated according to the new standard,and can not be compared with the previous data.2006 data in this sheet are consistent with the Second Agricultural Census.According to the new National economy sector Classification, 2010 data of Farming and Forestry are not comparable with previous years.

13-1 续表 continued

单位:亿元 (100 million yuan)

年份 Year	农林牧渔业总产值 Gross Output Value of Farming,Forestry, Animal Husbandry and Fishery	农业 Farming	#种植业 Planting	林业 Forestry	牧业 Animal Husbandry	渔业 Fishery	农林牧渔服务业 Farming,Forestry, Animal Husbandry and Fishery Service
1976	100.36	80.37	80.12	2.60	14.24	3.15	
1977	99.27	78.83	78.40	2.10	14.72	3.62	
1978	102.22	84.77	83.71	1.81	12.19	3.45	
1979	135.92	113.34	111.33	2.04	16.61	3.93	
1980	160.91	128.81	126.22	4.52	23.43	4.15	
1981	198.50	155.62	151.83	4.91	33.04	4.94	
1982	218.51	171.58	167.98	7.22	34.12	5.59	
1983	259.50	208.75	202.87	8.48	36.21	6.06	
1984	310.11	245.19	236.64	8.60	48.20	8.12	
1985	335.42	248.17	236.62	11.07	62.82	13.36	
1986	361.19	269.51	255.92	12.67	62.84	16.17	
1987	413.18	313.76	299.05	12.11	64.15	23.16	
1988	494.53	331.59	313.98	14.80	108.07	40.07	
1989	547.66	366.24	347.61	14.28	124.71	42.43	
1990	645.75	419.50	397.85	20.45	150.19	55.61	
1991	779.18	491.76	471.53	22.19	186.52	78.71	
1992	815.62	462.58	437.03	23.73	215.73	113.58	
1993	944.99	526.66	511.48	28.24	239.90	150.19	
1994	1282.25	660.13	649.84	36.78	348.78	236.56	
1995	1678.16	931.89	922.96	41.81	433.62	270.84	
1996	1962.12	1090.64	1078.05	49.97	512.60	308.91	
1997	2058.32	1137.19	1107.33	49.86	550.58	320.69	
1998	2174.54	1219.85	1184.65	45.91	583.40	325.38	
1999	2202.95	1254.87	1232.44	44.93	572.95	330.20	
2000	2294.35	1300.44	1280.12	47.62	599.17	347.12	
2001	2453.96	1401.34	1385.22	47.22	654.71	350.69	
2002	2526.05	1420.88	1402.81	48.25	698.44	358.48	
2003	2902.45	1599.32		53.70	831.34	370.04	48.05
2004	3453.91	1891.73		59.49	1022.84	426.09	53.76
2005	3741.81	2033.95		57.57	1125.04	465.52	59.73
2006	4058.62	2283.29		65.48	1025.37	522.94	161.54
2007	4766.23	2604.07		81.98	1313.00	580.35	186.83
2008	5612.96	2895.68		102.24	1704.90	686.28	223.87
2009	6003.09	3223.99		101.27	1683.83	747.42	246.58
2010	6650.94	3670.07		86.53	1774.46	847.37	272.52

13-2 历年农林牧渔业总产值指数(以1952年为100)

Indices of Farming,Forestry,Animal Husbandry and Fishery over the Years(1952=100)

年 份 Year	农林牧渔业总产值 Indices of Farming,Forestry,Animal Husbandry and Fishery	农业 Farming	#种植业 Planting	林业 Forestry	牧业 Animal Husbandry	渔业 Fishery	农林牧渔服务业 Farming,Forestry,Animal Husbandry and Fishery Service
1949	57.7	59.1	59.1	56.9	48.0	44.2	
1950	78.8	81.4	80.7	56.9	59.6	68.0	
1951	81.4	82.7	82.8	56.9	69.8	90.5	
1952	100.0	100.0	100.0	100.0	100.0	100.0	
1953	89.9	89.3	88.2	160.8	88.5	102.7	
1954	99.8	100.4	101.0	184.3	88.0	109.5	
1955	108.1	109.9	109.3	256.9	81.3	118.4	
1956	111.3	111.1	117.8	325.5	97.7	122.4	
1957	94.2	92.1	100.8	360.8	91.9	118.4	
1958	107.9	108.5	121.8	543.1	70.0	134.7	
1959	102.7	102.5	115.0	578.4	66.1	149.7	
1960	63.4	64.0	71.9	107.8	41.6	141.5	
1961	61.5	62.1	69.7	58.8	48.6	106.1	
1962	65.5	63.9	71.8	70.6	70.0	114.3	
1963	75.5	71.6	80.4	86.3	101.6	119.7	
1964	80.0	75.2	84.4	119.6	109.7	136.1	
1965	99.8	96.7	108.6	174.5	114.3	142.9	
1966	113.6	106.8	119.9	178.4	163.6	144.2	
1967	113.7	107.1	120.2	194.1	161.1	142.9	
1968	103.3	96.5	108.3	198.0	148.5	151.0	
1969	113.9	109.2	122.6	186.3	137.1	188.4	
1970	123.5	117.7	132.1	264.7	151.2	204.8	
1971	136.9	126.0	141.4	547.1	197.5	191.8	
1972	141.5	129.5	145.4	649.0	198.0	238.1	
1973	147.2	135.9	152.5	654.9	198.2	240.8	
1974	137.5	123.3	138.3	647.1	208.1	262.6	
1975	163.2	151.2	169.6	745.1	216.5	252.4	

注：本表按可比价格计算。从2005年起系按中类缩减的可比价发展速度计算。2006年数据与第二次农业普查进行了衔接。

a)Data in this table are caculated at constant prices.The data scince 2005 have been calculated according to constant prices speed.2006 data in this sheet are consistent with those obatained from the Second Agricultural Census.

13-2 续表 continued

年份 Year	农林牧渔业总产值 Indices of Farming,Forestry, Animal Husbandry and Fishery	农业 Farming	#种植业 Planting	林业 Forestry	牧业 Animal Husbandry	渔业 Fishery	农林牧渔服务业 Farming,Forestry, Animal Husbandry and Fishery Service
1976	166.9	152.6	171.1	692.2	237.8	291.8	
1977	164.8	149.4	167.1	556.9	245.5	334.7	
1978	177.1	160.6	178.2	680.4	253.4	383.7	
1979	193.9	177.1	195.7	637.3	287.2	338.8	
1980	212.1	190.0	209.7	680.4	347.4	375.5	
1981	218.8	198.2	218.1	627.5	352.9	336.1	
1982	239.2	215.3	236.9	1043.1	373.1	383.0	
1983	273.7	253.2	275.9	988.2	386.1	399.3	
1984	326.0	302.4	326.8	1109.8	462.2	449.7	
1985	338.2	306.5	326.8	1427.5	520.9	491.8	
1986	339.2	304.4	321.2	1380.4	539.2	566.0	
1987	366.3	331.7	350.4	1364.7	551.7	681.6	
1988	378.6	324.4	337.3	1325.5	703.9	887.8	
1989	383.5	321.8	333.9	1259.2	768.7	959.7	
1990	404.2	335.6	345.3	1235.3	823.3	1150.7	
1991	452.3	370.2	384.0	1315.6	922.9	1393.5	
1992	455.9	345.4	352.9	1380.1	985.7	1721.0	
1993	510.6	381.0	399.8	1526.4	1080.3	2103.1	
1994	578.0	411.1	436.2	1770.6	1295.3	2523.7	
1995	629.4	441.9	471.1	1839.7	1463.7	2720.5	
1996	675.3	478.1	507.4	2141.6	1551.5	2902.8	
1997	707.0	490.1	506.4	2154.4	1716.0	2975.4	
1998	777.0	589.3	562.1	2068.2	1915.1	3121.2	
1999	819.7	615.2	599.2	2072.3	2045.3	3345.9	
2000	851.7	639.8	625.6	2200.8	2155.7	3362.6	
2001	885.8	666.0	655.6	2064.4	2315.2	3315.5	
2002	895.5	649.4	637.2	1971.5	2472.6	3391.8	
2003	944.8	691.6		2121.3	2613.5	3449.5	111.5
2004	998.7	732.4		2138.3	2772.9	3601.3	108.0
2005	1050.6	761.0		2059.2	2975.3	3842.6	109.2
2006	1105.2	802.1		2279.5	3106.2	3992.5	118.8
2007	1141.7	829.4		2457.3	3131.0	4180.1	110.8
2008	1199.9	859.3		2798.9	3315.7	4426.7	113.3
2009	1251.5	882.5		3076.0	3488.1	4701.2	110.1
2010	1296.6	904.6		3380.5	3624.1	4931.6	109.9

注：农林牧渔服务业指数系以上年为100。

a)Indices of Farming,Forestry,Animal Husbandry and Fishery service in preceding year is considered as 100%.

13-3 农林牧渔业总产值

Gross Output Value of Farming,Forestry,Animal Husbandry and Fishery

单位:亿元 (100 million yuan)

类 别	Category	2009	2010	2010为2009% 2009=100
农林牧渔业总产值	**Gross Output Value of Farming,Forestry, Animal Husbandry and Fishery**	**6003.09**	**6650.94**	**103.6**
一、农业产值	**Output Value of Farming**	**3223.99**	**3670.07**	**102.5**
1.谷物及其他作物	Cereal and Other Corps	1271.47	1410.14	100.4
#粮食	Grain	881.95	842.77	100.5
油料	Oil	170.29	184.37	103.5
棉花	Cotton	170.11	182.74	78.9
2.蔬菜园艺作物	Vegetable Gardening Crops	1403.49	1592.64	102.4
#蔬菜(含菜用瓜)	Vegetables	1356.53	1515.07	101.5
3.水果坚果饮料	Fruit and Nut Beverages	513.16	626.83	108.8
#水果坚果(含果用瓜)	Fruit and Nut	507.19	580.90	104.3
4.中药材	Chinese Herbal Medicines	35.86	40.46	82.6
二、林业产值	**Output Value of Forestry**	**101.27**	**86.53**	**109.9**
1.林木的培育和种植	Trees Cultivation and Planting	33.40	37.13	103.1
2.竹木采运	Bamboo Logging and Transport	13.62	16.55	118.9
3.林产品	Forestry Products	54.25	32.85	113.6
三、牧业产值	**Output Value of Animal Husbandry**	**1683.83**	**1774.46**	**103.9**
1.牲畜饲养	Livestock Feeding	332.68	352.50	103.0
2.猪的饲养	Pig Feeding	667.06	693.51	103.4
3.家禽的饲养	Poultry Feeding	541.65	577.97	103.8
#肉禽	Poultry for Eating	274.71	295.03	105.1
禽蛋	Egg of Poultry	266.95	282.93	102.1
4.狩猎和捕捉动物	Animal Hunting and Trapping	0.92	1.01	108.0
5.其他畜牧业	Other Animal Husbandry	141.53	149.48	108.2
四、渔业产值	**Output Value of Fishery**	**747.42**	**847.37**	**104.9**
1.海水产品	Seawater Aquatic Products	599.76	678.53	104.2
2.内陆水域水产品	Inland waterways Aquatic Products	147.65	168.84	108.8
五、农林牧渔服务业产值	**Output Value of Farming,Forestry,Animal Husbandry and Fishery Service**	**246.58**	**272.52**	**109.9**

注:本表绝对数按当年价格计算,速度按可比口径及价格计算。根据新的国民经济行业分类,2010年农业和林业数据与往年不可比。

a)Absolute data in the table are calculated at current prices，the speed are caculated at constant price and caliber.According to the new National Economy Sector Classification， 2010 data of Farming and Forestry are not comparable with previous years.

13-4 历年粮、棉、油产量

Output of Grain,Cotton anf Oil-bearing Crops over the Years

年 份 Year	粮 食 Grain		棉 花 Cotton		油 料 Oil-bearing Crops	
	总产量 (万吨) Gross Output (10 000 tons)	单 产 (千克/公顷) Output Per Hectare (kg/hectare)	总产量 (万吨) Gross Output (10 000 tons)	单 产 (千克/公顷) Output Per Hectare (kg/hectare)	总产量 (万吨) Gross Output (10 000 tons)	单 产 (千克/公顷) Output Per Hectare (kg/hectare)
1949	870.0	795	8.1	180	55.6	1170
1950	1033.5	915	10.3	195	66.0	1320
1951	1023.5	915	12.4	180	73.4	1395
1952	1199.0	1035	16.9	240	84.5	1470
1953	1049.5	900	13.1	210	80.3	1380
1954	1247.0	1050	15.5	255	105.0	1530
1955	1276.0	1110	20.9	285	106.1	1485
1956	1372.5	1215	21.7	270	129.9	1650
1957	1126.0	990	17.4	225	70.0	945
1958	1226.0	1170	21.2	300	78.4	1320
1959	1049.0	1095	16.3	240	44.8	1185
1960	829.5	825	7.8	135	21.8	735
1961	840.5	855	3.1	75	39.7	1290
1962	910.0	915	3.9	105	42.4	1875
1963	992.5	990	8.6	165	51.1	2025
1964	1132.5	1140	12.1	180	64.3	2070
1965	1332.0	1350	19.9	300	67.1	1395
1966	1470.0	1545	20.2	300	97.3	1665
1967	1466.0	1575	21.8	315	82.2	1350
1968	1282.5	1395	22.7	330	69.2	1245
1969	1449.5	1545	23.9	360	47.0	915
1970	1465.0	1575	27.3	390	78.5	1575
1971	1607.5	1710	24.3	375	92.7	1725
1972	1735.0	1815	19.6	330	74.9	1365
1973	1917.0	2025	26.3	405	87.4	1710
1974	1683.0	1815	19.0	300	83.4	1530
1975	2170.5	2355	24.1	390	84.2	1515

注：本表2006年数据与第二次农业普查进行了衔接。

a) Data of 2006 in this sheet are consisitent with those obatained from the Second Agricultural Census.

13-4 续表 continued

年 份 Year	粮 食 Grain		棉 花 Cotton		油 料 Oil-bearing Crops	
	总产量(万吨) Gross Output (10 000 tons)	单 产(千克/公顷) Output Per Hectare (kg/hectare)	总产量(万吨) Gross Output (10 000 tons)	单 产(千克/公顷) Output Per Hectare (kg/hectare)	总产量(万吨) Gross Output (10 000 tons)	单 产(千克/公顷) Output Per Hectare (kg/hectare)
1976	2241.5	2460	15.8	255	58.5	1065
1977	2099.0	2370	14.9	240	67.7	2025
1978	2288.0	2595	15.4	255	95.9	1785
1979	2472.0	2835	16.7	315	109.1	1800
1980	2384.0	2820	53.7	735	143.0	2160
1981	2312.5	2835	67.5	720	142.1	2010
1982	2375.0	3090	96.0	720	142.5	2190
1983	2700.0	3465	122.5	825	152.0	2460
1984	3040.0	3885	172.5	1005	182.0	2790
1985	3137.7	3930	106.2	915	267.9	2745
1986	3250.0	3840	94.1	930	207.6	2355
1987	3393.7	4125	124.4	1020	234.3	2940
1988	3225.0	3990	113.7	825	197.8	2505
1989	3250.0	4035	102.5	780	150.0	1995
1990	3570.0	4380	102.8	690	212.1	2910
1991	3916.9	4845	135.1	870	233.1	3285
1992	3589.3	4533	67.7	455	166.3	2380
1993	4100.0	4992	41.0	539	268.4	3434
1994	4091.1	5015	55.9	705	338.3	3781
1995	4245.0	5220	47.1	707	315.0	3580
1996	4332.7	5260	37.2	773	309.3	3767
1997	3852.2	4766	35.4	894	240.9	2977
1998	4264.8	5244	41.3	996	335.6	3908
1999	4269.0	5271	39.2	1072	320.5	3614
2000	3837.7	4938	59.0	1085	356.9	3730
2001	3720.6	5201	78.1	1062	377.3	3743
2002	3292.7	4763	72.2	1086	340.4	3458
2003	3435.5	5355	87.7	994	361.8	3572
2004	3516.7	5570	109.8	1036	369.7	3913
2005	3917.4	5837	84.6	1000	363.9	4044
2006	4093.0	5848	102.3	1149	328.2	4136
2007	4148.8	5981	100.1	1112	328.6	4097
2008	4260.5	6125	104.1	1172	340.6	4192
2009	4316.3	6140	92.1	1151	334.5	4247
2010	4335.7	6120	72.4	945	342.2	4193

13-5　1978-2010年畜牧业生产情况

Production of Animal Husbandry1978 to 2010

年 份 Year	肉类总产量 (万吨) Output of Meat (10 000 tons)	猪存栏 (万头) Stocked Pigs (10 000 heads)	牛存栏 (万头) Stocked Cattle (10 000 heads)	羊存栏 (万只) Stocked Sheep (10 000 heads)	家禽存栏 (万只) Stocked Poultry (10 000 heads)
1978	60.80	1992.00	227.60	756.40	6766.00
1979	65.18	2117.60	221.50	925.80	7204.00
1980	90.10	2112.50	217.80	1041.30	7997.00
1981	96.26	1901.10	213.70	1025.60	8075.00
1982	94.98	1726.20	213.60	989.50	9115.00
1983	94.54	1562.70	222.10	901.80	10216.80
1984	104.38	1681.50	232.60	753.90	14688.90
1985	128.62	1812.80	258.00	783.30	16548.20
1986	141.78	1668.90	292.50	985.30	15120.70
1987	141.02	1547.00	344.60	1404.10	16916.30
1988	171.47	1688.60	416.00	1436.40	21582.10
1989	195.63	1604.10	472.40	1491.30	20471.30
1990	221.61	1576.70	511.80	1528.10	23974.60
1991	241.49	1599.40	501.40	1591.20	24136.80
1992	250.67	1602.60	531.90	1655.20	25810.80
1993	286.61	1603.70	603.00	1703.50	27188.70
1994	338.77	1701.50	681.30	1799.80	35118.60
1995	394.42	1718.10	714.10	1866.10	34613.80
1996	405.52	1723.60	740.10	1877.20	37485.00
1997	460.64	2209.70	811.90	2038.60	41833.00
1998	497.90	2485.90	911.80	2322.00	48484.00
1999	524.49	2560.48	977.25	2536.22	53332.00
2000	499.99	2401.81	779.90	2260.06	47789.90
2001	531.49	2500.29	778.54	2357.24	50263.73
2002	559.66	2602.80	787.88	2466.79	53236.24
2003	591.00	2686.09	804.31	2543.26	55031.28
2004	621.72	2761.01	771.51	2667.51	56875.64
2005	657.78	2771.96	750.45	2645.96	54641.26
2006	681.00	2508.50	632.70	2368.30	52100.30
2007	618.70	2656.50	570.70	2342.30	48779.50
2008	660.31	2725.80	522.49	2142.88	53971.78
2009	684.13	2753.06	485.61	2096.94	52028.80
2010	704.36	2747.55	483.67	2138.88	54352.49

注：本表2006年数据与第二次农业普查进行了衔接，2000至2005年数据根据第二次农业普查进行了调整。

a)Data of 2006 in this sheet are consistent with those obatained from the Second Agricultural Census.Data from 2000 to 2005 in this sheet are adjusted according to the Second Agricultural Census.

13–5 续表 continued

年 份 Year	猪出栏 (万头) Slaughtered Pigs (10 000 heads)	牛出栏 (万头) Slaughtered Cattle (10 000 heads)	羊出栏 (万只) Slaughtered Sheeps (10 000 heads)	家禽出栏 (万只) Slaughtered Poultry (10 000 heads)	禽蛋产量 (万吨) Output of Poultry Eggs (10 000 tons)	奶类产量 (万吨) Output of Milk (10 000 tons)
1978	901.20	4.60	142.40		22.50	6.83
1979	1047.50	6.70	228.60		23.67	6.95
1980	1241.60	8.80	377.50		25.62	6.80
1981	1296.80	11.50	460.70		29.47	5.24
1982	1213.20	10.60	521.60		34.30	8.77
1983	1159.20	18.90	616.30		41.07	11.43
1984	1284.00	18.40	519.10		62.28	13.34
1985	1482.60	27.60	558.30	8283.10	72.50	13.26
1986	1681.20	32.30	617.60	9234.50	69.66	15.81
1987	1514.00	49.80	842.10	11397.30	79.14	17.28
1988	1619.60	69.00	1219.00	15904.00	102.97	19.53
1989	1845.40	82.80	1348.40	16701.20	109.43	21.24
1990	1936.20	110.10	1416.40	22769.00	124.25	22.53
1991	1983.50	119.50	1348.70	30792.70	149.14	23.65
1992	2046.00	140.90	1366.10	33467.90	154.30	25.17
1993	2092.90	177.10	1411.00	42837.30	184.07	28.05
1994	2185.70	213.10	1668.20	64716.70	240.75	32.45
1995	2453.00	248.40	2034.10	71286.50	247.15	36.98
1996	2500.90	272.40	2051.80	73508.00	267.30	41.14
1997	2801.10	334.50	2269.30	82549.00	294.30	45.82
1998	3123.20	354.90	2518.90	91299.00	322.00	53.98
1999	3248.13	391.10	2838.80	100246.00	349.06	61.29
2000	3213.24	322.25	2375.73	91195.00	301.04	62.72
2001	3370.69	359.63	2530.15	99493.75	311.58	80.48
2002	3566.19	380.13	2646.54	105550.38	328.33	103.92
2003	3765.90	396.47	2731.23	113458.25	349.11	132.05
2004	4060.41	413.21	2869.43	122660.64	355.83	167.92
2005	4263.54	425.73	3002.98	145089.38	363.20	196.66
2006	4389.90	436.60	3026.20	151090.90	353.90	212.40
2007	3654.00	449.70	3080.70	139652.90	359.90	242.18
2008	3916.74	458.24	3098.80	152889.08	365.63	254.92
2009	4155.66	454.34	3057.08	156864.19	377.72	258.15
2010	4301.11	449.35	3005.11	163572.63	384.84	271.56

13-6 1978-2010年渔业生产情况
Output of Fishery 1978 to 2010

年 份 Year	水产品总产量(吨) Total Aquatic Products (ton)	海水产品(吨) Seawater Aquatic Products (ton)		
			海洋捕捞 Ocean Fishing	海水养殖 Mariculture
1978	740283	691451	501504	189947
1979	627531	581165	432700	148465
1980	619591	570854	416814	154040
1981	589905	540408	407194	133214
1982	657698	611824	477729	134095
1983	674813	623122	465382	157740
1984	754572	693277	525027	168250
1985	814047	729568	531977	197591
1986	914411	806086	599376	206710
1987	1106641	983119	717588	265531
1988	1355865	1220408	809820	410588
1989	1539905	1403323	899265	504058
1990	1677973	1522059	1032683	489376
1991	1981169	1779214	1138436	640778
1992	2481648	2251437	1384628	866809
1993	3192828	2896171	1555657	1340514
1994	3506539	3053106	1608172	1444934
1995	3440763	2956402	1461525	1494876
1996	5299159	4683795	2337772	2346023
1997	5512326	4840507	2686824	2153683
1998	5875574	5116993	3003764	2113228
1999	6277843	5440155	3003387	2436767
2000	6306551	5375169	2780483	2594685
2001	6196988	5266599	2511170	2755430
2002	6277536	5403654	2457272	2946382
2003	6378795	5456872	2421393	3035479
2004	6486528	5528613	2440631	3087982
2005	6648983	5655207	2421396	3233811
2006	6837469	5783299	2359570	3423729
2007	7133795	5986873	2451596	3535277
2008	7303048	6094766	2481256	3613510
2009	7535939	6263895	2449591	3814304
2010	7838259	6463345	2350888	3962643

注：本表2006年数据与第二次农业普查进行了衔接，水产品产量2006年以前数据根据第二次农业普查进行了调整。
a)Data of 2006 in this sheet are consistent with those obatained from the Second Agricultural Census. Data of Total Aquatic Products before 2006 are adjusted according to the Second Agricultural Census.

13-6 续表 continued

年 份 Year	淡水产品产量(吨) Freshwater Aquatic Products (ton)	捕捞量 Fishing Output	养殖量 Breeding Output	水产品养殖面积(万亩) Water Area for Breeding Aquatics (10 000 mu)	海 水 Seawater	淡 水 Freshwater
1978	48832	32507	16325	202.30	26.80	175.50
1979	46366	30968	15398	193.29	26.54	166.75
1980	48737	32436	16301	203.21	28.50	174.71
1981	49497	31489	18008	182.24	28.66	153.58
1982	45874	29696	16178	176.15	35.18	140.97
1983	51691	31713	19978	160.05	32.31	127.74
1984	61295	34438	26857	165.10	37.70	127.40
1985	84479	37370	47109	215.14	49.58	165.56
1986	108325	38641	69684	243.14	56.70	186.44
1987	123522	34103	89419	257.65	70.87	186.78
1988	135457	29354	106103	234.90	104.27	180.63
1989	136582	26847	109735	246.73	103.72	143.01
1990	155914	31545	124369	273.52	105.01	168.51
1991	201955	41772	160183	304.04	112.54	191.50
1992	230211	41074	189137	312.30	115.89	196.41
1993	296657	50088	246569	400.16	223.76	176.40
1994	453433	58373	395060	466.56	197.36	269.21
1995	484362	55428	428933	497.39	197.81	299.58
1996	615364	67222	548142	564.54	242.45	322.09
1997	671819	73221	598598	618.91	274.04	344.87
1998	758582	80336	678246	649.80	283.22	366.58
1999	837689	80002	757687	722.78	336.14	386.65
2000	931382	81214	850168	788.35	420.71	367.64
2001	930389	79991	850397	829.39	434.99	394.40
2002	873882	71142	802740	802.51	439.15	363.36
2003	921923	91019	830904	930.91	537.52	393.38
2004	957915	93484	864431	1014.34	598.02	416.32
2005	993776	110887	882889	1033.11	611.09	422.02
2006	1054170	117390	936780	840.03	564.62	275.42
2007	1146922	114368	1032554	884.99	609.26	275.73
2008	1208282	129643	1078639	993.45	639.33	354.12
2009	1272044	128342	1143702	1029.30	662.10	367.20
2010	1374914	130896	1244018	1136.51	751.42	385.09

13–7 农作物播种面积和产量
Sown Area and Output of Farm Crops

类　别	Category	2009年 播种面积(公顷) Sown Area (hectare)	2009年 总产量(吨) Total Output (ton)	2009年 单产(千克/公顷) Output per Hectare (kg/hectare)	2010年 播种面积(公顷) Sown Area (hectare)	2010年 总产量(吨) Total Output (ton)	2010年 单产(千克/公顷) Output per Hectare (kg/hectare)	总产量2010年比2009年增减(%) Total Output Rate of Increase over Preceeding year (%)
农作物总播种面积	**Total Sown Area of Crops**	**10778427**			**10818206**			
一、粮食作物合计	**Grain**	**7030088**	**43163019**	**6140**	**7084802**	**43357017**	**6120**	**0.4**
(一)夏收粮食	Summer Harvest Grain	3546151	20477030	5774	3564313	20600011	5780	0.6
1.谷物	Cereals	3545752	20475346	5775	3563536	20597161	5780	0.6
#小麦	Wheat	3545198	20472956	5775	3561868	20585994	5780	0.6
2.夏杂豆	Beans	398	1684	4225	777	2850	3669	69.3
(二)秋收粮食	Autumn Harvest Grain	3483937	22685989	6512	3520489	22757006	6464	0.3
1.谷物	Cereals	3074970	20405545	6636	3107120	20456276	6584	0.2
(1)稻谷	Rice	134613	1120154	8321	128219	1063491	8294	-5.1
(2)玉米	Corn	2917333	19215014	6586	2955267	19320723	6538	0.6
(3)谷子	Millet	14729	44382	3013	17558	53645	3055	20.9
(4)高粱	Chinese Sorghum	6545	20880	3190	5060	15505	3064	-25.7
(5)其他谷物	Other Cereals	1749	5115	2924	1015	2912	2868	-43.1
2.豆类合计	Beans	170605	417153	2445	166072	407676	2455	-2.3
#大豆	Soybean	161146	395505	2454	156935	385912	2459	-2.4
3.薯类(按折粮计算)	Tubers	238362	1863291	7817	247298	1893054	7655	1.6
二、油料作物合计	**Oil-bearing Crops**	**787643**	**3345121**	**4247**	**815929**	**3421584**	**4193**	**2.3**
#花生果	Peanuts	774839	3308870	4270	804987	3390438	4212	2.5
油菜籽	Rapeseeds	10851	30744	2833	9530	26609	2792	-13.4
芝　麻	Sesame	894	1418	1586	709	1203	1697	-15.2
三、棉花	**Cotton**	**800393**	**921220**	**1151**	**766400**	**724133**	**945**	**-21.4**
四、麻类合计	**Fiber Crops**	**203**	**649**	**3201**	**72**	**212**	**2955**	**-67.4**
#黄红麻	Jute and Ambary Hemp	55	281	5107	34	101	3000	-64.0
大　麻	Cannabis	148	368	2492	35	80	2269	-78.2
五、甜菜	**Beetroots**	**46**	**576**	**12642**	**2**	**14**	**7210**	**-97.5**
六、烟叶合计	**Tobacco**	**45728**	**116898**	**2556**	**25010**	**69214**	**2768**	**-40.8**
#烤烟	Flue-cured Tobacco	45286	116019	2562	24495	67384	2751	-41.9
七、药材	**Medical Materials**	**29615**			**28850**			
八、蔬菜(含菜用瓜)	**Vegetable**	**1755975**	**89371973**	**50896**	**1770794**	**90307458**	**50998**	**1.0**
九、瓜类(果用瓜)	**Melon**	**274800**	**13091692**	**47641**	**280729**	**13549347**	**48265**	**3.5**
#西瓜	Watermelon	208924	10452595	50031	213034	10853192	50946	3.8
十、其它农作物	**Other Farm Crops**	**53937**			**45619**			
#青饲料	Fresh Feed	5026			1071			

13−8 主要农业机械年末拥有量(2010年)

Major Agricultural Machinery at the Year-end(2010)

类 别	单位	Category	Unit	数量 Number
农业机械总动力	**(万千瓦)**	**total power of agricultural machinery**	**(10000 kw)**	**11628.97**
一、拖拉机及配套机械		**Tractors and related machinery**		
拖拉机	(万台)	Tractor	(10000 units)	244.23
	(万千瓦)		(10000 kw)	3079.38
#大中型(14.7千瓦及以上)	(万台)	Large and Medium-sized(14.7 kw and above)	(10000 units)	42.57
	(万千瓦)		(10000 kw)	1420.86
拖拉机配套农具	(万部)	Tractor Supporting Tools	(10000 units)	400.68
#大中型	(万部)	Large and Medium-sized	(10000 units)	87.89
二、种植业机械		**Farming Machinery**		
机引犁	(万台)	Mechanical Power Plow	(10000 units)	147.80
旋耕机	(万台)	Rotary Tiller	(10000 units)	31.53
播种机	(万台)	Seeder	(10000 units)	63.81
农用水泵	(万台)	Agricultural Water-pump	(10000 units)	296.19
节水灌溉类机械	(万套)	Water-saving Irrigation Machinery	(10000 units)	48.32
机动喷雾(粉)机	(万台)	Mobile Spray (Powder) Machinery	(10000 units)	43.15
	(万千瓦)		(10000 kw)	90.61
联合收获机	(万台)	Combine Harvester	(10000 units)	18.07
	(万千瓦)		(10000 kw)	575.35
#玉米联合收获机	(万台)	Corn Combine Harvester	(10000 units)	5.63
秸秆粉碎还田机	(万台)	Straw crushing Machinery	(10000 units)	7.80
机动脱粒机	(万台)	Thresher	(10000 units)	42.87
三、畜牧养殖机械	**(万台)**	**Animal Husbandry Machinery**	**(10000 units)**	**17.43**
	(万千瓦)		(10000 kw)	89.19
四、渔业机械	**(万台)**	**Fishery Machinery**	**(10000 units)**	**11.23**
	(万千瓦)		(10000 kw)	218.59
五、林果业机械	**(万台)**	**Fruit Industry Machinery**	**(10000 units)**	**0.79**
	(万千瓦)		(10000 kw)	5.92
六、农产品初加工机械		**Agricultural Products Primary Processing Machinery**		
农产品初加工动力机械	(万台)	Agricultural Products Primary Processing Power Machinery	(10000 units)	99.50
	(万千瓦)		(10000 kw)	862.57
农产品初加工作业机械	(万台)	Agricultural Products Primary Processing Operating Machinery	(10000 units)	48.19
七、农田基本建设机械	**(万台)**	**Farmland Capital Construction Machinery**	**(10000 units)**	**3.88**
	(万千瓦)		(10000 kw)	259.32
八、运输机械		**Transport Machinery**		
#农村运输车	(万台)	Rural Transport Vehicles	(10000 units)	276.47
	(万千瓦)		(10000 kw)	3462.10
九、其他机械		**Other Machinery**		
#农用飞机	(架)	Agricultural Aircraft	(unit)	8
农业机械原值	**(亿元)**	**Total Value of Agricultural Machinery**	**(100 million Yuan)**	**664.84**

13–9 各市农林牧渔业总产值(2010年)

Gross Output Value of Farming,Forestry,Animal Husbandry and Fishery by Region(2010)

单位:万元 (10 000 yuan)

地区	Region	农林牧渔业总产值 Output Value of Farming,Forestry, Animal Husbandry and Fishery	农业产值 Output Value of Farming	林业产值 Output Value of Forestry	牧业产值 Output Value of Animal Husbandry	渔业产值 Output Value of Fishery	农林牧渔服务业产值 Output Value of Services to Farming, Forestry,Animal Husbandry and Fishery
全省总计	**Total**	**66509429**	**36700688**	**865302**	**17744602**	**8473687**	**2725150**
济南市	Jinan	3784306	2468228	71172	1090969	45434	108504
青岛市	Qingdao	4831806	2339238	19241	1264028	1051452	157847
淄博市	Zibo	1884145	1306269	97207	394693	33117	52859
枣庄市	Zaozhuang	2207428	1477970	18361	555974	39846	115277
东营市	Dongying	1696382	712514	14992	468122	372996	127758
烟台市	Yantai	5975883	2922134	115147	984592	1748165	165845
潍坊市	Weifang	6548044	3704746	50484	2232730	344813	215271
济宁市	Jining	6219252	3685016	75155	1817784	430627	210670
泰安市	Tai'an	3382994	2056573	51968	1034875	95048	144530
威海市	Weihai	3008526	790777	8702	530199	1628278	50570
日照市	Rizhao	1762907	865260	25731	456731	345303	69881
莱芜市	Laiwu	725138	454956	11366	239265	9938	9613
临沂市	Linyi	4778789	3065822	155439	1318932	114221	124384
德州市	Dezhou	4432973	2353814	103318	1669893	111095	194853
聊城市	Liaocheng	4032858	2918940	19149	982965	46989	64815
滨州市	Binzhou	3004112	1686684	50279	848829	324170	94150
菏泽市	Heze	3945037	2596610	82435	1086746	96216	83030

注:本表按当年价格计算。

a)Data in this table are caculated at current prices.

13–10 各市农业产值(2010年)

Output Value of Farming by Region(2010)

单位:万元 (10 000 yuan)

地区	Region	农业产值 Output Value of Farming	(一)谷物及其他作物 Cereals and Other Crops	粮食作物 Grain	谷物 Cereals	豆类 Beans	薯类 Tubers	油料 Oil-bearing	棉花 Cotton
全省总计	**Total**	**36700688**	**14101382**	**8427686**	**7697125**	**184249**	**546312**	**1843653**	**1827434**
济南市	Jinan	2468228	785966	570236	535924	18266	16046	31569	34643
青岛市	Qingdao	2339238	1065330	648615	629949	16146	2520	208745	7821
淄博市	Zibo	1306269	455832	332267	327705	3492	1070	11766	21950
枣庄市	Zaozhuang	1477970	503532	368463	347172	16504	4787	49204	5962
东营市	Dongying	712514	429394	144382	140799	3465	118	2154	258206
烟台市	Yantai	2922134	954871	516072	476514	18493	21065	283820	243
潍坊市	Weifang	3704746	1432249	966864	949953	11877	5034	115735	113080
济宁市	Jining	3685016	1680706	945095	905875	29442	9778	146297	235575
泰安市	Tai'an	2056573	850027	599672	578455	15852	5365	116017	21596
威海市	Weihai	790777	339066	192158	179308	9296	3554	112688	
日照市	Rizhao	865260	448245	227155	215067	6514	5574	145010	2319
莱芜市	Laiwu	454956	125132	50592	43017	370	7205	15677	267
临沂市	Linyi	3065822	1305883	821046	707497	80557	32992	340854	13529
德州市	Dezhou	2353814	1695129	1372366	1369308	2576	482	6425	284148
聊城市	Liaocheng	2918940	1161008	1001075	993384	5628	2063	61059	42286
滨州市	Binzhou	1686684	1024215	576518	571589	4554	375	4458	351131
菏泽市	Heze	2596610	1575762	959246	924265	28812	6169	92363	306336

注:本表按当年价格计算。

a)Data in this table are caculated at current prices.

13-10 续表 continued

单位:万元 (10 000 yuan)

地 区	Region	麻类 Fiber Crops	糖类 Sugar Crops	烟叶 Tobacco	其他农作物 Other Crops	(二)蔬菜园艺作物 Vegetable Gardening Crops	#蔬菜(含菜用瓜) Vegetables	(三)水果坚果和饮料 Fruits,Nuts and Beverage	#水果坚果(含果用瓜) Fruits and Nuts	(四)中药材 Chinese Herbal Medicines
全省总计	**Total**	**80**		**108671**	**1893858**	**15926398**	**15150652**	**6268344**	**5808981**	**404564**
济南市	Jinan				149518	1277714	1249675	404548	333613	
青岛市	Qingdao			2336	197813	854453	841219	419386	407838	69
淄博市	Zibo			2722	87127	508866	442438	287273	272237	54298
枣庄市	Zaozhuang			13	79890	831293	813605	142704	115087	441
东营市	Dongying				24652	244210	228203	38910	38910	
烟台市	Yantai			1	154735	474975	442418	1491399	1473354	889
潍坊市	Weifang		4	21397	215169	1734094	1632769	529960	517477	8443
济宁市	Jining				353739	1634280	1554225	361555	339638	8475
泰安市	Tai'an	78		8	112656	962424	953458	243351	175843	771
威海市	Weihai			3	34217	158791	158208	286166	271395	6754
日照市	Rizhao			16702	57059	251407	250083	159812	87849	5796
莱芜市	Laiwu				58596	281691	281006	40195	26438	7938
临沂市	Linyi	1		17567	112886	1027761	1014468	631684	568566	100494
德州市	Dezhou	99			32091	506965	485980	151678	151633	42
聊城市	Liaocheng				56588	1420706	1384977	337226	337226	
滨州市	Binzhou				92108	285056	262315	377413	376653	
菏泽市	Heze		3		217814	731998	694381	259321	257777	29529

13-11 各市林业产值(2010年)
Output Value of Forestry by Region(2010)

单位:万元 (10 000 yuan)

地 区	Region	林业产值 Output Value of Forestry	(一)林木的培育和种植 Cultivation and Planting of Trees	育种育苗 Breeding Nursery	造林 Afforestation	抚育管理 Tending Management	(二)竹木采运 Logging and Transport of Bamboo	#村及村以下 Village Level and below	(三)林产品 Forestry Products
全省总计	**Total**	**865302**	**371321**	**44669**	**67348**	**259304**	**165497**	**149319**	**328484**
济南市	Jinan	71172	30313	1957	11855	16501	40859	36136	
青岛市	Qingdao	19241	10792	3157	1970	5665	8444	1111	5
淄博市	Zibo	97207	72948	4957	13528	54463	8337	2477	15922
枣庄市	Zaozhuang	18361	12885	1104	1767	10014	2069		3407
东营市	Dongying	14992	12671	317	525	11829	2321	837	
烟台市	Yantai	115147	100332	3325	56476	40531	7024	3388	7791
潍坊市	Weifang	50484	39060	2189	11655	25216	10030	10030	1394
济宁市	Jining	75155	27506	2961	3087	21458	15929	4066	31720
泰安市	Tai'an	51968	43692	5499	8553	29640	5897	4138	2379
威海市	Weihai	8702	3666	812	1769	1085	1045	35	3991
日照市	Rizhao	25731	11682	4603	1745	5334	9267	3851	4782
莱芜市	Laiwu	11366	9504	589	279	8636	1764	117	98
临沂市	Linyi	155439	35747	2974	10261	22512	23388	19089	96304
德州市	Dezhou	103318	93401	3129	10168	80104	8823	5900	1094
聊城市	Liaocheng	19149	13063	1797	4458	6808	5773	4678	313
滨州市	Binzhou	50279	14036	1590	2435	10011	4826	4503	31417
菏泽市	Heze	82435	25641	2173	5297	18171	41726	41059	15068

注:本表按当年价格计算。
a) Data in this table are caculated at current prices.

13-12 各市牧业产值(2010年)

Output Value of Animal Husbandry by Region(2010)

单位:万元 (10 000 yuan)

地 区	Region	牧业产值 Output Value of Animal Husbandry	(一)牲畜饲养 Stock Breeding	#牛 Cattle	#羊 Sheep	#奶产品 Milk Products	#牛奶 Cow Milk	毛绒产品 Feather and Cashmere Products
全省总计	**Total**	**17744602**	**3524956**	**1737823**	**981750**	**764358**	**719608**	**26421**
济南市	Jinan	1090969	387291	206380	85589	91719	91719	2436
青岛市	Qingdao	1264028	139831	25006	6412	108342	81616	16
淄博市	Zibo	394693	90831	33670	22179	32961	32643	1867
枣庄市	Zaozhuang	555974	84562	22902	47280	13347	10762	450
东营市	Dongying	468122	159121	62007	47604	48138	48138	371
烟台市	Yantai	984592	137297	50316	18755	61258	50587	147
潍坊市	Weifang	2232730	230276	105503	52458	70054	63237	1360
济宁市	Jining	1817784	224850	69103	102971	46899	42665	5001
泰安市	Tai'an	1034875	275348	51821	88399	131383	131383	3509
威海市	Weihai	530199	75812	11684	4971	58796	51111	358
日照市	Rizhao	456731	77413	21639	51906	3675	3675	92
莱芜市	Laiwu	239265	49211	4595	8866	1063	1063	34687
临沂市	Linyi	1318932	149574	61469	59803	24153	23542	3899
德州市	Dezhou	1669893	779933	650127	91162	35453	35453	653
聊城市	Liaocheng	982965	222928	94864	96961	26082	26055	3174
滨州市	Binzhou	848829	236253	161466	37918	30978	30978	1846
菏泽市	Heze	1086746	388395	124970	231847	15774	15774	10585

注:本表按当年价格计算。
a) Data in this table are caculated at current prices.

13-12 续表 continued

单位:万元 (10 000 yuan)

地 区	Region	(二)猪饲养 Pigs Breeding	(三)家禽饲养 Poultry Breeding	#肉禽 Poultry for Meat	#禽蛋 Egg	(四)狩猎和捕捉动物 Animal Hunting and Trapping	(五)其他畜牧业 Other Animal Husbandry	#蚕茧 Cocoon
全省总计	**Total**	**6935071**	**5779652**	**2950340**	**2829312**	**10125**	**1494798**	**149609**
济南市	Jinan	358202	328526	77045	251481	42	16908	1975
青岛市	Qingdao	450546	569934	416128	153806		103717	5537
淄博市	Zibo	155230	119649	69159	50490	870	28113	5639
枣庄市	Zaozhuang	219870	202390	125954	76436		49152	3189
东营市	Dongying	126437	180507	107656	72851		2057	332
烟台市	Yantai	372771	457321	244655	212666	3247	13956	3552
潍坊市	Weifang	801370	1033691	845859	187832		167393	12232
济宁市	Jining	800854	704380	345039	359341	4688	83012	40562
泰安市	Tai'an	401923	267979	130109	137870	336	89289	32988
威海市	Weihai	166037	111595	29612	81983		176755	1391
日照市	Rizhao	198307	139254	60496	78477	12	41745	21261
莱芜市	Laiwu	84499	96133	58395	37738		9422	1025
临沂市	Linyi	608619	440709	261802	178907	3147	116883	10710
德州市	Dezhou	499989	380119	141252	238867	362	9490	2816
聊城市	Liaocheng	288360	468920	226419	242501		2757	
滨州市	Binzhou	213082	378100	234533	143561	11	21383	15408
菏泽市	Heze	326887	309802	73052	236750	362	61300	16847

13-13 各市渔业产值(2010年)
Output Value of Fishery by Region(2010)

单位:万元 (10 000 yuan)

地 区	Region	渔业产值 Output Value of Fishery	(一)海水产品 Seawater Aquatic Products	#养殖 Cultured	鱼类 Fish	甲壳类 Crustacean	贝类 Shellfish	藻类 Algae	其他 Others
全省总计	**Total**	**8473687**	**6785276**	**4151837**	**1723412**	**1362515**	**1843469**	**1572525**	**283355**
济南市	Jinan	45433							
青岛市	Qingdao	1051452	1001258	751788	216673	240468	372990	6050	165077
淄博市	Zibo	33117							
枣庄市	Zaozhuang	39846							
东营市	Dongying	372996	267199	188027	64053	108479	79875		14792
烟台市	Yantai	1748165	1723857	1099160	298990	274273	543275	48564	558755
潍坊市	Weifang	344813	264033	134669	103237	70348	81750		8698
济宁市	Jining	430627							
泰安市	Tai'an	95048							
威海市	Weihai	1628278	1581168	655193	393587	128959	386911	86277	585434
日照市	Rizhao	345303	316602	157189	107705	71538	46543	164	90652
莱芜市	Laiwu	9938							
临沂市	Linyi	114221							
德州市	Dezhou	111095							
聊城市	Liaocheng	46989							
滨州市	Binzhou	324170	188382	130107	10648	114343	38105	30	25256
菏泽市	Heze	96216							

注:本表按当年价格计算。
a)Data in this table are caculated at current prices.

13-13 续表 continued

单位:万元 (10 000 yuan)

地 区	Region	(二)内陆水域水产品 Aquatic Products from Inland Waterways	#养殖 Cultured	鱼类 Fish	甲壳类 Crustacean	贝类 Shellfish	其他 Others
全省总计	**Total**	**1688411**	**1525669**	**1409080**	**251478**	**5719**	**22134**
济南市	Jinan	45433	3998	44481	8		944
青岛市	Qingdao	50194		48769	1398		27
淄博市	Zibo	33117	26491	33068	49		
枣庄市	Zaozhuang	39846	3758	39251	365	86	141
东营市	Dongying	105797	7541	60313	44380	994	110
烟台市	Yantai	24308	594	22315	1574	383	36
潍坊市	Weifang	80780	12520	69343	10575	114	748
济宁市	Jining	430627	70993	357952	59476	7585	5614
泰安市	Tai'an	95048	20736	60485	23031	71	11460
威海市	Weihai	47110		43725	3215	170	
日照市	Rizhao	28701	2054	24014	4161	4	522
莱芜市	Laiwu	9938		9919	19		
临沂市	Linyi	114221	788	111555	1542	481	589
德州市	Dezhou	111095		109887	1191		17
聊城市	Liaocheng	46989	4176	45892	223		874
滨州市	Binzhou	135788	124583	98220	37092		476
菏泽市	Heze	96216	5924	93413	1531	62	1210

13−14　各市农村基层情况和农业生产条件(2010年)
Basic Conditions of Rural Grass-root Units and Agricultural Production by Region(2010)

地　区	Region	一、农村基层组织情况(个) Rural Grass-root Units(unit)			二、农村社会基础设施(个) Rural Infrastructure(unit)			
		乡、镇个数 Number of Township and Town Governments	# 镇 Town Governments	村委会个数 Number of Villager`s Committees	自来水受益村数 Number of Villages Benefit from Water	通汽车村数 Number of Villages with Automobile Traffic	通电话村数 Number of Villages with Telephone Lines	通电话户数(户) Number of Households with Telephone Lines (household)
全省总计	**Total**	**1874**	**1118**	**78015**	**71323**	**77984**	**77945**	**14988397**
济南市	Jinan	141	49	4607	4509	4607	4607	780884
青岛市	Qingdao	178	77	5974	5914	5968	5972	1285973
淄博市	Zibo	88	59	3102	2988	3102	3102	667783
枣庄市	Zaozhuang	64	44	2315	2295	2315	2315	487472
东营市	Dongying	40	23	1781	1781	1781	1781	266408
烟台市	Yantai	153	82	6433	5891	6432	6433	1295824
潍坊市	Weifang	118	64	8209	7981	8209	8209	1636725
济宁市	Jining	155	91	6309	6147	6294	6309	1237061
泰安市	Tai'an	87	60	3562	3468	3562	3562	995179
威海市	Weihai	68	50	2514	2512	2512	2514	497747
日照市	Rizhao	54	40	2964	2534	2964	2964	494492
莱芜市	Laiwu	20	15	1016	1007	1016	1016	220831
临沂市	Linyi	180	130	7149	6041	7149	7149	1911192
德州市	Dezhou	134	87	5272	4528	5269	5204	899926
聊城市	Liaocheng	135	79	5751	4948	5747	5751	722072
滨州市	Binzhou	91	55	5133	4950	5133	5133	768793
菏泽市	Heze	168	113	5924	3829	5924	5924	820035

注:本表中“乡镇个数”为全省乡镇级行政区划单位数,全省有156个乡、1118个镇、600个街道办事处。

a)Number of township and town governments refers to number of administrative division units at the level of Township and Town Governments. There are 156 townships ,1118 town governments and 600 street communities in the province.

13-14 续表 1 continued

地 区	Region	三、乡村人口、从业人员及主要行业分布(万人) Rural Population,Laborers and Distribution of Major Sectors(10 000 persons)						
		乡村户数(万户) Number of Rural Households (10 000 households)	乡村人口数 Rural Population	乡村从业人员数 Number of Rural Laborers	(一) 按性别分 by Sex		(二)按国民经济行业分 by Sector	
					男 Male	女 Female	农林牧渔业 Farming,Forestry, Animal Husbandry and Fishery	#农 业 of which: Farming
全省总计	**Total**	**2146.09**	**7175.32**	**4061.88**	**2177.22**	**1884.65**	**1993.42**	**1715.40**
济 南 市	Jinan	99.68	353.59	196.85	105.26	91.58	76.66	64.85
青 岛 市	Qingdao	154.92	487.04	276.03	147.09	128.94	102.45	82.50
淄 博 市	Zibo	87.97	271.22	159.91	86.84	73.07	62.47	54.44
枣 庄 市	Zaozhuang	78.63	284.70	164.83	87.53	77.31	76.81	66.19
东 营 市	Dongying	33.51	108.90	61.01	31.85	29.16	29.99	26.98
烟 台 市	Yantai	175.00	481.15	264.12	142.14	121.98	140.16	118.45
潍 坊 市	Weifang	206.24	703.07	371.64	200.05	171.59	184.99	163.30
济 宁 市	Jining	181.86	670.30	389.19	209.15	180.04	182.42	152.32
泰 安 市	Tai'an	122.00	416.54	237.57	126.85	110.72	86.88	67.34
威 海 市	Weihai	65.09	161.21	90.36	49.73	40.63	38.74	30.88
日 照 市	Rizhao	82.05	242.55	139.78	75.70	64.08	84.22	70.99
莱 芜 市	Laiwu	31.92	88.92	51.47	27.73	23.74	25.24	20.92
临 沂 市	Linyi	267.48	877.52	535.38	288.23	247.15	285.95	250.45
德 州 市	Dezhou	125.82	451.70	242.73	130.63	112.10	145.19	127.74
聊 城 市	Liaocheng	135.27	492.81	295.42	155.88	139.55	182.86	163.61
滨 州 市	Binzhou	96.15	314.04	187.02	101.21	85.82	86.35	75.06
菏 泽 市	Heze	202.51	770.07	398.55	211.35	187.20	202.03	179.38

13-14 续表 2 continued

地 区 Region	三、乡村人口、从业人员及主要行业分布(万人) Rural Population,Laborers and Distribution of Major Sectors(10 000 persons)						
	(二) 按国民经济行业分 by Sector						
	工 业 Industry	建筑业 Construction	交通运输、仓储及邮电业 Transport, Storage, Post and Communication Services	信息传输和计算机服务业 Information Transmission and Computer Services	批发与零售业 Wholesale and Retail Trades	住宿和餐饮业 Hotels and Catering Services	其 他 Others
全省总计 Total	**680.48**	**468.99**	**169.73**	**32.38**	**232.09**	**117.67**	**367.11**
济 南 市 Jinan	32.57	29.69	13.60	1.55	16.02	7.95	18.80
青 岛 市 Qingdao	76.32	32.10	11.78	2.51	21.11	7.74	22.01
淄 博 市 Zibo	45.19	18.19	8.34	1.36	10.65	4.92	8.78
枣 庄 市 Zaozhuang	27.58	20.10	10.82	1.44	10.05	4.96	13.07
东 营 市 Dongying	9.71	6.86	3.77	0.73	4.49	2.68	2.78
烟 台 市 Yantai	50.89	22.97	7.71	1.76	13.14	6.52	20.97
潍 坊 市 Weifang	71.21	40.30	15.69	3.28	18.81	11.25	26.10
济 宁 市 Jining	46.11	58.02	20.61	4.28	21.92	12.37	43.47
泰 安 市 Tai'an	34.42	41.07	12.10	2.19	17.17	9.89	33.84
威 海 市 Weihai	19.88	9.51	3.51	0.68	5.70	2.27	10.05
日 照 市 Rizhao	14.07	17.54	3.44	1.19	5.32	3.02	10.96
莱 芜 市 Laiwu	7.30	7.58	2.39	0.32	2.71	2.12	3.79
临 沂 市 Linyi	89.75	62.88	19.99	3.14	26.62	13.57	33.48
德 州 市 Dezhou	29.45	20.74	7.33	2.21	12.10	6.06	19.64
聊 城 市 Liaocheng	32.13	22.52	8.39	1.88	13.94	7.62	26.09
滨 州 市 Binzhou	37.85	20.93	9.09	1.19	13.16	6.43	12.02
菏 泽 市 Heze	56.02	37.99	11.16	2.66	19.17	8.28	61.24

13−15 各市农林牧渔业增加值(2010年)

Added Value of Farming,Forestry, Animal Husbandry and Fishery by Region(2010)

单位:万元 (10 000 yuan)

地区	Region	增加值 Added Value	农业 Farming	林业 Forestry	牧业 Animal Husbandry	渔业 Fishery	农林牧渔服务业 Services to Farming, Forestry,Animal Husbandry and Fishery
全省总计	**Total**	**35882843**	**21465741**	**607238**	**7270319**	**5214102**	**1325442**
济南市	Jinan	2151733	1494350	47272	530755	30243	49113
青岛市	Qingdao	2769883	1491886	10278	535712	647815	84192
淄博市	Zibo	1052969	770418	56530	183500	17213	25308
枣庄市	Zaozhuang	1175631	862076	11407	213466	24760	63922
东营市	Dongying	873799	459521	7145	180388	178205	48540
烟台市	Yantai	3344873	1724969	66628	502154	957342	93780
潍坊市	Weifang	3305055	2255706	28977	744916	169130	106326
济宁市	Jining	3204052	2085642	44095	799542	194234	80539
泰安市	Tai'an	1953016	1290226	39643	481369	69540	72238
威海市	Weihai	1539354	372472	4603	221705	915863	24711
日照市	Rizhao	1002580	513375	18766	227521	199010	43908
莱芜市	Laiwu	386096	303826	7046	66969	5564	2691
临沂市	Linyi	2640136	1920550	100214	481773	70654	66945
德州市	Dezhou	2105063	1082754	61991	761452	72212	126654
聊城市	Liaocheng	2216406	1734726	14270	397560	30787	39063
滨州市	Binzhou	1554789	1018858	27470	309389	155643	43429
菏泽市	Heze	2201757	1574847	62626	468594	76740	18950

注:本表按当年价格计算。
a)Data in this table are caculated at current prices.

13−16 各市地类面积(2008年)

Land Category Area by Region(2008)

单位:公顷 (hectare)

地区	Region	农用地 agricultural land	耕地 Cultivated Land	水浇地 Irrigated Land	建设用地 Land for construction	未利用地 unutilized land
全省总计	**Total**	**11563815**	**7510761**	**4360871**	**2508596**	**1640220**
济南市	Jinan	550378	360664	244484	153089	96384
青岛市	Qingdao	830990	512830	198660	208246	78294
淄博市	Zibo	430483	207094	134601	112612	53422
枣庄市	Zaozhuang	335436	240846	98531	75156	45730
东营市	Dongying	375623	219988	100274	115054	301648
烟台市	Yantai	1101664	446000	146717	176199	96784
潍坊市	Weifang	1157349	783920	383772	293696	149444
济宁市	Jining	760505	600580	409279	171358	187564
泰安市	Tai'an	597447	343375	210655	116864	61872
威海市	Weihai	452613	191723	60784	79097	38088
日照市	Rizhao	432002	229575	56160	72654	30143
莱芜市	Laiwu	147640	68642	34798	34484	42497
临沂市	Linyi	1311252	842638	160824	241429	167485
德州市	Dezhou	800663	618962	590541	167766	67203
聊城市	Liaocheng	690310	565594	548311	148780	32367
滨州市	Binzhou	619767	447065	378540	149948	133545
菏泽市	Heze	969692	831266	603941	192163	57529

13-17 各市粮食播种面积和产量
Sown Area and Output of Grain by Region

地 区	Region	2009 播种面积(公顷) Sown Area (hectare)	2009 总产量(吨) Total Output (ton)	2009 单产(千克/公顷) Output per Hectare (kg/hectare)	2010 播种面积(公顷) Sown Area (hectare)	2010 总产量(吨) Total Output (ton)	2010 单产(千克/公顷) Output per Hectare (kg/hectare)	总产量2010年比2009年增减(%) Total Output Rate of Increase over the Preceeding year
全省总计	**Total**	**7030088**	**43163019**	**6140**	**7084802**	**43357017**	**6120**	**0.4**
济 南 市	Jinan	463425	2894732	6246	467391	2894324	6193	
青 岛 市	Qingdao	529152	3539075	6688	535639	3514081	6561	-0.7
淄 博 市	Zibo	252870	1631810	6453	256140	1754477	6850	7.5
枣 庄 市	Zaozhuang	278911	1827101	6551	284381	1929899	6786	5.6
东 营 市	Dongying	118374	803240	6786	120983	793574	6559	-1.2
烟 台 市	Yantai	395503	2569473	6497	397522	2578905	6487	0.4
潍 坊 市	Weifang	786094	5208328	6626	799524	5225762	6536	0.3
济 宁 市	Jining	641507	4462364	6956	662276	4648044	7018	4.2
泰 安 市	Tai'an	431933	3036128	7029	432077	3102969	7182	2.2
威 海 市	Weihai	170746	1044169	6115	172745	1062635	6151	1.8
日 照 市	Rizhao	178628	1124150	6293	185472	1201848	6480	6.9
莱 芜 市	Laiwu	51951	273085	5257	52785	277830	5263	1.7
临 沂 市	Linyi	729788	4561461	6250	744116	4687627	6300	2.8
德 州 市	Dezhou	910647	7212090	7920	889966	7041996	7913	-2.4
聊 城 市	Liaocheng	720830	4688180	6504	776137	5199352	6699	10.9
滨 州 市	Binzhou	427205	2951014	6908	439774	2956489	6723	0.2
菏 泽 市	Heze	1025234	5593153	5455	1017962	5649380	5550	1.0

13-18 各市棉花播种面积和产量
Sown Area and Output of Cotton by Region

地 区	Region	2009 播种面积(公顷) Sown Area (hectare)	2009 总产量(吨) Total Output (ton)	2009 单产(千克/公顷) Output per Hectare (kg/hectare)	2010 播种面积(公顷) Sown Area (hectare)	2010 总产量(吨) Total Output (ton)	2010 单产(千克/公顷) Output per Hectare (kg/hectare)	总产量2010年比2009年增减(%) Total Output Rate of Increase over the Preceeding year
全省总计	**Total**	**800393**	**921220**	**1151**	**766400**	**724133**	**945**	**-21.4**
济 南 市	Jinan	26684	31879	1195	25500	29408	1153	-7.7
青 岛 市	Qingdao	3811	4529	1189	3394	3952	1164	-12.8
淄 博 市	Zibo	8661	10563	1220	7807	9554	1224	-9.6
枣 庄 市	Zaozhuang	3747	5412	1444	4110	6206	1510	14.7
东 营 市	Dongying	115548	136671	1183	124608	118122	948	-13.6
烟 台 市	Yantai	295	286	970	192	194	1013	-32.1
潍 坊 市	Weifang	41643	54768	1315	42914	51153	1192	-6.6
济 宁 市	Jining	107225	140548	1311	103653	137486	1326	-2.2
泰 安 市	Tai'an	7731	9762	1263	7622	9126	1197	-6.5
威 海 市	Weihai							
日 照 市	Rizhao	1142	1153	1010	1562	1600	1024	38.7
莱 芜 市	Laiwu	701	957	1365	761	1075	1412	12.3
临 沂 市	Linyi	10365	13383	1291	10137	13043	1287	-2.5
德 州 市	Dezhou	156137	214718	1375	110879	135060	1218	-37.1
聊 城 市	Liaocheng	73484	95757	1303	66587	82470	1239	-13.9
滨 州 市	Binzhou	128850	155405	1206	125384	132202	1054	-14.9
菏 泽 市	Heze	186181	238471	1281	185295	237211	1280	-0.5

13—19 各市油料播种面积和产量

Sown Area and Output of Oil-bearing Crops by Region

地 区	Region	2009 播种面积(公顷) Sown Area (hectare)	2009 总产量(吨) Total Output (ton)	2009 单 产(千克/公顷) Output per Hectare (kg/hectare)	2010 播种面积(公顷) Sown Area (hectare)	2010 总产量(吨) Total Output (ton)	2010 单 产(千克/公顷) Output per Hectare (kg/hectare)	总产量2010年比2009年增减(%) Total Output Rate of Increase over the Preceeding year
全省总计	**Total**	**787643**	**3345121**	**4247**	**815929**	**3421584**	**4193**	**2.3**
济南市	Jinan	16217	60693	3742	15677	58763	3748	-3.2
青岛市	Qingdao	100195	469519	4686	97295	441856	4541	-5.9
淄博市	Zibo	5986	19800	3308	6330	21857	3453	10.4
枣庄市	Zaozhuang	24836	100663	4053	23858	102113	4280	1.4
东营市	Dongying	1564	5260	3363	1565	4865	3108	-7.5
烟台市	Yantai	110485	454675	4115	110845	458548	4137	0.9
潍坊市	Weifang	53709	270534	5037	54760	270749	4944	0.1
济宁市	Jining	48957	226204	4620	49131	229320	4668	1.4
泰安市	Tai'an	47501	198606	4181	50478	215812	4275	8.7
威海市	Weihai	66639	259687	3897	65274	247139	3786	-4.8
日照市	Rizhao	52111	228210	4379	54942	240887	4384	5.6
莱芜市	Laiwu	6565	16524	2517	7288	18681	2563	13.1
临沂市	Linyi	170525	804248	4716	174436	810023	4644	0.7
德州市	Dezhou	4264	19110	4481	3784	17232	4554	-9.8
聊城市	Liaocheng	41488	165836	3997	37115	141869	3822	-14.5
滨州市	Binzhou	3802	12190	3206	3532	10061	2849	-17.5
菏泽市	Heze	56173	221030	3935	59536	233613	3924	5.7

13—20 各市农业主要产品生产情况(2010年)

Production of Major Agricultural Products by Region(2010)

地 区	Region	农作物总播种面积(公顷) Total Sown Area of Farm Crops (hectare)	一、粮食作物合计 Grain Crops 播种面积(公顷) Sown Area (hectare)	一、粮食作物合计 总产量(吨) Total Output (ton)	一、粮食作物合计 单 产(千克/公顷) Output per Hectare (kg/hectare)	(一)夏收粮食 Summer Harvest Grain 播种面积(公顷) Sown Area (hectare)	(一)夏收粮食 总产量(吨) Total Output (ton)	(一)夏收粮食 单 产(千克/公顷) Output per Hectare (kg/hectare)
全省总计	**Total**	**10818206**	**7084802**	**43357017**	**6120**	**3564313**	**20600011**	**5780**
济南市	Jinan	620935	467391	2894324	6193	216357	1263189	5838
青岛市	Qingdao	753930	535639	3514081	6561	266303	1647344	6186
淄博市	Zibo	307236	256140	1754477	6850	121751	754126	6194
枣庄市	Zaozhuang	406699	284381	1929899	6786	146967	985552	6706
东营市	Dongying	279164	120983	793574	6559	52915	329433	6226
烟台市	Yantai	557794	397522	2578905	6487	169573	936439	5522
潍坊市	Weifang	1128676	799524	5225762	6536	387001	2422495	6260
济宁市	Jining	1065993	662276	4648044	7018	353520	2324662	6576
泰安市	Tai'an	631550	432077	3102969	7182	219228	1465720	6686
威海市	Weihai	261520	172745	1062635	6151	77296	429694	5559
日照市	Rizhao	270783	185472	1201848	6480	92533	529470	5722
莱芜市	Laiwu	91254	52785	277830	5263	18094	79066	4370
临沂市	Linyi	1100432	744116	4687627	6300	357173	2113180	5916
德州市	Dezhou	1096061	889966	7041996	7913	445930	3359035	7533
聊城市	Liaocheng	1066819	776137	5199352	6699	395931	2660954	6721
滨州市	Binzhou	614137	439774	2956489	6723	219791	1418823	6455
菏泽市	Heze	1487882	1017962	5649380	5550	617685	3538853	5729

13-20 续表 1 continued

地 区 Region	1.谷 物 Cereals			#小 麦 Wheat			2.夏杂豆 Beans		
	播种面积(公顷) Sown Area (hectare)	总产量(吨) Total Output (ton)	单 产(千克/公顷) Output per Hectare (kg/hectare)	播种面积(公顷) Sown Area (hectare)	总产量(吨) Total Output (ton)	单 产(千克/公顷) Output per Hectare (kg/hectare)	播种面积(公顷) Sown Area (hectare)	总产量(吨) Total Output (ton)	单 产(千克/公顷) Output per Hectare (kg/hectare)
全省总计 Total	**3563536**	**20597161**	**5780**	**3561868**	**20585994**	**5780**	**777**	**2850**	**3669**
济南市 Jinan	216357	1263189	5838	216357	1263189	5838			
青岛市 Qingdao	266273	1647254	6186	266192	1646745	6186	30	90	3000
淄博市 Zibo	121716	754053	6195	121704	754024	6196	36	73	2040
枣庄市 Zaozhuang	146967	985552	6706	146965	985547	6706			
东营市 Dongying	52915	329433	6226	52915	329433	6226			
烟台市 Yantai	169457	936162	5524	169457	936162	5524	116	277	2376
潍坊市 Weifang	386550	2420571	6262	386545	2420552	6262	452	1924	4258
济宁市 Jining	353474	2324500	6576	353474	2324500	6576	46	162	3496
泰安市 Tai'an	219220	1465696	6686	219213	1465671	6686	8	24	3000
威海市 Weihai	77256	429512	5560	77256	429512	5560	40	182	4558
日照市 Rizhao	92526	529448	5722	92526	529448	5722	8	22	2910
莱芜市 Laiwu	18094	79066	4370	18094	79066	4370			
临沂市 Linyi	357152	2113119	5917	355941	2106800	5919	20	61	3000
德州市 Dezhou	445930	3359035	7533	445930	3359035	7533			
聊城市 Liaocheng	395931	2660954	6721	395931	2660954	6721			
滨州市 Binzhou	219770	1418788	6456	219770	1418788	6456	21	36	1719
菏泽市 Heze	617685	3538853	5729	617685	3538853	5729			

13-20 续表 2 continued

地 区 Region	(二)秋收粮食 Autumn Harvest Grain			1.谷 物 Cereals			(1)稻 谷 Rice		
	播种面积(公顷) Sown Area (hectare)	总产量(吨) Total Output (ton)	单 产(千克/公顷) Output per Hectare (kg/hectare)	播种面积(公顷) Sown Area (hectare)	总产量(吨) Total Output (ton)	单 产(千克/公顷) Output per Hectare (kg/hectare)	播种面积(公顷) Sown Area (hectare)	总产量(吨) Total Output (ton)	单 产(千克/公顷) Output per Hectare (kg/hectare)
全省总计 Total	**3520489**	**22757006**	**6464**	**3107120**	**20456276**	**6584**	**128219**	**1063491**	**8294**
济南市 Jinan	251035	1631135	6498	224575	1489308	6632	8652	64464	7451
青岛市 Qingdao	269336	1866737	6931	252138	1798371	7132	59	305	5193
淄博市 Zibo	134389	1000352	7444	129498	978070	7553	455	3468	7629
枣庄市 Zaozhuang	137414	944347	6872	118632	833001	7022	2498	19004	7607
东营市 Dongying	68068	464140	6819	64714	455516	7039	6479	44328	6842
烟台市 Yantai	227949	1642466	7205	200423	1479498	7382	146	1011	6922
潍坊市 Weifang	412522	2803267	6795	393748	2698582	6854			
济宁市 Jining	308755	2323382	7525	273901	2136782	7801	45903	423973	9236
泰安市 Tai'an	212849	1637249	7692	190668	1517903	7961	228	1750	7680
威海市 Weihai	95450	632941	6631	81020	556491	6869			
日照市 Rizhao	92939	672378	7235	78980	574804	7278	8260	67248	8141
莱芜市 Laiwu	34691	198764	5730	30151	164886	5469	19	75	3855
临沂市 Linyi	386943	2574447	6653	301858	2068619	6853	47123	404416	8582
德州市 Dezhou	444036	3682962	8294	440786	3668601	8323	356	2731	7671
聊城市 Liaocheng	380206	2538397	6676	370476	2490274	6722	319	2039	6385
滨州市 Binzhou	219983	1537665	6990	215677	1522981	7061	931	7568	8130
菏泽市 Heze	400277	2110527	5273	365968	2004427	5477	5487	48051	8757

13-20 续表 3 continued

地 区	Region	(2)玉 米 Corn 播种面积(公顷) Sown Area (hectare)	总产量(吨) Total Output (ton)	单 产(千克/公顷) Output per Hectare (kg/hectare)	(3)谷 子 Millet 播种面积(公顷) Sown Area (hectare)	总产量(吨) Total Output (ton)	单 产(千克/公顷) Output per Hectare (kg/hectare)	(4)高 粱 Chinese Sorghum 播种面积(公顷) Sown Area (hectare)	总产量(吨) Total Output (ton)	单 产(千克/公顷) Output per Hectare (kg/hectare)
全省总计	**Total**	**2955267**	**19320723**	**6538**	**17558**	**53645**	**3055**	**5060**	**15505**	**3064**
济南市	Jinan	208467	1398325	6708	6306	23561	3736	1047	2593	2478
青岛市	Qingdao	251396	1795187	7141	158	756	4796	441	1698	3849
淄博市	Zibo	127367	969120	7609	1440	4789	3327	203	592	2923
枣庄市	Zaozhuang	115450	811213	7027	479	1894	3950	189	797	4219
东营市	Dongying	58050	410570	7073	49	120	2475	64	288	4492
烟台市	Yantai	198960	1473103	7404	855	3493	4086	266	1061	3992
潍坊市	Weifang	390276	2686558	6884	2677	9456	3532	706	2159	3060
济宁市	Jining	227426	1710699	7522	248	991	3999	293	1006	3437
泰安市	Tai'an	189659	1513284	7979	657	2369	3606	123	496	4021
威海市	Weihai	81002	556445	6869				3	8	2250
日照市	Rizhao	69896	503471	7203	644	3272	5084	126	617	4895
莱芜市	Laiwu	29692	163386	5503	317	1076	3392	121	344	2841
临沂市	Linyi	251843	1654008	6568	1737	6215	3577	951	3170	3333
德州市	Dezhou	439571	3662122	8331	543	2828	5204	178	693	3897
聊城市	Liaocheng	369310	2485921	6731	637	1684	2643	159	465	2935
滨州市	Binzhou	214276	1513653	7064	279	924	3309	150	477	3177
菏泽市	Heze	359874	1954207	5430	510	1803	3537	90	340	3775

13-20 续表 4 continued

地 区	Region	(5)其它谷物 Other Cereals 播种面积(公顷) Sown Area (hectare)	总产量(吨) Total Output (ton)	单 产(千克/公顷) Output per Hectare (kg/hectare)	2.豆 类 Beans 播种面积(公顷) Sown Area (hectare)	总产量(吨) Total Output (ton)	单 产(千克/公顷) Output per Hectare (kg/hectare)	#大 豆 Soybean 播种面积(公顷) Sown Area (hectare)	总产量(吨) Total Output (ton)	单 产(千克/公顷) Output per Hectare (kg/hectare)
全省总计	**Total**	**1015**	**2912**	**2868**	**166072**	**407676**	**2455**	**156935**	**385912**	**2459**
济南市	Jinan	104	365	3523	11417	34853	3053	10222	31075	3040
青岛市	Qingdao	85	424	5009	12891	32684	2535	12785	32353	2531
淄博市	Zibo	34	101	2991	2235	5559	2487	1643	4200	2556
枣庄市	Zaozhuang	16	93	5898	10382	36552	3521	9915	35279	3558
东营市	Dongying	72	209	2916	3048	6224	2042	2298	4929	2145
烟台市	Yantai	196	831	4235	13101	38908	2970	11895	34604	2909
潍坊市	Weifang	90	409	4536	8668	26034	3003	8387	25210	3006
济宁市	Jining	31	114	3615	20738	57599	2777	20040	55987	2794
泰安市	Tai'an	1	4	3529	11933	35520	2977	11684	34352	2940
威海市	Weihai	14	39	2688	7574	21007	2774	7564	20989	2775
日照市	Rizhao	54	196	3603	4546	14721	3238	4387	13861	3160
莱芜市	Laiwu	1	4	4400	258	601	2325	256	599	2343
临沂市	Linyi	203	809	3983	32799	88937	2712	31686	86038	2715
德州市	Dezhou	138	227	1650	2278	6331	2779	2102	5979	2845
聊城市	Liaocheng	51	165	3248	6357	15893	2500	5773	14815	2566
滨州市	Binzhou	40	359	8940	3402	8734	2568	2895	7398	2555
菏泽市	Heze	6	26	4204	28065	71830	2559	26578	68714	2585

13-20 续表 5 continued

地 区	Region	3.薯类(按折粮薯类计算) Tubers			二、油 料 Oil-bearing Crops			#花 生 果 Peanuts		
		播种面积(公顷) Sown Area (hectare)	总产量(吨) Total Output (ton)	单 产(千克/公顷) Output per Hectare (kg/hectare)	播种面积(公顷) Sown Area (hectare)	总产量(吨) Total Output (ton)	单 产(千克/公顷) Output per Hectare (kg/hectare)	播种面积(公顷) Sown Area (hectare)	总产量(吨) Total Output (ton)	单 产(千克/公顷) Output per Hectare (kg/hectare)
全省总计	**Total**	**247298**	**1893054**	**7655**	**815929**	**3421584**	**4193**	**804987**	**3390438**	**4212**
济 南 市	Jinan	15042	106973	7111	15677	58763	3748	14428	55861	3872
青 岛 市	Qingdao	4306	35683	8287	97295	441856	4541	97207	441443	4541
淄 博 市	Zibo	2656	16722	6295	6330	21857	3453	6294	21764	3458
枣 庄 市	Zaozhuang	8400	74794	8904	23858	102113	4280	23006	97940	4257
东 营 市	Dongying	306	2399	7848	1565	4865	3108	1513	4720	3120
烟 台 市	Yantai	14425	124060	8600	110845	458548	4137	110825	457894	4132
潍 坊 市	Weifang	10106	78651	7783	54760	270749	4944	54531	270228	4956
济 宁 市	Jining	14116	129001	9138	49131	229320	4668	48798	228466	4682
泰 安 市	Tai'an	10247	83826	8180	50478	215812	4275	50348	215425	4279
威 海 市	Weihai	6856	55443	8087	65274	247139	3786	65274	247139	3786
日 照 市	Rizhao	9413	82854	8802	54942	240887	4384	54941	237700	4326
莱 芜 市	Laiwu	4282	33277	7771	7288	18681	2563	7282	18673	2564
临 沂 市	Linyi	52285	416892	7973	174436	810023	4644	174118	808419	4643
德 州 市	Dezhou	972	8029	8258	3784	17232	4554	2844	12507	4397
聊 城 市	Liaocheng	3373	32230	9555	37115	141869	3822	34830	136774	3927
滨 州 市	Binzhou	905	5950	6577	3532	10061	2849	3335	9671	2900
菏 泽 市	Heze	6245	34269	5488	59536	233613	3924	55086	221620	4023

13-20 续表 6 continued

地 区	Region	#油菜籽 Rapeseeds			#芝 麻 Sesame			三、棉 花 Cotton		
		播种面积(公顷) Sown Area (hectare)	总产量(吨) Total Output (ton)	单 产(千克/公顷) Output per Hectare (kg/hectare)	播种面积(公顷) Sown Area (hectare)	总产量(吨) Total Output (ton)	单 产(千克/公顷) Output per Hectare (kg/hectare)	播种面积(公顷) Sown Area (hectare)	总产量(吨) Total Output (ton)	单 产(千克/公顷) Output per Hectare (kg/hectare)
全省总计	**Total**	**9530**	**26609**	**2792**	**709**	**1203**	**1697**	**766400**	**724133**	**945**
济 南 市	Jinan	980	2423	2472	194	308	1588	25500	29408	1153
青 岛 市	Qingdao				10	14	1418	3394	3952	1164
淄 博 市	Zibo	1	2	1955	33	29	888	7807	9554	1224
枣 庄 市	Zaozhuang	647	1670	2579	151	236	1563	4110	6206	1510
东 营 市	Dongying	49	141	2883	3	3	861	124608	118122	948
烟 台 市	Yantai	2	4	2511	4	6	1493	192	194	1013
潍 坊 市	Weifang	223	502	2254	7	19	2759	42914	51153	1192
济 宁 市	Jining	270	533	1974	59	88	1497	103653	137486	1326
泰 安 市	Tai'an	109	276	2518	7	9	1230	7622	9126	1197
威 海 市	Weihai									
日 照 市	Rizhao							1562	1600	1024
莱 芜 市	Laiwu				6	8	1335	761	1075	1412
临 沂 市	Linyi	244	386	1579	18	14	781	10137	13043	1287
德 州 市	Dezhou	385	1334	3467	29	23	817	110879	135060	1218
聊 城 市	Liaocheng	2131	4963	2329	1	1	1170	66587	82470	1239
滨 州 市	Binzhou	116	208	1787	6	4	763	125384	132202	1054
菏 泽 市	Heze	4347	11689	2689	84	188	2243	185295	237211	1280

13-20 续表 7 continued

地 区	Region	四、麻 类 Fiber Crops 播种面积(公顷) Sown Area (hectare)	四、麻 类 总产量(吨) Total Output (ton)	四、麻 类 单 产(千克/公顷) Output per Hectare (kg/hectare)	#黄红麻 Jute and Ambary Hemp 播种面积(公顷) Sown Area (hectare)	#黄红麻 总产量(吨) Total Output (ton)	#黄红麻 单 产(千克/公顷) Output per Hectare (kg/hectare)	五、甜 菜 Beetroots 播种面积(公顷) Sown Area (hectare)	五、甜 菜 总产量(吨) Total Output (ton)	五、甜 菜 单 产(千克/公顷) Output per Hectare (kg/hectare)
全省总计	**Total**	**72**	**212**	**2955**	**34**	**101**	**3000**	**2**	**14**	**7210**
济 南 市	Jinan									
青 岛 市	Qingdao									
淄 博 市	Zibo									
枣 庄 市	Zaozhuang									
东 营 市	Dongying									
烟 台 市	Yantai									
潍 坊 市	Weifang							1	19	28500
济 宁 市	Jining									
泰 安 市	Tai'an	35	80	2269						
威 海 市	Weihai									
日 照 市	Rizhao							7	19	2880
莱 芜 市	Laiwu									
临 沂 市	Linyi									
德 州 市	Dezhou	36	131	3629	33	100	3000			
聊 城 市	Liaocheng									
滨 州 市	Binzhou									
菏 泽 市	Heze							1	12	9000

13-20 续表 8 continued

地 区	Region	六、烟 叶 Tobacco 播种面积(公顷) Sown Area (hectare)	六、烟 叶 总产量(吨) Total Output (ton)	六、烟 叶 单 产(千克/公顷) Output per Hectare (kg/hectare)	#烤 烟 Cigarettes 播种面积(公顷) Sown Area (hectare)	#烤 烟 总产量(吨) Total Output (ton)	#烤 烟 单 产(千克/公顷) Output per Hectare (kg/hectare)	七、药材播种面积(公顷) Sown Area of Medical Materials (hectare)
全省总计	**Total**	**25010**	**69214**	**2768**	**24495**	**67384**	**2751**	**28850**
济 南 市	Jinan							596
青 岛 市	Qingdao	499	1573	3152	499	1573	3152	96
淄 博 市	Zibo	1424	3828	2689	1424	3828	2689	4540
枣 庄 市	Zaozhuang	6	9	1425	6	9	1425	75
东 营 市	Dongying							
烟 台 市	Yantai							100
潍 坊 市	Weifang	6401	17886	2794	6401	17886	2794	1682
济 宁 市	Jining							874
泰 安 市	Tai'an	10	29	2760	10	29	2760	533
威 海 市	Weihai	1	2	1350				1456
日 照 市	Rizhao	4137	11601	2804	3666	10249	2795	4551
莱 芜 市	Laiwu	367	885	2415	367	885	2414	499
临 沂 市	Linyi	12132	33330	2747	11956	32473	2716	9423
德 州 市	Dezhou							41
聊 城 市	Liaocheng							301
滨 州 市	Binzhou							13
菏 泽 市	Heze							4252

13-20 续表 9 continued

地 区	Region	八、蔬菜(含菜用瓜) Vegetable		#马铃薯 Potato		九、瓜 类 Melon	
		播种面积(公顷) Sown Area (hectare)	总产量(吨) Total Output (ton)	播种面积(公顷) Sown Area (hectare)	总产量(吨) Total Output (ton)	播种面积(公顷) Sown Area (hectare)	总产量(吨) Total Output (ton)
全省总计	**Total**	**1770794**	**90307458**	**113873**	**4245942**	**280729**	**13549347**
济 南 市	Jinan	97116	6014416	3947	191929	13552	822384
青 岛 市	Qingdao	107367	5807761	17878	709442	8750	463136
淄 博 市	Zibo	27249	2179541	1171	54252	3607	191887
枣 庄 市	Zaozhuang	89430	4361114	27779	971600	4816	225412
东 营 市	Dongying	27575	1759553	11	369	3350	147782
烟 台 市	Yantai	41976	1994162	3140	114352	6809	286891
潍 坊 市	Weifang	179039	10898449	11036	414703	39161	1921218
济 宁 市	Jining	219486	8052615	10346	388058	27757	1225108
泰 安 市	Tai'an	132278	7333984	17697	728115	3055	147410
威 海 市	Weihai	19049	888740	2414	103553	2844	126889
日 照 市	Rizhao	17452	974729	1362	53318	2086	111831
莱 芜 市	Laiwu	29328	982686	3014	94761	160	7420
临 沂 市	Linyi	128700	5766367	10933	292157	16860	905239
德 州 市	Dezhou	83719	4500552	1359	55609	7583	414296
聊 城 市	Liaocheng	159920	8531485	319	9317	26392	1300128
滨 州 市	Binzhou	33363	1786364	622	34145	10343	437279
菏 泽 市	Heze	156780	6859284	845	30262	59768	2522682

13-20 续表 10 continued

地 区	Region	#西 瓜 Watermelon		#甜 瓜 Muskmelon		十、其它农作物播种面积(公顷) Sown Area of Other Farm Crops (hectare)	#青饲料播种面积 Fresh Feed Succulence
		播种面积(公顷) Sown Area (hectare)	总产量(吨) Total Output (ton)	播种面积(公顷) Sown Area (hectare)	总产量(吨) Total Output (ton)		
全省总计	**Total**	**213034**	**10853192**	**44326**	**1823735**	**45619**	**1071**
济 南 市	Jinan	10650	671675	1014	47212	1103	
青 岛 市	Qingdao	5256	309219	2528	85063	890	23
淄 博 市	Zibo	3355	184535	33	850	140	10
枣 庄 市	Zaozhuang	3596	183269	590	23837	24	
东 营 市	Dongying	2726	121524	308	11923	1084	70
烟 台 市	Yantai	3777	193591	998	29582	350	11
潍 坊 市	Weifang	25811	1317648	7492	332827	5196	2
济 宁 市	Jining	17612	904661	9666	306769	2816	
泰 安 市	Tai'an	2395	122067	514	20334	5459	1
威 海 市	Weihai	1560	85565	418	13316	149	43
日 照 市	Rizhao	1644	89912	40	2048	574	3
莱 芜 市	Laiwu	101	5365	6	190	66	12
临 沂 市	Linyi	13117	744398	1096	52475	4628	35
德 州 市	Dezhou	6193	355321	213	9469	55	7
聊 城 市	Liaocheng	19864	953805	5050	266946	366	33
滨 州 市	Binzhou	9888	424432	438	12062	1728	139
菏 泽 市	Heze	50894	2217513	8852	304636	4288	293

13-21 各市茶叶、水果生产情况(2010年)

Production of Tea and Fruits by Region(2010)

单位:吨 (ton)

地区	Region	茶叶产量 Output of Tea	水果产量 Output of Fruits	苹果 Apple	梨 Pear	葡萄 Grape
全省总计	**Total**	**11924**	**14389146**	**7988405**	**1112099**	**957825**
济南市	Jinan	9	474419	247389	25406	21720
青岛市	Qingdao	2040	803092	515814	70283	80677
淄博市	Zibo	42	972166	520836	9321	135282
枣庄市	Zaozhuang	5	224515	63733	14789	5938
东营市	Dongying		92050	44542	6738	7393
烟台市	Yantai	28	4561056	3766695	218613	350778
潍坊市	Weifang	64	923060	394202	72090	65063
济宁市	Jining		283379	96865	22936	64015
泰安市	Tai'an	62	530464	156600	17260	13913
威海市	Weihai	255	865896	767794	52093	19071
日照市	Rizhao	7936	203168	141374	7555	3649
莱芜市	Laiwu		82311	20787	2517	1107
临沂市	Linyi	1303	1791936	385889	64419	90538
德州市	Dezhou		415744	110523	41111	11989
聊城市	Liaocheng		528280	271326	156763	48274
滨州市	Binzhou		1032619	134250	193897	7017
菏泽市	Heze	180	604991	349786	136310	31400

13-21 续表 1 continued

单位:吨 (ton)

地区	Region	桃 Peach	杏 Apricot	红枣 Jujube	柿子 Persimmon	山楂 Hawthorn	其它 Others
全省总计	**Total**	**2435588**	**188184**	**994842**	**165722**	**211092**	**335388**
济南市	Jinan	86877	31185	13278	25789	10913	11862
青岛市	Qingdao	80461	22399	4407	13130	5286	10636
淄博市	Zibo	248881	3402	4436	8055	8107	33845
枣庄市	Zaozhuang	66685	2384	9619	10823	2304	48240
东营市	Dongying	3244	527	29545	5		57
烟台市	Yantai	84685	12279	1966	11514	2994	111532
潍坊市	Weifang	246795	8756	11128	40864	66822	17339
济宁市	Jining	58996	5751	14449	4221	5539	10608
泰安市	Tai'an	208370	44018	24349	7602	17740	40612
威海市	Weihai	17648	272	112	623	358	7926
日照市	Rizhao	39743	752	263	3674	1849	4310
莱芜市	Laiwu	31804	1907	920	11005	10436	1828
临沂市	Linyi	1086578	30068	12919	23517	72346	25663
德州市	Dezhou	18334	2700	228034	496	1413	1143
聊城市	Liaocheng	19517	5912	14630	555	2373	8929
滨州市	Binzhou	58589	12293	621371	2162	2498	541
菏泽市	Heze	78382	3578	3416	1687	114	319

13-21 续表 2 continued

单位:公顷 (hectare)

地 区	Region	年末实有果园面积 Orchard Area at the Year-end	#苹果园 Apple	#梨园 Pear	#葡萄园 Grape	#桃园 Peach	年末实有桑园面积 Mulberry Field Area at the Year-end
全省总计	**Total**	**580985**	**264634**	**42483**	**35949**	**101186**	**36606**
济南市	Jinan	29627	15396	1698	1331	5322	602
青岛市	Qingdao	30709	15611	2187	2791	3172	1583
淄博市	Zibo	31913	15612	464	3691	8589	1294
枣庄市	Zaozhuang	14038	3653	511	460	3954	946
东营市	Dongying	8717	2570	1040	298	508	1703
烟台市	Yantai	149053	107483	9104	14915	3628	556
潍坊市	Weifang	36680	11474	2044	1998	8829	2723
济宁市	Jining	18480	4076	1135	1958	4366	204
泰安市	Tai'an	25708	7172	714	667	7733	5262
威海市	Weihai	33510	25506	2631	1189	1148	764
日照市	Rizhao	8058	3986	229	105	1529	4373
莱芜市	Laiwu	11316	2014	250	83	4979	960
临沂市	Linyi	79314	15344	2352	2389	42037	3701
德州市	Dezhou	11874	3855	815	336	576	112
聊城市	Liaocheng	33904	13366	6793	2075	1513	4
滨州市	Binzhou	38294	4671	7304	187	1347	3879
菏泽市	Heze	19790	12844	3213	1475	1956	7841

13-22 各市林业生产情况(2010年)
Production of Forestry by Region(2010)

地 区	Region	按主要林种用途分(公顷) by Purpose of Major Forest Types(hectare)			主要林产品产量(吨) Output of Major Forestry Products(ton)		农村集体、农民采伐木材消耗蓄积量(立方米) Volume of Timber Consumption Cut by Rural Collective and Households (cu.m)
		用材林 Forest for Timber	经济林 Economic Forest	防护林 Protection Forest	核桃 Walnut	板栗 Chestnut	
全省总计	**Total**	**36101**	**37856**	**129877**	**62187**	**273542**	**2919336**
济南市	Jinan	2295	2681	8613	27771	8298	380377
青岛市	Qingdao	2474	1607	4201	101	7281	115880
淄博市	Zibo	526	1081	9293	253	7723	87122
枣庄市	Zaozhuang	311	1879	5367	473	7240	34018
东营市	Dongying		358	8440			36537
烟台市	Yantai	1192	2821	14543	555	33891	54959
潍坊市	Weifang	7886	2982	18349	940	21723	208260
济宁市	Jining	1184	3796	3545	9495	16280	205687
泰安市	Tai'an	1986	4072	4892	17527	43446	164635
威海市	Weihai	240	1171	6631	109	409	17082
日照市	Rizhao	945	1799	4552		16760	69900
莱芜市	Laiwu	32	554	2421	235	3683	17906
临沂市	Linyi	5197	5858	14412	4345	106794	501827
德州市	Dezhou	1734	1485	6847			238950
聊城市	Liaocheng	3978	3529	3566	27		147676
滨州市	Binzhou	956	302	9849	320	14	107461
菏泽市	Heze	5165	1881	4356	36		531070

13−22 续表 continued

单位:公顷 (hectare)

地 区	Region	营林情况 Forestation 当年人工造林面积 Forested Area in the Year	迹地更新面积 Update Area	零星植树(万株) Surrounding Tree Planting (10000 trees)	当年育苗面积 Nursery Garden Area in the Year	幼林抚育作业面积(公顷次) Laid out Area of Young Trees (hectare.time)	成林抚育面积 Laid out Area of Grown-up Trees
全省总计	**Total**	**205131**	**4496**	**17830**	**83221**	**1371050**	**1121663**
济南市	Jinan	13589	63	1363	5929	92298	54846
青岛市	Qingdao	8282	705	420	8249	26774	28444
淄博市	Zibo	10900		314	1628	42346	47705
枣庄市	Zaozhuang	7675	100	719	1258	105713	40876
东营市	Dongying	8798	50	313	2250	26835	37310
烟台市	Yantai	18556	15	411	1455	67572	50861
潍坊市	Weifang	29247	674	3146	8046	73006	86341
济宁市	Jining	8589	34	1401	13381	96632	71062
泰安市	Tai'an	11278	339	1012	17513	60855	107258
威海市	Weihai	8042		648	2079	3860	4097
日照市	Rizhao	7296	148	625	1107	133071	26720
莱芜市	Laiwu	3007		174	865	165041	48434
临沂市	Linyi	25479	1313	1652	6217	126216	84759
德州市	Dezhou	10066		2234	4188	107199	155440
聊城市	Liaocheng	11073	1015	1405	2464	72868	65031
滨州市	Binzhou	11198	26	652	2213	59000	62632
菏泽市	Heze	12056	14	1342	4379	111764	149847

13−23 各市畜牧业生产情况(2010年)

Production of Animal Husbandry by Region(2010)

地 区	Region	大牲畜年末存栏(万头) Stocked Large Livestock at Year-end (10000 heads)	#牛 Cattle	猪年末存栏(万头) Stocked Pigs at Year-end (10000 heads)	羊年末存栏(万只) Stocked Sheep and Goats at Year-end (10000 units)	山羊 Goats	绵羊 Sheep	家禽年末存栏(万只) Stocked Poultry at Year-end (10000 units)	兔年末存栏(万只) Stocked Hare at Year-end (10000 units)
全省总计	**Total**	**502.39**	**483.67**	**2747.55**	**2138.88**	**1709.64**	**429.24**	**54352.49**	**3472.10**
济南市	Jinan	75.08	74.38	201.43	141.49	107.32	34.17	3639.74	235.89
青岛市	Qingdao	29.18	29.11	197.40	20.45	17.25	3.20	5545.11	49.32
淄博市	Zibo	14.24	14.17	62.79	49.71	46.35	3.35	1401.42	121.05
枣庄市	Zaozhuang	10.86	9.96	112.76	96.54	92.87	3.66	2513.69	388.77
东营市	Dongying	25.72	25.14	65.70	109.45	40.83	68.62	2108.71	30.48
烟台市	Yantai	24.05	23.94	229.77	40.15	31.53	8.62	4884.32	61.86
潍坊市	Weifang	42.24	41.71	413.37	89.78	60.34	29.45	11168.19	114.31
济宁市	Jining	34.73	34.20	303.21	257.29	168.77	88.52	7573.56	584.19
泰安市	Tai'an	33.44	33.21	182.92	161.13	108.53	52.60	3168.98	148.82
威海市	Weihai	9.09	9.08	93.75	14.61	14.39	0.22	1408.78	102.68
日照市	Rizhao	8.61	8.46	115.15	75.61	74.84	0.77	2643.79	283.24
莱芜市	Laiwu	1.65	1.65	49.19	37.04	30.07	6.97	756.10	175.52
临沂市	Linyi	33.20	32.82	377.95	225.48	209.53	15.94	6083.98	711.16
德州市	Dezhou	163.53	156.30	331.99	185.21	148.70	36.51	5230.87	79.76
聊城市	Liaocheng	39.69	37.79	142.16	145.16	98.46	46.70	4457.86	57.58
滨州市	Binzhou	66.05	62.95	112.95	73.86	27.18	46.68	4110.64	59.31
菏泽市	Heze	52.77	50.53	340.99	757.95	652.66	105.28	4260.21	268.16

13-23 续表 1 continued

地 区	Region	牛 当年出栏 (万头) Slaughtered Cattle in the Year (10000 heads)	猪 当年出栏 (万头) Slaughtered Pigs in the Year (10000 heads)	羊 当年出栏 (万只) Slaughtered Sheep and Goats in the Year (10000 units)	家禽 当年出栏 (万只) Slaughtered Poultry in the Year (10000 units)	兔 当年出栏 (万只) Slaughtered Hare in the Year (10000 units)
全省总计	**Total**	**449.35**	**4301.11**	**3005.11**	**163572.63**	**7723.06**
济 南 市	Jinan	46.90	300.27	195.32	5684.66	330.61
青 岛 市	Qingdao	7.06	333.26	19.72	19116.74	163.18
淄 博 市	Zibo	10.61	120.34	59.36	4769.82	464.19
枣 庄 市	Zaozhuang	7.43	159.03	171.10	6990.67	456.01
东 营 市	Dongying	23.03	115.92	195.79	6317.69	81.09
烟 台 市	Yantai	12.61	314.11	37.87	12952.48	12.56
潍 坊 市	Weifang	31.44	663.20	116.43	45200.86	280.51
济 宁 市	Jining	33.23	573.83	469.66	18251.08	1850.58
泰 安 市	Tai'an	16.29	318.28	241.98	7992.20	302.46
威 海 市	Weihai	3.53	123.92	13.77	1727.62	40.87
日 照 市	Rizhao	7.36	161.01	85.34	4666.86	400.18
莱 芜 市	Laiwu	1.02	52.37	45.85	1587.35	182.23
临 沂 市	Linyi	29.22	548.65	292.92	16443.19	716.47
德 州 市	Dezhou	100.02	457.19	205.52	10759.56	132.31
聊 城 市	Liaocheng	30.31	234.54	223.87	15673.56	218.82
滨 州 市	Binzhou	60.00	174.19	140.46	13549.84	138.48
菏 泽 市	Heze	54.70	432.17	1017.70	7101.27	152.52

13-23 续表 2 continued

单位:吨 (ton)

地 区	Region	肉类总产量 Output of Meat	#牛 肉 Beef	#猪 肉 Pork	#羊 肉 Mutton	#禽 肉 Poultry Meat	#兔 肉 Rabbit	奶类产量 Output of Milk	#牛 奶 Cow Milk
全省总计	**Total**	**7043602**	**686569**	**3532099**	**326700**	**2388514**	**89660**	**2715587**	**2530512**
济 南 市	Jinan	380751	58768	217940	20987	79045	3746	311971	311971
青 岛 市	Qingdao	563337	9669	243278	1972	305957	2448	361548	323140
淄 博 市	Zibo	167989	14476	85765	5722	56519	5426	122043	121832
枣 庄 市	Zaozhuang	240295	10024	112249	13928	96720	6962	41926	40711
东 营 市	Dongying	247833	33647	89970	20180	102269	1225	165267	165267
烟 台 市	Yantai	465371	19119	235723	4783	205564	161	241203	213968
潍 坊 市	Weifang	1231161	43927	499101	11555	671751	4088	277800	272789
济 宁 市	Jining	766735	42692	427497	39428	229413	26346	138699	136706
泰 安 市	Tai'an	390497	22551	236395	24668	102690	4052	462070	462070
威 海 市	Weihai	122663	4925	93259	1360	22376	611	221946	199387
日 照 市	Rizhao	172601	8895	98038	8081	52276	5077	13540	13540
莱 芜 市	Laiwu	64541	1178	36542	4137	20666	2018	2977	2977
临 沂 市	Linyi	688238	36528	390808	26691	224263	9737	93991	90752
德 州 市	Dezhou	593253	130270	328452	18098	114120	1422	161612	161607
聊 城 市	Liaocheng	489627	40932	183352	22643	238305	3055	88750	88623
滨 州 市	Binzhou	416309	80788	130026	13871	186980	2000	126083	126083
菏 泽 市	Heze	576963	77475	324328	88370	82723	2085	62848	62848

13−23 续表 3 continued

单位:吨 (ton)

地 区	Region	羊毛产量 Output of Wool	山羊毛 Goat Wool	绵羊毛 Sheep Wool	禽蛋产量 Poultry Eggs	# 鸡 蛋 Hen's Eggs	蚕茧产量 Output of Cocoon	# 桑蚕茧 Cocoon	# 柞蚕茧 Oak Cocoon
全省总计	**Total**	**13596**	**4586**	**9011**	**3848415**	**3394108**	**42808**	**42446**	**361**
济 南 市	Jinan	1016	587	429	360309	345032	87	87	
青 岛 市	Qingdao	21	5	16	189517	188183	1513	1513	
淄 博 市	Zibo	207	156	51	70312	62417	2082	2082	
枣 庄 市	Zaozhuang	391	240	152	107465	94432	869	869	
东 营 市	Dongying	428	119	309	123898	107112	682	682	
烟 台 市	Yantai	180	2	177	290623	282527	1346	1290	57
潍 坊 市	Weifang	631	79	551	262002	233278	3334	3334	
济 宁 市	Jining	1823	1013	811	562845	425059	288	288	
泰 安 市	Tai'an	981		981	190807	178582	8991	8991	
威 海 市	Weihai	1	1	1	114854	111234	792	638	153
日 照 市	Rizhao	33	15	19	117166	114786	6383	6232	151
莱 芜 市	Laiwu	185	96	89	31113	30174	394	394	
临 沂 市	Linyi	635	425	210	285410	255422	3572	3572	
德 州 市	Dezhou	705	382	324	374592	227865	19	19	
聊 城 市	Liaocheng	1527	297	1230	319077	306510			
滨 州 市	Binzhou	1153	94	1060	217044	201748	6209	6209	
菏 泽 市	Heze	3678	1076	2602	367468	329747	6246	6246	

13−24 各市水产品产量和养殖面积(2010年)
Output and Breeding Area of Aquatic Products by Region (2010)

地 区	Region	水产品总产量(吨) Total Aquatic Products (ton)	海水产品 Seawater Aquatic products	海洋捕捞 Ocean Fishing	海水养殖 Seawater Cultured	内陆水域水产品 Inland waterways Aquatic Products
全省总计	**Total**	**7838259**	**6463345**	**2350888**	**3962643**	**1374914**
济 南 市	Jinan	42564				42564
青 岛 市	Qingdao	1124068	1080749	264065	812642	43319
淄 博 市	Zibo	23502				23502
枣 庄 市	Zaozhuang	45224				45224
东 营 市	Dongying	453112	341278	85974	255304	111834
烟 台 市	Yantai	1843744	1816626	720116	1092808	27118
潍 坊 市	Weifang	458006	359978	176372	183606	98028
济 宁 市	Jining	345932				345932
泰 安 市	Tai'an	77160				77160
威 海 市	Weihai	2176676	2139739	786299	1238445	36937
日 照 市	Rizhao	488090	458053	242045	216008	30037
莱 芜 市	Laiwu	3306				3306
临 沂 市	Linyi	124224	280			123944
德 州 市	Dezhou	82519				82519
聊 城 市	Liaocheng	66172				66172
滨 州 市	Binzhou	356278	239847	76017	163830	116431
菏 泽 市	Heze	100887				100887
省属远洋捕捞企业	Provincial Ocean Fishing Enterprises	26795	26795			

13-24 续表 continued

地 区	Region	内陆捕捞 Landlocked Fishing	内陆养殖 Landlocked Cultured	水产品养殖面积（公顷） Breeding Area of Aquatic Products (hectare)	海水养殖 Seawater Cultured	内陆养殖 Landlocked Cultured
全省总计	**Total**	**130896**	**1244018**	**757673**	**500946**	**256727**
济南市	Jinan	1587	40977	6782		6782
青岛市	Qingdao		43319	56283	40101	16182
淄博市	Zibo	638	22864	5411		5411
枣庄市	Zaozhuang	3991	41233	7503		7503
东营市	Dongying	9852	101982	116198	87999	28199
烟台市	Yantai	770	26348	159159	151078	8081
潍坊市	Weifang	15213	82815	98158	67836	30322
济宁市	Jining	51319	294613	46598		46598
泰安市	Tai'an	15077	62083	11090		11090
威海市	Weihai		36937	57878	55687	2191
日照市	Rizhao	1214	28823	34499	25283	9216
莱芜市	Laiwu	578	2728	1688		1688
临沂市	Linyi	11625	112319	30171		30171
德州市	Dezhou	1474	81045	8538		8538
聊城市	Liaocheng	5388	60784	7829		7829
滨州市	Binzhou	6309	110122	86681	72962	13719
菏泽市	Heze	5861	95026	23207		23207
省属远洋捕捞企业	Provincial Ocean Fishing Enterprises					

13-25 各市主要农业机械年末拥有量(2010年)

Number of Major Agricultural Machinery at the Year-end by Region(2010)

地 区	Region	农业机械总动力（千瓦） total power of agricultural machinery (kw)	#拖拉机及配套机械 Tractors and related machinery			#联合收获机 Combine Harvester		农业机械原值（万元） Total Value of Agricultural Machinery (10000 yuan)
			拖拉机 Tractor		拖拉机配套农具 Tractor Supporting Tools			
			（台） (unit)	（千瓦） (kw)	（部） (unit)	（台） (unit)	（千瓦） (kw)	
全省总计	**Total**	**116289789**	**2442344**	**30793761**	**4006841**	**180724**	**5753445**	**6648402**
济南市	Jinan	5096796	60055	1004310	94003	7567	201435	288909
青岛市	Qingdao	7636064	200208	2331867	377791	11778	506282	500694
淄博市	Zibo	3344696	23897	628387	47790	8144	124487	271016
枣庄市	Zaozhuang	2739506	37391	769739	96220	6868	264957	229081
东营市	Dongying	2250459	52891	803825	116737	4352	112631	214994
烟台市	Yantai	8590085	261224	2503985	339841	6432	223576	545502
潍坊市	Weifang	12304111	180503	2511830	289622	19530	709311	820630
济宁市	Jining	9395070	110448	2084944	180849	23131	410065	573632
泰安市	Taian	4524548	63127	1150664	119389	11677	183198	271005
威海市	Weihai	5318285	271109	2270160	479198	4269	116365	345320
日照市	Rizhao	2954811	233900	1584252	433023	841	26807	260760
莱芜市	Laiwu	993491	17857	239512	22896	753	8789	79636
临沂市	Linyi	8635517	389288	3486797	559577	8056	330858	470410
德州市	Dezhou	13024507	251436	3968293	279745	19982	886356	612486
聊城市	Liaocheng	10417647	69125	1443641	121091	12794	533536	408277
滨州市	Binzhou	5462079	81400	1275607	164680	12413	396827	285381
菏泽市	Heze	13602117	138485	2735948	284389	22137	717965	670669

13-26 各市农村电气化和农业化学化情况(2010年)

Rural Electrification and Agriculture Chemicals by Region(2010)

单位:吨 (ton)

地 区	Region	农用化肥施用量(实物量) Consumption of Chemical Fertilizer (physical volume)	氮 肥 Nitrogenous Fertilizer	磷 肥 Phosphate Fertilizer	钾 肥 Potash Fertilizer	复合肥 Compound Fertilizer
全省总计	**Total**	**14394813**	**5643760**	**2384548**	**1218701**	**5147804**
济 南 市	Jinan	863802	408543	198451	52488	204320
青 岛 市	Qingdao	835992	227059	74333	64527	470073
淄 博 市	Zibo	331661	138370	54269	20657	118365
枣 庄 市	Zaozhuang	640842	250318	55949	36500	298075
东 营 市	Dongying	364826	156188	91493	19217	97928
烟 台 市	Yantai	1095023	367701	155776	142272	429272
潍 坊 市	Weifang	1521714	411217	140406	119578	850512
济 宁 市	Jining	1203217	437230	199548	113113	453326
泰 安 市	Tai'an	656866	273765	105811	71665	205624
威 海 市	Weihai	398591	144164	56127	38518	159782
日 照 市	Rizhao	369374	122744	39195	32396	175038
莱 芜 市	Laiwu	128915	56552	16955	12633	42775
临 沂 市	Linyi	1461129	640864	169142	151245	499877
德 州 市	Dezhou	1109062	548804	223617	65615	271026
聊 城 市	Liaocheng	1168613	468478	246614	104115	349406
滨 州 市	Binzhou	689163	334105	124614	41177	189267
菏 泽 市	Heze	1556024	657655	432248	132984	333138

13-26 续表 1 continued

单位:吨 (ton)

地 区	Region	农用化肥施用量(折纯量) Consumption of Chemical Fertilizer (convert to pure volume)	氮 肥 Nitrogenous Fertilizer	磷 肥 Phosphate Fertilizer	钾 肥 Potash Fertilizer	复合肥 Compound Fertilizer
全省总计	**Total**	**4753254**	**1626221**	**498787**	**464033**	**2164212**
济 南 市	Jinan	233950	94828	36872	18321	83930
青 岛 市	Qingdao	298899	62100	14602	24082	198114
淄 博 市	Zibo	98732	38945	9516	6325	43947
枣 庄 市	Zaozhuang	217432	76339	11763	12287	117043
东 营 市	Dongying	114415	42036	19510	8124	44744
烟 台 市	Yantai	391420	122008	35042	58616	175754
潍 坊 市	Weifang	582661	128819	33718	51746	368379
济 宁 市	Jining	466445	155360	44138	48068	218878
泰 安 市	Tai'an	202026	59634	22846	25091	94455
威 海 市	Weihai	103108	30737	8833	15292	48246
日 照 市	Rizhao	130289	37754	14905	14024	63605
莱 芜 市	Laiwu	37730	11163	2622	5892	18052
临 沂 市	Linyi	433898	138492	35899	50982	208526
德 州 市	Dezhou	327268	156217	43348	24524	103178
聊 城 市	Liaocheng	419573	157834	62672	44648	154419
滨 州 市	Binzhou	211545	81448	25933	15827	88337
菏 泽 市	Heze	483864	232508	76568	40184	134603

13-26 续表 2 continued

地 区	Region	农村用电量(万千瓦时) Electricity Consumption in Rural Area (10000 kwh)	农用塑料薄膜使用量(吨) Plastic Film Consumption (ton)	#地 膜使用量 Film Consumption	地 膜覆盖面积(公顷) Film Coverage (hectare)	农 用柴油量(吨) Diesel Consumption (ton)	农 药施用量(吨) Pesticides Consumption (ton)
全省总计	**Total**	**4390334.91**	**322965**	**138901**	**2568441**	**1866278**	**164924**
济南市	Jinan	255704.79	14767	4521	55946	50145	3333
青岛市	Qingdao	426819.09	20044	10536	163411	231611	7009
淄博市	Zibo	533822.24	10478	3247	32797	31664	6421
枣庄市	Zaozhuang	244530.00	8526	3630	29128	14764	4618
东营市	Dongying	43468.43	8497	6260	167124	41267	6226
烟台市	Yantai	768797.99	13270	8611	137064	278799	21908
潍坊市	Weifang	564919.83	76268	16114	241170	172214	16380
济宁市	Jining	136208.47	13830	9222	168704	98788	15527
泰安市	Tai'an	90995.05	9489	4287	62405	50311	6887
威海市	Weihai	201433.90	3604	2522	30298	313600	9232
日照市	Rizhao	78498.47	11221	5779	122923	192837	7049
莱芜市	Laiwu	99607.84	2606	1996	25943	10513	1188
临沂市	Linyi	321050.06	51688	22303	335165	98408	16334
德州市	Dezhou	78165.13	23417	14202	524569	69789	11204
聊城市	Liaocheng	119022.52	25769	6520	114257	78573	10754
滨州市	Binzhou	101464.39	6829	5937	148383	45183	9158
菏泽市	Heze	325826.70	22664	13215	209152	87811	11697

13-27 各市灌溉面积(2010年)

Irrigated Area by Region(2010)

单位:千公顷 (1000 hectares)

地 区	Region	有效灌溉面 积 Effective Irrigated Area	#当 年实 灌 Irrigated in the Year	林 地灌溉面积 Irrigated Area of Forest Lands	果 园灌溉面积 Irrigated Area of Orchard	旱涝保收面 积 Area Ensuring Harvest Whether Drought or Flood	机电排灌面 积 Area under Motorized Irrigation and Drainage	纯 排面 积 Single Drainaged Area
全省总计	**Total**	**4955.30**	**4291.63**	**161.56**	**355.74**	**3586.63**	**4536.38**	**50.52**
济南市	Jinan	246.77	225.07	7.76	8.96	144.51	233.55	1.60
青岛市	Qingdao	328.96	272.33	11.08	30.94	231.16	302.90	1.87
淄博市	Zibo	125.85	118.01	6.60	20.56	105.90	118.05	
枣庄市	Zaozhuang	153.78	131.15	1.09	8.39	130.95	147.76	1.90
东营市	Dongying	165.60	141.14	8.18	5.32	100.38	152.78	3.26
烟台市	Yantai	273.72	210.94	4.74	76.96	213.86	231.31	
潍坊市	Weifang	531.89	444.43	18.55	39.29	417.94	493.06	1.37
济宁市	Jining	439.00	403.21	9.07	9.97	366.41	452.29	19.09
泰安市	Tai'an	252.29	231.86	8.34	17.42	179.84	243.32	6.81
威海市	Weihai	149.70	81.02	1.12	20.81	96.76	107.34	
日照市	Rizhao	119.33	93.33	4.68	15.05	70.95	79.26	
莱芜市	Laiwu	37.95	33.41	0.43	3.09	28.38	28.34	
临沂市	Linyi	379.84	265.39	11.99	32.04	223.69	233.77	8.17
德州市	Dezhou	449.51	416.85	41.30	19.02	298.48	442.80	2.02
聊城市	Liaocheng	490.61	477.38	9.71	9.31	411.86	492.97	
滨州市	Binzhou	306.25	301.05	13.52	24.90	221.25	296.36	4.23
菏泽市	Heze	504.26	445.06	3.40	13.71	344.31	480.52	0.20

主要统计指标解释

农林牧渔业总产值 指以货币表现的农、林、牧、渔业全部产品和对农林牧渔业生产活动进行的各种支持性服务活动的价值总量，它反映一定时期内农林牧渔业生产总规模和总成果。1957 年以前的农林牧渔业总产值中包括了厩肥和农民自给性手工业(如农民自制衣服、鞋、袜，自己从事粮食初步加工等)。1958 年及以后，林业中增加了村及村以下竹木采伐产值；牧业中取消了厩肥产值；副业中取消了农民自给性手工业产值，增加了村及村以下办的工业产值；渔业中增加了海洋捕捞水产品产值。1980 年及以后，在副业中增加了农民家庭兼营工业商品部分的产值。从 1984 年起村及村以下工业产值划归工业。从 1993 年起取消副业，将野生动物的捕猎划入牧业，野生植物采集和农民家庭兼营商品性工业划归农业。从 2003 年起，执行新的国民经济行业分类标准，农林牧渔业总产值中包括了农林牧渔服务业产值。林业中增加了森林采运业产值。农业中取消了家庭兼营商品性工业产值，将野生林产品的采集划归林业。

农林牧渔业总产值的计算方法通常是按农、林、牧、渔业产品及其副产品的产量分别乘以各自单位产品价格求得；少数生产周期较长，当年没有产品或产品产量不易统计的，则采用间接方法匡算其产值；然后将四业产品产值相加即为农林牧渔业总产值。

粮食产量 指全社会的产量。包括国有经济经营的、集体统一经营的和农民家庭经营的粮食产量，还包括工矿企业办的农场和其他生产单位的产量。粮食除包括稻谷、小麦、玉米、高粱、谷子及其他杂粮外，还包括薯类和豆类。其产量计算方法，豆类按去豆荚后的干豆计算；薯类(包括甘薯，不包括芋头和木薯)1963 年以前按每 4 公斤鲜薯折 1 公斤粮食计算，从 1964 年开始改为按 5 公斤鲜薯折 1 公斤粮食计算。作为蔬菜的薯类(如马铃薯等)按鲜品计算，并且不作粮食统计。其他粮食一律按脱粒后的原粮计算。1989 年以前全国粮食产量数据主要靠全面报表取得，1989 年开始使用抽样调查数据。

棉花产量 指全社会的产量。包括春播棉和夏播棉。产量按皮棉计算。不包括木棉。

油料产量 指全部油料作物的生产量。包括花生、油菜籽、芝麻、向日葵籽、胡麻籽（亚麻籽）和其他油料。不包括大豆、木本油料和野生油料。花生以带壳干花生计算。

水产品产量 指人工养殖的水产品和天然生长的水产品的捕捞量。包括海水的鱼类、虾蟹类、贝类和藻类以及内陆水域的鱼类、虾蟹类和贝类，不包括淡水生植物。水产品产量是通过各级水产和统计部门逐级上报取得数据。1995 年及以前，贝类中牡蛎按鲜肉计算；蚶、蛤、蛙按 5 斤鲜品折 1 斤计算。1996 年以后则统一按鲜品计算。

猪、牛、羊肉产量 指当年出栏并已屠宰、除去头蹄下水后带骨肉(即胴体重)的重量。包括全社会范围内的产量。由于畜牧业产品年报数据与普查数据之间存在一定的差距，根据国家统计局有关文件精神，从 2000 年起，对畜牧业年报数据与普查数据进行衔接。

期初(末)畜禽存栏头(只)数 指报告期初(末)农村各种合作经济组织和国营农场、农民个人、机关、团体、学校、工矿企业、部队等单位以及城镇居民饲养的大牲畜、猪、羊、家禽等畜禽的存栏数。数据上报方式及数据调整情况同猪、牛、羊肉产量。

农作物播种面积 指实际播种或移植有农作物的面积。凡是实际种植有农作物的面积，不论种植在耕地上还是种植在非耕地上，均包括在农作物播种面积中。在播种季节基本结束后，因遭灾而重新改种和补种的农作物面积，也包括在内。它是反映我国耕地面积利用情况的一个重要指标。目前，农作物播种面积主要包括粮食、棉花、油料、糖料、麻类、烟叶、蔬菜和瓜类、药材和其他农作物九大类。

有效灌溉面积 指具有一定的水源，地块比较平整，灌溉工程或设备已经配套，在一般年景下，当年能够进行正常灌溉的耕地面积。在一般情况下，有效灌溉面积应等于灌溉工程或设备已经配备，能够进行正常灌溉的水田和水浇地面积之和。它是反映我国耕地抗旱能力的一个重要指标。

农用化肥施用量 指本年内实际用于农业生产的化肥数量，包括氮肥、磷肥、钾肥和复合肥。化肥施用量要求按折纯量计算数量。折纯量是指把氮肥、磷肥、钾肥分别按含氮、含五氧化二磷、含氧化钾的百分之百成份进行折算后的数量。复合肥按其所含主要成分折算。公式为：

折纯量=实物量×某种化肥有效成份含量的百分比

农业机械总动力 指主要用于农、林、牧、渔业的各种动力机械的动力总和。包括耕作机械、排灌机械、收获机械、农用运输机械、植物保护机械、牧业机械、林业机械、渔业机械和其他农业机械〔内燃机按引擎马力折成瓦(特)计算、电动机按功率折成瓦(特)计算〕。不包括专门用于乡、镇、村、组办工业、基本建设、非农业运输、科学试验和教学等非农业生产方面用的动力机械与作业机械。这个指标的统计数据主要来源于农机部门。

乡村从业人员 指乡村人口中劳动年龄在 16 周岁以上实际参加生产经营活动并取得实物或货币收入的人员，包括劳动年龄内经常参加劳动的人员，也包括超过劳动年龄但经常参加劳动的人员，但不包括户口在家的在外学生、现役军人和丧失劳动能力的人，也不包括待业人员和家务劳动者。从业人员按从事主业时间最长（时间相同按收入）分为农林牧渔业从业人员、工业从业人员、建筑业从业人员、交通运输业、仓储及邮电通信业从业人员、批零贸易业、餐饮业从业人员、其他非农行业从业人员。

Explanatory Notes on Main Statistical Indicators

Gross Output Value of Farming, Forestry, Animal Husbandry and Fishery refers to the total value of products of farming, forestry, animal husbandry and fishery, and total value of services rendered to support farming, forestry, animal husbandry and fishery activities. It reflects the total scale and results of agricultural production during a given period. Prior to 1957, Chinas gross agricultural output value included barnyard manure and handicraft products for self consumption (clothes, shoes, stockings, and initial grain processing undertaken by peasants). Since 1958, cutting and felling of bamboo and trees by villages and other cooperative organizations under villages have been included in forestry; value of barnyard manure has been excluded from animal husbandry; self consumed handicrafts has been excluded from sideline occupations, while the output value of industries run by villages and cooperative organizations under village had been included in sideline occupations and the output value of fish catches by motor fishing boats has been added to fishery. Since 1980, the value of handicraft products made for sale by individuals in households had been added to sideline occupations. Since 1984, industries run by villages and under villages have been included in the sector of industry. Since 1993, the subdivision of sideline occupations has been canceled, and the hunting of wild animals has been classified into animal husbandry, and the gathering of wild plants and commodity industry run by rural household have been included in farming. A new industrial classification of economic activities was introduced in 2003. Under the new classification, value of services to farming, forestry, animal husbandry and fishery is included in the gross output value of agriculture, value of wood felling and transport is included in forestry, value of industrial output by rural households is not included in agriculture, and the collection of wild forest products is taken from agriculture and included in the forestry. The first agriculture census of China revealed some discrepancy between the production of animal products from the annual reports and that from the census. Efforts were made by the Rural Socio economic Survey Organization of NBS to adjust the output value of animal husbandry to make the figures from the annual reports consistent with the census data.

Gross output value of agriculture is obtained by first multiplying the output of each product or by product by its price, resulting in the output value of each single item. For a small number of products, annual output of which is not available or difficult to get due to the long production (growing) process involved, the output value is estimated through an indirect approach. The sum of output value of all products of farming, forestry, animal husbandry and fishery is then equal to the gross output value of agriculture.

Grain Output refers to the total output in the whole country including grains produced by state farms, collective units, rural households, as well as by farms affiliated to industrial and mining enterprises and other production units. Grain includes rice, wheat, corn, sorghum, millet and other miscellaneous grains as well as tubers and bean. Output of beans refers to dry beans without pods. The output of tubers (sweet potatoes, not including taros and cassava) was converted into that of grain at the ratio 4：1, i.e. 4 kilograms of fresh tubers was equivalent to 1 kilogram of grain up to 1963. Since 1964 the ratio for conversion has been 5:1. Tubers supplied as vegetables (such as potatoes) are calculated as fresh vegetables and their output is not included in the output of grain. Output of all other grains refers to husked grain. Data on grain production before 1989 were obtained through Comprehensive Statistical Reporting System. Since 1989, data from sample surveys are used.

Cotton Output refers to the cotton production in the whole country including cotton sown in spring and in autumn. Output is measured as the weight of ginned cotton. Ceiba is not included.

Output of Oil-bearing Crops refers to the total production of oil bearing crops of various kinds, including peanuts, (dry, in shell) rapeseeds, sesame, sunflower seeds, flax seeds, and other oil bearing crops. Soybeans, oil bearing woody plants, and wild oil bearing crops are not included.

Output of Aquatic Products refers to catches of both artificially cultured and naturally grown aquatic products, including fish, shrimps, crabs and shellfish in sea and inland water as well as seaweed. Freshwater plants are not included.Data on output of aquatic products are reported by aquatic product and statistical agencies level by level. Before 1995, among the shellfish, the oyster was counted as fresh meat; 5 kilograms of ark shell, clams and frogs are equivalent to 1 kilogram of fresh aquatic products; they are all counted as fresh aquatic products since 1996.

Output of Pork, Beef, and Mutton refers to the meat of slaughtered hogs, cattle, sheep and goats with head, feet, and offal taken away. Data refers to the production of the whole country. The first agriculture census of China in 1996 revealed some discrepancy between the production of animal products from the annual reports and that from the census. Efforts were made by the Rural Socio economic Survey Organization of NBS to adjust the output value of animal husbandry to make the figures from the annual reports consistent with the census data. Since 1999, NBS conducted sample survey for the major animal husbandry products, such as hogs, cattle, sheep and goats and fowls, and the data from sample surveys are used as national finalized data. Those products, which are not covered by the sample survey, are still reported by statistical agencies level by level.

Number of Livestock or Poultry in Stock at Beginning (or End) refers to the total number of large animals, pigs, sheep, fowls, etc. raised by rural cooperative organizations, state farms, rural individuals, government agencies, schools, industrial and mining enterprises, army, and urban residents at the beginning (or end) of the reference period. Data reporting system and data adjustment are the same as that in the output of pork, beef and mutton.

Sown Area of Crops refers to area of land sown or

transplanted with crops regardless of being in cultivated area or non cultivated area. Area of land re sown due to natural disasters is also included. This is an important indicator that can reflect the utilization condition of the cultivated land in China. At present, the sown area of crops mainly include the following 9 categories of crops: grain, cotton, oil bearing crops, sugar crops, fiber crops, Tobacco, Vegetables and melons, medicinal materials and other farm crops.

Irrigated Area refers to areas that are effectively irrigated, i.e. level land, which has water source and complete sets of irrigation facilities to lift and move adequate water for irrigation purpose under normal conditions. Under normal conditions, irrigated area is the sum of watered fields and irrigated fields where irrigation systems or equipment have been installed for regular irrigation purpose. This important indicator reflects drought resistance capacity of the cultivated land in China.

Consumption of Chemical Fertilizers in Agricultu rerefers to the quantity of chemical fertilizers applied in agriculture in the year, including nitrogenous fertilizer, phosphate fertilizer, potash fertilizer, and compound fertilizer. The consumption of chemical fertilizers is required in calculation to convert the gross weight into weight containing 100% effective component (e.g. 100% nitrogen content in nitrogenous fertilizer, 100% phosphorous pent oxide contents in phosphate fertilizer, 100% potassium oxide contents in potash fertilizer). Compound fertilizer is converted with its major component. The formula is :

Volume of effective component=physical quantity×effective component of certain chemical fertilizer (%)

Total Power of Farm Machinery refers to total mechanical power of machinery used in farming, forestry, animal husbandry, and fishery, including ploughing, irrigation and drainage, harvesting, transport, plant protection, stock breeding, forestry and fishery. The power of internal combustion engines is required to convert horsepower into watts and the power of electric motors is required to be converted into watts. Machinery employed for non agricultural purposes, such as the machines used in township run and village run industry, construction, non agricultural transport, scientific experiments and teaching, is excluded. Data are mainly from agricultural machinery agencies.

Rural Employed Persons refer to rural labor forces aged over 16 years old who are engaged in real production and management activities and receive payment in kind or wages, including those covered within the age frame and regularly participating in production activities, and those who are out of the range of age frame and also participating in production activities regularly. Excluding students studying in other places with their permanent residence registered in local areas, servicemen and persons incapable of working; also excluding those who are waiting for jobs and those engaged in household work. Persons employed are classified as persons engaged in agriculture, forestry, animal husbandry or fishery activities; persons engaged in industrial activities; persons engaged in construction activities; persons engaged in transport, storage and telecommunications activities; persons engaged in whole sales and retail sales trade and catering activities; and persons engaged in other non agriculture activities, depending upon the longest period of employment in major activities (or using income indicator when period of employment is the same).

第
14
篇

工　　业

Industry

简 要 说 明

一、本篇资料的主要内容

本篇资料反映了全省工业生产和基本效益情况，主要包括历年工业总产值及指数、规模以上工业、国有控股工业、国有工业、集体工业、外商投资和港澳台投资工业、大中型工业企业、非公有工业、高新技术产业的主要经济指标、相关的财务分析指标和主要工业产品产量等方面的内容。

二、本篇资料的来源

本篇资料来源于工业统计年报，由省统计局工业处整理提供。

Brief Introduction

I. Content

Data in this chapter show the basic condition of industry in Shandong, mainly including the gross industrial output value and indices, the output of major industrial products and major economic and relevant financial indicators of industrial enterprises. Industrial enterprises include enterprises above designated size, state share holding enterprises, state owned enterprises, collective owned enterprises, foreign funded enterprises, enterprises with funds from Hong Kong, Macao and Taiwan, large and medium sized enterprises, private enterprises and high tech enterprises.

II. Source of Data

Data in this chapter are based on the annual report of industrial statistics and are prepared and provide by the Division of Industry and Transport Statistics of Shandong Provincial Bureau of Statistics.

14-1 历年工业总产值

Gross Industrial Output Value over the Years

年份 Year	工业总产值（亿元） Gross Industrial Output Value (100 millioon yuan)	#国有经济 State-owned	#集体经济 Collective -owned	轻工业总产值 Light Industry	重工业总产值 Heavy Industry	占全部工业总产值的比重(%) As Percentage of Gross Industrial Output Value(%) 国有经济 State-owned	集体经济 Collective-owned	轻工业 Light Industry	重工业 Heavy Industry
1949	9.15	3.42	0.01	8.25	0.90	37.38	0.11	90.16	9.84
1950	13.07	5.05	0.27	11.74	1.33	38.64	2.07	89.82	10.18
1951	16.27	6.20	0.65	14.40	1.87	38.11	4.00	88.51	11.49
1952	20.08	9.07	0.88	17.84	2.24	45.17	4.38	88.84	11.16
1953	25.41	11.81	1.15	22.34	3.07	46.48	4.53	87.92	12.08
1954	29.35	14.16	1.71	25.30	4.05	48.25	5.83	86.20	13.80
1955	30.10	14.81	2.31	25.36	4.74	49.20	7.67	84.25	15.75
1956	39.64	17.57	3.02	32.39	7.25	44.32	7.62	81.71	18.29
1957	43.31	15.83	2.36	35.34	7.97	36.55	5.45	81.60	18.40
1958	69.57	51.80	9.34	47.36	22.21	74.46	13.43	68.08	31.92
1959	92.98	71.55	11.95	63.11	29.87	76.95	12.85	67.87	32.13
1960	97.91	87.57	9.10	49.10	48.81	89.44	9.29	50.15	49.85
1961	55.04	40.80	8.71	33.72	21.32	74.13	15.82	61.26	38.74
1962	45.70	33.99	6.27	31.22	14.48	74.38	13.72	68.32	31.68
1963	49.10	37.34	5.83	34.32	14.78	76.05	11.87	69.90	30.10
1964	58.61	45.55	7.04	40.18	18.43	77.72	12.01	68.55	31.45
1965	71.38	55.79	8.95	48.21	23.17	78.16	12.54	67.54	32.46
1966	88.64	69.07	12.03	57.67	30.97	77.92	13.57	65.06	34.94
1967	96.60	74.85	13.74	63.98	32.62	77.48	14.22	66.23	33.77
1968	103.85	79.73	14.76	66.68	37.17	76.77	14.21	64.21	35.79
1969	105.79	81.56	15.53	72.74	33.05	77.10	14.68	68.76	31.24
1970	141.22	109.22	21.37	81.88	59.34	77.34	15.13	57.98	42.02
1971	147.91	115.13	24.64	78.84	69.07	77.84	16.66	53.30	46.70
1972	153.92	117.98	27.49	79.81	74.11	76.65	17.86	51.85	48.15
1973	162.94	122.51	30.44	84.06	78.88	75.19	18.68	51.59	48.41
1974	119.99	84.75	24.05	66.74	53.25	70.63	20.04	55.62	44.38
1975	189.78	138.41	38.39	96.65	93.13	72.93	20.23	50.93	49.07
1976	220.00	157.01	52.12	107.03	112.97	71.37	23.69	48.65	51.35
1977	262.24	178.85	70.70	127.92	134.32	68.20	26.96	48.78	51.22
1978	296.82	200.74	78.60	144.28	152.54	67.63	26.48	48.61	51.39
1979	314.34	217.62	78.52	157.52	156.82	69.23	24.98	50.11	49.89
1980	340.32	229.89	90.46	183.81	156.51	67.55	26.58	54.01	45.99
1981	358.37	238.57	96.69	212.33	146.04	66.57	26.98	59.25	40.75
1982	393.21	261.91	100.28	233.57	159.64	66.61	25.50	59.40	40.60
1983	441.85	292.55	110.46	261.04	180.81	66.21	25.00	59.08	40.92
1984	534.91	318.30	164.80	317.58	217.33	59.51	30.81	59.37	40.63
1985	682.78	397.07	205.53	370.41	312.37	58.15	30.10	54.25	45.75
1986	784.33	415.12	234.86	419.38	364.95	52.93	29.94	53.47	46.53
1987	1032.88	521.66	302.57	533.38	499.50	50.51	29.29	51.64	48.36
1988	1455.24	662.48	441.05	751.70	703.54	45.52	30.31	51.65	48.35
1989	1920.94	833.86	575.95	982.99	937.95	43.41	29.98	51.17	48.83
1990	2200.85	911.88	650.38	1118.76	1082.09	41.43	29.55	50.83	49.17
1991	2599.17	1038.69	764.67	1326.78	1272.39	39.96	29.42	51.05	48.95
1992	3115.45	1301.39	993.81	1536.64	1578.81	41.77	31.90	49.32	50.68
1993	4713.48	1678.89	1285.42	2125.93	2587.55	35.62	27.27	45.10	54.90
1994	7023.23	2012.72	1812.72	3367.58	3655.65	28.66	25.81	47.95	52.05
1995	8906.60	2600.54	1840.75	4403.84	4502.76	29.20	20.67	49.44	50.56
1996	9126.63	2423.77	2380.09	4540.14	4586.49	26.56	26.08	49.75	50.25
1997	9984.12	2513.03	2512.01	4926.50	5057.61	25.17	25.16	49.34	50.66
1998	10579.17	2177.73	2206.64	5110.02	5469.15	20.59	20.86	48.30	51.70
1999	11195.46	2058.49	2218.99	5373.71	5821.75	18.39	19.82	48.00	52.00
2000	12509.53	2474.49	2393.99	5964.70	6544.83	19.78	19.14	47.68	52.32
2001	13277.37	1223.49	2078.33	6437.42	6839.96	9.21	15.65	48.48	51.52
2002	15588.53	1377.03	2348.82	7630.45	7958.08	8.83	15.07	48.95	51.05
2003	19891.54	1484.04	2526.39	9049.49	10842.05	7.46	12.70	45.49	54.51
2004	26295.24	2087.28	2819.30	11382.95	14912.29	7.94	10.72	43.29	56.71
2005	35387.43	1982.94	2264.87	13124.13	22263.30	5.60	6.40	37.09	62.91
2006	43900.21	2307.84	2469.67	15638.85	28261.36	5.26	5.63	35.62	64.38
2007	54428.27	2988.11	2922.80	19011.79	35416.48	5.49	5.37	34.93	65.07
2008	62958.53	4577.21	2464.08	21315.28	41643.25	7.27	3.91	33.86	66.14
2009	71209.42	4074.70	2775.66	24195.79	47013.62	5.72	3.90	33.98	66.02
2010	83851.40	5486.12	2632.65	27161.78	56689.62	6.54	3.14	32.39	67.61

注：本表按当年价格计算，1996年后数字为新规定。1998年及以后集体工业为规模以上集体工业。

a)Data in this table are caculated at current prices.Since 1996,the data are caculated according to new regulations.Since 1998,the collective-owned industry refers to collective-owned industry above designated size.

14-2 历年工业总产值指数(以1952年为100)

Indice of Gross Industrial Output Value over the Years(1952=100)

年份 Year	工业总产值指数 Indice of Gross Industrial Output Value	#国有单位 State-owned	#集体单位 Collective-owned	按轻重工业分 Grouped by Light & Heavy Industries 轻工业 Light Industry	 重工业 Heavy Industry
1949	45.2	37.4	1.3	46.2	39.9
1950	64.7	55.3	29.9	65.6	59.2
1951	80.5	67.9	72.7	80.0	82.6
1952	100.0	100.0	100.0	100.0	100.0
1953	126.8	130.4	131.2	125.0	136.6
1954	147.4	157.3	194.8	141.4	180.3
1955	151.6	165.0	264.9	141.0	210.4
1956	216.3	212.1	375.3	190.3	339.4
1957	236.0	224.7	344.2	206.0	370.0
1958	369.6	609.1	1129.9	264.4	987.3
1959	488.4	831.9	1428.6	348.7	1314.6
1960	514.4	1018.4	1088.3	265.9	2104.7
1961	273.1	448.1	984.4	174.4	877.5
1962	214.9	353.9	671.4	154.4	570.4
1963	243.2	394.3	633.8	172.5	591.5
1964	285.4	490.9	780.5	206.0	752.6
1965	366.7	633.5	1045.4	260.2	995.8
1966	454.2	783.6	1403.9	310.0	1325.4
1967	495.2	849.2	1602.6	344.6	1399.1
1968	532.7	905.3	1723.4	358.2	1589.7
1969	542.2	925.5	1813.0	348.6	1261.0
1970	723.4	1238.6	2494.8	435.6	2514.1
1971	815.8	1405.7	3094.8	449.2	3134.3
1972	888.8	1507.8	3614.3	476.1	3519.7
1973	940.9	1566.0	4002.6	501.4	3746.0
1974	708.9	1108.3	3235.1	407.4	2587.8
1975	1122.4	1812.0	5168.8	590.4	4529.6
1976	1304.7	2061.0	7037.7	655.5	5508.5
1977	1560.1	2352.4	9564.9	785.1	6563.4
1978	1766.4	2644.2	10646.8	886.7	7464.3
1979	1850.0	2834.6	10522.1	957.5	7589.3
1980	2001.2	2992.2	12111.7	1116.6	7571.8
1981	2091.4	3081.7	12845.4	1280.8	7014.1
1982	2269.7	3309.1	13571.4	1393.6	7583.1
1983	2524.2	3652.8	14849.3	1541.5	8500.0
1984	2887.8	3651.0	21459.7	1772.2	9655.9
1985	3530.6	4267.7	26046.7	1979.7	13293.4
1986	4110.2	4592.0	29223.4	2271.5	15740.8
1987	5089.9	5247.0	36481.8	2716.5	20260.6
1988	6803.9	6289.4	49739.0	3718.2	26390.7
1989	8029.9	6845.8	59622.0	4368.6	31314.3
1990	9081.8	7221.1	67151.9	4910.3	35635.7
1991	10630.2	7880.3	79849.3	5814.8	41232.5
1992	13203.8	9169.6	104332.3	6983.6	52983.8
1993	17410.5	10252.6	152395.2	8422.2	75660.9
1994	22325.5	10611.4	201009.3	11471.0	90112.1
1995	27482.7	12230.2	219100.8	14563.6	110026.9
1996	31954.1	12946.9	272154.0	17820.0	121491.7
1997	35820.6	13736.4	294951.4	19946.0	136423.0
1998	39954.3	12309.5	267429.8	21672.0	156345.4
1999	44702.4	12274.7	267143.4	23594.6	173193.0
2000	52713.1	13031.4	314292.3	28303.2	200740.0
2001	58288.7	7085.8	269624.9	31681.3	218566.7
2002	66406.7	8105.5	289070.9	36715.1	267094.8
2003	80723.9	8209.3	305837.0	41983.7	346635.6
2004	105142.9	9409.0	366085.2	54702.7	451415.2
2005	143609.4	10969.1	274178.2	60887.4	711789.0
2006	174082.5	12474.5	292134.7	71800.2	871484.8
2007	213754.5	15993.0	340762.7	88991.2	1081129.3
2008	243985.2	19063.9	371280.7	103190.2	1205057.4
2009	293138.0	18027.4	444262.5	124426.5	1445148.9
2010	328691.6	15909.7	496117.7	140021.7	1617429.3

注：本表按可比价格计算，1996年后为新规定。1998年及以后集体工业指数为规模以上集体工业指数。

a)Data in this table are caculated at current prices.Since 1996,the data are caculated according to new egulations.Since 1998,the index of collective-owned industry refers to index of collective-owned industry above designated size.

14-3 2005-2010年规模以上工业增加值
Value Added of Industry Enterprises above Designated Size From 2005 to 2010

单位:万元 (10 000 yuan)

类 别	Category	2005 工业增加值 Value Added of Industry Enterprises	2005 比上年增长(%) Growth Rate	2006 工业增加值 Value Added of Industry Enterprises	2006 比上年增长(%) Growth Rate	2007 工业增加值 Value Added of Industry Enterprises	2007 比上年增长(%) Growth Rate
全省总计	**Total**	**84119185**	**28.40**	**111227631**	**23.60**	**132121756**	**20.77**
在总计中:轻工业	of which:Light Industry	29353345	30.81	37910762	21.93	44745712	18.96
重工业	Heavy Industry	54765839	27.98	73316869	24.53	87376044	21.70
在总计中:国有企业	of which:State-owned Enterprises	7033164	14.44	9014277	15.42	7548811	10.08
集体企业	Collective-owned Enterprises	7414530	15.92	6366139	14.49	6851061	14.46
股份制企业	Cooperative Enterprises	46191332	29.20	62902706	23.23	76973065	21.08
外商及港澳台商投资企业	Enterprises with Funds from Foreign Countries,Hong Kong, Macao and Taiwan	13915495	32.67	20235306	27.22	25719594	23.24
在总计中:国有控股企业	of which:State-holding Enterprises	25676513	14.88	28419059	11.61	29953246	11.69
在总计中:农村工业	of which:Industry in Rural Area	29045597	35.52				
在总计中:大中型工业企业	of which:Large and Medium-sized Enterprises	50781790	20.43	64778442	14.40	73064688	14.94

注:本表绝对数按当年价格计算,增幅按可比价计算。
a)Data in this table are calculated at current prices, gronth rate at costant prices.

14-3 续表 continued

单位:万元 (10 000 yuan)

类 别	Category	2008 工业增加值 Value Added of Industry Enterprises	2008 比上年增长(%) Growth Rate	2009 工业增加值 Value Added of Industry Enterprises	2009 比上年增长(%) Growth Rate	2010 工业增加值比上年增长(%) Growth Rate
全省总计	**Total**	**167187522**	**13.80**	**188477760**	**14.93**	**15.00**
在总计中:轻工业	of which:Light Industry	54514692	13.21	62715602	12.13	12.91
重工业	Heavy Industry	112672831	14.10	125762158	16.24	16.08
在总计中:国有企业	of which:State-owned Enterprises	9844121	4.60	8776650	4.57	13.24
集体企业	Collective-owned Enterprises	8265316	8.27	8267032	17.82	9.93
股份制企业	Cooperative Enterprises	98632264	15.11	112143312	15.96	15.64
外商及港澳台商投资企业	Enterprises with Funds from Foreign Countries,Hong Kong, Macao and Taiwan	31373575	14.06	35485979	11.01	14.12
在总计中:国有控股企业	of which:State-holding Enterprises	37261436	8.17	33276261	4.67	12.54
在总计中:农村工业	of which:Industry in Rural Area					
在总计中:大中型工业企业	of which:Large and Medium-sized Enterprises	73106839	8.73	76047431	9.14	13.31

注: 2009年工业增加值总量按加权法计算。
a)2009 Industrial value added were calculated by the weighted method.

14-4 按行业分的规模以上工业增加值(2005-2010年)

单位:万元

类别	Category	2005 工业增加值 Value Added of Industry Enterprises	2005 比上年增长(%) Growth Rate
全省总计	**Total**	**84119185**	**28.40**
采掘业	**Mining**	**9830806**	**8.98**
煤炭开采和洗选业	Mining and Washing of Coal	3397784	11.51
石油和天然气开采业	Extraction of Petroleum and Natural Gas	5147045	5.73
黑色金属矿采选业	Mining of Ferrous Metal Ores	279059	52.25
有色金属矿采选业	Mining of Non-ferrous Metal Ores	540568	2.26
非金属矿采选业	Mining and Processing of Nonmetal Ores	464149	13.13
其他采矿业	Mining of Other Ores	2202	34.67
制造业	**Manufacturing**	**69993665**	**31.93**
农副食品加工业	Processing of Food from Agricultural Products	7374257	37.22
食品制造业	Manufacture of Foods	1752631	51.62
饮料制造业	Manufacture of Beverage	1133402	17.83
烟草制品业	Manufacture of Tobacco	780694	21.25
纺织业	Manufacture of Textile	5613018	31.25
纺织服装 鞋 帽制造业	Manufacture of Textile Wearing Apparel, Footware, and Caps	1522025	40.69
皮革、毛皮、羽毛(绒)及其制品业	Manufacture of Leather, Fur, Feather & Its Products	951679	21.99
木材加工及木 竹、藤、棕、草制品业	Processing of Timbers, Manufacture of Wood, Bamboo, Rattan, Palm, and Straw Products	686600	44.87
家具制造业	Manufacture of Furniture	437135	47.06
造纸及纸制品业	Manufacture of Paper and Paper Products	2503107	23.36
印刷业和记录媒介的复制	Printing, Reproduction of Recording Media	342306	39.18
文教体育用品制造业	Manufacture of Articles for Culture, Education and Sport Activity	368667	7.22
石油加工 炼焦及核燃料加工业	Processing of Petroleum, Coking, Processing of Nucleus Fuel	3513637	28.19
化学原料及化学制品制造业	Manufacture of Chemical Raw Material and Chemical Products	6856935	33.75
医药制造业	Manufacture of Medicines	1434030	32.38
化学纤维制造业	Manufacture of Chemical Fiber	349925	16.66
橡胶制品业	Manufacture of Rubber	1770552	23.85
塑料制品业	Manufacture of Plastic	1136618	29.18
非金属矿物制品业	Manufacture of Non-metallic Mineral Products	4832058	31.74
黑色金属冶炼及压延加工业	Manufacture and Processing of Ferrous Metals	4651394	45.99
有色金属冶炼及压延加工业	Manufacture & Processing of Non-ferrous Metals	1414056	35.60
金属制品业	Manufacture of Metal Products	1886283	27.75
通用设备制造业	Manufacture of General Purpose Machinery	4341203	24.79
专用设备制造业	Manufacture of Special Purpose Machinery	2939934	26.27
交通运输设备制造业	Manufacture of Transport Equipment	2827581	21.30
电器机械及器材制造业	Manufacture of Electrical Machinery & Equipment	3812352	27.89
通信设备 计算机及其他电子设备制造业	Manufacture of Communication Equipment, Computer and Other Electronic Equipment	3037667	53.89
仪器仪表及文化、办公用机械制造业	Manufacture of Measuring Instrument and Machinery for Cultural Activity & Office Work	349521	31.54
工艺品及其他制造业	Manufacture of Artwork, Other Manufacture	1336994	24.59
废弃资源和废旧材料回收加工业	Recycling and Disposal of Waste	37408	270.35
电力、燃气及水的生产和供应业	**Production and Supply of Electric,Gas and Water**	**4294712**	**19.49**
电力、热力的生产和供应业	Production and Supply of Electric Power and Heat Power	4136166	20.69
燃气生产和供应业	Production and Supply of Gas	50965	-20.82
水的生产和供应业	Production and Supply of Water	107582	9.79

Added Value of Industry Enterprises above Designated Size by Sector from 2005 to 2010

(10 000 yuan)

2006		2007		2008		2009		2010
工业增加值 Value Added of Industry Enterprises	比上年增长 (%) Growth Rate	工业增加值 Value Added of Industry Enterprises	比上年增长 (%) Growth Rate	工业增加值 Value Added of Industry Enterprises	比上年增长 (%) Growth Rate	工业增加值 Value Added of Industry Enterprises	比上年增长 (%) Growth Rate	工业增加值比上年增长 (%) Growth Rate
111227631	**23.60**	**132121756**	**20.77**	**167187522**	**13.80**	**188477760**	**14.93**	**15.00**
12289262	**7.48**	**12703220**	**10.66**	**17188065**	**13.50**	**13670161**	**9.62**	**6.18**
4082396	14.66	4770710	13.42	6765630	10.90	6159625	5.32	12.26
6546144	-2.02	5732570	5.67	7392860	22.45	4290610	10.01	-2.23
408941	59.91	545582	26.83	836188	13.86	935877	27.82	7.20
614974	-0.20	738338	10.41	979270	-12.24	1072746	13.59	3.07
632950	42.24	912007	28.98	1203297	7.58	1194914	13.89	10.45
3857	27.25	4014	149.52	10820	5.53	16389	63.13	15.23
92785787	**26.30**	**114071346**	**22.60**	**144362351**	**14.08**	**168368468**	**15.85**	**16.14**
9091699	20.23	11570312	15.76	14105135	10.83	16344032	14.09	10.59
2341009	27.37	2911469	25.29	3536490	14.52	4003544	15.43	12.42
1530002	26.54	1678181	15.39	2069958	8.44	2449131	12.98	14.54
815834	8.02	921748	8.66	1054892	6.49	1171391	8.41	7.58
7658562	23.50	9064608	20.98	11201530	15.10	12341405	10.18	7.92
1973379	29.44	2540395	22.32	3025704	18.56	3526325	14.16	18.87
1247858	16.68	1451807	14.57	1543124	6.14	1763016	10.64	10.72
1116259	34.20	1403405	34.00	2055870	22.55	2589996	22.62	22.40
669227	29.12	770006	22.47	1055468	24.98	1302818	7.60	16.77
3094724	18.63	3299089	13.70	3972821	9.38	4261395	-6.27	16.54
484337	31.07	521005	24.97	687792	22.03	869573	16.99	21.74
616161	30.76	691965	28.41	729955	13.15	933728	8.44	15.98
3829143	15.72	4282238	14.27	6073781	3.29	6363391	25.97	7.60
9551748	32.71	11893309	27.27	15475923	12.25	18373957	19.60	15.62
1757416	27.14	2239195	25.55	3069312	22.35	3929649	8.44	19.88
311210	4.68	321290	15.30	321715	-8.32	335102	19.47	9.69
2187906	18.02	2634053	20.59	3025035	9.15	3730779	20.15	16.89
1622665	29.31	2208911	26.77	2646967	14.38	3174594	15.72	21.82
6235753	30.06	7497990	21.81	9409578	16.15	11310506	7.13	16.36
5653306	24.34	7248266	18.76	8455552	4.72	7589485	22.51	6.26
2556024	25.13	3926986	32.71	4989991	19.23	5443550	15.13	16.72
2740975	33.74	3297793	22.96	4647763	12.49	5494159	19.82	21.90
6179252	33.13	8202191	27.77	10502015	18.35	13608577	13.98	26.20
3785745	27.57	4633269	13.18	5817318	15.31	7141855	22.60	23.28
4350869	32.96	5058823	33.78	7203754	19.30	9867737	20.04	29.80
4909946	19.77	5705819	22.11	7639939	19.19	8760027	15.16	17.40
3935433	39.15	5182095	40.76	6594429	24.44	8278354	13.48	15.31
654310	47.53	985763	24.58	1162654	26.47	877600	4.04	17.91
1848617	21.41	1875634	15.28	2193713	12.13	2367298	4.29	11.32
36419	-33.45	53728	39.06	94172	39.53	165496	3.56	15.56
6152582	**18.80**	**5347190**	**11.61**	**5637107**	**7.97**	**6439131**	**17.02**	**9.08**
5907004	18.51	5053797	11.29	5200093	6.38	5936131	9.28	8.28
92976	42.09	142208	23.45	264096	53.06	288776	18.17	27.97
152603	18.81	151185	12.64	172917	10.61	214224	13.35	6.01

14-5 规模以上工业企业主要经济指标

单位:万元

类别	Category	企业单位数(个) Number of Industial Enterprises (unit)	#亏损企业 Loss Enterprises
1995		27392	5593
1996		27245	3618
1997		23494	3963
1998		11402	2035
1999		11391	1767
2000		11679	1444
2001		12268	1672
2002		13468	1759
2003		16177	1885
2004		23915	3407
2005		27540	2390
2006		31936	2529
2007		36145	2445
2008		42629	3134
2009		45518	2723
2010		44037	2114
一、按登记注册类型分	**by Status of Registration**		
内资企业	Domestic Funded Enterprises	38501	1358
国有企业	State-owned Enterprises	597	148
中央企业	Central Enterprises	91	17
地方企业	Local Enterprises	506	131
集体企业	Collective-owned Enterprises	726	35
股份合作企业	Cooperative Enterprises	226	20
联营企业	Joint Ownership Enterprises	37	7
国有联营企业	State Joint Ownership Enterprises	6	1
集体联营企业	Collective Joint Ownership Enterprises	18	3
国有与集体联营企业	Joint State-collective Enterprises	5	2
其他联营企业	Other Joint Ownership Enterprises	8	1
有限责任公司	Limited Liability Corporations	6542	445
国有独资公司	State Sole funded Corporations	68	10
其他有限责任公司	Other Limited Liability Corporations	6474	435
股份有限公司	Share-holding Corporations Limited	995	85
私营企业	Private Enterprises	28873	604
私营独资企业	Private-funded Enterprises	8141	69
私营合作企业	Private Partnership Enterprises	454	5
私营有限责任公司	Private Limited Liability Corporations	19277	497
私营股份有限公司	Private Share-holding Corporations Ltd.	1001	33
其他企业	Other Enterprises	505	14
港、澳、台商投资企业	Enterprises with Funds from Hong Kong, Macao and Taiwan	1191	149
合资经营企业(港或澳、台资	Joint-ventures Enterprises	657	67
合作经营企业(港或澳、台资	Cooperative Enterprises	32	5
港澳台商独资经营企业	Enterprises with Sole Investment	478	75
港澳台商投资股份有限公司	Share-holding Corporations Ltd. With Funds from Hong Kong, Macao and Taiwan	24	2
外商投资企业	Foreign Funded Enterprises	4345	607
中外合资经营企业	Joint-venture Enterprises	1624	142
中外合作经营企业	Cooperation Enterprises	80	10
外资企业	Enterprises with Sole Foreign Funds	2572	443
外商投资股份有限公司	Share-holding Corporations Ltd. With Foreign Investment	69	12
二、在总计中:亏损企业	**of which:Loss Enterprises**	**2114**	**2114**
在总计中:国有控股企业	of which:State-holding Enterprises	1215	265
在总计中:农村工业	of which:Industry in Rural Area	1197	21
按轻重工业分	**by Light & Heavy Industry**		
轻工业	Light Industry	18444	948
重工业	Heavy Industry	25593	1166
按企业规模分	**by Enterprise Size**		
大型企业	Large-sized Enterprises	400	14
中型企业	Medium-sized Enterprises	3525	310
小型企业	Small-sized Enterprises	40112	1790

Main Economic Indicators of Industrial Enterprises above Designated Size

(10 000 yuan)

工业总产值 Gross Industrial Output Value	工业销售产值 Industrial Output Value of Products Sold	#出口交货值 Export Delivery Value	资产合计 Total Assets	产成品 Finished Products	流动资产合计 Total Working Capitals	固定资产合计 Total Fixed Assets
47844553						
57411305	55285817		68748898	4998475	26944968	26962970
62823996	60702763		79496991	5764588	33725508	30395800
63983861	61802682		82405505	5696137	33943685	32769856
69445186	67331157		88232453	5876704	35969715	35588345
83115250	81333731		97019617	5828823	38953991	39837025
93773726	91686051		105219953	6362129	42865444	42135407
114975327	112416603		119048719	6598734	48110953	46802238
153795446	150617682	20455625	144616035	7407029	58577265	55559493
225218944	220390333	29112157	185873748	9317070	76760058	70552540
305228616	299821716	34900993	221312416	11733123	94374934	83096180
387800991	381725527	45088074	264753536	13044729	112015984	101857165
498730040	490205752	55241949	319449143	15902408	133694410	123329283
629585284	607312375	62670428	392245052	19647783	165790969	149254050
712094180	701481473	55916115	460526941	20467726	192869139	202208903
838513994	826521387	66380488	537612783	22484979	238304625	227881083
694854618	685606822	31624686	443057875	18361283	190414779	193430090
54861225	54639308	1408178	49684216	1107398	18421339	24524408
28238051	28254955	142829	25438617	314404	8236482	13701403
26623175	26384353	1265350	24245599	792994	10184857	10823006
26326479	26026420	1079430	16129465	648524	8313272	5857460
5065972	4912910	505149	2592929	159669	1357099	925097
4375067	4387429	313983	5245164	205224	1929631	1988259
3994647	3998146	259965	5073100	190826	1818169	1946887
296617	305272	38638	113675	11049	76935	23721
31727	31811	1176	34735	1481	20280	11601
52076	52201	14204	23653	1869	14246	6050
223894995	222182052	11929126	188685626	7751104	80820106	84118276
29645425	29393315	2069881	43517362	2042319	21224355	13188048
194249570	192788736	9859245	145168265	5708785	59595751	70930227
69303066	68168676	4691861	54082831	2232615	25006857	20423784
304088686	298535149	11287552	122205794	6064580	52656888	53734775
73406520	71980770	2095099	24333368	1092612	8760021	12211075
3916710	3865354	87231	959526	56959	429767	456103
211932083	208280523	8393264	89325133	4564333	40018550	37688492
14833373	14408502	711958	7587767	350676	3448550	3379105
6939129	6754879	409407	4431849	192168	1909587	1858030
28950496	28465910	5017381	20129152	974741	10264521	7938808
17278297	16955374	2906875	11545957	602734	5634670	4767601
2390361	2377517	53341	1471730	24669	1079072	245218
8514715	8370740	1939092	6267154	291712	3228239	2417295
767124	762279	118074	844311	55627	322540	508695
114708880	112448656	29738421	74425756	3148955	37625326	26512185
51689156	49669616	9713786	36119400	1648078	19688325	12898275
1745946	1670351	368538	1504236	41961	1001977	383110
55757060	55128890	17987339	29347217	1264797	13756951	10359952
5516718	5979799	1668758	7454903	194119	3178073	2870849
22324772	**21782687**	**2543248**	**32153604**	**1292306**	**12680049**	**15373861**
167269747	166962124	6385364	171793672	5044322	66485777	78535944
22015179	21763400	595385	10330922	357783	4031641	5201316
271617807	269063979	31692689	148643009	7840176	68081408	60809086
566896187	557457408	34687799	388969774	14644803	170223218	167071998
261720006	260340727	26974982	241637900	8447169	105077219	101667085
218664241	214252907	20973013	151024909	7010411	71904060	62608980
358129748	351927753	18432493	144949974	7027399	61323346	63605019

14−5 续表 1

单位:万元

类 别	Category	企业单位数(个) Number of Industial Enterprises (unit)	#亏损企业 Loss Enterprises
三、按行业大类分	by Sector		
采矿业	**Mining**	**1124**	**27**
煤炭开采和洗选业	Mining and Washing of Coal	373	10
石油和天然气开采业	Extraction of Petroleum and Natural Gas	18	1
黑色金属矿采选业	Mining of Ferrous Metal Ores	203	6
有色金属矿采选业	Mining of Non-ferrous Metal Ores	97	2
非金属矿采选业	Mining and Processing of Nonmetal Ores	429	7
其他采矿业	Mining of Other Ores	4	1
制造业	**Manufacturing**	**42299**	**1915**
农副食品加工业	Processing of Food from Agricultural Products	4445	115
食品制造业	Manufacture of Foods	1341	65
饮料制造业	Manufacture of Beverage	561	29
烟草制品业	Manufacture of Tobacco	12	2
纺织业	Manufacture of Textile	3628	152
纺织服装、鞋、帽制造业	Manufacture of Textile Wearing Apparel, Footware, and Caps	1337	107
皮革、毛皮、羽毛(绒)及其制品业	Manufacture of Leather, Fur, Feather & Its Products	554	47
木材加工及木、竹、藤、棕、草制品业	Processing of Timbers, Manufacture of Wood, Bamboo, Rattan, Palm, and Straw Products	1530	26
家具制造业	Manufacture of Furniture	608	21
造纸及纸制品业	Manufacture of Paper and Paper Products	1007	58
印刷业和记录媒介的复制	Printing, Reproduction of Recording Media	507	39
文教体育用品制造业	Manufacture of Articles for Culture, Education and Sport Activity	379	40
石油加工、炼焦及核燃料加工业	Processing of Petroleum, Coking, Processing of Nucleus Fuel	278	15
化学原料及化学制品制造业	Manufacture of Chemical Raw Material and Chemical Products	3913	175
医药制造业	Manufacture of Medicines	715	53
化学纤维制造业	Manufacture of Chemical Fiber	90	8
橡胶制品业	Manufacture of Rubber	630	24
塑料制品业	Manufacture of Plastic	1470	37
非金属矿物制品业	Manufacture of Non-metallic Mineral Products	4112	111
黑色金属冶炼及压延加工业	Manufacture and Processing of Ferrous Metals	409	22
有色金属冶炼及压延加工业	Manufacture & Processing of Non-ferrous Metals	377	21
金属制品业	Manufacture of Metal Products	1872	100
通用设备制造业	Manufacture of General Purpose Machinery	4819	133
专用设备制造业	Manufacture of Special Purpose Machinery	2088	89
交通运输设备制造业	Manufacture of Transport Equipment	1720	107
电气机械及器材制造业	Manufacture of Electrical Machinery & Equipment	1842	98
通信设备、计算机及其他电子设备制造业	Manufacture of Communication Equipment, Computer and Other Electronic Equipment	727	98
仪器仪表及文化、办公用机械制造业	Manufacture of Measuring Instrument and Machinery for Cultural Activity & Office Work	325	19
工艺品及其他制造业	Manufacture of Artwork, Other Manufacture	943	50
废弃资源和废旧材料回收加工业	Recycling and Disposal of Waste	60	4
电力、燃气及水的生产和供应业	**Production and Supply of Electric,Gas and Water**	**614**	**172**
电力、热力的生产和供应业	Production and Supply of Electric Power and Heat Power	393	117
燃气生产和供应业	Production and Supply of Gas	82	4
水的生产和供应业	Production and Supply of Water	139	51

continued

(10 000 yuan)

工业总产值 Gross Industrial Output Value	工业销售产值 Industrial Output Value of Products Sold	#出口交货值 Export Delivery Value	资产合计 Total Assets	产成品 Finished Products	流动资产合计 Total Working Capitals	固定资产合计 Total Fixed Assets
48400038	**47858493**	**74759**	**54662365**	**1274546**	**18455062**	**27150030**
24530427	24177458	39994	32798356	796774	13561020	12166954
10220717	10218685		12508612	88085	1131840	11295993
4358674	4296378		3919942	131505	1795813	1362284
5547950	5510857	1151	3492923	167616	1274164	1330737
3688739	3602588	33614	1923698	90392	689492	978302
53531	52528		18834	175	2734	15761
756527894	**745128515**	**66281361**	**439529299**	**21170370**	**210210178**	**174208638**
74513948	73796432	7669944	31679255	2221392	15636701	12367911
18713616	18545148	2084779	11314401	488630	4673424	4801266
8882382	9259413	376181	6645041	378858	3099767	2296007
3460815	3556880	382	2351825	5491	1262259	627992
57187193	56959111	6860425	27560578	1366450	11488209	13599402
12311492	12025398	2635766	5732680	333122	2688970	2073934
6556802	6399917	1234878	2640605	139793	1255930	888161
11117500	10956552	778144	3829693	228585	1539352	1687816
5413366	5339188	807701	2397257	175163	1138716	970153
18683750	18403011	1609338	17198862	532459	6168883	8569671
3308644	3276938	97076	1799519	81173	756765	826721
3488643	3426495	642144	1706640	92456	787967	706127
40548414	40294223	73256	20368019	833164	8338227	10529469
82904956	81373411	3361965	51379542	1957832	21146663	23613545
16155328	15827585	1489204	11922289	604011	5756113	4793315
1568697	1525084	116689	1490285	44616	579994	600835
17620983	17292809	2993218	10790946	690038	5255144	4506666
12070243	11822466	989692	5134624	278247	2355087	2068022
46976118	46012770	2246093	26391663	1174324	11093864	12095958
37798107	37429922	1002482	31619422	1058202	14275961	14031455
27861490	27571581	311224	22059246	483008	9968513	9720111
19799382	19394626	1734378	10897871	714032	5296039	4009555
59022908	57737660	2773981	29233547	1572859	15228404	10366107
31376816	29639679	1468134	17813083	1309147	10130050	5126173
53772141	53017985	3925933	41486344	2396484	25756761	10485488
42746124	41903186	3059840	24829869	1143095	14104524	7252406
30948526	30844710	13709318	14063467	563222	7870865	3768289
3485666	3407452	181937	1863714	89075	1174134	441322
7742023	7606348	2040927	3129546	209312	1324197	1263859
491824	482535	6332	199466	6130	58696	120902
33586062	**33534379**	**24368**	**43421119**	**40063**	**9639385**	**26522415**
31534030	31497958	8487	39335305	27465	8359457	24218310
1397750	1395532	15874	1742352	9475	538706	998976
654282	640890	7	2343462	3123	741222	1305130

14-5 续表 2

单位:万元

类 别	Category	负债合计 Total Liabilities	主营业务收入 Revenue from Principal Business
1995		39652229	44066585
1996		45483978	51023886
1997		52552789	56898920
1998		53019069	59232502
1999		55906200	65669913
2000		60677134	80613925
2001		63422782	90888177
2002		71042729	110385253
2003		85861030	149322101
2004		110649305	218097900
2005		129169987	300238710
2006		152945606	381160618
2007		178855860	491862417
2008		215766273	620341916
2009		246764808	708261319
2010		289698944	836629973
一、按登记注册类型分	**by Status of Registration**		
内资企业	Domestic Funded Enterprises	240517510	697990273
国有企业	State-owned Enterprises	32202345	56271894
中央企业	Central Enterprises	17024399	28246093
地方企业	Local Enterprises	15177946	28025801
集体企业	Collective-owned Enterprises	8565763	27459989
股份合作企业	Cooperative Enterprises	1564672	5342418
联营企业	Joint Ownership Enterprises	3649478	4218907
国有联营企业	State Joint Ownership Enterprises	3561235	3817605
集体联营企业	Collective Joint Ownership Enterprises	54422	312191
国有与集体联营企业	Joint State-collective Enterprises	21342	31341
其他联营企业	Other Joint Ownership Enterprises	12479	57771
有限责任公司	Limited Liability Corporations	109084995	231733256
国有独资公司	State Sole funded Corporations	28536166	31499592
其他有限责任公司	Other Limited Liability Corporations	80548829	200233663
股份有限公司	Share-holding Corporations Limited	28749517	68549031
私营企业	Private Enterprises	54457359	297694929
私营独资企业	Private-funded Enterprises	8651843	71283590
私营合作企业	Private Partnership Enterprises	360904	3843395
私营有限责任公司	Private Limited Liability Corporations	41744561	207876904
私营股份有限公司	Private Share-holding Corporations Ltd.	3700051	14691040
其他企业	Other Enterprises	2243383	6719850
港、澳、台商投资企业	Enterprises with Funds from Hong Kong, Macao and Taiwan	11427116	28510503
合资经营企业(港或澳、台资)	Joint-ventures Enterprises	6292038	17006477
合作经营企业(港或澳、台资)	Cooperative Enterprises	1267690	2384320
港澳台商独资经营企业	Enterprises with Sole Investment	3273709	8397073
港澳台商投资股份有限公司	Share-holding Corporations Ltd. With Funds from Hong Kong, Macao and Taiwan	593678	722633
外商投资企业	Foreign Funded Enterprises	37754317	110129197
中外合资经营企业	Joint-venture Enterprises	20629790	49848067
中外合作经营企业	Cooperation Enterprises	722593	1535556
外资企业	Enterprises with Sole Foreign Funds	13221520	52829006
外商投资股份有限公司	Share-holding Corporations Ltd. With Foreign Investment	3180414	5916568
二、在总计中:亏损企业	**of which:Loss Enterprises**	**102957123**	**22956249**
在总计中:国有控股企业	of which:State-holding Enterprises	4061574	174910226
在总计中:农村工业	of which:Industry in Rural Area	73382006	21952296
按轻重工业分	**by Light & Heavy Industry**		
轻工业	Light Industry	73382006	271085893
重工业	Heavy Industry	216316938	565544080
按企业规模分	**by Enterprise Size**		
大型企业	Large-sized Enterprises	137616245	273166657
中型企业	Medium-sized Enterprises	88491833	215072050
小型企业	Small-sized Enterprises	63590866	348391267

continued

(10 000 yuan)

#主营业务税金及附加 Taxes and Other Charges on Principal Business	营业费用 Cost of Business	管理费用 Cost of Management	利润总额 Total Profits	亏损企业亏损总额 Losses of Loss Enterprises	利税总额 Total Profits and Taxes	本年应交增值税 Value-added Tax Payable	全部从业人员年平均人数(人) Annual Average of Empolyed Persons (person)
877180	1133298	3249495	1581912	564303	4342562	1877189	6486633
953402	1422435	3558396	2067990	540171	5259584	2238192	6445631
961178	1856415	3721162	2191242	643886	5573742	2421321	6338666
878741	1856449	3544678	2352546	612781	5759226	2527939	5477622
892677	2193698	3706989	2807713	553840	6491681	2791292	5347200
979126	2655084	4361840	5440003	413877	10025880	3606752	5223652
1065092	3057361	4674791	5609071	460741	10510808	3837726	5230823
1238379	3520233	5545515	6218859	458789	11619227	4161988	5563693
1537247	4375115	6625794	9202699	480295	16057373	5317427	5954189
2084286	5799204	9356350	14078571	1059788	23533842	7370985	6901536
2806248	7274800	10179479	21646981	711535	34529239	10076010	7382292
3904132	8525325	11812749	26325786	975994	42707592	12477674	7881051
4975418	10669050	14853591	33911532	835577	54603330	15716380	8305254
7391871	13010112	21464407	39235594	3426307	66056176	19428711	9126970
8845353	14718012	21594578	45126582	1450096	74490030	20518095	9266002
10836997	17692625	31919733	61079916	1207839	97376175	25459263	9315033
10066977	14024331	26219088	51069744	856523	82946909	21810189	7657540
1501435	1122616	2993266	2338185	267808	5787735	1948115	489028
1266679	419784	776105	893897	113532	3141616	981041	140914
234756	702832	2217161	1444288	154276	2646119	967075	348114
160014	1530892	1395289	2201234	6293	3118277	757030	249544
27827	75553	126951	281138	7821	452049	143083	65124
30933	59317	200378	71722	1369	194119	91464	39330
28143	53987	186404	52925	68	159030	77963	33142
1792	2970	5353	13624	648	25371	9956	3424
542	1363	3907	3827	499	6480	2111	1826
457	997	4714	1347	154	3238	1434	938
4223936	4103467	9906765	18199157	377119	29849137	7426043	2541683
286044	755633	2464114	3390118	12491	4950968	1274806	412733
3937892	3347834	7442651	14809040	364629	24898169	6151237	2128950
1542780	1375393	2962049	5162186	90172	8844247	2139281	595468
2500915	5580788	8424100	22380129	101940	33980408	9099364	3600003
678741	1391292	1920274	5407904	8179	8340091	2253447	859530
33596	68616	98403	266707	414	408456	108153	46975
1654588	3773266	5951459	15659150	90034	23635027	6321290	2529410
133991	347615	453964	1046369	3312	1596834	416475	164088
79136	176304	210290	435992	4002	720937	205809	77360
132702	669187	1162790	2165035	51460	3018542	720805	329430
95558	450604	570511	1463990	30775	2036546	476999	184017
1977	9531	227818	100951	1153	140867	37939	11264
32586	197527	313794	568300	19144	791983	191097	123355
2581	11525	50668	31795	389	49146	14770	10794
637319	2999107	4537855	7845137	299856	11410725	2928269	1328063
338912	1539446	1971778	3919512	69115	5760125	1501702	481299
29832	46363	74855	105250	21872	173920	38837	20258
230870	955372	2174482	3211939	145490	4596768	1153960	758825
37705	457927	316740	608436	63380	879912	233771	67681
145561	**443929**	**1471135**	**-1207839**	**1207839**	**-598077**	**464201**	**497402**
6227344	3271169	9854555	12893837	610626	25924570	6803389	1548876
149056	432741	618203	2026319	5258	2734945	559569	212602
3193599	8031908	9597108	19182357	253121	30029329	7653372	3899898
7643398	9660717	22322625	41897558	954718	67346847	17805891	5415135
5421170	6442518	12258560	21431940	140167	35980536	9127426	2483592
2512522	4424720	8411110	14595881	652183	23412735	6304332	2604788
2903305	6825386	11250064	25052095	415489	37982904	10027505	4226653

14-5 续表 3

单位:万元

类　别	Category	负债合计 Total Liabilities	主营业务收　入 Revenue from Principal Business
三、按行业大类分	by Sector		
采矿业	**Mining**	**26113636**	**50001582**
煤炭开采和洗选业	Mining and Washing of Coal	20372776	25718891
石油和天然气开采业	Extraction of Petroleum and Natural Gas	1492351	10483343
黑色金属矿采选业	Mining of Ferrous Metal Ores	1927914	4378518
有色金属矿采选业	Mining of Non-ferrous Metal Ores	1415694	5739576
非金属矿采选业	Mining and Processing of Nonmetal Ores	902416	3625092
其他采矿业	Mining of Other Ores	2485	56162
制造业	**Manufacturing**	**233743131**	**752730276**
农副食品加工业	Processing of Food from Agricultural Products	15300535	72869974
食品制造业	Manufacture of Foods	5095842	18430219
饮料制造业	Manufacture of Beverage	3087518	9913649
烟草制品业	Manufacture of Tobacco	1037279	2591357
纺织业	Manufacture of Textile	13615842	57682494
纺织服装、鞋、帽制造业	Manufacture of Textile Wearing Apparel, Footware, and Caps	2679091	11848175
皮革、毛皮、羽毛(绒)及其制品业	Manufacture of Leather, Fur, Feather & Its Products	1186404	6707828
木材加工及木、竹、藤、棕、草制品业	Processing of Timbers, Manufacture of Wood, Bamboo, Rattan, Palm, and Straw Products	1604426	10794443
家具制造业	Manufacture of Furniture	1069144	5299527
造纸及纸制品业	Manufacture of Paper and Paper Products	9705455	18386938
印刷业和记录媒介的复制	Printing, Reproduction of Recording Media	821392	3189619
文教体育用品制造业	Manufacture of Articles for Culture, Education and Sport Activity	813803	3399691
石油加工、炼焦及核燃料加工业	Processing of Petroleum, Coking, Processing of Nucleus Fuel	11938846	40637817
化学原料及化学制品制造业	Manufacture of Chemical Raw Material and Chemical Products	27548526	82137923
医药制造业	Manufacture of Medicines	5207132	15644172
化学纤维制造业	Manufacture of Chemical Fiber	936641	1557621
橡胶制品业	Manufacture of Rubber	6356939	16918916
塑料制品业	Manufacture of Plastic	2156667	11792693
非金属矿物制品业	Manufacture of Non-metallic Mineral Products	13107980	45949362
黑色金属冶炼及压延加工业	Manufacture and Processing of Ferrous Metals	21375318	42188890
有色金属冶炼及压延加工业	Manufacture & Processing of Non-ferrous Metals	11551780	28307700
金属制品业	Manufacture of Metal Products	5357036	19412021
通用设备制造业	Manufacture of General Purpose Machinery	14437159	57563913
专用设备制造业	Manufacture of Special Purpose Machinery	9075494	30491401
交通运输设备制造业	Manufacture of Transport Equipment	26655007	52749463
电气机械及器材制造业	Manufacture of Electrical Machinery & Equipment	13375568	43523542
通信设备、计算机及其他电子设备制造业	Manufacture of Communication Equipment, Computer and Other Electronic Equipment	6581211	31285200
仪器仪表及文化、办公用机械制造业	Manufacture of Measuring Instrument and Machinery for Cultural Activity & Office Work	758075	3354087
工艺品及其他制造业	Manufacture of Artwork, Other Manufacture	1247673	7600793
废弃资源和废旧材料回收加工业	Recycling and Disposal of Waste	59347	500846
电力、燃气及水的生产和供应业	**Production and Supply of Electric,Gas and Water**	**29842176**	**33898115**
电力、热力的生产和供应业	Production and Supply of Electric Power and Heat Power	27694766	31779060
燃气生产和供应业	Production and Supply of Gas	846663	1471725
水的生产和供应业	Production and Supply of Water	1300748	647329

continued

(10 000 yuan)

#主营业务税金及附加 Taxes and Other Charges on Principal Business	营业费用 Cost of Business	管理费用 Cost of Management	利润总额 Total Profits	亏损企业亏损总额 Losses of Loss Enterprises	利税总额 Total Profits and Taxes	本年应交增值税 Value-added Tax Payable	全部从业人员年平均人数（人） Annual Average of Empolyed Persons (person)
2125486	**725257.7**	**4481741.1**	**8430022.8**	**14341**	**13761305**	**3205796**	**816930**
332201	462562.7	2998610.7	3781861.7	10348	5862122	1748060	531818
1630959	25629.7	729713.2	3030349.6	482	5735592	1074284	111108
95591	35069.7	313625.2	544629.5	1203	861925	221705	49238
22031	72414.2	267127.6	738350.3	678	790966	30585	55582
44679	129424.1	172436.3	333965.3	1586	509531	130886	68818
27	157.3	228.1	866.4	45	1168	276	366
8575163	**16718868.8**	**26100430.9**	**52046452.4**	**695981**	**81854427**	**21232812**	**8231429**
466184	1392569.0	2388802.9	4400964.9	31665	6276143	1408995	845508
141333	550042.4	612825.4	1444614.0	20398	2163505	577557	242325
334903	718114.3	359690.0	959242.7	20547	1704851	410705	122367
1144104	82268.2	186427.5	207258.9	1592	1628631	277268	12027
309958	704597.6	1251572.8	3953200.6	34113	5840077	1576919	1035780
89182	318869.7	548217.5	792137.5	17549	1208077	326758	330390
53728	137745.1	258642.7	407080.5	8351	632223	171415	134121
85391	217855.5	223522.6	811535.2	5326	1162238	265312	173089
57265	113710.4	162855.4	363693.7	2231	570115	149156	84761
97036	428777.1	652105.1	1411788.5	14530	2073186	564362	202542
28621	71847.1	136813.5	236244.7	6367	365659	100793	58268
27682	76546.1	180224.2	218720.7	8257	342083	95680	76433
2562059	216580.1	897637.8	1513102.0	38600	5417974	1342814	95841
510128	1438450.7	2547941.8	5886928.2	144103	8556037	2158980	640245
143857	1066722.9	754691.8	1842431.5	21075	2622572	636284	183720
12133	22075.4	51381.0	65198.0	8579	115019	37689	22241
101716	328405.7	619645.0	1073161.5	20495	1570999	396122	174367
92682	206287.0	398686.5	822789.2	12049	1245118	329647	158651
380359	1116908.1	1458939.4	4375010.1	32148	6438171	1682802	620965
253109	327244.8	1981962.6	1655990.2	16321	2836392	927293	254650
64356	211582.1	416006.1	1970016.8	9167	3065597	1031224	142703
166387	368472.4	655837.4	1398720.3	35836	2118420	553312	238550
451552	1334287.8	2449191.6	4363972.5	41304	6612931	1797407	718922
180421	800451.9	1346301.9	2470377.6	25190	3477953	827154	359408
389178	1315993.2	2082534.0	3975393.2	55673	5690052	1325482	423845
242920	2027557.0	1994308.6	3043394.7	30724	4518141	1231826	374666
89348	850189.6	1039786.2	1569650.6	25185	2322284	663285	299705
23029	98081.2	152673.2	283239.9	2265	412679	106410	46882
70013	165786.5	278425.2	493485.3	5525	806945	243446	152789
6530	10849.9	12781.2	37108.9	818	60357	16717	5668
136348	**248498.1**	**1337561.3**	**603440.6**	**497517**	**1760444**	**1020655**	**266674**
125181	181778.5	1167099.9	410595.1	476979	1477916	942141	220067
6818	46874.7	74917.2	166374.4	1173	223303	50111	15442
4349	19844.9	95544.2	26471.1	19366	59225	28404	31165

14−6 规模以上国有控股工业企业主要经济指标

单位:万元

类 别	Category	企业单位数(个) Number of Industial Enterprises (unit)	#亏损企业 Loss Enterprises
	1996	5478	1243
	1997	4352	1181
	1998	3272	1009
	1999	3049	786
	2000	2774	596
	2001	2403	569
	2002	2082	498
	2003	1961	471
	2004	1496	492
	2005	1394	370
	2006	1360	357
	2007	1306	316
	2008	1238	347
	2009	1287	301
	2010	1215	265
在总计中:	**of which:**		
亏损企业	Loss Enterprises	265	265
一、按隶属关系分	**by Type of Ownership**		
中央企业	Central Enterprises	91	17
地方企业	Local Enterprises	506	131
二、按轻重工业分	**by Light & Heavy Industry**		
轻工业	Light Industry	312	97
重工业	Heavy Industry	903	168
三、按企业规模分	**by Enterprise Size**		
大型企业	Large-sized Enterprises	129	11
中型企业	Medium-sized Enterprises	454	96
小型企业	Small-sized Enterprises	632	158

Main Economic Indicators of State-holding Industrial Enterprises above Designated Size

(10 000 yuan)

工业总产值 Gross Industrial Output Value	工业销售产值 Industrial Output Value of Products Sold	#出口交货值 Export Delivery Value	资产合计 Total Assets	产成品 Finished Products	流动资产合计 Total Working Capitals	固定资产合计 Total Fixed Assets
28880601	28125562		46663169	2501671	16443562	19828771
28220834	27473512		49527778	2687882	19033284	19906966
26957289	26268189		52675723	2722662	19888668	21568218
28716110	28189134		55961178	2784840	20520063	23686902
34865374	34582037		61171986	2648035	21559936	26865483
36451434	36075026		63133220	2596606	22619070	27560219
42011174	41427624		66635177	2450859	23463473	28577367
51487207	50844736	3517105	74887872	2695640	26726934	31848291
61113296	60064712	3613516	77434607	2467721	27344202	32361321
74010339	73313626	4044683	83290508	2852847	30467518	34492399
92291515	91593439	5307039	100154308	3002772	35011142	43339200
106319329	105639312	5825394	110202051	3354872	37987413	48369892
124176021	112293098	5970544	121311503	3880315	44288814	51646274
128851751	128318585	3727250	148415245	3846745	53040758	71533991
167269747	166962124	6385364	171793672	5044322	66485777	78535944
8606259	8488121	256159	14640219	351710	4015958	9243274
28238051	28254955	142829	25438617	314404	8236482	13701403
26623175	26384353	1265350	24245599	792994	10184857	10823006
16032641	16603109	2727355	16157282	712930	8145016	5092456
151237106	150359015	3658009	155636390	4331392	58340761	73443488
119248714	119242695	5041932	127123306	3868041	50317199	54841575
37215132	36984230	1051008	35731820	982724	12671591	19553330
10805901	10735199	292423	8938546	193557	3496987	4141038

14-6 续表 1

单位:万元

类别	Category	企业单位数(个) Number of Industial Enterprises (unit)	#亏损企业 Loss Enterprises
三、按行业大类分	**by Sector**		
采矿业	**Mining**	**117**	**10**
煤炭开采和洗选业	Mining and Washing of Coal	67	5
石油和天然气开采业	Extraction of Petroleum and Natural Gas	9	1
黑色金属矿采选业	Mining of Ferrous Metal Ores	11	
有色金属矿采选业	Mining of Non-ferrous Metal Ores	16	2
非金属矿采选业	Mining and Processing of Nonmetal Ores	14	2
其他采矿业	Mining of Other Ores		
制造业	**Manufacturing**	**761**	**136**
农副食品加工业	Processing of Food from Agricultural Products	39	6
食品制造业	Manufacture of Foods	17	6
饮料制造业	Manufacture of Beverage	37	6
烟草制品业	Manufacture of Tobacco	11	2
纺织业	Manufacture of Textile	21	9
纺织服装、鞋、帽制造业	Manufacture of Textile Wearing Apparel, Footware, and Caps	6	2
皮革、毛皮、羽毛(绒)及其制品业	Manufacture of Leather, Fur, Feather & Its Products	1	
木材加工及木、竹、藤、棕、草制品业	Processing of Timbers, Manufacture of Wood, Bamboo, Rattan, Palm, and Straw Products	10	
家具制造业	Manufacture of Furniture		
造纸及纸制品业	Manufacture of Paper and Paper Products	15	2
印刷业和记录媒介的复制	Printing, Reproduction of Recording Media	19	5
文教体育用品制造业	Manufacture of Articles for Culture, Education and Sport Activity		
石油加工、炼焦及核燃料加工业	Processing of Petroleum, Coking, Processing of Nucleus Fuel	19	1
化学原料及化学制品制造业	Manufacture of Chemical Raw Material and Chemical Products	99	16
医药制造业	Manufacture of Medicines	27	4
化学纤维制造业	Manufacture of Chemical Fiber	3	1
橡胶制品业	Manufacture of Rubber	11	4
塑料制品业	Manufacture of Plastic	5	1
非金属矿物制品业	Manufacture of Non-metallic Mineral Products	84	18
黑色金属冶炼及压延加工业	Manufacture and Processing of Ferrous Metals	13	
有色金属冶炼及压延加工业	Manufacture & Processing of Non-ferrous Metals	15	3
金属制品业	Manufacture of Metal Products	25	4
通用设备制造业	Manufacture of General Purpose Machinery	80	12
专用设备制造业	Manufacture of Special Purpose Machinery	47	8
交通运输设备制造业	Manufacture of Transport Equipment	89	18
电气机械及器材制造业	Manufacture of Electrical Machinery & Equipment	39	6
通信设备、计算机及其他电子设备制造业	Manufacture of Communication Equipment, Computer and Other Electronic Equipment	17	1
仪器仪表及文化、办公用机械制造业	Manufacture of Measuring Instrument and Machinery for Cultural Activity & Office Work	9	
工艺品及其他制造业	Manufacture of Artwork, Other Manufacture	3	1
废弃资源和废旧材料回收加工业	Recycling and Disposal of Waste		
电力、燃气及水的生产和供应业	**Production and Supply of Electric,Gas and Water**	**337**	**119**
电力、热力的生产和供应业	Production and Supply of Electric Power and Heat Power	236	71
燃气生产和供应业	Production and Supply of Gas	19	2
水的生产和供应业	Production and Supply of Water	82	46

continued

(10 000 yuan)

工 业 总产值 Gross Industrial Output Value	工 业 销售产值 Industrial Output Value of Products Sold	#出 口 交货值 Export Delivery Value	资产合计 Total Assets	产成品 Finished Products	流动资产合计 Total Working Capitals	固定资产合计 Total Fixed Assets
34736523	**34320574**	**24364**	**47218406**	**1017047**	**15039184**	**24041001**
20327064	19960695	18760	30887280	751607	12505474	11499712
10063125	10062336		12323881	85263	1091495	11159076
941272	913815		1281567	32091	468626	496469
3278574	3262766		2570909	139282	944407	790998
126488	120964	5604	154769	8805	29183	94746
102026836	**102172565**	**6345125**	**86351792**	**4006647**	**43280645**	**31022121**
1653018	1630825	188573	789186	58951	399369	330398
116633	114745	64	78919	3904	38954	35710
1475239	2010439	69591	2086214	77660	979135	382031
3456337	3552630	382	2350613	5469	1261916	627123
704726	718374	292866	776299	63857	369852	324154
86591	86124	6546	69021	8165	46312	20394
16995	17289		9310	4117	5606	2265
85818	83709		54127	3185	20958	23430
2510700	2459964	1224872	3485316	89895	1496702	1228077
142583	143170	2	222470	9264	87264	107219
22280748	22339274	670	8040235	199076	2729823	4826112
8769864	8748060	641640	10760208	306015	3869123	5144229
1192647	1173111	184282	1290176	78872	600770	444428
319691	313560	19375	493902	2627	174752	173381
834012	827014	261070	1021024	107185	653778	278203
54860	57164	7788	71447	4013	38052	30919
2084967	2073284	135826	3298463	121310	1128755	1668420
13029427	12998049	582055	14746751	439301	5417812	7383604
5358458	5309493	3110	2310978	44753	896098	1098782
408052	448254	58140	267735	17981	172917	77784
2762318	2714661	214235	3111739	185175	1840961	820306
4340589	4211206	240687	2654314	169730	1642223	638641
24337612	24053424	1237981	23880959	1603144	16234129	4582529
1395782	1373384	144059	1455663	130385	908157	356437
4543852	4653323	827805	2945016	269428	2211992	401766
50943	47659	1308	68707	3027	44910	14072
14376	14378	2199	13003	161	10327	1710
30506388	**30468984**	**15876**	**38223473**	**20628**	**8165948**	**23472822**
29551385	29519256		35560841	14315	7320163	21965860
627974	628049	15874	995229	5997	309270	569626
327029	321680	2	1667404	316	536515	937335

14−6 续表 2

单位:万元

类　别	Category	负债合计 Total Liabilities	主营业务收入 Revenue from Principal Business
1996		30398766	29217185
1997		32036024	29047678
1998		33392509	28458107
1999		35181030	30965917
2000		38067876	37970654
2001		37483411	40271259
2002		39713021	44943840
2003		44344094	56629328
2004		46536736	63587181
2005		50122726	77742855
2006		60927702	95306527
2007		65045428	111558833
2008		70344746	128756909
2009		86788971	133129344
2010		102957123	174910226
在总计中:	**of which:**		
亏损企业	Loss Enterprises	11597082	8811342
一、按隶属关系分	**by Type of Ownership**		
中央企业	Central Enterprises	17024399	28246093
地方企业	Local Enterprises	15177946	28025801
二、按轻重工业分	**by Light & Heavy Industry**		
轻工业	Light Industry	8513961	17361691
重工业	Heavy Industry	94443162	157548534
三、按企业规模分	**by Enterprise Size**		
大型企业	Large-sized Enterprises	74782806	127364432
中型企业	Medium-sized Enterprises	22741538	37539103
小型企业	Small-sized Enterprises	5432779	10006691

continued

(10 000 yuan)

#主营业务税金及附加 Taxes and Other Charges on Principal Business	营业费用 Cost of Business	管理费用 Cost of Management	利润总额 Total Profits	亏损企业亏损总额 Losses of Loss Enterprises	利税总额 Total Profits and Taxes	本年应交增值税 Value-added Tax Payable	全部从业人员年平均人数(人) Annual Average of Empolyed Persons (person)
803381	707510	2372100	887898	322660	3282655	1591377	3355262
776102	751900	2158108	843059	332227	3151438	1532278	2025287
667126	831611	2123686	779737	380070	3013838	1566975	2847698
660786	972660	2176570	951851	365374	3298141	1685504	2679816
701911	1100187	2583426	3038705	255271	5946153	2205537	2447147
759947	1296629	2641532	2826951	278147	5747731	2160883	2210739
831106	1371031	3099209	2667128	262877	5675976	2177741	2046430
993791	1580906	3586621	3976276	252046	7618829	2648762	2012836
1098150	1559258	4272468	5083589	573420	9232606	3050867	1664496
1266031	1744348	4268502	7470903	299658	12199176	3462241	1490223
2063986	1904728	4562370	8889270	380727	15419255	4465998	1485997
2475585	2218373	5576619	9768777	377289	17304550	5060188	1440311
4184459	2432221	7836139	8704701	2448306	18378706	5489546	1383296
4581942	2701601	7254743	8737389	652659	18732617	5413285	1456558
6227344	3271169	9854555	12893837	610626	25924570	6803389	1548876
63583	134562	618350	-610626	610626	-286187	260855	138565
1266679	419784	776105	893897	113532	3141616	981041	140914
234756	702832	2217161	1444288	154276	2646119	967075	348114
1292790	1128199	962512	1074850	39512	3165857	798217	207135
4934555	2142970	8892044	11818986	571113	22758713	6005172	1341741
4836647	2462172	7338299	10718904	127056	20667657	5112107	1084109
1280283	609087	2122436	1794259	406095	4499152	1424610	362422
110415	199909	393820	380674	77475	757760	266672	102345

14-6 续表 3

单位:万元

类　　别	Category	负债合计 Total Liabilities	主营业务收入 Revenue from Principal Business
三、按行业大类分	**by Sector**		
采矿业	**Mining**	**22543665**	**36395782**
煤炭开采和洗选业	Mining and Washing of Coal	19440246	21462610
石油和天然气开采业	Extraction of Petroleum and Natural Gas	1372232	10322955
黑色金属矿采选业	Mining of Ferrous Metal Ores	541773	979097
有色金属矿采选业	Mining of Non-ferrous Metal Ores	1115523	3504770
非金属矿采选业	Mining and Processing of Nonmetal Ores	73891	126351
其他采矿业	Mining of Other Ores		
制造业	**Manufacturing**	**53942722**	**107710640**
农副食品加工业	Processing of Food from Agricultural Products	389458	1554676
食品制造业	Manufacture of Foods	65937	120631
饮料制造业	Manufacture of Beverage	880000	2059619
烟草制品业	Manufacture of Tobacco	1036792	2587107
纺织业	Manufacture of Textile	523009	710869
纺织服装、鞋、帽制造业	Manufacture of Textile Wearing Apparel, Footware, and Caps	61389	84638
皮革、毛皮、羽毛(绒)及其制品业	Manufacture of Leather, Fur,Feather & Its Products	5288	12807
木材加工及木、竹、藤、棕、草制品业	Processing of Timbers, Manufacture of Wood, Bamboo, Rattan, Palm, and Straw Products	44796	85120
家具制造业	Manufacture of Furniture		
造纸及纸制品业	Manufacture of Paper and Paper Products	1840483	2530218
印刷业和记录媒介的复制	Printing, Reproduction of Recording Media	122995	139114
文教体育用品制造业	Manufacture of Articles for Culture, Education and Sport Activity		
石油加工、炼焦及核燃料加工业	Processing of Petroleum, Coking, Processing of Nucleus Fuel	4809667	22529169
化学原料及化学制品制造业	Manufacture of Chemical Raw Material and Chemical Products	6619115	9093551
医药制造业	Manufacture of Medicines	620669	1274825
化学纤维制造业	Manufacture of Chemical Fiber	369465	305302
橡胶制品业	Manufacture of Rubber	789732	1164525
塑料制品业	Manufacture of Plastic	36486	63500
非金属矿物制品业	Manufacture of Non-metallic Mineral Products	1922095	2093346
黑色金属冶炼及压延加工业	Manufacture and Processing of Ferrous Metals	10515806	15521168
有色金属冶炼及压延加工业	Manufacture & Processing of Non-ferrous Metals	1318937	5584528
金属制品业	Manufacture of Metal Products	163751	623056
通用设备制造业	Manufacture of General Purpose Machinery	2033760	2857446
专用设备制造业	Manufacture of Special Purpose Machinery	1480933	4659873
交通运输设备制造业	Manufacture of Transport Equipment	15868714	24285711
电气机械及器材制造业	Manufacture of Electrical Machinery & Equipment	1031070	1659746
通信设备、计算机及其他电子设备制造业	Manufacture of Communication Equipment, Computer and Other Electronic Equipment	1334711	6041125
仪器仪表及文化、办公用机械制造业	Manufacture of Measuring Instrument and Machinery for Cultural Activity & Office Work	50051	54595
工艺品及其他制造业	Manufacture of Artwork, Other Manufacture	7612	14378
废弃资源和废旧材料回收加工业	Recycling and Disposal of Waste		
电力、燃气及水的生产和供应业	**Production and Supply of Electric,Gas and Water**	**26470736**	**30803803**
电力、热力的生产和供应业	Production and Supply of Electric Power and Heat Power	25066894	29788434
燃气生产和供应业	Production and Supply of Gas	476470	681908
水的生产和供应业	Production and Supply of Water	927372	333461

continued

(10 000 yuan)

#主营业务税金及附加 Taxes and Other Charges on Principal Business	营业费用 Cost of Business	管理费用 Cost of Management	利润总额 Total Profits	亏损企业亏损总额 Losses of Loss Enterprises	利税总额 Total Profits and Taxes	本年应交增值税 Value-added Tax Payable	全部从业人员年平均人数(人) Annual Average of Empolyed Persons (person)
1987612	**446984**	**3722668**	**7089521**	**5559**	**11794199**	**2717066**	**604526**
299608	391017	2776430	3416739	3448	5268427	1552081	445692
1619563	25397	724189	3003179	482	5689890	1067148	110113
57600	7607	71531	156240		289599	75758	13838
7532	12052	141983	498077	678	521821	16213	31173
3309	10911	8535	15286	951	24461	5866	3710
4120060	**2628736**	**4987570**	**5405407**	**167177**	**12690855**	**3165388**	**716567**
4042	70930	171693	70700	718	96636	21894	14368
571	13520	11618	2098	1847	8456	5788	3580
102558	325189	113024	174931	2019	388413	110925	26365
1144082	82268	186363	207034	1592	1628299	277183	11979
2130	12980	29324	17275	4369	50032	30626	30762
326	1534	9423	1050	759	3056	1680	4358
41	750	1129	761		1173	370	315
1017	1741	3486	7734		11123	2372	1237
6853	62774	109817	258775	557	352261	86633	19807
900	1727	16365	8681	1602	14284	4703	5536
2362384	54149	581506	549055	10688	3740565	829126	42950
45954	157921	327102	392369	78172	656187	217864	77050
5683	109390	71756	104571	1266	174167	63913	22747
1285	1748	11809	13013	434	19552	5254	6321
2097	27489	149841	-1712	10390	7564	7179	16372
1501	1107	4101	1612	140	5685	2573	997
13207	75110	117875	208141	7020	301858	80510	44766
154657	129621	1166306	446690		903142	301795	99824
8161	21442	80585	207819	571	303197	87217	22818
8023	7357	13162	17274	3237	43865	18568	4729
16028	89041	226251	177666	11457	285848	92153	50862
14995	107680	292295	233897	1201	306567	57675	51236
200151	730988	942881	1973293	22310	2783867	610423	110664
6115	66194	80406	44767	6462	98165	47283	17829
16902	472462	259745	282797	166	499644	199946	26001
290	3561	8709	5177		6741	1275	2856
106	67	997	-60	206	508	461	238
119673	**195449**	**1144317**	**398909**	**437890**	**1439516**	**920935**	**227783**
114724	168759	1039321	334995	418725	1337647	887927	194830
2236	14831	30775	69075	771	86586	15275	7845
2712	11859	74221	-5161	18395	15283	17732	25108

14-7 规模以上集体工业企业主要经济指标

单位:万元

类　别	Category	企业单位数(个) Number of Industial Enterprises (unit)	#亏损企业 Loss Enterprises
1995		18993	3133
1996		18348	1587
1997		15964	1795
1998		4817	427
1999		4375	383
2000		3942	259
2001		2824	191
2002		2477	169
2003		2136	122
2004		1597	131
2005		1456	83
2006		1301	69
2007		1226	69
2008		963	68
2009		927	53
2010		726	35
在总计中:	**of which:**		
亏损企业	Loss Enterprises	35	35
在总计中:	**of which:**		
农村工业	Industry in Rural Area	229	7
一、按轻重工业分	**by Light & Heavy Industry**		
轻工业	Light Industry	201	11
重工业	Heavy Industry	525	24
二、按企业规模分	**by Enterprise Size**		
大型企业	Large-sized Enterprises	8	
中型企业	Medium-sized Enterprises	94	3
小型企业	Small-sized Enterprises	624	32

Main Economic Indicators of Collective-owned Industrial Enterprises above Designated Size

(10 000 yuan)

工业总产值 Gross Industrial Output Value	工业销售产值 Industrial Output Value of Products Sold	#出口交货值 Export Delivery Value	资产合计 Total Assets	产成品 Finished Products	流动资产合计 Total Working Capitals	固定资产合计 Total Fixed Assets
17833187			15272046	2147545	7676151	4548132
23113935	22099779		17696800	2046193	8697398	5475771
24530868	23533407		18978347	2178997	10052524	5932147
22066380	21144843		15503459	1715156	7779477	5393517
22189927	21339470		15769470	1625083	7984452	5386456
23939904	23202441		15862337	1473412	8086175	5381912
20783295	20229521		12985086	1227882	6602203	4148165
23488160	22903589		13652937	1112754	6719538	4332508
25263944	24688845	2179665	14540953	1029781	6940128	4487529
20851666	20419063	1856972	9798505	711638	5107171	2734671
22648744	22358034	1817304	11146641	810644	5794018	2998322
24696719	24360541	1860766	12968855	717295	6401453	4281756
26775885	26483507	1614662	13614759	883692	6322196	4742032
24640767	24241530	1209870	13344519	617201	6275898	4562426
27756558	27272320	1076637	13715065	658517	6430917	5877566
26326479	26026420	1079430	16129465	648524	8313272	5857460
167304	175030	12224	346437	9490	193328	57301
10321703	10252911	46056	6002705	166042	2259170	3205658
9624881	9540852	924943	6716706	344846	4453108	1112262
16701598	16485568	154487	9412760	303678	3860164	4745198
12417131	12327924	942876	11389749	415366	6257482	3981929
5340167	5237145	23876	2129582	109985	983099	750589
8569181	8461351	112678	2610134	123173	1072690	1124941

14-7 续表 1

单位:万元

类 别	Category	企业单位数(个) Number of Industial Enterprises (unit)	#亏损企业 Loss Enterprises
三、按行业大类分	by Sector		
采矿业	**Mining**	**117**	**1**
煤炭开采和洗选业	Mining and Washing of Coal	26	
石油和天然气开采业	Extraction of Petroleum and Natural Gas		
黑色金属矿采选业	Mining of Ferrous Metal Ores	5	
有色金属矿采选业	Mining of Non-ferrous Metal Ores	39	
非金属矿采选业	Mining and Processing of Nonmetal Ores	47	1
其他采矿业	Mining of Other Ores		
制造业	**Manufacturing**	**600**	**31**
农副食品加工业	Processing of Food from Agricultural Products	60	
食品制造业	Manufacture of Foods	4	2
饮料制造业	Manufacture of Beverage	12	1
烟草制品业	Manufacture of Tobacco		
纺织业	Manufacture of Textile	26	3
纺织服装、鞋、帽制造业	Manufacture of Textile Wearing Apparel, Footware, and Caps	8	
皮革、毛皮、羽毛(绒)及其制品业	Manufacture of Leather, Fur,Feather & Its Products	8	1
木材加工及木、竹、藤、棕、草制品业	Processing of Timbers, Manufacture of Wood, Bamboo, Rattan, Palm, and Straw Products	3	
家具制造业	Manufacture of Furniture	3	
造纸及纸制品业	Manufacture of Paper and Paper Products	32	3
印刷业和记录媒介的复制	Printing, Reproduction of Recording Media	5	
文教体育用品制造业	Manufacture of Articles for Culture, Education and Sport Activity	3	
石油加工、炼焦及核燃料加工业	Processing of Petroleum, Coking, Processing of Nucleus Fuel	3	1
化学原料及化学制品制造业	Manufacture of Chemical Raw Material and Chemical Products	68	3
医药制造业	Manufacture of Medicines	3	
化学纤维制造业	Manufacture of Chemical Fiber	1	
橡胶制品业	Manufacture of Rubber	11	
塑料制品业	Manufacture of Plastic	17	2
非金属矿物制品业	Manufacture of Non-metallic Mineral Products	96	2
黑色金属冶炼及压延加工业	Manufacture and Processing of Ferrous Metals	4	
有色金属冶炼及压延加工业	Manufacture & Processing of Non-ferrous Metals	8	
金属制品业	Manufacture of Metal Products	30	1
通用设备制造业	Manufacture of General Purpose Machinery	87	4
专用设备制造业	Manufacture of Special Purpose Machinery	31	3
交通运输设备制造业	Manufacture of Transport Equipment	18	2
电气机械及器材制造业	Manufacture of Electrical Machinery & Equipment	42	2
通信设备、计算机及其他电子设备制造业	Manufacture of Communication Equipment, Computer and Other Electronic Equipment	3	1
仪器仪表及文化、办公用机械制造业	Manufacture of Measuring Instrument and Machinery for Cultural Activity & Office Work	9	
工艺品及其他制造业	Manufacture of Artwork, Other Manufacture	3	
废弃资源和废旧材料回收加工业	Recycling and Disposal of Waste	2	
电力、燃气及水的生产和供应业	**Production and Supply of Electric,Gas and Water**	**9**	**3**
电力、热力的生产和供应业	Production and Supply of Electric Power and Heat Power	5	3
燃气生产和供应业	Production and Supply of Gas	1	
水的生产和供应业	Production and Supply of Water	3	

continued

(10 000 yuan)

工 业 总产值 Gross Industrial Output Value	工 业 销售产值 Industrial Output Value of Products Sold	#出 口 交货值 Export Delivery Value	资产合计 Total Assets	产成品 Finished Products	流动资产合计 Total Working Capitals	固定资产合计 Total Fixed Assets
2318618	**2296761**	**655**	**844147**	**30084**	**323949**	**466445**
332620	330119		93077	4363	44091	42606
96574	94957		24155	729	10671	11256
1436421	1427868		592609	17666	211714	340005
453002	443819	655	134307	7326	57473	72578
23655811	**23377672**	**1078775**	**15031569**	**618438**	**7923405**	**5254047**
1880839	1857936	60235	631143	38281	300529	254385
70578	71322		13090	203	5607	7022
84085	82041		44096	885	13511	21327
927834	897706	287	292210	21871	99990	99962
214601	213371	316	47075	3175	31950	13951
120486	121916	51	92220	6822	47621	35921
18090	16869	2161	10883	105	5384	4796
25363	24927		7494	438	1196	737
310978	320782		151364	6520	64578	61820
2994	2951		4194	19	1574	2165
42635	41708		24006	2102	17050	5213
67865	67865		8785	131	5985	831
1214405	1189293	20856	444087	27486	179235	163989
31294	30723	134	9023	45	3846	4867
2884	2820		1720		512	1209
173389	172267	1711	28420	1834	10851	15254
181252	178385		66509	4635	40411	18687
1476709	1480100	34441	443172	20829	192326	158861
1707256	1678756	28133	1362463	49857	580715	742917
4465503	4456774		4356565	92475	1713125	2454321
487006	474061	552	201781	6944	74445	113141
1809959	1777441	57151	653306	33689	356133	219957
868951	813724	13173	268060	18579	120093	95517
296662	294987		78074	3639	24069	44128
6979281	6920003	859544	5709242	275324	3994954	678193
67682	66519	30	28023	790	12185	8875
101715	97668		39779	1033	21872	16497
22433	22055		11419	317	2530	7274
3084	2701		3368	412	1131	2233
352050	**351987**		**253750**	**2**	**65918**	**136969**
314014	313950		161293		34948	83920
1417	1417		283	2	122	161
36620	36620		92174		30848	52888

14-7 续表 2

单位:万元

类　　别	Category	负债合计 Total Liabilities	主营业务收　　入 Revenue from Principal Business
1995		11466442	14834699
1996		12696579	17803639
1997		13613598	18905616
1998		10241396	18025045
1999		10095629	18667450
2000		9876400	20919356
2001		7954456	18029939
2002		8179807	20575616
2003		8225459	22380103
2004		5531086	19477223
2005		5893625	22120521
2006		6745119	24069197
2007		6424476	26347847
2008		6519620	24489518
2009		6602943	28300101
2010		8565763	27459989
在总计中:	**of which:**		
亏损企业	Loss Enterprises	306179	170455
在总计中:	**of which:**		
农村工业	Industry in Rural Area	2266854	10320645
一、按轻重工业分	**by Light & Heavy Industry**		
轻工业	Light Industry	4341772	11073114
重工业	Heavy Industry	4223991	16386874
二、按企业规模分	**by Enterprise Size**		
大型企业	Large-sized Enterprises	6255111	13773612
中型企业	Medium-sized Enterprises	1129053	5264542
小型企业	Small-sized Enterprises	1181599	8421835

continued

(10 000 yuan)

#主营业务税金及附加 Taxes and Other Charges on Principal Business	营业费用 Cost of Business	管理费用 Cost of Management	利润总额 Total Profits	亏损企业亏损总额 Losses of Loss Enterprises	利税总额 Total Profits and Taxes	本年应交增值税 Value-added Tax Payable	全部从业人员年平均人数(人) Annual Average of Empolyed Persons (person)
147418	386056	929164	696245	142920	1330975	481715	2681973
162191	492829	970045	987812	85582	1726729	576726	2679139
149959	605745	967184	986322	120150	1734121	597839	2506332
126876	595784	759796	1026038	58195	1696312	543399	1566174
129917	685387	750584	1066417	41105	1767954	571620	1408344
146802	816676	787222	1235014	28851	2008676	626860	1261337
107599	716928	628196	1002809	15710	1605984	495792	937712
116970	654223	615845	1133494	19614	1821625	571161	852362
132809	712676	664336	1310425	14501	2031481	588247	771130
129920	625207	611239	1109189	17392	1732492	493383	476143
152968	703056	579955	1351603	10311	2119765	615194	430466
158430	794781	641432	1490168	91489	2296192	647594	395011
181149	790581	656389	1789503	11480	2717102	746450	384655
164472	972806	1423540	1560973	15449	2407798	682353	289846
182198	1161276	1171176	1868675	8773	2795011	744137	294957
160014	1530892	1395289	2201234	6293	3118277	757030	249544
959	3058	10698	-6293	6293	259	5592	4928
66159	221688	298980	1051006	1605	1376296	259131	96781
54560	1236678	852024	763254	622	1126725	308911	80368
105454	294215	543265	1437980	5671	1991553	448119	169176
55897	1245758	861888	1114325		1532779	362557	78634
34432	107219	175946	423370	2198	608444	150642	77124
69685	177916	357455	663538	4095	977054	243831	93786

14-7 续表 3

单位:万元

类　别	Category	负债合计 Total Liabilities	主营业务收入 Revenue from Principal Business
三、按行业大类分	**by Sector**		
采矿业	**Mining**	**338228**	**2326472**
煤炭开采和洗选业	Mining and Washing of Coal	53953	333773
石油和天然气开采业	Extraction of Petroleum and Natural Gas		
黑色金属矿采选业	Mining of Ferrous Metal Ores	7047	95097
有色金属矿采选业	Mining of Non-ferrous Metal Ores	213596	1446841
非金属矿采选业	Mining and Processing of Nonmetal Ores	63632	450762
其他采矿业	Mining of Other Ores		
制造业	**Manufacturing**	**8019898**	**24828148**
农副食品加工业	Processing of Food from Agricultural Products	337489	1774408
食品制造业	Manufacture of Foods	8134	69299
饮料制造业	Manufacture of Beverage	27746	94569
烟草制品业	Manufacture of Tobacco		
纺织业	Manufacture of Textile	101734	933059
纺织服装、鞋、帽制造业	Manufacture of Textile Wearing Apparel, Footware, and Caps	23168	220852
皮革、毛皮、羽毛(绒)及其制品业	Manufacture of Leather,Fur,Feather & Its Products	52611	116139
木材加工及木、竹、藤、棕、草制品业	Processing of Timbers, Manufacture of Wood, Bamboo, Rattan, Palm, and Straw Products	3001	17857
家具制造业	Manufacture of Furniture	1513	18551
造纸及纸制品业	Manufacture of Paper and Paper Products	70944	314088
印刷业和记录媒介的复制	Printing, Reproduction of Recording Media	1185	3632
文教体育用品制造业	Manufacture of Articles for Culture, Education and Sport Activity	19482	31477
石油加工、炼焦及核燃料加工业	Processing of Petroleum, Coking, Processing of Nucleus Fuel	5376	65231
化学原料及化学制品制造业	Manufacture of Chemical Raw Material and Chemical Products	235396	1206757
医药制造业	Manufacture of Medicines	3922	31276
化学纤维制造业	Manufacture of Chemical Fiber	1379	4583
橡胶制品业	Manufacture of Rubber	9715	177557
塑料制品业	Manufacture of Plastic	44295	169889
非金属矿物制品业	Manufacture of Non-metallic Mineral Products	186328	1491222
黑色金属冶炼及压延加工业	Manufacture and Processing of Ferrous Metals	831762	1600357
有色金属冶炼及压延加工业	Manufacture & Processing of Non-ferrous Metals	1701317	4473026
金属制品业	Manufacture of Metal Products	55712	489266
通用设备制造业	Manufacture of General Purpose Machinery	265384	1718050
专用设备制造业	Manufacture of Special Purpose Machinery	133711	844678
交通运输设备制造业	Manufacture of Transport Equipment	26118	284958
电气机械及器材制造业	Manufacture of Electrical Machinery & Equipment	3850070	8475458
通信设备、计算机及其他电子设备制造业	Manufacture of Communication Equipment, Computer and Other Electronic Equipment	4623	74413
仪器仪表及文化、办公用机械制造业	Manufacture of Measuring Instrument and Machinery for Cultural Activity & Office Work	16219	101894
工艺品及其他制造业	Manufacture of Artwork, Other Manufacture	1111	22907
废弃资源和废旧材料回收加工业	Recycling and Disposal of Waste	454	2695
电力、燃气及水的生产和供应业	**Production and Supply of Electric,Gas and Water**	**207637**	**305369**
电力、热力的生产和供应业	Production and Supply of Electric Power and Heat Power	136996	269431
燃气生产和供应业	Production and Supply of Gas	139	1417
水的生产和供应业	Production and Supply of Water	70502	34521

continued

(10 000 yuan)

#主营业务税金及附加 Taxes and Other Charges on Principal Business	营业费用 Cost of Business	管理费用 Cost of Management	利润总额 Total Profits	亏损企业亏损总额 Losses of Loss Enterprises	利税总额 Total Profits and Taxes	本年应交增值税 Value-added Tax Payable	全部从业人员年平均人数(人) Annual Average of Empolyed Persons (person)
17255	**63171**	**141582**	**233718**	**5**	**305719**	**54745**	**39736**
3566	6005	32972	35711		63179	23903	14537
794	144	682	9502		15331	5036	690
7070	43837	91006	149826		165112	8217	14535
5826	13184	16922	38680	5	62097	17591	9974
141804	**1465685**	**1191757**	**1960871**	**5162**	**2804096**	**701421**	**208344**
19774	31317	64921	144480		207585	43331	27276
616	482	869	4778	28	7641	2248	510
2156	2680	2264	6129	172	11333	3049	1243
1839	5569	7325	54395	321	73166	16932	12342
908	7660	6019	12623		20880	7349	5183
1237	1995	2425	3668	5	8618	3712	2932
14	179	233	924		1354	415	480
902	752	562	954		1870	14	382
2914	5993	8958	23044	55	37304	11346	4001
18	264	386	289		363	55	198
95	146	5811	3035		4187	1057	333
219	507	1823	5317	7	5941	405	152
6100	29964	33879	115523	1628	155639	34017	9720
138	342	644	3844		4515	533	319
		10					106
1598	1412	1843	18727		26953	6627	1684
675	3987	4007	9344	132	14984	4966	2409
10088	39639	39305	134136	635	203914	59691	18275
3336	4894	15327	61173		118494	53985	11391
29989	77680	99717	525157		643557	88411	41279
9489	6722	16258	34995	8	59191	14706	6109
12431	32726	66828	131016	158	198572	55125	19661
3304	9919	17249	64156	1110	95531	28072	7071
1257	4510	9084	20452	223	30800	9092	2914
31972	1188937	773028	568736	49	851781	251073	28947
16	271	999	3039	632	3329	274	559
604	4639	8083	9214		14199	4380	1543
99	1410	2518	1569		2043	375	546
19	1091	1383	155		354	181	779
954	**2037**	**61951**	**6644**	**1126**	**8462**	**864**	**1464**
774	73	59430	3064	1126	4071	233	609
	20	40	76		81	5	18
180	1944	2482	3505		4310	626	837

14-8 规模以上外商投资和港澳台商投资工业企业主要经济指标

单位:万元

类 别	Category	企业单位数(个) Number of Industial Enterprises (unit)	#亏损企业 Loss Enterprises
1995		3799	1339
1996		2903	849
1997		2605	939
1998		1587	454
1999		1625	404
2000		1740	373
2001		2020	484
2002		2385	541
2003		2925	665
2004		4315	1059
2005		4684	773
2006		5227	819
2007		5747	847
2008		5900	1068
2009		6052	986
2010		5536	756
在总计中:	**of which:**		
亏损企业	Loss Enterprises	756	756
在总计中:	**of which:**		
港、澳、台商投资企业	Enterprises with Funds from Hong Kong,Macao and Taiwan	1191	149
合资经营企业(港或澳、台资)	Joint-ventures Enterprises	657	67
合作经营企业(港或澳、台资)	Cooperative Enterprises	32	5
港澳台商独资经营企业	Enterprises with Sole Investment	478	75
港澳台商投资股份有限公司	Share-holding Corporations Ltd. with Funds from Hong Kong, Macao and Taiwan	24	2
外商投资企业	Foreign Funded Enterprises	4345	607
中外合资经营企业	Joint-venture Enterprises	1624	142
中外合作经营企业	Cooperation Enterprises	80	10
外资企业	Enterprises with Sole Foreign Funds	2572	443
外商投资股份有限公司	Share-holding Corporations Ltd. with Foreign Investment	69	12
在总计中:	**of which:**		
国有控股企业	State-holding Enterprises	92	14
在总计中:	**of which:**		
农村工业	Industry in Rural Area	57	2
一、按轻重工业分	**by Light & Heavy Industry**		
轻工业	Light Industry	3022	424
重工业	Heavy Industry	2514	332
二、按企业规模分	**by Enterprise Size**		
大型企业	Large-sized Enterprises	62	
中型企业	Medium-sized Enterprises	875	100
小型企业	Small-sized Enterprises	4599	656

Main Economic Indicators of Industrial Enterprises above Designated Size with Funds from Foreign Countries (Territories),Hong Kong,Macao and Taiwan

(10 000 yuan)

工业总产值 Gross Industrial Output Value	工业销售产值 Industrial Output Value of Products Sold	#出口交货值 Export Delivery Value	资产合计 Total Assets	产成品 Finished Products	流动资产合计 Total Working Capitals	固定资产合计 Total Fixed Assets
7274306			9120968			
6770710	6398892		7934021	579141	3078039	3210588
8819121	8463177		10291794	832744	4213648	4417064
8835322	8543079		9794237	730725	4039995	4312492
9860114	9503397		10374625	747230	4403141	4469533
11733444	11407902		11450417	766490	5149741	4763392
14570101	14184782		13978219	885669	6218800	5561049
17707902	17224508		16056232	965904	7330202	6278224
24832436	24336050	9283568	22387343	1189967	9810521	9084614
37836423	36920480	13536351	30386016	1636652	13195818	12040507
54014093	53031835	16756713	38447493	2063357	16996280	15011741
72090688	71138467	22454787	49903969	2635215	22336522	18732001
96955087	95104911	28979286	63158104	3186410	28783090	23543356
115354778	112502839	33732027	71304227	4060074	33656735	24364312
129775048	127998832	32424654	86379610	3878036	39585096	33430492
143659376	140914565	34755802	94554908	4123696	47889846	34450993
5756915	5634064	1819692	6768855	349687	3169872	2623934
28950496	28465910	5017381	20129152	974741	10264521	7938808
17278297	16955374	2906875	11545957	602734	5634670	4767601
2390361	2377517	53341	1471730	24669	1079072	245218
8514715	8370740	1939092	6267154	291712	3228239	2417295
767124	762279	118074	844311	55627	322540	508695
114708880	112448656	29738421	74425756	3148955	37625326	26512185
51689156	49669616	9713786	36119400	1648078	19688325	12898275
1745946	1670351	368538	1504236	41961	1001977	383110
55757060	55128890	17987339	29347217	1264797	13756951	10359952
5516718	5979799	1668758	7454903	194119	3178073	2870849
9527443	10040266	520441	10772141	119745	4784982	4453497
1495860	1468654	128612	617281	34994	299111	273098
58934752	58456233	13884122	39887919	1893223	19383578	14554986
84724624	82458332	20871680	54666989	2230474	28506268	19896008
38329126	38385212	11846480	28082016	1073547	14612139	8675289
55580516	53604529	13161099	39307890	1769675	20199592	15379500
49749733	48924825	9748224	27165002	1280475	13078115	10396204

14-8 续表 1

单位:万元

类　　别	Category	企业单位数(个) Number of Industial Enterprises (unit)	#亏损企业 Loss Enterprises
三、按行业大类分	**by Sector**		
采矿业	**Mining**	**24**	
煤炭开采和洗选业	Mining and Washing of Coal	2	
石油和天然气开采业	Extraction of Petroleum and Natural Gas	1	
黑色金属矿采选业	Mining of Ferrous Metal Ores	2	
有色金属矿采选业	Mining of Non-ferrous Metal Ores	3	
非金属矿采选业	Mining and Processing of Nonmetal Ores	16	
其他采矿业	Mining of Other Ores		
制造业	**Manufacturing**	**5430**	**749**
农副食品加工业	Processing of Food from Agricultural Products	674	50
食品制造业	Manufacture of Foods	214	30
饮料制造业	Manufacture of Beverage	55	9
烟草制品业	Manufacture of Tobacco		
纺织业	Manufacture of Textile	382	59
纺织服装、鞋、帽制造业	Manufacture of Textile Wearing Apparel, Footware, and Caps	429	75
皮革、毛皮、羽毛(绒)及其制品业	Manufacture of Leather, Fur, Feather & Its Products	184	35
木材加工及木、竹、藤、棕、草制品业	Processing of Timbers, Manufacture of Wood, Bamboo, Rattan, Palm, and Straw Products	84	12
家具制造业	Manufacture of Furniture	88	13
造纸及纸制品业	Manufacture of Paper and Paper Products	111	24
印刷业和记录媒介的复制	Printing, Reproduction of Recording Media	35	6
文教体育用品制造业	Manufacture of Articles for Culture, Education and Sport Activity	140	34
石油加工、炼焦及核燃料加工业	Processing of Petroleum, Coking, Processing of Nucleus Fuel	13	2
化学原料及化学制品制造业	Manufacture of Chemical Raw Material and Chemical Products	326	34
医药制造业	Manufacture of Medicines	88	4
化学纤维制造业	Manufacture of Chemical Fiber	14	4
橡胶制品业	Manufacture of Rubber	68	7
塑料制品业	Manufacture of Plastic	199	34
非金属矿物制品业	Manufacture of Non-metallic Mineral Products	264	27
黑色金属冶炼及压延加工业	Manufacture and Processing of Ferrous Metals	24	2
有色金属冶炼及压延加工业	Manufacture & Processing of Non-ferrous Metals	31	7
金属制品业	Manufacture of Metal Products	227	38
通用设备制造业	Manufacture of General Purpose Machinery	375	30
专用设备制造业	Manufacture of Special Purpose Machinery	212	22
交通运输设备制造业	Manufacture of Transport Equipment	251	40
电气机械及器材制造业	Manufacture of Electrical Machinery & Equipment	270	39
通信设备、计算机及其他电子设备制造业	Manufacture of Communication Equipment, Computer and Other Electronic Equipment	352	70
仪器仪表及文化、办公用机械制造业	Manufacture of Measuring Instrument and Machinery for Cultural Activity & Office Work	61	9
工艺品及其他制造业	Manufacture of Artwork, Other Manufacture	257	33
废弃资源和废旧材料回收加工业	Recycling and Disposal of Waste	2	
电力、燃气及水的生产和供应业	**Production and Supply of Electric,Gas and Water**	**82**	**7**
电力、热力的生产和供应业	Production and Supply of Electric Power and Heat Power	39	5
燃气生产和供应业	Production and Supply of Gas	32	1
水的生产和供应业	Production and Supply of Water	11	1

continued

(10 000 yuan)

工 业 总产值 Gross Industrial Output Value	工 业 销售产值 Industrial Output Value of Products Sold	#出 口 交货值 Export Delivery Value	资产合计 Total Assets	产成品 Finished Products	流动资产合计 Total Working Capitals	固定资产合计 Total Fixed Assets
911035	**887276**	**15495**	**808684**	**11439**	**190448**	**589953**
491705	477470		657303	5407	148149	509019
21304	21304		8417		5649	2768
54569	54521		7596	8	905	6691
12409	12988		4465	298	887	3578
331048	320994	15495	130903	5725	34858	67897
140621968	**137891621**	**34736857**	**90412775**	**4104712**	**46882479**	**31524073**
20448332	20323219	3837664	10469815	606815	6078605	3548366
4649068	4592938	1133799	3401177	138549	1610327	1219280
2124853	2616428	291992	2546738	80051	1151581	700361
6380365	6217371	2322097	4287091	224825	1843769	1918083
3949713	3843719	1191448	2295259	117922	1032630	845590
2696760	2607279	705201	1210235	50744	530498	353974
873993	896435	349457	371290	27881	170863	140547
1005564	983275	250031	489243	41405	271969	174662
3150616	3063344	384021	6214553	135279	2348409	2592702
504233	506865	32381	427779	28270	214649	148746
1151972	1123778	442045	592233	26090	314346	177918
616212	576574		538775	18386	286361	190680
11161660	10815490	990886	8428939	349798	3632230	4049925
4359528	4248671	968043	3470783	146042	1766617	1366637
266010	248679	30992	337133	15110	117397	144527
1979810	1963157	610059	1286363	88937	631355	528655
2059427	1933652	564456	1217399	55756	617372	377975
4516275	4458573	635462	3565588	122650	1649153	1660213
3925198	3878366	46702	2138213	67689	1401840	414554
2205291	2184098	87408	1403773	20734	1063151	283948
4718519	4634139	1235074	3361491	257325	1661451	1146674
7130270	7033846	1587601	4713870	252510	2672929	1633759
7776968	6640367	540177	4946640	641641	3217914	1002962
10857385	10714596	1699594	9201059	204695	5579546	2907976
6947520	6815211	1406397	3558803	129405	2021099	1074113
22112394	21973396	12490252	8359990	157829	4084361	2492443
895171	877535	128249	646210	26081	483058	116384
2134852	2096669	775372	916528	71862	427564	308765
24013	23953		15807	434	1436	3656
2126373	**2135668**	**3450**	**3333450**	**7546**	**816920**	**2336968**
1199005	1210414	3445	2129154	656	390551	1687895
820074	822444		899637	6890	331051	487358
107294	102811	5	304659		95318	161715

14-8 续表 2

单位:万元

类别	Category	负债合计 Total Liabilities	主营业务收入 Revenue from Principal Business
1995		5004216	6473774
1996		4683069	5638990
1997		6499043	7487124
1998		6259372	7736435
1999		6550373	8826211
2000		6974187	10608335
2001		7975312	12695597
2002		9002705	15655508
2003		12602882	23176116
2004		16498501	35828528
2005		21083916	52377071
2006		26832468	70456341
2007		34261658	94561330
2008		38145531	110043170
2009		45394957	127005719
2010		49181433	138639700
在总计中:	**of which:**		
亏损企业	Loss Enterprises	4204306	5210934
在总计中:	**of which:**		
港、澳、台商投资企业	Enterprises with Funds from Hong Kong,Macao and Taiwan	11427116	28510503
合资经营企业(港或澳、台资)	Joint-ventures Enterprises	6292038	17006477
合作经营企业(港或澳、台资)	Cooperative Enterprises	1267690	2384320
港澳台商独资经营企业	Enterprises with Sole Investment	3273709	8397073
港澳台商投资股份有限公司	Share-holding Corporations Ltd. with Funds from Hong Kong, Macao and Taiwan	593678	722633
外商投资企业	Foreign Funded Enterprises	37754317	110129197
中外合资经营企业	Joint-venture Enterprises	20629790	49848067
中外合作经营企业	Cooperation Enterprises	722593	1535556
外资企业	Enterprises with Sole Foreign Funds	13221520	52829006
外商投资股份有限公司	Share-holding Corporations Ltd. with Foreign Investment	3180414	5916568
在总计中:	**of which:**		
国有控股企业	State-holding Enterprises	5473932	10010687
在总计中:	**of which:**		
农村工业	Industry in Rural Area	256457	1507085
一、按轻重工业分	**by Light & Heavy Industry**		
轻工业	Light Industry	19048065	57419544
重工业	Heavy Industry	30133368	81220156
二、按企业规模分	**by Enterprise Size**		
大型企业	Large-sized Enterprises	15607096	37088619
中型企业	Medium-sized Enterprises	21498780	53889476
小型企业	Small-sized Enterprises	12075557	47661606

continued

(10 000 yuan)

#主营业务税金及附加 Taxes and Other Charges on Principal Business	营业费用 Cost of Business	管理费用 Cost of Management	利润总额 Total Profits	亏损企业亏损总额 Losses of Loss Enterprises	利税总额 Total Profits and Taxes	本年应交增值税 Value-added Tax Payable	全部从业人员年平均人数(人) Annual Average of Empolyed Persons (person)
			291432	163049	597114	205768	502328
47258	221770	314606	203513	158080	417505	166735	521234
48181	272460	428463	230198	209937	488340	209961	597273
47686	278082	398945	271543	177281	555943	236714	499412
44995	331812	436676	413809	141768	743539	284735	534524
45189	397752	511820	607409	123586	1068901	416302	570940
42749	500409	587803	747735	133568	1381549	591069	677208
52771	656697	715305	946420	121496	1585217	586026	782462
77214	844733	893503	1437357	173975	2218336	703765	942482
142675	1155656	1409829	2388875	238522	3616446	1084896	1268481
256875	1404591	1578402	3498964	215791	5220808	1464969	1485932
305226	1989506	2156705	4373503	235135	6473118	1794389	1607730
410640	2621917	2640990	5535820	252042	8226755	2280295	1716875
433346	2871686	3300860	5972969	595461	8957825	2551510	1689902
561210	3061011	3482913	7213796	558728	10879283	3104278	1740004
770021	3668294	5700645	10010172	351316	14429266	3649074	1657493
23121	148610	471319	-351316	351316	-250026	78169	163317
132702	669187	1162790	2165035	51460	3018542	720805	329430
95558	450604	570511	1463990	30775	2036546	476999	184017
1977	9531	227818	100951	1153	140867	37939	11264
32586	197527	313794	568300	19144	791983	191097	123355
2581	11525	50668	31795	389	49146	14770	10794
637319	2999107	4537855	7845137	299856	11410725	2928269	1328063
338912	1539446	1971778	3919512	69115	5760125	1501702	481299
29832	46363	74855	105250	21872	173920	38837	20258
230870	955372	2174482	3211939	145490	4596768	1153960	758825
37705	457927	316740	608436	63380	879912	233771	67681
163468	404417	303349	1156647	64409	1728295	408180	48869
9129	35367	67898	144808	2131	189630	35693	12877
344446	1958507	2556554	4085443	125182	5855209	1425319	900819
425574	1709787	3144091	5924729	226134	8574058	2223755	756674
176425	1011400	1108534	2902789		4050526	971311	348772
308296	1570676	2166885	3921770	172206	5741758	1511691	668744
285300	1086218	2425226	3185613	179110	4636983	1166071	639977

14-8 续表 3

单位:万元

类　　别	Category	负债合计 Total Liabilities	主营业务收入 Revenue from Principal Business
三、按行业大类分	**by Sector**		
采矿业	**Mining**	**443322**	**891014**
煤炭开采和洗选业	Mining and Washing of Coal	399510	482350
石油和天然气开采业	Extraction of Petroleum and Natural Gas	242	21304
黑色金属矿采选业	Mining of Ferrous Metal Ores	1060	54568
有色金属矿采选业	Mining of Non-ferrous Metal Ores	643	11986
非金属矿采选业	Mining and Processing of Nonmetal Ores	41867	320805
其他采矿业	Mining of Other Ores		
制造业	**Manufacturing**	**47182073**	**135590675**
农副食品加工业	Processing of Food from Agricultural Products	5368792	19939787
食品制造业	Manufacture of Foods	1655126	4495770
饮料制造业	Manufacture of Beverage	1020203	2710455
烟草制品业	Manufacture of Tobacco		
纺织业	Manufacture of Textile	1971507	6365284
纺织服装、鞋、帽制造业	Manufacture of Textile Wearing Apparel, Footware, and Caps	964649	3727563
皮革、毛皮、羽毛(绒)及其制品业	Manufacture of Leather, Fur,Feather & Its Products	523686	2584911
木材加工及木、竹、藤、棕、草制品业	Processing of Timbers, Manufacture of Wood, Bamboo, Rattan, Palm, and Straw Products	143463	901867
家具制造业	Manufacture of Furniture	264851	953672
造纸及纸制品业	Manufacture of Paper and Paper Products	3622214	2993641
印刷业和记录媒介的复制	Printing, Reproduction of Recording Media	168394	458582
文教体育用品制造业	Manufacture of Articles for Culture, Education and Sport Activity	246996	1055752
石油加工、炼焦及核燃料加工业	Processing of Petroleum, Coking, Processing of Nucleus Fuel	438931	489255
化学原料及化学制品制造业	Manufacture of Chemical Raw Material and Chemical Products	4904762	10816414
医药制造业	Manufacture of Medicines	1360318	3960836
化学纤维制造业	Manufacture of Chemical Fiber	208428	265453
橡胶制品业	Manufacture of Rubber	771440	1754274
塑料制品业	Manufacture of Plastic	503773	1889754
非金属矿物制品业	Manufacture of Non-metallic Mineral Products	1748384	4399182
黑色金属冶炼及压延加工业	Manufacture and Processing of Ferrous Metals	1570685	3709688
有色金属冶炼及压延加工业	Manufacture & Processing of Non-ferrous Metals	847796	2182941
金属制品业	Manufacture of Metal Products	1549974	4541676
通用设备制造业	Manufacture of General Purpose Machinery	2260850	7052834
专用设备制造业	Manufacture of Special Purpose Machinery	2794166	7241576
交通运输设备制造业	Manufacture of Transport Equipment	6051576	10367250
电气机械及器材制造业	Manufacture of Electrical Machinery & Equipment	1701633	6723773
通信设备、计算机及其他电子设备制造业	Manufacture of Communication Equipment, Computer and Other Electronic Equipment	3930833	21074879
仪器仪表及文化、办公用机械制造业	Manufacture of Measuring Instrument and Machinery for Cultural Activity & Office Work	227887	854941
工艺品及其他制造业	Manufacture of Artwork, Other Manufacture	349305	2055542
废弃资源和废旧材料回收加工业	Recycling and Disposal of Waste	11453	23120
电力、燃气及水的生产和供应业	**Production and Supply of Electric,Gas and Water**	**1556038**	**2158011**
电力、热力的生产和供应业	Production and Supply of Electric Power and Heat Power	972278	1209637
燃气生产和供应业	Production and Supply of Gas	426322	849303
水的生产和供应业	Production and Supply of Water	157438	99072

continued

(10 000 yuan)

#主营业务税金及附加 Taxes and Other Charges on Principal Business	营业费用 Cost of Business	管理费用 Cost of Management	利润总额 Total Profits	亏损企业亏损总额 Losses of Loss Enterprises	利税总额 Total Profits and Taxes	本年应交增值税 Value-added Tax Payable	全部从业人员年平均人数(人) Annual Average of Empolyed Persons (person)
17294	**45992**	**63279**	**255402**		**339866**	**67170**	**5073**
13195	15328	35154	200380		268530	54956	1222
424		349	698		1122		54
1418	3	3840	6447		8833	969	345
733	757	1239	1184		1940	23	284
1524	29905	22698	46694		59441	11223	3168
745875	**3595024**	**5540598**	**9604871**	**291001**	**13842730**	**3491984**	**1634434**
90981	351955	690736	1083615	22495	1472388	297792	215631
23714	181965	182968	359359	15283	528424	145350	52485
70685	340221	82172	277253	14140	463645	115707	22459
18251	102712	293755	450616	15189	645215	176348	146907
25769	123897	233566	232862	13025	351216	92586	136036
16856	47264	134492	113855	5811	176341	45630	69161
6082	18257	27484	53905	2816	81255	21268	12178
5561	28310	37828	60429	1611	87018	21028	18491
20234	129886	209888	336396	6936	447012	90382	32324
2158	13472	29821	31223	1212	47893	14511	8102
7794	19994	73920	57063	3261	89156	24300	32864
2314	4932	29733	2415	16639	14815	10086	3169
116427	227055	379057	841477	24114	1275636	317732	75475
8484	390409	244444	595971	1017	811319	206863	37567
3776	5440	8618	11128	2230	19855	4951	2975
7360	62186	72349	107777	5855	152703	37566	22281
16073	40538	132291	116030	4813	176907	44804	31704
17125	128577	168992	506956	6398	695386	171306	56969
16303	17347	311963	137992	336	231490	77195	9767
1988	6121	17222	94894	3894	277725	180843	7378
8089	86795	195815	326659	24702	429832	95083	52221
29092	231719	465737	568621	16277	777650	179938	77111
29292	296158	272093	622018	17291	844760	193450	55457
119386	199531	336394	1040546	22191	1470407	310474	91730
17679	177756	203173	435144	15925	616416	163594	81715
43513	282740	573115	934124	21647	1341869	364232	217455
4726	36035	44741	92314	1813	128656	31615	12451
15968	42945	87489	112649	4081	183072	54455	51997
197	808	743	1580		4670	2894	374
6851	**27278**	**96769**	**149900**	**60315**	**246670**	**89919**	**17986**
3860	4225	46532	28474	59623	87969	55635	8583
2689	22569	40742	110800	360	143548	30059	7221
302	485	9495	10626	332	15153	4225	2182

14-9 规模以上国有工业企业主要经济指标

单位：万元

类　别	Category	企业单位数(个) Number of Industial Enterprises (unit)	#亏损企业 Loss Enterprises
1995		4853	1255
1996		4855	1068
1997		3877	1074
1998		2820	914
1999		2437	658
2000		2114	486
2001		1592	400
2002		1387	349
2003		1151	309
2004		972	332
2005		842	243
2006		746	212
2007		661	184
2008		609	186
2009		649	162
2010		597	148
在总计中：	**of which:**		
亏损企业	Loss Enterprises	148	148
在总计中：	**of which:**		
中央企业	Central Enterprises	91	17
地方企业	Local Enterprises	506	131
一、按轻重工业分	**by Light & Heavy Industry**		
轻工业	Light Industry	165	66
重工业	Heavy Industry	432	82
二、按企业规模分	**by Enterprise Size**		
大型企业	Large-sized Enterprises	46	5
中型企业	Medium-sized Enterprises	238	47
小型企业	Small-sized Enterprises	313	96

Main Economic Indicators of State-owned Industrial Enterprises above Designated Size

(10 000 yuan)

工 业 总产值 Gross Industrial Output Value	工 业 销售产值 Industrial Output Value of Products Sold	#出 口 交货值 Export Delivery Value	资产合计 Total Assets	产 成 品 Finished Products	流动资产合计 Total Working Capitals	固定资产合计 Total Fixed Assets
22076885			34364845	1772168	12200035	14180364
23716279	23091039		39263025	1981870	13309700	17159171
24654055	24039775		44327146	2252654	16632160	18276685
21777337	21217008		44238808	2123081	16333639	18855507
20584859	20289862		40373852	1933588	14674928	17252037
24744936	24607993		42208919	1617992	14019235	19245575
12234932	12037423		27531520	921428	9429088	11637665
13770330	13600891		27580401	813504	9294926	11563565
14840375	14566769	749626	28068618	732614	9725574	11768793
19715003	19142465	817147	27013217	607810	8782685	12164842
19829441	19639882	687504	24493249	561662	8482461	10266814
23078362	22921402	582201	27104824	521067	9139735	11828055
27367017	27151997	571583	30119677	569429	9963162	13476671
45772078	35078287	1117299	44055195	1007282	12046865	22574394
40747007	40355963	1164851	42604000	986200	14396493	20675274
54861225	54639308	1408178	49684216	1107398	18421339	24524408
3432369	3372225	28587	6167842	80641	1463013	3919872
28238051	28254955	142829	25438617	314404	8236482	13701403
26623175	26384353	1265350	24245599	792994	10184857	10823006
7446967	7551988	864374	6378120	335939	3765951	1857545
47414259	47087320	543805	43306096	771459	14655388	22666864
33840581	33742827	915963	30575583	640457	11159438	14686597
15288723	15227461	460603	15298589	382571	5681233	8171486
5731922	5669020	31612	3810044	84370	1580667	1666325

14-9 续表 1

单位:万元

类别	Category	企业单位数(个) Number of Industial Enterprises (unit)	#亏损企业 Loss Enterprises
三、按行业大类分	by Sector		
采矿业	**Mining**	**53**	**6**
煤炭开采和洗选业	Mining and Washing of Coal	31	3
石油和天然气开采业	Extraction of Petroleum and Natural Gas	2	
黑色金属矿采选业	Mining of Ferrous Metal Ores	8	
有色金属矿采选业	Mining of Non-ferrous Metal Ores	6	1
非金属矿采选业	Mining and Processing of Nonmetal Ores	6	2
其他采矿业	Mining of Other Ores		
制造业	**Manufacturing**	**297**	**58**
农副食品加工业	Processing of Food from Agricultural Products	22	3
食品制造业	Manufacture of Foods	11	4
饮料制造业	Manufacture of Beverage	13	3
烟草制品业	Manufacture of Tobacco	8	1
纺织业	Manufacture of Textile	7	2
纺织服装、鞋、帽制造业	Manufacture of Textile Wearing Apparel,Footware,and Caps	1	
皮革、毛皮、羽毛(绒)及其制品业	Manufacture of Leather, Fur,Feather & Its Products		
木材加工及木、竹、藤、棕、草制品业	Processing of Timbers, Manufacture of Wood, Bamboo,Rattan,Palm,and Straw Products	2	
家具制造业	Manufacture of Furniture		
造纸及纸制品业	Manufacture of Paper and Paper Products	3	1
印刷业和记录媒介的复制	Printing, Reproduction of Recording Media	13	5
文教体育用品制造业	Manufacture of Articles for Culture, Education and Sport Activity		
石油加工、炼焦及核燃料加工业	Processing of Petroleum, Coking, Processing of Nucleus Fuel	8	
化学原料及化学制品制造业	Manufacture of Chemical Raw Material and Chemical Products	31	3
医药制造业	Manufacture of Medicines	6	2
化学纤维制造业	Manufacture of Chemical Fiber	1	1
橡胶制品业	Manufacture of Rubber	3	2
塑料制品业	Manufacture of Plastic	1	
非金属矿物制品业	Manufacture of Non-metallic Mineral Products	25	8
黑色金属冶炼及压延加工业	Manufacture and Processing of Ferrous Metals	2	
有色金属冶炼及压延加工业	Manufacture & Processing of Non-ferrous Metals	5	
金属制品业	Manufacture of Metal Products	9	1
通用设备制造业	Manufacture of General Purpose Machinery	37	7
专用设备制造业	Manufacture of Special Purpose Machinery	29	8
交通运输设备制造业	Manufacture of Transport Equipment	35	7
电气机械及器材制造业	Manufacture of Electrical Machinery & Equipment	14	
通信设备、计算机及其他电子设备制造业	Manufacture of Communication Equipment,Computer and Other Electronic Equipment	6	
仪器仪表及文化、办公用机械制造业	Manufacture of Measuring Instrument and Machinery for Cultural Activity & Office Work	4	
工艺品及其他制造业	Manufacture of Artwork, Other Manufacture	1	
废弃资源和废旧材料回收加工业	Recycling and Disposal of Waste		
电力、燃气及水的生产和供应业	**Production and Supply of Electric,Gas and Water**	**247**	**84**
电力、热力的生产和供应业	Production and Supply of Electric Power and Heat Power	170	38
燃气生产和供应业	Production and Supply of Gas	6	2
水的生产和供应业	Production and Supply of Water	71	44

continued

(10 000 yuan)

工 业 总产值 Gross Industrial Output Value	工 业 销售产值 Industrial Output Value of Products Sold	#出 口 交货值 Export Delivery Value	资产合计 Total Assets	产成品 Finished Products	流动资产合计 Total Working Capitals	固定资产合计 Total Fixed Assets
6580363	**6441632**	**2785**	**7567031**	**162501**	**3030781**	**2785199**
5865672	5742386	260	6147996	125610	2523230	2234688
28224	28224		16437		3147	13290
436962	436836		1045360	25595	417603	359039
193037	186055		283143	4825	57813	139861
56468	48131	2525	74096	6471	28989	38320
23642198	**23582205**	**1405392**	**17974733**	**934652**	**9320829**	**6460967**
873098	861093	158700	371650	29149	212013	125171
87609	86410		40728	2171	14440	23991
354698	349762	355	333258	36989	200697	85891
2600382	2688385		2309565	3167	1243314	606985
298838	303482	103130	286943	20187	123899	118565
9892	9496		1868	188	556	1312
34892	35044		34416	2374	14569	16376
68285	69057		54256	2907	36077	14927
73764	73737		128247	5651	50205	56471
2468239	2489009	670	1630472	54867	313800	1213573
2870015	2825090	224504	2562247	89245	1025446	1166452
62137	62180	327	66861	4110	23672	41029
8668	7857		9266		3794	5472
58597	52700	3387	33946	5651	23867	9617
4063	3860	3666	5214	302	3372	1798
376326	367111	11022	641725	23926	228502	367927
413941	406808		754529	27638	388793	336152
4578081	4544460		1738231	39275	554450	950434
92160	93889	8753	59276	9177	33438	13835
869541	875773	24563	1085636	63378	665836	287407
472177	447629	6019	578272	77692	368010	138403
3807169	3735178	214659	2671211	169737	1794446	439015
400023	403813	47196	585022	54119	395130	184339
2719485	2753437	597134	1940663	210288	1569965	243771
30689	27518	1308	42217	2466	25606	10939
9428	9428		9017		6934	1116
24638665	**24615471**	**2**	**24142452**	**10245**	**6069729**	**15278243**
24332176	24317584		23213367	9686	5781630	14726112
102984	99544		110561	266	26457	59734
203506	198344	2	818524	293	261643	492397

14-9 续表 2

单位:万元

类　别	Category	负债合计 Total Liabilities	主营业务收入 Revenue from Principal Business
1995		22781760	22106770
1996		25670942	24253809
1997		28943899	25736028
1998		28167124	23946800
1999		25356990	23050722
2000		26686324	27821717
2001		17653620	16006815
2002		17777286	17815410
2003		18009322	19793599
2004		17664902	20631866
2005		16133478	20149674
2006		17375838	23656937
2007		18561850	27623229
2008		21171736	47675137
2009		26103211	42480695
2010		32202345	56271894
在总计中：	**of which:**		
亏损企业	Loss Enterprises	4726654	3165959
在总计中：	**of which:**		
中央企业	Central Enterprises	17024399	28246093
地方企业	Local Enterprises	15177946	28025801
一、按轻重工业分	**by Light & Heavy Industry**		
轻工业	Light Industry	3352967	8762403
重工业	Heavy Industry	28849378	47509491
二、按企业规模分	**by Enterprise Size**		
大型企业	Large-sized Enterprises	20164011	35341071
中型企业	Medium-sized Enterprises	9730839	15386572
小型企业	Small-sized Enterprises	2307495	5544251

continued

(10 000 yuan)

#主营业务税金及附加 Taxes and Other Charges on Principal Business	营业费用 Cost of Business	管理费用 Cost of Management	利润总额 Total Profits	亏损企业亏损总额 Losses of Loss Enterprises	利税总额 Total Profits and Taxes	本年应交增值税 Value-added Tax Payable	全部从业人员年平均人数(人) Annual Average of Empolyed Persons (person)
616975	491645	1877882	522894	278999	2292711	1152192	3046674
673447	555239	2026565	590386	288270	2610716	1346884	2913776
675266	629351	1919824	640942	295150	2717119	1400911	1745514
590800	643101	1792405	535787	333760	2467528	1340941	2466876
466612	594305	1542118	531073	308774	2223106	1225421	1988920
492552	547576	1754897	2554426	194180	4711091	1664113	1652934
294059	351126	1044379	520439	149112	1542737	728243	984032
343306	329434	1073754	610973	131676	1748879	794695	883357
385228	339400	1135605	724762	126296	1944990	835000	769190
234423	259600	1345339	508887	358415	1679671	936360	668702
215660	233128	1153373	767749	130004	1827104	843695	536010
673855	276963	1308489	1098603	116777	2868286	1095828	480364
777269	324251	1493013	1304975	162156	3361138	1278894	453495
3251935	729708	2645622	6139923	630451	12337647	2945789	568582
1094712	961122	2234651	1523331	314887	4140177	1522134	491752
1501435	1122616	2993266	2338185	267808	5787735	1948115	489028
20335	68648	397558	-267808	267808	-153397	94075	71742
1266679	419784	776105	893897	113532	3141616	981041	140914
234756	702832	2217161	1444288	154276	2646119	967075	348114
1181800	540907	391831	482042	28189	2141454	477611	86004
319635	581709	2601435	1856142	239618	3646281	1470504	403024
1197297	759573	1669135	1571754	68097	4041430	1272379	262426
275658	248340	1108179	641524	157199	1478765	561584	172632
28480	114704	215952	124908	42512	267540	114152	53970

14-9 续表 3

单位:万元

类　　别	Category	负债合计 Total Liabilities	主营业务收入 Revenue from Principal Business
三、按行业大类分	**by Sector**		
采矿业	**Mining**	**3977339**	**6554209**
煤炭开采和洗选业	Mining and Washing of Coal	3329315	5791955
石油和天然气开采业	Extraction of Petroleum and Natural Gas	417	28223
黑色金属矿采选业	Mining of Ferrous Metal Ores	463420	489665
有色金属矿采选业	Mining of Non-ferrous Metal Ores	131848	193200
非金属矿采选业	Mining and Processing of Nonmetal Ores	52340	51166
其他采矿业	Mining of Other Ores		
制造业	**Manufacturing**	**11042977**	**24904641**
农副食品加工业	Processing of Food from Agricultural Products	222806	875248
食品制造业	Manufacture of Foods	37038	87287
饮料制造业	Manufacture of Beverage	212490	357863
烟草制品业	Manufacture of Tobacco	1030451	2562902
纺织业	Manufacture of Textile	171693	286505
纺织服装、鞋、帽制造业	Manufacture of Textile Wearing Apparel,Footware,and Caps	760	8092
皮革、毛皮、羽毛(绒)及其制品业	Manufacture of Leather, Fur,Feather & Its Products		
木材加工及木、竹、藤、棕、草制品业	Processing of Timbers, Manufacture of Wood, Bamboo,Rattan,Palm,and Straw Products	39196	35126
家具制造业	Manufacture of Furniture		
造纸及纸制品业	Manufacture of Paper and Paper Products	43340	62503
印刷业和记录媒介的复制	Printing, Reproduction of Recording Media	87997	75112
文教体育用品制造业	Manufacture of Articles for Culture, Education and Sport Activity		
石油加工、炼焦及核燃料加工业	Processing of Petroleum, Coking, Processing of Nucleus Fuel	1281763	2554355
化学原料及化学制品制造业	Manufacture of Chemical Raw Material and Chemical Products	1526532	2947625
医药制造业	Manufacture of Medicines	25703	60756
化学纤维制造业	Manufacture of Chemical Fiber	6295	7474
橡胶制品业	Manufacture of Rubber	31663	52562
塑料制品业	Manufacture of Plastic	3520	3788
非金属矿物制品业	Manufacture of Non-metallic Mineral Products	350463	375424
黑色金属冶炼及压延加工业	Manufacture and Processing of Ferrous Metals	683707	467459
有色金属冶炼及压延加工业	Manufacture & Processing of Non-ferrous Metals	905867	4509568
金属制品业	Manufacture of Metal Products	35675	94199
通用设备制造业	Manufacture of General Purpose Machinery	680782	844682
专用设备制造业	Manufacture of Special Purpose Machinery	367115	515192
交通运输设备制造业	Manufacture of Transport Equipment	1864939	3559516
电气机械及器材制造业	Manufacture of Electrical Machinery & Equipment	379627	414924
通信设备、计算机及其他电子设备制造业	Manufacture of Communication Equipment,Computer and Other Electronic Equipment	1016279	4105987
仪器仪表及文化、办公用机械制造业	Manufacture of Measuring Instrument and Machinery for Cultural Activity & Office Work	31877	31065
工艺品及其他制造业	Manufacture of Artwork, Other Manufacture	5399	9428
废弃资源和废旧材料回收加工业	Recycling and Disposal of Waste		
电力、燃气及水的生产和供应业	**Production and Supply of Electric,Gas and Water**	**17182030**	**24813044**
电力、热力的生产和供应业	Production and Supply of Electric Power and Heat Power	16669939	24520578
燃气生产和供应业	Production and Supply of Gas	54293	93302
水的生产和供应业	Production and Supply of Water	457798	199164

continued

(10 000 yuan)

#主营业务税金及附加 Taxes and Other Charges on Principal Business	营业费用 Cost of Business	管理费用 Cost of Management	利润总额 Total Profits	亏损企业亏损总额 Losses of Loss Enterprises	利税总额 Total Profits and Taxes	本年应交增值税 Value-added Tax Payable	全部从业人员年平均人数（人） Annual Average of Empolyed Persons (person)
77282	**85661**	**1105499**	**848249**	**4059**	**1336531**	**411001**	**122936**
66811	73987	996919	675233	2940	1099464	357419	103109
89	1725	4924	1216		2535	1231	49
8530	6731	66235	108225		166201	49446	11634
866	124	31508	60695	169	61815	254	6128
987	3095	5913	2880	951	6517	2650	2016
1328101	**877925**	**909671**	**1063381**	**59409**	**3240066**	**848584**	**186679**
1561	6314	8710	45507	318	51084	4016	9178
405	6594	9136	1436	1207	6473	4632	1783
21748	69595	17635	36107	1038	80663	22808	9388
1143776	80592	182599	198190	1399	1616264	274297	9594
175	6194	8737	4957	2235	11206	6074	12087
128		42	208		536	200	318
295	628	1269	3671		5606	1641	574
204	947	1188	948	152	3150	1998	1841
847	780	10133	2697	1602	6465	2920	4048
91973	6073	83683	34372		209459	83114	9940
19745	32717	86145	106571	33711	210474	84158	17425
199	3758	4599	6429	367	8462	1834	1668
646	32	299	-434	434	423	212	305
586	2074	10221	-1569	2407	-74	909	2135
112	151	125	804		996	81	80
3862	13361	21216	30816	2974	52168	17490	10372
993	6231	11913	1926		7201	4282	4195
7891	19334	51944	140409		211173	62873	16646
363	1476	3588	7386	25	10478	2729	1802
3361	27990	83471	35707	2447	63292	24225	16178
6124	34221	40160	29142	1201	52130	16864	13333
9157	187603	137441	147091	7893	213202	56955	23619
3465	15487	33918	30803		63234	28967	5025
10249	353955	95635	198853		352961	143859	12920
149	1820	5218	1254		2406	1003	2111
90		648	100		634	445	114
96052	**159029**	**978095**	**426556**	**204340**	**1211138**	**688531**	**179413**
93727	150290	913104	427131	187162	1194257	673399	158383
737	2965	6467	13166	771	18123	4220	1983
1588	5774	58524	-13742	16407	-1242	10912	19047

14-10 规模以上非公有工业主要经济指标

单位:万元

类 别	Category	企业单位数（个）Number of Industial Enterprises (unit)	#亏损企业 Loss Enterprises
2002		8377	1047
2003		11584	1247
2004		20324	2726
2005		24092	1871
2006		28015	1920
2007		32395	1884
2008		39486	2569
2009		43942	2508
2010		41210	1712
在总计中:	**of which:**		
亏损企业	Loss Enterprises	1712	1712
在总计中:	**of which:**		
农村工业	Industry in Rural Area	889	13
一、按轻重工业分	**by Light & Heavy Industry**		
轻工业	Light Industry	17596	801
重工业	Heavy Industry	23614	911
二、按企业规模分	**by Enterprise Size**		
大型企业	Large-sized Enterprises	219	3
中型企业	Medium-sized Enterprises	2746	191
小型企业	Small-sized Enterprises	38245	1518

Main Economic Indicators of Non-public Industry above Designated Size

(10 000 yuan)

工业总产值 Gross Industrial Output Value	工业销售产值 Industrial Output Value of Products Sold	#出口交货值 Export Delivery Value	资产合计 Total Assets	产成品 Finished Products	流动资产合计 Total Working Capitals	固定资产合计 Total Fixed Assets
45461718	44155651		35949602	2814383	16729064	12760819
73393784	71515263	14474997	52877008	3521911	23879407	18379772
138152594	135022277	22988004	95685397	5954466	42876737	34492541
200549717	196288717	28331918	122189852	7796259	55761512	44012262
243089184	238524116	33703704	132257499	8023085	61749264	47266989
330029176	323122998	42754269	171807847	10132134	77982898	62484427
449737185	440291558	51970618	237467651	13989404	105926599	86484833
643590615	633853190	53674627	404207876	18823010	172041728	175656063
606536704	595826013	54743512	322702466	15339365	150171419	132698502
12850459	12441023	2191138	15859250	869621	7953028	5474139
8570785	8446266	182460	3456876	158772	1386276	1559007
232760663	230011974	25726000	115320626	6135191	50251133	50620444
373776041	365814039	29017512	207381840	9204174	99920286	82078059
114144148	113117577	18409236	89823145	3508911	41626838	37781223
161676486	157828138	18767572	104016998	5384140	53863324	38527502
330716070	324880298	17566703	128862322	6446314	54681257	56389777

14-10 续表 1

单位:万元

类　别	Category	企业单位数(个) Number of Industial Enterprises (unit)	#亏损企业 Loss Enterprises
三、按行业大类分	by Sector		
采矿业	**Mining**	**857**	**14**
煤炭开采和洗选业	Mining and Washing of Coal	275	4
石油和天然气开采业	Extraction of Petroleum and Natural Gas	9	
黑色金属矿采选业	Mining of Ferrous Metal Ores	185	6
有色金属矿采选业	Mining of Non-ferrous Metal Ores	24	
非金属矿采选业	Mining and Processing of Nonmetal Ores	360	3
其他采矿业	Mining of Other Ores	4	1
制造业	**Manufacturing**	**40120**	**1660**
农副食品加工业	Processing of Food from Agricultural Products	4257	105
食品制造业	Manufacture of Foods	1294	55
饮料制造业	Manufacture of Beverage	499	20
烟草制品业	Manufacture of Tobacco	1	
纺织业	Manufacture of Textile	3534	129
纺织服装、鞋、帽制造业	Manufacture of Textile Wearing Apparel, Footware, and Caps	1299	101
皮革、毛皮、羽毛(绒)及其制品业	Manufacture of Leather, Fur,Feather & Its Products	542	46
木材加工及木、竹、藤、棕、草制品业	Processing of Timbers, Manufacture of Wood, Bamboo, Rattan, Palm, and Straw Products	1511	26
家具制造业	Manufacture of Furniture	598	19
造纸及纸制品业	Manufacture of Paper and Paper Products	943	54
印刷业和记录媒介的复制	Printing, Reproduction of Recording Media	474	32
文教体育用品制造业	Manufacture of Articles for Culture, Education and Sport Activity	366	39
石油加工、炼焦及核燃料加工业	Processing of Petroleum, Coking, Processing of Nucleus Fuel	247	13
化学原料及化学制品制造业	Manufacture of Chemical Raw Material and Chemical Products	3648	146
医药制造业	Manufacture of Medicines	663	45
化学纤维制造业	Manufacture of Chemical Fiber	83	7
橡胶制品业	Manufacture of Rubber	598	20
塑料制品业	Manufacture of Plastic	1419	76
非金属矿物制品业	Manufacture of Non-metallic Mineral Products	3832	83
黑色金属冶炼及压延加工业	Manufacture and Processing of Ferrous Metals	387	22
有色金属冶炼及压延加工业	Manufacture & Processing of Non-ferrous Metals	344	16
金属制品业	Manufacture of Metal Products	1786	90
通用设备制造业	Manufacture of General Purpose Machinery	4577	110
专用设备制造业	Manufacture of Special Purpose Machinery	1968	75
交通运输设备制造业	Manufacture of Transport Equipment	1578	82
电气机械及器材制造业	Manufacture of Electrical Machinery & Equipment	1704	87
通信设备、计算机及其他电子设备制造业	Manufacture of Communication Equipment, Computer and Other Electronic Equipment	695	94
仪器仪表及文化、办公用机械制造业	Manufacture of Measuring Instrument and	294	17
工艺品及其他制造业	Manufacture of Artwork, Other Manufacture	924	48
废弃资源和废旧材料回收加工业	Recycling and Disposal of Waste	55	3
电力、燃气及水的生产和供应业	**Production and Supply of Electric,Gas and Water**	**233**	**38**
电力、热力的生产和供应业	Production and Supply of Electric Power and Heat Power	124	32
燃气生产和供应业	Production and Supply of Gas	60	2
水的生产和供应业	Production and Supply of Water	49	4

continued

(10 000 yuan)

工 业 总产值 Gross Industrial Output Value	工 业 销售产值 Industrial Output Value of Products Sold	#出 口 交货值 Export Delivery Value	资产合计 Total Assets	产成品 Finished Products	流动资产合计 Total Working Capitals	固定资产合计 Total Fixed Assets
10419479	**10302260**	**29373**	**6039506**	**221373**	**2785421**	**2437847**
3574431	3565827	867	1440453	37822	743697	560137
157592	156350		184731	2822	40345	136917
3284818	3251289		2600446	98763	1311085	847900
291887	288884	1151	184448	8173	88780	84926
3057221	2987382	27355	1610594	73618	598780	792206
53531	52528		18834	175	2734	15761
593803129	**583219001**	**54710685**	**312534468**	**15098965**	**146177693**	**127852473**
67115856	66482163	6523145	27689294	1959287	13538783	10822908
17702606	17576314	1966585	10660425	467035	4349878	4527117
6149977	6007411	280821	3479667	209375	1484946	1557761
4477	4250		1212	22	343	869
52722904	52596446	5926517	24499437	1146586	10037612	12461362
11878560	11599494	2595897	5530567	319594	2556250	2014703
6418714	6274507	1231030	2591636	129556	1231651	870340
10752604	10605833	775983	3474331	215561	1372576	1520040
5276661	5205940	791378	2339210	170043	1110167	943247
15117707	14903803	355388	12775673	392243	4269408	6907762
3050609	3021195	97074	1496362	62271	623245	694055
3401413	3340555	618242	1637017	88098	758353	691129
17259564	16953730	72586	11760186	621646	5406229	5346138
68711915	67315998	2613363	37796982	1506801	16197299	17164098
13186459	12915678	1293510	8884691	423276	4403844	3643252
1215048	1177991	96574	978398	41176	396003	419146
15235326	14908176	2509964	8806102	543818	4253740	3628586
11526181	11280522	924203	4880166	260895	2203491	1985590
41284797	40375556	1905615	20243372	903793	8597989	9209253
20213553	19917243	392294	13914936	523123	7657457	5018012
16019931	15813516	215681	13641928	249644	6319704	5513959
18299352	17868179	1655098	10054676	651424	4853127	3726751
52768728	51626324	2322284	24170626	1261831	12190298	8994116
24438491	22918616	850802	13703901	1031320	7710234	4116084
25756880	25317896	1794255	15772586	711345	8543100	5337605
31661461	30984294	1965130	16494294	689793	8434963	5896578
25826624	25617531	12825903	10678584	256809	5382354	3259558
3049307	2986276	177535	1645899	74814	1037283	392237
7278150	7153012	1927499	2741831	182360	1201801	1074499
479275	470553	6332	190481	5428	55564	115721
2314096	**2304752**	**3454**	**4128493**	**19027**	**1208305**	**2408182**
1342201	1341662	3448	2904886	12922	828296	1715247
744491	740895		674886	3298	212504	392676
227405	222195	5	548720	2807	167505	300260

14-10 续表 2

单位:万元

类别	Category	负债合计 Total Liabilities	主营业务收入 Revenue from Principal Business
2002		21313899	41315596
2003		31712472	67129307
2004		56824804	130437492
2005		70425050	192709468
2006		73382178	235060091
2007		93063256	319128552
2008		126815011	436168759
2009		214058654	637480523
2010		162927222	595223019
在总计中:	**of which:**		
亏损企业	Loss Enterprises	11392141	13262536
在总计中:	**of which:**		
农村工业	Industry in Rural Area	1477683	8580997
一、按轻重工业分	**by Light & Heavy Industry**		
轻工业	Light Industry	55082779	228957154
重工业	Heavy Industry	107844443	366265865
二、按企业规模分	**by Enterprise Size**		
大型企业	Large-sized Enterprises	49342465	115291353
中型企业	Medium-sized Enterprises	59148809	157783619
小型企业	Small-sized Enterprises	54435948	322148047

continued

(10 000 yuan)

#主营业务税金及附加 Taxes and Other Charges on Principal Business	营业费用 Cost of Business	管理费用 Cost of Management	利润总额 Total Profits	亏损企业亏损总额 Losses of Loss Enterprises	利税总额 Total Profits and Taxes	本年应交增值税 Value-added Tax Payable	全部从业人员年平均人数（人） Annual Average of Empolyed Persons (person)
265544	1406356	1694016	2220200	171370	3776911	1291168	2478177
391312	1989872	2256070	3746152	208135	6123624	1986160	3020689
827335	3514626	4298966	7637171	461794	12172233	3707727	4610483
1329910	4679003	5123287	12365312	389101	19492812	5797590	5269529
1511572	5209981	5788106	13992516	453323	22082783	6578696	5444440
2110216	6920189	7575783	19972972	404202	30976672	8893484	5893386
2871983	9042107	11320595	26931151	875847	42263661	12460527	7025463
7568442	12595614	18188751	41734576	1126436	67554841	18251824	8479293
4197912	11855499	19120365	42864781	539966	63939221	16876527	7036804
76301	288894	790624	-539966	539966	-284746	178920	322013
68471	136120	198320	641134	2707	939386	229782	90642
1703705	5059249	7261441	16118159	204967	23937585	6115721	3403183
2494207	6796250	11858924	26746623	335000	40001636	10760806	3633621
436824	2172637	3399426	8152746	13111	11830135	3240565	1114630
1091910	3425704	5583721	11335076	217738	16721125	4294138	1984353
2669178	6257159	10137218	23376959	309118	35387961	9341824	3937821

14−10 续表 3

单位:万元

类别	Category	负债合计 Total Liabilities	主营业务收入 Revenue from Principal Business
三、按行业大类分	**by Sector**		
采矿业	**Mining**	**2924234**	**10365808**
煤炭开采和洗选业	Mining and Washing of Coal	617332	3599854
石油和天然气开采业	Extraction of Petroleum and Natural Gas	120119	160388
黑色金属矿采选业	Mining of Ferrous Metal Ores	1373080	3268049
有色金属矿采选业	Mining of Non-ferrous Metal Ores	59446	286185
非金属矿采选业	Mining and Processing of Nonmetal Ores	751772	2995172
其他采矿业	Mining of Other Ores	2485	56162
制造业	**Manufacturing**	**157449378**	**582490439**
农副食品加工业	Processing of Food from Agricultural Products	13334578	65825640
食品制造业	Manufacture of Foods	4672399	17466836
饮料制造业	Manufacture of Beverage	1667757	6054143
烟草制品业	Manufacture of Tobacco	488	4250
纺织业	Manufacture of Textile	11974805	53088191
纺织服装、鞋、帽制造业	Manufacture of Textile Wearing Apparel, Footware, and Caps	2540182	11404171
皮革、毛皮、羽毛(绒)及其制品业	Manufacture of Leather, Fur,Feather & Its Products	1162290	6569726
木材加工及木、竹、藤、棕、草制品业	Processing of Timbers, Manufacture of Wood, Bamboo, Rattan, Palm, and Straw Products	1392233	10440608
家具制造业	Manufacture of Furniture	1037553	5165170
造纸及纸制品业	Manufacture of Paper and Paper Products	7248616	14804827
印刷业和记录媒介的复制	Printing, Reproduction of Recording Media	653515	2937302
文教体育用品制造业	Manufacture of Articles for Culture, Education and Sport Activity	774667	3324342
石油加工、炼焦及核燃料加工业	Processing of Petroleum, Coking, Processing of Nucleus Fuel	6753373	17003203
化学原料及化学制品制造业	Manufacture of Chemical Raw Material and Chemical Products	19408522	67589405
医药制造业	Manufacture of Medicines	3963987	12572605
化学纤维制造业	Manufacture of Chemical Fiber	560019	1215393
橡胶制品业	Manufacture of Rubber	4900127	14234204
塑料制品业	Manufacture of Plastic	2015888	11245757
非金属矿物制品业	Manufacture of Non-metallic Mineral Products	9347842	40267289
黑色金属冶炼及压延加工业	Manufacture and Processing of Ferrous Metals	9272137	22005627
有色金属冶炼及压延加工业	Manufacture & Processing of Non-ferrous Metals	7446150	16108626
金属制品业	Manufacture of Metal Products	4922671	17706768
通用设备制造业	Manufacture of General Purpose Machinery	11247740	51264050
专用设备制造业	Manufacture of Special Purpose Machinery	6783471	23300254
交通运输设备制造业	Manufacture of Transport Equipment	9761765	24929678
电气机械及器材制造业	Manufacture of Electrical Machinery & Equipment	7836447	30754205
通信设备、计算机及其他电子设备制造业	Manufacture of Communication Equipment, Computer and Other Electronic Equipment	4966534	24656876
仪器仪表及文化、办公用机械制造业	Manufacture of Measuring Instrument and Machinery for Cultural Activity & Office Work	653542	2927740
工艺品及其他制造业	Manufacture of Artwork, Other Manufacture	1092633	7133706
废弃资源和废旧材料回收加工业	Recycling and Disposal of Waste	57446	489847
电力、燃气及水的生产和供应业	**Production and Supply of Electric,Gas and Water**	**2553611**	**2366772**
电力、热力的生产和供应业	Production and Supply of Electric Power and Heat Power	1930557	1394409
燃气生产和供应业	Production and Supply of Gas	336443	754687
水的生产和供应业	Production and Supply of Water	286611	217675

continued

(10 000 yuan)

#主营业务税金及附加 Taxes and Other Charges on Principal Business	营业费用 Cost of Business	管理费用 Cost of Management	利润总额 Total Profits	亏损企业亏损总额 Losses of Loss Enterprises	利税总额 Total Profits and Taxes	本年应交增值税 Value-added Tax Payable	全部从业人员年平均人数(人) Annual Average of Empolyed Persons (person)
110481	**195793**	**562884**	**989241**	**4369**	**1502508**	**402786**	**153531**
26046	63672	164843	282043	2518	454586	146497	58858
11396	233	5525	27171		45702	7136	995
36401	27178	237828	373047	1203	548529	139082	34350
1140	2130	9943	31007		35998	3851	4675
35472	102423	144518	275108	603	416525	105945	54287
27	157	228	866	45	1168	276	366
4073315	**11610996**	**18454028**	**41694754**	**494476**	**62155749**	**16387681**	**6853012**
421214	1199119	1977697	3934158	30550	5628417	1273046	745698
138283	517897	559946	1357137	18194	2044312	548892	230195
151077	225596	185817	509141	15569	865586	205369	85160
22		65	225		331	85	48
298466	662398	1167552	3732111	26961	5471139	1440562	937547
87692	306197	527584	771383	16428	1173383	314309	313457
52690	134774	255418	398051	8347	619912	169171	131851
84056	212678	214265	785355	5326	1127851	258440	168906
57046	106113	158981	353370	2036	556434	146017	82673
86367	342301	514427	1080437	13928	1611980	445176	167395
27392	67220	114557	221254	4721	341621	92975	50727
27287	75249	171501	213087	8247	334126	93752	74137
197082	157485	288202	915183	27906	1592269	480004	49317
444159	1173670	2057900	5032336	59137	7284186	1807690	515784
115179	722387	574018	1465246	19290	2075792	495367	135634
10756	20246	39071	49416	8145	91377	31205	15119
95084	280270	437208	942180	10105	1398918	361654	144785
85265	195859	380503	791291	10351	1192528	315972	150900
342957	934617	1219198	3825498	18383	5619412	1450957	518365
87166	178469	677491	1021596	16321	1627352	518589	111638
25057	91495	195874	1057036	5392	1921079	838986	65801
142050	344989	601783	1305927	30665	1940027	492050	221317
406952	1169608	2051125	3929443	27827	5939730	1603334	617226
157930	650870	982185	1980132	22580	2832383	694321	274657
178316	511746	932716	1746950	32739	2541871	616605	280931
190941	708846	1024019	2255342	23402	3347835	901551	307464
65958	368140	738608	1257487	24195	1777146	453702	267780
21496	85492	130088	253938	2208	369650	94216	39429
68922	158044	265610	472918	5318	769195	227355	144768
6453	9220	10621	37127	205	59908	16328	4303
14116	**48710**	**103452**	**180786**	**41122**	**280963**	**86061**	**30261**
8803	10492	45403	64186	40026	119502	46513	19133
4321	31611	39905	91855	402	129368	33192	6332
993	6607	18144	24746	694	32094	6356	4796

14-11 规模以上工业企业主要财务分析指标

类 别	Category	总资产贡献率 (%) Ratio of Total Assets to Industrial Output Value (%)
1995		
1996		
1997		
1998		
1999		
2000		
2001		
2002		
2003		
2004		
2005		
2006		19.07
2007		18.74
2008		18.48
2009		17.56
2010		19.45
一、按登记注册类型分	**by Status of Registration**	
内资企业	Domestic Funded Enterprises	20.13
国有企业	State-owned Enterprises	12.91
中央企业	Central Enterprises	13.58
地方企业	Local Enterprises	12.21
集体企业	Collective-owned Enterprises	20.15
股份合作企业	Cooperative Enterprises	18.53
联营企业	Joint Ownership Enterprises	5.74
国有联营企业	State Joint Ownership Enterprises	5.18
集体联营企业	Collective Joint Ownership Enterprises	23.76
国有与集体联营企业	Joint State-collective Enterprises	20.87
其他联营企业	Other Joint Ownership Enterprises	15.76
有限责任公司	Limited Liability Corporations	17.30
国有独资公司	State Sole funded Corporations	12.57
其他有限责任公司	Other Limited Liability Corporations	18.72
股份有限公司	Share-holding Corporations Limited	17.70
私营企业	Private Enterprises	29.24
私营独资企业	Private-funded Enterprises	35.74
私营合作企业	Private Partnership Enterprises	44.37
私营有限责任公司	Private Limited Liability Corporations	27.89
私营股份有限公司	Private Share-holding Corporations Ltd.	22.47
其他企业	Other Enterprises	18.11
港、澳、台商投资企业	Enterprises with Funds from Hong Kong, Macao and Taiwan	16.16
合资经营企业(港或澳、台资)	Joint-ventures Enterprises	18.94
合作经营企业(港或澳、台资)	Cooperative Enterprises	10.34
港澳台商独资经营企业	Enterprises with Sole Investment	13.53
港澳台商投资股份有限公司	Share-holding Corporations Ltd. With Funds from Hong Kong, Macao and Taiwan	7.71
外商投资企业	Foreign Funded Enterprises	16.24
中外合资经营企业	Joint-venture Enterprises	17.03
中外合作经营企业	Cooperation Enterprises	12.87
外资企业	Enterprises with Sole Foreign Funds	16.33
外商投资股份有限公司	Share-holding Corporations Ltd. with Foreign Investment	12.73
二、在总计中:亏损企业	**of which:Loss Enterprises**	**-0.14**
在总计中:国有控股企业	of which:State-holding Enterprises	16.35
在总计中:农村工业	of which:Industry in Rural Area	27.79
在总计中:轻工业	of which:Light Industry	21.58
重工业	Heavy Industry	18.63
在总计中:大型企业	of which:Large-sized Enterprises	16.21
中型企业	Medium-sized Enterprises	16.95
小型企业	Small-sized Enterprises	27.45

Main Financial Indicators of Industrial Enterprises above Designated Size

产值利税率 (%) Ratio of Profits and Taxes to Output Value (%)	销售产值利税率 (%) Ratio of Profits and Taxes to Output Value of Sales (%)	资产负债率 (%) Assets-Liability Ratio (%)	流动资产周转率 (次) Ratio of Turnover Working Capitals (time)	成本费用利润率 (%) Ratio of Profits to Cost (%)	产品销售率 (%) Proportion of Products Sold (%)
9.08		66.99	1.84	3.75	
9.16	9.51	66.16	1.89	4.49	96.30
8.87	9.18	66.11	1.69	4.06	96.62
9.00	9.32	64.34	1.75	4.18	96.59
9.35	9.64	63.36	1.83	4.53	96.96
12.06	12.33	62.54	2.07	7.31	97.86
11.21	11.46	60.28	2.12	6.61	97.77
10.11	10.34	59.68	2.43	6.02	97.77
10.44	10.66	59.37	2.55	6.62	97.93
10.45	10.68	59.53	3.22	6.96	97.86
11.31	11.52	58.37	3.53	7.91	98.23
11.01	11.19	57.77	3.40	7.58	98.43
10.95	11.14	55.99	3.68	7.57	98.29
10.49	10.88	55.01	3.74	6.87	96.46
10.46	10.46	53.58	3.67	6.96	98.51
11.61	11.78	53.89	3.51	7.93	98.57
11.94	12.10	54.29	3.67	7.96	98.67
10.55	10.59	64.81	3.05	4.36	99.60
11.13	11.12	66.92	3.43	3.40	100.06
9.94	10.03	62.60	2.75	5.28	99.10
11.84	11.98	53.11	3.30	8.63	98.86
8.92	9.20	60.34	3.94	5.70	96.98
4.44	4.42	69.58	2.19	1.70	100.28
3.98	3.98	70.20	2.10	1.38	100.09
8.55	8.31	47.87	4.06	4.68	102.92
20.42	20.37	61.44	1.55	13.76	100.27
6.22	6.20	52.76	4.06	2.46	100.24
13.33	13.43	57.81	2.87	8.57	99.23
16.70	16.84	65.57	1.48	11.60	99.15
12.82	12.91	55.49	3.36	8.08	99.25
12.76	12.97	53.16	2.74	8.18	98.36
11.17	11.38	44.56	5.65	8.25	98.17
11.36	11.59	35.56	8.14	8.44	98.06
10.43	10.57	37.61	8.94	7.54	98.69
11.15	11.35	46.73	5.19	8.23	98.28
10.77	11.08	48.76	4.26	7.75	97.14
10.39	10.67	50.62	3.52	7.14	97.34
10.43	10.60	56.77	2.78	8.14	98.33
11.79	12.01	54.50	3.02	9.44	98.13
5.89	5.92	86.14	2.21	4.06	99.46
9.30	9.46	52.24	2.60	7.24	98.31
6.41	6.45	70.32	2.24	4.24	99.37
9.95	10.15	50.73	2.93	7.64	98.03
11.14	11.60	57.12	2.53	8.45	96.09
9.96	10.41	48.04	1.53	7.28	95.67
8.24	8.34	45.05	3.84	6.52	98.87
15.95	14.71	42.66	1.86	11.08	108.39
-2.68	**-2.75**	**75.85**	**1.81**	**-4.93**	**97.57**
15.50	15.53	59.93	2.63	8.07	99.82
12.42	12.57	39.31	5.45	10.24	98.86
11.06	11.16	49.37	3.98	7.68	99.06
11.88	12.08	55.61	3.32	8.05	98.34
13.75	13.82	56.95	2.60	8.51	99.47
10.71	10.93	58.59	2.99	7.28	97.98
10.61	10.79	43.87	5.68	7.87	98.27

14-11 续表

类 别	Category	总资产贡献率 (%) Ratio of Total Assets to Industrial Output Value (%)
三、按行业大类分	**by Sector**	
采矿业	**Mining**	**26.34**
煤炭开采和洗选业	Mining and Washing of Coal	19.31
石油和天然气开采业	Extraction of Petroleum and Natural Gas	46.35
黑色金属矿采选业	Mining of Ferrous Metal Ores	23.42
有色金属矿采选业	Mining of Non-ferrous Metal Ores	23.35
非金属矿采选业	Mining and Processing of Nonmetal Ores	27.78
其他采矿业	Mining of Other Ores	6.48
制造业	**Manufacturing**	**19.94**
农副食品加工业	Processing of Food from Agricultural Products	21.47
食品制造业	Manufacture of Foods	20.30
饮料制造业	Manufacture of Beverage	26.38
烟草制品业	Manufacture of Tobacco	69.67
纺织业	Manufacture of Textile	23.18
纺织服装、鞋、帽制造业	Manufacture of Textile Wearing Apparel,Footware, and Caps	22.34
皮革、毛皮、羽毛(绒)及其制品业	Manufacture of Leather,Fur,Feather & Its Products	25.16
木材加工及木、竹、藤、棕、草制品业	Processing of Timbers, Manufacture of Wood, Bamboo, Rattan, Palm, and Straw Products	31.79
家具制造业	Manufacture of Furniture	25.30
造纸及纸制品业	Manufacture of Paper and Paper Products	13.58
印刷业和记录媒介的复制	Printing, Reproduction of Recording Media	21.35
文教体育用品制造业	Manufacture of Articles for Culture, Education and Sport Activity	21.53
石油加工、炼焦及核燃料加工业	Processing of Petroleum, Coking, Processing of Nucleus Fuel	28.17
化学原料及化学制品制造业	Manufacture of Chemical Raw Material and Chemical Products	18.06
医药制造业	Manufacture of Medicines	23.11
化学纤维制造业	Manufacture of Chemical Fiber	9.75
橡胶制品业	Manufacture of Rubber	16.05
塑料制品业	Manufacture of Plastic	25.48
非金属矿物制品业	Manufacture of Non-metallic Mineral Products	25.87
黑色金属冶炼及压延加工业	Manufacture and Processing of Ferrous Metals	10.96
有色金属冶炼及压延加工业	Manufacture & Processing of Non-ferrous Metals	15.31
金属制品业	Manufacture of Metal Products	20.59
通用设备制造业	Manufacture of General Purpose Machinery	23.75
专用设备制造业	Manufacture of Special Purpose Machinery	20.41
交通运输设备制造业	Manufacture of Transport Equipment	14.22
电气机械及器材制造业	Manufacture of Electrical Machinery & Equipment	19.32
通信设备、计算机及其他电子设备制造业	Manufacture of Communication Equipment, Computer and Other Electronic Equipment	17.10
仪器仪表及文化、办公用机械制造业	Manufacture of Measuring Instrument and Machinery for Cultural Activity & Office Work	23.12
工艺品及其他制造业	Manufacture of Artwork, Other Manufacture	27.12
废弃资源和废旧材料回收加工业	Recycling and Disposal of Waste	31.64
电力、燃气及水的生产和供应业	**Production and Supply of Electric,Gas and Water**	**5.81**
电力、热力的生产和供应业	Production and Supply of Electric Power and Heat Power	5.62
燃气生产和供应业	Production and Supply of Gas	13.60
水的生产和供应业	Production and Supply of Water	3.27

continued

产值利税率 (%) Ratio of Profits and Taxes to Output Value (%)	销售产值利税率 (%) Ratio of Profits and Taxes to Output Value of Sales (%)	资产负债率 (%) Assets-Liability Ratio (%)	流动资产周转率 (次) Ratio of Turnover Working Capitals (time)	成本费用利润率 (%) Ratio of Profits to Cost (%)	产品销售率 (%) Proportion of Products Sold (%)
28.43	**28.75**	**47.77**	**2.71**	**20.59**	**98.88**
23.90	24.25	62.12	1.90	16.27	98.56
56.12	56.13	11.93	9.26	54.15	99.98
19.77	20.06	49.18	2.44	14.12	98.57
14.26	14.35	40.53	4.50	14.83	99.33
13.81	14.14	46.91	5.26	10.37	97.66
2.18	2.22	13.20	20.55	1.92	98.13
10.82	**10.99**	**53.18**	**3.58**	**7.49**	**98.49**
8.42	8.50	48.30	4.66	6.41	99.04
11.56	11.67	45.04	3.94	8.64	99.10
19.19	18.41	46.46	3.20	11.02	104.24
47.06	45.79	44.11	2.05	16.66	102.78
10.21	10.25	49.40	5.02	7.44	99.60
9.81	10.05	46.73	4.41	7.18	97.68
9.64	9.88	44.93	5.34	6.55	97.61
10.45	10.61	41.89	7.01	8.26	98.55
10.53	10.68	44.60	4.65	7.49	98.63
11.10	11.27	56.43	2.98	8.18	98.50
11.05	11.16	45.65	4.21	8.14	99.04
9.81	9.98	47.68	4.31	6.94	98.22
13.36	13.45	58.62	4.87	4.17	99.37
10.32	10.51	53.62	3.88	7.76	98.15
16.23	16.57	43.68	2.72	13.49	97.97
7.33	7.54	62.85	2.69	4.36	97.22
8.92	9.08	58.91	3.22	6.76	98.14
10.32	10.53	42.00	5.01	7.56	97.95
13.71	13.99	49.67	4.14	10.53	97.95
7.50	7.58	67.60	2.96	4.01	99.03
11.00	11.12	52.37	2.84	7.48	98.96
10.70	10.92	49.16	3.67	7.79	97.96
11.20	11.45	49.39	3.78	8.26	97.82
11.08	11.73	50.95	3.01	8.83	94.46
10.58	10.73	64.25	2.05	8.12	98.60
10.57	10.78	53.87	3.09	7.52	98.03
7.50	7.53	46.80	3.97	5.29	99.66
11.84	12.11	40.68	2.86	9.23	97.76
10.42	10.61	39.87	5.74	7.08	98.25
12.27	12.51	29.75	8.53	8.08	98.11
5.24	**5.25**	**68.73**	**3.52**	**1.76**	**99.85**
4.69	4.69	70.41	3.80	1.27	99.89
15.98	16.00	48.59	2.73	12.44	99.84
9.05	9.24	55.51	0.87	3.91	97.95

14-12 规模以上国有控股工业企业主要财务分析指标

类 别	Category	总资产贡献率 (%) Ratio of Total Assets to Industrial Output Value (%)
1996		
1997		
1998		
1999		
2000		
2001		
2002		
2003		
2004		
2005		
2006		18.25
2007		17.64
2008		16.65
2009		13.95
2010		16.35
在总计中：	**of which:**	
亏损企业	Loss Enterprises	0.15
在总计中：	**of which:**	
中央企业	Central Enterprises	13.58
地方企业	Local Enterprises	12.21
一、按轻重工业分	**by Light & Heavy Industry**	
轻工业	Light Industry	20.51
重工业	Heavy Industry	15.92
二、按企业规模分	**by Enterprise Size**	
大型企业	Large-sized Enterprises	17.45
中型企业	Medium-sized Enterprises	14.17
小型企业	Small-sized Enterprises	9.51

Enterprises above Designated Size

产值利税率 (%) Ratio of Profits and Taxes to Output Value (%)	销售产值利税率 (%) Ratio of Profits and Taxes to Output Value of Sales (%)	资产负债率 (%) Assets-Liability Ratio (%)	流动资产周转率 (次) Ratio of Turnover Working Capitals (time)	成本费用利润率 (%) Ratio of Profits to Cost (%)	产品销售率 (%) Proportion of Products Sold (%)
11.37	11.67	65.15	1.78	3.37	97.39
11.17	11.47	64.68	1.53	3.16	97.35
11.18	11.47	63.39	1.43	2.85	97.44
11.49	11.70	62.87	1.51	3.24	98.16
17.05	17.19	62.23	1.76	8.85	99.19
15.77	15.93	59.37	1.78	7.65	98.97
13.51	13.70	59.60	1.95	6.39	98.61
14.80	14.98	59.21	2.12	7.71	98.75
15.11	15.37	60.10	2.35	8.82	98.28
16.48	16.64	60.18	2.52	10.83	99.06
16.71	16.83	60.83	2.72	10.51	99.24
16.28	16.38	59.02	2.94	9.91	99.36
14.80	16.37	57.99	2.91	7.36	90.43
14.54	14.54	58.48	2.51	7.19	99.59
15.50	15.53	59.93	2.63	8.07	99.82
-3.33	-3.37	79.21	2.19	-6.22	98.63
11.13	11.12	66.92	3.43	3.40	100.06
9.94	10.03	62.60	2.75	5.28	99.10
19.75	19.07	52.69	2.13	6.93	103.56
15.05	15.14	60.68	2.70	8.19	99.42
17.33	17.33	58.83	2.53	9.35	99.99
12.09	12.17	63.65	2.96	5.07	99.38
7.01	7.06	60.78	2.86	3.92	99.35

14−12 续表

类　别	Category	总资产贡献率 (%) Ratio of Total Assets to Industrial Output Value (%)
三、按行业大类分	**by Sector**	
采矿业	**Mining**	**26.12**
煤炭开采和洗选业	Mining and Washing of Coal	18.51
石油和天然气开采业	Extraction of Petroleum and Natural Gas	46.66
黑色金属矿采选业	Mining of Ferrous Metal Ores	23.11
有色金属矿采选业	Mining of Non-ferrous Metal Ores	21.01
非金属矿采选业	Mining and Processing of Nonmetal Ores	17.26
其他采矿业	Mining of Other Ores	
制造业	**Manufacturing**	**15.79**
农副食品加工业	Processing of Food from Agricultural Products	15.05
食品制造业	Manufacture of Foods	11.85
饮料制造业	Manufacture of Beverage	18.99
烟草制品业	Manufacture of Tobacco	69.69
纺织业	Manufacture of Textile	8.02
纺织服装、鞋、帽制造业	Manufacture of Textile Wearing Apparel,Footware, and Caps	4.68
皮革、毛皮、羽毛(绒)及其制品业	Manufacture of Leather, Fur,Feather & Its Products	14.19
木材加工及木、竹、藤、棕、草制品业	Processing of Timbers, Manufacture of Wood, Bamboo, Rattan, Palm, and Straw Products	22.57
家具制造业	Manufacture of Furniture	
造纸及纸制品业	Manufacture of Paper and Paper Products	11.55
印刷业和记录媒介的复制	Printing, Reproduction of Recording Media	7.21
文教体育用品制造业	Manufacture of Articles for Culture, Education and Sport Activity	
石油加工、炼焦及核燃料加工业	Processing of Petroleum, Coking, Processing of Nucleus Fuel	47.78
化学原料及化学制品制造业	Manufacture of Chemical Raw Material and Chemical Products	7.52
医药制造业	Manufacture of Medicines	14.38
化学纤维制造业	Manufacture of Chemical Fiber	6.8
橡胶制品业	Manufacture of Rubber	1.96
塑料制品业	Manufacture of Plastic	8.2
非金属矿物制品业	Manufacture of Non-metallic Mineral Products	10.76
黑色金属冶炼及压延加工业	Manufacture and Processing of Ferrous Metals	8.45
有色金属冶炼及压延加工业	Manufacture & Processing of Non-ferrous Metals	14.03
金属制品业	Manufacture of Metal Products	17.24
通用设备制造业	Manufacture of General Purpose Machinery	9.73
专用设备制造业	Manufacture of Special Purpose Machinery	11.93
交通运输设备制造业	Manufacture of Transport Equipment	11.9
电气机械及器材制造业	Manufacture of Electrical Machinery & Equipment	7.99
通信设备、计算机及其他电子设备制造业	Manufacture of Communication Equipment, Computer and Other Electronic Equipment	17.76
仪器仪表及文化、办公用机械制造业	Manufacture of Measuring Instrument and Machinery for Cultural Activity & Office Work	10.05
工艺品及其他制造业	Manufacture of Artwork, Other Manufacture	4.18
废弃资源和废旧材料回收加工业	Recycling and Disposal of Waste	
电力、燃气及水的生产和供应业	**Production and Supply of Electric,Gas and Water**	**5.57**
电力、热力的生产和供应业	Production and Supply of Electric Power and Heat Power	5.66
燃气生产和供应业	Production and Supply of Gas	9.24
水的生产和供应业	Production and Supply of Water	1.34

continued

产值利税率 (%) Ratio of Profits and Taxes to Output Value (%)	销售产值利税率 (%) Ratio of Profits and Taxes to Output Value of Sales (%)	资产负债率 (%) Assets-Liability Ratio (%)	流动资产周转率 (次) Ratio of Turnover Working Capitals (time)	成本费用利润率 (%) Ratio of Profits to Cost (%)	产品销售率 (%) Proportion of Products Sold (%)
33.95	**34.36**	**47.74**	**2.42**	**24.75**	**98.8**
25.92	26.39	62.94	1.72	17.7	98.2
56.54	56.55	11.13	9.46	54.85	99.99
30.77	31.69	42.27	2.09	20.83	97.08
15.92	15.99	43.39	3.71	16.55	99.52
19.34	20.22	47.74	4.33	13.38	95.63
12.44	**12.42**	**62.47**	**2.49**	**5.42**	**100.14**
5.85	5.93	49.35	3.89	4.49	98.66
7.25	7.37	83.55	3.1	1.73	98.38
26.33	19.32	42.18	2.1	9.31	136.28
47.11	45.83	44.11	2.05	16.7	102.79
7.1	6.96	67.37	1.92	2.46	101.94
3.53	3.55	88.94	1.83	1.21	99.46
6.9	6.78	56.8	2.28	6.2	101.73
12.96	13.29	82.76	4.06	9.84	97.54
14.03	14.32	52.81	1.69	10.66	97.98
10.02	9.98	55.29	1.59	6.52	100.41
16.79	16.74	59.82	8.25	2.82	100.26
7.48	7.5	61.51	2.35	4.49	99.75
14.6	14.85	48.11	2.12	9.17	98.36
6.12	6.24	74.81	1.75	4.21	98.08
0.91	0.91	77.35	1.78	-0.13	99.16
10.36	9.95	51.07	1.67	2.52	104.2
14.48	14.56	58.27	1.85	10.93	99.44
6.93	6.95	71.31	2.86	2.88	99.76
5.66	5.71	57.07	6.23	3.87	99.09
10.75	9.79	61.16	3.6	2.81	109.85
10.35	10.53	65.36	1.55	6.5	98.27
7.06	7.28	55.79	2.84	5.14	97.02
11.44	11.57	66.45	1.5	8.84	98.83
7.03	7.15	70.83	1.83	2.78	98.4
11	10.74	45.32	2.73	4.85	102.41
13.23	14.14	72.85	1.22	10.26	93.55
3.53	3.53	58.54	1.39	-0.45	100.01
4.72	**4.72**	**69.25**	**3.77**	**1.27**	**99.88**
4.53	4.53	70.49	4.07	1.11	99.89
13.79	13.79	47.88	2.2	11.06	100.01
4.67	4.75	55.62	0.62	-1.3	98.36

14-13 规模以上国有工业企业主要财务分析指标

类　别	Category	总资产贡献率 (%) Ratio of Total Assets to Industrial Output Value (%)
1995		
1996		
1997		
1998		
1999		
2000		
2001		
2002		
2003		
2004		
2005		
2006		12.35
2007		18.92
2008		16.65
2009		11.01
2010		12.91
在总计中：	**of which:**	
亏损企业	Loss Enterprises	-0.45
在总计中：	**of which:**	
中央企业	Central Enterprises	13.58
地方企业	Local Enterprises	12.21
一、按轻重工业分	**by Light & Heavy Industry**	
轻工业	Light Industry	34.06
重工业	Heavy Industry	9.80
二、按企业规模分	**by Enterprise Size**	
大型企业	Large-sized Enterprises	14.24
中型企业	Medium-sized Enterprises	11.52
小型企业	Small-sized Enterprises	7.82

Main Financial Indicators of State-owned Industrial Enterprises above Designated Size

产值利税率 (%) Ratio of Profits and Taxes to Output Value (%)	销售产值利税率 (%) Ratio of Profits and Taxes to Output Value of Sales (%)	资产负债率 (%) Assets-Liability Ratio (%)	流动资产周转率 (次) Ratio of Turnover Working Capitals (time)	成本费用利润率 (%) Ratio of Profits to Cost (%)	产品销售率 (%) Proportion of Products Sold (%)
10.39		66.29	1.81	2.46	
11.01	11.31	65.38	1.82	2.69	97.36
11.02	11.30	65.30	1.55	2.72	97.51
11.33	11.63	63.67	1.47	2.32	97.43
10.80	10.96	62.81	1.57	2.40	98.57
19.04	19.14	63.22	1.98	10.21	99.45
12.61	12.82	64.12	1.70	3.37	98.39
12.70	12.86	64.46	1.90	3.57	98.77
13.11	13.35	64.16	2.04	3.83	98.16
8.52	8.77	65.39	2.23	2.55	97.10
9.21	9.30	65.87	2.05	4.01	99.04
12.43	12.51	64.11	2.59	4.99	99.32
12.28	12.38	61.63	2.77	5.11	99.21
26.95	35.17	48.06	3.96	15.97	76.64
10.16	10.16	61.27	2.95	3.77	99.04
10.55	10.59	64.81	3.05	4.36	99.60
-4.47	-4.55	76.63	2.16	-7.26	98.25
11.13	11.12	66.92	3.43	3.40	100.06
9.94	10.03	62.60	2.75	5.28	99.10
28.76	28.36	52.57	2.33	6.70	101.41
7.69	7.74	66.62	3.24	3.99	99.31
11.94	11.98	65.95	3.17	4.75	99.71
9.67	9.71	63.61	2.71	4.26	99.60
4.67	4.72	60.56	3.51	2.28	98.90

14—13 续表

类　　别	Category	总资产贡献率 (%) Ratio of Total Assets to Industrial Output Value (%)
三、按行业大类分	**by Sector**	**12.91**
采矿业	**Mining**	**18.37**
煤炭开采和洗选业	Mining and Washing of Coal	18.57
石油和天然气开采业	Extraction of Petroleum and Natural Gas	15.43
黑色金属矿采选业	Mining of Ferrous Metal Ores	16.45
有色金属矿采选业	Mining of Non-ferrous Metal Ores	23.12
非金属矿采选业	Mining and Processing of Nonmetal Ores	11.18
其他采矿业	Mining of Other Ores	
制造业	**Manufacturing**	**18.93**
农副食品加工业	Processing of Food from Agricultural Products	16.37
食品制造业	Manufacture of Foods	18.13
饮料制造业	Manufacture of Beverage	24.57
烟草制品业	Manufacture of Tobacco	70.41
纺织业	Manufacture of Textile	5.13
纺织服装、鞋、帽制造业	Manufacture of Textile Wearing Apparel, Footware, and Caps	28.69
皮革、毛皮、羽毛(绒)及其制品业	Manufacture of Leather, Fur, Feather & Its Products	
木材加工及木、竹、藤、棕、草制品业	Processing of Timbers, Manufacture of Wood, Bamboo, Rattan, Palm, and Straw Products	16.29
家具制造业	Manufacture of Furniture	
造纸及纸制品业	Manufacture of Paper and Paper Products	6.68
印刷业和记录媒介的复制	Printing, Reproduction of Recording Media	5.83
文教体育用品制造业	Manufacture of Articles for Culture, Education and Sport Activity	
石油加工、炼焦及核燃料加工业	Processing of Petroleum, Coking, Processing of Nucleus Fuel	14.45
化学原料及化学制品制造业	Manufacture of Chemical Raw Material and Chemical Products	9.64
医药制造业	Manufacture of Medicines	13.17
化学纤维制造业	Manufacture of Chemical Fiber	6.77
橡胶制品业	Manufacture of Rubber	2.76
塑料制品业	Manufacture of Plastic	19.10
非金属矿物制品业	Manufacture of Non-metallic Mineral Products	9.28
黑色金属冶炼及压延加工业	Manufacture and Processing of Ferrous Metals	3.34
有色金属冶炼及压延加工业	Manufacture & Processing of Non-ferrous Metals	13.14
金属制品业	Manufacture of Metal Products	19.11
通用设备制造业	Manufacture of General Purpose Machinery	6.39
专用设备制造业	Manufacture of Special Purpose Machinery	9.40
交通运输设备制造业	Manufacture of Transport Equipment	8.38
电气机械及器材制造业	Manufacture of Electrical Machinery & Equipment	12.18
通信设备、计算机及其他电子设备制造业	Manufacture of Communication Equipment, Computer and Other Electronic Equipment	18.19
仪器仪表及文化、办公用机械制造业	Manufacture of Measuring Instrument and Machinery for Cultural Activity & Office Work	5.70
工艺品及其他制造业	Manufacture of Artwork, Other Manufacture	7.23
废弃资源和废旧材料回收加工业	Recycling and Disposal of Waste	
电力、燃气及水的生产和供应业	**Production and Supply of Electric Power and Heat Power**	**6.73**
电力、热力的生产和供应业	Production and Supply of Electric Power and Heat Power	6.90
燃气生产和供应业	Production and Supply of Gas	16.93
水的生产和供应业	Production and Supply of Water	0.43

continued

产值利税率 (%) Ratio of Profits and Taxes to Output Value (%)	销售产值利税率 (%) Ratio of Profits and Taxes to Output Value of Sales (%)	资产负债率 (%) Assets-Liability Ratio (%)	流动资产周转率 (次) Ratio of Turnover Working Capitals (time)	成本费用利润率 (%) Ratio of Profits to Cost (%)	产品销售率 (%) Proportion of Products Sold (%)
10.55	**10.59**	**64.81**	**3.05**	**4.36**	**99.60**
20.31	**20.75**	**52.56**	**2.16**	**14.14**	**97.89**
18.74	19.15	54.15	2.30	12.47	97.90
8.98	8.98	2.53	8.97	4.52	100.00
38.04	38.05	44.33	1.17	29.09	99.97
32.02	33.22	46.57	3.34	46.24	96.38
11.54	13.54	70.64	1.77	5.32	85.24
13.70	**13.74**	**61.44**	**2.67**	**4.68**	**99.75**
5.85	5.93	59.95	4.13	5.45	98.63
7.39	7.49	90.94	6.04	1.65	98.63
22.74	23.06	63.76	1.78	11.94	98.61
62.15	60.12	44.62	2.06	16.21	103.38
3.75	3.69	59.84	2.31	1.75	101.55
5.42	5.64	40.69	14.55	2.68	96.00
16.07	16.00	113.89	2.41	11.13	100.44
4.61	4.56	79.88	1.73	1.54	101.13
8.76	8.77	68.62	1.50	3.61	99.96
8.49	8.42	78.61	8.14	1.42	100.84
7.33	7.45	59.58	2.87	3.75	98.43
13.62	13.61	38.44	2.57	11.61	100.07
4.88	5.39	67.94	1.97	-5.21	90.64
-0.13	-0.14	93.28	2.20	-2.89	89.94
24.51	25.80	67.51	1.12	25.97	95.00
13.86	14.21	54.61	1.64	8.86	97.55
1.74	1.77	90.61	1.20	0.40	98.28
4.61	4.65	52.11	8.13	3.22	99.27
11.37	11.16	60.18	2.82	8.12	101.88
7.28	7.23	62.71	1.27	4.34	100.72
11.04	11.65	63.48	1.40	6.17	94.80
5.60	5.71	69.82	1.98	4.27	98.11
15.81	15.66	64.89	1.05	8.02	100.95
12.98	12.82	52.37	2.62	5.01	101.25
7.84	8.74	75.51	1.21	4.14	89.67
6.73	6.73	59.87	1.36	1.07	100.00
4.92	**4.92**	**71.17**	**4.09**	**1.71**	**99.91**
4.91	4.91	71.81	4.24	1.73	99.94
17.60	18.21	49.11	3.53	15.45	96.66
-0.61	-0.63	55.93	0.76	-5.86	97.46

14-14 规模以上十大高耗能行业和装备制造业主要指标(2010年)
Main Economic Indicators of Ten High Energy Consumption and Manufacture of Equipment Industrial above Designated Size(2010)

单位:万元 (10 000 yuan)

类别	Category	工业总产值 Gross Industrial Output Value	主营业务收入 revenue from principal business	利税总额 Total Profits and Taxes	利润总额 Total Profits
十大高耗能行业	**Ten High Energy Consumption Industries**	**378245201**	**383272419**	**47303065**	**27988843**
煤炭开采和洗选业	Mining and Washing of Coal	24530427	25718891	5862122	3781862
石油和天然气开采业	Extraction of Petroleum and Natural Gas	10220717	10483343	5735592	3030350
纺织业	Manufacture of Textile	57187193	57682494	5840077	3953201
造纸及纸制品业	Manufacture of Paper and Paper Products	18683750	18386938	2073186	1411789
石油加工炼焦及核燃料加工业	Processing of Petroleum, Coking, Processing of Nucleus Fuel	40548414	40637817	5417974	1513102
化学原料及化学制品制造业	Manufacture of Chemical Raw Material and Chemical Products	82904956	82137923	8556037	5886928
非金属矿物制品业	Manufacture of Non-metallic Mineral Products	46976118	45949362	6438171	4375010
黑色金属冶炼及压延加工业	Manufacture and Processing of Ferrous Metals	37798107	42188890	2836392	1655990
有色金属冶炼及压延加工业	Manufacture & Processing of Non-ferrous Metals	27861490	28307700	3065597	1970017
电力、热力的生产和供应业	Production and Supply of Electric Power and Heat Power	31534030	31779060	1477916	410595
装备制造业	**Manufacture of Equipment**	**241151562**	**238379628**	**25152459**	**17104749**
金属制品业	Manufacture of Metal Products	19799382	19412021	2118420	1398720
通用设备制造业	Manufacture of General Purpose Machinery	59022908	57563913	6612931	4363973
专用设备制造业	Manufacture of Special Purpose Machinery	31376816	30491401	3477953	2470378
交通运输设备制造业	Manufacture of Transport Equipment	53772141	52749463	5690052	3975393
电气机械及器材制造业	Manufacture of Electrical Machinery & Equipment	42746124	43523542	4518141	3043395
通信设备、计算机及其他电子设备制造业	Manufacture of Communication Equipment, Computer and Other Electronic Equipment	30948526	31285200	2322284	1569651
仪器仪表及文化、办公用机械制造业	Manufacture of Measuring Instrument and Machinery for Cultural Activity & Office Work	3485666	3354087	412679	283240

14-15 各市规模以上工业企业主要经济指标(2010年)

Main Economic Indicators of Industrial Enterprises above Designated Size by Region(2010)

单位:万元 (10 000 yuan)

地 区	Region	企业单位数(个) Number of Industial Enterprises (unit)	大型企业 Large-sized Enterprises	中型企业 Medium-sized Enterprises	小型企业 Small-sized Enterprises	亏损企业数(个) Number of Loss Enterprises (unit)	工业总产值(万元) Gross Industrial Output Value (10 000 yuan)	内资企业 Domestic Funded Enterprises
全省总计	**Total**	**44037**	**400**	**3525**	**40112**	**2114**	**838513994**	**694854618**
济南市	Jinan	2021	22	186	1813	187	44135111	40216364
青岛市	Qingdao	5674	53	524	5097	647	106628345	74671347
淄博市	Zibo	3413	30	297	3086	125	77423440	67931860
枣庄市	Zaozhuang	1795	2	37	754	35	28228780	26475578
东营市	Dongying	895	15	64	373	20	60378601	55824308
烟台市	Yantai	3447				247	101299777	63213021
潍坊市	Weifang	5089	32	285	3970	155	75292226	63582426
济宁市	Jining	3907	29	180	3698	117	38571804	33328806
泰安市	Tai'an	1665	14	139	1124	42	37700720	36067842
威海市	Weihai	1812	32	270	1471	128	44089646	29341767
日照市	Rizhao	854	2	67	177	35	21721501	16519201
莱芜市	Laiwu	466	10	41	415	69	12025825	11662708
临沂市	Linyi	4027	27	239	3461	111	45935250	38184542
德州市	Dezhou	3248	16	115	1485	31	38557605	35937316
聊城市	Liaocheng	2403	12	68	591	34	40268609	39262762
滨州市	Binzhou	1246	16	115	1090	81	36838964	34211166
菏泽市	Heze	2088	3	66	1810	52	25320326	23370000

14-15 续表 1 continued

单位:万元 (10 000 yuan)

地 区	Region	国有工业 State-owned Enterprises	集体工业 Collective-owned Enterprises	股份合作企业 Cooperative Enterprises	联营企业 Joint Ownership Enterprises	有限责任公司 Limited Liability Corporations	股份有限公司 Share-holding Corporations Limited
全省总计	**Total**	**54861225**	**26326479**	**5065972**	**4375067**	**223894995**	**69303066**
济南市	Jinan	3322871	679992	101253	3860903	17018605	3528926
青岛市	Qingdao	8588858	6435768	267457	24173	21063326	8439732
淄博市	Zibo	5762926	2575580	581684	151637	15412435	11711201
枣庄市	Zaozhuang	1234204	531356	3404	17707	7889467	388283
东营市	Dongying	2589450	1175125	101858		24228327	6657163
烟台市	Yantai	6958489	8488240	1340263	41137	16296304	3836243
潍坊市	Weifang	3533921	2468550	344595	7853	17552849	9226885
济宁市	Jining	3231996	238741	389736	33493	10819894	5814491
泰安市	Tai'an	3299678	405671	173555		13348769	1449851
威海市	Weihai	939444	2141671	757330	71769	7894977	4156224
日照市	Rizhao	1096221	225104	25011	10420	10134389	617202
莱芜市	Laiwu	257048	22596	299296	11864	9204716	367770
临沂市	Linyi	2064478	222016	251797	2117	8932417	4003343
德州市	Dezhou	1792959	221875	139338		6043589	1451378
聊城市	Liaocheng	2420327	149585	239588	2621	13370134	1744559
滨州市	Binzhou	1448311	102954	8042		19869687	4443666
菏泽市	Heze	1233086	241657	41765	139373	5699076	615540

14-15 续表 2 continued

单位:万元 (10 000 yuan)

地 区	Region	私营企业 Private Enterprises	其他企业 Other Enterprises	港澳台商投资企业 Enterprises with Funds from Hong Kong, Macao and Taiwan	外 商 投资企业 Foreign Funded Enterprises	工 业 销售产值 (当年价) Industrial Output Value of Products Sold (current prices)	#出 口 交货值 Export Delivery Value
全省总计	**Total**	**304088686**	**6939129**	**28950496**	**114708880**	**826521387**	**66380488**
济 南 市	Jinan	11655532	48285	967347	2951399	43534422	1914482
青 岛 市	Qingdao	28825108	1026925	4904043	27052955	103839084	16635102
淄 博 市	Zibo	30185749	1550648	3549068	5942512	76128899	3451956
枣 庄 市	Zaozhuang	16411157		806852	946350	28123196	377360
东 营 市	Dongying	21019821	52564	2359936	2194358	59661388	1555071
烟 台 市	Yantai	25839248	413098	6164361	31922394	100014681	16052759
潍 坊 市	Weifang	30133951	313822	3566175	8143626	74175073	5642192
济 宁 市	Jining	12602300	198155	497539	4745459	36684439	1800380
泰 安 市	Tai'an	16812930	577388	148113	1484765	37118433	996499
威 海 市	Weihai	13227918	152436	1028885	13718993	43358515	6848163
日 照 市	Rizhao	4149687	261169	443597	4758703	20963712	1936939
莱 芜 市	Laiwu	1442963	56455	208096	155021	11798655	559519
临 沂 市	Linyi	21481958	1226416	1619427	6131282	45001695	2105700
德 州 市	Dezhou	25894820	393357	379693	2240597	38252474	1464024
聊 城 市	Liaocheng	20974393	361556	293263	712584	39821513	1912169
滨 州 市	Binzhou	8191697	146809	1408663	1219135	36762099	2029975
菏 泽 市	Heze	15239456	160047	762425	1187901	25248928	1099884

14-15 续表 3 continued

单位:万元 (10 000 yuan)

地 区	Region	资产合计 Total Assets	产成品 Finished Products	流动资产合计 Total Working Capitals	固定资产合计 Total Fixed Assets	负债合计 Total Liabilities
全省总计	**Total**	**537612783**	**22484979**	**238304625**	**227881083**	**289698944**
济 南 市	Jinan	38318229	2401002	20925705	11596484	23926539
青 岛 市	Qingdao	64915326	3051567	35215142	19041020	35525377
淄 博 市	Zibo	41478195	1409985	18077632	17330272	22141538
枣 庄 市	Zaozhuang	14308629	504414	5272248	7705907	7450308
东 营 市	Dongying	40697653	1086427	14135318	24011689	15479996
烟 台 市	Yantai	53613769	2512492	24954927	22025711	26251795
潍 坊 市	Weifang	46491059	2560702	21903281	19170986	26485700
济 宁 市	Jining	38353584	1484906	16122966	16413035	22045843
泰 安 市	Tai'an	23799531	668196	8884162	9911570	14468924
威 海 市	Weihai	25950881	1050271	12428959	9921129	13606257
日 照 市	Rizhao	16387016	648521	6572849	7824030	9827388
莱 芜 市	Laiwu	12735060	522578	4852606	6802266	8552952
临 沂 市	Linyi	23814027	1528064	10901899	9928071	12733850
德 州 市	Dezhou	22891311	767755	8618601	11692337	10008282
聊 城 市	Liaocheng	24541244	744432	9698526	12200750	11867600
滨 州 市	Binzhou	24559125	1011464	11225161	11162724	14627597
菏 泽 市	Heze	11734629	536635	4550300	6019635	5665855

14-15 续表 4 continued

单位:万元 (10 000 yuan)

地 区	Region	主营业务收入 Revenue from Principal Business	#主营业务税金及附加 Taxes and Other Charges on Principal Business	营业费用 Cost of Business	管理费用 Cost of Management
全省总计	**Total**	**836629973**	**10836997**	**17692625**	**31919733**
济 南 市	Jinan	44229515	724379	1529229	2160859
青 岛 市	Qingdao	105451664	2257164	3917539	5574289
淄 博 市	Zibo	77130493	1122854	1090755	2935842
枣 庄 市	Zaozhuang	27612474	190094	631395	1542286
东 营 市	Dongying	58880126	2078141	525047	1559868
烟 台 市	Yantai	100195259	323564	1807656	2555012
潍 坊 市	Weifang	74867201	548679	1445475	2162026
济 宁 市	Jining	39086552	363397	930834	2455265
泰 安 市	Tai'an	35842964	321577	789741	2714250
威 海 市	Weihai	42844504	195615	854822	1483206
日 照 市	Rizhao	19284929	82716	656453	1342410
莱 芜 市	Laiwu	15062911	77655	140166	754792
临 沂 市	Linyi	46378816	390807	961364	965956
德 州 市	Dezhou	39410441	410562	992162	842035
聊 城 市	Liaocheng	40618737	252600	528570	600172
滨 州 市	Binzhou	37823811	264529	358216	533650
菏 泽 市	Heze	25017717	267295	489906	542434

14-15 续表 5 continued

单位:万元 (10 000 yuan)

地 区	Region	利润总额 Total Profits	亏损企业亏损总额 Losses of Loss Enterprises	利税总额 Total Profits and Taxes	本年应交增值税 Value-added Tax Payable	全部从业人员年平均人数(人) Annual Average Empolyed Persons (person)
全省总计	**Total**	**61079916**	**1207839**	**97376175**	**25459263**	**9315033**
济 南 市	Jinan	3348108	97610	5392372	1319885	438798
青 岛 市	Qingdao	5828046	228783	11138839	3053629	1198247
淄 博 市	Zibo	6244752	176976	10241081	2873475	685019
枣 庄 市	Zaozhuang	1987214	66308	3291900	1114592	520088
东 营 市	Dongying	7052040	5185	11484653	2354472	317213
烟 台 市	Yantai	7901393	106910	10329783	2104827	897720
潍 坊 市	Weifang	5284331	89882	7850185	2017176	901136
济 宁 市	Jining	4332461	152157	6262715	1566857	672025
泰 安 市	Tai'an	2990944	42226	4677837	1365317	487560
威 海 市	Weihai	2598884	52855	3784059	989561	609537
日 照 市	Rizhao	1433098	24009	2052967	537153	178748
莱 芜 市	Laiwu	573658	23760	944342	293028	147838
临 沂 市	Linyi	3225873	58149	4548524	931844	728716
德 州 市	Dezhou	3271916	11816	5181376	1498898	503841
聊 城 市	Liaocheng	2927411	29200	4708204	1528193	375592
滨 州 市	Binzhou	2171208	36524	3348238	912501	373227
菏 泽 市	Heze	2044538	16321	3249673	937841	331135

14-16 各市规模以上国有控股工业企业主要经济指标(2010年)
Main Economic Indicators of State-holding Industrial Enterprises above Designated Size by Region(2010)

单位:万元 (10 000 yuan)

地 区	Region	企业单位数(个) Number of Industial Enterprises (unit)	#亏损企业 Number of Loss Enterprises	工业总产值 Gross Industrial Output Value	工业销售产值 Industrial Output Value of Products Sold	#出口交货值 Export Delivery Value
全省总计	**Total**	**1215**	**265**	**167269747**	**166962124**	**6385364**
济南市	Jinan	154	28	20686756	20654029	1000452
青岛市	Qingdao	161	49	27503964	26645648	1739070
淄博市	Zibo	104	29	14061888	13961225	234578
枣庄市	Zaozhuang	63	13	5064995	5052468	16070
东营市	Dongying	29	1	15345343	15374068	186412
烟台市	Yantai	120	32	16417465	16319928	384339
潍坊市	Weifang	69	13	10497502	10401064	317299
济宁市	Jining	123	25	13006720	12747494	357476
泰安市	Tai'an	76	16	9325693	9133270	113603
威海市	Weihai	39	8	1821752	1815519	227748
日照市	Rizhao	19	6	1731442	1710066	155079
莱芜市	Laiwu	15	4	5668429	5637329	191914
临沂市	Linyi	73	21	3547197	3471107	15691
德州市	Dezhou	59	5	4265744	4253398	52864
聊城市	Liaocheng	54	5	7202729	7162910	1170313
滨州市	Binzhou	38	8	3256739	2873897	220022
菏泽市	Heze	30	4	3674339	3625812	4118

14-16 续表 1 continued

单位:万元 (10 000 yuan)

地 区	Region	资产合计 Total Assets	产成品 Finished Products	流动资产合计 Total Working Capitals	固定资产合计 Total Fixed Assets	负债合计 Total Liabilities
全省总计	**Total**	**171793672**	**5044322**	**66485777**	**78535944**	**102957123**
济南市	Jinan	23425471	1562812	12929252	6188527	16360614
青岛市	Qingdao	19850255	702770	10410148	7353349	12852874
淄博市	Zibo	11089337	226010	3838254	5569217	5803427
枣庄市	Zaozhuang	7412513	138692	2963841	3640473	4369573
东营市	Dongying	14493577	189491	2249664	12074219	2886481
烟台市	Yantai	12041336	316024	4734310	4538385	6467874
潍坊市	Weifang	10987388	266956	4414958	4547551	6421500
济宁市	Jining	21326793	659775	8122071	9142837	13428397
泰安市	Tai'an	9648153	237761	3519105	4166470	6903960
威海市	Weihai	3050553	41106	1026795	1304844	1844561
日照市	Rizhao	1274087	28906	296870	909830	565148
莱芜市	Laiwu	7690847	235531	2282924	4697472	5422168
临沂市	Linyi	3465406	89674	1094128	1762260	2429986
德州市	Dezhou	4405075	105508	1482714	2707005	2624140
聊城市	Liaocheng	3806919	126371	1373437	2181189	2445448
滨州市	Binzhou	2157230	54731	834910	1139897	1340857
菏泽市	Heze	2521623	65658	862881	1460311	1668590

14-16 续表 2 continued

单位：万元 (10 000 yuan)

地 区	Region	主营业务收入 Revenue from Principal Business	#主营业务税金及附加 Taxes and Other Charges on Principal Business	营业费用 Cost of Business	管理费用 Cost of Management
全省总计	**Total**	**174910226**	**6227344**	**3271169**	**9854555**
济 南 市	Jinan	21375849	462747	596696	1055666
青 岛 市	Qingdao	29478298	1252823	995382	856121
淄 博 市	Zibo	14422794	736790	187169	774739
枣 庄 市	Zaozhuang	4830766	67549	65969	508800
东 营 市	Dongying	15218168	1744644	39181	816425
烟 台 市	Yantai	17106218	97955	183334	573038
潍 坊 市	Weifang	10472402	258034	255159	474732
济 宁 市	Jining	13899391	168703	330512	1474061
泰 安 市	Tai'an	8864387	79411	147031	1485167
威 海 市	Weihai	1778291	5422	28193	123895
日 照 市	Rizhao	1139169	8509	110087	231354
莱 芜 市	Laiwu	7324318	63206	61708	610269
临 沂 市	Linyi	3790007	75141	35969	101756
德 州 市	Dezhou	4502486	78962	53063	134242
聊 城 市	Liaocheng	7301136	25354	84112	104767
滨 州 市	Binzhou	2923142	97016	20605	73842
菏 泽 市	Heze	3511840	37883	32747	97648

14-16 续表 3 continued

单位：万元 (10 000 yuan)

地 区	Region	利润总额 Total Profits	亏损企业亏损总额 Losses of Loss Enterprises	利税总额 Total Profits and Taxes	本年应交增值税 Value-added Tax Payable	全部从业人员年平均人数（人） Annual Average Empolyed Persons (person)
全省总计	**Total**	**12893837**	**610626**	**25924570**	**6803389**	**1548876**
济 南 市	Jinan	1180129	63331	2119695	476819	151516
青 岛 市	Qingdao	1152801	69116	3247021	841398	170344
淄 博 市	Zibo	517554	97008	1921429	667085	132492
枣 庄 市	Zaozhuang	665567	55642	1075493	342378	120081
东 营 市	Dongying	3146819	371	6084138	1192676	119771
烟 台 市	Yantai	1257650	33161	1670729	315124	108383
潍 坊 市	Weifang	1639209	41709	2407380	510137	72256
济 宁 市	Jining	2093930	117421	3173518	910885	217159
泰 安 市	Tai'an	871647	22275	1393505	442447	164796
威 海 市	Weihai	194314	14940	237356	37620	25492
日 照 市	Rizhao	10902	21858	68153	48742	9599
莱 芜 市	Laiwu	330612	1587	576815	182998	60005
临 沂 市	Linyi	568963	34639	802627	158523	65220
德 州 市	Dezhou	228626	4881	422502	114915	47353
聊 城 市	Liaocheng	352440	22781	527449	149656	59029
滨 州 市	Binzhou	157762	14520	448540	193762	23049
菏 泽 市	Heze	302397	6219	487482	147202	23499

14-17 各市规模以上外商和港澳台投资工业主要经济指标(2010年)

Main Economic Indicators of Industry with Funds from Foreign Countries (Territories), Hong Kong,Macao and Taiwan by Region(2010)

单位:万元 (10 000 yuan)

地区	Region	企业单位数(个) Number of Industial Enterprises (unit)	#亏损企业 Number of Loss Enterprises	工业总产值 Gross Industrial Output Value	工业销售产值 Industrial Output Value of Products Sold	#出口交货值 Export Delivery Value
全省总计	**Total**	**5536**	**756**	**143659376**	**140914565**	**34755802**
济南市	Jinan	225	35	3918747	3936870	471049
青岛市	Qingdao	2037	404	31956998	31867531	9987545
淄博市	Zibo	203	15	9491580	9390234	1098168
枣庄市	Zaozhuang	79	4	1753203	1736163	92669
东营市	Dongying	54		4554293	4426849	236599
烟台市	Yantai	1011	117	38086756	37592364	12663373
潍坊市	Weifang	471	32	11709800	11493208	2175617
济宁市	Jining	128	10	5242998	4243268	925392
泰安市	Tai'an	70	4	1632878	1615439	147195
威海市	Weihai	600	71	14747879	14455619	3919709
日照市	Rizhao	117	7	5202300	4879806	801051
莱芜市	Laiwu	29	8	363118	367815	118464
临沂市	Linyi	229	18	7750708	7645966	994523
德州市	Dezhou	95	4	2620289	2592265	424503
聊城市	Liaocheng	42	3	1005847	1023966	214322
滨州市	Binzhou	74	12	2627798	2642641	248642
菏泽市	Heze	72	13	1950326	1960703	236982

14-17 续表 1 continued

单位:万元 (10 000 yuan)

地区	Region	资产合计 Total Assets	产成品 Finished Products	流动资产合计 Total Working Capitals	固定资产合计 Total Fixed Assets	负债合计 Total Liabilities
全省总计	**Total**	**94554908**	**4123696**	**47889846**	**34450993**	**49181433**
济南市	Jinan	3667850	142966	2019503	1205625	1626130
青岛市	Qingdao	22140269	998613	12362126	5833467	11066668
淄博市	Zibo	7045068	246251	3672508	2720600	4424290
枣庄市	Zaozhuang	1654600	64562	563261	937066	837184
东营市	Dongying	2604562	68163	1420666	1037909	1513462
烟台市	Yantai	18545146	836078	9776756	6289957	9526618
潍坊市	Weifang	11004114	556839	5174926	4296178	6049368
济宁市	Jining	4224504	168649	2039919	1739289	1897681
泰安市	Tai'an	814541	25524	393430	312101	430988
威海市	Weihai	7979804	260503	3978613	3123077	3622649
日照市	Rizhao	4526673	140111	1354851	2763995	2696534
莱芜市	Laiwu	342264	14456	168732	131157	187411
临沂市	Linyi	4645720	349219	2454251	1669630	2282790
德州市	Dezhou	1826054	58184	578699	1048232	732389
聊城市	Liaocheng	692482	33758	272691	388579	323593
滨州市	Binzhou	1821973	93157	960934	689516	1186429
菏泽市	Heze	1624125	66667	732778	797882	807402

14-17 续表 2 continued

单位:万元 (10 000 yuan)

地 区	Region	主营业务收入 Revenue from Principal Business	#主营业务税金及附加 Taxes and Other Charges on Principal Business	营业费用 Cost of Business	管理费用 Cost of Management
全省总计	**Total**	**138639700**	**770021**	**3668294**	**5700645**
济南市	Jinan	3900307	16408	215056	174185
青岛市	Qingdao	30588198	447414	1082361	1822167
淄博市	Zibo	9325661	19868	172282	534525
枣庄市	Zaozhuang	1711897	6170	47914	73620
东营市	Dongying	4451821	7682	51203	56346
烟台市	Yantai	36621060	93009	597586	766462
潍坊市	Weifang	11370535	25861	352390	383799
济宁市	Jining	5412004	16231	77631	257290
泰安市	Tai'an	1250276	5898	61987	49815
威海市	Weihai	13965870	45711	305726	414016
日照市	Rizhao	4336445	16197	212861	468058
莱芜市	Laiwu	355678	443	15032	9123
临沂市	Linyi	7740027	22475	229386	196369
德州市	Dezhou	2629901	15154	58897	60806
聊城市	Liaocheng	1035453	3450	25615	31401
滨州市	Binzhou	2652448	11236	29148	39127
菏泽市	Heze	1916240	19996	133221	78730

14-17 续表 3 continued

单位:万元 (10 000 yuan)

地 区	Region	利润总额 Total Profits	亏损企业亏损总额 Losses of Loss Enterprises	利税总额 Total Profits and Taxes	本年应交增值税 Value-added Tax Payable	全部从业人员年平均人数(人) Annual Average Empolyed Perss (person)
全省总计	**Total**	**10010172**	**351316**	**14429266**	**3649074**	**1657493**
济南市	Jinan	439341	13522	597951	142201	55299
青岛市	Qingdao	1873990	139089	3163592	842188	482375
淄博市	Zibo	806958	56936	1085183	258357	84069
枣庄市	Zaozhuang	76664	11917	134997	52163	33759
东营市	Dongying	205570		459689	246438	14785
烟台市	Yantai	2669908	50238	3519618	756701	329912
潍坊市	Weifang	811613	16830	1131449	293975	142647
济宁市	Jining	712174	28983	896497	168092	52855
泰安市	Tai'an	127144	2326	174918	41876	22243
威海市	Weihai	851737	15842	1226364	328916	213449
日照市	Rizhao	398229	784	504709	90283	31278
莱芜市	Laiwu	38943	4176	44294	4909	4554
临沂市	Linyi	589471	8435	756732	144786	103123
德州市	Dezhou	190586	1235	285591	79852	33292
聊城市	Liaocheng	91044	481	133868	39375	16150
滨州市	Binzhou	79043	6414	139076	48798	28539
菏泽市	Heze	422767	3308	576128	133365	3649074

14-18　各市规模以上高新技术产业产值(2005-2010年)

Gross Industrial Output Value of High and New-tech Industry Enterprises above Designated Size by Region(2005-2010)

单位:万元 (10 000 yuan)

地区	Region	2005		2006		2007	
		高新技术产业总产值 Gross Output Value of High-tech Industries	占规模以上工业比重(%) Portion of High-tech Industries' in That of Industries Above Designated Size	高新技术产业总产值 Gross Output Value of High-tech Industries	占规模以上工业比重(%) Portion of High-tech Industries' in That of Industries Above Designated Size	高新技术产业总产值 Gross Output Value of High-tech Industries	占规模以上工业比重(%) Portion of High-tech Industries' in That of Industries Above Designated Size
全省总计	**Total**	**73463928**	**24.07**	**102799107**	**26.19**	**147750462**	**29.21**
济南市	Jinan	6762443	30.12	8668245	32.28	11511798	35.38
青岛市	Qingdao	18573377	43.22	23291819	44.24	30919211	46.25
淄博市	Zibo	7565497	27.05	10353834	29.10	14261974	32.13
枣庄市	Zaozhuang	1040149	10.25	1746655	12.26	2685486	15.30
东营市	Dongying	2262467	13.53	3851535	15.64	6112540	18.73
烟台市	Yantai	11203426	28.61	16121153	30.79	23953780	34.68
潍坊市	Weifang	4272782	15.88	7802789	22.08	11131764	25.29
济宁市	Jining	3278928	22.41	4661077	25.64	7010823	28.74
泰安市	Tai'an	2456464	21.81	3594111	23.84	5647882	26.88
威海市	Weihai	7284854	24.86	8956736	26.96	12019730	30.06
日照市	Rizhao	441268	7.89	721755	10.01	1316563	13.38
莱芜市	Laiwu	400556	6.92	648876	10.02	1134680	13.13
临沂市	Linyi	2790251	19.33	4046151	21.53	6071514	24.64
德州市	Dezhou	1672650	14.25	2738758	17.37	4382106	20.51
聊城市	Liaocheng	1780883	17.65	2857587	19.74	4810047	22.86
滨州市	Binzhou	967774	8.06	1687360	10.08	3049712	13.21
菏泽市	Heze	710159	15.20	1050666	16.07	1730852	17.92

14-18　续表 continued

单位:万元 (10 000 yuan)

地区	Region	2008		2009		2010	
		高新技术产业总产值 Gross Output Value of High-tech Industries	占规模以上二业比重(%) Portion of High-tech Industries' in That of Industries Above Designated Size	高新技术产业总产值 Gross Output Value of High-tech Industries	占规模以上工业比重(%) Portion of High-tech Industries' in That of Industries Above Designated Size	高新技术产业总产值 Gross Output Value of High-tech Industries	占规模以上工业比重(%) Portion of High-tech Industries' in That of Industries Above Designated Size
全省总计	**Total**	**192453394**	**30.73**	**235586811**	**32.94**	**316021014**	**35.20**
济南市	Jinan	14600105	37.33	15869534	39.51	20639608	41.54
青岛市	Qingdao	37587778	46.31	44106894	46.51	55733587	47.01
淄博市	Zibo	17842973	33.54	21892843	35.80	30244829	38.18
枣庄市	Zaozhuang	3832307	17.31	4924185	19.40	6651504	21.18
东营市	Dongying	8122555	19.24	10573567	22.19	15809464.9	25.35
烟台市	Yantai	31464688	39.37	37710964	41.96	49475292	44.11
潍坊市	Weifang	15269536	28.09	18463385	30.35	26141577	32.92
济宁市	Jining	10131320	30.81	11830814	33.16	16033364	35.54
泰安市	Tai'an	7848557	28.75	10150917	30.94	13970449	34.19
威海市	Weihai	14341758	31.91	17822026	34.73	20280903	37.02
日照市	Rizhao	2343531	15.42	3338384	17.60	4998376	20.89
莱芜市	Laiwu	1630342	15.06	2128757	19.30	3045801	22.48
临沂市	Linyi	8445279	26.51	10994833	28.91	15125262	31.22
德州市	Dezhou	5916607	22.30	7892315	24.50	10973162	27.54
聊城市	Liaocheng	6430234	24.43	8527545	26.58	11917024	28.59
滨州市	Binzhou	3953387	13.86	5105384	16.27	8352382	20.28
菏泽市	Heze	2692437	19.31	4254464	22.28	6628429	26.23

14-19 各市规模以上非公有工业主要经济指标(2010年)

Main Economic Indicators of Non-public Industry Enterprises above Designated Size by Region(2010)

单位:万元 (10 000 yuan)

地 区	Region	企业单位数(个) Number of Industial Enterprises (unit)	#亏损企业 Number of Loss Enterprises	工业总产值 Gross Industrial Output Value	工业销售产值 Industrial Output Value of Products Sold	#出口交货值 Export Delivery Value
全省总计	**Total**	**41210**	**1712**	**606536704**	**595826013**	**54743512**
济南市	Jinan	1737	142	20704772	20163877	836899
青岛市	Qingdao	5377	577	70619047	68778190	13458435
淄博市	Zibo	3072	82	58081899	56927290	2813161
枣庄市	Zaozhuang	1677	17	22437375	22348453	357523
东营市	Dongying	814	18	41199590	40544380	1113656
烟台市	Yantai	2987	196	66453587	65559878	14635927
潍坊市	Weifang	4919	133	60488560	59548269	5134924
济宁市	Jining	3670	75	22645751	21129717	913980
泰安市	Tai'an	1518	22	25301440	24934389	836803
威海市	Weihai	1650	113	35641945	34980428	5816847
日照市	Rizhao	795	29	18934672	18248453	1627667
莱芜市	Laiwu	423	61	5868280	5681642	332908
临沂市	Linyi	3887	87	39162992	38342257	1934239
德州市	Dezhou	3154	24	33622261	33344085	1387299
聊城市	Liaocheng	2312	24	31048684	30678792	668797
滨州市	Binzhou	1177	67	33182983	33494271	1791206
菏泽市	Heze	2043	45	21236454	21210355	1083242

14-19 续表 1 continued

单位:万元 (10 000 yuan)

地 区	Region	资产合计 Total Assets	产成品 Finished Products	流动资产合计 Total Working Capitals	固定资产合计 Total Fixed Assets	负债合计 Total Liabilities
全省总计	**Total**	**322702466**	**15339365**	**150171419**	**132698502**	**162927222**
济南市	Jinan	12875503	732111	7080196	4439153	6292367
青岛市	Qingdao	38046901	2021936	20034716	10618336	17912757
淄博市	Zibo	27570220	1049492	12732636	10826486	14610328
枣庄市	Zaozhuang	6486292	340138	2145832	3839137	2839441
东营市	Dongying	23894089	800334	10806149	11071609	11320394
烟台市	Yantai	30607909	1701676	15131259	12248419	14778130
潍坊市	Weifang	32413564	2128505	16115191	13083996	18212278
济宁市	Jining	14864483	708444	6908827	6522813	7452075
泰安市	Tai'an	12457062	382848	4601819	4935247	6581395
威海市	Weihai	17990369	818718	9191286	6561294	9494557
日照市	Rizhao	14432316	557494	5943452	6658736	8821853
莱芜市	Laiwu	4691576	247303	2402660	1957753	2959778
临沂市	Linyi	18320144	1319477	8888408	7362243	9226296
德州市	Dezhou	17709817	604607	6765789	8647323	6857302
聊城市	Liaocheng	19696759	554514	7832028	9737380	8939348
滨州市	Binzhou	21809794	930877	10145703	9745352	12804169
菏泽市	Heze	8937264	441873	3508639	4471866	3891134

14-19 续表 2 continued

单位:万元 (10 000 yuan)

地区	Region	主营业务收入 Revenue from Principal Business	#主营业务税金及附加 Taxes and Other Charges on Principal Business	营业费用 Cost of Business	管理费用 Cost of Management
全省总计	**Total**	**595223019**	**4197912**	**11855499**	**19120365**
济南市	Jinan	19963591	232848	871006	967245
青岛市	Qingdao	65924822	954627	1705938	4019788
淄博市	Zibo	57419779	358066	776644	1983511
枣庄市	Zaozhuang	22059078	116357	541336	979453
东营市	Dongying	39975929	302632	447482	651893
烟台市	Yantai	64261044	109730	1067621	1386172
潍坊市	Weifang	60160401	281063	1142954	1583879
济宁市	Jining	22176984	179929	548157	888725
泰安市	Tai'an	23962097	221867	607321	1006675
威海市	Weihai	34733895	147462	605852	1154573
日照市	Rizhao	17216549	62547	516660	1068048
莱芜市	Laiwu	7244528	12248	70946	131525
临沂市	Linyi	39100854	305604	881119	799819
德州市	Dezhou	34211780	324427	919446	689269
聊城市	Liaocheng	31298679	197680	375703	449947
滨州市	Binzhou	34502777	166820	327920	449746
菏泽市	Heze	21089939	225833	450351	431905

14-19 续表 3 continued

单位:万元 (10 000 yuan)

地区	Region	利润总额 Total Profits	亏损企业亏损总额 Losses of Loss Enterprises	利税总额 Total Profits and Taxes	本年应交增值税 Value-added Tax Payable	全部从业人员年平均人数(人) Annual Average Empolyed Persons (person)
全省总计	**Total**	**42864781**	**539966**	**63939221**	**16876527**	**7036804**
济南市	Jinan	1987932	27531	2969357	748578	246895
青岛市	Qingdao	4029427	157128	6925214	1941160	963082
淄博市	Zibo	5246054	68388	7583573	1979453	493928
枣庄市	Zaozhuang	1277044	8296	2135720	742320	377139
东营市	Dongying	3574083	4557	4954888	1078173	170623
烟台市	Yantai	4782651	63172	6311257	1418876	635656
潍坊市	Weifang	3419151	46298	5090693	1390479	780202
济宁市	Jining	1687378	30090	2417810	550504	398049
泰安市	Tai'an	1909599	10043	2958887	827420	283989
威海市	Weihai	1847392	37076	2803946	809093	482862
日照市	Rizhao	1349803	2151	1864705	452355	153586
莱芜市	Laiwu	207736	21276	321617	101634	75825
临沂市	Linyi	2461460	21552	3489523	722458	606942
德州市	Dezhou	2988973	6784	4674624	1361225	443153
聊城市	Liaocheng	2410058	5207	3882168	1274431	302242
滨州市	Binzhou	2004223	20966	2881525	710482	341450
菏泽市	Heze	1691733	9454	2696466	778900	16876527

14-20 各市规模以上工业主要财务分析指标(2010年)

Main Financial Indicators of Industry above Designated Size by Region(2010)

地 区	Region	总资产贡献率(%) Ratio of Total Assets to Industrial Output Value	产 值 利税率(%) Ratio of Profits and Taxes to Output Value	销售产值 利 税 率(%) Ratio of Profits and Taxes to Output Value of Sales	资 产 负债率(%) Assets-Liability Ratio	流动资产 周 转 率(次) Ratio of Turnover Working Capitals (time)	成本费用 利 润 率(%) Ratio of Profits to Cost	产 品 销售率(%) Proportion of Products Sold
全省总计	**Total**	**19.45**	**11.61**	**11.78**	**53.89**	**3.51**	**7.93**	**98.57**
济 南 市	Jinan	15.09	12.22	12.39	62.44	2.11	8.17	98.64
青 岛 市	Qingdao	17.75	10.45	10.73	54.73	2.99	5.88	97.38
淄 博 市	Zibo	26.19	13.23	13.45	53.38	4.27	8.90	98.33
枣 庄 市	Zaozhuang	24.27	11.66	11.71	52.07	5.24	7.70	99.63
东 营 市	Dongying	29.48	19.02	19.25	38.04	4.17	14.31	98.81
烟 台 市	Yantai	20.15	10.20	10.33	48.96	4.02	8.70	98.73
潍 坊 市	Weifang	18.24	10.43	10.58	56.97	3.42	7.77	98.52
济 宁 市	Jining	17.85	16.24	17.07	57.48	2.42	11.79	95.11
泰 安 市	Tai'an	21.28	12.41	12.60	60.79	4.03	9.00	98.46
威 海 市	Weihai	15.99	8.58	8.73	52.43	3.45	6.81	98.34
日 照 市	Rizhao	14.14	9.45	9.79	59.97	2.93	7.65	96.51
莱 芜 市	Laiwu	9.82	7.85	8.00	67.16	3.10	3.96	98.11
临 沂 市	Linyi	20.68	9.90	10.11	53.47	4.25	7.58	97.97
德 州 市	Dezhou	24.32	13.44	13.55	43.72	4.57	9.39	99.21
聊 城 市	Liaocheng	20.79	11.69	11.82	48.36	4.19	7.78	98.89
滨 州 市	Binzhou	15.72	9.09	9.11	59.56	3.37	6.12	99.79
菏 泽 市	Heze	29.41	12.83	12.87	48.28	5.50	9.14	99.72

14-21 各市规模以上国有控股工业主要财务分析指标(2010年)

Main Financial Indicators of State holding Industry Enterprises above Designated Size by Region(2010)

地 区	Region	总资产贡献率(%) Ratio of Total Assets to Industrial Output Value	产 值 利税率(%) Ratio of Profits and Taxes to Output Value	销售产值 利 税 率(%) Ratio of Profits and Taxes to Output Value of Sales	资 产 负债率(%) Assets-Liability Ratio	流动资产 周 转 率(次) Ratio of Turnover Working Capitals (time)	成本费用 利 润 率(%) Ratio of Profits to Cost	产 品 销售率(%) Proportion of Products Sold
全省总计	**Total**	**16.35**	**15.50**	**15.53**	**59.93**	**2.63**	**8.07**	**99.82**
济 南 市	Jinan	10.00	10.25	10.26	69.84	1.65	5.88	99.84
青 岛 市	Qingdao	17.07	11.81	12.19	64.75	2.83	4.32	96.88
淄 博 市	Zibo	18.18	13.66	13.76	52.33	3.76	4.25	99.28
枣 庄 市	Zaozhuang	15.57	21.23	21.29	58.95	1.63	15.62	99.75
东 营 市	Dongying	42.75	39.65	39.57	19.92	6.76	31.01	100.19
烟 台 市	Yantai	14.61	10.18	10.24	53.71	3.61	8.54	99.41
潍 坊 市	Weifang	22.95	22.93	23.15	58.44	2.37	18.40	99.08
济 宁 市	Jining	16.43	24.40	24.90	62.96	1.71	15.98	98.01
泰 安 市	Tai'an	16.62	14.94	15.26	71.56	2.52	10.31	97.94
威 海 市	Weihai	8.36	13.03	13.07	60.47	1.73	12.44	99.66
日 照 市	Rizhao	8.56	3.94	3.99	44.36	3.84	0.82	98.77
莱 芜 市	Laiwu	10.09	10.18	10.23	70.50	3.21	4.73	99.45
临 沂 市	Linyi	24.66	22.63	23.12	70.12	3.46	18.15	97.85
德 州 市	Dezhou	10.84	9.90	9.93	59.57	3.04	5.26	99.71
聊 城 市	Liaocheng	16.10	7.32	7.36	64.24	5.32	5.05	99.45
滨 州 市	Binzhou	22.86	13.77	15.61	62.16	3.50	5.80	88.24
菏 泽 市	Heze	22.34	13.27	13.44	66.17	4.07	10.63	98.68

14-22 规模以上工业主要产品产量(2010年)

Output of Major Industrial Products above Designated Size(2010)

名　　称		Item		生产量 Output
原　煤	(万吨)	Coal	(10 000 tons)	15653.56
洗　煤	(万吨)	Washed Coal	(10 000 tons)	7733.13
天然原油	(万吨)	Crude Oil	(10 000 tons)	2786.00
天然气	(亿立方米)	Natural Gas	(100 million cu.m)	5.29
铁矿石原矿量	(万吨)	Ironstone in Original Iron Ores	(10 000 tons)	2218.13
铜选矿产品含铜量	(万吨)	Copper Content of Copper Dressing Products	(10 000 tons)	0.93
硫铁矿石(折含硫35%)	(万吨)	Pyrite Ore(converted into 35% sulphur)	(10 000 tons)	4.67
原　盐	(万吨)	Salt	(10 000 tons)	1848.56
发电量	(亿千瓦小时)	Electricity	(100 million kwh)	3042.73
火　电	(亿千瓦小时)	Thermal Power	(100 million kwh)	3003.60
水　电	(亿千瓦小时)	Hydro Power	(100 million kwh)	2.14
大　米	(万吨)	Rice	(10 000 tons)	34.06
小麦粉	(万吨)	Wheat Flour	(10 000 tons)	2036.49
精制食用植物油	(万吨)	Refined Edible Vegetable Oil	(10 000 tons)	594.38
鲜冷藏冻肉	(万吨)	Frozen,Fresh Meat	(10 000 tons)	509.42
配混合饲料	(万吨)	Mixed Feed	(10 000 tons)	
糖　果	(万吨)	Candy	(10 000 tons)	7.89
糕　点	(万吨)	Pastry	(10 000 tons)	16.33
饼　干	(万吨)	Biscuits	(10 000 tons)	54.62
速冻米面食品	(万吨)	Quick-frozen Food	(10 000 tons)	6.79
方便面	(万吨)	Instant Noodles	(10 000 tons)	36.87
乳制品	(万吨)	Milk Products	(10 000 tons)	249.64
液体乳	(万吨)	Liquid Milk	(10 000 tons)	220.09
罐　头	(万吨)	Canned Food	(10 000 tons)	65.60
味　精	(万吨)	Monosodium Glutamate	(10 000 tons)	84.91
酱　油	(万吨)	Soy Sauce	(10 000 tons)	61.46
发酵酒精(折96度,商品量)	(万千升)	Fermenting Alcohol	(10 000 kiloliter)	48.82
饮料酒	(万千升)	Liquor	(10 000 kiloliter)	682.82
白酒(折65度,商品量)	(万千升)	White Spirit	(10 000 kiloliter)	96.90
啤　酒	(万千升)	Beer	(10 000 kiloliter)	536.13
葡萄酒	(万千升)	Wine	(10 000 kiloliter)	37.54
软饮料	(万吨)	Soft Drinks	(10 000 tons)	535.86
碳酸饮料	(万吨)	Carbonated Drinks	(10 000 tons)	55.82
果汁及果汁饮料	(吨)	Juice and Juice Beverage	(ton)	87.50
包装饮用水	(万吨)	Bottled Drinking Water	(10 000 tons)	298.48
冷冻饮品	(万吨)	Frozen Drinks	(10 000 tons)	18.14
精制茶	(万吨)	Refined Tea	(10 000 tons)	0.30
卷　烟	(亿支)	Cigarettes	(100 million pieces)	1333.15
化学纤维用浆粕	(万吨)	Chemical Fiber Pulp	(10 000 tons)	26.24
化学纤维	(万吨)	Chemical Fiber	(10 000 tons)	93.30
粘胶纤维	(万吨)	Viscose Fiber	(10 000 tons)	22.79
合成纤维	(万吨)	Synthetic Fiber	(10 000 tons)	55.48
锦纶纤维	(万吨)	Nylon Fiber	(10 000 tons)	7.84
涤纶纤维	(万吨)	Polyester Fiber	(10 000 tons)	18.85
腈纶纤维	(万吨)	Acrylic Fiber	(10 000 tons)	6.52
丙纶纤维	(万吨)	Polypropylene Fiber	(10 000 tons)	6.02
纱	(万吨)	Yarn	(10 000 tons)	731.01
布	(亿米)	Cloth	(100 million m)	139.07
棉　布	(亿米)	Cotton Cloth	(100 million m)	116.37
棉混纺布(混纺交织布)	(亿米)	Cotton Blended Cloth	(100 million m)	15.51
化学纤维布(纯化纤布)	(亿米)	Chemical Fiber Cloth	(100 million m)	7.19
印染布	(亿米)	Printed Fabric	(100 million m)	42.15
帘子布	(万吨)	Cord Fabric	(ton)	12.94
绒线(毛线)	(万吨)	Knitting Wool	(10 000 tons)	5.78
毛机织物(呢绒)	(万米)	Wool Fabric	(10 000 m)	8711.49
亚麻布	(万米)	Ramie and Flax Cloth	(10 000 m)	2326.61
生丝	(吨)	Raw Silk	(ton)	7509.61

14-22 续表 1 continued

名 称		Item		生产量 Output
服 装	(万件)	Garments	(10 000 pieces)	352810.61
梭织服装	(万件)	Woven Garments	(10 000 pieces)	85650.45
西服套装	(万件)	Suits	(10 000 pieces)	5108.67
衬 衫	(万件)	Shirts	(10 000 pieces)	7957.56
羽绒服	(万件)	Down Wear	(10 000 pieces)	2505.33
针织服装	(万件)	Knitted Clothing	(10 000 pieces)	267160.16
轻 革	(万平方米)	Leather	(10 000 sq.m)	6402.41
皮革鞋靴	(万双)	Shoes	(10 000 pairs)	16481.00
皮革服装	(万件)	Leather Apparel	(10 000 pieces)	372.72
天然皮革手提包(袋)、背包	(万个)	Natural Leather Handbags	(10 000 units)	3947.60
天然毛皮服装	(万件)	Natural Fur Apparel	(10 000 units)	53.33
人造板	(万立方米)	Manmade Plates	(10 000 cu.m)	3628.52
胶合板	(万立方米)	Plywood	(10 000 cu.m)	2182.65
纤维板	(万立方米)	Fiberboard	(10 000 cu.m)	536.79
刨花板	(万立方米)	Flakeboard	(10 000 cu.m)	134.53
人造板表面装饰板(人造板	(万立方米)	Secondary Processing Decorative Plates	(10 000 cu.m)	1966.20
实木地板(木地板)	(万平方米)	Solid Wood Floor	(10 000 cu.m)	104.03
复合地板	(万平方米)	Engineered Floor	(10 000 cu.m)	3629.07
家 具	(万件)	Furniture	(10 000 units)	7418.43
木质家具	(万件)	Wood Furniture	(10 000 units)	6929.71
软体家具(包括床垫、沙发)	(万件)	Soft Furniture	(10 000 units)	177.49
金属家具	(万件)	Metal Furniture	(10 000 units)	78.40
纸 浆	(万吨)	Paper Pulp	(10 000 tons)	571.09
机制纸及纸板	(万吨)	Machine-made Paper and Paperboards	(10 000 tons)	1668.73
新闻纸	(万吨)	Newsprint	(10 000 tons)	188.27
未涂布印刷书写用纸	(万吨)	Uncoated Writing Printing Paper	(10 000 tons)	278.76
箱纸板	(万吨)	Cardboard	(10 000 tons)	184.05
纸制品	(万吨)	Paper Products	(10000 tons)	340.94
瓦楞纸箱(纸箱)	(万吨)	Corrugated Box	(10000 tons)	256.51
本 册	(亿本)	Notebooks	(100 million units)	3.45
木杆铅笔	(亿支)	Wood Pencils	(100 million pieces)	30.92
原油加工量	(万吨)	Processed Crude Oil	(10 000 tons)	5805.63
汽 油	(万吨)	Gasoline	(10 000 tons)	1195.38
煤 油	(万吨)	Kerosene	(10 000 tons)	86.69
柴 油	(万吨)	Diesel Oil	(10 000 tons)	2263.81
润滑油	(万吨)	Lubricant	(10 000 tons)	99.97
燃料油	(万吨)	Fuel	(10 000 tons)	365.19
石油沥青	(万吨)	Asphalt	(10 000 tons)	612.28
液化石油气	(万吨)	Liquid Petrol Gas	(10 000 tons)	335.32
焦 碳	(万吨)	Coke	(10 000 tons)	3362.64
机械化焦炉生产的焦炭	(万吨)	Machine-made Coke	(10 000 tons)	2181.84
煤气生产量(煤气)	(亿立方米)	Gas	(100 million cu.m)	332.98
硫酸(折100%)	(万吨)	Sulfuric	(10 000 tons)	554.31
浓硝酸(折100%)	(万吨)	Concentrated Nitric Acid	(10 000 tons)	31.49
盐酸(含量31%以上)	(万吨)	Hydrochloric Acid(content of more than 31%)	(10 000 tons)	98.90
氢氧化钠(烧碱)(折100%)	(万吨)	Caustic	(10 000 tons)	454.98
离子膜法烧碱	(万吨)	Ionic Membrane Caustic	(10 000 tons)	155.72
碳酸钠(纯碱)	(万吨)	Soda Ash	(10 000 tons)	440.47
碳化钙(电石)(折300升/千克)	(万吨)	Calcium carbide(convert to 300 L/kg)	(10 000 tons)	1.77
合成氨	(万吨)	Synthetic Ammonia	(10 000 tons)	663.50
农用氮、磷、钾化学肥料总计(折纯)	(万吨)	Chemical Fertilizer	(10 000 tons)	976.97
氮 肥(折含N 100%)	(万吨)	Nitrogen Fertilizer	(10 000 tons)	744.85
尿 素	(万吨)	Urea	(10 000 tons)	424.49
磷肥(折合P2O5 100%)	(万吨)	Phosphate Fertilizer	(10 000 tons)	232.11

14-22 续表 2 continued

名称		Item		生产量 Output
磷酸铵肥	(万吨)	Ammonium Phosphate Fertilizer	(10 000 tons)	98.53
化学农药原药(折有效成分100%)	(万吨)	Chemical Pesticide	(10 000 tons)	40.48
杀虫剂原药	(万吨)	Insecticides Pesticide	(10 000 tons)	6.84
杀菌剂原药	(吨)	Fungicides Pesticide	(ton)	0.93
除草剂原药	(吨)	Herbicide Pesticide	(ton)	28.86
乙　烯	(万吨)	Ethylene	(10 000 tons)	87.86
纯　苯	(万吨)	Benzene	(10 000 tons)	77.28
精甲醇	(万吨)	Extracted Methanol	(10 000 tons)	335.97
冰醋酸	(万吨)	Acetic Acid	(10 000 tons)	69.57
涂料(油漆)	(万吨)	Paint	(10 000 tons)	84.40
建筑涂料	(万吨)	Architectural Coatings	(10 000 tons)	20.57
油　墨	(万吨)	Printing Ink	(10 000 tons)	0.80
颜　料	(万吨)	Pigment	(10 000 tons)	13.52
染　料	(万吨)	Dye	(10 000 tons)	12.26
初级形态的塑料(塑料树脂及共聚物)	(万吨)	Primary Plastic	(10 000 tons)	368.21
聚氯乙烯树脂	(万吨)	PVC Colophony	(10 000 tons)	33.59
聚乙烯树酯	(万吨)	Polyethylene Colophony	(10 000 tons)	96.50
聚丙烯树酯	(万吨)	Polypropylene Colophony	(10 000 tons)	68.01
合成橡胶	(万吨)	Synthetic Rubber	(10 000 tons)	49.63
合成纤维单体	(万吨)	Synthetic Fiber Monomer	(10 000 tons)	5.36
合成纤维聚合物	(万吨)	Synthetic Fiber Polymers	(10 000 tons)	1.33
聚　脂	(万吨)	Polyester	(10 000 tons)	0.12
肥(香)皂	(万吨)	Soap	(10 000 tons)	0.24
合成洗涤剂	(万吨)	Synthetic Detergents	(10 000 tons)	37.89
合成洗衣粉	(万吨)	Synthetic Detergent Powder	(10 000 tons)	26.94
香精及其他香料混合物(香精)	(万吨)	Flavor	(10 000 tons)	0.57
牙膏(折65克标准支)	(亿支)	Toothpaste(convert to 65g toothpaste)	(100 million pieces)	0.20
火柴(折50支标准盒)	(万件)	Match(convert to 50g match)	(10 000 units)	811.25
化学药品原药(化学原料药)	(万吨)	Chemical Medicines	(10 000 tons)	30.25
中成药	(万吨)	Traditional Chemical Medicine	(10 000 tons)	8.48
橡胶轮胎外胎(轮胎外胎)	(万条)	Tires	(10 000 tires)	29852.95
子午线轮胎外胎	(万条)	Radial Tires	(10 000 tires)	10841.65
橡胶靴鞋(胶鞋)	(万双)	Rubber Shoes	(10 000 pairs)	1.37
塑料制品	(万吨)	Plastic Articles	(10 000 tons)	507.11
塑料薄膜	(万吨)	Plastic Film	(10 000 tons)	78.19
农用薄膜	(万吨)	Agricultural Film	(10 000 tons)	42.34
塑料型材含板片材	(万吨)	Piastic Profiles Include Board Sheets	(10 000 tons)	77.67
塑料板、片及类似型材	(万吨)	Plastic Plates Sheets and Similae Profiles	(10 000 tons)	13.54
塑料条、棒、型材	(万吨)	Plastic strip, rod, profiles	(10 000 tons)	9.45
塑料人造革、合成革	(万吨)	Plastic leather and synthetic leather	(10 000 tons)	4.86
泡沫塑料	(万吨)	Foam	(10 000 tons)	15.50
塑料包装箱及容器	(万吨)	Plastic Packaging Boxes and Containers	(10 000 tons)	24.15
日用塑料制品	(万吨)	Plastic Products for Daily Use	(10 000 tons)	32.61
水泥熟料	(万吨)	Cement Chamotte	(10 000 tons)	8647.35
窑外分解窑熟料(预分解窑熟料)	(万吨)	Precalciner Kiln Clinker	(10 000 tons)	5113.40
水　泥	(万吨)	Cement	(10 000 tons)	14749.18
水泥排水管	(千米)	Cement Drain Pipes	(1 000 m)	29365.46
水泥压力管	(千米)	Cement Pressure Pipes	(1 000 m)	5214.70
水泥混凝土电杆	(万根)	Cement Concrete Poles	(10 000 units)	50.57
商品混凝土	(万立方米)	Concrete	(10 000 cu.m)	3693.17
预应力混凝土桩	(万米)	Prestressed concrete piles	(10 000 m)	636.42
砖(折标准砖)	(亿块)	Brick	(100 million units)	340.26
瓦	(亿片)	Tile	(100 million units)	23.43
天然大理石建筑板材(大理石板材)	(万平方米)	Natural Marble Building Block	(10 000 sq.m)	681.09
天然花岗石建筑板材(花岗石板材)	(万平方米)	Natural Granite Building Block	(10 000 sq.m)	7108.98

14-22 续表 3 continued

名 称		Item		生产量 Output
平板玻璃	(万重量箱)	Plate Glass	(10 000 weight boxes)	6084.93
中空玻璃	(万平方米)	Hollow Glass	(10 000 sq.m)	543.87
钢化玻璃	(万平方米)	Tempered Glass	(10 000 sq.m)	1546.55
夹层玻璃	(万平方米)	Tempered Glass	(10 000 sq.m)	10.51
日用玻璃制品	(万吨)	Glass Products for Daily Use	(10 000 tons)	233.79
玻璃保温容器	(万个)	Glass Proof Container	(10 000 units)	5756.28
瓷质砖	(万平方米)	Porcelain Tile	(10 000 sq.m)	83623.45
炻瓷砖	(万平方米)	Vitrified Tile	(10 000 sq.m)	5087.23
细炻砖	(万平方米)	Fine Stoneware Tile	(10 000 sq.m)	2932.26
炻质砖	(万平方米)	Stoneware Tile	(10 000 sq.m)	137.34
陶质砖	(万平方米)	Ceramic Tile	(10 000 sq.m)	20244.53
卫生陶瓷	(亿件)	Ceramic Sanitary Ware	(100 million units)	255.89
日用陶瓷	(亿件)	Ceramics for Daily Use	(100 million units)	19.65
耐火材料制品	(万吨)	Fire-resistant Products	(10 000 tons)	451.28
石墨及碳素制品	(万吨)	Graphite and Carbon Products	(10 000 tons)	243.14
玻璃纤维纱	(万吨)	Glass Fiber Yarn	(10 000 tons)	134.32
生 铁	(万吨)	Pig Iron	(10 000 tons)	5515.65
粗 钢	(万吨)	Crude Steel	(10 000 tons)	5256.09
钢 材	(万吨)	Rolled Steel	(10 000 tons)	6672.17
大型型钢	(万吨)	Rolled-steel,Large	(10 000 tons)	326.04
中小型型钢	(万吨)	Rolled-steel,Medium and Small	(10 000 tons)	435.43
棒 材	(万吨)	Steel Bar	(10 000 tons)	876.64
钢 筋	(万吨)	Corrugated Steel Bar	(10 000 tons)	1203.18
盘条(线材)	(万吨)	Wire Rod	(10 000 tons)	744.89
特厚板	(万吨)	Heavy Steel Plate	(10 000 tons)	8.28
厚钢板	(万吨)	Thick Steel Plate	(10 000 tons)	144.64
中 板	(万吨)	Medium Steel Plate	(10 000 tons)	261.81
冷轧薄板	(万吨)	Non-hot-roll Thin Steel Plate	(10 000 tons)	214.94
中厚宽钢带	(万吨)	Medium Wide Steel Belt	(10 000 tons)	1018.83
冷轧薄宽钢带	(万吨)	Non-hot-roll Thin Wide Steel Belt	(10 000 tons)	46.67
热轧窄钢带	(万吨)	Hot-roll Narrow Steel Belt	(10 000 tons)	233.50
冷轧窄钢带	(万吨)	Non-hot-roll Narrow Steel Belt	(10 000 tons)	29.05
镀层板(带)	(万吨)	Plated Plate(Belt)	(10 000 tons)	189.25
涂层板(带)	(万吨)	Coated Plate(Belt)	(10 000 tons)	99.81
无缝钢管	(万吨)	Seamless Steel Pipe	(10 000 tons)	402.68
焊接钢管	(万吨)	Welded Steel Pipe	(10 000 tons)	186.19
其它钢材	(万吨)	Other Rolled Steel	(10 000 tons)	96.01
铁合金	(万吨)	Ferroalloy	(10 000 tons)	58.41
十种有色金属	(万吨)	Ten Kinds of Nonferrous Metals	(10 000 tons)	218.76
精炼铜(铜)	(万吨)	Refined Copper	(10 000 tons)	51.50
原铝(电解铝)	(万吨)	Electrolyzed Aluminum	(10 000 tons)	163.94
黄 金	(千克)	Gold	(kg)	211802.10
白 银	(千克)	Silver	(kg)	319562.63
氧化铝	(万吨)	Aluminum Oxide	(10 000 tons)	897.38
铝合金	(万吨)	Aluminum Alloy	(10 000 tons)	28.06
铜材(铜加工材)	(万吨)	Rolled Copper	(10 000 tons)	26.48
铝材	(万吨)	Rolled Aluminum	(10 000 tons)	325.73
金属集装箱	(万立方米)	Metal Containers	(10 000 cu.m)	418.03
金属切削工具	(万件)	Metal-cutting Tools	(10 000 units)	8549.84
模 具	(万套)	Mold	(10 000 units)	26.12
电动手提式工具(电动工具)	(万台)	Portable Electric Tools	(10 000 units)	59.64
搪瓷制品	(万吨)	Enamelware Products	(10 000 tons)	20.21
不锈钢日用制品	(万吨)	Stainless Steel Products for Daily Use	(ton)	19.34
锁 具	(万把)	Locksmith	(10 000 units)	13458.48
家用燃气灶具	(万台)	Household Gas Cookers	(10 000 units)	30.87

14-22 续表 4 continued

名　　称		Item		生产量 Output
工业锅炉	(蒸发量吨)	Industrial Boilers	(evaporation ton)	25439.00
电站汽轮机	(万千瓦)	Turbine Power Plant	(10 000 kw)	474.21
金属切削机床	(万台)	Metal-cutting Machine Tools	(10 000 units)	12.99
金属成形机床(锻压设备)	(万台)	Metal Forming Machine	(10 000 tons)	3.03
数控金属成形机床(数控锻压设备)	(台)	CNC Metal Forming Machine	(ton)	1548.00
铸造机械	(台)	Casting Machinery	(unit)	8.23
起重机	(万吨)	Lifting Equipment	(10 000 tons)	112.90
输送机械	(万吨)	Conveyer	(10 000 m)	10.51
泵(液体泵)	(万台)	Pumps	(10 000 units)	160.29
风　机	(万台)	Fans	(10 000 units)	25.68
气体压缩机	(台)	Gas Compressor	(unit)	99.60
减速机	(万台)	Reducer	(10 000 units)	17.06
滚动轴承(轴承)	(亿套)	Rolling Bearings	(100 million units)	14.77
阀　门	(万吨)	Valves	(10 000 tons)	12.57
液压元件	(万件)	Hydraulic Components	(10 000 units)	603.82
气动元件	(万件)	Pneumatic Components	(10 000 units)	133.16
粉末冶金零件	(万吨)	Sintered Metal Products	(10 000 tons)	5.01
采矿设备(矿山设备)	(万吨)	Mining Equipment	(10 000 tons)	37.91
粮食加工机械	(万台)	Grain Processing Machinery	(10 000 units)	8.41
饲料加工机械	(台)	Feed Processing Machinery	(unit)	2399.00
棉花加工设备	(台)	Cotton Processing Machinery	(unit)	17146.00
印刷机	(吨)	Printing Presses	(ton)	34328.00
水泥专用设备(水泥设备)	(吨)	Cement Special Equipment	(ton)	54216.00
金属冶炼设备(冶炼设备)	(吨)	Metal Smelting Equipment	(ton)	36955.61
金属轧制设备	(吨)	Metal Rolling Equipment	(ton)	3957.72
包装专用设备(包装机械)	(台)	Packaging Special Equipment	(unit)	6490.00
大型拖拉机	(台)	Large Tractors	(unit)	6050.00
中型拖拉机	(台)	Medium Tractors	(unit)	92497.00
小型拖拉机	(万台)	Small Tractors	(10 000 units)	129.70
农作物收获机械	(台)	Crop Harvesting Machinery	(unit)	113931.00
场上作业机械	(万台)	Operating Machinery	(10 000 units)	3.63
挖掘、铲土运输机械	(台)	Mining and Shoveling Transport Machinery	(unit)	151130.00
压实机械	(台)	Compacting Machinery	(unit)	539.94
混凝土机械	(台)	Concrete Machinery	(unit)	19522.00
环境保护专用设备	(台(套))	Special Equipment for Environmental Protection	(unit)	34328.00
水质污染防治设备	(台(套))	Water Pollution Control Equipment	(unit)	6840.00
固体废弃物处理设备	(台(套))	Solid Waste Disposal Equipment	(unit)	41.00
大气污染防治设备	(台(套))	Air Pollution Control Equipment	(unit)	16115.00
铁路客车	(辆)	Railway Passenger Coaches	(unit)	2791.00
铁路货车	(辆)	Railway Freight Wagons	(unit)	3411.00

14-22 续表 5 continued

名 称		Item		生产量 Output
汽 车	(万辆)	Motor Vehicles	(10 000 units)	183.02
载货汽车	(万辆)	Trucks	(10 000 units)	106.95
公路客车	(万辆)	Buses	(10 000 units)	0.93
轿 车	(万辆)	Cars	(10 000 units)	30.17
改装汽车	(万辆)	Modified Cars	(10 000 units)	20.02
摩托车	(万辆)	Motorcycles	(10 000 units)	140.26
两轮自行车(自行车)	(万辆)	bicycles	(10 000 units)	2.07
电动自行车	(万辆)	Electric Bicycle	(10000 units)	299.01
民用钢质船舶	(万总吨)	Civil Steel Vessels	(10 000 tons)	464.57
发电设备	(万千瓦)	Power Generating Equipment	(10 000 kw)	609.17
汽轮发电机	(万千瓦)	Steam Turbogenerator	(10 000 kw)	577.47
交流电动机	(万千瓦)	AC Motors	(10 000 kw)	2700.61
变压器	(万千伏安)	Transformers	(10 000 KVA pm)	19424.36
高压开关板	(面)	High Voltage Switch Plate	(unit)	60434.80
低压开关板	(万面)	Low Voltage Switch Plate	(unit)	7.53
电力电缆	(万千米)	Power Cable	(10 000 km)	263.31
通信及电子网络用电缆	(万对千米)	Cable for Communications and Electronic Network	(10 000 couples·km)	86.99
光缆(光纤通讯电缆)	(万芯千米)	Fire Optic Cable	(10 000 cores·km)	635.46
绝缘制品	(吨)	Insulation Products	(ton)	180140.44
原电池及原电池组(折R20标准只)	(亿只)	Primary Cells and Batteries	(100 million units)	25.56
灯具及照明装置	(万套(台、个))	Lamps and Lighting Fixtures	(10 000 units)	463.40
电光源(灯泡)	(万只)	Light Bulbs	(10 000 units)	30095.69
家用洗衣机	(万台)	Household Washing Machines	(10 000 units)	624.24
家用电冰箱	(万台)	Household Refrigerators	(10000 units)	801.63
冷柜(含冷冻箱、冷藏箱、展示柜)	(万台)	Freezers	(10000 units)	522.65
家用电风扇	(万台)	Electric Fans	(10000 units)	7.88
房间空气调节器	(万台)	Air Conditioners	(10000 units)	414.18
吸排油烟机	(万台)	Vacuum Cleaners	(10000 units)	81.31
电热水器	(万台)	Electric Water Heater	(10000 units)	221.73
微波炉	(万台)	Microwave Ovens	(10000 units)	19.86
电饭锅	(万个)	Electric Cookers	(10000 units)	31.61
电焊机	(台)	Welders	(unit)	3.82
程控交换机	(万线)	Program-controlled Switchboards	(10000 lines)	187.92
数字程控交换机	(万线)	Digital Program-controlled Switchboards	(10000 lines)	187.92
电话单机	(万台)	Telephone Sets	(10000 units)	173.57
移动通信手持机(手机)	(万台)	Mobile Telephones	(10000 units)	5374.60
电子计算机	(台)	Computers	(unit)	727.79
笔记本计算机	(万台)	Notebook computer	(10000 units)	613.85
显示器	(万台)	Display	(10000 units)	100.54
打印机	(万台)	Printers	(10000 units)	867.67
半导体分立器件	(亿只)	Discrete Semiconductor Devices	(100 million units)	122.98
彩色电视机	(万台)	Color Television Sets	(10000 units)	1137.69
组合音响	(万台)	Hi-Fi Stereo Component Players	(10000 units)	0.90

主要统计指标解释

工　业　指从事自然资源的开采，对采掘品和农产品进行加工和再加工的物质生产部门。具体包括：(1)对自然资源的开采，如采矿、晒盐等(但不包括禽兽捕猎和水产捕捞)；(2)对农副产品的加工、再加工，如粮油加工、食品加工、缫丝、纺织、制革等；(3)对采掘品的加工、再加工，如炼铁、炼钢、化工生产、石油加工、机器制造、木材加工等，以及电力、自来水、煤气的生产和供应等；(4)对工业品的修理、翻新，如机器设备的修理、交通运输工具(如汽车)的修理等。

工业统计调查单位为独立核算法人工业企业。

独立核算法人工业企业指从事工业生产经营活动的单位。独立核算法人工业企业应同时具备以下条件：①依法成立，有自己的名称、组织机构和场所，能够承担民事责任；②独立拥有和使用资产，承担负债，有权与其他单位签订合同；③独立核算盈亏，并能够编制资产负债表。

本年鉴中涉及的企业登记注册类型：

国有及国有控股企业　指国有企业加上国有控股企业。国有企业(即原全民所有制工业或国营工业)指企业全部资产归国家所有，并按《中华人民共和国企业法人登记管理条例》规定登记注册的非公司制的经济组织。包括国有企业、国有独资公司和国有联营企业。1957 年以前的公私合营和私营工业，后均改造为国营工业，1992 年改为国有工业，这部分工业的资料不单独分列时，均包括在国有企业内。国有控股企业是对混合所有制经济的企业进行的“国有控股”分类。它是指这些企业的全部资产中国有资产(股份)相对其他所有者中的任何一个所有者占资(股)最多的企业。该分组反映了国有经济控股情况。

集体企业　指企业资产归集体所有，并按《中华人民共和国企业法人登记管理条例》规定登记注册的经济组织。是社会主义公有制经济的组成部分。包括城乡所有使用集体投资举办的企业，以及部分个人通过集资自愿放弃所有权并依法经工商行政管理机关认定为集体所有制的企业。

股份合作企业　指以合作制为基础，由企业职工共同出资入股，吸收一定比例的社会资产投资组建，实行自主经营，自负盈亏，共同劳动，民主管理，按劳分配与按股分红相结合的一种集体经济组织。

联营企业　指两个及两个以上相同或不同所有制性质的企业法人或事业单位法人，按自愿、平等、互利的原则，共同投资组成的经济组织。联营企业包括：

国有联营企业指国有企业与国有企业间的联营；

集体联营企业指集体企业与集体企业间的联营；

国有与集体联营企业指国有企业与集体企业间的联营。

有限责任公司　指根据《中华人民共和国公司登记管理条例》规定登记注册，由两个以上，五十个以下的股东共同出资，每个股东以其所认缴的出资额对公司承担有限责任，公司以其全部资产对其债务承担责任的经济组织。

有限责任公司包括国有独资公司以及其他有限责任公司。

股份有限公司　指根据《中华人民共和国企业法人登记管理条例》规定登记注册，其全部注册资本由等额股份构成并通过发行股票筹集资本，股东以其认购的股份对公司承担有限责任，公司以其全部资产对其债务承担责任的经济组织。

私营企业　指由自然人投资设立或由自然人控股，以雇佣劳动为基础的营利性经济组织。包括按照《公司法》、《合伙企业法》、《私营企业暂行条例》规定登记注册的私营有限责任公司、私营股份有限公司、私营合伙企业和私营独资企业。

港、澳、台商投资企业　指企业注册登记类型中的港、澳、台资合资、合作、独资经营企业和股份有限公司之和。

外商投资企业　指企业注册登记类型中的中外合资、合作经营企业、外资企业和外商投资股份有限公司之和。

“三资”企业系指港、澳、台商投资企业和外资企业的简称。

轻工业　指主要提供生活消费品和制作手工工具的工业。按其所使用的原料不同，可分为两大类：(1)以农产品为原料的轻工业，是指直接或间接以农产品为基本原料的轻工业。主要包括食品制造、饮料制造、烟草加工、纺织、缝纫、皮革和毛皮制作、造纸以及印刷等工业；(2)以非农产品为原料的轻工业，是指以工业品为原料的轻工业。主要包括文教体育用品、化学药品制造、合成纤维制造、日用化学制品、日用玻璃制品、日用金属制品、手工工具制造、医疗器械制造、文化和办公用机械制造等工业。

重工业　指为国民经济各部门提供物质技术基础的主要生产资料的工业。按其生产性质和产品用途，可以分为下列三类：(1)采掘(伐)工业，是指对自然资源的开采，包括石油开采、煤炭开采、金属矿开采、非金属矿开采等工业；(2)原材料工业，指向国民经济各部门提供基本材料、动力和燃料的工业。包括金属冶炼及加工、炼焦及焦炭、化学、化工原料、水泥、人造板以及电力、石油和煤炭加工等工业；(3)加工工业，是指对工业原材料进行再加工制造的工业。包括装备国民经济各部门的机械设备制造工业、金属结构、水泥制品等工业，以及为农业提供的生产资料如化肥、农药等工业。

根据上述划分原则，修理业中以重工业产品为修理作业对象的划为重工业，反之划为轻工业。

工业总产值

⑴定义：

工业总产值是以货币形式表现的，工业企业在一定时期内生产的工业最终产品或提供工业性劳务活动的总价值量。它反映一定时间内工业生产的总规模和总水平。

⑵计算原则：

工业生产的原则，即凡是企业在报告期生产的经检验合格的产品，不管是否在报告期销售，均包括在内。

最终产品的原则，即凡是计入工业总产值的产品，必须是本企业生产的经检验合格的，不需要再进行任何加工的最终产品。如果企业有中间产品(半成品)对外销售，则对外销售的中间产品应视为企业的最终产品。

工厂法原则，即工业总产值是以工业企业作为基本计算(核算)单位，即按企业的最终产品计算工业总产值。按这种方法计算的工业总产值，不允许同一产品价值在企业内部重复计算，不能把企业内部各个车间(分厂)生产的成果相加，但允许企业间的重复计算。

⑶内容及计算方法：

1995 年全国工业普查对工业总产值(原规定)的内容及计算原则和方法做了某些修订，修订后的工业总产值(新规定)包括三项内容：即本期生产成品价值、对外加工费收入、在制品半成品期末期初差额价值三部分。

本期生产成品价值：指企业本期生产，并在报告期内不再进行加工，经检验、包装入库的全部工业成品(半成品)价值合计，包括企业生产的自制设备及提供给本企业在建工程、其他非工业部门和福利部门等单位使用的成品价值。本期生产成品价值为按自备原材料生产的产品的数量乘以本期不含增值税(销项税额)的产品实际销售平均单价计算；会计核算中按成本价格转帐的自制设备和自产自用的成品，按成本价格计算生产成品价值。生产成品价值中不包括用定货者来料加工的成品(半成品)价值。

对外加工费收入：指企业在报告期内完成的对外承接的工业品加工(包括用定货者来料加工产品)的加工费收入和对外工业修理作业所取得的加工费收入。对外加工费收入按不含增值税(销项税额)的价格计算，可根据会计“产品销售收入”科目的有关资料取得。

对于本企业对内非工业部门提供的加工修理、设备安装的劳务收入，如果企业会计核算基础较好，能取得这部分资料，而且这部分价值所占比重较大，应包括在对外加工费收入中。自制半成品在制品期末期初差额价值：指企业报告期在制品期末减期初的差额价值，本指标一般可以从会计核算资料中取得。如果会计产品成本核算中不计算半成品、在制品的成本，则总产值中也不包括这部分价值，反之则包括。

⑷工业总产值统计范围变化和计算方法修订情况：

1984 年以前工业总产值不包括村办工业，村办工业总产值划归农业。1984 年以后工业总产值包括村办工业。

1995 年工业普查对工业总产值计算方法做了修订，即从 1995 年始按新修订(新规定)方法计算工业总产值。新规定与原规定的区别如下：

全价与加工费的计算原则不同：新规定为凡自备原材料，不论其生产繁简程度如何，一律按全价计算工业总产值；凡来料加工，允许按加工费计算工业总产值。原规定则视生产加工的繁简程度不同，规定哪些行业按全价，哪些行业按加工费计算工业总产值。

自制半成品、在产品期末期初差额价值的计算原则不同：新规定要求，凡会计产品成本核算时计算了成本的差额价值，总产值中就应包括，否则可不包括；原规定则按生产周期六个月的界限区分，凡生产周期六个月以上的企业，总产值计算中应包括这部分差额价值，否则可不包括。

计算价格不同：新规定按不含增值税(销项税额)的价格计算；原规定则按含增值税(销项税额)的价格计算。

工业增加值　指工业企业在报告期内以货币表现的工业生产活动的最终成果。

工业增加值有两种计算方法：一是生产法，即工业总产出减去工业中间投入加上应交增值税；二是收入法，即从收入的角度出发，根据生产要素在生产过程中应得到的收入份额计算，具体构成项目有固定资产折旧、劳动者报酬、生产税净额、营业盈余，这种方法也称要素分配法。本年鉴中的工业增加值是以生产法计算的。

生产法工业增加值的计算方法为：

工业增加值=工业总产出−工业中间投入+应交增值税

⑴工业总产出：指工业企业在一定时期内工业生产活动的总成果。工业总产出包括：成品生产价值，对外加工费收入，自制半成品、在产品期末期初差额价值。1995 年后用新规定计算的工业总产值代替。

⑵工业中间投入：指工业企业在工业生产活动中消耗的外购物质产品和对外支付的服务费用。服务费用包括支付给物质生产部门(工业、农业、批发零售贸易业、建筑业、运输邮电业)的服务费用和支付给非物质生产部门(如保险、金融、文化教育、科学研究、医疗卫生、行政管理等)的服务费用。工业中间投入的确定须遵循以下原则：必须从外部购入的，并已计入工业总产出的产品和服务价值；必须是本期投入生产，并一次性消耗掉(包括本期摊销的低值易耗品等)的产品和服务价值。

工业中间投入包括直接材料费用、制造费用中的工业中间投入、管理费用中的工业中间投入、销售费用中的工业中间投入和利息支出五部分。

资产总计　指企业拥有或控制的能以货币计量的经济资源，包括各种财产、债权和其他权利。资产按流动性分为流动资产、长期投资、固定资产、无形资产、递延资产和其他资产。该指标根据企业会计“资产负债表”中“资产总计”项目的期末数增列。

流动资产　指企业可以在一年内或者超过一年的一个生产周期内变现或者耗用的资产，包括现金及各种存款、短期投资，应收及预付款项、存货等。

流动资产平均余额　指企业在报告期内全部流动资产

的平均余额。

固定资产原价 指企业在建造、购置、安装、改建、扩建、技术改造某项固定资产时所支出的全部货币总额。它一般包括买价、包装费、运杂费和安装费等。

固定资产净值年平均余额 指固定资产净值在报告期内余额的平均数。计算公式为：

$$\text{固定资产净值年平均余额}=\frac{\text{1至12月各月月初、月末固定资产净值之和}}{24}$$

该指标根据"资产负债表"中"固定资产原价"、"累计折旧"指标的期初、期末数计算填列。

固定资产净值指固定资产原价减去历年已提折旧额后的净额。计算公式为：

固定资产净值=固定资产原价−累计折旧

负债合计 指企业所承担的能以货币计量，将以资产或劳务偿付的债务，偿还形式包括货币、资产或提供劳务。负债一般按偿还期长短分为流动负债和长期负债。根据会计"资产负债表"中"负债合计"的年末数填列。

所有者权益 指企业投资人对企业净资产的所有权。企业净资产等于企业全部资产减去全部负债后的余额，包括企业投资人对企业的最初投入的实际到位的资产及资本公积金、盈余公积金和未分配利润。所有者权益合计数小于零，表示企业资不抵债。

主营业务收入 指会计"利润表"中对应指标的本年累计数。未执行2001年《企业会计制度》的企业，用"产品销售收入"的本期累计数代替。主营业务成本 指会计"利润表"中对应指标的本年累计数。未执行2001年《企业会计制度》的企业，用"产品销售成本"的本期累计数代替。主营业务税金及附加 指会计"利润表"中对应指标的本年累计数。未执行2001年《企业会计制度》的企业，用"产品销售税金及附加"的本期累计数代替。

利润总额 指企业生产经营活动的最终成果，是企业在一定时期内实现的盈亏相抵后的利润总额(亏损以"−"号表示)，它等于营业利润加上补贴收入加上投资收益加上营业外净收入再加上以前年度损益调整。

本年应交增值税 指企业在报告期内应交纳的增值税额。它等于本年销项税额加上出口退税加上进项税额转出数减去本年进项税额。小规模纳税企业直接按全年计税销售额乘以征收率计算取得。

从业人员平均人数 是指报告期内每天拥有的从业人员人数。其计算公式为：

$$\text{季平均人数}=\frac{\text{季内各月平均人数之和}}{3}$$

$$\text{月平均人数}=\frac{\text{报告月内每天实有人数之和}}{\text{报告月日历日数}}$$

$$\text{年平均人数}=\frac{\text{年内各月平均人数之和}}{12}$$

总资产贡献率 反映企业全部资产的获利能力，是企业经营业绩和管理水平的集中体现，是评价和考核企业盈利能力的核心指标。计算公式为：

$$\text{总资产贡献率(\%)}=\frac{\text{利润总额}+\text{税金总额}+\text{利息支出}}{\text{平均资金总额}}\times100\%$$

公式中：税金总额为产品销售税金及附加与应交增值税之和；平均资产总额为期初期末资产之和的算术平均值。

资产负债率 该指标既反映企业经营风险的大小，也反映企业利用债权人提供的资金从事经营活动的能力。计算公式为：

$$\text{资产负债率(\%)}=\frac{\text{负债总额}}{\text{资产总额}}\times100\%$$

资产与负债均为报告期期末数。

流动资产周转次数 指一定时期内流动资产完成的周转次数，反映投入工业企业流动资金的周转速度。计算公式为：

$$\text{流动资产周转次数}=\frac{\text{产品销售收入}}{\text{全部流动资产平均余额}}$$

公式中：全部流动资产平均余额为期初和期末的流动资产之和的算术平均值。

成本费用利润率 反映企业投入的生产成本及费用的经济效益，同时也反映企业降低成本所取得的经济效益。计算公式为：

$$\text{成本费用利润率(\%)}=\frac{\text{利润总额}}{\text{成本费用总额}}\times100\%$$

公式中：成本费用总额为产品销售成本、销售费用、管理费用、财务费用之和。

全员劳动生产率 该指标反映企业的生产效率和劳动投入的经济效益。计算公式为：

$$\text{全员劳动生产率}(\text{元}/\text{人})=\frac{\text{工业增加值}}{\text{全部从业人员平均人数}}$$

产品销售率 该指标反映工业产品已实现销售的程度，是分析工业产销衔接情况，研究工业产品满足社会需求的指标。计算公式为：

$$\text{产品销售率(\%)}=\frac{\text{工业销售产值}}{\text{工业总产值(现价)}}\times100\%$$

Explanatory Notes on Main Statistical Indicators

Industry refers to the material production sector which is engaged in extraction of natural resources and processing and reprocessing of minerals and agricultural products, including (1) extraction of natural resources, such as mining, salt production (but not including hunting and fishing); (2) processing and reprocessing of farm and sideline produces, such as rice husking, flour milling, wine making, oil pressing, silk reeling, spinning and weaving, and leather making; (3) manufacture of industrial products, such as steel making, iron smelting, chemicals manufacturing, petroleum processing, machine building, timber processing; water and gas production and electricity generation and supply; (4)repairing of industrial products such as the repairing of machinery and means of transport (including cars).

Units of industrial statistics survey corporate industrial enterprises with independent accounting system.

Corporate industrial enterprises with independent accounting system refer to enterprises engaging in industrial production activities, which meet the following requirements: (1)They are established legally, having their own names, organizations, location, able to take civil liability; (2)They possess and use their assets independently, assume liabilities, and are entitled to sign contracts with other units; (3)They are financially independent and compile their own balance sheets.

Enterprises covered in the industrial statistics in the Yearbook include following categories by their registration:

State-owned and State-holding Enterprisesrefer to state owned enterprises plus state holding enterprises. State owned enterprises (originally known as state run enterprises with ownership by the whole society) are non corporate economic entities registered in accordance with the Regulation of the People's Republic of China on the Management of Registration of Legal Enterprises, where all assets are owned by the state. Included in this category are state owned enterprises, state funded corporations and state owned joint operation enterprises. Joint state private industries and private industries, which existed before 1957, were transformed into state run industries since 1957, and into state owned industries after 1992. Statistics on those enterprises are included in the state owned industries instead of grouping them separately. State holding enterprises is a sub classification of enterprises with mixed ownership, referring to enterprises where the percentage of state assets (or shares by the state) is larger than any other single share holder of the same enterprise. This sub classification illustrates the control of the state over a particular industry.

Collective-owned Enterprisesrefer to economic entities registered in accordance with the Regulation of the People's Republic of China on the Management of Registration of Legal Enterprises, where assets are owned by collectively. Collective enterprises constitute an integral part of the socialist economy with public ownership. They include urban and rural enterprises invested by collectives, and some enterprises registered in industrial and commercial administration agency as collective units where funds are pulled together by individuals who voluntarily give up their right of ownership.

Share-holding Cooperative Enterprises refer to economic units set up on cooperative basis, with funding partly from members of the enterprise and partly from outside investment, where the operation and management is decided by the members who also participate in the production, and the distribution of income is based both on work (labour input) and on shares (capital input).

Joint Operation enterprises refer to economic units that are established by joint investment by two or more corporate enterprises or institutions of the same or different types of ownership on voluntary, equal and mutual beneficial basis. They include:

a)state owned joint operation enterprises (joint operation between state owned enterprises);

b)collective joint operation enterprises (joint operation between collective enterprises; and

c)state collective joint operation enterprises (joint operation between state and collective enterprises).

Limited Liability Corporations refer to economic units registered in accordance with the Regulation of the People's Republic of China on the Management of Registration of Corporations, with capitals from 2 to 49 investors, each investor bears limited liability to the corporation depending on his/her holding of shares, and the corporation bears liability to its debt to the maximum of its total assets.

Share-holding Corporations Ltd. refer to economic units registered in accordance with the Regulation of the People's Republic of China on the Management of Registration of Corporate Enterprises, with total registered capitals divided into equal shares and raised through issuing stocks. Each investor bears limited liability to the corporation depending on the holding of shares, and the corporation bears liability to its debt to the maximum of its total assets.

Private Enterprises refer to economic units invested or controlled (by holding the majority of the shares) by natural persons who hire labours for profit making activities. Included in this category are private limited liability corporations, private share holding corporations Ltd., private partnership enterprises and private sole investment enterprises registered in accordance with the Corporation Law, Partnership Enterprise Law and Tentative Regulation on Private Enterprises.

Enterprises with Funds from Hong Kong, Macao and Taiwan refers to all industrial enterprises registered as the joint venture, cooperative, sole (exclusive) investment industrial enterprises and limited liability corporations with funds from Hong Kong, Macao and Taiwan.

Foreign Funded Enterprises refers to all industrial enterprises registered as the joint venture, cooperative, sole (exclusive) investment industrial enterprises and limited liability corporations with foreign funds.

Enterprises with Hong Kong, Macao, Taiwan and foreign fund refer to all the enterprises with funds from Hong Kong Macao and Taiwan and foreign funded enterprises.

Light Industry refers to the industry that produces consumer goods and hand tools. It consists of two categories, depending on the materials used:

(1) Industries using farm products as raw materials. These are branches of light industry which directly or indirectly use farm products as basic raw materials, including the manufacture of food and beverages, tobacco processing, textile, clothing, fur and leather manufacturing, paper making, printing, etc.

(2) Industries using non farm products as raw materials. These are branches of light industry which use manufactured goods as raw materials, including the manufacture of cultural, educational articles and sports goods, chemicals, synthetic fiber, chemical products for daily use, glass products for daily use, metal products for daily use, hand tools, medical apparatus and instruments, and the manufacture of cultural and clerical machinery.

Heavy Industry refers to the industry which produces capital goods, and provides various sectors of the national economy with necessary material and technical basis. It consists of the following three branches according to the purpose of production or the use of products:

(1) Mining, quarrying and logging industry refers to the industry that extracts natural resources, including extraction of petroleum, coal, metal and non metal ores.

(2) Raw materials industry refers to the industry that provides various sectors of the national economy with raw materials, fuels and power. It includes smelting and processing of metals, coking and coke chemistry, chemical materials and building materials such as cement, plywood, and power, petroleum refining and coal dressing.

(3) Manufacturing industry refers to the industry that processes raw materials. It includes machine building industry which equips sectors of the national economy, industries of metal structure and cement products, industries producing means of agricultural production, such as chemical fertilizers and pesticides.

According to the above principle of classification, the repairing trades, which are engaged primarily in repairing products of heavy industry are classified into heavy industry while these engaged in repairing products of light industry are classified into light industry.

Gross Industrial Output Value

(1) Definition: Gross industrial output value is the total volume of final industrial products produced and industrial services provided during a given period. It reflects the total achievements and overall scale of industrial production during a given period.

(2) Principles for calculation:

Statistics on industrial production follow the principle that all products produced by the enterprises and accepted during the reference period are to be included no matter whether they are sold or not during the reference period.

Determination of final products follow the principle that all products that are included in the calculation of grow industrial output value are the final products of the enterprise which have been accepted through quality check and require no further processing. If an enterprise has intermediate (semi finished) products to sell, these intermediate products are considered as the final products of the enterprise.

Gross industrial output value is calculated following the principle of factory approach, i.e. industrial enterprise is used as the basic accounting unit in calculating the gross industrial output value. By this approach, value of the same product is not to be double counted, and the output value of different workshops (branch factories) should not be added. However, this approach does not exclude the possibility of double counting between enterprises.

(3) Content and calculation method: The old definition of gross industrial output value was modified during the national industrial census in 1995. The revised (new) definition of gross industrial output value consists of 3 components: value of the finished products during the reference period, income from external processing, and value of change in semi finished products at the end and at the beginning of the reference period.

Value of the finished products during the reference period: refers to the value of all finished (semi finished) industrial products that are produced during the reference period without the need for further processing, checked for acceptance, packed and put into the warehouse of the enterprise, including the value of own produced equipment and the value of products provided to the projects under construction of the enterprise, and to other non industrial or welfare units. Value of finished products during the reference period is calculated by the quantity of products produced using own materials multiplied by the average unit prices at which products are sold (excluding value added tax). Own produced equipment and products produced for own use are value at cost prices as in the case of enterprise accounting. Value of finished products does not include the value of finished products (semi finished products) that are produced using the materials from the clients who make the orders.

Income from external processing: refers to income from contracted external processing of industrial products (including processing of industrial products using materials from the clients), and the income from industrial repairing work provided to other units. Income from external processing is calculated using information from the item “products sales income” in the enterprise accounting at the prices excluding value added tax.

For income from services such as processing, repairing and installation of equipment provided to non industrial units within the enterprise, if the accounting work of the enterprise is good enough to separate it from other records, and the share of such services is significant, it should also be included in the income from external processing.

Value of change in semi finished products at the end and at the beginning of the reference period: refers to the value of change in semi finished products at the end and at the beginning of the reference period, which generally can be obtained from accounting records of enterprises. If the enterprise accounting excludes the cost of semi finished products, then it should not be included in the gross industrial output value, and vice versa.

(4) Changes in the coverage and method of calculation of gross industrial output value

Prior to 1984, the value of rural industry run by villages was classified into agriculture instead of industry. Since 1984, it has been included in the gross industrial output value. Method of calculation for the gross industrial output value was modified in the industrial census in 1995. The difference in the new method as compared with the old one is outlined below:

Principle in using full value vs. processing fee: The new method stipulates that all products produced using own materials are to be calculated with full value in reporting the gross industrial output value irrespective of sophistication of production, and for external processing, it allows calculation using processing fee. In the old method, however, the use of full value or processing fee was determined by the degree of sophistication of production in different branches of industries.

Principle in determining the value of change in semi finished products: The new method requires that value of the change in semi finished products should be included in the gross industrial output value if it is included in the accounting record of the enterprise, otherwise it should not be included. By the old method, it is determined by the type of enterprises in terms of production cycle. If the production cycle is over 6 months, the value of change in semi finished products is included in the gross industrial output value, otherwise it is excluded.

Difference in prices: The new method uses prices excluding value added tax in the calculation of gross industrial output value, while the old method used prices including value added tax.

Value-added of Industry refers to the final results of industrial production of industrial enterprises in money terms during the reference period.

Industrial value added can be calculated by two approaches: the production approach, i.e. gross industrial output value minus intermediate input plus value added tax, and the income approach, i.e. income for various factors used in the course of production, including depreciation of fixed assets, remuneration of labourers, net of production tax, and operating surplus. Value added of industry in the Yearbook is calculated by production approach as following:

Value added of industry=gross industrial outputindustrial intermediate input+value added tax

(1)Gross industrial output: refers to the total achievements of industrial production during a given period. Gross industrial output includes value of finished products, income from external processing, and value of change in semi finished products at the end and at the beginning of the reference period. Since 1995, it was substituted by the gross industrial output value by new method.

(2) Industrial intermediate input: refers to purchased goods and paid services consumed during the industrial production of enterprises. Fees paid for services include fees paid for the services provided by material production sectors (industry, agriculture, wholesale and retail trade, construction, transport, post and telecommunications) and by non material production sectors (insurance, banking, culture, education, scientific research, health and medical care, public administration, etc.). The determination of industrial intermediate input follows the principle that the goods and services must be purchased from outside and included in the gross industrial output, and that the goods and services are inputted into production and consumed (include low value consumables) during the reference period.

Industrial intermediate input includes 5 components, namely direct consumption of materials, industrial intermediate input in manufacturing cost, industrial intermediate input in management cost, industrial intermediate input in marketing cost and expenditure on interest.

Total Assets refer to all economic resources, in monetary terms, that is owned or controlled by enterprises, including properties, creditors equity and other economic rights of all forms. Classified by the degree of equitability, total assets include circulating assets, long term investment, fixed assets, intangible assets and deferred assets, and other assets. Data on this indicator can be obtained by the year end figures of total assets in the Assets and Liability Table of accounting records of enterprises.

Working Capitals refer to capitals that an enterprise can cash or use during one year or one production cycle that may exceeds one year, including cash and savings deposits of various forms, short term investment,money receivable and prepaid money, inventories, etc.

Annual Average Value of Working Capitals refers to the average value of all working capitals of the enterprise during the reference period.

Original Value of Fixed Assets refers to the total value, in monetary terms, that an enterprise spent on fixed assets, through construction, purchase, installation, transformation, expansion or technical upgrading. Generally, it covers cost ofpurchase, packing, transportation and installation, etc.

Annual Average of Net Value of Fixed Assets refer to average of the net value of fixed assets during the reference period, calculated with the following formula:

$$\text{Annual Average of Net Value of Fixed Assets} = \frac{\text{sum of net value of fixed assets at the beginning and at the end of each month from January to December}}{24}$$

Information on this indicator can be obtained from the beginning and ending figures of the original value of fixed assets and cumulative depreciation from the Assets and Liability Table of enterprises.

Net value of fixed assets refers to the original value of fixed assets minus depreciation over the years, i.e.:

Net value of fixed assets=original value of fixed assets cumulative depreciation

Total Liabilities refer to payable liabilities of enterprises that have to repay in terms of money, assets or labour services. In terms of payment, it can be divided into liquid liabilities and long term liabilities. Data on this item is obtained from the ending figures on total liabilities from the Assets and Liability Table from the enterprises.

Owner's Equity refers to the ownership of net assets of enterprise by its investors. The net assets equal the total assets minus total liabilities of the enterprise, including the actual assets invested into the enterprise by investors, accumulation of capitals and operating surplus and non distributed profits. The enterprise's assets is less than its liabilities if the sum of owner's equity is smaller than zero.

Revenue from Principal Business refers to the annual accumulation of corresponding item in the "profit table"of the accountant. For enterprises that do not follow the 2001 Enterprise Accounting Standards, the year end accumulation of revenue from the sales of products is used as a substitute.

Cost of Principal Business refers to the annual accumulation of corresponding item in the "profit table" of the accountant. For enterprises that do not follow the 2001 Enterprise Accounting Standards, the year end accumulation of cost for the sales of products is used as a substitute.

Tax and Extra Charges from Principal Business refer to the annual accumulation of corresponding item in the"profit table" of the accountant. For enterprises that do not follow the 2001 Enterprise Accounting Standards, the year end accumulation of tax and extra charges from the sales of products is used as a substitute.

Total Profits refer to the final achievements of production and operation of the enterprises, represented by the total profits after deducting losses (loss is expressed by the negative figure). It is the sum of profits from operation, income from subsidies, investment earnings, net income from activities other than operation, and adjustment of profits and losses of previous years.

Value added Tax Payable refers to the amount of the value added tax which should be paid by the enterprises during the reference period. It is the sum of tax on sales, export rebate, and transferred tax on purchases of the current year, minus the tax on purchases of the current year. Value added tax payable of small size enterprises is determined by the taxable sales of the year multiplied by the tax rate.

Average Annual Number of Employed Persons Employed persons refer to all those who are employed in enterprises and receive remunerations therefrom, including currently working employees, retirees who are re employed, teachers of local run schools, as well as foreigners, staff from Hong Kong, Macao and Taiwan, part time employees and persons with second job who are employed by the enterprise, and employees of other units temporarily working in the enterprises, but excluding former employees who left the enterprise with their employment records still kept by the enterprises.

Average number of employed persons refers to the number of employees everyday during the reference period, calculated with the following formula:

$$\text{Monthly average number} = \frac{\text{sum of actual employees everyday in reference month}}{\text{number of calendar dates in reference month}}$$

$$\text{Quarterly average number} = \frac{\text{sum of monthly average number in reference quarter}}{3}$$

$$\text{Annual average number} = \frac{\text{sum of monthly average number in reference year}}{12}$$

Ratio of Profits, Taxes and Interests to Average Assetsreflects the profit making capability of all assets of the enterprise and is a key indicator manifesting the performance and management and evaluating the profit making potential of the enterprise. It is calculated as follows:

$$\text{Ratio of Profits, Taxes and Interests to Average Assets (\%)} = \frac{\text{total profits + total taxes + interest payment}}{\text{average assets}} \times 100\%$$

In the above formula, total taxes is the sum of tax and extra charges on the sales of products and value added tax payable; and average assets is the arithmetic mean of the sum of beginning assets and ending assets.

Ratio of Debts to Assetsreflect both the operation risk and the capability of the enterprise in making use of the capital from the creditors. It is calculated as follows:

$$\text{Ratio of Debts to Assets (\%)} = \frac{\text{total debts}}{\text{total assets}} \times 100\%$$

Both assets and debts are figures at the end of the reference period.

Turnover of Working Capitals refers to the number of times of turnover of working capital in a given period of time, which reflects the speed of the turnover of working capital of industrial enterprises, and is calculated as follows:

$$\text{Turnover of Working Capital} = \frac{\text{sales revenue of products}}{\text{average balance of total working capital}}$$

In the above formula, average balance of total working capital refers to the arithmetic mean of the sum of working capital at the beginning and at the end of the reference period.

Ratio of Profits to Total Industrial Costs refers to the ratio of profits realized in a given period to the total costs in the same period, which reflects the economic efficiency of input cost and is calculated as follows:

$$\text{Ratio of Profits to Total Industrial Cost (\%)} = \frac{\text{total profits}}{\text{total costs}} \times 100\%$$

Total costs in the above formula is the sum of cost of products sold, marketing cost, management cost and financial cost.

Overall Labour Productivity is an indicator reflecting the production efficiency of an enterprise and the economic efficiency of its labour input, calculated by the formula:

$$\text{Overall Labour Productivity (yuan/person)} = \frac{\text{industrial value-added}}{\text{average of all persons engaged}}$$

Sales Ratio of Products is an indicator reflecting the actual sale of industrial products, analyzing the production selling and supply demand relations. It is calculated as:

$$\text{Sales Ratio of Products (\%)} = \frac{\text{value of industrial sales}}{\text{gross industrial output value (current prices)}} \times 100\%$$

第15篇

建筑业

Construction

简 要 说 明

一、本篇资料的主要内容

本篇资料反映了全省建筑业基本情况，主要包括建筑业总产值、从业人员、建筑企业生产指标、财务指标等方面的内容。

二、本篇资料的来源

本篇资料来源于建筑业统计年报，由省统计局投资处整理提供。

Brief Introduction

I. Content

Data in this chapter show the basic conditions of the construction industry in Shandong Province, mainly including the gross output value of construction, number of employed persons, major production indices and financial indicators.

II. Source of Data

Data in this chapter are based on the annual report of construction industry, and are prepared and provided by the Division of Investment and Construction Statistics of Shandong Provincial Bureau of Statistics

15-1 主要年份建筑业总产值

Gross Output Value of Construction Enterprises

单位:亿元 (100 million yuan)

年 份 Year	总 计 Total	#国有经济 State-owned Construction Enterprises	中 央 Central	地 方 Local	#集体经济 Collective Owned Construction Enterprises	#城 镇 Township
1957	1.32	1.32	0.67	0.65		
1962	1.20	0.99	0.44	0.55	0.21	0.21
1965	2.51	1.66	0.53	1.13	0.85	0.85
1970	3.02	1.76	0.76	1.00	1.26	1.26
1975	7.24	4.66	2.27	2.39	2.58	2.58
1978	11.34	7.62	2.54	5.08	3.72	3.72
1979	11.96	8.14	2.62	5.52	3.82	3.82
1980	14.26	9.76	4.01	5.75	4.50	4.50
1981	13.42	9.41	4.98	4.43	4.01	4.01
1982	14.50	9.46	4.41	5.05	5.04	5.04
1983	15.89	10.45	4.56	5.89	5.44	5.44
1984	23.07	16.25	8.62	7.63	6.82	6.82
1985	31.21	22.05	12.21	9.84	9.16	9.16
1986	34.71	24.44	14.87	9.57	10.27	10.27
1987	40.91	28.67	17.51	11.16	12.24	12.24
1988	49.38	33.34	20.04	13.30	16.04	16.04
1989	55.24	37.94	22.36	15.71	17.30	17.30
1990	58.89	40.60	24.27	16.33	18.29	18.29
1991	71.40	47.77	27.40	20.38	32.63	32.63
1992	98.66	61.86	32.81	29.05	36.81	36.81
1993	141.14	93.32	46.57	46.75	46.71	46.71
1994	206.42	133.92	78.70	55.22	65.13	65.13
1995	257.95	163.73	92.25	71.48	82.08	82.08
1996	593.90	198.27	101.45	96.82	363.92	100.44
1997	652.59	228.26	112.47	115.79	387.09	120.19
1998	702.64	279.97	104.79	135.25	328.63	102.06
1999	770.80	248.19	113.14	135.05	326.12	113.55
2000	820.52	249.48	120.37	129.11	310.30	110.27
2001	986.49	246.45	94.37	152.08	286.76	189.22
2002	1153.24	254.86	86.30	168.56	274.99	186.23
2003	1485.89	331.17	126.80	204.37	294.14	201.40
2004	1969.01	657.70	302.85	354.85	263.02	
2005	2509.17	782.56	365.49	417.07	320.29	
2006	2791.81	799.34	370.15	429.19	309.72	
2007	3289.05	977.26	459.81	517.45	329.43	
2008	3842.52	963.53	478.23	485.30	338.76	
2009	4579.15	1136.65	599.49	537.16	337.03	
2010	5496.59	1368.34	704.30	664.04	377.57	

注:1.1995年前不含县以下集体施工企业。2.从2004年开始国有经济变为国有控股。

a)Data in this table don't include the data of enterprises of collective owned ones under county level.

b)Since 2004,state-owned enterprises have become State-controlled ones.

15-2 主要年份计算建筑业劳动生产率的平均人数

Average Number of Employed Persons in Construction Enterprises for calculating the Labor Productivity

单位:万人 (10 000 persons)

年份 Year	总计 Total	#国有经济 State-owned Construction Enterprises	中央 Central	地方 Local	#集体经济 Collective Owned Construction Enterprises	#城镇 Township
1957	4.21	4.21	2.14	2.07		
1962	6.48	4.91	2.13	2.78	1.56	1.56
1965	7.35	4.77	1.52	3.25	2.59	2.59
1970	10.31	5.76	2.66	3.10	4.52	4.52
1975	18.81	11.33	5.36	5.97	7.47	7.47
1978	25.20	16.21	5.40	10.81	9.07	9.07
1979	26.00	16.96	6.24	10.72	8.88	8.88
1980	26.91	18.07	8.91	9.16	9.00	9.00
1981	28.55	19.20	11.07	8.20	9.11	9.11
1982	27.36	17.52	9.00	8.71	9.51	9.51
1983	27.88	18.02	6.42	11.55	9.71	9.71
1984	33.93	22.26	9.37	12.93	11.56	11.56
1985	40.53	26.89	13.13	13.67	13.47	13.47
1986	38.57	24.69	15.17	9.67	13.88	13.88
1987	39.34	24.50	14.97	9.62	14.93	14.93
1988	40.48	24.88	14.74	10.08	15.73	15.73
1989	38.90	22.86	13.63	10.83	14.54	14.54
1990	38.15	21.83	11.65	10.18	14.87	14.87
1991	39.72	23.83	12.51	11.32	15.89	15.89
1992	45.10	23.44	11.66	11.78	19.85	19.85
1993	52.78	29.57	11.87	17.70	22.94	22.94
1994	66.22	37.17	20.10	17.07	27.36	27.36
1995	66.84	35.32	14.91	20.40	29.13	29.13
1996	188.02	40.96	14.82	26.14	138.19	38.19
1997	175.78	40.49	14.39	26.10	126.15	40.15
1998	169.11	38.59	11.28	27.30	100.52	31.99
1999	164.95	33.56	10.86	22.70	92.07	26.96
2000	171.94	31.80	10.27	21.53	85.33	25.60
2001	181.07	29.15	8.15	21.00	71.17	50.65
2002	183.56	23.08	4.57	18.50	61.28	39.98
2003	210.11	29.43	8.50	20.93	54.59	34.83
2004	238.91	53.85	16.50	37.35	43.98	
2005	249.81	48.93	16.21	32.72	45.07	
2006	282.30	59.04	27.76	31.28	42.53	
2007	288.40	51.78	17.36	34.42	41.09	
2008	300.24	44.74	18.32	26.42	41.15	
2009	305.99	42.81	17.99	24.82	33.15	
2010	344.88	54.00	25.20	28.80	34.19	

注:1.1995年前不含县以下集体施工企业。2.从2004年开始国有经济变为国有控股。

a)Data in this table don't include the data of enterprises of collective owned ones under county level.

b)Since 2004,state-owned enterprises have become State-controlled ones.

15-3 建筑业企业生产指标(2010年)
Main Production Indicators of Construction Enterprises(2010)

类 别	Category	企业个数(个) Number of Enterprises (unit)	建筑业总产值(万元) Gross Output Value (10 000 yuan)	竣工产值(万元) Value of Projects Completed (10 000 yuan)	签定合同额(万元) Value of Contracts (10 000 yuan)	#上年结转 Carryover of Last Year
总 计	**Total**	**6482**	**54965861**	**32952527**	**83451354**	**26048401**
#国有及国有控股企业	State-owned and State-controlled Enterprises	548	13683432	6871041	24753747	10230487
一、按登记注册类型分	**Grouped by Registration Status**					
内资企业	Domestic Funded	6435	54842526	32872085	83302356	26022398
国有企业	State-owned	418	7925801	4236051	16029885	6807430
集体企业	Collective-owned	619	3775704	2753203	4645829	840277
股份合作企业	Stock-holding Cooperation	48	334770	231991	596716	247468
联营企业	Joint-owned	14	82740	78695	96441	16101
国有联营企业	State-owned	3	28334	26138	30294	4090
集体联营企业	Collective-owned	6	38648	30107	42856	11215
国有与集体联营企业	State-and-collective owned	2	5455	5455	3735	180
其他联营企业	Others	3	10303	16995	19556	615
有限责任公司	Company with Limited Liabilition	2023	25267807	14385288	37260676	11420005
国有独资公司	State-owned	16	1890221	1087676	2404649	868513
其他有限责任公司	Others	2007	23377585	13297612	34856027	10551492
股份有限公司	Stock-holding Company limited	372	5252472	3089629	8559338	2955424
私营企业	Private-owned	2894	12137140	8050650	16032566	3726991
私营独资企业	Solely Owned	162	483334	367446	607453	84887
私营合伙企业	Joint Owned	40	176819	143569	262339	81246
私营有限责任公司	Company with Limited Liabilition	2478	10281773	6715203	13631127	3261394
私营股份有限公司	Stock-holding Company limited	214	1195214	824431	1531647	299465
其他企业	Others	47	66093	46579	80906	8703
港、澳、台商投资企业	Funded from Hong Kong,Macao and Taiwan	22	64591	34834	80677	14603
合资经营企业(港或澳、台资)	Joint Ventures	14	53080	32185	69289	8522
合作经营企业(港或澳、台资)	Cooperative Joint Venture	1	1316		1249	81
港、澳、台商独资经营企业	Solely Owned	7	10196	2650	10139	5999
港、澳、台商投资股份有限公司	Share-holding Company Limited					
外商投资企业	Foreign Funded	25	58744	45608	68322	11401
中外合资经营企业	Chinese-foreign Joint Venture	18	42844	31862	49637	7301
中外合作经营企业	Chinese-foreign Cooperative Joint Venture	1	1318	1318	1326	
外资企业	Solely Owned	6	14582	12428	17359	4100
外商投资股份有限公司	Share-holding Company Limited					

15-3 续表 1 continued

类　别	Category	企业个数(个) Number of Enterprises (unit)	建筑业总产值(万元) Gross Output Value (10 000 yuan)	竣工产值(万元) Value of Projects Completed (10 000 yuan)	签定合同额(万元) Value of Contracts (10 000 yuan)	#上年结转 Carryover of Last Year
二、按国民经济行业分	by Sector					
房屋和土木工程建筑业	Building and Civil Engineering Construction	4065	47440123	27904045	74309263	24133907
房屋工程建筑	Building	3077	33170671	20866499	50063231	14754118
土木工程建筑	Civil Engineering	988	14269452	7037546	24246031	9379789
建筑安装业	Construction Installation	1050	5352920	3597921	6425077	1531011
建筑装饰业	Construction Decoration	970	1333990	848417	1749164	254395
其它建筑业	Others	397	838828	602143	967851	129089
工程准备	Preparation	124	341670	260320	401214	52996
提供工程设备服务	Service	51	110972	77052	131529	8714
其它未列明的建筑活动	Others	222	386186	264771	435108	67379
三、按隶属关系分	by Ownership					
中　央	Central	73	7789771	3119274	17235590	8776660
地　方	Local	6409	47176090	29833252	66215765	17271741
省(自治区、直辖市)	Provincial	115	2675439	1368070	4020035	1178610
地(区、市、州、盟)	Region	543	9536063	5637984	15369134	5360285
县(区、市、旗)及县以下	County	898	8837448	5469828	11808498	2602173
四、按企业资质等级分	by Qualification Criteria					
施工总承包	Construction Contract	3943	49026145	28873203	76236481	24889668
特　级	Special Grade	15	5226521	2028590	10021056	4306701
一　级	First Grade	260	21412524	11579914	37169657	14401544
二　级	Second Grade	1218	12495024	8231024	16972082	4006615
三级及以下	Third Grade and below	2450	9892076	7033675	12073686	2174807
专业承包	Professional Contract	2539	5939716	4079324	7214873	1158733
一　级	First Grade	148	1795623	1203256	2482887	551907
二　级	Second Grade	742	1885748	1245969	2209684	295657
三级及以下	Third Grade and below	1649	2258344	1630099	2522303	311170
五、按营业状态分	by Business Status					
营　业	Open	6182	54730410	32832227	83096638	26005294
停业(歇业)	Close	145	61088	25473	74127	9788
筹　建	Prepared to Start	2				
当年关闭	Closed in Current Year	97	132557	85450	217678	24863
当年破产	Bankruptcy	23	2546		2546	1671
其　它	Others	33	39260	9376	60365	6786
六、按控股情况分	by Share Holding					
#国有控股	State-controlled	548	13683432	6871041	24753747	10230487
#集体控股	Collective-controlled	898	6316459	4555412	8258685	1896534
#私人控股	Private-controlled	4615	29832373	19007403	41271074	10328974
#港澳台商控股	Controlled by Investors from Hong Kong,Macao and Taiwan	22	64591	34834	80677	14603
#外商控股	Foreign-controlled	23	57911	44774	67489	11401

15-3 续表 2 continued

类 别	Category	房屋建筑施工面积(平方米) Floor Space of Buildings under Construction (sq.m)	房屋建筑竣工面积(平方米) Floor Space of Buildings Completed (sq.m)	#住 宅 Residential	年 末从业人员(人) Staff Employed (person)
总 计	**Total**	**448287683**	**191796966**	**124001907**	**3147492**
#国有及国有控股企业	State-owned and State-controlled Enterprises	44705493	13311183	7457218	468199
一、按登记注册类型分	**Grouped by Registration Status**				
内资企业	DomesticFunded	447910519	191611534	123972737	3142114
国有企业	State-owned	22813686	6214232	3756900	285826
集体企业	Collective-owned	42940273	23503010	16282152	313510
股份合作企业	Stock-holding Cooperation	3220820	1539064	961789	22630
联营企业	Joint-owned	590335	333081	176796	4630
国有联营企业	State-owned	43100	5600	5600	990
集体联营企业	Collective-owned	518760	299024	161746	2403
国有与集体联营企业	State-and-collective owned	8600	8600		750
其他联营企业	Others	19875	19857	9450	487
有限责任公司	Company with Limited Liabilition	210753913	85113848	53079867	1306039
国有独资公司	State-owned	4933627	1604283	792242	26367
其他有限责任公司	Others	205820286	83509565	52287625	1279672
股份有限公司	Stock-holding Company limited	54600115	23211307	13989731	343478
私营企业	Private-owned	112516388	51454673	35494688	862967
私营独资企业	Solely Owned	3565716	2176060	1546176	37856
私营合伙企业	Joint Owned	1447508	406733	224595	11072
私营有限责任公司	Company with Limited Liabilition	96076506	44444603	30431157	727933
私营股份有限公司	Stock-holding Company limited	11426658	4427277	3292760	86106
其他企业	Others	474989	242319	230814	3034
港、澳、台商投资企业	Funded from Hong Kong,Macao and Taiwan	167096	29170	29170	2487
合资经营企业(港或澳、台资)	Joint Ventures	167096	29170	29170	1919
合作经营企业(港或澳、台资)	Cooperative Joint Venture				79
港、澳、台商独资经营企业	Solely Owned				489
港、澳、台商投资股份有限公司	Share-holding Company Limited				
外商投资企业	Foreign Funded	210068	156262		2891
中外合资经营企业	Chinese-foreign Joint Venture	111651	57845		2076
中外合作经营企业	Chinese-foreign Cooperative Joint Venture				62
外资企业	Solely Owned	98417	98417		753
外商投资股份有限公司	Share-holding Company Limited				

15-3 续表 3 continued

类 别	Category	房屋建筑施工面积(平方米) Floor Space of Buildings under Construction (sq.m)	房屋建筑竣工面积(平方米) Floor Space of Buildings Completed (sq.m)	#住 宅 Residential	年末从业人员(人) Staff Employed (person)
二、按国民经济行业分	**by Sector**				
房屋和土木工程建筑业	Building and Civil Engineering Construction	432910982	184226781	120407793	2721407
房屋工程建筑	Building	424688328	181271804	118650569	2212514
土木工程建筑	Civil Engineering	8222654	2954977	1757224	508893
建筑安装业	Construction Installation	14966129	7502796	3592186	287925
建筑装饰业	Construction Decoration	67771			93439
其它建筑业	Others	342801	67389	1928	44721
工程准备	Preparation	102041	40800	1000	19273
提供工程设备服务	Service	14547	9661		4622
其它未列明的建筑活动	Others	226213	16928	928	20826
三、按隶属关系分	**by Ownership**				
中 央	Central	20411602	4065162	1794502	243725
地 方	Local	427876081	187731804	122207405	2903767
省(自治区、直辖市)	Provincial	13253774	4055372	1634312	112737
地(区、市、州、盟)	Region	79881321	25389369	16056840	377125
县(区、市、旗)及县以下	County	80897093	35847978	23193071	555612
四、按企业资质等级分	**by Qualification Criteria**				
施工总承包	Construction Contract	434160018	184524229	122503201	2789836
特 级	Special Grade	47397802	15202373	8375830	250929
一 级	First Grade	153402400	53715401	31743964	828056
二 级	Second Grade	125242285	58677064	41940632	889247
三级及以下	Third Grade and below	108117531	56929391	40442775	821604
专业承包	Professional Contract	14127665	7272737	1498706	357656
一 级	First Grade	4897554	3017769	117324	105257
二 级	Second Grade	5292306	2539449	813592	112756
三级及以下	Third Grade and below	3937805	1715519	567790	139643
五、按营业状态分	**by Business Status**				
营 业	Open	446579676	191149886	123424267	3130242
停业(歇业)	Close	688423	136766	122066	5156
筹 建	Prepared to Start				49
当年关闭	Closed in Current Year	865359	497939	449974	9207
当年破产	Bankruptcy	32349			393
其 它	Others	121876	12375	5600	2445
六、按控股情况分	**by Share Holding**				
#国有控股	State controlled	44705493	13311183	7457218	468199
#集体控股	Collective controlled	70767719	36950741	24551827	485354
#私人控股	Private controlled	295611602	127006287	83879331	1926478
#港澳台商控股	Controlled by Investors from Hong Kong,Macao and Taiwan	167096	29170	29170	2487
#外商控股	Foreign controlled	210068	156262		2811

15-4 建筑业主要财务指标(2010年)

Major Financial Indicators of Construction Enterprises(2010)

单位:万元 (10 000 yuan)

类 别	Category	年初存货 Inventory at Beginning of year	流动资产 Liquid Assets	固定资产 Fixed Assets	在建工程 Project under Construction	资产合计 Total Assets	流动负债 Liquid Liabilities
总 计	**Total**	**7772430**	**37781751**	**7360579**	**560856**	**48305916**	**31341248**
#国有及国有控股企业	State-owned and State-controlled Enterprises	2288597	10717064	1529593	85618	12980074	10134210
一、按登记注册类型分	**Grouped by Registration Status**						
内资企业	Domestic Funded	7736384	37640949	7296921	559715	48089618	31225795
国有企业	State owned	1230221	6540464	978682	27407	8013157	6379045
集体企业	Collective-owned	509287	2017320	570432	48886	2732428	1569649
股份合作企业	Stock-holding Cooperation	24047	353165	44309	627	413164	196198
联营企业	Joint-owned	7358	37730	23135	4504	63356	26277
国有联营企业	State-owned	1791	6915	7204	2100	16041	4273
集体联营企业	Collective-owned	1855	16586	6245	483	23313	10451
国有与集体联营企业	State and collective owned	96	5391	7350	1921	12828	6675
其他联营企业	Others	3617	8839	2336		11175	4878
有限责任公司	Company with Limited Liabilition	3796285	18375800	2947454	254843	22964084	15733571
国有独资公司	State owned	382667	1428996	207662	18822	1761089	1328327
其他有限责任公司	Others	3413618	16946804	2739792	236021	21202995	14405244
股份有限公司	Stock holding Company limited	566366	2834984	590881	52836	3734290	2082534
私营企业	Private owned	1598596	7461477	2124230	170422	10130153	5221263
私营独资企业	Solely Owned	35368	238598	114885	10654	360748	159142
私营合伙企业	Joint Owned	18298	132424	42458	73	188876	78839
私营有限责任公司	Company with Limited Liabilition	1352254	6352550	1757627	147280	8564500	4371336
私营股份有限公司	Stock holding Company limited	192676	737906	209260	12415	1016029	611945
其他企业	Others	4224	20010	17799	191	38987	17257
港、澳、台商投资企业	Funded from Hong Kong,Macao and Taiwan	12130	59952	28545	233	95110	45421
合资经营企业(港或澳、台资)	Joint Ventures	10360	54655	26084	35	87313	42808
合作经营企业(港或澳、台资)	Cooperative Joint Venture	319	754	27		780	348
港、澳、台商独资经营企业	Solely Owned	1452	4543	2435	198	7017	2264
港、澳、台商投资股份有限公司	Share holding Company Limited						
外商投资企业	Foreign Funded	23916	80849	35112	908	121187	70033
中外合资经营企业	Chinese foreign Joint Venture	19659	54750	31719	902	91363	52132
中外合作经营企业	Chinese foreign Cooperative Joint Venture	511	13093	1511		14862	12437
外资企业	Solely Owned	3745	13006	1882	6	14963	5464
外商投资股份有限公司	Share holding Company Limited						

15-4 续表 1 continued

单位:万元 (10 000 yuan)

类 别	Category	年初存货 Inventory at Beginning of year	流动资产 Liquid Assets	固定资产 Fixed Assets	在建工程 Project under Construction	资产合计 Total Assets	流动负债 Liquid Liabilities
二、按国民经济行业分	**by Sector**						
房屋和土木工程建筑业	Building and Civil Engineering Construction	6702662	32667900	6064504	471337	41481668	27289974
房屋工程建筑	Building	4623150	20185958	3979659	382567	25861426	16185935
土木工程建筑	Civil Engineering	2079512	12481942	2084844	88771	15620241	11104039
建筑安装业	Construction Installation	773899	3524336	835513	65997	4685975	2941500
建筑装饰业	Construction Decoration	192061	995987	240701	17279	1291958	666451
其它建筑业	Others	103808	593527	219860	6243	846316	443324
工程准备	Preparation	36194	215758	86711	1477	314461	178330
提供工程设备服务	Service	11335	103448	33657	1708	142718	74110
其它未列明的建筑活动	Others	56279	274322	99492	3059	389137	190884
三、按隶属关系分	**by Ownership**						
中 央	Central	1177516	6413394	677934	14374	7384956	6264534
地 方	Local	6594914	31368356	6682645	546482	40920960	25076714
省(自治区、直辖市)	Provincial	683408	2392154	239670	12079	2962084	2096452
地(区、市、州、盟)	Region	1379832	8098836	1012268	114677	9925010	7195227
县(区、市、旗)及县以下	County	943942	4584733	1288498	114762	6327218	3625007
四、按企业资质等级分	**by Qualification Criteria**						
施工总承包	Construction Contract	6845040	33122568	6069448	484948	41969566	27894504
特 级	Special Grade	584469	3559764	362452	8347	4379376	3191956
一 级	First Grade	3398640	15840018	2006139	155562	19175845	14411389
二 级	Second Grade	1868007	8391993	2051045	196231	11088039	6358750
三级及以下	Third Grade and below	993925	5330793	1649812	124808	7326306	3932409
专业承包	Professional Contract	927389	4659182	1291131	75908	6336350	3446744
一 级	First Grade	216879	1011516	225697	15542	1297093	768840
二 级	Second Grade	372278	1671697	486372	32575	2332068	1201912
三级及以下	Third Grade and below	338232	1975970	579062	27791	2707189	1475992
五、按营业状态分	**by Business Status**						
营 业	Open	7740746	37598343	7285858	551618	48041167	31210301
停业(歇业)	Close	14467	65468	32925	2678	100826	51104
筹 建	Prepared to Start						
当年关闭	Closed in Current Year	8650	73942	20297	2559	95747	45308
当年破产	Bankruptcy	22	3206	1698		7304	3461
其 它	Others	8544	40791	19801	4001	60873	31074
六、按控股情况分	**by Share Holding**						
#国有控股	State-controlled	2288597	10717064	1529593	85618	12980074	10134210
#集体控股	Collective-controlled	814116	3823859	891778	89643	5010018	2917544
#私人控股	Private-controlled	3884171	19237109	4256930	314352	25191789	14781684
#港澳台商控股	Controlled by Investors from Hong Kong,Macao and Taiwan	12130	59952	28545	233	95110	45421
#外商控股	Foreign-controlled	22346	77931	29581	874	111456	67576

15-4 续表 2 continued

单位:万元 (10 000 yuan)

类 别	Category	长期负债 Long-term Liabilities	负债合计 Total Liabilities	所有者权益 Owner's Equity	工程结算收入 Revenue of Project Settled Accounts	工程结算成本 Cost of Project Settled Accounts
总 计	**Total**	**1404512**	**32745760**	**15560156**	**51727880**	**44802104**
#国有及国有控股企业	State owned and State controlled Enterprises	435243	10569453	2410621	14455705	12974526
一、按登记注册类型分	**Grouped by Registration Status**					
内资企业	Domestic Funded	1401465	32627259	15462359	51607957	44705616
国有企业	State-owned	163182	6542228	1470929	8693359	7717257
集体企业	Collective-owned	77263	1646912	1085516	3138938	2582860
股份合作企业	Stock-holding Cooperation	57212	253410	159754	326651	240507
联营企业	Joint-owned	2269	28547	34810	68056	57072
国有联营企业	State-owned	1069	5342	10699	28334	25429
集体联营企业	Collective-owned	1183	11633	11679	21544	17006
国有与集体联营企业	State-and-collective owned		6675	6153	5455	4968
其他联营企业	Others	18	4896	6279	12722	9668
有限责任公司	Company with Limited Liabilition	634477	16368048	6596036	23271710	20430417
国有独资公司	State-owned	84335	1412662	348427	1872779	1703455
其他有限责任公司	Others	550143	14955386	6247609	21398931	18726962
股份有限公司	Stock-holding Company limited	235229	2317763	1416527	4985324	4367748
私营企业	Private-owned	231731	5452994	4677158	11060017	9261433
私营独资企业	Solely Owned	12133	171275	189474	422315	338478
私营合伙企业	Joint Owned	3609	82448	106428	157281	124730
私营有限责任公司	Company with Limited Liabilition	199554	4570890	3993610	9480286	7965035
私营股份有限公司	Stock-holding Company limited	16436	628381	387647	1000135	833190
其他企业	Others	100	17358	21629	63904	48322
港、澳、台商投资企业	Funded from Hong Kong,Macao	1496	46917	48194	61330	51216
	and Taiwan	1496	44305	43009	49832	41389
合资经营企业(港或澳、台资)	Joint Ventures		348	432	1299	1123
合作经营企业(港或澳、台资)	Cooperative Joint Venture		2264	4752	10200	8705
港、澳、台商独资经营企业	Solely Owned					
港、澳、台商投资股份有限公司	Share-holding Company Limited					
外商投资企业	Foreign Funded	1551	71584	49603	58592	45272
中外合资经营企业	Chinese-foreign Joint Venture	1551	53684	37679	45695	35127
中外合作经营企业	Chinese-foreign Cooperative Joint Venture		12437	2425	1025	559
外资企业	Solely Owned		5464	9499	11872	9586
外商投资股份有限公司	Share-holding Company Limited					

15-4 续表 3 continued

单位:万元 (10 000 yuan)

类别	Category	长期负债 Long-term Liabilities	负债合计 Total Liabilities	所有者权益 Creditors' Equity	工程结算收入 Revenue of Project Settled Accounts	工程结算成本 Cost of Project Settled Accounts
二、按国民经济行业分	**by Sector**					
房屋和土木工程建筑业	Building and Civil Engineering Construction	1251897	28541871	12939797	45025929	39194487
房屋工程建筑	Building	831657	17017592	8843834	30023268	26119919
土木工程建筑	Civil Engineering	420240	11524278	4095963	15002661	13074569
建筑安装业	Construction Installation	104053	3045553	1640422	4555302	3868978
建筑装饰业	Construction Decoration	16388	682839	609119	1339745	1081098
其它建筑业	Others	32174	475498	370818	806903	657541
工程准备	Preparation	21813	200143	114318	310458	258249
提供工程设备服务	Service	2975	77085	65633	116455	95348
其它未列明的建筑活动	Others	7386	198270	190867	379990	303944
三、按隶属关系分	**by Ownership**					
中 央	Central	133736	6398270	986686	9215017	8480584
地 方	Local	1270776	26347490	14573470	42512862	36321520
#省(自治区、直辖市)	Provincial	248443	2344895	617189	2680290	2285323
#地(区、市、州、盟)	Region	352151	7547378	2377632	8559445	7541021
#县(区、市、旗)及县以下	County	246265	3871273	2455946	7362856	6327786
四、按企业资质等级分	**by Qualification Criteria**					
施工总承包	Construction Contract	1243944	29138448	12831118	46028503	40155732
特 级	Special Grade	174933	3366889	1012487	5306648	4822903
一 级	First Grade	622727	15034116	4141729	20775768	18583753
二 级	Second Grade	292080	6650830	4437209	11109517	9458934
三级及以下	Third Grade and below	154204	4086613	3239694	8836570	7290142
专业承包	Professional Contract	160569	3607312	2729037	5699377	4646372
一 级	First Grade	36915	805755	491338	1642590	1410345
二 级	Second Grade	66090	1268002	1064066	1868706	1501240
三级及以下	Third Grade and below	57563	1533555	1173634	2188082	1734787
五、按营业状态分	**by Business Status**					
营 业	Open	1403014	32613314	15427853	51482923	44605037
停业(歇业)	Close	1164	52268	48558	62628	54548
筹 建	Prepared to Start					
当年关闭	Closed in Current Year	331	45639	50107	146292	112090
当年破产	Bankruptcy		3461	3843	2604	2088
其 它	Others	4	31078	29795	33434	28342
六、按控股情况分	**by Share Holding**					
#国有控股	State-controlled	435243	10569453	2410621	14455705	12974526
#集体控股	Collective-controlled	170385	3087929	1922090	5529387	4581300
#私人控股	Private-controlled	647079	15428763	9763026	26802663	23015285
#港澳台商控股	Controlled by Investors from Hong Kong,Macao and Taiwan	1496	46917	48194	61330	51216
#外商控股	Foreign-controlled	269	67845	43611	57269	44252

15-4 续表 4 continued

单位:万元 (10 000 yuan)

类 别	Category	工程结算利润 Profits of Project Settled Accounts	经营费用 Operation Expenses	管理费用 Management Expenses	财务费用 Financial Expenses	利润总额 Total Profits
总 计	**Total**	**4849939**	**331656**	**1836156**	**384594**	**2664795**
#国有及国有控股企业	State-owned and State-controlled Enterprises	1033482	34740	463732	78317	508313
一、按登记注册类型分	**Grouped by Registration Status**					
内资企业	Domestic Funded	4831077	330077	1828787	382723	2654675
国有企业	State-owned	715718	22925	296712	36542	333265
集体企业	Collective-owned	405417	27058	127107	18902	258982
股份合作企业	Stock-holding Cooperation	28509	2843	7945	7625	12469
联营企业	Joint-owned	8323	799	3903	133	4346
国有联营企业	State-owned	1637	485	384	55	1205
集体联营企业	Collective-owned	3720	122	1452	35	2252
国有与集体联营企业	State-and-collective owned	224	143	112	19	110
其他联营企业	Others	2741	50	1955	24	779
有限责任公司	Company with Limited Liabilition	1946347	114293	759717	178898	1098618
国有独资公司	State-owned	110069	1216	51721	15232	88583
其他有限责任公司	Others	1836278	113077	707996	163666	1010035
股份有限公司	Stock-holding Company limited	423796	36138	196194	35175	205472
私营企业	Private-owned	1290935	124581	433386	105021	733519
私营独资企业	Solely Owned	58522	5763	16735	4265	35311
私营合伙企业	Joint Owned	24428	1935	6317	2528	14204
私营有限责任公司	Company with Limited Liabilition	1086296	108413	368984	88245	612681
私营股份有限公司	Stock-holding Company limited	121690	8470	41351	9983	71323
其他企业	Others	12032	1440	3824	427	8003
港、澳、台商投资企业	Funded from Hong Kong,Macao and Taiwan	7804	700	3922	1137	2751
合资经营企业(港或澳、台资)	Joint Ventures	6692	509	3514	1112	2080
合作经营企业(港或澳、台资)	Cooperative Joint Venture	130	0	31	2	97
港、澳、台商独资经营企业	Solely Owned	981	190	376	24	573
港、澳、台商投资股份有限公司	Share-holding Company Limited					
外商投资企业	Foreign Funded	11059	880	3447	733	7370
中外合资经营企业	Chinese-foreign Joint Venture	9052	497	2530	459	6138
中外合作经营企业	Chinese-foreign Cooperative Joint Venture	343	119	188	60	96
外资企业	Solely Owned	1664	264	729	214	1136
外商投资股份有限公司	Share-holding Company Limited					

15-4 续表 5 continued

单位:万元 (10 000 yuan)

类 别	Category	工程结算利润 Profits of Project Settled Accounts	经营费用 Operation Expenses	管理费用 Management Expenses	财务费用 Financial Expenses	利润总额 Total Profits
二、按国民经济行业分	**by Sector**					
房屋和土木工程建筑业	Building and Civil Engineering Construction	4053660	245930	1477068	343031	2242362
房屋工程建筑	Building	2687974	178551	909159	243832	1557337
土木工程建筑	Civil Engineering	1365685	67379	567909	99199	685025
建筑安装业	Construction Installation	494669	54787	234135	24761	258211
建筑装饰业	Construction Decoration	192515	16813	78795	9854	103723
其它建筑业	Others	109096	14127	46157	6947	60499
工程准备	Preparation	38211	4521	18978	2444	18853
提供工程设备服务	Service	15448	2937	8927	691	6455
其它未列明的建筑活动	Others	55437	6669	18252	3812	35191
三、按隶属关系分	**by Ownership**					
中 央	Central	471849	12311	263687	21058	157528
地 方	Local	4378090	319345	1572468	363535	2507267
省(自治区、直辖市)	Provincial	298295	11145	118517	33423	146993
地(区、市、州、盟)	Region	696267	32047	312478	95976	328299
县(区、市、旗)及县以下	County	717261	52366	251432	47536	425245
四、按企业资质等级分	**by Qualification Criteria**					
施工总承包	Construction Contract	4071665	241175	1504936	342305	2231501
特 级	Special Grade	312421	8254	156728	48595	118214
一 级	First Grade	1467458	52099	599988	152469	708965
二 级	Second Grade	1168174	94686	402384	81083	704905
三级及以下	Third Grade and below	1123612	86136	345837	60159	699417
专业承包	Professional Contract	778274	90481	331219	42288	433295
一 级	First Grade	171449	19567	81289	12096	80516
二 级	Second Grade	272529	31747	115089	14860	151570
三级及以下	Third Grade and below	334297	39167	134842	15333	201209
五、按营业状态分	**by Business Status**					
营 业	Open	4816824	329573	1828326	382640	2638515
停业(歇业)	Close	4968	250	3185	310	1550
筹 建	Prepared to Start					
当年关闭	Closed in Current Year	24561	1043	2951	1174	20990
当年破产	Bankruptcy	336	65	95	110	139
其 它	Others	3250	725	1600	361	3602
六、按控股情况分	**by Share Holding**					
#国有控股	State-controlled	1033482	34740	463732	78317	508313
#集体控股	Collective-controlled	660565	42462	206840	36848	424633
#私人控股	Private-controlled	2637971	231077	929017	210129	1500869
#港澳台商控股	Controlled by Investors from Hong Kong,Macao and Taiwan	7804	700	3922	1137	2751
#外商控股	Foreign-controlled	10817	852	3303	674	7331

15-5 各市建筑业主要生产指标(2010年)
Main Production Indicators of Construction Enterprises by Region(2010)

地 区 Region	企业个数(个) Number of Enterprises (unit)	建筑业合同(万元) Value of Construction Contracts (10 000 yuan)	#上年结转合同额 Carryover of Last Year	建筑业总产值(万元) Gross Output Value of Construction (10 000 yuan)	竣工产值(万元) Value of Construction Completed (10 000 yuan)	房屋建筑施工面积(平方米) Floor Space under Construction (sq.m)	房屋建筑竣工面积(平方米) Floor Space Completed (sq.m)	#住宅 Residential	年末从业人员(人) Employees at year-end (person)
全省总计 Total	**6482**	**83451354**	**26048401**	**54965861**	**32952527**	**448287683**	**191796966**	**124001907**	**3147492**
济南市 Jinan	739	16799801	6868642	8943039	3994976	46543687	13056154	7728539	472981
青岛市 Qingdao	640	14876467	5375531	8137064	4583570	69720680	21582951	13423545	349169
淄博市 Zibo	477	7162584	1913046	5053392	2551400	44863195	17999131	10831634	327167
枣庄市 Zaozhuang	262	2101365	560702	1592207	1091165	15922814	7783175	5504750	131257
东营市 Dongying	211	2751261	560071	2383391	1755674	7755886	4400745	3127985	97829
烟台市 Yantai	932	6511094	1413585	5008978	3507038	39319451	18145356	12064805	266253
潍坊市 Weifang	581	6553250	2122008	4473999	2881448	52868830	21333385	13615193	280375
济宁市 Jining	372	4589595	1806948	2895386	1612205	25755251	12933675	8400451	177547
泰安市 Tai'an	346	5941635	718274	4859536	3754486	31659022	23227149	15242064	298560
威海市 Weihai	380	2370797	646318	1668404	1127349	21346647	8315961	5578814	112093
日照市 Rizhao	227	2165413	1232955	1478668	845899	7117951	3160443	2160951	81142
莱芜市 Laiwu	151	574324	81640	451164	295839	4251791	2213294	1765284	43563
临沂市 Linyi	360	3738858	1006663	2876138	1747489	31897677	15404010	9864355	186109
德州市 Dezhou	198	1769563	487946	1295397	784162	12878563	5168552	3482116	83673
聊城市 Liaocheng	201	1669704	547308	1027917	593917	14216771	5617530	3062067	54266
滨州市 Binzhou	216	2033426	427615	1480444	860480	9010682	3483313	2373852	68069
菏泽市 Heze	189	1842219	279150	1340737	965430	13158785	7972142	5775502	117439

15-6 各市建筑业主要财务指标(2010年)

Financial Indicators of Construction Enterprises by Region(2010)

单位:万元 (10 000 yuan)

地区	Region	流动资产 Liquid Assets	固定资产 Fixed Assets	在建工程 Projects under Construction	资产合计 Total Assets	流动负债 Liquid Liabilities	长期负债 Long-term Liabilities	负债合计 Total Liabilities
全省总计	**Total**	**37781751**	**7360579**	**560856**	**48305916**	**31341248**	**1404512**	**32745760**
济南市	Jinan	7272462	832346	43664	8864981	6647682	253481	6901163
青岛市	Qingdao	5726798	916493	68610	7267171	4752623	482934	5235556
淄博市	Zibo	2399390	565246	14192	3078042	1713573	40349	1753922
枣庄市	Zaozhuang	1062319	291567	21594	1402446	887605	23841	911446
东营市	Dongying	1762473	517815	27985	2391524	1538181	12075	1550256
烟台市	Yantai	3253008	790810	52413	4311081	2497863	59307	2557170
潍坊市	Weifang	4362605	658271	47811	5273405	3687366	74605	3761970
济宁市	Jining	2007010	377953	42256	2556440	1680401	47386	1727786
泰安市	Tai'an	1349307	492962	27487	1976885	1019865	69990	1089854
威海市	Weihai	1374113	310092	13928	1759691	1087619	78556	1166175
日照市	Rizhao	1241960	248132	37162	1621968	1056697	33764	1090461
莱芜市	Laiwu	324511	104065	10984	446379	197613	7135	204748
临沂市	Linyi	2639264	417120	72336	3252192	2248063	98156	2346219
德州市	Dezhou	777232	205518	16545	1041574	551619	33900	585518
聊城市	Liaocheng	806262	162546	20089	1076867	682613	4077	686691
滨州市	Binzhou	875951	250958	35573	1178558	757739	41451	799190
菏泽市	Heze	547088	218685	8226	806713	334128	43509	377637

15-6 续表 continued

单位:万元 (10 000 yuan)

地 区	Region	所有者权益 Owner's Equity	#实收资本 Paid-in Capitals	工程结算收入 Revenue of Project Settled Accounts	工程结算成本 Cost of Project Settled Accounts	工程结算利润 Profits of Project Settled Accounts	管理费用 Management Expenses	财务费用 Financial Expenses	利润总额 Total Profits
全省总计	**Total**	**15560156**	**9773172**	**51727880**	**44802104**	**4849939**	**1836156**	**384594**	**2664795**
济 南 市	Jinan	1963818	1332177	9007839	7861990	812953	348210	43574	414811
青 岛 市	Qingdao	2031615	1398480	7902533	7091037	501282	230482	75182	219674
淄 博 市	Zibo	1324120	830009	5066498	4396777	461527	211511	58254	186607
枣 庄 市	Zaozhuang	491000	312885	1400608	1190168	143630	61642	12549	76819
东 营 市	Dongying	841268	441181	2130698	1851113	200811	71530	23055	113181
烟 台 市	Yantai	1753911	1078085	4967843	4170646	588797	171162	33443	378702
潍 坊 市	Weifang	1511434	812790	4791705	4247170	384199	137086	26794	222264
济 宁 市	Jining	828654	523912	2646851	2336878	207099	93393	15685	103100
泰 安 市	Tai'an	887031	532452	3579918	2839971	570486	182094	17177	369874
威 海 市	Weihai	593516	329034	1535706	1218764	231670	66043	15381	140716
日 照 市	Rizhao	531507	361158	1284805	1132340	104263	37820	16249	53395
莱 芜 市	Laiwu	241631	143360	410493	344646	46177	12414	3734	28415
临 沂 市	Linyi	905973	526632	2619763	2323794	192890	77341	15220	110221
德 州 市	Dezhou	456056	295120	1206099	1044869	113283	32765	8775	72927
聊 城 市	Liaocheng	390177	287700	907400	816081	57610	36755	5383	21511
滨 州 市	Binzhou	379369	274712	1062660	867558	147913	41277	8609	97118
菏 泽 市	Heze	429076	293485	1206462	1068302	85351	24630	5528	55459

主要统计指标解释

建筑业统计单位 指从事房屋、构筑物建造和设备安装活动的法人企业。建筑业法人企业应具有建筑业资质并能够独立核算，同时其应具备以下条件：①依法成立，有自己的名称、组织机构和场所，能够承担民事责任；②独立拥有和使用资产，承担负债，有权与其他单位签订合同；③独立核算盈亏，能够编制资产负债表。

建筑业总产值 是以货币形式表现的建筑业企业在一定时期内生产的建筑业产品和提供的服务的总和。建筑业总产值包括：

(1)建筑工程产值：指列入建筑工程预算内的各种工程价值。

(2)安装工程产值：指设备安装工程价值，不包括被安装设备本身的价值。

(3)其他产值：建筑业总产值中除建筑工程、安装工程以外的产值。包括房屋构筑物修理产值、非标准设备制造产值、总包企业向分包企业收取的管理费以及不能明确划分的施工活动所完成的产值。

a.房屋构筑物修理产值：指房屋和构筑物修理所完成的产值，但不包括被修理房屋、构筑物本身价值和生产设备的修理产值。

b.非标准设备制造产值：指加工制造没有定型的非标准生产设备的加工费和原材料价值(如化工厂、炼油厂用的各种罐、槽，矿井生产统一使用的各种漏斗、三角槽、阀门等)以及附属加工厂为本企业承建工程制作的非标准设备的价值。

建筑业增加值 指建筑业企业在报告期内以货币形式表现的建筑业生产经营活动的最终成果。

从 2004 年第一次全国经济普查开始，建筑业现价增加值按生产法和分配法(收入法)两种方法计算，以收入法的计算结果为准，即从收入的角度出发，根据生产要素在生产过程中应得的收入份额计算。具体计算方法：经济普查年度建筑业增加值按照《经济普查年度 GDP 核算方案》计算，非经济普查年度建筑业增加值按照《非经济普查年度 GDP 核算方案》计算。

房屋建筑施工面积 指在报告期内施过工的全部房屋建筑面积，包括本期新开工的房屋面积、上期施工跨入本期继续施工的房屋面积、上期停缓建在本期恢复施工的房屋面积、本期竣工的房屋面积及本期施工后又停缓建的房屋面积。

房屋建筑竣工面积 指在报告期内房屋建筑按照设计要求全部完工，达到了使用条件，经验收鉴定合格，正式移交使用单位的房屋建筑面积。

Explanatory Notes on Main Statistical Indicators

Statistical Unit in Construction refers to corporate enterprise engaged in the construction of buildings and structures and in the installation of equipment. A corporate construction enterprise should have qualification certificates with independent accounting system, and should meet the following 3 requirements: a) being set up in line with relevant legal basis, having its full name, organization and location, and capable of taking civil liabilities; b) independently possessing and using its assets and assuming its liabilities, and entitled to sign contracts with other institutions; and c) making independent accounts of its profits and losses, and capable of compiling its own balance sheet.

Gross Output Value of Construction refers to total of construction products and services, expressed in money terms, produced or rendered by construction and installation enterprises during a given period of time. It includes:

(1)Output value of construction projects, that is the value of projects covered by the project budgets;

(2)Output value of installation projects, that is the value of the installation of equipment, (excluding the value of the equipment to be installed);

(3)Output value of others, that is the output value of construction industry excluding that of construction projects and installation projects. It includes: output value of repair of buildings and structures; output value of non standard equipment manufacturing; overhead expenses received by contracted enterprises to the sub contracted enterprises and the completed output value of construction activities that have no clear definition.

a. Output value of repair of buildings and structures, that is the value created through the repairs of buildings or structures, but does not include the value of buildings or structures being repaired and the value of the repair of production equipment;

b. Output value of manufactured non standard equipment, that is the value of non standard production equipment including raw materials and manufacturing cost made for the construction project (i.e., chemical plant; kettles or tanks used by refineries; various fillers, triangle tanks, valves used by mines), and the output value of equipment manufactured by subsidiary workshops.

Value added of Construction refers to the final result of the activities of production and management of construction industry in monetary terms in the reference period.

Starting from the 2004 economic census, value added of construction is calculated by both production approach and income approach, with the income approach as the final approach, where the calculation is based on the share of production factor in the production process. Specifically, value added of construction for census years is calculated in accordance with the Programme of Compilation of GDP and National Accounts for the Year of Economic Census, and value added of construction for other years is calculated in accordance with the Programme of Compilation of GDP and National Accounts for the Non Economic Census Years.

Floor Space of Buildings under Construction refers to floor space of buildings under construction during the reference period, including newly started buildings, buildings started earlier and continued during the reference period, and buildings suspended earlier but restarted during the reference period, buildings completed during the reference period, and buildings under construction and then suspended during the reference period.

Floor Space of Buildings Completed refers to the floor space of buildings that are completed in the reference period in accordance with the requirements of the design, up to the standard for putting them into use, and have been checked and accepted by concerned departments as qualified ones.

第16篇 交通运输邮电通讯业

Transport, Post and Telecommunication Services

简 要 说 明

一、本篇资料的主要内容

本篇资料反映了全省交通运输业和邮电通讯业发展的基本状况，主要包括交通设施基本情况、客货运量及周转量、交通运输企业主要技术经济指标、沿海主要港口货物吞吐量、邮政和电信基本情况、地方交通和营业性运输车辆、民用汽车拥有量等方面的内容。

二、本篇资料的来源

本篇资料中，交通运输资料分别来源于济南铁路局、山东省地方铁路局、邯济铁路有限公司、省交通厅、省民航安监办、省公安厅交警总队，邮电通信业资料来源于省通信管理局和省邮政局。

本篇资料由省统计局工业处整理提供。

Brief Introduction

I. Content

Data in this chapter cover mainly the basic conditions of the development of transport, post and telecommunications in Shandong Province, including the basic conditions of transport, the freight traffic and passenger traffic accomplished by various means, major financial indices of related enterprises, cargo handled at principal sea ports, the possession of the transport equipment and the basic conditions of post and telecommunication services.

II. Source of Data

Data in this chapter are provided by Jinan Railway Board, Shandong Local Railway Board, Hanji Railway Co., Ltd, Shandong Communications Department, Shandong Aviation Administration of Work Security, and Traffic Police General Brigade of Shandong Public Security Department. Data on post and telecommunication services are provided by Shandong Communication Administration and Shandong Post Bureau.

Data in this chapter are prepared and compiled by the Division of Industry and Transport Statistics of Shandong Provincial Bureau of Statistics.

16－1 历年运输线路长度

Length of Transport Routes over the Years

单位:公里 (km)

年 份 Year	铁 路 通车里程 Length of Railways in operation	公 路 通车里程 Length of Highways in Operation	#晴雨通车 In Operation Regardless of Weather	内 河 通航里程 Length of Navigabe Inland Waterways	#通机动船 In Operation for Motor Vessels
1949	887	3152	65	1082	
1950	953	6402	103	1117	
1951	954	7396	120	1117	
1952	954	7669	170	1459	409
1953	956	8333	170	1459	409
1954	956	8507	476	1459	409
1955	956	9070	667	1459	409
1956	1139	10669	1489	1696	900
1957	1154	13425	2115	1642	1063
1958	1136	19734	4996	2120	1380
1959	1135	21980	5504	2638	1491
1960	1168	20780	6526	2365	1521
1961	1168	20143	5773	2379	1433
1962	1168	15766	4189	2179	1353
1963	1168	16915	3985	2151	1337
1964	1168	18032	4509	2117	1289
1965	1208	22176	5669	1827	1310
1966	1261	23273	7241	1815	1321
1967	1266	24209	7889	1815	1321
1968	1276	25511	8501	1815	1321
1969	1276	27471	11356	1815	1321
1970	1276	29159	12666	1821	1629
1971	1276	29903	14137	1876	1717
1972	1276	30369	16773	1876	1764
1973	1276	30769	18543	1876	1764
1974	1276	31050	19364	1876	1764
1975	1275	31712	20212	1876	1764
1976	1386	32978	21645	2118	1802
1977	1386	33629	23636	2343	1811
1978	1385	34244	25289	2403	1880
1979	1388	35139	26106	1972	1953
1980	1411	35311	26544	1970	1736
1981	1582	35292	27284	1849	1712
1982	1565	35504	27875	1859	1722
1983	1565	35722	28480	1859	1722
1984	1569	35935	29427	1859	1725
1985	1572	36327	30250	1840	1706
1986	2041	37005	31286	1840	1706
1987	2042	37530	32468	1840	1706
1988	2042	38759	34057	1840	1706
1989	2042	39783	35557	1840	1706
1990	2041	40772	37015	1840	1706
1991	2042	41937	39081	1891	1780
1992	2048	43134	40612	1891	1780
1993	2048	46033	43992	1891	1780
1994	2048	50225	48385	1891	1780
1995	2048	54243	52702	1891	1780
1996	2620	57271	55882	1891	1780
1997	2721	59260	58028	1414	1302
1998	2658	64145	63142	1414	1302
1999	2672	67847	67055	1476	
2000	2672	70686	70038	1476	
2001	2709	71128	70701	1476	
2002	2709	74029	73665	1476	
2003	3236	76266	75948	1012	
2004	3348	77768	77483	1012	
2005	3402	80132	79854	1012	
2006	3405	204911	203363	1012	
2007	3379	212236	211279	1012	
2008	3329	220687	219525	1012	
2009	3620	226693	225235	1012	
2010	3833	229858	228906	1150	

注:2006年按照交通部规定将村道纳入公路通车里程。

a)According to the regulations issued by Ministry of Transport, the length of highways includes that of village-level highways in 2006.

16-2 历年旅客运量及周转量

Passenger Traffic and Turnover Volume over the Years

年 份 Year	客运量（万人） Passenger Traffic (10 000 Persons)	铁路 Railways	公路 Highways	水路 Waterways	周转量（百万人公里） Passenger Turnover (million Passenger-km)	铁路 Railways	公路 Highways	水路 Waterways
1949	928	846	82		1368	1287	81	
1950	1005	888	117		1534	1434	100	
1951	1166	995	171		1661	1534	127	
1952	1196	938	251	7	1553	1365	180	8
1953	1654	1217	428	9	2127	1806	311	10
1954	1766	1202	550	14	2287	1889	389	9
1955	1775	1086	678	11	2229	1786	438	5
1956	2300	1368	919	13	2864	2335	523	6
1957	3019	1872	1128	19	3002	2427	565	10
1958	3694	2399	1270	25	3406	2702	694	10
1959	4916	3361	1500	55	3934	3090	832	12
1960	5911	4480	1385	46	4717	3887	807	23
1961	7793	6400	1321	72	7230	6476	809	35
1962	7590	5923	1599	68	7664	6690	933	41
1963	3837	2360	1433	44	4084	3304	659	21
1964	4509	2864	1607	38	3639	2845	779	15
1965	4566	2457	2077	32	3664	2699	953	12
1966	5065	2225	2812	28	4126	2914	1200	12
1967	5308	2442	2831	35	4641	3420	1203	18
1968	5933	2580	3319	34	5421	3933	1470	18
1969	5915	2538	3343	34	5813	4323	1473	17
1970	5725	2454	3240	31			1445	14
1971	5819	2550	3239	30			1542	13
1972	6595	2948	3612	35			1727	15
1973	6926	2992	3900	34	6305	4403	1888	14
1974	6802	3156	3613	33	6354	4498	1843	13
1975	7084	3202	3844	38	6676	4708	1953	15
1976	7614	3233	4239	52	6996	4791	2189	16
1977	8679	3522	5103	54	7702	5127	2560	15
1978	9431	3467	5897	67	8448	5535	2895	18
1979	10857	3431	7338	88	9373	5950	3403	19
1980	12208	3586	8532	90	10624	6769	3839	16
1981	12682	3600	8994	88	11365	7272	4077	16
1982	13109	3695	9322	92	12283	7788	4477	18
1983	14839	3792	10942	102	14237	8954	5264	19
1984	17309	4071	13125	113	17058	10615	6423	20
1985	19772	4073	15565	134	20357	12433	7901	23
1986	26459	4005	22311	143	24671	13895	10752	24
1987	25209	4212	20811	186	27316	15608	11680	28
1988	29035	4447	24297	291	32412	17974	14402	36
1989	30718	3905	26419	344	32286	16552	15693	41
1990	29798	3303	26136	359	30138	14830	15255	53
1991	31940	3286	28240	405	32620	15873	16598	96
1992	33920	3244	30145	486	35164	17043	18002	119
1993	33634	3346	29693	595	34068	17785	16114	169
1994	34592	3587	30253	627	35627	18273	17126	222
1995	36425	3414	32317	694	35097	17418	17449	230
1996	39199	2854	35611	734	35344	15317	19696	331
1997	43218	3071	39234	913	40060	17277	22347	436
1998	50904	3223	46467	868	45229	18327	24599	483
1999	59350	3670	54817	863	51828	20568	28846	414
2000	66128	3840	61466	822	54873	22180	32358	335
2001	70497	3723	65787	987	59432	23373	35573	486
2002	74626	3566	69948	1112	64294	24644	39173	477
2003	75492	3324	71053	1115	61769	22024	39223	522
2004	89388	3857	84290	1241	74799	26696	47545	558
2005	98485	3952	93178	1355	82778	28268	53910	600
2006	109472	4757	103298	1417	93014	32223	60128	663
2007	123963	5127	117309	1527	106879	34039	72022	818
2008	213387	5470	205917	2000	141867	36694	104569	604
2009	234234	5806	226134	2294	158713	37993	119723	997
2010	248720	6041	240044	2635	164471	42135	121151	1185

注：自2008年，公路、水路数据按交通部规定改用全国公路水路运输量专项调查数据(下同)。

a)Since 2008, data on highways and waterways are based on the National Special Highway and Waterways Survey according to the provisions made by Ministry of Transport(same as the following tables).

16-3 历年货物运量及周转量

Freight Traffic and Turnover Volume over the Years

年 份 Year	货运量 (万吨) Freight Traffic (10 000 tons)	铁 路 Railways	公 路 Highways	水 路 Waterways	周转量 (百万吨公里) Freight Turnover (million ton-km)	铁 路 Railways	公 路 Highways	水 路 Waterways
1949	547	381	166	0.2	1245	1178	66	1
1950	838	585	211	42	2775	2641	79	55
1951	918	623	233	62	3097	2897	117	80
1952	1802	640	1029	133	3711	3346	154	211
1953	2653	790	1692	171	5014	4523	219	272
1954	2787	918	1643	226	5646	5133	226	287
1955	3305	895	2013	397	4919	4359	246	344
1956	4551	1237	2942	372	3739	5957	325	457
1957	4558	1238	2973	347	6923	6190	327	406
1958	7908	2042	5400	466	11487	10241	676	569
1959	13778	3318	9821	639	15201	13160	1293	748
1960	14135	3833	9677	625	16153	14087	1405	661
1961	6632	2458	3840	334	10591	9601	578	412
1962	4500	1801	2419	280	8106	7309	421	376
1963	5133	2015	2777	341	8933	8052	482	399
1964	6056	2358	3335	363	9839	8811	564	464
1965	7544	2821	4339	385	11929	10721	750	458
1966	8481	3312	4805	364	16791	15493	855	443
1967	8262	3079	4823	360	15352	14008	927	417
1968	8307	3252	4728	327	16941	15624	926	391
1969	7656	2809	4487	360	16453	14998	988	467
1970	10081	3911	5693	477	19167	17346	1186	635
1971	11565	4227	6803	535			1423	688
1972	13334	4645	8100	589			1695	762
1973	14105	4641	8870	594	21963	19240	1900	823
1974	10578	3017	7107	454	17580	15256	1689	635
1975	14598	4214	9781	603	22198	18947	2374	877
1976	17320	4904	11732	684	24062	20096	2942	1024
1977	21484	5365	15255	864	27326	22293	3865	1168
1978	22964	5940	16128	896	31005	25746	4060	1199
1979	22536	5951	15748	837	31586	26540	3634	1113
1980	22086	5687	15629	770	31329	26087	4005	1237
1981	20496	5306	14427	763	31941	26332	4093	1516
1982	21641	5415	15413	813	35160	28400	4937	1823
1983	23726	5655	17216	855	38996	30966	5787	2243
1984	25310	6035	18389	886	41974	33250	6505	2219
1985	27371	6403	20105	863	48431	37342	8139	2468
1986	32299	6789	24619	893	57599	44618	10287	2694
1987	36012	7072	28008	932	64533	49069	12231	3234
1988	39866	7322	31670	874	72723	53851	15325	3547
1989	43098	7934	34331	833	78996	58657	16612	3727
1990	41443	8012	32654	777	77845	58546	15705	3594
1991	44145	8372	34587	1186	81402	59694	16660	5047
1992	47676	8609	37684	1381	87617	62750	18931	5936
1993	51250	9023	40820	1407	92257	63127	20444	8687
1994	57187	9259	46485	1443	101437	66744	23069	11625
1995	66546	9256	55669	1621	112655	69857	26397	16401
1996	70664	10226	58270	2168	122849	71385	30559	20895
1997	72780	10368	60340	2072	126093	73323	31915	20855
1998	76813	10224	64716	1867	118753	65877	34322	18513
1999	80212	10553	67696	1956	127304	73588	35350	18330
2000	92483	11253	76778	4452	403315	79964	40575	282776
2001	99464	12426	81574	5464	467545	84815	41143	341587
2002	107454	13624	89714	4116	304075	92525	46009	165541
2003	117712	17167	95900	4645	342906	107157	50987	184762
2004	132036	17862	106887	7287	478309	111109	59606	307594
2005	147999	18338	120455	9206	558286	121908	71182	365196
2006	167511	19126	136750	11635	665521	151159	84510	429852
2007	198507	19923	163959	14625	642854	131151	106926	404777
2008	247489	20872	216604	10013	1010234	134133	511792	364309
2009	284463	19596	251587	13280	1095569	134139	604502	356928
2010	298055	18056	264366	15633	1174705	144775	621680	408250

16-4　沿海主要港口货物吞吐量

Volume of Freight Handled in Major Coastal Ports

单位:千吨　　　　(1000 tons)

港口名称	Seaport	1980	1990	1995	2000	2001	2005	2006	2007	2008	2009	2010
总　计	**Total**	**28283**	**54449**	**105940**	**160249**	**192980**	**384010**	**470060**	**575472**	**657894**	**730720**	**864210**
青岛港	Qingdao	17080	30340	51030	86607	103981	186785	224150	265022	300295	323120	350121
烟台港	Yantai	5060	6680	13610	19639	19950	45060	60760	101293	111892	169270	150327
日照港	Rizhao		9250	14520	26738	29330	84208	110070	130633	151022	181310	225967
东风港	Dongfeng	130	144	232	290	250						
海庙港	Haimiao		91	160		250						
龙口港	Longkou	2380	4112	8142	5948	6620	16025	20530				
长岛港	Changdao	76	125	1699	1433	1530	1944					
蓬莱港	Penglai	229	194	3885	5252	5290	6951	4000				
威海港	Weihai	612	1001	3787	6583	7270	15317	18030	20949	22062	41180	24072
俚岛港	Lidao	249	114	114	190	190						
石岛港	Shidao	501	381	463	410	430	3878	5090	8281	12380		
张家埠港	Zhangjiabu	494	196	111	100	90	94	70	21	195		
乳山港	Rushan	282	68	52	30	30	216	180	230	188		
凤城港	Fengcheng	15	9	53		30	133	180	233			
青岛小港	Smart Port in Qingdao	537	338	625		249						
石臼地方港	Shijiu Local Port	453	54									
岚山港	Lanshan	102	361	1605	4467	5730						
烟台地方港	Yantai Local Port		118	4689		7670						
羊口港	Yangkou		581	512	251	150	275	520	502	515		
下营港	Xiaying		102	184	40							
蛃江港	Lijiang		60	206	190	230	739	790	783	616		
潍北港	Weibei		70	70	730	1410	3850	5510	8502	10017		
牟平港	Muping		60	187	290	350	752	850	824	804		

16–5 交通运输企业主要技术经济指标

Major Technical and Economic Indicators of Transportation Enterprises

类 别	Category	2000	2005	2006	2007	2008	2009	2010
铁路运输	**Railway Transport**							
货车周转时间 (天)	Turning Around Time of Freight Locomotives (day)	2.2	1.9	1.9	1.9	1.9	1.9	1.8
货车全周转距离 (公里)	Turning Around Length of Freight Locomotives (km)	481	413	406	402	393	423	415
货车中转距离 (公里)	Transfer Length of Freight Locomotives (km)	143	169	170	168	186	209	203
平均一日装车数 (车)	Daily Loading Coach (coach)	6000	7508	7642	7934	6742	7216	7905
平均一日卸车数 (车)	Daily Unloading Coach (coach)	7302	9795	10088	10809	8351	8055	9213
货车净载重 (吨)	Static Load of Freight Locomotives (ton)	58.6	60.2	60.8	60.8	61.5	62.4	62.6
货运机车日产量 (万总重吨公里)	Average Daily Ton-kilometers of Freight Locomotives (10 000 tonkm)	133.6	116.5	119.9	123.7	130.7	135.6	137.1
内燃机车每万吨公里耗油 (公斤)	Oil Consumption of Diesel Locomotives per 10000 Ton-km (kg)	21.5	20.5	20.6	21.0	22	23.9	25.1
公路汽车运输	**Motor Transport**							
货运汽车每百吨公里耗汽油 (公升)	Gasoline Consumption of Freight Cars per 100 Ton-km (L)	6.6	7.1	7.4	7.3			
货运汽车每百吨公里耗柴油 (公升)	Diesel Consumption of Freight Cars per 100 Ton-km (L)	4.8	5.0	6.3	6.2			
客运汽车每百人公里耗汽油 (公升)	Gasoline Consumption of Passenger Cars per 100 person-km (L)	8.8	19.5	20.1	20.1			
客运汽车每百人公里耗柴油 (公升)	Diesel Consumption of Passenger Cars per 100 person-km (L)	7.3	12.6	22.0	23.0			
沿海水运船舶	**Coastal Waterways Transport**							
全部船舶净载重量 (万吨)	Static Load of Vessels (10 000 tons)	386.0	672.9	859.0	878.0	999	1099	1190
沿海船舶燃料消耗(公斤/千吨公里)	Fuel Consumption of Vessels (kg/1000 Ton-km)	56.8	9.6	14.8	12.4			
码头舶位 (个)	Berths in Ports (unit)	275.0	325	356	351	440	458	473
最大靠船能力 (万吨)	Maximum Capacity on Berths (10 000 ton)	20	20	30	30	30	30	30
年综合通过能力 (万吨)	Integrated Capacity (10 000 tons)	15248	24945	27852	31260	36297	41744	45642
旅客吞吐量 (万人)	Passenger Handled (10 000 persons)	800	890	988	1924	1031	2047	2266

16–6 邮电业务基本情况

Basic Conditions of Post and Telecommunication Services

类 别	Category	2000	2005	2006	2007	2008	2009	2010
邮电业务总量 (亿元)	Business Volume of Post and Telecommunication Services (100 million yuan)	261	720	980	1235	1486	1652	1973
函 件 (万件)	Letters (10 000 pcs)	32878	24075	44356	47157	46362	52074	53963
特快专递 (万件)	Express Mail Services (10000 pcs)	575	1447	1579	1787	2292	2594	2724
报刊期发数 (万份)	Issue of Newspapers and Magazines (10 000 copies)	1701	823	703	763	823	868	1618
年末移动电话用户 (万户)	Number of Mobile Telephone Subscribers at Year-end (10 000 subscribers)	501	2316	2951	3723	4612	5342	6190
年末农村电话用户 (万户)	Number of Rural Telephone Subscribers at Year-end (10 000 subscribers)	559	1276	1257	1211	1054	965	830
邮政所 (处)	Post Offices (unit)	3011	3025	3043	3046	2934	2862	2840
邮路总长度 (公里)	Length of Postal Routes (km)	169500	173393	169627	173786	176755	180810	67897
国际互联网总网民数(万人)	Number of Internet Subscribers (10 000 persons)	129	988	1126	1256	1983	2769	3332

16-7 1978-2010年邮政基本情况

Basic Conditions of Post Services 1978 to 2010

年 份 Year	邮政局总计 (处) Post &Telecommunication offices (unit)	#设在农村 in Rural Area	邮路总长度 (万公里) Length of Postal Routes (10 000 km)	函 件 (万件) Letters (10 000 pcs)	报刊期发数 (万份) Issue of Newspapers and Magazines (10 000 copies)
1978	2349	2048		15532	542
1979	2348	2042	22.6	16336	613
1980	2363	2057	22.5	17324	775
1981	2363	2052	22.8	17540	859
1982	2371	2050	4.2	17340	946
1983	2384	2048	4.2	17434	1131
1984	2415	2060	4.4	18958	1572
1985	2516	2153	4.7	21930	2017
1986	2531	2174	5.0	23745	1743
1987	2540	2176	5.2	26940	1888
1988	2576	2196	5.3	28884	1777
1989	2608	2210	5.3	30043	1176
1990	2647	2233	5.8	29486	1047
1991	2672	2247	5.7	28001	1174
1992	2699	2267	6.7	28266	1326
1993	3259	2492	8.5	32966	1247
1994	4180		9.7	35920	982
1995	4080	3400	10.5	38789	1180
1996	3727	3013	13.4	35112	1020
1997	5397		15.1	32859	996
1998	5382		15.1	33114	1147
1999	4414	3497	18.5	35138	1568
2000	3011	2255	17.0	32878	1701
2001	3040	2225	15.9	31400	1324
2002	3012	2193	16.5	51496	972
2003	3007	2166	15.7	58220	1152
2004	3009	2118	16.2	50087	716
2005	3025	2118	17.3	24075	823
2006	3043	2105	17.0	44356	703
2007	3046	2086	17.4	47157	763
2008	2934	2080	17.7	46362	823
2009	2862	2030	18.1	52074	868
2010	2840	1991	6.8	53963	1618

16-8　1978-2010年电信业务总量

Business Volume of Telecommunication Services 1978 to 2010

年 份 Year	电信业务总量(万元) Business Volume of Telecommunication Services (10 000 Yuan)	电 报(万份) Telegraph (10 000 copies)	长话电路(路) Lines of Long-distance Calls (line)	长途电话(万次) Long-distance Calls (10 000 times)	市内电话(万户) Local Telephones (10 000 subscribers)	农村电话(万户) Rural Telephones (10 000 subscribers)
1978	10058	588	1082	1308	6.3	3.8
1979	10515	632	1177	1428	7.1	4.3
1980	11030	711	1282	1525	7.5	4.4
1981	11291	789	1415	1532	8.0	4.5
1982	11629	805	1532	1649	8.5	4.6
1983	12529	917	1653	1789	9.4	4.8
1984	13751	908	1929	1963	10.7	5.1
1985	16186	1132	2190	2325	12.1	5.2
1986	17735	1203	2638	2569	13.4	5.5
1987	20719	1519	3341	2984	15.2	5.9
1988	27124	1918	4392	3987	18.5	6.4
1989	32153	1812	5694	4693	22.3	6.9
1990	39401	1634	7436	5800	26.5	7.3
1991	103322	1651	12675	8724	32.9	8.1
1992	156134	1673	18422	16978	45.8	9.5
1993	274917	1412	32615	32273	69.6	12.8
1994	404027	987	47589	52719	84.8	19.2
1995	537135	667	40634	55755	165.8	46.1
1996	697719	458	54179	61409	227.0	80.0
1997	957400	324	67834	79719	283.5	128.6
1998	1338886	226	98760	97077	346.7	179.6
1999	1411800	202	163381	96553	413.8	283.8
2000	1865000	178	222500	96010	547.0	559.0
2001	2300200	138	108000	101682	661.0	827.0
2002	2759820		135000	99470	790.0	950.0
2003	3325632		268530	149245	1008.0	1085.0
2004	4846250		510000	121275	1314.0	1198.0
2005	6754670		290996	152883	1410.9	1275.7
2006	9286877		462662	148631	1380.5	1256.7
2007	11799357		350028	157152	1377.6	1211.5
2008	14262026		413082	124858	1398.4	1053.7
2009	15867854		1238400	123510	1291.3	965.0
2010	19209000				1193.5	829.6

16-9 各市公路情况(2010年)
Basic Conditions of Highways by Region (2010)

单位:公里 (km)

地 区	Region	公路里程 Length of Highways	等级公路里程 Expressway and Class I to IV Highways	二级及二级以上公路合计 Second Class and Above	高速公路里程 Length of Expressway	晴雨通车里程 Length of Highways Regardless of Weather	通公路的行政村占总行政村的(%) Administrative Villages Having Highways in the Proportion of the Total Administrative Villages	公路密度(公里/百平方公里) Road Density (km/100 sq.km)
全省总计	**Total**	**229858.1**	**227718.3**	**36234.1**	**4285.1**	**228905.5**	**100.0**	**146.3**
济南市	Jinan	11611.4	11466.1	1856.6	346.7	11563.6	100.0	145.2
青岛市	Qingdao	16181.4	16163.6	3948.6	702.1	16181.4	100.0	144.8
淄博市	Zibo	10316.9	9838.1	1715.7	206.0	10098.9	100.0	173.0
枣庄市	Zaozhuang	6960.1	6823.6	1283.5	116.7	6885.6	100.0	152.5
东营市	Dongying	8111.4	8111.4	1028.0	180.6	8111.4	100.0	102.4
烟台市	Yantai	14516.0	14516.0	3580.9	414.1	14516.0	100.0	105.6
潍坊市	Weifang	23180.8	23051.7	3999.1	352.4	23180.8	100.0	144.8
济宁市	Jining	15612.9	15315.3	2308.8	223.7	15421.0	100.0	139.5
泰安市	Tai'an	13759.3	13441.0	2002.2	232.7	13496.1	100.0	177.3
威海市	Weihai	6720.3	6720.3	1574.2	101.5	6720.3	100.0	117.9
日照市	Rizhao	6499.0	6499.0	1377.2	139.5	6499.0	100.0	121.5
莱芜市	Laiwu	3557.0	3538.6	598.6	140.3	3550.6	100.0	158.4
临沂市	Linyi	22316.3	22230.2	3691.5	330.6	22243.8	100.0	129.7
德州市	Dezhou	20744.1	20744.1	1733.1	231.5	20744.1	100.0	200.3
聊城市	Liaocheng	14699.2	14615.4	1630.3	135.0	14645.9	100.0	168.7
滨州市	Binzhou	15028.6	14600.5	2001.0	171.1	15003.6	100.0	166.4
菏泽市	Heze	20043.4	20043.4	1904.8	260.6	20043.4	100.0	164.4

注:2006年按照交通部规定将村道纳入公路通车里程。

a)According to the regulations issued by Ministry of Transport,the length of highways includes that of village-level highways in 2006.

16-10 各市地方交通旅客运输量(2010年)
Passenger Transport Volume of Local Traffic by Region(2010)

地 区	Region	客运量(万人) Passenger Traffic (10 000persons)	周转量(百万人公里) Passenger-Kilometers (million passenger-km)
全省总计	**Total**	**240044**	**121151**
济南市	Jinan	12758	13850
青岛市	Qingdao	20460	12488
淄博市	Zibo	39486	13371
枣庄市	Zaozhuang	7121	4651
东营市	Dongying	4045	3865
烟台市	Yantai	32598	11805
潍坊市	Weifang	21519	10006
济宁市	Jining	8778	5925
泰安市	Tai'an	4963	4053
威海市	Weihai	14950	6613
日照市	Rizhao	4150	2857
莱芜市	Laiwu	2923	1082
临沂市	Linyi	25500	9950
德州市	Dezhou	10006	5697
聊城市	Liaocheng	8439	4705
滨州市	Binzhou	6612	3762
菏泽市	Heze	15736	6472

16-11 各市地方交通公路货物运输量(2010年)

Freight Transport Volume of Local Traffic by Region(2010)

地 区	Region	货运量(万吨) Volume of Freight Traffic (10 000tons)	货车 Trucks	周转量(百万吨公里) Freight Turnover (million ton-km)	货车 Trucks
全省总计	**Total**	**264366**	**201883**	**621680**	**578420**
济南市	Jinan	13029	11311	23153	21781
青岛市	Qingdao	17525	15874	36970	35672
淄博市	Zibo	27317	24385	84321	80891
枣庄市	Zaozhuang	22464	18065	23208	21132
东营市	Dongying	6271	4489	12600	12158
烟台市	Yantai	13500	10615	39017	38103
潍坊市	Weifang	20298	13273	64733	59022
济宁市	Jining	19486	12282	40372	37255
泰安市	Tai'an	9946	6272	12599	11427
威海市	Weihai	3622	3622	7108	7108
日照市	Rizhao	10266	7942	25369	23101
莱芜市	Laiwu	6202	4270	5196	4588
临沂市	Linyi	27390	17471	80929	74618
德州市	Dezhou	14303	12230	30318	29158
聊城市	Liaocheng	14093	11263	35779	32886
滨州市	Binzhou	11179	6878	28888	23922
菏泽市	Heze	27475	21641	71121	65600

16-12 各市营业性运输车辆(2010年)

Transport Vehicles in Operation by Region(2010)

单位:辆 (Unit)

地 区	Region	汽车 Vehicles	客车 Passenger Vehicles	货车 Trucks	其它机动车 Other Motor Vehicles
全省总计	**Total**	**913756**	**37733**	**876023**	**421152**
济南市	Jinan	86645	4598	82047	15798
青岛市	Qingdao	109028	3885	105143	16270
淄博市	Zibo	55394	1030	54364	12634
枣庄市	Zaozhuang	28391	1651	26740	5521
东营市	Dongying	26660	633	26027	11276
烟台市	Yantai	77962	3785	74177	19822
潍坊市	Weifang	108394	3755	104639	73097
济宁市	Jining	48652	2365	46287	24247
泰安市	Tai'an	34438	1789	32649	24788
威海市	Weihai	49043	1577	47466	10407
日照市	Rizhao	22122	1032	21090	5350
莱芜市	Laiwu	14030	589	13441	2890
临沂市	Linyi	97866	3381	94485	41971
德州市	Dezhou	46068	1497	44571	22446
聊城市	Liaocheng	34506	1908	32598	21859
滨州市	Binzhou	32870	1226	31644	47457
菏泽市	Heze	41687	3032	38655	65319

注:自2010年，营业性客车数量不含出租车。
a)Since 2010,data of passenger vehicles without taxis.

16−13 各市邮电业务基本情况(2010年)

Basic Conditions of Post and Telecommunication Services by Region(2010)

地 区	Region	邮电业务总量(亿元) Business Volume of Post and Telecommunication Services (100 million yuan)	邮政业务总量(亿元) Business Volume of Post Services (100 million yuan)	电信业务总量(亿元) Business Volume of Telecommunication Services (100 million yuan)	固定电话用户数(万户) Number of Fixed Telephone Subscribers (10 000 subscribers)	#住宅电话 Residential Telephone
全省总计	**Total**	**1973.5**	**52.5**	**1921.0**	**2023.1**	**1502.4**
济南市	Jinan	214.9	4.2	210.6	204.6	126.6
青岛市	Qingdao	274.8	5.5	269.2	261.1	189.7
淄博市	Zibo	105.7	3.1	102.7	126.3	93.8
枣庄市	Zaozhuang	66.0	1.3	64.7	74.2	56.5
东营市	Dongying	67.4	1.6	65.8	58.4	40.3
烟台市	Yantai	175.8	5.4	170.4	175.1	128.8
潍坊市	Weifang	183.2	4.9	178.3	178.7	147.3
济宁市	Jining	130.3	3.4	126.9	128.6	101.1
泰安市	Tai'an	77.3	2.2	75.1	99.1	75.0
威海市	Weihai	81.8	2.9	78.8	88.4	69.3
日照市	Rizhao	50.9	1.4	49.5	44.0	29.5
莱芜市	Laiwu	21.3	0.9	20.4	26.4	20.5
临沂市	Linyi	161.9	1.4	160.5	150.5	118.3
德州市	Dezhou	82.8	4.0	78.8	100.8	83.7
聊城市	Liaocheng	87.9	3.5	84.4	100.2	79.3
滨州市	Binzhou	72.2	3.4	68.8	85.6	68.0
菏泽市	Heze	108.8	3.3	105.5	92.5	74.9

16-14 各市民用车辆拥有量(2010年)

Possession of Civil Vehicles by Region (2010)

单位:辆 (unit)

分 组	Category	全省总计 Total	济南市 Jinan	青岛市 Qingdao	淄博市 Zibo	枣庄市 Zaozhuang	东营市 Dongying	烟台市 Yantai	潍坊市 Weifang	济宁市 Jining
一、汽 车	**Vehicles**	**8426728**	**797359**	**975571**	**443657**	**271085**	**335413**	**746845**	**1042508**	**474922**
1.载客汽车	Passenger Vehicles	5660873	619936	784919	333414	187035	239082	542446	656044	278086
大 型	Large	79503	10928	14111	5369	2588	3148	7307	6288	4740
中 型	Medium	98865	8058	15850	6251	4279	2459	12339	8178	5664
小 型	Small	5017157	561880	678067	303108	158171	222603	478599	585735	248955
微 型	Mini	465348	39070	76891	18686	21997	10872	44201	55843	18727
2.载货汽车	Trucks	1344505	116569	142451	84434	47943	43930	101610	176023	96577
重 型	Heavy	374185	22569	30894	23545	17299	12953	28113	38506	38703
中 型	Light-heavy	148793	9319	21065	10250	4061	3257	11910	20885	10935
轻 型	Light	808977	84154	89545	49213	26300	27036	61462	115396	46389
微 型	Mini	12550	527	947	1426	283	684	125	1236	550
3.其它汽车	Other Vehicles	1421350	60854	48201	25809	36107	52401	102789	210441	100259
二、摩托车	**Motorcycles**	**9644422**	**421315**	**625737**	**597611**	**446492**	**194792**	**884701**	**1450983**	**518060**
1.普 通	Common	9232016	386479	541235	572899	432997	188271	825267	1411032	499599
2.轻 便	Light	412406	34836	84502	24712	13495	6521	59434	39951	18461
三、拖拉机	**Tractors**	**2686**	**1**		**217**	**2**	**216**	**45**	**2**	**447**
四、挂 车	**Trailers**	**204254**	**6382**	**15440**	**14114**	**39118**	**6564**	**11077**	**15045**	**27604**
五、其它类型车	**Other Types**	**618**	**161**	**244**	**1**	**1**	**23**	**94**	**1**	**4**

注:按照公安部的规定,自2004年下半年将"农用运输车"归属在"汽车"中"其它汽车"统计。

a)Agricultural vehicles have been included in the category of other vehicles since the second half of 2004 according to the regulations of Ministry of Public Security .

16-14 续表 continued

单位:辆 (unit)

分 组	Category	泰安市 Tai'an	威海市 Weihai	日照市 Rizhao	莱芜市 Laiwu	临沂市 Linyi	德州市 Dezhou	聊城市 Liaocheng	滨州市 Binzhou	菏泽市 Heze
一、汽 车	**Vehicles**	**302484**	**318103**	**212625**	**119431**	**733934**	**382248**	**455787**	**350867**	**383532**
1.载客汽车	Passenger Vehicles	200529	240135	149776	89196	499845	216027	204763	201135	155231
大 型	Large	3201	3267	2241	1123	4357	2036	2527	2420	2720
中 型	Medium	3589	5652	1906	1328	7382	3040	2936	2479	4744
小 型	Small	180936	217996	133517	79813	421512	190772	178526	185592	133958
微 型	Mini	12803	13220	12112	6932	66594	20179	20774	10644	13809
2.载货汽车	Trucks	47633	58587	39162	18723	138125	61704	50590	53324	50663
重 型	Heavy	11530	9768	13131	5006	41831	20298	19544	15655	22846
中 型	Light-heavy	6868	5509	4073	1570	17505	4671	4848	4279	6387
轻 型	Light	28961	42190	20872	12079	75919	36471	25760	33108	21189
微 型	Mini	274	1120	1086	68	2870	264	438	282	241
3.其它汽车	Other Vehicles	54322	19381	23687	11512	95964	104517	200434	96408	177638
二、摩托车	**Motorcycles**	**555653**	**319891**	**398979**	**202638**	**956757**	**446715**	**584453**	**484687**	**550828**
1.普 通	Common	520411	311959	380573	195359	933004	439329	572703	471773	545030
2.轻 便	Light	35242	7932	18406	7279	23753	7386	11750	12914	5798
三、拖拉机	**Tractors**	**43**				**21**	**1356**	**275**	**22**	**39**
四、挂 车	**Trailers**	**6025**	**3444**	**7377**	**2059**	**26435**	**13093**	**14530**	**9798**	**16146**
五、其它类型车	**Other Types**	**3**	**65**				**14**		**1**	**5**

主要统计指标解释

铁路营业里程　又称营业长度(包括正式营业和临时营业里程)，指办理客货运输业务的铁路正线总长度。凡是全线或部分建成双线及以上的线路，以第一线的实际长度计算；复线、站线、段管线、岔线和特殊用途线以及不计算运费的联络线都不计算营业里程。该指标可以反映铁路运输业基础设施的发展水平，也是计算客货周转量、运输密度和机车车辆运用效率等指标的基础资料。

铁路电气化里程　指在全部铁路营业里程中已安装了供电线路及设备，可以供电力机车牵引列车运行的区段的总里程。

铁路自动、半自动闭塞里程　指装有列车自动或人工完成闭塞状态的铁路设备里程。为保证列车安全运行，在一个区间、同一时间内，一般只允许一列列车运行，这种保证列车在这个区间安全间隔运行的技术方法称为“闭塞”。自动或半自动闭塞里程占铁路营业里程的比重是反映铁路现代化的重要标志之一。

公路里程　指在一定时期内实际达到《公路工程\[WTBZ\]技术标准 JTJ01-88》规定的等级公路，并经公路主管部门正式验收交付使用的公路里程数。包括大中城市的郊区公路以及通过小城镇街道部分的公路里程和桥梁、渡口的长度，不包括大中城市的街道、厂矿、林区生产用道和农业生产用道的里程。两条或多条公路共同经由同一路段，只计算一次，不得重复计算里程长度。该指标可以反映公路建设的发展规模，也是计算运输网密度等指标的基础资料。

内河航道里程　也称内河通航里程，指在一定时期内，能通航运输船舶及排筏的天然河流、湖泊水库、运河及通航渠道的长度。包括全年季节性通航累计三个月以上的航道，不包括仅供零散流放竹、木排的河道。该指标可以反映内河水运网的规模、水平和发展情况。

民用航空航线里程　指民航运输定期班机飞行的航线长度的总和。航线长度按机场之间的距离计算，通常有两种计算方法：一是将每条航线长度相加称为重复计算航线里程；一是将两线或两条以上航线经过同一区段里程，只计算一次航线长度称为不重复计算航线里程。一般常用的是后者，该指标可以确切反映民航运输网的规模，是表明民航事业为国民经济服务和方便人民生活程度的主要指标。

输油(气)管道长度　也称输油(气)里程，指油品(或天然气)的实际输送距离，一般按输油(气)管道的单线长度计算。若包括复线和备用线长度则称为输油(气)管道延展长度，是指管道铺设的实际长度。我们通常使用的是不包括复线的“输油(气)管道里程”，该指标可以反映管道运输的发展规模和水平。

货(客)运量　指在一定时期内，各种运输工具实际运送的货物(旅客)数量。该指标是反映运输业为国民经济和人民生活服务的数量指标，也是制定和检查运输生产计划、研究运输发展规模和速度的重要指标。货运按吨计算，客运按人计算。货物不论运输距离长短、货物类别，均按实际重量统计。旅客不论行程远近或票价多少，均按一人一次客运量统计；半价票、小孩票也按一人统计。

货(客)运密度　指在一定时期内某种运输方式在营运线路的某一区段平均每公里线路通过的货物(旅客)运输周转量。计算公式为：

$$货(客)运密度=\frac{货物(旅客)周转量}{营业线路长度}$$

该指标可以反映交通运输线路上的货物(旅客)运输量运输繁忙程度，是平衡运输线路运输能力和通过能力，规划线路建设及改造、配备技术设备，研究运输网布局的重要依据。

货物(旅客)周转量　指在一定时期内，由各种运输工具运送的货物(旅客)数量与其相应运输距离的乘积之总和。该指标可以反映运输业生产的总成果，也是编制和检查运输生产计划，计算运输效率、劳动生产率以及核算运输单位成本的主要基础资料。计算货物周转量通常按发出站与到达站之间的最短距离，也就是计费距离计算。计算公式为：

货物（旅客）周转量=Σ（货物（旅客）运输量×运输距离）

铁路货车平均静载重　指铁路货车在始发站静止状态下平均每车装载的货物重量，用以分析货车完成装车时车辆载重力的利用情况。计算公式为：

$$货车平均静载量=\frac{货物发送吨数}{装车数}$$

静载重的多少取决于运送货物的性质、种类、车辆的类型和装载技术的高低。根据货车的平均标记载重与静载重进行对比，可以反映货车载重能力的利用程度。计算公式为：

$$货车载重力利用率(\%)=\frac{货车平均静载重}{货车平均标记载重}\times100\%$$

铁路货运机车日产量　指在一定时期内，平均每台货运机车在一昼夜内所完成的总重吨公里数，包括载运货物的重量和车辆本身的自重。该指标从时间和牵引能力两方面反映了机车运用效率。计算公式为：

$$货运机车平均日产量=\frac{货运总重吨公里数}{货运机车台日数}$$

沿海主要港口货物吞吐量　指经水运进出沿海主要港区范围，并经过装卸的货物数量，包括邮件及办理托运手续的行李、包裹以及补给运输船舶的燃、物料和淡水。货物吞吐量按货物流向分为进口、出口吞吐量，按货物交流性质分为外贸货物吞吐量和国内贸易货物吞吐量。货物吞吐量的货类构成及其流向，是衡量港口生产能力大小的重要指标。

民用汽车拥有量 指报告期末，在公安交通管理部门按照《机动车注册登记工作规范》，已注册登记领有民用车辆牌照的全部汽车数量。汽车拥有量统计的主要分类：根据汽车结构分为载客汽车、载货汽车及其他汽车；根据汽车所有者不同分为个人(私人)汽车、单位汽车；根据汽车的使用性质分为营运汽车、非营运汽车；根据汽车大小规格不同载客汽车分为大型、中型、小型和微型，载货汽车分为重型、中型、轻型和微型。

邮电业务总量 指以价值量形式表现的邮电通信企业为社会提供各类邮电通信服务的总数量。邮电业务量按专业分类包括函件、包件、汇票、报刊发行、邮政快件、特快专递、邮政储蓄、集邮、公众电报、用户电报、传真、长途电话、出租电路、无线寻呼、移动电话、分组交换数据通信、出租代维等。计算方法为各类产品乘以相应的平均单价(不变价)之和，再加上出租电路和设备、代用户维护电话交换机和线路等的服务收入。该指标综合反映了一定时期邮电业务发展的总成果，是研究邮电业务量构成和发展趋势的重要指标。计算公式为：

邮电业务总量=Σ（各类邮电业务量×不变单价）

+出租代维及其他业务收入

=邮政业务总量+电信业务总量

移动电话用户 指通过移动电话交换机进入移动电话网、占用移动电话号码的各类电话用户。包括签约用户和智能网预付费用户。一个移动电话号码统计为一户。

互联网上网人数 指平均每周使用互联网至少 1 小时的中国公民人数。

本地电话用户 指接入本地电信运营商固定电话网上的电话用户。包括：住宅用户、单位用户、公用电话用户等。按电话用户位置又分为市内电话用户和农村电话用户。1997年以前，“市内电话用户”是指接入县城及县以上城市的电话网上的电话用户；“农村电话用户”是指接入县邮电局农话台及县以下农村电话交换点，以县城为中心(除市话用户外)联通县、乡(镇)、行政村、村民小组的用户。从 1997 年起，电话用户数分组调整为以用户所在区域划分为“城市电话用户”和“乡村电话用户”，与过去的按市内电话和农村电话划分方法不同。而电话用户总数、电话机总部数统计范围不变。

城市电话用户 指直辖市、省辖市、地级市、县级市的市区、市郊区及县城(包括县人民政府所在地的县城关区或行政建制相当于县人民政府所在地的镇)范围内接入局用交换机的电话用户数，包括分布在农村地区的独立工矿区、林区、驻军等电话用户数。

农村电话用户 指按行政区划属于城市范围以外的乡(镇)、村的电话用户数。

住宅电话用户 指安装在居民住宅或农民家里并按照住宅电话用户登记注册和收费的电话用户。包括私人付费、单位付费和按规定免费安装的住宅电话用户。

长途电话交换机容量 指用于接入长途电话网的电话交换机设备的额定容量，包括国际电话交换机容量。

局用交换机容量 指安装在电信运营企业内用于接续本地固定电话的电话交换机容量，包括现用和备用的人工或自动交换机的全部容量。不包括用户交换机容量。

移动电话交换机容量 指移动电话交换机根据一定话务模型和交换机处理能力计算出来的最大同时服务用户的数量。

Explanatory Notes on Main Statistical Indicators

Length of Railways in Operation refers to the total length of the trunk line under passenger and freight transportation (including both full operation and temporary operation). The calculation is based on the actual length of the first line even if this line has a full or partial double track or more tracks, excluding double tracks, station sidings, tracks under the charge of stations, branch lines, special purpose lines and the non payable connecting lines. The length of railways in operation is an important indicator to show the development of the infrastructure for the railway transport, and also the essential data to calculate volume of passenger freight transport, traffic density and utilization efficiency of the locomotives and carriages.

Length of Electrified Railways refers to the length of the section of railways in operation in which the power supply lines and other equipment are installed for the running of electrified locomotives. The proportion of the length of electrified railways to the total length of railways in operation is an important indicator to show the modernization of railways.

Automatic blocking and Semi Automatic Blocking Length of Railways refers to length of railways installed with equipment to perform automatic or manual blocking of trains. Blocking is a spacing technique by which a section of the railway only allows one train to pass at a time in the aim of ensuring the traffic safety. the proportion of automatic/semi automatic blocking length to the total length of railways in operation is an important indicator to show the modernization of railways.

Length of Highways refers to the length of highways which are built in conformity with the grades specified by the highway engineering standard formulated by the Ministry of Communications,and have been formally checked and accepted by the departments of highways and put into use. The length of highways includes that of the suburb highways at large and medium sized cities, highways passing through streets at small cities and towns, and also the length of bridges and ferries. It does not include the length of streets in big and medium sized cities and highways built for the production purpose at factories, mines, forest areas and agricultural areas. If two or more highways go the same section of the way, the length of the section is only calculated for once and no duplication is allowed. The length of highways is an important indicator to show the development of the highway construction and to provide essential information to calculate the transport network density.

Length of Navigable Inland Waterways it is an indicator reflecting the size and development of inland water network, it refers to the length of the natural rivers, lakes, reservoirs, canals, and ditches open to navigation during a given period, which enables the transport by ships and rafts. It includes the channels open to navigation for over an accumulative 3 months in a year, yet this does not include the river courses, which are only used to float odd logs and bamboo rafts. This indicator can reflect the scale, level and development situation of the inland waterway network.

Length of Civil Aviation Routes refers to the length of all routes for regular civil aviation flights. There are usually two ways to calculate the distance between airports connected by the route length: One is to put the length of all air routes together, called duplicated calculation of the length of the routes; the other is not to allow the duplication in calculation when two or more routes passing the same section of aviation routes. The latter is usually used, as it can precisely show the size of the civil aviation network and indicate the extent of civil aviation serving the national economy and the people.

Length of Oil (Gas) Pipelines used as an indicator to show the development, scale and level of the pipeline transportation, it refers to the actual transport distance of oil (or gas) products, and is in general calculated in the length of single pipeline. If the length of the double pipelines and alternate pipeline are included, it is called the extension length of the oil (gas) pipelines, which indicates the actual length of the pipelines built, excluding double pipelines.

Freight (Passenger) Traffic refers to the volume of freight (passenger) transported with various means. Freight transport is calculated in tons and passenger traffic is calculated in the number of persons. Despite the type of freight and traveling distance, the freight transport is calculated in the actual weight of the goods: and despite the traveling distance and ticket price, the passenger traffic is calculated by the principle that one person can be counted only once in one travel. The passengers who travel with a half price ticket or a child ticket is also calculated as one person. The freight (passenger) traffic provides a quantitative measure to show how the transport industry serves the national economy and people, and is also an important indicator for planning the transport industry and for studying the development scale and speed of the transport industry.

Freight (Passenger) Traffic Density refers to the freight (passenger) traffic volume carried by a particular means of transportation during a given period through one kilometer of a specific section of transportation route. The formula is as follows:

$$\text{Freight (Passenger) traffic density} = \frac{\text{freight ton-kilometres (passenger-kilometres)}}{\text{length of route in operation}}$$

Freight (passenger) traffic density reflects the degree of business of freight (passenger) traffic on transportation routes, and therefore provides important information for balancing transport capability, planning construction and upgrading of transport routes and studying the distribution of transport network.

Freight Ton kilometers (Passenger kilometers) refer to the sum of the products of the volume of transported cargo (passengers) multiplying by the transport distance. It is an important indicator to reflect the achievement of transportation industry. Normally, the shortest distance between the departure station and the destination station (i.e., the payable distance) is the basis to calculate the freight ton kilometers. This is an important indicator to show the total results of the transport industry, to prepare and examine the transport plan and to measure the efficiency, the labour productivity and the unit cost of transport.The formula is as follows:

$$\frac{\text{Freight ton-kilometres}}{\text{(passenger-kilometres)}} = \sum \frac{\text{freight}}{\text{(passenger)traffic}} \times \frac{\text{distance of}}{\text{transportation}}$$

Static Load of Freight Cars refers to the average cargo weight as loaded by each freight car under the static condition at the departure station. It is used to show the utilization extent of the loading capacity of the freight cars. The formula is:

$$\begin{matrix}\text{Static load (ton)}\\ \text{of freight car}\end{matrix} = \frac{\text{tonnage of goods dispatched}}{\text{number of freight cars loaded}}$$

The static load of freight cars is determined by the nature and type of goods loaded, the type of vehicles, and the technique of loading. The difference between the average marked load and the static load of freight cars reflects the utilization of loading capacity of freight cars. For its calculation the following formula is applied:

$$\begin{matrix}\text{Utilization rate of}\\ \text{capacity of freight cars (\%)}\end{matrix} = \frac{\text{Average static load}}{\text{Average marked load}} \times 100\%$$

Average Daily Haul of Freight Locomotives refers to the average total ton kilometers accomplished by each freight transport locomotive over day and night during a given period of time. It includes both the weight of the goods carried and the dead weight of the train itself. It is a comprehensive indicator reflecting the locomotive efficiency in terms of both time and the pulling force.

$$\begin{matrix}\text{Average daily haul of}\\ \text{freight transport locomotive}\\ \text{(ton-kilometre)}\end{matrix} = \frac{\begin{matrix}\text{Total ton-kilometres}\\ \text{of freight}\end{matrix}}{\begin{matrix}\text{Daily number of freight}\\ \text{transport locomotive}\end{matrix}}$$

Volume of Freight Handled in Major Coastal Ports refers to the volume of cargo passing in and out the harbor area of the major coastal ports and having been loaded and unloaded. The volume includes that of the postal matters, registered luggage and fuels, materials and fresh water as supplies of the ships. The volume of freight handled may be classified by direction of flow as freight for import and freight for export, or by nature of cargo as freight for domestic trade and freight for foreign trade. As an important indicator, the volume of freight handled by type of cargo and by main flow direction reflects the production capacity of ports.

Possession of Civil Motor Vehicles refer to the total numbers of vehicles that are registered and received vehicles license tags according to the Work Standard for Motor Vehicles Registration formulated by transport management office under department of public security at the end of reference period. They are divided into following categories according to the structure of motor vehicles: passenger vehicles, trucks and others; and private vehicles and vehicles for units use according to ownerships; working vehicles and non working vehicles according to kind of usage; large passenger vehicles, medium passenger vehicles, small passenger vehicles and mini passenger vehicle, heavy trucks, light heavy trucks, light trucks and mini trucks according to sizes of vehicles.

Business Volume of Post and Telecommunications refers to the total amount of post and telecommunication services, expressed in value terms, provided by the post and telecommunications departments for the society. Post and telecommunication services can be classified as letters, parcels, remittance, issue of newspapers and magazines, fast mail service, express mail service, savings deposits, stamps for collection, public and individual telegraph service, facsimiles, long distance telephone service, leasing of telephone lines, urban paging service, mobile telephone service, data transfer and transmission, etc. The accounting approach is to multiply the service products of all types with their average unit price (constant price) to get sum of business value, plus income from other services such as leasing of telephone lines and equipment, maintenance of telephone switchboards and lines on behalf of customers. This indicator reflects the overall results of post and telecommunications service during a given period, and is important to study the composition of business service and the development of post and telecommunications service.

The formula is as follows:

Business volume of post and telecommunications

=∑(Transaction of post and telecommunication services ×price[constant price])

+Income from leasing, maintenance and other services

= business volume of postal service

+ business volume of telecommunications service

Mobile Telephone Subscribers refer to the persons who own mobile telephone numbers and are connected with the mobile telephone communication network through the mobile telephone switchboards, including contracted subscribers and pre paid subscribers for intelligent network. One mobile telephone is taken as a subscriber.

Internet Users refer to the number of Chinese citizens who use Internet at least for one hour each week.

Local Telephone Subscribers refer to subscribers that are connected to the local telecommunication service provider through fix line network, including household subscribers, institutional subscribers and public telephones. They are also classified as city subscribers and rural subscribers according to locations. Before 1997, city subscribers referred to those connected to city telephone networks in county towns and cities, while village subscribers referred to those connected to village telephone stations at and below counties. Since 1997, the classification of telephone subscribers was modified on the basis of physical location of the subscribers as urban telephone subscribers and rural telephone subscribers, which is different from the previous classification of categorizing local telephones and rural telephones, while the definition of total subscribers and total number of telephones remain unchanged.

Urban Telephone Subscribers refer to number of telephone subscribers, located at municipalities, cities under the jurisdiction of province, cities at prefecture level, downtown and suburb of city at county level town and county towns (including country towns where county government located, and towns of county level according to the administrative organizational system), that are connected to the public line telephone network, including rural mineral area, forest area, military area.

Rural Telephone Subscribers refer to telephone subscribers, located at counties (towns) and villages outside the range of cities according to administrative jurisdiction.

Household Telephone Subscribers refer to telephone sets installed in the dwelling units of urban or rural residents, and registered as residence subscribers for payment, including 3 types of payment for the service: private payment, public payment and free service.

Capacity of Long Distance Telephone Exchanges refers to the rated capacity of telephone exchanges to connect long distance telephone network, including capacity of international telephone exchanges.

Capacity of Office Telephone Exchanges refers to the capacity (measured in gate) of telephone exchanges installed in the offices of telecommunication service providers for communication between fixed telephones. It includes the capacity of both manual and automatic exchanges in use and for stand by purpose, excluding the capacity of subscribers' exchanges.

Capacity of Mobile Telephone Exchanges refers to the capacity of the maximum services provided to subscribers at one time basing on a certain model and transacting capacity of the mobile telephone exchanges.

第17篇

批发和零售、住宿和餐饮业

Wholesale, Retail, Hotels and Catering Services

简 要 说 明

一、本篇资料的主要内容

本篇资料反映全省市场发展情况、批发和零售业、住宿和餐饮业经营情况和效益情况等，主要包括 2010 年批发和零售业商品流转情况及财务状况、住宿和餐饮业经营情况及财务状况、社会消费品零售总额等内容。

二、本篇资料的来源

本篇资料中除特别注明外，其余均来自 2010 年限额以上批发和零售业、住宿和餐饮业年报资料和 2010 年定期报表统计资料。

本篇资料由省统计局贸易外经处整理提供。

Brief Introduction

I. Content

Data in this chapter are supposed to show the development of Shandong's domestic market, wholesale and retail trade, hotels and catering services, mainly including the circulation of commodities in the wholesale and retail trade, the financial indices of related businesses and the total retail sales of consumer goods in 2010.

II. Source of Data

Except the data specifically noted, all data in this chapter are based on the annual report of wholesale, retail, hotels and catering services and periodic statistical statements of 2010.

Data in this chapter are prepared and compiled by the Division of Trade and External Economic Relations Statistics of Shandong Provincial Bureau of Statistics.

17-1 主要年份社会消费品零售总额

Retail Sale of Consumer Goods of Major Years

单位:亿元　　(100 million yuan)

年 份 Year	社会消费品零售总额 Retail Sale of Consumer Goods	按所在地分 by Location			按行业分 by Sector				
		市 City	县 County	县以下 Under County Level	批发和零售业 Wholesale and Retail Trades	住宿和餐饮业 Hotels and Catering Services	制造业 Manufacturing	农业生产者 Agricultural Producers	其他行业 Other Sectors
1949	6.23				3.92	0.63	1.68		
1952	19.01				13.23	1.92	3.21	0.53	0.12
1957	26.00				21.86	1.08	2.19	0.51	0.45
1962	30.49				25.39	1.37	1.98	1.60	0.15
1965	33.85				29.92	1.83	1.35	0.60	0.15
1970	40.94				36.53	1.37	1.87	0.95	0.22
1975	60.32				51.98	2.72	2.85	1.54	1.22
1978	79.73	23.39	21.14	35.19	68.40	3.65	4.57	2.34	0.77
1979	92.22	27.46	23.10	41.66	78.38	4.25	6.09	2.64	0.86
1980	114.01	32.36	27.78	53.86	94.61	5.03	10.00	3.38	0.99
1981	131.47	35.84	34.40	61.23	107.10	5.82	13.42	3.53	1.60
1982	141.48	41.63	34.22	65.64	112.90	7.64	14.12	4.82	2.00
1983	162.14	47.85	37.49	76.80	127.67	9.83	16.93	5.16	2.55
1984	189.08	66.58	37.98	84.52	147.25	11.23	20.57	6.16	3.87
1985	227.03	84.16	46.50	96.38	173.62	13.86	25.27	8.94	5.34
1986	261.64	96.22	54.18	111.25	194.85	15.48	31.38	12.32	7.61
1987	300.69	119.11	58.69	122.89	217.34	18.16	41.14	14.91	9.14
1988	392.37	164.12	73.40	154.85	287.09	22.88	49.85	20.50	12.05
1989	430.74	199.91	72.75	158.09	315.80	23.93	49.86	26.34	14.81
1990	460.13	218.97	79.19	161.96	338.02	25.07	50.24	30.41	16.38
1991	536.03	263.90	86.76	185.36	392.19	30.67	59.41	35.48	18.28
1992	653.23	336.37	99.77	217.08	471.87	37.56	77.87	44.17	21.76
1993	884.71	481.28	124.74	278.69	617.53	53.08	125.63	68.12	20.35
1994	1210.08	670.38	171.83	367.87	813.17	87.13	142.79	113.75	53.24
1995	1583.96	921.86	177.40	484.70	1024.82	129.88	194.83	158.40	76.03
1996	1916.51	1134.57	195.48	586.46	1226.57	168.65	243.40	176.32	101.57
1997	2237.83	1378.50	219.31	640.02	1425.50	194.69	279.73	232.73	105.18
1998	2564.54	1572.06	246.20	746.28	1600.27	238.50	328.26	271.84	125.67
1999	2872.82	1763.91	275.79	833.12	1807.00	281.54	344.74	304.52	135.02
2000	3264.05	2017.18	313.35	933.52	2075.94	339.46	359.05	332.93	156.67
2001	3634.60	2253.45	352.56	1028.59	2340.68	399.81	363.46	356.19	174.46
2002	4078.02	2577.31	379.26	1121.45	2691.49	477.13	358.87	362.94	187.59
2003	4644.86	2977.36	469.13	1198.37	3836.66	585.25			222.95
2004	5290.50	3320.64	588.76	1381.10	4444.04	661.06			185.40
2005	6166.94	3890.93	687.50	1588.51	5173.89	776.51			216.54
2006	7217.13	4593.55	804.90	1818.68	6044.60	925.47			247.06
2007	8607.45	5488.52	971.12	2147.81	7205.96	1123.47			278.02
2008	10658.76	6766.32	1240.07	2652.37	9314.97	1063.78			280.00
2009	12362.97	8038.46	1437.80	2886.71	10348.40	1673.61			340.96
2010	14620.30								

注：2005－2008年社会消费品零售总额及分组数据，根据国家统一办法，依据第二次经济普查数据进行了调整。自2010年，社会消费品零售总额分组重新调整。

a)According to national regulation,data in this table from 2005 to 2008 are modified on the second national economic census.Since 2010,the group of Retail Sale of Consumer Goods has been adjusted.

17-2 限额以上批发和零售业商品购进、销售、库存总额(2010年)

单位:万元

指标名称	Indicator	法人单位(个) Corporate Unit (unit)
总　计	**Total**	**11792**
一、批发业	**Wholesale Trade**	**4897**
1.按登记注册类型分	by Status of Registration	
内　资	Domestic Funded Enterprises	4810
国　有	State-owned	240
集　体	Collective-owned	146
股份合作	Cooperative	20
联营企业	Joint Ownership	7
国有联营	State Joint Ownership	2
集体联营	Collective Joint Ownership	3
国有与集体联营	Joint State-collective	1
其他联营	Other Joint Ownership	1
有限责任公司	Limited Liability Corporations	837
国有独资公司	State Sole Funded Corporations	11
其他有限责任公司	Other Limited Liability Corporations	826
股份有限公司	Share-holding Corporations Ltd.	130
私营企业	Private Enterprises	3337
私营独资	Private-funded Enterprises	795
私营合伙	Private Partnership Enterprises	61
私营有限责任公司	Private Limited Liability Corporations	2358
私营股份有限公司	Private Share-holding Corporations Ltd.	123
其　他	Others	93
港澳台商投资企业	Enterprises with Funds from Hong Kong,Macao and Taiwan	20
与港澳台商合资经营	Joint-venture	5
与港澳台商合作经营	Cooperative	2
港澳台商独资	Sole Investment	12
港澳台商独资股份有限公司	Share-holding Corporations Ltd. with Sole Investment	1
外商投资企业	Foreign Funded Enterprises	67
中外合资经营	Joint-venture	17
中外合作经营	Cooperative	3
外资企业	Sole Foreign Investment	46
外商投资股份有限公司	Share-holding Corporations Ltd. with Foreign Investment	1
2.按国民经济行业分	by Sector	
农畜产品批发业	Wholesale of Farm Produce and Livestock Products	302
食品、饮料及烟草制品批发业	Wholesale of Food, Beverages and Tobaccos	488
米、面制品及食用油批发业	Wholesale of Rice, Flour and Edible Oil	65
烟草制品批发业	Whole of Tobaccos	50
纺织、服装及日用品批发业	Wholesale of Textiles, Garments and Daily Consumer Articles	213
服装批发业	Wholesale of Garments	53
文化、体育用品及器材批发业	Wholesale of Culture, Sports Appliances and Equipments	58
医药及医疗器材批发业	Wholesale of Medicines and Medical Appliances	166
矿产品、建材及化工产品批发业	Wholesale of Mineral Products, Building Materials and Chemical Products	2812
煤炭及制品批发业	Wholesale of Coal and Related Products	828
石油及制品批发业	Wholesale of Petrolem and Related Products	196
金属及金属矿批发业	Wholesale of Metal Materials	775
建材批发业	Wholesale of Building Materials	398
化肥批发业	Wholesale of Chemical Fertilizer	239
机械设备、五金交电及电子产品批发业	Wholesale of Machinery, Hardware and Electronic Equipment	580
汽车、摩托车及零配件批发业	Wholesale of Motor Vehicles, Motorcycles and Parts	127
家用电器批发业	Wholesale of Household Electrical Appliances	44
计算机、软件及辅助设备批发业	Wholesale of Computer, Software and Assistant Appliances	33
贸易经纪与代理	Trade Broker and Agency	38
其他批发业	Other Wholesale not Classified Elsewhere	240

Total Purchases,Sales and Inventory of Enterprises above Designated Size of Wholesale and Retail Trades(2010)

(10 000 yuan)

购进总额		销售总额 Total Sale Value				年末库存总额
Total Purchases Value	#进口 Import	合计 Total	批发 Wholesale	#出口 Export	零售 Retail	Inventory (year-end)
138335614	**6450349**	**161055922**	**104527069**	**5026725**	**56528853**	**10251007**
92162525	**5890401**	**108382708**	**99165824**	**4990156**	**9216884**	**6080086**
88668659	5599207	103260653	94384823	4714885	8875830	900169
13793356	1319545	16081119	15099818	896637	981301	170214
3775060	1227401	4140831	3768501	660609	372330	13569
507140	1065	526575	513269		13306	4142
114453		123122	92905		30217	1375
34496		34020	34020			2243
29837		33585	29199		4385	499
47375		52718	26886		25832	25
2745		2800	2800			
28503413	2216379	33118904	32003720	2252208	1115184	1717482
1430561	87180	2090898	2090898	188809		169226
27072852	2129198	31028006	29912822	2063399	1115184	1548257
6825871	8747	9883348	7145556	25378	2737792	513546
33415788	826071	36862001	33917494	866900	2944507	2345609
4620226	16663	5095674	4491851	52002	603823	297889
461017		488253	424977		63276	27416
27221619	803416	29937270	27778544	796500	2158726	1962021
1112926	5992	1340803	1222122	18398	118682	58284
1733579		2524754	1843560	13154	681194	194509
619920	3375	1778061	1618107	12710	159955	109937
399892	3375	396487	396487	3508		33102
2500		79282	41222		38060	435
217528		605697	483803	9202	121895	75944
		696595	696595			456
2873946	287819	3343994	3162895	262561	181099	110909
1349703	8631	1685053	1549606	25763	135446	38901
35428		75426	48619		26807	21804
1487607	279109	1582014	1563903	236798	18111	49801
1208	79	1502	766		736	404
2879684	153406	3217578	3013205	63615	204373	431333
11061775	156412	14603422	13456943	271841	1146479	849208
1372847	119840	1595560	1437486	67610	158074	205392
5326104	8979	7258252	7156407	5854	101846	369215
3983827	239754	5011427	4338934	682757	672494	320562
2186030	125038	2640509	2245647	374323	394862	132444
1360219	2309	1731301	1487833	34369	243468	132217
4176811	29271	4462514	4059726	14137	402788	359590
50309596	3059316	57871022	52380234	2182977	5490788	2763806
9087269	750544	10397646	9451426	486789	946220	399879
11196751	1011548	14763456	11046785	34614	3716672	584203
16799835	516097	17937489	17765005	557237	172484	945191
3366717	117599	3644100	3271541	66820	372559	201054
3627181	981	3802523	3714733	92331	87790	352494
14827131	1716990	17532675	16777529	1338156	755147	979542
4186952	6572	5011827	4717079	151547	294748	340303
3760108	641918	4764312	4694179	900017	70134	150498
378413		379907	338739		41169	25171
784804	409840	995626	909394	351042	86232	104699
2778677	123104	2957144	2742028	51262	215115	139128

17−2 续表

单位:万元

指 标 名 称	Indicator	法人单位(个) Corporate Unit (unit)
二、零售业	**Retail Trade**	**6895**
1.按登记注册类型分	by Status of Registration	
内　资	Domestic Funded Enterprises	6807
国　有	State-owned	277
集　体	Collective-owned	426
股份合作	Cooperative	63
联营企业	Joint Ownership	23
国有联营	State Joint Ownership	2
集体联营	Collective Joint Ownership	18
国有与集体联营	Joint State-collective	1
其他联营	Other Joint Ownership	2
有限责任公司	Limited Liability Corporations	1247
国有独资公司	State Sole Funded Corporations	8
其他有限责任公司	Other Limited Liability Corporations	1239
股份有限公司	Share-holding Corporations Ltd.	231
私营企业	Private Enterprises	4357
私营独资	Private-funded Enterprises	1727
私营合伙	Private Partnership Enterprises	124
私营有限责任公司	Private Limited Liability Corporations	2299
私营股份有限公司	Private Share-holding Corporations Ltd.	207
其　他	Others	183
港澳台商投资企业	Enterprises with Funds from Hong Kong,Macao and Taiwan	31
与港澳台商合资经营	Joint-venture	10
与港澳台商合作经营	Cooperative	1
港澳台商独资	Sole Investment	17
港澳台商独资股份有限公司	Share-holding Corporations Ltd. with Sole Investment	3
外商投资企业	Foreign Funded Enterprises	57
中外合资经营	Joint-venture	15
中外合作经营	Cooperative	2
外资企业	Sole Foreign Investment	38
外商投资股份有限公司	Share-holding Corporations Ltd. With Foreign Investment	2
2.按国民经济行业分	by Sector	
综合零售业	Integrated Retail	1438
百货零售业	Retail of General Merchandise	860
超级市场零售业	Retail of Supermarkets	377
食品、饮料及烟草制品专门零售业	Retail of Food, Beverages and Tobaccos	441
纺织、服装及日用品专门零售业	Special Retail of Textiles, Garments and Daily Consumer Articles	442
服装零售业	Retail of Garments	247
文化、体育用品及器材专门零售业	Retail of Culture, Sports Appliances and Equipments	285
体育用品零售业	Retail of Sports Goods	5
图书零售业	Retail of Books	133
医药及医疗器材专门零售业	Retail of Medicines and Medical Appliances	311
药品零售业	Retail of Medicines	289
汽车、摩托车、燃料及零配件专门零售业	Retail of Motor Vehicles, Motorcycles,Fuel and Parts	2166
汽车零售业	Retail of Motor Vehicles	1392
机动车燃料零售业	Retail of Fuel of Motor Vehicles	512
家用电器及电子产品专门零售业	Special Retail of Household Electric Appliances and Electronic Products	834
家用电器零售业	Retail of Household Electric Appliances	523
计算机、软件及辅助设备零售业	Retail of Computer, Software and Assistant Appliances	175
通讯设备零售业	Retail of Communication Equipments	104
五金、家具及室内装修材料专门零售业	Special Retail of Hardware, Furniture and Decoration Materials	561
无店铺及其他零售业	Non-shop and Other Retails	417
邮购及电子销售业	Distribution of Post and E-commerce	2

continued

(10 000 yuan)

购进总额 Total Purchases Value	#进口 Import	销售总额 Total Sale Value 合计 Total	批发 Wholesale	#出口 Export	零售 Retail	年末库存总额 Inventory (year-end)
46173090	**559949**	**52673213**	**5361245**	**36569**	**47311969**	**4170921**
44198500	519394	50388758	4792435	36569	45596323	4021222
2110896	1	2180025	309397		1870628	224171
2302183		2587909	248484		2339425	171095
347848		426631	11084		415546	27215
92662		91461	11738		79722	8271
16090		16238			16238	981
61383		61029	2625		58404	5821
14567		13198	9100		4098	1369
621		996	13		983	100
13997979	81265	16379707	1774444	6232	14605264	1539301
46151		58244	274		57970	2278
13951828	81265	16321463	1774170	6232	14547293	1537022
7495413	675	9203631	1342643		7860988	436041
17210578	418059	18844871	986593	18281	17858278	1545778
4635335	85	5001223	198938	500	4802285	360630
488831	30587	510355	24254		486100	27511
11048404	386086	12224591	606737	10231	11617854	1063330
1038008	1301	1108703	156664	7550	952039	94306
640941	19394	674524	108052	12056	566472	69351
530662	10078	570157	54427		515730	61055
91284	10078	99307	19813		79493	9352
		2681	540		2140	1300
425061		441018	34074		406945	36434
14317		27152			27152	13969
1443928	30477	1714298	514382		1199916	88644
487488	1316	616650	2359		614291	37146
589862		604489	502455		102034	7520
351734	29161	474909	9568		465341	43599
14844		18250			18250	380
16024856	40280	18418394	1952416	100	16465978	1430995
12197167	14349	13476441	1144389		12332052	943275
3049020	25931	4137755	693686		3444069	389218
1377291	500	1548820	203111	10463	1345709	118057
1901797	1755	2112477	515221	4134	1597256	121960
1321489	99	1424337	395733		1028604	72767
853991	22587	956435	179178		777256	183275
24665	20017	34042			34042	3165
496886		505058	124864		380194	109475
1673610	1	1920748	372192		1548557	162732
1630012	1	1875671	353580		1522092	157719
17086965	483899	19508801	1584266	10164	17924535	1309628
13312656	483806	14604710	719439	10164	13885271	1173600
3079023		4139260	816853		3322407	88719
3422199	10703	3844483	196996	5857	3647487	393398
2602221	6103	2870737	114156	4959	2756581	326127
507975		559046	51412		507634	41195
253210		319700	14651		305050	20619
2330458	139	2679837	175387	3719	2504451	355499
1501923	85	1683218	182478	2132	1500741	95377
37199		35443			35443	3787

17—3 限额以上住宿和餐饮业经营情况(2010年)

Business of Hotels and Catering Services above Designated Size(2010)

指标名称	Indicator	法人单位(个) Corporate Unit (unit)	从业人数(人) Employed Persons (person)
总 计	**Total**	**4130**	**312137**
一、住宿业	**Hotels**	**997**	**121488**
1.按登记注册类型分	by Status of Registration		
内 资	Domestic Funded Enterprises	958	113636
国 有	State-owned	203	37469
集 体	Collective-owned	50	5245
股份合作	Cooperative	11	1395
联营企业	Joint Ownership	1	20
国有联营	State Joint Ownership		
集体联营	Collective Joint Ownership		
国有与集体联营	Joint State-collective		
其他联营	Other Joint Ownership	1	20
有限责任公司	Limited Liability Corporations	198	29905
国有独资公司	State Sole Funded Corporations	5	1061
其他有限责任公司	Other Limited Liability Corporations	193	28844
股份有限公司	Share-holding Corporations Ltd.	44	5470
私营企业	Private Enterprises	420	31441
私营独资	Private-funded Enterprises	162	8663
私营合伙	Private Partnership Enterprises	12	438
私营有限责任公司	Private Limited Liability Corporations	226	20706
私营股份有限公司	Private Share-holding Corporations Ltd.	20	1634
其 他	Others	31	2691
港澳台商投资企业	Enterprises with Funds from Hong Kong,Macao and Taiwan	20	4767
与港澳台商合资经营	Joint-venture	12	2949
与港澳台商合作经营	Cooperative	1	430
港澳台商独资	Sole Investment	7	1388
港澳台商独资股份有限公司	Share-holding Corporations Ltd. with Sole Investment		
外商投资企业	Foreign Funded Enterprises	19	3085
中外合资经营	Joint-venture	9	1386
中外合作经营	Cooperative	1	260
外资企业	Sole Foreign Investment	7	803
外商投资股份有限公司	Share-holding Corporations Ltd. With Foreign Investment	2	636
2.按国民经济行业分	by Sector		
旅游饭店	Tourist Hotels	676	101170
一般旅馆	General Hotels	304	19236
其他住宿服务	Other Accommodation Services	17	1082

17-3 续表 1 continued

指标名称	Indicator	法人单位（个）Corporate Unit (unit)	从业人数（人）Employed Persons (person)
二、餐饮业	**Catering Services**	**3133**	**190649**
1.按登记注册类型分	by Status of Registration		
内　资	Domestic Funded Enterprises	3079	171358
国　有	State-owned	124	13843
集　体	Collective-owned	73	4440
股份合作	Cooperative	23	1440
联营企业	Joint Ownership	4	152
国有联营	State Joint Ownership	1	26
集体联营	Collective Joint Ownership	1	57
国有与集体联营	Joint State-collective		
其他联营	Other Joint Ownership	2	69
有限责任公司	Limited Liability Corporations	308	27507
国有独资公司	State Sole Funded Corporations	1	130
其他有限责任公司	Other Limited Liability Corporations	307	27377
股份有限公司	Share-holding Corporations Ltd.	66	9452
私营企业	Private Enterprises	2288	107420
私营独资	Private-funded Enterprises	1328	44940
私营合伙	Private Partnership Enterprises	68	3398
私营有限责任公司	Private Limited Liability Corporations	829	54733
私营股份有限公司	Private Share-holding Corporations Ltd.	63	4349
其　他	Others	193	7104
港澳台商投资企业	Enterprises with Funds from Hong Kong,Macao and Taiwan	21	2662
与港澳台商合资经营	Joint-venture	10	1848
与港澳台商合作经营	Cooperative		
港澳台商独资	Sole Investment	11	814
港澳台商独资股份有限公司	Share-holding Corporations Ltd. with Sole Investment		
外商投资企业	Foreign Funded Enterprises	33	16629
中外合资经营	Joint-venture	8	596
中外合作经营	Cooperative		
外资企业	Sole Foreign Investment	25	16033
外商投资股份有限公司	Share-holding Corporations Ltd. with Foreign Investment		
2.按国民经济行业分	by Sector		
正餐服务	Dinner service	3020	170529
快餐服务	Fast Food Service	81	18641
饮料及冷饮服务	Beverages and cold drinks service	8	225
其他餐饮服务	Other Catering Services	24	1254

17-3 续表 2 continued

指标名称	Indicator	营业额 Business Revenue	客房收入 Revenue from Hotel Rooms	餐费收入 Revenue from Meals	商品销售收入 Revenue from Commodities	其他收入 Other Revenue
总 计	**Total**	**4806626**	**877165**	**3475777**	**300225**	**153459**
一、住宿业	**Hotels**	**1649002**	**657492**	**808566**	**80883**	**102062**
1.按登记注册类型分	by Status of Registration					
内 资	Domestic Funded Enterprises	1527444	599095	758966	76874	92510
国 有	State-owned	500762	185953	234263	26292	54255
集 体	Collective-owned	107311	33766	67199	4677	1668
股份合作	Cooperative	15895	5543	9508	810	35
联营企业	Joint Ownership	260	200	60		
国有联营	State Joint Ownership					
集体联营	Collective Joint Ownership					
国有与集体联营	Joint State-collective					
其他联营	Other Joint Ownership	260	200	60		
有限责任公司	Limited Liability Corporations	358710	140334	184859	15592	17924
国有独资公司	State Sole Funded Corporations	12947	5852	5607	16	1472
其他有限责任公司	Other Limited Liability Corporations	345763	134482	179252	15576	16453
股份有限公司	Share-holding Corporations Ltd.	72526	23442	38640	6303	4140
私营企业	Private Enterprises	426201	192745	199451	21833	12172
私营独资	Private-funded Enterprises	123689	62244	51078	7807	2561
私营合伙	Private Partnership Enterprises	11771	5172	6114	441	45
私营有限责任公司	Private Limited Liability Corporations	273210	116908	133567	13178	9558
私营股份有限公司	Private Share-holding Corporations Ltd.	17530	8422	8693	407	9
其 他	Others	45779	17112	24985	1367	2316
港澳台商投资企业	Enterprises with Funds from Hong Kong,Macao and Taiwan	82491	38023	32612	3546	8310
与港澳台商合资经营	Joint-venture	39808	18834	15609	1001	4365
与港澳台商合作经营	Cooperative	5280	1501	2684	398	697
港澳台商独资	Sole Investment	37402	17688	14319	2147	3248
港澳台商独资股份有限公司	Share-holding Corporations Ltd. with Sole Investment					
外商投资企业	Foreign Funded Enterprises	39067	20373	16988	463	1242
中外合资经营	Joint-venture	13664	6765	6168	301	431
中外合作经营	Cooperative	2688	1115	1447		127
外资企业	Sole Foreign Investment	9049	4304	4557	56	132
外商投资股份有限公司	Share-holding Corporations Ltd. With Foreign Investment	13666	8190	4817	106	553
2.按国民经济行业分	by Sector					
旅游饭店	Tourist Hotels	1354587	509057	693021	63241	89268
一般旅馆	General Hotels	281870	141664	110422	17003	12780
其他住宿服务	Other Accommodation Services	12545	6771	5122	639	13

17-3 续表 3 continued

单位:万元 (10 000 yuan)

指标名称	Indicator	营业额 Business Revenue	客房收入 Revenue from Hotel Rooms	餐费收入 Revenue from Meals	商品销售收入 Revenue from Commodities	其他收入 Other Revenue
二、餐饮业	**Catering Services**	**3157624**	**219673**	**2667211**	**219342**	**51398**
1.按登记注册类型分	by Status of Registration					
内　资	Domestic Funded Enterprises	2907133	213211	2425695	217351	50876
国　有	State-owned	179725	38664	121116	15601	4344
集　体	Collective-owned	61148	7291	50291	3251	316
股份合作	Cooperative	30845	4214	25156	1227	248
联营企业	Joint Ownership	2380	219	1832	321	8
国有联营	State Joint Ownership	326		226	100	
集体联营	Collective Joint Ownership	494	219	266		8
国有与集体联营	Joint State-collective					
其他联营	Other Joint Ownership	1560		1339	221	
有限责任公司	Limited Liability Corporations	304453	41966	237077	17929	7482
国有独资公司	State Sole Funded Corporations	736		736		
其他有限责任公司	Other Limited Liability Corporations	303717	41966	236341	17929	7482
股份有限公司	Share-holding Corporations Ltd.	168985	26705	108029	28966	5285
私营企业	Private Enterprises	2028892	85808	1776641	137815	28628
私营独资	Private-funded Enterprises	1098414	30305	972042	79724	16343
私营合伙	Private Partnership Enterprises	69672	4297	60808	4294	274
私营有限责任公司	Private Limited Liability Corporations	802970	44914	695073	51939	11044
私营股份有限公司	Private Share-holding Corporations Ltd.	57836	6292	48719	1857	968
其　他	Others	130705	8344	105554	12242	4565
港澳台商投资企业	Enterprises with Funds from Hong Kong,Macao and Taiwan	36255	3801	30759	1637	59
与港澳台商合资经营	Joint-venture	16126	2781	12108	1197	41
与港澳台商合作经营	Cooperative					
港澳台商独资	Sole Investment	20129	1020	18651	440	18
港澳台商独资股份有限公司	Share-holding Corporations Ltd. with Sole Investment					
外商投资企业	Foreign Funded Enterprises	214236	2661	210757	355	463
中外合资经营	Joint-venture	7253	845	6261		146
中外合作经营	Cooperative					
外资企业	Sole Foreign Investment	206984	1816	204496	355	317
外商投资股份有限公司	Share-holding Corporations Ltd. with Foreign Investment					
2.按国民经济行业分	by Sector					
正餐服务	Dinner service	2863815	218095	2381795	213762	50163
快餐服务	Fast Food Service	267285	660	262903	2673	1049
饮料及冷饮服务	Beverages and cold drinks service	6295		5368	864	63
其他餐饮服务	Other Catering Services	20230	919	17145	2044	122

17-4 亿元以上商品交易市场分市场类型情况(2010年)
Classification of Commodity Exchange Markets of Turnover above 100 Million Yuan (2010)

类 别	Category	市场数量(个) Number of Markets (unit)	摊位数(个) Number of Booths (unit)	年末出租摊位数(个) Number of Booths Rented at Year End (unit)	年末营业面积(平方米) Operating Area at Year End (sq.m)	成交额(万元) Turnover (10 000 yuan)
总 计	**Total**	**543**	**373177**	**352628**	**34475871**	**66761769**
一、按市场类别分组	**Grouped by Market Category**					
1.综合市场	Comprehensive Markets	85	80119	74656	4795510	6774471
生产资料综合市场	Means of production Comprehensive Markets	5	1209	1090	250750	103580
工业消费品综合市场	Industrial consumer products Comprehensive Markets	36	47237	44463	2407191	4604652
农产品综合市场	Farmer Produces Comprehen -sive Markets	22	16694	15717	909277	1527126
其他综合市场	Other Comprehensive Markets	22	14979	13386	1228292	539113
2.专业市场	Special Markets	458	293058	277972	29680361	59987298
生产资料市场	Means of Production Markets	89	28793	27091	9276453	18344420
农业生产用具市场	Agricultural Tools Markets	5	627	585	169000	195856
农用生产资料市场	Agricultural Means of Production Markets	6	789	784	77750	344933
煤炭市场	Coal and Charcoal Markets					
木材市场	Wood Markets	12	3702	3637	1682480	2208064
建材市场	Building Materials Markets	22	9826	9374	1462354	1638773
化工材料及制品市场	Chemical Materials and Products Markets	4	2230	2017	148326	419670
金属材料市场	Metal Materials Markets	31	6234	5357	4513623	12038043
机械设备市场	Mechanical Device Markets	5	2775	2729	350608	979511
其他生产资料市场	Other Means of Production Markets	4	2610	2608	872312	519570
农产品市场	Agricultural Products Markets	152	127665	122778	10755502	21202069
粮油市场	Grain and Oil Markets	16	9450	9397	636104	2183123
肉禽蛋市场	Meat, Poultry and Eggs Markets	8	3418	3298	136371	253144
水产品市场	Aquatic Products Markets	22	38649	37058	875222	4449932
蔬菜市场	Vegetables Markets	62	50977	49295	5105215	8742348
干鲜果品市场	Dried and Fresh Melons and Fruits Markets	24	13014	12324	826350	2566829
棉麻土畜、烟叶市场	Cotton ,Hemp,Local Livestock and Tobacco Markets	9	2047	1960	2764580	1646041
其他农产品市场	Other Agricultural Products Markets	11	10110	9446	411660	1360652
食品、饮料及烟酒市场	Food, Beverages, Tobacco, and Liquor Markets	28	25297	23705	922106	2027491
食品饮料市场	Food and Beverage Markets	7	12020	11946	172108	648764
茶叶市场	Tea Markets	3	1162	1162	216000	324873
烟酒市场	Tobacco and Liquor Markets	7	2762	2502	143100	535992
其他食品饮料及烟酒市场	Other Food, Beverages, Tobacco, and Liquor Markets	11	9353	8095	390898	517862
纺织、服装、鞋帽市场	Textile, Garments, Footgear, and Hats Markets	69	56811	55119	2372296	6234857
布料及纺织品市场	Fabrics and Textile Markets	10	5451	5201	448275	1328305
服装市场	Clothing Markets	44	41174	40169	1310296	3600594
鞋帽市场	Shoes and Hats Markets	7	3196	3120	122292	575103
其他纺织服装鞋帽市场	Other Textile, Garments, Footgear, and Hats Markets	8	6990	6629	491433	730855
日用品及文化用品市场	Daily Use and Cultural Goods Marke	15	10252	10168	498932	1813474
小商品市场	Merchandise Markets	5	6677	6597	272332	1239415
箱包市场	Case and Bag Markets	2	322	322	17800	73950

17-4 续表 continued

类 别	Category	市场数量（个） Number of Markets (unit)	摊位数（个） Number of Booths (unit)	年末出租摊位数（个） Number of Booths Rented at Year End (unit)	年末营业面积（平方米） Operating Area at Year End (sq.m)	成交额（万元） Turnover (10 000 yuan)
玩具市场	Toy Markets	1	348	347	38000	24910
文具市场	Stationery Markets					
图书、报刊杂志市场	Books, Newspapers and Magazines Markets	2	245	242	12800	28810
音像制品及电子出版物市场	Video products and E-journal Markets					
体育用品市场	Sports Goods Markets					
其他日用品及文化用品市场	Other Daily Use and Cultural Goods Markets	5	2660	2660	158000	446389
黄金、珠宝、玉器等首饰市场	Gold,Jewelry,Jade Markets	3	1837	1592	220000	527670
黄金、珠宝、玉器等首饰市场	Gold,Jewelry,Jade Markets	3	1837	1592	220000	527670
电器、通讯器材、电子设备市场	Electrical Appliances, Communication Appliances, Electronic Equipment Markets	11	3612	3543	345300	1121773
家电市场	Household Appliances Markets	5	1323	1287	258800	467185
通讯器材市场	Communication Appliances					
照相、摄像器材市场	Camera Equipment Markets					
计算机及辅助设备市场	Computers and Auxiliary Equipment Markets	5	2169	2136	80500	632488
其他电器、通讯器材、电子设备市场	Other Electrical Appliances, Communication Appliances,Electronic Equipment Markets	1	120	120	6000	22100
医药、医疗用品及器材市场	Medicine,Medical Supplies and Equipment Markets	1	800	800	60000	30998
中药材市场	Chinese Medicine Markets	1	800	800	60000	30998
其他医药、医疗用品及器材市场	Other Medicine,Medical Supplies and Equipment Markets					
家具、五金及装饰材料市场	Furniture,Hardware,and Decorative Materials Markets	50	25184	20894	3718849	4803255
家具市场	Furniture Markets	13	8062	5894	909471	626235
装饰材料市场	Decoration Materials Markets	20	8133	6816	1093879	2035537
灯具市场	Lamps Markets	1	970	970	130000	409000
厨具、盥洗设备市场	Kitchen Utensils and Washing Equipment Markets	1	232	208	36000	19825
五金材料市场	Hardware Materials Markets	10	5796	5614	594699	1090972
其他装修市场	Other Decoration Markets	5	1991	1392	954800	621686
汽车、摩托车及零配件市场	Automobile, Motorcycle and Spare Parts Markets	31	9030	8714	925033	3313101
汽车市场	Automobile Markets	15	4049	4000	629660	2130678
摩托车市场	Motorcycle Markets					
机动车零配件市场	Motor Vehicle Spare Parts Markets	16	4981	4714	295373	1182423
花、鸟、鱼、虫市场	Flowers,Birds,Fish,Insects Markets	2	1600	1600	139960	397000
花卉市场	Flower Markets	2	1600	1600	139960	397000
鸟市场	Bird Markets					
观赏鱼市场	Ornamental Fish Markets					
其他花鸟鱼虫市场	Other Flowers,Birds,Fish,Insects Markets					
旧货市场	Second Hand Markets	3	706	706	67000	58230
古玩、古董、字画市场	Antique,Antiques,Calligraphy and Painting Markets					
邮票、硬币市场	Stamps,Coins Markets					
其他旧货市场	Other Second Hand Markets	3	706	706	67000	58230
其他专业市场	Other Special Markets	4	1471	1262	378930	112960
二、按营业状态分组	**Grouped by Operating Status**					
1.常年营业	Perennial operating	515	359910	340082	32965281	63748751
2.季节性营业	Seasonal operating	28	13267	12546	1510590	3013018
3.其他	Others					
三、按经营方式分组	**Grouped by Operating Mode**					
1.以批发为主	Wholesale	376	267426	253146	28356473	56374658
2.以零售为主	Retail	167	105751	99482	6119398	10387111
四、按经营环境分组	**Grouped by Operating Environment**					
1.露天式	Open Air	168	91509	87367	13271001	18724909
2.封闭式	Closed	324	233608	220274	17674635	41365279
3.其他	Others	51	48060	44987	3530235	6671581

17-5 亿元以上商品交易市场成交情况(2010年)
Basic Statistics on Commodity Exchange Markets of Turnover above 100 Million Yuan(2010)

类　　别	Category	年末出租摊位数(个) Number of Booths Rented at Year end (unit)	全年成交额(万元) Turnover (10 000 yuan)
合　计	**Total**	**352628**	**66761769**
1.食品、饮料、烟酒类	Food, Beverages, Tobacco and Liquor	158190	22574734
(1)粮油、食品类	Grain、Oil and Food	144987	20936948
#粮油类	Grain and Oil	10502	2299457
肉禽蛋类	Meal,Doultr and Eggs	10599	980635
水产品类	Aquatil Prodults	35648	4833522
蔬菜类	Vegetables	63593	9015373
干鲜果品类	Dried and Fresh Molons and Fruits	20257	3135573
(2)饮料类	Beverages	5334	698557
(3)烟酒类	Tobacco and Liquor	7869	939229
2.服装、鞋帽、针、纺织品类	Clothing, Shoes, Hats and Textiles	80839	8102867
(1)服装类	Clothing	50740	4311015
(2)鞋帽类	Shoes and Hats	13983	1329703
(3)针、纺织品类	Knitwear and Textiles	16116	2462149
3.化妆品类	Cosmetics	3503	327367
4.金银珠宝类	Gold,Silver and Jewelry	1956	559162
5.日用品类	Articles for Daily Use	19376	2431779
#洗涤用品类	Washing Articles	4673	281031
儿童玩具类	Children Toys	2252	119814
6.五金电料类	Hardware & Electrical Materials	9622	1695397
7.体育、娱乐用品类	Sports & Recreational Articles	1263	167209
8.书报杂志类	Newspapers and Magazines	648	69732
9.电子出版物及音像制品类	E-journals and Video Products	671	23406
10.家用电器和音像器材类	Household Appliances and Video Appliance	3665	752389
11.中西药材类	Traditional Chinese and Western Medicines	1011	56021
#西药类	Western Medicines	132	17340
中草药及中成药品类	Traditional Chinese Medicines	860	33088
12.文化办公用品类	Cultural and Offices Appliances	4870	958014
13.家具类	Furniture	6872	1017590
14.通讯器材类	Communication Appliances	845	80987
15.煤炭及制品类	Coal and Related Products	86	17813
16.木材及制品类	Wood and Wooden Products	5037	2640574
17.石油及制品类	Petroleum and Related Products	110	5354
18.化工材料及制品类	Chemical Materials and Related Products	3113	761995
#化肥类	Fertilizers	498	247386
19.金属材料类	Metal Materials	5700	11882465
20.建筑及装潢材料类	Building and Decoration Materials	19994	4659381
21.机电产品及设备类	Mechanical & Electrical Products	4052	1330721
#农机类	Agricultural Machineries	697	230863
22.汽车类	Automobiles	8567	3320870
23.种子饲料类	Seeds and Feedstuff	673	100998
24.棉麻类	Cotton and Hemp	3166	1829680
25.其他类	Others	8799	1395264

17–6 各市亿元以上商品交易市场情况(2010年)

Basic Statistics on Commodity Exchange Markets of Turnover above 100 Million Yuan by Region(2010)

地 区	Region	市场数量 (个) Number of Markets	摊位数 (个) Number of Booths	年末出租摊位数 (个) Number of Booths Rented at Year End (unit)	年末营业面积 (平方米) Operating Area at Year End (sq.m)	成交额 (万元) Turnover (10 000 yuan)
全省总计	**Total**	**543**	**373177**	**352628**	**34475871**	**66761769**
济南市	Jinan	41	24552	23622	2521419	4570352
青岛市	Qingdao	67	53619	50959	5024486	10336431
淄博市	Zibo	25	15290	13803	855280	3403389
枣庄市	Zaozhuang	23	16202	15563	897607	2456461
东营市	Dongying	15	9220	8734	444493	377773
烟台市	Yantai	26	23332	21801	1862912	2507119
潍坊市	Weifang	40	24498	23051	3221062	5343151
济宁市	Jining	22	15104	13826	1394890	2248749
泰安市	Tai'an	11	21285	18983	1921948	3097103
威海市	Weihai	12	5954	5837	180964	363993
日照市	Rizhao	12	19922	18922	1761200	2501198
莱芜市	Laiwu	1	85	85	25000	27000
临沂市	Linyi	54	33601	32385	3430044	6925538
德州市	Dezhou	109	57398	56118	7141429	11513982
聊城市	Liaocheng	15	15789	14622	1684356	2798927
滨州市	Binzhou	20	12707	12337	915149	6744154
菏泽市	Heze	50	24619	21980	1193632	1546449

17-7 批发和零售业连锁经营情况(2010年)

指　　标	Item	连锁总店(总部)数(个) Number of chain head stores (unit)	合计 Total
总　计	**Total**	**116**	**9224**
一、按行业分组	**by Sector**		
批发业	Wholesale Trade	9	3526
零售业	Retail Trade	107	5698
二、按登记注册类型分组	**by Status of Registration**		
内资企业	Domestic Funded Enterprises	105	8945
国有企业	State-owned Enterprises	7	95
集体企业	Collective-owned Enterprises	3	89
股份合作企业	Cooperative Enterprises	2	35
联营企业	Joint Ownership Enterprises		
有限责任公司	Limited Liability Corporations	39	2416
股份有限公司	Share-holding Corporations Limited	18	5451
私营企业	Private Enterprises	35	838
其他企业	Other Enterprises	1	21
港、澳、台商投资企业	Enterprises with Funds from Hong Kong, Macao and Taiwan	1	61
合资经营企业(港或澳、台资)	Joint-ventures Enterprises		
合作经营企业(港或澳、台资)	Cooperative Enterprises		
港、澳、台商独资经营企业	Enterprises with Sole Investment	1	61
港、澳、台商投资股份有限公司	Share-holding Corporations Ltd. With Funds from Hong Kong,Macao and Taiwan		
外商投资企业	Foreign Funded Enterprises	10	218
中外合资经营企业	Joint-venture Enterprises	4	210
中外合作经营企业	Cooperation Enterprises	1	2
外资企业	Enterprises with Sole Foreign Funds	5	6
外商投资股份有限公司	Share-holding Corporations Ltd. With Foreign Investment		
三、按控股情况分组	**by Holding Condition**		
国有控股	State holding	18	3753
集体控股	Collective holding	13	1049
私人控股	Private holding	44	2525
港澳台商控股	Hong Kong, Macao and Taiwan business Holding	3	202
外商控股	Foreign holding	7	16
其　他	Others	31	1679
四、按连锁零售业态分组	**by Business Categories**		
便利店	Convenience Store	1	46
折扣店	Discount store		
超　市	Supermarket	24	2012
大型超市	Large supermarket	6	18
仓储会员店	Warehouse club stores		
百货商店	Department store	15	1679
专业店	Professional store	53	4837
其中：加油站	In:Gas Station	7	3461
专卖店	Specialty store	15	613
家居建材商店	Home-furnishings store	1	1
厂家直销中心	Factory Outlet Center		
其　他	Others	1	18

Business of chain operation of Wholesale and Retail Trade(2010)

门店总数(个) Number of Stores(unit)		年末零售营业面积(平方米) Operational Area(sq.m)			年末从业人员数(人) Engaged Persons(person)		
直营店 Under Direct Management	加盟店 Through License Arrangement	合计 Total	直营店 Under Direct Management	加盟店 Through License Arrangement	合计 Total	直营店 Under Direct Management	加盟店 Through License Arrangement
6514	**2710**	**9832230**	**9415634**	**416596**	**144623**	**131826**	**12797**
3433	93	1319300	1284190	35110	9594	9217	377
3081	2617	8512930	8131444	381486	135029	122609	12420
6296	2649	9279525	8879136	400389	133253	121157	12096
95		48454	48454		1230	1230	
16	73	6001	1540	4461	308	116	192
33	2	17283	17123	160	451	449	2
1548	868	2343477	2214729	128748	36475	33210	3265
3868	1583	6417108	6203059	214049	85816	77809	8007
715	123	441902	388931	52971	8759	8129	630
21		5300	5300		214	214	
	61	16207		16207	701		701
	61	16207		16207	701		701
218		536498	536498		10669	10669	
210		424551	424551		7438	7438	
2		15719	15719		1048	1048	
6		96228	96228		2183	2183	
3741	12	3807072	3805721	1351	53127	53062	65
613	436	1205615	1120627	84988	20314	18441	1873
1227	1298	2570476	2451340	119136	35317	31259	4058
141	61	96916	80709	16207	4020	3319	701
16		450614	450614		5312	5312	
776	903	1701537	1506623	194914	26533	20433	6100
46		34600	34600		317	317	
1147	865	2942551	2757384	185167	43206	38993	4213
18		316276	316276		7244	7244	
331	1348	4854850	4673521	181329	69693	63075	6618
4421	416	1559412	1511883	47529	19749	18115	1634
3461		1287157	1287157		7594	7594	
532	81	89926	87355	2571	3984	3652	332
1		20000	20000		82	82	
18		14615	14615		348	348	

17-7 续表 1 continued

指　　标	Item	连锁门店商品购进额(万元) Total Purchases of chain store(10000 yuan) 合计 Total	直营店 Under Direct Management	加盟店 Through License Arrangement
总　计	**Total**	**17722600**	**17176010**	**546590**
一、按行业分组	**by Sector**			
批发业	Wholesale Trade	9032250	8942070	90180
零售业	Retail Trade	8690350	8233940	456410
二、按登记注册类型分组	**by Status of Registration**			
内资企业	Domestic Funded Enterprises	16498915	15975810	523104
国有企业	State-owned Enterprises	57353	57353	
集体企业	Collective-owned Enterprises	97325	14748	82578
股份合作企业	Cooperative Enterprises	15372	15369	3
联营企业	Joint Ownership Enterprises			
有限责任公司	Limited Liability Corporations	2253962	2135056	118906
股份有限公司	Share-holding Corporations Limited	13610733	13355622	255111
私营企业	Private Enterprises	462225	395718	66507
其他企业	Other Enterprises	1944	1944	
港、澳、台商投资企业	Enterprises with Funds from Hong Kong, Macao and Taiwan	23485		23485
合资经营企业(港或澳、台资)	Joint-ventures Enterprises			
合作经营企业(港或澳、台资)	Cooperative Enterprises			
港、澳、台商独资经营企业	Enterprises with Sole Investment	23485		23485
港、澳、台商投资股份有限公司	Share-holding Corporations Ltd. With Funds from Hong Kong,Macao and Taiwan			
外商投资企业	Foreign Funded Enterprises	1200200	1200200	
中外合资经营企业	Joint-venture Enterprises	542381	542381	
中外合作经营企业	Cooperation Enterprises	587164	587164	
外资企业	Enterprises with Sole Foreign Funds	70655	70655	
外商投资股份有限公司	Share-holding Corporations Ltd. With Foreign Investment			
三、按控股情况分组	**by Holding Condition**			
国有控股	State holding	10913855	10912888	967
集体控股	Collective holding	1471069	1298637	172432
私人控股	Private holding	2206862	2050624	156238
港澳台商控股	Hong Kong, Macao and Taiwan business Holding	710085	686600	23485
外商控股	Foreign holding	145797	145797	
其　　他	Others	2274932	2081465	193467
四、按连锁零售业态分组	**by Business Categories**			
便利店	Convenience Store	436457	436457	
折扣店	Discount store			
超　市	Supermarket	2827027	2651341	175686
大型超市	Large supermarket	798161	798161	
仓储会员店	Warehouse club stores			
百货商店	Department store	3779109	3559430	219680
专业店	Professional store	9575008	9479801	95207
其中：加油站	In:Gas Station	8589697	8589697	
专卖店	Specialty store	288467	232450	56017
家居建材商店	Home-furnishings store	5011	5011	
厂家直销中心	Factory Outlet Center			
其　他	Others	13360	13360	

17-7 续表 2 continued

指 标	Item	连锁门店商品销售额(万元) Sale Value of chain store(10000 yuan) 合计 Total	直营店 Under Direct Management	加盟店 Through License Arrangement
总 计	**Total**	**20985099**	**20369786**	**615313**
一、按行业分组	**by Sector**			
批发业	Wholesale Trade	9609894	9495232	114662
零售业	Retail Trade	11375205	10874553	500651
二、按登记注册类型分组	**by Status of Registration**			
内资企业	Domestic Funded Enterprises	19345941	18758612	587329
国有企业	State-owned Enterprises	55941	55941	
集体企业	Collective-owned Enterprises	123492	16353	107139
股份合作企业	Cooperative Enterprises	18056	18053	3
联营企业	Joint Ownership Enterprises			
有限责任公司	Limited Liability Corporations	2441289	2303709	137580
股份有限公司	Share-holding Corporations Limited	16232039	15925017	307022
私营企业	Private Enterprises	473000	437415	35585
其他企业	Other Enterprises	2125	2125	
港、澳、台商投资企业	Enterprises with Funds from Hong Kong, Macao and Taiwan	27984		27984
合资经营企业(港或澳、台资)	Joint-ventures Enterprises			
合作经营企业(港或澳、台资)	Cooperative Enterprises			
港、澳、台商独资经营企业	Enterprises with Sole Investment	27984		27984
港、澳、台商投资股份有限公司	Share-holding Corporations Ltd. With Funds from Hong Kong,Macao and Taiwan			
外商投资企业	Foreign Funded Enterprises	1611174	1611174	
中外合资经营企业	Joint-venture Enterprises	850143	850143	
中外合作经营企业	Cooperation Enterprises	601812	601812	
外资企业	Enterprises with Sole Foreign Funds	159219	159219	
外商投资股份有限公司	Share-holding Corporations Ltd. With Foreign Investment			
三、按控股情况分组	**by Holding Condition**			
国有控股	State holding	12518576	12516915	1661
集体控股	Collective holding	1691676	1516420	175256
私人控股	Private holding	2531964	2322796	209168
港澳台商控股	Hong Kong, Macao and Taiwan business Holding	748045	720061	27984
外商控股	Foreign holding	407088	407088	
其 他	Others	3087750	2886506	201244
四、按连锁零售业态分组	**by Business Categories**			
便利店	Convenience Store	436457	436457	
折扣店	Discount store			
超 市	Supermarket	3134914	2927460	207454
大型超市	Large supermarket	914637	914637	
仓储会员店	Warehouse club stores			
百货商店	Department store	5721555	5460459	261095
专业店	Professional store	10439331	10317069	122263
其中：加油站	In:Gas Station	9323039	9323039	
专卖店	Specialty store	315438	290937	24501
家居建材商店	Home-furnishings store	6022	6022	
厂家直销中心	Factory Outlet Center			
其 他	Others	16744	16744	

17-8 住宿和餐饮业连锁经营情况(2010年)

指 标 名 称	Item	连锁总店或总部数(个) Number of chain head stores (unit)	门店总数(个) Number of Stores (unit)
总 计	**Total**	**18**	**296**
一、按行业分组	**by Sector**		
住宿业	Hotel Services	3	6
餐饮业	Catering Services	15	290
二、按登记注册类型分组	**by Status of Registration**		
内资企业	Domestic Funded Enterprises	11	60
国有企业	State-owned Enterprises		
集体企业	Collective-owned Enterprises		
股份合作企业	Cooperative Enterprises		
联营企业	Joint Ownership Enterprises		
有限责任公司	Limited Liability Corporations	2	8
股份有限公司	Share-holding Corporations Limited		
私营企业	Private Enterprises	9	52
其他企业	Other Enterprises		
港、澳、台商投资企业	Enterprises with Funds from Hong Kong, Macao and Taiwan	4	11
合资经营企业(港或澳、台资)	Joint-ventures Enterprises		
合作经营企业(港或澳、台资)	Cooperative Enterprises		
港、澳、台商独资经营企业	Enterprises with Sole Investment	4	11
港、澳、台商投资股份有限公司	Share-holding Corporations Ltd. With Funds from Hong Kong, Macao and Taiwan		
外商投资企业	Foreign Funded Enterprises	3	225
中外合资经营企业	Joint-venture Enterprises		
中外合作经营企业	Cooperation Enterprises		
外资企业	Enterprises with Sole Foreign Funds	3	225
外商投资股份有限公司	Share-holding Corporations Ltd. With Foreign Investment		
三、按控股情况分组	**by Holding Condition**		
国有控股	State holding		
集体控股	Collective holding	4	13
私人控股	Private holding	2	9
港澳台商控股	Hong Kong, Macao and Taiwan business Holding	3	210
外商控股	Foreign holding	8	60
其 他	Others	1	4
四、餐饮业按餐饮活动分组	**Catering Services by Business Categories**		
正 餐	Restaurant	8	20
快 餐	Fast Food	6	262
茶 馆	Tea Shop		
咖啡店	Café	1	8
酒 吧	Bar		
其他餐饮	Others		

Business of chain operation of Hotels and Catering Services(2010)

直营店 Under Direct Management	年末从业人员(人) Engaged Persons (person)	直营店 Under Direct Management	年末餐饮营业面积(平方米) Operational Area (sq.m)	直营店 Under Direct Management	客房数(间) Number of rooms (room)	直营店 Under Direct Management	床位数(个) Number of Beds (unit)	直营店 Under Direct Management
291	**18073**	**17335**	**158597**	**132297**	**1217**	**1217**	**1789**	**1789**
6	1245	1245	13950	13950	1217	1217	1789	1789
285	16828	16090	144647	118347				
55	2037	1299	59653	33353	350	350	700	700
8	328	328	6450	6450	350	350	700	700
47	1709	971	53203	26903				
11	1111	1111	11564	11564	867	867	1089	1089
11	1111	1111	11564	11564	867	867	1089	1089
225	14925	14925	87380	87380				
225	14925	14925	87380	87380				
11	519	393	28800	14800				
9	136	136	2564	2564				
210	14270	14270	83269	83269	171	171	172	172
57	2878	2266	39014	26714	696	696	917	917
4	270	270	4950	4950	350	350	700	700
15	1418	680	48410	22110				
262	15339	15339	94803	94803				
8	71	71	1434	1434				

17-8 续表

指标名称	Item	餐位数(位) Number of Diningseats (unit)	直营店 Under Direct Management
总　计	**Total**	**47200**	**42650**
一、按行业分组	**by Sector**		
住宿业	Hotel Services	1430	1430
餐饮业	Catering Services	45770	41220
二、按登记注册类型分组	**by Status of Registration**		
内资企业	Domestic Funded Enterprises	12561	8011
国有企业	State-owned Enterprises		
集体企业	Collective-owned Enterprises		
股份合作企业	Cooperative Enterprises		
联营企业	Joint Ownership Enterprises		
有限责任公司	Limited Liability Corporations	1620	1620
股份有限公司	Share-holding Corporations Limited		
私营企业	Private Enterprises	10941	6391
其他企业	Other Enterprises		
港、澳、台商投资企业	Enterprises with Funds from Hong Kong,Macao and Taiwan	2070	2070
合资经营企业(港或澳、台资)	Joint-ventures Enterprises		
合作经营企业(港或澳、台资)	Cooperative Enterprises		
港、澳、台商独资经营企业	Enterprises with Sole Investment	2070	2070
港、澳、台商投资股份有限公司	Share-holding Corporations Ltd. With Funds from Hong Kong, Macao and Taiwan		
外商投资企业	Foreign Funded Enterprises	32569	32569
中外合资经营企业	Joint-venture Enterprises		
中外合作经营企业	Cooperation Enterprises		
外资企业	Enterprises with Sole Foreign Funds	32569	32569
外商投资股份有限公司	Share-holding Corporations Ltd. With Foreign Investment		
三、按控股情况分组	**by Holding Condition**		
国有控股	State holding		
集体控股	Collective holding	4810	2060
私人控股	Private holding	1160	1160
港澳台商控股	Hong Kong, Macao and Taiwan business Holding	30815	30815
外商控股	Foreign holding	9895	8095
其　他	Others	520	520
四、餐饮业按餐饮活动分组	**Catering Services by Business Categories**		
正　餐	Restaurant	9064	4514
快　餐	Fast Food	35946	35946
茶　馆	Tea Shop		
咖啡店	Café	760	760
酒　吧	Bar		
其他餐饮	Others		

continued

连锁门店商品购进额(万元) Total Purchases of chain store (10000 yuan)	直营店 Under Direct Management	统一配送商品购进额 Centralized Purchases and Delivery	连锁门店营业额(万元) Bussiness Revenue of chain store (10000 yuan)	直营店 Under Direct Management	餐费收入 From Meals	直营 Under Direct Management
64721	**62405**	**56207**	**252857**	**244980**	**226393**	**223179**
2094	2094		33742	33742	12751	12751
11699	9383	5119	30977	23100	24362	21148
2594	2594	500	3398	3398	2135	2135
9105	6789	4620	27580	19703	22227	19013
698	698	698	34481	34481	14632	14632
698	698	698	34481	34481	14632	14632
52324	52324	50390	187400	187400	187400	187400
52324	52324	50390	187400	187400	187400	187400
6510	5270	4620	8052	5993	7362	5303
698	698	698	3153	3153	3153	3153
50390	50390	50390	177732	177732	177304	177304
5030	3954	500	61505	55688	37300	36146
2094	2094		2414	2414	1273	1273
5979	3663	2717	17005	9129	11532	8318
56548	56548	53390	199693	199693	199693	199693
101	101	101	2417	2417	2417	2417

17-9 限额以上批发和零售业企业财务状况(2010年)

单位:万元

指 标 名 称	Indicator	企业数(个) Number of Enterprises (unit)
总 计	**Total**	**11792**
一、批发业	**Wholesale Trade**	**4897**
1.按登记注册类型分	by Status of Registration	
内 资	Domestic Funded Enterprises	4810
国 有	State-owned	240
集 体	Collective-owned	146
股份合作	Cooperative	20
联营企业	Joint Ownership	7
国有联营	State Joint Ownership	2
集体联营	Collective Joint Ownership	3
国有与集体联营	Joint State-collective	1
其他联营	Other Joint Ownership	1
有限责任公司	Limited Liability Corporations	837
国有独资公司	State Sole Funded Corporations	11
其他有限责任公司	Other Limited Liability Corporations	826
股份有限公司	Share-holding Corporations Ltd.	130
私营企业	Private Enterprises	3337
私营独资	Private-funded Enterprises	795
私营合伙	Private Partnership Enterprises	61
私营有限责任公司	Private Limited Liability Corporations	2358
私营股份有限公司	Private Share-holding Corporations Ltd.	123
其 他	Others	93
港澳台商投资企业	Enterprises with Funds from Hong Kong,Macao and Taiwan	20
与港澳台商合资经营	Joint-venture	5
与港澳台商合作经营	Cooperative	2
港澳台商独资	Sole Investment	12
港澳台商独资股份有限公司	Share-holding Corporations Ltd. with Sole Investment	1
外商投资企业	Foreign Funded Enterprises	67
中外合资经营	Joint-venture	17
中外合作经营	Cooperative	3
外资企业	Sole Foreign Investment	46
外商投资股份有限公司	Share-holding Corporations Ltd. with Foreign Investment	1
2.按国民经济行业分	by Sector	
农畜产品批发业	Wholesale of Farm Produce and Livestock Products	302
食品、饮料及烟草制品批发业	Wholesale of Food, Beverages and Tobaccos	488
米、面制品及食用油批发业	Wholesale of Rice, Flour and Edible Oil	65
烟草制品批发业	Whole of Tobaccos	50
纺织、服装及日用品批发业	Wholesale of Textiles, Garments and Daily Consumer Articles	213
服装批发业	Wholesale of Garments	53
文化、体育用品及器材批发业	Wholesale of Culture, Sports Appliances and Equipments	58
医药及医疗器材批发业	Wholesale of Medicines and Medical Appliances	166
矿产品、建材及化工产品批发业	Wholesale of Mineral Products, Building Materials and Chemical Products	2812
煤炭及制品批发业	Wholesale of Coal and Related Products	828
石油及制品批发业	Wholesale of Petrolem and Related Products	196
金属及金属矿批发业	Wholesale of Metal Materials	775
建材批发业	Wholesale of Building Materials	398
化肥批发业	Wholesale of Chemical Fertilizer	239
机械设备、五金交电及电子产品批发业	Wholesale of Machinery, Hardware and Electronic Equipment	580
汽车、摩托车及零配件批发业	Wholesale of Motor Vehicles, Motorcycles and Parts	127
家用电器批发业	Wholesale of Household Electrical Appliances	44
计算机、软件及辅助设备批发业	Wholesale of Computer, Software and Assistant Appliances	33
贸易经纪与代理	Trade Broker and Agency	38
其他批发业	Other Wholesale not Classified Elsewhere	240

Financial Indicators of Enterprises above Designated Size of Wholesale and Retail Trades(2010)

(10 000 yuan)

年末资产负债 Assets and Liabilities at Year-end					
流动资产合计 Total Working Capitals	固定资产原价 Original Value of Fixed Assets	本年折旧 Depreciation in the Year	资产合计 Total Assests	负债合计 Total Liabilities	所有者权益合计 Total Owner's Equities
44317692	**12272069**	**696055**	**61086393**	**43145133**	**17941260**
30456507	**5927540**	**319238**	**39124175**	**27466803**	**11657373**
29275905	5835162	311053	37825954	26562969	11262985
5509286	936797	49922	6951413	3460097	3491316
1288761	149119	8690	1525724	1383153	142571
90865	11782	789	104084	87220	16864
17707	7713	63	34700	29465	5235
5327	3723	5	7974	4358	3616
11573	371	29	11988	11015	973
732	3119		14238	14038	200
75	500	30	500	54	446
11412435	1043043	60561	13406860	11092683	2314177
1177068	48457	2334	1339200	1016429	322771
10235368	994586	58227	12067661	10076254	1991406
1928605	1642980	67113	3737976	2300903	1437073
8805450	1901378	112982	11644651	8002138	3642513
654887	467677	24706	1147864	498558	649307
79264	34777	1917	123041	70490	52551
7826354	1304250	80944	9963266	7201010	2762257
244945	94673	5416	410480	232081	178399
222797	142352	10933	420546	207310	213236
515355	46014	3542	592358	376566	215792
64521	11007	687	77952	63428	14524
30247	22778	1135	64286	18645	45641
268802	12206	1716	283101	142707	140394
151786	24	4	167019	151786	15233
665247	46364	4644	705863	527267	178596
285461	29249	2451	309931	226627	83304
45675	8113	1082	52042	15130	36911
333137	8974	1100	342904	285186	57718
974	28	11	986	323	663
1493225	312458	15111	2064313	1522882	541430
3430001	1103999	54281	4770276	2413158	2357118
533337	151608	4218	762865	782720	-19855
1676720	507934	28867	2266592	537766	1728826
1382281	247158	12482	1888543	1326366	562177
560847	83276	4183	775699	556889	218810
493459	110806	4743	857610	524864	332747
1648663	103427	6628	1809124	1587349	221775
14624860	3410725	182579	19266656	13094798	6171858
2048780	511829	32402	2840642	1747673	1092969
3664012	1902103	86802	5808536	2818364	2990172
5669983	437345	27848	6389897	5299900	1089998
908308	217480	10943	1196872	811402	385470
879503	159550	10214	1098305	865548	232757
6109584	463244	33075	6844359	5839463	1004896
1163180	76080	4992	1254990	987181	267808
1387494	10992	763	1502080	1461964	40115
69591	3771	544	103457	86859	16598
538570	40108	1816	661282	506137	155145
735865	135618	8523	962013	651786	310227

17-9 续表 1

单位:万元

指标名称	Indicator	企业数(个) Number of Enterprises (unit)
二、零售业	**Retail Trade**	**6895**
1.按登记注册类型分	by Status of Registration	
内　资	Domestic Funded Enterprises	6807
国　有	State-owned	277
集　体	Collective-owned	426
股份合作	Cooperative	63
联营企业	Joint Ownership	23
国有联营	State Joint Ownership	2
集体联营	Collective Joint Ownership	18
国有与集体联营	Joint State-collective	1
其他联营	Other Joint Ownership	2
有限责任公司	Limited Liability Corporations	1247
国有独资公司	State Sole Funded Corporations	8
其他有限责任公司	Other Limited Liability Corporations	1239
股份有限公司	Share-holding Corporations Ltd.	231
私营企业	Private Enterprises	4357
私营独资	Private-funded Enterprises	1727
私营合伙	Private Partnership Enterprises	124
私营有限责任公司	Private Limited Liability Corporations	2299
私营股份有限公司	Private Share-holding Corporations Ltd.	207
其　他	Others	183
港澳台商投资企业	Enterprises with Funds from Hong Kong,Macao and Taiwan	31
与港澳台商合资经营	Joint-venture	10
与港澳台商合作经营	Cooperative	1
港澳台商独资	Sole Investment	17
港澳台商独资股份有限公司	Share-holding Corporations Ltd. with Sole Investment	3
外商投资企业	Foreign Funded Enterprises	57
中外合资经营	Joint-venture	15
中外合作经营	Cooperative	2
外资企业	Sole Foreign Investment	38
外商投资股份有限公司	Share-holding Corporations Ltd. With Foreign Investment	2
2.按国民经济行业分	by Sector	
综合零售业	Integrated Retail	1438
百货零售业	Retail of General Merchandise	860
超级市场零售业	Retail of Supermarkets	377
食品、饮料及烟草制品专门零售业	Retail of Food, Beverages and Tobaccos	441
纺织、服装及日用品专门零售业	Special Retail of Textiles, Garments and Daily Consumer Articles	442
服装零售业	Retail of Garments	247
文化、体育用品及器材专门零售业	Retail of Culture, Sports Appliances and Equipments	285
体育用品零售业	Retail of Sports Goods	5
图书零售业	Retail of Books	133
医药及医疗器材专门零售业	Retail of Medicines and Medical Appliances	311
药品零售业	Retail of Medicines	289
汽车、摩托车、燃料及零配件专门零售业	Retail of Motor Vehicles, Motorcycles,Fuel and Parts	2166
汽车零售业	Retail of Motor Vehicles	1392
机动车燃料零售业	Retail of Fuel of Motor Vehicles	512
家用电器及电子产品专门零售业	Special Retail of Household Electric Appliances and Electronic Products	834
家用电器零售业	Retail of Household Electric Appliances	523
计算机、软件及辅助设备零售业	Retail of Computer, Software and Assistant Appliances	175
通讯设备零售业	Retail of Communication Equipments	104
五金、家具及室内装修材料专门零售业	Special Retail of Hardware, Furniture and Decoration Materials	561
无店铺及其他零售业	Non-shop and Other Retails	417
邮购及电子销售业	Distribution of Post and E-commerce	2

continued

(10 000 yuan)

年末资产负债 Assets and Liabilities at Year-end					
流动资产合计 Total Working Capitals	固定资产原价 Original Value of Fixed Assets	本年折旧 Depreciation in the Year	资产合计 Total Assests	负债合计 Total Liabilities	所有者权益合计 Total Owner's Equities
13861185	**6344529**	**376817**	**21962218**	**15678331**	**6283887**
13277549	5994479	357301	21042828	15018534	6024294
587853	410703	18872	1017217	708042	309176
409008	303005	15776	713839	455897	257942
87710	58211	2452	147897	98701	49196
12463	13045	546	36203	15005	21198
1264	798	3	1890	1048	842
7636	8295	334	28039	12693	15346
3299	3850	200	5899	1147	4752
265	102	9	375	117	258
4436333	1681077	119334	6591846	4931800	1660046
10232	4344	91	13536	6830	6706
4426101	1676732	119243	6578310	4924970	1653340
2974483	1179844	68140	5188716	3924707	1264009
4581792	2222172	126669	7017906	4681390	2336516
771532	815349	48812	1570905	729166	841739
81942	63369	2841	145589	72449	73141
3435255	1187230	67085	4861935	3565989	1295946
293063	156224	7931	439476	313786	125690
187906	126422	5511	329204	202993	126211
120988	62200	4500	191937	114458	77479
27852	14185	746	42127	26192	15935
189	115	58	636	494	142
91684	38022	3229	130331	76743	53588
1263	9879	468	18844	11029	7814
462648	287850	15016	727453	545338	182115
182805	132771	7731	316370	220833	95537
146152	25167	1651	159493	134625	24867
132354	127271	5448	248144	189795	58349
1337	2641	186	3446	85	3361
5200441	3039347	161434	8941387	6707266	2234121
4070652	2253992	112282	6969762	5245905	1723857
977179	660449	41440	1683363	1279041	404322
328739	271277	11341	593871	348061	245810
248876	198751	13323	458260	274454	183806
159154	123249	8104	293794	181123	112670
359159	272680	12144	627956	383682	244274
10115	2071	253	19893	16388	3505
215189	208271	8957	401758	248057	153701
680517	192869	37246	958778	723308	235471
665948	186273	37023	937278	708712	228566
4908620	1298957	85847	7051002	5233454	1817548
4385590	838766	54741	5916812	4608805	1308007
395343	372452	25831	926147	505778	420369
1041409	441503	24523	1511191	1041630	469561
829497	281641	19920	1161222	842226	318996
94489	27670	1642	133338	70010	63328
95451	119422	2484	181600	114410	67190
677643	414291	20894	1130213	547546	582667
415782	214857	10065	689560	418930	270630
11494	2011	307	12875	8007	4868

17-9 续表 2

单位:万元

指标名称	Indicator	营业收入合计 Business Revenue
总　计	**Total**	**157799806**
一、批发业	**Wholesale Trade**	**108020656**
1.按登记注册类型分	by Status of Registration	
内　资	Domestic Funded Enterprises	103143876
国　有	State-owned	14963874
集　体	Collective-owned	3729446
股份合作	Cooperative	464607
联营企业	Joint Ownership	121661
国有联营	State Joint Ownership	36265
集体联营	Collective Joint Ownership	29879
国有与集体联营	Joint State-collective	52718
其他联营	Other Joint Ownership	2800
有限责任公司	Limited Liability Corporations	30624518
国有独资公司	State Sole Funded Corporations	1917673
其他有限责任公司	Other Limited Liability Corporations	28706845
股份有限公司	Share-holding Corporations Ltd.	15769869
私营企业	Private Enterprises	35025629
私营独资	Private-funded Enterprises	4914546
私营合伙	Private Partnership Enterprises	475510
私营有限责任公司	Private Limited Liability Corporations	28375799
私营股份有限公司	Private Share-holding Corporations Ltd.	1259774
其　他	Others	2444272
港澳台商投资企业	Enterprises with Funds from Hong Kong,Macao and Taiwan	1680038
与港澳台商合资经营	Joint-venture	349747
与港澳台商合作经营	Cooperative	76244
港澳台商独资	Sole Investment	557453
港澳台商独资股份有限公司	Share-holding Corporations Ltd. with Sole Investment	696595
外商投资企业	Foreign Funded Enterprises	3196742
中外合资经营	Joint-venture	1645596
中外合作经营	Cooperative	75436
外资企业	Sole Foreign Investment	1473155
外商投资股份有限公司	Share-holding Corporations Ltd. with Foreign Investment	2555
2.按国民经济行业分	by Sector	
农畜产品批发业	Wholesale of Farm Produce and Livestock Products	3100242
食品、饮料及烟草制品批发业	Wholesale of Food, Beverages and Tobaccos	13540634
米、面制品及食用油批发业	Wholesale of Rice, Flour and Edible Oil	1534948
烟草制品批发业	Whole of Tobaccos	6760639
纺织、服装及日用品批发业	Wholesale of Textiles, Garments and Daily Consumer Articles	4942900
服装批发业	Wholesale of Garments	2682438
文化、体育用品及器材批发业	Wholesale of Culture, Sports Appliances and Equipments	1545890
医药及医疗器材批发业	Wholesale of Medicines and Medical Appliances	3909733
矿产品、建材及化工产品批发业	Wholesale of Mineral Products, Building Materials and Chemical Products	60825173
煤炭及制品批发业	Wholesale of Coal and Related Products	9852057
石油及制品批发业	Wholesale of Petrolem and Related Products	20379321
金属及金属矿批发业	Wholesale of Metal Materials	16530320
建材批发业	Wholesale of Building Materials	3499570
化肥批发业	Wholesale of Chemical Fertilizer	3749673
机械设备、五金交电及电子产品批发业	Wholesale of Machinery, Hardware and Electronic Equipment	16232365
汽车、摩托车及零配件批发业	Wholesale of Motor Vehicles, Motorcycles and Parts	4631815
家用电器批发业	Wholesale of Household Electrical Appliances	4381549
计算机、软件及辅助设备批发业	Wholesale of Computer, Software and Assistant Appliances	354282
贸易经纪与代理	Trade Broker and Agency	988530
其他批发业	Other Wholesale not Classified Elsewhere	2935189

continued

(10 000 yuan)

损益及分配 Losses,Profits and Distribution						
#主营业务收入 Revenue from Principal Business	主营业务成本 Cost of Principal Business	主营业务税金及附加 Taxes and Other Charges on Principal Business	主营业务利润 Profits from Principal Business	营业费用 Expenses on Business	管理费用 Expenses on Management	财务费用 Expenses on Finance
156348844	**139392355**	**1063840**	**15362840**	**4742832**	**3429064**	**778099**
107099488	**96525921**	**682475**	**9625855**	**2794643**	**1904789**	**448294**
102243710	92222202	667170	9091296	2465916	1839898	434202
14492048	12367972	250518	1724918	365242	482917	30132
3721847	3390572	21284	312414	84594	69615	11695
464349	462266	2895	-1633	4713	3311	1368
121656	110538	165	9874	6393	2222	626
36260	34460	83	1717	781	604	154
29879	25809	28	2962	1559	1456	453
52718	47525	53	5140	4022	157	19
2800	2745		55	30	5	
30409412	27952437	137051	2288298	726626	425206	150940
1885246	1672393	29996	177618	27154	41601	7151
28524166	26280044	107055	2110680	699472	383605	143789
15635042	14733949	16008	879620	332854	165347	13545
34959287	30986419	225140	3668720	876629	668653	220461
4908278	4079671	57814	760696	128748	136017	35211
475084	394842	4024	76228	13391	13238	3852
28316679	25447036	152669	2705440	704127	498981	174383
1259246	1064870	10632	126356	30362	20418	7015
2440068	2218049	14111	209085	68867	22627	5436
1662546	1493365	3290	165923	100304	19504	7648
348825	319044	569	29213	13706	6488	1057
76244	55848	2212	18184	1450	1848	482
551723	488233	495	63026	34051	11168	6099
685754	630240	13	55501	51097	0	10
3193232	2810354	12015	368636	228422	45387	6445
1645107	1362818	217	281265	194013	25346	-156
75164	37318	54	37792	10517	6936	3921
1470512	1407935	11744	49414	23861	13072	2682
2449	2283	0	165	32	33	-2
3091867	2708077	15903	366445	70399	57609	36791
13480817	10449600	371035	2588122	596684	562026	38894
1512397	1358369	4628	141069	93069	37311	9025
6739530	5119719	297666	1294496	169412	393751	-3457
4895784	4309352	12428	567660	178093	94038	18696
2650181	2274997	3354	371805	103694	40092	8005
1533392	1417939	4657	115637	32056	34655	4736
3903069	3571374	6027	323639	147746	81833	14200
60236633	55738081	200829	4067835	1182328	752321	275857
9526740	8143531	49952	1210013	270283	234167	64907
20275134	19173298	19079	1050804	430945	207281	39023
16513788	15771106	63960	667928	193832	126582	85682
3496179	3058461	35295	396532	76562	65644	30350
3746102	3506367	18119	221443	66912	34863	23500
16125842	14857959	38313	1291888	495466	259934	36710
4601677	4397569	5816	196819	69354	38467	5630
4364480	4027741	1878	334053	241703	47023	3151
351640	324962	274	26403	6181	4085	667
928519	785016	5833	132368	34274	14589	9101
2903565	2688524	27450	172262	57597	47785	13308

17-9 续表 3

单位:万元

指标名称	Indicator	营业收入合计 Business Revenue
二、零售业	**Retail Trade**	**49779150**
1.按登记注册类型分	by Status of Registration	
内资	Domestic Funded Enterprises	47772444
国有	State-owned	2061898
集体	Collective-owned	2460058
股份合作	Cooperative	378208
联营企业	Joint Ownership	84085
国有联营	State Joint Ownership	8838
集体联营	Collective Joint Ownership	60953
国有与集体联营	Joint State-collective	13198
其他联营	Other Joint Ownership	1096
有限责任公司	Limited Liability Corporations	15325927
国有独资公司	State Sole Funded Corporations	54935
其他有限责任公司	Other Limited Liability Corporations	15270992
股份有限公司	Share-holding Corporations Ltd.	8846838
私营企业	Private Enterprises	17977195
私营独资	Private-funded Enterprises	4860040
私营合伙	Private Partnership Enterprises	490264
私营有限责任公司	Private Limited Liability Corporations	11575262
私营股份有限公司	Private Share-holding Corporations Ltd.	1051630
其他	Others	638236
港澳台商投资企业	Enterprises with Funds from Hong Kong,Macao and Taiwan	532263
与港澳台商合资经营	Joint-venture	93811
与港澳台商合作经营	Cooperative	2681
港澳台商独资	Sole Investment	409915
港澳台商独资股份有限公司	Share-holding Corporations Ltd. with Sole Investment	25857
外商投资企业	Foreign Funded Enterprises	1474443
中外合资经营	Joint-venture	520396
中外合作经营	Cooperative	483368
外资企业	Sole Foreign Investment	452429
外商投资股份有限公司	Share-holding Corporations Ltd. with Foreign Investment	18250
2.按国民经济行业分	by Sector	
综合零售业	Integrated Retail	17102163
百货零售业	Retail of General Merchandise	12464585
超级市场零售业	Retail of Supermarkets	3878821
食品、饮料及烟草制品专门零售业	Retail of Food, Beverages and Tobaccos	1506147
纺织、服装及日用品专门零售业	Special Retail of Textiles, Garments and Daily Consumer Articles	2046003
服装零售业	Retail of Garments	1385632
文化、体育用品及器材专门零售业	Retail of Culture, Sports Appliances and Equipments	860955
体育用品零售业	Retail of Sports Goods	31792
图书零售业	Retail of Books	438247
医药及医疗器材专门零售业	Retail of Medicines and Medical Appliances	1735228
药品零售业	Retail of Medicines	1691959
汽车、摩托车、燃料及零配件专门零售业	Retail of Motor Vehicles, Motorcycles,Fuel and Parts	18715238
汽车零售业	Retail of Motor Vehicles	14137501
机动车燃料零售业	Retail of Fuel of Motor Vehicles	3841685
家用电器及电子产品专门零售业	Special Retail of Household Electric Appliances and Electronic Products	3631415
家用电器零售业	Retail of Household Electric Appliances	2705346
计算机、软件及辅助设备零售业	Retail of Computer, Software and Assistant Appliances	525861
通讯设备零售业	Retail of Communication Equipments	310331
五金、家具及室内装修材料专门零售业	Special Retail of Hardware, Furniture and Decoration Materials	2548768
无店铺及其他零售业	Non-shop and Other Retails	1633233
邮购及电子销售业	Distribution of Post and E-commerce	30821

continued

(10 000 yuan)

损益及分配 Losses,Profits and Distribution						
#主营业务收入 Revenue from Principal Business	主营业务成本 Cost of Principal Business	主营业务税金及附加 Taxes and Other Charges on Principal Business	主营业务利润 Profits from Principal Business	营业费用 Expenses on Business	管理费用 Expenses on Management	财务费用 Expenses on Finance
49249356	**42866434**	**381365**	**5736985**	**1948190**	**1524274**	**329805**
47311943	41168308	374705	5508429	1804567	1428650	326378
2015606	1616962	13367	379466	113726	108586	7803
2450040	2063330	24062	353035	84822	89472	15039
364999	312488	2590	41534	15892	17827	1262
83934	71764	1623	10527	2737	1719	634
8838	8152	17	670	189	3	4
60802	50083	1584	9134	2376	1464	513
13198	12601	16	581	161	235	106
1096	928	6	142	12	17	11
15170406	13388249	81394	1520033	631200	464917	88621
54896	44592	250	9200	2115	1697	103
15115511	13343657	81144	1510833	629085	463220	88519
8707795	7824150	38772	815330	325765	234492	71363
17888314	15323497	203544	2306332	604047	486641	137160
4848109	3906280	80753	849476	146849	129043	36012
489996	378644	10697	100154	17248	9449	4303
11503343	10123130	98251	1240764	410459	321677	87598
1046866	915443	13843	115939	29491	26472	9247
630849	567869	9354	82174	26378	24995	4496
527035	453040	1903	71948	30838	17447	1038
93361	84212	81	9068	4380	3087	409
2681	2010	5	665	45	92	43
405136	349481	894	54617	26086	12558	500
25857	17337	922	7598	327	1710	85
1410378	1245086	4757	156607	112785	78178	2389
501290	409921	2165	89204	46188	49250	-1336
460718	450442	91	10185	15304	9468	125
430120	368839	2166	55188	50612	18962	3587
18250	15884	335	2031	681	498	14
16737082	14490280	109514	2100559	878166	702756	128206
12218769	10614122	88281	1518484	547846	546182	108059
3761875	3248517	15035	462015	299777	128732	13666
1500621	1263733	22505	210066	48379	41281	10190
2037542	1704954	30519	300480	82460	51633	16051
1379319	1161881	18744	198232	55601	34854	12309
841231	667794	11401	157688	49102	66180	3834
30936	28322	82	2533	1378	810	473
420504	322667	2167	93901	30471	51810	460
1732727	1451403	14569	262071	112550	66691	11269
1689474	1415570	13824	255953	110918	64753	11048
18663413	16925441	86993	1470271	459785	374428	108285
14098966	12805688	45129	1072399	334868	297254	88795
3834682	3521912	26586	282217	98881	57620	14350
3578750	3049843	37883	477179	185125	100559	20145
2661887	2300041	24796	325302	129593	72426	12179
523359	440536	5708	76463	30211	14085	2323
303661	233595	6399	62612	21587	12145	5172
2542141	2084947	49511	393754	75942	69521	22481
1615851	1228039	18470	364918	56682	51225	9344
30406	20190	246	9970	7078	2073	-51

17-9 续表 4

单位:万元

指标名称	Indicator	营业利润 Profits from Business
总　计	**Total**	**7040909**
一、批发业	**Wholesale Trade**	**4632830**
1.按登记注册类型分	by Status of Registration	
内　资	Domestic Funded Enterprises	4475364
国　有	State-owned	905531
集　体	Collective-owned	153848
股份合作	Cooperative	-10615
联营企业	Joint Ownership	1818
国有联营	State Joint Ownership	178
集体联营	Collective Joint Ownership	679
国有与集体联营	Joint State-collective	942
其他联营	Other Joint Ownership	20
有限责任公司	Limited Liability Corporations	1064888
国有独资公司	State Sole Funded Corporations	110903
其他有限责任公司	Other Limited Liability Corporations	953984
股份有限公司	Share-holding Corporations Ltd.	343559
私营企业	Private Enterprises	1904421
私营独资	Private-funded Enterprises	465514
私营合伙	Private Partnership Enterprises	46171
私营有限责任公司	Private Limited Liability Corporations	1325623
私营股份有限公司	Private Share-holding Corporations Ltd.	67113
其　他	Others	111915
港澳台商投资企业	Enterprises with Funds from Hong Kong,Macao and Taiwan	54929
与港澳台商合资经营	Joint-venture	8883
与港澳台商合作经营	Cooperative	14404
港澳台商独资	Sole Investment	16459
港澳台商独资股份有限公司	Share-holding Corporations Ltd. with Sole Investment	15183
外商投资企业	Foreign Funded Enterprises	102537
中外合资经营	Joint-venture	62979
中外合作经营	Cooperative	16354
外资企业	Sole Foreign Investment	23101
外商投资股份有限公司	Share-holding Corporations Ltd. with Foreign Investment	103
2.按国民经济行业分	by Sector	
农畜产品批发业	Wholesale of Farm Produce and Livestock Products	215436
食品、饮料及烟草制品批发业	Wholesale of Food, Beverages and Tobaccos	1470649
米、面制品及食用油批发业	Wholesale of Rice, Flour and Edible Oil	26977
烟草制品批发业	Whole of Tobaccos	767490
纺织、服装及日用品批发业	Wholesale of Textiles, Garments and Daily Consumer Articles	291112
服装批发业	Wholesale of Garments	225495
文化、体育用品及器材批发业	Wholesale of Culture, Sports Appliances and Equipments	29762
医药及医疗器材批发业	Wholesale of Medicines and Medical Appliances	87399
矿产品、建材及化工产品批发业	Wholesale of Mineral Products, Building Materials and Chemical Products	1853283
煤炭及制品批发业	Wholesale of Coal and Related Products	646539
石油及制品批发业	Wholesale of Petrolem and Related Products	381084
金属及金属矿批发业	Wholesale of Metal Materials	227854
建材批发业	Wholesale of Building Materials	221713
化肥批发业	Wholesale of Chemical Fertilizer	102854
机械设备、五金交电及电子产品批发业	Wholesale of Machinery, Hardware and Electronic Equipment	531836
汽车、摩托车及零配件批发业	Wholesale of Motor Vehicles, Motorcycles and Parts	89098
家用电器批发业	Wholesale of Household Electrical Appliances	59754
计算机、软件及辅助设备批发业	Wholesale of Computer, Software and Assistant Appliances	16744
贸易经纪与代理	Trade Broker and Agency	91972
其他批发业	Other Wholesale not Classified Elsewhere	61381

continued

(10 000 yuan)

损益及分配 Losses,Profits and Distribution				工资、福利、增值税 Wages,Welfare and Value Added Tax		
利润总额 Total Profits	应交所得税 Income Tax Payable	劳动、失业保险费 Charges on Labor and Unemployment Insurance	住房公积金和住房补贴 Housing Accumulation Fund and Housing Subsidies	本年应付工资总额 Total Wages Payable	本年应付福利费总额 Total Welfare Payable	本年应交增值税 Value Added Tax Payable
6013136	**866190**	**45622**	**135795**	**1839254**	**134427**	**2360200**
3988511	**594415**	**17827**	**112604**	**884099**	**71141**	**1576667**
3832017	578326	16928	108968	804226	66896	1498571
848706	172929	5635	47324	219521	27460	348486
142098	11445	500	1578	26560	1847	50782
2366	476	50	37	1256	38	22130
1816	136	38	94	2776	241	1501
178	59	7	32	569	65	147
677	77	10	3	1066	20	261
942		21	59	1123	156	943
20				18		150
879723	163561	4590	50982	208944	14191	466301
106073	29377	292	2226	16699	1565	94176
773650	134184	4299	48756	192245	12627	372125
281893	50042	760	4233	70900	4744	159818
1582265	173900	4654	4425	258496	17475	433766
351083	48907	494	902	51177	3957	76573
29468	5158	63	60	6617	479	7898
1150890	114136	3872	3265	190782	12251	329345
50825	5699	224	198	9920	789	19951
93150	5838	703	296	15773	900	15788
55894	6790	56	233	24000	757	31572
9036	1790	45	98	5251	256	1637
14404		1	15	7229	202	12653
17221	4999	10	116	10677	299	7050
15233		0	4	843		10231
100600	9299	843	3403	55873	3488	46524
61743	1777	690	2767	45458	2044	37512
16414	3334	41	296	3751	398	26
22340	4162	112	339	6606	1042	8912
104	26	0	1	58	4	74
211909	16302	476	744	28583	2284	26655
1272412	252170	5923	56675	306034	33523	484314
23154	3895	284	498	22039	1863	19458
755787	173537	3974	52187	191088	23508	263330
290554	18763	660	1725	71848	3142	70676
233614	6023	493	794	29985	721	32025
25927	3178	361	781	20235	1347	22379
78328	15208	1038	35539	42351	2177	39684
1475866	190834	5659	10136	256836	19776	574811
508258	67684	1074	731	55435	4682	138894
332004	48066	1304	5670	84061	6413	198304
206949	25018	1555	1977	41606	3578	112470
193017	21504	873	568	25040	1850	38035
103474	13150	235	535	22411	1598	22216
448159	79678	3285	6262	130962	6964	231725
118100	17283	352	575	17446	1830	24731
57436	6048	869	3079	56472	1675	54203
3795	474	33	81	2663	108	3349
74662	5595	255	308	8792	653	3759
110695	12687	171	433	18458	1275	122663

17—9 续表 5

单位:万元

指 标 名 称	Indicator	营业利润 Profits from Business
二、零售业	**Retail Trade**	**2408080**
1.按登记注册类型分	by Status of Registration	
内　资	Domestic Funded Enterprises	2351497
国　有	State-owned	168888
集　体	Collective-owned	174083
股份合作	Cooperative	21401
联营企业	Joint Ownership	5478
国有联营	State Joint Ownership	474
集体联营	Collective Joint Ownership	4801
国有与集体联营	Joint State-collective	80
其他联营	Other Joint Ownership	123
有限责任公司	Limited Liability Corporations	519995
国有独资公司	State Sole Funded Corporations	5432
其他有限责任公司	Other Limited Liability Corporations	514562
股份有限公司	Share-holding Corporations Ltd.	278382
私营企业	Private Enterprises	1148506
私营独资	Private-funded Enterprises	538778
私营合伙	Private Partnership Enterprises	68119
私营有限责任公司	Private Limited Liability Corporations	489891
私营股份有限公司	Private Share-holding Corporations Ltd.	51717
其　他	Others	34766
港澳台商投资企业	Enterprises with Funds from Hong Kong,Macao and Taiwan	28929
与港澳台商合资经营	Joint-venture	1815
与港澳台商合作经营	Cooperative	485
港澳台商独资	Sole Investment	21154
港澳台商独资股份有限公司	Share-holding Corporations Ltd. with Sole Investment	5475
外商投资企业	Foreign Funded Enterprises	27654
中外合资经营	Joint-venture	12326
中外合作经营	Cooperative	7116
外资企业	Sole Foreign Investment	7374
外商投资股份有限公司	Share-holding Corporations Ltd. With Foreign Investment	838
2.按国民经济行业分	by Sector	
综合零售业	Integrated Retail	714197
百货零售业	Retail of General Merchandise	525321
超级市场零售业	Retail of Supermarkets	130124
食品、饮料及烟草制品专门零售业	Retail of Food, Beverages and Tobaccos	111660
纺织、服装及日用品专门零售业	Special Retail of Textiles, Garments and Daily Consumer Articles	149325
服装零售业	Retail of Garments	94255
文化、体育用品及器材专门零售业	Retail of Culture, Sports Appliances and Equipments	46857
体育用品零售业	Retail of Sports Goods	532
图书零售业	Retail of Books	17878
医药及医疗器材专门零售业	Retail of Medicines and Medical Appliances	74718
药品零售业	Retail of Medicines	71024
汽车、摩托车、燃料及零配件专门零售业	Retail of Motor Vehicles, Motorcycles,Fuel and Parts	604744
汽车零售业	Retail of Motor Vehicles	426939
机动车燃料零售业	Retail of Fuel of Motor Vehicles	112611
家用电器及电子产品专门零售业	Special Retail of Household Electric Appliances and Electronic Products	215157
家用电器零售业	Retail of Household Electric Appliances	148836
计算机、软件及辅助设备零售业	Retail of Computer, Software and Assistant Appliances	32350
通讯设备零售业	Retail of Communication Equipments	28104
五金、家具及室内装修材料专门零售业	Special Retail of Hardware, Furniture and Decoration Materials	234034
无店铺及其他零售业	Non-shop and Other Retails	257390
邮购及电子销售业	Distribution of Post and E-commerce	1284

continued

(10 000 yuan)

损益及分配 Losses,Profits and Distribution				工资、福利、增值税 Wages,Welfare and Value Added Tax		
利润总额 Total Profits	应交所得税 Income Tax Payable	劳动、失业保险费 Charges on Labor and Unemployment Insurance	住房公积金和住房补贴 Housing Accumulation Fund and Housing Subsidies	本年应付工资总额 Total Wages Payable	本年应付福利费总额 Total Welfare Payable	本年应交增值税 Value Added Tax Payable
2024625	**271775**	**27795**	**23191**	**955156**	**63285**	**783533**
1974713	257891	27125	20862	910850	59624	725655
155066	12949	2025	4743	74429	4372	61563
170174	16274	1151	859	55117	3729	35871
9276	1424	202	98	12596	1056	4522
4397	417	12	16	1923	140	2530
388	5			48	3	132
3907	410	12	15	1387	70	2381
80				456	64	15
23	2	0	1	33	3	3
475452	62499	14567	5318	278139	17781	219537
49377	217	7	83	851	57	714
426075	62281	14560	5235	277288	17724	218823
194055	31133	3513	5602	151812	9559	87335
936685	130045	5483	3665	319747	22107	302587
418054	62121	1475	639	84702	7398	92873
57859	9496	139	86	11206	338	6308
420140	53546	3326	2186	201931	12608	186326
40632	4883	544	754	21909	1763	17080
29608	3152	172	562	17087	880	11711
24858	4512	128	396	10606	482	18581
2975	292	46	55	1953	71	3825
28	14			11		3
16362	4076	59	294	7082	411	13992
5493	130	23	46	1561		761
25054	9372	543	1933	33700	3179	39297
11297	3412	218	1028	17910	790	21376
7054	1807	44	241	3356	1287	2409
5831	4078	273	658	11726	1041	14096
873	75	8	7	708	61	1415
594390	107749	11751	10828	439494	29068	258050
425715	79672	6792	8115	286582	19890	183779
116930	22117	4585	2389	131900	7824	61667
91175	11105	1046	1169	33857	2577	34762
136469	11583	1015	504	63958	2883	31293
92574	5403	608	299	48776	1966	17947
44003	8727	1520	4357	44812	2946	33544
559	5	28	8	688	46	737
16430	4136	1282	3872	34024	2254	12344
68694	9983	1135	989	40635	2204	28403
66422	9919	1127	921	39730	2177	27543
464914	64021	8253	2887	185631	12801	267499
320626	48623	7574	1587	145444	9126	194095
98175	10189	476	1243	29556	2866	60847
173153	23369	1239	1174	66806	4543	70105
127705	16852	957	931	47994	3289	47915
22824	4207	118	100	8871	618	10131
17504	2124	120	55	8153	510	10705
187891	19141	1028	608	52714	4176	34119
263938	16097	809	677	27250	2087	25759
1337	2	23	11	1905	6	1889

17-10 限额以上住宿和餐饮业财务状况(2010年)

单位:万元

指标名称	Indicator	企业数(个) Number of Enterprises (unit)
总计	**Total**	**4130**
一、住宿业	**Hotels**	**997**
1.按登记注册类型分	by Status of Registration	
内资	Domestic Funded Enterprises	958
国有	State-owned	203
集体	Collective-owned	50
股份合作	Cooperative	11
联营企业	Joint Ownership	1
国有联营	State Joint Ownership	
集体联营	Collective Joint Ownership	
国有与集体联营	Joint State-collective	
其他联营	Other Joint Ownership	1
有限责任公司	Limited Liability Corporations	198
国有独资公司	State Sole Funded Corporations	5
其他有限责任公司	Other Limited Liability Corporations	193
股份有限公司	Share-holding Corporations Ltd.	44
私营企业	Private Enterprises	420
私营独资	Private-funded Enterprises	162
私营合伙	Private Partnership Enterprises	12
私营有限责任公司	Private Limited Liability Corporations	226
私营股份有限公司	Private Share-holding Corporations Ltd.	20
其他	Others	31
港澳台商投资企业	Enterprises with Funds from Hong Kong,Macao and Taiwan	20
与港澳台商合资经营	Joint-venture	12
与港澳台商合作经营	Cooperative	1
港澳台商独资	Sole Investment	7
港澳台商独资股份有限公司	Share-holding Corporations Ltd. With Sole Investment	
外商投资企业	Foreign Funded Enterprises	19
中外合资经营	Joint-venture	9
中外合作经营	Cooperative	1
外资企业	Sole Foreign Investment	7
外商投资股份有限公司	Share-holding Corporations Ltd. with Foreign Investment	2
2.按国民经济行业分	by Sector	
旅游饭店	Tourist Hotels	676
一般旅馆	General Hotels	304
其他住宿服务	Other Accommodation Services	17

Financial Indicators of Enterprises above Designated Size of Hotels and Catering Services(2010)

(10 000 yuan)

年末资产负债 Assets and Liabilities at Year-end					
流动资产合计 Total Working Capitals	固定资产原价 Original Value of Fixed Assets	本年折旧 Depre-ciation in the Year	资产合计 Total Assests	负债合计 Total Liabilities	所有者权益合计 Total Owner's Equities
2067319	**4552965**	**252655**	**6568758**	**4150918**	**2417320**
1059690	**2862863**	**143470**	**3622624**	**2376743**	**1245881**
981035	2489239	131857	3258098	2068795	1189303
357727	1163073	47058	1286881	693728	593153
29640	106001	5829	124999	58859	66140
7573	19997	809	24707	18347	6359
140	350	13	525	100	425
140	350	13	525	100	425
239473	590894	40647	836297	595471	240826
6923	93449	2936	80182	31482	48700
232550	497445	37711	756114	563989	192126
57136	122953	4866	201404	156201	45203
246630	462946	31626	717306	490441	226866
71259	141647	5950	209830	148099	61731
1685	8349	350	10681	2503	8178
163064	289429	24521	459871	324638	135233
10622	23522	805	36924	15200	21724
42717	23025	1009	65980	55648	10332
58291	290046	8476	280915	240454	40461
32178	131575	7623	135457	159359	-23902
4487	9219	300	7200	5626	1574
21626	149252	552	138258	75470	62789
20365	83577	3138	83610	67493	16117
6656	53201	1609	41304	31404	9900
971	10851		9741	5168	4573
8884	12032	1002	19830	15725	4106
3854	7493	528	12735	15197	-2462
915466	2521905	124783	3103296	2010352	1092944
132035	321530	17725	491963	335418	156545
12190	19427	963	27365	30973	-3608

17−10 续表1

单位:万元

指 标 名 称	Indicator	企业数(个) Number of Enterprises (unit)
二、餐饮业	**Catering Services**	**3133**
1.按登记注册类型分	by Status of Registration	
内 资	Domestic Funded Enterprises	3079
国 有	State-owned	124
集 体	Collective-owned	73
股份合作	Cooperative	23
联营企业	Joint Ownership	4
国有联营	State Joint Ownership	1
集体联营	Collective Joint Ownership	1
国有与集体联营	Joint State-collective	
其他联营	Other Joint Ownership	2
有限责任公司	Limited Liability Corporations	308
国有独资公司	State Sole Funded Corporations	1
其他有限责任公司	Other Limited Liability Corporations	307
股份有限公司	Share-holding Corporations Ltd.	66
私营企业	Private Enterprises	2288
私营独资	Private-funded Enterprises	1328
私营合伙	Private Partnership Enterprises	68
私营有限责任公司	Private Limited Liability Corporations	829
私营股份有限公司	Private Share-holding Corporations Ltd.	63
其 他	Others	193
港澳台商投资企业	Enterprises with Funds from Hong Kong,Macao and Taiwan	21
与港澳台商合资经营	Joint-venture	10
与港澳台商合作经营	Cooperative	
港澳台商独资	Sole Investment	11
港澳台商独资股份有限公司	Share-holding Corporations Ltd. With Sole Investment	
外商投资企业	Foreign Funded Enterprises	33
中外合资经营	Joint-venture	8
中外合作经营	Cooperative	
外资企业	Sole Foreign Investment	25
外商投资股份有限公司	Share-holding Corporations Ltd. with Foreign Investment	
2.按国民经济行业分	by Sector	
正餐服务业	Dinner service	3020
快餐服务业	Fast Food Service	81
饮料及冷饮服务业	Beverages and cold drinks service	8
其他餐饮服务业	Other Catering Services	24

continued

(10 000 yuan)

年末资产负债 Assets and Liabilities at Year-end					
流动资产合计 Total Working Capitals	固定资产原价 Original Value of Fixed Assets	本年折旧 Depre-ciation in the Year	资产合计 Total Assests	负债合计 Total Liabilities	所有者权益合计 Total Owner's Equities
1007628	**1690103**	**109184**	**2946134**	**1774175**	**1171439**
946385	1561348	101994	2732113	1625735	1106378
73643	207262	10445	318654	203309	115344
21451	55710	2403	94005	53105	40900
6621	7379	140	18920	6808	12111
306	412	35	845	515	331
43	26	11	88		88
158	322	22	409	284	125
106	64	2	349	231	118
187533	290605	16845	529430	360850	168580
472	22		695	439	256
187061	290583	16845	528735	360411	168324
90928	109890	11051	274832	202523	72309
534681	842404	57526	1414930	748213	666717
187284	387009	25442	571786	250736	321050
16157	31271	1690	50177	16780	33398
313388	388628	26507	734057	444699	289358
17852	35496	3888	58910	35999	22911
31222	47687	3549	80498	50411	30086
33939	38481	1901	79400	52086	27314
29585	25935	1314	61568	40618	20950
4355	12546	587	17832	11468	6364
27304	90274	5290	134622	96354	37747
3455	14126	502	16740	13029	3711
23849	76147	4789	117881	83325	34037
967839	1598290	102284	2786132	1673845	1111768
31152	73442	5824	136212	83924	52289
1984	5230	272	6035	2440	3596
6653	13142	805	17754	13967	3787

17-10 续表 2

单位:万元

指标名称	Indicator	营业收入合计 Business Revenue
总　计	**Total**	**4776616**
一、住宿业	**Hotels**	**1647269**
1.按登记注册类型分	by Status of Registration	
内 资	Domestic Funded Enterprises	1525535
国 有	State-owned	507404
集 体	Collective-owned	107175
股份合作	Cooperative	16129
联营企业	Joint Ownership	260
国有联营	State Joint Ownership	
集体联营	Collective Joint Ownership	
国有与集体联营	Joint State-collective	
其他联营	Other Joint Ownership	260
有限责任公司	Limited Liability Corporations	358283
国有独资公司	State Sole Funded Corporations	12953
其他有限责任公司	Other Limited Liability Corporations	345330
股份有限公司	Share-holding Corporations Ltd.	70290
私营企业	Private Enterprises	422020
私营独资	Private-funded Enterprises	122372
私营合伙	Private Partnership Enterprises	11074
私营有限责任公司	Private Limited Liability Corporations	270994
私营股份有限公司	Private Share-holding Corporations Ltd.	17580
其 他	Others	43975
港澳台商投资企业	Enterprises with Funds from Hong Kong,Macao and Taiwan	82521
与港澳台商合资经营	Joint-venture	39851
与港澳台商合作经营	Cooperative	5280
港澳台商独资	Sole Investment	37391
港澳台商独资股份有限公司	Share-holding Corporations Ltd. with Sole Investment	
外商投资企业	Foreign Funded Enterprises	39213
中外合资经营	Joint-venture	13764
中外合作经营	Cooperative	2688
外资企业	Sole Foreign Investment	9083
外商投资股份有限公司	Share-holding Corporations Ltd. With Foreign Investment	13678
2.按国民经济行业分	by Sector	
旅游饭店	Tourist Hotels	1357000
一般旅馆	General Hotels	277963
其他住宿服务	Other Accommodation Services	12306

continued

(10 000 yuan)

损益及分配 Losses,Profits and Distribution						
#主营业务收入 Revenue from Principal Business	主营业务成本 Cost of Principal Business	主营业务税金及附加 Taxes and Other Charges on Principal Business	主营业务利润 Profits from Principal Business	营业费用 Expenses on Business	管理费用 Expenses on Management	财务费用 Expenses on Finance
4739362	**2420478**	**225105**	**2076720**	**888635**	**611239**	**99969**
1623352	**690852**	**83936**	**842945**	**392464**	**338134**	**45070**
1501690	665015	77725	753817	360058	287061	38436
491862	201251	25109	263971	134479	121556	6938
106283	53148	4207	48826	19012	8879	2093
15803	8990	618	6165	3832	2220	178
260	125	13	122	12	70	
260	125	13	122	12	70	
355349	144292	19551	190078	96509	82541	14599
12942	4066	668	8207	4238	7024	95
342408	140226	18883	181871	92271	75517	14504
69393	33007	5038	30891	13441	12179	3072
418771	201543	20878	195040	81441	53609	10901
121383	63916	4599	52093	15050	10628	2528
10676	5811	277	4176	1006	715	245
269579	122780	15137	131541	62155	40281	7489
17133	9037	865	7231	3230	1985	639
43970	22659	2312	18723	11331	6007	655
82520	16543	4090	61740	22402	35528	5814
39851	9109	1977	28619	12835	15893	3153
5280	1455	330	3496	892	2499	103
37389	5980	1784	29626	8675	17136	2558
39142	9294	2120	27388	10005	15544	821
13727	3173	730	9489	3132	6765	601
2688	808	138	1742	991	1278	174
9049	3394	406	5244	3255	1624	33
13678	1919	846	10913	2626	5878	13
1336669	550431	71243	711229	333015	298417	37684
274412	135485	12138	124872	56207	37899	7061
12271	4936	555	6844	3242	1818	326

17-10 续表3

单位:万元

指 标 名 称	Indicator	营业收入合计 Business Revenue
二、餐饮业	**Catering Services**	**3129348**
1.按登记注册类型分	by Status of Registration	
内 资	Domestic Funded Enterprises	2878570
国 有	State-owned	177270
集 体	Collective-owned	61003
股份合作	Cooperative	30521
联营企业	Joint Ownership	2380
国有联营	State Joint Ownership	326
集体联营	Collective Joint Ownership	494
国有与集体联营	Joint State-collective	
其他联营	Other Joint Ownership	1560
有限责任公司	Limited Liability Corporations	304497
国有独资公司	State Sole Funded Corporations	736
其他有限责任公司	Other Limited Liability Corporations	303761
股份有限公司	Share-holding Corporations Ltd.	167833
私营企业	Private Enterprises	2007648
私营独资	Private-funded Enterprises	1080433
私营合伙	Private Partnership Enterprises	69686
私营有限责任公司	Private Limited Liability Corporations	799530
私营股份有限公司	Private Share-holding Corporations Ltd.	58000
其 他	Others	127416
港澳台商投资企业	Enterprises with Funds from Hong Kong,Macao and Taiwan	36595
与港澳台商合资经营	Joint-venture	16198
与港澳台商合作经营	Cooperative	
港澳台商独资	Sole Investment	20396
港澳台商独资股份有限公司	Share-holding Corporations Ltd. with Sole Investment	
外商投资企业	Foreign Funded Enterprises	214183
中外合资经营	Joint-venture	7209
中外合作经营	Cooperative	
外资企业	Sole Foreign Investment	206974
外商投资股份有限公司	Share-holding Corporations Ltd. With Foreign Investment	
2.按国民经济行业分	by Sector	
正餐服务业	Dinner service	2836905
快餐服务业	Fast Food Service	266211
饮料及冷饮服务业	Beverages and cold drinks service	6253
其他餐饮服务业	Other Catering Services	19979

continued

(10 000 yuan)

损益及分配 Losses,Profits and Distribution						
#主营业务收入 Revenue from Principal Business	主营业务成本 Cost of Principal Business	主营业务税金及附加 Taxes and Other Charges on Principal Business	主营业务利润 Profits from Principal Business	营业费用 Expenses on Business	管理费用 Expenses on Management	财务费用 Expenses on Finance
3116009	**1729626**	**141169**	**1233775**	**496171**	**273106**	**54899**
2865734	1636853	128492	1088975	402328	250272	52593
174843	98962	7249	66738	29607	22680	1133
60207	35492	3295	21474	7018	6567	976
30518	22599	1010	6085	1294	1442	356
2280	1372	99	685	8	165	9
226	192	5	29	5	20	5
494	341	27			124	0
1560	838	66	656	3	21	4
302946	162038	16286	121948	68045	35464	6112
736	402	43	291	91	159	6
302210	161636	16244	121657	67954	35305	6106
167214	67444	9035	90268	40541	29589	8178
2000766	1176098	84609	733655	239531	143722	32751
1077623	646090	37310	389750	85248	64489	17378
69674	39585	3487	26601	5859	4844	875
795695	460419	41029	292506	135320	69687	13870
57774	30004	2783	24797	13104	4702	627
126961	72847	6910	48122	16285	10644	3080
36579	16898	1670	18097	9452	4117	579
16197	7693	809	7695	3982	2875	513
20382	9205	861	10401	5470	1242	66
213697	75876	11008	126703	84391	18716	1726
6995	3762	556	2666	1190	1062	264
206702	72113	10452	124037	83201	17654	1462
2824099	1609555	127032	1076374	398150	250700	52928
265679	105550	12671	147174	93943	20044	1630
6253	2511	327	3415	1871	397	68
19979	12011	1139	6812	2207	1965	273

17-10 续表 4

单位:万元

指标名称	Indicator	营业利润 Profits from Business
总　计	**Total**	**523099**
一、住宿业	**Hotels**	**91481**
1.按登记注册类型分	by Status of Registration	
内 资	Domestic Funded Enterprises	91947
国 有	State-owned	12661
集 体	Collective-owned	19429
股份合作	Cooperative	192
联营企业	Joint Ownership	40
国有联营	State Joint Ownership	
集体联营	Collective Joint Ownership	
国有与集体联营	Joint State-collective	
其他联营	Other Joint Ownership	40
有限责任公司	Limited Liability Corporations	3407
国有独资公司	State Sole Funded Corporations	-3143
其他有限责任公司	Other Limited Liability Corporations	6550
股份有限公司	Share-holding Corporations Ltd.	3111
私营企业	Private Enterprises	51673
私营独资	Private-funded Enterprises	24790
私营合伙	Private Partnership Enterprises	2688
私营有限责任公司	Private Limited Liability Corporations	22759
私营股份有限公司	Private Share-holding Corporations Ltd.	1436
其 他	Others	1435
港澳台商投资企业	Enterprises with Funds from Hong Kong,Macao and Taiwan	-1855
与港澳台商合资经营	Joint-venture	-3116
与港澳台商合作经营	Cooperative	2
港澳台商独资	Sole Investment	1259
港澳台商独资股份有限公司	Share-holding Corporations Ltd. with Sole Investment	
外商投资企业	Foreign Funded Enterprises	1388
中外合资经营	Joint-venture	-638
中外合作经营	Cooperative	-701
外资企业	Sole Foreign Investment	331
外商投资股份有限公司	Share-holding Corporations Ltd.with Foreign Investment	2396
2.按国民经济行业分	by Sector	
旅游饭店	Tourist Hotels	61143
一般旅馆	General Hotels	28871
其他住宿服务	Other Accommodation Services	1467

continued

(10 000 yuan)

损益及分配 Losses,Profits and Distribution				工资、福利费 Wages and Welfare	
利润总额 Total Profits	应交所得税 Income Tax Payable	劳动、失业保险费 Charges on Labor and Unemployment Insurance	住房公积金和住房补贴 Housing Accumulation Fund and Housing Subsidies	本年应付工资总额 Total Wages Payable	本年应付福利费总额 Total Welfare Payable
477925	**81494**	**9781**	**14146**	**578035**	**45229**
82896	**17103**	**5042**	**8606**	**250288**	**17788**
86248	16686	4652	7544	231253	16250
16378	3326	2082	4213	84670	6311
19216	2514	312	285	7896	523
312	65	3	1	2673	190
40		1		36	2
40		1		36	2
5366	2422	1067	1577	60794	4489
708	4	12	93	2633	165
4658	2418	1055	1484	58162	4324
3334	759	101	154	8939	558
40914	6990	819	1224	59983	3976
20856	2775	137	739	14080	1053
1425	148	2	37	762	94
16967	3997	636	324	42453	2696
1666	70	44	124	2689	133
689	610	268	90	6260	202
-1763	406	158	558	12296	1045
-2761	14	119	272	7138	873
13		6		1256	43
984	393	33	286	3902	129
-1589	11	231	504	6740	492
-565	2	18	107	2411	423
-703		1	1	553	
345	9	211	396	1473	69
-666		2		2303	
53938	13488	4202	7098	214485	15643
27490	3547	826	1435	33950	2061
1467	68	14	74	1853	84

17-10 续表 5

单位:万元

指标名称	Indicator	营业利润 Profits from Business
二、餐饮业	**Catering Services**	**431618**
1.按登记注册类型分	by Status of Registration	
内资	Domestic Funded Enterprises	405608
国有	State-owned	16881
集体	Collective-owned	7090
股份合作	Cooperative	3725
联营企业	Joint Ownership	635
国有联营	State Joint Ownership	5
集体联营	Collective Joint Ownership	1
国有与集体联营	Joint State-collective	
其他联营	Other Joint Ownership	629
有限责任公司	Limited Liability Corporations	17364
国有独资公司	State Sole Funded Corporations	36
其他有限责任公司	Other Limited Liability Corporations	17328
股份有限公司	Share-holding Corporations Ltd.	12321
私营企业	Private Enterprises	328539
私营独资	Private-funded Enterprises	229110
私营合伙	Private Partnership Enterprises	14936
私营有限责任公司	Private Limited Liability Corporations	77786
私营股份有限公司	Private Share-holding Corporations Ltd.	6708
其他	Others	19054
港澳台商投资企业	Enterprises with Funds from Hong Kong,Macao and Taiwan	3839
与港澳台商合资经营	Joint-venture	327
与港澳台商合作经营	Cooperative	
港澳台商独资	Sole Investment	3512
港澳台商独资股份有限公司	Share-holding Corporations Ltd. with Sole Investment	
外商投资企业	Foreign Funded Enterprises	22172
中外合资经营	Joint-venture	238
中外合作经营	Cooperative	
外资企业	Sole Foreign Investment	21934
外商投资股份有限公司	Share-holding Corporations Ltd.with Foreign Investment	
2.按国民经济行业分	by Sector	
正餐服务业	Dinner service	395596
快餐服务业	Fast Food Service	32379
饮料及冷饮服务业	Beverages and cold drinks service	1080
其他餐饮服务业	Other Catering Services	2564

continued

(10 000 yuan)

损 益 及 分 配 Losses,Profits and Distribution				工资、福利费 Wages and Welfare	
利 润 总 额 Total Profits	应 交 所得税 Income Tax Payable	劳动、失 业保险费 Charges on Labor and Unemployment Insurance	住房公积金 和住房补贴 Housing Accumulation Fund and Housing Subsidies	本年应付 工资总额 Total Wages Payable	本 年 应 付 福利费总额 Total Welfare Payable
395030	**64392**	**4739**	**5540**	**327747**	**27441**
369029	57651	4518	4007	298394	21931
17042	1708	572	1170	26136	1723
6334	693	174	107	8451	638
3313	253	12	1	2012	75
613	43			217	3
35	4			36	
1				84	
578	39			97	3
16459	2284	1247	384	45649	2336
36		2		188	8
16423	2284	1246	384	45461	2327
14119	1063	70	1197	19838	1897
294778	49018	2375	1076	183693	14481
204721	20763	970	546	74128	6646
13129	777	145	48	5320	386
70839	26338	1131	433	96530	6679
6089	1140	129	50	7714	770
16372	2589	67	72	12398	779
3845	643	44	69	4910	256
333	94	29	15	2835	202
3512	549	16	54	2075	54
22156	6098	176	1464	24444	5255
144	142	9	2	870	48
22011	5956	167	1463	23574	5207
359126	56478	4302	3707	296966	21711
32644	7415	344	1665	27981	5611
1080	151	5	18	657	18
2179	347	88	150	2143	101

17-11 批发和零售业、住宿和餐饮业连锁门店及配送中心分布情况(2010年)
Distribution of Stores and Distribution Centers of chain stores of Wholesale and Retail Trades and Hotel and Catering Services(2010)

单位：个 (unit)

地 区	Region	门店总数 Number of Stores	直营店数 Under Direct Management	加盟店数 Through License Arrangement	配送中心数 Distribution Centers	自有 Under Direct Management
合 计	**Total**	**9520**	**6805**	**2715**	**162**	**154**
批发和零售业	**Wholesale and etail Trades**	**9224**	**6514**	**2710**	**157**	**149**
北 京	Beijing	236	39	197	1	1
天 津	Tianjin	10	1	9		
河 北	Hebei	59	9	50		
石家庄	Shijiazhuang	5	2	3		
山 西	Shanxi	19	3	16		
太 原	Taiyuan	15	1	14		
内蒙古自治区	Inner Mongolia	9	1	8		
呼和浩特市	Hohhot	5	1	4		
辽 宁	Liaoning	13	2	11		
沈 阳	Shenyang	4	1	3		
大 连	Dalian	1	1			
吉林省	Jilin	5	1	4		
长春市	Changchun	3	1	2		
黑龙江省	Heilongjiang	2	1	1		
哈尔滨市	Harbin	1	1			
上 海	Shanghai	1	1			
江 苏	Jiangsu	5	5			
南 京	Nanjing	1	1			
浙 江	Zhejiang	4	4			
杭 州	Hangzhou	1	1			
宁 波	Ningbo	1	1			
安 徽	Anhui	2	1	1		
合 肥	Hefei	2	1	1		
福 建	Fujian	2	2			
福 州	Fuzhou	1	1			
江 西	Jiangxi	2	2			
南 昌	Nanchang	1	1			
山 东	Shandong	3478	3385	93	44	43
济 南	Jinan	5610	3308	2302	113	106
青 岛	Qingdao	1214	1173	41	15	14
河 南	Henan	1895	519	1376	27	25
郑 州	Zhengzhou	15	2	13		
湖 北	Hubei	6	1	5		
武 汉	Wuhan	1	1			
湖 南	Hunan	1	1			
长 沙	Changsha	2	1	1		
广 东	Guangdong	3	2	1		
广 州	Guangzhou	1	1			
深 圳	Shenzhen	1	1			
海南省	Hainan	1	1			
海口市	Haikou	1	1			
重 庆	Chongqing	1	1			
四 川	Sichuan	1	1			
成 都	Chengdu	1	1			
云 南	Yunnan	1	1			
昆 明	Kunming	1	1			
陕西省	Shanxi	1	1			
西 安	Xian	1	1			
甘肃省	Ganshu	1	1			
兰 州	Lanzhou	1	1			
宁夏回族自治区	Ningxia	1	1			
银 川	Yinchuan	1	1			
新 疆	Xinjiang	1	1			
乌鲁木齐	Urumqi	5	1	4		
住宿和餐饮业	**Hotel and Catering Services**	**296**	**291**	**5**	**5**	**5**
山 东	Shandong	296	291	5	5	5
济 南	Jinan	16	16		1	1
青 岛	Qingdao	252	247	5	4	4

17-12 各市社会消费品零售总额(2010年)

Retail Sale of Consumer Goods by Region(2010)

地区	Region	绝对额(万元) Amount (10000 yuan)					比上年增长(%) Growth Rate (%)				
		社会消费品零售总额 Total Retail Sales of Consumer Goods	按经营地分 by Operation Place		按消费形态分 by Consumption Pattern		社会消费品零售总额 Total Retail Sales of Consumer Goods	按经营地分 by Operation Place		按消费形态分 by Consumption pattern	
			城镇 Urban	乡村 Rural	商品零售 Retail Sales	餐饮收入 Catering Income		城镇 Urban	乡村 Rural	商品零售 Retail Sales	餐饮收入 Catering Income
全省总计	**Total**	**146203028**	**117970711**	**28232317**	**131627408**	**14575620**	**18.3**	**19.0**	**15.2**	**18.1**	**19.4**
济南市	Jinan	18024610	16269159	1755451	14853495	3171115	18.4	18.4	18.2	18.5	17.9
青岛市	Qingdao	19611331	16198502	3412829	17165990	2445341	18.4	18.9	15.7	18.1	20.3
淄博市	Zibo	10056751	8594539	1462212	8877647	1179104	18.5	18.6	18.1	18.6	17.8
枣庄市	Zaozhuang	4228513	2775245	1453268	3669797	558716	18.4	17.3	20.5	17.6	23.7
东营市	Dongying	3887417	3114134	773283	3534561	352856	18.4	18.9	16.5	18.4	18.7
烟台市	Yantai	14126854	11383729	2743125	12928912	1197942	18.5	18.6	18.1	18.1	22.4
潍坊市	Weifang	12148004	7933861	4214143	10963346	1184658	18.3	21.6	13.0	18.5	17.3
济宁市	Jining	10042495	8003690	2038805	8681183	1361312	18.3	18.5	17.7	18.3	18.5
泰安市	Tai'an	6978426	5009310	1969116	6197075	781351	18.6	19.0	17.8	16.5	38.6
威海市	Weihai	7092776	5129711	1963065	6492051	600725	18.3	18.6	17.5	18.4	17.5
日照市	Rizhao	3195391	2627755	567636	2944118	251273	18.3	18.6	16.7	18.3	18.4
莱芜市	Laiwu	1888211	1427411	460800	1751211	137000	18.1	18.6	16.6	18.2	16.3
临沂市	Linyi	11587531	8585023	3002508	10692354	895177	18.7	19.1	17.5	18.7	21.7
德州市	Dezhou	6586211	2718016	3868195	5778420	807791	18.4	21.5	17.3	18.2	20.3
聊城市	Liaocheng	5585951	3393389	2192562	4778307	807644	18.4	19.0	17.3	17.0	26.7
滨州市	Binzhou	4507461	3155200	1352261	4016366	491095	18.4	18.6	17.9	18.5	17.1
菏泽市	Heze	6655095	4464733	2190362	5937520	717575	18.7	18.8	18.5	18.8	17.5

17-13 各市限额以上批发和零售业商品购进、销售、库存总额(2010年)

Total Purchases,Sales and Inventory of Enterprises above Designated Size of Wholesale and Retail Trades by Region(2010)

地 区	Region	法人单位(个) Corporate Unit (unit)	年末从业人数(人) Persons Employed at Year-end (person)	购进总额(万元) Total Purchases Value	#进口 Import	销售总额 Total Sale Value 合计 Total	批发 Wholesale	#出口 Export	零售 Retail	年末库存总额 Inventory (year-end)
全省总计	**Total**	**11792**	**855382**	**138335614**	**6450349**	**161055922**	**104527069**	**5026725**	**56528853**	**10251007**
济南市	Jinan	957	86770	19087573	332843	22110485	15428973	132092	6681512	1854548
青岛市	Qingdao	1084	91225	25906828	4348027	30737409	24636172	2796241	6101237	1646678
淄博市	Zibo	694	90447	11003613	90547	11511862	6536666	35953	4975195	692059
枣庄市	Zaozhuang	389	22917	2453059	5	2687532	1805055	4821	882477	175086
东营市	Dongying	308	31117	3742665	312783	4470109	2498049	611330	1972060	209731
烟台市	Yantai	1145	70476	12436097	125340	14697759	9825339	349598	4872419	935707
潍坊市	Weifang	867	71225	14413619	231699	16037232	10917892	447879	5119340	888133
济宁市	Jining	1050	65950	7471616	820	8991658	5278055	23175	3713604	646604
泰安市	Tai'an	996	49718	8230544	30587	9131675	6117965	17801	3013710	619886
威海市	Weihai	361	40075	3936722	186768	5035291	1376824	22687	3658467	278546
日照市	Rizhao	161	17560	3262949	617339	3702789	2663132	346927	1039657	268617
莱芜市	Laiwu	120	9726	2100377		2319053	1853708	8898	465345	126198
临沂市	Linyi	910	66515	7475207	116686	10060792	4136670	57787	5924122	785511
德州市	Dezhou	939	37251	4038723	2991	4600223	1969864	12741	2630359	394600
聊城市	Liaocheng	533	28970	4742699	50734	5031861	3683122	95719	1348739	289033
滨州市	Binzhou	435	28348	3051439	2788	3717499	2272102	60552	1445398	176353
菏泽市	Heze	843	47092	4981884	393	6212694	3527481	2524	2685213	263717

17-14 各市限额以上住宿和餐饮业经营情况(2010年)

Business of Hotels and Catering Services above Designated Size by Region (2010)

地区	Region	法人单位(个) Corporation Unit (unit)	从业人数(人) Persons Employed (person)	营业额(万元) Business Revenue (10000 yuan)	客房收入 Revenue from Hotel Rooms	餐费收入 Revenue from Meals	商品销售收入 Revenue from Commodi -ties	其他收入 Other Revenue
全省总计	**Total**	**4130**	**312137**	**4806626**	**877165**	**3475777**	**300225**	**153459**
济南市	Jinan	360	44488	542476	133740	360829	16660	31246
青岛市	Qingdao	358	52478	792044	173953	539197	35802	43093
淄博市	Zibo	517	24098	475767	39108	385470	34097	17092
枣庄市	Zaozhuang	118	8139	81566	16316	52370	10993	1887
东营市	Dongying	72	11600	177175	31060	104310	32800	9006
烟台市	Yantai	411	26354	464944	102163	345362	9373	8046
潍坊市	Weifang	231	22560	229730	54436	156850	12601	5843
济宁市	Jining	293	16804	230951	41375	169911	17221	2444
泰安市	Tai'an	389	19076	412034	67103	329417	8099	7415
威海市	Weihai	210	15972	301990	54634	215905	22444	9007
日照市	Rizhao	66	6150	83392	18268	62115	2242	767
莱芜市	Laiwu	23	2407	19354	4431	13058	1202	664
临沂市	Linyi	214	14986	206411	35299	140239	26276	4597
德州市	Dezhou	342	15737	303636	35162	244481	16792	7200
聊城市	Liaocheng	106	8456	87459	15110	59159	11267	1923
滨州市	Binzhou	105	8025	88722	14730	68029	5124	839
菏泽市	Heze	315	14807	308975	40278	229074	37232	2391

17-15 各市限额以上批发和零售业财务状况(2010年)

Financial Indicators of Enterprises above Designated Size of Wholesale and Retail Trades by Region(2010)

单位:万元 (10 000 yuan)

地区	Region	企业数(个) Number of Enterprises (unit)	流动资产合计 Total Working Capitals	固定资产原价 Original Value of Fixed Assets	本年折旧 Depreciation in the Year	资产合计 Total Assests	负债合计 Total Liabilities	所有者权益合计 Total Owners' Equities
全省总计	**Total**	**11792**	**44317692**	**12272069**	**696055**	**61086393**	**43145133**	**17941260**
济南市	Jinan	957	8811100	1952505	104306	11950508	9087182	2863327
青岛市	Qingdao	1084	10379585	1630519	90741	13114597	11000869	2113728
淄博市	Zibo	694	1812833	821499	39817	2864023	1734600	1129423
枣庄市	Zaozhuang	389	538840	278801	13128	845221	448212	397009
东营市	Dongying	308	1553452	380957	18595	2020974	1524379	496596
烟台市	Yantai	1145	3936499	1027811	57506	5266874	3640404	1626470
潍坊市	Weifang	867	3473159	886484	40170	4668745	3684420	984326
济宁市	Jining	1050	2035657	696786	31360	3036688	1775913	1260775
泰安市	Tai'an	996	1074042	1045800	62317	2102938	882850	1220087
威海市	Weihai	361	914266	520297	41859	1522846	986667	536179
日照市	Rizhao	161	2623769	202499	7887	3089987	1354968	1735019
莱芜市	Laiwu	120	800706	102087	5247	983002	869757	113245
临沂市	Linyi	910	2293272	826749	70690	3317469	2104213	1213256
德州市	Dezhou	939	855254	564100	27141	1628117	1038021	590096
聊城市	Liaocheng	533	1305187	326616	15597	1702073	1199239	502834
滨州市	Binzhou	435	1170616	358131	32330	1612928	1082760	530168
菏泽市	Heze	843	739458	650430	37365	1359402	730678	628724

17-15 续表 1 continued

单位:万元 (10 000 yuan)

地区	Region	营业收入合计 Business Revenue	#主营业务收入 Revenue from Principal Business	主营业务成本 Cost of Principal Business	主营业务税金及附加 Taxes and Other Charges on Principal Business	主营业务利润 Profits from Principal Business	营业费用 Expenses on Business	管理费用 Expenses on Management	财务费用 Expenses on Finance
全省总计	**Total**	**157799806**	**156348844**	**139392355**	**1063840**	**15362840**	**4742832**	**3429064**	**778099**
济南市	Jinan	26674518	26469597	24439200	78369	1961654	908617	465208	86424
青岛市	Qingdao	28117302	27864375	26048250	107794	1669706	811601	536090	111713
淄博市	Zibo	11245494	11205220	9445397	66415	1728195	398686	281609	78413
枣庄市	Zaozhuang	2638848	2631722	2289407	23430	300101	55349	64828	13700
东营市	Dongying	4297851	4278832	3953483	19683	262989	85785	82905	29771
烟台市	Yantai	13787171	13721089	11990217	94834	1598050	555678	290985	65062
潍坊市	Weifang	15080944	14930962	13764852	61674	1089126	370796	272619	65359
济宁市	Jining	8474830	8021906	6895508	70734	919756	181049	139048	30352
泰安市	Tai'an	9023229	8995848	7459637	104113	1432099	172033	276400	72907
威海市	Weihai	5030682	4998233	4387193	116433	494606	176144	153530	14904
日照市	Rizhao	3653167	3578768	2891617	36038	651114	136832	137070	29422
莱芜市	Laiwu	2194592	2178145	2072896	5459	72519	34951	29858	18385
临沂市	Linyi	8873412	8828160	7500824	67982	1110835	321800	270418	36120
德州市	Dezhou	4394282	4383521	3787877	58560	544413	105695	88276	30542
聊城市	Liaocheng	4661380	4646758	4195520	41873	360005	149663	94396	28192
滨州市	Binzhou	3661981	3636724	3010598	35808	526371	117242	123666	34488
菏泽市	Heze	5990123	5978986	5259883	74642	641301	160911	122159	32346

17-15 续表 2 continued

单位:万元 (10 000 yuan)

地 区 Region	营业利润 Profits from Business	利润总额 Total Profits	应交所得税 Income Tax Payable	劳动、失业保险费 Charges on Labor and Unemployment Insurance	住房公积金和住房补贴 Housing Accumulation Fund and Housing Subsidies	本年应付工资总额 Total Wages Payable	本年应付福利费总额 Total Welfare Payable	本年应交增值税 Value Added Tax Payable
全省总计 Total	**7040909**	**6013136**	**866190**	**45622**	**135795**	**1839254**	**134427**	**2360200**
济南市 Jinan	601121	470043	122612	5668	10629	217952	12700	347136
青岛市 Qingdao	347497	418930	89196	6102	50010	278788	14531	435083
淄博市 Zibo	942733	803328	51534	1951	4938	156445	9322	106394
枣庄市 Zaozhuang	184623	182952	25177	482	2568	45371	3963	68067
东营市 Dongying	108866	118255	20087	956	3740	51314	3771	57159
烟台市 Yantai	730718	752241	118894	4937	12682	175558	15326	263895
潍坊市 Weifang	436555	422370	50848	2608	13597	171853	14893	229177
济宁市 Jining	602775	479657	49383	4804	3349	105120	8216	85998
泰安市 Tai'an	917918	585056	123101	2003	4748	113185	12080	170671
威海市 Weihai	133899	139947	26031	4649	3244	87025	6791	75083
日照市 Rizhao	376831	203416	12648	6803	3379	42385	4992	41624
莱芜市 Laiwu	-1031	-1435	3207	154	1572	17647	825	12969
临沂市 Linyi	550733	375266	48081	1457	10072	123578	9538	199734
德州市 Dezhou	333200	327397	45822	331	2712	68015	4275	74102
聊城市 Liaocheng	137056	116977	17135	746	4184	57254	3658	58228
滨州市 Binzhou	304011	307077	26136	576	1805	55081	3636	60294
菏泽市 Heze	333405	311660	36301	1397	2567	72685	5909	74587

17-16 各市限额以上住宿和餐饮业财务状况(2010年)

Financial Indicators of Enterprises above Designated Size of Hotels and Catering Services by Region(2010)

单位:万元 (10 000 yuan)

地 区	Region	企业数(个) Number of Enterprises (unit)	流动资产合计 Total Working Capitals	固定资产原价 Original Value of Fixed Assets	本年折旧 Depreciation in the Year	资产合计 Total Assests	负债合计 Total Liabilities	所有者权益合计 Total Owners' Equities
全省总计	**Total**	**4130**	**2067319**	**4552965**	**252655**	**6568758**	**4150918**	**2417320**
济南市	Jinan	360	323938	641305	40840	904796	608488	296307
青岛市	Qingdao	358	460794	916267	40201	1247689	883184	364505
淄博市	Zibo	517	124527	189418	9509	377947	228677	149269
枣庄市	Zaozhuang	118	30102	115280	4658	166335	95540	70796
东营市	Dongying	72	103456	132517	8653	304020	227744	76277
烟台市	Yantai	411	213576	575448	24705	723667	441927	281740
潍坊市	Weifang	231	161120	270621	14741	462626	361536	101090
济宁市	Jining	293	83659	205476	8330	343669	192313	151356
泰安市	Tai'an	389	93758	334770	24068	387233	178431	208803
威海市	Weihai	210	115632	378529	13427	449847	254211	195636
日照市	Rizhao	66	40582	128635	20210	159920	109353	50566
莱芜市	Laiwu	23	21206	22015	598	52829	37373	15456
临沂市	Linyi	214	108022	195881	18239	294356	166466	127370
德州市	Dezhou	342	60160	134590	5442	244272	135609	108663
聊城市	Liaocheng	106	31326	75405	2730	113977	59115	54863
滨州市	Binzhou	105	47910	103943	8440	148907	100397	48510
菏泽市	Heze	315	47552	132866	7863	186669	70556	116113

17-16 续表 1 continued

单位:万元 (10 000 yuan)

地　区 Region	营业收入合计 Business Revenue	#主营业务收入 Revenue from Principal Business	主营业务成本 Cost of Principal Business	主营业务税金及附加 Taxes and Other Charges on Principal Business	主营业务利润 Profits from Principal Business	营业费用 Expenses on Business	管理费用 Expenses on Management	财务费用 Expenses on Finance
全省总计 Total	**4776616**	**4739362**	**2420478**	**225105**	**2076720**	**888635**	**611239**	**99969**
济南市 Jinan	547696	543714	220830	29730	291394	181338	90706	7516
青岛市 Qingdao	791853	781821	305609	40193	436054	231138	158617	19369
淄博市 Zibo	474668	470637	252673	18722	197291	49854	37306	12282
枣庄市 Zaozhuang	81543	81231	47537	3039	29685	7829	6386	3320
东营市 Dongying	177365	176650	77032	9060	90332	45105	32767	8411
烟台市 Yantai	467045	464658	268652	19783	176182	67330	52979	5519
潍坊市 Weifang	232192	230797	108928	12538	108882	62408	39220	7259
济宁市 Jining	213856	212172	128811	10518	69411	26254	20574	2177
泰安市 Tai'an	414178	411177	266949	18196	126033	30349	24983	4583
威海市 Weihai	290768	288622	164151	20317	104118	33451	41048	4045
日照市 Rizhao	86668	85075	49479	3023	32573	11406	9714	2062
莱芜市 Laiwu	19235	19222	9484	987	8775	6217	3200	549
临沂市 Linyi	200956	199638	96600	9098	90039	38020	26882	5749
德州市 Dezhou	296811	294140	190406	9455	95016	23688	18658	7086
聊城市 Liaocheng	86420	85583	48815	3254	32263	17645	10509	1275
滨州市 Binzhou	88375	87967	48667	3897	31901	10429	7960	1526
菏泽市 Heze	306988	306259	135855	13298	156771	46174	29731	7240

17-16 续表 2 continued

单位:万元 (10 000 yuan)

地 区	Region	营业利润 Profits from Business	利润总额 Total Profits	应交所得税 Income Tax Payable	劳动、失业保险费 Charges on Labor and Unemployment Insurance	住房公积金和住房补贴 Housing Accumulation Fund and Housing Subsidies	本年应付工资总额 Total Wages Payable	本年应付福利费总额 Total Welfare Payable
全省总计	**Total**	**523099**	**477925**	**81494**	**9781**	**14146**	**578035**	**45229**
济南市	Jinan	17174	12332	4255	1467	2388	90447	5894
青岛市	Qingdao	33891	31633	12917	1700	4224	109541	10590
淄博市	Zibo	104449	94422	21615	1480	474	41330	3686
枣庄市	Zaozhuang	14984	14078	2086	80	8	11500	720
东营市	Dongying	5800	8986	670	61	1486	24303	2299
烟台市	Yantai	51950	53473	5960	1475	2797	49223	3662
潍坊市	Weifang	1708	-11	1250	623	401	42518	2437
济宁市	Jining	22559	22354	2440	128	416	23553	1053
泰安市	Tai'an	67370	51358	9871	1058	100	40472	4851
威海市	Weihai	27262	30307	3202	697	642	31484	2937
日照市	Rizhao	9739	7509	399	200	448	10394	726
莱芜市	Laiwu	-1350	-1112	117	16	31	3373	127
临沂市	Linyi	23822	22852	2146	106	233	25004	1341
德州市	Dezhou	48127	46792	6270	148	75	25020	1512
聊城市	Liaocheng	4125	2536	346	135	344	12629	536
滨州市	Binzhou	17059	14438	1462	100	7	15644	909
菏泽市	Heze	74433	65981	6490	308	74	21602	1949

主要统计指标解释

社会消费品零售总额 指批发和零售业、住宿和餐饮业以及其他行业直接售给城乡居民和社会集团的消费品零售额。其中，对居民的消费品零售额，是指售予城乡居民用于生活消费的商品金额；对社会集团的消费品零售额，是指售给机关、社会团体、部队、学校、企事业单位、居委会或村委会等，公款购买的用作非生产、非经营使用与公共消费的商品金额。

社会消费品零售总额包括：售给城乡居民作为生活消费用的商品金额和修建房屋用的建筑材料，以及售给来华的外国人、华侨、港澳台同胞的消费品金额。

不包括：城市居民间或居民委托信托商店卖出的商品；售给农业、工业、建筑业等行业用于生产的商品。

批发零售业商品购、销、存总额 指各种登记注册类型的批发、零售业企业(单位)以本企业(单位)为总体的，从国内、国外市场购进的商品总量，销售和出口的商品总量、库存商品总量等情况。该指标可以反映商品流转过程中商品的购进、销售、库存之间的比例关系和存在的问题。

商品购进总额 指从本企业(单位)以外的单位和个人购进(包括从境外直接进口)作为转卖或加工后转卖的商品总额。它反映批发零售贸易业从国内、国外市场上购进商品的总量。商品购进总额包括：(1)从工农业生产者购进的商品；(2)从出版社、报社的出版发行部门购进的图书、杂志和报纸；(3)从各种登记注册类型的批发零售贸易企业(单位)购进的商品；(4)从其他单位购进的商品，如从机关、团体、企业等单位购进的剩余物资，从餐饮业、服务业购进的商品，从海关、市场管理部门购进的缉私和没收的商品，从居民手中收购的废旧商品等；(5)从国(境)外直接进口的商品。不包括企业(单位)为自身经营用和未通过买卖行为而收入的商品以及销售退回、商品升溢等。

商品销售总额 指对本企业(单位)以外的单位和个人出售(包括对境外直接出口)的商品总额。它反映批发零售贸易业在国内市场上销售商品以及出口商品的总量。商品销售总额包括：(1)售给城乡居民和社会集团消费用的商品；(2)售给工业、农业、建筑业、运输邮电业、批发零售贸易业、餐饮业、服务业等作为生产、经营使用的商品；(3)售给批发零售贸易业作为转卖或加工后转卖的商品；(4)对国(境)外直接出口的商品。不包括出售本企业(单位)自用的废旧包装用品、未通过买卖行为付出的商品、经本单位介绍，由买卖双方直接结算，本单位只收取手续费的业务、购货退出的商品以及商品损耗和损失等。

批发零售业库存 指报告期末各种登记注册类型的批发零售贸易企业(单位)已取得所有权的商品。它反映批发零售贸易企业(单位)的商品库存情况和对市场商品供应的保证程度。期末库存包括：(1)存放在批发零售贸易业经营单位(如门市部、批发站、经营处)仓库、货场、货柜和货架中的商品；(2)挑选、整理、包装中的商品；(3)已记入购进而尚未运到本单位的商品，即发货单或银行承兑凭证已到而货未到的部分；(4)寄放他处的商品，如因购货方拒绝承付而暂时存放在购货方的商品和已办完加工成品收回手续而未提回的商品；(5)委托其他单位代销(未作销售或调出)尚未售出的商品；(6)代其他单位购进尚未交付的商品。不包括所有权不属于本单位的商品、拨付除批发零售贸易业以外的其他行业所属独立核算加工厂等加工生产尚未收回成品的商品、代国家物资储备部门保管的商品等。

库存总额采用的计算价格是：农副产品采购单位按购进价计算；批发单位按进货价计算；零售单位按核算价格计算，即按什么价格核算就按什么价格计算。

住宿餐饮业营业额 指住宿和餐饮业法人企业、产业活动单位在经营活动中因提供服务或销售商品等取得的收入，包括客房收入、餐费收入、商品销售收入和其他收入。客房收入指住宿和餐饮业法人企业、产业活动单位在经营活动中因提供住宿服务取得的客房收入。餐费收入指住宿和餐饮业法人企业、产业活动单位因为顾客提供就餐服务取得的收入，包括经烹饪、调制加工后出售的各种食品，如主食、炒菜、凉拌菜等的收入。商品销售收入指住宿和餐饮业法人企业、产业活动单位伴随服务而出售商品所取得的收入。其他收入指营业收入中除客房收入、餐费收入、商品销售收入以外的其他收入，包括娱乐、健身和商务服务等。

亿元商品交易市场成交额 指年成交额达到亿元以上，经工商部门批准、专门从事商品批发、零售业务活动的市场。其市场所有摊位成交总额称为商品交易市场成交额。

连锁企业（或称连锁店、连锁公司） 指在核心企业或总店的领导下，由分散的、经营同类商品或服务的企业或活动单位，采取共同方针，实行集中采购和分散销售的有机结合，通过规范化经营，实现规模效益的经济联合组织形式。一般连锁店应由若干个分店组成。其经营特征：(1)经营同类商品；(2)使用统一商号；(3)统一采购配送，采购与销售相分离（部分商品可根据物流合理和保质保鲜原则，由供应商直接送货到门店，其余均由总部统一配送）。

连锁门店包括下列三种形式：

直营连锁：也叫正规连锁。连锁门店均由总部独资或控股开设，在总部的直接领导下统一经营。总部采取纵深似的管理方式，直接下令掌管所有的零售门店，零售门店也必须完全接受总部指挥。他是大型垄断商业资本通过吞并、兼并或独资、控股等途径，发展壮大自身实力和规模的一种形式。

特许连锁：各连锁门店（被特许人）通过合同形式，取得使用总部（特许人）商标、商号、经营技术和销售总部开发的商品的特许权，各加盟连锁门店为独立法人，在总部指导下统一经营。

自由连锁：也称自愿连锁。连锁公司的门店均为独立法人，各自的资产所有权关系不变，在公司总部的指导下共同经营。各成员店使用共同的店名，与总部订阅有关购、销、宣传等方面的合同，并按合同开展经营活动。在合同规定的范围之外，各成员店可以自由活动。根据自愿原则，各成员店可自由加入连锁体系，也可自由退出。

特许连锁加上自由连锁等于加盟连锁。

Explanatory Notes on Main Statistical Indicators

Total Retail Sales of Consumer Goods refers to the sum of consumer goods sold by the wholesale and retail trades, hotel and catering trades and other sectors to urban and rural residents and social groups.Retail sales of consumer goods sold to residents refers to the commodities sold to urban and rural residents for their daily use.Retail sales of consumer goods sold to social groups refers to the commodities sold to agencies, social groups, military units, schools, enterprises, institutions, urban subdistrict committee and village committee for non-production and non-operation use and purchased by public money of these units.

The Retail Sales of Consumer Goods Includes commodities sold to urban and rural residents for their daily use, building material sold to them for the construction and repair of houses and consumer goods sold to foreigners, overseas Chinese and Chinese compatriots from Hong Kong, Macao and Taiwan.

The Retail Sales of Consumer Goods excludes commodities sold by trust shops commissioned by urban residents and sold among the urban residents. It also excludes commodities sold to agricultural, industrial, construction and other industries for the production.

Purchase, Sales and Stock of Commodities by Wholesale and Retail Trades refers to the total volume of commodities purchased, total volume of sales and exports, and the stock of commodities by wholesale and retail enterprises (establishments) of different status of registration from domestic and overseas markets. This indictor reflects the relationship among purchase, sales and stock of commodities in the circulation of goods and reveals the existing problems.

Total Purchases of Commodities refer to the total value of purchases of commodities by the enterprises (establishments) from other establishments or individuals (including direct import from abroad) for the purpose of re selling, either with or without further processing of the commodities purchased. This indicator is used to show the total value of purchases of commodities by wholesale and retail establishments from domestic and overseas markets. The total purchases include: (1) agricultural and industrial products purchased from producers; (2) books, magazines and newspapers purchased from distribution departments of the publishers; (3) commodities purchased from wholesale and retail establishments of different status of registration; (4) commodities purchased from other units, such as surplus materials purchased from government agencies, enterprises or institutions, commodities purchased from catering and service establishments, confiscated goods purchased from customs authorities or market management agencies, second hand goods and wastes purchased from residents; and (5) commodities directly imported from abroad. Excluded are commodities purchased by enterprises (establishments) for use in their own business operation, commodities obtained without buying or selling procedures, rejected commodities, etc.

Total Sales of Commodities refer to value of commodities sold by the establishments to other establishments and individuals (including direct export). This indicator is used to show the total value of sales of commodities at domestic markets and export. The total sales include: (1) commodities sold to urban and rural residents and social groups for their consumption; (2) commodities sold to establishments in industry, agriculture, construction, transportation, post and telecommunications, wholesale and retail trades, catering trade and public utility for their production and operation; (3) commodities sold to wholesale and retail establishments for re selling, with or without further processing;and (4)commodities for direct export to other countries. Excluded are selling of waste packaging materials used by the establishments (units) themselves, commodities transferred without buying or selling procedures, commission income from brokerage in transactions whose settlement is directly handled by buyers and sellers, rejected commodities in the purchase, loss in commodities, etc.

Commodity Stock of Wholesale and Retail Enterprises refers to total commodities possessed by wholesale and retail enterprises (units) of various types of registration status at the end of the reference period, which reflects the commodity stock level of various wholesale and retail enterprises and the potential for market supply. It includes: (1) commodities located in storage, garages, counters, and shelves of operating units (such as sale stores, wholesale centers, and operating offices) of wholesale and retail enterprises; (2) commodities in the process of selecting, sorting, and packing; (3) commodities not arrived but recorded as purchase in the account, i.e. commodities not arrived but payment receipts for the commodities from the sellers or the banks arrived; (4) commodities deposited in other places rather than places mentioned above, for instance: commodities in the hold of purchasers temporarily due to the refusal of payment and commodities not taken back after going through the formalities; (5) commodities entrusted to other units to sell but not sold yet; (6) commodities purchased for other units but not delivered yet. Commodities not included as stock are those not owned by the enterprises (units), those allocated to financially independent factories rather than wholesale and retail enterprises for processing but not taken back yet, and finally those put in stock by wholesale and retail enterprises on behalf of the state material reserves units.

For the calculation of the value of commodities stock, the value is calculated at purchasing prices in agricultural goods purchasing units and wholesale units, and at the accounting prices in retail units.

Business Revenue of Hotels and Catering Services: refer to revenue received from providing services or selling commodities by corporate enterprises and establishments engaged in hotel and catering services, including income from hotel rooms, from catering services, from selling of commodities and from other services. Income from hotel rooms refers to income of corporate enterprises and establishments by providing lodging services. Income from catering services refers to income of corporate enterprises and establishments by providing catering services, including selling of cooked or prepared foods such as stable food, cooked dishes or cold dishes. Income from selling of commodities refers to income of corporate enterprises and establishments by selling commodities that accompany the services they provide. Income from other activities refers to income received other than income from hotel rooms, catering services or selling of commodities, such as income from providing recreation, fitness or business services.

Volume of Transaction at Large Commodity Markets (with transaction value over 100 million yuan) refers to markets approved by the industrial and commercial administration departments, which specialize in wholesale and retail of commodities with an annual transaction of over 100 million yuan. The sum of sales of all sellers in the markets makes up the transaction value of the markets.

Chain Enterprises (also called chain stores or chain corporations) refer to a form of joint economic entities under which scattered enterprises or establishments engaged in providing homogeneous commodities or services, with the central leadership of core enterprise or headquarters and guided by common policies, conduct centralized purchase and distributed selling of commodities, in order to gain better efficiency through standardized operation. Consisting of a number of branch stores, the chain stores have in general following features: 1) homogeneous commodities, 2) unique name of stores, 3) centralized purchase and delivery which is separated from distributed selling operation (most commodities are delivered from the headquarters except some items which, from logistics, quality or freshness considerations, might be delivered by the suppliers directly).

Chain stores have 3 categories:

a) Chain stores under direct management: These are formal chain stores invested or controlled by the headquarters. They operate under the direct and unified management from the headquarters. Adopting a direct management approach, the headquarters give orders and control all retail stores, which follow completely the directives from the headquarters. Large monopolized commercial companies develop and expand their business through purchasing, merging, direct investment and controlling of shares.

b) Chain stores through special permit: Through contracts, chain stores (or their owners) obtain licenses from the headquarters to use designated trade marks, names, operation know how, and to sell the commodity developed by the headquarters. Under this arrangement, each store in the chain is an independent legal entity and operates under the guidance from the headquarters.

c) Chain stores through voluntary arrangement: Under this arrangement, all stores operate together under the guidance of the headquarters, while maintaining their status of independent legal entities with full ownership of their assets. They use the same store name, sign contracts with the headquarters concerning purchase, sale, publicity, etc. and operate under the contract. They are free to engage in other activities which are not bounded in the contract. They could join or leave the chain on voluntary basis.

Chain stores through special permit and those through voluntary arrangement make up chain stores through license arrangement.

第18篇

教育、科技、文化

Education,Science and Technology,Culture

简 要 说 明

一、本篇资料的主要内容

本篇资料反映了全省教育、科技和文化事业基本情况。教育部分主要包括高等教育、中等教育、初等教育、成人高等教育、职业教育、幼儿园等方面基本情况；科技部分主要包括科技成果、专利、规模以上工业科技活动和全社会科技活动情况；文化部分主要包括文化、文物、广播、电视、档案、报纸杂志出版、图书出版等方面的发展状况。

二、本篇资料的来源

1.教育部分中，技工学校的资料来源于省人力资源和社会保障厅规划财务处，其他资料来源于省教育厅发展规划处。

2.文化部分中，艺术事业、图书馆事业、群众文化事业的资料来源于省文化厅计划财务处，广播电视资料来源于省广播电视局计划财务处，新闻出版有关资料来源于省新闻出版局办公室，档案馆有关资料来源于省档案局法规经济科技处。

3.科技部分中，科技成果资料来源于省科学技术厅，专利资料来源于省知识产权局，规模以上工业企业科技活动和全社会科技活动资料来源于省统计局统计年报。

本篇资料由省统计局社科处整理提供。

Brief Introduction

I. Content

Data in this chapter show the basic conditions of education, technology and culture. Data on education show the development of higher education, secondary education, primary education, vocational education and kindergartens. Data on technology show the basic conditions of scientific and technological achievements and prizes, number of patent applications examined and granted, scientific and technological activities of industrial enterprises above designate size and basic conditions of R&D institutions. Data on culture show the basic conditions on arts, cultural relics, broadcasting, television, archives and publication.

II. Source of Data

(1)Data on the basic conditions of technical schools are provided by the Planning and Finance Division of Shandong Human Resources and Social Security Department and other data on education are provided by the Planning and Finance Division of Shandong Provincial Education Department.

(2)Data on the causes of arts, libraries, mass culture are provided by the Planning and Finance of Shandong Provincial Culture Department. Data on broadcasting and television are provided by the Planning and Finance of Shandong Provincial Administration of Radio and Television. Data on news and publication are provided by the Administrative Office of Shandong Provincial Administration of Press and Publication. Data on archives and publication are provided by the Division of Technology and Economy of Shandong Provincial Archives Administration.

(3)Data on scientific and technological are provided by Department of Science and Technology of Shandong Province. Data on patents are provided by Shandong Provincial Intellectual Property Office. Data on scientific and technological activities come from the annual report of scientific and technological activities, which is provided by Shandong Provincial Bureau of Statistics.

Data in this chapter are provided and compiled by the Division of Social, Science and Technology Statistics of Shandong Provincial Bureau of Statistics.

18-1 各级各类学校基本情况(2010年)
Basic Statistics on Education Institutions(2010)

项 目	Item	学校数(所) Number of Schools (unit)	毕业生数(人) Graduates (person)	招生数(人) New Enrollment (person)	在校学生数(人) Total Enrol-lment (person)	教职工数(人) Teachers and Staff (person)	#专任教师 Full-time Teachers
一、高等教育	**Higher Education**						
(一)研究生	Postgraduates	31	15559	23431	65034		
(二)普通高等教育	Regular Institutions of Higher Education	133	444003	495722	1631373	139100	91413
本科院校	Universities with Full Undergraduate Courses	61	250698	286617	995205	92028	60275
专科院校	Colleges with Specialized Courses	72	175752	197074	598768	47072	31138
其他机构	Other Institutions		17553	12031	37400		
(三)成人高等教育	Adult Institutions of Higher Education	18	110347	133191	388741	4225	2946
二、中等职业教育	**Secondary Education**						
(一)中等职业学校	Vocational Secondary Education	640	439337	426954	1131621	78769	55465
(二)技工学校	Technical Schools	209	133615	136995	397719	18183	14962
(三)职业技术培训机构	Vocational and Technical Training Institutions	10516	3597881		2551258	33393	23090
三、基础教育	**Fundamental Education**						
(一)普通中学	High Schools	3645	1568941	1641181	5010692	438787	372082
初 中	Junior Secondary Schools	3053	1022090	1112964	3485570		260681
高 中	Senior Secondary Schools	592	546851	528217	1525122		111401
(二)职业初中	Vocational Junior High Schools						
(三)小学	Primary Schools	12405	1102552	1113005	6292476	417504	387453
(四)特殊教育学校	Special Enducation	145	2794	3610	21987	5742	4486
(五)幼儿园	Pre-school Education	17751	705840	1085062	2193898	142146	98763
(六)成人基础教育	Adult Fundamental Education						
成人中学	Adult Hgih Schools						
成人小学	Adult Primary Schools						

18-2 历年普通高等教育基本情况

Basic Statistics on Higher Education

年 份 Year	学校数 (所) Number of Schools (unit)	招生数 (人) New Enrollment (person)	毕业生数 (人) Graduates (person)	在校学生数 (人) Total Enrollment (person)	教职工数 (人) Teachers and Staff (person)	#专任教师 Full-time Teachers
1949	7	1405	70	3969	1908	484
1950	7	1861	424	5406	2090	650
1951	7	2915	569	5679	2624	935
1952	7	2777	1703	6753	3684	1024
1953	6	2758	1931	7363	3542	1165
1954	6	2976	1759	8509	3262	1366
1955	7	3280	1825	8915	3397	1471
1956	7	5765	1775	11574	3900	1701
1957	7	3122	1686	12532	4518	2114
1958	35	10004	2249	19557	7938	3212
1959	35	9957	2409	26493	7799	3177
1960	63	12074	5821	34744	11746	4809
1961	40	6206	5567	33461	13534	5300
1962	26	3496	7148	26001	10144	4318
1963	18	4472	6180	23807	8882	4093
1964	16	5144	6806	22435	9187	4001
1965	16	5621	6102	22164	9156	3898
1966	15		293	21919	9314	3996
1967	15		5288	16631	9200	4006
1968	15	92	6992	9731	9392	4094
1969	16		2756	9254	10564	4774
1970	16		9162		10185	4526
1971	19	8953		8953	12527	5618
1972	19	6479		14259	12945	5168
1973	19	5982	4098	17291	13609	5166
1974	19	5470	5461	16375	13731	5432
1975	21	7366	6033	17582	13858	5601
1976	22	8896	6072	21340	15035	5941
1977	27	13192	7203	25735	17712	7028
1978	34	19712	7015	38390	20202	7855
1979	35	12856	5364	44771	23544	9478
1980	35	14402	7684	51427	26130	10347
1981	37	14160	6311	59645	27512	10379
1982	37	15765	23993	51794	30381	12065
1983	41	19827	16806	55276	31535	12943
1984	47	24862	13563	66429	33591	13919
1985	49	32745	16159	83567	36383	14974
1986	49	30211	21183	92422	39009	15951
1987	50	32972	29428	95891	41620	16716
1988	50	35714	30869	101281	43990	17585
1989	51	34308	31766	103928	46037	18162
1990	49	35023	33104	105822	46704	18377
1991	49	36067	34500	107093	46839	17825
1992	51	57878	34994	130188	47483	18059
1993	51	57918	33935	151758	48156	18405
1994	49	55036	50457	156639	49537	19460
1995	49	55611	52083	160398	50829	19932
1996	49	56544	47835	169184	51490	20079
1997	48	56950	50141	175920	50374	20414
1998	49	62994	51477	187473	50261	20581
1999	52	82410	49612	213679	49624	21252
2000	58	124817	49687	303826	54910	24764
2001	65	183553	69583	449360	64362	30902
2002	75	218719	94697	583601	72408	37412
2003	85	273894	117253	761417	84391	45457
2004	97	327452	166959	946124	93653	53847
2005	104	400573	224611	1171284	109920	64636
2006	109	445034	268384	1338122	121167	74676
2007	111	453479	355735	1440378	128761	81889
2008	114	514176	411143	1534009	134072	87432
2009	128	501082	431598	1592974	136753	89734
2010	133	495722	444003	1631373	139100	91413

注:2005年普通高等教育含104所普通高校、部分成人高校举办的高职班和电大普通专科班。

a)Data of 2005 includes those on 104 regular HEIS,higher vocational hold by some adult HEIS and regular vocational secondary courses held by eduction institutions.

18-3 历年中等专业教育基本情况

Basic Statistics on Vocational Secondary Education

年份 Year	学校数 (所) Number of Schools (unit)	招生数 (人) New Enrollment (person)	毕业生数 (人) Graduates (person)	在校学生数 (人) Total Enrollment (person)	教职工数 (人) Teachers and Staff (person)	#专任教师 Full-time Teachers
1949	34	4784	1778	13738	1207	441
1950	48	7734	4292	14206	1663	709
1951	80	11179	4855	21918	3372	1307
1952	171	33756	5223	50175	6845	2744
1953	76	8478	23488	33516	4916	1812
1954	69	9478	9812	32458	4509	1807
1955	58	7738	11553	25336	3707	1477
1956	90	30047	9403	45706	6522	2573
1957	86	7972	12089	40738	6112	2742
1958	394	106779	15584	129494	8704	4537
1959	487	58777	21286	110617	11394	4955
1960	474	79722	32699	143184	15798	7893
1961	198	10395	22687	65735	12433	6008
1962	85	585	16909	23599	6072	2797
1963	79	9685	13814	18942	5883	3312
1964	94	15282	6751	27420	6086	2769
1965	275	35768	2242	72974	9197	4850
1966	158	2831	3403	50097	9128	4310
1967	160	2810	11544	41288	9159	4388
1968	155	11861	28731	24411	9461	4328
1969	128	2107	10537	15956	8410	3942
1970	126	2648	12356	6238	8121	3997
1971	135	18497	11758	12823	7776	5403
1972	140	9746	1313	11581	8756	3773
1973	122	16377	1980	25717	8366	3771
1974	129	18963	9440	34035	10175	4434
1975	144	21442	15786	40798	11378	5038
1976	178	23328	19908	44345	13296	5522
1977	176	23195	29665	33142	14004	5649
1978	189	25961	9006	49466	14814	6158
1979	195	26574	2882	75484	16080	6792
1980	203	28137	35212	68593	17617	7898
1981	165	27797	32661	63864	18563	8115
1982	174	29235	26782	66640	20482	9204
1983	179	31570	21413	77601	21503	9775
1984	188	33597	27166	84125	22539	10184
1985	208	45163	30024	100176	24511	11333
1986	227	44130	31422	114039	27320	12807
1987	214	40120	36247	103128	26820	12846
1988	225	44606	33551	114168	28985	14522
1989	230	48407	28370	134515	29314	14719
1990	236	48634	35423	148504	31634	16000
1991	240	52092	45259	155092	31842	15617
1992	234	55353	52088	158309	32857	15972
1993	241	77875	51360	185062	34354	16769
1994	243	89643	50801	222551	35066	17526
1995	244	95442	58680	258801	36084	18211
1996	255	105468	78496	289827	38030	19898
1997	252	112348	90545	311161	38458	20291
1998	254	114956	99483	327031	39160	20949
1999	251	122331	106740	344062	39274	21311
2000	243	93493	103629	333184	37241	20409
2001	200	92215	110827	310508	28002	15607
2002	165	115941	111333	314135	27005	15369
2003	154	94625	64046	256655	23630	13761
2004	145	87889	65953	260276	21621	12771
2005	134	86044	75076	257161	20406	12193
2006	130	90432	79902	264456	20563	12634
2007	135	98634	92275	283231	20985	13223
2008	130	93217	83077	271905	20308	13224
2009	124	99212	88355	271993	19981	13093

18-4 历年普通中学基本情况

Basic Statistics on Senior and Junior Secondary Education

年 份 Year	学校数 (所) Number of Schools (unit)	招生数 (万人) New Enrollment (10 000 persons)	毕业生数 (万人) Graduates (10 000 persons)	在校学生数 (万人) Total Enrollment (10 000 persons)	教职工数 (人) Teachers and Staff (person)	#专任教师 Full-time Teachers
1949	66	1.08	0.34	3.89	3431	1585
1950	70	1.95	0.66	4.03	3728	1841
1951	112	2.47	0.73	5.50	4507	2232
1952	189	6.12	0.99	10.44	10170	4507
1953	192	4.06	1.82	12.51	12151	5206
1954	211	6.84	2.25	16.83	14666	6621
1955	218	6.74	5.08	17.51	14778	6756
1956	332	9.94	3.75	22.83	17606	8824
1957	1004	17.64	6.20	33.99	24369	14054
1958	3784	34.39	6.19	57.98	32762	20140
1959	3316	31.92	8.55	65.13	38072	23089
1960	2770	27.60	9.98	72.11	49335	28743
1961	1331	14.71	15.26	52.16	43679	24642
1962	1247	15.04	12.77	43.21	37062	21542
1963	1403	18.39	12.94	43.79	39691	24381
1964	2316	23.90	10.80	53.51	42781	26747
1965	6166	34.06	11.67	80.74	53914	37339
1966	4002	14.27	9.95	65.39	47995	33716
1967	3848	14.22	12.99	63.74	48224	33926
1968	6957	54.15	34.31	81.68	59827	41922
1969	13033	96.11	28.13	143.28	97723	79912
1970	13938	103.39	58.50	188.13	122751	100261
1971	12252	146.85	94.53	256.03	124547	116284
1972	11495	139.73	113.47	289.35	187231	155412
1973	12239	121.90	135.22	261.11	177864	144292
1974	12419	131.27	126.88	252.21	177829	142047
1975	14621	172.20	113.98	305.11	200906	161092
1976	19822	263.31	127.48	437.85	275864	228657
1977	20171	260.62	161.35	522.33	330445	277784
1978	17361	210.68	218.75	478.22	318128	264663
1979	16322	176.14	192.39	418.22	304551	246035
1980	14646	144.10	107.90	407.91	309538	247920
1981	12974	125.17	117.55	361.45	296240	233102
1982	11160	119.41	106.37	328.57	271664	212707
1983	9971	112.21	86.35	315.39	256926	200957
1984	9175	115.88	85.31	334.42	257968	201521
1985	9038	123.80	96.87	356.32	268321	209202
1986	8259	125.02	105.22	376.19	283726	220304
1987	7877	125.52	116.95	379.54	297083	232958
1988	7474	125.17	120.41	373.53	307364	241845
1989	6997	123.30	118.61	363.74	315494	245260
1990	6699	125.60	115.14	367.30	324027	249459
1991	6310	129.17	115.30	372.98	329927	253428
1992	5897	132.87	115.58	382.49	335020	258308
1993	5640	139.14	115.88	395.28	337259	260896
1994	5429	154.67	116.82	427.15	345640	268514
1995	5073	167.06	118.14	470.46	358301	279301
1996	4820	169.69	122.97	512.22	375463	294849
1997	4693	178.19	141.95	541.38	392365	310926
1998	4635	201.28	159.91	571.54	404824	322785
1999	4586	222.20	164.88	620.43	414538	333884
2000	4575	234.18	167.96	678.60	430754	350353
2001	4684	220.94	188.59	702.18	451014	359665
2002	4648	201.65	205.62	689.17	461898	369664
2003	4606	192.94	222.82	654.34	468627	374811
2004	4569	192.32	213.80	628.34	473687	379100
2005	4404	179.71	207.29	592.49	470584	377133
2006	4175	164.60	196.70	554.04	462298	372370
2007	4039	162.49	191.02	520.31	454920	370255
2008	3893	160.54	172.88	502.14	445545	367658
2009	3750	160.24	158.65	499.34	442447	372550
2010	3645	164.12	156.89	501.07	438787	372082

18-5 历年技工学校基本情况

Basic Statistics on Technical Schools

年 份 Year	学校数 (所) Number of Schools (unit)	招生数 (人) New Enrollment (person)	毕业生数 (人) Graduates (person)	在校学生数 (人) Total Enrollment (person)	教职工数 (人) Teachers and Staff (person)	#专任教师 Full-time Teachers
1953	1	150		150	25	15
1954	2	250		500	149	51
1955	2	452	150	802	206	72
1956	3	775	350	1227	351	127
1957	6	1525	452	2300	614	213
1958	44	9362	775	10887	1255	413
1959	52	9500	1525	18862	1800	620
1960	145	20290	6100	33052	2750	830
1961	16	2178	812	2996	2052	682
1962	19	1274	906	5188	2078	688
1963	21	2890	918	7163	2168	690
1964	28	4498	2687	8781	2019	920
1965	18	2336	1381	6662	1214	503
1966	16	62	115	3836	979	264
1967	16		1063	2773	1005	262
1968	14	633	2444	962	847	207
1969	9		510	452	604	141
1970	6		452		639	106
1971	2	380		380	189	85
1972	2			380	189	85
1973	15	1992	320	2052	1018	192
1974	19	2649	54	4702	1080	257
1975	26	3407	1700	5652	1751	345
1976	26	3144	1704	5841	2204	435
1977	29	6083	5421	6414	3189	735
1978	64	13669	301	19651	7042	1563
1979	72	11673	4950	26632	7055	1951
1980	94	15698	9854	32208	8974	2978
1981	100	9323	11190	29605	9749	3474
1982	103	9379	12857	25953	10154	3474
1983	106	10698	11562	24343	10560	3508
1984	119	12851	8624	28302	11215	3732
1985	134	16748	9219	35163	14142	3423
1986	163	22069	10035	47114	19968	3928
1987	206	28114	11281	63839	22647	5390
1988	236	40381	16036	87832	26382	5996
1989	256	40821	22402	105330	27843	7088
1990	266	42429	28654	118605	19084	10084
1991	279	44081	39679	122591	33739	11210
1992	290	46436	39628	128557	37579	12233
1993	302	55920	42320	142660	37222	12853
1994	306	67812	45358	165989	39351	13424
1995	312	70251	65457	169023	38891	13948
1996	312	77595	62981	185253	37747	13778
1997	305	74054	65310	192675	35160	14059
1998	305	55668	59292	188493	33806	14035
1999	302	50896	71460	161531	28871	14531
2000	279	48008	66546	137718	24484	14066
2001	278	53283	55769	132122	23152	16060
2002	249	83186	49634	165386	22190	13072
2003	244	105896	46247	212811	20684	13371
2004	249	121444	58834	274432	21370	14607
2005	229	138505	78091	325924	22049	15058
2006	197	148625	98239	357648	22309	16211
2007	200	159954	110278	385325	26744	23586
2008	197	161000	121000	415000	24700	18847
2009	196	147000	140300	396200	24963	19378
2010	209	136995	133615	397719	18183	14962

18-6 历年小学基本情况

Basic Statistics on Primary Schools

年 份 Year	学校数 (所) Number of Schools (unit)	招生数 (万人) New Enrollment (10 000 persons)	毕业生数 (万人) Graduates (10 000 persons)	在校学生数 (万人) Total Enrollment (10 000 persons)	教职工数 (人) Teachers and Staff (person)	#专任教师 Full-time Teachers
1949	27476	64.85	5.92	193.00	47640	45710
1950	37649	73.09	8.32	237.79	66439	46108
1951	45481	85.14	10.67	341.88	87932	84992
1952	55096	138.44	15.52	453.75	130791	122107
1953	53476	45.09	28.28	425.81	132259	123224
1954	52172	91.94	29.72	432.60	133588	124298
1955	52171	91.05	19.65	432.74	135050	126975
1956	52299	133.10	35.49	501.57	146511	139354
1957	52337	90.99	43.32	490.88	153512	146366
1958	64817	306.00	54.30	708.80	187148	181812
1959	76675	223.99	42.25	763.82	208941	202828
1960	67256	195.19	55.25	722.88	211598	204973
1961	61259	120.27	38.94	551.58	200310	196000
1962	58670	125.37	40.61	487.56	185043	180870
1963	61258	141.11	33.12	524.60	197427	192509
1964	108658	297.43	42.40	748.14	261782	256587
1965	143202	289.83	44.92	966.72	322560	316441
1966	76222	171.14	88.24	774.64	261927	248105
1967	77680	151.12	92.09	793.38	270433	256623
1968	77108	163.30	124.64	791.73	280930	268784
1969	76584	179.99	128.53	799.50	319014	285271
1970	79041	206.71	138.66	813.58	331613	296931
1971	81870	326.20	125.73	898.25	392417	390689
1972	82158	284.62	123.09	951.06	350695	340726
1973	83615	251.02	106.48	1004.20	374535	363243
1974	82910	232.79	105.79	1054.00	390151	376961
1975	82327	240.58	143.75	1091.22	401530	390571
1976	78698	215.88	208.06	1059.68	403562	391905
1977	78137	220.55	198.87	1035.87	399653	388337
1978	79375	234.57	181.42	1041.84	395247	384540
1979	78828	219.38	164.83	1040.06	407704	393271
1980	78796	211.68	155.64	1041.70	418828	402739
1981	78829	197.06	154.84	1017.62	417223	400449
1982	77893	190.23	159.74	978.73	414849	395455
1983	76610	184.50	160.87	946.26	414753	393013
1984	74314	176.38	160.80	927.50	410443	387448
1985	71062	167.67	164.07	894.06	405550	379751
1986	65447	161.76	158.81	870.41	412879	384564
1987	64095	152.42	158.86	844.87	421864	394296
1988	63006	156.57	154.47	830.01	432249	404509
1989	62321	162.45	149.77	823.19	439419	408468
1990	61845	158.09	144.84	818.21	446395	414653
1991	59976	156.99	143.85	815.15	447368	414924
1992	56885	163.94	141.97	826.21	450396	416662
1993	54009	185.75	145.75	853.57	448575	415928
1994	50824	206.15	153.03	895.54	448601	414912
1995	47068	205.33	154.07	940.36	456568	422989
1996	40458	194.37	152.29	971.86	463651	429345
1997	37377	183.70	155.59	990.19	468548	434671
1998	34480	146.34	173.92	951.34	467987	435156
1999	29453	116.04	191.40	870.72	451063	418828
2000	26017	104.48	195.12	774.88	440161	408200
2001	21342	101.36	176.17	699.19	422905	390374
2002	19590	107.26	144.10	662.59	414600	383816
2003	18303	107.86	128.24	642.78	410968	380066
2004	16943	110.17	124.69	627.80	410264	378793
2005	15871	104.27	113.31	615.37	410394	377729
2006	14611	107.18	101.69	623.02	415117	381673
2007	14064	111.46	103.87	634.01	420353	386641
2008	13503	104.61	107.48	632.98	420552	387957
2009	12858	101.78	109.47	626.81	421057	389962
2010	12405	111.30	110.26	629.25	417504	387453

18-7 1985-2010年成人高等教育基本情况

Basic Statistics on Adult Education from 1985 to 2010

年 份 Year	学校数 (所) Number of Schools (unit)	招生数 (人) New Enrollment (person)	毕业生数 (人) Graduates (person)	在校学生数 (人) Total Enrollment (person)	教职工数 (人) Teachers and Staff (person)	#专任教师 Full-time Teachers
1985	53	41358	14543	85909	7918	3677
1986	55	38305	18626	119123	9514	4417
1987	58	30789	30352	110258	8900	3847
1988	53	43784	35680	101606	10179	4137
1989	53	43386	30687	115753	11552	4754
1990	53	32580	29317	114764	12745	5164
1991	54	26409	40382	104560	12669	4926
1992	51	49078	41748	105427	12883	5017
1993	53	71210	31104	149282	12648	5257
1994	53	81379	30786	196381	13048	5872
1995	53	61032	55764	198934	13159	6037
1996	53	59850	65204	194454	13308	6495
1997	53	65775	74017	185029	14096	6925
1998	46	73618	61603	198780	13023	6557
1999	40	87117	61611	221161	14335	7131
2000	40	82423	70810	219977	14090	7084
2001	34	103165	57373	255775	13911	6841
2002	29	111023	69723	316605	11797	6182
2003	27	128242	79518	373086	9877	5300
2004	24	132313	107645	268112	11056	6247
2005	24	108707	118379	258521	11481	6683
2006	24	95858	34999	295189	12775	7516
2007	23	106857	97584	297085	12627	7537
2008	22	152713	93079	355307	7390	4840
2009	21	136048	105081	377343	6240	4142
2010	18	133191	110347	388741	4225	2946

注：自2001年起成人高等学历教育统计口径调整为不含电大普通专科班及高职。

a)After 2001,adult higher education exclude regular specialized courses and vocational education.

18-8 研究生教育基本情况

Basic Statistics on Postgraduate Education

项 目		Item		2005	2006	2007	2008	2009	2010
一、培养单位数	**(个)**	**Institutions Providing Postgraduate Programs**	**(unit)**	**31**	**31**	**32**	**31**	**31**	**31**
高等学校	(个)	Regular Institutions of Higher Education	(unit)	26	26	27	27	27	27
科研单位	(个)	Research Institutions	(unit)	5	5	5	4	4	4
二、招生数	**(人)**	**Enrollment**	**(person)**	**14186**	**15009**	**16860**	**18531**	**21664**	**23431**
攻读博士学位	(人)	Appliants for Doctor's Degree	(person)	1666	1688	1763	1822	1865	1920
高等学校	(人)	Regular Institutions of Higher Education	(person)	1586	1614	1688	1748	1790	1844
科研单位	(人)	Research Institutions	(person)	80	74	75	74	75	76
攻读硕士学位	(人)	Appliants for Master's Degree	(person)	12520	13321	15097	16709	19799	21511
高等学校	(人)	Regular Institutions of Higher Education	(person)	12296	13099	14868	16571	19659	21349
科研单位	(人)	Research Institutions	(person)	224	222	229	138	140	162
三、在校生数	**(人)**	**Total Enrollment**	**(person)**	**36818**	**41708**	**46710**	**50720**	**57191**	**65034**
攻读博士学位	(人)	Appliants for Doctor's Degree	(person)	5236	5734	6108	6707	7068	7487
高等学校	(人)	Regular Institutions of Higher Education	(person)	4997	5499	5851	6481	6853	7275
科研单位	(人)	Research Institutions	(person)	239	235	257	226	215	212
攻读硕士学位	(人)	Appliants for Master's Degree	(person)	31582	35974	40602	44013	50123	57547
高等学校	(人)	Regular Institutions of Higher Education	(person)	30999	35325	39931	43619	49714	57106
科研单位	(人)	Research Institutions	(person)	583	649	671	394	409	441
四、毕业生数	**(人)**	**Graduates**	**(person)**	**6644**	**9415**	**11293**	**13212**	**14139**	**15559**
攻读博士学位	(人)	Appliants for Doctor's Degree	(person)	777	1132	1433	1423	1493	1362
高等学校	(人)	Regular Institutions of Higher Education	(person)	718	1056	1381	1319	1416	1278
科研单位	(人)	Research Institutions	(person)	59	76	52	104	77	84
攻读硕士学位	(人)	Appliants for Master's Degree	(person)	5867	8283	9860	11789	12646	14197
高等学校	(人)	Regular Institutions of Higher Education	(person)	5754	8155	9690	11666	12563	14098
科研单位	(人)	Research Institutions	(person)	113	128	170	123	83	99

18-9 1978-2010年重要科技成果数量

Major Achievements in Science and Technology 1978 to 2010

单位:项 (unit)

年 份 Year	成果数量 Number of Achievements	#农业 Agriculture	#工业 Industry	国际领先先进水平 Advanced Internationally	国内领先先进水平 Advanced nationally	省内领先先进水平 Advanced on Provincial Level
1978	652	116	443	19	283	350
1979	456	90	261	21	149	286
1980	657	195	396	25	210	422
1981	704	169	485	29	201	474
1982	732	153	516	35	298	399
1983	977	209	660	26	378	573
1984	997	196	730	21	420	556
1985	1196	277	758	41	566	589
1986	1337	183	933	75	634	628
1987	1525	264	964	92	838	595
1988	1786	300	1104	118	1045	623
1989	1957	325	1220	135	1081	741
1990	2112	375	1246	150	1148	814
1991	2488	541	1405	175	1503	810
1992	2668	57	1265	327	1538	803
1993	2858	605	1418	372	1745	741
1994	3113	696	1487	416	2131	566
1995	3251	702	1524	466	2272	513
1996	3388	709	1599	471	2353	564
1997	3507	737	1517	456	2678	373
1998	3558	614	1515	724	2516	318
1999	3688	557	1270	744	2737	207
2000	3728	575	1289	599	2861	182
2001	3112	494	1138	506	2439	167
2002	3018	452	1117	486	2371	161
2003	2896	433	1071	466	2276	154
2004	3028	454	1120	485	2392	151
2005	2408	320	539	534	1741	133
2006	2313	338	630	448	1742	123
2007	2346	330	704	543	1662	
2008	2330	301	677	592	1618	
2009	2364	306	849	751	1412	
2010	2367	391	751	676	1316	

18-10 科技成果情况

Basic Statistics on Science and Technology

单位:项 (unit)

类 别	Category	2001	2005	2006	2007	2008	2009	2010
一、国家级科技成果奖励成果	**National Scientific and Techinical Award**	**19**	**17**	**32**	**23**	**26**	**33**	**36**
国家发明奖	National Invention Award	1	3	4	3	2	2	4
国家自然科学奖	State Natural Science Award		1			4		
国家科技进步奖	The State Scientific and Technological Progress Award	18	13	28	20	20	31	31
国际合作奖	International Cooperation Award							1
二、省级重要科技成果	**Important Scientific and Technical Award**	**3112**	**2408**	**2313**	**2346**	**2330**	**2364**	**2367**
三、省科学技术奖	**Provincial Science and Technology Award**							
自然科学奖	Natural Science Award		17	20	20	20	24	18
技术发明奖	Technological Invention Award		12	18	11	17	18	12
科技进步奖	Scientific and Technological Progress Award		465	460	467	458	454	467
四、专利情况	**Patent Applications**							
申请量	Number of Patent Applications	11168	28835	38284	46849	60247	66857	80856
授权量	Number of Patent Applications Granted	6724	10743	15937	22821	26688	34513	51490

注:国家自然科学奖每两年评一次。
a)State Natural Science Award is issued every other year.

18-11 R&D经费支出情况(2009年)

单位：万元

年 份 类 别	Year Category	R&D经费内部支出合计 Internal Expenditure on R&D	基础研究支出 Basic Research	应用研究支出 Applied Research
2005		1937924		
2006		2341297		
2007		3123081		
2008		4351943		
2009		5195892	105046	194974
一、按行业分	**by Sector**			
农、林、牧、渔业	Agriculture, Forestry, Animal Husbandry and Fishery	4770		144
采矿业	Mining	355354	1415	
制造业	Manufacturing	4200387		3399
电力、燃气及水的生产和供应业	Production and Supply of Electricity,Gas and Water	11367		250
建筑业	Construction	91236		
交通运输、仓储和邮政业	Transport, Storage and Postal Services	14986		
信息传输、计算机服务和软件业	Information Transmission,Computer Services and Software	34022	49	
批发和零售业	Wholesale and Retail Trade			
住宿和餐饮业	Accommodations and Catering Services			
金融业	Finance	1939		
房地产业	Real Estate			
租赁和商务服务业	Leasing and Business Services	34332		
科学研究、技术服务和地质勘查业	Scientific Research, Technical Services and Geological Prospecting	241825	43648	79534
水利、环境和公共设施管理业	Management of Water Conservancy,Environment and Public Facilities	383	2	275
居民服务和其他服务业	Services to Households and Other Services			
教育	Education	159180	56610	84067
卫生、社会保障和社会福利业	Health Care, Social Security and Social Welfare	46111	3322	27306
文化、体育和娱乐业	Culture, Sports and Recreation			
公共管理和社会组织	Public Administration and Social Organizations			
国际组织	International Organizations			
二、按地区分	**by Region**			
济南市	Jinan	679824	29891	71432
青岛市	Qingdao	967031	49364	74155
淄博市	Zibo	391841	982	2590
枣庄市	Zaozhuang	75363	197	1872
东营市	Dongying	307576	3786	8609
烟台市	Yantai	670416	7535	5084
潍坊市	Weifang	464314	1331	1717
济宁市	Jining	207360	3845	1823
泰安市	Tai'an	225589	4025	7039
威海市	Weihai	303732		
日照市	Rizhao	43009		492
莱芜市	Laiwu	91249		
临沂市	Linyi	181224	423	2191
德州市	Dezhou	57921	160	308
聊城市	Liaocheng	185555	1868	2995
滨州市	Binzhou	229016	1577	8554
菏泽市	Heze	65929	61	1415

Basic Statistics On Expenditure on R&D(2009)

(10 000 yuan)

试验发展支出 Experimental Development	政府资金 Government Appropriation Funds	企业资金 Self-raised Funds by Enterprises	国外资金 Foreign funds	其他资金 Other Funds	R&D经费外部支出合计 External expenditure on R&D	对国内研究机构的支出 Expenditure On Domestic Research Institutions	对国内高等学校支出 Expenditure On Domestic colleges and universities	对国内企业支出 Expenditure On Domestic Enterprises	对境外支出 Expenditure On Overseas
					116501				
					150767				
					211443				
					302255				
4895872	448788	4629063	21470	96570	329984	136864	93150	54635	44905
4626	495	4095		180	59	34	21	4	
353939	10944	339684	747	3980	23390	6528	14376	1673	814
4196989	117491	4020833	15674	46390	269664	115613	66973	47544	39534
11117	58	10976		333	5209	2464	1430	1315	
91236	575	90231		430	3931	1228	2545	158	
14986	14	14422		550	3343	1602	1727	14	
33973	2247	29628	1855	292	813	320	491	2	
1939		1939			154	154			
34332	389	33707		235	800	205	595		
118644	184272	22036	2116	33401	5201	2414	1137	1407	
106	109	274							
18504	101098	47990	935	9156	17385	6299	3822	2518	4558
15483	31097	13247	143	1624	35	5	31		
578501	116421	530124	3801	29478	46702	14803	11836	4210	15486
843512	143145	803771	10335	9780	105158	34505	15216	37858	17573
388268	13895	373153	1689	3104	15571	6571	6331	848	1769
73294	3217	71997		149	1941	1334	603	2	2
295180	20523	276566	204	10283	21724	12273	8593	728	131
657798	23652	642000	2585	2179	11644	4898	5288	718	740
461265	11725	446246	103	6240	32260	12824	7921	6242	5273
201692	12105	194188	38	1030	11471	2406	8203	493	362
214525	15737	206161	768	2924	8308	3719	2694	852	1044
303732	10636	281094	281	11721	12245	9389	1595	245	1016
42516	1244	41132	118	515	1900	1124	662	25	88
91249	1662	85853	205	3528	4917	3004	1617	251	45
178610	8596	169952	928	1748	9090	4747	3856	470	17
57453	2437	54756	63	666	3505	1456	1829	6	214
180692	10892	168757	286	5620	12810	6925	5036	570	279
218885	8201	219413	67	1336	18420	6947	10120	528	825
64453	2268	63586		75	12128	9747	1750	589	43

18－12 R&D经费支出情况(2010年)

单位：万元

年 份 类 别	Year Category	R&D经费内部支出合 计 Internal Expenditure on R&D	基础研究支 出 Basic Research	应用研究支 出 Applied Research
2005		1937924		
2006		2341297		
2007		3123081		
2008		4351943		
2009		5195892	105046	194974
2010		6720045	132841	366053
一、按行业分	**by Sector**			
农、林、牧、渔业	Agriculture, Forestry, Animal Husbandry and Fishery	10779	60	1392
采矿业	Mining	495775		33490
制造业	Manufacturing	5378448	5142	59920
电力、燃气及水的生产和供应业	Production and Supply of Electricity,Gas and Water	18178		142
建筑业	Construction	138460	42	7202
交通运输、仓储和邮政业	Transport, Storage and Postal Services	22669		1807
信息传输、计算机服务和软件业	Information Transmission,Computer Services and Software	46298		505
批发和零售业	Wholesale and Retail Trade			
住宿和餐饮业	Accommodations and Catering Services			
金融业	Finance	3455		95
房地产业	Real Estate			
租赁和商务服务业	Leasing and Business Services	19164	13	
科学研究、技术服务和地质勘查业	Scientific Research, Technical Services and Geological Prospecting	296923	41226	99323
水利、环境和公共设施管理业	Management of Water Conservancy,Environment and Public Facilities	431	20	206
居民服务和其他服务业	Services to Households and Other Services			
教育	Education	205307	72642	109126
卫生、社会保障和社会福利业	Health Care, Social Security and Social Welfare	83491	13686	52187
文化、体育和娱乐业	Culture, Sports and Recreation	666	8	659
公共管理和社会组织	Public Administration and Social Organizations			
国际组织	International Organizations			
二、按地区分	**by Region**			
济南市	Jinan	814450	42834	92867
青岛市	Qingdao	1244725	48783	90731
淄博市	Zibo	516081	829	10683
枣庄市	Zaozhuang	115858	197	1693
东营市	Dongying	412356	1593	51145
烟台市	Yantai	857452	10525	14407
潍坊市	Weifang	607110	11431	10029
济宁市	Jining	278026	6550	6674
泰安市	Tai'an	306073	4930	13890
威海市	Weihai	317617		7316
日照市	Rizhao	83567	160	5068
莱芜市	Laiwu	119301		6912
临沂市	Linyi	240479	1026	6848
德州市	Dezhou	85127	410	3098
聊城市	Liaocheng	243876	1708	26016
滨州市	Binzhou	319937	1773	6484
菏泽市	Heze	87204	94	902

Basic Statistics On Expenditure on R&D（2010）

(10 000 yuan)

试验发展支出 Experimental Development	政府资金 Government Appropriation Funds	企业资金 Self-raised Funds by Enterprises	国外资金 Foreign funds	其他资金 Other Funds	R&D经费外部支出合计 External expenditure on R&D	对国内研究机构的支出 Expenditure On Domestic Research Institutions	对国内高等学校支出 Expenditure On Domestic colleges and universities	对国内企业支出 Expenditure On Domestic Enterprises	对境外支出 Expenditure On Overseas
					116501				
					150767				
					211443				
					302255				
4895872	448788	4629063	21470	96570	329984	136864	93150	54635	44905
6221155	588821	6001743	28443	101041	483222	196572	139603	103457	42753
9327	2301	8254		224	163	69	81	6	7
462285	22380	471605		1790	38491	17207	19185	1793	306
5313387	146467	5167821	23030	41131	394350	156374	106027	97602	34347
18036	29	18149			10502	4652	3637	2214	
131216	887	134951		2622	6190	2863	3196	131	
20863	185	22351	129	4	4299	2443	1857		
45793	4760	38760	2269	508	2990	2342	235	4	409
3360		3455			293		293		
19150	816	18348			315	56	260		
156376	218368	33206	2316	43035	8570	6569	724	467	
205	226	205						1240	7684
23539	133270	61619	701	9717	17023	3995	4078		
17619	58969	22510		2012	32	2	31		
	160	506							
678750	125424	649952	3680	35395	41114	16110	15236	3629	6127
1105211	165118	1054904	12535	12168	129794	59078	18416	35628	15857
504570	16199	491025	2139	6719	26141	16425	7616	1049	1050
113968	3200	112351		307	3374	1991	953	426	5
359621	40462	362557	162	9176	73597	11536	11235	48923	1904
832520	33976	811651	7390	4434	21819	12400	5523	2479	1416
585649	23738	580206	23	3142	35674	9417	10581	4005	11672
264802	19489	255634	19	2886	22341	8867	13343	43	78
287254	27011	277723	253	1086	13919	8905	3997	306	712
310301	11824	303503	939	1350	21721	10963	10416	198	145
78339	2164	81264	100	40	3420	2418	887	18	96
112388	2328	116779		193	3792	2593	648	337	214
232606	20474	216826	1106	2073	15577	7981	6479	870	248
81620	2799	82123		205	8829	1892	2783	3471	682
216153	17197	219070	85	7524	25176	9603	14380	1190	4
311679	8399	310121	11	1405	18114	6550	9692	569	1302
86209	9557	75653		1996	18228	9252	7418	316	1243

18-13 R&D人员情况（2009年）

年 份 类 别	Year Category	有研究开发活动单位数（个） Number of Units with Research and Development Activities (unit)
2005		1522
2006		1595
2007		1932
2008		2315
2009		2829
一、按行业分	**by Sector**	
农、林、牧、渔业	Agriculture, Forestry, Animal Husbandry and Fishery	25
采矿业	Mining	53
制造业	Manufacturing	2222
电力、燃气及水的生产和供应业	Production and Supply of Electricity,Gas and Water	36
建筑业	Construction	63
交通运输、仓储和邮政业	Transport, Storage and Postal Services	11
信息传输、计算机服务和软件业	Information Transmission,Computer Services and Software	85
批发和零售业	Wholesale and Retail Trade	
住宿和餐饮业	Accommodations and Catering Services	
金融业	Finance	2
房地产业	Real Estate	
租赁和商务服务业	Leasing and Business Services	10
科学研究、技术服务和地质勘查业	Scientific Research, Technical Services and Geological Prospecting	157
水利、环境和公共设施管理业	Management of Water Conservancy,Environment and Public Facilitie	9
居民服务和其他服务业	Services to Households and Other Services	
教育	Education	44
卫生、社会保障和社会福利业	Health Care, Social Security and Social Welfare	112
文化、体育和娱乐业	Culture, Sports and Recreation	
公共管理和社会组织	Public Administration and Social Organizations	
国际组织	International Organizations	
二、按地区分	**by Region**	
济南市	Jinan	413
青岛市	Qingdao	335
淄博市	Zibo	324
枣庄市	Zaozhuang	106
东营市	Dongying	91
烟台市	Yantai	265
潍坊市	Weifang	271
济宁市	Jining	93
泰安市	Tai'an	154
威海市	Weihai	152
日照市	Rizhao	55
莱芜市	Laiwu	32
临沂市	Linyi	161
德州市	Dezhou	59
聊城市	Liaocheng	99
滨州市	Binzhou	120
菏泽市	Heze	96

Basic Statistics On R&D Personnel（2009）

研究与试验发展人员（人）Research and Development Personnel (person)	全时人员 Full-time Personnel	非全时人员 Part-time Personnel	博士毕业 Doctor	硕士毕业 Master
232722	149698	83024	8832	24111
386	292	94	11	27
17007	7557	9450	203	1144
159952	111117	48835	2033	9517
1276	476	800	20	156
5070	2864	2206	57	243
674	358	316	11	54
3169	2887	282	12	79
18	12	6	1	8
1259	556	703	13	45
11295	7645	3650	1251	3047
118	67	51		2
24004	13041	10963	4981	8797
8494	2826	5668	239	992
41840	26737	15103	3053	6126
34533	25408	9125	1856	4489
20617	12721	7896	407	1159
4173	2552	1621	41	166
12390	8064	4326	580	1775
18900	11287	7613	773	1908
18817	12497	6320	343	1379
9952	6135	3817	350	1338
14770	8586	6184	386	1145
13160	9294	3866	162	567
3048	1865	1183	33	105
3115	1771	1344	37	266
9814	5968	3846	173	1012
3753	2406	1347	80	497
8488	6102	2386	281	838
10384	4842	5542	172	754
3526	2104	1422	81	264

18-14 R&D人员情况（2010年）

年 份 类 别	Year Category	有研究开发活动单位数（个） Number of Units with Research and Development Activities (unit)
2005		1522
2006		1595
2007		1932
2008		2315
2009		2829
2010		2988
一、按行业分	**by Sector**	
农、林、牧、渔业	Agriculture, Forestry, Animal Husbandry and Fishery	48
采矿业	Mining	49
制造业	Manufacturing	2252
电力、燃气及水的生产和供应业	Production and Supply of Electricity,Gas and Water	29
建筑业	Construction	59
交通运输、仓储和邮政业	Transport, Storage and Postal Services	7
信息传输、计算机服务和软件业	Information Transmission,Computer Services and Software	110
批发和零售业	Wholesale and Retail Trade	
住宿和餐饮业	Accommodations and Catering Services	
金融业	Finance	4
房地产业	Real Estate	
租赁和商务服务业	Leasing and Business Services	11
科学研究、技术服务和地质勘查业	Scientific Research, Technical Services and Geological Prospecting	156
水利、环境和公共设施管理业	Management of Water Conservancy,Environment and Public Facilities	9
居民服务和其他服务业	Services to Households and Other Services	
教育	Education	93
卫生、社会保障和社会福利业	Health Care, Social Security and Social Welfare	156
文化、体育和娱乐业	Culture, Sports and Recreation	5
公共管理和社会组织	Public Administration and Social Organizations	
国际组织	International Organizations	
二、按地区分	**by Region**	
济南市	Jinan	445
青岛市	Qingdao	448
淄博市	Zibo	349
枣庄市	Zaozhuang	122
东营市	Dongying	98
烟台市	Yantai	296
潍坊市	Weifang	335
济宁市	Jining	94
泰安市	Tai'an	125
威海市	Weihai	148
日照市	Rizhao	36
莱芜市	Laiwu	25
临沂市	Linyi	128
德州市	Dezhou	68
聊城市	Liaocheng	70
滨州市	Binzhou	109
菏泽市	Heze	89

Basic Statistics On R&D Personnel（2010）

研究与试验发展人员（人）Research and Development Personnel (person)	全时人员 Full-time Personnel	非全时人员 Part-time Personnel	博士毕业 Doctor	硕士毕业 Master
232722	149698	83024	8832	24111
275360	176314	99046	9900	28961
841	594	247	25	59
18101	8731	9370	275	1361
185330	130715	54615	2308	11646
1475	677	798	18	104
6611	3880	2731	105	946
889	582	307	5	129
3873	3377	496	34	396
192	41	151		20
855	373	482	18	93
12524	8494	4030	1487	3433
87	24	63		4
27130	13999	13131	5506	10209
17393	4773	12620	115	532
59	54	5	4	29
44348	29657	14691	3332	7017
46106	30343	15763	2077	5614
25073	15381	9692	462	1339
6963	3848	3115	75	270
15304	9805	5499	681	2463
21511	14025	7486	818	2253
23999	15933	8066	378	1720
11453	7226	4227	351	1489
15977	9098	6879	444	1320
15590	9914	5676	146	626
4058	2542	1516	54	163
3333	2181	1152	45	298
10860	6598	4262	218	1239
4488	2989	1499	123	532
10524	6369	4155	374	1033
10147	6613	3534	195	847
4103	2385	1718	101	362

18−15 R&D人员折合全时当量情况（2009年）

Basic Statistics On Full-time Equivalent of R&D Personnel（2009）

单位：人年 (man year)

年份 类别	Year Category	R&D人员折合全时当量 Full-time Equivalent of R&D Personnel	基础研究人员 Basic Research Personnel	应用研究人员 Applied Research Personnel	试验发展人员 Experimental Development Personnel
2005		89574	6360	20638	62576
2006		96599	7151	16089	73359
2007		116468	6732	18289	91448
2008		160916	7942	14310	138664
2009		164397	8505	11657	144238
一、按行业分	**by Sector**				
农、林、牧、渔业	Agriculture, Forestry, Animal Husbandry and Fishery	331		34	297
采矿业	Mining	11991	154		11837
制造业	Manufacturing	116861		61	116800
电力、燃气及水的生产和供应业	Production and Supply of Electricity,Gas and Water	817		24	793
建筑业	Construction	3530			3530
交通运输、仓储和邮政业	Transport, Storage and Postal Services	403			403
信息传输、计算机服务和软件业	Information Transmission,Computer Services and Software	2603	28		2575
批发和零售业	Wholesale and Retail Trade				
住宿和餐饮业	Accommodations and Catering Services				
金融业	Finance	12			12
房地产业	Real Estate				
租赁和商务服务业	Leasing and Business Services	1056			1056
科学研究、技术服务和地质勘查业	Scientific Research, Technical Services and Geological Prospecting	9308	1413	3166	4729
水利、环境和公共设施管理业	Management of Water Conservancy, Environment and Public Facilities	62	1	34	27
居民服务和其他服务业	Services to Households and Other Services				
教育	Education	13415	6494	6057	864
卫生、社会保障和社会福利业	Health Care, Social Security and Social Welfare	4008	415	2280	1315
文化、体育和娱乐业	Culture, Sports and Recreation				
公共管理和社会组织	Public Administration and Social Organizations				
国际组织	International Organizations				
二、按地区分	**by Region**				
济南市	Jinan	30067	3259	4843	21964
青岛市	Qingdao	26111	1508	2590	22013
淄博市	Zibo	14764	154	274	14336
枣庄市	Zaozhuang	3362	65	270	3027
东营市	Dongying	9257	343	486	8430
烟台市	Yantai	13432	544	424	12465
潍坊市	Weifang	13485	229	377	12879
济宁市	Jining	6344	908	272	5165
泰安市	Tai'an	9329	549	746	8034
威海市	Weihai	9223			9223
日照市	Rizhao	1904		61	1843
莱芜市	Laiwu	2230			2230
临沂市	Linyi	6337	44	212	6080
德州市	Dezhou	2067	53	61	1954
聊城市	Liaocheng	6196	507	146	5545
滨州市	Binzhou	6734	309	363	6062
菏泽市	Heze	2165	32	134	1999

18-16 R&D人员折合全时当量情况（2010年）

Basic Statistics On Full-time Equivalent of R&D Personnel（2010）

单位：人年 (man year)

年份 类别	Year Category	R&D人员折合全时当量 Full-time Equivalent of R&D Personnel	基础研究人员 Basic Research Personnel	应用研究人员 Applied Research Personnel	试验发展人员 Experimental Development Personnel
2005		89574	6360	20638	62576
2006		96599	7151	16089	73359
2007		116468	6732	18289	91448
2008		160916	7942	14310	138664
2009		164397	8505	11657	144238
2010		190329	9481	20070	160777
一、按行业分	**by Sector**				
农、林、牧、渔业	Agriculture, Forestry, Animal Husbandry and Fishery	671	18	81	572
采矿业	Mining	11810		669	11141
制造业	Manufacturing	131931	88	987	130855
电力、燃气及水的生产和供应业	Production and Supply of Electricity,Gas and Water	820		14	806
建筑业	Construction	4561	2	168	4391
交通运输、仓储和邮政业	Transport, Storage and Postal Services	584		50	533
信息传输、计算机服务和软件业	Information Transmission,Computer Services and Software	3626		16	3611
批发和零售业	Wholesale and Retail Trade				
住宿和餐饮业	Accommodations and Catering Services				
金融业	Finance	153		125	28
房地产业	Real Estate				
租赁和商务服务业	Leasing and Business Services	785	5		780
科学研究、技术服务和地质勘查业	Scientific Research, Technical Services and Geological Prospecting	10461	1483	3837	5141
水利、环境和公共设施管理业	Management of Water Conservancy, Environment and Public Facilities	50	5	17	29
居民服务和其他服务业	Services to Households and Other Services				
教育	Education	14631	7159	6691	782
卫生、社会保障和社会福利业	Health Care, Social Security and Social Welfare	10186	720	7357	2109
文化、体育和娱乐业	Culture, Sports and Recreation	59	2	57	
公共管理和社会组织	Public Administration and Social Organizations				
国际组织	International Organizations				
二、按地区分	**by Region**				
济南市	Jinan	33389	3169	5569	24650
青岛市	Qingdao	34827	1844	4921	28062
淄博市	Zibo	17224	121	523	16581
枣庄市	Zaozhuang	5341	74	424	4843
东营市	Dongying	11216	125	1283	9809
烟台市	Yantai	14863	717	662	13485
潍坊市	Weifang	17166	447	1445	15274
济宁市	Jining	6799	1209	371	5219
泰安市	Tai'an	10113	458	1100	8555
威海市	Weihai	9111		722	8389
日照市	Rizhao	2244	9	282	1953
莱芜市	Laiwu	1491		119	1373
临沂市	Linyi	7006	154	283	6571
德州市	Dezhou	2429	255	109	2065
聊城市	Liaocheng	6141	620	1202	4318
滨州市	Binzhou	6963	225	396	6343
菏泽市	Heze	2578	67	232	2279

18-17 规模以上工业企业R&D经费支出情况（2009年）

单位：万元

年 份 类 别	Year Category	R&D经费内部支出合计 Internal Expenditure on R&D	基础研究支出 Basic Research
2005		1611441	
2006		1955191	
2007		2681425	
2008		3759470	
2009		4567109	1415
一、按企业规模分	**by Enterprise Size**		
大中型企业	Large and Medium-sized enterprises	4107263	1415
大型企业	Large-sized Enterprises	2766469	1415
中型企业	Medium-sized Enterprises	1340794	
小型企业	Small-sized Enterprises	459846	
二、按登记注册类型分	**by Status of Registration**		
内资企业	Domestic Funded Enterprises	3869269	1415
国有企业	State-owned Enterprises	394125	
集体企业	Collective-owned Enterprises	387595	
股份合作企业	Cooperative Enterprises	36029	
联营企业	Joint Ownership Enterprises	61370	
有限责任公司	Limited Liability Corporations	1664109	1415
股份有限公司	Share-holding Corporations Limited	726546	
私营企业	Private Enterprises	562072	
其他企业	Other Enterprises	37424	
港、澳、台商投资企业	Enterprises with Funds from Hong Kong, Macao and Taiwan	189482	
合资经营企业(港或澳、台资)	Joint-ventures Enterprises	162136	
合作经营企业(港或澳、台资)	Cooperative Enterprises	4861	
港、澳、台商独资经营企业	Enterprises with Sole Investment	12182	
港、澳、台商投资股份有限公司	Share-holding Corporations Ltd. With Funds from Hong Kong, Macao and Taiwan	10303	
外商投资企业	Foreign Funded Enterprises	508357	
中外合资经营企业	Joint-venture Enterprises	342301	
中外合作经营企业	Cooperation Enterprises	6675	
外资企业	Enterprises with Sole Foreign Funds	65671	
外商投资股份有限公司	Share-holding Corporations Ltd. With Foreign Investment	93711	
三、按工业行业大类分	**by Sector**		
采矿业	Mining	355354	1415
煤炭开采和洗选业	Mining and Washing of Coal	259717	
石油和天然气开采业	Extraction of Petroleum and Natural Gas	45990	1415
黑色金属矿采选业	Mining of Ferrous Metal Ores	3581	
有色金属矿采选业	Mining of Non-ferrous Metal Ores	43997	
非金属矿采选业	Mining and Processing of Nonmetal Ores	2070	
其他采矿业	Mining of Other Ores		
制造业	Manufacturing	4200387	
农副食品加工业	Processing of Food from Agricultural Products	179074	
食品制造业	Manufacture of Foods	110119	
饮料制造业	Manufacture of Beverage	56985	
烟草制品业	Manufacture of Tobacco	15972	
纺织业	Manufacture of Textile	146112	
纺织服装、鞋、帽制造业	Manufacture of Textile Wearing Apparel, Footware, and Caps	22439	
皮革、毛皮、羽毛(绒)及其制品业	Manufacture of Leather, Fur,Feather & Its Products	16313	
木材加工及木、竹、藤、棕、草制品业	Processing of Timbers, Manufacture of Wood, Bamboo, Rattan, Palm, and Straw Products	9630	

Expenditures of Industrial Enterprises above Designated Size on R&D（2009）

(10 000 yuan)

应用研究支　出 Applied Research	试验发展支　出 Experimental Development	政府资金 Government Appropriation Funds	企业资金 Self-raised Funds by Enterprises	国外资金 Foreign funds	其他资金 Other Funds	R&D经费外部支出合计 External expenditure on R&D	对国内研究机构的支出 Expenditure On Domestic Research Institutions	对国内高等学校支出 Expenditure On Domestic colleges and universities	对境外支　出 Expenditure On Overseas
		37788	1566064	1846	5745	104078			
		43818	1901614	1752	8010	136912			
		55162	2597941	4006	24317	189487			
		104376	3631823	2324	20951	265516			
3648	4562045	128492	4371493	16421	50702	298263	124604	82780	40347
3265	4102583	114141	3933623	14085	45414	278697	113279	76986	39410
2896	2762158	76870	2650841	4600	34159	202832	76625	49346	33061
369	1340425	37271	1282782	9486	11256	75865	36654	27640	6349
384	459462	14351	437870	2336	5288	19566	11325	5794	937
3648	3864206	114568	3703929	8031	42741	268367	110271	69899	39128
310	393815	13163	372216	501	8245	47552	30369	8641	3893
	387595	6468	379037		2090	40939	2482	2606	10025
	36029	105	34315		1608	2514	1598	916	
304	61066	487	60883			6282	2018	3046	
14	1662680	57827	1582368	3848	20067	94806	41321	30737	17060
384	726162	22156	696756	2233	5401	48724	20287	13681	4108
2637	559435	14185	542087	970	4832	26614	11915	9782	3877
	37424	179	36266	480	498	935	281	490	165
	189482	3739	181774	98	3872	13847	4208	8026	617
	162136	3266	154999		3872	12461	4027	7897	132
	4861	28	4833			59	32	17	10
	12182	68	12016	98		1088	144	92	475
	10303	377	9927			239	5	20	
	508357	10186	485790	8292	4089	16049	10125	4856	603
	342301	6993	324039	7946	3322	12356	8024	3437	481
	6675	15	6257	154	248	17	9	9	
	65671	1246	63714	192	518	1363	845	471	32
	93711	1931	91780			2314	1248	939	90
	353939	10944	339684	747	3980	23390	6528	14376	814
	259717	2134	256888	538	156	13693	2082	9430	757
	44575	7219	35058	142	3571	8188	3738	4449	
	3581		3581			248	222	26	
	43997	1352	42325	67	253	1073	330	438	57
	2070	238	1831			189	156	33	
3399	4196989	117491	4020833	15674	46390	269664	115613	66973	39534
2269	176806	2872	169009	634	6560	12399	4315	7414	299
	110119	5505	104111	134	369	1849	620	1008	30
	56985	799	55494	58	635	1707	925	635	147
60	15912		12235		3738	3678	2999	679	
	146112	2946	142222	281	664	5702	1685	3115	776
	22439	131	18112	256	3941	2039	189	1735	114
	16313	879	14097		1337	437	176	177	84
	9630	1926	7500		204	852	245	607	

18－17 续表

单位：万元

类 别	Category	R&D经费内部支出合 计 Internal Expenditure on R&D	基础研究支 出 Basic Research
家具制造业	Manufacture of Furniture	1494	
造纸及纸制品业	Manufacture of Paper and Paper Products	125406	
印刷业和记录媒介的复制	Printing, Reproduction of Recording Media	2794	
文教体育用品制造业	Manufacture of Articles for Culture, Education and Sport Activity	12449	
石油加工、炼焦及核燃料加工业	Processing of Petroleum, Coking, Processing of Nucleus Fuel	126628	
化学原料及化学制品制造业	Manufacture of Chemical Raw Material and Chemical Products	460819	
医药制造业	Manufacture of Medicines	184321	
化学纤维制造业	Manufacture of Chemical Fiber	35468	
橡胶制品业	Manufacture of Rubber	191421	
塑料制品业	Manufacture of Plastic	22599	
非金属矿物制品业	Manufacture of Non-metallic Mineral Products	127750	
黑色金属冶炼及压延加工业	Manufacture and Processing of Ferrous Metals	206111	
有色金属冶炼及压延加工业	Manufacture & Processing of Non-ferrous Metals	240577	
金属制品业	Manufacture of Metal Products	25537	
通用设备制造业	Manufacture of General Purpose Machinery	295650	
专用设备制造业	Manufacture of Special Purpose Machinery	245641	
交通运输设备制造业	Manufacture of Transport Equipment	426930	
电气机械及器材制造业	Manufacture of Electrical Machinery & Equipment	500132	
通信设备、计算机及其他电子设备制造业	Manufacture of Communication Equipment, Computer and Other Electronic Equipment	358908	
仪器仪表及文化、办公用机械制造业	Manufacture of Measuring Instrument and Machinery for Cultural Activity & Office Work	39251	
工艺品及其他制造业	Manufacture of Artwork, Other Manufacture	13840	
废弃资源和废旧材料回收加工业	Recycling and Disposal of Waste	16	
电力、燃气及水的生产和供应业	Production and Supply of Electric Gas and Water	11367	
电力、热力的生产和供应业	Production and Supply of Electric Power and Heat Power	10805	
燃气生产和供应业	Production and Supply of Gas		
水的生产和供应业	Production and Supply of Water	562	
四、按地区分	**by Region**		
济南市	Jinan	491624	
青岛市	Qingdao	756265	
淄博市	Zibo	370603	
枣庄市	Zaozhuang	73286	
东营市	Dongying	277532	1415
烟台市	Yantai	639558	
潍坊市	Weifang	440854	
济宁市	Jining	197856	
泰安市	Tai'an	212878	
威海市	Weihai	299378	
日照市	Rizhao	41663	
莱芜市	Laiwu	89242	
临沂市	Linyi	168359	
德州市	Dezhou	49132	
聊城市	Liaocheng	177397	
滨州市	Binzhou	217904	
菏泽市	Heze	63578	

continued

(10 000 yuan)

应用研究支出 Applied Research	试验发展支出 Experimental Development	政府资金 Government Appropriation Funds	企业资金 Self-raised Funds by Enterprises	国外资金 Foreign funds	其他资金 Other Funds	R&D经费外部支出合计 External expenditure on R&D	对国内研究机构的支出 Expenditure On Domestic Research Institutions	对国内高等学校支出 Expenditure On Domestic colleges and universities	对境外支出 Expenditure On Overseas
	1494	28	1467			3		3	
	125406	3929	120009	7	1461	2711	1610	688	412
	2794	89	2705			415			
	12449	778	11127		544	674	155	412	107
369	126259	1327	124739	64	499	13981	7823	3370	142
	460819	13874	444653	715	1578	26301	15005	7869	373
384	183937	7262	169971	1380	5708	24291	17792	6282	66
	35468	278	35191			4073	1182	2677	
	191421	2645	186967		1809	2241	1284	755	200
	22599	465	22115		19	455	118	247	90
	127750	4714	121750	384	901	3877	1519	1604	560
304	205807	2115	199104		4892	12549	5185	4616	
	240577	1297	236468	2466	346	4938	3133	1511	266
	25537	469	24461	98	509	1104	572	387	90
	295650	13778	279298	668	1906	12073	3748	3247	4076
	245641	5539	239701	29	373	7320	3070	3485	140
14	426917	7818	417764	1030	319	64168	29443	4518	20883
	500132	11803	482798	807	4725	52405	9651	6318	10450
	358908	22196	327010	6664	3039	5796	2717	2580	155
	39251	1366	37568		318	1251	399	839	
	13840	667	13173			371	52	190	74
	16		16			5	1	4	
250	11117	58	10976		333	5209	2464	1430	
250	10555	53	10419		333	5209	2464	1430	
	562	5	557						
1011	490613	28434	457556	1155	4480	37092	10455	9204	15299
	756265	20873	723972	8227	3194	86469	27873	9398	13203
	370603	9591	356913	1689	2410	15192	6448	6148	1769
	73286	1471	71760		55	1941	1334	603	2
	276117	10419	257162	142	9809	21228	12131	8253	130
	639558	9690	626342	2540	986	11004	4740	4807	740
	440854	5419	430297	101	5038	31665	12512	7638	5273
	197856	4582	192987		288	11373	2396	8122	362
	212878	5114	205552	620	1592	7657	3574	2283	1044
	299378	9077	278322	281	11697	12245	9389	1595	1016
	41663	1105	39925	118	515	1675	964	611	88
	89242	1662	83846	205	3528	4917	3004	1617	45
	168359	5665	160773	928	994	9011	4747	3777	17
	49132	2107	46418	63	544	3505	1456	1829	214
	177397	6636	165339	286	5136	12762	6890	5026	279
2637	215266	4693	212757	67	387	18407	6946	10120	825
	63578	1955	61571		51	12122	9745	1750	43

18−18 规模以上工业企业R&D经费支出情况(2010年)

单位：万元

年份 类别	Year Category	R&D经费内部支出合计 Internal Expenditure on R&D	基础研究支出 Basic Research
2005		1611441	
2006		1955191	
2007		2681425	
2008		3759470	
2009		4567109	1415
2010		5892400	5142
一、按企业规模分	**by Enterprise Size**		
大中型企业	Large and Medium-sized enterprises	5269241	5114
大型企业	Large-sized Enterprises	3755462	4924
中型企业	Medium-sized Enterprises	1513779	191
小型企业	Small-sized Enterprises	623159	27
二、按登记注册类型分	**by Status of Registration**		
内资企业	Domestic Funded Enterprises	5048596	2924
国有企业	State-owned Enterprises	484693	1
集体企业	Collective-owned Enterprises	421278	
股份合作企业	Cooperative Enterprises	66961	
联营企业	Joint Ownership Enterprises	70143	65
有限责任公司	Limited Liability Corporations	2350525	2680
股份有限公司	Share-holding Corporations Limited	962494	152
私营企业	Private Enterprises	650685	26
其他企业	Other Enterprises	41817	
港、澳、台商投资企业	Enterprises with Funds from Hong Kong, Macao and Taiwan	154113	
合资经营企业(港或澳、台资)	Joint-ventures Enterprises	107977	
合作经营企业(港或澳、台资)	Cooperative Enterprises	3526	
港、澳、台商独资经营企业	Enterprises with Sole Investment	27493	
港、澳、台商投资股份有限公司	Share-holding Corporations Ltd. With Funds from Hong Kong, Macao and Taiwan	15117	
外商投资企业	Foreign Funded Enterprises	689692	2218
中外合资经营企业	Joint-venture Enterprises	429149	
中外合作经营企业	Cooperation Enterprises	8838	
外资企业	Enterprises with Sole Foreign Funds	80793	
外商投资股份有限公司	Share-holding Corporations Ltd. With Foreign Investment	170911	2218
三、按工业行业大类分	**by Sector**		
采矿业	Mining	495775	
煤炭开采和洗选业	Mining and Washing of Coal	368625	
石油和天然气开采业	Extraction of Petroleum and Natural Gas	75784	
黑色金属矿采选业	Mining of Ferrous Metal Ores	16341	
有色金属矿采选业	Mining of Non-ferrous Metal Ores	31436	
非金属矿采选业	Mining and Processing of Nonmetal Ores	3589	
其他采矿业	Mining of Other Ores		
制造业	Manufacturing	5378448	5142
农副食品加工业	Processing of Food from Agricultural Products	246829	
食品制造业	Manufacture of Foods	126783	550
饮料制造业	Manufacture of Beverage	94511	4118
烟草制品业	Manufacture of Tobacco	1582	
纺织业	Manufacture of Textile	224193	
纺织服装、鞋、帽制造业	Manufacture of Textile Wearing Apparel, Footware, and Caps	19376	
皮革、毛皮、羽毛(绒)及其制品业	Manufacture of Leather, Fur,Feather & Its Products	26185	
木材加工及木、竹、藤、棕、草制品业	Processing of Timbers, Manufacture of Wood, Bamboo, Rattan, Palm, and Straw Products	13250	

Expenditures of Industrial Enterprises above Designated Size on R&D(2010)

(10 000 yuan)

应用研究支出 Applied Research	试验发展支出 Experimental Development	政府资金 Government Appropriation Funds	企业资金 Self-raised Funds by Enterprises	国外资金 Foreign funds	其他资金 Other Funds	R&D经费外部支出合计 External expenditure on R&D	对国内研究机构的支出 Expenditure On Domestic Research Institutions	对国内高等学校支出 Expenditure On Domestic colleges and universities	对境外支出 Expenditure On Overseas
		37788	1566064	1846	5745	104078			
		43818	1901614	1752	8010	136912			
		55162	2597941	4006	24317	189487			
		104376	3631823	2324	20951	265516			
3648	4562045	128492	4371493	16421	50702	298263	124604	82780	40347
93552	5793707	168876	5657574	23030	42921	443343	178233	128849	34653
86342	5177785	149942	5061342	22215	35743	418618	164707	121379	32260
66336	3684203	111425	3608108	10537	25391	320716	118695	82308	23732
20006	1493583	38516	1453233	11678	10352	97903	46012	39071	8528
7210	615922	18934	596233	815	7178	24724	13526	7469	2393
88313	4957359	143036	4856563	11565	37432	385708	151673	102358	31929
907	483785	13103	462862	166	8563	78074	52747	19799	462
1458	419821	6625	409659		4995	41195	2479	2638	9794
10437	56524	1100	65786		75	2394	1413	804	177
769	69308	370	69772			4516	1408	2385	
61074	2286771	74346	2258163	4213	13803	127587	63348	48497	7559
5548	956793	32850	917885	6206	5553	103982	18075	17084	10395
8120	642539	13898	632055	290	4443	25592	11518	9568	3441
	41817	745	40381	691		2367	686	1582	100
1050	153062	4653	148136	640	684	14849	4713	8514	495
632	107345	3890	103612	16	460	13113	4206	7991	107
	3526	12	2971	370	172	73	41	15	17
419	27074	371	26869	253		1540	440	416	371
	15117	381	14683		52	124	26	92	
4188	683286	21187	652876	10825	4804	42786	21847	17977	2229
2575	426574	11543	402219	10799	4587	37738	18893	16131	2182
	8838		8838						
70	80724	2005	78546	25	217	1033	533	470	
1543	167151	7639	163272			4015	2421	1376	46
33490	462285	22380	471605		1790	38491	17207	19185	306
2887	365738	6795	361497		334	28173	12963	15155	55
27401	48382	15001	59327		1456	6524	2964	3540	
	16341		16341			19	19		
3201	28235	333	31103			3602	1122	456	250
	3589	252	3337			173	140	33	
59920	5313387	146467	5167821	23030	41131	394350	156374	106027	34347
1471	245358	4844	233233	840	7913	26896	7757	18345	676
668	125565	1939	123984		861	3781	1138	1239	130
3153	87240	2118	91947		446	3816	638	1011	1112
	1582		1582						
2620	221573	3311	218528	436	1919	9332	2623	5190	504
	19376	354	19022			2303	517	1556	230
213	25971	711	24793		681	506	248	119	84
403	12847	1863	11388			1142	404	738	

18－18　续表

单位：万元

类　别	Category	R&D经费内部支出合计 Internal Expenditure on R&D	基础研究支　出 Basic Research
家具制造业	Manufacture of Furniture	1943	
造纸及纸制品业	Manufacture of Paper and Paper Products	159156	
印刷业和记录媒介的复制	Printing, Reproduction of Recording Media	4981	
文教体育用品制造业	Manufacture of Articles for Culture, Education and Sport Activity	12604	
石油加工、炼焦及核燃料加工业	Processing of Petroleum, Coking, Processing of Nucleus Fuel	188885	
化学原料及化学制品制造业	Manufacture of Chemical Raw Material and Chemical Products	600011	58
医药制造业	Manufacture of Medicines	256648	
化学纤维制造业	Manufacture of Chemical Fiber	27689	
橡胶制品业	Manufacture of Rubber	262401	
塑料制品业	Manufacture of Plastic	23285	
非金属矿物制品业	Manufacture of Non-metallic Mineral Products	148568	160
黑色金属冶炼及压延加工业	Manufacture and Processing of Ferrous Metals	280969	65
有色金属冶炼及压延加工业	Manufacture & Processing of Non-ferrous Metals	277826	
金属制品业	Manufacture of Metal Products	45162	
通用设备制造业	Manufacture of General Purpose Machinery	323378	
专用设备制造业	Manufacture of Special Purpose Machinery	270224	
交通运输设备制造业	Manufacture of Transport Equipment	645271	152
电气机械及器材制造业	Manufacture of Electrical Machinery & Equipment	632175	
通信设备、计算机及其他电子设备制造业	Manufacture of Communication Equipment, Computer and Other Electronic Equipment	405874	39
仪器仪表及文化、办公用机械制造业	Manufacture of Measuring Instrument and Machinery for Cultural Activity & Office Work	39536	
工艺品及其他制造业	Manufacture of Artwork, Other Manufacture	18628	
废弃资源和废旧材料回收加工业	Recycling and Disposal of Waste	525	
电力、燃气及水的生产和供应业	Production and Supply of Electric Gas and Water	18178	
电力、热力的生产和供应业	Production and Supply of Electric Power and Heat Power	17360	
燃气生产和供应业	Production and Supply of Gas	20	
水的生产和供应业	Production and Supply of Water	798	
四、按地区分	**by Region**		
济南市	Jinan	588735	104
青岛市	Qingdao	975782	2219
淄博市	Zibo	477652	
枣庄市	Zaozhuang	113320	
东营市	Dongying	354531	
烟台市	Yantai	819012	2450
潍坊市	Weifang	578833	
济宁市	Jining	262572	
泰安市	Tai'an	284294	
威海市	Weihai	303512	
日照市	Rizhao	81801	160
莱芜市	Laiwu	118370	
临沂市	Linyi	223457	57
德州市	Dezhou	82934	
聊城市	Liaocheng	230265	
滨州市	Binzhou	311049	152
菏泽市	Heze	86283	

continued

(10 000 yuan)

应用研究支出 Applied Research	试验发展支出 Experimental Development	政府资金 Government Appropriation Funds	企业资金 Self-raised Funds by Enterprises	国外资金 Foreign funds	其他资金 Other Funds	R&D经费外部支出合计 External expenditure on R&D	对国内研究机构的支出 Expenditure On Domestic Research Institutions	对国内高等学校支出 Expenditure On Domestic colleges and universities	对境外支出 Expenditure On Overseas
	1943	107	1837			58	58		
6748	152408	3770	153673	125	1588	3367	1777	1393	163
	4981	13	4969			351	38		
29	12575	562	12042			385	206	179	
534	188351	2673	184968		1244	23848	11117	7748	2086
12394	587559	18214	575745	2009	4043	34485	19862	10398	775
1849	254799	21075	233400	1248	925	34216	21082	12364	217
	27689	412	27277			378		378	
	262401	5071	251878	5030	424	14443	2752	11375	285
	23285	406	22823		57	350	158	186	5
2228	146180	4961	139845		3762	5289	1941	2063	886
10327	270577	2407	278562			8481	4242	3272	4
112	277714	1820	273047	1119	1840	3431	1851	1428	
582	44580	874	43691	265	332	1040	149	228	140
3292	320086	14136	307786	499	957	12803	4023	3377	5076
3088	267136	9191	257340	691	3002	9752	6062	3177	63
6785	638334	12715	630857	504	1195	79364	52593	8114	10101
2052	630123	15556	607826	269	8524	105135	11463	7648	10845
1309	404526	15122	379904	9624	1224	7622	2926	3841	680
62	39474	1946	37568		22	1250	437	467	270
	18628	301	17784	370	172	528	312	196	17
	525		525						
142	18036	29	18149			10502	4652	3637	
122	17238		17360			10382	4635	3533	
	20		20						
20	778	29	769			121	17	104	
7585	581046	14493	568446	1483	4313	27297	10659	11528	2543
576	972987	29230	930384	10177	5990	109238	49135	13357	11767
3465	474187	9383	462722	2139	3408	25496	16108	7309	1050
397	112923	2054	111010		257	3347	1982	934	5
31394	323137	21352	324593		8585	71977	10501	10707	1904
5489	811073	17777	792398	6705	2132	21307	12019	5400	1416
459	578374	9434	566819	23	2556	35087	9213	10198	11672
3159	259413	6811	253381	19	2361	22156	8804	13241	71
	284294	7673	276180	253	188	13137	8671	3890	293
1157	302355	9928	291319	939	1326	21721	10963	10416	145
4099	77542	2076	79585	100	40	3420	2418	887	96
6830	111540	2183	115993		193	3792	2593	648	214
4292	219109	14398	206391	1106	1562	15163	7981	6072	248
2954	79980	2135	80677		122	8829	1892	2783	682
18528	211738	7076	215958	85	7147	25054	9497	14368	4
2737	308160	4159	306131		759	18101	6550	9692	1302
431	85852	8716	75586		1981	18222	9249	7418	1243

18-19 规模以上工业企业R&D人员情况(2009年)

单位：人

年 份 / 类 别	Year / Category	研究与试验发展人员（人） Research and Development Personnel
2005		
2006		
2007		
2008		
2009		178235
一、按企业规模分	**by Enterprise Size**	
大中型企业	Large and Medium-sized enterprises	152762
大型企业	Large-sized Enterprises	87005
中型企业	Medium-sized Enterprises	65757
小型企业	Small-sized Enterprises	25473
二、按登记注册类型分	**by Status of Registration**	
内资企业	Domestic Funded Enterprises	152711
国有企业	State-owned Enterprises	13221
集体企业	Collective-owned Enterprises	7449
股份合作企业	Cooperative Enterprises	1572
联营企业	Joint Ownership Enterprises	2077
有限责任公司	Limited Liability Corporations	71340
股份有限公司	Share-holding Corporations Limited	27463
私营企业	Private Enterprises	28321
其他企业	Other Enterprises	1268
港、澳、台商投资企业	Enterprises with Funds from Hong Kong, Macao and Taiwan	7544
合资经营企业(港或澳、台资)	Joint-ventures Enterprises	5526
合作经营企业(港或澳、台资)	Cooperative Enterprises	154
港、澳、台商独资经营企业	Enterprises with Sole Investment	994
港、澳、台商投资股份有限公司	Share-holding Corporations Ltd. With Funds from Hong Kong, Macao and Taiwan	870
外商投资企业	Foreign Funded Enterprises	17980
中外合资经营企业	Joint-venture Enterprises	9900
中外合作经营企业	Cooperation Enterprises	201
外资企业	Enterprises with Sole Foreign Funds	2660
外商投资股份有限公司	Share-holding Corporations Ltd. With Foreign Investment	5219
三、按工业行业大类分	**by Sector**	
采矿业	Mining	17007
煤炭开采和洗选业	Mining and Washing of Coal	10409
石油和天然气开采业	Extraction of Petroleum and Natural Gas	4589
黑色金属矿采选业	Mining of Ferrous Metal Ores	398
有色金属矿采选业	Mining of Non-ferrous Metal Ores	1486
非金属矿采选业	Mining and Processing of Nonmetal Ores	125
其他采矿业	Mining of Other Ores	
制造业	Manufacturing	159952
农副食品加工业	Processing of Food from Agricultural Products	5686
食品制造业	Manufacture of Foods	4300
饮料制造业	Manufacture of Beverage	2228
烟草制品业	Manufacture of Tobacco	445
纺织业	Manufacture of Textile	12009
纺织服装、鞋、帽制造业	Manufacture of Textile Wearing Apparel,Footware, and Caps	1284
皮革、毛皮、羽毛(绒)及其制品业	Manufacture of Leather, Fur,Feather & Its Products	716
木材加工及木、竹、藤、棕、草制品业	Processing of Timbers, Manufacture of Wood, Bamboo, Rattan, Palm, and Straw Products	244

Basic Statistics On R&D Personnel of Industrial Enterprises above Designated Size(2009)

(person)

本年度参加项目人员 Personnel involved in the project current year	科技管理和服务人员 Technology management and service personnel	全时人员 Full-time Personnel	非全时人员 Part-time Personnel
146134	32101	119150	59085
125986	26776	102305	50457
73631	13374	56310	30695
52355	13402	45995	19762
20148	5325	16845	8628
124822	27889	102053	50658
10386	2835	7755	5466
6583	866	6232	1217
1394	178	835	737
1732	345	1252	825
59403	11937	46625	24715
21740	5723	20029	7434
22575	5746	18516	9805
1009	259	809	459
6366	1178	4813	2731
4706	820	3374	2152
129	25	92	62
889	105	562	432
642	228	785	85
14946	3034	12284	5696
8284	1616	7453	2447
155	46	134	67
2018	642	1710	950
4489	730	2987	2232
14683	2324	7557	9450
9048	1361	4384	6025
3850	739	2622	1967
346	52	182	216
1334	152	305	1181
105	20	64	61
130482	29470	111117	48835
4780	906	3766	1920
3586	714	2735	1565
1754	474	1502	726
352	93	252	193
10465	1544	6917	5092
1139	145	989	295
635	81	611	105
232	12	115	129

18-19 续表

单位：人

类　别	Category	研究与试验发展人员（人）Research and Development Personnel
家具制造业	Manufacture of Furniture	371
造纸及纸制品业	Manufacture of Paper and Paper Products	3856
印刷业和记录媒介的复制	Printing, Reproduction of Recording Media	224
文教体育用品制造业	Manufacture of Articles for Culture, Education and Sport Activity	387
石油加工、炼焦及核燃料加工业	Processing of Petroleum, Coking, Processing of Nucleus Fuel	3015
化学原料及化学制品制造业	Manufacture of Chemical Raw Material and Chemical Products	19136
医药制造业	Manufacture of Medicines	9783
化学纤维制造业	Manufacture of Chemical Fiber	924
橡胶制品业	Manufacture of Rubber	5779
塑料制品业	Manufacture of Plastic	848
非金属矿物制品业	Manufacture of Non-metallic Mineral Products	8050
黑色金属冶炼及压延加工业	Manufacture and Processing of Ferrous Metals	5471
有色金属冶炼及压延加工业	Manufacture & Processing of Non-ferrous Metals	4805
金属制品业	Manufacture of Metal Products	2409
通用设备制造业	Manufacture of General Purpose Machinery	17671
专用设备制造业	Manufacture of Special Purpose Machinery	10460
交通运输设备制造业	Manufacture of Transport Equipment	11787
电气机械及器材制造业	Manufacture of Electrical Machinery & Equipment	15271
通信设备、计算机及其他电子设备制造业	Manufacture of Communication Equipment, Computer and Other Electronic Equipment	8708
仪器仪表及文化、办公用机械制造业	Manufacture of Measuring Instrument and Machinery for Cultural Activity & Office Work	2944
工艺品及其他制造业	Manufacture of Artwork, Other Manufacture	1126
废弃资源和废旧材料回收加工业	Recycling and Disposal of Waste	15
电力、燃气及水的生产和供应业	Production and Supply of Electric Gas and Water	1276
电力、热力的生产和供应业	Production and Supply of Electric Power and Heat Power	1237
燃气生产和供应业	Production and Supply of Gas	
水的生产和供应业	Production and Supply of Water	39
四、按地区分	**by Region**	
济南市	Jinan	21358
青岛市	Qingdao	24627
淄博市	Zibo	18148
枣庄市	Zaozhuang	3473
东营市	Dongying	9957
烟台市	Yantai	15850
潍坊市	Weifang	16901
济宁市	Jining	7338
泰安市	Tai'an	12199
威海市	Weihai	12474
日照市	Rizhao	2742
莱芜市	Laiwu	2914
临沂市	Linyi	8465
德州市	Dezhou	3226
聊城市	Liaocheng	6847
滨州市	Binzhou	8649
菏泽市	Heze	3067

continued

(person)

本年度参加项目人员 Personnel involved in the project current year	科技管理和服务人员 Technology management and service personnel	全时人员 Full-time Personnel	非全时人员 Part-time Personnel
219	152	122	249
3465	391	1669	2187
202	22	175	49
236	151	340	47
2534	481	1713	1302
15521	3615	13533	5603
7275	2508	6881	2902
853	71	517	407
4134	1645	3901	1878
617	231	560	288
6801	1249	5067	2983
4662	809	3126	2345
4166	639	3235	1570
1777	632	1204	1205
14058	3613	13324	4347
8812	1648	8111	2349
9511	2276	8748	3039
12669	2602	11683	3588
6747	1961	7011	1697
2351	593	2418	526
919	207	882	244
10	5	10	5
969	307	476	800
932	305	444	793
37	2	32	7
16875	4483	15158	6200
19778	4849	19193	5434
14283	3865	11406	6742
2867	606	2466	1007
8159	1798	6439	3518
13313	2537	10082	5768
14366	2535	11440	5461
6214	1124	4708	2630
10402	1797	7163	5036
9767	2707	9061	3413
2340	402	1741	1001
2421	493	1642	1272
6763	1702	5278	3187
2405	821	2128	1098
6081	766	5280	1567
7557	1092	4116	4533
2543	524	1849	1218

18-20 规模以上工业企业R&D人员情况（2010年）

单位：人

年 份 类 别	Year Category	研究与试验发展人员（人） Research and Development Personnel
2005		
2006		
2007		
2008		
2009		178235
2010		204906
一、按企业规模分	**by Enterprise Size**	
大中型企业	Large and Medium-sized enterprises	172864
大型企业	Large-sized Enterprises	104079
中型企业	Medium-sized Enterprises	68785
小型企业	Small-sized Enterprises	32042
二、按登记注册类型分	**by Status of Registration**	
内资企业	Domestic Funded Enterprises	176207
国有企业	State-owned Enterprises	15419
集体企业	Collective-owned Enterprises	6672
股份合作企业	Cooperative Enterprises	2172
联营企业	Joint Ownership Enterprises	2103
有限责任公司	Limited Liability Corporations	81988
股份有限公司	Share-holding Corporations Limited	32770
私营企业	Private Enterprises	33701
其他企业	Other Enterprises	1382
港、澳、台商投资企业	Enterprises with Funds from Hong Kong, Macao and Taiwan	7464
合资经营企业(港或澳、台资)	Joint-ventures Enterprises	4909
合作经营企业(港或澳、台资)	Cooperative Enterprises	133
港、澳、台商独资经营企业	Enterprises with Sole Investment	1610
港、澳、台商投资股份有限公司	Share-holding Corporations Ltd. With Funds from Hong Kong, Macao and Taiwan	812
外商投资企业	Foreign Funded Enterprises	21235
中外合资经营企业	Joint-venture Enterprises	12006
中外合作经营企业	Cooperation Enterprises	310
外资企业	Enterprises with Sole Foreign Funds	3232
外商投资股份有限公司	Share-holding Corporations Ltd. With Foreign Investment	5687
三、按工业行业大类分	**by Sector**	
采矿业	Mining	18101
煤炭开采和洗选业	Mining and Washing of Coal	10807
石油和天然气开采业	Extraction of Petroleum and Natural Gas	5326
黑色金属矿采选业	Mining of Ferrous Metal Ores	770
有色金属矿采选业	Mining of Non-ferrous Metal Ores	975
非金属矿采选业	Mining and Processing of Nonmetal Ores	223
其他采矿业	Mining of Other Ores	
制造业	Manufacturing	185330
农副食品加工业	Processing of Food from Agricultural Products	6916
食品制造业	Manufacture of Foods	4579
饮料制造业	Manufacture of Beverage	3387
烟草制品业	Manufacture of Tobacco	586
纺织业	Manufacture of Textile	13138
纺织服装、鞋、帽制造业	Manufacture of Textile Wearing Apparel, Footware, and Caps	996
皮革、毛皮、羽毛(绒)及其制品业	Manufacture of Leather, Fur, Feather & Its Products	828
木材加工及木、竹、藤、棕、草制品业	Processing of Timbers, Manufacture of Wood, Bamboo, Rattan, Palm, and Straw Products	408

Basic Statistics On R&D Personnel of Industrial Enterprises above Designated Size（2010）

(person)

本年度参加项目人员 Personnel involved in the project current year	#科技管理和服务人员 Technology management and service personnel	全时人员 Full-time Personnel	非全时人员 Part-time Personnel
146134	32101	119150	59085
184206	20700	140123	64783
155932	16932	118788	54076
95113	8966	72313	31766
60819	7966	46475	22310
28274	3768	21335	10707
158233	17974	120454	55753
13655	1764	9139	6280
6344	328	5884	788
1926	246	1624	548
1937	166	1160	943
74026	7962	55391	26597
29385	3385	24021	8749
29709	3992	22382	11319
1251	131	853	529
6713	751	4767	2697
4491	418	2845	2064
116	17	92	41
1379	231	1280	330
727	85	550	262
19260	1975	14902	6333
10656	1350	8871	3135
287	23	297	13
2936	296	1893	1339
5381	306	3841	1846
16754	1347	8731	9370
10139	668	4452	6355
4890	436	3196	2130
666	104	408	362
859	116	537	438
200	23	138	85
166144	19186	130715	54615
6425	491	4229	2687
4171	408	3256	1323
3006	381	2439	948
581	5	10	576
11989	1149	8499	4639
888	108	740	256
740	88	592	236
376	32	157	251

18-20　续表

单位：人

类　别	Category	研究与试验发展人员（人）Research and Development Personnel
家具制造业	Manufacture of Furniture	528
造纸及纸制品业	Manufacture of Paper and Paper Products	4565
印刷业和记录媒介的复制	Printing, Reproduction of Recording Media	319
文教体育用品制造业	Manufacture of Articles for Culture, Education and Sport Activity	747
石油加工、炼焦及核燃料加工业	Processing of Petroleum, Coking, Processing of Nucleus Fuel	3868
化学原料及化学制品制造业	Manufacture of Chemical Raw Material and Chemical Products	19842
医药制造业	Manufacture of Medicines	11041
化学纤维制造业	Manufacture of Chemical Fiber	727
橡胶制品业	Manufacture of Rubber	7122
塑料制品业	Manufacture of Plastic	967
非金属矿物制品业	Manufacture of Non-metallic Mineral Products	9099
黑色金属冶炼及压延加工业	Manufacture and Processing of Ferrous Metals	6375
有色金属冶炼及压延加工业	Manufacture & Processing of Non-ferrous Metals	4894
金属制品业	Manufacture of Metal Products	2432
通用设备制造业	Manufacture of General Purpose Machinery	19378
专用设备制造业	Manufacture of Special Purpose Machinery	13026
交通运输设备制造业	Manufacture of Transport Equipment	17726
电气机械及器材制造业	Manufacture of Electrical Machinery & Equipment	16154
通信设备、计算机及其他电子设备制造业	Manufacture of Communication Equipment, Computer and Other Electronic Equipment	11069
仪器仪表及文化、办公用机械制造业	Manufacture of Measuring Instrument and Machinery for Cultural Activity & Office Work	3203
工艺品及其他制造业	Manufacture of Artwork, Other Manufacture	1397
废弃资源和废旧材料回收加工业	Recycling and Disposal of Waste	13
电力、燃气及水的生产和供应业	Production and Supply of Electric Gas and Water	1475
电力、热力的生产和供应业	Production and Supply of Electric Power and Heat Power	1263
燃气生产和供应业	Production and Supply of Gas	24
水的生产和供应业	Production and Supply of Water	188
四、按地区分	**by Region**	
济南市	Jinan	23302
青岛市	Qingdao	29438
淄博市	Zibo	21872
枣庄市	Zaozhuang	5845
东营市	Dongying	12141
烟台市	Yantai	17584
潍坊市	Weifang	20964
济宁市	Jining	7997
泰安市	Tai'an	12954
威海市	Weihai	13680
日照市	Rizhao	3753
莱芜市	Laiwu	3195
临沂市	Linyi	9327
德州市	Dezhou	3520
聊城市	Liaocheng	6966
滨州市	Binzhou	8891
菏泽市	Heze	3477

continued

(person)

本年度参加项目人员 Personnel involved in the project current year	科技管理和服务人员 Technology management and service personnel	全时人员 Full-time Personnel	非全时人员 Part-time Personnel
497	31	140	388
4282	283	2355	2210
286	33	285	34
622	125	384	363
3553	315	2033	1835
17732	2110	13706	6136
9687	1354	8507	2534
687	40	535	192
6078	1044	4717	2405
801	166	573	394
8083	1016	5794	3305
5775	600	3730	2645
4563	331	3164	1730
2158	274	1806	626
17367	2011	14243	5135
11603	1423	10221	2805
15724	2002	13270	4456
14582	1572	12628	3526
9738	1331	9015	2054
2853	350	2639	564
1287	110	1039	358
10	3	9	4
1308	167	677	798
1125	138	549	714
23	1		24
160	28	128	60
21029	2273	18012	5290
25769	3669	22226	7212
18955	2917	13911	7961
5240	605	3679	2166
11020	1121	7701	4440
15965	1619	12313	5271
19121	1843	14512	6452
7386	611	4888	3109
12001	953	7450	5504
12054	1626	9270	4410
3517	236	2462	1291
2869	326	2104	1091
8428	899	5852	3475
3158	362	2754	766
6420	546	4828	2138
8074	817	6129	2762
3200	277	2032	1445

18-21 规模以上工业企业R&D人员折合全时当量情况（2009年）

Full-time Equivalent of R&D Personnel of Industrial Enterprises above Designated Size（2009）

单位：人年 (man year)

年份 类别	Year Category	R&D人员折合全时当量 Full-time Equival-ent of R&D Personnel	基础研究人员 Basic Research Personnel	应用研究人员 Applied Research Personnel	试验发展人员 Experimental Development Personnel
2005		59751	62	7747	51942
2006		64955	28	3378	61549
2007		82202	110	5815	76277
2008		124106	8	969	123129
2009		129585	154	84	129346
一、按企业规模分	**by Enterprise Size**				
大中型企业	Large and Medium-sized enterprises	110990	154	57	110779
大型企业	Large-sized Enterprises	64468	154	54	64260
中型企业	Medium-sized Enterprises	46522		3	46519
小型企业	Small-sized Enterprises	18595		27	18568
二、按登记注册类型分	**by Status of Registration**				
内资企业	Domestic Funded Enterprises	111499	154	84	111261
国有企业	State-owned Enterprises	9409		30	9380
集体企业	Collective-owned Enterprises	6426			6426
股份合作企业	Cooperative Enterprises	813			813
联营企业	Joint Ownership Enterprises	1456		5	1451
有限责任公司	Limited Liability Corporations	51810	154	5	51652
股份有限公司	Share-holding Corporations Limited	20748		27	20721
私营企业	Private Enterprises	19874		18	19857
其他企业	Other Enterprises	962			962
港、澳、台商投资企业	Enterprises with Funds from Hong Kong, Macao and Taiwan	5286			5286
合资经营企业(港或澳、台资)	Joint-ventures Enterprises	3674			3674
合作经营企业(港或澳、台资)	Cooperative Enterprises	119			119
港、澳、台商独资经营企业	Enterprises with Sole Investment	691			691
港、澳、台商投资股份有限公司	Share-holding Corporations Ltd. With Funds from Hong Kong, Macao and Taiwan	802			802
外商投资企业	Foreign Funded Enterprises	12799			12799
中外合资经营企业	Joint-venture Enterprises	7231			7231
中外合作经营企业	Cooperation Enterprises	158			158
外资企业	Enterprises with Sole Foreign Funds	1886			1886
外商投资股份有限公司	Share-holding Corporations Ltd. With Foreign Investment	3525			3525
三、按工业行业大类分	**by Sector**				
采矿业	**Mining**	11989	154		11835
煤炭开采和洗选业	Mining and Washing of Coal	6701			6701
石油和天然气开采业	Extraction of Petroleum and Natural Gas	4034	154		3880
黑色金属矿采选业	Mining of Ferrous Metal Ores	312			312
有色金属矿采选业	Mining of Non-ferrous Metal Ores	873			873
非金属矿采选业	Mining and Processing of Nonmetal Ores	70			70
其他采矿业	Mining of Other Ores				
制造业	**Manufacturing**	116780		60	116720
农副食品加工业	Processing of Food from Agricultural Products	4138		15	4123
食品制造业	Manufacture of Foods	2840			2840
饮料制造业	Manufacture of Beverage	1650			1650
烟草制品业	Manufacture of Tobacco	374		6	368
纺织业	Manufacture of Textile	6960			6960
纺织服装、鞋、帽制造业	Manufacture of Textile Wearing Apparel, Footware, and Caps	714			714
皮革、毛皮、羽毛(绒)及其制品业	Manufacture of Leather, Fur, Feather & Its Products	528			528
木材加工及木、竹、藤、棕、草制品业	Processing of Timbers, Manufacture of Wood, Bamboo, Rattan, Palm, and Straw Products	72			72

18－21 续表 continued

单位：人年 (man year)

类 别	Category	R&D人员折合全时当量 Full-time Equivalent-ent of R&D Personnel	基础研究人员 Basic Research Personnel	应用研究人员 Applied Research Personnel	试验发展人员 Experimental Development Personnel
家具制造业	Manufacture of Furniture	204			204
造纸及纸制品业	Manufacture of Paper and Paper Products	2053			2053
印刷业和记录媒介的复制	Printing, Reproduction of Recording Media	178			178
文教体育用品制造业	Manufacture of Articles for Culture, Education and Sport Activity	333			333
石油加工、炼焦及核燃料加工业	Processing of Petroleum, Coking, Processing of Nucleus Fuel	2011		3	2008
化学原料及化学制品制造业	Manufacture of Chemical Raw Material and Chemical Products	14269			14269
医药制造业	Manufacture of Medicines	7477		27	7450
化学纤维制造业	Manufacture of Chemical Fiber	820			820
橡胶制品业	Manufacture of Rubber	3307			3307
塑料制品业	Manufacture of Plastic	667			667
非金属矿物制品业	Manufacture of Non-metallic Mineral Products	5682			5682
黑色金属冶炼及压延加工业	Manufacture and Processing of Ferrous Metals	3699		5	3694
有色金属冶炼及压延加工业	Manufacture & Processing of Non-ferrous Metals	3937			3937
金属制品业	Manufacture of Metal Products	1675			1675
通用设备制造业	Manufacture of General Purpose Machinery	13082			13082
专用设备制造业	Manufacture of Special Purpose Machinery	7936			7936
交通运输设备制造业	Manufacture of Transport Equipment	9645		5	9640
电气机械及器材制造业	Manufacture of Electrical Machinery & Equipment	11696			11696
通信设备、计算机及其他电子设备制造业	Manufacture of Communication Equipment, Computer and Other Electronic Equipment	7684			7684
仪器仪表及文化、办公用机械制造业	Manufacture of Measuring Instrument and Machinery for Cultural Activity & Office Work	2318			2318
工艺品及其他制造业	Manufacture of Artwork, Other Manufacture	818			818
废弃资源和废旧材料回收加工业	Recycling and Disposal of Waste	15			15
电力、燃气及水的生产和供应业	Production and Supply of Electric Gas and Water	815		24	791
电力、热力的生产和供应业	Production and Supply of Electric Power and Heat Power	794		24	770
燃气生产和供应业	Production and Supply of Gas				
水的生产和供应业	Production and Supply of Water	22			22
四、按地区分	**by Region**				
济南市	Jinan	16590		67	16523
青岛市	Qingdao	19294			19294
淄博市	Zibo	13075			13075
枣庄市	Zaozhuang	3020			3020
东营市	Dongying	7921	154		7767
烟台市	Yantai	11676			11676
潍坊市	Weifang	12283			12283
济宁市	Jining	4590			4590
泰安市	Tai'an	7862			7862
威海市	Weihai	8967			8967
日照市	Rizhao	1779			1779
莱芜市	Laiwu	2028			2028
临沂市	Linyi	5635			5635
德州市	Dezhou	1769			1769
聊城市	Liaocheng	5253			5253
滨州市	Binzhou	5932		18	5914
菏泽市	Heze	1912			1912

18－22　规模以上工业企业R&D人员折合全时当量情况（2010年）

Full-time Equivalent of R&D Personnel of Industrial Enterprises above Designated Size（2010）

单位：人年　　　　(man year)

年　份 类　别	Year Category	R&D人员折合全时当量 Full-time Equivalent of R&D Personnel	基础研究人员 Basic Research Personnel	应用研究人员 Applied Research Personnel	试验发展人员 Experimental Development Personnel
2005		59751	62	7747	51942
2006		64955	28	3378	61549
2007		82202	110	5815	76277
2008		124106	8	969	123129
2009		129585	154	84	129346
2010		144561	88	1671	142802
一、按企业规模分	**by Enterprise Size**				
大中型企业	Large and Medium-sized enterprises	119921	82	1426	118413
大型企业	Large-sized Enterprises	72200	70	1090	71040
中型企业	Medium-sized Enterprises	47720	11	337	47372
小型企业	Small-sized Enterprises	24640	6	244	24390
二、按登记注册类型分	**by Status of Registration**				
内资企业	Domestic Funded Enterprises	123810	44	1544	122221
国有企业	State-owned Enterprises	11189	3	155	11031
集体企业	Collective-owned Enterprises	4942		18	4925
股份合作企业	Cooperative Enterprises	1189		21	1168
联营企业	Joint Ownership Enterprises	1573	15	10	1548
有限责任公司	Limited Liability Corporations	56127	17	956	55153
股份有限公司	Share-holding Corporations Limited	24008	6	124	23878
私营企业	Private Enterprises	23911	3	260	23647
其他企业	Other Enterprises	871			871
港、澳、台商投资企业	Enterprises with Funds from Hong Kong, Macao and Taiwan	5943		29	5914
合资经营企业(港或澳、台资)	Joint-ventures Enterprises	3954		23	3931
合作经营企业(港或澳、台资)	Cooperative Enterprises	74			74
港、澳、台商独资经营企业	Enterprises with Sole Investment	1158		6	1152
港、澳、台商投资股份有限公司	Share-holding Corporations Ltd. With Funds from Hong Kong, Macao and Taiwan	757			757
外商投资企业	Foreign Funded Enterprises	14808	44	98	14667
中外合资经营企业	Joint-venture Enterprises	8375		56	8319
中外合作经营企业	Cooperation Enterprises	288			288
外资企业	Enterprises with Sole Foreign Funds	2319		6	2313
外商投资股份有限公司	Share-holding Corporations Ltd. With Foreign Investment	3826	44	36	3746
三、按工业行业大类分	**by Sector**				
采矿业	**Mining**	11810		669	11141
煤炭开采和洗选业	Mining and Washing of Coal	6915		141	6774
石油和天然气开采业	Extraction of Petroleum and Natural Gas	3850		509	3341
黑色金属矿采选业	Mining of Ferrous Metal Ores	449			449
有色金属矿采选业	Mining of Non-ferrous Metal Ores	489		19	470
非金属矿采选业	Mining and Processing of Nonmetal Ores	107			107
其他采矿业	Mining of Other Ores				
制造业	**Manufacturing**	131931	88	987	130856
农副食品加工业	Processing of Food from Agricultural Products	4358		19	4338
食品制造业	Manufacture of Foods	3040	1	25	3014
饮料制造业	Manufacture of Beverage	2496	48	71	2378
烟草制品业	Manufacture of Tobacco	577			577
纺织业	Manufacture of Textile	6598		85	6513
纺织服装、鞋、帽制造业	Manufacture of Textile Wearing Apparel, Footware, and Caps	807			807
皮革、毛皮、羽毛(绒)及其制品业	Manufacture of Leather, Fur, Feather & Its Products	391		7	384
木材加工及木、竹、藤、棕、草制品业	Processing of Timbers, Manufacture of Wood, Bamboo, Rattan, Palm, and Straw Products	114		2	112

18-22 续表 continued

单位：人年 (man year)

类 别	Category	R&D人员折合全时当量 Full-time Equivalent of R&D Personnel	基础研究人员 Basic Research Personnel	应用研究人员 Applied Research Personnel	试验发展人员 Experimental Development Personnel
家具制造业	Manufacture of Furniture	452			452
造纸及纸制品业	Manufacture of Paper and Paper Products	2360		56	2304
印刷业和记录媒介的复制	Printing, Reproduction of Recording Media	304			304
文教体育用品制造业	Manufacture of Articles for Culture, Education and Sport Activity	493		1	492
石油加工、炼焦及核燃料加工业	Processing of Petroleum, Coking, Processing of Nucleus Fuel	3086		10	3075
化学原料及化学制品制造业	Manufacture of Chemical Raw Material and Chemical Products	14426	8	88	14330
医药制造业	Manufacture of Medicines	8662		51	8612
化学纤维制造业	Manufacture of Chemical Fiber	458			458
橡胶制品业	Manufacture of Rubber	4186			4186
塑料制品业	Manufacture of Plastic	670			670
非金属矿物制品业	Manufacture of Non-metallic Mineral Products	6584	9	35	6540
黑色金属冶炼及压延加工业	Manufacture and Processing of Ferrous Metals	3697	15	177	3505
有色金属冶炼及压延加工业	Manufacture & Processing of Non-ferrous Metals	3438		17	3421
金属制品业	Manufacture of Metal Products	1901		29	1871
通用设备制造业	Manufacture of General Purpose Machinery	13913		106	13807
专用设备制造业	Manufacture of Special Purpose Machinery	9967		36	9930
交通运输设备制造业	Manufacture of Transport Equipment	13609	6	77	13527
电气机械及器材制造业	Manufacture of Electrical Machinery & Equipment	12924		66	12858
通信设备、计算机及其他电子设备制造业	Manufacture of Communication Equipment, Computer and Other Electronic Equipment	8802	1	27	8774
仪器仪表及文化、办公用机械制造业	Manufacture of Measuring Instrument and Machinery for Cultural Activity & Office Work	2728		2	2726
工艺品及其他制造业	Manufacture of Artwork, Other Manufacture	883			883
废弃资源和废旧材料回收加工业	Recycling and Disposal of Waste	8			8
电力、燃气及水的生产和供应业	Production and Supply of Electric,Gas and Water	820		14	806
电力、热力的生产和供应业	Production and Supply of Electric Power and Heat Power	733		11	722
燃气生产和供应业	Production and Supply of Gas	14			14
水的生产和供应业	Production and Supply of Water	72		4	69
四、按地区分	**by Region**				
济南市	Jinan	19341	16	118	19207
青岛市	Qingdao	23756	47	17	23693
淄博市	Zibo	15214		136	15077
枣庄市	Zaozhuang	4784		41	4743
东营市	Dongying	8853		572	8282
烟台市	Yantai	12513	5	81	12427
潍坊市	Weifang	14987		17	14969
济宁市	Jining	4895		45	4850
泰安市	Tai'an	8266			8266
威海市	Weihai	7612		51	7561
日照市	Rizhao	2037	9	133	1895
莱芜市	Laiwu	1395		107	1287
临沂市	Linyi	6223	5	60	6158
德州市	Dezhou	2009		55	1954
聊城市	Liaocheng	4147		94	4053
滨州市	Binzhou	6270	6	58	6207
菏泽市	Heze	2260		87	2173

18-23 高技术产业R&D活动及新产品开发情况(2009年)

行　业	Industry	有R&D活动的企业数(个) Number of Enterprises with R&D Activities (unit)	R&D人员折合全时当量(人年) Full-time Equivalent of R&D Personnel (man year)
合　计	**Total**	**354**	**17681**
医药制造业	Medical and Pharmaceutical Products	156	7477
#化学药品制造	Chemical Medicine	64	4538
中成药制造	Traditional Chinese Medicine	19	866
生物、生化制品的制造	Biology, Biochemistry Products	30	748
航空航天器制造业	Aviation and Aircrafts Manufacturing	2	17
电子及通信设备制造业	Electronic and Communication Equipment	96	5102
通信设备制造	Communication Equipment	22	1171
雷达及配套设备制造	Radar Equipments	1	87
广播电视设备制造	Broadcast and Television Equipments	3	50
电子器件制造	Electronic Parts	19	542
电子元件制造	Electronic Components	35	1340
家用视听设备制造	Household Audiovisual	2	1093
其他电子设备制造	Other Electronic Equipment	14	818
电子计算机及办公设备制造业	Electronic Computers and Office Equipments	12	2709
电子计算机整机制造	Electronic Computer	2	1820
计算机网络设备制造	Computer Network Equipment	1	256
电子计算机外部设备制造	Electronic Computer Peripheral Equipments	5	505
办公设备制造	Office Equipment	4	128
医疗设备及仪器仪表制造业	Medical Treatment Instruments and Meters	88	2375
医疗设备及器械制造	Medical Treatment Equipments and Instruments	13	368
仪器仪表制造	Instruments and Meters	75	2008

注：本表的数据口径为规模以上工业企业。

a)Data in this table cover industrial enterprises above designated size.

Statistics on R&D Activities and New Products Development in High-tech Industry(2009)

R&D经费内部支出(万元) Internal Expenditure on R&D (10 000 yuan)	专利申请数(件) Patent Applications (piece)	拥有发明专利(件) Patents in Force (piece)	新产品开发项目数(项) New Products (units)	新产品开发经费支出(万元) Expenditure on New Products Development (10 000 yuan)
600638	**3371**	**1758**	**3195**	**722000**
184321	631	529	1176	208687
108730	321	368	685	116392
24213	95	43	148	24608
16006	75	38	149	23259
344	6	1	27	379
272410	1427	535	1104	350610
94519	116	173	181	110045
1215	3	2	12	1398
605	64	6	18	8125
12082	113	40	174	23171
24714	233	54	193	26967
119170	706	177	336	155091
20105	192	83	190	25814
88883	699	490	239	96266
74488	485	432	111	72722
2806	36	36	34	8177
9205	167	16	78	12805
2385	11	6	16	2563
54680	608	203	649	66057
19616	116	41	93	22822
35064	492	162	556	43235

18−24 高技术产业基本情况

Statistics on Production and Management in High-tech Industry

项目	Item	2005	2006	2007	2008	2009
生产经营情况	**Production Operation**					
企业数 (个)	Number of Enterprises (unit)	1219	1378	1591	1721	1907
从业人员年平均人数(万人)	Annual Average Number of Persons Engaged (persons)	35.7	39.3	46.0	48.6	52.3
当年价总产值 (亿元)	Gross Output Value (100 million yuan)	1785.7	2372.2	3134.7	3924.4	4555.7
主营业务收入 (亿元)	Revenue from Principal Business (100 million yuan)	1737.9	2286.3	3095.0	3861.8	4548.8
利润 (亿元)	Profits (100 million yuan)	95.7	114.7	173.2	226.6	279.1
利税 (亿元)	Pre-tax Profits (100 million yuan)	149.2	180.9	260.3	336.3	407.7
R&D及相关活动情况	**R&D and related Activities**					
有R&D活动的企业数 (个)	Number of Enterprises with R&D Activities (unit)					354
R&D人员全时当量 (人年)	Full-time Equivalent of R&D Personnel (man year)	5836	7717	9850	13449	17681
R&D经费内部支出 (亿元)	Internal Expenditure on R&D (100 million yuan)	26.8	30.0	44.0	52.7	60.1
新产品开发经费 (亿元)	Expenditure on New Products Development (100 million yuan)	32.4	34.8	48.5	56.2	72.2
专利申请数 (件)	Number of Patent Applications Examined (unit)	991	1102	1491	2058	3371
拥有发明专利数 (件)	Number of Invention Patents (unit)	247	314	595	777	1758
固定资产投资情况	**Investment in Fixed Assets**					
施工项目数 (个)	Number of Projects Under Construction (unit)	614	640	634	683	715
#新开工项目数 (个)	Number of New Projects (unit)	435	403	363	365	404
全部建成或投产项目数(个)	Number of Projects Completed or Put into Use (unit)	224	262	215	311	342
投资额 (亿元)	Investment (100 million yuan)	198.6	268.6	261.3	365.6	476.8
新增固定资产 (亿元)	New Added Fixed Assets (100 million yuan)	102.3	147.5	133.0	173.4	214.8

注：生产经营情况的数据口径为规模以上工业企业；2005—2008年R&D及相关活动情况的数据口径为大中型工业企业，2009年为规模以上工业。固定资产投资情况的数据口径为规模以上项目。

a)Data on production operation cover industrial enterprises above designated size;2005-2008 data on R&D and related activities cover larger and medium-sized enterprises;Data on investment in fixed assets cover projects above designated size.

18-25 主要年份文化、文物事业基本情况

Number of Institutions for Culture and Cultural Relics of Major Years

年 份 Year	文化(艺术)馆 Cultural Centre		文化站 Cultural Station		艺术表演团体 Art Performance Troups	
	机构数(个) Number (unit)	人 数(人) Personnel (person)	机构数(个) Number (unit)	人 数(人) Personnel (person)	机构数(个) Number (unit)	人 数(人) Personnel (person)
1949	39				46	
1952	166		139		113	
1957	134		283		175	
1962	130		500		180	
1965	141	1261	6	10	176	9923
1970	137	1601			154	9599
1975	151	1891	887	944	157	12709
1976	150	1979	1644	1803	157	13396
1977	155	2110	1988	2185	156	13557
1978	155	2151	2103	2196	155	13219
1979	155	2138	2104	2163	155	12896
1980	155	2251	2117	2197	156	12562
1981	156	2420	2099	2218	157	11930
1982	155	2490	2107	2268	157	11280
1983	155	2609	2102	2172	157	10584
1984	154	2590	2132	2204	159	9922
1985	157	2818	2198	2230	158	9317
1986	159	2940	2276	2292	149	9177
1987	157	2849	2345	2410	139	7751
1988	159	3043	2423	2787	127	7344
1989	159	3140	2452	2643	123	6992
1990	159	3127	2482	2666	119	6703
1991	156	3100	2504	2783	120	6640
1992	156	3129	2481	2798	120	6657
1993	157	3145	2454	2862	119	6430
1994	157	3197	2387	2882	118	6448
1995	158	3265	2363	3117	118	6170
1996	159	3237	2466	3286	118	6090
1997	158	3264	2482	3177	118	6148
1998	158	3252	2494	3339	118	6170
1999	158	3194	2493	3293	117	6077
2000	159	3055	2422	3304	118	5943
2001	159	2975	1912	2943	121	5990
2002	156	2935	1866	3019	121	6030
2003	157	2968	1792	3022	120	5988
2004	159	3136	1783	3190	118	5995
2005	158	2982	1768	3166	117	6066
2006	158	3058	1857	3330	118	6250
2007	157	3012	1826	3715	119	6163
2008	156	3025	1826	3754	119	6254
2009	158	3115	1867	4593	118	6279
2010	158	3055	1855	4543	119	6268

18−25 续表 continued

年 份 Year	剧 场(院) Theaters		图 书 馆 Libraries		博 物 馆 Museums	
	机构数 (个) Number (unit)	人 数 (人) Personnel (person)	机构数 (个) Number (unit)	人 数 (人) Personnel (person)	机构数 (个) Number (unit)	人 数 (人) Personnel (person)
1949	5		3			
1952	15		3			
1957	44		40			
1962	129		84			
1965	128	755	27	257	7	183
1970	83	600	12	193	5	155
1975	81	592	43	436	8	211
1976	71	577	62	564	9	237
1977	76	658	66	621	9	246
1978	75	661	80	737	10	298
1979	77	705	88	876	10	310
1980	71	627	88	924	10	317
1981	72	649	89	1004	9	268
1982	71	667	89	1075	15	338
1983	61	660	89	1131	17	364
1984	65	678	92	1240	19	380
1985	62	705	99	1338	23	488
1986	123	2193	101	1486	30	527
1987	119	2310	105	1613	36	763
1988	116	2388	111	1780	40	876
1989	118	2413	113	1796	40	979
1990	117	2516	115	1876	41	1021
1991	121	2736	118	1956	45	1141
1992	120	2772	122	2055	45	1215
1993	119	2837	126	2178	52	1329
1994	118	2878	126	2256	54	1418
1995	115	2783	130	2318	56	1462
1996	111	2727	131	2359	54	1522
1997	107	2652	131	2471	54	1562
1998	107	2577	131	2536	56	1422
1999	107	2544	133	2555	57	1663
2000	105	2473	133	2506	59	1633
2001	105	2444	136	2503	66	1611
2002	104	2434	140	2559	70	1566
2003	104	2353	140	2573	73	1634
2004	95	2088	142	2633	72	1684
2005	94	1881	145	2690	75	1723
2006	95	2098	143	2624	76	1770
2007	92	1937	145	2640	87	1915
2008	90	1827	147	2606	96	2064
2009	82	1640	150	2669	111	2307
2010	91	1904	149	2680	114	2456

18−26 广播电视基本情况

Basic Statistics on Radio and Television Stations

项　目		Item		2005	2006	2007	2008	2009	2010
职工人数	(人)	Number of Staff	(person)	31591	33043	34179	36962	41539	43028
广播电台	(座)	Number of Broadcasting Stations	(set)	18	18	18	17	16	15
电视台	(座)	Number of TV Stations	(set)	18	18	18	21	20	16
广播人口覆盖率	(%)	Listener Rating	(%)	96.47	96.19	97.35	97.6	98.02	98.09
电视人口覆盖率	(%)	Viewer Rating	(%)	95.07	96.32	97.22	97.55	97.89	97.88

注：自1998年起数据采用国家广电总局年报制度新口径。
a)Since 1998,data have been based on new statistical method made by State Administration of Radio,Film and Television.

18−27　文化、文物机构人员情况(2010年)

Number of Institution and Personnel in Culture and Culture Relics(2010)

项　目	Item	机构数(个) Number of Institutions (unit)	人员数(人) Number of Employed Persons (person)
总　计	**Total**	**2997**	**29738**
一、艺术业	**Arts**	**253**	**8443**
1.艺术表演团体	Arts Performance Troupes	119	6268
2.艺术表演场所	Arts Centers	91	1904
3.艺术创作机构	Art Creation Institutions	43	271
4.其他艺术	Others		
二、图书馆业	**Public Libraries**	**149**	**2680**
三、群众文化服务业	**Mass Culture**	**2013**	**7598**
1.艺术馆、文化馆	Cultural and Art Centers	158	3055
2.文化站	Cultural Stations	1855	4543
四、艺术教育业	**Culture Education**	**5**	**411**
五、文艺科研	**Art Research**	**7**	**104**
六、文物业	**Cultural Relics**	**231**	**5162**
1.文物保护管理机构	Agency of Relics Preservation	101	2179
2.文物科研机构	Scientific and Research Historical Relics Agency	5	80
3.博物馆	Museums	114	2456
4.文物商店	Cultural Relics Agencies	8	155

18-28 档 案 馆 基 本 情 况(2010年)

Statistics on Archive Institution(2010)

项目	Item	总计 Total	国家综合档案馆 National Comprehen-sive Archive	省级 Provincial Level	市地级 City Level	县级 County Level
档案馆 (个)	Number of Institutions (unit)	205	164	1	17	146
现有专职人数 (人)	Number of Personnel (person)	2215	1587	45	209	1333
档案馆面积 (平方米)	Floor Space of Archives Institution (sq.m)	403503	312033	10380	92475	209178
馆藏档案	Number of Archives					
全宗 (个)	Whole Volume (unit)	20209	19989	306	3715	15968
案卷 (卷)	Files (volume)	13940779	9631765	726742	2525131	6379892
建国前档案案卷 (卷)	Before 1949 Files (volume)	746338	741515	460612	270348	10555
建国后档案案卷 (卷)	After 1949 Files (volume)	13194441	8890250	266130	2254783	6369337
馆藏资料 (册)	Number of Material Stored (volume)	2723369	2463376	86292	459327	1917757
档案资料利用情况	Use of Archiver					
利用档案 (卷次)	Number of Archives Used (volume-times)	531213	361569	30075	62056	269438
利用资料 (册次)	Number of Material Used (vomume-times)	59513	39549	106	5386	34057
利用档案人次 (人次)	Number of Persons Using Material (person-times)	252767	130329	440	23790	106099
开放案卷 (卷)	Opening Archives (volume)	3887059	1887867	535290	384139	968438
开放档案目(案卷级) (万条)	Catalog of Opening Archives (Files)(10 000 units)	245.77	112.05	26.72	29.03	56.30

18-28 续表 continued

项目	Item	国家专门档案馆 National Special Archives	部门档案馆 Departm-ent Archives	大型企业档案馆 Enterprise Archive Institution	文化事业单位档案馆 Culture Archive Institution	科技事业单位档案馆 Science and Technology Archive Institution
档案馆 (个)	Number of Institutions (unit)	18	3	8	7	5
现有专职人数 (人)	Number of Personnel (person)	352	24	147	72	33
档案馆面积 (平方米)	Floor Space of Archives Institution (sq.m)	38345	5732	33302	8281	5810
馆藏档案	Number of Archives					
全宗 (个)	Whole Volume (unit)	31	2	137	44	6
案卷 (卷)	Files (volume)	2166238	344117	1176800	428831	193028
建国前档案案卷 (卷)	Before 1949 Files (volume)	4187	40		460	136
建国后档案案卷 (卷)	After 1949 Files (volume)	2162051	344077	1176800	428371	192892
馆藏资料 (册)	Number of Material Stored (volume)	28486	145126	65291	15746	5344
档案资料利用情况	Use of Archiver					
利用档案 (卷次)	Number of Archives Used (volume-times)	31261	63225	34528	26616	14014
利用资料 (册次)	Number of Material Used (vomume-times)	3555	480	14486	1012	431
利用档案人次 (人次)	Number of Persons Using Material (person-times)	69176	16332	15009	14794	7127
开放案卷 (卷)	Opening Archives (volume)	1729375	172681		67004	30132
开放档案目(案卷级) (万条)	Catalog of Opening Archives (Files)(10 000 units)	132.98		0.12	0.62	

18-29 报纸、杂志出版情况(2010年)
Number of Newspapers and Magazines Published (2010)

类 别	Item	种数(种) Number of Publications (kind)	平均期印数(万份) Average Printed Copies (10 000 Copies)	总印数(万份) Total Printed Copies (10 000 Copies)
报纸类总计	**Newspaper**	**132**	**1242**	**335801**
1.综合报	Synthetical Newspaper	54	986	303562
2.专业报	Special Newspaper	31	211	30504
3.高校校报	College Newspaper	47	45	1736
省级报纸合计	Provincial-level Newspaper	30	729	216372
1.综合报	Synthetical Newspaper	12	620	198581
2.专业报	Special Newspaper	18	109	17791
市地级报纸合计	City-level Newspaper	52	451	115073
1.综合报	Synthetical Newspaper	40	359	102910
2.专业报	Special Newspaper	12	92	12163
县(市)级报纸合计	County-level Newspaper	3	18	2621
1.综合报	Synthetical Newspaper	2	7	2071
2.专业报	Special Newspaper	1	11	550
期刊类总计	**Magazine**	**261**	**496**	**10971**
1.综 合	Synthesis	15	15	364
2.哲学社会科学	Philosophy and Social Science	31	92	1432
3.自然科学技术	Natural Science and Technology	121	75	1748
4.文化教育	Culture and Education	74	216	4672
5.文学艺术	Literature and Arts	13	22	588
6.画 刊	Pictorial	1	1	14
7.少 儿	Children's Books	6	76	2153

18－30 各市中等职业学校基本情况(2010年)

Basic Statistics on Secondary Vocational Schools by Region (2010)

地 区	Region	学校数(所) Schools (unit)	招生数(人) New Enrollment (person)	毕业生数(人) Graduates (person)	在校学生数(人) Total Enrollment (person)	专任教师数(人) Full-time Teachers (person)
全省总计	**Total**	**640**	**426954**	**439337**	**1131621**	**55465**
济南市	Jinan	73	30986	31337	80998	4511
青岛市	Qingdao	81	39354	62262	134442	7397
淄博市	Zibo	29	29687	25954	60294	2320
枣庄市	Zaozhuang	21	17572	15860	48035	2086
东营市	Dongying	12	7646	6331	18010	1171
烟台市	Yantai	50	32540	33507	94366	5024
潍坊市	Weifang	43	61705	48252	149835	6293
济宁市	Jining	41	24955	30904	66650	3769
泰安市	Tai'an	24	24392	25606	62359	2712
威海市	Weihai	32	12143	10100	32572	2153
日照市	Rizhao	17	12536	13853	30296	1609
莱芜市	Laiwu	15	4363	6112	8736	662
临沂市	Linyi	56	27625	28565	73112	4191
德州市	Dezhou	32	27604	27219	79178	2734
聊城市	Liaocheng	29	22160	22333	54334	2929
滨州市	Binzhou	17	15971	14489	45177	1907
菏泽市	Heze	68	35715	36653	93227	3997

18－31 各市普通中学情况(2010年)

Basic Statistics of Secondary Schools by Region (2010)

地 区	Region	普通高中 Senior Secondary Schools					普通初中 Junior Secondary Schools				
		学校数(所) Schools (unit)	毕业生数(人) Graduates (person)	招生数(人) New Enrollment (person)	在校学生数(人) Total Enrollment (person)	专任教师数(人) Full-time Teachers (person)	学校数(所) Schools (unit)	毕业生数(人) Graduates (person)	招生数(人) New Enrollment (person)	在校学生数(人) Total Enrollment (person)	专任教师数(人) Full-time Teachers (person)
全省总计	**Total**	**592**	**546851**	**528217**	**1525122**	**111401**	**3053**	**1022090**	**1112964**	**3485570**	**260681**
济南市	Jinan	38	33539	34756	101422	6837	171	58450	69411	200381	15106
青岛市	Qingdao	61	36837	40702	109430	9242	234	83389	84396	270595	21512
淄博市	Zibo	34	25468	33516	88143	5315	164	50134	49402	210101	14778
枣庄市	Zaozhuang	27	27702	25162	77762	4306	108	53452	46180	140642	9494
东营市	Dongying	21	13631	14494	41477	3221	72	19379	25579	78997	7399
烟台市	Yantai	51	33595	37133	104944	8356	248	71901	60394	266369	23363
潍坊市	Weifang	51	57218	58156	161832	12872	309	97130	105919	328517	26503
济宁市	Jining	45	45576	42123	126852	8650	254	90951	93410	293244	20981
泰安市	Tai'an	32	31785	20513	61270	6839	145	32410	64171	167807	13019
威海市	Weihai	22	13137	13638	40228	3880	90	28322	22319	102195	9051
日照市	Rizhao	18	16569	15607	44291	3323	98	30668	33808	99676	8287
莱芜市	Laiwu	9	8702	8000	20919	1764	47	11698	16808	66205	4531
临沂市	Linyi	51	67985	57172	157416	11538	304	111845	134346	392439	26718
德州市	Dezhou	22	29185	25472	78211	5617	181	52664	63009	172791	13450
聊城市	Liaocheng	40	32327	27760	91827	6349	162	64612	66775	185038	13643
滨州市	Binzhou	17	22746	20860	61721	4697	147	38962	45472	129637	10274
菏泽市	Heze	53	50849	53153	157377	8595	319	126123	131565	380936	22572

18-32 各市小学基本情况(2010年)

Basic Statistics on Primary Schools by Region (2010)

地区	Region	学校数(所) Schools (unit)	毕业生数(人) Graduates (person)	招生数(人) New Enrollment (Person)	在校学生数(人) Total Enrollment (person)	专任教师数(人) Full-time Teachers (person)
全省总计	**Total**	**12405**	**1102552**	**1113005**	**6292476**	**387453**
济南市	Jinan	645	69559	62669	384001	24801
青岛市	Qingdao	894	84867	81222	462722	32023
淄博市	Zibo	357	49678	44681	230327	15732
枣庄市	Zaozhuang	582	48341	44295	264515	17966
东营市	Dongying	172	24814	23032	134669	8344
烟台市	Yantai	509	59894	45974	256028	20378
潍坊市	Weifang	1057	105341	88524	539043	37400
济宁市	Jining	1273	92354	98039	546648	32884
泰安市	Tai'an	673	64062	64390	381708	21444
威海市	Weihai	134	22083	18741	98453	6866
日照市	Rizhao	419	33992	34751	190810	11377
莱芜市	Laiwu	166	16748	13458	67018	5589
临沂市	Linyi	1639	130787	146327	742913	41479
德州市	Dezhou	960	60713	79666	446601	27182
聊城市	Liaocheng	782	61224	75441	414355	23221
滨州市	Binzhou	428	45482	41532	258935	16174
菏泽市	Heze	1715	132613	150263	873730	44593

18-33 各市中小学教职工情况(2010年)

Basic Statistics on Teachers and Staff of Primary and Secondary Schools by Region (2010)

单位:人 (person)

地区	Region	普通中学教职工 Teachers and Staff of Secondary Schools	#专任教师 Full-time Teachers	小学教职工 Teachers and Staff of Primary Schools	#专任教师 Full-time Teachers
全省总计	**Total**	**438787**	**372082**	**417504**	**387453**
济南市	Jinan	26440	21943	26957	24801
青岛市	Qingdao	36124	30754	34201	32023
淄博市	Zibo	23751	20093	17365	15732
枣庄市	Zaozhuang	17328	13800	19423	17966
东营市	Dongying	12234	10620	9015	8344
烟台市	Yantai	36054	31719	21848	20378
潍坊市	Weifang	45098	39375	39376	37400
济宁市	Jining	35812	29631	35415	32884
泰安市	Tai'an	23560	19858	23208	21444
威海市	Weihai	14823	12931	7466	6866
日照市	Rizhao	13475	11610	12009	11377
莱芜市	Laiwu	7836	6295	6609	5589
临沂市	Linyi	46287	38256	45918	41479
德州市	Dezhou	21905	19067	29039	27182
聊城市	Liaocheng	23587	19992	24837	23221
滨州市	Binzhou	17923	14971	17470	16174
菏泽市	Heze	36550	31167	47348	44593

18−34 各市普通中学专任教师学历情况(2010年)

Basic Statistics on Education of Teachers and Staff of Secondary Schools by Region (2010)

单位:人 (person)

地区	Region	普通高中专任教师 Full-time Teachers of Senior Secondary Schools	#本科及以上 With Undergraduate Education or Higher	#专科 With Specialized Education	普通初中专任教师 Full-time Teachers of Junior Secondary Schools	#本科及以上 With Undergraduate Education or Higher	#专科 With Specialized Education
全省总计	**Total**	**111401**	**107955**	**3377**	**260681**	**184358**	**73516**
济南市	Jinan	6837	6755	79	15106	12784	2099
青岛市	Qingdao	9242	9083	151	21512	17446	3736
淄博市	Zibo	5315	5246	69	14778	12691	1892
枣庄市	Zaozhuang	4306	4028	273	9494	7136	2291
东营市	Dongying	3221	3214	7	7399	5713	1608
烟台市	Yantai	8356	8244	106	23363	17390	5676
潍坊市	Weifang	12872	12257	603	26503	17631	8609
济宁市	Jining	8650	8473	177	20981	13424	7403
泰安市	Tai'an	6839	6488	341	13019	8912	3903
威海市	Weihai	3880	3814	63	9051	7890	1085
日照市	Rizhao	3323	3204	113	8287	5742	2471
莱芜市	Laiwu	1764	1763	1	4531	3622	879
临沂市	Linyi	11538	11117	418	26718	21126	5495
德州市	Dezhou	5617	5425	184	13450	6313	6815
聊城市	Liaocheng	6349	6069	280	13643	8672	4813
滨州市	Binzhou	4697	4532	160	10274	6681	3488
菏泽市	Heze	8595	8243	352	22572	11185	11253

18−35 各市幼儿园情况(2010年)

Basic Statistics on Kindergartens by Region (2010)

地区	Region	幼儿园数(所) Number of Kindergartens (unit)	入园(班)儿童数(人) Number of Children Enrolled (person)	专任教师数(人) Full-time Teachers (person)
全省总计	**Total**	**17751**	**1085062**	**98763**
济南市	Jinan	1460	55912	8272
青岛市	Qingdao	2343	64506	12210
淄博市	Zibo	757	42994	7372
枣庄市	Zaozhuang	634	51394	2977
东营市	Dongying	472	20110	3656
烟台市	Yantai	1239	40091	7076
潍坊市	Weifang	1724	108696	9981
济宁市	Jining	1506	117437	7619
泰安市	Tai'an	1120	68402	6493
威海市	Weihai	309	13415	3141
日照市	Rizhao	740	32938	3918
莱芜市	Laiwu	433	8140	1869
临沂市	Linyi	2184	150188	8742
德州市	Dezhou	376	54334	2797
聊城市	Liaocheng	338	62730	2349
滨州市	Binzhou	390	36400	3023
菏泽市	Heze	1726	157375	7268

18-36 各市文化、文物事业基本情况(2010年)

Basic Statistics on Culture and Cultural Relics by Region (2010)

地 区	City	公共图书馆数(个) Public Libraries (unit)	公共图书馆藏书量(万册) Total Collections (10 000 volumes)	艺术表演团体(个) Performance Troupes (unit)	艺术表演场所(个) Art Performance Places (unit)	群众艺术馆(个) Mass Art Centers (unit)	文化馆(个) Cultural Centers (unit)	文化站(个) Cultural Stations (unit)	文物、文化事业费(万元) Total Expenditures (10 000 yuan)	博物馆(个) Museums (unit)
全省总计	**Total**	**149**	**3635.8**	**119**	**91**	**18**	**140**	**1855**	**188910.7**	**114**
济南市	Jinan	11	287.2	8	9	1	10	139	17148.8	8
青岛市	Qingdao	13	444.2	12	9	1	12	171	21802.4	10
淄博市	Zibo	9	223.4	3	8	1	8	99	11666.2	17
枣庄市	Zaozhuang	7	104.2	3	4	1	6	62	4572.0	7
东营市	Dongying	6	72.9	5	1	1	5	40	6545.5	1
烟台市	Yantai	13	527.6	10	5	1	12	151	16848.4	7
潍坊市	Weifang	12	209.2	9	1	1	13	118	10468.5	9
济宁市	Jining	11	169.2	12	10	1	12	151	18764.6	8
泰安市	Tai'an	7	110.3	3	4	1	6	86	7078.7	3
威海市	Weihai	4	118.0	4	2	1	5	72	7391.2	7
日照市	Rizhao	4	35.3	1	2	1	3	53	3219.6	3
莱芜市	Laiwu	2	42.8	1	1	1	1	19	1338.1	
临沂市	Linyi	12	267.8	6	5	1	12	181	8187.4	8
德州市	Dezhou	12	111.0	10	9	1	11	133	4617.3	3
聊城市	Liaocheng	8	74.8	7	6	1	8	130	5197.3	7
滨州市	Binzhou	8	120.5	7	2	1	7	89	4109.0	5
菏泽市	Heze	9	63.4	12	9	1	9	161	4562.9	9

注：全省数据含省本级数据，17市加总不等于全省。

a)Provincial data include provincial level data,sum of region data is not equal to provincial data.

主要统计指标解释

普通高等学校 指按照国家规定的设置标准和审批程序批准举办的，通过全国普通高等学校统一招生考试，招收高中毕业生为主要培养对象，实施高等教育的全日制大学、独立设置的学院和高等专科学校、高等职业学校和其他机构。

大学、独立设置的学院主要实施本科层次以上教育，高等专科学校、高等职业学校实施专科层次教育，其他机构是承担国家普通招生计划任务不计校数的机构。包括普通高等学校分校和批准筹建的普通高等学校等。

成人高等学校 指按照国家规定的设置标准和审批程序批准举办的，通过全国成人高等学校统一招生考试，招收具有高中毕业或同等学历的在职从业人员为主要培养对象，利用函授、业余、脱产等多种形式对其实施高等学历教育的学校。包括职工高等学校、农民高等学校、管理干部学院、教育学院、独立函授学院、广播电视大学、其他机构等。其他机构是承担国家成人招生计划任务不计校数的机构。

小学学龄儿童净入学率 指调查范围内已入小学学习的学龄儿童占校内外学龄儿童总数(包括弱智儿童，不包括盲聋哑儿童)的比重。计算公式为：

$$\text{小学学龄儿童净入学率}=\frac{\text{已入学的小学学龄儿童数}}{\text{校内外小学学龄儿童总数}}\times 100\%$$

国家财政性教育经费 包括国家财政预算内教育经费，各级政府征收用于教育的税费，企业办学校教育经费，校办产业、勤工俭学和社会服务收入用于教育的经费。

财政预算内教育经费 指中央、地方各级财政或上级主管部门在年度内安排，并计划拨到教育部门和其他部门主办的各级各类学校、教育事业单位，列入国家预算支出科目的教育经费，包括教育事业拨款、科研经费拨款、基建拨款和其他经费拨款。

研究与试验发展(R&D) 指在科学技术领域，为增加知识总量，以及运用这些知识去创造新的应用进行的系统的创造性的活动，包括基础研究、应用研究、试验发展三类活动。国际上通常采用R&D活动的规模和强度指标反映一国的科技实力和核心竞争力。

基础研究 指为了获得关于现象和可观察事实的基本原理的新知识(揭示客观事物的本质、运动规律，获得新发现、新学说)而进行的实验性或理论性研究，它不以任何专门或特定的应用或使用为目的。其成果以科学论文和科学著作为主要形式。用来反映知识的原始创新能力。

应用研究 指为获得新知识而进行的创造性研究，主要针对某一特定的目的或目标。应用研究是为了确定基础研究成果可能的用途，或是为达到预定的目标探索应采取的新方法(原理性)或新途径。其成果形式以科学论文、专著、原理性模型或发明专利为主。用来反映对基础研究成果应用途径的探索。

试验发展 指利用从基础研究、应用研究和实际经验所获得的现有知识，为产生新的产品、材料和装置，建立新的工艺、系统和服务，以及对已产生和建立的上述各项作实质性的改进而进行的系统性工作。其成果形式主要是专利、专有技术、具有新产品基本特征的产品原型或具有新装置基本特征的原始样机等。在社会科学领域，试验发展是指把通过基础研究、应用研究获得的知识转变成可以实施的计划(包括为进行检验和评估实施示范项目)的过程。人文科学领域没有对应的试验发展活动。主要反映将科研成果转化为技术和产品的能力，是科技推动经济社会发展的物化成果。

研究与试验发展人员 指参与研究与试验发展项目研究、管理和辅助工作的人员，包括项目(课题)组人员，企业科技行政管理人员和直接为项目(课题)活动提供服务的辅助人员。反映投入从事拥有自主知识产权的研究开发活动的人力规模。

研究与试验发展人员全时当量 指全时人员数加非全时人员按工作量折算为全时人员数的总和。例如：有两个全时人员和三个非全时人员(工作时间分别为 20%、30%和 70%)，则全时当量为 2+0.2+0.3+0.7=3.2 人年。为国际上比较科技人力投入而制定的可比指标。

R&D 经费内部支出合计 指调查单位用于内部开展 R&D 活动（基础研究、应用研究和试验发展）的实际支出。包括用于 R&D 项目（课题）活动的直接支出，以及间接用于 R&D 活动的管理费、服务费、与 R&D 有关的基本建设支出以及外协加工费等。不包括生产性活动支出、归还贷款支出以及与外单位合作或委托外单位进行 R&D 活动而转拨给对方的经费支出。

专　利 是专利权的简称，是对发明人的发明创造经审查合格后，由专利局依据专利法授予发明人和设计人对该项发明创造享有的专有权。包括发明、实用新型和外观设计。反映拥有自主知识产权的科技和设计成果情况。

发　明 指对产品、方法或者其改进所提出的新的技术方案。是国际通行的反映拥有自主知识产权技术的核心指标。

文化事业机构 指从事专业文化工作和为专业文化工作服务的独立建制的单位。不包括这些单位另外举办独立核算的其他机构和各部门的业余文化组织。该指标主要反映文化事业机构发展规模水平。

艺术表演团体 指从事戏曲、音乐、舞蹈、杂技等专业艺术表演，有独立帐户的单位，不包括半工半艺、半农半艺和民间职业剧团。该指标主要反映全国专业艺术表演团体发展规模水平。

艺术表演观众人数（人次） 指售票、包场演出或民族地区免费演出的艺术表演观众人次数，不包括彩排审查和内部观摩演出的观看人次数。该指标主要反映全国观看专业艺术表演团体演出的效益规模。

Explanatory Notes on Main Statistical Indicators

Regular Institutions of Higher Learning refer to educational establishments set up according to the government evaluation and approval procedures, enrolling graduates from senior secondary schools and providing higher education courses and training for senior professionals. They include full time universities, colleges, high professional schools, high professional vocational schools and others.

Universities and colleges are mainly providing undergraduate courses; those high professional schools and high professional vocational schools are mainly providing professional trainings; and others refer to educational establishments, which are responsible for enrolling students but not covered in the total number of schools, including: branch schools of universities and colleges, and universities and colleges that have been proved and prepared to construct.

Institutions of Higher Learning for Adults refer to educational establishments, set up in line with relevant rules approved by the government, enrolling staff and workers with senior secondary school or equivalent education, and providing higher education courses in many forms of correspondence, spare time, or full time for adults. Professionals thus trained receive a qualification equivalent to graduates studying regular courses at regular universities, colleges and professional colleges. Institutions of higher learning for adults include schools of high education for staff and workers, schools of high education for peasants, colleges for management cadres, pedagogical colleges, independent correspondence colleges, Radio and TV universities and other educational establishments. Other educational establishments are responsible for enrolling adult students but not covered in the number of schools.

Enrollment Rate of Primary School Age Children refers to the proportion of school age children enrolled at schools to the total number of school age children both in and outside schools (including retarded children, but excluding blind, deaf and mute children). The formula is:

$$\begin{array}{c}\text{Enrolment Rate}\\ \text{of Primary}\\ \text{School - age Children}\end{array} = \frac{\begin{array}{c}\text{Total Primary School - age}\\ \text{Children at Schools}\end{array}}{\begin{array}{c}\text{Total Primary School - age}\\ \text{Children Whether or}\\ \text{Not Attending School}\end{array}} \times 100\%$$

Government Appropriation for Education refers to state budgetary fund for education, taxes and fees collected by governments at all levels that are used for education purpose, education fund for enterprise run schools, income from school run enterprises, work study programme and social services that are used for education purpose.

Budgetary Fund for Education refers to education fund that is planned to allocate to various schools and education institutions by central and local financial departments at various levels within the reference year, which is within the state budgetary expenditure, including: appropriate funds for education, science and research, capital construction and others.

Research and Development (R&D) refers to systematic and creative activities in the field of science and technology aiming at increasing the knowledge and using the knowledge for new application. R&D includes 3 categories of activities: basic research, applied research and experiments and development. The scale and intensity of R&D are widely used internationally to reflect the strength of S&T and the core competitiveness of a country in the world.

Basic Research refers to empirical or theoretical research aiming at obtaining new knowledge on the fundamental principles of phenomena of observable facts to reveal the nature and law of movement of objects and to acquire new discoveries or new theories. Basic research takes no specific or designated application as the aim of the research. Results of basic research are mainly released or disseminated in the form of scientific papers or monographs. This indicator reflects the original innovation capacity of knowledge.

Applied Research refers to creative research aiming at obtaining new knowledge on a specific objective or target. Purpose of the applied research is to identify the possible use of results from basic research, or to explore new (fundamental) methods or new approaches. Results of applied research are expressed in the form of scientific papers, monographs, fundamental models or invention patents. This indicator reflects the exploration of ways to apply the results of basic research.

Experiments and Development refer to systematic activities aiming at using the knowledge from basic and applied researches or from practical experience to develop new products, materials and equipment, to establish new production process, systems and services, or to make substantial improvement on the existing products, process or services. Results of experiment and development activities are embodied in patents, exclusive technology, and monotype of new products or equipment. In social sciences, experiment and development activities refer to the process of converting the knowledge from basic or applied researches into feasible programmes (including conduct of demonstration projects for assessment and evaluation). There are no experiment and development activities in the science of humanities. This indicator reflects the capability of transferring the results of S&T into technique and products, which is the materialized measurement of S&T pushing forward the economic and social development.

R&D Personnel refer to persons engaged in research, management and supporting activities of R&D, including persons in the project teams, persons engaged in the management of S&T activities of enterprises and supporting staff providing direct service to the research projects. This indicator reflects the size of personnel engaged in R&D activities with independent intellectual property.

Full time Equivalent of R&D Personnel refers to the sum of the full time persons and the full time equivalent of part time persons converted by workload. For instance, if there are 2 full time persons and 3 part time workers (20%, 30% and 70% of working hours respectively on R&D activities), the full time equivalent is 2+0.2+0.3+0.7=3.2 person years. This is an internationally comparable indicator of input of personnel in S&T activities.

Total Internal Expenditure of Funds on R&D refers to the real expenditure of surveyed units on their own R&D activities(basic research, application study, test and development)including direct expenditure on R&D activities,expenditure on capital construction and material processing by others.Excluding the expenditure on production activities,return of loan,and fee transferred to coopertated and entrusted agencies on R&D activities.

Patent is an abbreviation for the patent right and refers to the exclusive right of ownership by the inventors or designers for the creation or inventions, given from the patent offices after due process of assessment and approval in accordance with the Patent Law. Patents are granted for inventions, utility models and designs. This indicator reflects the achievements of S&T and design with independent intellectual property.

Inventions refer to the new technical proposals to the products or methods or their modifications. This is universal core indicator reflecting the technologies with independent intellectual property.

Cultural Institutions refer to units, which have their own organizational system and independent accounting system and specialize in or serve cultural development. They exclude other establishments run by these cultural institutions and amateur cultural groups established by various departments. This indicator reflects the development of cultural units.

Art Troupe refers to the troupe which is engaged in drama, opera, music, dance, acrobatics or other art performance, opens independent accounts with banks and has self supporting accounting system; excluding the troupes which are engaged partly in industrial or agricultural activities, partly in art performance and the professional troupes organized by the people. This indicator reflects the development of national professional art troupes.

Number of Audience at Art Performance refers to the number of attendants at commercial shows, completely booked shows or free shows given in minority national areas, and does not include the number of spectators at rehearsals for examination and internal shows for study.

第19篇

卫生、体育、民政、司法测绘、标准计量

Health, Sports, Legal and Judicial Affairs, Surveying and Mapping, Standard Measuring and Civil Affairs

简 要 说 明

一、本篇资料的主要内容

本篇资料反映了全省卫生、体育、民政、司法、测绘和标准计量等社会事业基本情况。卫生部分主要包括卫生机构及其人员、床位数、县及县以上医院诊疗人次数、入院人数、治愈率、死亡率及好转率等基本情况。体育部分主要包括运动员、教练员、裁判员发展人数，体育锻炼达标人数及各市举办运动会情况。民政部分主要包括婚姻登记、救灾、城镇居民最低生活保障、社会福利事业基本情况。司法部分主要包括律师工作和公证事业基本情况。测绘部分主要包括测绘系统的持证单位及其人员和生产活动情况。标准计量部分主要包括标准化工作基本情况和产品质量监督抽查情况。

二、本篇资料的来源

1.卫生部分的资料来源于省卫生厅信息中心。

2.体育部分的资料来源于省体育局财务经济处。

3.民政部分的资料来源于省民政厅计划财务处。

4.司法部分的资料来源于省司法厅办公室。

5.测绘部分的资料来源于省国土资源厅测绘管理处。

6.标准计量部分的资料来源于省质量技术监督局计划财务处。

本篇资料中，测绘和标准计量部分由省统计局综合处加工整理，其他各部分资料由省统计局社科处整理提供。

Brief Introduction

I. Content

In this chapter, data on surveying and mapping are prepared and compiled by the Division of Comprehensive Statistics of Shandong Provincial Bureau of Statistics, the rest of the data by the Division of Social, Science and Technology Statistics of Shandong Provincial Bureau of Statistics.

Data in this chapter show the basic conditions of different causes. These causes include health, sports, legal and judicial affairs, surveying and mapping, standard measuring and civil affairs. Data on health include the number of the number of institutions, personnel, hospital beds, number of patients treated and in patients, fatality rate and recovery rate. Data on sports mainly include the number of athletes, coaches and referees, number of persons who have come up to the National Physical Training Program Standards and sports events. Data on civil affairs mainly include marriage registration, disaster relief, number of persons receiving lowest cost of living in urban areas and social welfare. Data on legal and judicial affairs include the number of lawyers and notarization. Data on standard measuring show the basic conditions of standardization and the results of quality supervision carried out in Shandong.

II. Source of Data

(1)Data on public health are provided by the Information Center of Shandong Provincial Department of Health.

(2)Data on sports are provided by the Division of Planning and Finance of Shandong Provincial Physical Culture Administration.

(3)Data on civil affairs are provided by the Division of Planning and Finance of Shandong Provincial Department of Civil Affairs.

(4)Data on legal and judicial affairs are provided by the Administrative Office of Shandong Provincial Department of Justice.

(5)Data on surveying and mapping are provided by the Division of Survey and Mapping of Shandong Provincial Department of Land and Resources.

(6)Data on standard measuring are provided by the Division of Planning and Finance of Shandong Provincial Administration of Quality and Technical Supervision.

In this chapter, data on surveying are prepared by the Division of Comprehensive Statistics of Shandong Provincial Bureau of Statistics. Other data are prepared by the Division of Social,Science and Technology Statistics of Shandong Provincial Bureau of Statistics.

19-1 卫生事业基本情况

Basic Statistics of Health Institutions

年 份 Year	卫生机构数（个） Number of Health Institutions (unit)	#医院、卫生院 Hospitals and Township Hospitals	卫生机构床位数（万张） Number of Beds (10 000 sets)	#医院、卫生院 Hospitals and Township Hospitals	卫生技术人员数（万人） Medical Technical Personnel (10 000 persons)	#医生 Doctors
1949	288	112	0.3	0.3	2.6	1.8
1950	652	165	1.4	0.5	3.1	1.9
1951	871	198	1.2	0.6	3.4	1.9
1952	1879	223	1.8	0.9	3.9	2.0
1953	2487	220	1.8	0.9	4.2	2.2
1954	3985	221	2.1	1.1	5.5	2.6
1955	4620	221	2.1	1.1	6.0	2.9
1956	10038	218	2.2	1.3	7.1	3.3
1957	10235	232	2.4	1.5	7.3	3.3
1958	16707	5334	5.2	4.2	8.4	3.6
1959	21980	10009	7.5	6.3	7.7	3.4
1960	24442	8841	8.9	6.7	8.2	3.6
1961	21475	2039	6.3	4.9	9.4	
1962	19460	349	4.9	3.4	9.0	4.3
1963	17640	448	4.9	3.5	9.0	
1964	16789	456	5.0	3.6	8.9	
1965	16336	502	5.4	3.8	8.9	4.4
1966	17259	1948	5.8	4.7	8.9	
1967	18294	2105	6.2	5.1	9.2	
1968	13289	2099	6.0	5.1	8.6	
1969	8285	2093	5.7	5.1	8.0	
1970	6173	2155	6.2	5.7	7.9	3.7
1971	5973	2259	6.9	6.3	8.2	
1972	6253	2291	7.5	7.0	9.0	3.8
1973	6619	2304	8.0	7.4	10.8	4.6
1974	6799	2307	8.5	7.8	11.3	4.9
1975	7092	2336	9.3	8.6	12.4	5.0
1976	7438	2402	10.2	9.4	13.6	5.2
1977	8003	2420	11.1	10.3	14.4	5.5
1978	8389	2453	12.0	11.1	15.0	5.7
1979	8731	2541	12.5	11.6	16.1	6.2
1980	8908	2552	12.7	11.7	16.9	6.2
1981	9448	2565	12.9	11.8	17.9	6.9
1982	9830	2583	13.2	12.0	18.7	7.3
1983	9965	2597	13.5	12.2	19.3	7.6
1984	9972	2626	14.1	12.8	19.8	7.7
1985	10304	2623	14.7	13.4	20.5	8.0
1986	10399	2659	15.3	13.9	21.3	8.3
1987	10634	2690	16.2	14.7	22.1	8.7
1988	10475	2767	16.8	15.2	22.8	9.2
1989	10707	2975	17.2	15.5	23.4	10.4
1990	11040	3037	17.7	16.0	24.1	10.7
1991	11141	3066	18.2	16.5	24.1	10.5
1992	10865	3097	18.7	17.1	24.7	10.6
1993	10881	3096	19.5	17.7	25.8	11.1
1994	10654	3134	19.9	18.1	26.4	11.5
1995	10463	3104	20.0	18.2	27.1	11.9
1996	11968	3139	20.0	18.7	28.7	12.8
1997	10993	3151	20.7	19.4	29.4	13.0
1998	11008	3170	20.8	19.6	30.1	13.3
1999	14611	3151	21.3	20.1	30.8	13.9
2000	17118	3150	21.5	20.3	31.5	14.5
2001	17348	3000	21.8	20.7	31.8	14.9
2002	17500	2980	22.1	21.0	32.2	15.4
2003	16025	2929	21.8	20.8	31.1	13.4
2004	16574	2891	23.2	21.6	32.3	13.9
2005	16788	2922	25.1	23.5	32.5	14.1
2006	17016	2942	25.9	24.3	33.7	14.6
2007	15337	3075	28.3	26.5	34.6	15.0
2008	14973	3008	32.0	29.7	37.6	16.0
2009	15094	3024	34.7	32.1	40.6	16.9
2010	16496	3099	38.2	35.1	44.1	17.8

19–2 医院工作状况

Basic Statistics of Hospitals above County Level

项　　目	Item	2005	2007	2008	2009	2010
机构数 (个)	Number of Medical Units (unit)	1137	1286	1253	1319	1377
诊疗人次数 (万人次)	Number of Patients Treated (10 000 person-times)	8496	9924	10704	11677	12357
#门诊急诊人次数 (万人次)	Out-Patients and Emergency Patients (10 000 person-times)	7938	9385	10320	11147	11902
#死亡人数 (人)	Casualties (person)	11923	14497	13738	20104	19061
观察室收容病人数 (万人次)	Number of Inpatients (10 000 person-times)	235	263	406	266	266
#死亡人数 (人)	Casualties In-Patient (person)	7411	4197	3686	4327	3892
健康检查人数 (万人)	Number of People Having Physical Checkup (10 000 persons)	402	660	1563	731	937
本年入院人数 (人)	Hospital Admissions (person)	4162627	5322462	5940077	6801219	7558447
本年出院人数 (人)	Number of People Discharged from Hospitals (person)	4179104	5318355	5936624	6772545	7533675
1.治　愈 (人)	Recovered (person)	2260118	2751655	3087977	3450242	3890796
2.好　转 (人)	Improved (person)	1402750	1934480	2217729	2698313	2982065
3.未　愈 (人)	Unrecovered (person)	110368	136835	145219	156399	166526
4.死　亡 (人)	Dead (person)	39502	45760	47202	47664	49247
本年住院病人手术人次数 (万人次)	Number of Operations on Inpatients (10 000 person-times)	113	150	163	177	189
年底实有病床数 (张)	Beds Owned by Hospitals at the Year-end (set)	179496	196475	218129	236488	255764
实际开放总床日数 (万床日)	Total Number of Beds Used at Midnight (10 000 bed-days)	5956	6868	7623	8255	8965
平均每日开放病床数 (张)	Average Number of Beds Used Every Day (set)	163167	188168	208861	226172	245604
实际占用总床日数 (万床日)	Total Number of Beds Occupied (10 000 bed-days)	4338	5376	6010	6634	7318
出院者占用总床日数 (万床日)	Total Number of Beds for Patients Discharged (10 000 bed-days)	4038	5228	5801	6490	7095
治愈率 (%)	Care Rate (%)	62.9	60.2	59.4	57.1	57.6
好转率 (%)	Improvement Rate (%)	33.6	36.4	37.4	39.8	39.6
病死率 (%)	Death Rate (%)	1.0	0.9	0.8	0.7	0.7
病床周转次数 (次)	Turnover of Beds (time)	25.6	28.3	28.4	29.9	30.7
病床工作日 (日)	Days of Beds in Use (day)	265.9	285.7	288.0	293.3	298.0
病床使用率 (%)	Utilization Rate of Beds (%)	72.8	78.3	78.8	80.4	81.64
出院者平均在院日数 (日)	Average Hospitalization Period (day)	9.7	9.8	9.8	9.6	9.4

19－3 卫生总费用

Total Health Expenditure

年份 Year	卫生总费用(亿元) Total Health Expenditure (100 million yuan)	政府卫生支出 Government Health Expenditure		社会卫生支出 Social Health Expenditure		个人现金卫生支出 Out-of-pocket Health Expenditure		人均卫生总费用(元) Per Capita Health Expenditure (yuan)	卫生总费用占GDP比重(%) Health Expenditure as Percentage of GDP (%)
		绝对数(亿元) Level (100 million yuan)	占卫生总费用比重(%) As Percentage of Health Expenditure (%)	绝对数(亿元) Level (100 million yuan)	占卫生总费用比重(%) As Percentage of Health Expenditure (%)	绝对数(亿元) Level (100 million yuan)	占卫生总费用比重(%) As Percentage of Health Expenditure (%)		
1998	195.71	30.66	15.67	56.62	28.93	108.43	55.40	221.44	2.79
1999	227.96	31.96	14.02	58.05	25.46	137.96	60.52	256.63	3.04
2000	271.98	34.96	12.85	67.16	24.69	169.85	62.45	302.30	3.26
2001	301.92	39.60	13.12	90.42	29.95	171.89	56.93	333.94	3.28
2002	353.46	48.42	13.70	96.92	27.42	208.13	58.88	389.19	3.44
2003	399.68	59.13	14.79	117.92	29.50	222.64	55.70	438.01	3.31
2004	448.60	69.68	15.53	136.31	30.39	242.61	54.08	488.67	2.99
2005	542.13	83.83	15.46	168.77	31.13	289.53	53.41	586.21	2.93
2006	650.10	108.89	16.75	219.95	33.83	321.26	49.42	698.36	2.94
2007	801.02	148.01	18.48	272.91	34.07	380.10	47.45	855.15	3.08
2008	987.17	193.19	19.57	359.72	36.44	434.26	43.99	1048.25	3.18
2009	1163.20	254.02	21.84	428.68	36.85	480.51	41.31	1228.26	3.43

19－4 各市卫生事业基本情况(2010年)

Statistics on Health Service by Region(2010)

地区	Region	卫生机构数(个) Number of Health Institutions (unit)	#医院 Hospitals	#疾病预防控制中心数 Sanitation Stations	#妇幼保健机构 Maternity and Child Care Center	床位数(张) Beds (set)	#医院 Hospitals	卫生机构人员(人) Health Care Institutions personnel (person)	卫生技术人员(人) Medical Technical Personnel (person)	#医生 Doctors	#注册护士 Nurses
全省总计	**Total**	**16496**	**1377**	**204**	**148**	**382254**	**255764**	**508821**	**440906**	**178257**	**155644**
济南市	Jinan	1721	125	12	12	31947	24707	47120	38791	17101	13808
青岛市	Qingdao	2148	149	49	12	36066	27140	51766	43294	17701	17713
淄博市	Zibo	1461	124	9	9	22960	16639	30172	26351	11043	9839
枣庄市	Zaozhuang	459	62	8	7	12176	8634	16597	14639	6669	5223
东营市	Dongying	596	66	6	5	10115	8066	14846	12671	5238	4865
烟台市	Yantai	1828	140	15	12	34280	21362	41948	36896	15428	11621
潍坊市	Weifang	1472	102	16	12	37913	24304	55426	50414	20186	20688
济宁市	Jining	1269	113	14	13	29254	20061	38938	33046	13196	11719
泰安市	Tai'an	1056	85	9	7	22129	15690	30971	26817	10382	10000
威海市	Weihai	707	27	4	4	17618	10721	20185	18058	7204	6130
日照市	Rizhao	367	22	5	5	9776	6064	12671	11382	4784	3719
莱芜市	Laiwu	287	21	3	3	5162	3912	7083	6022	2756	2019
临沂市	Linyi	1140	92	15	13	36444	19946	36415	31661	12324	10315
德州市	Dezhou	638	38	12	8	15309	9428	22598	19807	8030	5626
聊城市	Liaocheng	395	60	9	9	18426	13183	23809	20433	7696	6976
滨州市	Binzhou	477	63	8	7	16982	11874	21152	18661	6603	5915
菏泽市	Heze	475	88	10	10	25697	14033	37124	31963	11916	9468

注：1.医院中不包括卫生院。2.本表内数字包括诊所、卫生保健所、医务室的机构、人员数。3.妇幼保健机构包括妇幼保健院、所、站。
a)Number of hospitals exclude the township hospitals.b)Data in this table include the number of clinics,health care centers,medical staff.
c)Maternity and child care centers include centers on different level.

19−5 等级运动员、教练员、裁判员发展人数

Basic Statistics on Athletes, Coaches and Referees

单位:人 (person)

项　目	Item	2005	2006	2007	2008	2009	2010
等级运动员	**Number of Athletes and Referees in Grades**	**4286**	**4596**	**4596**	**3299**	**4667**	**4831**
国际运动健将	International Master of Sportsmen	1	1	1	12	12	13
运动健将	Master of Sportsmen	80	20	20	79	108	95
一　级	First Grade Sportsmen	335	583	583	569	789	1098
二　级	Second Grade Sportsmen	3870	3992	3992	2639	3758	3625
三　级	Third Grade Sportsmen						
少年级	Junior Grade sportsmen						
聘任教练员	**Employeed Referees**	**1726**	**268**	**493**	**1179**	**83**	**33**
高级职称	Senior Title	272	124	137	3	11	3
中级职称	Intermediate Title	773	96	199	7	21	15
初级职称	Junior Title	681	48	157	31	51	15
等级裁判员	**Number of Referees in Grades**	**1941**	**1949**	**1949**	**1289**	**2253**	**1900**
国际级	International Referees				1	1	
国家级	National Referees		13	13	13	10	25
一　级	First Grade Referees	409	269	269	530	231	352
二　级	Second Grade Referees	1532	1667	1667	745	2011	1523
三　级	Third Grade Referees						

19−6 各市举办运动会情况(2010年)

Basic Statistics on Mass Sports by Region (2010)

地　区	Region	举办综合运动会次数 (次) Number of Comprehensive Sports Meets Held (time)	举办单项比赛次数 (次) Number of Individual Competition Held (time)
全省总计	**Total**	**41**	**2767**
济南市	Jinan	8	106
青岛市	Qingdao		2147
淄博市	Zibo		16
枣庄市	Zaozhuang	1	28
东营市	Dongying	2	4
烟台市	Yantai		19
潍坊市	Weifang		28
济宁市	Jining	2	6
泰安市	Tai'an		12
威海市	Weihai	3	17
日照市	Rizhao	2	8
莱芜市	Laiwu		20
临沂市	Linyi		12
德州市	Dezhou	3	10
聊城市	Liaocheng		4
滨州市	Binzhou	20	300
菏泽市	Heze		30

19－7 民政事业基本情况
Basic Statistics on Civil Affairs

项目		Item		2006	2007	2008	2009	2010
一、救灾工作情况		**calamity Relief**						
救灾支出	(万元)	Expenditures on Calamity Relief	(10 000 yuan)	17570	28161	19478	17566	37551
#生活救济费	(万元)	Expenditure on Victims' Life	(10 000 yuan)	16740	22262	14767	16902	22594
二、社会救助情况		**Social Relief**						
居民最低生活保障		Resident Minimum Livelihood Guarantee						
城镇居民低保人数	(人)	Number of Urban Residents for Minimum Livelihood Guarantee	(person)	622486	610959	607114	615012	675758
城镇最低生活保障支出	(万元)	Expenditures by Urban Residents for Minimum Livelihood Guarantee	(10 000 yuan)	62068	77172	101000	126922	147345
农村居民低保人数	(人)	Number of Rural residents for Minimum Livelihood Guarantee	(person)	481614	1722001	1875505	2002820	2425808
农村最低生活保障支出	(万元)	Expenditures by Rural residents for Minimum Livelihood Guarantee	(10 000 yuan)	17873	53246	107356	161688	219387
民政部门城乡医疗救助		Medical Assistance of Civil Affairs Departments						
城市医疗救助人数	(人)	Number of Medical Assistance in Urban	(person)	42744	49487	61943	49432	50056
农村医疗救助人数	(人)	Number of Medical Assistance in Rural	(person)	793698	70783	64277	119538	104865
三、社会福利事业情况		**Social Welfare Institutions**						
单位数	(个)	Number of Institutions	(unit)	1960	2073	2035	2149	2305
床位数	(张)	Number of Beds	(set)	223422	240516	251068	277520	314212
收养人数	(人)	Number of People Adopted	(person)	197785	207914	220543	235311	247069
四、社会福利企业情况		**Social Welfare Enterprises**						
单位数	(个)	Number of Social Welfare Enterprises	(unit)	1842	1545	1528	1480	1424
职工数	(人)	Number of Employees	(person)	93304	91590	97480	99699	101179
#残疾职工	(人)	Physically-challenged	(person)	43425	39653	39119	40079	39951
利润额	(万元)	Profits	(10 000 yuan)	153980	131123	157095	115116	97462
五、社会捐赠情况		**Social Donations**						
资金数	(万元)	Amount	(10 000 yuan)	42571	65842	285240	69858	84385
捐赠衣被总数	(万件)	Number of donated clothing	(10 000 units)	339	353	542	283	60
六、福利彩票情况		**Welfare Lottery**						
销售额	(万元)	Sales	(10 000 yuan)	468063	592655	510118	690475	898455
提取公益金	(万元)	Public Welfare Fund	(10 000 yuan)	86385	101404	81368	105964	130818

19-8 婚姻登记情况

Basic Statistics on Marriages and Divorces

项目		Item		2006	2007	2008	2009	2010
一、国内登记结婚		**Domestic Marriage Registration**						
准予登记结婚	(对)	Registered Marriage	(couple)	739135	744456	792515	917163	924657
#恢复结婚	(对)	Resuming of Marriage	(couple)	5683	7812	8957	8431	8543
初婚人数	(人)	First Marriage	(person)	1350170	1333614	1425571	1662422	1648745
再婚人数	(人)	Number of Remarriage	(person)	128100	155298	159459	174302	200569
男　性	(人)	Male	(person)	60730	74548	72496	82109	106059
女　性	(人)	Female	(person)	67370	80750	86963	92193	94510
二、涉外登记结婚		**Marriage Registration Concerning Foreigners**						
准予登记结婚	(对)	Registered Marriage	(couple)	1067	1098	1127	1199	1135
准予登记结婚人数	(人)	Number of Persons Registered	(person)	2134	2196	2254	2398	2270
国内公民	(人)	Domestic Citizens	(person)	1067	1097	1113	1187	1125
男　性	(人)	Male	(person)	134	123	153	151	153
女　性	(人)	Female	(person)	933	947	960	1036	972
港澳居民	(人)	Compatriots in Hong Kong and Macao	(person)	59	38	66	56	35
台湾居民	(人)	Compatriots in Taiwan	(person)	273	217	227	234	172
华　侨	(人)	Overseas Chinese	(person)	68	54	43	48	37
外籍华人	(人)	Foreign Citizens of Chinese Origion	(person)					
外国人	(人)	Foreigners	(person)	667	790	805	873	901
三、离婚登记		**Divorce Registration**						
法院受理离婚案件	(件)	Divorce Case Handled	(unit)	74292	78819	87679	92989	97276
准予登记离婚总数	(对)	Number of Registered Divorce	(couple)	121631	152934	139164	151693	167545
民政部门办理离婚	(对)	Divorces Handled through Civil Administration Departments	(couple)	77386	76467	89625	100860	116386
#涉外婚姻	(对)	Divorces Concerning Foreigners	(couple)	48	88	82	87	104
法院调解离婚	(对)	Divorces through Law Court Mediation	(couple)	31155	40508	35161	37370	38592
法院判决离婚	(对)	Divorces through Law Court Judgment	(couple)	13090	24260	14378	13463	12567

19-9 律师、公证工作基本情况

Basic Statistics on Lawyers and Notarization

项目		Item		2005	2006	2007	2008	2009	2010
律师工作		**Lawyers**							
律师事务所	(个)	Number of Law Offices	(unit)	674	712	767	821	991	1106
国资所	(个)	State-owned	(unit)	44	44	44	43	43	43
合作所	(个)	Cooperative	(unit)	283	293	297	20		
合伙所	(个)	Partnership	(unit)	342	370	421	751	816	843
个人发起所	(个)	Initiated by Individual	(unit)	5	5	5	7	132	219
执业律师	(人)	Number of Lawyers	(person)	7688	8074	9024	9542	10531	12091
专职律师	(人)	Full-time Lawyers	(person)	7329	7701	8185	8641	9638	11608
兼职律师	(人)	Part-time Lawyers	(person)	359	373	395	436	437	483
公证工作		**Notarization**							
公证处	(个)	Number of Notary Offices	(unit)	160	160	158	158	158	158
公证员	(人)	Notaries	(person)	847	860	850	846	852	846
公证员助理	(人)	Assistant Notaries	(person)	311	277	270	289	317	392
办理各类公证事项	(件)	Number of Notarized Affairs	(unit)	460458	455717	512348	498420	492992	51500

19-10 分系统测绘持证单位个数和人员情况(2010年)

Basic Statistics on Qualified Surveying and Mapping Departments and Staff by Sector (2010)

系统名称	Sector	持证单位数(个) Departments with Certificate (unit)	甲级 First-class	乙级 Second-class	丙级 Third-class	丁级 Fourth-class	测绘职工数(人) Employed Staff (person)	具有专业技术职务任职资格人数 The number of persons with qualifications of professional		
								高级 Senior Title	中级 Intermediate Title	初级 Junior Title
合　　计	**Total**	**669**	**19**	**69**	**150**	**431**	**7267**	**1363**	**3163**	**4107**
测　　绘	Surveying and Mapping	**24**	**3**	**3**	**3**	**15**	**657**	**133**	**259**	**300**
建　　设	Construction	197	4	13	40	140	1,945	213	769	1046
地　　矿	Mining	16	3	7	6		405	152	284	289
水　　电	Hydropower	39	1	7	16	15	508	186	200	168
交　　通	Communication	17		3	10	4	293	93	164	72
煤　　炭	Coal	13	1	4	1	7	219	39	72	116
冶　　金	Metallurgy	7	1	1	2	3	573	62	117	236
石　　油	Oil	7	1	4	1	1	245	32	79	74
有　　色	Non-Ferrous Metal	1				1	5		4	1
铁　　道	Railway	1				1		4	7	10
国　　土	Land	85	1	7	15	62	568	85	315	439
地　　震	Earthquake	1		1			32	7	4	5
核 工 业	Nuclear Industry	2		1		1	19	3	13	18
教育科研	Education and Research	4		1	3		64	33	19	19
海　　洋	Ocean	6	1	2	2	1	104	73	58	40
化　　工	Chemical Industry	2		1	1		30	12	8	13
建　　材	Building Material	1		1			24	11	8	11
其　　他	Others	246	3	13	50	180	1576	225	783	1250

19-11 各市测绘持证单位个数和人员情况(2010年)

Basic Statistics on Qualified Surveying and Mapping Departments and Staff by Region(2010)

地区	Region	持证单位数(个) Departments with Certificate (unit)	甲级 First-class	乙级 Second-class	丙级 Third-class	丁级 Fourth-class	测绘职工数(人) Employed Staff (person)	具有专业技术职务任职资格人数 The number of persons with qualifications of professional and technical positions		
								高级 Senior Title	中级 Intermediate Title	初级 Junior Title
全省总计	**Total**	**669**	**19**	**69**	**150**	**431**	**7267**	**1363**	**3163**	**4107**
济 南 市	Jinan	71	8	15	16	32	1,941	423	713	898
青 岛 市	Qingdao	83	3	12	20	48	925	247	377	510
淄 博 市	Zibo	44	2	3	13	26	324	50	191	286
枣 庄 市	Zaozhuang	30		3	5	22	223	46	121	122
东 营 市	Dongying	31	1	6	11	13	421	79	182	187
烟 台 市	Yantai	63	1	7	13	42	506	94	246	325
潍 坊 市	Weifang	53	2	2	9	40	342	62	157	282
济 宁 市	Jining	43		4	12	27	419	60	209	232
泰 安 市	Tai'an	30	1	1	7	21	280	54	98	186
威 海 市	Weihai	31		3	9	19	300	31	132	172
日 照 市	Rizhao	20		2	7	11	183	31	95	103
莱 芜 市	Laiwu	16		1	5	10	105	17	50	57
临 沂 市	Linyi	40	1	3	3	33	420	54	211	234
德 州 市	Dezhou	42		2	4	36	280	50	126	163
聊 城 市	Liaocheng	27		3	8	16	239	24	82	120
滨 州 市	Binzhou	21		1	3	17	116	19	79	93
菏 泽 市	Heze	24		1	5	18	243	22	94	137

19−12 测绘系统生产产值(2010年)

Output Value of Surveying and Mapping Departments by Sector(2010)

单位:万元 (10 000 yuan)

系统名称 Sector	合计 Total	大地测量 Geodesy	摄影测量与遥感 Photog-rammetry and Remote Sensing	工程测量 Enginee-ring Surve-ying	地籍测量 Cadas-tral Survey	房产测量 Property Measur-ement	行政区域界线测量 Measurement of Regional Adminis trative Boundaries	地理信息系统工程 Geographic Information System	地图编制 Map-ping	海洋测绘 Ocean Map-ping
合　　计 Total	**136921**	**1586**	**9188**	**55089**	**34038**	**17461**	**1201**	**7841**	**2309**	**6138**
测　　绘 Surveying and Mapping	13004	255	4502	1758	3120	634		483	242	283
建　　设 Construction	37322.4	376.76	2091	14647.89	2512.67	13399.41	521	2886	741	
地　　矿 Mining	12444		300	4899	4999	86	435	715	835	154
水　　电 Hydropower	4986	32	46	3759	572	13	35	240		190
交　　通 Communication	2748			1062				40		1646
煤　　炭 Coal	2866	116	5	2422	241			49	6	
冶　　金 Metallurgy	15266	145	1939	7795	4035	294	20	1020		17
石　　油 Oil	5049			4338						710
有　　色 Non-Ferrous Metal	32			32						
铁　　道 Railway	139			139						
国　　土 Land	11840	225	99	1263	9078	163	12	714	285	
地　　震 Earthquake	121	41		80						
核 工 业 Nuclear Industry	50			45	4	2				
教育科研 Education and Research	1680			154	10	136				1380
海　　洋 Ocean	1671								38	1633
化　　工 Chemical Industry	267	25		217.1	24.9					
建　　材 Building Material	656			237	274	18		127		
其　　他 Others	26779	371	206	12240	9166	2716	178	1566	163	125

19-13 各市测绘生产产值(2010年)

Output Value of Surveying and Mapping Departments by Region(2010)

单位:万元 (10 000 yuan)

地区 Region	合计 Total	大地测量 Geodesy	摄影测量与遥感 Photogrammetry and Remote Sensing	工程测量 Engineering Surveying	地籍测量 Cadastral Survey	房产测量 Property Measurement	行政区域界线测量 Measurement of Regional Administrative Boundaries	地理信息系统工程 Geographic Information System	地图编制 Mapping	海洋测绘 Ocean Mapping
全省总计 Total	**136921**	**1586**	**9188**	**55089**	**34038**	**17461**	**1201**	**7841**	**2309**	**6138**
济南市 Jinan	49440	656	6511	20183	11949	2609	435	3957	1247	97
青岛市 Qingdao	19401	217	1958	6654	2133	1864	498	2094	619	3355
淄博市 Zibo	8395	135	70	3557	3161	624		796	32	20
枣庄市 Zaozhuang	5457	88		1493	521	3313			5	
东营市 Dongying	7275	55		4700	988	404		238	30	830
烟台市 Yantai	11602	207	508	3739	4176	919	193	266	56	1538
潍坊市 Weifang	5136	32	82	1957	2073	686	35	181	61	20
济宁市 Jining	3773			1346	1271	798	16	4	260	
泰安市 Tai'an	3696	47	5	2442	574	579		49		
威海市 Weihai	3848			1982	744	861		110		151
日照市 Rizhao	1879			1395	166	192				126
莱芜市 Laiwu	1446			949	237	260				
临沂市 Linyi	6288			1681	2797	1688		110		
德州市 Dezhou	3074		54	1039	1115	837		30		
聊城市 Liaocheng	1757	150		721	616	252	12	5		
滨州市 Binzhou	1847			317	773	646	12			
菏泽市 Heze	2608			933	746	929				

19−14 测绘系统持证单位生产情况(2010年)

Major Indicator of Surveying and Mapping Departments(2010)

系统名称 Sector	大地测量 Geodesic Results			地形图测绘 Mapping				专题制图(含图集) Maps of Special Subject		地形图数字化 Maps Digitalized	
	GPS测量(点) GPS Survey (point)	导线测量(公里) Traverse Survey (km)	水准测量(公里) Level Survey (km)	1：5百−1:2千比例尺 Scale 1：500-1:2000		1：5千−1：1万比例尺 Scale 1：5000-1：10000		(册) Volume	(幅) Map	(幅) Map	(兆) Mega Byte
				(幅) Map	(平方公里) sq.km	(幅) Map	(平方公里) sq.km				
合　计 Total	**84604**	**22257**	**32950**	**102215**	**131696**	**5338**	**28523**	**68**	**7769**	**58595**	**133864**
测　绘 Surveying and Mapping	2318	30	2375	10963	1855	13	80	14	276	1399	20572
建　设 Construction	4581	1285	2563	17303	2492	971	6490	7	240	16090	16288
地　矿 Mining of Ores	4532	1391	7523	11720	1190	2249	4882	10	1690	4640	66113
水　电 Water and Power	4217	2177	3893	2230	816	331	83		222	1762	31
交　通 Communication	2524	480	1522	383	12224					212	298
煤　炭 Coal	2698	4174	3842	1498	519	22	500		18	221	39
冶　金 Metal Processing	1571	229	2420	12951	2385	899	4782			13519	4700
石　油 Oil	2103	1083	153	584	265	25	25				
有　色 Non-Ferrous Metal				60	4						
铁　道 Railway			371								
国　土 Land	11344	545	1361	6039	498	3	5	1	832	5024	4426
地　震 Earthquake											
核工业 Nuclear Industry	50	9	9	42	2					2	20
教育科研 Education and Research	45	6015	10	218	22				4	3	
海　洋 Ocean	1471		85	45	68	28	154	4	155	88	49
化　工 Chemical Industry	263	131	411	374	78	11	45				
建　材 Building Material		20	23	900	60						
其　他 Ohers	46887	4688	6389	36905	109218	786	11477	32	4332	15635	21328

19-15 各市测绘持证单位生产情况(2010年)

Major Indicators of Surveying and Mapping Departments by Region(2010)

地区 Region	大地测量 Geodesic Results			地形图测绘 Mapping				专题制图(含图集) Maps of Special Subject		地形图数字化 Maps Digitalized	
	GPS测量(点) GPS Survey (point)	导线测量(公里) Traverse Survey (km)	水准测量(公里) Level Survey (km)	1：5百-1:2千比例尺 Scale 1：500-1:2000		1：5千-1：1万比例尺 Scale 1：5000 -1：10000					
				(幅) Map	(平方公里) sq.km	(幅) Map	(平方公里) sq.km	(册) Volume	(幅) Map	(幅) Map	(兆) Mega Byte
全省总计 Total	**84604**	**22257**	**32950**	**102215**	**131696**	**5338**	**28523**	**68**	**7769**	**58595**	**133864**
济南市 Jinan	8723	2541	11501	31549	6344	1430	16100	31	1999	15521	32166
青岛市 Qingdao	1234	6359	851	8776	1097	949	5541	4	94	5566	6859
淄博市 Zibo	37393	384	1399	13226	3427	26	150	20	2112	8515	16897
枣庄市 Zaozhuang	3955	4218	2527	292	12111			1	88	285	962
东营市 Dongying	5312	1532	1616	7000	790	23	80		2204	2332	55
烟台市 Yantai	2516	3236	2953	9867	787	561	1727		32	4192	1541
潍坊市 Weifang	4443	435	862	6639	783				1	4287	6668
济宁市 Jining	1019	969	1180	2521	387	6	30		600	1269	83
泰安市 Tai'an	6024	78	1090	3112	394	120	235			709	1471
威海市 Weihai	2032	343	594	1640	135				154	5456	4048
日照市 Rizhao	900	58	170	1264	273	10	12			240	468
莱芜市 Laiwu	2039	239	433	3038	91					1672	150
临沂市 Linyi	6929	634	977	4416	732				207	2689	1784
德州市 Dezhou	621	331	883	774	156	13	45			32	12
聊城市 Liaocheng	696	358	1415	2061	103704					232	31
滨州市 Binzhou	136	117	113	99	44				18		
菏泽市 Heze	151	75	36	2741	155		2			1920	150

19-16 产品质量监督抽查情况(2010年)

Results of Sampling Checks on Product Quality(2010)

类 别	Category	监督检验企业数(个) Number of Enterprises Supervised and Checked (unit)	不合格企业数(个) Number of Enterprises with Products Unqalified (unit)	不合格企业比例(%) Proportion of Enterprises with Products Unqalified	检验批次(批次) Number of Batch-time Checked (unit)	合格批次(批次) Number of Batch-time Qualified (unit)	批次合格率(%) Rate of Batch-time Qualified
调味品	Seasoning	637	85	13	695	611	88
白 酒	White Spirit	388	76	20	435	357	83
啤 酒	Beer	59			69	69	100
食用植物油	Edible Vegetable Oil	291	43	15	586	522	89
糕点、糖果	Cake	714	201	28	793	531	67
肉制品	Meat	520	81	16	1348	1189	88
饮 料	Beverage	744	206	28	824	619	75
茶 叶	Tea	170	88	52	195	107	55
米、面	Rice and Flour	717	283	40	1569	146	73
农膜		22			22	22	100
密封胶	Sealant	19			19	19	100
汽车冷却液	Automotive Coolant	23			28	28	100
制动器衬片	Brake Linings	38	6	16	38	32	84
电动自行车	Electric Bicycle	33	1	3	33	32	97
学生服	Student Clothes	37	21	57	45	22	49
针织内衣	Knitted Underwear	20	2	10	23	21	91
小型潜水泵	Small Submersible Pumps	11	1	9	12	11	92
纸巾纸		9	3	33	9	6	67
杀菌剂、除草剂	Fungicides,Herbicides	50	1	2	50	49	98
灭火器	Fire Extinguisher	7	1	14	9	8	89
卫生巾	Sanitary Napkins	6	2	33	6	4	67
太阳能热水器	Solar Water Heaters	26	2	8	26	24	92
润滑油	Lubricating Oil	28	5	18	33	28	85
电热毯	Electric Blanket	18	3	17	18	15	83
卫生纸	Toilet paper	30	7	23	30	23	77
水泥	Cement	293	15	5	299	284	95
板式家具	Panel Furniture	33	12	36	33	21	64
电线电缆	Wire and Cable	62	3	5	62	59	95
滚动轴承	Rolling Bearing	34	7	21	34	27	79
烟花爆竹	Fireworks	35	11	31	35	24	69
货运半挂车	Cargo Semi - Trailer	10	2	20	10	8	80
玻璃纤维	Glass Fiber	17	2	12	21	17	81
验配眼镜	Fitting Glasses	89	10	11	89	79	89
石膏及其制品	Gypsum and its products	20	3	15	21	18	86
风机	Air Blower	19	10	53	19	9	47
安全帽	Helmet	11	2	18	18	16	89
钢化玻璃	Tempered Glass	44	12	27	44	32	73
工业甲醛	Industrial Formaldehyde	47	8	17	47	39	83
安全网	Safety Net	40	5	13	58	53	91
建筑保温材料	Building Insulation Materials	21	2	10	21	19	90
润滑脂	Grease	20	12	60	21	9	43
塑料购物袋	Plastic Shopping Bags	16	8	50	16	8	50

19-17 各市标准化工作情况(2010年)

Statistics on Standardization by Region(2010)

地区 Region		本年度企业备案(个) Number of Enterprises Registered in This Year (unit)	本年末累计企业备案(个) Cumulative Number of Enterprises Registered at Year End (unit)	本年度采标情况(项) Standards Adopted in This Year (unit)			本年度采标情况(项) Standards Adopted in This Year (unit)				本年末累计采标(项) Cumulative Number of Standards Adopted at the Year End (unit)
				采标数 Number of Standards Adopted in This Year	采用ISO标准 ISO Standard		采用IEC标准 IEC Standard		采用国外先进标准 Advanced Foreign Standard		
					等同 Unchanged	修改 Changed	等同 Unchanged	修改 Changed	等同 Unchanged	修改 Changed	
全省总计	**Total**	**5998**	**127248**	**300**	**11**	**56**	**26**	**21**	**8**	**178**	**9702**
济南市	Jinan	185	10223	10		1	6			3	1712
青岛市	Qingdao	486	11086	25	4	4	3			14	2005
淄博市	Zibo	564	8402	25		1		7		17	1259
枣庄市	Zaozhuang	119	3808	11		1	3			7	57
东营市	Dongying	317	5028	10		1	3		3	3	151
烟台市	Yantai	288	10453	55		4	1		2	48	1230
潍坊市	Weifang	487	15607	54	1	17	1			35	1082
济宁市	Jining	349	5325	15	2	2	2	1		8	113
泰安市	Tai'an	132	3800	15	4		2	3		6	393
威海市	Weihai	187	6476	11		6		4		1	287
日照市	Rizhao	75	1667	7		1	1	1	1	3	163
莱芜市	Laiwu	39	956	10			1			9	69
临沂市	Linyi	155	5077	15		6	1	2		6	425
德州市	Dezhou	211	5762	5		2	1			2	375
聊城市	Liaocheng	119	2877	12		7		2		3	138
滨州市	Binzhou	110	2569	10		2	1		2	5	203
菏泽市	Heze	87	2645	10		1		1		8	40

主要统计指标解释

卫生机构 包括医疗机构、疾病预防控制中心(防疫站)、采供血机构、卫生监督及监测(检验)机构、医学科研和在职培训机构、健康教育所等。

医疗机构 包括医院、社区卫生服务中心(站)、疗养院、卫生院、门诊部、诊所(卫生所、医务室)、妇幼保健院(所、站)、专科疾病防治院(所、站)、急救中心(站)和临床检验中心。医疗机构分为非赢利性医疗机构和赢利性医疗机构。

医　院 包括综合医院、中医医院、中西医结合医院、民族医院、各类专科医院和护理院。

卫生技术人员 指卫生机构中医生、护理人员、药剂人员、检验人员等卫生技术人员。

医　生 指在医疗、预防保健机构工作且取得《执业医师证书》的执业医师和执业助理医师。

卫生服务总费用 反映全国当年用于医疗卫生保健服务所消耗的资金总额，用筹资来源法测算。政府预算卫生支出指各级政府用于卫生事业的财政预算拨款。社会卫生支出指政府预算外的卫生资金投入，主要表现为社会医疗保险。其中包括如企事业单位和乡村集体经济单位举办医疗卫生机构设施建设费，企业职工医疗卫生费，行政事业单位负担的职工公费医疗超支部分等。居民个人卫生支出指城乡居民用自己可支配的经济收入支付的各项医疗卫生费用和医疗保险费用。

粗离婚率 指当年离婚对数占年平均人口的比重，计算公式为：

$$粗离婚率=\frac{当年离婚对数}{年平均人口数}\times 1000‰$$

律　师 指依法取得律师执业证书，担任法律顾问，民事(刑事、行政)案件代理人、刑事案件辩护人、办理非诉讼业务，解答法律询问，代写法律事务文书等，为社会提供法律服务的人员。

公证人员 指在公证处工作的人员总称，包括公证处主任、副主任、公证员、公证员助理(助理公证员)和其他从事辅助性工作的人员。

公证文书 指公证处根据当事人申请，依照事实和法律，按照法定程序制作的，具有法律效力的司法证明文书。根据公证书用途和使用地，公证书分为国内公证书、国内经济公证书、涉外民事公证书、涉外经济公证书四类。

调解员 指在人民调解委员会担负调解民间纠纷工作的人员，包括调解委员会的委员和调解小组的调解员。该指标主要反映从事人民调解工作的人员数量。

调解民间纠纷 指调解委员会按照法律规定，根据自愿原则，用说服教育的方法调解民间发生的有关民事权利和义务争执的件数，包括调解成功数和调解未成功数。该指标主要反映人民调解委员会的工作量。

受理劳动争议案件数 指劳动争议仲裁委员会根据国家有关规定，对劳动争议当事人的申请予以审查，符合受理条件而正式立案、准备处理的劳动争议案件数。

Explanatory Notes on Main Statistical Indicators

Health Care Institutions include: medical institutions, disease prevention and control centers (epidemic prevention stations), blood gathering and supplying institutions, health supervision and inspection (check up) institutions, medicinal scientific research and on job training institutions, health education and so on.

Medical Organizations include: hospitals, health service centers (stations) of communities, nursing homes, health centers, clinics, clinics (health stations and infirmaries), maternity and child care agencies (centers and stations), special disease prevention and curing agencies (centers and stations), first aid centers (stations) and clinical inspection centers. Medical organizations are grouped by two types: profit making and non profit making medical organizations.

Hospitals include: polyclinics, traditional Chinese medical hospitals, hospitals integrated with traditional Chinese therapeutics and western therapeutics, ethical hospitals, various specialties hospitals and nursing hospitals.

Medical Technical Personnel refers to doctors, assistant nurses, pharmacists, and laboratory technicians working in medical institutions.

Doctors refer to certified physicians and certified assistant physicians with certifications working in medical and health care and prevention agencies.

Total Cost of Health Services reflects the total expenditures on medical and health care services for the whole country, calculated on basis of sources of funding. Health expenditure from government budget refers to budgetary allocation for health undertakings by governments at all levels. Social health expenditure refers to non government budgetary capital input, mainly the health insurance. It includes expenditure on health institutions run by enterprises and rural collective entities, expenditure on medical and health care of employees of enterprises, and excessive health expenditure of government employees that could be covered by the government health care system. Health expenditure on individuals refers to expenditure on health service and health insurance paid by residents from their disposable income.

Crude Divorce Rate refers to proportion of divorced people to the annual average population for the reference year, the formula is:

$$\text{Crude Divorce rate} = \frac{\text{number of couples divorced for the reference year}}{\text{annual average population}} \times 1000‰$$

Lawyers are certified legal workers according to law, and who are employed by legal counseling firms to act as legal advisers, agents in criminal or civil lawsuits, or defenders in criminal lawsuits, or to handle non litigious legal affairs, to advise on matters of law or to write legal papers for others, and provide service to the public.

Mediation of Civil Disputes refers to number of cases made by mediation committees in mediating in civil disputes concerning civil rights and duties through persuasion and education in accordance with the provisions of law on a voluntary basis, so as to solve disputes by helping the parties involved come to an agreement and understanding, including those unsuccessful ones. This indicator reflects the workload of the mediation committees.

Number of Labour Dispute Cases Accepted refers to the number of cases of labour dispute submitted that, after being reviewed by the labour dispute arbitration committees in line with the relevant national regulations, are accepted and registered for treatment.

第20篇

各县(市、区)主要经济指标

Main Indicators of Counties
(Cities and Districts at County Level)

简 要 说 明

一、本篇资料的主要内容

本篇资料反映了全省各县（市、区）经济社会事业发展基本情况，主要包括人口、土地面积、从业人员、农业、工业、投资、财政、金融、出口、农民收入和教育等方面的内容。

二、本篇资料的来源

本篇资料来源于山东经济强（弱）县统计监测年报，由省统计局农村处整理提供。

Brief Introduction

I. Content

Data in this chapter show the development in society and economy of counties or cities on the county level, mainly including population, area, employed persons, agriculture, industry, investment, finance, banking, post services and telecommunication, foreign trade, income of rural households and education.

II. Source of Data

Data in this chapter are based on the annul monitoring reports of counties and are provided by the Division of Countryside Statistics of Shandong Provincial Bureau of Statistics.

20-1 各县(市、区)主要经济指标(2010年)

Major Economic Indicators of Counties(Cities and Districts at County Level,2010)

地 区	Region	年末总人口(万人) Total Population at Year-end (10 000 persons)	行政区域土地面积(平方公里) Area of Local land (sq.km)	年末单位从业人员数(人) Total Employed Persons at Year-end in units (person)	乡村从业人员数(人) Employed Persons at Year-end in Country (person)	地方财政预算内收入(万元) Local Financial Budgetary Revenue (10 000 yuan)	地方财政预算内支出(万元) Local Financial Budgetary Expenditure (10 000 yuan)	年末金融机构各项存款余额(万元) Deposit Balance of Financial Institution at Year-end (10 000 yuan)
济南市	**Jinan**							
历下区	Lixia	54.2	101	230933		300103	282538	
市中区	Shizhong	57.1	280	159794	71645	231772	183235	
槐荫区	Huaiyin	38.1	152	94073	59609	103022	137036	
天桥区	Tianqiao	50.4	249	175988	40968	101233	130213	
历城区	Licheng	92.2	1299	180061	377698	205580	271075	2622944
长清区	Changqing	56.0	1178	93292	231899	52026	127073	
平阴县	Pingyin	37.3	827	50299	157478	49028	107484	773878
济阳县	Jiyang	55.2	1076	50109	272359	62373	130405	642400
商河县	Shanghe	62.0	1162	42545	280652	34819	116604	589210
章丘市	Zhangqiu	101.5	1855	148991	476166	288550	394400	2627961
青岛市	**Qingdao**							
市南区	Shinan	55.0	30	331600		269107	231646	
市北区	Shibei	48.9	29	44978		150792	166111	
四方区	Sifang	37.5	35	43570		78148	109478	
黄岛区	Huangdao	31.3	274	310582	92236	530592	1034499	5840422
崂山区	Laoshan	24.2	389	47702	85883	292666	292420	5555800
李沧区	Licang	30.5	96	64284		190875	134774	
城阳区	Chengyang	48.1	553	160250	211355	358743	241747	4745536
胶州市	Jiaozhou	80.3	1313	139284	366833	263866	322951	2839510
即墨市	Jimo	112.9	1780	133945	565632	277687	363823	3654487
平度市	Pingdu	137.4	3167	71161	707190	208691	327356	2766159
胶南市	Jiaonan	83.9	1822	105048	363191	300966	364660	2525000
莱西市	Laixi	73.5	1568	95704	367958	178239	201312	1681276
淄博市	**Zibo**							
淄川区	Zichuan	67.3	999	73559	230529	145218	181720	2929110
张店区	Zhangdian	73.3	358	219839	140514	383550	370374	9711791
博山区	Boshan	45.9	698	42603	144796	106333	122901	1690797
临淄区	Linzi	61.0	668	86859	234945	263601	268625	4528247
周村区	Zhoucun	32.0	263	55510	89206	92700	101110	1827118
桓台县	Huantai	49.8	499	68565	239535	168502	209948	2269119
高青县	Gaoqing	36.5	831	130942	186855	60236	113329	698290
沂源县	Yiyuan	56.5	1636	59987	331923	95529	154410	1056153
枣庄市	**Zaozhuang**							
市中区	Shizhong	52.4	374	95806	106090	107877	165450	2493986
薛城区	Xuecheng	50.4	507	69090	186848	76240	140963	2045973
峄城区	Yicheng	38.6	637	33361	188159	41806	93859	463720
台儿庄区	Taierzhuang	31.0	539	23173	156434	38220	81123	454200

20-1 续表 1 continued

地 区	Region	年末总人口(万人) Total Population at Year-end (10 000 person)	行政区域土地面积(平方公里) Area of Local land (sq.km)	年末单位从业人员数(人) Total Employed Persons at Year-end in units (person)	乡村从业人员数(人) Employed Persons at Year-end in Country (person)	地方财政预算内收入(万元) Local Financial Budgetary Revenue (10 000 yuan)	地方财政预算内支出(万元) Local Financial Budgetary Expenditure (10 000 yuan)	年末金融机构各项存款余额(万元) Deposit Balance of Financial Institution at Year-end (10 000 yuan)
山亭区	Shanting	50.5	1019	22557	266277	25098	91396	388012
滕州市	Tengzhou	168.1	1496	226619	744507	301166	447810	2970716
东营市	**Dongying**							
东营区	Dongying	61.9	1155	40009	70929	167789	205956	9387929
河口区	Hekou	25.1	2139	19290	50841	76463	99300	1351369
垦利县	Kenli	22.0	2204	26239	85297	91997	139236	1608119
利津县	Lijin	29.9	1666	16069	143671	46856	115911	582562
广饶县	Guangrao	49.6	1138	62208	259410	167488	244413	2741321
烟台市	**Yantai**							
芝罘区	Zhifu	68.2	169	58323	36067	443175	687340	11327654
福山区	Fushan	43.7	711	259432	175391	415010	458378	5047252
牟平区	Mouping	45.4	1588	41050	192515	100128	146386	2344561
莱山区	Laishan	21.6	258	102711	59337	127405	143832	1756512
长岛县	Changdao	4.3	56	5190	14882	12518	38569	292874
龙口市	Longkou	63.4	893	73899	275909	367000	404633	4725825
莱阳市	Laiyang	87.4	1732	73402	420964	80557	166196	1968128
莱州市	Laizhou	85.9	1878	94460	370210	240177	304667	3656289
蓬莱市	Penglai	45.0	1129	77963	205212	160046	202543	2257919
招远市	Zhaoyuan	57.1	1432	60312	228130	225600	273440	3082533
栖霞市	Qixia	62.7	2016	34949	297071	40107	113901	1270025
海阳市	Haiyang	66.4	1887	34478	355348	128006	183067	1726024
潍坊市	**Weifang**							
潍城区	Weicheng	36.6	272	33336	92845	98076	80586	
寒亭区	Hanting	32.7	571	25563	167296	53880	75138	972581
坊子区	Fangzi	31.0	412	40097	138313	47907	78067	904964
奎文区	Kuiwen	35.4	58	72436	40065	132626	115596	
临朐县	Linqu	87.0	1831	50383	409946	42662	133520	1502186
昌乐县	Changle	61.2	1101	45236	272957	105518	130346	1417967
青州市	Qingzhou	91.4	1561	58414	213708	181158	196922	3177572
诸城市	Zhucheng	108.2	2183	82529	458997	310316	336000	2816310
寿光市	Shouguan	103.9	1990	74711	406893	323000	356629	3945948
安丘市	Anqiu	94.8	1712	105842	432990	60466	157829	1692866
高密市	Gaomi	86.9	1527	70735	419855	184208	241880	1713951
昌邑市	Changyi	58.1	1628	33446	270052	124222	165438	2107109
济宁市	**Jining**							
市中区	Shizhong	57.0	381	232166	140044	75826	92324	8398004
任城区	Rencheng	53.2	416	50840	233307	158213	149379	1300890
微山县	Weishan	71.9	1780	51847	360413	140026	180637	1281025
鱼台县	Yutai	47.1	654	23268	231872	42118	95452	546560

20-1 续表 2 continued

地 区	Region	年末总人口（万人）Total Population at Year-end (10 000 person)	行政区域土地面积（平方公里）Area of Local land (sq.km)	年末单位从业人员数（人）Total Employed Persons at Year-end in units (person)	乡村从业人员数（人）Employed Persons at Year-end in Country (person)	地方财政预算内收入（万元）Local Financial Budgetary Revenue (10 000 yuan)	地方财政预算内支出（万元）Local Financial Budgetary Expenditure (10 000 yuan)	年末金融机构各项存款余额（万元）Deposit Balance of Financial Institution at Year-end (10 000 yuan)
金乡县	Jinxiang	64.1	888	20169	352838	32566	118400	1019192
嘉祥县	Jiaxiang	86.9	973	30249	460958	62920	134600	1066200
汶上县	Wenshang	77.6	877	30004	415123	53546	121931	958500
泗水县	Sishui	62.0	1118	42926	314260	27137	100480	641354
梁山县	Liangshan	78.3	961	25717	384088	34817	122295	1118544
曲阜市	Qufu	63.8	815	65366	295034	107729	169090	1436671
兖州市	Yanzhou	63.3	648	53110	258571	201644	234535	2142988
邹城市	Zoucheng	115.7	1616	159328	454678	307023	354685	3954058
泰安市	**Taian**							
泰山区	Taishan	64.8	337	121678	105353	195837	158292	1133441
岱岳区	Daiyue	96.6	1868	80002	494813	164466	248546	1094000
宁阳县	Ningyang	82.2	1125	105802	364752	65616	157900	980574
东平县	Dongping	79.1	1340	42186	382219	58491	147132	890903
新泰市	Xintai	139.2	1933	169052	646038	300016	392810	2778836
肥城市	Feicheng	97.9	1277	107878	383312	223196	314121	2265643
威海市	**Weihai**							
环翠区	Huancui	64.8	777	209297	116534	471800	706116	8083222
文登市	Wendeng	64.5	1830	64304	276432	298977	320555	2533040
荣成市	Rongcheng	67.0	1526	88106	234074	316058	443052	3568493
乳山市	Rushan	57.3	1654	39210	276579	151468	209532	2181170
日照市	**Rizhao**							
东港区	Donggang	81.4	1146	121532	339369	266400	203433	7382659
岚山区	Lanshan	42.2	759	56460	208068	160158	121088	910715
五莲县	Wulian	51.4	1496	56219	260788	33972	100776	950447
莒　县	Juxian	113.3	1952	51715	589582	45269	165156	1698538
莱芜市	**Laiwu**							
莱城区	Laicheng	96.8	1739	88143	410988	192951	412503	4271176
钢城区	Gangcheng	30.0	507	59270	103663	160256	106868	1602519
临沂市	**Linyi**							
兰山区	Lanshan	94.9	17191	139347	268482	244956	209552	6816200
罗庄区	Luozhuang	43.1	524	62324	226804	126266	128618	1783142
河东区	Hedong	66.3	728	26262	329387	111239	157793	1383938
沂南县	Yinan	94.7	1784	38119	509185	42625	147642	1076735
郯城县	Tancheng	104.1	1313	28452	553186	56301	114712	978497
沂水县	Yishui	113.2	2414	44070	565870	85016	217620	1719369
苍山县	Cangshan	129.0	1724	30671	640355	44569	160967	1190718
费　县	Feixian	98.0	1893	35414	540751	55306	147041	1036545
平邑县	Pingyi	101.0	1823	44876	539856	45058	153315	1049078
莒南县	Junan	101.2	1751	31189	548139	47413	165755	1308882
蒙阴县	Mengyin	54.5	1602	31487	271644	33025	104050	732965
临沭县	Linshu	66.0	1051	31147	360130	45333	132025	1102541

20-1 续表 3 continued

地 区	Region	年末总人口(万人) Total Population at Year-end (10 000 persons)	行政区域土地面积(平方公里) Area of Local land (sq.km)	年末单位从业人员数(人) Total Employed Persons at Year-end in units (person)	乡村从业人员数(人) Employed Persons at Year-end in Country (person)	地方财政预算内收入(万元) Local Financial Budgetary Revenue (10 000 yuan)	地方财政预算内支出(万元) Local Financial Budgetary Expenditure (10 000 yuan)	年末金融机构各项存款余额(万元) Deposit Balance of Financial Institution at Year-end (10 000 yuan)
德州市	**Dezhou**							
德城区	Decheng	64.5	563	137789	106651	129393	186116	5229995
陵 县	Lingxian	58.6	1213	28477	239316	37006	105394	731884
宁津县	Ningjin	46.7	833	104765	235625	25066	87255	915321
庆云县	Qingyun	31.1	502	23135	122967	20355	69091	430136
临邑县	Linyi	53.8	1016	26334	250369	68261	128635	820614
齐河县	Qihe	62.1	1411	54912	289854	95181	161521	977391
平原县	Pingyuan	46.2	1047	31480	202278	30119	100054	749795
夏津县	Xiajin	51.9	872	17734	249495	30029	94167	635803
武城县	Wucheng	38.7	750	32495	181595	25601	81406	685519
乐陵市	Leling	69.0	1172	30418	290320	25000	108168	808388
禹城市	Yucheng	52.3	990	54086	238745	55002	129768	884220
聊城市	**Liaocheng**							
东昌府区	Dongchangfu	105.8	1254	114521	439380	62107	155219	4625400
阳谷县	Yanggu	80.4	1066	30024	403044	33155	137349	1669685
莘 县	Shenxian	102.1	1416	26516	560593	34199	159375	950547
茌平县	Chiping	60.0	1120	52064	299921	121317	198092	1079782
东阿县	Donge	43.9	799	26448	234204	35194	88304	780619
冠 县	Guanxian	80.0	1161	36806	428137	33509	120020	952856
高唐县	Gaotang	49.1	949	50469	234663	86979	140678	902164
临清市	Linqing	76.1	950	40384	360965	70373	132364	1365023
滨州市	**Binzhou**							
滨城区	Bincheng	63.6	1041	134339	266694	345336	527462	3147747
惠民县	Huimin	63.9	1363	25673	339894	40080	131246	708747
阳信县	Yangxin	45.5	799	26394	194618	27674	100800	526220
无棣县	Wudi	44.8	1984	32023	242858	69444	134037	833929
沾化县	Zhanhua	38.9	2116	21125	215622	52019	108136	528457
博兴县	Boxing	48.7	900	48710	225210	139506	189010	1898489
邹平县	Zouping	72.7	1250	199997	385335	365820	427741	3014684
菏泽市	**Heze**							
牡丹区	Mudan	152.8	1415	116891	526012	255592	483270	3396751
曹 县	Caoxian	156.2	1974	35418	689472	80919	225540	1042632
单 县	Shanxian	122.5	1670	32319	552221	101004	219337	1057493
成武县	Chengwu	69.0	998	28819	276119	48269	122000	666588
巨野县	Juye	101.4	1308	28750	450775	100688	198228	1074514
郓城县	Yuncheng	122.2	1643	43365	522112	103001	214189	1423560
鄄城县	Juancheng	86.4	1032	26395	396410	40006	137681	766627
定陶县	Dingtao	67.3	846	24058	307649	36334	106039	581265
东明县	Dongming	81.2	1370	36078	264755	81060	163379	888280

20-1 续表 4 continued

地 区	Region	城乡居民储蓄存款余额（万元） Urban and Rural Household Savings Deposits (10 000 yuan)	年末金融机构各项贷款余额（万元） Loan Balance of Financial Institution at Year-end (10 000 yuan)	粮食总产量（吨） Output of Grain (ton)	油料产量（吨） Output of Oil-bearing Crops (ton)	蔬菜产量（吨） Output of Vegetables (ton)	水果产量（吨） Output of Fruits (ton)	肉类总产量（吨） Output of Meat (ton)	奶类产量（吨） Output of Milk (ton)
济南市	**Jinan**								
历下区	Lixia								
市中区	Shizhong			44964	346	8062	3299	7252	18860
槐荫区	Huaiyin			26259		20526	166	2111	16097
天桥区	Tianqiao			74425	814	27022	621	6597	3018
历城区	Licheng	1909844	1616894	260070	4062	958334	151506	47551	104528
长清区	Changqing			327601	16750	706951	50441	35366	33397
平阴县	Pingyin	486990	415362	227481	10816	515487	117032	42099	31621
济阳县	Jiyang	445800	281300	520808	17370	1179541	53733	54176	37809
商河县	Shanghe	389305	339956	733858	769	872081	32964	81504	5370
章丘市	Zhangqiu	1804714	1637314	678858	7837	1726413	64656	104095	61271
青岛市	**Qingdao**								
市南区	Shinan								
市北区	Shibei								
四方区	Sifang								
黄岛区	Huangdao	1744594	4591905	10326	3332	12058	2778	1723	542
崂山区	Laoshan			1625	717	9250	8320	2994	681
李沧区	Licang					3300	410	75	
城阳区	Chengyang	2154019	4008844	35912	93	84212	12623	11276	17320
胶州市	Jiaozhou	1818750	1730473	467253	32657	1181801	59354	52880	21835
即墨市	Jimo	2399724	2562587	537934	85533	644268	23713	72419	43230
平度市	Pingdu	2009734	1210380	1496605	148526	2240076	332227	170305	22536
胶南市	Jiaonan	1504381	1766928	326822	86118	493147	146187	60944	14473
莱西市	Laixi	1240908	978388	637604	84881	1139650	217479	190720	240930
淄博市	**Zibo**								
淄川区	Zichuan	2042646	1044777	134883	2245	45740	8017	15541	688
张店区	Zhangdian	4072708	7934892	92392	702	11210	1583	6726	5761
博山区	Boshan	1243877	990530	46432	1161	275478	50268	11533	1428
临淄区	Linzi	2426654	2622609	396143	57	1024881	8546	39198	20681
周村区	Zhoucun	1215087	955716	98401	507	61745	13658	12281	6327
桓台县	Huantai	1086242	2258383	413909	76	117209	1327	15656	11411
高青县	Gaoqing	391863	481523	498454	3035	254862	35467	31568	61005
沂源县	Yiyuan	632837	745990	73863	14074	388415	853301	35486	14743
枣庄市	**Zaozhuang**								
市中区	Shizhong	1354531	2232507	94185	10709	146140	9671	19679	7508
薛城区	Xuecheng	1015974	866414	240521	11437	225972	10003	30829	867
峄城区	Yicheng	255857	416631	270681	18303	709557	32766	18374	965
台儿庄区	Taierzhuang	275800	244400	299957	1476	542757	11491	21525	24146

20-1 续表 5 continued

地 区	Region	城乡居民储蓄存款余额(万元) Urban and Rural Household Savings Deposits (10 000 yuan)	年末金融机构各项贷款余额(万元) Loan Balance of Financial Institution at Year-end (10 000 yuan)	粮 食总产量(吨) Output of Grain (ton)	油料产量(吨) Output of Oil-bearing Crops (ton)	蔬菜产量(吨) Output of Vegetables (ton)	水果产量(吨) Output of Fruits (ton)	肉 类总产量(吨) Output of Meat (ton)	奶类产量(吨) Output of Milk (ton)
山亭区	Shanting	280173	230053	166244	23801	141441	110865	30294	6929
滕州市	Tengzhou	1933803	3289424	858311	36387	2595246	49718	119595	1512
东营市	**Dongying**								
东营区	Dongying	3867766	4863429	74386	609	340244	5850	45499	15957
河口区	Hekou	996763	538575	14235	1341	4927	29879	25406	8659
垦利县	Kenli	802574	1685494	75699	905	31293	9200	23862	28342
利津县	Lijin	326399	549363	111187	2010	327731	31689	75651	12060
广饶县	Guangrao	1037065	3844258	503626		1055358	13431	77415	97049
烟台市	**Yantai**								
芝罘区	Zhifu	4698532	9974563	276	218	24054	3853	1362	6365
福山区	Fushan	1978334	3038525	41403	9629	25418	108037	15809	11832
牟平区	Mouping	1357530	1227088	146356	32633	101307	537976	75577	33766
莱山区	Laishan	850061	1375207	26164	5917	19946	36230	11709	6816
长岛县	Changdao	180243	101179	434			994	34	60
龙口市	Longkou	2656549	3228412	127026	10055	221021	364736	37755	45107
莱阳市	Laiyang	1429085	1219802	513536	84836	559956	352753	79879	86921
莱州市	Laizhou	2526454	1424234	643928	53517	187115	252885	90760	13725
蓬莱市	Penglai	1471082	1587457	143182	46800	127742	646856	47715	7354
招远市	Zhaoyuan	1670384	1312771	293899	69299	55772	468777	42032	8549
栖霞市	Qixia	1029993	660033	278535	68407	202127	1480750	19868	1585
海阳市	Haiyang	1159816	977726	364166	77238	469705	307207	42872	19124
潍坊市	**Weifang**								
潍城区	Weicheng			101318	219	28874	19677	11699	6587
寒亭区	Hanting	723380	847156	343138	455	109223	66888	31059	35438
坊子区	Fangzi	591511	520112	357434	9448	428187	11074	29230	6665
奎文区	Kuiwen			40044		2337		559	1336
临朐县	Linqu	1181434	940582	346738	13332	164591	194634	151585	97720
昌乐县	Changle	893244	1195843	297057	46911	722388	59958	109785	45474
青州市	Qingzhou	2303223	2097583	434788	46	1268439	99315	82714	45697
诸城市	Zhucheng	1830909	2519215	854352	69987	1049206	83248	324496	4282
寿光市	Shouguan	2533671	3218468	652492	543	4154114	110236	132771	12733
安丘市	Anqiu	1287121	1167827	444171	52204	1652905	117863	80517	575
高密市	Gaomi	1247085	1537880	843934	57774	869932	84166	174453	17453
昌邑市	Changyi	1513523	1235240	510295	19831	448253	76000	102293	3842
济宁市	**Jining**								
市中区	Shizhong	3683933	6230187	246931	43	23106		9042	5205
任城区	Rencheng	898880	902193	289279	1071	463133	29392	26361	17653
微山县	Weishan	697100	662599	340756	2564	357661	1288	69072	261
鱼台县	Yutai	413325	236097	363767		629702	4377	33314	1947

20-1 续表 6 continued

地 区	Region	城乡居民储蓄存款余额（万元）Urban and Rural Household Savings Deposits (10 000 yuan)	年末金融机构各项贷款余额（万元）Loan Balance of Financial Institution at Year-end (10 000 yuan)	粮 食总产量（吨）Output of Grain (ton)	油料产量（吨）Output of Oil-bearing Crops (ton)	蔬菜产量（吨）Output of Vegetables (ton)	水果产量（吨）Output of Fruits (ton)	肉 类总产量（吨）Output of Meat (ton)	奶类产量（吨）Output of Milk (ton)
金乡县	Jinxiang	804339	527107	112982	101	1590483	13547	38526	6756
嘉祥县	Jiaxiang	863300	481900	516900	2429	895736	9456	63255	9638
汶上县	Wenshang	731700	494000	508807	45057	1012731	27031	92961	41100
泗水县	Sishui	481157	375818	243681	65959	674114	56305	74821	4726
梁山县	Liangshan	843053	400071	420796	24651	1128120	56962	92495	11961
曲阜市	Qufu	876820	629801	535580	8865	133310	40434	76422	7636
兖州市	Yanzhou	1392170	1542285	461512	6320	617402	2471	98413	11741
邹城市	Zoucheng	1964107	2084806	607053	72261	527118	42116	92053	20076
泰安市	**Taian**								
泰山区	Taishan	744623	815908	68174	128	163207	12228	8469	121666
岱岳区	Daiyue	896000	687000	585886	28547	2362031	204085	58962	107377
宁阳县	Ningyang	710526	530665	635277	70601	1006475	43616	77669	70876
东平县	Dongping	675728	686074	688397	18446	564384	11391	44902	12705
新泰市	Xintai	1739802	1703869	484660	89392	1235068	107780	135234	94550
肥城市	Feicheng	1427215	1590100	640575	8698	2002819	151364	65262	54896
威海市	**Weihai**								
环翠区	Huancui	3880771	5837196	66171	16551	64934	85264	12160	16949
文登市	Wendeng	1868273	1559345	381886	81179	223741	168781	50666	123051
荣成市	Rongcheng	2410705	2497379	296735	69702	245338	126373	33420	59488
乳山市	Rushan	1429938	1607457	317843	79706	354727	485478	26417	22458
日照市	**Rizhao**								
东港区	Donggang	2787399	8056088	220399	51354	90956	87172	31902	2205
岚山区	Lanshan	483051	909019	188869	46480	157480	41244	31417	1500
五莲县	Wulian	720291	575737	237153	52597	185046	37661	25627	62
莒 县	Juxian	1072567	976049	555428	90456	541247	37092	83656	9773
莱芜市	**Laiwu**								
莱城区	Laicheng	2177404	2861822	240628	12902	800670	54731	53068	2090
钢城区	Gangcheng	822904	2035543	37202	5780	182016	27579	11473	887
临沂市	**Linyi**								
兰山区	Lanshan	4068100	5882500	154818	9507	40927	24153	13396	4663
罗庄区	Luozhuang	996600	1491500	102862	3136	63460	2914	13611	27111
河东区	Hedong	961183	1884982	298378	12769	173557	16944	21640	3907
沂南县	Yinan	864131	502786	444224	73939	837108	67384	132793	13068
郯城县	Tancheng	821918	567684	808208	18637	536831	19056	51559	1228
沂水县	Yishui	1277154	950795	449735	88662	570542	323108	86463	17079
苍山县	Cangshan	932762	614996	674817	59143	2236898	68341	38332	2486
费 县	Feixian	823653	837497	410713	106333	608803	214943	62850	11462
平邑县	Pingyi	763869	619077	371973	81364	234952	199666	60853	2826
莒南县	Junan	1018455	773641	458495	141957	180831	37940	128789	507
蒙阴县	Mengyin	573092	440510	196319	40639	137263	805210	21928	182
临沭县	Linshu	642463	687488	317085	173937	145195	12276	56024	9473

20-1 续表 7 continued

地 区	Region	城乡居民储蓄存款余额（万元）Urban and Rural Household Savings Deposits (10 000 yuan)	年末金融机构各项贷款余额（万元）Loan Balance of Financial Institution at Year-end (10 000 yuan)	粮 食总产量（吨）Output of Grain (ton)	油料产量（吨）Output of Oil-bearing Crops (ton)	蔬菜产量（吨）Output of Vegetables (ton)	水果产量（吨）Output of Fruits (ton)	肉 类总产量（吨）Output of Meat (ton)	奶类产量（吨）Output of Milk (ton)
德州市	**Dezhou**								
德城区	Decheng	2510430	3371839	254776	164	162257	40518	24662	10508
陵 县	Lingxian	510012	656868	998495		55534	5962	70352	32702
宁津县	Ningjin	745148	511226	554359	4277	444771	17497	29420	6412
庆云县	Qingyun	296114	340934	294520	2	67377	53893	10470	
临邑县	Linyi	613620	516203	814279	26	663646	24655	96922	37387
齐河县	Qihe	625472	703540	1161506	6026	749930	4848	101008	16049
平原县	Pingyuan	603429	514200	780721	301	1130449	6258	58357	14499
夏津县	Xiajin	473787	523824	263980	4496	124439	22616	32939	861
武城县	Wucheng	530996	433307	378242	378	69344	2081	15108	2933
乐陵市	Leling	609805	617606	770469	329	164825	226814	73807	6417
禹城市	Yucheng	552983	908812	770649	1233	867982	10602	80209	33843
聊城市	**Liaocheng**								
东昌府区	Dongchangfu	2376900	2956200	746335	6623	1270767	22442	56770	12361
阳谷县	Yanggu	951024	1046369	704587	11268	1499591	30650	71418	47081
莘 县	Shenxian	805926	531081	806496	28982	1809571	31259	140656	1521
茌平县	Chiping	672020	1414017	727415	24807	1415864	74050	66570	7400
东阿县	Donge	506700	508963	540041	461	351328	29307	24039	3887
冠 县	Guanxian	652143	697260	647627	50053	1166067	283507	72856	12620
高唐县	Gaotang	525013	894213	498300	14955	659993	7841	39699	2286
临清市	Linqing	1035614	1148634	528550	4721	358305	49224	17621	1595
滨州市	**Binzhou**								
滨城区	Bincheng	1469295	3051736	306552	188	175111	41786	21663	9072
惠民县	Huimin	496271	560895	533099	6814	850726	131587	55185	10000
阳信县	Yangxin	322207	404669	458519		131239	194454	78708	3225
无棣县	Wudi	484527	945245	298840	713	13950	234007	99987	2566
沾化县	Zhanhua	295721	510325	128146	1050	84475	367287	50810	3115
博兴县	Boxing	867320	1518201	456391	277	285556	7558	38269	1373
邹平县	Zouping	1157007	3693614	774942	1019	245308	55939	71689	96731
菏泽市	**Heze**								
牡丹区	Mudan	2100664	2466630	684733	15354	692811	46677	70443	3777
曹 县	Caoxian	868960	800515	1058981	21033	361887	21493	79950	42816
单 县	Shanxian	856545	839250	681389	39823	1683340	262857	106178	7089
成武县	Chengwu	523616	417268	444417	558	818896	32367	49494	326
巨野县	Juye	812827	986438	411382	8673	705366	87236	44959	3732
郓城县	Yuncheng	1141422	928430	867686	29612	1125607	62834	81360	1252
鄄城县	Juancheng	661995	393007	487517	61269	416482	33275	41336	933
定陶县	Dingtao	477817	326577	483471	4695	713644	26739	68890	2728
东明县	Dongming	603198	818524	529805	52597	341251	31512	34353	195

20–1 续表 8 continued

地 区	Region	规模以上工业企业(万元) Industrial Enterprises above Designated Size(10 000 yuan)				社会消费品零售额(万元) Total Retail Sales of Consumer Goods (10 000 yuan)	出口总额(万美元) Total Exports (10 000 USD)
		工业总产值 Gross Industrial Output Value	主营业务收入 Revenue from Principal Business	利润总额 Total Profits	利税总额 Total Profits and Taxes		
济南市	**Jinan**						
历下区	Lixia	2924640	2968956	57806	522857	3741059	40067
市中区	Shizhong	4881099	5144865	205099	285121	2434500	76272
槐荫区	Huaiyin	1506713	1501415	129802	190281	2330212	14524
天桥区	Tianqiao	724833	759307	22309	45643	1897591	50611
历城区	Licheng	10257618	9573074	414557	785960	2324519	88209
长清区	Changqing	4372239	4169365	263622	481178	838841	10765
平阴县	Pingyin	3654860	3029884	299608	430199	483796	35418
济阳县	Jiyang	3695429	3554537	271049	425501	578178	7173
商河县	Shanghe	909255	858782	33899	67453	405663	4900
章丘市	Zhangqiu	9759945	9065650	529400	889216	1790766	29785
青岛市	**Qingdao**						
市南区	Shinan	1472973	1468913	7729	46478	2694600	561100
市北区	Shibei	1294700	1084989	30378	42903	2269100	123270
四方区	Sifang	2028144	2065423	94740	144991	1268415	47851
黄岛区	Huangdao	29752849	30513298	1407480	2715428	1040562	753821
崂山区	Laoshan	5382563	5377313	431822	618322	894513	234899
李沧区	Licang	7923200	9468549	265667	780808	1656697	77556
城阳区	Chengyang	14592267	11758744	489741	713590	1040791	600770
胶州市	Jiaozhou	12734512	12442648	876846	1736522	1634772	326157
即墨市	Jimo	12117376	11809093	780550	1239464	1939991	301161
平度市	Pingdu	9793511	9491145	549216	800017	1793310	107786
胶南市	Jiaonan	12162518	9823215	479003	1287776	1440733	199975
莱西市	Laixi	6014438	5830848	433793	581390	1353924	137274
淄博市	**Zibo**						
淄川区	Zichuan	13815495	13191378	1612479	2181628	1422921	79035
张店区	Zhangdian	14642126	14882748	1308589	2148541	3170854	102953
博山区	Boshan	6076444	5952206	515734	871006	1218906	32776
临淄区	Linzi	20229337	20403067	916179	2218706	1257865	49646
周村区	Zhoucun	6277002	6233942	423498	647285	1103789	35038
桓台县	Huantai	12315471	12164063	860639	1222277	932338	49013
高青县	Gaoqing	1943487	1922059	135981	245774	260338	16079
沂源县	Yiyuan	3312916	3188745	392237	584764	689741	14018
枣庄市	**Zaozhuang**						
市中区	Shizhong	4426341	4439791	31133	472586	671055	20572
薛城区	Xuecheng	4753245	3776620	186511	332398	554986	7925
峄城区	Yicheng	2726715	2707001	169561	283572	322200	5636
台儿庄区	Taierzhuang	2588409	2753709	178602	278988	341407	4256

20-1 续表 9 continued

地　区	Region	规模以上工业企业(万元) Industrial Enterprises above Designated Size(10 000 yuan)				社会消费品零售额(万元) Total Retail Sales of Consumer Goods (10 000 yuan)	出口总额(万美元) Total Exports (10 000 USD)
		工业总产值 Gross Industrial Output Value	主营业务收入 Revenue from Principal Business	利润总额 Total Profits	利税总额 Total Profits and Taxes		
山亭区	Shanting	1249016	1230173	61680	101733	364171	5833
滕州市	Tengzhou	12391958	12063384	751355	1320630	1916358	30398
东营市	**Dongying**						
东营区	Dongying	5706084	5729901	453653	639151	1791087	66290
河口区	Hekou	3911925	3905241	236206	439291	261705	4132
垦利县	Kenli	9067100	9973789	1075439	1329651	302368	16707
利津县	Lijin	6168687	6098772	332845	565943	181705	6644
广饶县	Guangrao	19372072	18175418	1686168	2210249	889612	156918
烟台市	**Yantai**						
芝罘区	Zhifu	7191278	7875174	533971	793386	3210070	245389
福山区	Fushan	26373202	25217003	1679924	2305782	1147226	1665259
牟平区	Mouping	5281262	5120439	379472	478380	785123	57001
莱山区	Laishan	2101452	1907873	141303	222743	522557	70654
长岛县	Changdao	60907	58892	4075	6649	102845	2228
龙口市	Longkou	19624865	19185406	1554071	2091861	1792414	121923
莱阳市	Laiyang	7687687	7679013	537596	629258	1440500	63577
莱州市	Laizhou	11711225	11714136	1012670	1340330	1572262	87596
蓬莱市	Penglai	11050735	10623142	985508	1140797	756301	55728
招远市	Zhaoyuan	10840200	10978200	1117700	1320200	858064	109984
栖霞市	Qixia	1986304	1971759	115477	140814	747651	20205
海阳市	Haiyang	3733430	3365454	272230	411792	848749	48418
潍坊市	**Weifang**						
潍城区	Weicheng	2580459	1489366	84913	133894	997672	23466
寒亭区	Hanting	2137300	2057600	112600	184700	355354	18657
坊子区	Fangzi	2027124	2056598	101747	142946	357327	27284
奎文区	Kuiwen	734825	718812	26773	49106	927677	50569
临朐县	Linqu	2727649	2733865	84388	140692	694766	12812
昌乐县	Changle	5075132	5030801	218757	334226	665747	46864
青州市	Qingzhou	8405651	8311469	415042	800402	1113564	23787
诸城市	Zhucheng	11401835	13012756	875387	1224723	1315037	95084
寿光市	Shouguan	9780920	10067193	716886	965301	1366422	98617
安丘市	Anqiu	2568755	2621151	110169	180808	890226	51546
高密市	Gaomi	9380096	9559511	583639	906003	913134	103096
昌邑市	Changyi	6424121	6315791	438994	676843	851540	36154
济宁市	**Jining**						
市中区	Shizhong	1455433	1508604	17619	53367	1219442	31417
任城区	Rencheng	3531392	3977600	336698	513514	754985	18468
微山县	Weishan	2931462	2922837	558760	789688	616898	4351
鱼台县	Yutai	1058518	1048748	105629	141179	464767	2860

20-1 续表 10 continued

地　区	Region	规模以上工业企业(万元) Industrial Enterprises above Designated Size(10 000 yuan)				社会消费品零售额(万元) Total Retail Sales of Consumer Goods (10 000 yuan)	出口总额(万美元) Total Exports (10 000 USD)
		工业总产值 Gross Industrial Output Value	主营业务收入 Revenue from Principal Business	利润总额 Total Profits	利税总额 Total Profits and Taxes		
金乡县	Jinxiang	914832	896779	65656	98433	458968	43413
嘉祥县	Jiaxiang	2454000	2485280	150472	249291	518758	6742
汶上县	Wenshang	1996200	1976800	188100	273100	530706	4656
泗水县	Sishui	979873	1000600	130200	177600	437550	8987
梁山县	Liangshan	2814787	2756300	189485	260464	475547	1860
曲阜市	Qufu	2404734	2358248	172077	297041	922265	7664
兖州市	Yanzhou	8437861	7199772	543181	754642	1028034	37909
邹城市	Zoucheng	7557232	8018318	1000067	1613680	1398136	5323
泰安市	**Taian**						
泰山区	Taishan	3762511	2866590	242017	399700	1674861	38977
岱岳区	Daiyue	4323721	3977097	301647	422197	881745	20547
宁阳县	Ningyang	3653046	3638500	307800	475900	783829	4408
东平县	Dongping	4044000	4020020	274600	465300	627708	1523
新泰市	Xintai	12163580	11976916	1104221	1756745	1527770	10045
肥城市	Feicheng	11947710	9313925	750661	1183331	1378056	17183
威海市	**Weihai**						
环翠区	Huancui	11030274	11258869	761628	1024792	2374860	568116
文登市	Wendeng	11090393	11162547	798350	1273587	1648645	131849
荣成市	Rongcheng	16043962	14706900	866677	1480690	1692781	204837
乳山市	Rushan	8706206	7412537	322229	462796	1123580	61346
日照市	**Rizhao**						
东港区	Donggang	8651674	7492328	258444	405353	1385580	151600
岚山区	Lanshan	8445800	7239800	800800	1048100	478334	29686
五莲县	Wulian	2590700	2550200	104600	142600	384200	15522
莒　县	Juxian	3581300	3442230	155403	250100	776563	18031
莱芜市	**Laiwu**						
莱城区	Laicheng	5945930	7263318	225507	366924	1374252	86704
钢城区	Gangcheng	6079895	7799593	348152	577418	446400	16584
临沂市	**Linyi**						
兰山区	Lanshan	10340188	10327698	1012409	1213237	3528650	57822
罗庄区	Luozhuang	7361828	7888558	475972	689228	842910	41528
河东区	Hedong	4483690	4513704	293154	383925	699673	42480
沂南县	Yinan	1844302	1824603	76499	128710	587335	9449
郯城县	Tancheng	3357032	3359275	283527	419571	682901	8296
沂水县	Yishui	4671597	4625705	272156	560740	909471	20469
苍山县	Cangshan	1618024	1604954	101971	174690	989217	7104
费　县	Feixian	3472965	3501437	208789	298426	622934	24732
平邑县	Pingyi	1859368	1876363	103507	165776	806578	12981
莒南县	Junan	2262858	2286686	115623	235902	843872	34701
蒙阴县	Mengyin	1611919	1574489	86006	124146	513280	4670
临沭县	Linshu	3076134	3069537	269903	303086	545233	18351

20-1 续表 11 continued

地 区	Region	规模以上工业企业(万元) Industrial Enterprises above Designated Size(10 000 yuan)				社会消费品零售额(万元) Total Retail Sales of Consumer Goods (10 000 yuan)	出口总额(万美元) Total Exports (10 000 USD)
		工业总产值 Gross Industrial Output Value	主营业务收入 Revenue from Principal Business	利润总额 Total Profits	利税总额 Total Profits and Taxes		
德州市	**Dezhou**						
德城区	Decheng	7393167	7428889	646319	974450	1577907	49941
陵 县	Lingxian	3191491	3356731	200170	365862	479294	8195
宁津县	Ningjin	3180131	3276628	195709	352345	497566	5063
庆云县	Qingyun	1609760	1858414	123287	174694	371000	2544
临邑县	Linyi	3827400	3826900	258800	560400	566575	21733
齐河县	Qihe	3917885	4010742	293349	548861	570457	8001
平原县	Pingyuan	3556361	3276050	207855	328210	456550	2793
夏津县	Xiajin	3148977	3245624	16980	361979	426539	961
武城县	Wucheng	3157800	3239100	193800	360800	387141	2424
乐陵市	Leling	3174840	3310100	197600	342300	562242	13381
禹城市	Yucheng	3760665	3683810	236204	440267	560708	13604
聊城市	**Liaocheng**						
东昌府区	Dongchangfu	5408250	4941969	233112	328501	1145325	27717
阳谷县	Yanggu	4744798	4968250	335133	984673	676480	12964
莘 县	Shenxian	3427412	3549732	214904	349701	605413	6292
茌平县	Chiping	6875618	6807056	589756	754414	667458	12380
东阿县	Donge	2497172	2715860	273623	393878	377814	10150
冠 县	Guanxian	3955745	3907234	239171	390760	527253	16112
高唐县	Gaotang	7169644	7263783	390765	531099	574856	15021
临清市	Linqing	7378700	7269900	478800	759400	813433	28362
滨州市	**Binzhou**						
滨城区	Bincheng	6846523	5965373	303213	680176	1175300	75873
惠民县	Huimin	1120033	1060972	63277	101172	531873	1965
阳信县	Yangxin	1147152	1293572	62348	92606	338850	21648
无棣县	Wudi	1988791	2005223	36940	76530	434704	2163
沾化县	Zhanhua	1378855	1374792	95649	137987	412350	1045
博兴县	Boxing	5825272	6062703	281602	619313	526283	36257
邹平县	Zouping	18532339	20061177	1328179	1783454	892219	116122
菏泽市	**Heze**						
牡丹区	Mudan	5549872	5355315	528572	756588	1356168	18541
曹 县	Caoxian	3215787	3177319	195038	389187	983862	31056
单 县	Shanxian	3054347	3099477	259901	434319	814127	6804
成武县	Chengwu	1917635	1805267	188143	304612	460466	3578
巨野县	Juye	2229719	2269834	287975	391519	637540	33571
郓城县	Yuncheng	2850078	2856589	194990	335348	798618	7288
鄄城县	Juancheng	1815592	1809259	133773	256105	550985	11867
定陶县	Dingtao	1450514	1428376	122317	173455	423510	2860
东明县	Dongming	3236783	3216280	133831	214539	541405	5567

20-1 续表 12 continued

地 区	Region	规模以上固定资产投资完成额（万元）Investment above Designated Size in Fixed Asset (10 000 yuan)	普通中学专任教师数（人）Full-time Teachers in Secondary Schools (person)	小学专任教师数（人）Full-time Teachers in Primary Schools (person)	普通中学在校学生数（人）Total Enrollment in Secondary Schools (person)	小学在校学生数（人）Total Enrollment in Primary Schools (person)	农民人均纯收入（元）Per Captita Net Income of Rural Residents (yuan)
济南市	**Jinan**						
历下区	Lixia	1884998	1715	2247	26129	38617	
市中区	Shizhong	1938277	2639	2175	31790	35684	10028
槐荫区	Huaiyin	2307569	1008	1648	11987	25796	10693
天桥区	Tianqiao	1195068	1447	1908	17329	30872	9918
历城区	Licheng	3483000	3956	3273	55198	53556	9652
长清区	Changqing	1365326	2061	2289	29197	33137	8868
平阴县	Pingyin	1041700	1408	1625	18912	21324	7324
济阳县	Jiyang	1358688	1631	2782	26531	34466	7948
商河县	Shanghe	365085	1792	2441	24988	41785	6951
章丘市	Zhangqiu	2816885	4286	4413	59742	68764	10138
青岛市	**Qingdao**						
市南区	Shinan	1419816	766	1767	10900	28100	
市北区	Shibei	1365549	725	1598	9611	22134	
四方区	Sifang	1012338	669	1358	7618	19188	
黄岛区	Huangdao	3661148	1237	1377	17689	26553	11906
崂山区	Laoshan	1119759	1055	1080	12204	14050	12052
李沧区	Licang	1369218	1246	1444	16002	22215	
城阳区	Chengyang	3644306	2278	2103	25512	36144	11100
胶州市	Jiaozhou	3621659	3315	3982	44710	56857	10433
即墨市	Jimo	3608859	5157	4987	64220	71376	10408
平度市	Pingdu	2949199	5499	5475	68552	80307	10132
胶南市	Jiaonan	3579465	3998	3988	42371	51056	10400
莱西市	Laixi	2873460	3662	2783	43251	34250	10154
淄博市	**Zibo**						
淄川区	Zichuan	1883331	3389	2574	47201	35369	9477
张店区	Zhangdian	2703938	3516	3537	54177	45118	11286
博山区	Boshan	1565203	2645	1539	30241	20145	9163
临淄区	Linzi	2160041	3212	2645	42783	32981	10320
周村区	Zhoucun	1367771	1542	1230	23286	18239	9661
桓台县	Huantai	1812977	3303	1558	35954	28319	9998
高青县	Gaoqing	608674	2162	1354	22837	21697	6798
沂源县	Yiyuan	898415	2373	2189	41765	28459	7715
枣庄市	**Zaozhuang**						
市中区	Shizhong	1293896	1404	2066	34298	41505	7893
薛城区	Xuecheng	1406553	2213	2824	22594	34629	7301
峄城区	Yicheng	849218	1193	1838	16948	28319	6940
台儿庄区	Taierzhuang	591681	1079	1461	14731	22813	6336

20-1 续表 13 continued

地 区	Region	规模以上固定资产投资完成额(万元) Investment above Designated Size in Fixed Asset (10 000 yuan)	普通中学专任教师数(人) Full-time Teachers in Secondary Schools (person)	小 学专任教师数(人) Full-time Teachers in Primary Schools (person)	普通中学在校学生数(人) Total Enrollment in Secondary Schools (person)	小 学在校学生数(人) Total Enrollment in Primary Schools (person)	农民人均纯收入(元) Per Captita Net Income of Rural Residents (yuan)
山亭区	Shanting	500480	4242	2750	24031	36513	5754
滕州市	Tengzhou	2973462	5138	6479	56042	96061	8107
东营市	**Dongying**						
东营区	Dongying	2560447	4472	3639	55310	58536	8560
河口区	Hekou	1615026	947	875	10950	18236	8157
垦利县	Kenli	1719955	998	778	15218	12657	8223
利津县	Lijin	963728	1659	1115	11595	18597	7965
广饶县	Guangrao	2639517	2939	2203	27510	33117	8794
烟台市	**Yantai**						
芝罘区	Zhifu	2018198	3022	1867	46131	32680	11664
福山区	Fushan	4392440	2132	1414	24293	18681	10765
牟平区	Mouping	1926177	2244	1645	25573	14201	9734
莱山区	Laishan	2115861	818	710	9923	8801	11130
长岛县	Changdao	122123	237	157	3103	1686	12286
龙口市	Longkou	3950011	3751	1961	42694	28999	11312
莱阳市	Laiyang	1608920	3957	2786	42585	31720	8638
莱州市	Laizhou	2609393	3990	2250	46680	35033	10587
蓬莱市	Penglai	1992214	2216	1465	25735	17025	10689
招远市	Zhaoyuan	2617748	3113	1720	34721	23217	10624
栖霞市	Qixia	914753	3229	1996	33698	20794	8096
海阳市	Haiyang	2298361	3010	2384	36177	23191	9260
潍坊市	**Weifang**						
潍城区	Weicheng	1226697	1338	1680	17672	24834	9300
寒亭区	Hanting	753548	2056	1779	20823	24474	9301
坊子区	Fangzi	699511	1532	1338	16647	18581	8962
奎文区	Kuiwen	1141489	721	1281	9706	25514	9417
临朐县	Linqu	1398763	4017	4072	38675	43045	7868
昌乐县	Changle	1451141	3239	2970	36950	33705	8509
青州市	Qingzhou	2355169	4244	4145	57237	60042	8811
诸城市	Zhucheng	2712114	4565	4126	65265	72259	9539
寿光市	Shouguan	2711279	4681	4280	67479	68627	9495
安丘市	Anqiu	1363001	4600	4122	41247	53888	7753
高密市	Gaomi	2250128	4130	3763	48229	56078	8637
昌邑市	Changyi	1663097	2656	2143	35619	32241	8815
济宁市	**Jining**						
市中区	Shizhong	1001102	2430	1793	27000	41000	6921
任城区	Rencheng	1613188	1715	1223	25373	18396	8315
微山县	Weishan	1217737	2595	2937	25577	41399	7530
鱼台县	Yutai	968386	1583	1633	27751	30480	7427

20-1 续表 14 continued

地 区	Region	规模以上固定资产投资完成额（万元）Investment above Designated Size in Fixed Asset (10 000 yuan)	普通中学专任教师数（人）Full-time Teachers in Secondary Schools (person)	小 学专任教师数（人）Full-time Teachers in Primary Schools (person)	普通中学在校学生数（人）Total Enrollment in Secondary Schools (person)	小 学在校学生数（人）Total Enrollment in Primary Schools (person)	农民人均纯收入（元）Per Captita Net Income of Rural Residents (yuan)
金乡县	Jinxiang	502344	2367	2567	31437	42344	8030
嘉祥县	Jiaxiang	906300	3093	4430	49791	74698	7014
汶上县	Wenshang	975909	2516	2924	44846	58172	6973
泗水县	Sishui	608498	1771	2776	23838	35876	5653
梁山县	Liangshan	820995	2295	3557	38129	56661	6748
曲阜市	Qufu	1072417	2677	2661	29835	36419	7402
兖州市	Yanzhou	1720209	2402	1806	25173	32360	8678
邹城市	Zoucheng	2484773	4932	5610	58463	67542	8126
泰安市	**Taian**						
泰山区	Taishan	1798380	1235	1401	20856	32679	8489
岱岳区	Daiyue	2113673	2942	3224	36097	67012	7002
宁阳县	Ningyang	1727647	2974	3409	37599	50205	6751
东平县	Dongping	1195009	2850	2873	31272	53681	6031
新泰市	Xintai	3014595	4684	5676	101250	64500	8891
肥城市	Feicheng	2855338	5000	4577	42816	48607	8489
威海市	**Weihai**						
环翠区	Huancui	4075022	3395	2212	43134	37385	11152
文登市	Wendeng	3662348	4678	3531	52958	50111	10479
荣成市	Rongcheng	2950818	3805	1817	39053	26960	11301
乳山市	Rushan	2570500	2753	1306	27278	13797	9356
日照市	**Rizhao**						
东港区	Donggang	5226802	2667	3018	35007	50101	7771
岚山区	Lanshan	2429463	1609	1426	18234	26711	8594
五莲县	Wulian	527691	2273	2043	27201	29845	6869
莒 县	Juxian	1351522	4314	4562	47735	70889	6860
莱芜市	**Laiwu**						
莱城区	Laicheng	2307500	5178	4597	70995	51423	8195
钢城区	Gangcheng	906100	1117	992	16129	15595	8767
临沂市	**Linyi**						
兰山区	Lanshan	3204659	4985	4772	71846	94625	8118
罗庄区	Luozhuang	1388118	1943	2412	28467	40056	6855
河东区	Hedong	1639224	2246	2247	30660	44235	6712
沂南县	Yinan	855489	3445	3641	46141	63757	6666
郯城县	Tancheng	848440	3553	3995	54581	56731	6712
沂水县	Yishui	1103174	3544	4125	46224	58646	6675
苍山县	Cangshan	851467	3861	4625	53890	118892	6674
费 县	Feixian	794840	3639	3205	44348	52291	6666
平邑县	Pingyi	826338	2443	3712	57276	67538	6692
莒南县	Junan	1034547	3694	3953	51625	63850	6666
蒙阴县	Mengyin	647339	2260	2212	29350	35549	6692
临沭县	Linshu	889129	2643	2580	35447	46743	6675

20-1 续表 15 continued

地 区	Region	规模以上固定资产投资完成额（万元）Investment above Designated Size in Fixed Asset (10 000 yuan)	普通中学专任教师数（人）Full-time Teachers in Secondary Schools (person)	小学专任教师数（人）Full-time Teachers in Primary Schools (person)	普通中学在校学生数（人）Total Enrollment in Secondary Schools (person)	小学在校学生数（人）Total Enrollment in Primary Schools (person)	农民人均纯收入（元）Per Captita Net Income of Rural Residents (yuan)
德州市	**Dezhou**						
德城区	Decheng	2058700	1458	2279	21825	49794	7299
陵 县	Lingxian	851131	1315	2820	14549	36559	7025
宁津县	Ningjin	926000	1787	1975	21007	36981	7121
庆云县	Qingyun	546953	1270	1490	13500	26910	6888
临邑县	Linyi	1128203	1791	2998	19256	34738	7011
齐河县	Qihe	1185877	1901	3225	24145	42604	7123
平原县	Pingyuan	930580	1283	2649	21742	34089	7029
夏津县	Xiajin	763572	1729	2554	19950	45514	6922
武城县	Wucheng	746385	1774	1380	12374	29138	6962
乐陵市	Leling	883729	2133	3148	27019	53866	7006
禹城市	Yucheng	1081772	1842	2400	22449	37933	7060
聊城市	**Liaocheng**						
东昌府区	Dongchangfu	1487490	4530	3579	80803	87019	6345
阳谷县	Yanggu	895762	2543	3613	38543	54676	6273
莘 县	Shenxian	806406	2422	4172	38037	70256	6345
茌平县	Chiping	1430984	2073	2043	22704	34987	6657
东阿县	Donge	714983	1544	1589	13214	21884	6336
冠 县	Guanxian	826182	1550	2524	13102	44036	6293
高唐县	Gaotang	1314792	1674	2024	18182	32471	6549
临清市	Linqing	1400175	2507	2747	28734	51231	6273
滨州市	**Binzhou**						
滨城区	Bincheng	2040064	2755	2957	34068	45219	7381
惠民县	Huimin	836407	1880	2423	26837	41752	6626
阳信县	Yangxin	836147	1613	1846	19487	29895	6305
无棣县	Wudi	1077906	1853	1981	20202	29595	6672
沾化县	Zhanhua	1245002	1551	1581	17625	22513	7198
博兴县	Boxing	1313761	2287	2590	29803	35960	7375
邹平县	Zouping	1511897	3032	2796	43336	54001	8551
菏泽市	**Heze**						
牡丹区	Mudan	859618	5538	7163	96032	126851	5895
曹 县	Caoxian	402489	4318	7229	83185	156220	5700
单 县	Shanxian	583844	3827	5228	72938	105659	5798
成武县	Chengwu	444593	3051	3704	35902	60857	5945
巨野县	Juye	627033	3077	4401	53537	83924	5890
郓城县	Yuncheng	457128	4218	6595	71025	125267	5894
鄄城县	Juancheng	397336	2399	3857	47685	79336	5639
定陶县	Dingtao	417702	2121	3044	32332	57053	5850
东明县	Dongming	576558	2618	3372	45677	78563	5774

附录1

全国各省（市、自治区）主要经济指标

Main Economic Indicators of the Whole Country by Region

简 要 说 明

一、本篇资料的主要内容

本篇资料反映了全国各省、自治区、直辖市经济社会发展基本情况，主要包括行政区划、人口、国内生产总值及其构成、劳动工资、财政、农业、工业、投资、建筑业、交通运输、国内贸易、进出口、价格指数、居民生活和国际旅游等方面的资料。

二、本篇资料的来源

本篇资料来源于中国统计出版社出版的《中国统计摘要 2011》，由省统计局综合处整理。

Brief Introduction

I. Content

Data in this chapter reflect the basic socio economic development of some provinces, mainly including divisions of administrative areas, population, GDP and its components, wages, finance, agriculture, industry, investment, construction industry, communications, domestic trade, exports and imports, price indices, livelihood and tourism, etc.

II. Source of Data

Data in this chapter come from China Statistics Abstract 2011 published by China Statistics Press and are prepared and compiled by the Division of Comprehensive Statistics of Shandong Provincial Bureau of Statistics.

附录 1-1 各地区行政区划(2010年底)

Divisions of Administrative Areas by Region(Year-end of 2010)

单位:个 (unit)

省级区划名称	Provinces, Autonomous Regions and Municipalities	地级区划数 Number of Regions at Prefecture Level	#地级市 Cities at Prefecture Level	县级区划数 Number of Regions at County Level	#市辖区 Districts under the Jurisdiction of Cities	#县级市 Cities at County Level	#县 Counties	#自治县 Autonomous Counties
全国总计	**National Total**	**333**	**283**	**2856**	**853**	**370**	**1461**	**117**
北京市	Beijing			16	14		2	
天津市	Tianjin			16	13		3	
河北省	Hebei	11	11	172	36	22	108	6
山西省	Shanxi	11	11	119	23	11	85	
内蒙古自治区	Inner Mongolia	12	9	101	21	11	17	
辽宁省	Liaoning	14	14	100	56	17	19	8
吉林省	Jilin	9	8	60	20	20	17	3
黑龙江省	Heilongjiang	13	12	128	64	18	45	1
上海市	Shanghai			18	17		1	
江苏省	Jiangsu	13	13	105	55	26	24	
浙江省	Zhejiang	11	11	90	32	22	35	1
安徽省	Anhui	17	17	105	44	5	56	
福建省	Fujian	9	9	85	26	14	45	
江西省	Jiangxi	11	11	100	19	11	70	
山东省	**Shandong**	**17**	**17**	**140**	**49**	**31**	**60**	
河南省	Henan	17	17	159	50	21	88	
湖北省	Hubei	13	12	103	38	24	38	2
湖南省	Hunan	14	13	122	34	16	65	7
广东省	Guangdong	21	21	121	54	23	41	3
广西壮族自治区	Guangxi	14	14	109	34	7	56	12
海南省	Hainan	2	2	20	4	6	4	6
重庆市	Chongqing			40	19		17	4
四川省	Sichuan	21	18	181	43	14	120	4
贵州省	Guizhou	9	4	88	10	9	56	11
云南省	Yunnan	16	8	129	12	11	77	29
西藏自治区	Tibet	7	1	73	1	1	71	
陕西省	Shaanxi	10	10	107	24	3	80	
甘肃省	Gansu	14	12	86	17	4	58	7
青海省	Qinghai	8	1	43	4	2	30	7
宁夏回族自治区	Ningxia	5	5	22	9	2	11	
新疆维吾尔自治区	Xinjiang	14	2	98	11	19	62	6
香港特别行政区	Hong Kong Special Administrative Region							
澳门特别行政区	Macao Special Administrative Region							
台湾省	Taiwan							

注：本表资料由民政部提供。

a)Data in this table are provided by the Ministry of Civil Affairs.

附录 1-1 续表 continued

单位:个 (unit)

省级区划名称	Provinces, Autonomous Regions and Municipalities	乡镇级区划数 Number of Regions at Township Level	镇数 Number of Towns	乡数 Number of Townships	#民族乡	街道办事处 Street Communities	区公所 District Office
全国总计	**National Total**	**40906**	**19410**	**14571**	**1096**	**6923**	**2**
北京市	Beijing	322	142	40	5	140	
天津市	Tianjin	243	115	20	2	108	
河北省	Hebei	2227	1007	953	52	266	1
山西省	Shanxi	1397	563	633		201	
内蒙古自治区	Inner Mongolia	863	463	179	18	221	
辽宁省	Liaoning	1507	581	324	72	602	
吉林省	Jilin	897	426	194	28	277	
黑龙江省	Heilongjiang	1278	473	423	58	382	
上海市	Shanghai	210	109	2		99	
江苏省	Jiangsu	1307	877	98	1	332	
浙江省	Zhejiang	1512	728	443	14	341	
安徽省	Anhui	1523	912	349	9	262	
福建省	Fujian	1102	595	334	19	173	
江西省	Jiangxi	1539	788	610	8	141	
山东省	**Shandong**	**1874**	**1118**	**156**		**600**	
河南省	Henan	2371	949	929	12	493	
湖北省	Hubei	1230	741	199	10	290	
湖南省	Hunan	2419	1109	1052	97	258	
广东省	Guangdong	1581	1134	11	7	436	
广西壮族自治区	Guangxi	1234	702	424	58	108	
海南省	Hainan	222	183	21		18	
重庆市	Chongqing	1014	587	252	14	175	
四川省	Sichuan	4668	1821	2585	98	262	
贵州省	Guizhou	1560	689	757	252	114	
云南省	Yunnan	1366	597	689	148	80	
西藏自治区	Tibet	692	140	542	9	10	
陕西省	Shaanxi	1745	922	648		175	
甘肃省	Gansu	1351	466	761	34	124	
青海省	Qinghai	396	137	229	28	30	
宁夏回族自治区	Ningxia	235	99	93		43	
新疆维吾尔自治区	Xinjiang	1021	237	621	43	162	1
香港特别行政区	Hong Kong Special Administrative Region						
澳门特别行政区	Macao Special AdministrativeRegion						
台湾省	Taiwan						

附录 1-2 地区生产总值

Gross Domestic Product

单位:亿元 (100 million yuan)

地区	Region	2001	2002	2003	2004	2005	2006	2007	2008	2009	2010
北京	Beijing	3710.5	4330.4	5023.8	6033.2	6969.5	8117.8	9846.8	11115.0	12153.0	13777.9
天津	Tianjin	1919.1	2150.8	2578.0	3111.0	3905.6	4462.7	5252.8	6719.0	7521.9	9108.8
河北	Hebei	5516.8	6018.3	6921.3	8477.6	10012.1	11467.6	13607.3	16012.0	17235.5	20197.1
山西	Shanxi	2029.5	2324.8	2855.2	3571.4	4230.5	4878.6	6024.5	7315.4	7358.3	9088.1
内蒙古	Inner Mongolia	1713.8	1940.9	2388.4	3041.1	3905.0	4944.2	6423.2	8496.2	9740.3	11655.0
辽宁	Liaoning	5033.1	5458.2	6002.5	6672.0	8047.3	9304.5	11164.3	13668.6	15212.5	18278.3
吉林	Jilin	2120.4	2348.5	2662.1	3122.0	3620.3	4275.1	5284.7	6426.1	7278.8	8577.1
黑龙江	Heilongjiang	3390.1	3637.2	4057.4	4750.6	5513.7	6211.8	7104.0	8314.4	8587.0	10235.0
上海	Shanghai	5210.1	5741.0	6694.2	8072.8	9247.7	10572.2	12494.0	14069.9	15046.5	16872.4
江苏	Jiangsu	9456.8	10606.9	12442.9	15003.6	18598.7	21742.1	26018.5	30982.0	34457.3	40903.3
浙江	Zhejiang	6898.3	8003.7	9705.0	11648.7	13417.7	15718.5	18753.7	21462.7	22990.4	27226.8
安徽	Anhui	3246.7	3519.7	3923.1	4759.3	5375.1	6112.5	7360.9	8851.7	10062.8	12263.4
福建	Fujian	4072.9	4467.6	4983.7	5763.4	6554.7	7583.8	9248.5	10823.0	12236.5	14357.1
江西	Jiangxi	2175.7	2450.5	2807.4	3456.7	4056.8	4820.5	5800.3	6971.1	7655.2	9435.0
山东	**Shandong**	**9195.0**	**10275.5**	**12078.2**	**15021.8**	**18366.9**	**21900.2**	**25776.9**	**30933.3**	**33896.7**	**39169.9**
河南	Henan	5533.0	6035.5	6867.7	8553.8	10587.4	12362.8	15012.5	18018.5	19480.5	22942.7
湖北	Hubei	3880.5	4212.8	4757.5	5633.2	6590.2	7617.5	9333.4	11328.9	12961.1	15806.1
湖南	Hunan	3831.9	4151.5	4660.0	5641.9	6596.1	7688.7	9439.6	11555.0	13059.7	15902.1
广东	Guangdong	12039.3	13502.4	15844.6	18864.6	22557.4	26587.8	31777.0	36796.7	39482.6	45472.8
广西	Guangxi	2279.3	2523.7	2821.1	3433.5	3984.1	4746.2	5823.4	7021.0	7759.2	9502.4
海南	Hainan	558.4	622.0	693.2	798.9	898.0	1044.9	1254.2	1503.1	1654.2	2052.1
重庆	Chongqing	1765.7	1990.0	2272.8	2692.8	3467.7	3907.2	4676.1	5793.7	6530.0	7894.2
四川	Sichuan	4293.5	4725.0	5333.1	6379.6	7385.1	8690.2	10562.4	12601.2	14151.3	16898.6
贵州	Guizhou	1133.3	1243.4	1426.3	1677.8	2005.4	2339.0	2884.1	3561.6	3912.7	4594.0
云南	Yunnan	2138.3	2312.8	2556.0	3081.9	3461.7	3988.1	4772.5	5692.1	6169.8	7220.1
西藏	Tibet	146.0	166.6	185.1	220.3	248.8	290.8	341.4	394.9	441.4	507.5
陕西	Shaanxi	2010.6	2253.4	2587.7	3175.6	3933.7	4743.6	5757.3	7314.6	8169.8	10021.5
甘肃	Gansu	1125.4	1232.0	1399.8	1688.5	1934.0	2276.7	2702.4	3166.8	3387.6	4119.5
青海	Qinghai	300.1	340.7	390.2	466.1	543.3	648.5	797.4	1018.6	1081.3	1350.4
宁夏	Ningxia	337.4	377.2	445.4	537.1	612.6	725.9	919.1	1203.9	1353.3	1643.4
新疆	Xinjiang	1491.6	1612.7	1886.4	2209.1	2604.2	3045.3	3523.2	4183.2	4277.0	5418.8

注：本表按当年价格计算。

a)Data in this table are calculated at current prices.

附录 1-3 地区生产总值和增长速度(2010年)

Gross Domestic Product and Growth Rate(2010)

地区	Region	地区生产总值(亿元) Gross Domestic Product (100 million yuan)	第一产业 Primary Industry	第二产业 Secondary Industry	工业 Industry	建筑业 Construction	第三产业 Tertiary Industry	#交通运输仓储邮电通信业 Transport, Storage and Post	地区生产总值比上年增长(%) Growth Rate
北京	Beijing	13777.9	124.4	3323.1	2701.6	621.5	10330.5	640.6	10.2
天津	Tianjin	9108.8	149.5	4837.6	4410.7	426.9	4121.8	585.2	17.4
河北	Hebei	20197.1	2562.8	10705.7	9554.0	1151.7	6928.6	1880.3	12.2
山西	Shanxi	9088.1	563.5	5161.2	4586.4	574.8	3363.4	654.1	13.9
内蒙古	Inner Mongolia	11655.0	1101.4	6365.8	5618.4	747.4	4187.8	875.6	14.9
辽宁	Liaoning	18278.3	1631.1	9872.3	8684.7	1187.6	6774.9	922.6	14.1
吉林	Jilin	8577.1	1050.2	4417.4	3833.5	583.9	3109.5	373.9	13.7
黑龙江	Heilongjiang	10235.0	1302.3	5100.1	4505.0	595.1	3832.6	471.9	12.6
上海	Shanghai	16872.4	114.2	7140.0	6456.8	683.2	9618.3	746.4	9.9
江苏	Jiangsu	40903.3	2539.6	21753.9	19266.9	2487.0	16609.8	1829.4	12.6
浙江	Zhejiang	27226.8	1360.7	14121.3	12488.6	1632.7	11744.8	1041.2	11.8
安徽	Anhui	12263.4	1729.0	6391.0	5364.5	1026.6	4143.3	518.5	14.5
福建	Fujian	14357.1	1363.7	7365.5	6242.3	1123.1	5628.0	823.7	13.8
江西	Jiangxi	9435.0	1205.9	5194.7	4359.2	835.5	3034.4	446.2	14.0
山东	**Shandong**	**39169.9**	**3588.3**	**21238.5**	**18861.5**	**2377.0**	**14343.1**	**2214.2**	**12.3**
河南	Henan	22942.7	3263.2	13226.8	11950.8	1276.0	6452.6	934.0	12.2
湖北	Hubei	15806.1	2147.0	7764.7	6726.5	1038.1	5894.4	748.9	14.8
湖南	Hunan	15902.1	2339.4	7313.6	6275.1	1038.5	6249.1	817.9	14.5
广东	Guangdong	45472.8	2286.9	22918.1	21374.8	1543.3	20267.9	1812.4	12.2
广西	Guangxi	9502.4	1670.4	4510.8	3860.5	650.4	3321.2	458.7	14.2
海南	Hainan	2052.1	539.3	566.6	380.8	185.8	946.3	102.1	15.8
重庆	Chongqing	7894.2	685.4	4356.4	3697.8	658.6	2852.4	389.6	17.1
四川	Sichuan	16898.6	2483.0	8565.2	7326.4	1238.7	5850.4	573.8	15.1
贵州	Guizhou	4594.0	630.3	1800.1	1516.9	283.2	2163.6	472.7	12.8
云南	Yunnan	7220.1	1105.8	3223.9	2606.0	617.9	2890.4	198.7	12.3
西藏	Tibet	507.5	68.1	163.9	39.7	124.2	275.4	21.2	12.3
陕西	Shaanxi	10021.5	988.5	5403.5	4516.4	887.1	3629.6	470.1	14.5
甘肃	Gansu	4119.5	599.0	1985.0	1602.9	382.1	1535.5	227.2	11.7
青海	Qinghai	1350.4	134.9	744.6	613.7	131.0	470.9	61.3	15.3
宁夏	Ningxia	1643.4	160.3	833.2	648.5	184.6	650.0	128.0	13.4
新疆	Xinjiang	5418.8	1078.6	2533.7	2105.0	428.7	1806.5	236.8	10.6

注:本表绝对数按当年价格计算,增长速度按不变价格计算。

a)Absolute figure are calculated at current prices,growth rate at constant prices.

附录 1-4 地区生产总值构成

Composition of Gross Domestic Product by Region

(地区生产总值=100)

(Gross Domestic Product=100)

地 区	Region	第一产业 Primary Industry	第二产业 Secondary Industry	工 业 Industry	建筑业 Construction	第三产业 Teritary Industry	#交通运输仓储邮电通信业 Transport, Storage and Post	#批发和零售 Wholesale Retail Sales
北 京	Beijing	0.9	24.1	19.6	4.5	75.0	4.6	13.6
天 津	Tianjin	1.6	53.1	48.4	4.7	45.3	6.4	11.5
河 北	Hebei	12.7	53.0	47.3	5.7	34.3	9.3	6.4
山 西	Shanxi	6.2	56.8	50.5	6.3	37.0	7.2	7.4
内蒙古	Inner Mongolia	9.4	54.6	48.2	6.4	35.9	7.5	9.0
辽 宁	Liaoning	8.9	54.0	47.5	6.5	37.1	5.0	9.0
吉 林	Jilin	12.2	51.5	44.7	6.8	36.3	4.4	8.8
黑龙江	Heilongjiang	12.7	49.8	44.0	5.8	37.4	4.6	8.6
上 海	Shanghai	0.7	42.3	38.3	4.0	57.0	4.4	14.9
江 苏	Jiangsu	6.2	53.2	47.1	6.1	40.6	4.5	10.8
浙 江	Zhejiang	5.0	51.9	45.9	6.0	43.1	3.8	9.5
安 徽	Anhui	14.1	52.1	43.7	8.4	33.8	4.2	7.0
福 建	Fujian	9.5	51.3	43.5	7.8	39.2	5.7	8.4
江 西	Jiangxi	12.8	55.1	46.2	8.9	32.2	4.7	6.9
山 东	**Shandong**	**9.2**	**54.2**	**48.2**	**6.1**	**36.6**	**5.6**	**9.9**
河 南	Henan	14.2	57.7	52.1	5.6	28.1	4.1	5.3
湖 北	Hubei	13.6	49.1	42.6	6.6	37.3	4.7	7.2
湖 南	Hunan	14.7	46.0	39.5	6.5	39.3	5.1	8.8
广 东	Guangdong	5.0	50.4	47.0	3.4	44.6	4.0	10.1
广 西	Guangxi	17.6	47.5	40.6	6.8	35.0	4.8	6.7
海 南	Hainan	26.3	27.6	18.6	9.1	46.1	5.0	10.6
重 庆	Chongqing	8.7	55.2	46.8	8.3	36.1	4.9	7.8
四 川	Sichuan	14.7	50.7	43.4	7.3	34.6	3.4	5.9
贵 州	Guizhou	13.7	39.2	33.0	6.2	47.1	10.3	8.0
云 南	Yunnan	15.3	44.7	36.1	8.6	40.0	2.8	9.1
西 藏	Tibet	13.4	32.3	7.8	24.5	54.3	4.2	5.9
陕 西	Shaanxi	9.9	53.9	45.1	8.9	36.2	4.7	8.4
甘 肃	Gansu	14.5	48.2	38.9	9.3	37.3	5.5	6.6
青 海	Qinghai	10.0	55.1	45.4	9.7	34.9	4.5	6.0
宁 夏	Ningxia	9.8	50.7	39.5	11.2	39.6	7.8	5.2
新 疆	Xinjiang	19.9	46.8	38.8	7.9	33.3	4.4	5.3

注：本表按当年价格计算。

a)Data in this table are calculated at current prices.

附录 1-5 年末总人口
Basic Statistics on National Population by Region

单位:万人 (10 000 persons)

地 区	Region	2001	2002	2003	2004	2005	2006	2007	2008	2009	2010
全 国	**Total**	**127627**	**128453**	**129227**	**129988**	**130756**	**131448**	**132129**	**132802**	**133474**	**133972**
北 京	Beijing	1383	1423	1456	1493	1538	1581	1633	1695	1755	1961
天 津	Tianjin	1004	1007	1011	1024	1043	1075	1115	1176	1228	1294
河 北	Hebei	6699	6735	6769	6809	6851	6898	6943	6989	7034	7185
山 西	Shanxi	3272	3294	3314	3335	3355	3375	3393	3411	3427	3571
内蒙古	Inner Mongolia	2377	2379	2380	2384	2386	2397	2405	2414	2422	2471
辽 宁	Liaoning	4194	4203	4210	4217	4221	4271	4298	4315	4319	4375
吉 林	Jilin	2691	2699	2704	2709	2716	2723	2730	2734	2740	2746
黑龙江	Heilongjiang	3811	3813	3815	3817	3820	3823	3824	3825	3826	3831
上 海	Shanghai	1614	1625	1711	1742	1778	1815	1858	1888	1921	2302
江 苏	Jiangsu	7355	7381	7406	7433	7475	7550	7625	7677	7725	7866
浙 江	Zhejiang	4613	4647	4680	4720	4898	4980	5060	5120	5180	5443
安 徽	Anhui	6328	6338	6410	6461	6120	6110	6118	6135	6131	5950
福 建	Fujian	3440	3466	3488	3511	3535	3558	3581	3604	3627	3689
江 西	Jiangxi	4186	4222	4254	4284	4311	4339	4368	4400	4432	4457
山 东	**Shandong**	**9041**	**9082**	**9125**	**9180**	**9248**	**9309**	**9367**	**9417**	**9470**	**9579**
河 南	Henan	9555	9613	9667	9717	9380	9392	9360	9429	9487	9402
湖 北	Hubei	5975	5988	6002	6016	5710	5693	5699	5711	5720	5724
湖 南	Hunan	6596	6629	6663	6698	6326	6342	6355	6380	6406	6568
广 东	Guangdong	7783	7859	7954	8304	9194	9304	9449	9544	9638	10430
广 西	Guangxi	4788	4822	4857	4889	4660	4719	4768	4816	4856	4603
海 南	Hainan	796	803	811	818	828	836	845	854	864	867
重 庆	Chongqing	3097	3107	3130	3122	2798	2808	2816	2839	2859	2885
四 川	Sichuan	8640	8673	8700	8725	8212	8169	8127	8138	8185	8042
贵 州	Guizhou	3799	3837	3870	3904	3730	3757	3762	3793	3798	3475
云 南	Yunnan	4287	4333	4376	4415	4450	4483	4514	4543	4571	4597
西 藏	Tibet	263	267	270	274	277	281	284	287	290	300
陕 西	Shaanxi	3659	3674	3690	3705	3720	3735	3748	3762	3772	3733
甘 肃	Gansu	2575	2593	2603	2619	2594	2606	2617	2628	2635	2558
青 海	Qinghai	523	529	534	539	543	548	552	554	557	563
宁 夏	Ningxia	563	572	580	588	596	604	610	618	625	630
新 疆	Xinjiang	1876	1905	1934	1963	2010	2050	2095	2131	2159	2181

注:1.全国总计包括中国人民解放军现役军人数,不包括香港、澳门特别行政区和台湾省数据;分省数据未包括中国人民解放军现役军人数。
2.2002—2004年部分地区数据不是常住人口口径。
3.2010年数据为第六次全国人口普查初步汇总数据。

a)The military personnel were included in the national total population,but excluded in the regional total population.The national total population excluded the population of Hong Kong,Macao and Taiwan.
b)The 2002-2004 data in some areas were not the caliber of resident population.
c)2010 data is the preliminary summary data of the sixth national census.

附录 1-6 全社会固定资产投资

Total Investment in Fixed Assets in the Whole Country

单位:亿元 (100 million yuan)

地　区	Region	2001	2002	2003	2004	2005	2006	2007	2008	2009	2010
全国总计	**Total**	**37213.5**	**43499.9**	**55566.6**	**70477.4**	**88773.6**	**109998.2**	**137323.9**	**172828.4**	**224598.8**	**278139.8**
北　京	Beijing	1513.3	1796.1	2169.3	2528.2	2827.2	3296.4	3907.2	3814.7	4616.9	5403.0
天　津	Tianjin	705.0	807.5	1039.4	1245.7	1495.1	1820.5	2353.1	3389.8	4738.2	6278.6
河　北	Hebei	1912.5	2020.4	2478.0	3218.8	4139.7	5470.2	6884.7	8866.6	12269.8	15082.5
山　西	Shanxi	663.6	813.4	1100.9	1443.9	1826.6	2255.7	2861.5	3531.2	4943.2	6063.2
内蒙古	Inner Mongolia	503.6	707.9	1174.7	1788.0	2643.6	3363.2	4372.9	5475.4	7336.8	8929.9
辽　宁	Liaoning	1421.2	1605.6	2076.4	2979.6	4200.4	5689.6	7435.2	10019.1	12292.5	16043.0
吉　林	Jilin	701.7	834.2	969.0	1169.1	1741.1	2594.3	3651.4	5038.9	6411.6	7870.4
黑龙江	Heilongjiang	963.6	1046.2	1166.2	1430.8	1737.3	2236.0	2833.5	3656.0	5028.8	6812.6
上　海	Shanghai	2004.6	2213.7	2499.1	3050.3	3509.7	3900.0	4420.4	4823.1	5043.8	5108.9
江　苏	Jiangsu	2823.2	3450.1	5233.0	6557.1	8165.4	10069.2	12268.1	15300.6	18949.9	23186.8
浙　江	Zhejiang	2834.9	3477.5	4740.3	5781.3	6520.1	7590.2	8420.4	9323.0	10742.3	12488.1
安　徽	Anhui	893.4	1074.5	1418.7	1935.2	2525.1	3533.6	5087.5	6747.0	8990.7	11543.4
福　建	Fujian	1172.9	1253.1	1496.4	1892.9	2316.7	2981.8	4287.8	5207.7	6231.2	8198.5
江　西	Jiangxi	631.8	889.0	1303.2	1713.2	2176.6	2683.6	3301.9	4745.4	6643.1	8775.5
山　东	**Shandong**	**2807.8**	**3509.3**	**5328.4**	**7629.0**	**10541.9**	**11136.1**	**12537.0**	**15435.9**	**19031.0**	**23276.7**
河　南	Henan	1544.1	1725.9	2263.0	3099.4	4311.6	5904.7	8010.1	10490.6	13704.5	16585.9
湖　北	Hubei	1486.6	1605.1	1809.5	2264.8	2676.6	3343.5	4330.4	5647.0	7866.9	10262.7
湖　南	Hunan	1174.3	1348.0	1590.3	2072.6	2629.1	3175.5	4154.8	5534.0	7703.4	9663.8
广　东	Guangdong	3484.4	3850.8	4813.2	5870.0	6977.9	7973.4	9294.3	10868.7	12933.1	15624.0
广　西	Guangxi	655.6	750.3	921.3	1236.5	1661.2	2198.7	2939.7	3756.4	5237.2	7057.6
海　南	Hainan	213.3	225.4	280.0	317.0	367.2	423.9	502.4	705.4	988.3	1317.0
重　庆	Chongqing	697.0	899.3	1161.5	1537.0	1933.2	2407.4	3127.7	3979.6	5214.3	6692.4
四　川	Sichuan	1617.5	1902.7	2336.3	2818.4	3585.2	4412.9	5639.8	7127.8	11371.9	13119.5
贵　州	Guizhou	536.0	633.0	748.1	865.2	998.3	1197.4	1488.8	1864.5	2412.0	3104.9
云　南	Yunnan	738.5	814.6	1000.1	1291.5	1777.6	2208.6	2759.0	3435.9	4526.4	5528.7
西　藏	Tibet	83.3	106.6	134.0	162.4	181.4	231.1	270.3	309.9	378.3	463.3
陕　西	Shaanxi	773.4	915.3	1200.7	1508.9	1882.2	2480.7	3415.0	4614.4	6246.9	7964.4
甘　肃	Gansu	460.4	526.2	619.8	733.9	870.4	1022.6	1304.2	1712.8	2363.0	3158.3
青　海	Qinghai	196.4	232.4	255.6	289.2	329.8	408.5	482.8	583.2	798.2	1018.7
宁　夏	Ningxia	191.1	227.0	318.0	376.2	443.3	498.7	599.8	828.9	1075.9	1444.2
新　疆	Xinjiang	706.0	800.1	973.4	1147.1	1339.1	1567.1	1850.8	2260.0	2725.5	3392.7
不分地区	Not Classified by Region		1464.9	962.2	1182.5	1677.9	1947.6	2530.8	3734.9	5779.7	6674.4

附录 1-7 城镇固定资产投资
Investment in Urban Area

单位:亿元 (100 million yuan)

地 区	Region	2001	2002	2003	2004	2005	2006	2007	2008	2009	2010
全国总计	**Total**	**30001.2**	**35488.8**	**45811.7**	**59028.2**	**75095.1**	**93368.7**	**117464.5**	**148738.3**	**193920.4**	**241414.9**
北 京	Beijing	1419.6	1693.6	1999.9	2333.0	2595.4	3012.4	3597.3	3520.9	4149.6	4916.5
天 津	Tianjin	627.1	715.5	931.7	1128.7	1364.0	1679.0	2192.2	3175.1	4446.6	5896.5
河 北	Hebei	1260.5	1353.9	1772.8	2442.0	3307.8	4403.2	5690.3	7463.8	10476.5	12921.8
山 西	Shanxi	587.8	727.8	998.8	1315.2	1666.5	2055.7	2600.2	3194.6	4509.6	5526.6
内蒙古	Inner Mongolia	434.0	635.4	1097.1	1707.5	2555.3	3264.9	4255.0	5327.0	7143.8	8699.2
辽 宁	Liaoning	1203.8	1364.0	1771.2	2580.3	3666.5	4977.8	6576.0	8881.9	11605.1	15106.3
吉 林	Jilin	628.7	750.7	872.9	1059.4	1581.3	2366.1	3340.2	4592.7	5958.9	7395.2
黑龙江	Heilongjiang	888.7	958.7	1069.5	1317.0	1581.2	2040.4	2591.7	3354.8	4695.7	6292.7
上 海	Shanghai	1805.5	2012.3	2245.5	2863.0	3198.6	3497.5	4045.1	4404.9	4618.9	4630.5
江 苏	Jiangsu	1999.1	2515.3	4011.6	5008.2	6218.9	7479.6	9161.4	11609.7	14266.8	17418.9
浙 江	Zhejiang	2018.9	2429.3	3198.5	3998.8	4784.7	5429.3	5996.9	6551.1	7454.3	8525.4
安 徽	Anhui	712.5	864.5	1184.5	1613.0	2126.7	3050.2	4444.6	5948.6	7945.5	10281.8
福 建	Fujian	968.5	1030.6	1229.3	1594.5	1958.3	2692.4	3829.0	4601.5	5548.6	7385.2
江 西	Jiangxi	482.5	714.6	1099.1	1477.9	1902.7	2375.4	2954.9	4325.4	6008.1	7856.7
山 东	**Shandong**	**1990.8**	**2607.8**	**4177.2**	**5400.5**	**7275.1**	**8715.3**	**10153.6**	**12529.0**	**15439.1**	**18844.4**
河 南	Henan	1056.9	1195.9	1677.2	2434.9	3461.2	4840.8	6609.2	8721.2	11454.9	13934.8
湖 北	Hubei	1236.2	1376.2	1573.7	2005.1	2387.4	3038.5	3927.4	5148.8	7183.7	9405.6
湖 南	Hunan	842.0	988.3	1235.3	1679.4	2204.0	2718.4	3609.5	4880.0	6880.0	8618.2
广 东	Guangdong	2965.0	3287.3	4145.1	5029.4	5890.1	6553.7	7368.7	8640.9	10230.1	12599.7
广 西	Guangxi	541.5	627.7	791.3	1094.6	1480.9	1947.8	2596.7	3325.9	4689.9	6383.3
海 南	Hainan	183.0	202.7	246.2	291.0	339.2	397.0	472.8	668.0	942.7	1257.5
重 庆	Chongqing	602.9	795.1	1040.6	1400.6	1777.1	2252.0	2937.1	3715.9	4855.1	6170.6
四 川	Sichuan	1247.4	1481.2	1835.1	2322.9	2991.8	3927.4	5043.4	6362.1	9090.1	11062.2
贵 州	Guizhou	463.1	555.8	667.9	780.2	899.3	1052.8	1289.1	1609.3	2049.8	2609.4
云 南	Yunnan	600.1	664.8	839.2	1113.0	1592.3	2001.8	2443.8	3106.3	4117.5	5052.6
西 藏	Tibet	83.3	106.6	134.0	162.4	181.4	200.7	230.8	271.3	327.6	405.4
陕 西	Shaanxi	662.8	795.4	1071.0	1378.5	1740.9	2285.7	3168.8	4286.4	5888.4	7570.7
甘 肃	Gansu	401.8	465.5	553.7	660.8	786.0	923.9	1177.5	1510.8	2076.4	2808.6
青 海	Qinghai	181.8	215.4	236.9	272.7	310.8	384.6	443.7	514.0	689.1	840.0
宁 夏	Ningxia	156.2	183.5	263.1	316.8	382.0	438.7	527.7	735.7	964.2	1292.8
新 疆	Xinjiang	647.0	734.5	892.6	1046.4	1210.0	1418.0	1659.2	2025.6	2434.1	3028.9
不分地区	Not Classified by Region		1464.9	962.2	1182.5	1677.7	1947.6	2530.8	3734.9	5779.7	6674.4

附录 1-8 房地产开发企业（单位)房屋施工、竣工面积和商品房销售面积

Floor Space of Buildings for Real Estate Development

单位:万平方米 (10 000 sq.m)

地区	Region	房屋施工面积 Floor Space of Builings under Construction		房屋竣工面积 Floor Space of Builings Completed		商品房销售面积 Floor Space of Builings Sold	
		2009	2010	2009	2010	2009	2010
全国总计	**Total**	**320368.2**	**405538.9**	**72677.4**	**75961.0**	**94755.0**	**104349.1**
北京	Beijing	9719.1	10300.9	2678.6	2386.7	2362.3	1639.5
天津	Tianjin	6052.2	7160.7	1902.1	2098.5	1590.0	1564.5
河北	Hebei	12753.0	20790.3	2211.7	3028.6	2966.6	4533.0
山西	Shanxi	5486.7	7616.4	861.1	1089.7	1034.2	1163.4
内蒙古	Inner Mongolia	8288.4	11517.8	2314.8	2192.0	2581.7	3020.5
辽宁	Liaoning	18579.1	26824.5	4031.7	4466.5	5375.5	6798.2
吉林	Jilin	5369.4	7100.0	1469.6	1871.4	1944.3	2319.6
黑龙江	Heilongjiang	4521.3	7543.7	1888.3	2166.8	2017.0	2718.1
上海	Shanghai	9949.5	11295.0	2105.0	1941.2	3372.4	2055.5
江苏	Jiangsu	29953.9	35063.8	8442.8	8265.6	10248.2	9377.7
浙江	Zhejiang	19932.7	23824.5	3843.8	4049.5	5538.1	4810.0
安徽	Anhui	14165.5	17541.9	2861.2	3020.6	4030.9	4113.9
福建	Fujian	11668.2	14184.9	2240.3	2244.7	2723.2	2575.7
江西	Jiangxi	6755.6	7229.9	1646.8	1822.2	2280.9	2469.7
山东	**Shandong**	**22125.2**	**28081.2**	**5015.9**	**5074.3**	**7016.4**	**9293.9**
河南	Henan	16071.5	20394.2	3401.0	4427.1	4335.1	5452.2
湖北	Hubei	9546.5	11620.9	2312.1	2558.9	2718.0	3513.6
湖南	Hunan	13727.7	16819.5	2965.2	3350.5	3513.7	4473.0
广东	Guangdong	24814.7	29217.6	5062.2	5234.6	7060.0	7322.0
广西	Guangxi	8346.1	12050.6	1441.6	1564.3	2383.8	2793.9
海南	Hainan	1989.9	2699.0	431.6	451.1	561.4	854.7
重庆	Chongqing	13052.6	17138.5	2907.0	2626.6	4002.9	4314.4
四川	Sichuan	17731.3	21158.5	4279.5	3966.8	5967.7	6396.9
贵州	Guizhou	6101.0	7902.4	1223.5	1028.7	1653.0	1730.7
云南	Yunnan	6837.9	8785.0	1680.6	1536.0	2230.0	2959.4
西藏	Tibet	140.6	72.3	46.0	11.9	63.3	19.1
陕西	Shaanxi	8235.6	9965.2	917.0	860.8	2086.9	2590.2
甘肃	Gansu	2536.3	3130.4	540.6	598.7	698.8	756.5
青海	Qinghai	900.4	1424.0	182.0	267.7	216.8	281.0
宁夏	Ningxia	1952.0	2940.5	741.2	936.9	775.3	936.0
新疆	Xinjiang	3064.4	3997.2	1032.7	896.8	1406.6	1505.0

注：商品房销售面积包括期房。
a)The floor space of building sold refers to forward delivery housing.

附录 1-9 房地产开发企业(单位)投资和商品房销售额
Investment and Total Sale of Commercial Buildings of Enterprises for Real Estate Development

单位:亿元 (100 million yuan)

地区	Region	房地产开发投资额 Investment for Real Estate		商品房销售额 Total Sale of Commercial Buildings		#住宅 Residential	
		2009	2010	2009	2010	2009	2010
全国总计	**Total**	**36241.8**	**48267.1**	**44355.2**	**52478.7**	**38432.9**	**43953.3**
北京	Beijing	2337.7	2901.1	3259.7	2915.4	2486.8	2060.5
天津	Tianjin	735.2	866.6	1094.8	1282.4	965.4	1070.3
河北	Hebei	1520.0	2264.8	968.0	1605.8	905.1	1453.6
山西	Shanxi	477.3	592.2	280.0	404.6	246.0	351.6
内蒙古	Inner Mongolia	815.5	1120.0	767.2	1065.0	597.0	755.7
辽宁	Liaoning	2640.6	3465.8	2168.6	3059.9	1883.5	2585.1
吉林	Jilin	756.7	921.0	567.2	836.6	490.2	711.9
黑龙江	Heilongjiang	563.9	843.1	653.7	1010.1	537.0	830.4
上海	Shanghai	1462.1	1980.7	4330.2	2959.9	3620.2	2395.3
江苏	Jiangsu	3338.5	4301.9	5106.4	5430.7	4341.0	4462.0
浙江	Zhejiang	2254.3	3030.0	4334.0	4448.7	3755.5	3573.1
安徽	Anhui	1669.8	2251.8	1378.4	1732.7	1179.7	1408.4
福建	Fujian	1136.3	1818.9	1477.8	1611.0	1299.1	1299.8
江西	Jiangxi	634.5	706.8	602.8	776.4	530.6	670.3
山东	**Shandong**	**2428.7**	**3249.4**	**2459.1**	**3665.1**	**2195.8**	**3218.0**
河南	Henan	1553.8	2114.1	1155.9	1658.8	1004.9	1454.6
湖北	Hubei	1200.4	1618.2	960.0	1313.1	879.2	1134.6
湖南	Hunan	1084.6	1469.3	941.6	1406.5	826.1	1247.9
广东	Guangdong	2961.3	3659.7	4598.5	5476.5	4176.7	4591.5
广西	Guangxi	813.7	1206.2	777.2	995.2	704.8	881.7
海南	Hainan	288.0	467.9	351.5	746.6	343.4	734.1
重庆	Chongqing	1238.9	1620.3	1377.8	1846.9	1231.7	1610.6
四川	Sichuan	1588.4	2194.6	2094.1	2647.3	1906.9	2330.8
贵州	Guizhou	371.3	556.7	475.1	581.0	407.3	501.6
云南	Yunnan	737.5	900.4	653.5	934.6	555.6	769.3
西藏	Tibet	15.7	9.0	15.5	5.6	14.7	5.1
陕西	Shaanxi	941.6	1160.2	672.7	973.4	621.3	906.0
甘肃	Gansu	204.1	266.4	173.5	227.8	158.0	201.5
青海	Qinghai	72.8	108.2	54.6	84.4	50.8	77.1
宁夏	Ningxia	162.7	254.4	239.5	309.2	191.5	253.8
新疆	Xinjiang	235.9	344.9	366.3	466.0	327.2	401.6

附录 1-10 地方财政收入

Final Statement of Government Revenue by Region

单位:亿元 (100 million yuan)

地　区	Region	2002	2003	2004	2005	2006	2007	2008	2009	2010
地方总计	**Total**	**8515.0**	**9850.0**	**11693.4**	**14884.2**	**18303.6**	**23572.6**	**28644.9**	**32580.7**	**40610.0**
北　京	Beijing	534.0	592.4	744.5	919.2	1117.2	1492.6	1837.3	2026.8	2353.9
天　津	Tianjin	171.8	204.5	246.2	331.9	417.0	540.4	675.5	821.4	1068.8
河　北	Hebei	302.3	335.8	407.8	515.7	620.5	789.1	944.6	1066.2	1330.8
山　西	Shanxi	150.8	186.1	256.4	368.3	583.4	597.9	747.9	805.8	969.7
内蒙古	Inner Mongolia	112.9	138.7	196.8	277.5	343.4	492.4	649.6	850.8	1070.0
辽　宁	Liaoning	399.7	447.0	529.6	675.3	817.7	1082.7	1356.1	1591.0	2004.8
吉　林	Jilin	131.5	154.0	166.3	207.2	245.2	320.7	422.8	487.1	602.4
黑龙江	Heilongjiang	231.9	248.9	289.4	318.2	386.8	440.5	578.4	641.6	755.6
上　海	Shanghai	709.0	886.2	1106.2	1417.4	1576.1	2074.5	2358.7	2540.3	2873.6
江　苏	Jiangsu	643.7	798.1	980.5	1322.7	1656.7	2237.7	2731.1	3228.6	4079.9
浙　江	Zhejiang	566.9	706.6	806.0	1066.6	1298.2	1649.5	1933.1	2142.4	2608.5
安　徽	Anhui	200.2	220.7	274.6	334.0	428.0	543.7	724.6	863.9	1149.4
福　建	Fujian	272.9	304.7	333.5	432.6	541.2	699.5	833.3	932.3	1151.5
江　西	Jiangxi	140.5	168.2	205.8	252.9	305.5	389.9	488.6	581.2	777.8
山　东	**Shandong**	**610.2**	**713.8**	**828.3**	**1073.1**	**1356.3**	**1675.4**	**1957.1**	**2198.6**	**2749.4**
河　南	Henan	296.7	338.1	428.8	537.7	679.2	862.1	1009.1	1126.1	1381.0
湖　北	Hubei	243.4	259.7	310.5	375.5	476.1	590.4	710.2	800.4	1011.2
湖　南	Hunan	231.1	268.6	320.6	395.3	477.9	606.6	722.7	845.0	1066.0
广　东	Guangdong	1201.6	1315.5	1418.5	1807.2	2179.5	2785.8	3310.0	3649.2	4515.7
广　西	Guangxi	186.7	203.7	237.8	283.0	342.6	418.8	518.7	620.8	772.3
海　南	Hainan	46.2	51.3	57.0	68.7	81.8	108.3	145.0	178.2	271.1
重　庆	Chongqing	126.1	161.6	200.6	256.8	317.7	442.7	577.2	655.6	1018.4
四　川	Sichuan	291.9	336.6	385.8	479.7	607.6	850.9	1041.7	1174.2	1561.0
贵　州	Guizhou	108.3	124.6	149.3	182.5	226.8	285.1	349.5	416.5	533.9
云　南	Yunnan	206.8	229.0	263.4	312.6	380.0	486.7	613.6	698.2	871.2
西　藏	Tibet	7.3	8.2	10.0	12.0	14.6	20.1	24.9	30.1	36.7
陕　西	Shaanxi	150.3	177.3	215.0	275.3	362.5	475.2	591.3	733.9	957.9
甘　肃	Gansu	76.2	87.7	104.2	123.5	141.2	190.9	264.9	286.7	353.6
青　海	Qinghai	21.1	24.0	27.0	33.8	42.2	56.7	71.6	87.7	110.2
宁　夏	Ningxia	26.5	30.0	37.5	47.7	61.4	80.0	95.0	111.5	153.6
新　疆	Xinjiang	116.5	128.2	155.7	180.3	219.5	285.9	361.1	388.8	500.6

注：本表数据为地方财政本级收入。

a)Data in this table are the revenue of local governments.

附录 1-11 地方财政支出

Final Statement of Government Expenditure by Region

单位:亿元 (100 million yuan)

地 区	Region	2002	2003	2004	2005	2006	2007	2008	2009	2010
地方总计	**Total**	**15281.5**	**17229.9**	**20592.8**	**25154.3**	**30431.3**	**38339.3**	**49052.7**	**60593.8**	**73602.0**
北 京	Beijing	628.3	734.8	898.3	1058.3	1296.8	1649.5	1956.0	2301.7	2716.0
天 津	Tianjin	265.2	312.1	375.0	442.1	543.1	674.3	869.0	1099.2	1351.3
河 北	Hebei	576.6	646.7	785.6	979.2	1180.4	1506.6	1851.7	2311.8	2778.9
山 西	Shanxi	334.3	415.7	519.1	668.8	915.6	1049.9	1313.1	1556.7	1928.4
内蒙古	Inner Mongolia	393.6	447.3	564.1	681.9	812.1	1082.3	1465.2	1925.1	2280.5
辽 宁	Liaoning	690.9	784.4	931.4	1204.4	1422.7	1764.3	2151.9	2651.4	3194.4
吉 林	Jilin	362.6	409.2	507.8	631.1	718.4	883.8	1180.1	1479.2	1787.3
黑龙江	Heilongjiang	531.9	564.9	697.6	787.8	968.5	1187.3	1542.3	1877.7	2253.3
上 海	Shanghai	862.4	1088.4	1382.5	1646.3	1795.6	2181.7	2593.9	2989.6	3302.9
江 苏	Jiangsu	860.3	1047.7	1312.0	1673.4	2013.3	2553.7	3201.6	3885.0	4835.2
浙 江	Zhejiang	749.9	896.8	1062.9	1265.5	1471.9	1806.8	2208.3	2653.8	3208.4
安 徽	Anhui	456.9	507.4	601.5	713.1	940.2	1243.8	1621.6	2101.0	2566.9
福 建	Fujian	397.6	452.3	516.7	593.1	728.7	910.6	1125.3	1403.8	1678.7
江 西	Jiangxi	341.4	382.1	454.1	564.0	696.4	905.1	1208.4	1548.6	1911.0
山 东	**Shandong**	**860.6**	**1010.6**	**1189.4**	**1466.2**	**1833.4**	**2261.8**	**2704.7**	**3267.7**	**4145.0**
河 南	Henan	629.2	716.6	880.0	1116.0	1440.1	1870.6	2283.9	2902.6	3413.2
湖 北	Hubei	511.4	540.4	646.3	778.7	1047.0	1277.3	1638.0	2107.3	2465.2
湖 南	Hunan	533.0	573.7	719.5	873.4	1064.5	1357.0	1717.7	2118.6	2702.5
广 东	Guangdong	1521.1	1695.6	1853.0	2289.1	2553.3	3159.6	3756.7	4305.4	5414.8
广 西	Guangxi	419.9	443.6	507.5	611.5	729.5	985.9	1287.1	1606.3	1994.4
海 南	Hainan	92.3	105.4	127.2	151.2	174.5	245.2	356.0	485.0	578.5
重 庆	Chongqing	305.9	341.6	395.7	487.4	594.3	768.4	1010.7	1298.4	1771.0
四 川	Sichuan	701.6	732.3	895.3	1082.2	1347.4	1759.1	2965.4	3591.0	4242.5
贵 州	Guizhou	316.7	332.4	418.4	520.7	610.6	795.4	1048.6	1358.8	1640.2
云 南	Yunnan	526.9	587.3	663.6	766.3	893.6	1135.2	1470.7	1949.8	2285.7
西 藏	Tibet	137.8	145.9	133.8	185.5	200.2	275.4	380.7	470.1	551.0
陕 西	Shaanxi	404.9	418.2	516.3	639.0	824.2	1054.0	1435.6	1839.9	2217.6
甘 肃	Gansu	274.0	300.0	356.9	429.4	528.6	675.3	965.4	1245.6	1466.7
青 海	Qinghai	118.7	122.0	137.3	169.8	214.7	282.2	363.8	486.7	743.4
宁 夏	Ningxia	114.6	105.8	123.0	160.3	193.2	241.9	323.1	427.8	555.9
新 疆	Xinjiang	361.2	368.5	421.0	519.0	678.5	795.2	1056.1	1349.2	1698.9

注:本表数据为地方财政本级支出。

a)Data in this table are the expenditure of local governments.

附录 1-12 居民消费价格分类指数(2010年)

Consumer Price Indices by Category and Region(2010)

(上年=100) (preceding year=100)

地区	Region	居民消费价格指数 General Index	食品 Food	烟酒及用品 Tobacco, Liquor and Articles	衣着 Clothing	家庭设备用品及服务 Household Facilities, Articles and Services	医疗保健和个人用品 Health Care and Personal Articles	交通和通信 Transportation and Communication	娱乐教育文化 Recreation, Education and Culture	居住 Residence
全国	**Total**	**103.3**	**107.2**	**101.6**	**99.0**	**100.0**	**103.2**	**99.6**	**100.6**	**104.5**
北京	Beijing	102.4	105.5	101.1	98.4	99.4	101.5	100.8	99.4	105.0
天津	Tianjin	103.5	108.0	104.3	102.8	99.5	103.7	98.1	98.8	102.3
河北	Hebei	103.1	107.8	101.5	97.5	99.8	102.5	99.1	100.1	104.1
山西	Shanxi	103.0	108.5	102.8	96.8	98.5	102.3	98.5	100.5	103.8
内蒙古	Inner Mongolia	103.2	109.5	101.9	99.4	98.8	101.8	99.7	99.6	102.2
辽宁	Liaoning	103.0	107.9	100.7	96.2	99.8	102.4	99.9	99.9	103.4
吉林	Jilin	103.7	109.2	100.7	100.7	99.6	101.8	99.1	100.5	102.4
黑龙江	Heilongjiang	103.9	108.1	101.2	98.0	100.0	106.5	99.8	98.8	105.6
上海	Shanghai	103.1	107.7	101.1	98.6	101.1	103.7	97.4	100.9	103.5
江苏	Jiangsu	103.8	107.4	102.4	100.7	100.1	102.9	99.8	101.6	105.0
浙江	Zhejiang	103.8	107.3	100.7	99.3	100.4	105.4	100.3	101.6	106.0
安徽	Anhui	103.1	106.6	102.0	98.1	98.9	103.3	99.6	100.5	105.5
福建	Fujian	103.2	107.8	101.4	95.7	99.2	103.1	99.5	100.2	105.4
江西	Jiangxi	103.0	105.6	100.3	98.8	99.3	102.7	99.0	100.4	106.9
山东	**Shandong**	**102.9**	**108.3**	**102.5**	**97.6**	**99.6**	**101.9**	**99.3**	**99.7**	**103.6**
河南	Henan	103.5	107.9	101.2	101.1	99.6	103.2	99.4	100.6	104.3
湖北	Hubei	102.9	105.8	101.5	100.9	101.4	103.2	100.2	100.2	103.4
湖南	Hunan	103.1	105.4	100.7	100.7	100.5	101.8	100.5	101.7	105.1
广东	Guangdong	103.1	105.9	102.3	99.6	100.0	103.8	99.6	100.4	104.8
广西	Guangxi	103.0	107.1	101.6	99.8	98.8	101.5	100.4	98.4	105.7
海南	Hainan	104.8	107.6	100.6	101.2	104.6	102.0	100.6	99.4	109.7
重庆	Chongqing	103.2	106.5	104.3	98.4	100.2	102.5	99.5	102.7	105.4
四川	Sichuan	103.2	106.1	101.8	99.1	100.8	104.3	100.7	100.6	103.1
贵州	Guizhou	102.9	107.7	102.0	97.4	99.3	101.3	100.8	100.4	102.4
云南	Yunnan	103.7	108.4	101.0	96.8	99.6	104.0	100.0	101.0	104.6
西藏	Tibet	102.2	104.5	101.1	102.1	100.6	101.2	99.8	99.7	102.8
陕西	Shaanxi	104.0	108.5	101.0	99.1	100.0	105.8	99.8	101.0	104.0
甘肃	Gansu	104.1	109.4	102.8	100.0	100.6	103.5	99.3	100.4	104.1
青海	Qinghai	105.4	108.3	101.1	106.7	101.5	104.9	103.0	104.7	102.8
宁夏	Ningxia	104.1	108.3	101.4	101.3	100.9	101.8	100.1	103.9	103.4
新疆	Xinjiang	104.3	110.7	102.0	99.2	101.2	102.0	100.0	101.2	102.7

附录 1–13　城镇居民人均可支配收入

Per Capita Disposable Income of Urban Households

单位:元　　(yuan)

地　区	Region	2001	2002	2003	2004	2005	2006	2007	2008	2009	2010
全国总计	**Total**	**6859.6**	**7702.8**	**8472.2**	**9421.6**	**10493.0**	**11759.5**	**13785.8**	**15780.8**	**17174.7**	**19109.4**
北　京	Beijing	11577.8	12463.9	13882.6	15637.8	17653.0	19977.5	21988.7	24724.9	26738.5	29072.9
天　津	Tianjin	8958.7	9337.6	10312.9	11467.2	12638.6	14283.1	16357.4	19422.5	21402.0	24292.6
河　北	Hebei	5984.8	6679.7	7239.1	7951.3	9107.1	10304.6	11690.5	13441.1	14718.3	16263.4
山　西	Shanxi	5391.1	6234.4	7005.0	7902.9	8913.9	10027.7	11565.0	13119.1	13996.6	15647.7
内蒙古	Inner Mongolia	5535.9	6051.0	7012.9	8123.0	9136.8	10358.0	12377.8	14432.6	15849.2	17698.2
辽　宁	Liaoning	5797.0	6524.5	7240.6	8007.6	9107.6	10369.6	12300.4	14392.7	15761.4	17712.6
吉　林	Jilin	5340.5	6260.2	7005.2	7840.6	8690.6	9775.1	11285.5	12829.5	14006.3	15411.5
黑龙江	Heilongjiang	5425.9	6100.6	6678.9	7470.7	8272.5	9182.3	10245.3	11581.3	12566.0	13856.5
上　海	Shanghai	12883.5	13249.8	14867.5	16682.8	18645.0	20667.9	23622.7	26674.9	28837.8	31838.1
江　苏	Jiangsu	7375.1	8177.6	9262.5	10481.9	12318.6	14084.3	16378.0	18679.5	20551.7	22944.3
浙　江	Zhejiang	10464.7	11715.6	13179.5	14546.4	16293.8	18265.1	20573.8	22726.7	24610.8	27359.0
安　徽	Anhui	5668.8	6032.4	6778.0	7511.4	8470.7	9771.1	11473.6	12990.4	14085.7	15788.2
福　建	Fujian	8313.1	9189.4	9999.5	11175.4	12321.3	13753.3	15505.4	17961.5	19576.8	21781.3
江　西	Jiangxi	5506.0	6335.6	6901.4	7559.6	8619.7	9551.1	11451.7	12866.4	14021.5	15481.1
山　东	**Shandong**	**7101.1**	**7614.5**	**8399.9**	**9437.8**	**10744.8**	**12192.2**	**14264.7**	**16305.4**	**17811.0**	**19945.8**
河　南	Henan	5267.4	6245.4	6926.1	7704.9	8668.0	9810.3	11477.1	13231.1	14371.6	15930.3
湖　北	Hubei	5856.0	6788.5	7322.0	8022.8	8785.9	9802.7	11485.8	13152.9	14367.5	16058.4
湖　南	Hunan	6780.6	6958.6	7674.2	8617.5	9524.0	10504.7	12293.5	13821.2	15084.3	16565.7
广　东	Guangdong	10415.2	11137.2	12380.4	13627.7	14770.0	16015.6	17699.3	19732.9	21574.7	23897.8
广　西	Guangxi	6665.7	7315.3	7785.0	8690.0	9286.7	9898.8	12200.4	14146.0	15451.5	17063.9
海　南	Hainan	5838.8	6822.7	7259.3	7735.8	8123.9	9395.1	10996.9	12607.8	13750.9	15581.1
重　庆	Chongqing	6721.1	7238.0	8093.7	9221.0	10243.5	11569.7	12590.8	14367.6	15748.7	17532.4
四　川	Sichuan	6360.5	6610.8	7041.9	7709.9	8386.0	9350.1	11098.3	12633.4	13839.4	15461.2
贵　州	Guizhou	5451.9	5944.1	6569.2	7322.1	8151.1	9116.6	10678.4	11758.8	12862.5	14142.7
云　南	Yunnan	6797.7	7240.6	7643.6	8870.9	9265.9	10069.9	11496.1	13250.2	14423.9	16064.5
西　藏	Tibet	7869.2	8079.1	8765.5	9106.1	9431.2	8941.1	11130.9	12481.5	13544.4	14980.5
陕　西	Shaanxi	5483.7	6330.8	6806.4	7492.5	8272.0	9267.7	10763.3	12857.9	14128.8	15695.2
甘　肃	Gansu	5382.9	6151.4	6657.2	7376.7	8086.8	8920.6	10012.3	10969.4	11929.8	13188.6
青　海	Qinghai	5853.7	6170.5	6745.3	7319.7	8057.9	9000.4	10276.1	11640.4	12691.9	13855.0
宁　夏	Ningxia	5544.2	6067.4	6530.5	7217.9	8093.6	9177.3	10859.3	12931.5	14024.7	15344.5
新　疆	Xinjiang	6395.0	6899.6	7173.5	7503.4	7990.2	8871.3	10313.4	11432.1	12257.5	13643.8

注:本表绝对数按当年价格计算。

a)Absolute figures in this table are calculated at current prices.

附录 1-14　城镇居民人均收支情况(2010年)

Per Capita Income and Expenditure of Urban Households(2010)

单位:元　　(yuan)

地区	Region	总收入 Total Income	#可支配收入 Disposable Incom	总支出 Total Expenditure	消费性支出 Living Expenditure	非消费性支出 Non-living Expenditure	恩格尔系数(%) Engel's Coefficient (%)
全国总计	**Total**	**21033.4**	**19109.4**	**18258.4**	**13471.5**	**4786.9**	**35.7**
北京	Beijing	33360.4	29072.9	26921.0	19934.5	6986.5	32.1
天津	Tianjin	26942.0	24292.6	24345.2	16561.8	7783.4	35.9
河北	Hebei	17334.4	16263.4	13332.2	10318.3	3013.9	32.3
山西	Shanxi	16893.0	15647.7	13417.2	9792.7	3624.5	31.2
内蒙古	Inner Mongolia	19014.2	17698.2	18074.2	13994.6	4079.6	30.1
辽宁	Liaoning	20014.6	17712.6	18397.5	13280.0	5117.4	35.1
吉林	Jilin	16794.5	15411.5	15834.1	11679.0	4155.1	32.3
黑龙江	Heilongjiang	15095.6	13856.5	14172.8	10683.9	3488.9	35.4
上海	Shanghai	35738.5	31838.1	32575.1	23200.4	9374.7	33.5
江苏	Jiangsu	25115.4	22944.3	20139.3	14357.5	5781.8	36.5
浙江	Zhejiang	30134.8	27359.0	25852.7	17858.2	7994.5	34.3
安徽	Anhui	17626.7	15788.2	16144.5	11512.6	4632.0	38.0
福建	Fujian	24149.6	21781.3	20189.5	14750.0	5439.5	39.3
江西	Jiangxi	16558.0	15481.1	13922.7	10618.7	3304.0	39.5
山东	**Shandong**	**21736.9**	**19945.8**	**17416.0**	**13118.2**	**4297.7**	**32.1**
河南	Henan	17141.8	15930.3	13802.5	10838.5	2964.0	33.0
湖北	Hubei	17572.8	16058.4	15612.3	11451.0	4161.3	38.7
湖南	Hunan	17657.1	16565.7	16179.4	11825.3	4354.1	36.5
广东	Guangdong	26896.9	23897.8	24531.0	18489.5	6041.5	36.5
广西	Guangxi	18742.2	17063.9	16155.2	11490.1	4665.1	38.1
海南	Hainan	16929.6	15581.1	14361.8	10926.7	3435.1	44.8
重庆	Chongqing	18990.5	17532.4	16964.9	13335.0	3629.9	37.6
四川	Sichuan	17128.9	15461.2	16181.9	12105.1	4076.8	39.5
贵州	Guizhou	15138.8	14142.7	13479.4	10058.3	3421.1	39.9
云南	Yunnan	17478.9	16064.5	14693.5	11074.1	3619.4	41.5
西藏	Tibet	16539.0	14980.5	12054.3	9685.5	2368.7	50.0
陕西	Shaanxi	17064.7	15695.2	15559.6	11821.9	3737.7	37.1
甘肃	Gansu	14307.3	13188.6	12552.0	9895.4	2656.6	37.4
青海	Qinghai	15480.8	13855.0	13604.4	9613.8	3990.6	39.4
宁夏	Ningxia	17536.8	15344.5	16742.5	11334.4	5408.0	33.2
新疆	Xinjiang	15421.6	13643.8	13980.3	10197.1	3783.2	36.2

附录 1-15　农村居民人均纯收入
Per Capita Net Income of Rural Households

单位:元　　　　(yuan)

地　区	Region	2001	2002	2003	2004	2005	2006	2007	2008	2009	2010
全国总计	**Total**	**2366.4**	**2475.6**	**2622.2**	**2936.4**	**3254.9**	**3587.0**	**4140.4**	**4760.6**	**5153.2**	**5919.0**
北　京	Beijing	5025.5	5398.5	5601.6	6170.3	7346.3	8275.5	9439.6	10661.9	11668.6	13262.3
天　津	Tianjin	3947.7	4278.7	4566.0	5019.5	5579.9	6227.9	7010.1	7910.8	8687.6	10074.9
河　北	Hebei	2603.6	2685.2	2853.4	3171.1	3481.6	3801.8	4293.4	4795.5	5149.7	5958.0
山　西	Shanxi	1956.0	2149.8	2299.2	2589.6	2890.7	3180.9	3665.7	4097.2	4244.1	4736.3
内蒙古	Inner Mongolia	1973.4	2086.0	2267.7	2606.4	2988.9	3341.9	3953.1	4656.2	4937.8	5529.6
辽　宁	Liaoning	2557.9	2751.3	2934.4	3307.1	3690.2	4090.4	4773.4	5576.5	5958.0	6907.9
吉　林	Jilin	2182.2	2301.0	2530.4	2999.6	3264.0	3641.1	4191.3	4932.7	5265.9	6237.4
黑龙江	Heilongjiang	2280.3	2405.2	2508.9	3005.2	3221.3	3552.4	4132.3	4855.6	5206.8	6210.7
上　海	Shanghai	5870.9	6223.6	6653.9	7066.3	8247.8	9138.7	10144.6	11440.3	12482.9	13978.0
江　苏	Jiangsu	3784.7	3979.8	4239.3	4753.9	5276.3	5813.2	6561.0	7356.5	8003.5	9118.2
浙　江	Zhejiang	4582.3	4940.4	5389.0	5944.1	6660.0	7334.8	8265.2	9257.9	10007.3	11302.6
安　徽	Anhui	2020.0	2117.6	2127.5	2499.3	2641.0	2969.1	3556.3	4202.5	4504.3	5285.2
福　建	Fujian	3380.7	3538.8	3733.9	4089.4	4450.4	4834.8	5467.1	6196.1	6680.2	7426.9
江　西	Jiangxi	2231.6	2306.5	2457.5	2786.8	3128.9	3459.5	4044.7	4697.2	5075.0	5788.6
山　东	**Shandong**	**2804.5**	**2954.0**	**3150.5**	**3507.4**	**3930.6**	**4368.3**	**4985.3**	**5641.4**	**6118.8**	**6990.3**
河　南	Henan	2097.9	2215.7	2235.7	2553.2	2870.6	3261.0	3851.6	4454.2	4807.0	5523.7
湖　北	Hubei	2352.2	2444.1	2566.8	2890.0	3099.2	3419.4	3997.5	4656.4	5035.3	5832.3
湖　南	Hunan	2299.5	2397.9	2532.9	2837.8	3117.7	3389.6	3904.2	4512.5	4909.0	5622.0
广　东	Guangdong	3769.8	3911.9	4054.6	4365.9	4690.5	5079.8	5624.0	6399.8	6906.9	7890.3
广　西	Guangxi	1944.3	2012.6	2094.5	2305.2	2494.7	2770.5	3224.1	3690.3	3980.4	4543.4
海　南	Hainan	2226.5	2423.2	2588.1	2817.6	3004.0	3255.5	3791.4	4390.0	4744.4	5275.4
重　庆	Chongqing	1971.2	2097.6	2214.6	2510.4	2809.3	2873.8	3509.3	4126.2	4478.4	5276.7
四　川	Sichuan	1987.0	2107.6	2229.9	2518.9	2802.8	3002.4	3546.7	4121.2	4462.1	5086.9
贵　州	Guizhou	1411.7	1489.9	1564.7	1721.6	1877.0	1984.6	2374.0	2796.9	3005.4	3471.9
云　南	Yunnan	1533.7	1608.6	1697.1	1864.2	2041.8	2250.5	2634.1	3102.6	3369.3	3952.0
西　藏	Tibet	1404.0	1462.3	1690.8	1861.3	2077.9	2435.0	2788.2	3175.8	3531.7	4138.7
陕　西	Shaanxi	1490.8	1596.3	1675.7	1866.5	2052.6	2260.2	2644.7	3136.5	3437.6	4105.0
甘　肃	Gansu	1508.6	1590.3	1673.1	1852.2	1979.9	2134.1	2328.9	2723.8	2980.1	3424.7
青　海	Qinghai	1557.3	1668.9	1794.1	1957.7	2151.5	2358.4	2683.8	3061.2	3346.2	3862.7
宁　夏	Ningxia	1823.1	1917.4	2043.3	2320.1	2508.9	2760.1	3180.8	3681.4	4048.3	4674.9
新　疆	Xinjiang	1710.4	1863.3	2106.2	2244.9	2482.2	2737.3	3183.0	3502.9	3883.1	4642.7

注:本表按当年价格计算。
a)Figures in this table are calculated at current prices.

附录 1-16　农村居民家庭人均收支情况(2010年)

Per Capita Income and Expenditure of Urban Households(2010)

单位:元　　(yuan)

地　区	Region	总收入 Total Income	#纯收入 Net Income	#现金收入 Cash Income	总支出 Total Expenditure	#生活消费 Consumption Expenditure	#现金支出 Cash Consumption Expenditure	恩格尔系数(%) Engel's Coefficient (%)
全国总计	**Total**	**8119.5**	**5919.0**	**7088.8**	**6991.8**	**4381.8**	**6307.4**	**41.1**
北　京	Beijing	15119.6	13262.3	14793.8	11864.1	9254.8	11753.2	32.4
天　津	Tianjin	13258.4	10074.9	12509.0	8329.1	4936.7	8211.2	41.7
河　北	Hebei	8293.9	5958.0	7248.6	6402.9	3844.9	6011.1	35.1
山　西	Shanxi	6393.6	4736.3	5667.4	5566.8	3663.9	5170.0	37.5
内蒙古	Inner Mongolia	9358.0	5529.6	7718.2	9114.1	4460.8	8093.0	37.5
辽　宁	Liaoning	10902.5	6907.9	9907.7	9604.7	4489.5	8937.5	38.2
吉　林	Jilin	10085.5	6237.4	8386.0	9182.4	4147.4	8646.2	36.7
黑龙江	Heilongjiang	11526.8	6210.7	10431.0	10982.0	4391.2	10535.6	33.8
上　海	Shanghai	14777.6	13978.0	14603.8	11973.9	10210.5	11799.1	37.3
江　苏	Jiangsu	11138.5	9118.2	10230.8	9163.6	6542.9	8587.3	38.1
浙　江	Zhejiang	15366.5	11302.6	15042.9	13646.6	8928.9	13374.7	34.2
安　徽	Anhui	6895.6	5285.2	5959.8	5909.6	4013.3	5377.4	40.7
福　建	Fujian	8993.1	7426.9	8270.2	7414.4	5498.3	6868.0	46.1
江　西	Jiangxi	7468.5	5788.6	6462.1	5904.3	3911.6	5219.1	46.3
山　东	**Shandong**	**9877.3**	**6990.3**	**9093.7**	**7981.0**	**4807.2**	**7589.5**	**37.5**
河　南	Henan	7293.4	5523.7	5900.0	5767.4	3682.2	5326.9	37.2
湖　北	Hubei	7699.3	5832.3	6664.4	6131.2	4090.8	5294.4	43.1
湖　南	Hunan	7480.4	5622.0	6433.0	6507.9	4310.4	5567.8	48.4
广　东	Guangdong	9386.8	7890.3	8638.6	7199.1	5515.6	6530.9	47.7
广　西	Guangxi	6181.5	4543.4	5151.6	5270.8	3455.3	4475.6	48.5
海　南	Hainan	6904.9	5275.4	6118.3	5067.5	3446.2	4369.0	50.0
重　庆	Chongqing	6726.7	5276.7	5312.9	5495.6	3624.6	4313.9	48.3
四　川	Sichuan	6982.8	5086.9	5626.2	6166.4	3897.5	5003.4	48.3
贵　州	Guizhou	4560.5	3471.9	3448.3	4350.3	2852.5	3339.5	46.3
云　南	Yunnan	5837.6	3952.0	4565.2	5522.9	3398.3	4293.2	47.2
西　藏	Tibet	5084.1	4138.7	3652.4	3474.9	2666.9	2622.4	49.7
陕　西	Shaanxi	5793.6	4105.0	5032.7	5998.2	3793.8	5562.3	34.2
甘　肃	Gansu	4771.9	3424.7	3856.0	4528.5	2942.0	3734.5	44.7
青　海	Qinghai	5042.2	3862.7	4096.3	5186.8	3774.5	4333.1	38.2
宁　夏	Ningxia	7330.8	4674.9	5879.2	7191.6	4013.2	6129.5	38.4
新　疆	Xinjiang	8806.9	4642.7	7517.3	8241.0	3457.9	7464.2	40.3

附录 1-17 农林牧渔业总产值及增长速度(2010年)

Gross Output Value and Growth Rate of Farming,Forestry, Animal Husbandry and Fishery(2010)

地区	Region	农林牧渔业总产值(亿元) Gross Output Value (100 million yuan)	#农业 Farming	#林业 Forestry	#牧业 Animal Husbandry	#渔业 Fishery	农林牧渔业总产值比上年增长(%) Growth Rate
全国总计	**Total**	**69319.8**	**36941.1**	**2595.5**	**20825.7**	**6422.4**	**4.4**
北京	Beijing	328.0	154.2	16.8	139.6	11.5	-1.7
天津	Tianjin	317.3	168.3	2.4	87.5	50.3	3.5
河北	Hebei	4309.4	2470.1	51.3	1443.8	142.5	3.5
山西	Shanxi	1047.8	669.0	65.0	250.8	6.1	6.2
内蒙古	Inner Mongolia	1843.6	900.4	76.6	822.4	15.9	6.2
辽宁	Liaoning	3106.5	1140.3	82.5	1270.6	491.0	5.8
吉林	Jilin	1850.3	866.9	68.3	831.5	25.3	3.6
黑龙江	Heilongjiang	2536.3	1369.2	95.5	965.8	53.7	5.8
上海	Shanghai	287.0	155.3	7.5	62.9	52.6	-5.1
江苏	Jiangsu	4297.1	2269.6	78.1	923.3	805.2	4.4
浙江	Zhejiang	2172.9	1041.3	119.4	448.4	522.2	2.9
安徽	Anhui	2955.4	1544.4	135.3	865.0	294.8	4.5
福建	Fujian	2307.1	976.6	189.4	380.3	674.2	3.5
江西	Jiangxi	1900.6	801.4	186.8	584.1	255.6	4.0
山东	**Shandong**	**6650.9**	**3670.1**	**86.5**	**1774.5**	**847.4**	**3.6**
河南	Henan	5734.2	3540.8	115.3	1805.9	71.2	4.6
湖北	Hubei	3502.0	1921.7	65.4	925.0	458.6	4.5
湖南	Hunan	3787.5	2059.6	207.4	1118.2	232.7	4.3
广东	Guangdong	3754.9	1760.2	176.3	947.2	741.4	4.3
广西	Guangxi	2721.0	1339.6	173.5	870.7	247.2	4.7
海南	Hainan	821.3	341.7	123.8	158.6	173.5	6.1
重庆	Chongqing	1021.1	623.3	30.4	326.6	27.2	5.9
四川	Sichuan	4081.8	2069.3	112.9	1705.2	129.8	4.5
贵州	Guizhou	997.8	587.3	41.0	304.2	13.8	5.2
云南	Yunnan	1810.5	925.6	184.2	588.8	48.1	4.7
西藏	Tibet	100.8	46.1	2.5	48.9	0.2	3.5
陕西	Shaanxi	1666.1	1107.2	35.2	435.0	8.3	5.8
甘肃	Gansu	1057.0	757.6	18.5	181.8	1.2	5.7
青海	Qinghai	201.3	92.1	3.8	101.5	0.1	6.7
宁夏	Ningxia	305.9	195.1	8.7	82.1	8.0	7.8
新疆	Xinjiang	1846.2	1376.9	35.3	375.8	12.7	4.9

注：本表绝对数按当年价格计算，增长速度按可比价格计算。
Absolute figures in this table are calculated at current prices while growth rate at constant prices.

附录 1-18 主要农产品产量(2010年)

Output of Major Agriculture Products(2010)

单位:万吨 (10 000 tons)

地区	Region	粮食 Grain	油料 Oil Crops	棉花 Cotton	水果 Fruits	肉类 Meat	#猪肉 Pork	#牛肉 Beef	#羊肉 Mutton	奶类 Milk	蔬菜 Vegetables
全国总计	**Total**	**54647.7**	**3230.1**	**596.1**	**21401.4**	**7925.8**	**5071.2**	**653.1**	**398.9**	**3748.0**	**65099.4**
北京	Beijing	115.7	1.6	0.0	115.2	46.3	24.1	2.0	1.4	64.1	303.0
天津	Tianjin	159.7	0.6	6.3	60.0	42.6	28.0	3.1	1.5	69.3	419.3
河北	Hebei	2975.9	140.3	57.0	1612.4	416.7	245.2	58.1	29.3	449.1	7073.6
山西	Shanxi	1085.1	17.6	6.9	474.9	72.4	53.1	4.9	5.6	74.9	909.1
内蒙古	Inner Mongolia	2158.2	128.1	0.1	278.2	238.7	71.9	49.7	89.2	945.7	1350.9
辽宁	Liaoning	1765.4	99.6	0.1	733.1	406.7	228.4	41.6	7.9	126.7	2668.2
吉林	Jilin	2842.5	70.4	0.5	218.0	238.9	119.8	43.2	3.8	44.6	1078.7
黑龙江	Heilongjiang	5012.8	27.5		279.6	197.9	114.5	39.0	12.1	558.8	723.8
上海	Shanghai	118.4	2.3	0.4	101.9	26.2	17.9	0.0	0.5	24.7	398.1
江苏	Jiangsu	3235.1	152.0	26.1	738.6	365.8	213.1	3.5	7.4	57.3	4234.0
浙江	Zhejiang	770.7	39.5	2.9	701.3	175.1	131.9	1.1	1.9	20.3	1788.8
安徽	Anhui	3080.5	227.6	31.6	805.3	376.9	238.8	18.3	14.2	20.5	2137.4
福建	Fujian	661.9	26.6	0.0	642.8	180.2	146.6	2.3	1.8	15.7	1563.3
江西	Jiangxi	1954.7	107.6	13.1	468.4	289.9	221.1	11.2	1.1	11.9	1115.3
山东	**Shandong**	**4335.7**	**342.2**	**72.4**	**2793.8**	**704.4**	**353.2**	**68.7**	**32.7**	**271.6**	**9030.7**
河南	Henan	5437.1	540.7	44.7	2394.0	638.4	408.3	83.0	25.2	307.9	6624.3
湖北	Hubei	2315.8	311.8	47.2	778.5	379.3	287.0	17.7	8.1	30.4	3131.5
湖南	Hunan	2847.5	195.3	22.7	788.4	494.8	412.4	16.3	10.6	7.8	3122.9
广东	Guangdong	1316.5	88.2		1235.9	441.1	275.5	6.3	0.9	14.5	2718.6
广西	Guangxi	1412.3	45.8	0.2	1094.4	387.8	241.5	13.7	3.3	8.2	2129.4
海南	Hainan	180.4	9.5		375.1	68.5	41.2	2.2	1.1	0.2	442.4
重庆	Chongqing	1156.1	44.4	0.01	238.5	192.5	147.6	6.3	2.4	8.0	1309.5
四川	Sichuan	3222.9	268.5	1.4	722.9	656.6	492.2	29.4	24.8	70.3	3408.3
贵州	Guizhou	1112.3	60.3	0.1	123.5	179.1	148.1	12.0	3.4	4.6	1202.0
云南	Yunnan	1531.0	34.2	0.04	397.9	321.4	242.5	29.9	12.9	54.1	1255.0
西藏	Tibet	91.2	5.9		2.2	25.0	1.3	14.8	8.7	29.4	58.1
陕西	Shaanxi	1164.9	56.1	6.9	1476.5	102.6	79.1	7.3	7.3	177.6	1384.0
甘肃	Gansu	958.3	64.1	7.6	488.5	84.4	46.3	16.1	15.6	36.3	1235.5
青海	Qinghai	102.0	34.4		3.8	28.3	9.2	8.5	9.8	26.3	141.6
宁夏	Ningxia	356.5	20.8		228.9	25.7	8.5	7.5	7.3	84.5	407.4
新疆	Xinjiang	1170.7	66.6	247.9	1028.8	121.7	23.0	35.5	47.0	132.8	1734.4

注:水果产量含果用瓜。

a)Data of output of fruits include yield of melon and fruit.

附录 1-19 主要工业产品产量(2010年)

Output of Major Industrial Products(2010)

地　区	Region	原　油 (万吨) Crude Petroleum Oil (10 000 tons)	发电量 (亿千瓦小时) Electricity (100 million kwh)	生　铁 (万吨) Pig Iron (10 000 tons)	粗　钢 (万吨) Crude Steel (10 000 tons)	钢　材 (万吨) Steel (10 000 tons)	水　泥 (万吨) Cement (10 000 tons)
全国总计	**Total**	**20301.4**	**42065.4**	**59021.8**	**62695.9**	**79775.5**	**188000.0**
北　京	Beijing		269.0	411.9	427.5	794.0	1049.0
天　津	Tianjin	3332.7	589.1	1926.4	2162.1	4483.7	809.7
河　北	Hebei	599.0	1993.2	13705.4	14458.8	16757.2	12594.3
山　西	Shanxi		2151.0	3355.4	3048.7	2862.0	3297.7
内蒙古	Inner Mongolia		2483.9	1357.0	1232.8	1341.4	5370.3
辽　宁	Liaoning	950.0	1295.1	5470.6	5202.4	5661.8	4777.1
吉　林	Jilin	702.3	604.6	691.7	827.2	875.8	3974.6
黑龙江	Heilongjiang	4004.9	776.7	555.7	652.7	566.0	3507.2
上　海	Shanghai	8.3	876.2	1901.4	2214.3	2475.9	670.8
江　苏	Jiangsu	186.0	3359.2	5211.3	6242.8	9123.0	15647.5
浙　江	Zhejiang		2567.8	915.6	1228.5	2832.6	11275.3
安　徽	Anhui		1443.9	1844.9	1853.8	2446.4	7873.7
福　建	Fujian		1356.3	558.8	1086.9	1340.6	5793.2
江　西	Jiangxi		664.4	1673.9	1834.0	1951.6	6220.5
山　东	**Shandong**	**2786.0**	**3042.7**	**5515.6**	**5256.1**	**6672.2**	**14749.2**
河　南	Henan	497.9	2191.9	2073.9	2327.4	3196.4	11479.7
湖　北	Hubei	86.5	2043.0	2311.0	2498.7	2894.7	8982.9
湖　南	Hunan		1226.2	1700.6	1766.5	1811.7	8701.2
广　东	Guangdong	1287.1	3237.0	806.7	1239.3	2918.9	11536.7
广　西	Guangxi	2.7	1031.8	1109.7	1201.2	1554.2	7455.5
海　南	Hainan	20.0	152.6			14.5	1264.1
重　庆	Chongqing		504.3	417.4	456.1	718.2	4598.0
四　川	Sichuan	15.1	1799.4	1593.8	1581.0	1976.6	13227.6
贵　州	Guizhou		1385.6	366.6	360.5	391.0	3694.8
云　南	Yunnan		1364.8	1329.0	1293.8	1213.1	5605.4
西　藏	Tibet		21.0				219.1
陕　西	Shaanxi	3017.3	1112.3	513.8	604.8	994.9	5463.8
甘　肃	Gansu	58.2	791.5	625.5	662.3	699.2	2414.1
青　海	Qinghai	186.1	468.2	111.7	137.3	137.9	811.1
宁　夏	Ningxia	3.1	587.1	39.1		33.0	1357.5
新　疆	Xinjiang	2558.2	675.7	927.4	807.9	888.9	2374.1

附录 1-19 续表 continued

地区	Region	布（亿米） Cloth (100 million m)	家用电冰箱（万台） Home Refrigerators (10 000 units)	农用化肥（万吨） Chemical Fertilizers (10 000 tons)	汽车（万辆） Motor Vehicles (10 000 sets)	程控交换机（万线） Program Controlled Switchboards (10 000 lines)	移动电话机（万部） Cell Phones (10 000 units)	微型电子计算机（万部） Micro computers (10 000 units)
全国总计	**Total**	**800.0**	**7300.8**	**6740.6**	**1827.0**	**3133.3**	**99827.4**	**24584.5**
北京	Beijing			0.2	150.3	890.0	27388.0	938.6
天津	Tianjin	2.6	62.8	1.5	73.8	5.2	9107.9	1.0
河北	Hebei	54.8		174.4	71.0	12.5		
山西	Shanxi	0.5		331.8	0.3			
内蒙古	Inner Mongolia	1.0		180.1	5.2		10.3	
辽宁	Liaoning	6.5	87.8	71.5	70.8	63.8	56.4	0.3
吉林	Jilin	0.4		27.3	164.2		126.1	
黑龙江	Heilongjiang	0.3		64.9	24.8			3.0
上海	Shanghai	1.7	218.6	2.5	169.9	247.0	129.4	9388.4
江苏	Jiangsu	88.5	787.9	242.0	74.4	5.0	1949.5	9364.6
浙江	Zhejiang	159.0	779.7	32.7	31.9	116.9	2406.1	157.3
安徽	Anhui	10.9	2078.9	255.5	118.9			1.8
福建	Fujian	31.2		57.9	19.5	0.2	1064.3	738.3
江西	Jiangxi	8.1	114.2	113.4	37.3	1.3	1536.5	9.1
山东	**Shandong**	**139.1**	**795.3**	**976.9**	**81.9**	**187.9**	**5374.6**	**21.4**
河南	Henan	39.3	366.5	415.6	23.5		2.2	
湖北	Hubei	46.4	134.3	891.8	157.8	0.1	454.2	189.3
湖南	Hunan	4.7	31.3	355.9	16.6			
广东	Guangdong	28.3	1457.8	62.2	134.8	1602.6	48626.6	3581.1
广西	Guangxi	0.2		85.6	136.6			0.9
海南	Hainan			66.6	13.6			
重庆	Chongqing	8.4	72.6	180.2	161.4		650.3	189.2
四川	Sichuan	14.9	81.2	510.2	10.2		816.5	0.2
贵州	Guizhou	0.1	196.4	384.9	0.8		118.5	
云南	Yunnan			362.1	10.2	0.8		
西藏	Tibet							
陕西	Shaanxi	7.5	35.7	82.7	65.2		10.1	
甘肃	Gansu	0.1		80.9	2.1			
青海	Qinghai			312.6				
宁夏	Ningxia			95.1				
新疆	Xinjiang	1.0		158.3	0.2			

附录 1-20 规模以上工业主要经济指标(2010年)
Main Indicators on Economic Efficiency of Industrial Enterprises above Designated Size(2010)

单位:亿元 (100 million yuan)

地区	Region	主营业务收入 Revenue from Principal Business	#主营业务成本 Cost of Principal Business	#主营业务税金及附加 Taxes and Other Charges on Princpal Business	#营业费用 Cost of Business	税金总额 Total Taxes	利润总额 Total Profits
全国总计	**Total**	**624450.5**	**529244.5**	**9365.5**	**15006.7**	**27101.0**	**38827.9**
北京	Beijing	13064.1	11131.5	170.2	484.0	530.4	881.3
天津	Tianjin	15452.8	13486.3	191.7	316.2	519.7	1035.0
河北	Hebei	28090.1	24567.6	299.8	435.6	977.1	1538.8
山西	Shanxi	11201.2	9085.1	115.0	338.3	761.3	756.0
内蒙古	Inner Mongolia	11845.3	9406.4	170.1	274.2	662.2	1074.3
辽宁	Liaoning	32934.8	28341.3	639.7	559.1	1287.4	1271.8
吉林	Jilin	11535.1	9586.7	268.2	314.7	570.1	743.3
黑龙江	Heilongjiang	8907.3	6800.7	436.4	193.9	905.7	983.7
上海	Shanghai	28659.6	24053.0	535.1	946.9	1236.3	2033.8
江苏	Jiangsu	81867.0	71606.5	594.8	1731.0	2787.1	4727.4
浙江	Zhejiang	43952.3	37607.1	458.0	1060.4	1587.4	2596.6
安徽	Anhui	15711.0	13597.2	232.9	431.2	645.7	693.8
福建	Fujian	19077.9	16448.8	217.8	472.4	597.0	1054.7
江西	Jiangxi	12519.1	10712.9	147.1	217.1	515.5	702.8
山东	**Shandong**	**80959.5**	**69146.4**	**943.6**	**1596.8**	**3233.1**	**5389.4**
河南	Henan	32239.0	27319.1	423.8	663.2	1442.8	2748.2
湖北	Hubei	18550.3	15597.9	406.0	545.9	905.2	1077.7
湖南	Hunan	15940.2	12607.0	461.5	387.2	972.0	761.2
广东	Guangdong	73992.1	63512.6	649.3	2212.2	2278.3	3713.7
广西	Guangxi	7949.8	6794.1	121.0	204.8	378.9	394.0
海南	Hainan	1126.2	858.2	70.3	34.0	124.7	117.3
重庆	Chongqing	7899.4	6708.0	106.4	247.3	325.4	392.4
四川	Sichuan	20441.9	17205.2	299.3	569.0	982.7	1181.2
贵州	Guizhou	3299.9	2564.3	139.9	112.8	308.1	229.8
云南	Yunnan	5602.8	4189.3	486.5	153.7	787.2	378.0
西藏	Tibet	51.5	41.1	0.7	3.1	4.8	9.4
陕西	Shaanxi	9377.7	6891.5	315.7	242.6	824.4	1145.9
甘肃	Gansu	4479.2	3557.3	170.9	79.3	287.0	193.4
青海	Qinghai	1359.3	1040.7	30.2	33.7	100.0	165.7
宁夏	Ningxia	1659.6	1365.2	32.5	41.4	90.8	102.8
新疆	Xinjiang	4705.0	3415.6	231.1	105.0	472.7	734.7

注：本表为2010年1—11月快报数据(下表同)。
a)Data in this table are quick report of 1-11 month of 2010(the following table with).

附录 1-20 续表 continued

单位:亿元 (100 million yuan)

地区	Region	亏损企业亏损总额 Lossed Value of Loss-suffering Enterprises	应收帐款净额 Net Value of Accounts Receivable	产成品 Finished Product	资产合计 Total Assets	负债合计 Total Liabilities	全部从业人员平均人数（万人） Average Number of Employed Persons (10 000 persons)
全国总计	**Total**	**2456.7**	**64619.1**	**24368.0**	**568193.5**	**333839.9**	**9063.3**
北京	Beijing	99.8	2330.9	514.4	22022.5	11545.3	120.7
天津	Tianjin	76.3	1947.8	578.3	14333.1	9175.1	137.9
河北	Hebei	136.2	1843.5	983.5	24001.3	14895.8	327.5
山西	Shanxi	166.4	1217.6	653.7	18472.8	12253.0	214.2
内蒙古	Inner Mongolia	55.4	1119.0	465.7	14222.9	8796.9	111.2
辽宁	Liaoning	161.5	2645.8	1043.2	27828.4	16631.5	375.5
吉林	Jilin	60.0	744.0	365.6	10813.4	5612.0	128.7
黑龙江	Heilongjiang	51.9	919.6	401.8	10406.0	5932.3	146.6
上海	Shanghai	127.9	4579.1	1202.5	27357.4	14410.5	288.1
江苏	Jiangsu	196.6	10236.5	3004.1	63241.9	36842.9	1085.6
浙江	Zhejiang	120.0	6715.1	2316.1	46011.3	28135.9	839.5
安徽	Anhui	54.8	1477.2	619.0	14820.0	9086.4	250.0
福建	Fujian	53.3	2132.0	818.1	15576.8	8364.8	378.8
江西	Jiangxi	35.7	601.7	357.2	8277.1	4641.0	194.6
山东	**Shandong**	**128.3**	**3989.8**	**2350.0**	**51466.1**	**28543.3**	**916.4**
河南	Henan	115.5	1770.4	776.6	22500.3	12700.4	447.0
湖北	Hubei	61.8	1690.0	824.6	19847.8	11832.6	266.9
湖南	Hunan	69.2	1092.6	528.1	11649.6	7089.2	250.3
广东	Guangdong	249.6	10829.9	3047.1	57891.2	34602.7	1490.4
广西	Guangxi	51.4	665.1	422.7	8119.7	5155.4	126.5
海南	Hainan	4.2	116.6	51.1	1500.1	835.5	11.8
重庆	Chongqing	35.3	828.2	352.1	7766.0	4800.5	141.3
四川	Sichuan	83.2	1847.6	809.6	21296.6	13185.1	329.5
贵州	Guizhou	48.5	412.2	177.0	5674.7	3742.9	77.6
云南	Yunnan	43.7	564.8	339.8	9147.7	5438.1	89.3
西藏	Tibet	2.6	10.9	4.0	296.6	90.3	1.8
陕西	Shaanxi	58.7	1276.1	531.3	13897.5	7814.2	141.2
甘肃	Gansu	34.8	339.2	325.8	6060.4	3774.0	69.3
青海	Qinghai	10.3	122.1	105.9	2968.1	1903.2	18.7
宁夏	Ningxia	17.1	162.6	146.8	3178.2	2098.3	27.8
新疆	Xinjiang	46.9	391.6	252.4	7548.1	3911.0	58.4

附录 1-21 规模以上工业主要经济效益指标(2010年)

Main Indicators on Economic Efficiency of Industrial Enterprises above Designated Size(2010)

地区	Region	总资产贡献率(%) Ratio of Total Assets to Industrial Output Value (%)	资本保值增值率(%) Value-insured and Appreciaton Rate of Total Assets (%)	资产负债率(%) Assets-Liability Ratio (%)	流动资产周转次数(次) Number of Times of Annual of Turnover Circulating Funds (time)	成本费用利润率(%) Ratio of Profits to Industrial Cost (%)	产品销售率(%) Sales Rate (%)
全国总计	**Total**	**14.9**	**120.4**	**58.8**	**2.7**	**6.8**	**97.7**
北京	Beijing	7.9	112.3	52.4	1.7	7.2	98.8
天津	Tianjin	13.7	128.1	64.0	2.5	7.2	98.2
河北	Hebei	13.6	120.6	62.1	3.3	5.9	97.4
山西	Shanxi	11.1	121.9	66.3	1.7	7.3	95.6
内蒙古	Inner Mongolia	16.1	123.2	61.9	2.8	10.5	96.9
辽宁	Liaoning	11.7	118.1	59.8	2.9	4.2	97.5
吉林	Jilin	16.1	144.4	51.9	3.5	7.1	98.2
黑龙江	Heilongjiang	22.2	126.7	57.0	2.4	13.2	95.8
上海	Shanghai	14.3	113.9	52.7	2.2	7.7	99.0
江苏	Jiangsu	15.1	122.8	58.3	2.8	6.2	98.4
浙江	Zhejiang	12.2	122.9	61.2	1.9	6.3	97.4
安徽	Anhui	12.1	131.9	61.3	2.8	4.7	97.4
福建	Fujian	13.9	121.8	53.7	2.8	6.0	97.6
江西	Jiangxi	19.0	128.8	56.1	4.4	6.2	98.9
山东	**Shandong**	**21.2**	**116.3**	**55.5**	**4.1**	**7.3**	**98.5**
河南	Henan	23.5	118.3	56.5	3.9	9.4	98.2
湖北	Hubei	13.2	108.7	59.6	2.6	6.3	97.3
湖南	Hunan	19.3	121.2	60.9	4.0	5.6	98.5
广东	Guangdong	13.0	116.4	59.8	2.7	5.4	96.9
广西	Guangxi	13.1	126.8	63.5	2.7	5.3	96.1
海南	Hainan	19.6	127.9	55.7	2.3	12.4	97.6
重庆	Chongqing	12.1	120.8	61.8	2.6	5.3	97.8
四川	Sichuan	13.5	127.6	61.9	2.7	6.3	97.6
贵州	Guizhou	12.8	120.1	66.0	1.8	7.8	95.2
云南	Yunnan	15.9	114.8	59.5	1.7	8.0	94.5
西藏	Tibet	6.1	105.0	30.4	0.8	19.1	93.3
陕西	Shaanxi	17.7	128.1	56.2	1.8	14.7	96.6
甘肃	Gansu	10.5	115.6	62.3	2.2	5.0	95.0
青海	Qinghai	13.2	125.5	64.1	1.9	14.1	97.7
宁夏	Ningxia	9.0	131.5	66.0	1.7	6.7	95.6
新疆	Xinjiang	20.2	127.2	51.8	2.3	19.5	96.7

注：本表为2010年1-11月快报数据。

a)Data in this table are quick report of 1-11 month of 2010.

附录 1-22 建筑业总产值和房屋建筑面积
Output Value of Construction and Floor Space of Buildings

地 区	Region	总产值(亿元) Total Output Value (100 million yuan)		施工面积(万平方米) Floor Space of Buildings Under Construction (10 000 sq.m)		竣工面积(万平方米) Floor Space of Buildings Completed (10 000 sq.m)	
		2009	2010	2009	2010	2009	2010
全国总计	**Total**	**76807.7**	**95205.8**	**588593.9**	**700572.4**	**245401.6**	**259978.7**
北 京	Beijing	4059.7	5196.0	22720.6	29440.4	5225.5	5933.2
天 津	Tianjin	1911.5	2473.3	6572.7	7420.1	2240.1	2166.3
河 北	Hebei	2525.0	3210.8	17535.5	23320.2	7751.0	8345.7
山 西	Shanxi	1826.1	2083.3	6544.1	6949.3	2285.7	2204.5
内蒙古	Inner Mongolia	964.7	1098.1	5823.4	7270.1	3140.6	3192.5
辽 宁	Liaoning	3384.6	4693.3	18760.5	26833.4	9228.4	10720.1
吉 林	Jilin	1142.8	1348.8	5352.7	5673.4	3946.3	3710.2
黑龙江	Heilongjiang	1342.4	1767.2	5001.4	6896.1	3420.1	3137.3
上 海	Shanghai	3830.5	4298.1	19069.9	22092.7	5719.9	6026.0
江 苏	Jiangsu	10265.1	12323.6	99659.9	118534.3	43307.5	45929.3
浙 江	Zhejiang	9588.7	11860.0	105607.4	123838.6	40239.7	44298.8
安 徽	Anhui	2239.6	2871.1	18690.9	23376.9	8812.4	9879.4
福 建	Fujian	2204.1	2852.0	21691.0	26441.2	7435.1	7825.4
江 西	Jiangxi	1323.2	1677.0	12015.7	13438.9	5944.1	6345.5
山 东	**Shandong**	**4579.2**	**5496.6**	**38945.9**	**44828.8**	**16646.9**	**19179.7**
河 南	Henan	3596.5	4399.8	24596.0	28538.2	11994.2	12179.2
湖 北	Hubei	3421.9	4231.7	20499.3	24587.7	10280.7	12790.1
湖 南	Hunan	2507.4	3135.0	22442.3	27503.0	10073.8	9984.4
广 东	Guangdong	3809.3	4500.6	30127.0	32137.6	11115.7	9051.8
广 西	Guangxi	934.4	1212.5	9052.9	10508.3	3613.9	3921.0
海 南	Hainan	143.9	198.4	1221.0	1413.3	390.5	488.4
重 庆	Chongqing	1915.2	2498.4	16475.8	19084.8	7473.2	7598.6
四 川	Sichuan	3337.4	4147.7	26220.8	29086.0	11393.5	11492.4
贵 州	Guizhou	523.9	618.1	4953.3	5727.1	1244.1	1349.5
云 南	Yunnan	1196.2	1496.4	7747.6	8788.7	3771.2	4186.9
西 藏	Tibet	94.9	108.1	283.6	277.2	177.5	52.0
陕 西	Shaanxi	2309.1	3126.1	9046.3	11760.6	3128.2	3569.3
甘 肃	Gansu	579.9	730.3	4178.2	4825.2	1724.4	1795.9
青 海	Qinghai	204.3	273.9	491.0	695.2	211.7	263.1
宁 夏	Ningxia	259.2	342.7	2113.5	2596.9	948.0	1047.7
新 疆	Xinjiang	786.6	938.5	5153.5	6546.8	2517.8	2681.1

附录 1—23 建筑业主要效益指标(2010年)

Main Economic Indicators on Construction Enterprises(2010)

地 区	Region	企业个数(个) Number of Enterprises (unit)	计算劳动生产率的平均人数(万人) Average Number of Employed Persons (10 000 persons)	按建筑业总产值计算的劳动生产率(元/人) Labor Productivity in Terms of Total Output Value (yuan/person)	人均竣工产值(元/人) Per Capita Output Value of Buildings Completed (yuan/person)	人均施工面积(平方米/人) Per Capita Floor Space of Buildings Under Construction (sq.m/person)	人均竣工面积(平方米/人) Per Capita Floor Space of Buildings Completed (sq.m/person)
全国总计	**Total**	**70061**	**4624.3**	**205883**	**114571**	**151.5**	**56.2**
北 京	Beijing	3262	204.0	254765	108767	144.3	29.1
天 津	Tianjin	1364	67.2	368151	143423	110.5	32.2
河 北	Hebei	2104	138.7	231567	114312	168.2	60.2
山 西	Shanxi	1634	93.0	224070	64841	74.7	23.7
内蒙古	Inner Mongolia	777	68.9	159378	96439	105.5	46.3
辽 宁	Liaoning	4603	259.5	180871	105092	103.4	41.3
吉 林	Jilin	900	78.5	171899	99564	72.3	47.3
黑龙江	Heilongjiang	1716	102.4	172633	72063	67.4	30.6
上 海	Shanghai	2743	124.2	346105	208079	177.9	48.5
江 苏	Jiangsu	8773	604.2	203972	153035	196.2	76.0
浙 江	Zhejiang	4997	553.4	214298	136701	223.8	80.0
安 徽	Anhui	2432	154.4	185926	102603	151.4	64.0
福 建	Fujian	2055	163.3	174635	97390	161.9	47.9
江 西	Jiangxi	1238	88.2	190058	110095	152.3	71.9
山 东	**Shandong**	**6482**	**344.9**	**159377**	**95548**	**130.0**	**55.6**
河 南	Henan	4163	224.7	195805	102351	127.0	54.2
湖 北	Hubei	2800	157.4	268778	128178	156.2	81.2
湖 南	Hunan	1850	165.9	189017	102453	165.8	60.2
广 东	Guangdong	3999	183.2	245702	138361	175.4	49.4
广 西	Guangxi	973	54.8	221421	121286	191.9	71.6
海 南	Hainan	95	10.5	188989	93617	134.6	46.5
重 庆	Chongqing	2286	145.6	171627	94173	131.1	52.2
四 川	Sichuan	3371	277.4	149513	74790	104.8	41.4
贵 州	Guizhou	549	31.8	194539	77036	180.2	42.5
云 南	Yunnan	1903	75.1	199374	106961	117.1	55.8
西 藏	Tibet	151	5.3	204416	157145	52.4	9.8
陕 西	Shaanxi	988	118.9	263028	83846	99.0	30.0
甘 肃	Gansu	741	49.7	147062	74687	97.2	36.2
青 海	Qinghai	360	12.9	211629	55975	53.7	20.3
宁 夏	Ningxia	474	23.1	148199	107708	112.3	45.3
新 疆	Xinjiang	774	48.4	193962	116357	135.3	55.4

附录 1–24 客运量和旅客周转量(2010年)

Passenger Traffic and Passenger-Kilometers(2010)

地 区	Region	客运量(万人) Passenger Traffic (10 000 persons)	#铁 路 Railways	#公 路 Highways	#水 运 Waterways	旅客周转量(亿人公里) Passenger Kilometers (100 million passenger km)	#铁 路 Railways	#公 路 Highways	#水 运 Waterways
全国总计	**Total**	**3269508**	**167609**	**3052738**	**22392**	**27894**	**8762**	**15021**	**72**
北 京	Beijing	135045	8915	126130		391	100	291	
天 津	Tianjin	24525	2594	21883	48	269	137	132	
河 北	Hebei	90847	7558	83289		1173	731	442	
山 西	Shanxi	38423	5753	32606	64	372	156	216	
内蒙古	Inner Mongolia	24043	4213	19830		389	171	218	
辽 宁	Liaoning	101525	13336	87699	490	905	510	389	6
吉 林	Jilin	64486	5770	58577	139	477	206	270	
黑龙江	Heilongjiang	46895	10602	36001	292	503	260	243	
上 海	Shanghai	10233	6095	3634	504	180	60	115	5
江 苏	Jiangsu	226073	9711	215850	512	1550	352	1197	1
浙 江	Zhejiang	226945	8082	215708	3155	1251	363	882	6
安 徽	Anhui	159388	5552	153697	139	1478	468	1010	
福 建	Fujian	75798	3640	70714	1444	487	138	347	2
江 西	Jiangxi	76447	5588	70628	231	896	565	331	
山 东	**Shandong**	**248720**	**6041**	**240044**	**2635**	**1645**	**421**	**1212**	**12**
河 南	Henan	167223	8338	158630	255	1798	766	1031	1
湖 北	Hubei	103268	6013	96873	382	1065	431	631	3
湖 南	Hunan	156404	7250	148235	919	1403	717	684	2
广 东	Guangdong	456138	11673	442224	2241	2203	459	1736	8
广 西	Guangxi	75751	3148	72208	395	879	182	695	2
海 南	Hainan	44209	84	42785	1340	155	2	150	3
重 庆	Chongqing	126066	2664	122125	1277	461	100	351	10
四 川	Sichuan	241868	8148	230988	2732	1066	262	802	2
贵 州	Guizhou	70819	3437	65452	1930	475	189	281	5
云 南	Yunnan	39407	2446	36230	731	440	86	352	2
西 藏	Tibet	8165	99	8066		33	9	23	
陕 西	Shaanxi	93171	5411	87457	303	747	363	384	
甘 肃	Gansu	53771	2273	51404	94	539	319	220	
青 海	Qinghai	10951	474	10439	38	95	45	50	
宁 夏	Ningxia	13560	539	12919	102	99	33	65	
新 疆	Xinjiang	31937	1524	30413		421	150	271	
不分地区	Not Classified by Region	26769				4039			

注：不分地区合计为民航完成数。
a)The total passenger traffic not classified by region refers to that completed by civil aviation.

附录 1−25 货运量和货物周转量(2010年)

Freight Traffic and Freight Ton-kilometers(2010)

地 区	Region	货运量(万吨) Total (10 000 tons)	#铁 路 Railways	#公 路 Highways	#水 运 Waterways	货 物 周转量 (亿吨公里) Total (100 million ton-km)	#铁 路 Railways	#公 路 Highways	#水 运 Waterways
全国总计	**Total**	**3241807**	**364271**	**2448052**	**378949**	**141838**	**27644**	**43390**	**68428**
北 京	Beijing	21762	1578	20184		877	775	102	
天 津	Tianjin	40014	7243	20855	11916	10065	510	231	9324
河 北	Hebei	156596	18508	135938	2150	8071	3618	4011	441
山 西	Shanxi	124367	63530	60819	18	2840	1870	970	
内 蒙 古	Inner Mongolia	137231	52069	85162		4713	2452	2261	
辽 宁	Liaoning	158485	20690	127361	10434	9029	1403	1930	5696
吉 林	Jilin	40728	7489	33013	226	1282	598	683	1
黑 龙 江	Heilongjiang	59314	17717	40582	1015	1826	1057	762	7
上 海	Shanghai	87256	959	40890	45407	18918	26	266	18626
江 苏	Jiangsu	179013	6811	123500	48702	5589	345	1149	4096
浙 江	Zhejiang	171037	4385	103394	63258	7117	342	1299	5476
安 徽	Anhui	228104	12091	183658	32355	7153	1017	5005	1132
福 建	Fujian	66083	3705	45575	16803	2977	179	578	2219
江 西	Jiangxi	100635	5677	88445	6513	2720	687	1850	182
山 东	**Shandong**	**298055**	**18056**	**264366**	**15633**	**11747**	**1448**	**6217**	**4083**
河 南	Henan	202962	14721	183291	4950	7202	2042	4861	300
湖 北	Hubei	93422	6249	71020	16153	3097	873	1079	1146
湖 南	Hunan	149540	6094	127635	15811	2927	1045	1539	342
广 东	Guangdong	192344	8563	140689	43092	5711	334	1735	3642
广 西	Guangxi	115475	9091	93552	12832	2927	891	1173	862
海 南	Hainan	22455	542	13947	7966	995	7	91	898
重 庆	Chongqing	81377	2279	69438	9660	2016	186	610	1219
四 川	Sichuan	134306	8052	121017	5237	1808	748	985	75
贵 州	Guizhou	39735	7991	30834	910	1006	706	287	13
云 南	Yunnan	51564	5497	45665	402	947	392	549	7
西 藏	Tibet	982	30	952		39	12	27	
陕 西	Shaanxi	104414	27121	77123	170	2465	1268	1196	1
甘 肃	Gansu	30270	6188	24050	32	1764	1240	524	
青 海	Qinghai	11057	3095	7962		420	192	227	
宁 夏	Ningxia	32325	6872	25453		819	280	538	
新 疆	Xinjiang	48459	6777	41682		1359	706	653	
不分地区	Not Classified by Region	59181	1342		7304	11327	311		8639

注：不分地区合计中包括铁路行包运输、管道运输企业、民航运输企业及中远集团海外公司完成数。

a)The data not classified by region refers to railway baggage freight、pipelines、civil aviation and that completed by companies abroad under the china ocean shipping(group) company.

附录 1–26 社会消费品零售总额

Total Retail Sale of Consumer Goods

单位：亿元 (100 million yuan)

地区	Region	2001	2002	2003	2004	2005	2006	2007	2008	2009	2010
全国总计	**Total**	**43055.4**	**48135.9**	**52516.3**	**59501.0**	**68352.6**	**79145.2**	**93571.6**	**114830.1**	**132678.4**	**156998.4**
北京	Beijing	1593.5	1673.3	1916.7	2626.6	2911.7	3295.3	3835.2	4645.5	5309.9	6229.3
天津	Tianjin	832.7	831.8	922.3	1044.8	1201.6	1383.1	1650.6	2078.7	2430.8	2902.6
河北	Hebei	1778.3	1968.3	2177.9	2576.4	2969.5	3435.7	4053.8	4991.1	5764.9	6821.8
山西	Shanxi	679.9	641.4	729.3	1219.1	1410.7	1635.4	1953.3	2421.1	2809.0	3318.2
内蒙古	Inner Mongolia	537.3	599.0	726.8	1160.7	1358.1	1628.6	1964.0	2463.0	2855.3	3384.0
辽宁	Liaoning	2034.9	2074.9	2330.8	2642.8	3014.4	3471.6	4097.8	5032.4	5812.6	6887.6
吉林	Jilin	909.1	1008.1	1110.3	1286.9	1470.3	1697.6	2038.3	2549.2	2957.3	3504.9
黑龙江	Heilongjiang	1198.9	1250.4	1376.5	1557.3	1773.8	2029.0	2386.2	2928.3	3401.8	4039.2
上海	Shanghai	1861.3	2035.2	2220.6	2656.9	2979.5	3375.2	3873.3	4577.2	5173.2	6070.5
江苏	Jiangsu	2869.0	3138.1	3566.5	4892.2	5735.5	6706.2	7985.9	9905.1	11484.1	13606.8
浙江	Zhejiang	2555.5	2847.7	3157.1	4055.5	4645.9	5358.0	6271.3	7533.3	8622.3	10245.4
安徽	Anhui	1142.8	1212.4	1331.2	1557.4	1776.7	2056.5	2451.9	3045.2	3527.8	4197.7
福建	Fujian	1499.5	1538.7	1740.4	2062.0	2351.7	2717.6	3212.3	3866.7	4481.0	5310.0
江西	Jiangxi	763.3	826.3	923.2	1074.5	1244.9	1448.2	1718.9	2142.0	2484.4	2956.2
山东	**Shandong**	**3634.6**	**4078.0**	**4644.9**	**5290.5**	**6166.9**	**7217.1**	**8607.5**	**10658.8**	**12363.0**	**14620.3**
河南	Henan	1979.8	2189.8	2426.4	2938.3	3380.9	3932.6	4690.3	5815.4	6746.4	8004.2
湖北	Hubei	1975.2	2129.4	2358.7	2619.5	2985.9	3461.1	4115.8	5109.7	5928.4	7013.9
湖南	Hunan	1511.1	1638.6	1816.3	2149.6	2474.3	2869.4	3419.2	4222.6	4913.7	5839.5
广东	Guangdong	4515.3	5013.6	5606.0	6852.0	7915.5	9194.3	10731.3	12986.6	14891.8	17458.4
广西	Guangxi	935.9	764.5	857.7	1222.2	1405.5	1620.3	1932.7	2395.8	2790.7	3312.0
海南	Hainan	187.5	172.8	191.6	236.8	270.8	313.4	370.9	463.2	537.5	639.3
重庆	Chongqing	699.3	763.1	835.5	1068.3	1227.8	1431.5	1711.1	2147.1	2479.0	2938.6
四川	Sichuan	1680.4	1850.1	2091.1	2615.2	3003.5	3472.5	4105.6	4944.8	5758.7	6810.1
贵州	Guizhou	378.0	416.2	458.8	535.3	615.7	710.0	858.2	1075.2	1247.3	1482.7
云南	Yunnan	655.4	711.3	782.5	915.3	1041.3	1204.8	1422.5	1764.7	2051.1	2500.1
西藏	Tibet	49.0	53.4	58.3	63.2	73.2	90.0	112.6	130.0	156.6	185.3
陕西	Shaanxi	665.1	728.2	853.2	1162.8	1331.3	1542.4	1837.3	2317.1	2699.7	3195.7
甘肃	Gansu	395.4	433.5	474.6	560.6	638.1	729.5	854.4	1023.6	1183.0	1394.5
青海	Qinghai	90.4	92.1	102.7	141.2	161.6	182.6	212.6	259.7	300.5	350.8
宁夏	Ningxia	98.9	104.9	120.8	153.5	175.8	202.5	239.5	295.4	339.3	403.6
新疆	Xinjiang	406.3	378.9	421.2	563.4	640.2	733.2	857.5	1041.5	1177.5	1375.1

注：1.社会消费品零售总额按当年价格计算。

2.除全国总计以外，2004年为经济普查数据，其它年份为年报数据，各地区相加不等于全国总计，原因是全国数据进行了修正。

a)Total Retail Sale of Consumer Goods are calculated at current prices.

b)In addition to the national total ,data of 2004 from the First National Economic Census,other data from annual report,the sum of provincial figures do not add up to the national total,as the national total was adjusted according to the First National Economic Census.

附录 1-27 货物进出口总额(按经营单位所在地分)
Total Volume of Imports and Exports (by Location of Foreign Trade Managing Units)

单位:亿美元 (100 million USD)

地 区	Region	2001	2002	2003	2004	2005	2006	2007	2008	2009	2010
全国总计	**Total**	**5096.5**	**6207.7**	**8509.9**	**11545.5**	**14219.1**	**17604.4**	**21765.7**	**25632.6**	**22075.4**	**29727.6**
北 京	Beijing	515.0	525.1	685.0	945.8	1255.1	1580.4	1930.0	2716.9	2147.3	3014.8
天 津	Tianjin	181.7	228.1	293.4	420.3	532.8	644.6	714.5	804.0	638.3	822.0
河 北	Hebei	57.3	66.7	89.8	135.3	160.7	185.3	255.2	384.2	296.3	419.3
山 西	Shanxi	19.4	23.1	30.9	53.8	55.5	66.3	115.8	144.0	85.7	125.8
内蒙古	Inner Mongolia	20.3	24.4	28.3	37.2	48.8	59.6	77.4	89.2	67.7	87.2
辽 宁	Liaoning	197.9	217.4	265.1	344.1	410.1	483.9	594.7	724.3	629.3	806.7
吉 林	Jilin	32.1	37.0	61.5	67.9	65.3	79.1	103.0	133.3	117.4	168.5
黑龙江	Heilongjiang	33.8	43.5	53.3	67.9	95.7	128.6	173.0	231.3	162.3	255.0
上 海	Shanghai	608.8	726.3	1123.4	1600.1	1863.4	2275.2	2828.5	3220.6	2777.1	3688.9
江 苏	Jiangsu	513.5	702.9	1136.2	1708.5	2279.2	2839.8	3494.7	3922.7	3387.4	4657.9
浙 江	Zhejiang	328.0	419.6	614.1	852.0	1073.9	1391.4	1768.5	2111.3	1877.3	2534.7
安 徽	Anhui	36.2	41.8	59.5	72.1	91.2	122.5	159.3	201.8	156.8	242.8
福 建	Fujian	226.2	284.0	353.3	475.3	544.1	626.6	744.5	848.2	796.5	1087.8
江 西	Jiangxi	15.3	16.9	25.3	35.3	40.6	61.9	94.5	136.2	127.8	214.7
山 东	**Shandong**	**289.6**	**339.4**	**446.6**	**607.8**	**768.9**	**952.9**	**1226.2**	**1581.4**	**1386.0**	**1889.5**
河 南	Henan	27.8	32.0	47.1	66.2	77.2	97.9	127.9	174.8	134.8	177.9
湖 北	Hubei	35.8	39.5	51.1	67.7	90.5	117.6	148.7	207.1	172.5	259.1
湖 南	Hunan	27.6	28.8	37.3	54.4	60.0	73.5	96.9	125.5	101.5	146.7
广 东	Guangdong	1764.9	2211.0	2835.2	3571.3	4279.6	5272.0	6341.9	6849.7	6110.9	7846.6
广 西	Guangxi	18.0	24.3	31.9	42.8	51.8	66.7	92.6	132.4	142.5	177.0
海 南	Hainan	17.5	18.7	22.7	34.0	25.4	28.5	35.1	45.3	48.8	86.3
重 庆	Chongqing	18.3	17.9	25.9	38.6	42.9	54.7	74.4	95.2	77.1	124.3
四 川	Sichuan	31.0	44.7	56.3	68.7	79.0	110.2	143.8	221.1	241.7	327.8
贵 州	Guizhou	6.5	6.9	9.8	15.1	14.0	16.2	22.7	33.7	23.0	31.4
云 南	Yunnan	19.9	22.3	26.7	37.4	47.4	62.2	87.9	96.0	80.5	133.7
西 藏	Tibet	0.9	1.3	1.6	2.0	2.1	3.3	3.9	7.7	4.0	8.4
陕 西	Shaanxi	20.6	22.3	27.8	36.4	45.8	53.6	68.9	83.3	84.1	120.8
甘 肃	Gansu	7.8	8.8	13.3	17.6	26.3	38.2	55.2	61.0	38.7	73.3
青 海	Qinghai	2.0	2.0	3.4	5.8	4.1	6.5	6.1	6.9	5.9	7.9
宁 夏	Ningxia	5.3	4.4	6.5	9.1	9.7	14.4	15.8	18.8	12.0	19.6
新 疆	Xinjiang	17.7	26.9	47.7	56.3	79.4	91.0	137.2	222.2	139.5	171.3

附录 1–28 货物进出口总额(按境内目的地、货源地分)

Total Volume of Imports and Exports (by Destination and Origion of Goods in China)

单位:亿美元 (100 million USD)

地区	Region	2001	2002	2003	2004	2005	2006	2007	2008	2009	2010
全国总计	**Total**	**5096.5**	**6207.7**	**8509.9**	**11545.5**	**14219.1**	**17604.4**	**21765.7**	**25632.6**	**22075.4**	**29727.6**
北京	Beijing	276.1	267.0	313.3	428.2	534.9	704.6	820.4	950.4	870.9	1107.1
天津	Tianjin	182.6	228.5	300.3	432.4	546.3	672.8	755.6	869.0	720.3	916.9
河北	Hebei	58.1	68.3	96.9	152.8	193.3	234.8	344.7	508.8	402.7	619.2
山西	Shanxi	32.7	36.0	51.8	90.7	90.9	96.6	152.4	201.9	93.2	138.6
内蒙古	Inner Mongolia	21.9	26.7	32.3	43.7	53.0	61.1	90.9	104.3	94.6	116.0
辽宁	Liaoning	210.2	234.3	298.6	399.3	470.4	524.2	651.8	821.6	698.5	952.5
吉林	Jilin	35.0	40.8	67.3	74.9	73.6	87.0	113.1	136.2	118.8	170.2
黑龙江	Heilongjiang	41.0	46.9	62.2	71.8	104.7	140.7	184.3	204.2	133.6	183.0
上海	Shanghai	606.9	722.5	1105.2	1568.0	1815.0	2212.3	2738.7	3138.8	2733.3	3654.4
江苏	Jiangsu	544.8	744.9	1212.8	1795.4	2384.8	2990.4	3722.5	4304.7	3659.3	4987.6
浙江	Zhejiang	369.1	463.5	663.2	946.6	1238.1	1600.8	1992.0	2444.1	2107.1	2871.6
安徽	Anhui	36.4	42.1	56.7	69.9	92.6	122.5	157.4	195.5	156.6	233.8
福建	Fujian	243.8	303.3	385.6	498.5	568.0	648.9	752.9	867.2	812.4	1105.5
江西	Jiangxi	18.0	20.0	29.6	48.2	49.6	72.5	103.1	150.1	138.3	208.0
山东	**Shandong**	**323.3**	**373.7**	**494.1**	**694.2**	**891.2**	**1106.4**	**1408.0**	**1876.4**	**1635.2**	**2248.7**
河南	Henan	34.2	37.3	55.8	73.6	90.7	109.8	142.1	198.9	150.7	199.7
湖北	Hubei	41.6	45.3	58.1	75.6	99.9	121.1	153.1	213.6	176.7	260.0
湖南	Hunan	29.2	32.7	47.0	60.8	69.6	79.8	102.0	136.0	116.1	156.2
广东	Guangdong	1800.0	2254.5	2892.3	3633.5	4391.8	5418.3	6524.1	7177.8	6319.9	8337.4
广西	Guangxi	20.8	26.1	32.2	48.3	57.6	76.1	104.7	148.6	135.6	195.2
海南	Hainan	16.3	17.9	19.1	29.0	21.2	33.9	70.7	95.9	84.8	103.6
重庆	Chongqing	21.4	20.2	25.6	37.3	42.3	53.1	71.6	90.5	77.2	118.3
四川	Sichuan	33.6	44.6	57.8	66.9	76.7	106.7	136.2	199.3	215.2	263.5
贵州	Guizhou	8.7	9.8	15.5	23.7	20.4	22.1	32.0	48.1	27.3	34.5
云南	Yunnan	21.5	23.3	27.2	37.3	50.0	63.8	88.0	93.3	74.6	103.0
西藏	Tibet	1.1	1.3	1.5	1.7	1.3	2.3	3.2	3.5	2.9	5.9
陕西	Shaanxi	26.5	27.8	35.5	45.6	61.5	69.2	82.4	104.6	86.7	116.9
甘肃	Gansu	9.1	10.4	12.9	19.6	29.9	44.4	58.7	65.6	44.8	73.1
青海	Qinghai	2.5	2.3	3.4	6.5	4.9	9.4	6.8	8.0	7.2	8.2
宁夏	Ningxia	6.3	4.9	7.4	11.3	11.8	16.1	19.6	25.8	19.6	25.7
新疆	Xinjiang	23.7	30.8	48.5	60.2	83.0	102.1	154.4	249.8	161.3	213.6

附录 1-29 货物进出口总额(2010年)

Total Volume of Imports and Exports (2010)

单位:亿美元 (100 million USD)

地 区	Region	按经营单位所在地分 by Location of Foreign Tade Managing Units		按境内目的地、货源地分 by Destination and Origion of Goods	
		出口额 Exports	进口额 Imports	出口额 Exports	进口额 Imports
全国总计	**Total**	**15779.3**	**13948.3**	**15779.3**	**13948.3**
北 京	Beijing	554.6	2460.2	307.4	799.7
天 津	Tianjin	375.2	446.8	378.0	538.9
河 北	Hebei	225.7	193.6	279.9	339.3
山 西	Shanxi	47.1	78.7	67.5	71.1
内蒙古	Inner Mongolia	33.3	53.8	43.6	72.4
辽 宁	Liaoning	431.2	375.5	429.7	522.8
吉 林	Jilin	44.8	123.7	45.1	125.2
黑龙江	Heilongjiang	162.8	92.2	85.1	98.0
上 海	Shanghai	1807.2	1881.7	1732.8	1921.6
江 苏	Jiangsu	2705.5	1952.4	2814.6	2173.0
浙 江	Zhejiang	1804.8	729.9	2009.6	862.0
安 徽	Anhui	124.2	118.6	109.3	124.5
福 建	Fujian	715.0	372.9	666.2	439.2
江 西	Jiangxi	134.2	80.5	118.1	89.9
山 东	**Shandong**	**1042.5**	**847.0**	**1103.2**	**1145.5**
河 南	Henan	105.3	72.6	122.0	77.7
湖 北	Hubei	144.4	114.7	139.1	120.9
湖 南	Hunan	79.6	67.1	85.8	70.4
广 东	Guangdong	4532.0	3314.6	4671.9	3665.5
广 西	Guangxi	96.0	81.0	65.2	129.9
海 南	Hainan	23.2	63.1	21.6	82.0
重 庆	Chongqing	74.9	49.4	70.0	48.4
四 川	Sichuan	188.5	139.3	124.1	139.4
贵 州	Guizhou	19.2	12.2	20.1	14.3
云 南	Yunnan	76.1	57.6	51.1	51.9
西 藏	Tibet	7.7	0.6	5.4	0.5
陕 西	Shaanxi	62.1	58.7	56.4	60.5
甘 肃	Gansu	16.4	56.9	12.8	60.4
青 海	Qinghai	4.7	3.2	3.2	5.0
宁 夏	Ningxia	11.7	7.9	15.5	10.2
新 疆	Xinjiang	129.7	41.6	125.6	88.1

附录 1-30　外商投资企业进出口总额

Volume of Import and Export of Foreign-funded Enterprises

单位:万美元　　　　(10 000 USD)

地　区	Region	2009 进出口总额 Total	2009 出口额 Exports	2009 进口额 Imports	2010 进出口总额 Total	2010 出口额 Exports	2010 进口额 Imports
全国总计	**Total**	**121747836**	**67207409**	**54540427**	**160030605**	**86230617**	**73799989**
北　京	Beijing	5334148	2008999	3325149	6984186	2216185	4768001
天　津	Tianjin	4488051	2166105	2321946	5889901	2646466	3243436
河　北	Hebei	1343558	657571	685987	1750183	922360	827824
山　西	Shanxi	163150	69143	94007	220097	88034	132063
内蒙古	Inner Mongolia	108694	52317	56377	161034	96009	65025
辽　宁	Liaoning	3076882	1640160	1436721	3897765	2064415	1833350
吉　林	Jilin	555747	101950	453797	760601	127787	632814
黑龙江	Heilongjiang	78345	49296	29050	111243	69874	41369
上　海	Shanghai	18670215	9701509	8968706	24991367	12593814	12397553
江　苏	Jiangsu	25969712	14661957	11307755	34719838	19231859	15487980
浙　江	Zhejiang	6929148	4477938	2451210	9231275	5814098	3417177
安　徽	Anhui	523140	223759	299381	811961	325399	486561
福　建	Fujian	4377455	2739325	1638130	5833996	3495367	2338628
江　西	Jiangxi	770607	322582	448024	1177923	499463	678460
山　东	**Shandong**	**7559835**	**4478307**	**3081528**	**9628034**	**5656789**	**3971245**
河　南	Henan	376612	182754	193857	451803	255591	196212
湖　北	Hubei	703772	338756	365016	1105371	569496	535875
湖　南	Hunan	182177	86058	96118	309950	129182	180768
广　东	Guangdong	38241318	22379781	15861537	48440679	28185319	20255360
广　西	Guangxi	367765	127751	240014	492168	203315	288853
海　南	Hainan	301396	58544	242852	622520	127682	494838
重　庆	Chongqing	295047	79951	215096	475766	165090	310676
四　川	Sichuan	936469	418911	517558	1278591	444296	834295
贵　州	Guizhou	18647	9737	8910	17583	10519	7063
云　南	Yunnan	43593	27236	16356	64499	33003	31497
西　藏	Tibet	99	98	1	549	3	546
陕　西	Shaanxi	252626	110813	141813	506154	215667	290487
甘　肃	Gansu	10693	8206	2487	14426	9750	4676
青　海	Qinghai	19432	364	19068	13467	984	12483
宁　夏	Ningxia	22142	12246	9896	32158	14930	17228
新　疆	Xinjiang	27362	15283	12080	35518	17873	17646

附录 1-31 国际旅游接待情况

Basic Statistics on Tourism

地区	Region	2009 旅游人数（万人次）Number of Tourists (10 000 person-times)	2009 #外国人 Foreigner Toutists	2009 旅游外汇收入（亿美元）Tourism Earnings (100 million USD)	2010 旅游人数（万人次）Number of Tourists (10 000 person-times)	2010 #外国人 Foreigner Toutists	2010 旅游外汇收入（亿美元）Tourism Earnings (100 million USD)
北京	Beijing	412.5	342.9	43.57	490.1	421.6	50.5
天津	Tianjin	141.0	130.6	11.83	166.1	153.0	14.2
河北	Hebei	84.2	74.7	3.08	97.7	85.3	3.5
山西	Shanxi	106.8	66.6	3.78	130.3	82.1	4.7
内蒙古	Inner Mongolia	129.0	126.6	5.58	142.8	140.0	6.0
辽宁	Liaoning	293.2	250.7	18.56	361.8	307.0	22.6
吉林	Jilin	68.1	58.3	2.43	82.0	72.2	3.1
黑龙江	Heilongjiang	142.5	135.0	6.39	172.4	164.8	7.6
上海	Shanghai	533.4	439.1	47.44	733.7	593.1	63.4
江苏	Jiangsu	556.8	396.1	40.16	653.5	473.5	47.8
浙江	Zhejiang	570.6	377.6	32.24	684.7	447.4	39.3
安徽	Anhui	156.2	97.8	5.66	198.4	117.4	7.1
福建	Fujian	312.0	97.8	25.99	368.1	115.3	29.8
江西	Jiangxi	96.4	38.8	2.90	114.0	39.9	3.5
山东	**Shandong**	**310.0**	**241.2**	**17.65**	**366.8**	**277.9**	**21.6**
河南	Henan	125.9	82.8	4.33	146.8	96.1	5.0
湖北	Hubei	133.5	101.8	5.10	181.7	138.5	7.5
湖南	Hunan	130.9	64.1	6.73	189.9	103.3	9.1
广东	Guangdong	2747.8	617.9	100.28	3140.9	733.3	123.8
广西	Guangxi	209.9	117.4	6.43	250.2	141.4	8.1
海南	Hainan	55.2	37.2	2.77	66.3	47.4	3.2
重庆	Chongqing	104.8	84.8	5.37	137.0	104.0	7.0
四川	Sichuan	85.0	61.5	2.89	104.9	75.0	3.5
贵州	Guizhou	40.0	16.3	1.10	50.0	18.6	1.3
云南	Yunnan	284.5	191.8	11.72	329.2	231.2	13.2
西藏	Tibet	17.5	16.3	0.79	22.8	21.4	1.0
陕西	Shaanxi	145.1	114.4	7.71	212.2	155.2	10.2
甘肃	Gansu	6.1	4.5	0.13	7.0	5.0	0.2
青海	Qinghai	3.6	2.5	0.15	4.7	3.4	0.2
宁夏	Ningxia	1.5	1.2	0.04	1.8	1.3	0.1
新疆	Xinjiang	35.5	31.8	1.37	50.9	45.4	1.9

附录2 国际统计资料

International Statistical Data

简 要 说 明

一、本篇资料的主要内容

本篇资料反映了近年来世界主要国家经济社会事业发展基本情况，主要包括人口、土地面积、国内生产总值及其增长、农业、工业、国际贸易、直接投资、国际旅游、国际储备、外债、医疗卫生、互联网用户、人文发展指数和世界500强等方面的内容。

二、本篇资料的来源

本篇资料来源于中国统计出版社出版的《国际统计年鉴2011》，由省统计局综合处整理。

Brief Introduction

I. Content

Data in this chapter show the social and economic indicators of other countries, mainly including population, territory, GDP, agriculture, industry, international trade, direct investment, international tourism, international reserve, international debts, public health, internet users, indicators on development of population and culture, and TOP500 of international companies, etc.

II. Source of Data

Data in this chapter come from International Statistical Yearbook 2011 published by China Statistics Press and are prepared and compiled by the Division of Comprehensive Statistics of Shandong Provincial Bureau of Statistics.

附录 2-1 中国主要指标居世界的位次

Ranking of China in the World in Terms of Main Indicators

资料来源：联合国FAO数据库、联合国贸发会议数据库、世界贸易组织数据库、世界银行WDI数据库、国际货币基金组织数据库、联合国开发计划署《人文发展报告》2010年。

Source: FAO Database;UNCTAD Database;WTO Database;World Bank WDI Database;IMF Database;UNDP Human Development Report 2010.

指　　标	Indicator	1978	1980	1990	2000	2007	2008	2009
国土面积	Country Area	4	4	4	4	4	4	4
人　口	Population	1	1	1	1	1	1	1
出生时的预期寿命①	Life Expectancy at Birth①	[illegible](169)②	77(173)	83(186)	88(190)	85(210)	78(194)	79(194)
国内生产总值	Gross Domestic Product	10	11	11	6	4	3	3
人均国民总收入①	GNI per capita ①	75(188)	77(188)	78(200)	41(207)	32(209)	27(210)	24(213)
进出口贸易总额	Foreign Trade Total	29	26	15	8	3	3	2
出口额	Exports	30	28	14	7	2	2	1
进口额	Imports	27	22	17	9	3	3	2
外商直接投资	Foreign Direct Investment Inflow		60	12	9	6	3	2
外汇储备	Foreign Exchange Reserves	38	37	7	2	1	1	1
人文发展指数①	Human Development Index①			79(160)	96(173)	92(182)	91(169)	89(169)

注：①括号中所列为参加排序的国家和地区数。②1977年数。

Note: ① The number in the parentheses indicates the number of countries or territories the order based on.②Data refer to 1977.

附录 2-2 中国主要指标占世界的比重

Major Chinese Indicators as Percentage of the World

资料来源：联合国FAO数据库、联合国统计司数据库、世界银行WDI数据库、国际货币基金组织数据库。

Source: FAO Database; UNSD Database; World Bank WDI Database; IMF Database.

单位：%　　(%)

指　　标	Indicator	1978	1980	1990	2000	2007	2008	2009
人　口	Population	22.3	22.1	21.6	20.8	20.0	19.8	19.7
国内生产总值	Gross Domestic Product	1.8	1.7	1.6	3.8	6.2	7.1	8.6
进出口贸易总额	Foreign Trade Total	0.8	0.9	1.6	3.6	7.7	7.9	8.8
出口额	Exports	0.8	0.9	1.8	3.9	8.7	8.9	9.6
进口额	Imports	0.8	1.0	1.5	3.3	6.7	6.9	7.9
外商直接投资	Foreign Direct Investment Inflow		0.1	1.7	3.0	4.2	6.4	8.5
稻谷产量	Rice,Paddy	36.4	36.0	37.0	31.7	28.7	28.2	29.1
小麦产量	Wheat	12.1	12.5	16.6	17.0	18.1	16.3	16.9
玉米产量	Maize	14.2	15.8	20.1	17.9	19.4	20.2	19.9
大　豆	Soybeans	10.1	9.8	10.1	9.5	7.2	6.7	6.5

附录 2-3 中国农业主要产品产量居世界的位次
Ranking of China in the World in Terms of Major Agricultural Products

资料来源：联合国FAO数据库。
Source: United Nations FAO Database.

项 目	Item	1978	1980	1990	2000	2007	2008	2009
谷 物	Cereals	2	1	1	1	1	1	1
肉 类①	Meat①	3	3	1	1	1	1	1
籽 棉	Seed Cotton	3	2	1	1	1	1	1
大 豆	Soybeans	3	3	3	4	4	4	4
花 生	Groundnuts in Shell	2	2	2	1	1	1	1
油菜籽	Rapeseed	2	2	1	1	1	2	1
甘 蔗	Sugar Cane	7	9	4	3	3	3	3
茶 叶	Tea	2	2	2	2	1	1	1
水 果②	Fruit②	9	10	4	1	1	1	1

注：①1990年以前为猪、牛、羊肉产量的位次。②不包括瓜类。
Note: ①Data refer to pork,beef and mutton prior to 1990.②Excluding melons.

附录 2-4 中国工业主要产品产量居世界的位次
Ranking of China in the World in Terms of Major Industrial Products

资料来源：联合国统计月报数据库、联合国FAO数据库。
Source: United Nations MBS Database;FAO Database.

项 目	Item	1978	1980	1990	2000	2007	2008	2009
粗 钢	Crude Steel	5	5	4	1	1	1	1
煤	Coal	3	3	1	1	1	1	1
原 油	Crude Petroleum	8	6	5	5	5	5	4
发电量	Electricity	7	6	4	2	2	2	2
水 泥	Cement	4	4	1	1	1	1	1
化 肥	Fertilizer	3	3	3	1	1	1	
棉 布	Woven Cotton Fabrics	1	1	1	2	1	1	1

附录 2-5　国土面积与人口密度
Country Area and Population Density

资料来源：世界银行WDI数据库。
Source: World Bank WDI Database.

国家和地区	Country or Area	国土面积（万平方公里）Surface Area (10 000 sq.km) 2008	人口密度（人/平方公里）Population Density(persons/sq.km)		
			2000	2007	2008
世　界	**World**	**13442.5**	**46.9**	**51.1**	**51.7**
中　国	China	959.8	135.4	141.3	142.0
中国香港	Hong Kong,China		6396.4	6646.7	6696.4
中国澳门	Macao,China		15634.7	18194.2	18658.8
孟加拉国	Bangladesh	14.4	1081.4	1211.9	1229.2
文　莱	Brunei Darussalam	0.6	63.3	73.0	74.4
柬埔寨	Cambodia	18.1	72.3	81.1	82.5
印　度	India	328.7	341.7	378.3	383.4
印度尼西亚	Indonesia	190.5	113.3	124.0	125.5
伊　朗	Iran	174.5	39.3	43.6	44.2
以色列	Israel	2.2	290.6	331.8	337.7
日　本	Japan	37.8	348.1	350.5	350.4
哈萨克斯坦	Kazakhstan	272.5	5.5	5.7	5.8
韩　国	Korea,Rep.	10.0	476.1	500.0	501.5
老　挝	Laos	23.7	23.4	26.4	26.9
马来西亚	Malaysia	33.0	70.8	80.8	82.2
蒙　古	Mongolia	156.4	1.5	1.7	1.7
缅　甸	Myanmar	67.7	71.3	75.2	75.8
巴基斯坦	Pakistan	79.6	179.1	210.9	215.5
菲律宾	Philippines	30.0	260.6	297.5	303.0
新加坡	Singapore	0.1	6011.8	6583.4	6943.2
斯里兰卡	Sri Lanka	6.6	289.6	309.6	311.9
泰　国	Thailand	51.3	122.0	131.1	131.9
越　南	Viet Nam	33.1	249.6	274.6	278.0
埃　及	Egypt	100.1	70.5	80.4	81.9
尼日利亚	Nigeria	92.4	137.1	162.2	166.0
南　非	South Africa	121.9	36.2	39.7	40.2
加拿大	Canada	998.5	3.4	3.6	3.7
墨西哥	Mexico	196.4	50.4	54.2	54.7
美　国	United States	963.2	30.8	32.9	33.2
阿根廷	Argentina	278.0	13.5	14.4	14.6
巴　西	Brazil	851.5	20.6	22.5	22.7
委内瑞拉	Venezuela	91.2	27.6	31.2	31.7
捷　克	Czech Rep.	7.9	133.0	133.8	134.9
法　国	France	54.9	107.5	113.1	113.7
德　国	Germany	35.7	235.7	235.9	235.4
意大利	Italy	30.1	193.6	201.9	203.4
荷　兰	Netherlands	4.2	471.7	485.2	487.1
波　兰	Poland	31.3	126.3	125.3	125.3
俄罗斯联邦	Russian Fed.	1709.8	8.9	8.7	8.7
西班牙	Spain	50.5	80.7	89.9	91.3
土耳其	Turkey	78.4	86.4	94.9	96.0
乌克兰	Ukraine	60.4	84.9	80.3	79.8
英　国	United Kingdom	24.4	243.4	252.1	253.8
澳大利亚	Australia	774.1	2.5	2.7	2.8
新西兰	New Zealand	26.8	14.4	15.8	15.9

附录 2-6 淡水资源(2007年)

Freshwater(2007)

资料来源：世界银行WDI数据库。
Source: World Bank WDI Database.

国家和地区	Country or Area	人均可再生淡水资源(立方米) Renewable Internal Freshwater Resources per Capita(cu.m.)	淡水消费量 Freshwater Withdrawals			
			占水资源总量的比重(%) % of Internal Resources	农业用水 % for Agriculture	工业用水 % for Industry	生活用水 % for Domestic
世　界	**World**	**6616**	**9.0**	**70.0**	**20.0**	**10.0**
高收入国家	**High Income**	**9305**	**10.4**	**43.0**	**42.0**	**15.0**
中等收入国家	**Middle Income**	**6350**	**8.8**	**77.0**	**14.2**	**8.9**
低收入国家	**Low Income**	**5004**	**7.9**	**88.4**	**6.4**	**5.3**
中　国	China	2134	22.4	67.7	25.7	6.6
孟加拉国	Bangladesh	666	75.6	96.2	0.7	3.2
柬埔寨	Cambodia	8417	3.4	98.0	0.5	1.5
印　度	India	1121	51.2	86.5	5.5	8.1
印度尼西亚	Indonesia	12578	2.9	91.3	0.7	8.0
伊　朗	Iran	1809	72.6	92.2	1.2	6.6
以色列	Israel	104	260.5	57.8	5.8	36.4
日　本	Japan	3365	20.6	62.5	17.9	19.7
哈萨克斯坦	Kazakhstan	4871	46.4	81.8	16.5	1.7
韩　国	Korea,Rep.	1338	28.7	48.0	16.4	35.6
老　挝	Laos	31256	1.6	90.0	5.7	4.3
马来西亚	Malaysia	21841	1.6	62.1	21.1	16.9
蒙　古	Mongolia	13326	1.3	52.3	27.3	20.5
缅　甸	Myanmar	17924	3.8	98.2	0.5	1.2
巴基斯坦	Pakistan	338	308.0	96.0	2.1	1.9
菲律宾	Philippines	5399	6.0	74.0	9.4	16.6
斯里兰卡	Sri Lanka	2499	25.2	95.2	2.5	2.4
泰　国	Thailand	3135	41.5	95.1	2.5	2.5
越　南	Viet Nam	4304	19.5	68.1	24.1	7.8
埃　及	Egypt	22	3794.4	86.4	5.9	7.8
尼日利亚	Nigeria	1496	3.6	68.8	10.1	21.1
南　非	South Africa	936	27.9	62.7	6.1	31.2
加拿大	Canada	86426	1.6	11.8	68.7	19.6
墨西哥	Mexico	3885	19.1	77.1	5.5	17.4
美　国	United States	9293	17.1	41.3	46.0	12.7
阿根廷	Argentina	6989	10.6	73.7	9.5	16.8
巴　西	Brazil	28498	1.1	61.8	18.0	20.3
委内瑞拉	Venezuela	26287	1.2	47.4	7.1	45.5
捷　克	Czech Rep.	1272	19.6	2.3	57.0	40.7
法　国	France	2882	22.4	9.8	74.5	15.7
德　国	Germany	1301	44.0	19.8	67.9	12.4
意大利	Italy	3074	24.3	45.1	36.7	18.2
荷　兰	Netherlands	671	72.2	33.9	60.0	6.2
波　兰	Poland	1406	30.2	8.3	78.7	13.0
俄罗斯联邦	Russian Fed.	30350	1.8	17.8	63.5	18.8
西班牙	Spain	2478	32.0	68.0	18.5	13.4
土耳其	Turkey	3109	17.7	73.8	10.7	15.5
乌克兰	Ukraine	1142	70.7	52.5	35.4	12.2
英　国	United Kingdom	2377	6.6	2.9	75.4	21.7
澳大利亚	Australia	23348	4.9	75.3	10.0	14.7
新西兰	New Zealand	77336	0.6	42.2	9.5	48.3

附录 2-7 国内生产总值(美元)

Gross Domestic Product (USD)

资料来源：世界银行WDI数据库。
Source: World Bank WDI Database.
单位：亿美元 (100 million USD)

国家和地区	Country or Area	1990	2000	2005	2007	2008	2009
世 界	**World**	**218484**	**320484**	**456028**	**557314**	**613054**	**582282**
高收入国家	**High Income**	**181789**	**262110**	**358856**	**414725**	**442149**	**417187**
经合组织高收入国家	**OECD Countries**	**175894**	**251090**	**343088**	**394763**	**419346**	**396694**
欧 元 区	**Euro Area**	**56822**	**62531**	**101440**	**123320**	**135657**	**124560**
中等收入国家	**Middle Income**	**35175**	**56625**	**94636**	**139293**	**166965**	**160950**
中等偏上收入国家	**Upper Middle Income**	**21953**	**30565**	**48723**	**70293**	**83292**	**72800**
中等偏下收入国家	**Lower Middle Income**	**13244**	**26061**	**45891**	**68958**	**83617**	**88051**
中低收入国家	**Low and Middle Income**	**36685**	**58401**	**97282**	**142829**	**171188**	**165266**
东亚和太平洋	**East Asia and Pacific**	**6703**	**17219**	**30683**	**46729**	**59037**	**63453**
欧洲和中亚	**Europe and Central Asia**	**9443**	**7018**	**16841**	**26691**	**33013**	**25853**
拉丁美洲和加勒比	**Latin America and Caribbean**	**10979**	**20357**	**26488**	**36766**	**42811**	**39765**
中东和北非国家	**Middle East and North Africa**	**2654**	**4313**	**6308**	**9005**	**11192**	**10594**
南 亚	**South Asia**	**4025**	**6082**	**10480**	**14995**	**15254**	**16346**
撒哈拉以南非洲	**Sub-Saharan Africa**	**3013**	**3418**	**6442**	**8574**	**9820**	**9265**
低收入国家	**Low Income**	**1555**	**1757**	**2584**	**3398**	**4055**	**4197**
最不发达地区	**Least Developed Countries**	**1586**	**1849**	**3154**	**4433**	**5534**	**5379**
重债穷国	**Heavily Indebted Poor Countries**	**1346**	**1393**	**2298**	**3159**	**3818**	**3778**
中 国	China	3569	11985	22571	35055	45328	49847
中国香港	Hong Kong,China	769	1691	1778	2071	2154	
中国澳门	Macao,China	30	61	115	186		
阿 富 汗	Afghanistan			68	102	106	
阿尔巴尼亚	Albania	21	37	84	108	128	118
阿尔及利亚	Algeria	620	548	1023	1358	1710	1406
安 道 尔	Andorra	10	11	25	32	37	
安 哥 拉	Angola	103	91	306	593	849	691
安提瓜和巴布达	Antigua and Barbuda	4	7	9	12	12	11
阿 根 廷	Argentina	1414	2842	1832	2624	3285	3087
亚美尼亚	Armenia	23	19	49	92	119	87
澳大利亚	Australia	3145	4169	6960	8568	10394	9248
奥 地 利	Austria	1648	1912	3029	3706	4129	3849
阿塞拜疆	Azerbaijan	89	53	132	331	463	430
巴 哈 马	Bahamas	32	55	65	72	69	
巴 林	Bahrain	42	80	135	185	219	
孟加拉国	Bangladesh	301	471	603	684	796	894
巴巴多斯	Barbados	17	26	30	34	37	
白俄罗斯	Belarus	174	127	302	453	608	490
比 利 时	Belgium	2027	2319	3766	4584	5049	4686
伯 利 兹	Belize	4	8	11	13	14	
贝 宁	Benin	18	23	43	55	67	67
百 慕 大	Bermuda	16	35	49	58	61	
不 丹	Bhutan	3	4	8	12	12	13
玻利维亚	Bolivia	49	84	96	131	167	173
波 黑	Bosnia and Herzegovinian		55	109	152	185	171
博茨瓦纳	Botswana	38	56	103	124	134	116
巴 西	Brazil	4620	6447	8822	13660	16386	15720
文 莱	Brunei Darussalam	35	60	95			
保加利亚	Bulgaria	207	126	272	396	499	471
布基纳法索	Burkina Faso	31	26	54	68	80	81
布 隆 迪	Burundi	11	7	8	10	12	13
柬 埔 寨	Cambodia		37	63	86	103	100
喀 麦 隆	Cameroon	112	101	166	207	232	218
加 拿 大	Canada	5827	7249	11338	14241	14991	13361
佛 得 角	Cape Verde	3	5	10	13	15	15
中 非	Central African Rep.	15	10	14	17	20	20
乍 得	Chad	17	14	53	70	84	67

附录 2-7　续表 1 continued

单位：亿美元 (100 million USD)

国家和地区	Country or Area	1990	2000	2005	2007	2008	2009
海峡群岛	Channel Islands		64	88	115		
智　利	Chile	316	752	1183	1643	1709	1637
哥伦比亚	Colombia	403	941	1446	2078	2433	2308
科摩罗	Comoros	3	2	4	5	5	5
刚果(金)	Congo,Dem. Rep.	94	43	71	100	117	108
刚果(布)	Congo,Rep.	28	32	61	76	107	87
哥斯达黎加	Costa Rica	74	159	200	263	297	292
科特迪瓦	Cote D'Ivoire	108	104	164	198	234	230
克罗地亚	Croatia	248	213	444	586	693	630
塞浦路斯	Cyprus	56	93	170	214	249	
捷　克	Czech Rep.	349	567	1245	1742	2161	1903
丹　麦	Denmark	1358	1601	2577	3107	3408	3096
吉布提	Djibouti	5	6	7	8	10	10
多米尼克	Dominica	2	3	3	3	4	4
多米尼加	Dominican Rep.	71	240	340	413	455	466
厄瓜多尔	Ecuador	104	159	372	458	547	572
埃　及	Egypt	431	998	897	1305	1628	1883
萨尔瓦多	El Salvador	48	131	171	204	221	222
赤道几内亚	Equatorial Guinea	1	13	82	126	185	104
厄立特里亚	Eritrea		6	12	14	17	
爱沙尼亚	Estonia	50	57	139	214	235	191
埃塞俄比亚	Ethiopia	121	82	123	192	259	285
法罗群岛	Faeroe Islands		11	17	23	24	22
斐　济	Fiji	13	17	30	34	36	30
芬　兰	Finland	1396	1218	1956	2457	2698	2375
法　国①	France①	12445	13280	21465	25940	28542	26494
法属波立尼西亚	French Polynesia	32	34				
加　蓬	Gabon	60	51	87	116	145	111
冈比亚	Gambia	3	4	5	7	8	7
格鲁吉亚	Georgia	77	31	64	102	128	107
德　国	Germany	17145	19002	27884	33234	36559	33467
加　纳	Ghana	59	50	107	149	167	156
希　腊	Greece	942	1256	2430	3099	3503	3299
格陵兰	Greenland	10	11	17	21	17	
格林纳达	Grenada	2	4	6	6	7	6
危地马拉	Guatemala	77	193	272	340	390	368
几内亚	Guinea	27	31	29	42	38	
几内亚比绍	Guinea-Bissau	2	2	3	4	5	
圭亚那	Guyana	4	7	8	11	12	
海　地	Haiti	29	37	42	60	64	67
洪都拉斯	Honduras	30	71	98	124	140	146
匈牙利	Hungary	331	479	1102	1388	1547	1290
冰　岛	Iceland	64	87	163	204	168	121
印　度	India	3175	4602	8372	12328	12142	13102
印度尼西亚	Indonesia	1144	1650	2859	4322	5105	5403
伊　朗	Iran	1160	1013	1920	2861	3382	3310
伊拉克	Iraq		259	313	570	865	658
爱尔兰	Ireland	478	966	2016	2597	2663	2272
马恩岛	Isle of Man		16	29	41		
以色列	Israel	525	1247	1342	1670	2021	1948
意大利	Italy	11334	10973	17777	21162	22966	21128
牙买加	Jamaica	46	90	112	128	146	147
日　本	Japan	30183	46674	45522	43779	48870	50675
约　旦	Jordan	40	85	126	170	212	228
哈萨克斯坦	Kazakhstan	269	183	571	1049	1334	1092

附录 2-7 续表 2 continued

单位：亿美元 (100 million USD)

国家和地区	Country or Area	1990	2000	2005	2007	2008	2009
肯 尼 亚	Kenya	86	127	187	271	304	302
基里巴斯	Kiribati	0	1	1	1	1	1
韩 国	Korea,Rep.	2638	5334	8449	10492	9314	8325
科 威 特	Kuwait	184	377	808	1147	1480	
吉尔吉斯斯坦	Kyrgyzstan	27	14	25	38	51	46
老 挝	Laos	9	17	27	43	55	59
拉脱维亚	Latvia	74	78	160	288	338	262
黎 巴 嫩	Lebanon	28	173	219	250	299	345
莱 索 托	Lesotho	6	8	14	17	16	18
利比里亚	Liberia	4	6	5	7	8	9
利 比 亚	Libya	289	339	440	718	932	624
列支敦士登	Liechtenstein	14	25	37	44	50	
立 陶 宛	Lithuania	105	114	260	391	471	372
卢 森 堡	Luxemburg	127	203	377	513	576	524
前南马其顿	Macedonia,FYR	45	36	58	79	95	92
马达加斯加	Madagascar	31	39	50	73	95	91
马 拉 维	Malawi	19	17	29	36	43	50
马来西亚	Malaysia	440	938	1378	1860	2212	1916
马尔代夫	Maldives	2	6	8	11	13	14
马 里	Mali	24	24	53	71	87	90
马 耳 他	Malta	23	39	59	74		
马绍尔群岛	Marshall Islands	1	1	1	2	2	2
毛里塔尼亚	Mauritania	10	11	18	26	35	30
毛里求斯	Mauritius	27	46	63	75	93	86
墨 西 哥	Mexico	2627	5814	8489	10256	10900	8749
密克罗尼西亚	Micronesia,Fed.	1	2	2	3	3	3
摩尔多瓦	Moldova	36	13	30	44	61	54
摩 纳 哥	Monaco	25	26	43	60	69	
蒙 古	Mongolia	21	11	23	39	53	42
黑 山	Montenegro		10	23	37	45	41
摩 洛 哥	Morocco	258	370	595	752	889	909
莫桑比克	Mozambique	25	42	66	80	99	98
纳米比亚	Namibia	24	39	73	88	88	94
尼 泊 尔	Nepal	36	55	81	103	126	125
荷 兰	Netherlands	2949	3851	6385	7783	8729	7921
新喀里多尼亚	New Caledonia	25	27				
新 西 兰	New Zealand	440	509	1091	1347	1155	1252
尼加拉瓜	Nicaragua	10	39	49	56	64	63
尼 日 尔	Niger	25	18	33	42	54	54
尼日利亚	Nigeria	285	460	1122	1659	2071	1690
挪 威	Norway	1176	1683	3020	3875	4509	3818
阿 曼	Oman	117	199	309	419	603	
巴基斯坦	Pakistan	400	740	1096	1432	1652	1665
帕 劳	Palau	1	1	1	2	2	2
巴 拿 马	Panama	53	116	155	198	232	247
巴布亚新几内亚	Papua New Guinea	32	35	49	63	80	79
巴 拉 圭	Paraguay	53	71	75	122	169	150
秘 鲁	Peru	263	533	794	1075	1291	1267
菲 律 宾	Philippines	443	759	988	1440	1675	1605
波 兰	Poland	590	1713	3039	4253	5283	4301
葡 萄 牙	Portugal	753	1127	1854	2232	2438	2277
波多黎各	Puerto Rico	306	610				
卡 塔 尔	Qatar	74	178	425	710		
罗马尼亚	Romania	383	371	989	1693	2001	1611
俄罗斯联邦	Russian Fed.	5168	2597	7646	13001	16676	12307

附录 2-7 续表 3 continued

单位：亿美元 (100 million USD)

国家和地区	Country or Area	1990	2000	2005	2007	2008	2009
卢 旺 达	Rwanda	26	17	24	34	45	51
圣基茨和尼维斯	Saint Kitts and Nevis	2	3	4	5	6	5
圣卢西亚	Saint Lucia	4	7	9	10	10	9
圣文森特和格林纳丁斯	Saint Vincent and the Grenadines	2	3	4	6	6	6
萨 摩 亚	Samoa	1	2	4	5	6	5
圣马力诺	San Marino		8	14	17	19	
圣多美和普林西比	Sao Tome and Principe			1	1	2	2
沙特阿拉伯	Saudi Arabia	1168	1884	3156	3841	4751	3692
塞内加尔	Senegal	57	47	87	113	133	131
塞尔维亚	Serbia		61	252	394	489	426
塞 舌 尔	Seychelles	4	6	9	10	9	8
塞拉利昂	Sierra Leone	7	6	12	17	20	19
新 加 坡	Singapore	368	927	1254	1768	1933	1822
斯洛伐克	Slovakia	117	287	613	842	985	876
斯洛文尼亚	Slovenia	174	199	358	473	544	485
所罗门群岛	Solomon Islands	3	4	4	6	6	7
索 马 里	Somalia	9					
南 非	South Africa	1120	1329	2471	2863	2765	2860
西 班 牙	Spain	5210	5807	11302	14408	15945	14603
斯里兰卡	Sri Lanka	80	163	244	324	407	420
苏 丹	Sudan	124	124	274	465	580	547
苏 里 南	Suriname	4	9	18	24	30	
斯威士兰	Swaziland	11	15	25	30	28	29
瑞 典	Sweden	2445	2456	3706	4625	4876	4061
瑞 士	Switzerland	2382	2499	3725	4341	5003	
叙 利 亚	Syrian Arab Republic	123	193	286	405	545	522
塔吉克斯坦	Tajikistan	26	9	23	37	51	50
坦桑尼亚②	Tanzania②	43	91	141	168	208	216
泰 国	Thailand	853	1227	1764	2471	2725	2639
东 帝 汶	Timor-Leste		3	3	4	5	6
多 哥	Togo	16	13	21	25	29	29
汤 加	Tonga	1	2	3	3	3	3
特立尼达和多巴哥	Trinidad And Tobago	51	82	160	209	260	211
突 尼 斯	Tunisia	123	194	290	356	408	396
土 耳 其	Turkey	1507	2666	4830	6472	7303	6171
土库曼斯坦	Turkmenistan	32	29	81	127	170	199
乌 干 达	Uganda	43	62	90	119	144	157
乌 克 兰	Ukraine	815	313	861	1427	1800	1135
阿 联 酋	United Arab Emirates	337	706	1330	2076	2613	
英 国	United Kingdom	10126	14776	22801	27990	26627	21745
美 国	United States	57572	97648	125797	140108	143694	142563
美属维尔京群岛	Virgin Islands(US)	16					
乌 拉 圭	Uruguay	93	228	174	240	312	361
乌兹别克斯坦	Uzbekistan	134	138	143	223	279	328
瓦努阿图	Vanuatu	2	3	4	5	6	7
委内瑞拉	Venezuela	470	1171	1457	2268	3115	3265
越 南	Viet Nam	65	312	529	710	906	919
约旦河西岸和加沙	West Bank and Gaza		41	40			
也 门	Yemen	48	94	167	217	269	264
赞 比 亚	Zambia	33	32	72	115	147	127
津巴布韦	Zimbabwe	88	74	34			

注：①包括法属圭亚那、瓜德罗普、马提尼克和留尼汪。②仅指坦桑尼亚大陆。

Note:①Including French Guiana,Guadeloupe Martinique and Reunion.②Data refer to the mainland of Tanzania.

附录 2-8 人均国民总收入(美元)

GNI per Capita (USD)

资料来源：世界银行WDI数据库。
Source: World Bank WDI Database.

单位：美元 (USD)

国家和地区	Country or Area	1990	2000	2005	2006	2007	2008	2009
世　界	**World**	**4053**	**5267**	**7101**		**8100**	**8721**	**8741**
高收入国家	**High Income**	**18309**	**25103**	**33772**		**36953**	**38781**	**38139**
经合组织高收入国家	**OECD Countries**	**19079**	**26113**	**35187**		**38410**	**40302**	**39654**
欧元区	**Euro Area**	**17521**	**21945**	**31997**		**36003**	**38797**	**38805**
中等收入国家	**Middle Income**	**876**	**1265**	**1953**		**2682**	**3163**	**3373**
中等偏上收入国家	**Upper Middle Income**	**2320**	**3198**	**4536**		**6314**	**7405**	**7471**
中等偏下收入国家	**Lower Middle Income**	**464**	**742**	**1268**		**1723**	**2046**	**2298**
中低收入国家	**Low and Middle Income**	**799**	**1126**	**1721**		**2349**	**2765**	**2946**
东亚和太平洋	**East Asia and Pacific**	**426**	**905**	**1634**		**2256**	**2738**	**3143**
欧洲和中亚	**Europe and Central Asia**		**1755**	**3658**		**5608**	**6876**	**6793**
拉丁美洲和加勒比	**Latin America and Caribbean**	**2090**	**3803**	**4416**		**5908**	**6826**	**6936**
中东和北非国家	**Middle East and North Africa**	**1286**	**1618**	**2148**		**2801**	**3311**	**3594**
南　亚	**South Asia**	**375**	**442**	**706**		**909**	**995**	**1088**
撒哈拉以南非洲	**Sub-Saharan Africa**	**577**	**486**	**759**		**969**	**1082**	**1096**
低收入国家	**Low Income**	**283**	**261**	**338**		**403**	**457**	**503**
最不发达地区	**Least Developed Countries**	**296**	**268**	**390**		**502**	**588**	**639**
重债穷国	**Heavily Indebted Poor Countries**	**346**	**282**	**393**		**477**	**550**	**593**
中　国	China	330	930	1760		2490	3060	3590
中国香港	Hong Kong,China	12660	26570	28150		31570	31420	
中国澳门	Macao,China	8360	14350	22620		35360		
阿富汗	Afghanistan			260		350	370	
阿尔巴尼亚	Albania	680	1170	2610		3360	3840	3950
阿尔及利亚	Algeria	2420	1610	2720		3630	4260	4420
安道尔	Andorra			32720		36980	41130	
安哥拉	Angola	720	410	1320		2590	3340	3490
安提瓜和巴布达	Antigua and Barbuda	5430	7960	10140		12610	13020	12070
阿根廷	Argentina	3020	7460	4460		6040	7190	7570
亚美尼亚	Armenia		660	1470		2580	3350	3100
澳大利亚	Australia	17420	21260	30400		37140	41890	43770
奥地利	Austria	20080	25840	37020		42280	46350	46850
阿塞拜疆	Azerbaijan		610	1270		2710	3830	4840
巴哈马	Bahamas	11380	17040	20210		21390		
巴　林	Bahrain	7260	10740	17330		22760	25420	
孟加拉国	Bangladesh	270	350	440		480	520	590
巴巴多斯	Barbados	6560						
白俄罗斯	Belarus		1380	2780		4250	5380	5540
比利时	Belgium	18980	25360	36770		41580	45010	45310
伯利兹	Belize	2100	3110	3580		3560	3740	
贝　宁	Benin	360	360	550		610	700	750
百慕大	Bermuda	26540						
不　丹	Bhutan	590	730	1210		1650	1770	2020
玻利维亚	Bolivia	700	1000	1260		1190	1460	1620
波　黑	Bosnia and Herzegovinian		1510	3010		3810	4530	4700
博茨瓦纳	Botswana	2450	3180	5170		6060	6760	6240
巴　西	Brazil	2540	3870	4020		6140	7490	8040
文　莱	Brunei Darussalam	12540	14670	22770				
保加利亚	Bulgaria	2260	1600	3490		4450	5390	5770
布基纳法索	Burkina Faso	330	250	400		430	480	510
布隆迪	Burundi	210	120	100		120	140	150
柬埔寨	Cambodia		280	450		560	630	650
喀麦隆	Cameroon	860	620	910		1020	1120	1170
加拿大	Canada	20150	22130	33430		40430	43490	42170
佛得角	Cape Verde	940	1310	2100	2310	2560	2830	3010

附录 2-8 续表 1 continued

单位：美元 (USD)

国家和地区	Country or Area	1990	2000	2005	2006	2007	2008	2009
中　非	Central African Rep.	470	270	330	350	380	410	450
乍　得	Chad	250	180	440	470	490	540	610
海峡群岛	Channel Islands		43020	57410	62400	68610		
智　利	Chile	2130	4840	5920	6870	8140	9470	9420
哥伦比亚	Colombia	1190	2280	2870	3400	4070	4610	4930
科 摩 罗	Comoros	540	400	650	670	690	750	870
刚果(金)	Congo,Dem. Rep.	210	80	120	130	140	150	160
刚果(布)	Congo,Rep.	890	580	1010	1270	1370	1810	1830
哥斯达黎加	Costa Rica	2210	3700	4660	5040	5530	6060	6230
科特迪瓦	Cote D'Ivoire	730	620	820	840	880	980	1060
克罗地亚	Croatia		5160	9630	10660	12000	13580	13810
塞浦路斯	Cyprus	9520	13440	21490	22890	24430	26940	
捷　克	Czech Rep.		5800	11330	12890	14380	16670	17310
丹　麦	Denmark	24100	31850	48250	51830	54420	58550	58930
吉 布 提	Djibouti		760	1000	1050	1110	1210	1280
多米尼克	Dominica	2140	3200	3940	4340	4500	4790	4870
多米尼加	Dominican Rep.	800	2550	2810	3360	4030	4330	4510
厄瓜多尔	Ecuador	850	1340	2700	2960	3160	3700	3920
埃　及	Egypt	740	1390	1200	1290	1500	1800	2070
萨尔瓦多	El Salvador	910	2150	2890	3060	3200	3460	3370
赤道几内亚	Equatorial Guinea	330	1250	5210	6870	9710	14980	12420
厄立特里亚	Eritrea		170	230	250	270	300	
爱沙尼亚	Estonia	3190	4220	9840	11500	13210	14410	14060
埃塞俄比亚	Ethiopia	240	130	160	190	220	280	330
斐　济	Fiji	1810	2260	3570	3600	3810	4060	3950
芬　兰	Finland	25270	25470	38300	40870	43910	47630	45680
法　国①	France①	20240	24450	35180	37040	39120	42190	42680
法属波立尼西亚	French Polynesia	15630	16080					
加　蓬	Gabon	4940	3080	5120	5300	6450	7320	7370
冈 比 亚	Gambia	330	330	270	290	330	400	440
格鲁吉亚	Georgia		730	1360	1680	2090	2450	2530
德　国	Germany	20630	25510	35050	37300	39370	42800	42560
加　纳	Ghana	390	330	460	520	600	680	700
希　腊	Greece	8650	12560	21310	23100	25040	27650	28630
格 陵 兰	Greenland	15690	20290	29690	30840	33170	32960	
格林纳达	Grenada	2130	3870	5210	5220	5480	5870	5550
危地马拉	Guatemala	900	1730	2080	2250	2470	2680	2620
几 内 亚	Guinea	420	400	350	320	330	350	
几内亚比绍	Guinea-Bissau	200	170	200	210	220	250	
圭 亚 那	Guyana	350	870	1070	1060	1280	1450	
海　地	Haiti	350	470	420	490	520	660	
洪都拉斯	Honduras	660	930	1400	1480	1630	1790	1820
匈 牙 利	Hungary	2880	4700	10250	11020	11650	12800	12980
冰　岛	Iceland	24150	30830	49540	51900	58280	49360	43220
印　度	India	390	450	750	850	990	1080	1180
印度尼西亚	Indonesia	630	580	1260	1420	1660	2010	2230
伊　朗	Iran	2470	1670	2570	2960	3540	4120	4530
伊 拉 克	Iraq				1120	1420	2060	2210
爱 尔 兰	Ireland	12050	23170	41410	45110	48420	49480	44310
马 恩 岛	Isle of Man		21980	38520	43710	49310		
以 色 列	Israel	10860	17840	20250	21020	22390	24710	25740
意 大 利	Italy	17900	20890	30350	31950	33390	35230	35080
牙 买 加	Jamaica	1700	3310	3910	4210	4390	4800	4990
日　本	Japan	26660	34620	38910	38540	37700	37930	37870

附录 2-8 续表 2 continued

单位：美元 (USD)

国家和地区	Country or Area	1990	2000	2005	2006	2007	2008	2009
约　　旦	Jordan	1390	1790	2510	2730	3040	3520	3740
哈萨克斯坦	Kazakhstan		1260	2930	3860	4970	6140	6740
肯 尼 亚	Kenya	380	420	520	570	660	730	770
基里巴斯	Kiribati	730	1330	1770	1790	1780	1980	1890
韩　　国	Korea,Rep.	6000	9910	16900	18950	21210	21570	19830
科 威 特	Kuwait		16790	30930	37300	43930		
吉尔吉斯斯坦	Kyrgyzstan		280	450	500	620	790	870
老　　挝	Laos	200	280	450	510	610	750	880
拉脱维亚	Latvia	2790	3220	6810	8120	10090	11940	12390
黎 巴 嫩	Lebanon	1230	4690	5670	5670	6200	6860	7970
莱 索 托	Lesotho	540	570	800	950	1020	1060	1030
利比里亚	Liberia		140	120	120	150	170	160
利 比 亚	Libya			6290	8200	10220	12380	12020
列支敦士登	Liechtenstein	45150	79640	92720	104100	105500	113210	
立 陶 宛	Lithuania		3200	7280	8410	9980	11890	11410
卢 森 堡	Luxemburg	29530	43660	66260	66060	69260	74890	74430
前南马其顿	Macedonia,FYR		1840	2840	3110	3470	4120	4400
马达加斯加	Madagascar	250	250	310	300	340	420	
马 拉 维	Malawi	180	150	210	220	250	260	280
马来西亚	Malaysia	2390	3450	5200	5720	6400	7250	7230
马尔代夫	Maldives		2150	2610	3010	3270	3690	3870
马　　里	Mali	260	250	440	460	530	610	680
马 耳 他	Malta	6780	9670	14180	15160	16690		
马绍尔群岛	Marshall Islands		2420	3150	3250	3240	3120	3060
毛里塔尼亚	Mauritania	550	460	600	760	840	980	960
毛里求斯	Mauritius	2440	3870	5350	5540	5980	6720	7240
墨 西 哥	Mexico	2670	5110	8090	8730	9400	10000	8920
密克罗尼西亚	Micronesia,Fed.		2270	2490	2460	2470	2460	2220
摩尔多瓦	Moldova		370	890	1030	1160	1500	1590
摩 纳 哥	Monaco	80150	91070	133730	145310	173330	203900	
蒙　　古	Mongolia	1170	410	810	1010	1280	1670	1630
黑　　山	Montenegro			3600	4260	5160	6370	6550
摩 洛 哥	Morocco	990	1310	1950	2120	2230	2520	2790
莫桑比克	Mozambique	170	230	290	310	340	380	440
纳米比亚	Namibia	1620	2030	3420	3890	4110	4210	4290
尼 泊 尔	Nepal	210	220	290	320	350	400	440
荷　　兰	Netherlands	18820	26580	39930	43290	45860	48990	49350
新喀里多尼亚	New Caledonia	15010	14020					
新 西 兰	New Zealand	12820	13450	24360	25280	27090	26830	
尼加拉瓜	Nicaragua	300	730	890	930	980	1050	1000
尼 日 尔	Niger	300	170	260	270	280	330	340
尼日利亚	Nigeria	260	270	620	830	960	1170	1140
挪　　威	Norway	26010	35870	62280	68190	76840	86670	86440
阿　　曼	Oman	5610	6720	10380	12230	14300	17890	
巴基斯坦	Pakistan	420	490	720	790	860	950	1020
帕　　劳	Palau		6260	7760	7960	8250	8630	8940
巴 拿 马	Panama	2090	3740	4650	4950	5560	6290	6710
巴布亚新几内亚	Papua New Guinea	830	620	680	720	940	1090	1180
巴 拉 圭	Paraguay	1120	1350	1230	1490	1710	2140	2270
秘　　鲁	Peru	720	2050	2650	2920	3340	3990	4150
菲 律 宾	Philippines	730	1030	1160	1250	1460	1700	1790
波　　兰	Poland		4590	7270	8340	9800	11820	12260
葡 萄 牙	Portugal	6810	11590	17260	17890	19000	20540	20940
波多黎各	Puerto Rico	6220	10560					

附录 2-8 续表 3 continued

单位：美元 (USD)

国家和地区	Country or Area	1990	2000	2005	2006	2007	2008	2009
罗马尼亚	Romania	1710	1690	3920	4870	6430	8290	8330
俄罗斯联邦	Russian Fed.		1710	4460	5810	7520	9650	9370
卢 旺 达	Rwanda	360	250	250	290	330	410	460
萨 摩 亚	Samoa	1070	1360	2110	2410	2570	2930	2840
圣马力诺	San Marino			40990	43530	46580	50670	
圣多美和普林西比	Sao Tome and Principe			760	840	920	1020	1140
沙特阿拉伯	Saudi Arabia	7280	8150	12720	14280	15560	17700	
塞内加尔	Senegal	670	510	770	800	870	980	1030
塞尔维亚	Serbia		1400	3430	3800	4450	5520	5990
塞 舌 尔	Seychelles	5020	7420	9680	10740	11800	10530	8480
塞拉利昂	Sierra Leone	190	150	240	250	280	320	340
新 加 坡	Singapore	12050	23350	28340	31380	34640	37650	37220
斯洛伐克	Slovakia	2060	5370	10880	12470	14270	16590	16130
斯洛文尼亚	Slovenia		11090	18080	19580	21530	24280	23520
所罗门群岛	Solomon Islands	710	1000	890	920	1020	1050	910
索 马 里	Somalia	150						
南 非	South Africa	3390	3050	4850	5480	5760	5870	5770
西 班 牙	Spain	11890	15420	25330	27340	29230	31630	31870
斯里兰卡	Sri Lanka	470	880	1200	1350	1540	1780	1990
苏 丹	Sudan	480	320	590	740	910	1120	1220
苏 里 南	Suriname	1440	1930	3310	3760	4460	4760	
斯威士兰	Swaziland	1090	1550	2260	2360	2540	2560	2350
瑞 典	Sweden	26370	29280	42810	45950	48710	52460	48930
瑞 士	Switzerland	34390	40280	56710	58780	56810	56370	
叙 利 亚	Syrian Arab Republic	890	960	1430	1570	1780	2150	2410
塔吉克斯坦	Tajikistan		170	330	390	460	600	700
坦桑尼亚②	Tanzania②	200	270	350	380	410	460	500
泰 国	Thailand	1490	1960	2580	2860	3240	3670	3760
东 帝 汶	Timor-Leste			740	960	1520	2460	
多 哥	Togo	390	280	350	370	380	410	440
汤 加	Tonga	1230	1650	2470	2740	2910	3240	3260
特立尼达和多巴哥	Trinidad And Tobago	3510	5190	10190	12750	15270	15580	16490
突 尼 斯	Tunisia	1430	2090	2870	3040	3210	3540	3720
土 耳 其	Turkey	2220	3990	6200	7150	8090	8890	8730
土库曼斯坦	Turkmenistan	830	650	1620	1860	2210	2760	3420
乌 干 达	Uganda	300	270	300	340	370	420	460
乌 克 兰	Ukraine	1610	700	1540	1950	2570	3210	2800
阿 联 酋	United Arab Emirates	20070	19330					
英 国	United Kingdom	16600	25910	38920	41160	44140	46150	41520
美 国	United States	23330	34410	44030	45410	46890	48190	47240
乌 拉 圭	Uruguay	2690	7100	4820	5420	6510	8020	9360
乌兹别克斯坦	Uzbekistan		630	530	610	730	910	1100
瓦努阿图	Vanuatu	1180	1440	1780	1960	2130	2490	2620
委内瑞拉	Venezuela	2440	4100	4950	6100	7510	9170	10150
越 南	Viet Nam	130	390	620	690	780	910	1010
约旦河西岸和加沙	West Bank and Gaza		1560	1250				
也 门	Yemen		400	660	770	850	960	1060
赞 比 亚	Zambia	440	300	500	600	730	960	970
津巴布韦	Zimbabwe	860	460	360				

注：①包括法属圭亚那、瓜德罗普、马提尼克和留尼汪。②仅指坦桑尼亚大陆。

Note:①Including French Guiana,Guadeloupe Martinique and Reunion.②Data refer to the mainland of Tanzania.

附录 2-9　三次产业对国内生产总值增长的贡献率

Share of the Contributions of the Three Strata of Industry to the Increase of GDP

资料来源：世界银行WDI数据库。
Source: World Bank WDI Database.

单位：%　　(%)

国家和地区	Country or Area	第一产业对国内生产总值增长的贡献率 Contributions of the Primary Industry to the Increase of GDP		第二产业对国内生产总值增长的贡献率 Contributions of the Secondary Industry to the Increase of GDP		第三产业对国内生产总值增长的贡献率 Contributions of the Tertiary Industry to the Increase of GDP	
		2000	2009	2000	2009	2000	2009
中　国	China	4.6	4.3	50.9	53.3	44.5	42.4
中国香港	Hong Kong,China		-0.4①		-3.8①		104.2①
孟加拉国	Bangladesh	30.4	16.6	25.8	30.3	43.8	53.2
文　莱	Brunei Darussalam	2.3	-8.2②	66.5	-541.1②	31.2	649.3②
柬埔寨	Cambodia	-1.7	24.9①	64.3	18.7①	37.5	56.4①
印　度	India	-1.4	0.5	36.9	34.9	64.5	64.6
印度尼西亚	Indonesia	6.1	9.0	54.0	25.9	40.0	65.1
伊　朗	Iran	10.2	11.1①	60.1	47.0①	29.7	41.9①
日　本	Japan	1.3	3.1②	29.4	23.9②	69.4	73.0②
哈萨克斯坦	Kazakhstan	-4.1	9.4	53.2	34.7	50.9	56.0
韩　国	Korea,Rep.	0.7	7.1①	51.1	34.0①	48.3	58.9①
老　挝	Laos	45.4	23.3①	33.0	38.2①	21.6	38.5①
马来西亚	Malaysia	6.0	2.8②	70.6	24.4②	23.4	72.8②
蒙　古	Mongolia	159.7	16.2①	-5.6	3.40①	-54.1	80.43①
巴基斯坦	Pakistan	39.1	50.1	7.7	-46.1	53.2	96.1
菲律宾	Philippines	14.6	15.8	51.8	-21.7	33.6	105.9
新加坡	Singapore	-0.1	-0.2①	41.8	-15.7①	58.3	115.9①
斯里兰卡	Sri Lanka	4.4	6.5	34.3	-4.6	61.4	98.1
泰　国	Thailand	15.2	-3.0	49.2	89.4	35.6	13.6
越　南	Viet Nam	16.2	11.6	51.0	37.2	32.8	51.2
埃　及	Egypt	8.9	11.2	30.5	37.4	60.7	51.5
尼日利亚	Nigeria		-2.6①		-1.1①		103.7①
南　非	South Africa	1.9	14.2①	21.7	25.3①	76.4	60.5①
墨西哥	Mexico	0.3	-0.5	32.0	29.9	67.7	70.6
阿根廷	Argentina	15.0	-2.3①	137.4	18.4①	-52.4	83.9①
巴　西	Brazil	1.9	-2.5	16.9	109.1	81.2	-6.7
委内瑞拉	Venezuela	9.6	1.3①	50.2	76.6①	40.2	22.2①
捷　克	Czech Rep.	4.3	3.5①	70.5	73.2①	25.3	23.3①
法　国	France	-1.1	13.7①	26.9	-78.2①	74.2	164.5①
德　国	Germany	-0.1	3.4①	36.6	17.7①	63.6	78.9①
意大利	Italy	-1.9	-5.0①	28.3	64.9①	73.6	40.1①
荷　兰	Netherlands	1.4	1.6①	30.5	30.2①	68.2	68.2①
波　兰	Poland	-4.8	3.9	35.3	53.4	69.5	42.8
俄罗斯联邦	Russian Fed.	8.1	8.5①	45.6	20.2①	46.4	71.4①
西班牙	Spain	6.2	-1.9①	27.2	-71.8①	66.6	173.7①
土耳其	Turkey	13.8	-8.2	32.2	69.4	54.1	38.8
乌克兰	Ukraine	22.7		49.0	-44.8	28.3	144.8
英　国	United Kingdom	-0.2	0.2①	11.3	-84.8①	89.0	184.6①
澳大利亚	Australia	4.1	4.2①	27.0	26.7①	69.0	69.2①

注：本表根据世界银行数据计算。①2008年数据。②2007年数据。
Note:The indicator is calculated on the basis of World Bank data.①Data refer to 2008.②Data refer to 2007.

附录 2-10 资本形成总额、消费支出及净出口对国内生产总值增长的贡献率

Share of the Contributions of Gross Capital Formation,Final Consumption Expenditure and External Balance on Goods and Services to the Increase of GDP

资料来源：世界银行数据库。
Source: World Bank Database.

单位：% (%)

国家和地区	Country or Area	资本形成总额 Gross Capital Formation		消费支出 Final Consumption Expenditure		净出口 External Balance on Goods and Services	
		2000	2009	2000	2009	2000	2009
中　国	China	16.6	48.2①	65.7	53.6①	17.8	-1.8①
中国香港	Hong Kong,China		-12.6①		43.4①		69.2①
中国澳门	Macao,China	-90.9	-38.8①	-42.1	13.4①	233.0	125.4①
文　莱	Brunei Darussalam	-122.5	-157.7②	-0.5	-199.1②	223.0	456.9②
印度尼西亚	Indonesia	46.9	16.7	20.4	80.7	32.7	2.7
伊　朗	Iran	37.5		74.8		-12.2	
以色列	Israel		36.2②		82.9②		-19.1②
日　本	Japan	43.3	22.1②	40.8	31.3②	15.9	46.7②
哈萨克斯坦	Kazakhstan	18.0	5.3	58.5	34.7	23.5	60.0
韩　国	Korea,Rep.		9.8①		45.9①		44.3①
马来西亚	Malaysia	195.8	14.0②	158.7	95.7②	-254.5	-9.7②
巴基斯坦	Pakistan		31.4①		120.2①		-51.6①
菲律宾	Philippines		14.7①		181.9①		-96.6①
泰　国	Thailand	52.5	195.5	72.1	2.7	-24.6	-98.2
埃　及	Egypt		-61.2		94.8		66.4
南　非	South Africa	10.2		66.7		23.1	
加拿大	Canada	30.5	48.7③	54.6	106.7③	14.9	-55.3③
阿根廷	Argentina		37.7①		93.7①		-31.4①
委内瑞拉	Venezuela	49.8		84.1		-33.9	
法　国	France	47.5		64.3		-11.8	
德　国	Germany		106.3①		28.9①		-35.2①
意大利	Italy	32.8		51.2		16.0	
荷　兰	Netherlands	7.5	80.9①	58.4	62.8①	34.1	-43.7①
俄罗斯联邦	Russian Fed.	85.9	129.4②	36.2	201.4②	-22.0	-230.8②
澳大利亚	Australia	32.9	66.9③	68.8	68.7③	-1.7	-35.6③

注：本表根据世界银行数据计算。①2008年数据。②2007年数据。③2006年数据。
Note:The indicator is calculated on the basis of World Bank data.①Data refer to 2008.②Data refer to 2007.③Data refer to 2006.

附录 2-11 年中人口

Mid-year Population

资料来源：世界银行WDI数据库。
Source: World Bank WDI Database.

国家和地区	Country or Area	人口(万人) Mid-year Population (10 000 persons)				2009年增长率(%) Growth Rate in 2009 (%)
		2000	2005	2008	2009	
世　界	**World**	**608495.9**	**646732.1**	**669779.9**	**677523.6**	**1.2**
高收入国家	**High Income**	**105108.3**	**108643.7**	**110956.5**	**111655.2**	**0.6**
中等收入国家	**Middle Income**	**433915.5**	**460496.2**	**476015.7**	**481254.2**	**1.1**
中低收入国家	**Low and Middle Income**	**503387.6**	**538088.5**	**558823.4**	**565868.4**	**1.3**
低收入国家	**Low Income**	**69472.1**	**77592.2**	**82807.7**	**84614.2**	**2.2**
中　国	China	126264.5	130372.0	132465.5	133146.0	0.5
中国香港	Hong Kong,China	666.5	681.3	697.8	700.4	0.4
中国澳门	Macao,China	44.1	48.8	52.6	53.8	2.2
阿富汗	Afghanistan	2363.0	2679.7	2902.1	2980.3	2.7
阿尔巴尼亚	Albania	306.8	311.1	314.3	315.5	0.4
阿尔及利亚	Algeria	3050.6	3285.5	3437.3	3489.6	1.5
美属萨摩亚	American Samoa	5.8	6.3	6.6	6.7	1.6
安道尔	Andorra		7.8	8.4	8.5	1.6
安哥拉	Angola	1428.0	1661.8	1802.1	1849.8	2.6
安提瓜和巴布达	Antigua and Barbuda	7.7	8.4	8.7	8.8	1.1
阿根廷	Argentina	3693.9	3873.2	3988.3	4027.6	1.0
亚美尼亚	Armenia	307.6	306.5	307.7	308.3	0.2
阿鲁巴岛	Aruba	9.1	10.1	10.6	10.7	1.0
澳大利亚	Australia	1915.3	2039.5	2143.2	2187.5	2.1
奥地利	Austria	801.2	823.3	833.7	836.4	0.3
阿塞拜疆	Azerbaijan	804.9	839.2	868.0	878.1	1.2
巴哈马	Bahamas	30.5	32.6	33.8	34.2	1.2
巴　林	Bahrain	65.0	72.8	77.6	79.2	2.0
孟加拉国	Bangladesh	14076.7	15312.2	16000.0	16222.1	1.4
巴巴多斯	Barbados	25.2	25.3	25.5	25.6	0.3
白俄罗斯	Belarus	1000.5	977.6	968.1	966.3	-0.2
比利时	Belgium	1025.2	1047.9	1070.8	1078.9	0.8
伯利兹	Belize	25.0	29.2	32.2	33.3	3.4
贝　宁	Benin	665.9	786.8	866.2	893.5	3.1
百慕大	Bermuda	6.2	6.4	6.4	6.4	0.3
不　丹	Bhutan	56.1	65.0	68.7	69.7	1.5
玻利维亚	Bolivia	831.7	918.2	969.4	986.3	1.7
波　黑	Bosnia and Herzegovinian	369.4	378.1	377.3	376.7	-0.2
博茨瓦纳	Botswana	172.3	183.9	192.1	195.0	1.5
巴　西	Brazil	17417.4	18607.5	19197.2	19373.4	0.9
文　莱	Brunei Darussalam	33.4	37.0	39.2	40.0	1.9
保加利亚	Bulgaria	806.0	774.0	762.3	758.5	-0.5
布基纳法索	Burkina Faso	1167.6	1374.7	1523.4	1575.7	3.4
布隆迪	Burundi	647.3	737.8	807.4	830.3	2.8
柬埔寨	Cambodia	1276.0	1386.6	1456.2	1480.5	1.7
喀麦隆	Cameroon	1586.6	1782.3	1908.8	1952.2	2.2
加拿大	Canada	3077.0	3231.2	3331.1	3374.0	1.3
佛得角	Cape Verde	43.9	47.7	49.9	50.6	1.4
开曼群岛	Cayman Islands	4.0	4.4	5.4	5.5	1.3
中　非	Central African Rep.	374.6	410.2	433.9	442.2	1.9
乍　得	Chad	840.2	1001.9	1091.4	1120.6	2.6
海峡群岛	Channel Islands	14.7	14.9	15.0	15.0	0.2
智　利	Chile	1541.9	1629.8	1680.4	1697.0	1.0
哥伦比亚	Colombia	3977.3	4304.9	4501.2	4566.0	1.4
科摩罗	Comoros	54.0	60.1	64.4	65.9	2.4
刚果(金)	Congo,Dem. Rep.	5082.9	5907.7	6425.7	6602.0	2.7
刚果(布)	Congo,Rep.	303.6	341.7	361.5	368.3	1.9
哥斯达黎加	Costa Rica	393.1	432.8	451.9	457.9	1.3
科特迪瓦	Cote D'Ivoire	1728.2	1924.5	2059.1	2107.5	2.3

附录 2-11 续表 1 continued

国家和地区	Country or Area	人口(万人) Mid-year Population (10 000 persons)				2009年增长率(%) Growth Rate in 2009 (%)
		2000	2005	2008	2009	
克罗地亚	Croatia	442.6	444.2	443.4	443.2	…
古　巴	Cuba	1108.7	1119.3	1120.5	1120.4	
塞浦路斯	Cyprus	78.7	83.6	86.2	87.1	1.0
捷　克	Czech Rep.	1027.3	1023.6	1042.4	1049.0	0.6
丹　麦	Denmark	533.7	541.6	549.4	552.9	0.7
吉布提	Djibouti	73.0	80.5	84.9	86.4	1.8
多米尼克	Dominica	7.1	7.2	7.3	7.4	0.6
多米尼加	Dominican Rep.	883.0	953.3	995.3	1009.0	1.4
厄瓜多尔	Ecuador	1231.0	1306.3	1348.1	1362.5	1.1
埃　及	Egypt	7017.4	7715.4	8152.7	8299.9	1.8
萨尔瓦多	El Salvador	594.5	605.9	613.4	616.3	0.5
赤道几内亚	Equatorial Guinea	52.9	60.9	65.9	67.6	2.6
厄立特里亚	Eritrea	365.7	447.3	492.7	507.3	2.9
爱沙尼亚	Estonia	137.0	134.6	134.1	134.0	0.0
埃塞俄比亚	Ethiopia	6551.5	7466.1	8071.3	8282.5	2.6
法罗群岛	Faeroe Islands	4.6	4.8	4.9	4.9	0.3
斐　济	Fiji	80.2	82.8	84.4	84.9	0.6
芬　兰	Finland	517.6	524.6	531.3	533.8	0.5
法　国	France	5889.6	6087.3	6227.7	6261.7	0.5
法属波立尼西亚	French Polynesia	23.6	25.5	26.6	26.9	1.3
加　蓬	Gabon	123.3	136.9	144.8	147.5	1.8
冈比亚	Gambia	130.2	152.6	166.0	170.5	2.7
格鲁吉亚	Georgia	474.5	446.5	430.7	426.0	-1.1
德　国	Germany	8221.0	8246.9	8211.0	8188.0	-0.3
加　纳	Ghana	1952.9	2191.5	2335.1	2383.7	2.1
直布罗陀	Gibraltar	2.9	3.1	3.1	3.1	
希　腊	Greece	1091.8	1110.4	1123.7	1128.3	0.4
格陵兰	Greenland	5.6	5.7	5.6	5.6	-0.5
格林纳达	Grenada	10.1	10.3	10.4	10.4	0.4
关　岛	Guam	15.5	16.9	17.6	17.8	1.2
危地马拉	Guatemala	1123.1	1271.0	1368.6	1402.7	2.5
几内亚	Guinea	838.4	922.1	983.3	1006.9	2.4
几内亚比绍	Guinea-Bissau	130.4	147.3	157.5	161.1	2.2
圭亚那	Guyana	75.6	76.4	76.3	76.3	-0.1
海　地	Haiti	864.8	941.0	987.6	1003.3	1.6
洪都拉斯	Honduras	623.0	689.3	731.9	746.6	2.0
匈牙利	Hungary	1021.1	1008.7	1003.8	1002.2	-0.2
冰　岛	Iceland	28.1	29.7	31.7	31.9	0.5
印　度	India	101592.3	109458.3	113996.5	115534.8	1.3
印度尼西亚	Indonesia	20528.0	21921.0	22734.5	22996.5	1.2
伊　朗	Iran	6393.9	6908.7	7195.6	7290.4	1.3
伊拉克	Iraq	2510.9	2847.7	3071.1	3149.4	2.5
爱尔兰	Ireland	380.5	415.9	442.6	445.0	0.6
马恩岛	Isle of Man	7.7	8.0	8.1	8.1	-0.1
以色列	Israel	628.9	693.0	730.9	744.2	1.8
意大利	Italy	5694.9	5860.7	5983.2	6022.1	0.7
牙买加	Jamaica	258.9	265.0	268.7	270.0	0.5
日　本	Japan	12687.0	12777.3	12770.4	12756.0	-0.1
约　旦	Jordan	479.8	541.2	581.2	595.1	2.4
哈萨克斯坦	Kazakhstan	1488.4	1514.7	1567.4	1588.8	1.4
肯尼亚	Kenya	3144.1	3581.7	3876.5	3980.2	2.6
基里巴斯	Kiribati	8.4	9.2	9.7	9.8	1.5
朝　鲜	Korea,Dem.	2285.9	2352.9	2381.9	2390.6	0.4
韩　国	Korea,Rep.	4700.8	4813.8	4860.7	4874.7	0.3
科威特	Kuwait	219.0	253.5	272.8	279.5	2.4

附录 2-11 续表 2 continued

国家和地区	Country or Area	人口(万人) Mid-year Population (10 000 persons) 2000	2005	2008	2009	2009年增长率(%) Growth Rate in 2009 (%)
吉尔吉斯斯坦	Kyrgyzstan	491.5	514.4	527.8	532.1	0.8
老挝	Laos	540.3	588.0	620.5	632.0	1.8
拉脱维亚	Latvia	237.2	230.1	226.6	225.5	-0.5
黎巴嫩	Lebanon	377.2	408.2	419.4	422.4	0.7
莱索托	Lesotho	188.9	199.5	204.9	206.7	0.9
利比里亚	Liberia	282.4	333.4	379.3	395.5	4.2
利比亚	Libya	534.6	592.3	629.4	642.0	2.0
列支敦士登	Liechtenstein	3.3	3.5	3.6	3.6	0.8
立陶宛	Lithuania	350.0	341.4	335.8	334.0	-0.6
卢森堡	Luxemburg	43.6	46.5	48.9	49.8	1.9
前南马其顿	Macedonia,FYR	201.2	203.5	204.1	204.3	0.1
马达加斯加	Madagascar	1527.5	1761.4	1911.1	1962.5	2.7
马拉维	Malawi	1183.1	1365.5	1484.6	1526.3	2.8
马来西亚	Malaysia	2327.4	2563.3	2701.4	2746.8	1.7
马尔代夫	Maldives	27.2	29.2	30.5	30.9	1.4
马里	Mali	1052.3	1183.3	1270.6	1301.0	2.4
马耳他	Malta	39.0	40.4	41.2	41.5	0.7
马绍尔群岛	Marshall Islands	5.1	5.6	6.0	6.1	2.3
毛里塔尼亚	Mauritania	260.4	298.5	321.5	329.1	2.3
毛里求斯	Mauritius	118.7	124.3	126.9	127.5	0.5
马约特岛	Mayotte		17.7	19.1	19.7	2.8
墨西哥	Mexico	9796.6	10308.9	10635.0	10743.1	1.0
密克罗尼西亚	Micronesia,Fed.	10.7	10.9	11.0	11.1	0.3
摩尔多瓦	Moldova	410.0	375.9	363.3	360.4	-0.8
摩纳哥	Monaco	3.2	3.3	3.3	3.3	0.3
蒙古	Mongolia	238.9	255.0	264.1	267.1	1.1
黑山	Montenegro	66.1	62.5	62.2	62.4	0.3
摩洛哥	Morocco	2882.7	3049.5	3160.6	3199.3	1.2
莫桑比克	Mozambique	1824.9	2083.4	2238.3	2289.4	2.3
缅甸	Myanmar	4661.0	4834.5	4956.3	5002.0	0.9
纳米比亚	Namibia	182.4	200.9	213.0	217.1	1.9
尼泊尔	Nepal	2443.2	2722.2	2881.0	2933.1	1.8
荷兰	Netherlands	1592.5	1632.0	1644.6	1653.1	0.5
荷属安的列斯	Netherlands Antilles	18.1	18.7	19.5	19.8	1.5
新喀里多尼亚	New Caledonia	21.3	23.4	24.7	25.0	1.5
新西兰	New Zealand	385.8	413.4	426.9	431.6	1.1
尼加拉瓜	Nicaragua	510.1	545.5	566.7	574.3	1.3
尼日尔	Niger	1103.1	1310.2	1470.4	1529.0	3.9
尼日利亚	Nigeria	12484.2	14087.9	15121.2	15472.9	2.3
北马里亚纳群岛	Northern Mariana Islands	6.9	8.0	8.5	8.7	1.8
挪威	Norway	449.1	462.3	476.8	482.7	1.2
阿曼	Oman	240.2	261.8	278.5	284.5	2.1
巴基斯坦	Pakistan	13808.0	15577.2	16611.2	16970.8	2.1
帕劳	Palau	1.9	2.0	2.0	2.0	0.6
巴拿马	Panama	295.1	323.2	339.9	345.4	1.6
巴布亚新几内亚	Papua New Guinea	538.8	611.8	657.7	673.2	2.3
巴拉圭	Paraguay	535.0	590.4	623.8	634.9	1.8
秘鲁	Peru	2600.4	2783.6	2883.7	2916.5	1.1
菲律宾	Philippines	7768.9	8549.6	9034.8	9198.3	1.8
波兰	Poland	3845.4	3816.5	3812.6	3815.0	0.1
葡萄牙	Portugal	1022.6	1054.9	1062.2	1063.2	0.1
波多黎各	Puerto Rico	381.4	391.1	395.5	396.7	0.3
卡塔尔	Qatar	61.7	88.5	128.1	140.9	9.6
罗马尼亚	Romania	2244.3	2163.4	2151.4	2148.2	-0.1

附录 2-11 续表 3 continued

国家和地区	Country or Area	人口(万人) Mid-year Population (10 000 persons)				2009年增长率(%) Growth Rate in 2009 (%)
		2000	2005	2008	2009	
俄罗斯联邦	Russian Fed.	14630.3	14315.0	14195.0	14185.0	-0.1
卢 旺 达	Rwanda	795.8	899.2	972.1	999.8	2.8
圣基茨和尼维斯	Saint Kitts and Nevis	4.4	4.8	4.9	5.0	0.8
圣卢西亚	Saint Lucia	15.6	16.5	17.0	17.2	1.1
圣文森特和格林纳丁斯	Saint Vincent and the Grenadines	10.8	10.9	10.9	10.9	0.1
萨 摩 亚	Samoa	17.7	17.9	17.9	17.9	0.0
圣马力诺	San Marino		3.0	3.1	3.2	1.3
圣多美和普林西比	Sao Tome and Principe	14.0	15.3	16.0	16.3	1.6
沙特阿拉伯	Saudi Arabia	2064.4	2311.9	2480.7	2539.1	2.3
塞内加尔	Senegal	990.2	1128.1	1221.1	1253.4	2.6
塞尔维亚	Serbia	751.6	744.1	735.0	732.0	-0.4
塞 舌 尔	Seychelles	8.1	8.3	8.7	8.8	1.2
塞拉利昂	Sierra Leone	422.8	510.7	556.0	569.7	2.4
新 加 坡	Singapore	402.8	426.6	483.9	498.8	3.0
斯洛伐克	Slovakia	538.9	538.7	540.7	541.8	0.2
斯洛文尼亚	Slovenia	198.9	200.1	202.1	204.3	1.1
所罗门群岛	Solomon Islands	41.6	47.4	51.1	52.3	2.4
索 马 里	Somalia	739.4	835.4	892.6	913.3	2.3
南 非	South Africa	4400.0	4719.9	4879.3	4932.0	1.1
西 班 牙	Spain	4026.3	4339.8	4555.6	4595.8	0.9
斯里兰卡	Sri Lanka	1871.4	1966.8	2015.6	2030.4	0.7
苏 丹	Sudan	3490.4	3869.9	4134.8	4227.2	2.2
苏 里 南	Suriname	46.7	50.0	51.5	52.0	0.9
斯威士兰	Swaziland	108.0	112.4	116.8	118.5	1.5
瑞 典	Sweden	886.9	902.4	922.0	930.2	0.9
瑞 士	Switzerland	718.4	743.7	764.8	773.1	1.1
叙 利 亚	Syrian Arab Republic	1651.1	1912.2	2058.1	2109.2	2.5
塔吉克斯坦	Tajikistan	617.3	653.6	683.6	695.2	1.7
坦桑尼亚	Tanzania	3413.1	3900.7	4248.4	4373.9	2.9
泰 国	Thailand	6234.7	6594.6	6738.6	6776.4	0.6
东 帝 汶	Timor-Leste	81.5	99.2	109.8	113.4	3.2
多 哥	Togo	524.8	599.2	645.9	661.9	2.5
汤 加	Tonga	9.9	10.2	10.4	10.4	0.4
特立尼达和多巴哥	Trinidad And Tobago	129.5	131.8	133.3	133.9	0.4
突 尼 斯	Tunisia	956.4	1002.9	1032.8	1043.3	1.0
土 耳 其	Turkey	6646.0	7116.9	7391.4	7481.6	1.2
土库曼斯坦	Turkmenistan	450.2	484.3	504.4	511.0	1.3
特克斯和凯科斯群岛	Turks and Caicos Islands	1.9	3.1	3.3	3.3	
乌 干 达	Uganda	2443.3	2869.9	3165.7	3271.0	3.3
乌 克 兰	Ukraine	4917.6	4710.5	4625.8	4600.8	-0.5
阿 联 酋	United Arab Emirates	323.8	408.9	448.5	459.9	2.5
英 国	United Kingdom	5889.3	6022.7	6140.7	6183.8	0.7
美 国	United States	28217.2	29575.3	30437.5	30700.7	0.9
美属维尔京群岛	Virgin Islands(US)	10.9	11.0	11.0	11.0	0.0
乌 拉 圭	Uruguay	330.1	330.6	333.4	334.5	0.3
乌兹别克斯坦	Uzbekistan	2465.0	2616.7	2731.4	2776.7	1.7
瓦努阿图	Vanuatu	19.0	21.6	23.4	24.0	2.5
委内瑞拉	Venezuela	2431.1	2657.7	2793.5	2838.4	1.6
越 南	Viet Nam	7763.5	8310.6	8621.1	8728.0	1.2
约旦河西岸和加沙	West Bank and Gaza	300.4	357.5	393.7	404.3	2.7
也 门	Yemen	1818.2	2102.4	2291.8	2358.0	2.9
赞 比 亚	Zambia	1046.7	1173.8	1262.0	1293.5	2.5
津巴布韦	Zimbabwe	1245.5	1247.5	1246.3	1252.3	0.5

附录 2-12 人口粗出生率和死亡率

Crude Birth Rate and Crude Death Rate

资料来源：世界银行WDI数据库。
Source: World Bank WDI Database.
单位：‰ (‰)

国家和地区	Country or Area	粗出生率 Crude Birth Rate			粗死亡率 Crude Death Rate		
		2000	2007	2008	2000	2007	2008
世　界	**World**	**21.5**	**20.1**	**20.0**	**8.6**	**8.3**	**8.3**
中　国	China	14.0	12.1	12.1	6.5	6.9	7.1
中国香港	Hong Kong,China	8.1	10.2	11.3	5.1	5.7	5.9
中国澳门	Macao,China	8.7	8.0	8.2	4.5	4.5	4.5
孟加拉国	Bangladesh	27.1	22.0	21.4	8.3	6.7	6.6
文　莱	Brunei Darussalam	23.3	20.1	19.8	2.8	2.8	2.8
柬埔寨	Cambodia	28.3	24.7	24.7	9.9	8.5	8.3
印　度	India	25.8	23.1	22.8	8.5	7.4	7.4
印度尼西亚	Indonesia	21.3	19.0	18.6	6.9	6.3	6.3
伊　朗	Iran	19.7	19.1	18.9	5.8	5.8	5.7
以色列	Israel	21.7	21.1	21.5	6.0	5.5	5.3
日　本	Japan	9.4	8.6	8.7	7.7	8.7	9.1
哈萨克斯坦	Kazakhstan	14.7	20.8	22.7	10.1	10.2	9.7
韩　国	Korea,Rep.	13.4	10.0	9.4	5.2	5.0	5.0
老　挝	Laos	32.6	27.4	27.3	8.8	7.2	7.0
马来西亚	Malaysia	23.5	20.7	20.4	4.6	4.5	4.5
蒙　古	Mongolia	19.5	18.7	18.8	6.9	6.7	6.6
缅　甸	Myanmar	21.7	20.8	20.5	10.0	9.9	9.8
巴基斯坦	Pakistan	32.7	30.4	30.1	8.0	7.0	6.9
菲律宾	Philippines	27.5	25.0	24.7	5.2	4.8	4.8
新加坡	Singapore	11.8	10.0	10.2	3.9	4.5	4.4
斯里兰卡	Sri Lanka	18.4	19.0	18.8	6.1	5.8	5.8
泰　国	Thailand	15.8	14.6	14.5	8.1	8.9	9.0
越　南	Viet Nam	19.8	17.5	17.2	5.4	5.4	5.4
埃　及	Egypt	26.2	24.9	24.7	6.1	5.9	5.9
尼日利亚	Nigeria	42.6	40.3	39.8	18.1	16.6	16.4
南　非	South Africa	24.7	22.4	22.0	11.7	15.1	15.2
加拿大	Canada	10.9	11.1	11.3	7.1	7.2	7.3
墨西哥	Mexico	23.8	18.6	18.3	4.7	4.8	4.9
美　国	United States	14.7	14.3	14.3	8.7	8.2	8.1
阿根廷	Argentina	18.6	17.4	17.3	7.9	7.8	7.8
巴　西	Brazil	20.9	16.8	16.2	6.4	6.4	6.4
委内瑞拉	Venezuela	23.4	21.5	21.2	4.9	5.1	5.1
捷　克	Czech Rep.	8.8	11.1	11.5	10.6	10.1	10.1
法　国	France	13.2	12.7	12.9	9.1	8.4	8.6
德　国	Germany	9.3	8.3	8.3	10.2	10.1	10.3
意大利	Italy	9.3	9.5	9.6	9.7	9.7	9.7
荷　兰	Netherlands	13.0	11.1	11.2	8.8	8.1	8.2
波　兰	Poland	9.8	10.2	10.9	9.5	9.9	10.0
俄罗斯联邦	Russian Fed.	8.7	11.3	12.1	15.4	14.6	14.6
西班牙	Spain	9.9	11.0	11.4	9.0	8.6	8.5
土耳其	Turkey	21.1	18.5	18.2	5.9	5.9	6.0
乌克兰	Ukraine	7.8	10.2	11.0	15.3	16.4	16.3
英　国	United Kingdom	11.4	12.7	12.9	10.2	9.4	9.4
澳大利亚	Australia	13.0	13.5	13.8	6.7	6.5	6.7
新西兰	New Zealand	14.9	15.1	15.1	6.9	6.7	6.8

附录 2-13　万美元国内生产总值能耗

Energy Consumption per Ten Thousand USD of GDP

资料来源：世界银行WDI数据库。
Source: World Bank WDI Database.

单位：吨标准油/万美元　　(ton of oil equivalent per 10 000 USD)

国家和地区	Country or Area	2000	2003	2004	2005	2006	2007
世　界	**World**	**3.04**	**3.04**	**3.05**	**3.02**	**2.98**	**2.94**
高收入国家	**High Income**	**2.06**	**2.01**	**1.99**	**1.95**	**1.9**	**1.86**
中等收入国家	**Middle Income**	**7.34**	**7.23**	**7.22**	**7.05**	**6.87**	**6.61**
低收入国家	**Low Income**	**12.16**	**11.74**	**11.45**	**11.27**	**10.83**	**10.24**
中　国	China	9.11	8.6	9.09	8.85	8.58	7.96
中国香港	Hong Kong,China	0.77	0.76	0.67	0.63	0.6	0.58
孟加拉国	Bangladesh	3.95	3.99	3.89	3.89	3.77	3.7
文　莱	Brunei Darussalam	4.09	3.91	3.92	3.82	3.93	3.96
柬埔寨	Cambodia	10.89	9.75	9.21	8.37	7.84	7.36
印　度	India	9.94	8.98	8.76	8.29	7.95	7.69
印度尼西亚	Indonesia	9.15	8.76	8.7	8.43	8.23	8.17
伊　朗	Iran	11.64	11.47	11.82	11.93	12.23	12.18
以色列	Israel	1.48	1.59	1.51	1.47	1.45	1.43
日　本	Japan	1.11	1.06	1.07	1.04	1.02	0.99
哈萨克斯坦	Kazakhstan	22.04	19.33	18.7	18.75	19.14	18.4
韩　国	Korea,Rep.	3.54	3.37	3.3	3.17	3.06	3.03
马来西亚	Malaysia	5.3	5.5	4.86	5.52	5.33	5.46
蒙　古	Mongolia	21.7	19.36	18	17.4	17.9	17.3
巴基斯坦	Pakistan	8.54	8.38	8.37	7.99	7.84	7.86
菲律宾	Philippines	5.4	4.71	4.4	4.2	3.96	3.75
新加坡	Singapore	2.09	2.03	2.13	2.29	2.06	1.87
斯里兰卡	Sri Lanka	5.1	4.9	4.71	4.54	4.25	4.07
泰　国	Thailand	5.89	6.17	6.27	6.18	6.03	5.99
越　南	Viet Nam	11.89	11.48	12.09	11.39	10.88	10.62
埃　及	Egypt	4.52	5.01	4.92	5.12	5.03	4.95
尼日利亚	Nigeria	19.29	18.35	16.99	16.93	15.95	15.24
南　非	South Africa	8.3	8.04	8.44	7.9	7.63	7.52
加拿大	Canada	3.46	3.38	3.29	3.23	3.12	3.05
墨西哥	Mexico	2.54	2.67	2.65	2.75	2.62	2.67
美　国	United States	2.34	2.21	2.18	2.12	2.05	2.04
阿根廷	Argentina	2.14	2.24	2.18	2.01	2.01	1.98
巴　西	Brazil	2.93	2.93	2.93	2.92	2.9	2.89
委内瑞拉	Venezuela	4.82	5.2	4.68	4.48	4.18	4.04
捷　克	Czech Rep.	7.1	7.24	7.1	6.59	6.3	5.92
法　国	France	1.91	1.93	1.91	1.88	1.82	1.75
德　国	Germany	1.78	1.78	1.77	1.73	1.69	1.6
意大利	Italy	1.56	1.59	1.59	1.59	1.55	1.5
荷　兰	Netherlands	1.9	1.98	1.96	1.92	1.8	1.83
波　兰	Poland	5.2	4.99	4.75	4.63	4.59	4.29
俄罗斯联邦	Russian Fed.	23.49	20.71	19.39	18.62	17.8	16.5
西班牙	Spain	2.1	2.09	2.11	2.08	1.99	1.96
土耳其	Turkey	2.86	2.77	2.63	2.53	2.61	2.68
乌克兰	Ukraine	42.79	36.81	32.67	31.59	28.3	26.23
英　国	United Kingdom	1.52	1.4	1.36	1.33	1.28	1.2
澳大利亚	Australia	2.61	2.45	2.36	2.48	2.44	2.38
新西兰	New Zealand	3.3	2.85	2.79	2.65	2.62	2.57

附录 2-14 生产者价格指数

Producer Price Indices

资料来源：联合国统计月报数据库。
Source: UN Monthly Bulletin of Statistics Database.

2005年=100 (2005=100)

国家和地区	Country or Area	2006	2007	2008	2009
中国香港	Hong Kong,China				
工业产品价格指数	Industrial Products	102.3	105.3	111.1	109.2
孟加拉国	Bangladesh				
按供给组成分生产者价格指数	by Components of Supply				
中间产品价格指数	Intermediate Products				218.5
按最终用途分生产者价格指数	by End-Use				
消费品价格指数	Consumers' Goods				294.3
投资用品价格指数	Capital Goods				269.3
印　度	India				
按供给组成分生产者价格指数	by Components of Supply				
国内供应价格指数	Domestic Supply	104.8	109.9	119.9	122.4
农业产品价格指数	Agricultural Products	106.9	114.4	121.9	137.3
工业产品价格指数	Industrial Products	103.3	108.7	117.9	120.7
按生产阶段分生产者价格指数	by Stage of Processing				
原材料价格指数	Raw Materials	106.3	115.4	127.0	138.2
印度尼西亚①	Indonesia①				
按供给组成分生产者价格指数	by Components of Supply				
国内供应价格指数	Domestic Supply	171.6	229.1	288.2	
国内生产价格指数	Domestic Production	186.2	272.0	342.3	
农业产品价格指数	Agricultural Products	171.6	286.2	367.9	
工业产品价格指数	Industrial Products	194.6	266.1	332.8	
进口产品价格指数	Import Products	162.2	207.5	261.6	
按生产阶段分生产者价格指数	by Stage of Processing				
原材料价格指数	Raw Materials	179.2	241.2	307.1	
中间产品价格指数	Intermediate Products	176.3	239.8	305.2	
按最终用途分生产者价格指数	by End-Use				
消费品价格指数	Consumers' Goods	162.2	235.4	290.1	
投资用品价格指数	Capital Goods	127.9	146.5	169.5	
伊　朗	Iran				
按供给组成分生产者价格指数	by Components of Supply				
国内供应价格指数	Domestic Supply	109.6	125.5	151.6	165.8
农业产品价格指数	Agricultural Products	105.7	130.5	162.2	190.5
工业产品价格指数	Industrial Products	110.0	123.5	151.7	158.3
原材料价格指数	Raw Materials	113.1	132.1		
以色列	Israel				
按供给组成分生产者价格指数	by Components of Supply				
工业产品价格指数	Industrial Products	104.2	108.3	116.5	115.0
日　本	Japan				
按供给组成分生产者价格指数	by Components of Supply				
国内供应价格指数	Domestic Supply	104.3	107.4	113.4	102.6
国内生产价格指数	Domestic Production	102.2	104.0	108.8	103.1
农业产品价格指数	Agricultural Products	98.4	97.4	98.7	96.0
工业产品价格指数	Industrial Products	102.2	103.8	108.5	102.9
进口产品价格指数	Import Products	113.7	122.4	133.6	100.3
按生产阶段分生产者价格指数	by Stage of Processing				
原材料价格指数	Raw Materials	120.7	132.2	166.4	112.8
中间产品价格指数	Intermediate Products	105.5	109.7	115.8	105.7
日　本(续)	Japan(continued)				
按最终用途分生产者价格指数	by End-Use				
消费品价格指数	Consumers' Goods	99.8	100.0	101.0	96.8
投资用品价格指数	Capital Goods	99.4	98.9	98.0	96.0
韩　国	Korea,Rep.				
按供给组成分生产者价格指数	by Components of Supply				
国内供应价格指数	Domestic Supply	100.9	102.3	111.1	110.9
农业产品价格指数	Agricultural Products	96.9	100.1	101.0	107.1
工业产品价格指数	Industrial Products	102.9	99.8	103.9	102.2

附录 2-14 续表 1 continued

2005年=100 (2005=100)

国家和地区	Country or Area	2006	2007	2008	2009
按生产阶段分生产者价格指数	by Stage of Processing				
原材料价格指数	Raw Materials	112.6	120.1	179.2	152.9
中间产品价格指数	Intermediate Products	99.6	102.1	120.8	118.8
按最终用途分生产者价格指数	by End-Use				
消费品价格指数	Consumers' Goods	99.5	99.6	105.4	108.3
投资用品价格指数	Capital Goods	97.4	96.6	105.9	115.0
马来西亚	Malaysia				
按供给组成分生产者价格指数	by Components of Supply				
国内供应价格指数	Domestic Supply	105.1	112.1		112.2
国内生产价格指数	Domestic Production	106.7	114.7		113.8
进口产品价格指数	Import Products	102.2	107.1	108.9	109.1
巴基斯坦	Pakistan				
按供给组成分生产者价格指数	by Components of Supply				
国内供应价格指数	Domestic Supply	108.5	117.4	147.2	157.8
农业产品价格指数	Agricultural Products	107.3	119.7	152.6	171.5
工业产品价格指数	Industrial Products	103.5	106.9	119.8	124.8
按生产阶段分生产者价格指数	by Stage of Processing				
原材料价格指数	Raw Materials	112.8	128.1	148.5	170.9
非 律 宾	Philippines				
按供给组成分生产者价格指数	by Components of Supply				
国内供应价格指数	Domestic Supply	108.4	111.6	124.8	119.5
新 加 坡	Singapore				
按供给组成分生产者价格指数	by Components of Supply				
国内供应价格指数	Domestic Supply	105.0	105.5	113.1	97.5
国内生产价格指数	Domestic Production	102.4	101.2	104.2	90.7
进口产品价格指数	Import Products	102.9	101.3	103.9	95.7
泰 国	Thailand				
按供给组成分生产者价格指数	by Components of Supply				
国内供应价格指数	Domestic Supply	107.1			119.5
农业产品价格指数	Agricultural Products	120.1			174.3
工业产品价格指数	Industrial Products	105.1			112.2
按生产阶段分生产者价格指数	by Stage of Processing				
原材料价格指数	Raw Materials	112.5			120.5
中间产品价格指数	Intermediate Products	107.2			107.0
按最终用途分生产者价格指数	by End-Use				
消费品价格指数	Consumers' Goods	110.4			165.4
投资用品价格指数	Capital Goods	100.3			101.6
越 南	Viet Nam				
按供给组成分生产者价格指数	by Components of Supply				
农业产品价格指数	Agricultural Products	103.7	118.3	165.1	
工业产品价格指数	Industrial Products	104.2	111.4	135.7	
进口产品价格指数	Import Products	103.8	109.1	128.9	
埃 及	Egypt				
按供给组成分生产者价格指数	by Components of Supply				
国内生产价格指数	Domestic Production				148.7
农业产品价格指数	Agricultural Products				185.2
按生产阶段分生产者价格指数	by Stage of Processing				
原材料价格指数	Raw Materials				144.5
中间产品价格指数	Intermediate Products				135.7
按最终用途分生产者价格指数	by End-Use				
消费品价格指数	Consumers' Goods				106.3
投资用品价格指数	Capital Goods				136.3
南 非	South Africa				
按供给组成分生产者价格指数	by Components of Supply				
国内生产价格指数	Domestic Production	107.7	119.5	136.6	136.5
农业产品价格指数	Agricultural Products	118.4	146.5	156.1	157.6
进口产品价格指数	Import Products	107.8	118.1	137.4	120.5

附录 2-14 续表 2 continued

2005年=100 (2005=100)

国家和地区	Country or Area	2006	2007	2008	2009
加 拿 大	Canada				
按供给组成分生产者价格指数	by Components of Supply				
农业产品价格指数	Agricultural Products	100.2	111.8	125.6	116.2
工业产品价格指数	Industrial Products	102.3	103.9	108.4	104.6
按生产阶段分生产者价格指数	by Stage of Processing				
原材料价格指数	Raw Materials	111.8	120.2	136.0	104.9
中间产品价格指数	Intermediate Products	103.9	106.4	111.7	105.4
按最终用途分生产者价格指数	by End-Use				
投资用品价格指数	Capital Goods	97.6	96.1	97.2	101.4
墨 西 哥	Mexico				
按供给组成分生产者价格指数	by Components of Supply				
国内供应价格指数	Domestic Supply	109.3			125.8
农业产品价格指数	Agricultural Products	111.3			133.2
工业产品价格指数	Industrial Products	104.3			123.0
按最终用途分生产者价格指数	by End-Use				
消费品价格指数	Consumers' Goods	108.1			124.4
投资用品价格指数	Capital Goods	109.1			128.1
美 国	United States				
按供给组成分生产者价格指数	by Components of Supply				
国内供应价格指数	Domestic Supply	104.7	109.7	120.5	109.9
农业产品价格指数	Agricultural Products	98.8	120.9	136.2	113.6
工业产品价格指数	Industrial Products	105.4	109.4	120.0	109.2
按生产阶段分生产者价格指数	by Stage of Processing				
原材料价格指数	Raw Materials	101.9	113.9	138.3	96.1
中间产品价格指数	Intermediate Products	106.5	110.8	122.3	112.0
按最终用途分生产者价格指数	by End-Use				
消费品价格指数	Consumers' Goods	103.5	108.1	116.2	111.7
投资用品价格指数	Capital Goods	101.6	103.5	106.3	108.4
阿 根 廷	Argentina				
按供给组成分生产者价格指数	by Components of Supply				
国内供应价格指数	Domestic Supply	110.8	123.1	140.6	149.8
国内生产价格指数	Domestic Production	111.0	123.5	140.9	150.6
农业产品价格指数	Agricultural Products	117.6	162.3	179.8	189.0
工业产品价格指数	Industrial Products	109.2	121.1	140.2	150.2
进口产品价格指数	Import Products	108.1	118.6	138.1	139.1
巴 西①	Brazil①				
按供给组成分生产者价格指数	by Components of Supply				
国内供应价格指数	Domestic Supply	197.0	310.8		
农业产品价格指数	Agricultural Products	184.9	363.4		
工业产品价格指数	Industrial Products	200.2	288.7		
按生产阶段分生产者价格指数	by Stage of Processing				
原材料价格指数	Raw Materials	187.0			
按最终用途分生产者价格指数	by End-Use				
消费品价格指数	Consumers' Goods	186.2	294.7		
投资用品价格指数	Capital Goods	194.2			
委内瑞拉①	Venezuela①				
按供给组成分生产者价格指数	by Components of Supply				
国内供应价格指数	Domestic Supply	435.2	506.7		819.2
国内生产价格指数	Domestic Production	421.1	497.2		817.8
农业产品价格指数	Agricultural Products	380.1	492.6		1131.2
工业产品价格指数	Industrial Products	321.6	373.2		572.6
进口产品价格指数	Import Products	449.9	499.5		756.9
白俄罗斯	Belarus				
按供给组成分生产者价格指数	by Components of Supply				
国内生产价格指数	Domestic Production	108.3	126.18		

附录 2-14 续表 3 continued

2005年=100 (2005=100)

国家和地区	Country or Area	2006	2007	2008	2009
按生产阶段分生产者价格指数	by Stage of Processing				
中间产品价格指数	Intermediate Products	109.1	132.93		
按最终用途分生产者价格指数	by End-Use				
消费品价格指数	Consumers' Goods	106.5	115.35		
投资用品价格指数	Capital Goods		116.24		
捷　　克	Czech Rep.				
按供给组成分生产者价格指数	by Components of Supply				
农业产品价格指数	Agricultural Products	101.1	118.1	128.5	96.6
工业产品价格指数	Industrial Products	101.6	105.8	110.5	107.0
进口产品价格指数	Import Products	100.3	99.2	96.0	92.6
按生产阶段分生产者价格指数	by Stage of Processing				
中间产品价格指数	Intermediate Products	100.7	105.7	108.6	100.8
按最终用途分生产者价格指数	by End-Use				
消费品价格指数	Consumers' Goods	99.4	101.8	105.6	104.1
投资用品价格指数	Capital Goods	100.3	101.9	102.2	103.1
法　　国	France				
按供给组成分生产者价格指数	by Components of Supply				
国内供应价格指数	Domestic Supply	105.3	117.0	124.1	108.4
农业产品价格指数	Agricultural Products	102.9	105.3	110.3	104.1
按生产阶段分生产者价格指数	by Stage of Processing				
中间产品价格指数	Intermediate Products	104.3	107.9	111.7	105.5
按最终用途分生产者价格指数	by End-Use				
消费品价格指数	Consumers' Goods	100.3	101.7	105.0	100.3
投资用品价格指数	Capital Goods	100.6	101.9	104.0	104.0
德　　国	Germany				
按供给组成分生产者价格指数	by Components of Supply				
国内供应价格指数	Domestic Supply	104.2	106.0	111.0	
国内生产价格指数	Domestic Production	105.4	106.8	112.6	108.0
农业产品价格指数	Agricultural Products	107.4	117.7	121.2	101.5
工业产品价格指数	Industrial Products	105.5	107.8	106.3	103.4
进口产品价格指数	Import Products	104.4	105.1	109.4	100.1
按生产阶段分生产者价格指数	by Stage of Processing				
中间产品价格指数	Intermediate Products	103.8	107.4	109.2	104.2
按最终用途分生产者价格指数	by End-Use				
消费品价格指数	Consumers' Goods	101.6	104.0	106.7	105.7
投资用品价格指数	Capital Goods	100.6	101.6	100.6	101.5
意 大 利	Italy				
按供给组成分生产者价格指数	by Components of Supply				
工业产品价格指数	Industrial Products	105.2	108.7	115.1	108.9
按生产阶段分生产者价格指数	by Stage of Processing				
中间产品价格指数	Intermediate Products	105.1	110.5	113.0	106.6
按最终用途分生产者价格指数	by End-Use				
消费品价格指数	Consumers' Goods	101.7	104.3	107.9	106.9
投资用品价格指数	Capital Goods	101.7	103.9	109.0	109.0
荷　　兰	Netherlands				
按供给组成分生产者价格指数	by Components of Supply				
工业产品价格指数	Industrial Products	104.5	110.1	117.4	108.1
波　　兰	Poland				
按供给组成分生产者价格指数	by Components of Supply				
国内生产价格指数	Domestic Production	103.5	107.6	113.4	116.1
工业产品价格指数	Industrial Products	102.0	103.9	106.1	109.7
按生产阶段分生产者价格指数	by Stage of Processing				
原材料价格指数	Raw Materials	106.1	110.7	125.9	134.2
中间产品价格指数	Intermediate Products	104.6	112.1	115.7	112.8
按最终用途分生产者价格指数	by End-Use				
消费品价格指数	Consumers' Goods	99.0	100.5	101.3	103.1
投资用品价格指数	Capital Goods	99.1	98.9	97.5	97.3

附录 2-14 续表 4 continued

2005年=100 (2005=100)

国家和地区	Country or Area	2006	2007	2008	2009
俄罗斯联邦	Russian Fed.				
按供给组成分生产者价格指数	by Components of Supply				
农业产品价格指数	Agricultural Products	104.4	121.2	151.2	147.0
工业产品价格指数	Industrial Products	112.4	128.2	155.7	144.5
西 班 牙	Spain				
按供给组成分生产者价格指数	by Components of Supply				
工业产品价格指数	Industrial Products	105.4	109.2	116.3	112.4
按生产阶段分生产者价格指数	by Stage of Processing				
中间产品价格指数	Intermediate Products	106.2	112.5	118.7	112.3
按最终用途分生产者价格指数	by End-Use				
消费品价格指数	Consumers' Goods	103.2	105.7	110.3	109.6
投资用品价格指数	Capital Goods	103.0	106.5	109.2	110.0
土 耳 其	Turkey				
按供给组成分生产者价格指数	by Components of Supply				
国内供应价格指数	Domestic Supply	109.1	116.2	131.0	132.6
农业产品价格指数	Agricultural Products	107.3	114.9	128.8	131.8
工业产品价格指数	Industrial Products	110.1	116.7	130.7	130.0
乌 克 兰	Ukraine				
按供给组成分生产者价格指数	by Components of Supply				
农业产品价格指数	Agricultural Products	102.4	141.3	151.9	
工业产品价格指数	Industrial Products	109.6	131.0	177.8	189.5
英 国	United Kingdom				
按供给组成分生产者价格指数	by Components of Supply				
国内生产价格指数	Domestic Production	102.2	104.8	112.5	113.9
农业产品价格指数	Agricultural Products	105.7	116.6	142.2	136.5
工业产品价格指数	Industrial Products	101.8	103.7	108.6	110.7
进口产品价格指数	Import Products	103.0	104.2	117.8	121.2
按生产阶段分生产者价格指数	by Stage of Processing				
原材料价格指数	Raw Materials	109.5	112.8	137.2	132.4
中间产品价格指数	Intermediate Products	103.9	109.1	118.9	119.0
按最终用途分生产者价格指数	by End-Use				
消费品价格指数	Consumers' Goods	101.5	104.4	110.7	114.5
投资用品价格指数	Capital Goods	101.6	103.3	107.6	111.5
澳大利亚	Australia				
按供给组成分生产者价格指数	by Components of Supply				
国内供应价格指数	Domestic Supply	103.9	106.6	112.4	113.7
国内生产价格指数	Domestic Production	104.5	108.5	114.8	115.3
农业产品价格指数	Agricultural Products	102.0	111.0	123.6	113.4
工业产品价格指数	Industrial Products	107.9	110.5	119.6	113.1
进口产品价格指数	Import Products	100.5	95.8	98.0	104.3
按生产阶段分生产者价格指数	by Stage of Processing				
原材料价格指数	Raw Materials	107.9	111.9	123.3	119.0
中间产品价格指数	Intermediate Products	106.8	111.0	120.0	117.3
按最终用途分生产者价格指数	by End-Use				
消费品价格指数	Consumers' Goods	104.7	106.5	112.6	114.9
投资用品价格指数	Capital Goods	103.4	106.8	112.3	112.8
新 西 兰	New Zealand				
按供给组成分生产者价格指数	by Components of Supply				
农业产品价格指数	Agricultural Products	101.9	107.3	121.4	123.0
工业产品价格指数	Industrial Products	104.3	108.0	120.2	118.0
按生产阶段分生产者价格指数	by Stage of Processing				
中间产品价格指数	Intermediate Products	106.8	109.0	119.8	118.0

注：①2000年=100。
Note:①2000=100.

附录 2-15 消费者价格指数

Consumer Price Indices

资料来源：联合国ILO数据库。
Source: ILO Database.

2000年=100 (2000=100)

国家和地区	Country or Area	2004	2005	2006	2007	2008	2009
中　国	China	105.1	107.0	108.5	113.7	120.4	
中国香港	Hong Kong, China	92.6	93.6	95.5	97.4	101.6	95.1
中国澳门	Macao, China	94.9	99.0	104.1	109.9	119.4	120.8
孟加拉国①	Bangladesh①	118.4	126.7	135.3	147.6	160.7	169.4
文　莱	Brunei Darussalam	99.5	100.5	100.7	101.0	103.8	
柬埔寨	Cambodia	107.9	114.1	119.5	126.5	151.4	159.0
印　度②	India②	116.6	121.5	127.7	136.1	147.5	163.2
印度尼西亚	Indonesia	141.3	156.0	176.5	187.8	207.2	216.1
伊　朗	Iran	170.1	192.9	216.0	246.1	309.1	350.7
以色列	Israel	107.2	108.6	111.0	111.5	116.6	114.7
日　本	Japan	98.1	97.8	98.1	98.1	99.5	98.1
哈萨克斯坦	Kazakhstan	130.5	140.3	152.4	168.8	197.5	
韩　国	Korea, Rep.	114.7	117.8	120.4	123.5	129.2	132.9
老　挝	Laos	152.1	163.0	174.1	182.0	195.9	195.9
马来西亚	Malaysia	105.9	109.1	113.0	115.3	121.5	122.3
蒙　古	Mongolia	122.1	137.6	100.0	109.6	140.3	151.0
缅　甸	Myanmar	271.6	297.1	356.5	481.3	610.3	
巴基斯坦	Pakistan	118.7	129.5	139.7	150.3	180.8	205.5
菲律宾	Philippines	120.6	129.8	137.9	141.8	155.0	160.0
新加坡	Singapore	102.8	103.2	104.2	106.4	113.4	113.6
斯里兰卡	Sri Lanka	143.0	159.7	181.5	163.1	199.9	206.8
泰　国	Thailand	107.0	111.8	117.0	119.6	126.1	125.0
越　南	Viet Nam	115.0	125.5	133.4	143.8	177.0	
埃　及	Egypt	127.4	133.7	143.9	157.6	186.4	208.4
尼日利亚	Nigeria	176.0	207.4	224.5	236.6	264.0	296.6
南　非	South Africa	123.8	128.0	134.0	143.5	160.0	171.4
加拿大	Canada	109.8	112.2	114.5	116.9	119.6	119.9
墨西哥	Mexico	122.3	127.2	131.8	137.0	144.0	151.6
美　国③	United States③	109.7	113.4	117.1	120.4	125.0	
阿根廷	Argentina	147.5	161.7	179.4	195.2	211.9	225.5
巴　西	Brazil	141.7	151.4	157.8	163.5	172.8	181.2
委内瑞拉	Venezuela	219.9	255.0	289.8	343.9	452.1	581.4
捷　克	Czech Rep.	109.7	111.7	114.6	117.9	125.4	
法　国	France	108.0	109.9	111.8	113.4	116.6	116.7
德　国	Germany	106.2	108.3	110.1	112.5	115.5	115.9
意大利④	Italy④	110.5	112.4	114.7	116.9	120.7	121.6
荷　兰	Netherlands	111.2	113.1	114.4	116.2	119.1	120.6
波　兰	Poland	112.2	114.6	115.8	118.6	123.6	127.9
俄罗斯联邦	Russian Fed.	177.3	199.7	219.1	238.8	272.5	
西班牙⑤	Spain⑤	109.9	113.6	117.6	120.9	125.8	125.5
土耳其	Turkey	310.1	329.5	361.1	392.7	433.7	460.8
乌克兰	Ukraine	129.4	146.9	160.2	180.8	226.4	262.4
英　国	United Kingdom	109.6	112.7	116.3	121.3	126.1	125.5
澳大利亚	Australia	113.1	116.1	120.3	123.1	128.4	130.7
新西兰	New Zealand	109.7	113.0	116.8	119.6	124.4	127.0

注：①政府官员。②指产业工人。③城市消费者。④不包括烟草。⑤基期为2001年。
Notes: ①Governmental officials.②Industrial workers.③Urban consumers.④Excluding tobacco. ⑤The base year is 2001.

附录 2-16 主要农产品产量(2009年)

Production of Major Farm Crops(2009)

资料来源：联合国FAO数据库。
Source: FAO Database.
单位：万吨 (10 000 tons)

国家和地区	Country or Area	谷物总计 Cereals,Total 2000	2009	国家和地区	Country or Area	稻谷 Rice,Paddy 2000	2009
世　界	**World**	**206021.5**	**248930.2**	**世　界**	**World**	**59935.5**	**67868.8**
中　国	China	40733.7	48368.0	中　国	China	18981.4	19725.7
美　国	United States	34262.8	41981.0	印　度	India	12746.5	13127.4
印　度	India	23493.1	24677.4	印度尼西亚	Indonesia	5189.8	6439.9
俄罗斯联邦	Russian Fed.	6432.6	9508.0	孟加拉国	Bangladesh	3762.8	4507.5
印度尼西亚	Indonesia	6157.5	8202.9	越　南	Viet Nam	3253.0	3889.6
巴　西	Brazil	4589.7	7128.8	泰　国	Thailand	2584.4	3146.3
法　国	France	6569.8	7004.0	缅　甸	Myanmar	2132.4	3050.0①
德　国	Germany	4527.1	4974.8	菲律宾	Philippines	1238.9	1626.6
加拿大	Canada	5109.0	4905.9	巴　西	Brazil	1109.0	1260.5
孟加拉国	Bangladesh	3950.3	4681.2	日　本	Japan	1186.3	1059.3
乌克兰	Ukraine	2380.7	4540.6	巴基斯坦	Pakistan	720.4	1032.5
越　南	Viet Nam	3453.7	4327.9	美　国	United States	865.8	997.2
巴基斯坦	Pakistan	3046.1	3837.4	柬埔寨	Cambodia	402.6	758.6
泰　国	Thailand	3052.3	3628.0	埃　及	Egypt	600.1	750.0
澳大利亚	Australia	3444.7	3494.3	韩　国	Korea,Rep.	719.7	691.9①
土耳其	Turkey	3224.9	3357.0	尼泊尔	Nepal	421.7	452.4
缅　甸	Myanmar	2196.6	3195.0	尼日利亚	Nigeria	329.8	417.9①
墨西哥	Mexico	2799.1	3167.6	斯里兰卡	Sri Lanka	286.0	365.2
尼日利亚	Nigeria	2137.0	3020.9	老　挝	Laos	220.2	314.5
波　兰	Poland	2234.1	2982.7	马达加斯加	Madagascar	248.1	300①
阿根廷	Argentina	3875.5	2543.3	秘　鲁	Peru	189.2	299.0
埃　及	Egypt	2010.6	2389.7	哥伦比亚	Colombia	269.4	298.5
菲律宾	Philippines	1690.1	2330.1	朝　鲜	Korea,Dem.	169.0	286.2①
英　国	United Kingdom	2398.9	2223.7	马来西亚	Malaysia	214.1	251.0
伊　朗	Iran	1287.4	2083.6	伊　朗	Iran	197.2	225.3
哈萨克斯坦	Kazakhstan	1154.0	2078.5	马　里	Mali	74.3	195.1
西班牙	Spain	2455.6	1787.2	厄瓜多尔	Ecuador	124.7	157.9
意大利	Italy	2066.1	1739.2	几内亚	Guinea	114.1	153.4①
罗马尼亚	Romania	1049.9	1487.4	意大利	Italy	123.0	150.0
南　非	South Africa	1452.8	1458.6	坦桑尼亚	Tanzania	78.2	134.2①
埃塞俄比亚	Ethiopia	802.0	1444.9	阿根廷	Argentina	90.4	133.4
匈牙利	Hungary	1003.6	1359.0	乌拉圭	Uruguay	120.9	128.7
日　本	Japan	1279.6	1146.2	委内瑞拉	Venezuela	67.7	105.5①
丹　麦	Denmark	941.3	1020.0	俄罗斯联邦	Russian Fed.	58.6	91.3
塞尔维亚	Serbia		887.6	西班牙	Spain	82.7	89.9
柬埔寨	Cambodia	418.3	851.0	土耳其	Turkey	35.0	75.0
白俄罗斯	Belarus	456.5	815.4	科特迪瓦	Cote D'Ivoire	62.2	68.4①
尼泊尔	Nepal	711.6	811.4	多米尼加	Dominican Rep.	58.1	64.4①
捷　克	Czech Rep.	646.0	783.7	古　巴	Cuba	55.3	56.4
乌兹别克斯坦	Uzbekistan	391.4	735.8	圭亚那	Guyana	44.9	50.7①
韩　国	Korea,Rep.	750.1	720.3	塞内加尔	Senegal	20.2	50.2
马　里	Mali	231.0	633.5	阿富汗	Afghanistan	26.0	46.9
阿富汗	Afghanistan	194.0	632.1	加　纳	Ghana	24.9	39.1
保加利亚	Bulgaria	438.9	624.3	尼加拉瓜	Nicaragua	29.0	32.2①
坦桑尼亚	Tanzania	361.7	622.7	刚果(金)	Congo,Dem. Rep.	33.8	31.7①
苏　丹	Sudan	325.9	555.2	哈萨克斯坦	Kazakhstan	21.4	30.7
摩洛哥	Morocco	199.7	533.1	澳大利亚	Australia	110.1	27.0
阿尔及利亚	Algeria	93.5	525.4	墨西哥	Mexico	35.1	26.2
瑞　典	Sweden	560.4	524.9	哥斯达黎加	Costa Rica	26.6	25.7
奥地利	Austria	449.4	514.2	巴拉圭	Paraguay	10.1	22.0

附录 2-16 续表 1 continued

单位：万吨 (10 000 tons)

国家和地区	Country or Area	小麦 Wheat 2000	小麦 Wheat 2009	国家和地区	Country or Area	玉米 Maize 2000	玉米 Maize 2009
世　界	**World**	**58569.1**	**68191.6**	**世　界**	**World**	**59247.5**	**81711.1**
中　国	China	9963.6	11495.0	美　国	United States	25185.2	33301.1
印　度	India	7636.9	8068.0	中　国	China	10617.8	16311.8
俄罗斯联邦	Russian Fed.	3445.6	6174.0	巴　西	Brazil	3187.9	5123.2
美　国	United States	6063.9	6031.4	墨西哥	Mexico	1755.7	2020.3
法　国	France	3735.3	3832.5	印度尼西亚	Indonesia	967.7	1763.0
加拿大	Canada	2653.6	2651.5	印　度	India	1204.3	1730.0
德　国	Germany	2162.2	2519.0	法　国	France	1601.8	1530.0
巴基斯坦	Pakistan	2107.9	2403.3	阿根廷	Argentina	1678.1	1312.1
澳大利亚	Australia	2210.8	2165.6	南　非	South Africa	1143.1	1205.0
乌克兰	Ukraine	1019.7	2088.6	乌克兰	Ukraine	384.8	1048.6
土耳其	Turkey	2100.9	2060.0	加拿大	Canada	695.4	956.1
哈萨克斯坦	Kazakhstan	907.4	1705.2	罗马尼亚	Romania	489.8	797.3
英　国	United Kingdom	1670.4	1437.9	意大利	Italy	1013.8	787.8
伊　朗	Iran	808.8	1348.5	尼日利亚	Nigeria	411.0	753.0①
波　兰	Poland	850.3	979.0	匈牙利	Hungary	498.4	752.8
埃　及	Egypt	656.4	852.3	菲律宾	Philippines	451.1	703.4
阿根廷	Argentina	1614.7	757.3	埃　及	Egypt	647.4	680.0
乌兹别克斯坦	Uzbekistan	353.2	663.8	塞尔维亚	Serbia		639.6
意大利	Italy	746.4	634.1	泰　国	Thailand	446.6	461.6
丹　麦	Denmark	469.3	599.6	德　国	Germany	332.4	452.7
罗马尼亚	Romania	445.6	520.3	越　南	Viet Nam	200.6	438.2
阿富汗	Afghanistan	146.9	506.4	土耳其	Turkey	230.0	425.0
巴　西	Brazil	166.2	496.5	俄罗斯联邦	Russian Fed.	153.0	396.3
西班牙	Spain	729.4	479.7	埃塞俄比亚	Ethiopia	268.3	393.3
匈牙利	Hungary	369.3	441.9	坦桑尼亚	Tanzania	197.0	366.0①
捷　克	Czech Rep.	408.4	435.8	巴基斯坦	Pakistan	164.3	348.7
墨西哥	Mexico	349.3	414.8	西班牙	Spain	399.2	347.9
保加利亚	Bulgaria	278.1	397.7	马拉维	Malawi	250.0	263.0①
叙利亚	Syrian Arab Republic	310.6	370.2	委内瑞拉	Venezuela	169.0	257.0①
阿尔及利亚	Algeria	76.0	295.3	肯尼亚	Kenya	216.0	243.9
埃塞俄比亚	Ethiopia	123.5	253.8	希　腊	Greece	209.4	235.2
瑞　典	Sweden	237.2	228.4	克罗地亚	Croatia	152.6	218.3
立陶宛	Lithuania	123.8	210.0	尼泊尔	Nepal	141.5	193.1
阿塞拜疆	Azerbaijan	115.0	209.6	奥地利	Austria	185.2	189.1
塞尔维亚	Serbia		206.8	赞比亚	Zambia	104.0	188.7
白俄罗斯	Belarus	96.6	197.9	巴拉圭	Paraguay	64.7	185.8
比利时	Belgium	168.8	197.8	波　兰	Poland	92.3	170.7
南　非	South Africa	242.8	195.8	伊　朗	Iran	112.0	164.3
乌拉圭	Uruguay	32.4	184.4	哥伦比亚	Colombia	120.5	163.7
希　腊	Greece	232.6	183.0	加　纳	Ghana	101.3	162.0
伊拉克	Iraq	38.4	170.0	秘　鲁	Peru	124.1	154.4
斯洛伐克	Slovakia	125.4	153.8	马　里	Mali	21.5	147.7
奥地利	Austria	131.3	152.3	朝　鲜	Korea,Dem.	104.0	141.0①
荷　兰	Netherlands	114.3	140.2	智　利	Chile	65.2	134.6
尼泊尔	Nepal	118.4	134.4	保加利亚	Bulgaria	80.4	129.1
智　利	Chile	149.3	114.5	危地马拉	Guatemala	105.0	129.0①
巴拉圭	Paraguay	22.0	106.7	莫桑比克	Mozambique	118.0	128.0①
吉尔吉斯斯坦	Kyrgyzstan	103.9	105.7	乌干达	Uganda	109.6	127.2
拉脱维亚	Latvia	42.7	103.6	喀麦隆	Cameroon	74.1	120.0
孟加拉国	Bangladesh	184.0	100.0	刚果(金)	Congo,Dem.	118.0	116.0①

附录 2-16 续表 2 continued

单位：万吨 (10 000 tons)

国家和地区	Country or Area	大豆 Soybeans 2000	大豆 Soybeans 2009	国家和地区	Country or Area	根茎类植物 Roots and Tubers 2000	根茎类植物 Roots and Tubers 2009
世　界	**World**	**16129.1**	**22226.9**	**世　界**	**World**	**69923.8**	**75263.2**
美　国	United States	7505.4	9141.7	中　国	China	18987.8	15649.1
巴　西	Brazil	3273.5	5696.1	尼日利亚	Nigeria	6516.4	8940.9
阿根廷	Argentina	2013.6	3099.3	印　度	India	3212.5	4513.4
中　国	China	1541.2	1450.0	俄罗斯联邦	Russian Fed.	3398.0	3113.4
印　度	India	527.6	1021.7	泰　国	Thailand	1926.7	3035.4
巴拉圭	Paraguay	298.0	385.5	巴　西	Brazil	2661.2	3026.4
加拿大	Canada	270.3	350.4	印度尼西亚	Indonesia	1924.4	2563.7
玻利维亚	Bolivia	119.7	159.6①	美　国	United States	2392.2	2045.4
乌克兰	Ukraine	6.4	104.4	乌克兰	Ukraine	1983.8	1966.6
乌拉圭	Uruguay	0.7	102.9	加　纳	Ghana	1318.5	1960.8
印度尼西亚	Indonesia	101.8	97.5	刚果(金)	Congo,Dem. Rep.	1652.8	1557.2
俄罗斯联邦	Russian Fed.	34.2	94.4	安哥拉	Angola	468.4	1463.3
尼日利亚	Nigeria	42.9	61.0	德　国	Germany	1369.4	1161.8
南　非	South Africa	15.4	51.6	越　南	Viet Nam	391.4	1025.1
意大利	Italy	90.4	46.8	科特迪瓦	Cote D'Ivoire	667.9	1005.2
朝　鲜	Korea,Dem.	35.0	35.0	波　兰	Poland	2423.2	970.3
塞尔维亚	Serbia		34.9	乌干达	Uganda	784.2	863.4
日　本	Japan	23.5	23.0	坦桑尼亚	Tanzania	590.9	858.1
越　南	Viet Nam	14.9	21.4	荷　兰	Netherlands	822.7	718.1
伊　朗	Iran	14.2	20.8	法　国	France	643.4	716.4
缅　甸	Myanmar	9.9	20.0	白俄罗斯	Belarus	871.8	712.5
泰　国	Thailand	31.2	18.8	孟加拉国	Bangladesh	331.1	695.5
乌干达	Uganda	12.0	18.0	马拉维	Malawi	483.2	648.5
哈萨克斯坦	Kazakhstan	0.4	15.1	英　国	United Kingdom	663.6	642.3
韩　国	Korea,Rep.	11.3	13.9	莫桑比克	Mozambique	587.8	603.5
柬埔寨	Cambodia	2.8	13.7	埃塞俄比亚	Ethiopia	470.3	582.5
墨西哥	Mexico	10.2	12.1	秘　鲁	Peru	470.3	548.3
克罗地亚	Croatia	6.5	11.5	哥伦比亚	Colombia	351.5	487.2
津巴布韦	Zimbabwe	14.4	11.0	加拿大	Canada	456.7	458.1
法　国	France	20.1	11.0	贝　宁	Benin	416.1	450.4
委内瑞拉	Venezuela	0.5	10.0	埃　及	Egypt	206.6	442.9
罗马尼亚	Romania	7.0	8.4	喀麦隆	Cameroon	353.4	440.7
澳大利亚	Australia	10.5	8.0	土耳其	Turkey	537.0	439.8
匈牙利	Hungary	3.1	7.2	日　本	Japan	447.9	425.1
奥地利	Austria	3.3	7.1	伊　朗	Iran	365.8	410.8
厄瓜多尔	Ecuador	9.4	6.1①	罗马尼亚	Romania	347.0	400.4
哥伦比亚	Colombia	3.9	5.9	马达加斯加	Madagascar	345.3	375.5
马拉维	Malawi		5.2	柬埔寨	Cambodia	20.2	356.5
摩尔多瓦	Moldova	1.2	4.9	巴基斯坦	Pakistan	230.1	342.0
土耳其	Turkey	4.5	3.8	比利时	Belgium	292.2	329.6
危地马拉	Guatemala	3.0	3.7	卢旺达	Rwanda	290.6	314.4
卢旺达	Rwanda	1.4	2.7①	菲律宾	Philippines	252.1	298.3
埃　及	Egypt	1.1	2.6	巴拉圭	Paraguay	278.9	278.4
尼泊尔	Nepal	1.7	2.2	哈萨克斯坦	Kazakhstan	169.3	275.6
老　挝	Laos	0.5	1.9	阿尔及利亚	Algeria	120.8	263.6
刚果(金)	Congo,Dem. Rep.	1.1	1.7	尼泊尔	Nepal	128.3	253.4
斯洛伐克	Slovakia	0.5	1.5	西班牙	Spain	309.9	251.3
捷　克	Czech Rep.	0.2	1.4	阿根廷	Argentina	265.8	247.0
赞比亚	Zambia	2.8	1.2	肯尼亚	Kenya	164.3	217.1
波　黑	Bosnia and Herzegov	0.4	0.8	墨西哥	Mexico	182.0	192.2

附录 2-16 续表 3 continued

单位：万吨 (10 000 tons)

国家和地区	Country or Area	花生 Groundnuts in Shell 2000	2008	国家和地区	Country or Area	油菜籽 Rapeseed 2000	2009
世　界	**World**	**3472.1**	**3820.1**	**世　界**	**World**	**3951.8**	**6163.1**
中　国	China	1451.6	1434.1	中　国	China	1138.1	1350.0
印　度	India	648.0	733.8	加拿大	Canada	720.5	1182.5
尼日利亚	Nigeria	290.1	390.0	印　度	India	578.8	720.1
美　国	United States	148.1	233.5	德　国	Germany	358.6	630.7
缅　甸	Myanmar	63.4	233.5	法　国	France	347.7	558.4
印度尼西亚	Indonesia	129.2	77.4	波　兰	Poland	95.8	249.7
苏　丹	Sudan	94.7	71.6	英　国	United Kingdom	115.7	195.1
塞内加尔	Senegal	106.2	64.7	澳大利亚	Australia	177.5	191.0
阿根廷	Argentina	42.0	62.5	乌克兰	Ukraine	13.2	187.3
越　南	Viet Nam	35.5	53.4	捷　克	Czech Rep.	84.4	112.8
加　纳	Ghana	20.9	42.9	美　国	United States	90.9	66.9
乍　得	Chad	35.9	40.3	俄罗斯联邦	Russian Fed.	14.8	66.7
刚果(金)	Congo,Dem. Rep.	38.2	37.0	丹　麦	Denmark	29.4	63.5
马　里	Mali	19.3	32.5	白俄罗斯	Belarus	7.3	61.1
几内亚	Guinea	20.0	31.5	匈牙利	Hungary	17.9	57.9
尼日尔	Niger	11.3	30.8	罗马尼亚	Romania	7.6	57.0
布基纳法索	Burkina Faso	16.9	30.0	立陶宛	Lithuania	8.1	41.6
坦桑尼亚	Tanzania	5.2	30.0	斯洛伐克	Slovakia	13.4	38.7
巴　西	Brazil	18.5	29.7	伊　朗	Iran		38.0
马拉维	Malawi	12.2	24.3	瑞　典	Sweden	12.2	29.8
埃　及	Egypt	18.7	20.9	巴基斯坦	Pakistan	29.7	27.6
乌干达	Uganda	13.9	17.3	保加利亚	Bulgaria	2.0	23.6
喀麦隆	Cameroon	19.7	16.0	孟加拉国	Bangladesh	24.9	22.0
中　非	Central African Rep.	10.5	15.8	拉脱维亚	Latvia	1.0	20.5
尼加拉瓜	Nicaragua	9.7	13.9	巴　西	Brazil	4.1	18.0
贝　宁	Benin	12.1	11.6	奥地利	Austria	12.5	17.1
塞拉利昂	Sierra Leone	1.5	11.5	哈萨克斯坦	Kazakhstan	0.3	14.0
泰　国	Thailand	13.2	11.4	芬　兰	Finland	7.1	14.0
冈比亚	Gambia	13.8	11.0	爱沙尼亚	Estonia	3.9	13.6
莫桑比克	Mozambique	12.4	9.5	土耳其	Turkey	0.0	11.4
巴基斯坦	Pakistan	9.1	8.6	摩尔多瓦	Moldova	0.1	10.0
南　非	South Africa	13.6	8.5	克罗地亚	Croatia	2.9	8.0
土耳其	Turkey	7.8	8.5	智　利	Chile	4.8	7.9
墨西哥	Mexico	14.2	8.1	瑞　士	Switzerland	3.9	6.7
津巴布韦	Zimbabwe	19.1	7.9	阿根廷	Argentina	0.6	6.1
安哥拉	Angola	1.3	6.0	意大利	Italy	4.1	5.0
赞比亚	Zambia	5.2	6.0	巴拉圭	Paraguay		4.8
科特迪瓦	Cote D'Ivoire	7.2	5.0	塞尔维亚	Serbia		4.4
埃塞俄比亚	Ethiopia	1.2	4.5	南　非	South Africa		4.0
孟加拉国	Bangladesh	3.2	4.4	埃塞俄比亚	Ethiopia	1.4	3.9
马达加斯加	Madagascar	3.5	4.2	比利时	Belgium	1.4	3.2
多　哥	Togo	2.6	4.1	乌拉圭	Uruguay		3.2
摩洛哥	Morocco	3.9	4.1	阿尔及利亚	Algeria	2.9	2.9①
巴拉圭	Paraguay	2.2	3.7	西班牙	Spain	5.0	2.9
老　挝	Laos	1.3	3.3	爱尔兰	Ireland	0.9	2.2
菲律宾	Philippines	2.7	3.0	卢森堡	Luxemburg	0.8	1.8
几内亚比绍	Guinea-Bissau	1.9	3.0	荷　兰	Netherlands	0.3	1.2
海　地	Haiti	2.1	2.6	挪　威	Norway	0.9	1.0
柬埔寨	Cambodia	0.8	2.6	斯洛文尼亚	Slovenia	…	1.0
叙利亚	Syrian Arab Republic	2.8	2.6	希　腊	Greece		0.6

附录 2-16 续表 4 continued

单位：万吨 (10 000 tons)

国家和地区	Country or Area	芝麻 Sesame Seed 2000	芝麻 Sesame Seed 2008	国家和地区	Country or Area	籽棉 Seed Cotton 2000	籽棉 Seed Cotton 2009
世　界	**World**	**278.6**	**360.3**	**世　界**	**World**	**5290.1**	**6400.2**
印　度	India	51.8	66.6	中　国	China	1325.1	2300.0
缅　甸	Myanmar	29.6	62.0	印　度	India	492.3	1138.2
中　国	China	81.2	58.6	美　国	United States	958.1	633.0
苏　丹	Sudan	28.2	35.0	巴基斯坦	Pakistan	547.6	617.1
埃塞俄比亚	Ethiopia	1.6	18.7	乌兹别克斯坦	Uzbekistan	300.2	294.0
乌 干 达	Uganda	9.7	17.3	巴　西	Brazil	201.0	292.8
尼日利亚	Nigeria	7.2	11.0	土 耳 其	Turkey	226.1	172.5
巴 拉 圭	Paraguay	0.8	10.0	澳大利亚	Australia	178.7	80.2
尼 日 尔	Niger	1.4	5.1	希　腊	Greece	129.7	71.5
坦桑尼亚	Tanzania	3.9	4.8	叙 利 亚	Syrian Arab Re	108.2	65.2
泰　国	Thailand	3.9	4.4	埃　及	Egypt	55.4	55.0
中　非	Central African Rep.	3.7	4.2	布基纳法索	Burkina Faso	21.3	54.0
巴基斯坦	Pakistan	5.1	4.1	尼日利亚	Nigeria	39.9	49.2
乍　得	Chad	3.3	3.9	阿 根 廷	Argentina	41.8	38.9
埃　及	Egypt	3.7	3.7	坦桑尼亚	Tanzania	12.3	32.0①
阿 富 汗	Afghanistan	2.3	3.2	塔吉克斯坦	Tajikistan	33.5	29.6
索 马 里	Somalia	2.3	3.0	墨 西 哥	Mexico	22.4	27.5
墨 西 哥	Mexico	4.1	3.0	哈萨克斯坦	Kazakhstan	28.7	27.0
伊　朗	Iran	2.7	2.8	伊　朗	Iran	49.7	26.5
柬 埔 寨	Cambodia	1.0	2.7	莫桑比克	Mozambique	3.8	24.0①
孟加拉国	Bangladesh	2.2	2.7	津巴布韦	Zimbabwe	32.7	24.0①
布基纳法索	Burkina Faso	0.7	2.7	马　里	Mali	24.3	23.6
也　门	Yemen	1.8	2.4	贝　宁	Benin	34.0	22.9
危地马拉	Guatemala	1.9	2.3	缅　甸	Myanmar	17.6	19.8
伊 拉 克	Iraq	1.4	2.3	喀 麦 隆	Cameroon	20.4	17.0
越　南	Viet Nam	1.7	2.2	苏　丹	Sudan	14.7	16.9
土 耳 其	Turkey	2.4	2.0	西 班 牙	Spain	29.5	14.7
厄立特里亚	Eritrea	0.4	1.9	赞 比 亚	Zambia	6.2	14.0
韩　国	Korea,Rep.	3.2	1.8	科特迪瓦	Cote D'Ivoire	40.2	12.5
乌兹别克斯坦	Uzbekistan	2.0	1.8	乍　得	Chad	18.0	10.0①
委内瑞拉	Venezuela	3.3	1.7	秘　鲁	Peru	15.4	9.6
巴　西	Brazil	1.5	1.6	玻利维亚	Bolivia	4.5	8.0①
贝　宁	Benin	1.0	1.1	马 拉 维	Malawi	3.7	7.7①
莫桑比克	Mozambique	0.5	1.1	哥伦比亚	Colombia	11.1	7.1
肯 尼 亚	Kenya	1.0	1.0	乌 干 达	Uganda	7.6	6.6
塞内加尔	Senegal	0.1	0.9	埃塞俄比亚	Ethiopia	4.6	6.5
老　挝	Laos	0.5	0.8	阿 富 汗	Afghanistan	5.7	5.6
马　里	Mali	0.4	0.7	吉尔吉斯斯坦	Kyrgyzstan	8.8	4.9
斯里兰卡	Sri Lanka	0.5	0.6	几 内 亚	Guinea	6.6	4.2①
沙特阿拉伯	Saudi Arabia	0.3	0.5	孟加拉国	Bangladesh	4.1	3.9①
刚果(金)	Congo,Dem. Rep.	0.5	0.5	肯 尼 亚	Kenya	2.0	3.8①
尼加拉瓜	Nicaragua	0.4	0.5	朝　鲜	Korea,Dem.	3.5	3.6①
海　地	Haiti	0.4	0.4	也　门	Yemen	2.8	3.5
叙 利 亚	Syrian Arab Republi	0.4	0.3	多　哥	Togo	11.7	3.3①
喀 麦 隆	Cameroon	0.3	0.3	印度尼西亚	Indonesia	2.8	3.2①
哥伦比亚	Colombia	0.4	0.3	阿塞拜疆	Azerbaijan	9.2	3.2
科特迪瓦	Cote D'Ivoire	0.3	0.3	以 色 列	Israel	4.4	2.7
冈 比 亚	Gambia	0.3	0.3	刚果(金)	Congo,Dem. Re	2.7	2.5
塞拉利昂	Sierra Leone	0.2	0.2	也　门	Yemen	2.8	2.5
安 哥 拉	Angola	0.2	0.2	伊 拉 克	Iraq	3.3	2.4

附录 2-16 续表 5 continued

单位：万吨 (10 000 tons)

国家和地区	Country or Area	甘蔗 Sugar Cane 2000	甘蔗 Sugar Cane 2008	国家和地区	Country or Area	甜菜 Sugar Beets 2000	甜菜 Sugar Beets 2008
世　界	**World**	**125414.7**	**174309.3**	**世　界**	**World**	**24709.0**	**22758.5**
巴　西	Brazil	32770.5	64892.1	法　国	France	3112.1	3030.6
印　度	India	29932.4	34818.8	俄罗斯联邦	Russian Fed.	1405.4	2899.5
中　国	China	6929.9	12491.8	美　国	United States	2952.1	2683.7
泰　国	Thailand	5405.2	7350.2	德　国	Germany	2787.0	2300.3
巴基斯坦	Pakistan	4633.3	6392.0	土耳其	Turkey	1882.1	1548.8
墨西哥	Mexico	4410.0	5110.7	乌克兰	Ukraine	1319.9	1343.8
哥伦比亚	Colombia	3500.0	3850.0	中　国	China	807.4	1004.4
澳大利亚	Australia	3816.5	3397.3	波　兰	Poland	1313.4	871.5
阿根廷	Argentina	1840.0	2995.0	英　国	United Kingdom	907.9	750.0
美　国	United States	3276.2	2760.3	伊　朗	Iran	433.2	530.0
菲律宾	Philippines	2449.1	2660.1	荷　兰	Netherlands	679.8	521.9
印度尼西亚	Indonesia	2390.0	2600.0	埃　及	Egypt	289.0	513.3
危地马拉	Guatemala	1655.2	2543.7	比利时	Belgium	615.2	437.2
南　非	South Africa	2387.6	2050.0	日　本	Japan	367.3	429.7
埃　及	Egypt	1570.6	1647.0	西班牙	Spain	793.0	407.4
越　南	Viet Nam	1504.4	1612.8	白俄罗斯	Belarus	147.4	403.0
古　巴	Cuba	3640.0	1570.0	意大利	Italy	1237.0	380.0
委内瑞拉	Venezuela	883.2	969.1	奥地利	Austria	256.0	309.1
厄瓜多尔	Ecuador	540.2	934.1	摩洛哥	Morocco	288.3	292.6
秘　鲁	Peru	753.5	822.9	捷　克	Czech Rep.	280.9	288.5
缅　甸	Myanmar	580.1	700.0	塞尔维亚	Serbia		230.0
苏　丹	Sudan	498.2	680.0	丹　麦	Denmark	334.5	218.7
玻利维亚	Bolivia	360.2	641.9	瑞　典	Sweden	260.2	197.5
洪都拉斯	Honduras	397.4	595.8	瑞　士	Switzerland	140.8	162.5
伊　朗	Iran	236.7	570.0	智　利	Chile	309.3	120.9
萨尔瓦多	El Salvador	514.0	525.0	叙利亚	Syrian Arab Republic	117.5	115.0
肯尼亚	Kenya	394.2	511.2	克罗地亚	Croatia	48.2	106.0
斯威士兰	Swaziland	388.5	500.0	摩尔多瓦	Moldova	94.4	96.1
孟加拉国	Bangladesh	691.0	498.4	希　腊	Greece	303.3	90.3
多米尼加	Dominican Rep.	451.1	482.4	罗马尼亚	Romania	66.7	70.7
毛里求斯	Mauritius	511.0	453.3	斯洛伐克	Slovakia	96.2	67.9
巴拉圭	Paraguay	224.5	450.0	匈牙利	Hungary	197.6	49.6
尼加拉瓜	Nicaragua	352.4	430.5	芬　兰	Finland	104.6	46.8
哥斯达黎加	Costa Rica	380.0	350.4	爱尔兰	Ireland	182.9	38.0
津巴布韦	Zimbabwe	422.8	310.0	加拿大	Canada	82.1	34.5
圭亚那	Guyana	271.0	276.7	立陶宛	Lithuania	88.2	33.9
马达加斯加	Madagascar	218.9	260.0	斯洛文尼亚	Slovenia	34.9	26.0
马拉维	Malawi	210.0	250.0	土库曼斯坦	Turkmenistan	23.0	23.4
赞比亚	Zambia	160.0	250.0	阿塞拜疆	Azerbaijan	4.7	19.1
尼泊尔	Nepal	210.3	248.5	吉尔吉斯斯坦	Kyrgyzstan	45.0	15.5
莫桑比克	Mozambique	39.7	245.1	葡萄牙	Portugal	46.2	13.7
坦桑尼亚	Tanzania	135.5	237.0	哈萨克斯坦	Kazakhstan	27.3	13.0
乌干达	Uganda	147.6	235.0	巴基斯坦	Pakistan	15.9	6.4
斐　济	Fiji	359.8	232.2	阿尔巴尼亚	Albania	4.2	4.0
埃塞俄比亚	Ethiopia	217.7	230.0	黎巴嫩	Lebanon	34.2	3.1
牙买加	Jamaica	202.5	196.8	亚美尼亚	Armenia	0.1	2.8
巴拿马	Panama	178.9	182.3	委内瑞拉	Venezuela	1.7	2.1
留尼汪岛	Réunion	184.5	177.3	伊拉克	Iraq	0.8	1.9
科特迪瓦	Cote D'Ivoire	167.2	163.0	阿富汗	Afghanistan	0.1	1.3

附录 2-16 续表 6 continued

单位：万吨 (10 000 tons)

国家和地区	Country or Area	茶叶 Tea 2000	茶叶 Tea 2008	国家和地区	Country or Area	水果(不包括瓜类) Fruit Excluding Melons 2000	水果(不包括瓜类) Fruit Excluding Melons 2009
世　界	**World**	**296.4**	**473.6**	**世　界**	**World**	**47308.2**	**58767.1**
中　国	China	70.4	125.7	中　国	China	6449.1	11413.9
土耳其	Turkey	13.9	110.0	印　度	India	4300.1	6835.8
印　度	India	82.6	80.5	巴　西	Brazil	3701.1	3768.7
肯尼亚	Kenya	23.6	34.6	美　国	United States	3280.5	2711.6
斯里兰卡	Sri Lanka	30.6	31.9	意大利	Italy	1799.0	1812.3
越　南	Viet Nam	7.0	17.5	印度尼西亚	Indonesia	841.3	1705.8
印度尼西亚	Indonesia	16.3	15.1	墨西哥	Mexico	1330.6	1612.2
日　本	Japan	8.5	9.4	菲律宾	Philippines	1075.1	1591.1
阿根廷	Argentina	7.4	7.6	西班牙	Spain	1611.4	1437.4
伊　朗	Iran	5.0	6.0	土耳其	Turkey	1085.9	1408.1
孟加拉国	Bangladesh	4.6	5.9	伊　朗	Iran	1228.7	1318.4
马拉维	Malawi	4.2	4.6	乌干达	Uganda	1009.1	1018.0
乌干达	Uganda	2.9	4.3	埃　及	Egypt	696.6	980.4
坦桑尼亚	Tanzania	2.4	3.5	尼日利亚	Nigeria	897.8	950.2
缅　甸	Myanmar	1.9	2.7	法　国	France	1126.6	898.4
津巴布韦	Zimbabwe	2.2	2.2	厄瓜多尔	Ecuador	767.0	890.2
卢旺达	Rwanda	1.5	1.9	泰　国	Thailand	784.5	832.7
莫桑比克	Mozambique	1.1	1.7	阿根廷	Argentina	717.4	810.7
尼泊尔	Nepal	0.5	1.6	哥伦比亚	Colombia	685.1	799.0
巴布亚新几内亚	Papua New Guinea	1.0	0.9	巴基斯坦	Pakistan	518.6	709.5
布隆迪	Burundi	0.7	0.8	南　非	South Africa	510.9	596.7
格鲁吉亚	Georgia	2.4	0.8	越　南	Viet Nam	436.3	572.1
泰　国	Thailand	0.6	0.6	智　利	Chile	388.3	548.7
马来西亚	Malaysia	0.6	0.6	哥斯达黎加	Costa Rica	380.9	486.6
埃塞俄比亚	Ethiopia	0.4	0.5	坦桑尼亚	Tanzania	185.3	470.8
巴　西	Brazil	0.8	0.4	加　纳	Ghana	238.8	427.0
南　非	South Africa	1.3	0.4	秘　鲁	Peru	318.7	416.0
喀麦隆	Cameroon	0.4	0.4	波　兰	Poland	224.7	368.7
秘　鲁	Peru	0.6	0.4	日　本	Japan	382.1	349.2
刚果(金)	Congo,Dem. Rep.	0.2	0.2	澳大利亚	Australia	308.3	342.9
厄瓜多尔	Ecuador	0.1	0.2	孟加拉国	Bangladesh	136.1	337.8
毛里求斯	Mauritius	0.1	0.2	希　腊	Greece	414.2	320.8
韩　国	Korea,Rep.	0.1	0.2	俄罗斯联邦	Russian Fed.	340.1	306.7
玻利维亚	Bolivia	0.1	0.1	阿尔及利亚	Algeria	142.8	298.8
俄罗斯联邦	Russian Fed.	0.2	0.1	韩　国	Korea,Rep.	262.5	290.9
赞比亚	Zambia	0.1	0.1	摩洛哥	Morocco	268.5	288.2
老　挝	Laos		0.1	危地马拉	Guatemala	196.2	282.4

注：①2008年数据。
Note:①Data for 2008.

附录 2-17 国际互联网用户

Internet Users

资料来源：世界银行WDI数据库。
Source: World Bank WDI Database.

单位：个/千人 (unit per 1 000 persons)

国家和地区	Country or Area	2000	2004	2005	2006	2007	2008
世　界	**World**	**68.0**	**143.8**	**159.5**	**177.2**	**207.1**	
高收入国家	**High Income**	**305.5**	**548.9**	**583.8**	**609.4**	**652.7**	
中等收入国家	**Middle Income**	**17.2**	**68.7**	**82.5**	**100.7**	**132.9**	
低收入国家	**Low Income**	**1.4**	**7.9**	**10.5**	**15.5**	**18.1**	
中　国	China	17.8	72.5	85.8	106.0	161.3	225.0
中国香港	Hong Kong,China	278.4	569.5	614.2	653.5	652.1	670.4
中国澳门	Macao,China	136.1	314.8	348.6	433.2	463.9	492.2
孟加拉国	Bangladesh	0.7	2.0	2.4	2.9	3.2	3.5
文　莱	Brunei Darussalam	90.0	297.2	364.7	421.9	488.2	553.2
柬埔寨	Cambodia	0.5	3.0	3.2	4.7	4.9	5.1
印　度	India	5.4	20.4	24.7	29.0	40.9	45.4
印度尼西亚	Indonesia	9.3	26.0	36.0	47.7	57.9	79.2
伊　朗	Iran	9.8	155.7	178.0	156.9	183.0	319.6
以色列	Israel	201.9	219.8	243.3	269.2	464.6	478.9
日　本	Japan	299.5	622.1	667.5	685.2	740.8	751.6
哈萨克斯坦	Kazakhstan	6.7	26.6	29.7	32.7	40.0	108.9
韩　国	Korea,Rep.	405.0	696.2	710.5	732.9	747.3	757.9
老　挝	Laos	1.1	3.6	8.5	11.7	16.4	85.0
马来西亚	Malaysia	213.9	422.5	486.3	516.4	557.1	558.0
蒙　古	Mongolia	12.6		105.2	120.1	122.5	124.9
缅　甸	Myanmar				1.8	2.2	2.2
巴基斯坦	Pakistan				75.4	107.6	111.4
菲律宾	Philippines	19.8			57.4		
新加坡	Singapore	322.8		618.5	593.2	676.7	
斯里兰卡	Sri Lanka	6.5		17.8	25.1	38.6	
泰　国	Thailand	36.9	106.8	150.3	171.6	200.3	
越　南	Viet Nam	2.6	77.4	128.9	174.5	209.9	
埃　及	Egypt	6.4	51.5	117.0	125.5	147.6	166.5
尼日利亚	Nigeria	0.6			55.5	67.7	158.6
南　非	South Africa	54.6		76.3	77.5	82.2	
加拿大	Canada	421.6	659.2	679.1	703.2	727.8	753.1
墨西哥	Mexico	51.6	169.5	188.7	197.3	212.5	221.6
美　国	United States	439.5	662.6	695.7	705.7	735.2	757.7
阿根廷	Argentina	70.4	160.4	177.2	209.3	259.5	281.1
巴　西	Brazil	28.7	190.7	210.2	281.8	308.8	375.2
委内瑞拉	Venezuela	33.7	84.5	126.2	153.2	208.1	
捷　克	Czech Rep.	97.3	314.4	319.8	440.6	483.3	578.2
法　国	France	143.6	392.1	429.7	468.8	633.3	679.5
德　国	Germany	301.7	609.8	648.4	692.8	724.8	754.8
意大利	Italy	231.8	314.3	336.8	361.8	382.4	417.7
荷　兰	Netherlands	439.6			812.1	847.8	869.8
波　兰	Poland	72.8					
俄罗斯联邦	Russian Fed.	19.8			180.3		
西班牙	Spain	136.3		440.4	472.7	510.6	
土耳其	Turkey	37.6	132.5	139.3	182.4	301.0	
乌克兰	Ukraine	7.1	34.8	37.4	44.9	65.2	
英　国	United Kingdom	268.3	627.8	664.0	655.3	717.8	
澳大利亚	Australia	468.0	614.3	632.5	649.3	678.6	707.8
新西兰	New Zealand	475.1			665.7	691.8	713.8

附录 2-18 货物出口总额

Merchandise Export

资料来源：世界贸易组织数据库。

Source: WTO Database.

单位：亿美元 (100 million USD)

国家和地区	Country or Area	1990	2000	2005	2008	2009
世　界	**World**	**34490**	**64560**	**104890**	**160970**	**124610**
中　国	China	621	2492	7620	14307	12015
中国香港	Hong Kong,China	824	2027	2921	3702	3297
中国澳门	Macao,China	17	25	25	20	10
孟加拉国	Bangladesh	17	64	93	154	151
文　莱	Brunei Darussalam	22	39	62	105	69
柬埔寨	Cambodia	1	14	31	47	46
印　度	India	180	424	996	1948	1552
印度尼西亚	Indonesia	257	654	870	1396	1198
伊　朗	Iran	193	287	563	1137	781
以色列	Israel	121	314	428	613	477
日　本	Japan	2876	4792	5949	7820	5808
哈萨克斯坦	Kazakhstan		88	278	712	432
韩　国	Korea,Rep.	650	1723	2844	4220	3635
老　挝	Laos	1	3	6	11	11
马来西亚	Malaysia	295	982	1410	1995	1574
蒙　古	Mongolia	7	5	11	25	19
缅　甸	Myanmar	3	16	38	69	66
巴基斯坦	Pakistan	56	90	161	203	177
菲律宾	Philippines	81	398	413	491	383
新加坡	Singapore	527	1378	2296	3382	2698
斯里兰卡	Sri Lanka	19	54	63	85	74
泰　国	Thailand	231	691	1109	1778	1525
越　南	Viet Nam	24	145	324	627	566
埃　及	Egypt	35	53	129	262	212
尼日利亚	Nigeria	136	210	505	818	525
南　非	South Africa	235	300	516	808	626
加拿大	Canada	1276	2766	3605	4565	3156
墨西哥	Mexico	407	1664	2142	2913	2297
美　国	United States	3936	7819	9011	12874	10569
阿根廷	Argentina	124	263	404	700	558
巴　西	Brazil	314	551	1185	1979	1530
委内瑞拉	Venezuela	175	335	557	951	576
捷　克	Czech Rep.		291	781	1468	1133
法　国	France	2166	3276	4634	6012	4750
德　国	Germany	4211	5518	9709	14462	11209
意大利	Italy	1703	2405	3731	5380	4047
荷　兰	Netherlands	1318	2331	4064	6379	4986
波　兰	Poland	143	317	894	1705	1345
俄罗斯联邦	Russian Fed.		1056	2438	4716	3040
西班牙	Spain	556	1153	1926	2815	2180
土耳其	Turkey	130	278	735	1320	1021
乌克兰	Ukraine		146	342	670	398
英　国	United Kingdom	1852	2854	3845	4597	3507
澳大利亚	Australia	398	639	1061	1873	1540
新西兰	New Zealand	94	133	217	306	249

附录 2-19 货币汇率(年平均价)

Exchange Rate (Period Average)

资料来源：世界银行WDI数据库。
Source: World Bank WDI Database.

单位：1美元合本币数 (local currency unit per US dollar)

国家和地区	Country or Area	2000	2005	2006	2007	2008	2009
中　　国	China	8.28	8.20	7.98	7.61	6.95	6.84
中国香港	Hong Kong,China	7.80	7.78	7.77	7.81	7.79	7.76
中国澳门	Macao,China	8.03	8.02	8.01	8.04	8.02	7.99
孟加拉国	Bangladesh	52.15	64.33	68.94	68.88	68.60	69.04
文　　莱	Brunei Darussalam	1.73	1.67	1.59	1.51	1.42	1.46
柬 埔 寨	Cambodia	3840.75	4092.50	4103.25	4056.17	4054.17	
印　　度	India	44.95	44.10	45.31	41.35	43.51	48.41
印度尼西亚	Indonesia	8421.78	9704.75	9159.32	9141.00	9698.97	10389.94
伊　　朗	Iran	1766.09	8963.96	9170.95	9281.16	9428.53	9864.31
以 色 列	Israel	4.08	4.49	4.46	4.11	3.59	3.94
日　　本	Japan	107.77	110.22	116.30	117.76	103.36	93.57
哈萨克斯坦	Kazakhstan	142.14	132.88	126.09	122.56	120.30	147.50
韩　　国	Korea,Rep.	1130.96	1024.12	954.80	929.26	1102.05	1276.37
老　　挝	Laos	7887.65	10655.17	10159.94	9603.16	8744.07	
马来西亚	Malaysia	3.80	3.79	3.67	3.44	3.34	3.53
蒙　　古	Mongolia	1076.67	1205.23	1165.38	1170.97	1165.74	
缅　　甸	Myanmar	6.43	5.77	5.79	5.56	5.39	
巴基斯坦	Pakistan	53.65	59.52	60.28	60.74	70.41	81.72
菲 律 宾	Philippines	44.20	55.09	51.32	46.15	44.33	47.64
新 加 坡	Singapore	1.73	1.67	1.59	1.51	1.42	1.46
斯里兰卡	Sri Lanka	77.01	100.50	103.92	110.63	108.34	114.95
泰　　国	Thailand	40.12	40.22	37.89	34.52	33.32	34.29
越　　南	Viet Nam	14167.75	15858.92	15994.25	16105.13	16302.25	
埃　　及	Egypt	3.48	5.78	5.74	5.64	5.44	
尼日利亚	Nigeria	101.70	131.28	128.66	125.81	118.55	
南　　非	South Africa	6.94	6.36	6.78	7.05	8.27	8.48
加 拿 大	Canada	1.49	1.22	1.14	1.08	1.07	1.15
墨 西 哥	Mexico	9.46	10.90	10.90	10.93	11.13	13.52
美　　国	United States	1.00	1.00	1.00	1.00	1.00	1.00
阿 根 廷	Argentina	1.00	2.91	3.06	3.10	3.15	3.71
巴　　西	Brazil	1.83	2.44	2.18	1.95	1.84	2.00
委内瑞拉	Venezuela	0.68	2.09	2.15	2.15	2.15	2.15
捷　　克	Czech Rep.	38.60	23.96	22.60	20.30	17.08	19.07
法　　国	France	1.09	0.81	0.80	0.74	0.69	0.72
德　　国	Germany	1.09	0.81	0.80	0.74	0.69	0.72
意 大 利	Italy	1.09	0.81	0.80	0.74	0.69	0.72
荷　　兰	Netherlands	1.09	0.81	0.80	0.74	0.69	0.72
波　　兰	Poland	4.35	3.24	3.11	2.77	2.41	
俄罗斯联邦	Russian Fed.	28.13	28.29	27.20	25.59	24.86	31.74
西 班 牙	Spain	1.09	0.81	0.80	0.74	0.69	0.72
土 耳 其	Turkey	0.63	1.35	1.43	1.31	1.31	
乌 克 兰	Ukraine	5.44	5.13	5.05	5.05	5.27	7.80
英　　国	United Kingdom	0.67	0.56	0.55	0.50	0.55	0.65
澳大利亚	Australia	1.73	1.31	1.33	1.20	1.20	1.29
新 西 兰	New Zealand	2.21	1.42	1.55	1.37	1.43	

附录 2-20 外商直接投资
Foreign Direct Investment

资料来源：联合国贸发会议FDI数据库。
Source: UNCTAD FDI Database .

单位：亿美元 (100 million USD)

国家和地区	Country or Area	外商直接投资 FDI Inflows			对外直接投资 FDI Outflows		
		2000	2008	2009	2000	2008	2009
世 界	**World**	**14014.66**	**17708.73**	**11141.89**	**12328.88**	**19287.99**	**11009.93**
中 国	China	407.15	1083.12	950.00	9.16	521.50	480.00
中国香港	Hong Kong,China	619.38	596.21	484.49	593.74	505.81	522.69
文 莱	Brunei Darussalam	5.49	2.39	3.11	0.20	0.34	0.30
柬 埔 寨	Cambodia	1.49	8.15	5.32	0.16	0.24	-0.01
印 度	India	35.88	404.18	346.13	5.14	184.99	148.97
印度尼西亚	Indonesia		93.18	48.77		59.00	29.49
日 本	Japan	83.23	244.26	119.39	315.57	1280.19	746.99
韩 国	Korea,Rep.	90.04	84.09	58.44	49.99	189.43	105.72
老 挝	Laos	0.34	2.28	1.57	0.04		
马来西亚	Malaysia	37.88	73.18	13.81	20.26	149.88	80.38
缅 甸	Myanmar	2.08	2.83	3.23			
菲 律 宾	Philippines	22.40	15.44	19.48	1.25	2.59	3.59
新 加 坡	Singapore	164.84	109.12	168.09	59.15	-84.78	59.79
泰 国	Thailand	34.10	85.44	59.49	-0.20	25.60	38.18
越 南	Viet Nam	12.89	80.50	45.00		1.00	1.12
加 拿 大	Canada	667.95	552.70	186.57	446.78	807.97	388.32
墨 西 哥	Mexico	180.98	236.83	125.22	3.63	11.57	75.98
美 国	United States	3139.97	3245.60	1298.83	1426.26	3304.91	2480.74
巴 西	Brazil	327.79	450.58	259.49	22.82	204.57	-100.84
法 国	France	432.52	622.57	596.28	1774.49	1610.71	1471.61
德 国	Germany	1982.77	244.35	356.06	565.57	1345.92	627.05
意 大 利	Italy	133.75	170.31	305.38	123.16	438.39	439.18
俄罗斯联邦	Russian Fed.	27.14	754.61	387.22	31.77	560.91	460.57
英 国	United Kingdom	1187.64	914.87	456.76	2333.71	1610.56	184.63
澳大利亚	Australia	156.12	467.22	225.72	42.21	328.19	184.26
新 西 兰	New Zealand	13.47	49.93	3.48	6.10	-2.39	-4.06

附录 2-21　国际旅游收支

Expenditures and Receipts of International Tourism

资料来源：世界银行WDI数据库。
Source: World Bank WDI Database.

单位：亿美元　(100 million USD)

国家和地区	Country or Area	国际旅游支出 Expenditures			国际旅游收入 Receipts		
		2000	2007	2008	2000	2007	2008
世　界	**World**	**5277**	**9400**	**10288**	**5689**	**10370**	**11394**
高收入国家	**High Income**	**4383**	**7366**	**7904**	**4469**	**7481**	**8164**
中等收入国家	**Middle Income**	**843**	**1937**	**2272**	**1167**	**2739**	**3055**
中　国	China	142	333	410	173	411	441
中国香港	Hong Kong, China	125	150	159	82	182	204
孟加拉国	Bangladesh	5	5	9	1	1	1
柬 埔 寨	Cambodia	1	2	2	3	13	13
印　度	India	43	107	121	37	112	125
印度尼西亚	Indonesia	32	66	85	50	58	82
伊　朗	Iran	7	73	95	7	20	22
以 色 列	Israel	37	43	44	46	37	48
日　本	Japan	426	373	390	60	124	138
哈萨克斯坦	Kazakhstan	5	14	13	4	12	13
韩　国	Korea, Rep.	79	234	195	85	89	128
老　挝	Laos	0			1	2	3
马来西亚	Malaysia	25	66	77	59	180	186
巴基斯坦	Pakistan	6	21	20	6	9	9
菲 律 宾	Philippines	18	21	28	23	55	50
新 加 坡	Singapore	45	125	142	51	92	106
斯里兰卡	Sri Lanka	4	7	8	4	8	8
泰　国	Thailand	32	69	70	99	206	220
越　南	Viet Nam					34	39
埃　及	Egypt	12	29	34	47	103	121
尼日利亚	Nigeria	6	35	48	2	3	6
南　非	South Africa	27	61	68	33	99	89
加 拿 大	Canada	151	312	340	130	178	178
墨 西 哥	Mexico	64	98	102	91	140	146
美　国	United States	913	1100	1180	1186	1454	1665
阿 根 廷	Argentina	55	51	60	32	50	53
巴　西	Brazil	45	104	133	20	53	61
委内瑞拉	Venezuela	16	22	26	5	9	10
捷　克	Czech Rep.	13	38	47	30	75	87
法　国	France	219	445	521	370	637	668
德　国	Germany	579	938	1034	249	469	512
意 大 利	Italy	182	328	377	287	461	488
荷　兰	Netherlands	136	195	222	113	199	205
波　兰	Poland	34	83	104	61	117	128
俄罗斯联邦	Russian Fed.	88	242	281	34	126	159
西 班 牙	Spain	77	244	268	327	650	702
土 耳 其	Turkey	17	37	40	76	206	250
乌 克 兰	Ukraine	6	40	46	6	53	67
英　国	United Kingdom	470	874	842	300	482	453
澳大利亚	Australia	88	206	249	130	266	285
新 西 兰	New Zealand	12	31	30	23	54	50

附录 2-22 国际旅游人数

Number of Arrivals and Departures of International Tourism

资料来源：世界银行WDI数据库。
Source: World Bank WDI Database.

单位：万人 (10 000 persons)

国家和地区	Country or Area	国外游客到达人数 Number of Arrivals			出国旅游人数 Number of Departures		
		2000	2007	2008	2000	2007	2008
世　界	**World**	**68922**	**91202**	**92785**	**75564**	**100179**	**102706**
高收入国家	**High Income**	**45849**	**54744**	**54653**	**41676**	**52814**	**53145**
中等收入国家	**Middle Income**	**21026**	**33130**	**34587**	**24700**	**36313**	
低收入国家	**Low Income**	**1103**	**2374**				
中　国	China	3123	5472	5305	1047	4095	4584
中国香港	Hong Kong, China	881	1715	1732	461	8068	8191
中国澳门	Macao, China	520	1294	1061	14	21	23
孟加拉国	Bangladesh	20	29	47	113	233	88
文　莱	Brunei Darussalam	98	18	23			
柬埔寨	Cambodia		187	200	4	100	79
印　度	India	265	508	537	442	978	1065
印度尼西亚	Indonesia	506	551	623		516	549
伊　朗	Iran	134	222	203	229		
以色列	Israel	242	207	257	353	415	421
日　本	Japan	476	835	835	1782	1730	1599
哈萨克斯坦	Kazakhstan	147	388	345	125	454	524
韩　国	Korea, Rep.	532	645	689	551	1333	1200
老　挝	Laos	19	114	130			
马来西亚	Malaysia	1022	2097	2205	3053		
蒙　古	Mongolia	14	45	45			
缅　甸	Myanmar	21	25	19			
巴基斯坦	Pakistan	56	84	82			
菲律宾	Philippines	199	309	314	167		
新加坡	Singapore	606	796	778	444	602	683
斯里兰卡	Sri Lanka	40	49	44	52	86	97
泰　国	Thailand	958	1446	1454	191	402	
越　南	Viet Nam	214	424	425			
埃　及	Egypt	512	1061	1230	296		
南　非	South Africa	587	909	959	383	443	443
加拿大	Canada	1963	1794	1714	1918	2516	2704
墨西哥	Mexico	2064	2137	2264	1108	1508	1445
美　国	United States	5124	5598	5794	6133	6402	6355
阿根廷	Argentina	291	456	467	495	417	461
巴　西	Brazil	531	503	505	323	482	494
委内瑞拉	Venezuela	47	77	75	95	141	175
捷　克	Czech Rep.	477	668	665			
法　国	France	7719	8084	7845	1989	2514	2335
德　国	Germany	1898	2442	2488	7440	7040	7300
意大利	Italy	4118	4365	4273	2199	2773	2828
荷　兰	Netherlands	1000	1101	1010	1390	1756	1846
波　兰	Poland	1740	1498	1296	5668	4756	
俄罗斯联邦	Russian Fed.	2117	2291	2368	1837	3429	3654
西班牙	Spain	4640	5867	5732	410	1128	1123
土耳其	Turkey	959	2225	2499	528	894	987
乌克兰	Ukraine	643	2312	2545	1342	1734	1550
英　国	United Kingdom	2321	3087	3014	5684	6945	6901
澳大利亚	Australia	493	564	559	350	546	581
新西兰	New Zealand	178	243	241	128	198	197

附录 2–23 研究与开发经费支出和公共教育经费支出占国内生产总值比重

Research and Development Expenditure and Public Spending on Education as Percentage of GDP

资料来源：世界银行WDI数据库。
Source: World Bank WDI Database.

单位：% (%)

国家和地区	Country or Area	研究与开发经费支出占国内生产总值比重 Research and Development Expenditure as of GDP		公共教育经费支出占国内生产总值比重 Public Spending on Education,Total as of GDP	
		2000	2007	2000	2007
世　界	**World**	**2.15**	**2.21**	**4.17**	**4.53**
高收入国家	**High Income**	**2.44**	**2.45**	**5.00**	**5.00**
中等收入国家	**Middle Income**	**0.65**		**4.09**	**4.09**
中　国	China	0.90	1.49		
中国香港	Hong Kong,China	0.47			3.52
中国澳门	Macao,China			3.68	2.03
孟加拉国	Bangladesh			2.38	2.56
文　莱	Brunei Darussalam			3.71	
柬 埔 寨	Cambodia			1.67	1.60
印　度	India	0.77	0.80	4.40	
印度尼西亚	Indonesia	0.07			3.53
伊　朗	Iran			4.38	5.49
以 色 列	Israel	4.45	4.74	6.55	6.36
日　本	Japan	3.04	3.44	3.67	3.45
哈萨克斯坦	Kazakhstan	0.18	0.21	3.26	2.83
韩　国	Korea,Rep.	2.39	3.47		4.21
老　挝	Laos			1.50	3.04
马来西亚	Malaysia	0.49		5.97	4.53
蒙　古	Mongolia	0.20	0.23	5.79	5.05
缅　甸	Myanmar	0.11		0.57	
巴基斯坦	Pakistan	0.13	0.67	1.84	2.84
菲 律 宾	Philippines			3.49	2.58
新 加 坡	Singapore	1.88	2.61		
斯里兰卡	Sri Lanka	0.14			
泰　国	Thailand	0.25		5.41	4.00
埃　及	Egypt	0.19	0.23		3.68
南　非	South Africa			5.58	5.34
加 拿 大	Canada	1.91	2.03	5.56	4.93
墨 西 哥	Mexico	0.37		4.86	4.83
美　国	United States	2.75	2.67		5.54
阿 根 廷	Argentina	0.44	0.51	4.60	4.93
巴　西	Brazil	0.94		4.02	5.21
委内瑞拉	Venezuela	0.38			3.66
捷　克	Czech Rep.	1.21	1.59	3.97	
法　国	France	2.15	2.10	5.67	
德　国	Germany	2.45	2.56	4.46	
意 大 利	Italy	1.05		4.47	4.32
荷　兰	Netherlands	1.82	1.75	4.96	
波　兰	Poland	0.64	0.57	5.01	4.92
俄罗斯联邦	Russian Fed.	1.05	1.12	2.94	3.10
西 班 牙	Spain	0.91	1.28	4.28	4.36
土 耳 其	Turkey	0.48	0.71	2.59	
乌 克 兰	Ukraine	0.96	0.87	4.17	5.28
英　国	United Kingdom	1.86	1.84	4.60	5.56
澳大利亚	Australia	1.62		5.00	4.65
新 西 兰	New Zealand		1.26		6.16

附录 2-24 医疗支出占国内生产总值比重及人均医疗支出
Health Expenditure as Percentage of GDP and per Capita Health Expenditure

资料来源：世界银行WDI数据库。
Source: World Bank WDI Database.

国家和地区	Country or Area	医疗支出占国内生产总值的比重 (%) Health Expenditure, Total as Percentage of GDP (%)			人均医疗支出 (美元) Health Expenditure per Capita ($)		
		2005	2006	2007	2005	2006	2007
世　界	**World**	**9.9**	**9.8**	**9.7**	**698.7**	**737.8**	**809.2**
高收入国家	**High Income**	**11.2**	**11.2**	**11.2**	**3754.8**	**3935.5**	**4266.3**
中等收入国家	**Middle Income**	**5.4**	**5.4**	**5.3**	**110.8**	**128.0**	**155.8**
低收入国家	**Low Income**	**5.0**	**5.2**	**5.1**	**16.2**	**18.9**	**22.0**
中　国	China	4.5	4.4	4.3	76.5	88.1	108.5
孟加拉国	Bangladesh	3.1	3.3	3.4	11.8	12.9	14.7
文　莱	Brunei Darussalam	2.5	2.3	2.4	640.1	697.8	752.6
柬埔寨	Cambodia	6.4	5.9	5.9	28.9	30.5	35.8
印　度	India	4.2	4.1	4.1	30.4	32.8	40.3
印度尼西亚	Indonesia	2.0	1.9	2.2	25.4	30.9	41.8
伊　朗	Iran	6.6	6.9	6.4	179.7	213.9	253.3
以色列	Israel	8.0	7.9	8.0	1596.0	1674.8	1892.8
日　本	Japan	8.2	8.1	8.0	2907.9	2758.9	2750.8
哈萨克斯坦	Kazakhstan	4.0	3.6	3.7	148.4	190.0	252.6
韩　国	Korea,Rep.	5.7	6.0	6.3	998.5	1188.0	1362.4
老　挝	Laos	4.3	4.0	4.0	20.8	23.0	26.9
马来西亚	Malaysia	4.1	4.3	4.4	222.1	258.7	307.2
蒙　古	Mongolia	3.9	3.9	4.3	35.1	48.1	63.6
缅　甸	Myanmar	2.1	2.1	1.9	4.9	5.6	7.2
巴基斯坦	Pakistan	2.8	2.7	2.7	18.5	20.4	22.5
菲律宾	Philippines	3.7	3.8	3.9	42.6	51.3	62.6
新加坡	Singapore	3.3	3.2	3.1	929.3	1021.4	1148.2
斯里兰卡	Sri Lanka	4.0	4.2	4.2	50.2	60.8	68.3
泰　国	Thailand	3.6	3.7	3.7	94.9	115.6	136.5
越　南	Viet Nam	6.0	6.6	7.1	37.6	46.9	58.3
埃　及	Egypt	6.0	6.3	6.3	72.9	86.4	101.4
尼日利亚	Nigeria	6.6	6.5	6.6	52.8	66.8	74.3
南　非	South Africa	9.1	8.8	8.6	457.5	466.8	497.1
加拿大	Canada	9.9	10.0	10.1	3481.7	3950.2	4409.1
墨西哥	Mexico	5.9	5.7	5.9	477.8	514.4	564.1
美　国	United States	15.4	15.5	15.7	6562.8	6931.2	7284.7
阿根廷	Argentina	10.4	10.2	10.0	492.5	560.9	662.6
巴　西	Brazil	8.2	8.5	8.4	388.0	490.0	605.7
委内瑞拉	Venezuela	5.4	5.7	5.8	295.5	388.3	477.1
捷　克	Czech Rep.	7.2	7.0	6.8	882.3	968.7	1140.5
法　国	France	11.1	11.0	11.0	3926.7	4059.0	4627.3
德　国	Germany	10.7	10.6	10.4	3628.2	3716.8	4209.2
意大利	Italy	8.9	9.0	8.7	2746.8	2857.6	3135.6
荷　兰	Netherlands	9.1	8.9	9.0	3577.9	3693.3	4242.9
波　兰	Poland	6.2	6.2	6.4	493.7	555.4	715.8
俄罗斯联邦	Russian Fed.	5.2	5.3	5.4	278.1	368.4	492.6
西班牙	Spain	8.3	8.4	8.5	2168.0	2327.8	2711.7
土耳其	Turkey	5.7	4.8	5.0	383.3	351.7	464.6
乌克兰	Ukraine	6.9	6.9	6.9	126.8	158.2	210.4
英　国	United Kingdom	8.2	8.5	8.4	3115.2	3415.0	3867.4
澳大利亚	Australia	8.7	8.8	8.9	3157.0	3352.5	3985.9
新西兰	New Zealand	8.8	9.3	9.0	2357.1	2387.9	2790.3

附录 2–25　按国家和地区汇总的世界最大500家企业(2009年)

The Largest 500 Companies in the World Aggregated by Country or Area(2009)

资料来源：美国《财富》杂志2010年。
Source: United States Fortune 2010.

国家和地区	Country or Area	企业数(家) Number of Companies	营业额(亿美元) Revenues (100 million USD)	利润额(亿美元) Profits (100 million USD)
中　国①	China①	54	21548.4	1297.3
印　度	India	8	2365.9	130.2
日　本	Japan	71	29415.8	576.2
韩　国	Korea Rep.	10	4787.3	170.1
马来西亚	Malaysia	1	625.8	116.5
新 加 坡	Singapore	2	480.0	19.0
沙特阿拉伯	Saudi Arabia	1	274.8	24.2
泰　国	Thailand	1	462.2	17.4
加 拿 大	Canada	11	2729.5	135.8
墨 西 哥	Mexico	2	1099.6	-13.17
美　国	United States	140	69944.5	2722.5
巴　西	Brazil	7	3079.9	322.0
奥 地 利	Austria	3	608.2	22.8
比 利 时	Belgium	5	2005.8	37.2
比利时/芬兰	Belgium/Finland	1	232.5	16.6
丹　麦	Denmark	2	806.8	-9.9
芬　兰	Finland	2	824.2	12.9
法　国	France	39	20859.2	644.1
德　国	Germany	37	18802.8	298.5
爱 尔 兰	Ireland	2	473.2	24.1
意 大 利	Italy	11	6467.2	249.7
卢 森 堡	Luxembourg	1	1249.4	94.0
荷　兰	Netherlands	12	7834.4	166.5
挪　威	Norway	1	740.0	29.1
波　兰	Poland	1	218.0	4.2
俄罗斯联邦	Russia	6	2720.3	456.7
西 班 牙	Spain	10	4376.1	417.9
瑞　典	Sweden	7	1676.0	55.0
瑞　士	Switerland	12	4982.7	381.6
土 耳 其	Turkey	1	288.5	9.2
英　国	United Kingdom	29	15562.0	993.4
英国/荷兰	United Kingdom/Netherlands	1	553.5	46.8
澳大利亚	Australia	8	2443.0	213.3
委内瑞拉	Venezuela	1	911.8	16.1
合计	Totals	500	230850.8	9604.6

注：①包括中国台湾企业。

附录3

2010年山东省统计局工作大事记

Chronicle of Events of Shandong Statistical Undertaking

简 要 说 明

一、本篇资料的主要内容

本篇按时间顺序记载了 2010 年一年来山东省统计局发生的大事要事，包括局领导重要活动、方法制度改革、统计法制建设、统计基层基础建设、统计信息化建设、统计干部队伍建设等方面的内容。

二、本篇资料的来源

本篇资料由省统计局办公室整理提供。

Brief Introduction

I. Content

Events happened in 2010 and in Shandong Statistical Bureau are recorded in time order, mainly including important activities of leaders, reform of statistical laws, development of primary-level statistical work, construction of information system, and training of statistics professionals, etc.

II. Source of Data

Data and files are provided by the Administrative Office of Shandong Provincial Bureau of Statistics.

2010 年山东省统计局工作大事记

1 月 11 日，省统计局印发《2010 年山东省统计制度方法改革要点》。

1 月 14 日，省统计局召开处以上干部会议，省委组织部副部长胡文容同志受省委委派，宣读了省委关于山东省统计局主要负责同志职务调整的决定：杜昌祚同志提名为省人大常委人选，不再担任省统计局局长职务，刘俭朴同志任山东省统计局局长、党组副书记。

1 月 25 日，省统计局通过大众日报、山东电视台等媒体向社会发布 2009 年山东经济社会发展情况。

1 月 29 日，在全国统计系统统计文化建设成果汇报演出中，山东代表队参演的情景诗《我生命中的那片海》荣获二等奖。

2 月 3 日，省统计局召开 2009 年度总结表彰大会，杜昌祚书记、刘俭朴局长出席会议并讲话，会上对年度先进集体、先进个人等进行了表彰。

2 月 26 日，山东省政府召开常务会议，专门听取省统计局关于全国统计工作会议精神及山东省贯彻意见的汇报。姜大明省长、王仁元常务副省长分别就学习贯彻温家宝总理、李克强副总理的批示和全国统计工作会议精神提出明确要求。

2 月 26 日，省统计局与山东调查总队联合发布《2009 年山东省国民经济和社会发展统计公报》。

3 月 4 日—5 日，省政府在济南召开全省统计工作会议。国家统计局副局长许宪春应邀与会作专题辅导报告，省委常委、常务副省长王仁元出席会议并作重要讲话，省政府副秘书长韩金峰传达姜大明省长在省政府常务会议上对统计工作的指示精神，省统计局党组书记杜昌祚传达全国统计工作会议精神，省统计局局长刘俭朴作工作报告。各市分管副市长，省直有关部门负责人，各市统计局局长，省统计局各处室、中心负责人参加了会议。

3 月 9 日，省统计局印发 2010 年全省统计法制工作要点。

3 月 16 日，姜大明省长在省统计局报送的《关于我省 2009 年万元 GDP 能耗等主要指标数据汇报及初步分析》一文上批示："军民同志：完成"十一五"节能降耗任务十分艰巨，必须全面完成。对一产三产能耗增加过快问题要作分析，定措施，加以遏制。"之后，王军民副省长再次批示："请经贸委、统计局、节能办认真落实大明省长批示，抓紧分析研究，并将措施制定好，坚决全面完成十一五节能降耗的任务。"

3 月 18 日，省统计局印发《2010 年山东省统计局重点统计工作任务分解表》。

3 月 23 日，国家统计局局长马建堂在省统计局报送的《关于贯彻落实全国统计工作会议精神情况的报告》上作出重要批示："山东省统计系统贯彻落实全国统计工作会议精神及时、认真、有力。务望以'三个提高'为中心，全力做好各方面工作。"3 月 25 日，省统计局下发通知，要求全省统计系统认真学习贯彻马建堂局长重要批示精神。

4 月 8 日，省统计局下发文件，决定在全省统计系统开展"三个提高"贯彻落实年活动。

4 月 12 日，省统计局联合省委宣传部下发通知，要求做好全省第六次人口普查宣传工作。

4 月 21 日，省第六次人口普查领导小组办公室下发通知，成立山东省第六次人口普查综合试点领导小组办公室工作小组，印发《山东省第六次人口普查综合试点宣传工作计划》，并于 2010 年 5 月至 6 月在临沂市罗庄区开展山东省第六次人口普查综合试点。

5 月 7 日，省统计局局长刘俭朴到济南调研经济运行情况和统计工作，并会见了济南市委常委、副市长陈先运，济南市委常委、市中区区委书记雷杰等。

5 月 12 日，省统计局印发《山东省基本单位名录库维护更新考核评比办法》。

5 月 12 日—13 日，省统计局局长刘俭朴到滨州调研经济运行情况和统计工作，并会见了滨州市委书记、市人大常委会主任邓向阳，市委常委、常务副市长韩奎祥等。

5月31日，省委宣传部和省第六次人口普查领导小组联合下发了《关于印发〈山东省第六次人口普查宣传工作方案〉的通知》。

6月3日，省统计局、省监察厅、省司法厅、山东调查总队联合转发《国家统计局等三部门联合开展统计法和统计违法违纪行为处分规定贯彻执行情况大检查的通知》，并下发《关于联合开展统计法和统计违法违纪行为处分规定贯彻执行情况大检查的通知》。

6月4日，省统计局、省监察厅、省司法厅、山东调查总队联合召开全省统计法和统计违法违纪行为处分规定贯彻执行情况大检查电视电话会议，省统计局局长刘俭朴到会讲话。

6月18日，省委书记姜异康，省委常委、秘书长王敏对省委政研室、省统计局撰写的《GDP核算方法改革对转方式调结构的影响及对策建议》一文作出重要批示。

6月23日，国务院第六次全国人口普查领导小组成员、国家人力资源和社会保障部党组副书记、副部长孙宝树一行，到山东进行专项督查。省第六次人口普查领导小组组长、省委常委、常务副省长王仁元会见督查组一行并参加汇报会；省第六次人口普查领导小组副组长、省统计局局长刘俭朴汇报了山东第六次人口普查前期准备工作。

6月29日—30日，全省上半年经济形势分析会议在日照召开。会议学习贯彻了省委九届十次全体会议精神，分析了上半年经济形势，深入剖析了当前经济运行中存在的突出问题，对下半年经济走势进行了分析研判；研究部署了今后重点统计工作。刘俭朴局长出席会议并作重要讲话。日照市委常委、副市长唐慎出席会议并致辞。会议分别由姜玉山、潘振文副局长主持。

7月4日—5日，全国部分地区上半年经济形势座谈会在济南召开。国家统计局局长马建堂主持会议并讲话，省统计局局长刘俭朴参加会议并致辞。

7月16日，在收看了国务院第六次全国人口普查工作电视电话会议之后，省委常委、常务副省长、省第六次人口普查领导小组组长王仁元发表讲话，要求全省各级各有关部门认真贯彻国务院电视电话会议精神，统一思想，提高认识，完善措施，确保全面完成第六次全国人口普查任务。

7月24日，省统计局印发“五五”普法检查验收工作实施方案。

7月30日，省委常委、常务副省长王仁元，省政府副秘书长韩金峰视察山东省社情民意调查中心，省统计局局长刘俭朴、副局长刘兴慧陪同视察。

8月9日，省委常委、常务副省长王仁元在省统计局报送的《省统计局以实际行动学习贯彻全省服务业发展工作会议精神》上批示：同意工作安排。近期统计局围绕省委、省政府中心工作积极主动当参谋，写出一批有份量的统计分析报告，对指导转方式调结构推进经济又好又快发展发挥了重要作用。服务业统计是统计工作的重要内容，要注意总结经验，完善制度，及时、全面、准确反映服务业发展情况，为实现跨越发展提供服务。

8月18日，省委常委、常务副省长王仁元在省统计局报送的《上半年我省部分经济指标增速回落的主要原因及影响下半年经济走势的因素分析》上批示：“综合分析情况明、思路清、建议好。望在经济运行分析上重点放在深层次、预见性、综合性，当好参谋，及时准确提出建议。”8月20日，省统计局局长刘俭朴对此做出批示：“王省长的批示，既肯定了成绩，又指出了下一步工作努力的方向，提出了希望。请综合处认真学习，深入领会把握领导要求，不断提高综合分析质量，发挥好参谋作用。”

8月24日—25日，全省服务业统计工作会议在临沂召开。省统计局局长刘俭朴出席会议并讲话，期间，刘俭朴会见了临沂市委书记连承敏、市长张少军。临沂市常务副市长杜德昌到会致辞。会议由副局长姜玉山主持。

8月27日，省统计局举行践行“三个提高”争做统计服务先锋主题演讲及党员公开承诺活动。省统计局局长刘俭朴到会讲话并带头承诺签字，局领导成员及全体党员干部参加了会议。

8月28日—9月1日，由监察部副部长郝明金带队，国家发改委、国家统计局等8部门有关人员组成的国务院节能减排督察组，对我省节能减排工作进行督察。姜大明省长、王仁元常务副省长会见并分别主持了山东情况汇报会和督察意见反馈会，王军民副省长就“十一五”特别是今年以来我省贯彻落实国务院关于节能减排各项政策措施和目标完成情况作了汇报。省统计局局长刘俭朴、副局长姜玉山参加会见并陪同有关督察活动。

9月2日，中共山东省委任命刘俭朴同志为山东省统计局党组书记。

9月2日，中共山东省委任命刘福谋同志为山东省统计局党组成员、山东省纪律检查委员会驻山东省统计局纪律检查组组长。

9月2日，省人普办、省统计局举行第六次人口普查标准时点倒计时牌揭牌仪式，省人口普查领导小组副组长、省统计局局长刘俭朴，省人口普查领导小组办公室主任、省统计局副局长潘振文出席仪式并为倒计时牌揭牌。

9月20日，山东省暨济南市第六次人口普查集中宣传活动启动仪式在济南泉城广场举行。省委常委、常务副省长、省第六次人口普查领导小组组长王仁元，省政协副主席王乃静，省第六次人口普查领导小组副组长、省统计局局长刘俭朴等省及济南市领导出席了启动仪式。国务院第六次全国人口普查领导小组办公室常务副主任、国家统计局人口和就业司司长冯乃林应邀出席了启动仪式。

10月13日，省委书记姜异康听取省统计局关于国家统计局开展地区 GDP 统一核算工作情况的汇报，省统计局局长刘俭朴、副局长姜玉山等参加汇报。

10月17日—23日，国家统计局第29期省（市、区）统计局长、总队长研究班一行到山东学习考察，省统计局刘俭朴、潘振文、刘银田、左振华等局领导，山东调查总队宋志申、段连芳等队领导参加座谈、陪同考察。

10月25日-29日，省统计局举办全省统计系统业务骨干培训班，省统计局局长刘俭朴出席开班典礼并作动员讲话，副局长刘银田出席闭班仪式并作总结讲话。

10月27日，我省召开第六次人口普查工作视频会议，省第六次人口普查领导小组副组长、省统计局局长刘俭朴到会并讲话。省第六次人口普查领导小组办公室主任、省统计局副局长潘振文主持会议。

11月1日，省委书记、省人大常委会主任姜异康，省委副书记、省长姜大明，省委副书记、省政协主席刘伟，省委常委、常务副省长、省第六次人口普查领导小组组长王仁元，省委常委、济南市委书记焉荣竹等省领导分别在现住地以普通公民的身份参加第六次全国人口普查登记。

11月1日，省委常委、常务副省长、省第六次人口普查领导小组组长王仁元到济南市历下区龙景苑小区现场视察第六次人口普查入户登记工作。

11月2日-5日，山东省对17市普查登记工作进行全面督查。省第六次人口普查领导小组副组长、省统计局局长刘俭朴，省第六次人口普查领导小组副组长、省人口计生委巡视员丁传英，以及省统计局所有局领导、国家统计局山东调查总队分管领导分别带领省人普办、省直有关部门成员进行督查。

11月5日，省委常委、常务副省长、省第六次人口普查领导小组组长王仁元在省人普办报送的《关于近期人口普查工作情况的汇报》上批示："前期工作基础扎实，富有成效，入户登记是关系'六普'成败的关键，望以数据质量准确为重点，全力抓好各项措施落实，对第一线的普查登记人员的辛苦工作表示诚挚的问候。"

11月11日，省统计局印发《山东省建设领域统计工作考核办法》。

11月16日，国家统计局副局长张为民在省统计局报送的《山东省统计局关于魏永同志在工作岗位上去世情况的报告》上批示："建议以国务院人普办名义发出唁电表示哀悼和慰问，人普办立即派人前去慰问，了解情况，以便及时宣传报道，号召普查工作人员开展学习活动。请建堂同志阅示。" 局长马建堂对此作出批示："同意为民同志意见。向魏永同志家属转达我的问候和敬意，望节哀。"

11月22日，省统计局党组印发《关于开展向魏永同志学习活动的通知》。

11月22日，省委常委、常务副省长王仁元在省统计局报送的《前三季度全省经济运行情况和分析建议》上批示："俭朴同志：经济分析会方法科学了，形式转变了，效果就大不一样。转方式首先在统计系统要带头深入研究探讨统计既为转变经济发展方式服务，又要改进自身工作方法或方式，不断提高统计质量水平，更好地为全省经济社会事业发展当好参谋。"

12月11日，省统计局召开2010年度处室工作述评会，局长刘俭朴到会并讲话，会议由副局长姜玉山、潘振文分别主持。

12月20日，国家统计局局长马建堂在省统计局报送的《山东省统计局关于“三个提高”贯彻落实年活动总结的报告》上批示：山东统计局党组把2010年作为全省统计系统“三个提高”贯彻落实年，非常必要和及时，认识到位，目标明确，措施得力，成效显著，体现了真抓实干、务求实效的工作作风，体现了山东省统计局党组较强的执行力、凝聚力和战斗力，统计能力、服务水平、各项改革和建设都迈上了新台阶。同时，精心组织，密切协作，圆满完成了第六次人口普查各阶段的工作。2011年是“十二五”开局之年，希望你们进一步发扬成绩，开拓创新，勇于担当，以统一规范、改革创新、公开透明为主线，按照国家统计局着力推进“四大工程”的部署和相关要求，不断创新工作思路，继续争当践行“三个提高”的排头兵，努力实现山东统计改革和发展的新突破。

12月29日，中共山东省委宣传部、山东省统计局联合印发《山东省文化产业统计工作综合考核办法》。

12月30日，省委副书记、省长姜大明在省统计局报送的《2010年度工作总结》上批示：2010年省统计局取得的成绩应充分肯定，2011年面临的任务更加艰巨复杂。望发扬成绩，努力工作，以严谨细致、科学务实的精神做好全省统计工作，为保持经济又好又快发展、社会民生事业全面进步做出新贡献。